1927年，西北科学考察团在包头营地（左1为丁道衡，左4为袁复礼）

1928年，中瑞西北考察团考察途中抵达新疆哈密

1943年，李承三（三排左2）、林超（三排左1）等在新疆考察

1956年，中苏合作考察黑龙江流域，周恩来总理接见中苏黑龙江考察队的部分成员

1959年，沙漠考察（左1为黄秉维）

20世纪50年代，黄土考察队进行地质考察

20世纪50年代，南水北调考察队在西昌考察

20世纪60年代，甘肃陕西地貌考察野外露宿地

20世纪70年代，冰川考察队员进入冰洞

20世纪70年代，考察队深入沙漠腹地

20世纪70年代，在希夏邦马峰脚下设立的考察营地

1985年，考察队在黄土高原

1987年，青藏高原考察队在阿里–藏北无人区考察途中陷车

20世纪80年代，考察队在横断山区

1990年，黄河流域环境演变与水沙运行规律项目组成员考察黄河上游龙羊峡

20世纪90年代，托木尔峰地区地质考察

2002年，地理工作者在黄河下游考察

2007年，笔者（杨勤业）考察黄河壶口瀑布

中国科学院栾城农业生态试验站养分平衡场

中国科学院贡嘎山高山生态系统观测试验站

中国科学院禹城试验站小麦试验田

中国科学院陆地水循环及地表过程重点实验室崇陵流域实验基地水土流失泥沙全自动在线监测装置

20世纪90年代，中国科学院地理研究所光谱实验室

● 第六届中华优秀出版物奖图书奖

● 国家"十二五"重点图书出版规划项目

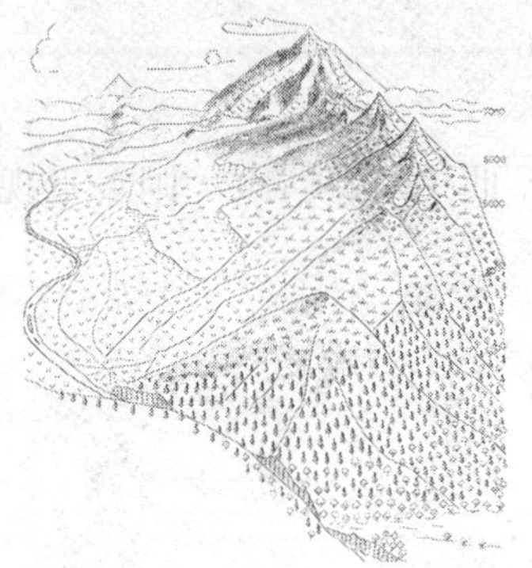

中国地学史

近现代卷

ZHONGGUO DIXUESHI JINXIANDAIJUAN

杨勤业 杨文衡 主编

杨勤业 张九辰 浦庆余 鲁奇 著

广西教育出版社

图书在版编目（CIP）数据

中国地学史．近现代卷／杨勤业，杨文衡主编；杨勤业等著．—南宁：广西教育出版社，2015.12（2018.1 重印）

ISBN 978-7-5435-8062-6

Ⅰ．①中… Ⅱ．①杨… ②杨… Ⅲ．①地理学史-中国-近现代 Ⅳ．①K90-09

中国版本图书馆 CIP 数据核字（2015）第 300238 号

出 版 人：石立民
出版发行：广西教育出版社
地　　址：广西南宁市鲤湾路 8 号　　邮政编码：530022
电　　话：0771-5865797
本社网址：http://www.gxeph.com
电子信箱：gxeph@vip.163.com
印　　刷：广西民族印刷包装集团有限公司
开　　本：890mm×1240mm　1/32
印　　张：34.875　插页 4 页
字　　数：806 千字
版　　次：2015 年 12 月第 1 版
印　　次：2018 年 1 月第 3 次印刷
书　　号：ISBN 978-7-5435-8062-6
定　　价：99.00 元

出版说明

1997年，我们在中国科学院自然科学史研究所、首都师范大学等院校的专家学者精心指导、大力支持下，策划并启动了出版《中国科学史丛书》的宏伟计划，包含《中国数学史》《中国物理学史》《中国化学史》《中国天文学史》《中国地学史》《中国生物学史》等六本。每本书的篇幅大约100万字，分两卷装订。古代部分为一卷，近现代部分为一卷。丛书有两大特点：一是全部由中国自己的专家学者来撰写中国自己的科学史，突出本土性、原创性和权威性；二是时间跨度从远古到20世纪末，而且近现代卷的篇幅大于古代卷，突出厚今薄古的特点。出版这样的一套史书，这不能不说是我们极大的抱负。

到2006年，由于各书稿组织和撰写的难易不一，加上出版环境的变化，丛书只出版了《中国化学史》《中国物理学史》两本。《中国地学史》在2001年只交了大部分书稿。余下的三本，一直没能正式开展组稿。这不能不说是我们极大的遗憾。

另一方面，由于丛书的中国特色鲜明，原创性、权威性突出，较好地填补了学术空白，被新闻出版总署（现国家新闻出版广电总局）列为了国家“十五”重点图书出版规划项目。而

《中国化学史》和《中国物理学史》不仅获得了广西出版发展专项资金的资助，更获得了国家级图书奖：前者获得了第十四届中国图书奖，后者获得了首届中国出版政府奖装帧设计奖提名奖。2010 年，出版环境又发生了变化，于是我们决定抓紧推进《中国科学史丛书》的出版。2013 年，《中国地学史》经过我们和主编、作者的努力后获得新生，被列为了国家“十二五”重点图书出版规划项目，其古代卷还获得了 2014 年国家出版基金的资助。更令人振奋的是，2016 年《中国地学史》（两卷）获得了国家级三大图书奖之一的中华优秀出版物奖图书奖。而《中国生物学史》在 2016 年被列为了国家“十三五”重点图书出版规划项目，其近现代卷获得了 2017 年国家出版基金的资助。这不能不说是我们极大的宽慰。

今天，中国人民正昂首阔步走进新时代。我们正加倍努力，在我国科学界、科学史界的专家学者一如既往的指导、支持下，把余下的《中国数学史》《中国天文学史》两本尽快组织出版，使《中国科学史丛书》得以美满收官，全部项目得到圆满完成。这不能不说是我们极大的期望。

广西教育出版社

2014 年 2 月

2015 年 11 月第一次修订

2017 年 12 月第二次修订

序

在当代的科学体系中，通常将数学、物理、化学、天文、地学和生物并列，作为自然科学研究的六大领域。地学(geoscience)，也称地球科学（earth science)，包括研究地球的全部学科：地质学、地球物理学、地理学、大气科学和海洋科学等。地学是人类认识行星地球的一门最重要的基础学科，它通过对地球整体及各圈层的组成、结构、性质、形成、演化及其相互作用规律的研究，可为解决人类社会所面临的环境、资源与可持续发展等重大问题提供科学支撑。

古代地学起源于我国的春秋战国时代或欧洲的古希腊时代，基本上是以资料收集和对地学现象的描述为主，而且学科分化不明显。由于环境的差异和交通受阻，古代地学的体例和内容有显著的地域特色。近代地学是在产业革命的基础上发展起来的，大体上从19世纪上半叶开始，随着区域地理考察与地质调查工作的开展以及科学技术的进步，近代地理学与地质学建立了各自的学科体系，并提出一系列的学说和理论。20世纪50年代以来，进入了现代地学的发展时期，通过科学考察与实地调查，相邻学科的交叉与融合，实验和研究手段的现代化，各分支学科的综合集成以及理论思维模式的转变等，现代地理学和地质学得到快速的发展，完善了学科体系，并在学术上取得了突破性的成就。

20 世纪末，多位科学史研究专家与广西教育出版社一起，商讨策划编撰《中国科学史》丛书。《中国地学史》是该丛书的一部，包括古代卷、近现代卷共两卷。通过对中国地学史的梳理和归纳，我们得以了解地学在中国的发展轨迹及其规律，认识当前中国地学发展的现状和特点，以促进中国现代地学水平的提升。

《中国地学史·古代卷》指出，中国是世界上地学发展最早的国家之一。在中国古代常将“天文”与“地理”并称，曾认为天文加地理是有关自然界的全部知识。中国古代地学知识萌芽于远古时代，至上古时期的春秋战国时代，汉字已基本成熟，对地形、地物的文字记载和图形表达，使地学知识得到快速增长和积累。战国时代就出现了《山海经》《禹贡》《管子》等一批与地学有关的著述；相关的地学思想，如有关区域差异的论述，人与自然关系的理念，以及护育人类的生存环境等思想均已初显端倪。至中古、近古时期，中国在方志、沿革地理、域外地理、自然地理、地图、气象与物候、地质与化石、岩石与矿物等方面有较多记述；相关著述有《大唐西域记》《水经注》《梦溪笔谈》《徐霞客游记》《郑和航海图》以及《本草纲目》等。然而中国古代地学著作多属描述性记载，缺少对地球表层整体规律的研究，加上封建社会的闭关自守，轻视科学技术知识，阻碍了中国近代地学的发展。

《中国地学史·近现代卷》分别综述了地理学和地质学这两门学科从近代到现代的发展历程。20 世纪初叶以来，在西方近代地学思想和理论的影响下，地学界前辈张相文、竺可桢、李四光、翁文灏、丁文江等人辛勤缔造，为中国近代地学的发展奠定了基础。中国地学会的成立，各大学地学系的创设，西方近代地学理论和方法的引进与传播，地学研究领域的开拓与人才的培育，以及地学相关研究机构的建立都是中国近代地学形成与发展的里程碑。

自20世纪中叶以来，在李四光和竺可桢的推动下，成立了中国科学院地质、地理等研究所和综合考察委员会，在全国成立了多个地学研究机构，促进了中国现代地学的全面发展。许多大学地学系的建立和壮大，为现代地学思想的传播与地学人才的培育做出了重要的贡献。随着国家建设事业的蓬勃发展，迫切需要了解全国各地自然条件、国土资源、经济与社会状况，地学家结合国家需求与学科发展，开展了区域综合科学考察与国土规划研究，基础地质调查与矿藏钻探取样，定位观测试验与室内分析测试，地学模拟实验，遥感与地理信息系统研究等，中国现代地学（地理学和地质学）得到了全面的发展。

近现代卷概述了自20世纪初以来学科的发展轨迹、主要研究进展与成果，分别介绍了近代和现代两个时期地学的重要代表人物及其学术思想和成就。这一卷以主要篇幅侧重评述了现代地理学和地质学学科体系中二级学科及各主要分支学科的重要成就和学术贡献，同时还阐述了若干研究领域未来的发展趋势与重点研究方向。

随着岁月的流逝，对近现代地理学和地质学早期发展情况了解的人员越来越少。《中国地学史·近现代卷》的多位作者亲身经历了现代地学发展的阶段，接触过做出过卓越贡献的地学大师，聆听过他们的教诲。我希望通过这部地学史的记述，能够让读者对地学发展历程有较深入的了解，也相信它将成为地学界后生晚辈的良好读物，从中了解地学界前辈所开创的学科发展轨迹和所取得的辉煌成就。

我们希望国内地学界同仁共同努力，促进现代地学领域各主要学科的交叉与融合，加强综合与跨学科研究，将中国现代地学提高到国际地学研究的新水平，为地球系统科学的发展，为中国的振兴与可持续发展，为地球家园的美好明天做出积极的贡献。

郑度

2011 年 5 月 18 日

郑度：自然地理学家。1999 年当选中国科学院院士。现任中国科学院地理科学与资源研究所学位委员会主任。曾任中国科学院地理研究所所长，国际地理联合会地生态学与可持续发展委员会副主任委员，中国青藏高原研究会理事长。长期从事自然地理的综合研究工作，在青藏高原自然环境的地域分异与格局研究中，取得开拓性进展；在自然地域系统综合研究中，建立了适用于山地与高原的自然区划原则和方法；在土地退化与整治领域，强调要重视自然规律和尊重自然，指出干旱区土地与水资源的开发利用要重视区域发展与环境的协调；基于人类与自然界和谐的理念，积极推动区域发展中环境伦理的研究与应用。作为主要研究者的“青藏高原隆起及其对自然环境和人类活动影响的综合研究”项目，于 1987 年获国家自然科学奖一等奖。

前 言

《中国地学史·近现代卷》终于脱稿，并行将正式出版。该书搁置多年，其间所经历的问题、困难和曲折，文衡先生和我在《中国地学史·古代卷》后记（近现代卷亦用了这个后记）中已有表述，的确很难用简单的文字来表达我现在的心情。

直到2012年出现转机，在广西教育出版社的一再努力下，才有今天的良好结局。首先要感谢广西教育出版社黄力平副总编辑的执着，感谢黄敏娴主任的不懈努力；感谢合作编写本书同仁的通力合作，他们是中国科学院自然科学史研究所张九辰女士（撰写第一篇）、中国地质大学浦庆余先生（撰写第二篇）和中国科学院地理科学与资源研究所鲁奇先生（撰写第三篇、第四章）；感谢中国地质大学的陈宝国先生和本书的责任编辑；感谢本书顾问郑度院士在异常繁忙的情况下，拨冗为本书作序。书中部分照片来自中国科学院原地理研究所档案资料，在此表示感谢。总而言之，深深地感谢一切为本书出版做出贡献的人们。

1963年8月，我从中山大学地质地理系自然地理专业毕业进入中国科学院地理研究所（现名中国科学院地理科学与资源研究所）工作。光阴如梭，转眼之间经历了50多个春秋，我于1992年聘为研究员。在这50多年里，我一直在我国地理学一代宗师黄秉维先生的指导下从事自然地理综合研究，研究领域主要是中国自然地域的划分、山地研究、农业自然地理、灾害研究等。先后参加过青藏高原综合科学考察、黄土高原综合科学考察，参与主持过曾于1995年获中国科学院自然科学一等奖的国家自然科学基金重大项目“黄河流域环境演变与水沙运行规律研究”和其他基金课题，并主持过一些国际合作项目，几次参与、主持过中国自然区划研究的相关项目。先后两次参与中国自然地理系列专著的编写。曾担任国际地理联合会（IGU）环境管理与制图研究组和全球环境变化脆弱带委员会委员、中国国家减灾委员会专家组成员、地理学名词审定委员会委员、地理知识（国家地理）杂志社社长。1993年起享受国务院政府特殊津贴。

20世纪80～90年代，我长期担任《中国大百科全书·中国地理》的特约编辑。20世纪90年代初，《中国大百科全书》再版时，我参与了地理卷的撰稿，并任中国地理卷的副主编。20世纪90年代中，承我国人文地理学的先辈吴传钧先生之邀参与《20世纪学术大典·地理学》一书的编写，并委以副主编的重任，负责自然地理各分支学科的编辑、审稿。从此，地理科学史成为自己的重要研究领域。20世纪90年代中期至2000年，担任黄秉维先生学术秘书多年，直至2000年12月先生驾鹤西去。以后数年，在完成若干研究课题的同时，参与了先生遗著、遗稿的整理、出版。在先生身边工作的那段日子，朝夕相处，聆听先生的教诲，受益匪浅，耳闻目睹了更多前辈的人和事，更多地了解了学科的过去和未来，对学科发展的脉络有了更清晰的认知。如今虽已七旬有余，但并无停止工作即退隐之意。有了前述经历和几十年的积淀，我的同窗学兄文衡先生邀约我参与编写《中国地学史》，负责近现代部分，我才敢于欣然受命。

20 世纪的百年，中国地学发展经历了艰难曲折与辉煌发展。从 20 世纪初西学东进，艰难创建和发展我国自己的地学，到 20 世纪 50 年代复兴，20 世纪 60 年代的兴盛发展，20 世纪 60～70 年代的动荡，以及 1978 年后的大发展。早在大学时代我就深知，中国地学所走过的百年是很不容易的。20 世纪 50 年代后的情况更是我们这一代人所亲身经历的，有更多、更加切肤的体会和理解。阐述和讨论中国的现代地学史，是为了总结 20 世纪以来这一百年间中国现代地学的基本现象、状况、成就和问题，更深刻地认识中国现代地学在中国发展的历程和特点。回顾这一历程，总结这些特点，或可为中国地学未来的发展，提供一些有益的参考和借鉴。正像郑度院士在序言中所写的，通过这本书，我们还“能够让读者对地学发展历程有较深入了解……了解地学界前辈所开创的学科发展轨迹和所取得的辉煌成就”。

在当代科学体系中，地学亦称地球科学，是对以我们所生存的地球为研究对象的学科的统称，包括研究地球的全部科学：地质学、地球物理学、地理学、大气科学、海洋科学、古生物学……甚至环境科学、生态学都与地学有千丝万缕的关系。地质学是研究地球的物质组成、内部构造、外部特征、各圈层间的相互作用和演变历史的知识体系。地理学是研究地球表面自然现象和人文现象以及它们之间的相互关系和区域分异的学科，简单地说就是研究人与地理环境关系的学科。海洋科学是研究海洋中各种现象及其规律和各组成部分之间相互联系与作用的科学。大气科学则是研究大气的结构、组成、物理现象、化学反应、运动规律的学科……随着社会的发展、科学技术的进步、学科之间的交叉融合，现代地学研究领域广阔，涉及的问题复杂。处于发展、变革之中的地学，其理论、方法、技术正在不断更新。它已远非仅仅是收集资料和对地学现象描述的古代地学，已发展、分化为一个拥有众多分支学科的庞杂的学科体系，研究内容多元化，研究手段亦日趋现代化。可见，《中国地学史》这一书名和书中所阐述的实际内容并不完全贴切，至少远远没有涵盖现代地学的全部内容。在本书中，20 世纪 50 年代以前笼统以“地学”命名描述，20 世纪 50 年代以后仅仅是提纲挈领地涉及地质学和地理学这两门相对较为古老学科的若干主干和分支。即便如此，限于作者的知识储备和水平，加上所涉及的文献极其浩瀚又年代久远，也难免挂一漏万，还敬请读者不吝批评指正。

杨勤业

2015 年 3 月

目录

第一篇　1900～1949年的中国地学

第二篇 中国现代地质学（1949年以后）

第三篇　中国现代地理学（1949 年以后）

第一篇　1900～1949年的中国地学

第一章　近现代地学在中国的建立

19、20世纪之交，中国地学有了实质性的进展。学术研究机构的出现、高校地学系的建立和科学家共同体的形成，标志着近现代地学在中国的建立。在学科建设方面，新分支学科的建立及研究成果的不断涌现，使得近现代地学体系日趋完善。这些构成了中国地学近现代化的主要标志。

在中国近现代科学史上，地学一直占有重要的地位。在西方，在地学的三大分支学科——地理学、地质学和气象学中，地理学曾经被称为“科学之母”，许多学科都是从其中分离出来的。地质学也被恩格斯喻为打破欧洲中世纪僵化的自然观的第二个突破口〔1〕。在中国，地学被孙中山誉为实学之要〔2〕。

地学对于中国近现代科学的发展意义重大。在西学东渐的过程中，地理学科在中国科学近现代化的过程中“起着某种意义上的先行学科的作用”〔3〕。

科学的发展需要社会的重视与支持，而这又有赖于科学显示出它的应用价值。自然环境是人类生存的基础。随着工业化时代的来临，人类的生活更是离不开自然资源。地质学正是以它的应用价值，受到了中国政府及社会的重视，并很快成为中国近现代科学中发展水平较高的学科之一。正如中国近现代地

---

〔1〕 恩格斯．科学历史概要［M］//恩格斯．自然辩证法．北京：人民出版社，1971：173.

〔2〕 陶世龙．丁文江的治学精神［M］//王鸿祯．中国地质事业早期史．北京：北京大学出版社，1990：117.

〔3〕 邹振环．晚清西方地理学在中国［M］．上海：上海古籍出版社，2000：序.

质学开创者之一的章鸿钊所说，地质学“言学理则对于斯世而所负之责任巨，言实用则对于本国而所收之功效宏”[1]。早在20世纪20年代，就有中国学者提出应该普及地质学教育：“地质之为用，兼及农、工、商、矿、军事、政法诸科，故无论为何种人物皆须有普通地质之观念，然后于己身事业之发展多所裨益，而于宇宙间各种现象始能具科学的真知，而不为迷信所束缚矣。”[2]直到20世纪70年代末期，周培源在总结科学事业在中国的发展历程时，仍然对地质学的成就予以肯定，“在旧中国得到较快较好发展的学科，是地质学、生物学和考古学”，特别是中国的地质学，“它的成就在世界地质学史上占有一定的地位”[3]。

气象学在民国时期也有了初步的发展，不但在高等教育中开设了有关课程，也有了研究机构和学术共同体。只是与地理学和地质学相比，气象学在中国的建立时间较晚，研究规模较小。因此，本书重点通过对地理学与地质学的分析，探讨地学在20世纪中国的近现代化过程。

第一节　地学近现代化的主要标志

任何一门学科的进步无不包含着继承与创新两个方面，中国地学尤其如此。人类自从有文字开始，便有了对周围地理环境的记录。中国古代著作中包含有大量的地理记述，因此可以说地学是一门十分古老的学科。然而以近现代科学方法研究地

〔1〕 章鸿钊．中华地质调查私议［J］．地学杂志，1912（1）．

〔2〕 谢家荣．地质学教学法［J］．科学，1922，7（11）：1024－1213．

〔3〕 周培源．六十年来的中国科学［G］//纪念五四运动六十周年学术论文集（一）．北京：中国社会科学出版社，1980：49．

理环境的科学，直到晚清时期才刚刚起步，因此地学又是一门年轻的学科。在内容上，古代地学与近现代地学有着延续性，因此不少学者把近现代地学看作是对古代地学的更新，是“旧径重开的一条新道”[1]。但是在方法上，两者却截然不同。

一　近现代地学的主要特点

地学的发展，贯穿于人类认识、探索世界的整个过程之中。在这个过程中，地学研究有明显的进步与质的转变。这些质变过程将地学的发展分成了不同的阶段。从研究方法上看，地学可以分为古代的统一地学时期、近现代的地学分化时期和现当代的新综合时期；从技术手段上看，地学可以分为古代的观察描述时期、近现代的科学研究时期和现当代的高新技术应用时期；而从研究目的看，可分成古代以满足好奇心或政治、商业活动为目的的地理描述时期，近现代以商业和经济目的为主的地理大发现时期和现当代以社会需求和科学任务带动研究的时期。对地学发展进程分期的目的，是为了更好地理解地学的学科性质、学科的影响机制及其发展趋势。

与古代地学相比，近现代地学在研究领域、研究手段和方法，甚至研究目的上都有了全新的发展。近现代地学虽然仍以不同的地域和国家为中心，但它的地域研究特色在逐渐弱化，研究方法也渐趋统一。这就为人们对近现代地学的认识带来了新的标准。

近现代地学的建立有赖于三个条件：一是地理资料的积累，二是社会经济建设的推动，三是近现代科学方法和技术手段的引入。评价一门学科发展状况时，也需依据三个方面的因

〔1〕 李春芬. 现代地理学与其展望 [J]. 地理学报，1948 (1).

素：①它的基础理论研究的进展，重点是对研究方法、研究领域等的探讨；②学科体制化的程度；③研究手段的进步。

20 世纪早期，地学主要分化为地质学、地理学和气象学三大领域，这三门学科近现代化的起始时间不同。由于地理学涵盖的范围最广，横跨自然与人文两个方面，因此这里以地理学为切入点，分析地学近现代化的主要标志及其特点。

对于地理学近现代化的标志，不同学者的认识不尽相同。詹姆斯指出，到了近现代时期，地理学留下了三项重要任务：①继续对地球的空白部分或知之不多的部分搜集资料，并把这些资料以有效的方式表达出来；②研究世界的特定地区，以求探明它本身的变化过程；③形成概念，如经验总结、假说以及理论等[1]。鞠继武认为，近现代地理学最主要的特点是重视以下方面：①野外考察；②地理现象的分布规律及成因的探讨；③地理研究结合生产实际；④通论地理学与区域地理学的理论与实际研究；⑤人地关系的研究等[2]。

近现代地理学的特点是研究自然界各种要素之间的相互关系，研究地域差异。在方法上强调先观察后推理，先分析后综合。注重实证研究，重视实际观察得来的资料。地理学虽然不像其他学科那样，完全可以依靠实验室中的科学实验，但在对自然规律的总结过程中，也考虑到了“排除其他因素的干扰”这个问题。古代地理学注重描述，近现代地理学注重理解和预测；古代地理学描述的是片段的事实，近现代地理学则是系统的理论阐述，它们有着本质的不同。

---

〔1〕 詹姆斯．地理学思想史［M］．李旭旦，译．北京：商务印书馆，1982：180.

〔2〕 鞠继武．中国地理学发展史［M］．南京：江苏教育出版社，1987：202.

二　近现代地学的起点

对于近现代地学的起始时间，由于不同学者的研究角度不同，在观点上也存在着很大的差异。“西洋科学的光明，虽很早已经照到中土，但因文字的隔阂与文化的差异，只能引起确有先觉先知的极少数人的赏识，并未引起学者的追踪研究”[1]。因此一门学科的真正诞生，应该建立在科学研究方法的根本变革、科学知识的普及和科学效能的发挥上。具体应表现在学科体系的形成和理论方法的建立、科学的体制化和科学共同体的出现、地学大师的出现等方面。

1. 地学大师的出现

西方不乏以地学大师的出现作为近现代地理学起始的主要标志，并且多数学者把洪堡（Alexander von Humboldt）、李特尔（Karl Ritter）和达尔文（Charles Robert Darwin）作为近现代地理学起始的主要标志。赫特纳、狄金逊（R. Dickinson）、纽毕金（M. J. Newbigin）等人都持有相同的观点[2]。他们多把1859年作为近现代地理学的起始，因为：首先是洪堡和李特尔的逝世，他们都是地理学的前辈，都是从当时凌乱无序的地理事实里，开辟出一条新途径的元勋；其次是达尔文的《物种原始》（即《物种起源》——笔者注）的出版，这本书为当时杂乱无章的地理学研究指出了新的方向。换句话说，由于有了两位地理大师毕生辛勤的研究，和达尔文给近现代学术思想注入的新生命，原来局限于网罗事实的地理学，才因此成

---

〔1〕 翁文灏．科学在文化上之地位［G］//中央训练团党政高级训练班．科学概论．1943.

〔2〕 赫特纳．地理学——它的历史、性质和方法［M］．北京：商务印书馆，1983：107.

了一种易于理解的系统科学。在中国，也有不少学者以地学大师作为近现代地学的起点，其中一般认为竺可桢是近现代地理学和气象学的创始人；章鸿钊、丁文江和翁文灏是近现代地质学的创始人。

丁文江（1887—1936）

翁文灏（1889—1971）

2. 地学体制的建立

西方对于近现代地理学的界定，以詹姆斯的观点最为著名。他把“地理思想史的近代时期，从大学时设置专业教师的日期算起”[1]。1874 年德国开始在大学里设立地理教席，“在历史上首次由专业地理学者们所指导的‘新地理学’，一项能建立范式或地理工作的范式的职业出现了”。因此，从 1874 年至第二次世界大战结束，就成为西方近现代地理学的主要发展时期。

按照西方的标准，中国近现代地学的产生应是在 1902 年，清朝政府颁布了《钦定学堂章程》，规定大学预备科、政科设中外舆地课程。从某种意义上讲，1892 年，京师大学堂设置舆地课程，1899 ~ 1903 年张相文在上海南洋公学教授地理课

〔1〕 詹姆斯. 地理学思想史［M］. 李旭旦，译. 北京：商务印书馆，1982：168.

程（中小学设置地理课之始），则是首次由专业地理学者教授地理学的肇始。但上述课程的设置并不是为了培养从事近现代地学研究的专门人才，而且从内容上讲，也属于基础性教育。

地学的体制化在中国主要集中体现在三个时间节点：1909 年中国地学会成立、1916 年地质调查所正式建立和 1928 年中央研究院气象研究所和地质研究所的成立。尤其是气象研究所的成立，"从此气象科学在我国作为一门独立科学正式明确地不与天文、地理、农学合为一谈了"〔1〕。

老一辈地学家对中国近现代地学的产生标志也有着不同的观点。竺可桢认为："中国之有近现代科学，不过近四十年来的事。最早成立的科学研究机关，要算北京前实业部的地质调查所，创始于一九一六年。"〔2〕黄汲清指出："近现代中国地质学史，大致要从 1911 年开始。"〔3〕胡焕庸强调："过去之地理学，一般多视为文科科目，大学中之地理多与历史合设一系，自地理在大学中独立成系，且改设于理学院后，于是新地理学，亦即科学的地理学，方有确立之基础，而步入正确之轨道。"〔4〕

3. 术语的统一

中国地学的近现代化，除了表现在高等教育中专业系科的设立、专业学术团体的建立、学术共同体的出现等方面，由于中国的近现代科学主要来自西方，这就使得大量外来语汇的统

---

〔1〕 洪世年，陈文言．中国气象史［M］．北京：农业出版社，1983：110.

〔2〕 竺可桢．中国科学的新方向［J］．科学通报，1950，1（2）：66－68.

〔3〕 黄汲清．1982 年 10 月在中国地质学史研究会第一届学术年会上的讲话［C］//中国地质学会．地质学史研究会会讯（第 2 号），1982.

〔4〕 胡焕庸．中国地理学会和地理学报［J］．科学大众，1948，4（6）.

一问题显得格外突出。

随着西方科学技术以前所未有的速度大量传入中国，新学科、新理论、新概念不断涌现，随之而来的是大量新名词和科学术语。在近现代科学基础还未建立的中国，对浩繁的名词术语的翻译和理解的混乱在所难免。20 世纪 20 年代以后，随着大批留学生学成归国，他们将大批西方地学理论和著作翻译介绍到中国，从而使近现代地学在中国得以广泛传播并产生了深远的影响。随之而来的译名混乱问题也日益突出。

对术语的统一就成为科学近现代化的重要标志之一，而地学工具书的出现则是其具体的表现形式。由于近现代地学的传入是长时期、多渠道的，因此在对地学术语含义的理解上，不同的学者之间存在着很大的分歧。统一地学术语的概念，尤其是出版专业辞书成为中国地理学近现代化过程中的一个重要环节。表 1－1－1 列出了影响较大的地学专业辞书的目录，地学术语的统一，以地质学、矿物学和气象学的工作开展得最好，其他学科则显得薄弱。

表 1－1－1　地学专业辞书

书名	出版时间	发行机构	编者
金石中西名目表	1883 年	江南制造局	玛高温
新尔雅	1903 年	上海明权社	汪荣宝，叶澜
A comparative study in geographical terminology containing ten authorities	1905 年	商务印书馆	Gilbert Reid, Sha Ch'ing
地文学表解	1906 年，1907 年，1910 年	科学书局编辑所	科学书局编辑所

续表

书名	出版时间	发行机构	编者
最新地文图志	1906 年 8 月	上海山西大学堂译书院	世爵崎冀
矿物岩石及地质名词辑要	1923 年	农商部地质调查所	董常
地学辞书	1930 年 12 月；1931 年	上海中华书局	王益厓
地质矿物学大辞典	1930 年 11 月初版，1933 年 6 月缩本初版，1943 年渝缩本 4 版	商务印书馆	杜其堡
气象学名词中外对照表	1932 年	中央研究院气象研究所	中央研究院气象研究所
中文土壤名词试草	1935 年	北平实业部地质调查所	侯光炯
矿物学名词	1936 年 12 月，1937 年 4 月	商务印书馆	国立编译馆
气象学名词（教育部公布）	1939 年	商务印书馆	国立编译馆
中国史地学大辞典			杨家骆
地理学词典	1949 年	商务印书馆	穆尔

较早的地学工具书是 1906 年（光绪三十二年）科学书局编辑所出版的表解丛书之一——《地文学表解》。这本仅 41 页的小册子，总结了地学的主要分支学科，以及它们的研究内容。它虽还不能算作严格意义上的工具书，但以表格的形式展示出了地学研究的主要内容，并解释了主要的地理概念，便于人们理解和查询。该书 1906 年初版后，又分别在 1907 年（光绪三十三年）和 1910 年（宣统二年）多次重版。这也反映出了它的影响力和当时的需求。

在中国地学史上影响最大、内容最为全面的地学专业辞书是1930年12月出版的《地学辞书》（王益厓，上海中华书局，1930）。该书25万字，收集了包括地质、地文、气象等学科的1370余条术语，并解释了这些术语的概念。书中以英语单词字母为序，书后附中文索引。

《地学辞书》（王益厓编）

矿物地质学名词的统一以董常编著的《矿物岩石及地质名词辑要》[1]最早。这本辞书由章鸿钊作序，英汉对照，共66页，内分矿物、岩石和地质名词3部分，因其出版早、流传广，对当时的译名统一工作有较大影响。此外，杜其堡编撰的《地质矿物学大辞典》[2]，在1930年11月初版后，曾再版4次。书中收录地质及矿物学名词6000余条，约30多万字，有插图、解释。经过翁文灏等的校定，书前有翁文灏序，附著名地质学家像13幅，彩色图3页，初版书末附英文、德文索引，再版本增加了中文索引。

地质学方面较有权威性的辞书，是国立编译馆编订的《矿物学名词》（商务印书馆，1936），1937年4月再版，540页，16开，有中文、英文、法文、德文、日文矿物名词对照。由矿物名词审查委员会审订，王恭烈为主任委员，丁文江、王烈等14人为委员。书末附中文、英文、法文、德文、日文索引。此外，鲁德馨汇编的《动植物名词汇编》[3]等辞书中也附有矿物名词。

除了地质、矿物学外，气象学名词的统一工作亦有较大的

---

〔1〕 董常. 矿物岩石及地质名词辑要［M］. 北京：农商部地质调查所，1923.

〔2〕 杜其堡. 地质矿物学大辞典［M］. 上海：商务印书馆，1930.

〔3〕 鲁德馨. 动植物名词汇编［M］. 上海：科学名词审查会，1935.

进展。《气象学名词中外对照表》（中央研究院气象研究所，1932）收录气象术语1200余条，并采用中文、英文、法文、德文、日文5种文字对照的方法，便于读者使用。1937年3月教育部公布《气象学名词》（国立编译馆，1939），按英文单词字母顺序排列，中文、英文、法文、德文、日文5种文字对照，并附有德、中、日文索引。

除了地学专业辞书外，近现代对术语概念的研究，更多的是学者们发表的探讨地学术语含义的论文和其他一些相关性的文章。《地理名词解释》[1]（1937）一文，将50余条地学名词按内容分为大气（20条）、陆（17条）和水（17条）三部分，并解释了这些名词的含义。文中给出了同一概念的不同命名方法，如“地文学”又名“地文地理”“自然地理”，“季风”又名“季节风”“季候风”，“港”又名“湾”“澳”等，有些术语后还附有英文名称，以便于读者掌握。更为可贵的是，文中指出了不同术语之间的差异，如“气象学”与“气候学”，“天气”与“气候”等，阐述这些概念的差异有助于人们更好地了解地理术语的含义。但由于作者个人的认识有限，对有些概念的理解存在着偏差，如将台风定义为发生于台湾附近的飓风等，这也反映出地学术语在翻译过程中的混乱。地质学方面，1923年翁文灏发表的《地质时代译名考》[2]《火成岩译名沿革考》[3]，1924年李四光发表的《几个普通地层学名词之商榷》[4]等文章，从学术的角度探讨了地质学名词的翻译方法。

---

〔1〕 地理名词解释［J］. 图书展望，1937，3（2）.

〔2〕 翁文灏. 地质时代译名考［J］. 科学，1923，8（9）.

〔3〕 翁文灏. 火成岩译名沿革考［J］. 科学，1923，8（12）.

〔4〕 李四光. 几个普通地层学名词之商榷［J］. 科学，1924，9（3）.

第二节　地学知识的传播与影响

中国传统地学有着漫长的历史和丰富的内容。1840 年鸦片战争之后中国社会正值新旧交替之际，社会发展和经济建设都为地学的发展提供了广阔的空间。但是由于缺少近现代科学的思想、方法和研究手段，中国传统地学虽然取得了丰硕的成果，却没能直接完成向近现代地学的转化。中国近现代地学的发展，完全建立在西方近现代地学基础之上。自鸦片战争之后，大量的西方地学著作被翻译、介绍到中国。进入 20 世纪之后，介绍西方近现代地学思想的译文、译著更加丰富。

近现代地学传入中国并为中国学者所理解和接受主要是通过两个途径：一方面是外国学者在中国的地质、地理考察对中国学者的影响；另一方面是归国留学生直接将近现代地学理论传入中国。

一　西方学者的考察与近现代地学的传入

与古代地理学的局部区域描述方法不同，近现代地学强调对自然界普遍规律性的研究，因此就要求地理资料的全球性与普遍性。西方地学的发展与探险和地理考察密切相关。19 世纪中期不但基本完成了对欧洲、北美洲的地学考察，南美洲、非洲、澳洲以及西伯利亚等广大地区的地理概况也已为学者们所熟知。随着地理考察的进展，西方学者的未知领域越来越少。

东亚及欧亚大陆腹地作为西方仅有的少数几个未知领域而引起了学者们的重视。中国在亚洲占有辽阔的疆域，在地理学、地质学上占有重要的地位。这里不但有独特的自然环境，而且还有丰富的文化景观。而这一时期中国地学正在经历着新旧交替的过程，近现代科学意义的地学考察尚未开始，从而成为世界地学研究的一个空白区域。

美国地质学家庞佩利（Raphael Pumpelly，1837—1923）于1862～1865年的横穿欧亚大陆之旅，和德国地理学家李希霍芬（Ferdinand von Richthofen，1833—1905）于1868～1872年对中国的广泛考察，掀开了中国地学近现代化新的一页。

1. 外国人的在华考察

自1862年庞佩利考察中国地质，至20世纪上半叶，先后有数百名来自英国、法国、瑞典、德国、俄国、日本、美国等十几个国家的学者来中国考察。他们的足迹遍及中国的广大疆域，考察报告和相关论文论著数以千计。这些研究成果有些在中国发表，更多的则发表在世界各国的科学杂志和著作上。

西方学者考察的动机和目的不尽相同，但由于近现代地学的产生和发展与地理考察有着密切的关系，因此外国学者在中国的考察活动对中国地学的进步产生了很大的影响。首先，他们的工作为研究中国早期的地质、地理奠定了资料基础。尤其是中国西部地区的考察资料直到20世纪80年代仍不失为研究中国西部的重要资料。其次，考察取得丰硕的研究成果。研究内容涉及黄土成因、海岸地貌、地文分期、气候变迁、古生物等。许多论文和著作还发表在当时中国出版的学术刊物上，这些论文将近现代地学研究方法传入中国，对中国地学研究起到了先导性作用。20世纪初中国学者开始了近现代地学研究，并在20～30年代取得丰硕的研究成果，许多成果还得到世界的承认，一些成果达到当时世界的先进水平。在如此短的时间内取得巨大的进步，这与前期西方学者考察的影响有着一定的关系。

外国学者在中国的考察，早就引起了中国学者的关注。从20

世纪早期开始，许多学者研究了西方人在华的工作[1]。这些研究，为后人了解、掌握早期的资源考察概况和主要成果提供了方便。以下简述各国探险家、考察家在中国从事资源考察的工作特点。

俄国 欧洲人把野外考察看作是认识自然界的重要途径。他们从 18 世纪初期，就开始收集世界各地的地理环境资料和动植物标本，作为科学研究的基础性工作。这种思想很快影响到了俄国。俄国统治者十分重视对各地资源情况的考察，他们“认识到用正确的地理资料来引导帝国向东方扩张的极端重要性”[2]。科学思想的影响和统治者的支持，成为俄国远征探险的重要动力。政治

[1] 相关的文章主要有：松山《生物学研究的重要和外人近年在中国的工作》[《自然界》，1926，1（3）：263－274]；聂崇岐《斯文·赫定穿行亚洲述要》（《地学杂志》，1928，2）；章鸿钊《客卿调查中国地质的经过》（《中国地质学发展小史》，商务印书馆，1937）；曾鼎乾《西藏地质调查简史》[《地质论评》，1944（Z3）]；徐尔灏《青康藏新西人考察史略》（国立中央大学理科研究所，1945）；翁文灏《西洋人探查中亚地理摘记》[《地学杂志》，1930（3）]；吴传钧《近百年来外人考察我国边疆述要》[《边政公论》，1944，3（5）]；黄汲清《民国纪元以前外国地质学者在中国之工作》[《思想与时代》，1947（49）]；罗桂环《西人对福建植物的考察述略》[《海交史研究》，1989（1）]；孙鸿烈《西藏高原的综合科学考察史》[《中国科技史料》，1984，5（2）：10－19]；张以诚《日本人在我国的地质调查》[《地质论评》，1986（2）]；王志善《十九世纪中叶至二十世纪初外国探险家在我国西部的考察及其有关文献》[《青海师范大学学报（哲学社会科学版）》，1989（3）]；吴凤鸣《辛亥革命前外国地质学家在中国的考察》（王鸿祯《中国地质事业早期史》，北京大学出版社，1990）；吴凤鸣《1840 至 1911 年外国地质学家在华调查与研究工作》[《中国科技史料》，1992（1）]；吴凤鸣《1911 至 1949 年来华的外国地质学家》[《中国科技史料》，1990（3）]；罗桂环《西方人在中国的动物学收集和考察》[《中国科技史料》，1993，14（2）]；罗桂环《近代西方人在华的植物学考察和收集》[《中国科技史料》，1994，15（2）：17－31]；霍有光《外国势力进入中国近代地质矿产领域及影响》[《中国科技史料》，1994，15（4）：3－20]；陶世龙《从庞培勒到维里士》[《地质学史论丛（3）》，北京：中国地质大学出版社，1995]；杨静一《庞佩利与近代地质学在中国的传入》[《中国科技史料》，1996，17（3）：18－27]；沈福伟《外国人在中国西藏的地理考察（1845～1945）》[《中国科技史料》，1997，18（2）：8－16]；罗桂环《近代西方对中国生物的研究》[《中国科技史料》，1998，19（4）]；王启龙、邓小咏《二十世纪上半叶藏区地理研究述评》[《西藏研究》，2001（2）：68－84] 等。

[2] 詹姆斯，马丁．地理学思想史［M］．李旭旦，译．增订本．北京：商务印书馆，1989：270.

与科学结合起来，促成了俄国早期的探险考察。

扩张领土的政治目的，使俄国人考察的兴趣集中在确定河流、海岸、山脉的位置，寻找矿产资源地，采集动植物标本，并收集自然特征、人口和经济方面的资料。早期俄国人的考察工作多集中在辽阔的西伯利亚地区。从 19 世纪后期开始，他们考察的范围扩大到中国的西北和东北地区。

在进入中国版图的俄国人中，最早、影响较大的探险家是普尔热瓦尔斯基（N. M. Przhevalsky，1839—1888）。他在俄国地理学会和陆军部的资助下，于 1870 ~ 1885 年间先后 4 次率领考察队来到中国西部探险。考察目的主要是了解中亚地区的自然环境，调查中国西北地区的矿产资源，并收集动植物标本。普尔热瓦尔斯基在考察中收集的哺乳动物、鸟类、鱼类、昆虫和植物标本数以万计，其中野马、野骆驼等珍贵动物标本更是第一次被带到欧洲。

普尔热瓦尔斯基
（1839—1888）

从 1892 年开始，俄国多次派人进入中国东北地区进行矿产资源和地质调查。规模最大的是 1892 ~ 1894 年间，由俄国地理学者奥布鲁切夫（B. A. OδpyyeB，1863—1956）率队，在大兴安岭、呼伦贝尔一带进行的地质、地理和生物资源考察。考察队在中国境内采集了大量的动植物标本和种子。奥布鲁切夫也十分重视对中国境内矿产资源的考察，他是最早在中国从事石油资源考察的西方人。

俄国人的考察，主要兴趣是收集动植物标本和记录地理环境、矿产资源等内容，所以他们对于了解中亚地区的自然环境与资源情况贡献最大。这也正是他们与许多以盗取中国文物为目的的欧洲探险家不同的地方。

德国 在19世纪初期的欧洲，洪堡（Alexander von Humboldt，1769—1859）和李特尔（Karl Ritter，1799—1859）主张地理学应以经验为依据，地理学者应该从观察中寻找一般的法则。他们强调野外考察对于学科研究的重要性，并且亲自到野外从事考察工作。洪堡就曾经在中亚一带从事野外考察。受洪堡等人的影响，一批欧洲学者到东亚、中亚从事考察。新区域的考察为欧洲人带去新的资料和知识。

对于欧洲人来说，殖民扩张的需要也增加了他们对域外地理知识的渴望。19世纪后期，欧洲已经建立起28个地理学会。这些地理学会召开的会议和出版的刊物，都与世界各地的科学考察有关。离欧洲最近的、人烟稀少的地区就是中亚。那些到新殖民地的行政官员和商人，需要相关区域的地理资料。诸多因素促进了欧洲人对中亚地区的探险考察。

这一时期来到中国的欧洲探险家中，最著名的学者当属德国地理学家李希霍芬（Ferdinand von Richthofen，1833—1905）。1868年至1872年，他对中国的沿海和内陆地区进行了7次广泛的考察。他在上海商会（Committee of Shanghai General Chamber of Commerce）的资助下来华考察，所以，除了进行地理和地质等学术调查、采集标本外，还应商会的要求进行了物产、人口、交通、商业和风土人情等经济和社会情况的调查。上海商会还要求他注意中国的煤矿资源，因此李希霍芬对中国煤矿产地的考察也最为详尽，在

李希霍芬(1833—1905)

考察的基础上还绘制了中国煤矿资源的分布图。李希霍芬关于山西省煤矿之富冠于全球的报道轰动了世界。

李希霍芬在中国的考察取得丰硕的学术成果。他在内蒙古、山西、陕西和四川西部等地考察后，提出的“震旦纪”、“黄土高原风成说”、“丝绸之路”等术语和理论，在中外学术界产生了广泛的影响。李希霍芬5卷本的考察报告《中国：亲身旅行和据此所作研究的成果》（*China：Ergebnisse eigener reisen und darauf gegründeter studien*）（简称《中国》），不仅在西方影响很大，而且对中国学者的影响也很大。地质学家张星烺在德国留学期间阅读了这本书。他认为：“苟得同志五六人，分门译之，则二三年内，中土之研求地质矿产者，亦得最良之参考书。”[1]此书虽然未能译成中文，但中国早期的地质学家都非常熟悉李希霍芬的著作[2]，李希霍芬对中国矿产资源的调查，也曾经助长了西方列强对中国的侵略野心[3]。尽管如此，他的考察工作还是对日后中国学者的资源考察起到了示范作用。

美国 近现代地学在美国发展的一个重要基础，是野外考察的传统。美国学者早期的考察工作多集中在美国的西部地区，但也有一些学者来到中国从事资源的考察与研究。美国地质学家庞佩利（Raphael Pumpelly，1837—1923）于1862年至1865年间来华。他来华的目的本是地质调查，但是他在华期

---

〔1〕 陶世龙．从庞培勒到维里士［G］//中国地质学会地质学史研究会，中国地质大学地质学史研究室．地质学史论丛（3）．北京：中国地质大学出版社，1995.

〔2〕 吴凤鸣．1840至1911年外国地质学家在华调查与研究工作［J］．中国科技史料，1992（1）：37－51.

〔3〕 德国人侵占华北门户胶州湾，主要是由于李希霍芬在书中要求人们注意那里的战略重要性。（参见：迪金森．近代地理学创建人［M］．葛以德，林尔蔚，陈江，等译．北京：商务印书馆，1980：93）

间应清政府的邀请，首先从事了一个多月的北京西山的煤矿资源调查。随后，他在东北、华北和西北一带从事地质调查，并横穿欧亚大陆。回到美国后，他在1866年发表了在华的地质考察报告《在中国、蒙古及日本的地质研究》。庞佩利在华考察时间长、范围广，在考察中积累了不少有关中国矿产资源情况的资料，这些资料成为后人研究的基础。

庞佩利的考察传统，间接地影响了中国资源考察的创始者竺可桢。庞佩利曾经邀请在美国哈佛大学地学系执教的戴维斯(William Morris Davis，1850—1934)，共同从事美国蒙大拿州沿北太平洋铁路沿线的资源考察工作。戴维斯通过这次考察，形成了著名的侵蚀循环理论，并更加重视野外考察的传统。他把这种传统带到了哈佛大学。竺可桢在哈佛大学留学期间，就受到了野外考察传统的熏陶。

日本　从20世纪初期开始，日本人也涉足中国的野外考察。时间虽然晚于俄、美、德、英、法等西方国家，但是他们却后来居上，在中国的东北、华北、华东、西北以及台湾等地进行了大规模的矿产资源调查。

19世纪后半叶，由于蒸汽轮船的发展和扩充军备的需要，日本国内对于煤、铁等资源的消费大量增加。而日本国内的金、铜等矿山开采量，在此时却趋于衰退。为了解决矿产资源问题，日本从19世纪后期即开展了本土的矿产资源调查。

进入20世纪以后，日本人开始窥视周边国家的资源，尤其是矿产资源。他们开始对中国的东北和台湾等地进行考察。日本在占据台湾的50年里，调查了岛上的煤、金、石油等矿产资源，采集了大量的生物标本，并考察了台湾的地层、地质构造和地貌情况。在考察的基础上，先后出版了不同比例尺的

《台湾地质矿产地图》《台湾植物名汇》等。日本人在东北的资源考察工作则主要集中在矿产资源、林业资源和植物资源，其中以矿产资源的调查最为细致。

日本人对中国大陆地区矿产资源的调查，主要是由日本设立在中国东北的地质调查机构完成的。日本于1906年设立了南满铁道株式会社（简称满铁），1907年满铁矿业部内设“地质课”，主要从事抚顺煤矿调查，后将调查范围扩大到整个东北地区。“地质课”后迁至大连，交由兴业部管理，更名为满铁地质调查所，1919年改为地质调查所，从事东北地区的地质矿产考察。1938年，地质调查所的部分机构迁至长春，隶属于大陆科学院，并更名为“满洲帝国地质调查所”。地质调查所对东北的地质、矿产做了大量的考察工作。随着日本侵华势力的扩大，地质调查所一度把调查区域推进到华北地区。到1940年，仅调查的矿产地就达3000多处[1]。

虽然早期外国人在中国的考察并不系统，也没有规范的组织体系，但是作为填补空白性的工作，他们取得的成果一直为中外学者所关注。由于国别、时代、动机等方面的差异，这一时期各国组织的考察具有以下特点：

首先，外国人在中国的考察，因各国在华政治势力范围的不同而具有明显的地域特点。英国人主要在西藏；法国人集中在西南地区；俄国人考察的地域范围在东北、西北地区，尤其以新疆一带为主；日本人主要考察活动在中国东北和台湾等地；美国人则多在中国内地各省考察。其次，外国

〔1〕 解学诗. 隔世遗思——评满铁调查部［M］. 北京：人民出版社，2003：105.

人的工作为中国学者后来的考察与研究，提供了一定的资料基础，并起到示范的作用。19 世纪末至 20 世纪中期西方出版的学术书刊中，有大量关于亚洲矿产资源的报告。他们的报告或专著，成为早期研究中国自然环境情况的重要资料。尤其是在区域环境特点、动植物和矿产资源的分布、中国地层系统的建立、古生物种属的发掘、描述与鉴定的划分等方面，都具有参考意义。中国学者早期从事考察时，也多参考西方人的工作。中国最早的地质调查报告《地质研究所师弟修业记》（1916）和《北京西山地质志》（1920）中，都注意到了外国人的工作。再次，外国人通过实际观察发现和提出的一些科学问题，也引起包括中国学者在内的世界学者的广泛重视。如罗布泊的游移问题、黄土成因问题、西部气候的变迁问题和地文分期等问题的提出，吸引了相关专业的学者。中国学者也在这些领域做了很多工作，并提出了一些新的见解，有些问题直到现在仍在研究、争论之中。

2. 中国政府聘请的西方学者

工业的发展，刺激了对全国矿产资源分布情况的考察。为了解决人才短缺的问题，中国政府开始聘请外国学者来华工作，帮助中国调查矿产资源的分布和储量。早在 19 世纪末期，清朝政府就曾高薪聘请英国人来华帮助调查中国内地的矿产资源。进入 20 世纪以后，随着近现代科学在中国的引进及发展，为了弥补学术研究的不足，中国政府和一些学术机构也不断聘请西方学者来华，从事调查与研究工作。

这一时期被聘请来华的大多是西方著名的学者。他们的到来为中国的地学研究事业增添了生命力。早在 20 年代初期，中国地质事业的开拓者章鸿钊（1877—1951）就指出："十年以来，外国的有名地质学家，常常在我们左右和我们共事，这即是使我们得到一个‘不能不发展’的好机会。”[1]

德国学者梭尔格（F. Solger）是影响较大的西方学者之一。章鸿钊曾高度评价认为，梭尔格对中国地质事业“襄助最力”[2]。1909 年梭尔格应聘到京师大学堂地质科从事教学工作，后因地质科停办，他便应农商部之邀，与中国学者共同从事矿产资源的考察工作。1913 年他与丁文江（1887—1936）和王锡宾在山西铁路沿线从事地质和矿产资源的调查，并与丁文江共同绘制了煤矿区域地质图。

曾任瑞典地质调查所所长的瑞典地质学家安特生（Johan Gunnar Andersson，1874—1960）于 1914 ~ 1924 年间应聘来华，担任北洋政府农商部矿政司顾问，并带领他的助手丁格兰（F. R. Tegengren）从事矿产调查。安特生十分重视调查中国煤铁及其他矿产资源。他在中国最大的成绩就是发现了宣化烟筒山铁矿，并且详测了龙关线一带的铁矿资源。在调查煤、铁、铜各种矿产期间，他连带注意于地文分期的研究，并进一步研究了新生代的分层、新生代古生物采集及远古人类考古。为了能够收集到大量的化石标本，他利用外国学者的身份，托请在中国各地的教会帮忙采集各地化石等史前遗物。他还发现了周口店等重要的化石地点。这位发表论著达 60 多种的多产学者，不但亲自对中国的资源情况做了大量的调查和研究，而且还积极推动中国学者从事相关的工作。

为了帮助中国学者解决经费上的困难，安特生通过争取瑞

〔1〕 章鸿钊. 中国古代之地质思想及近十年来地质调查事业之经过 [J]. 地学杂志，1922，13 (2).

〔2〕 章鸿钊. 中国研究地质学之历史 [J]. 中国地质学会志，1922 (Z1).

典王子、世界著名火柴大王等著名人士捐钱，积极帮助中国学者募集野外考察工作资金。为了推动矿产资源的研究工作，安特生在华期间还努力促进相关科学事业的发展。他是中国地质学会的创立会员之一，还曾经亲自担任了中国地质调查所地质矿产标本陈列馆的馆长。

20 世纪 20 年代，中国开始了土壤资源的调查与研究工作。美籍学者潘得顿（R. L. Pendleton）被聘请来华指导并帮助中国学者从事土壤资源的调查工作。30 年代，中国建立了土壤学研究机构，美国学者梭颇（James Thorp）即被聘请来华，与中国学者一道参与土壤调查工作。在华期间，他与中国学者在多年共同考察的基础上，编制了 1∶750 万的《中国土壤概图》，并编写了《中国之土壤》一书。

1923～1946 年在华的法国地质学家德日进（Teilhard de Chardin，1881—1955），也是一位对中国的资源调查影响较大的学者。德日进来华之前曾任法国地质学会会长，具有很高的学术地位。他 42 岁来华，正值科学上的成熟期和成果产生的旺盛时期。德日进在中国居住了 23 年。他在华期间发表了 140 多篇文章和撰写了 17 部专著[1]。

尽管德日进本人的兴趣并不在地学领域，但是他经常与中国学者一起从事野外考察，因此对中国学者的学术研究影响较大。李济曾有过高度的评价：“他（德日进）所发表的报告差不多全是示范性的，中国的化石学家、地质及史前考古学家，

---

〔1〕 刘东生．东西科学文化碰撞的火花——纪念德日进神父（1881～1955 年）来中国工作 80 年［J］．第四纪研究，2003，23（4）：345－356．

大半都受到了他很有益的影响。”[1]德日进的写作文风对一些中国学者也产生了很大的影响。

与各国自行组织的来华考察相比，被中国政府或学术机构聘请来华的西方学者，对中国学者的影响更加直接。首先，这些学者大多在相关的研究领域有着很深的造诣，他们带来了先进的科学理论和研究方法。他们的考察报告或研究论文又大部分发表在中国的刊物上，所以对中国学者从事资源考察与研究起到示范作用。其次，西方学者在华期间，大多与中国学者有着直接的合作与交流。一些西方学者更是亲自带领中国学者在野外考察，因此在培养科学人才方面发挥了作用。再次，这一时期来华学者，在中国学术界大多具有很高的地位，对中国科学的发展产生了较大影响。

3. 中外合作的考察团

进入 20 世纪之后，随着考察规模的扩大，德国、法国、意大利、美国等国家纷纷组织考察团或远征队，来华从事较大规模的考察工作。早期的考察队大多未经中国政府的允许而擅自闯入。西方人的行径引起了中国学者的强烈不满。从 20 年代开始，这种混乱的状况发生了根本性的改变。

西方近现代科学思想的传入和五四运动的洗礼，中国学术界走向成熟。中国学者开始具有近现代意识与民族精神。为了反对外国人在未经允许的情况下，在中国从事考察活动，中国学者于 1927 年组织成立了“中国学术团体协会”。协会在《宣言》[2]中明确提出：

---

〔1〕 李济. 红色土时代的周口店文化［G］//张光直，李光谟. 李济考古学论文选. 北京：文物出版社，1990：165.

〔2〕 中国科学院办公厅档案处档案：49 - 2 - 32。

凡一国内所有之特种学术材料，如历史材料，及稀有之古生物、动植矿物等材料，因便利研究、尊重国权等理由，胥宜由本国各学术团体自为妥实保存，以供学者之研究，绝不允输出国外。此在文化优越之国家，已经著为典则，无有例外。乃近数十年来常有外人所组织之采集队，擅往中国各处搜掘，将我国最稀有之学术材料……莫不大宗捆载以去。一若不平等条约蚀吾国权之不足，更欲用其精神以蚀吾学术。当时虽亦有人呼号反对，而政府社会置若罔闻，遂致材料分散，研究不便，致学术上受莫大之损失，兴言及此，良堪痛心……

我国近年因时局不靖，致学术事业未能充分进行，实堪慨叹。但同人等数年来就绵力所及，谋本国文化之发展已有相当之效果。现更鉴于合作之必要，组织联合团体，做大规模之计划，加速进行，将来并可将采集或研究之所得，与世界学者共同讨论。一方面对于侵犯国权损害学术之一切不良行为，自当本此宣言之精神，联合全国学术团体，妥筹办法，督促政府严加禁止，当此吾民日趋觉悟，举国呼号废除不平等条约之时，邦人君子爱国之心虽不如我，谅能急起直追，使中国文化前途有所保障。

对于计划来华的外国考察团，中国学术团体协会决定采取合作的方式，组成中外联合科学考察团。联合组团的方式一方面可以增进中外的学术交流，解决中国学者缺乏考察经费和设备的实际问题；另一方面也限制了外国人在华的资源考察与掠夺。

斯文·赫定（1865—1952）

这种中外联合组团考察的方式，始于1927年中国学术团体协会与瑞典地理学家斯文·赫定（Sven Anders Hedin，1865—1952）联合组建的“中瑞西北科学考查团”。斯文·赫定从1885年开始多次来华，在西北和西藏等地从事考察，并收集了大量资料，发表了许多在中外学术界具有广泛影响的著作。1926年，当他再次来华，准备组织考察队对中国西北地区开展一次较大规模的考察时，受到了中国学术界的强烈抵制。为了能够顺利地开展考察工作，斯文·赫定与中国学术团体协会经过多次协商，决定成立“中瑞西北科学考查团”[1]。

“中瑞西北科学考查团”（The Sino-Swedish Scientific Expedition to the North-Western Province of China，1927—1935）（以下简称“西北考查团”）是中国学者参与，第一次大规模的中外合作科学考察活动。这次考察在中国引进近现代科学的过程中，在地理学、地质学、古生物学、气象学、大地测量、植物学、人类学、考古学等学科的资料积累，以及人才培养等方面都发挥了重大作用，并对中外科学交流产生了深远影响。

中瑞组团进行的西北地区综合考察，内容涉及地理环境、地磁、地质矿产、气象与气候、天文、考古和民俗，其中也包括了资源考察的内容。“西北考查团”考察地域辽阔，参加人数较多，

〔1〕关于“中瑞西北科学考查团”成立的详细经过，参见李学通《中瑞西北科学考查团组建中的争议》［《中国科技史料》，2004，25（2）：95－105］；张九辰《中国近现代科学史上的第一个平等条约》［《百年潮》，2004（10）：42－46］。

涉及学科广泛，时间跨度较长，在资源考察方面取得了丰硕成果。

在矿产资源方面，中国学者丁道衡（1899—1955）和袁复礼（1893—1987）发现了白云鄂博铁矿。这个发现经过1955年的详查证实后，为包头钢铁工业基地的建设奠定了基础；在植物资源方面，年轻的植物学者郝景盛（1903—1955）在甘南和青海等地收集了大量植物标本及资料，并对这一地区的植物地理和植物区系进行了研究；在气象观测方面，“西北考查团”在内蒙古和新疆两地建立了6个气象站，取得了第一手气象观测资料；在沿途考察过程中，“西北考查团”成员还进行了大地测量和地形测量，绘制了包含有资源情况的详细地图。

“西北考查团”在其他学术领域也取得了举世瞩目的成就。在古生物学方面，丁道衡在内蒙古喀拉罗盖（红头山）采集了3个恐龙化石，袁复礼在新疆、宁夏等地发现了72个爬行动物化石（其中包括著名的袁氏阔口龙、奇台天山恐龙和宁夏结节绘龙），以及水西沟等地发现了大量植物和鱼类化石等，这些都是当时古生物学界非常杰出的成就。尤其是如此多而完整的爬行动物化石的发现，在当时国际上也是极为罕见的。古生物学家杨钟健（1897—1979）认为，其意义不在“北京猿人”发现之下。在地理学和大地测量学方面，陈宗器对罗布泊变迁及额济纳河流变迁的实地考察与研究等工作，都是中国学者在这一科学领域及这些地区的开拓性工作。此外，“西北考查团”在考古学和历史学等方面也取得了重大的成就。

考察结束后，中外学者都发表了大量的考察报告和研究成果。瑞典方面将研究成果汇集成了11大类55卷的《中瑞西北科学考察团报告集》（*Reports from the Scientific Expedition to the*

North-Western Provinces of China under the Leadership of Dr. Sven Hedin, *Sino-Swedish Expedition*)。这个报告集从1937年开始出版发行，一直延续到20世纪80年代[1]。

仿照“中瑞西北科学考查团”的合作模式，中国学者还与美国和法国学者组织了联合科学考察团。自20世纪20年代初期开始，美国自然历史博物馆组织了中亚远征队（Central Asiatic Expedition of the American Museum of Natural History）。远征队原计划在中国各地考察。在队长安得思（Roy Chapman Andrews，1884—1960）的领导下，考察队每年春来秋返，先后在云南、四川、福建、西藏、内蒙古等地考察，发掘了大量动物化石。1928年，当考察队自蒙古返回北京时，中国舆论普遍谴责考察队偷盗中国宝物，查勘中国的矿产资源，他们采集的85箱化石也在张家口被扣留。因此，当1930年考察队再次来华时，改由中美学者共同组团，考察队的名称也定为“中美联合科学考查团”。中国学者张席禔（1898—1966）、杨钟健、裴文中（1904—1982）等人都曾经参与考察活动。

“中美联合科学考查团”的考察成果，对中国学术界影响也比较大。早在1922年秋季，中亚远征队完成考察任务回到北京后，中国地质学会特地举行第四次常会，专门请考察队的4名成员——安得思、伯克（Berkey）、莫里斯（Morris）和格兰格（Granger）介绍考察成果。1925年远征队再次来华，中

[1]《中瑞西北科学考察团报告集》中的个别卷次，不属于20世纪20～30年代的“中瑞西北科学考查团”的考察成果。根据笔者掌握的资料，这个报告集一直出版到80年代。最后一位在世的“西北考查团”成员那林去世后，报告集便告停止。但据中国社会科学院考古研究所陈星灿研究员介绍，他在瑞典访问期间，曾看到《中瑞西北科学考察团报告集》仍在继续出版，但收录的内容已是近现代学者的考察与研究。

国地质学会又特地举行了第九次和第十一次常会，请考察队成员介绍他们的考察计划和成果。

“中美联合科学考查团”由于经费充足、设备先进，考察过程中“完全不觉其苦”，杨钟健称这次考察是“最有意思的一次旅行”[1]。在两个多月的联合野外考察中，中美学者不但发现了大量扁齿象化石，而且在矿产资源、地形测量和植物资源等方面也取得一定的成果。

20 世纪 20 年代末，在法国政府、军方和法国雪铁龙公司的支持与赞助下，法国方面计划组织亚洲考察活动，并于 1930 年派代表卜安（V. Point）来华，商谈成立“中法科学考查团”事宜。双方在协商的基础上初步达成协议。按照协议，考察的主要内容是地理、地质、生物、人类、考古和民俗等。1931 年“中法科学考查团”正式成立，法方 19 人，团长为卜安；中方 9 人，团长为褚民谊（1884—1946）。

虽然协议中规定这是一次综合性的学术考察，但中方团员、地质学家杨钟健评价法国人的目的“本只是横贯亚洲的大旅行，而不是什么学术考查。与中亚考查团（即中美联合科学考查团——笔者注）和西北考查团（即中瑞西北科学考查团——笔者注）绝不相同”，法国人的“目的是在试汽车，

〔1〕 杨钟健．杨钟健回忆录［M］．北京：地质出版社，1983：69－70．

杨钟健这里所指，是出于学术上的收获。在中外学者的合作关系上，历次中外合作考察都无法与中瑞合作考察相比。杨钟健在 20 世纪 30 年代初撰写的另一本书《西北的剖面》（1932 年 10 月，北平西四兵马司地质图书馆）中，在谈到中外考察时，曾感叹：“中外合作的事，向来是中国人吃亏。”他认为其中主要的原因是中国无力出钱，外国人认为中国人是在强迫揩油，所以在考察过程中，中国学者总是受到歧视。并提到在中美合作考察过程中，他和另一位中国学者张席褆都有被歧视的感觉。

不过约几个学者充一充幌子罢了”[1]。法方人员中真正的科学家很少，只有德日进和雷猛，其他团员主要是负责修车、开车和照相等事务。

在考察过程中，法方团员不能与中方团员平等、友好地合作，法方一些团员“完全以殖民地主义的态度待人”，甚至殴打中方团员，致使这次合作以失败告终。多种原因造成中法合作的考察无功而返，正如当时参加考察的中国学者所形容：这次考察是“有如入宝山却空手而归之感”[2]。

中外联合组成的科学考察团，经费充足、设备先进、人员较多，而且涉及的学科比较广泛，理应在资源考察方面取得更大的成绩。而且，为了避免引起中国学者对西方人掠取中国文物的不满，考察团一般都把资源考察列为重点内容。这些都有利于推进资源考察工作。但是由于双方无法真正平等地合作，各自的考察目的也不尽相同，就造成了在考察过程中缺乏良好的协调，影响了考察的成果。

考察结束后，双方的合作关系随即终止，无人再督促考察后研究成果的交流与总结。这一点在中国学者方面更是明显。即使像合作良好的“中瑞西北科学考查团”，双方在考察结束后对考察资料的研究方面，也存在着一些问题。中国学者由于战争等因素的影响，考察资料散失，研究中断。像白云鄂博铁矿资源这么重大的发现，在当时并没有引起国内学者足够的重视和进一步的勘察，便是一个明证。

〔1〕 杨钟健. 西北的剖面［M］. 北京：北平西四兵马司地质图书馆，1932：141－143.

〔2〕 杨钟健. 杨钟健回忆录［M］. 北京：地质出版社，1983：71－72.

二　留学生与近现代地学的奠基

20世纪20年代以后，中国地学进入了一个全新的历史阶段。传统地学研究方法基本上被淘汰，西方先进的地学理论则被全面地介绍到中国，推动了中国地学的进步。大量西方地学代表作在20~30年代被翻译、介绍到中国，如《人生地理学原理》（亨廷顿）、《地理与世界霸权》（弗尔格里夫）、《地理环境之影响》（辛普尔）、《人地学原理》（白吕纳）、《自然地理学专论》（马东）、《世界植物地理》（哈第）等。在当时地学界影响很大的《地学杂志》于1921年起就开始"力加改良，刷新内容，……增添新目"，加强介绍西方的地学理论及地学名著。

推动近现代地学理论在中国的传播，贡献最大者当属中国第一代近现代地学人才，其中多数为归国的留学生。留学生的学成回国，促进了西方地学理论的全面介绍。早在20世纪30年代，中国学者就注意到留学生在中国科学近现代化过程中发挥的作用："无留学生，中国的新教育与新文化决不至有今日。设学校、译西籍，……在五十年以至于三十年前，却是极新奇而困难的事情，……即现在教育上的学制课程，商业上之银行公司，工业上之机械、制造，无一不是从欧美日本模仿而来，更无一不是假留学生以直接间接传来。"[1]

留学生回国后深感中国地学的发展远远落后于西方，于是他们一方面通过翻译国外地学名著，另一方面通过发表论著、论文介绍西方地学研究概况和新思想。此外留学生回国后多数从事地学教育，直接利用西方科学理论培养出新一代的地学人才。更有一些留学生推动了中国与国际地学研究的合作。

〔1〕 舒新城．近代中国留学史［M］．上海：中华书局，1933：1.

章鸿钊（1877—1951）于 1911 年从日本学成回国后，在《地学杂志》上先后发表了《世界各国之地质调查事业》《中华地质调查私议》《调查地质咨文》等文，这些文章对中国地质学的发展具有重要意义。丁文江（1887—1936）1911 年从英国留学归国后，与章鸿钊等人合作创办了地质调查所。他还积极倡导并参加野外考察，培养出谢家荣、叶良辅、谭锡畴等一批优秀的地质人才。翁文灏（1889—1971）于 1912 年从比利时学成回国，早期执教于地质研究所、地质调查所，曾参与中国地质学会、中国地理学会以及北京大学地质系的创办。他也是最早介绍大陆漂移学说的中国学者之一。李四光（1889—1971）曾在日本和英国留学，于 1920 年学成回国，就任北京大学地质系教授，为培养新一代地质人才做出了贡献。还有王宠佑、朱家骅、谢家荣、叶良辅、杨钟健、孙云铸等人，他们作为中国近现代地质学的奠基人，对地质学思想在中国的传播做出了不可磨灭的贡献。

章鸿钊（1877—1951）

20 世纪 30 ~ 40 年代，近现代地学主要理论均被介绍到中国，如魏格纳的大陆漂移学说、地理环境决定论、马尔萨斯人口论、豪斯浩弗的地缘政治学说、辛普尔与亨廷顿的人地关系论、人文地理学说、柯本的气候学说、戴维斯的地貌侵蚀循环说、韦伯的工业区位论和杜能的农业区位论等，多数都是通过留学生传入中国的。竺可桢回国后，从 20 年代开始先后发表《地理教学法之商榷》（《科学》，1922 年）、《何谓地理学》（《史学与地学》，1926 年）、《地学通论》（南京国立中央大学）等论著，介绍西方地理学理论，探讨地理学科的性质、内容和方法。30 年代竺可桢等人编译《新地学》一书，较全面地介绍了西方地理学的理论和研究概况。此外，他还在 20 年代创建东南大学地学系，培养了新一代的地理学人才。他又于 30 年代与翁文灏、胡焕庸等人共同创办中国地理学会。黄国璋（1896—1966）1928 年回国，先后在中央大学、清华大学、北平师范大学和西北联合大学任教，培养了大批地理学人才。他还发表《纽约美国地理学会概况》《爪哇农业地理见闻撮要》《我国国防与地理》等文介绍近现代地理学知识。20 年代末至 30 年代末的许多留学生，如林超、王成组、涂长望、任美锷、李旭旦、徐近之等，在传播近现代地理学思想上都做出了重要的贡献。

第三节　分支学科的创建过程

学科的分化是近现代地学的主要特点之一。由于中国的近现代地学是由西方传入的，因此地学术语首先出现在译著之中。明末清初随着传教士东来，出现了大量科学译著，其中不乏对西方地学的介绍性著作。但近现代地质学诞生于 18 世纪末至 19 世纪初期[1]，近现代地理学始于 19 世纪初期[2]，而近现代地学思想传入中国则是在 19 世纪中后期，所以具有近现代意义的学科术语在中国的出现始于清朝末期。

清末中国人的地理知识和对地理环境的描述，已经有了相当长历史时期的资料积累，并包含了大量的地学词汇。在近现

〔1〕 吴凤鸣．世界地质学史［M］．长春：吉林教育出版社，1996：164.

〔2〕 詹姆斯，马丁．地理学思想史［M］．李旭旦，译．增订本．北京：商务印书馆，1989：168.

代地学著作中不断产生出新的术语，但由于地学学科在中国的传播和建立经历了一个认识、理解和消化吸收的缓慢过程，因此对地学各个分支学科的命名中，普遍借助了已有的词汇来命名新的学科概念（见表1－1－2）。但这些学科名称多为旧词新用，并非传统概念或知识体系的延续。

表1－1－2　不同译著中地学主要学科名称的演变

近现代名称	地理学	自然地理学	区域地理学	地质学	地学
《新释地理备考》，玛吉士，1847年		文、质	政		地理
《地理全志》，慕维廉，1853年		地文、地质	政	地质	地理
《地理全志》，慕维廉，1880年		文、质	政	质	地理
《地理全志》，慕维廉，1883年		质	政	质	地理
《地志须知》，1882～1889年			地志		
《地学浅释》，华蘅芳译，1873年				地学	
《读西学书法》，梁启超，1896年		地文学	地志学	地质学	地学
《地理初恍》，1899年	地理			地学	
《地理学讲义》，1901年		自然地理			
《中国地质略论》，鲁迅，1903年				地质	

续表

近现代名称	地理学	自然地理学	区域地理学	地质学	地学
《最新地文图志》，1906 年		地文学		地学	
《新撰地文学》，1908 年		地文学			
《地学辞书》，1931 年	地理学	地文学，自然地理学		地质学	

一　自然地理学的兴起：地文学、自然地理学

自然地理学是地理学中发展最早的分支学科，以至于在具有近现代意义的术语之中，“自然地理学”这一术语先于“地理学”而存在。早期自然地理学多译为“地文学”。它也是最早传入的近现代地学术语之一。

“地文”一词中国古已有之，早在战国时期的《庄子·应帝王》中就有：“乡吾示之以地文，萌乎不震不正。”古代的“地文”是指地面山岳河海丘陵平原的形状[1]，而这也正是近现代自然地理学的研究对象。因此中国学者很自然地将自然地理学命名为地文学。

1847 年(道光二十七年)出版的玛吉士（Jose Martins-Marquez）著的《新释地理备考》中，最早将地学分为“文、质、政”三类：“其文者，则以南北二极、南北二带、南圜北圜二线、平行上午二线、赤寒温热四道、直经横纬各度，指示于人也。其质者，则以江湖河海、山川、田土、洲岛、海峡、内外各洋，指示于人

〔1〕 广东、广西、湖南、河南辞源修订组，商务印书馆编辑部．辞源［M］．北京：商务印书馆，1981．

也。”[1]这里的“文”，主要是指以研究地理空间位置为主的数理地理学，在20世纪30年代之前它也是自然地理学的主要内容之一。但在《新释地理备考》中并没有出现“地文”，也没有出现“地质”一词。《新释地理备考》以及它的分类方法对中国地学究竟产生了多大的影响尚待进一步考证。

在近现代地学译著中影响较大者首推1853～1854年出版的英国人慕维廉(William Muirhead，1822—1900)的《地理全志》[2]。此书1853年的版本分为上、下两编，在下编的十卷标题中出现了“地文”(卷八、卷九)一词，有学者认为这里的地文即指自然地理学[3]。1880年出版的《地理全志》刻本中，也将地学分为“文、质、政”三类。书中指出：“其文者，指地形广大旋动，及其居于空际之位，与日月星辰为比较，并其所运昼夜四季之故，与所画之圆线，推明此理。”[4]这里对“文”的定义是以数理地理学内容为主，而且各卷的文论部分的主要内容也是以数理地理为主。自然地理学的内容被放在质论部分。而1883年出版的《地理全志》的总序中，地学仅被分为质、政两类：“地理者，言地面形势，分质、政二家。质家言地乃水土所成，及土之位置、广大、高低、形势大略，水之位置、

《地理全志》

〔1〕 玛吉士．新释地理备考［M］．刻本．广州：海山仙馆，1847．

〔2〕 慕维廉．地理全志［M］．刻本．上海：墨海书馆，1853．

〔3〕 李鄂荣．“地质”一词何时出现于我国文献［G］//中国地质学会地质学史委员会．地质学史论丛（一）．北京：地质出版社，1986．

〔4〕 慕维廉．地理全志［M］．刻本．1880．

广大、深浅、流动之理也，总之水图支干、气化不同，故禽兽草本，随地而异，各有限界，此言地质者之至要也。”[1]这里的“质”主要为自然地理学的内容。在这两种版本的《地理全志》中，均未出现“地文”一词，而且自然地理学的内容也放在质论的部分。因此具有近现代自然地理学概念的“地文”一词能否首推《地理全志》一书，仍有待商榷。

最早以“地文学”专指自然地理学的记载见于 1896 年，梁启超在《读西学书法》一文中曾提到西方将地学分为三类：“西人言地学者约分三宗，风云雷雨等谓之地文学，地种矿石物迹谓之地质学，五洲万国形势沿革谓之地志学。”[2]梁启超对地文学的解释过于笼统，但从他对地学的分类和地文学的内容上看，“地文学”应属于自然地理学的范畴。

进入 20 世纪后，“地文学”一词已被普遍用于指代自然地理学。几乎所有当时的普通自然地理学译著都冠以地文学之名。20 世纪初对于地文学的解释也更为准确。《最新地文图志》中指出：“地文一学，所讲山川形势，无非顺其伦脊，辨其异同，分其次第而已，与人事无与也。惟考究地文学者，取大地之山岭川泽，剖分测验。实与考究身体学者，取一身之筋骨脉络，剖分测验无异。”[3]

“自然地理学”一词在 20 世纪初就已出现。1901 年出版的《地理学讲义》中已将地理学分为三类：数理地理、自然

〔1〕 慕维廉．地理全志［M］．排印本．上海：美华书馆，1883.

〔2〕 梁启超．读西学书法［M］//黎难秋．中国科技翻译史料．合肥：中国科学技术大学出版社，1996：631.

〔3〕 世爵崎冀．最新地文图志［M］．叶青，译．上海：商务印书馆，1906：序.

地理和政治地理，并明确指出了自然地理是“研究地球表面上所现自然之现象”[1]。十五年之后出版的一本“学校必需、考试必读”的《地理概论》中也出现了“地文地理”的篇名，并指出地文地理就是自然地理学[2]。在教科书中出现自然地理一词，说明当时“自然地理学”已为多数人所了解。但是在20世纪的前20年，“地文学”一词仍很流行。在1930年出版的《地学辞书》中Physical Geography条目下，同时标注着地文学和自然地理学，并称地文学为自然地理学之简称[3]。30年代以后，“自然地理学”一词逐渐普及，但也一直与“地文学”一词并用。40年代后期，还有学者将“地文地理学”作为自然地理学的分支之一以区别于数理地理学和生物地理学[4]。

20世纪初，“地文”一词在地理学领域被广泛应用的同时，地质学领域也开始使用“地文”一词。20~30年代，美国地貌学家戴维斯的地貌侵蚀循环论传入中国，并对中国地貌学研究产生了深远的影响。在研究区域地貌发育的过程中，地貌学者将不同的地貌发育阶段称为“地文期”。直到近现代，这一术语仍有着它的生命力[5]。但地质学者们所研究的地文分期与地理学中的地文学是两个完全不同的概念。

二　地质学的传入：地学、地质学

地质学是中国近现代科学中发展较早、成果较多的一门学

---

〔1〕志贺重昂．地理学讲义［M］．萨端，译．上海：金粟斋译书社，1901.

〔2〕葛陛伦．地理概论［M］．排印本．上海：会文堂，1915：5.

〔3〕王益厓．地学辞书［M］．上海：中华书局，1931：325.

〔4〕葛绥成．地理丛谈［M］．上海：中华书局，1948：3.

〔5〕有关中国近现代地文期的研究及其成果，参见：邱维理．中国地文期研究史［J］．中国科技史料，1999，20（2）：95－106.

科。因此，地质学也是中国近现代最早传入的地学术语之一。1853 年版的《地理全志》下编已出现“地质”（卷一），对此学者们有不同的理解，有学者认为这是中国最早出现的具有近现代科学意义的“地质”一词[1]，也有学者认为这里的“地质”是指地质学和自然地理学[2]。从书中对“质”的解释来看：其质者，“专指地内磐石形体、位置，其中有飞潜动植之迹，陆海古今变迁，地面水土，支干绵广，洋海流行，气化异象，暨人民生物草木之种类，仅将斯理考察详明……”。这里地质的内容应指地质学和自然地理学。1883 年出版的《地理全志》也有“地质”一词（见自然地理学部分的引文），但从原文看，其“地质”指的是自然地理环境，而非近现代意义的地质学内容。因此可以认为《地理全志》中的“地质”并非指近现代的地质学。

中国最早的近现代地质学译著是 1871 年出版的英国人雷侠儿（今译赖尔，Charles Lyell，1797—1875）著的《地学浅释》。在这部译著的总论中虽已出现“地质”一词：“地球全体，均为土石之质凝结而成。人若未常深求其故，以为苟能察究某金某石之所在，或浅或深，已足以致用矣。及细考之，而知地质时有变化。其变化之故，又有关于生物者，则不得不更究其鸟兽虫鱼草木之种类，以为识别。”但其书名却是用地学指代地质学。

---

〔1〕 李鄂荣．“地质”一词何时出现于我国文献［G］//中国地质学会地质学史委员会．地质学史论丛（一）．北京：地质出版社，1986.

〔2〕 王扬宗．《六合丛谈》中的近代科学知识及其在清末的影响［J］．中国科技史料，1999，20（3）：26－41.

19 世纪末，“地学”作为地质学的代名词已很普遍，当时的地质学译著基本上都以地学作为书名[1]。《地学须知》的序言中也有：“地学乃考查地体各类土石之形势部位，及其中所蕴藏之动植物迹与其所藏矿类，又查古今之变迁，并其所以成形化形之理者也。”[2]

虽然早在 1896 年，梁启超《读西学书法》中就已提到“地质学”（见自然地理学部分的引文），但近现代学者一般认为“地质学”一词被普遍使用是 1903 年鲁迅在东京出版的《浙江潮》上发表了《中国地质略论》一文以后，是由日本引进的[3]。

学科术语被普遍接受还需要一个过程。例如在 1906 年出版的《最新地文图志》中，仍用“地学”指代地质学。但进入 20 世纪后，“地质学”逐渐取代了“地学”，而且“地学”一词在 20 世纪又有了新的含义。

三　“地学”概念的延伸：舆地、地理与地学

以整个人类居住的地理环境为研究对象的地球科学（简称地学），包括了地理学、地质学、气象学等诸多研究领域。中国古代将地理环境称为“舆地”，并出现了《舆地广记》《舆地纪胜》等重要的地学著作。因此人们又将描述研究人类居住世界的地球科学称为舆地学。近现代地学发展的早期仍有学者使用

---

〔1〕 艾素珍．清代出版的地质学译著及特点［J］．中国科技史料，1998，19（1）：11－25.

〔2〕 傅兰雅．格致须知：地学须知［M］．刻本．1883.

〔3〕 也有学者不同意这种观点，参见：李鄂荣．“地质”一词何时出现于我国文献［G］//中国地质学会地质学史委员会．地质学史论丛（一）．北京：地质出版社，1986.

“舆地学”指代地球科学，如京师大学堂的《中国地理学》讲义中就有：“舆地之学，关系政治、工商诸务。”[1]虽然早期有一些地学译著以“舆地”命名[2]，但多数中国学者已将“舆地”视为中国古代地学的代名词，而较少用于西方传入的近现代地学著作之中。1927年中国地学会出版的《地学丛书》在谈到“舆地学”时主要指的也是中国古代的地学[3]。

最早以“地理”作为近现代地球科学的代名词，见于《新释地理备考》中：“夫地理者，地之理也。盖讲释天下各国之地式、山川、河海之名目，分为文、质、政三等。”虽然“地理”一词在中国早已出现[4]，但《新释地理备考》中的“地理”已包含了具有近现代科学意义的地理学、地质学的内容。其后的《地理全志》等书在讲到地球科学内容时，也使用“地理”一词。

《地理须知》中较早给予“地理”以详细的解释：“地理一学所该甚广。如地质、地势、矿石、水泽、空气以及光热、雷电、吸力、草木、禽兽、人类等，莫不属乎地理。”20世纪之前，“地理”基本上是地球科学的代名词。

---

〔1〕 北洋官报局．学报汇编［Z］．

〔2〕 阙维民．中国高校建立地理学系的第一个方案——京师大学堂文学科大学中外地理学门的课程设置［J］．中国科技史料，1998，19（4）：70－74．

在大学堂译书局所购的西方地理学书籍清册中，多以“舆地”作为书名。笔者仅见过几本京师译学馆出版的地学教科书，但从其内容上看都不具有近代地学的意义。

〔3〕 中国地学会．地学丛书［M］．刻本．1927．

〔4〕 曹婉如，唐锡仁．“地理”一词在中国的最早出现及其含义［J］．地理，1961（5）．

笔者所见最早明确地将地球科学定名为“地学”[1]的，是1896年出版的梁启超的《读西学书法》中提到的：“西人言地学者约分三宗，风云雷雨等谓之地文学，地种矿石物迹谓之地质学，五洲万国形势沿革谓之地志学。”直到20世纪中叶，中国学者对地球科学的总体分类也没有超出梁启超所述的三个部分。梁启超文中的“地学”一词源于何处还有待进一步的考证，但“地学”在当时并没有被普遍用来指代地球科学，它仍然是地质学的代名词。在19世纪末甚至20世纪初期冠以“地学”书名的著作，其主要内容仍然是地质学。

20世纪初，随着“地质学”逐步取代“地学”而成为地质科学的代名词，“地学”一词逐渐取代了“地理”，被越来越多地用以代表地球科学。1909年张相文等人发起成立中国地学会的建议，推动了中国近现代地学的进步，同时也使“地学”一词用于指代地球科学更加普遍。从中国地学会会刊《地学杂志》的内容来看，它并不局限在地质学领域，还包括了气象学、自然地理、人文地理、经济地理等内容。“地学”逐渐成为地球科学的代名词。但是人们在广泛使用“地学”一词时，却很少注意它的含义和包含的范围。1931年出版的《地学辞书》收集有1370余条地学术语，但却未解释何为地学。

20世纪30年代以前，“地学”成为使用频率最高、定义也最为模糊的术语之一。在中国地学的近现代化过程中学科术语混乱的现象一直存在，其中以“地学”的使用最为混乱。

〔1〕 在《中外舆地汇钞》（1894年（清光绪二十年）出版）的序言中有“好读史书，钩稽参校，尤究心于地学”，书中并未解释何为地学，但从内容上看仍采用中国传统地学的描述方法。

例如前文谈及的《地学浅释》，书名以地学作为地质学的译名，而在总论中又有：“地球全体，均为土石之质凝结而成。……及细考之，而知地质时有变化，其变化之故，又有关于生物者，……。如是穷原竟委，遂成地理一家之学。”〔1〕从全文来看，这里的“地理一家之学”实为地质学，而尽管文中已出现“地质”一词，但译者并未用它来命名这一学科，同一书中，地学、地质、地理均指的是同样的研究对象，而“地学”和“地理之学”更是同为地质学。1928 年出版的《（新编）地学通论》〔2〕，书中主要内容为自然地理学，在这里地学又成为自然地理学的代名词。直到 30 年代，对地学术语的使用仍很混乱。张其昀在《新地学》〔3〕一书的序言中就谈道：“兹所云新地学……盖欲用以表示晚近数十年来，地理学上之新思想、新眼光、新规律、新趋势与新希望。”中国近现代地学发展过程中学科术语使用上的混乱，由此可见一斑。

四　“地理”概念的转化

19 世纪，“地理”基本上是作为地球科学的代名词而存在于地学著作之中〔4〕。但随着地学的发展和前文所述相应学科术语的演化，“地理”逐渐有了新的含义。1899 年出版的《地理初恍》就指出：“地理则详地外之理，如山原河海之成，雨

---

〔1〕 雷侠儿．地学浅释［M］．玛高温口译，华蘅芳笔述．刻本．上海：江南制造局，1871.

〔2〕 刘玉峰．（新编）地学通论：上册［M］．北京：北平文化学社，1928.

〔3〕 马东．新地学［M］．竺可桢，等译．南京：钟山书局，1933.

〔4〕 王扬宗．《六合丛谈》中的近代科学知识及其在清末的影响［J］．中国科技史料，1999（3）：26－41.

《六合丛谈》中所载《地理》的英文目录为 Physical Geography，这里的“地理”指的是自然地理学。

露风霜之故。地学则讲地中之事，如土石之层累，物类之形迹……”[1]同年出版的《地学指略》中也有：“盖论地面形势者，谓之地理学。”[2]从这两本书中对地理学的定义看，地理学作为与地质学并列的地球科学之一，已不是地球科学的代名词。但在这一时期地学仍指地质学，而涉及整个地球科学时，仍多用“地理”一词。

同“地学”一样，“地理”一词在使用上也存在着指代不明的问题。前文提到的《地理学讲义》，其书内首页却印为《地学讲义》，从每页版口上均印有“地学讲义”四个字看，似乎并不属于印刷上的错误。而这里的地学、地理学则又同指地理学。直到20世纪，“地质学”的学科概念确立之后，“地理”才由指代地球科学转为与地质学并列的地理学的学科概念。

五　气象学的发展：测候、气学（汽学）、气象学

气象学，作为中国近现代地学中发展较快的学科之一，也经历了学科名词的演化。《测候丛谈》是较早的近现代气象学译著。测候本用来专指气象的观测，但这里的“测候”则指“专考天学之变化，其理原非甚深，因地球每年绕日行一周以成四时，而每日亦自转一周以成昼夜，是以寒暑殊焉，燥湿变焉”[3]。测候成为气象学的代名词。

中国近现代用测候作为气象学的代名词的著作较少。在近现代地学著作中，更多使用的则是“气学（汽学）”“气象学”

---

〔1〕地理初桄［M］//益智书会.西学九种．铅印本．上海：华美书馆，1899.

〔2〕地学指略［M］//益智书会.西学九种．铅印本．上海：华美书馆，1899.

〔3〕金楷理，华蘅芳.测候丛谈［M］.刻本．上海：江南制造局，1877.

"气候学""大气物理学"等术语。"气学"一词现在已不使用，而气候学、大气物理学都是气象学的重要组成部分。气候学还是地理学的重要组成之一，具有交叉性质。在近现代科学发展的初期这些内容常混杂在一起，因此我们也可以把这些术语作为同一学科概念。

从19世纪末出版的《气学须知》对气学的定义看："空气非虚，而实有其质也。将此各事考论证明，是谓气学"〔1〕，气学主要为大气物理学内容。从19世纪末有关"气学"或"大气物理学"译著的内容来看，也以大气的物理变化为主要的内容。

进入20世纪后，随着气象观测资料的增多和理论上逐步成熟，气象学才逐步完善并成为地球科学中与地理学、地质学并列的三大主要学科之一。"气象学"一词逐步普及，但仍有以气学命名的气象学著作，如1914年出版的译著《气学通诠》〔2〕。

六　区域地理学概念的形成：方志学（地志学）、区域地理学

《新释地理备考》地学分类的第三项为"政"："其政者，则以各邦、各国、省府、州县、村镇、乡里、政事制度、丁口数目、其君何爵、所奉何教，指示于人也。"这里的"政"是世界地理，在描述方法上，它与中国古代的方志之学没有根本的差别。《地理全志》中的"政"也是以介绍世界地理知识为主。因此它们还不能完全等同于近现代意义

---

〔1〕傅兰雅．格致须知：气学须知［M］．刻本．1886．

〔2〕马得赉．气学通诠［M］．刘晋钰，潘肇邦，译．上海：徐家汇土山湾印书馆，1914．

的区域地理学。

1882～1889年间出版的《格致须知》丛书中包括有《地志须知》，书中的总说强调了地志与其他地学学科的不同："地土之形势，……人民之风俗，……物产之多寡，……是谓之地志"；"至于地之形状、质体及水陆变迁、气候更变诸事乃属于地理等书"[1]。从总说将地志与地学、地理、气学等内容并列看，它应属于近现代的区域地理学，但从书中对区域地理的描述方法上看，仍缺乏近现代区域地理学的研究方法。1896年梁启超《读西学书法》的地学分类中也有地志学，而且这里的地志学是研究"五洲万国形势沿革"，从定义上看，它强调了区域的历史演进，似乎比《地志须知》中的世界地理内容前进了一步。但从20世纪以前的区域地理著作来看，其区域地理多为自然要素的描述，很少有区域沿革的研究。

20世纪前20年中国学者开始用近现代科学方法开展区域地理的研究，并取得丰硕科研成果。但"区域地理学"一词直到30年代末、40年代初期才得以普及。而在此之前"方志学"一直是其代名词。究其原因一部分是由于一些学者对近现代区域地理研究存在认识上的问题。20年代之后尽管出现了大量以近现代科学研究方法完成的区域地理学成果，但"略仿《汉书·地理志》体例"[2]的论著仍大量存在，它们与前者混在一起，统称为方志学。这可能是方志学一直作为区域地理学的代名词的原因之一。20年代之后多数的地理学者虽

〔1〕 傅兰雅．格致须知：地志须知［M］．刻本．1882．

〔2〕 张其昀．中国风俗论［J］．科学，1926，11（1）：55－80．

然仍使用方志学一词，但他们已能分清古代的“方志”与近现代“方志”的不同：“区域地理的性质，就是中国古代的方志，可是这种方志有纯粹的科学精神的基础，所以叫作新方志。”[1]

七　其他地学分支学科名称的演化

地学中其他分支学科的命名也多以汉语中已有的名词来命名，由于对这些新兴学科的理解需要一个过程，因此地学各分支学科的名称几乎都经历了一个演化的过程。

矿物岩石学，其知识以其重要的经济价值早已引起人们的重视。中国古代含有“矿物”内涵的名词已有很多[2,3]。《周礼·地官·丱人》中的“丱”即为“矿”字。《管子》中已用“金石”一词来指代矿物和岩石[4]。唐代出现了以“金石”命名的矿物著作《金石薄五九数诀》。19 世纪末，中国开始翻译西方近现代矿物学著作，如《金石识别》[5]《矿物须知》[6]等。因此金石学和矿物学成为中国早期近现代矿物学的代名词。两者同时并存，早期以金石命名为多，进入 20 世纪后“矿物学”一词逐渐取代了“金石学”。

地貌学，是近现代地学中发展较晚、译名较为混乱的学科

---

〔1〕 张其昀. 人地学论丛：第 1 集［M］. 南京：钟山书局，1932：180－181.

〔2〕 崔云昊. “矿物”词源考略［J］. 华北水利水电学院学报，1989（2）.

〔3〕 崔云昊，陈云彦. “矿物”词源再考［J］. 中国科技史料，1993，14（3）：76－84.

〔4〕《管子·水地》：“地者，万物之本原，诸生之根菀也。……产于金石而集于诸生……”

〔5〕 代那. 金石识别［M］. 玛高温口译，华蘅芳笔述. 上海：江南制造局，1871.

〔6〕 傅兰雅. 格致须知：矿物须知［M］. 刻本. 1882.

术语之一。19 世纪末传入中国的近现代地貌学著作较少，当时这些著作多译为《地势学》[1]。进入 20 世纪后地貌学译著数量有所增加，而且这一时期的译著也多称为地形学[2]。直到 20 世纪后半期，“地貌学”一词才逐渐普及，但地形学仍然作为地貌学的代名词而同时使用着[3,4]。

几乎中国近现代地学各个分支学科的名称都经历了由中国传统地学名词向近现代学科术语的转变过程。尽管其中一些学科在中国起步较晚，但由于早期地学译著的影响，仍然未能避免学科名词的演变问题。如水文地理学作为地理学与水文学的交叉学科，在 20 世纪上半叶之前一直未建立独立的学科。因此在近现代水文学一直被作为自然地理学的分支学科之一。在早期又被译为水学、水理学等。

近现代科学发展过程中大量名词术语的演变和使用上的混乱，其原因是多方面的，既有语言上的问题，也有学科发展不成熟的根源。从语言上讲，汉语为形声表意文字，字形中的意符反映了事物所属的范围和属性，其表音和表形两方面较难与国际科技名词接轨。它不能像印欧语系国家那样，在引进科技名词时直接采用字符转写的方式。汉字无法转写，其音和形无法与国际接轨。因此尽管在近现代地学传入中国之前，传统的地学资料和知识已经有了长时间的积累，但仍无法满足大量新

---

〔1〕 艾素珍. 清末自然地理学著作的翻译和出版［J］. 中国科技史料，1995，16（3）：16 –25.

〔2〕 北京图书馆. 民国时期总书目（1911 ~1949）［M］. 北京：书目文献出版社，1995.

〔3〕 左大康. 现代地理学辞典［M］. 北京：商务印书馆，1990：169.

〔4〕 中国大百科全书总编辑委员会《地理学》编辑委员会. 中国大百科全书·地理学［M］. 北京：中国大百科全书出版社，1990.

术语的需要，必然需要创造大量的新词。近现代地学中的绝大部分术语都是创造的新词。

近现代地学学科术语多是在对于学科理解基础上的旧词新用，因此学科术语的演变有着它独特的原因。首先，这些术语虽然是旧词新用，但这些“旧词”本身已经有了固有的含义，因此在“新用”的过程中，由于早期对近现代科学理解不深，难免造成概念上的混淆。从 19 世纪末到 20 世纪前期，不同术语指代同一学科以及同一术语表示不同学科的情况比比皆是，这种情况甚至出现在同一部论著之中。这说明了中国近现代地学学科分化和发展的不成熟。其次，当时一些分支学科还没有专门的研究机构和研究人员，一些地学工作者兼顾多门分支学科的情况比较普遍。因此在中国近现代地学的发展过程中，一直存在着学科之间分界不明的问题。这一点在学科术语的演变过程中也可以反映出来。

从数量上讲，地学学科术语在整个地学术语中并不占有很大的比例，但由于它们的命名多采用对其含义的理解，利用中国已有的名词加以命名，因此从学科术语的命名及演化上可以看出当时对于这些新学科内容的不同理解，也因此对这一部分术语的研究具有更为重要的意义：一方面我们通过研究学科术语的演变过程，可以从一个侧面更好地了解这些学科在中国近现代的发展历程；另一方面，目前科学史界对于近现代地学著作中出现的这些学科术语的认识也存在着很大的分歧。搞清这些术语在不同时期的含义及其演变的过程，也有助于更好地评价中国近现代地学的引进与发展历程。

参考文献

[1] 恩格斯．科学历史概要［M］//恩格斯．自然辩证法．北京：人民出版社，1971：173.

[2] 陶世龙．丁文江的治学精神［M］//王鸿祯．中国地质事业早期史．北京：北京大学出版社，1990：117.

[3] 邹振环．晚清西方地理学在中国［M］．上海：上海古籍出版社，2000.

[4] 章鸿钊．中华地质调查私议［J］．地学杂志，1912（1）.

[5] 谢家荣．地质学教学法［J］．科学，1922，7（11）：1024－1213.

[6] 周培源．六十年来的中国科学［G］//纪念五四运动六十周年学术论文集（一）．北京：中国社会科学出版社，1980：49.

[7] 李春芬．现代地理学与其展望［J］．地理学报，1948（1）.

[8] 詹姆斯．地理学思想史［M］．李旭旦，译．北京：商务印书馆，1982.

[9] 鞠继武．中国地理学发展史［M］．南京：江苏教育出版社，1987.

[10] 翁文灏．科学在文化上之地位［G］//中央训练团党政高级训练班．科学概论．1943.

[11] 赫特纳．地理学——它的历史、性质和方法［M］．北京：商务印书馆，1983.

[12] 洪世年，陈文言．中国气象史［M］．北京：农业出版社，1983.

[13] 竺可桢．中国科学的新方向［J］．科学通报，1950，1（2）：66－68.

[14] 黄汲清．1982年10月在中国地质学史研究会第一届学术年会

上的讲话［C］//中国地质学会.地质学史研究会会讯（第2号）.1982.

［15］胡焕庸.中国地理学会和地理学报［J］.科学大众，1948，4（6）.

［16］董常.矿物岩石及地质名词辑要［M］.北京：农商部地质调查所，1923.

［17］杜其堡.地质矿物学大辞典［M］.上海：商务印书馆，1930.

［18］鲁德馨.动植物名词汇编［M］.上海：科学名词审查会，1935.

［19］地理名词解释［J］.图书展望，1937，3（2）.

［20］翁文灏.地质时代译名考［J］.科学，1923，8（9）.

［21］翁文灏.火成岩译名沿革考［J］.科学，1923，8（12）.

［22］李四光.几个普通地层学名词之商榷［J］.科学，1924，9（3）.

［23］松山.生物学研究的重要和外人近年在中国的工作［J］.自然界，1926，1（3）：263－274.

［24］聂崇岐.斯文·赫定穿行亚洲述要［J］.地学杂志，1928，2.

［25］章鸿钊.客卿调查中国地质的经过［M］//章鸿钊.中国地质学发展小史.上海：商务印书馆，1937.

［26］曾鼎乾.西藏地质调查简史［J］.地质论评，1944（Z3）.

［27］徐尔灏.青康藏新西人考察史略［M］.南京：国立中央大学理科研究所，1945.

［28］翁文灏.西洋人探查中亚地理摘记［J］.地学杂志，1930（3）.

［29］吴传钧.近百年来外人考察我国边疆述要［J］.边政公论，1944，3（5）.

［30］黄汲清.民国纪元以前外国地质学者在中国之工作［J］.思想与时代，1947（49）.

[31] 罗桂环. 西人对福建植物的考察述略 [J]. 海交史研究，1989 (1)：60 – 68.

[32] 孙鸿烈. 西藏高原的综合科学考察史 [J]. 中国科技史料，1984，5 (2)：10 – 19.

[33] 张以诚. 日本人在我国的地质调查 [J]. 地质论评，1986 (2).

[34] 王志善. 十九世纪中叶至二十世纪初外国探险家在我国西部的考察及其有关文献 [J]. 青海师范大学学报（哲学社会科学版），1989 (3).

[35] 吴凤鸣. 辛亥革命前外国地质学家在中国的考察 [M] // 王鸿祯. 中国地质事业早期史. 北京：北京大学出版社，1990.

[36] 吴凤鸣. 1840 至 1911 年外国地质学家在华调查与研究工作 [J]. 中国科技史料，1992 (1)：37 – 51.

[37] 吴凤鸣. 1911 至 1949 年来华的外国地质学家 [J]. 中国科技史料，1990 (3).

[38] 罗桂环. 西方人在中国的动物学收集和考察 [J]. 中国科技史料，1993，14 (2).

[39] 罗桂环. 近代西方人在华的植物学考察和收集 [J]. 中国科技史料，1994，15 (2)：17 – 31.

[40] 霍有光. 外国势力进入中国近代地质矿产领域及影响 [J]. 中国科技史料，1994，15 (4)：3 – 20.

[41] 陶世龙. 从庞培勒到维里士 [G] // 中国地质学会地质学史研究会，中国地质大学地质学史研究室. 地质学史论丛 (3). 北京：中国地质大学出版社，1995.

[42] 杨静一. 庞佩利与近代地质学在中国的传入 [J]. 中国科技史料，1996，17 (3)：18 – 27.

[43] 沈福伟. 外国人在中国西藏的地理考察（1845 ~ 1945） [J].

中国科技史料，1997，18（2）：8－16.

［44］罗桂环．近代西方对中国生物的研究［J］．中国科技史料，1998，19（4）．

［45］王启龙，邓小咏．二十世纪上半叶藏区地理研究述评［J］．西藏研究，2001（2）：68－84.

［46］詹姆斯，马丁．地理学思想史［M］．李旭旦，译．增订本．北京：商务印书馆，1989.

［47］迪金森．近代地理学创建人［M］．葛以德，林尔蔚，陈江，等译．北京：商务印书馆，1980.

［48］解学诗．隔世遗思——评满铁调查部［M］．北京：人民出版社，2003.

［49］章鸿钊．中国古代之地质思想及近十年来地质调查事业之经过［J］．地学杂志，1922，13（2）．

［50］章鸿钊．中国研究地质学之历史［J］．中国地质学会志，1922（Z1）．

［51］刘东生．东西科学文化碰撞的火花——纪念德日进神父（1881～1955年）来中国工作80年［J］．第四纪研究，2003，23（4）：345－356.

［52］李济．红色土时代的周口店文化［G］//张光直，李光谟．李济考古学论文选．北京：文物出版社，1990：165.

［53］李学通．中瑞西北科学考查团组建中的争议［J］．中国科技史料，2004，25（2）：95－105.

［54］张九辰．中国近现代科学史上的第一个平等条约［J］．百年潮，2004（10）：42－46.

［55］杨钟健．杨钟健回忆录［M］．北京：地质出版社，1983.

［56］杨钟健．西北的剖面［M］．北京：北平西四兵马司地质图书馆，1932.

[57] 舒新城．近代中国留学史［M］．上海：中华书局，1933．

[58] 吴凤鸣．世界地质学史［M］．长春：吉林教育出版社，1996．

[59] 广东、广西、湖南、河南辞源修订组，商务印书馆编辑部．辞源［M］．北京：商务印书馆，1981．

[60] 玛吉士．新释地理备考［M］．刻本．广州：海山仙馆，1847．

[61] 慕维廉．地理全志［M］．刻本．上海：墨海书馆，1853．

[62] 李鄂荣．"地质"一词何时出现于我国文献［G］//中国地质学会地质学史委员会．地质学史论丛（一）．北京：地质出版社，1986．

[63] 慕维廉．地理全志［M］．刻本．1880．

[64] 慕维廉．地理全志［M］．排印本．上海：美华书馆，1883．

[65] 梁启超．读西学书法［M］//黎难秋．中国科技翻译史料．合肥：中国科学技术大学出版社，1996：631．

[66] 世爵崎冀．最新地文图志［M］．叶青，译．上海：商务印书馆，1906．

[67] 志贺重昂．地理学讲义［M］．萨端，译．上海：金粟斋译书社，1901．

[68] 葛陛伦．地理概论［M］．排印本．上海：会文堂，1915．

[69] 王益厓．地学辞书［M］．上海：中华书局，1931．

[70] 葛绥成．地理丛谈［M］．上海：中华书局，1948．

[71] 邱维理．中国地文期研究史［J］．中国科技史料，1999，20（2）：95－106．

[72] 王扬宗．《六合丛谈》中的近代科学知识及其在清末的影响［J］．中国科技史料，1999，20（3）：26－41．

[73] 艾素珍．清代出版的地质学译著及特点［J］．中国科技史料，1998，19（1）：11－25．

[74] 傅兰雅．格致须知：地学须知［M］．刻本．1883．

[75] 北洋官报局．学报汇编［Z］．

[76] 阙维民．中国高校建立地理学系的第一个方案——京师大学堂文学科大学中外地理学门的课程设置［J］．中国科技史料，1998，19（4）：70－74．

［77］中国地学会．地学丛书［M］．刻本．1927．

［78］曹婉如，唐锡仁．“地理”一词在中国的最早出现及其含义［J］．地理，1961（5）．

［79］雷侠儿．地学浅释［M］．玛高温口译，华蘅芳笔述．刻本．上海：江南制造局，1871．

［80］刘玉峰．（新编）地学通论：上册［M］．北京：北平文化学社，1928．

［81］马东．新地学［M］．竺可桢，等译．南京：钟山书局，1933．

［82］地理初恍［M］//益智书会．西学九种．铅印本．上海：华美书馆，1899．

［83］地学指略［M］//益智书会．西学九种．铅印本．上海：华美书馆，1899．

［84］金楷理，华蘅芳．测候丛谈［M］．刻本．上海：江南制造局，1877．

［85］傅兰雅．格致须知：气学须知［M］．刻本．1886．

［86］马得赉．气学通诠［M］．刘晋钰，潘肇邦，译．上海：徐家汇土山湾印书馆，1914．

［87］傅兰雅．格致须知：地志须知［M］．刻本．1882．

［88］张其昀．中国风俗论［J］．科学，1926，11（1）：55－80．

［89］张其昀．人地学论丛：第1集［M］．南京：钟山书局，1932．

［90］崔云昊．“矿物”词源考略［J］．华北水利水电学院学报，1989（2）．

［91］崔云昊，陈云彦．“矿物”词源再考［J］．中国科技史料，1993，14（3）．

［92］代那．金石识别［M］．玛高温口译，华蘅芳笔述．上海：江南制造局，1871.

［93］傅兰雅．格致须知：矿物须知［M］．刻本．1882.

［94］艾素珍．清末自然地理学著作的翻译和出版［J］．中国科技史料，1995，16（3）：16－25.

［95］北京图书馆．民国时期总书目（1911～1949）［M］．北京：书目文献出版社，1995.

［96］左大康．现代地理学辞典［M］．北京：商务印书馆，1990.

［97］中国大百科全书总编辑委员会《地理学》编辑委员会．中国大百科全书·地理学［M］．北京：中国大百科全书出版社，1990.

第二章　地学体制化进程

与西方相比，中国科学研究的体制化在地学近现代化中发挥了更为重要的作用。几乎所有促进地学近现代化的因素，都是由高等地学教育、地学研究机构和学术团体带动起来的。学术体制化建设，是地学领域人才培养、学术共同体形成与发展的基本保证。

第一节　高等教育的肇始

近现代科学发展需要以人才为基础，因此为了引进西方科学，必须首先发展高等教育事业。“国家一切远大的事业，非从教育着手，是绝对不会成功的，过去种种失败原因，只在这一点。民国以后地质学界的成绩，就是从教育方面收得的结果，将来如要更上一层，还得在教育方面努力。”[1]因此，考察中国近现代地学的开端，就需要从地学高等教育的发展入手。

在19世纪后半叶的洋务运动中政府建立起一批新式学堂，还通过派遣留学生的方式以学习西方先进的科学技术。但是，当时对西方科学的认识，还停留在西方军事及机械技术等器物层次，因此新式学堂以学习西方语言和军事、造船等技术知识为主，并没有真正引进西方的教育模式。

进入20世纪以后，清政府废除科举制度并推行新学制，从此开始了中国历史上第一次伟大的教育改革。1902年清政

〔1〕 章鸿钊．中国地质学发展小史［M］．上海：商务印书馆，1937：41．

府第一次以政府的名义颁布了《钦定学堂章程》（张百熙拟，后称壬寅学制），它标志着中国传统教育向近现代教育的转化。章程中规定，在大学预备科、政科设中外舆地课程，商科设商业地理，格致科设地质学，其中大学舆地课程包括了地质学、地文学等近现代地学内容。由于种种原因该章程未能实行，1904 年清政府颁布了《奏定学堂章程》，并在全国范围内推行。1905 年中国实行了 1300 余年的科举制度被彻底废除，一些实用性科学受到了重视。由于地学知识“关系于民智，诚一国兴衰强弱之本”，因此在新式学堂中“地理一科，不可不视为学堂中重要之科目”[1]。但是这些地学课程，多不是为了培养近现代地学研究的专门人才。这种状况直到民国时期才得以根本的改变。

1912 年中华民国成立。随着封建君主专制制度被推翻，清末的教育改良方针也寿终正寝，新式教育体制开始建立。政府先后颁布了《大学令》《大学规程令》，这次学制改革史称“壬子学制”。它不仅使学科的内容更为系统，而且也更重视对学生进行研究方法的训练。

1922 年政府公布了《学校系统改革案》，史称“壬戌学制”或“新学制”。新学制采用美国教育模式，基本统一了全国的教学秩序和教学内容，直到 1949 年该学制都一直在使用，没有大的变化。至此中国近现代的科学教育体制基本建立。

1922 至 1937 年，随着大批留学生相继归国，国内大学的

---

〔1〕 邹振环．晚清西方地理学在中国［M］．上海：上海古籍出版社，2000：277.

科学教育水平快速提高，缩小了与世界先进水平的差距。公立大学（国立大学、省立大学等）、私立大学和教会大学并存，既相互竞争又互为补充，促进了教学的进步。

1931 年 9 月，国际联合会应中国政府邀请，派遣一教育考察团来华。考察团在考察报告《中国教育之改造》中指出："观察最肤浅之人，一观大学教育对于中国上层阶级、人民生活及思想之影响，亦不得不为之惊异也。"[1]

中华民国成立（1912 年）以后，中国的现代大学制度逐渐完善，西方大学中所开设的各种科系在中国也被逐渐建立了起来。高校地学教育机构从最初的历史地理类，到史地系，再到后来的地学系，直至地理学、地质学、气象学逐步分离，独立成系……这个时期从事高校地学教育的教师，也以留学归国人员为主，他们分别在美、欧、日等不同国家进修和留学，直接掌握了西方先进的地学理论和知识体系。他们回国后通过在高校开设专业研究课程，直接使用西方教材，推动了西方地学在中国的建立与发展。

詹姆斯在《地理学思想史》中指出："把地理学引进中国的大学应归功于曾在国外留学过的两位中国学者。一位是在苏格兰学过地质学的丁文江，另一位是在哈佛大学学过气象和气候学的竺可桢。"[2]尽管詹姆斯的概括并不全面，但他确实反映了一个事实：竺可桢创建的东南大学地学系是中国第一个囊括全部地学内容的教育机构，中国近现代地理学界和气象学界

---

〔1〕 吴相湘，刘绍唐．民国史料丛刊 3 · 专科以上学校教员名册［M］. 台北：传记文学出版社，1971.

〔2〕 詹姆斯，马丁．地理学思想史［M］. 李旭旦，译．增订本．北京：商务印书馆，1989：321.

的奠基者也多出自该系[1]；而丁文江推动了中国地质学教育，并培养出第一批中国地质学家。

一　地理学与气象学教育

在清末学制改革中，清政府就规定在学校中设置舆地课程，“其要义在使知地球表面及人类生计之情状，并知晓中国疆域之大概，养成其爱国奋发之心；更宜发明地文地质之名类功用，大洋五洲五带之区别，人种竞争与国家形势利害之要端”[2]。20 世纪 30 年代，有学者提出了地理学教育的三个重要功能：①民智方面，“盖青年学子，不知代数之公式，几何之法则尚可，其国家之疆域，行政之区划，身家之地位，则不可不知也！”②经济方面，“国家之财政，国民之经济，其与大地之关系，亦甚密切。斯故一国财政之措施，国民经济之开发，莫不关及地理环境，需及地理知识”。③政治方面，“人民无地理之知识，则无以策动政治”。[3]通过教育普及，地理学知识可以提高劳动者的素质，推动人类理性的进步。这成为早期地理学教育的特色。

地理学高等教育在民国时期发展迅速。1913 年北京高等师范学校将历史地理类改为历史地理部，并在 1922 年国立北京师范大学正式成立后改为史地系，并最终在 1928 年分化成历史系和地理系；1914 年国立武昌高等师范学校建立了史地

〔1〕 地学系也汇集了地质学领域的一些著名学者，并且是中国培养地质人才的重要机构之一。但该系建立时，中国近代地质教育事业已经有了近 10 年的历史，地质学界也已经有了一批开创性的大师。时代的原因决定了地学系不可能再出现地质学领域的奠基性学者。

〔2〕 奏定高等小学堂章程［M］//邹振环. 晚清西方地理学在中国. 上海：上海古籍出版社，2000：278.

〔3〕 李国耀. 现在中国之地理教育［J］. 师大月刊，1935（19）.

部，并于1923年改为地理系；1921年东南大学文理学院成立地学系；1929年清华大学成立地理学系，并分设了气象、地质、地理三个组，后于1932年改名为地学系；1929年中山大学地理系成立；1929年燕京大学地理及地质系成立；1933年金陵女子大学文理学院设立了地理系；1934年东北大学文法学院设立了史地学系；1936年浙江大学史地系成立；1939年西北大学组建地质地理系，1947年地质、地理分别成系；1946年兰州大学设立地理系……

在早期的高等教育中，地理学、地质学和气象学通常合为一系，只是随着现代地学在中国的不断深化，才逐渐分离。在专业分分合合中较有代表性的地学高等教育，当属1921年东南大学文理学院成立的地学系。1928年东南大学改为中央大学后，地学系也开始分化，并最终分别独立成系。我们就以东南大学地学系的创建及分离过程为案例，分析地理学与气象学高等教育在中国的创建与独立的过程。

1. 创建地学系

1918年，在美国学习气象学的竺可桢学成归国。当时在国内还没有气象研究机构，中央观象台规模极小，于是他只能到学校教书。中国高等学校中虽然没有气象学系，但在一些高校中设有与地学相关的系科讲授地学内容。竺可桢首先应聘到武昌高等师范学校（以下简称“武高”，武汉大学前身）任教。

武高的地学教育模式是从日本引进的，它十分重视历史学与地理学的融合和区域性的研究。该校成立于1913年，第一届本科分为英语部、历史地理部、数学物理部、博物部。1916年第二届本科分为英语部、数学物理部、博物部。1917年校长张渲考察归国后，将学制改为国文史地部、数学理化部、博物部，并增设教育补修科。武高的地学课程较多，像史地部开设有中国地理，博物部开设了地质矿物等〔1〕。当时的历史地理部有留学日本的教员讲授地理课程，竺可桢就在博物部讲授地理课，并为原数学物理部毕业班教授天文气象学。学校中气象学教材还是传统的《观象台实用气象学》。竺可桢有意改进教学内容，把新的学术思想传授给学生。他从博物部入手，按新的理论组织教学，着手编排地理学和气象学讲义以构建新式的地学内容。

竺可桢的新式教学内容在武高遇到很大的阻力。首先学校教务方面以油印讲义费钱、学生学习不主动为由反对印制讲义〔2〕。其次，由于武高的教员多数是日本东京高等师范学校的毕业生，留美归国的竺可桢感到在那里难以推行美国式的教育思想。

中国近现代高等教育体制主要是照搬西方的模式，尤其是20世纪前50年，"我国一般大学，即照美国情形办理"〔3〕。1918年留美归国的郭秉文出任南京高等师范学校（以下简称"南高"）校长，大量聘请留学人员来校任教，南高的教授有60%曾留学欧美〔4〕。1919年秋，南高在国文部的基础上建立国文史地部，开始开设地质学和地理学课程。当时该部主要讲授中国政治地理与沿革地理。竺可桢于1920年到南高教授地

---

〔1〕 朱有瓛. 中国近代学制史料：第3辑下册［M］. 上海：华东师范大学出版社，1992：674－675.

〔2〕《竺可桢传》编辑组. 竺可桢传［M］. 北京：科学出版社，1990：14.

〔3〕 杨钟健. 美国地质机关谈［J］. 地质论评，1946，11（6）：391－398.

〔4〕 朱斐. 东南大学史：第1卷［M］. 南京：东南大学出版社，1991：48.

学课程。

地学在中国究竟应该如何发展，是否应该照搬西方的体系，是竺可桢一直在努力思考的问题。尤其是地理学，由于它在传入中国时学科的理论体系尚不完善，因此在学科建制上留给中国学者许多需要解决的问题。况且中国学者认为“中国地理学自有中国优美之国风与其独擅之才力”，学习西方的地学理论完全是为了“楚材晋用”[1]，因此在引进的同时也需要创建适合中国的地学体系。

竺可桢到南高后开始考虑如何引进近现代的地学体系。当时各高等院校的地学教育还不分专业，他首先在南高开设了地质学、地文学（自然地理学）和气象学等课程。他到任的第二年，南高改建为中国第二所国立大学——东南大学（简称“东大”），并进行了科系调整。科系调整初期在理科曾设有地理学系，但竺可桢认为地理系范围过于狭窄，乃改为地学系[2]，并尝试着将相关学科融为一系。

地学系建立后由于中国教育体制的变化，导致系属关系的多次调整。1926 年 3 月，东大实行文理分科，地学系仍设在理科。北伐胜利后在南京成立国民政府，采用法国大学院制度。组织大学院为全国最高学术和教育行政机关，取消教育厅，全国分为若干大学区。东大与其他八校合并成国立第四中山大学。地学系设在自然科学院，同时社会科学院内还设有史地系。1928 年 2 月，国立第四中山大学改名为国立江苏大学；同年 5 月又改校名为国立中央大学；同年 8 月自然科学院改称

---

〔1〕 马东．新地学［M］．竺可桢，等译．南京：钟山书局，1933：序．

〔2〕 胡焕庸．竺可桢先生——我国近代地理学的奠基人［G］//《纪念科学家竺可桢论文集》编辑组．纪念科学家竺可桢论文集．北京：科学普及出版社，1982：1．

理学院，地学系仍设在理学院，史地系的地理部分也归入地学系。

高等教育体制的多次调整为竺可桢重新构建中国现代的地学教育创造了有利的条件。在学科结构的调整中，竺可桢并没有照搬哈佛大学的地学教育体系。

竺可桢在哈佛大学学习期间，国际形势发生了重大的变化。1914 年的第一次世界大战和 1917 年苏联的十月革命不但改变了世界格局，而且对美国的地学研究产生了深远的影响。这时起源于德国的近现代地学已传入美国 20 余年。由于世界政治环境的变化，当时的地理学范畴已经在改革之中，其焦点逐步转向社会科学，离开了单纯的地球科学。地理学和地质学在传统上的结合也逐步松散了。

竺可桢在创建地学系时有意促成地质学、地理学和气象学的融合。地学系建立时有曾膺联、王毓湘、徐韦曼、鲁直厚等 5 位专职教师在该系授课，并开设了地文学、气象学、地质学、经济地质学和中国地理学。1923 年开始又增加了中国南方地理学、北美地理、中国历史地理、气候学、矿物学、地形测量学、制图学、历史地质和野外地质等课程[1]。地学系早期以地质学、地理学、气象学和古生物学为主要内容，后来该系分为地质矿物门和地理气象门。所谓“门”就是在系之下所分的专业。这是中国最早在地学系中分设专业并将气象学作为地学中的重要内容列入高等教育当中。

在地学教育中，竺可桢十分重视地学知识的综合训练。地

〔1〕 CHU C. A note on the department of geology and geography in the National South-Eastern University, Nanking, China [J]. Geographical Teacher, 1923, 12 (3): 142 – 143.

学系虽然根据学科发展的需要设置了地质矿物和地理气象两个专业，但是所有学生的必修科目中都包括了地质、地理和气象学科的基础知识。野外实习往往也是地理学与地质学同时进行。竺可桢更是开设了《地学通论》课程，培养学生的综合素质。

在引进近现代地学理论的同时，竺可桢通过开设《地学通论》等课程促进相关学科的融合。是什么原因促使竺可桢选择了一种综合式的教育模式呢？

近现代地学在中国合为一体是否有着学术传统的渊源是一个值得深入探讨的问题。因为在近现代地学传入之前，中国本土的地学是一个尚未分化的整体。竺可桢和早期的学者都学习过舆地学课程，熟悉把人类居住的环境作为一个整体看待的知识体系。目前还没有资料显示中国传统地学思想是否对竺可桢创建地学系产生了影响，但是中国传统的气象观测一直是在观象台中与天文观测合在一起。而东大地学系在竺可桢的影响下，气象学则与地质学和地理学合在一起。该系不但开设了气象学课程，而且在 1921 年秋天建立起了气象观测站并每日与北京的中央观象台交换观测数据。从此，地学系成为中国气象学事业人才培养的重要基地。1928 年中央研究院气象研究所建立后，“气象科学在我国作为一门独立科学正式明确地不与天文、地理、农学合为一谈了”[1]。而此时其他高等院校还没有气象专业，中央研究院气象研究所的气象学人才，主要来自东南大学地学系，而且多为竺可桢的学生。中国地理学研究机构建立时间更晚，而且地理学界的知名学者也多为竺可桢的学

〔1〕 洪世年，陈文言．中国气象史［M］．北京：农业出版社，1983：110.

生。

地理、地质、气象三科在中国合为一体，应该有着更为深入的原因。竺可桢选择促进学科融合的模式有着学术和社会两个方面的原因。竺可桢在哈佛大学选修的课程并不仅仅限于气象学，哈佛大学地质学与地理学系开设有普通地质学、经济地质学、地理学与自然地理学、气象学与气候学、岩石学、矿物学等专业课程[1]。他主修了天气与天气预报、气候与人类、北美气候、东半球气候、气象学和气候学的研究课程、历史地质学、冰川沉积学、地震学、区域地理等有关课程，除了气象学课程，他还学习了地质学和地理学等课程。1916 年著名科学史学家萨顿（George Sarton，1884—1956）在哈佛大学开设了科学史课程，竺可桢旁听了这门课程。通过这门课，竺可桢接受了萨顿提倡的“新人文主义”思想，即在人类活动越来越专业化的形势下，通过科学史的研究，促进人类文明统一性信念的形成。广泛的知识背景和“新人文主义”思想的影响为竺可桢构建新的地学综合教育体系奠定了学术基础。

竺可桢归国后，国家边境危机、经济萧条、科学落后的局面更加激起了他的责任感。他痛陈“欧美日本以迄印度，其对于国内耕地、草地、森林多寡之分配，均有详细之调查，而我国各省则独付阙如。间或有之，则得自古籍之载记，略焉不详”。他呼吁“天下兴亡，匹夫有责”，指出中国地学家应该“以调查全国之地形、气候、人种及动植物矿产为己任”，并“鼓吹社会，使人人知有测量调查之必要”[2]。在缺乏详细调

〔1〕 Official Register of Harvard University，Vol. XIII，1916 ~ 1917，No. I，Part 28. Harvard Archives：Hu 75. 25.

〔2〕 竺可桢. 我国地学家之责任［J］. 史地学报，1921（1）.

查资料的近现代地学初创时期，竺可桢通过建立地学系培养近现代地学的综合型人才也是必然的选择。

2.《地学通论》的奠基作用

近现代地学的引进与建立仅仅依靠教学内容的变革是不够的，学术思想和理论的建立才是根本。早在明末清初之际，中国传统地学研究方法就开始发生变化。徐霞客（1586—1641）、顾炎武（1613—1682）、刘继庄（1648—1695）、孙兰（生卒年不详）等一批主张经世致用的学者身体力行，走出书斋，通过实地考察研究自然界的现象并希望对当时的社会有所贡献。然而时代的局限使他们的努力后继无人。他们创立的思想更是“对旧的破坏有余，对新的则开创未足”，而且“建立新说，体大而思未精”[1]。

19世纪末至20世纪初期西方近现代地学开始传入中国。近现代地学虽然是以学科的不断分化为主要特点，但地学内的各分支学科关系仍然十分密切，尤其是在近现代化过程中的早期，这种联系更为紧密。其中自然地理学（当时称为地文学）是地学的基础学科，并与地质学和气象学关系密切，从而成为近现代地学教育的基础性学科。

传统地学教育只是事实的罗列，不但科学意义不大，而且学起来枯燥无味。地文学以其科学性和实用性成为中国近现代地学教育的主要内容。20世纪早期虽然已经有了多部译自日文的地文学教科书，但这些书中却没有相关的中国地理资料，这与当时政府希望通过地学教育“养成其爱国心性志气”大不相符。因此《奏定学堂章程》特别强调了“其讲地文，须就中国

〔1〕 侯仁之．中国古代地理学简史［M］．北京：科学出版社，1962：78.

之事实教之"[1]。要做到这一点就需要中国学者的努力。

在中国地学教育界影响最大的第一部地文学教科书是张相文（1866—1933）撰写的《地文学》[2]。书中首次使用中国的地理环境资料说明近现代的地学理论，同时这本教科书"尤时时注意实用，如防雷、避电、培植森林、改良土壤等法。备举其要，以为实地应用之资"，这种编排思想更利于学生理解与接受。张相文的《地文学》主要参考日文书刊写成，所以他介绍的还是19世纪末期西方的理论。

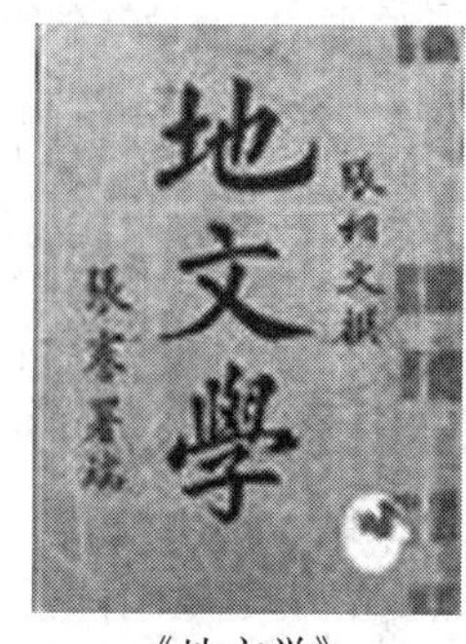

《地文学》

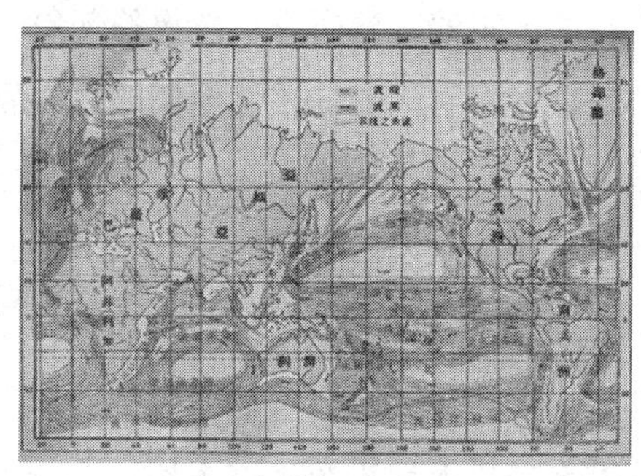
《地文学》内插图

"辛亥革命以后，中国的高等学校虽然已开始有了近代高校的格局；但地理教学的内容与以前相比还没有本质的变化。"[3]竺可桢开始教授地学之前，高校中讲授的地文学并没有超过张相文《地文学》的水平。因此他着手编制讲义，介绍西方科学的最新进展。

在地学教育中东南大学地学系尤其重视地学知识的综

〔1〕 邹振环．晚清西方地理学在中国［M］．上海：上海古籍出版社，2000：279.

〔2〕 张相文．地文学［M］．上海：文明书局，1908.

〔3〕 熊宁．本世纪前半叶我国近代地理教育初探［J］．地理研究，1987，6（1）：10－21.

合训练。系中虽然根据学科发展的需要设立了地质矿物和地理气象两个专业，但是所有学生的必修科目中包括了地质、地理和气象等学科内容。野外实习往往也是地理学与地质学同时进行。

《地学通论》课程是东南大学文理科各系学生一学年的共同必修科目[1]。把现代地学的总体框架介绍给各系学生是十分必要的。无疑，这门课程试图将现代的地学发展的总体框架介绍给学生。

地学涉猎范围十分广泛，而且当时地质学在中国已经有了长足的进展，气象学也有专门的课程，唯有地理学涵盖知识面广而又缺乏成熟的理论体系，因此《地学通论》首先把重点放在对地理学学科分类的介绍上，这本讲义最初就定名为《地理学通论》[2]。讲义的指导思想就是："教授地理学者，不求扩充地理之范围，而在限制地理之范围，组织各种地理上要素，成为系统。"[3]本着这种思想，《地学通论》把重点放在阐述近现代自然地理学（即地文学）的理论体系。而且书中认为，天文地理学论述的是"亘古不变"的原理，地文学论述的是自然界中变化缓慢的现象，而生物、人文、政治和商业则是变动较大的内容，所以这门课集中讲授天文地理学和地文学，尤以后者为重。

《地学通论》介绍了当时美国最新的自然地理学内容，被

〔1〕 陈国达，陈述彭，李希圣，等. 中国地学大事典［M］. 济南：山东科学技术出版社，1992：158.

〔2〕 竺可桢. 地理学通论［M］. 南京：南京高等师范学校，1920.（竺可桢于1920年到南京高等师范学校任教，1921年该校就改名为东南大学，从书中切口处标注有"南京高等师范学校"字样可知，该书应出版于1920年）

〔3〕 竺可桢. 地理教学法之商榷［J］. 科学，1922，7（11）：1192－1203.

认为是“中国最早的地理学讲义”[1]。该书共分两编，第一编讲述天文地理学，第二编讲述地文学。第一编分为三章，天文地理学有两章，第三章专门讲述近现代地图测绘方法；第二编地文学部分占全书近四分之三的内容，用九章的篇幅介绍地文学和地质学内容。

该课程虽然以自然地理学内容为主，但也融汇了地质学和气象学内容。对于气象学内容，竺可桢曾指出：“子舆子曰，天时不如地利，地利不如人和，由今观之，则天时因地理而异，实为地理之一要素，是故欧美各大学以气象学列入地文学一门，而地理天时与人种之发达均有直接关系，亦不能断孰为轻，孰为重也。”[2]但由于地学系同时开设了气象学课程，因此《地学通论》中的相应内容就比较简略。

《地学通论》的编写主要参考了西方的《自然地理学》《数理地理学》《天文学》《地质学》《地图投影法》等著作，同时也参考了一些日文著作和中文译著[3]。书中的地文学理论基本上是采用了美国最新的自然地理学观点和地貌学家戴维斯（William Morris Davis，1850—1934）的学说。

---

〔1〕 任美锷. 竺可桢和翁文灏的两本最早的地理学讲义［M］//吴传钧，施雅风. 中国地理学90年发展回忆录. 北京：学苑出版社，1999.

〔2〕 竺可桢. 地理与文化之关系［J］. 科学，1916，2（8）：894－908.

〔3〕 竺可桢个人保存的讲义上列有部分参考数目。其中西文书籍有 *Traite des projections des cartes geographiques*：*representation plane de la sphere et du spheroide*（Adrien Adolphe Charles Germain，Paris），*The international geography*（Hugh Robert Mill，London，1899），*Handbuch der geophysik*（Siegmund Gunther），*An introduction to astronomy*（Forest Ray Moulton，New York，1906），*Mathematical geography*，*physiography*（Rollin D. Salisbury，New York，1907），*Text book of geology*（Archibald Geikie，London，1893），*Map projection*（Arthur R. Hinks，Cambridge，1912）；日文书籍有《地图描写法》（杯植重美，东京诚之堂书店），《地文学讲义》（不川成章，1917）等；中文译著有《绘地法原》（金楷理译，江南制造局，1875）等。

美国近现代地学发展的重要基础是野外调查的传统，以及由此而来的重视从观察到归纳的方法，而不是从演绎到理论的方法。这种传统深刻地影响着美国大学中的地学教育。竺可桢在哈佛大学学习的前一年，对美国近现代地学影响最大，在哈佛大学执教34年的戴维斯刚刚离开哈佛大学地质学与地理学系。戴维斯是把近现代地学引入美国的先驱。他于1878年在哈佛大学地质系担任自然地理学讲师时制订了地理教学计划，并建立了许多地理学术机构。戴维斯感到美国的地学教育太注重事实的罗列，而阐明用来组织事实的一般概念则不足。他试图用地球形成过程的动力模型组织一门地球科学。戴维斯应用发生学观点来研究和解释地貌的发生和发展，于1899年首次创立了侵蚀循环学说。该理论影响的时间很长，一直到20世纪40年代中期，美、英等国都受这一学说的影响。

戴维斯的学术传统由阿特伍德（Wallace Walter Atwood，1872—1949）继承下来。阿特伍德是美国地理学界的后起之秀，他十分重视野外实习和中小学地理教育。他在克拉克大学担任校长期间（1920～1946年）在该校建立起了地理研究院，该院成为美国地理学的研究中心。竺可桢在哈佛大学学习期间即师从于阿特伍德学习自然地理学。他还通过华德（Robert Decourcy Ward）吸取了汉恩的描述性气候学的思想，采纳了气候条件对人类的影响的观点。在气象学专业课程中，华德的《气候与人类的关系》[1]被定为气象专业的教科书之一，该书的观点对竺可桢产生了深远的影响。

［1］ WARD R D. Climate considered especially in relation to man ［M］. 2nd ed. New York：G. P. Putnam's Sons Publishing House，1918.

《地学通论》中强调了近现代地理学研究中人文地理研究的倾向，在各章中加入了各种自然要素对于人类生产和生活的影响及其相互关系的论述。竺可桢在解释各种自然现象的形成及演变的过程中，十分重视它们对人类影响的分析。例如不同地貌类型对道路交通、城镇规划的影响；河流、海岸对农业生产和城市发展的影响等。

由于《地学通论》侧重于介绍新的理论，因此从内容上并不像张相文的《地文学》那样系统，书中所举的实例也以西方的自然地理现象为主。但是在实际教学中，则介绍了中国的自然地理状况[1]。讲义重视向学生介绍现代地学的研究手段，因此加入了地图测绘法一章。另外在“月球”一章中加入了阴历与阳历的对比，以使学生更好地了解东西方科学的异同。

1928～1929年该书再版时定名为《地学通论》[2]。《地学通论》虽然在内容上将地质学、地理学、气象学合为一体，但对于如何更好地将三者协调在地学的框架之内，理论上的准备还不够充分。尤其是在各门学科发展不平衡的情况之下，如何建立起一个学科之间互相协调的地学模式就显得更为重要。

3. 地学系的分化

20世纪20年代后期，地学系内部学科之间不平衡的现象日益严重，竺可桢开始考虑再一次调整地学教育内容。1926

---

〔1〕 竺可桢自己保存的讲义中，几乎每页都有大量的批注，上面列举了相关的中国自然地理状况。

〔2〕 竺可桢. 地学通论［M］. 南京：国立中央大学，1928－1929.（书中切口处标有“国立中央大学”和“东南印刷公司代印”字样。中央大学于1928年定名，而1930年地学系已经不再开设《地学通论》课程，因此推知该书出版于1928～1929年）

年他著文介绍西方地理学的新近发展时就指出：“（西方）人方以范围广泛为地学苦，而我乃欲以地学笼罩一切，抱此方针以研究地学，不亦南辕北辙乎。”[1]

1928 年竺可桢因掌管中央研究院气象研究所而辞去系主任一职。他在离开地学系之前就考虑到为了地理学的发展应该单独成立地理学系，并使它成为中国地理学的研究中心[2]，但是这个设想没有实现。1929 年，地学系的三位地理学副教授[3]黄国璋、张其昀和胡焕庸联名倡议地理门独立成系[4]。

1930 年成立了十年的地学系终于解体。2 月东南大学地学系遵照第七次校务会议决议改组，将地理门独立成系。对于地理学独立成系的建议当时也有不少的反对者，他们以美国大学的学制为依据，认为美国也有许多一流的地理学者，但他们也分散于各系之中并没有集中于一系。当时理学院的院长、地质学家蔡堡就不满地理系的独立，并认为地理学的学科性质应属于文科[5]，于是校务会规定：“因现开课程偏于人文方面，故地理系成立后归文学院办理，而所授功课亦应从人文方面发展。至与该系有关系之气候科目仍由该系开班”；地学系改称地质系。而气象学课程改由理学院物理学系开设[6]。

早期地学各分支学科在中国能够合为一体也有客观原因。

---

〔1〕竺可桢．何谓地理学［J］．史学与地学，1926（1）：5－9．

〔2〕竺可桢．中央大学地理学之前途［J］．地理杂志，1928，1（1）：3－5．

〔3〕当时地学系只有 7 名专职副教授和 1 名兼职副教授，没有教授。其中 5 名为地质学教员，3 名为地理学和气象学教员。

〔4〕黄国璋，张其昀，胡焕庸．本校地学系地理门应独立成系建议书［J］．地理杂志．1929，2（5）：附录．

〔5〕严德一．竺老培植的地理系根深叶茂［G］//浙江大学校友总会，浙江大学电教新闻中心．竺可桢诞辰百周年纪念文集．杭州：浙江大学出版社，1990．

〔6〕国立中央大学．国立中央大学一览·第三种·理学院概况［Z］．1930．

进入20世纪后，西方的多种学科和学术理论同时传入。而在中国，无论从体制上还是从知识基础上都没有完全接受学科分化的条件。尤其是地理学，在没有学术研究机构和研究人员不足的情况下，早期的许多研究工作都是由地质学家或其他领域学者完成的。像地质学家翁文灏就是中国地理学会的4名发起者之一，并在20世纪30年代一直担任地理学会会长、理事。在教育体制上，各高校成立的地理学系和1940年建立的中国地理研究所中都有不少地质学人才。又如清华大学的地理学系就是在翁文灏的倡导下建立，并由他担任第一任系主任。翁文灏还在该系开设了中国地理课程，后来由于地质学教师增加较快，地理学系遂改名为地学系[1]。也正是由于人才的缺乏，竺可桢不得不肩负起在中国同时开创地理学和气象学两个学术领域的重任。

西方近现代地学是以分化后的地质学、地理学和气象学三大学科先后传入中国的。尽管从理论上、人才数量上、体制化程度上三门学科的发展极不平衡，但中国学者仍然希望创造一个中国式的地学“大家庭”：“盖地学犹如一大户人家，当初家累奇重，极为复杂，其后群从昆季，各自成家立业，……顾门户虽专，而系统乃存，望衡对宇，声气相连。‘大块文章’，原无此疆彼界之见，唯有拘儒，不知会通之义。”[2]中国学者将三门学科合为一系更是希望发挥学科上的互补关系。清华大学地学系中设有地理组、地质组和气象组，在该系的教学目的中曾指出三科之间的关系：

〔1〕 王恩涌．对地理系与自然地理专业发展历史的一些回顾［M］//陈传康．自然地理学的回顾与进展．北京：测绘出版社，1993.

〔2〕 马东．新地学［M］．竺可桢，等译．南京：钟山书局，1933.

大气作用为地质变化之一种，如寒暖变易，空气流动，存在有地质上之兴趣，故研究地质者，不可不略知气象学。地壳为地质学研究之对象，如水陆分布、山川形势，均与地质作用、地球历史有密切之关系，故研究地质者，不可不略知区域地理。至地理一科，包罗万象，上自天文气候，下至山原河海，均须略知梗概，然后知动物植物分布、民族消长、政治盛衰、社会经济状况，与自然环境之关系，故地理学者，亦不可不略知地质学与气象学，此地学系三组间之相互关系也。[1]

上述的多种原因本来为地学在中国成为一个整体创造了条件，但随着学科的发展，各门学科之间不平衡的现象不但没有削弱，反而更为突出。在地学系内部，这种不平衡的关系造成了师资、经费、各种配备上的倾斜甚至人事上的矛盾。弱势学科的发展受到了制约，地理学在地学系中受到的生存制约更大。

学科体系发展不平衡是三门学科难以整合的重要原因。尽管三门分支学科之间的关系十分密切，但各自的发展水平却相差悬殊。从三门学科的研究深度和发展水平上看，以地质学发展最快。地质学经过 18 世纪末到 19 世纪初“水成论”与“火成论”，19 世纪上半叶“灾变论”与“均变论”的长期争论，在传入中国时学科理论体系已较为成熟。地理学在传入中国时，西方世界对于地理学的学科性质、研究范围还没有形成

---

〔1〕王恩涌，李文彦，陈昌笃．清华大学地学系——北京大学城市与环境学系的前身简史［M］//吴传钧，施雅风．中国地理学 90 年发展回忆录．北京：学苑出版社，1999.

共识，学科体系并不完善。虽然从发表在各种杂志上的论文统计分析，在20世纪30年代以前，地理学论文在数量上占了绝对的优势[1]，但作者队伍庞杂、分散，而且缺乏较为集中的研究主题。

学科体制化程度上的差异，也是制约三门学科整合的因素。地质学与气象学的体制化开始得相对较早。地质学最先完成了体制化的进程。无论是高等教育还是学术研究机构都具备了一定的规模。地理学的学术研究机构建立较晚，主要的专业人员均集中在高等院校的地学系或地理系中。在20世纪的前50年，从各级地学教育的内容上看是以地理学与地质学为主。气象学专业人才的培养在很长一段时期内隶属于高校的地学系或地理系，甚至气象学课程一度被放在物理学系中。直到1943年8月，地理系中的气象组才独立成立气象系。至此地学中的三大分支学科才算有了各自的人才培养机构。

随着地理学的独立，竺可桢的后继者黄国璋、张其昀和胡焕庸又相继开创了几个新的学术中心。起初三人均供职于竺可桢执掌的地学系，其中张其昀和胡焕庸是竺可桢在东南大学地学系培养出的第一批学生。张其昀（1901—1985）曾在地学系工作十年，后又随竺可桢到浙江大学创建史地系。胡焕庸（1901—1998）是地理系独立后的第一任系主任，并一直主持系务，至抗战胜利。他们两人在学术思想上也深受竺可桢的影响。胡焕庸对于中国人口地理的研究，张其昀对于历史地理学

〔1〕 1933年中国地学会成立25周年，《地学杂志》共出版170期，共发表文章1670余篇。其中属于地学的研究性论文以及译文总数不到50%。而在这些研究性论文中，气象学部分不到50篇，地质学部分有60余篇，其余则为地理学内容。

的研究都受到竺可桢的影响。黄国璋（1896—1966）在美国芝加哥大学获地理学硕士学位，20 世纪 20 年代末至 30 年代初在中央大学地学系教授人生地理和地图测绘。30 年代以后他北上清华大学和北京师范大学执教。他短期任清华大学地理系系主任后，1936 年开始长期执掌北京师范大学地理系，并使之成为北方的地理学中心。1940 年黄国璋任中国地理研究所所长，他主持所务期间该所取得诸多成就。

黄国璋（1896—1966）

尽管中国学者一直在探索近现代地学在中国的模式，但在以分化为主要潮流的近现代地学时代，无论从客观上还是从主观上中国学者都无法构建一个完整的、综合性的地学模式。为促进中国地学的进步，在竺可桢的倡导和他的后继者的共同努力下，中国地学高等教育最终完成了由综合到分化的转变，从而也为中国现代地学的发展奠定了基础。

二　地质学教育

在西方，近现代地质学成为一门独立的学科经过了相当长的人才准备时期。但是在中国，地质学人才的培养和研究机构的建立几乎没有时间差。考察中国近现代地质学事业的开端，需要从地质学高等教育的肇始入手。

1. 京师大学堂地质学门

近现代工业的出现曾刺激了社会对于地质矿冶人才的需求。19 世纪后半叶洋务运动建立起一批新式学堂，其中也出现了培养矿冶技术人才的路矿学堂。如 1895 年成立的天津中西学堂（后改为北洋大学）设有采矿专业，1898 年成立的南京陆师学堂附设有矿路学堂，1897 年成立的唐山铁路矿务学堂等。天津中西学堂矿业科第一班学生于 1899 年毕业。目前仅知王宠佑为其中的学生之一[1]，后来他又到美国学习采矿和地质学。辛亥革命以前矿冶科的学生很少，辛亥革命后北洋大学在培养近现代矿业人才方面做出了重要贡献。采矿专业的设立从一定程度上推动了地质学的发展。1917 年北京大学建立地质学系时，最初的学生就是从北洋大学矿业科转来的。中国政府还通过派遣留学生的方式学习西方先进的科学技术。19 世纪后期派遣的留学生中，有少部分人学习过矿冶或地质学。

要分析某一学科高等教育是否具有近现代科学的意义，重要的是看它是否发挥了高等教育在该学科发展中应有的作用，即是否为相关的学术机构输送了专业人才。辛亥革命以后，中国的高等学校虽然已开始有了近现代高校的格局，但地质学教育却起步较晚。

现代学者对于中国近现代地质学高等教育的起始时间一直有着不同的观点。他们多以 1904 年京师大学堂颁布实施的第三个章程——《奏定学堂章程·大学章程》（以下简称“《章程》”）为中国近现代高等地质学教育的肇始。《章程》中与地质学关系密切的计划是在文学科中设立中外地理学门；在格致科中设立地质学门。其中“科”即相当于现在的学院，“门”即相当于学院中的系。地理学门的课程设计有：地理学研究法、中国今地理、外国今地理、政治地理、商业地理、交涉地理、历史地理、海陆交通学、殖民学及殖民学史、人种及人类

---

〔1〕 安延恺．从北洋西学学堂矿冶科到北洋大学地质系（1895～1947）——历史回顾［M］//王鸿祯.中外地质科学交流史．北京：石油工业出版社，1992.

学、地质学、地文学、地图学、气象学、博物学、海洋学等内容[1]。地质学门的课程设计有：地质学、地质学实验、矿物学、矿物学实验、岩石学、岩石学实验、古生物学、古生物学实验、晶象学、晶象学实验和矿床学等内容[2]。因此多数学者把京师大学堂中相应学门的建立作为中国近现代地质学高等教育的肇始。

京师大学堂各学门在后来付诸实施的过程中，地理学门并未建立，《章程》中有关地理教学的部分内容“在其他系科的教学中得到了实现”[3]。现在已知在京师大学堂受聘的地理教师有：谭绍裳、邹代钧、江绍铨、坂本健一、杜邦杰、韩樸存等人[4]。但他们还属于中国传统舆地学者，其中邹代钧虽然曾到过欧洲，接触到西方先进的科学技术，但他在回国后从事地学研究和教学中，更多接受的是西方科学的技术层次，而非理论层次。

从当时出版的讲义看，已经包含了近现代地学内容。像京师大学堂舆地学教习韩樸存编撰的《京师译学馆舆地学讲义》，虽名为“舆地学”，但在内容上已采用了近现代地理学三分法（即将地理学分为数理地理学、自然地理学和政治地理学），并认为地理学是“区别水陆之位置，及气候形势之异

〔1〕阙维民. 中国高校建立地理学系的第一个方案——京师大学堂文学科大学中外地理学门的课程设置［J]. 中国科技史料，1998，19（4）.

〔2〕王仰之. 中国地质学简史［M］. 北京：中国科学技术出版社，1994：112.

〔3〕同〔1〕.

〔4〕前5名教师的确定根据阙维民的《中国高校建立地理学系的第一个方案——京师大学堂文学科大学中外地理学门的课程设置》［载于《中国科技史料》，1998，19（4）］。由于当时教员的流动性很大，其中也不乏兼职者，因此很难了解当时教师的整体情况。

同，人与动植矿物播布之学也”[1]。由于地理学教学是作为其他系的基础教学内容之一，而不是用于培养专门的人才，因此京师大学堂的地理学教育对中国近现代地理学与地质学的影响都十分有限。

地质学门于1909年开办，并从德国购置了一批仪器、标本。据记载，当时有两位德国学者在地质学门任教[2]。其中一人已不可考，而另一位影响较大的学者是梭尔格博士（F. Solger），他于1909年受聘担任地质教习。地质学门停办后，梭尔格还在工商部开办的地质研究所中任教。梭尔格是中国早期近现代地质学发展中对中国学者影响最大的西方学者之一。章鸿钊曾高度评价他的工作对地质研究所“襄助最力”[3]。此外，1911年章鸿钊从日本毕业回国后，也曾担任京师大学堂地质学讲师。但他是在大学堂的农科教授地质学，而非格致科的地质学门。他是受过近现代地质学训练的第一位中国地质学教师。从师资水平来看，他们已经具备近现代地质学素养，因此可以认为京师大学堂已经具备中国近现代高等地学教育的条件。

地质学门在开办之时共有3名学生：王烈、邬有能和裘杰。其中王烈在地质学门学习一年以后转到德国留学，只有邬有能和裘杰二人毕业于京师大学堂地质学门。由于学生人数过少，地质学门在培养了两名学生后于1913年停办。在邬有能和裘杰毕业时，工商部中已经设立了地质科。地质科中除科长丁文江外仅有一名科员和两个佥士，而且又都不是学习地质出

---

〔1〕 韩樸存．京师译学馆舆地学讲义［M］．铅印本．北京：京师译学馆，1905．

〔2〕 章鸿钊．中国地质学发展小史［M］．上海：商务印书馆，1937．

〔3〕 章鸿钊．中国研究地质学之历史［J］．中国地质学会志，1922（Z1）．

身，人才极其缺乏。但是邬有能和裘杰并没有到工商部地质科从事地质工作以发挥专长。据王仰之先生记载，后来邬有能曾在他的老家浙江奉化的中学里任教，裘杰曾在福建税务部门任职[1]。这不能不说是中国近现代高等地质教育的一大损失。

邬有能和裘杰毕业后均未从事地质工作的原因目前尚难考证，但我们从当时在工商部地质科担任科长的丁文江所撰写的《工商部试办地质调查说明书》中，似乎能够找到答案。丁文江认为京师大学堂的地质学门对地质人才的培养“不足以供给地质调查之用”，并认为“其故有三：①缓不济急。大学学生必先毕业于预科或高等学堂，至少必须六年始可得用；②学生太少。北京大学理科本不发达，而理科中之地质科尤甚，计自开办以至今日，卒业者共止 3 人；③学生过于文弱，不耐劳苦。盖大学学生入学时皆已在二十以外，以前初无相当之运动，入地质科后亦未尝受野外长期之实习，故有此弊。以上三因，……，皆非一时之所能改变”[2]。其中的第三条原因或许是邬有能和裘杰没有进入地质科的原因，但在地质科十分缺乏人才的条件下，京师大学堂地质学门毕业的两名学生应该是最佳人选。但也有文献记载说地质学门的三名学生“或未毕业即行出洋，或中途转系退学，纪元前无正式毕业学生”。目前难以考证地质学门的学生是否完成了学业，但可以肯定，作为中国最早的近现代地质学高等教育——京师大学堂地质学门未能真正发挥其应有的作用。

章鸿钊曾说：“前清对于地质教育并没有得到可以记录的

---

〔1〕 王仰之. 中国地质学简史［M］. 北京：中国科学技术出版社，1994：112.

〔2〕 工商部试办地质调查说明书（未公开出版）。

成绩"[1]，这一评价实不为过。在缺乏起码的地质学人才的前提下，工商部在成立地质调查所的同时又成立了以培养地质学人才为目的的地质研究所。

2. 地质研究所

章鸿钊把地质专门人才作为中国地质事业发展的三项基础之一，而且强调人才培养"宜首先筹集"[2]。他尤其强调地质人才应该在本国培养："中国之地质调查事业，完全以教育事业做基础的……专门人才非由教育不能产生的。并且教育事业非在本国建设基础，还是不能成功。"[3]为了解决人才缺乏的问题，章鸿钊曾建议设立"地质调查储才学校"，这个学校"专以造就地质调查技师与技手为宗旨"[4]。

培养人才的任务本应由高等院校担任，但是中国第一个地质研究机构成立时，中国高等学校中还缺乏相应的地质教育。如果依靠高等教育培养地质学人才则"缓不济急"，而且"经费巨而收效远"[5]。在地质人才毕业之前中国地质学将"徒彷徨于掇拾补苴之末技，而无一事之进行"[6]。为了解决人才问题，中国学者选择了研究与教育同时进行的模式。

1913 年在丁文江的积极倡导下，民国政府的工商部开办了地质研究所。这个名为研究所的机构实际上是地质人才的培训班，"专以造就地质调查员为宗旨"[7]，学期设置为 3 年。

---

〔1〕 章鸿钊．中国地质学发展小史［M］．上海：商务印书馆，1937.

〔2〕 章鸿钊．中华地质调查私议［J］．地学杂志，1912（3/4）.

〔3〕〔4〕〔5〕 同〔1〕．

〔6〕 工商部试办地质调查说明书（未公开出版）。

〔7〕 中国第二历史档案馆档案：全宗号 1038，卷宗号 2583。

在工商部中设立教育机构总是有些名不正言不顺，会遭到来自多方面的反对，地质研究所的设立自然十分困难。早在1911年，章鸿钊提议由政府部门“权负临时育才之责”时即遭反对。地质研究所虽然终于在1913年成立了，但发展并不顺利。1914年工商部和农林部合并为农商部，总长张謇(1853—1926)“颇不以办地质研究所为然。其意谓该所性质应属教育部，非农商部之事也，欲立时解散之”。章鸿钊据理力争，强调培养学生是为了他日的中国地质调查事业。当看到张謇不为其言辞所动时，章鸿钊只好指出：“今日之学生固经部试而选取者，一朝解散，令之失学，不可也。”于是张謇考虑把地质研究所的学生转到其他相关的学校。当时教育部所属各院校竟没有同类科系，所以只好暂时保留在农商部。张謇虽然不再坚持解散地质研究所，但仍强调“办至该班学生毕业为止”，于是地质研究所也成为“成立三年而止招生一次者”。

其实，中国封建王朝的状元、出身于封建士大夫阶层的张謇，在维新运动时期一直站在时代的前列。他曾创办大生纱厂、通海垦牧公司、大达轮船公司等大型企业。他不但是一个大资本家，而且还不断更新观念，接受新知识，并积极参与、支持近现代科学事业，把实业与教育称为富强之大本。他还积极参与政治活动，1909年被推举为江苏咨议局议长，辛亥革命后任南京临时政府实业总长。

张謇本人虽然不是近现代科学的传播者，但他的政治地位对近现代科学的发展产生了很大的影响。他曾对气象观测十分重视，1914年他在任农商总长时即倡导各省农林机关设立农业测候所。民国初年他派人先后在全国各地陆续设立了26个测候所，并在南通军山设立气象台研究农作物与水、旱、虫灾之关系[1]。气象台的设立与张謇的科学修养和政治家的社会地位都有很大的关系。

张謇反对在农商部设立地质研究所，可能是由于作为农商总长的无奈。实际上章鸿钊等人建立地质研究所也是不得已而为之。章鸿钊在积极倡导创办地质研究所的同时也认为，在工商部设立教育机构只是临时育才，“而以根本久远之图待之于他日之教育机关与国立大学”[2]。积极创建地质研究所的丁文江也认为，训练地质人才应该是各大学的工作，而不是工商部的责任。因此他于地质研究所停办后，商请蔡元培于北京大学建立地质系，以期教育与调查事业，二者能分途并进，各致其功[3]。

创立教育机构更大的困难则是生源问题。地质研究所建立时曾计划在北京、上海和广州三地公开招考，但实际招生考试只在北京、上海两地举行[4]。当时社会人士尤其是青年学生多不了解地质学这门新兴的学科，况且地质研究所刚刚建立，名不见经传，这个政府部门中的新建教育机构如何吸引优秀学生报考是一个关键性的难题。尽管地质研究所在招生广告中有不收学费，学习三年毕业后可以作为技士充地质调查员；在地质研究所的《章程》中还规定了宿舍由所供给，修学旅行时其旅费由所给发等优惠条件[5]，但是这批学生的来源并不广

〔1〕 刘昭民. 中华气象学史［M］. 台北：台湾商务印书馆，1980：251.

〔2〕 章鸿钊. 六六自述［M］. 武汉：中国地质大学出版社，1987：30－33.

〔3〕 杨翠华. 经济地质学在中国的发展（1912～1937）［J］. 思与言，1986，24(2).

〔4〕 李学通. 农商部地质研究所始末考［J］. 中国科技史料，2001，22(2)：139－144.

〔5〕 工商部地质研究所招生广告，工商部试办地质调查说明书（未公开出版）。

泛[1]。

谢家荣(1898—1966)

在艰难的条件下，地质研究所造就了中国人自己培养的第一批地质学家。“学生毕业之日，即我国地质调查事业发轫之日”[2]。1916年地质研究所结业的22名学生多数被农商部地质调查所聘用[3]。尽管地质研究所的宗旨是培养地质调查员，但仅在这3年中他们已经开始了初步的调查工作，“河北、山东、山西、河南、江苏等省地质图幅，大半是经他们的手编制出来的”[4]。这批学生在中国地质界十分活跃，其中至少有一半人一直是中国地质界的活跃分子。很多人后来通过实际工作和出国留学，成为中国近现代地质事业的中坚力量。李学清曾任中央大学地质系主任，谢家

〔1〕 详见本书第五章第一节。

〔2〕 潘江. 农商部地质研究所师生传略［J］. 中国科技史料，1999，20（2）：130－144.

〔3〕 关于农商部地质研究所毕业生进入地质调查所的确切人数目前有多种说法。有学者认为当时“至少有13人被同年（1916年）成立的农商部地质调查所录用”（潘江. 农商部地质研究所师生传略［J］. 中国科技史料，1999，20（2）：130－144）；有学者认为有14人进入地质调查所工作（王子贤，王恒礼. 简明地质学史［M］. 郑州：河南科学技术出版社，1985）；也有学者认为“同年研究所毕业的18名毕业生全部调到调查所担任调查员”（陈梦熊，程裕淇. 前地质调查所（1916～1950）的历史回顾［M］//程裕淇,陈梦熊. 前地质调查所（1916～1950）的历史回顾——历史评述与主要贡献. 北京：地质出版社，1996：1－25）；有学者根据当事人的回忆，指出18个人全部由农商部安排工作，他们中的大多数人都进入了地质调查所，成绩好的任调查员，成绩差的任实习员（王仰之. 中国地质学简史［M］. 北京：中国科学技术出版社，1994：119）；有学者根据政府公报公布的数字考证出地质研究所有22名学生结业，其中18人获毕业证书并留在地质调查所中工作学习（李学通. 农商部地质研究所始末考［J］. 中国科技史料，2001，22（2）：139－144）。根据目前保存在中国第二历史档案馆中的地质研究所学生的成绩档案资料（全宗号1038，卷宗号2583），最后两种说法较可靠。

〔4〕 章鸿钊. 中国地质学发展小史［M］. 上海：商务印书馆，1937：39.

荣曾任北京大学地质系主任、资源委员会矿产测勘处处长，朱庭祜曾任贵州地质调查所所长，叶良辅曾任中山大学地质系主任、中央研究院地质研究所研究员等。因此，有学者把1913年开办的以培养地质人才为目的的地质研究所形容为“中国地质学界的雏声竟呱呱地出世了”[1]。这一批学生成为中国近现代地质学事业的骨干力量，这种成就不能不归功于地质研究所的创建及其开创者的努力。

中国学术界对地质研究所的教学水平评价很高。在该所的毕业典礼上农商部顾问、前瑞典地质调查局局长安特生评价这批学生的学业程度“实与欧美各大学三年毕业生无异”[2]。胡适也曾说：“中国地质学界的许多领袖人才，如谢家荣、王竹泉、叶良辅、李捷、谭锡畴、朱庭祜、李学清诸先生，都是地质研究所出来的。”[3]1935～1938年，黄秉维亦在此工作。直到20世纪40年代中国地质学家还认为地质研究所“实为民国以来短期训练机关成绩之最卓越者”[4]。地质研究所三年的教学，为学生们打下了深厚的学术基础。

地质研究所以三年为期，每年共分三学期，“自九月起至年终为第一期，正月至三月为第二期，四月至六月为第三期”，“每年放暑假两月，年假十日，其日期由所长临时酌定”[5]。开始时地质研究所曾分甲乙两科，甲科侧重矿物学，乙科侧重古生物学。前者为应用性学科，而后者为理论性学科。由分科设

〔1〕章鸿钊．我对于丁在君先生的回忆［J］．地质论评，1936，1（3）：227－236.

〔2〕章鸿钊．农商部地质研究所一览［M］．北京：京华印书局，1916.

〔3〕胡适．丁文江的传记［M］．合肥：安徽教育出版社，1999：32.

〔4〕杨钟健．中国地质事业之萌芽［J］．地质论评，1947，12（1/2）.

〔5〕章鸿钊．农商部地质研究所一览［M］．北京：京华印书局，1916.

置可见地质研究所初创时期欲“力顾根本”[1]，推进中国地质科学的进步。

1915 年 4 月地质研究所对第 6 学期的教学计划做了较大的修改，除了废除矿物学与古生物学的分科外，还在教学内容中取消高等岩石学，停止继续讲授古生物学等课程，增加了采矿学和冶金学等应用性科目。对于这种修改，章鸿钊在提交给农商部的说明中解释是：“窃思地质调查事业头绪纷繁，约而言之厥有二大端，即一为制就全国地质图以定各种事业之基础，二为调查全国矿产以图天然实利之开发……地质研究所即为培植是等人员之机关，亦即为以中国人调查中国地质矿产之准备……揆之我国目前缓急之情形，似宜以学理为辅，而以实用为归……二者固不能偏废，而亦宜量度时势以参酌损益于其间”，章鸿钊还进一步指出，经过五个学期的学习，“所有根本科目大半先后授毕或将次第告终”，而矿物学与古生物学“愈涉高深，则离实用之途愈远，而设备之费亦愈巨，况学生无多，分之则俞有限”[2]。

调整科目除章鸿钊解释的原因之外，当时缺乏精密的分析仪器、设备和足够的研究资料可能也是原因之一。地质研究所只有简陋的显微镜、分光三棱镜、经纬仪、平板测量器等设备，无法满足进一步研究的需要。直到地质调查所成立以后的若干年中，还无法从事岩石分析。

课程改革的另一个原因可能是由于师资的缺乏。地质研究所一直缺乏专职教师。该所曾聘请德国学者梭尔格任教，他曾

[1] 中国第二历史档案馆档案：全宗号1038，卷宗号2583。

[2] 同[1]。

在第1学年第3学期教授过岩石学，后因第一次世界大战爆发而离去。所中的专职教师只有章鸿钊、丁文江和翁文灏三人，其他的教师有张轶欧、王烈、朱锟、李彬、张景光、沈瓒、孙瑞林、胡文耀、虞锡晋等人，他们都是兼职[1,2]。这些兼职教师中，我们仅知道张轶欧曾留学比利时学习采矿专业，王烈曾留学德国学习地质专业。教师们的授课任务很重，基本上都是每人在一学期内同时兼授2门课程。更为困难的是，这些教师多偏重于矿物岩石和冶金采矿等专业，都对古生物学不够专精。古生物学课程只有丁文江讲授，而丁文江在英国时也不是主攻古生物学。缺乏古生物学教师可能也是取消分科的原因之一。

尽管地质研究所从第6学期开始课程做了调整，但正如章鸿钊所说，地质研究所开设了所有基础科目，这一点可以从表1－2－1中得以证明。20世纪20年代，随着葛利普来华和李四光回国，北京大学地质系达到了国内地质学教育的最高水平。由于目前缺少地质研究所教学大纲及教科书的有关资料而无法了解该所的授课深度。但是从开设课程的名称看，地质研究所与北京大学地质系前3个学年的授课内容相差不多。而且从地质研究所毕业生在中国地质学界所发挥的作用看，他们在学习期间确实接受了良好的训练，打下了坚实的基础。

〔1〕 章鸿钊．农商部地质研究所一览［M］．北京：京华印书局，1916.

〔2〕 章鸿钊，翁文灏．地质研究所师弟修业记［M］．北京：京华印书局，1916.

表 1-2-1 地质研究所（1913~1916 年）与北京大学地质系（1925）专业课程比较[1]

	第一学年	第二学年	第三学年	第四学年
地质研究所	地理学、地质通论、普通矿物学、岩石学、古生物学、测量学（及实习）、动物学、植物学、化学（及实习）、化学分析、物理学	地质通论、地史学、岩石学、古生物学、测量实习、构造地质学、地质实习、高等矿物学、冶金学、采矿学、化学分析、地质旅行	地文学、采矿学、冶金学、岩石学、矿床学、制图学、机械学、经纬测量、照相术、地质旅行	
北京大学地质系	地质学概论、矿物学及实习、平面测量及实习、动植物学及实验、无机化学、物理学、投形几何及图画	地史学及实习、岩石学及实习、地文学及实习、经济地质学（非金属）、地质测量及构造地质学、动物学（无脊椎动物）、动植物学实验、定性分析化学、物理化学	（以经济地质学门为例）古生物学及标准化石及实验、经济地质学（金属）、构造地质学讲演及实习、采矿学大意、冶金学大意、高等岩石学及实习、选矿学、矿山测量及实习、应用力学及机械学	（以经济地质学门为例）中国矿产专论、采矿工程学、钢铁专论、试金术及实习、矿石分析、应用力学及机械学、经济地质学论文

地质研究所虽然仅存在了三年，但师生们在“三年之中，从事于实地之观察者，北抵朔漠，南涉鄱阳，往来奔走而不敢以室内之

〔1〕 参照中国第二历史档案馆档案：全宗号1038，卷宗号2582、2583；北京大学档案馆保存的《国立北京大学地质学系课程指导书·十四年至十五年度》。

普通讲义及外人之已得成说自封者”[1]。于是“环北京城外数百里间，斧痕履印，至今还处处可寻。实地归来，每组必须提出报告，归教员负责审查指示得失。所以地质调查所毕业诸君在当时已能人人独立工作，那一部《北京西山地质志》，就是他们东方破晓的第一声”[2]。地质研究所师生撰写的实习报告于1916 年汇编成《农商部地质研究所师弟修业记》出版。许多学者将该报告视为中国学者撰写的第一部区域地质专著[3,4]。

1913 年成立的地质研究所不但是中国最早培养近现代地质人才的专科学校，而且开创了“以中国之人，入中国之校，从中国之师，以研究中国之地质者”[5]的先河。1916 年地质研究所 22 名学生毕业，其中 18 名获得毕业证书的学生全部进入地质调查所工作。这 18 名学生虽然后来大多离开了地质调查所，但是他们基本上一直活跃在中国地质学领域，其中只有 3 人离开了地质学领域[6]。

3. 高等院校中的地质系

20 世纪 20 年代开始，中国地质学人才的培养逐步走向正轨。前文中我们已经讨论了高校中地学系的创建与分离的经过，其中包括了地质学教育的内容，这里不再赘述。这里仅简

---

〔1〕 章鸿钊，翁文灏．地质研究所师弟修业记［M］．北京：京华印书局，1916：序．

〔2〕 章鸿钊．我对于丁在君先生的回忆［J］．地质论评，1936，1（3）：227－236．

〔3〕 王仰之．中国地质调查所史［M］．北京：石油工业出版社，1996：12．

〔4〕 王子贤，王恒礼．简明地质学史［M］．郑州：河南科学技术出版社，1985：223．

〔5〕 同〔1〕．

〔6〕 其中刘季辰 20 世纪 30 年代后期开始从事工商业；马秉铎、刘世才的去向不详。

单介绍民国时期比较著名的高校地质系。到1949年，高等院校中的地质系共有八个：北京大学、中央大学、清华大学、中山大学、西北大学、重庆大学、贵州大学、台湾大学。

北京大学地质系无疑是开办最早的。前文谈及的京师大学堂地质学门即其前身。1917年，北京大学地质学门恢复招生，学制为预科2年，本科4年；1919年改称地质系。最初只有留德回国的王烈和留美回国的何杰任教授，学生也多从北洋大学矿业科转来。1920年，随着李四光留英回国和美籍古生物学家葛利普（A. W. Grabau）应聘到北京大学任教，地质系的教师阵容才强大起来。直到1937年，北京大学地质系的毕业生占同时期全国各大学地质系毕业生的三分之二以上[1]。该系曾经考虑过建立研究部，后因战争的影响未能实现。

清华大学于1929年设立了地理系。因为这个系是在翁文灏等人的倡议下发起成立的，所以该系中地质学教员越来越多，并最终在1932年扩充为地学系，下设地理、地质、气象三组。抗日战争爆发后，高等院校纷纷南迁，清华大学地学系与北京大学地质系合并组成西南联合大学地质地理气象学系。抗战胜利以后，清华大学迁回北京，气象部分独立成系。1950年，又独立成立了地质系。1952年院系调整时，地质系并入北京大学。

在南方影响最大的是中央大学地质系。该系的前身即东南大学地学系。前已述及东南大学地学系建立的经过。抗战期

---

〔1〕王仰之．中国地质学简史［M］．北京：中国科学技术出版社，1994：121.

间，中央大学迁到重庆。由于重庆的地质学研究机构较多，许多著名地质学家都曾到该系任教，充实了地质系的教师队伍。地利的优势使中央大学后来居上，1949 年，全国地质学家有 200 人左右，中央大学地质系的毕业生就约有 80 人，占全国地质工作人员的 40%[1]，紧排在北京大学地质系之后。

中山大学地质系创办于 1927 年。其前身广东大学曾于 1925 年创办过地质系，但不久因学生过少而停办。该系因与两广地质调查所联合聘用教师，联合教学和工作，所以学生野外调查机会很多。抗战之前，该系积极聘请欧洲学者来系任教，引进了西方先进的地质学理论，成为岭南地质学人才的重要培养基地。抗战爆发后地质系不得不搬迁，教学设备损失惨重，影响了该系的发展。直到抗战结束后迁回广州，教学与野外考察活动才得以逐步恢复。

重庆大学地质系创设于 1936 年，第二年即进入抗战时期，重庆成为国民党政府的陪都。因此重庆大学虽然建立较晚，但因为没有像其他高校地质系在战争中受到搬迁的影响，而且战争期间有两个地质研究机构（中央地质调查所和四川省地质调查所）给予教师和资料的支撑，使得该系教学稳定，发展很快。

西北大学地质系原为西北临时大学地质地理系，是 1937 年由迁到西安的北京师范大学地理系和北洋大学采矿系合并组成。1938 年又迁往城固，改称西北联合大学地质地理系。1939 年称西北大学地质地理系。

---

〔1〕 殷维翰，袁见齐．早期的中央大学地质系［M］//王鸿祯，孙荣圭，崔广振，等．中国地质事业早期史．北京：北京大学出版社，1990：106－110.

台湾大学的地质系，是抗战胜利以后，在日本人建立的旧有机构的基础上，重新建立并发展起来的。

由于解放战争的影响，高等院校中的地质系大多在1952年院系调整以后才重新组合或有了新的发展。

第二节 研究机构的建立

1924年，孙中山在北京曾经提出建立中央学术院作为全国最高学术机关。1925年3月，孙中山病逝，此议遂被搁置。1928年6月9日，遵循孙中山的遗训，中央研究院在上海成立，蔡元培（1868—1940）任院长。中央研究院是中国历史上第一个作为国家最高科学机关而建立的研究机构。它在实行科学研究、指导联络奖励学术研究上，发挥了重要作用。

一 地理学与气象学研究机构

1. 中国地理研究所

早在1937年抗日战争爆发以前，中央研究院就准备建立地理研究所，并委托李四光筹办。当时已经开始由地理学家丁骕在江西庐山寻找所址。后因抗日战争的影响而停顿。1939年，李四光辞去筹建地理研究所的任务，丁骕也转到重庆沙坪坝中央大学地理系任教，致使中央研究院未能建立地理学研究机构。

1940年，在中英庚款董事会[1]资助下，先后在遵义设立中国桑蚕研究所，在北碚设立中国地理研究所，在兰州设立甘

〔1〕 英国于1922年宣布准备退还庚子赔款。1930年，中英两国政府才正式换文。1931年，中英庚款董事会（后改称中英文教基金董事会）在南京成立。这笔赔款主要用于交通运输、水利工程、电气事业和文化教育事业。对文化教育事业的补助费中，有一部分用于支持创建科研教育机构。

肃科学教育馆，在肃洲设立河西中学，在西宁设立湟川中学，在安顺设立黔江中学。

1940 年中国地理研究所成立，
前右 2 黄国璋，二排右 2 李承三，二排左 2 林超

中国地理研究所的成立完全有赖于朱家骅[1]的支持。朱家骅曾积极参与中国地质学、地理学的学科建设。他认为："地理教育格于课程之分配，对于实际工作方面，未克集中力量多所表现，以引起社会人士之重视，是以设立一纯粹研究地理之机构，举办区域考察着重研究工作，实属刻不容缓。"[2]他在中英庚款董事会担任董事长期间，积极推动成立中国地理研究所。朱家骅是国民党政府的重要人物，是留学德国的地质学者，他对地理学一直倡导重视。中山大学的地质系和地理系都是在他

〔1〕 朱家骅（1893—1963），教育家。留学德国、瑞士，1924 年获博士学位。归国后先后担任北京大学教授、广东大学教授、中山大学校长等职务。自 20 世纪 30 年代开始从政后，历任国民党政府教育部部长、交通部部长、中央研究院总干事、中央研究院代理院长、浙江省政府主席和国民党中央党部组织部部长等职。1948 年当选为中央研究院院士。到台湾后，担任"总统府"资政。

〔2〕 朱家骅. 中国地理研究之重要［J］. 地理，1942，2（1/2）：1－2.

的支持下建立的。地理研究所内的高级研究人员都和他有关系，所长也由他任命。黄国璋、李承三、林超先后任所长。所以有学者认为，地理研究所是“因人办学，因人设所”[1]。

朱家骅到教育部任职后，中英庚款董事会不再积极支持地理研究所的工作。1947 年，该所改属中华民国政府教育部，迁往南京。中华人民共和国成立后，在其基础上组建中国科学院地理研究所。

中国地理研究所是 1949 年以前中国唯一的地理研究机构。地理所下设自然地理、人生地理、大地测量、海洋 4 个组。海洋组的人员常驻厦门，主要依托厦门大学工作。大地测量组最初也在北碚，后来因为一些人员离所，余下的人太少，迁到宜宾和同济大学测量系一道工作。真正在地理研究所本部的只有自然地理和人生地理两个组。自然地理主要从事地貌、土壤、气候、地质和综合自然地理等方面的研究，人生地理主要从事人地关系研究，涉及领域广泛，但两个组专业分工并不明显。

该所十分重视区域性研究，这也是中国地理学的研究传统。建所伊始就积极开展区域调查与研究，并很快出版了一批高水平的区域地理考察与研究报告。早期，该所中的学者主要是在四川开创了区域考察和研究的传统。

在建所初期的 1941～1942 年间，经费比较宽裕，该所中的学者广泛开展区域考察。较大规模的有嘉陵江流域地理考察、汉中盆地区域地理调查、川东地区考察和大巴山区考察。

---

〔1〕 周立三. 地理研究所史话［G］//屠清瑛. 建所五十周年纪念文集. 南京：中国科学院地理与湖泊研究所，1990.（内部出版物）

这4次考察结论部分，发表在《地理》上。最终的考察报告是以专刊形式，在1946年由李承三主持所务时督促印出。

除了这4次较大规模的考察外，小型或分散的区域考察也不少，但主要是依靠所外提供经费。像李承三、林超、周立三对新疆的考察，李承三、周廷儒对青海祁连山区至河西的调查[1]，周立三对成都平原东北部的调查，杨曾威、王成敬等对涪江流域的经济地理调查，陈恩凤、冯秀藻对青海大河坝的土壤调查……他们的考察报告多发表在《地理》杂志上。《地理》在当时以中级刊物的面貌出现，截至1949年，先后共出六卷，刊载了一百多篇文章。

林超(1909—1991)

此外，1940年由林超等完成的《乡土地理调查手册》成为中国近现代地理学史上第一个地理调查规范。

2. 中央研究院气象研究所

1928年春，中央研究院气象研究所建立，由竺可桢任所

---

〔1〕 1942～1943年，中央研究院历史语言研究所、中央博物院筹备处和中国地理研究所联合组建了“西北史地考察团”，以甘肃、青海、宁夏、新疆等省为中心开展工作。团长为西北农学院院长辛树帜，总干事为中国地理研究所研究员李承三。考察团按照专业分组：地理组组长李承三，组员有林超、周廷儒（中国地理研究所）、戈定邦、丁道衡等；历史组组长向达（西南联大教授），副组长夏鼐（中央研究院历史语言研究所），组员有劳榦（中央研究院历史语言研究所）、石璋如、阎文儒等；植物组组长吴静禅（同济大学教授）。考察团文书劳榦、会计石璋如（中央研究院历史语言研究所），事务周廷儒。考察团于1942年4月21日由重庆歌乐山乘油矿局的专车出发，5月4日到达兰州，之后各组分头行动。1943年考察团规模扩大，北大文科研究所正式加入考察团，名称也改为“西北科学考察团”。考察团新增地质、矿产、动植物等组，划拨总经费50万元。（刘诗平，孟宪实．敦煌百年：一个民族的心灵历程［M］．广州：广东教育出版社，2000.）

长。研究所成立后，仅有八九位研究人员。所址也暂时设在竺可桢任职的中央大学内，但很快在南京钦天山北极阁建立气象台。随着研究条件的改善，所内人员逐渐增多，至1949年，人员增加到近30人。研究所建立后，致力于推动中国气象学研究事业，先后编辑出版了《气象月刊》《气象季刊》《气象年报》《气象集刊》等资料和刊物。所中的学者也发表了大量研究性论著。

在1942年中央气象局成立以前，气象研究所还担负着管理全国气象行政事务的责任。气象研究所在全国气象观测网建设方面发挥了重要作用，先后在南京、北平建立了气象台，在上海、武昌、郑州、西安、包头、酒泉、贵阳等地建立了测候所。到1931年，全国测候所站已超过300处。此外，气象研究所还通过开设培训班培养了大批测候人才。

二　地质学研究机构

地质学是中国现代科学体制化中发展最快的一个领域。截止到1949年，地质学领域的全国性综合地质调查和研究机构共有3个。它们分别是中央地质调查所（1916年成立）、中央研究院地质研究所（1928年成立）和资源委员会矿产测勘处（1940年成立）。省立的地质调查机构也有十几个：两广地质调查所（1927年成立），湖南地质调查所（1927年成立），河南地质调查所（1923年建立，1928～1930年曾被裁撤，1931年恢复），江西地质调查所（1928年成立，早期称地质矿业调查所，1937年改称地质调查所），四川地质调查所（1938年成立），福建建设厅矿产事务所（1935年成立，1937年撤销），福建地质土壤调查所（1940年成立），新疆地质调查所（1944年成立），贵州地质调查所（1935年成立，1939～1945

年停办，1946 年恢复，1949 年并入西南地质调查所），台湾地质调查所（1945 年成立），西康地质调查所（1939 年成立），云南地质矿产调查所（1939 年成立，1945 年停办），宁夏地质调查所（1946 年成立，1948 年撤销），浙江省地质调查所（1946 年成立）和察绥地质调查所（1947 ~ 1948 年）。至 20 世纪 40 年代末，全国共有 15 个地质调查、研究机构〔1〕；1950 年的“全国科学研究调查试验机构初步调查表”中仍有 14 个地质调查机构〔2〕。

第三节 学术网络的形成

如前文所述，1949 年以前全国已经有了十几个地质研究机构，但并没有地质管理部门。因此，最早成立的中央地质调查所（以下简称地质调查所）就担负起组织机构建设、创建学术网络的重任。

早在 1926 年地质调查所还是中国唯一的地质学调查研究机构时〔3〕，所长翁文灏就已经意识到学术机构之间的分工与协作的重要性：“近代科学机关愈设愈多，然凡一机关之设立，莫不对于同类或相关机关间之关系郑重考虑，以免冲突。对于性质相同者，必尊重优先而力避重复之工作，或商定界线而各守应尽之范围，盖分工则用力专，合作则成功速。”处理不当“则各自分立同类之机关以相角逐，或互为重复之研究以相侵凌，种种流弊将不可胜言。此有识之士所应早为觉悟思

〔1〕 李春昱. 中国之地质工作［M］. 北京：行政院新闻局，1947.

〔2〕 全国科学研究调查试验机构初步调查表［J］. 科学通报，1950，1（2）.

〔3〕 1923 年河南省曾成立过地质调查所，但由于经费困难，早期工作规模较小，并最终于 1927 年暂时停办，1931 年恢复。

患预防者也”[1]。地质调查所通过派遣地质学家支持新建机构、联合考察和资源共享等措施，逐渐在全国形成了地质学研究网络。

一　中央地质调查所的地位

中央地质调查所作为中国最早的近现代科学机构之一，它的影响已经超出了地质学领域。蔡元培称地质调查所为“中国第一个名副其实的科学研究机构”[2]。1932 年竺可桢在南京金陵大学讲演时，也提到地质调查所“成绩卓著，可与外国相抗衡”[3]。1941 年 12 月 14 日，地质调查所在重庆的临时所址举行二十五周年纪念会。当时到会的学术界的许多著名学者对该所取得的成就给予了高度的评价。中央研究院总干事、物理学家叶企孙认为：“地质学在二十五年间能得到圆满的结果，自有其发展的程序和理由。别种科学要想办到和地质学同样的发达，就非取法中央地质调查所过去二十五年的奋斗方法和努力不可。”[4]

1912 年 1 月成立的南京临时政府实业部矿务司地质科，是中国最早出现的以“地质”命名的机构实体，章鸿钊任科长。机构实体的出现为结束自由式的科学研究方式创造了可能，从体制上提供了地质学者从事地质调查和研究的条件。

1912 年 4 月民国政府迁至北京，原实业部分为工商部和农林部。矿务司地质科就隶属于工商部，并改由丁文江任科

〔1〕 翁文灏. 如何发展中国科学［J］. 科学杂志，1926（9）.

〔2〕 蔡元培. 中央研究院与科学研究事业［M］//蔡元培. 蔡元培论科学与技术. 石家庄：河北科学技术出版社，1985：294.

〔3〕 竺可桢. 从战争讲到科学的研究［J］. 时代公报，1932（7）：28－50.

〔4〕 尹赞勋. 经济部中央地质调查所二十五周年纪念会记略［J］. 地质论评，1942，7（1/3）：87－98.

长。但是这个行政管理机关由于缺乏相应的事业支撑，不得不从头开始。1913 年工商部地质科正式改名为“工商部地质调查所”，但所有经费仍在工商部本部的预算之内。改制后地质调查所的职能，由以行政管理为主改变为以实际调查、资料积累和学术研究为主。中国第一个近现代地质研究机构就是在这种背景下诞生的。

1914 年工商部与农林部合并为农商部，地质调查所改隶农商部，更名为“农商部地质调查所”。1916 年地质研究所的学生毕业，其中的十余位学生进入地质调查所工作，从此中国的第一个近现代地质研究机构才开始了它的正常运转。

1916 年 1 月农商部地质调查所改名为“地质调查局”，由矿政司司长张轶欧兼局长，丁文江与矿政司顾问安特生任副局长。地质调查局设地质股、矿产股、地形股、编译股和地质矿产博物馆，由章鸿钊、翁文灏分任股长并开始独立预算。同年 10 月地质调查局又改为“农商部地质调查所”，丁文江任所长。1920 年地质调查所由农商部矿政司划归农商部直辖，从此以后该所成为部直属机关。

南京国民政府成立后设农矿部，原北京政府农商部地质调查所又改属南京政府农矿部，称为“农矿部地质调查所”。1928 年夏季，政府决定将地质调查所隶属于大学院，地质调查所名称前又一度冠以“大学院”字样，后仍改为农矿部直属机关。

地质调查所也曾经与中央研究院有过学术合作的关系，经费由农矿部和中央研究院共同拨给。但事隔不久，1929 年冬中央研究院停止拨款。农矿部又与北平研究院协商，从 1930 年 3 月开始北平研究院与农矿部地质调查所订立合作协议，北平研究院设立地质学研究所，由北平研究院提供经费，由地质调查所派学者支持，共同进行地质调查研究以减少经费的压力。因此这一时期地质调查所的出版物上常常印有多家机构的名称。

1930 年农矿部与工商部合并为实业部，地质调查所又隶属实业部，称为“实业部地质调查所”。这一时期实业部拨款有所增加，但也因此而使地质调查所更重视政府要求的实用性研究。20 世纪 30 年代前期是地质调查所经济状况最好的一段时期，实业部每月拨款 6000 元，北平研究院每月拨款 2000 元，中华教育文化基金会每年拨款 96000 元。充足的经费使地质调查所的设备得以扩充，研究范围有所扩大，职工的福利待遇也有了提高。工资“用来绰绰有余……除了月薪外，出差工作有出差费，薪水可直接储入银行，待遇很不错”[1]。

1938 年实业部与相关机构合并改组为经济部，地质调查所又改属于经济部，定名为“经济部地质调查所”。20 世纪 40 年代，省立地质调查所纷纷建立。为了便于区别，也为了避免名称频繁更替的麻烦，1941 年地质调查所更名为“中央地质调查所”。

到 1950 年全国地质机构调整时改组撤销，地质调查所共存在了 30 余年。该所从 1916 年的 20 余人曾发展到上百人，机构设置也从初期的地质、矿产等几个部门发展到地质调查、土壤调查、矿物岩石研究、地性探矿研究、古生物学研究、新生代

---

〔1〕 杨翠华. 阮维周先生访问记录［M］. 台北：“中央研究院”近代史研究所，1992.

研究、地震研究、燃料研究、工程地质研究等多个研究室。

二　中央地质调查所与两大国立地质机构的关系

1. 中央研究院地质研究所

中央研究院地质研究所（1928 年成立，民国时期中国三大国家级地质机构之一）在筹备建所过程中即有曾在中央地质调查所工作过的叶良辅、徐渊摩等人参加了其中的工作，叶良辅还曾担任该所代理所长。

中央研究院在成立之初，决定先设立理化实业研究所、社会科学研究所、地质研究所和观象台四个科研机构。应院长蔡元培之邀，李四光离开北京，到上海组织筹建地质研究所。1928 年 1 月，地质研究所正式成立，李四光任所长。

研究所白手起家，从租用房屋、购买图书、添置仪器设备、建立实验室直到研究人员的组织与培养，一切都是从头开始。那是一段内忧外患、战争频繁、社会动荡不安的岁月，为了中国地质事业的发展，李四光耗费了大量的心血，与研究所共同度过了二十多年的时光。

建所之初人员虽然不到 30 人，但很精干：专任研究员 8 人，兼任研究员 1 人，特约研究员 4 人，助理员 11 人，绘图员 2 人，图书管理员兼庶务 1 人，文书 2 人。20 年中人员虽有变动，但人数变化不大。

为了把地质研究所办好，李四光非常重视研究人员的聘用与培养。他不但聘请所外的著名地质学家为研究所的兼任或特约研究员，还吸收了一批学有专长的青年科研人员。根据研究人员的专长和工作性质，研究所分为古生物地层、古植物、矿物岩石、矿床、地质构造及地质力学、地形地文及冰川等 6 个组。遇到综合性的研究课题时，各组人员就共同合作，完成研究任务。

一个研究所要想成为一流的科研机构，除了设备和人员组成外，科研方向和方法的确定是十分重要的。李四光从建所开始就很重视基础研究工作，他强调地质研究要特别重视讨论地质学上的重要理论问题。李四光非常重视野外实地考察，但强调地质研究所决不能以获得及鉴别资料为最终目的，而是要解决地质学上的专门问题。为了活跃研究气氛、提高科研水平，从 1930 年开始李四光倡导创立了"地质研究所同人半月会"，规定每隔一周的星期六下午开一次学术会议，研讨各种地质学问题。

在地质研究课题之外，科研人员还尽量接受一些公私机关委托解决的有关地质问题，以便使地质学更好地为社会服务。1928～1929 年，研究所应湖北省政府建设厅之请，调查了该省各矿区的地质矿产资源；1939 年，广西省急需煤、铁、锡、钨等矿产资源，研究所多次派出考察队在该省各处考察，以求发现这些急需资源。此外，研究所还发现、调查和研究了许多金属矿区，如发现广西钟山县糙米坪铀矿，发现鄂西铁矿床与铜矿床，调查与研究江西南部钨矿和云南会泽铜矿床等。

李四光具有优秀的组织管理才能。为减少同一地区人力物力的浪费，在地质调查过程中，地质研究所经常与其他地质机构协调合作，进行野外考察。李四光很重视与国外的学术交流。他认为地质学是一门世界科学，一个国家再大也只是局部。他除了自己经常出国考察和参加国际会议外，还争取机会选送科研人员出国考察或深造。

2. 资源委员会矿产测勘处

资源委员会矿产测勘处是 1940 年成立的另一个国家级的地

质机构。它是在地质调查所与资源委员会合办的矿产测勘室的基础上扩大而成，谢家荣长期任该处长。

在全国性地质机构中，矿产测勘处成立最晚，到1950年就宣告结束，前后总共也只有十年时间。矿产测勘处初名为叙昆铁路沿线探矿工程处，是根据前叙昆铁路矿业合作合同，由资源委员会与中央地质调查所合办。后来由于国际形势变化，叙昆沿线矿业合作合同暂时无法进行，于是就奉命改组为西南矿产测勘处，并于1940年10月11日宣告成立。因为战争的影响，该处的工作范围限于贵州、云南、四川三省。到1942年9月，该处又改名为矿产测勘处，并于同年10月1日正式成立。此后，它的测勘范围就不受省区的限制，而成为一个全国性的矿产测勘机构。只是抗战期间，工作仍仅限于西南各省，直到1945年秋季日本投降之后，广大失地相继收复，测勘人员的足迹才开始遍布大江上下、塞北岭南，才成了一个名副其实的全国性矿产测勘机构。

三 中央与省立地质调查研究机构

地质调查所的学术中心地位更多地体现在它与省立地质机构的关系上。李春昱在任四川省地质调查所所长时曾经说："中央地质调查所是全国地质界的重心。各省……都有调查所，虽地域有别，而工作目标却是一样，其相互间及其与中央所之关系亦甚密切，可比作兄弟，亦可比作母子。各省所的视线都集中在中央所的身上。中央所之良窳影响到各省所，而各省所之得失亦有赖于中央所之辅助指导。"[1]

---

〔1〕 尹赞勋．经济部中央地质调查所二十五周年纪念会记略［J］．地质论评，1942，7（1/3）：87－98.

国民党南京政府时期和抗日战争时期是中国地质学发展的两个高潮时期。这两个时期建立了十几个省立的地方性地质调查机构[1]。地方性地质调查机构与中央地质调查所的关系十分密切。一般“大的计划均需由中央调查所来做，各省立调查所仅在必要时提供协助”[2]。地方性地质调查所建立时，中央所多抽调学术骨干至各地协助，对地质调查所组织规程、必要设备及工作实施计划等事项，“详加审查具报，以凭核办”[3]。一些地方地质调查所由于经费和时局的限制，成立的时间很短。规模相对大一些的调查机构多与中央地质调查所有着密切的关系，而且“各省调查所的组织，大多是具体而微的模仿中央调查所的编制……各省调查所之经费，虽由省库支付，多少也接受中央地质调查所象征性的补助，因而对学术研究之进行以及研究报告之出版，常商承中央调查所合作办理”[4]。

中央地质调查所经常应各地方所的要求抽调人员支持省立机构，尤其是一些地方所的所长更是直接来自中央所。1921年浙江省实业厅计划成立地质调查机构，丁文江与代所长翁文灏商量派朱庭祜前往。一年后由于战争的原因，所中经费中断，无法继续工作。朱庭祜又由中央地质调查所联系，到云南工作[5]。朱家骅筹办两广地质调查所时，叶良辅、谢家荣曾

---

〔1〕 参见本章第二节。

〔2〕 杨翠华. 阮维周先生访问记录［M］. 台北：“中央研究院”近代史研究所，1992.

〔3〕 实业公报，1928 年，第 35 期。

〔4〕 杨翠华. 经济地质学在中国的发展（1912 ~ 1937）［J］. 思与言，1986，24（2）.

〔5〕 朱庭祜. 我所知道的丁文江［M］//中国人民政治协商会议全国委员会文史资料研究委员会. 文史资料选辑：第 80 辑. 北京：文史资料出版社，1982.

南下协助，后来朱庭祜、潘仲祥也曾先后任两广地质调查所所长；1937 年江西省政府主席熊式辉请求翁文灏派员主持江西省地质矿业调查所。翁文灏提出条件：①将江西省地质矿业调查所更名为江西省地质调查所；②派尹赞勋为所长；③提出六项重要工作；④江西省地质调查所应与中央地质调查所充分联系；⑤所长对所中人员有任免赏罚之权。在得到熊式辉的首肯后，中央地质调查所派尹赞勋、高平等到江西省地质调查所主持工作。[1]除了人员上的支援外，中央所还通过帮助江西所购置大批书籍等方式在研究条件方面予以支持[2]。湖南省地质调查所成立时，中央所曾抽调刘季辰和田奇㻪前往协助研究工作，他们的工资由湖南省所分担，但野外调查旅费则由中央所"略为分任"[3]。

地质调查所能够与其他学术单位密切合作，一个重要的原因就是当时许多相关机构的主要科研人员甚至是负责人曾在地质调查所工作过，互相十分熟悉，利于学术交流与合作。北平研究院于 1930 年成立地质研究所，聘请翁文灏为主任，章鸿钊为副主任，并拨款二万四千元给地质调查所，两个单位共享一切设备及人员，联合办理；西部科学院于 1932 年设立地质研究所，并从一开始就与地质调查所合作，接受经济与技术上的支援；兰州的石油地质探勘处处长孙健初曾经在地质调查所工作，因此该处与同在兰州的地质调查所西北分所的关系十分

---

〔1〕 尹赞勋．往事漫忆［M］．北京：海洋出版社，1988：34.

〔2〕 地质界消息［J］．地质论评，1938，3（2）：207.

〔3〕 台湾近代史研究所档案馆档案：08－24 5（1），《地质调查所事务年报》，1927 年.

密切，经常一起组织学术活动，甚至招聘人员也是统一出题、合作招考。

许多省立地质调查所的所长，都是由曾在中央所工作过的学者担任的。田奇㻪曾任湖南省地质调查所所长；尹赞勋、高平曾任江西省地质调查所所长；而曾任四川省地质调查所所长的人员全部由中央地质调查所调用，李春昱、侯德封、常隆庆先后任所长；朱庭祜、乐森璕曾任贵州省地质调查所所长；20世纪50年代初期浙江省地质调查所再度成立时，所长、副所长和调查人员全部是曾在中央所工作过的研究人员；崔克信不但长期任西康省地质调查所所长，而且该所主要的业务工作一直由他负责；周昌芸曾任第一任福建省地质土壤调查所所长，所内“一部工作人员，亦将向经济部地质调查所调用”[1]；王恒升曾任第一任新疆省地质调查所所长；抗日战争胜利后，台湾地质调查所也是由中央所派员前去接管，因此有学者将台湾地质调查所看作是中央所的一个分所。

除了人员支持外，中央所在经费和业务工作上也多对各省立地质调查所给予支持。由于中央所经费相对比省立机构多，因此中央所也经常委托省立地质调查所进行地质调查或合作调查。如1938年地质调查所与湖南所合作调查长潭工业区的地质情况[2]；1940年中央所委托湖南省地质调查所调查贵州的金矿，并从1940年7月起中央所每月补助湖南所一千元。

由于密切的学术交往，一些省立地质调查所所长的作风和

〔1〕 地质界消息［J］. 地质论评，1940，5（4）.

〔2〕 崔克信. 湖南湘潭县洪塘附近之白砂井砾石层［J］. 地质论评，1940，5（4）.

研究方向，对中央地质调查所工作方向的制订也会造成一定的影响。如田奇㻪研究古生物，对铁矿勘探没有兴趣，在他任湖南省地质调查所所长时，那里的铁矿勘探工作就由中央地质调查所去做。尹赞勋也专注于古生物研究，对铁矿勘探工作亦不加重视，这些工作也多由中央地质调查所完成〔1〕。正是这种人员的交流与学术互动，初步形成了民国时期地质学的学术网络。

参考文献

［1］章鸿钊．中国地质学发展小史［M］．上海：商务印书馆，1937.

［2］邹振环．晚清西方地理学在中国［M］．上海：上海古籍出版社，2000.

［3］吴相湘，刘绍唐．民国史料丛刊 3 · 专科以上学校教员名册［M］．台北：传记文学出版社，1971.

［4］詹姆斯，马丁．地理学思想史［M］．李旭旦，译．增订本．北京：商务印书馆，1989.

［5］奏定高等小学堂章程［M］//邹振环．晚清西方地理学在中国．上海：上海古籍出版社，2000：278.

［6］李国耀．现在中国之地理教育［J］．师大月刊，1935（19）.

［7］朱有瓛．中国近代学制史料：第 3 辑下册［M］．上海：华东师范大学出版社，1992.

［8］《竺可桢传》编辑组．竺可桢传［M］．北京：科学出版社，1990.

---

〔1〕杨翠华．阮维周先生访问记录［M］．台北："中央研究院"近代史研究所，1992.

[9] 杨钟健．美国地质机关谈［J］．地质论评，1946，11（6）：391－398.

[10] 朱斐．东南大学史：第1卷［M］．南京：东南大学出版社，1991.

[11] 马东．新地学［M］．竺可桢，等译．南京：钟山书局，1933.

[12] 胡焕庸．竺可桢先生——我国近代地理学的奠基人［G］//《纪念科学家竺可桢论文集》编辑组．纪念科学家竺可桢论文集．北京：科学普及出版社，1982：1.

[13] CHU C. A note on the department of geology and geography in the National South－Eastern University，Nanking，China［J］．Geographical Teacher，1923，12（3）：142－143.

[14] 洪世年，陈文言．中国气象史［M］．北京：农业出版社，1983.

[15] 竺可桢．我国地学家之责任［J］．史地学报，1921（1）.

[16] 侯仁之．中国古代地理学简史［M］．北京：科学出版社，1962.

[17] 张相文．地文学［M］．上海：文明书局，1908.

[18] 熊宁．本世纪前半叶我国近代地理教育初探［J］．地理研究，1987，6（1）.

[19] 陈国达，陈述彭，李希圣，等．中国地学大事典［M］．济南：山东科学技术出版社，1992.

[20] 竺可桢．地理学通论［M］．南京：南京高等师范学校，1920.

[21] 竺可桢．地理教学法之商榷［J］．科学，1922，7（11）：1192－1203.

[22] 任美锷．竺可桢和翁文灏的两本最早的地理学讲义［M］//吴传钧，施雅风．中国地理学90年发展回忆录．北京：学苑出版社，1999.

[23] 竺可桢. 地理与文化之关系 [J]. 科学，1916，2 (8)：894－908.

[24] WARD R D. Climate considered especially in relation to man [M]. 2nd ed. New York：G. P. Putnam's Sons Publishing House，1918.

[25] 竺可桢. 地学通论 [M]. 南京：国立中央大学，1928－1929.

[26] 竺可桢. 何谓地理学 [J]. 史学与地学，1926 (1)：5－9.

[27] 竺可桢. 中央大学地理学之前途 [J]. 地理杂志，1928，1 (1)：3－5.

[28] 黄国璋，张其昀，胡焕庸. 本校地学系地理门应独立成系建议书 [J]. 地理杂志，1929，2 (5)：附录.

[29] 严德一. 竺老培植的地理系根深叶茂 [G]//浙江大学校友总会，浙江大学电教新闻中心. 竺可桢诞辰百周年纪念文集. 杭州：浙江大学出版社，1990.

[30] 国立中央大学. 国立中央大学一览·第三种·理学院概况 [Z]. 1930.

[31] 王恩涌. 对地理系与自然地理专业发展历史的一些回顾 [M]//陈传康. 自然地理学的回顾与进展. 北京：测绘出版社，1993.

[32] 王恩涌，李文彦，陈昌笃. 清华大学地学系——北京大学城市与环境学系的前身简史 [M]//吴传钧，施雅风. 中国地理学90年发展回忆录. 北京：学苑出版社，1999.

[33] 安延恺. 从北洋西学学堂矿冶科到北洋大学地质系 (1895～1947)——历史回顾 [M]//王鸿祯. 中外地质科学交流史. 北京：石油工业出版社，1992.

[34] 阙维民. 中国高校建立地理学系的第一个方案——京师大学堂文学科大学中外地理学门的课程设置 [J]. 中国科技史料，1998，19 (4).

[35] 王仰之. 中国地质学简史 [M]. 北京：中国科学技术出版社，

1994.

[36] 韩樸存．京师译学馆舆地学讲义 [M]. 铅印本．北京：京师译学馆，1905.

[37] 章鸿钊．中国研究地质学之历史 [J]．中国地质学会志，1922 (Z1).

[38] 章鸿钊．中华地质调查私议 [J]. 地学杂志，1912 (3/4).

[39] 刘昭民．中华气象学史 [M]. 台北：台湾商务印书馆，1980.

[40] 章鸿钊．六六自述 [M]. 武汉：中国地质大学出版社，1987.

[41] 杨翠华．经济地质学在中国的发展 (1912 ~ 1937) [J]. 思与言，1986，24 (2).

[42] 李学通．农商部地质研究所始末考 [J]. 中国科技史料，2001，22 (2)：139 – 144.

[43] 潘江．农商部地质研究所师生传略 [J]. 中国科技史料，1999，20 (2)：130 – 144.

[44] 王子贤，王恒礼．简明地质学史 [M]. 郑州：河南科学技术出版社，1985.

[45] 陈梦熊，程裕淇．前地质调查所 (1916 ~ 1950) 的历史回顾 [M]//程裕淇，陈梦熊．前地质调查所 (1916 ~ 1950) 的历史回顾——历史评述与主要贡献．北京：地质出版社，1996.

[46] 章鸿钊．我对于丁在君先生的回忆 [J]. 地质论评，1936，1 (3)：227 – 236.

[47] 章鸿钊．农商部地质研究所一览 [M]. 北京：京华印书局，1916.

[48] 胡适．丁文江的传记 [M]. 合肥：安徽教育出版社，1999.

[49] 杨钟健．中国地质事业之萌芽 [J]. 地质论评，1947，12 (1/2).

[50] 章鸿钊，翁文灏．地质研究所师弟修业记 [M]. 北京：京华

印书局，1916.

［51］北京大学档案馆．国立北京大学地质学系课程指导书：十四年至十五年度［A］.

［52］王仰之．中国地质调查所史［M］.北京：石油工业出版社，1996.

［53］殷维翰，袁见齐．早期的中央大学地质系［M］//王鸿祯，孙荣圭，崔广振，等．中国地质事业早期史．北京：北京大学出版社，1990：106－110.

［54］朱家骅．中国地理研究之重要［J］.地理，1942，2（1/2）：1－2.

［55］周立三．地理研究所史话［G］//屠清瑛．建所五十周年纪念文集．南京：中国科学院地理与湖泊研究所，1990.（内部出版物）

［56］刘诗平，孟宪实．敦煌百年：一个民族的心灵历程［M］.广州：广东教育出版社，2000.

［57］李春昱．中国之地质工作［M］.北京：行政院新闻局，1947.

［58］全国科学研究调查试验机构初步调查表［J］.科学通报，1950，1（2）.

［59］翁文灏．如何发展中国科学［J］.科学杂志，1926（9）.

［60］蔡元培．中央研究院与科学研究事业［M］//蔡元培．蔡元培论科学与技术．石家庄：河北科学技术出版社，1985：294.

［61］竺可桢．从战争讲到科学的研究［J］.时代公报，1932（7）：28－50.

［62］尹赞勋．经济部中央地质调查所二十五周年纪念会记略［J］.地质评论，1942，7（1/3）：87－98.

［63］杨翠华．阮维周先生访问记录［M］.台北："中央研究院"近代史研究所，1992.

［64］朱庭祜．我所知道的丁文江［M］//中国人民政治协商会议全

国委员会文史资料研究委员会．文史资料选辑：第80辑．北京：文史资料出版社，1982.

［65］尹赞勋．往事漫忆［M］．北京：海洋出版社，1988.

［66］地质界消息［J］．地质论评，1938，3（2）：207.

［67］地质界消息［J］．地质论评，1940，5（4）.

［68］崔克信．湖南湘潭县洪塘附近之白砂井砾石层［J］．地质论评，1940，5（4）.

第三章　学术团体的作用

学会作为一种自由、松散的学术组织，是科学共同体的典型代表。“因为专门人才渐多，总要有一个商讨学术的机会”[1]。随着近现代科学在中国的传播与发展，作为近现代科学标志和产物之一的学术团体，在中国迅猛发展。地学领域的学会发展尤为迅速，各种学会不但地域分布广泛、数量众多、涉及的地学学科广泛，而且类型也多种多样。

第一节　地学会的雏形

中国近现代地学学术团体成立较早、数量众多。早期成立的地学团体主要有：舆地学会（1895 年在武昌成立）、亚新地学社（1898 年在武汉成立）、中国地学会（1909 年在天津成立，1937 ~ 1945 年停止活动）。此外，当时还有许多专门从事地图和地学著作出版的机构，如东方舆地学社、世界舆地学社、大陆舆地社、亚光舆地学社等。这些出版机构在中国近现代地学史上的作用也是不容忽视的。

一　舆地学会与亚新地学社

19 世纪西方地学开始传入中国。中国从事舆地研究的学者注意到了近现代地学与中国传统舆地之学的不同，并纷纷倡导改变传统的研究方法。这些思想先进的学者大多没有受过近现代地学的训练，所以在研究上仍沿袭传统的方法。但是作为承前启后的一代，他们对中国地学近现代化的贡献是开创性的。

---

〔1〕 章鸿钊．中国地质学发展小史［M］．上海：商务印书馆，1937：41.

1895 年创立于武昌的舆地学会是中国最早的地学专业学会，由清末地图学家邹代钧（1854—1908）创建。邹代钧，湖南新化人，出生于舆地世家。祖父邹汉勋是清代著名的舆地学家，曾为魏源的《海国图志》绘制地图，并撰写有论述测量经纬度的原理和方法的《极高偏度说》和论述地图基本绘制方法的《宝庆疆里图说》[1]。受邹汉勋擅长舆地之学的影响，邹代钧自幼爱好史地。光绪十一年（1885 年）秋，邹代钧以随员身份出访英国、俄国。西方之行使他深感地理研究的重要性和中国地学的落后，因而萌发了通过地学的普及以促使民众觉醒的思想。

邹代钧在英国期间遍购欧美各国的地理图册书籍，潜心研究西方的地图测绘理论和方法。回国时他带回许多国外科技图书和地图资料，以及制图仪器和机器，并于 1895 年在武昌与当地一些爱好史地的文人学士创办了译图公会，后因清政府禁会，于 1898 年改名为舆地学社，后又称舆地学会。为维持舆地学会的正常运转，邹代钧几乎将所有家产用于创办学会，以至于“炊烟几绝”。邹代钧去世后，由于经费困难，舆地学会无法维持而被迫解散。

舆地学会的主要工作是绘制地图，并非学者之间进行学术交流的团体。学会建立时也得到了许多人士的支持，如陈伯严、汪康年、吴德潇等。但他们是清朝末年的维新派人士，并非受过近现代科学训练的科学家。舆地学会绘制的地图采用了圆锥投影法，运用了西方先进的地图测绘理论和方法。但新技术的采纳还不能代表新思想的接受与传播，而后者才是近现代科学

〔1〕 文浩然．新化邹氏地学与武昌亚新地学社［M］//中国人民政治协商会议湖北省委员会文史资料委员会．湖北文史资料：第 3 辑．武汉：湖北人民出版社，1981.

产生与发展的标志。因此有学者把舆地学会作为中国最早民用小比例尺地图编绘出版专业机构[1]，而非学术组织。

虽然舆地学会还不是严格意义上的近现代地学学会，但邹代钧本人曾任教于京师大学堂和两湖书院，主讲地理学。舆地学会成立后，他也一直潜心于舆地研究和舆图的绘制，因此可以认为舆地学会是中国历史上第一次由舆地学者自发成立的地学专业组织。

舆地学会在中国近现代地学史上产生较大的影响。首先，学会成立之初因经费困难、人员短缺，曾公开招股集资。邹代钧在译印西文地图公会章程中也曾写道："有益于国有裨于学者，西人为之无不众志成城，一唱百和，故无难举之事，无不兴之业。今为此图，必须借重同人。"[1]其次，舆地学会不但吸收有志于舆地研究的学者入会，同时还与各国地理学会保持经常联络，"如各国疆界建置有改变，山川有新测者，即购新图重译，更正底本，并与泰西地理公会订约，互相考究"[2]。再次，学会出版的大量地图在社会上影响较大。其中1903年出版的《中外舆地全图》，经清政府审定作为全国的中学课本。后世编绘的中外地图集也多以《中外舆地全图》为主要参考资料。舆地学会出版的世界地图中的地名译名，也为其后绘制的地图所效仿。因此，从舆地学会在中国近现代地学史上的种种影响来看，它对近现代地学学术团体的出现有开创之功。

继舆地学会之后，邹代钧的后代邹焕廷（？—1950）于

---

〔1〕 周岩. 邹氏家族和我国地图编绘出版事业［J］. 出版史料，1989（2）：87－91.

〔2〕 邹振环. 晚清西方地理学在中国［M］. 上海：上海古籍出版社，2000：327.

1898 年在武汉创立了亚新地学社（抗战期间，亚新地学社迁至湖北新化）。湖北新化的亚新地学社在 19、20 世纪之交的各种舆地学社中，“无论就其历史之久，规模之大，出版图书之多和影响之广，都是首屈一指的”[1]。亚新地学社的第二任社长邹兴钜（？—1940）毕业于武昌方言馆，曾在东北大学、武昌师范大学主讲地理学。第三任社长邹新垓（1915—1975）1939 年毕业于国立西南联合大学（清华大学前身）地学系，曾任该系助理教员。当时，教授地理学的有张印堂、洪思齐等学者；教授地质学的有冯景兰、孙云铸、杨钟健等学者；教授气象学的有李宪之、赵九章等学者。可见与邹氏家族中其他舆地学者和当时众多舆地学会的社长不同，邹新垓接受了全面的现代地学训练。因此在主持亚新地学社的工作时，邹新垓以现代地理学者的敏锐眼光和社长的身份，为中国现代地学的发展做出了重要的贡献。

亚新地学社在邹新垓担任社长之后，除了继续绘制和出版地图之外，还积极参与并支持清华大学地学会出版《地学集刊》。学社还制定了组织出版“亚新地学社地学丛书”的庞大计划。邹新垓在《丛书缘起》中指出：“地学范围广大，举凡地理、地质、气象三者，均属其领域，其研究方法，亦日新月异，精确周详，除学理之阐明外，复致力于实际应用，如土地利用、资源开发、工业分配、道路选择、经济政策、国法计划等，皆莫不与地学息息相关，期使吾人能利用环境，克服自然，终至富国裕民之境，此亦即近世纪以还，斯学突飞猛进之

〔1〕 文浩然．新化邹氏地学与武昌亚新地学社［M］//中国人民政治协商会议湖北省委员会文史资料委员会．湖北文史资料：第 3 辑．武汉：湖北人民出版社，1981.

主因。”邹新垓还指出，“舆图虽能表示地面事象，范围终属有限”，强调地学理论之阐明，新知之介绍，名著之翻译，调查报告之发表等才是促进地学发展的根本方法。亚新地学社的地学丛书出版了许多现代地学著作，如《气候学原理》《北江之水文》《中国地理基础》《广东省之气候》等。

进入20世纪之后，在上海等地出现了众多的舆地学社，如东方舆地学社、世界舆地学社、大陆舆地社、亚光舆地学社等。这些学社大多从事地图和地学著作的出版工作，应属于地图及地学著作的出版机构。但他们在中国近现代地学的普及和传播过程中发挥了重要作用。这些学社不但形成了雄厚的地学出版力量，而且也成为推动中国近现代地学研究的重要基地之一。20世纪30~40年代在上海成立的一些地学学会，如中华地学会、建国地学社、中华地理教育研究会等，出版界的编辑学者就是其中的主力成员。

除了上述以出版地图为主的舆地学会或学社外，19世纪末期成立的一些学会也有致力于舆地研究的，如郴州算学会、明达学会等。这些学会并非地学专业学会，但他们把舆地之学作为“有用之学，以济时艰”而加以研究。出于此种目的，这些学会在舆地学研究中注重“地球各国疆域国土、山川险要、记里错互”的研究，强调“查验各省矿质，比较各国矿产，博求各国开矿分矿练矿之道”[1]。因此他们在研究内容上已不同于中国传统地学，但还不具备近现代地学的研究方法。学会的会员也多为地学爱好者，并非舆地学家。

---

〔1〕 何志平，尹恭成，张小梅．中国科学技术团体［M］．上海：上海科学普及出版社，1990：46，58.

二　中国地学会

20世纪初期，许多文人学者意识到地学研究的重要性，爱好或致力于地学的研究者不断增加。但他们多为自由研究者，缺乏相互间的交流与沟通。1909年，在上海南洋公学、京师大学堂（北京大学前身）等长期教授地理学课程的张相文（1866—1933）在天津成立中国地学会。他编撰出版了中国最早的地理教本《初等地理教科书》《中等本国地理教科书》（1901），出版了中国最早的自然地理学著作《地文学》（1908）。张相文感到一个人研究地学，“耳目所接，足迹所经，检查测量又苦其有限”[1]，因而想联络国内地学人士，共同相互切磋，以期集思广益，并拟创办地学刊物，将各人研究所得，公之于众，以期利于广大国人地学水平的提高[2]。

1909年中国地学会在天津成立

〔1〕 中国地学会启［J］. 地学杂志，1910，1（1）.

〔2〕 张天麟. 20世纪我国第一位地理学家——张相文［M］//吴传钧，施雅风. 中国地理学90年发展回忆录. 北京：学苑出版社，1999.

中国地学会成立时，国内还没有近现代意义的地学研究机构和高等地学教育，因此缺乏真正具有近现代科学研究方法的地学人才。在27名学会发起会员中，现在已知的有张相文、白雅雨、陶懋立、韩怀礼、张伯岑、吴鼎昌、孙师郑等人。其中张相文和白雅雨是地理教师，张伯岑是教育家，吴鼎昌是官僚资本家……此外，张謇虽然不是地学会的成员，但是对中国地学会的正常运转发挥了重要的作用。光绪末年张相文筹划成立中国地学会时，张謇因为考虑到学会的经费来源问题而劝阻："邹代钧曾为翻印地图，倾家破产，炊烟几绝，办地学会谈何容易！君家财力何如邹代钧?"[1]但是地学会成立后，张謇曾在地学会危难之时多次给予帮助。1914年教育部停发了地学会每月二百元的补助金，还收回了国子监南学会所。在地学会难以维持之时，经张謇的努力，由教育部和张謇任总长的农商部每月各补一百元才使地学会的活动得以维持。为了从根本上解决经费问题，张相文和张謇各捐两千元，于1914年在河套地区创办了西通垦牧公司。然而由于1915年张謇辞职南下，西通垦牧公司失去了支持而每况愈下，地学会也失去了重要的经费来源。

地学会的人员构成广泛，教育界人士、商人、行政官员，甚至军界人员……人员构成的复杂性，一方面说明了地学研究的重要性越来越引起社会的重视；另一方面也反映了当时在中国还缺乏起码的地学人才基础。

进入20世纪的第二个十年，地学会的影响进一步扩大。中国思想家、国学大师章炳麟（1869—1936），教育家蔡元培

〔1〕张星烺．泗阳张沌谷居士年谱［J］．地学杂志，1933（2）．

(1868—1940)、张伯岑（1876—1951），历史学家陈垣(1880—1971) 等也成为中国地学会的会员。更为重要的是，越来越多接受过西方地学训练的学者开始加入中国地学会，如章鸿钊、邝荣光、丁文江、翁文灏、袁复礼、张印堂、张星烺、黄国璋、王成组等。因此有学者把中国地学会作为促进中国舆地之学向近现代地理学转变以及新地学在中国发展的第一个学术团体[1]，甚至作为中国近现代各种学会建立的开始[2]。

第二节 专业学术团体

专业学会的作用是研究机构无法替代的，这一点中国地质事业的开创者们感受最深。丁文江曾指出，学会“为我们从事的科学的原理和问题，提供一个充分和自由讨论的机会。而在我们的政府机关中，则必须集中精力于经常性的工作上，因而不可能做到这一点”[3]。章鸿钊也形容专业学会“是为交换知识联络情谊最有裨益的一个集团”[4]。翁文灏更是十分重视学术团体的作用，他强调：“近代科学的进步，不但靠个人的努力，也很赖团体的组织。”[5]他们对于成立专业学会的目的和作用的理解，可以从章鸿钊早期的《地学会应行事务之商榷》一文中找到答案：

---

〔1〕 陈国达，陈述彭，李希圣，等．中国地学大事典［M］．济南：山东科学技术出版社，1992：167.

〔2〕 杜石然，范楚玉，陈美东，等．中国科学技术史稿：下册［M］．北京：科学出版社，1982：300.

〔3〕 TING V K. The aims of the geological society of China［J］. Bull. Geol. Soc. China，1922，1（1/4）：8.

〔4〕 章鸿钊．中国地质学发展小史［M］．上海：商务印书馆，1937：41.

〔5〕 翁文灏．几个地质学的大师［J］．地质论评，1936，1（1）：3－6.

> 地学会者，为国人学术团体，其于地学范围内，不惟纯粹学理，即凡有裨补社会，指导政府等事，均宜集思广益，全部规划，督促进行。故该会之发展，有赖于政府与社会之辅助者，固不待言。然究其行事，要自于政府地位者迥别。有政府所不能行者，学会得进而行之。有政府所必行而犹未行者，学会亦得出其所见，提供当轴，俾得早见施行，然固不必负执行之责者也。

章鸿钊认为学会应做的事情主要有4点：研究、讲演、旅行和编辑。“四者之外，如有余力，宜筹设地学图书仪器馆，并以为同人治学聚会之所。如能就此数大端，组织团体，联络进行，不惟于治学有益，且将直接间接影响于国家及社会，此诚不失为学者之本务，亦即地学会所以成立之宗旨也。”[1]

由于地学教育和研究机构不完备，再加上当时在地学领域一直缺乏相应的管理机构，因此专业学会的作用就显得尤其重要。特别是20世纪成立的一些全国性的学术团体，像中国地质学会、中国气象学会、中国地理学会等，在制定政策与研究方向、规范考察与测报规程、厘定术语与整理资料、普及近现代地学知识与促进学术交流等方面都发挥了重要的作用。

一　全国性学会

1. 中国地理学会

1934年中国地理学会成立时，国内还没有专门从事地理学研究的科研机构。但是在中央大学、中山大学等高等学府，已经设立了专门的地理系或地学系。更为重要的是，中国地理

[1] 杨钟健. 中国地质之萌芽 [J]. 地质论评，1947，12 (1/2).

学会的发起者，大多是接受过现代地学教育的学者，如竺可桢、丁文江、翁文灏、李四光、黄国璋、张其昀、王庸、胡焕庸、谢家荣、叶良辅、向达、洪绂、刘恩兰、曾世英、顾颉刚、谭其骧等，而且地学相关领域的研究机构，如北平地质调查所、中央研究院气象研究所、南京中央大学、广州中山大学的地学系和国防设计委员会都是中国地理学会的机关会员。

中国地理学会的作用：在该会会刊《地理学报》创刊号“本会发起旨趣书”中曾指出中国地理学会成立的4个原因：第一，“晚近学术之趋势，崇尚专门，中国从前言地学者，本包有天时地利人和三方面，至今天时地利，各有专精，竞着先鞭，力争上游。测天之学者，已有中国气象学会之组织，括地之学者，已有中国地质学会之组织，则以天时地利为基础而重视人文之地理学者，亦不可不有完密之团体，俾与气象地质鼎足而三”。第二，“学会之组织，重在联络各地研究斯学之同志，以及与斯学有关之教育及学术机关，以共同建设一以学科为单位之中心，庶内部贡献有所集中，而对外观听较为齐一”。“中国地理学者有会集一堂相与讨论之必要，合共有之心力，作斯学之前驱”。第三，因为地理学研究“徒以才力无集中之地，成绩少表现之文，人亦爱莫能助。尚有相当之组织，应获多方之赞助”。第四，“建设一网罗全国之地理学会”。

中国地理学会建立后，提出了“收集地理资料，传播地理知识，从考察、讲习、讨论、出版诸方法以达到此目的”的宗旨。在1940年地理学研究机构出现之前，中国地理学会成为地理学界的学术中心。1936年4月，中央研究院评议会举行第二届年会，以中国科学研究应特别注重于国家及社会实际急需之问题征询各学术团体的意见。中国地理学会就此提出了中国地理学应特别注意研究的11个问题：铁道沿线之地理调查；内地工业重心之研究；农业地理之研究；移民实边问题之研究；民族杂居区域之研究；救济灾荒问题之研究；渔业问题；华侨地理之研究；东北地理之研究；军事地理之研究；世界资源问题之研究[1]。其中很多问题，后来成为中国地理学研究的主要问题，正是中国地理学会发挥了重要的导向作用。

2. 中国地质学会

1922年成立的中国地质学会，在其会章中规定，学会的宗旨是“促成地质学及其相关科学之进步”。学会不但出版地质刊物，而且基本上每年召开学术会议，交流学术论文。学会不但规模大、持续时间长，而且还有它自己的会徽和会歌。《中国地质学会志》主要刊载会员的调查报告及在会议上宣读的专门论文；《地质论评》涉及范围广泛，包括论文、报告、书评、新闻等与地质学相关的内容。从1925年至1945年，学会还先后设立葛利普奖章，赵亚曾先生研究补助金，丁文江先生纪念奖金，学生奖学金，以及许德佑先生、陈康先生、马以思女士纪念奖金等，用于鼓励对地质学、古生物学等做出突出贡献的学者。

3. 中国气象学会

1924年中国气象学会在青岛成立时，虽然国内还没有相应的研究机构，但近代气象事业在中国已经有了长足的进展。从19世纪末开始西方各国在中国的上海、香港、青岛，以及东部沿海和边疆地区设立了许多观象台和测候所，积累了大量

〔1〕 地理学报，1936，3（2）：附录.

的气象观测资料。1913 年，中央观象台成立了气象科，从此开始了中国人自办的气象事业。

中国气象学会的早期会员有 16 人。学会的成立是谋求气象学术的进步与测候事业的发展。抗日战争之前，气象学会每年召开学术会议，并一度设立了气象科学奖金。学会成立的第二年便出版了《中国气象学会会刊》，其后每年一期，到 1933 年止共出版了 10 期。1935 年改刊为《气象杂志》，1941 年又改名为《气象学报》，每年一卷，并一直延续至今。1935 年，气象学会还出版了一册《十周年纪念号》。在具体工作过程中，气象学会还提倡收集气象谚语（农谚），协助其他单位筹办测候所，代办并检定观测仪器等，以促进中国气象事业的发展。

二　其他专业学会

除了上述影响较大、全国性的专业学会外，在一些地区，尤其是高等院校地学系中，曾经成立了大量地学学会。这些学会或因范围小，或因时间短，或因成立较晚，没有上述全国性专业学会发挥的作用大，但他们在中国地学现代化的过程中仍然发挥了重要的作用。

据不完全统计，20 世纪前半叶成立的地学专业学会还有：地学研究会（1919 年在南京高等师范学校成立，1920 年改组为史地研究会）、地质研究会（1920 年在北京大学地质系成立，1931 年停止活动）、中国古生物学会（1929 年成立，但没有开展活动，1947 年恢复成立）、国立清华大学地理学会（1930 年在清华大学地学系成立）、中华地学会（1931 年在上海成立，第二年创刊了《地学季刊》）、人地学会（1932 年在中央大学地理系成立）、中国禹贡学会（1934 年在北京成立，创刊《禹贡》半月刊)、大夏史地学会(1934年在上海大夏大学史地社会学研究室成立)、地理教学研究会(1936年在北京师范大学成立)、边疆研究会(1936年成立)、中国土壤学会(1945年在南京地质调查所成立)、中国地球物理学会(1947年成立)、中华地理教育研究会(1947年在上海成立)和建国地学社[1]。

上述学术团体多以传播近现代地学理论,推动中国地学研究的深入为目标。他们出版地学刊物,发表了最新的研究成果,并对地学研究中的一些理论问题展开了讨论。例如上海中华地学会编辑出版的《地学季刊》在发刊词中明确指出:“惟自来言地学者,多偏重记载……而于人地相应之故,置之不论。于是所谓地学,遂无异于地名辞典。”虽然《地学季刊》只出了2卷8期,但因为其宗旨是为了研究地学“如何改造之途径”,为了“发展地学”,所以《地学季刊》在翻译、介绍国外地学研究概况和新的地学理论,发表中国学者对地学研究方法的探讨,以及最新地学研究成果方面,都做出了很大贡献,其研究水平均站在时代的最前列。

与研究机构不同,专业学会可以最大限度地容纳地学界,甚至地学界之外,对地学研究感兴趣的学者。以中国地质学会为例,到了20世纪40年代,中国地质学界的学者不过两三百人,但中国地质学会的正式会员却有四五百人。地质学会吸纳会员也不受国籍的限制,学会中不但有中国学者,还有美、俄、法、英、瑞典、日本、比利时、捷克和奥地利学者。中国

〔1〕关于“建国地学社”的成立时间及其活动情况记载较少。据刘强的研究(刘强.1949年前上海地理学的发展与贡献[J].自然辩证法通讯,1998,20(2):50-56),该学社应是抗战之后成立的,在上海未开展较有影响的活动。

地质学会还允许相关机构以机关或团体的形式加入该会。20世纪40年代中国地质学界的主要学术研究机构基本上都是地质学会的机关会员。学会的这种包容性使它很容易成为学术交流的中心，学会组织的各种活动，尤其是学会的各种奖励制度也更容易产生广泛的影响。

第三节　东西方学术团体的比较

具有现代科学意义的学会，是仿照西方的学术团体创建的。但是由于时代的不同、文化的差异，以及学会创建时期科学发展水平处于不同的阶段，这些仿照西方学术团体建立起来的学会，却发挥了与西方学术团体不同的作用。本节通过中英地质学会的比较，分析中国地学学会的作用。

在西方近现代地质学史中，学会的作用十分特殊。翁文灏曾指出“英国的伦敦地质学会对于英国地质学之发达是极有关系的”[1]。在中国近现代地质学事业的开创时期，为了更好地进行学术交流，中国学者希望“仿照伦敦地质学会的样子，办个团体”[2]。然而由于成立时代的不同，中国地质学会在地质学术研究中的作用与伦敦地质学会并不相同。

伦敦学会“最能代表十九世纪英国科学发展的倾向”[3]。在英国，它的创立“可以看作是十八世纪地质学进步的大总

〔1〕 翁文灏．几个地质学的大师［J］．地质论评，1936，1（1）：3－6．

〔2〕 关于中国地质学会的成立经过，早在20世纪80年代初期袁复礼先生就曾有过多次回忆。他的回忆记载于《中国地质学会史》（夏湘蓉、王根元，地质出版社，1982年，第7页）；《简明地质学史》（王子贤、王恒礼，河南科学技术出版社，1985年，第226页）等著作中。

〔3〕 梅森．自然科学史［M］．周煦良，全增嘏，傅季重，等译．上海：上海译文出版社，1980：420．

结，同时也为地质学下一阶段的飞跃发展创造了良好的开端”[1]。伦敦地质学会自1807年成立到1835年英国政府批准成立第一个地质学研究机构的28年中，对地质学的发展产生了深远影响；在中国，地质学会“对于现代地质科学在我国的发展，起到过重要的促进作用；在国际地质科学界也享有相当高的声誉”[2]。中国地质学会比伦敦地质学会晚成立了100多年。它从1922年成立到1949年的27年中，也在中国近现代地质学事业中发挥了重要的作用。

一　宗旨

伦敦地质学会成立时，欧洲地质学界正在围绕着地球上的结晶岩类的成因问题展开激烈的争论，这就是著名的水成论与火成论之争。这场论战被认为是“标志着近代地质科学理论上的确立和学术上的繁荣”，“在推动地质科学理论的完善、系统及迅速发展方面，具有重大意义”[3]。

创立初期的伦敦地质学会，其会员却没有参与这场地质学大论战。学会成立之初，着手于矿物、岩石和化石标本的收集[4]，而不宣传地质理论[5]。为了“调查地球上的矿物结构（Mineral Structure）”，学会采取“通过大量经费投入促进这种调查。经费主要用于购买和收集书籍、地图、标本和其他

---

〔1〕小林英夫．地质学发展史［M］．刘兴义，刘肇生，译．北京：地质出版社，1983：71.

〔2〕夏湘蓉，王根元．中国地质学会史［M］．北京：地质出版社，1982：1.

〔3〕吴凤鸣．世界地质学史［M］．长春：吉林教育出版社，1996：166，183.

〔4〕WOODWARD H B. The history of the geological society of London［M］. London：［s. n.］，1908：22.

〔5〕王蒲生．德拉贝奇：英国科学职业化的先驱、杰出的地质学家［J］．自然辩证法通讯，1996，18（4）.

物品，并用于各种著作的发表”[1]。

早期学会会员没有介入当时的地质学大争论，除了与学会创办的目的有关外，还有几种可能的原因。一是早期的会员多为原英国矿物学会的会员，真正研究地质的学者很少，他们更关心与矿业有关的地质资料的收集；二是会员们希望把地质学建立在坚实的经验基础之上，从而改变人们认为地质学是一门毫无希望的、思辨性科学的观点；三是面对当时皇家学会阻止新学术团体独立活动的企图，学会必须能够展示其独特性并树立学会的声誉[2]。

正是由于学会在成立之初面临着许多生存上的原因，伦敦地质学会的会员没有参与他们认为毫无结果的地质学争论。这就使得学会早期对理论研究不够重视。再加上早期的地质研究多为业余调查，学会发表的学术成果并不多。学会的会刊 *Proceeding of the Geological Society* 在学会成立 4 年以后的 1811 年出版，1814 年出版第二卷，1816 年出版第三卷。在学会的努力下，出版了大量的区域地质图，完成了许多区域的地质考察，为地质学的研究奠定了资料基础。在地质学还没有成为一种专门的职业以前，伦敦地质学会利用团体的社会影响和经费的导向，促进了对英国本土的地质调查。

在中国地质学机构建立之前，一些学者也曾希望建立地质学会。但是中国地质学会并没有成为中国近现代地质学的开路先锋，地质学的教育和研究机构先于地质学会建立，奠定了中

---

〔1〕 WOODWARD H B. The history of the geological society of London [M]. London：[s. n.]，1908：Appendix.

〔2〕 LAUDAN R. Ideas and organizations in British geology：A case study in institutional history [J]. Isis，1977，68（244）：527－538.

国近现代地质学体制基础。

中国地质学会成立时地质学理论已趋于成熟，并且已经有了地质学的教育和研究机构以及一批地质专业人才。它的成立更多是“为我国各地的科学家定期召开大会，提供了一个汇聚一堂进行学术交流的机会。这样的交流和交换意见必然有益于所有的与会者，从而在我国的科学生活中形成一个推进的因素”[1]。

二 人员构成

人员的组成从一个方面反映出学会的性质和功能。伦敦学会的 13 名创始会员中真正的地质学家很少。当时的英国，除了作为矿业工程师和考察员外，地质学很难成为一种职业[2]。多数会员是化学家、医生、政治家、资本家、经济学家等。会员虽然不多，但他们包括了不列颠岛上的著名人物，其中很多人在当时英国社会上起着重要的作用。然而值得注意的是，三个主要的应用地质学权威人士——史密斯（William Smith）、法瑞（John Farey）和贝克韦尔（Robert Bakewell）却不是地质学会的会员。

中国地质学会成立之时，国内不但成立了许多学术团体，还有了地质调查所这样的研究机构，而且在北京大学、清华大学和中央大学等高等院校中已经建立起地学系以培养地质学人才，从而使中国地质学会的作用有了本质上的改变。

中国地质学会的 26 名创立会员中，有 23 位中国学者，其

---

〔1〕 TING V K. The aims of the geological society of China [J]. Bull. Geol. Soc. China, 1922, 1 (1/4): 8.

〔2〕 WOODARD H B. The history of the geological society of London [M]. London: [s. n.], 1908: 17, 53.

中19人当时正在地质调查所任职；3位外国学者中有2位当时是地质调查所的顾问。在这23位学者中，除3位学历不详外，有13人毕业于地质研究所或北京大学地质系，7人为留学归国人员，而且创始会员基本上都是从事地质调查和研究工作的学者。可以说绝大多数学者都受到过近现代地质学的专业训练并且是职业地质学家。

三 作用

中国近现代地质学开始萌芽时，西方近现代地质学已经有了200多年的历史，并且完成了科学的体制化进程。中国地质学作为从西方引进的科学已经不可能重复西方的科学体制模式。中国的科学体制是先有地质学研究机构后有地质学会，许多学者认为这是由于当时中国缺乏地质学人才。然而伦敦地质学会的建立却证明，专业人才队伍的存在与否不一定是学术团体建立的必要前提。

中国地质学体制化走了一条与西方不同的道路。其中的原因，从章鸿钊的论述中可以找到答案："在欧洲各国，最初往往由学会调查入手，及卓有成效，政府乃专设机关，详定计划，以利进行。这种办法在中国缓不济急，势难采用。"[1]社会的需求和学科发展的需要不允许中国的近现代科学再经历一个漫长的准备时期。因此在地质学领域以应用目的为主的研究机构先于学会而产生。

中国学者建立地质学会受到伦敦地质学会的启示与影响，但是两个地质学会成立的历史时代不同，伦敦学会属于原创性学会，而中国地质学会则属于移植性学会。因此两个学会的学

---

〔1〕章鸿钊．中国地质学发展小史［M］．上海：商务印书馆，1937：17．

术功能有着很大的差异。

第一，伦敦地质学会的出现意味着地质学终于成为一种社会认可的经常性活动，成为一门独立的学问。而中国地质学会的出现，则更多的是以协调当时的各地质机构的研究工作，促进学术交流为主要目的。第二，伦敦地质学会的会员多集中精力于地质调查，没有参加当时有关地质学的各派争论。而在中国地质学会的学术会议上，学者们主要致力于促进地质学理论的发展，经常就地质构造、第四纪冰川等问题展开讨论。第三，伦敦地质学会是一个开放型的学术团体，所有对地质学感兴趣的学者均可入会。学会吸收了一批社会名流，从而扩大了地质学在社会上的影响。中国地质学会的会员全部为地质学者。第四，伦敦地质学会成立时由于学者们的地质学专业基础不高，为了提高一些新会员的学术水平，学会特地请一些在地质学上有经验的会员开设了一系列的课程[1]。同时由于学会成立的早期英国地质学的交流主要依靠《哲学杂志》（*Philosophical Magazine*）和《自然哲学、化学和艺术杂志》（*Journal of Natural Philosophy*，*Chemistry*，*and the Arts*）两种刊物，因此学会在学术交流方面发挥了重要的作用。而中国的地质学会则通过出版刊物、举办学术会议和设立奖章奖金等方式，在引导学术方向上发挥了重要的作用。

从中英地质学会的比较可以看出，无论科学发展处于何种阶段，学会都有其他科学体制无法替代的作用。

---

〔1〕 LAUDAD R. Ideas and organizations in British geology: A case study in institutional history [J]. Isis, 1977, 68 (244): 527–538.

四 奖励制度及其作用

“承认在科学建制的运行中是非常重要的，在科学的社会规范公有主义的约束之下，获得承认成为科学家追求的目标。”[1]地质学会的各种奖章及奖金是地质学者获得国内学术同行承认的最高标志。

科学家关心荣誉的奖励高于金钱的奖励。尽管地质学会的一些奖章甚至奖金只具有象征性的意义，但学者们十分重视科学共同体对其在增进地质学知识方面做出的贡献所给予的承认和荣誉。学术奖励可以说是学术界的最高认同方式，因此它对于学术研究起着重要的导向作用。

评奖结果公正与否是决定奖励制度是否具有可信度和学术声誉的重要前提。这里首先分析一下评奖的操作过程。地质学会设立的地质学奖项一般都成立有10人以内的委员会，以便制定有关审查制度。一般情况下各个委员对这个制度的意见“颇趋一致”。奖项在评审前首先要在《中央日报》《大公报》等重要报纸上发布消息征求候选人，同时致函国内各重要地质机关及团体请求推荐候选人。最后委员会“经两小时之审慎讨论后，以票选方式作最后决定”[2]。为了保证评审的公正性，一些奖金的颁发最初有规定，凡奖金委员会之委员本人不能得奖，后来因为各奖金委员会合并，这个规定也就自行消失[3]，而且评审的结果和过程也要刊登在会刊《地质论评》上。这种操作过程从一定程度上保证了评奖结果的公正性。当然评奖中也有非学术因素的影响，而且也难免会有饱学之士被遗

〔1〕 顾昕．科学共同体的社会分层［J］．自然辩证法通讯，1987（4）．

〔2〕 地质界消息［J］．地质论评，1940，5（1/2）：145－148．

〔3〕 杨钟健．杨钟健回忆录［M］．北京：地质出版社，1983：168．

漏，但从总体上讲，地质学会的评价标准还是公正的。而且民国时期，地质学术队伍规模小、学者之间代季关系明显的特点也减少了评审过程的复杂性和不公正性。

在一个相对公正的评价体系中，哪些因素决定着评奖的结果呢？这一点可以从地质学会颁发的奖章和奖金中进行分析。中国地质学会在1949年以前共颁发过7项奖章和奖金：1925年设立葛利普奖章，1930年设立赵亚曾先生研究补助金，1936年设立丁文江先生纪念奖金，1940年设立学生奖学金，1945年设立许德佑先生、陈康先生和马以思女士3项纪念奖金。

葛利普奖章是地质学会的最高奖章，共颁发过9次，分别授予葛利普、李四光、步达生、丁文江、德日进、翁文灏、杨钟健、章鸿钊和朱家骅。地质学会的会刊上记录有颁奖的情况及获奖的原因，在9名获奖者中有5名学者是出于学术上的贡献；另外3名学者章鸿钊、丁文江和翁文灏则是着重于他们对中国地质学的提倡与创办；其中只有获得最后一次葛利普奖章的朱家骅，地质学会的会刊中只记录了颁奖的情况而没有介绍得奖的原因。

朱家骅（1892—1963），浙江吴兴人，早年留学德国柏林矿科大学研究地质。归国后曾任北京大学教授、广东大学教授、中山大学校长等。1927年与叶良辅、谢家荣创办两广地质调查所，并任所长。1929年他在中山大学担任副校长期间，积极与当时“国际联盟”联系，介绍当时德国著名的第三代地理学家、“最多产和最有能力”的学者[1]克勒脱纳

〔1〕 迪金森．近代地理学创建人［M］．葛以德，译．北京：商务印书馆，1980：180.

(Wilhelm Credner，1892—1948）来华创建地理系。克勒脱纳于1929年受聘为中山大学教授，并担任新建地理系主任。他既负责教育工作又担任该系的建设工作。后又聘请德国学者卞莎执教。学校为了吸引学生学习地理，入该系读书的学生一律免交学费（其他系学生学费每期十元）[1]。而朱家骅离开中山大学后，地理系的经费即被削减[2]。他自20世纪30年代开始从政后，历任国民党政府教育部部长、中央研究院总干事、中央研究院代理院长和国民党中央党部组织部部长等职。朱家骅在从政的同时，积极参与中国近现代地质学的学科建设。他曾任中国地质学会第6届副会长（1928年）、第8届会长（1930年）和第19届理事长（1943年）。他在中英庚款董事会（后改称中英文教基金董事会）担任董事长时，积极推动中国地理研究所的建设，后中英庚款董事会经费不裕，再加上朱家骅离开了中英庚款董事会，中国地理研究所又隶属于他当部长的教育部[3]。从朱家骅的简历看，他对于中国近现代地质学和地理学的创建工作还是做出了很大的贡献。1948年中国地质学会授予朱家骅葛利普奖章，应该也是出于他对中国地质事业的特殊贡献。

在地质学会的7项奖章和奖金中，葛利普奖章和丁文江纪念奖金由于颁发次数少，得奖者多为中国地质学界的开创者或领导者，并且这些学者在学术上也多成绩突出，尽管包括得奖

---

〔1〕曾昭璇．两位德国学者对我国华南地貌研究的贡献［J］．中国科技史料，1990，11（4）．

〔2〕司徒尚纪．地理学在中山大学70年［M］．广州：中山大学出版社，1999：77．

〔3〕解放以来的中国地理研究所［J］．科学通报，1950，1（1）．

者在内也不知道“当时如何决定”[1]，但从获奖人来看，评审应该不困难，而且得奖的原因也是显而易见的。

7项奖金中以“赵亚曾先生研究补助金”颁发次数和授予人数最多：该奖金共颁发18次，先后授予给22名学者。表1－3－1列出了各位得奖者的情况。

表1－3－1　赵亚曾奖获奖者相关资料[2]

获奖时间	获奖者	获奖时工作年限	获奖时工作单位	获奖原因（或主要研究领域）
1932年	＊黄汲清	4	地质调查所	古生物学
1933年	＊俞建章	9	地质调查所	古生物学
1934年	＊田奇㻪	11	地质调查所	古生物学
	＊徐光熙	9	地质调查所	古生物学
1935年	＊计荣森	5	地质调查所	古生物学
1936年	许　杰	11	中央研究院地质所	古生物学
1937年	＊孙健初	10	资源委员会	石油地质
	＊王曰伦	10	地质调查所	矿床学
1938年	喻德渊	9	中央研究院地质所	构造地质
1939年	＊常隆庆	9	西部科学院地质所	矿床学
1940年	＊许德佑	5	地质调查所	古生物学
	王晓青	15	湖南省地质调查所	不详
1941年	＊卞美年	10	地质调查所	经济地质
	＊王　钰	9	地质调查所	古生物学
1942年	＊南延宗	11	江西省地质调查所	矿床学
1943年	＊高振西	12	福建省地质调查所	地层、矿床、构造
1944年	张文佑	10	中央研究院地质所	构造地质

〔1〕　杨钟健．杨钟健回忆录［M］．北京：地质出版社，1983：165.

〔2〕　姓名前标有＊号者表示正在或曾经在地质调查所工作过。

续表

获奖时间	获奖者	获奖时 工作年限	获奖时 工作单位	获奖原因 (或主要研究领域)
1945 年	* 岳希新	8	地质调查所	矿床学
1946 年	* 程裕淇	13	地质调查所	矿床学
1947 年	* 陈　恺	15	地质调查所	构造地质
1948 年	* 叶连俊	11	地质调查所	矿床学
1949 年	孙殿卿	14	中央研究院地质所	构造地质

通过对上表分析可以看出：除了个别人才外，地质学领域一般学者学术成熟的最佳时期是在 10 年左右。22 名获奖者中多数人获奖时从事地质工作是在 10 年左右，只有 3 人工作年限在 5 年或 5 年之内。计荣森和许德佑工作年限只有 5 年，黄汲清工作年限是 4 年。这 3 位学者都是地质学界中少有的多产学者，计荣森和黄汲清还获得过其他地质学的奖金。

其次，从获奖者所在机构看，他们多来自国家级的地质学机构，一些来自省级地质机构的学者也多在中央地质调查所工作过。“科学社会学中的许多研究者都发现了累积优势的证据”，即“科学家们对其他科学家所做出的评价，受到了其工作单位学术排名的影响，这种影响独立于被评价者论著的数量和‘质量’”[1]。当然在中国，这一结论还有特殊的原因。国家级的地质学机构为学术研究提供了充足的经费、图书资料和室内分析仪器。相比之下，省级的学术机构研究设备较差。据崔克信先生的回忆，他在西康地质调查所工作时期，所中缺乏相应的分析研究仪器和设

〔1〕 科尔．科学的制造——在自然界与社会之间［M］．林建成，王毅，译．上海：上海人民出版社，2001：244．

备，因此他在野外考察中采集的标本资料都是拿到中央研究院地质研究所去化验分析的[1]。

最后，中国地质学会的学术奖励制度对中国地质学术方向的影响很大。这一点前已述及。从上表的获奖原因分析也同样可以看出一般从事理论性研究，尤其是古生物学研究的学者更容易获得学术上的承认和奖励这个趋势。

五　评议制度

中国学者不但寻求国内学术同行的承认，还追求国际学术同行的认同，而后者在近现代地质学初创时期的中国影响更大。

关于中国东部是否存在第四纪冰川的问题，是中国近现代地质学史上持续时间最长、影响最广泛、历程最复杂的争论[2]。从这场争论中，我们可以看到地质学会对新理论或假说的讨论与评议过程。

距今两三百万年以前世界上曾出现过大规模的冰川活动，地质学家称之为第四纪大冰期。第四纪冰川容积很大，一些科学家估计冰川完全融化后，海平面可以上升 100～200 米。由于不同地区地理条件的差异，冰川的分布并不均匀。欧洲的阿尔卑斯山和西北欧是第四纪冰川活动的重要地区，西方地质学者对那里的冰川活动研究较早，也较详细。

19 世纪中后期，来中国考察的地质学家多认为华北地区在晚近地质时代气候寒冷干燥，温度低而降雨量小，不可能形成冰川，因此在众多的考察报告中一直没有冰川的报道。

---

〔1〕 根据 2001 年 11 月 1 日崔克信先生的回忆。

〔2〕 张林源．中国东部第四纪冰川争论问题及其哲学意义［M］//王子贤．地学与哲学．北京：中国文史出版社，1998.

最早关注中国第四纪冰川问题的学者是李四光（1889—1971）[1]。他于1921年在北京大学地质学系执教期间，曾带领学生到河北邢台南部的沙河县进行地质实习。在远离大山的地区分布着许多巨大的石砾，有些石块像一间小房子那么大。如此巨大的石砾是不可能由洪水冲击作用造成的。这一奇怪的现象引起了李四光的注意。经仔细观察，他在石砾上发现了细长的条状擦痕，而且这些岩石棱角分明，一般有1~2个磨光面。李四光初步判断这些条痕是在冰川运动过程中形成的。同年夏天，在山西大同盆地进行地质调查时，他又发现了一些类似的冰川遗迹的证据。

1922年5月26日，李四光在中国地质学会第三次全体会员大会上宣布了他的野外考察结果，认为华北晚近时期有冰川作用的遗迹，并在英国《地质学杂志》上发表了他的研究成果《华北晚近冰川作用的遗迹》。

李四光的观点在当时并未引起学术界的注意，学者们的反应甚至有些冷淡。“当时就有人说：‘中国地质界的人没有相信李先生的这种说法的。’”[2]30年以后李四光对此事仍然记忆犹新，1951年12月30日李四光在中国地质学会年会上做了《地质工作者在科学战线上做了一些什么?》[3]的报告，他回忆道：

---

〔1〕 李四光（1889—1971），1904~1910年间在日本留学，学习造船机械；1913~1920年间留学英国，学习地质学。1920年回国任北京大学地质系副教授，1928年任中央研究院地质研究所所长，1952年任地质部部长直到去世。

〔2〕 叶连俊．富于远见卓识的科学家［G］//李四光研究会筹备组，地质学会地质力学专业委员会．李四光纪念文集．北京：地质出版社，1981.

〔3〕 李四光．地质工作者在科学战线上做了一些什么？［J］．地质论评，1951（Z1）.

在我们地质学会初成立的那一年，我们在太行山东麓和大同等处，发现了一些冰川流行的遗迹，并且采集了带冰擦条痕的漂砾，回到北京。当时农商部顾问瑞典人安迪生（即安特生——笔者注）在内幕指导地质调查所工作，他看了我们所带回的材料以后，一笑置之。安迪生曾经参加过南极探险，而又是来自冰川遗迹很多的一个西北欧的国家。照道理讲，他是应该认识什么样的石头是冰川漂砾，至少他应该认识带什么样擦痕的漂砾，可能是来自冰川的，他用一种轻蔑的态度，把那些材料很轻视地置之一笑，使我大吃一惊。他那一笑不打紧，可绕着他便形成了一个不理会冰川现象的一个大集团。由于这个集团的把持，第四纪地质问题以及其他有关问题的解决，就受了很大的影响。到 1933 与 1934 年又在庐山发现了大批冰流遗迹。以外国人为灵魂的若干人，心里大不舒服。主要是恐怕丢掉他们的面子，失掉他们在地质界的权威。于是请外国人出面反对……有的外国人，如葛利普，看了地形照片以后，也私下告诉我说：这很像我在美国所看到的冰川地形。但是到了公开表示意见的时候，不是不说出理由硬来反对，就是一言不发。那些外国人为什么这样做呢？就是要维持他们在中国的威信。

其实，地质学界没有接受李四光的看法有着学术上的依据。当时大量的研究证明，中国第四纪时期属于干旱气候，缺乏足够的降雨量，且中国所处的纬度较低，形成冰川的可能性不大；另外当时也没有在中国发现冰期生物群化石。显然，要想证明第四纪时期冰川的存在还缺乏足够的证据。“对于科学家们来说，忽视与业已接受的科学知识体系相冲突的证据是正常行为，他们认为这些最终会被证明是虚假的或不相关的。对于这类证据的明智忽视，防止了使科学实验室永远陷入东一榔头西一棒子地检验虚假断言的琐碎努力的混乱之中。”[1]科学的发展需要学术上的共识，“如果科学家们过于愿意接受每一个非正统的理论、方式或技术，建立起来的共识就会毁掉，科学的智力结构就会变得混乱无序，科学家们将会面临一堆冲突的、没有组织的理论，会缺乏研究的引导和标准”[2]。

要想证明华北地区曾有第四纪冰川活动需要更多的、系统的证据。但是华北地区受长期干旱气候的影响，即使有冰蚀地貌也很难辨认，巨厚的黄土也可能会掩埋了冰川堆积物。李四光对中国是否存在冰川的问题也一度产生了动摇[3]。

10 年以后，即 1931 年夏天，李四光带领学生到庐山考察实习，发现那里的一些第四纪沉积物似乎可以用冰川的作用来解释。这是否可以成为第四纪冰川存在的证据呢？由于时间仓促，李四光没有进一步观察研究。第二年李四光利用三个星期的暑假再上庐山。他从不同角度专门研究了那里的地质现象，认为是冰川作用的结果。

尽管地质学界的多数学者不接受李四光的理论，但是有一部分地质学者仍然在积极努力，试图证明李四光的理论是否成

---

〔1〕 科尔．科学的制造——在自然界与社会之间［M］. 林建成，王毅，译．上海：上海人民出版社，2001：248.

〔2〕 同〔1〕.

〔3〕 LEE J S. Quaternary glaciation in the Yangtze valley［J］. Acta Geological Sinica，1934，13（1）：395.

立，尤其是地质调查所为此做了多次努力。1933 年 11 月 11 日，中国地质学会第十次年会在北京举行。李四光在会上做了题为《扬子江流域之第四纪冰期》的学术报告，列举了庐山地区的冰川地貌和冰川堆积等证据，并首次将中国第四纪冰期分为三个冰期：鄱阳期、大沽期和庐山期。当时参加会议的中外学者对中国存在第四纪冰期多持怀疑的态度。据与会的学者回忆，李四光“甚欢迎我们前去一看，以便一起探讨”。于是 1934 年，地质调查所筹集了一部分资金，邀请英国地质学家巴尔博（G. B. Barbour）、法国地质学家德日进、瑞典地质学家那林（E. Norin），以及地质调查所的丁文江、杨钟健等中国学者一同前往庐山现场考察、讨论。考察后巴尔博、德日进等中外学者仍然觉得中国的冰川是可疑的[1]，他们认为庐山地区的泥砾堆积是融冻泥流。“大家意见未能一致”[2]。黄秉维在其晚年的自述[3]中，亦称当年即质疑庐山存在冰川之说。但是，自此以后中国第四纪冰川之有无问题成为若干中外地质界人士讨论之中心[4]。

持反对意见的学者仍然认为李四光的理论证据不足。他们提出要想搞清庐山冰期问题，必须着重研究长江流域同一时期类似地区是否经历过相同的地质作用。1935 年地质调查所将野外工作推广到长江流域，并组织了两个考察队，分别对长江

---

〔1〕 杨钟健. 回忆与忏悔［G］//地质科学院力学所. 第四纪冰川地质学习资料. 1974.

〔2〕 杨钟健. 杨钟健回忆录［M］. 北京：地质出版社，1983：73.

〔3〕《黄秉维文集》编辑小组. 自然地理综合工作六十年——黄秉维文集［G］. 北京：科学出版社，1993.

〔4〕 杨钟健. 中国新生代地质及古生物学之现在基础［J］. 地质论评，1942，7（6）.

流域和珠江流域进行考察。参加长江流域（南京至成都）考察的有巴尔博、德日进和杨钟健；参加珠江流域考察的有德日进、杨钟健、裴文中、张席禔等人〔1〕。考察的结果仍然认为庐山的第四纪沉积物不是冰碛，而是泥流或是洪积，进而否定了第四纪冰川的存在。

为了证明冰川遗迹的存在，李四光也在寻找更多的证据。1935 年 5 月，他从英国讲学回到南京后又赴安徽黄山考察。他根据新的资料撰写了《安徽黄山之第四纪冰川现象》。20 世纪 40 年代李四光继续从事中国第四纪冰期研究，先后发表了《鄂西、川东、湘西、桂北第四纪冰川现象述要》（1940）、《中国冰期之探讨》（1942）、《贵州高原冰川之残迹》（1947）等多篇文章，向中外学者提供新的研究证据。

中国东部地区是否存在第四纪冰期的问题成为中国地质学会年会的争论焦点之一。当时正在中央大学地质系教书的德国学者费斯曼（H. V. Wissmann）读了李四光的文章后大为惊讶，亲自到庐山、黄山等地考察。1937 年费斯曼在《中国地质学会会志》上发表了《中国更新世的冰川现象》，支持李四光的观点。“李四光对中国第四纪冰川的贡献，第一次得到外国科学家的公开承认”〔2〕。

一些中国学者也陆续发现了一些第四纪冰期存在的证据，李承三在大巴山考察期间发现了冰川的遗迹。李四光本人也在继续寻找更多的证据，并继续从事冰川问题的研究。到了 20

---

〔1〕 李鄂荣. 庐山第四纪冰川论争五十年［G］//科学史集刊编辑委员会. 科学史集刊：第 10 集. 北京：地质出版社，1982.

〔2〕 陈群. 李四光传［M］. 北京：人民出版社，1984：102.

世纪中期，尽管对于中国是否存在第四纪冰川的问题学术界并没有形成定论，但对于第四纪冰川的研究已经成为中国地质学上的一个重要的问题，并受到了地质学家的重视。

1949 年之后，对于中国东部地区是否存在第四纪冰期的问题，中国地质学界仍然有过多次争论，尤其是在 20 世纪 60 年代和 80 年代，中国地质学界关于第四纪冰川的问题出现过两次较大规模的争论。60 年代的争论因为各种原因没有能够继续下去。80 年代正值庐山冰川问题发现与争论五十周年，围绕庐山是否存在第四纪冰川的问题，学术界又展开了较大规模的争论。从 70 年代末期到 80 年代，围绕着第四纪冰川问题，多家学术机构在全国各地召开了多次学术研讨会，一些关于第四纪冰川的论著也相继出版。1978 年秋季，中国地质学会正式恢复活动后在江西庐山召开了第一次大型学术会议，会议的主题就是“第四纪冰川及第四纪地质学术会议”；同年 11 月中国地理学会在兰州举行了冰川冻土学术会议；此后在新疆、天津等地也召开了相关的学术会议。这一次争论，中国著名的冰川学家和中国地质学界的资深学者多参与了讨论，并进行了深入的研究。在这场讨论中，既有学者支持中国东部地区存在第四纪冰川的观点〔1,2〕，也有学者否定了这一结论〔3,4〕。

---

〔1〕 景才瑞．庐山没有第四纪冰川吗？［J］．自然辩证法通讯，1981（4）．

〔2〕 中国地质科学院地质力学研究所．中国第四纪冰川地质文集［G］．北京：地质出版社，1977．

〔3〕 施雅风．庐山真的有第四纪冰川吗？［J］．自然辩证法通讯，1981（2）．

〔4〕 施雅风．中国东部第四纪冰川与环境问题［M］．北京：科学出版社，1989．

专业学术团体，为新理论的产生和学术界不同观点的交流、讨论甚至争鸣提供了一个广阔的学术平台。在研究机构不得不以侧重应用研究来展示地学的学术价值的时代，专业学会为学者们提供了自由的发展空间，促进了地学理论研究的进步。

参考文献

[1] 章鸿钊. 中国地质学发展小史［M］. 上海：商务印书馆，1937.

[2] 文浩然. 新化邹氏地学与武昌亚新地学社［M］//中国人民政治协商会议湖北省委员会文史资料委员会. 湖北文史资料：第3辑. 武汉：湖北人民出版社，1981.

[3] 周岩. 邹氏家族和我国地图编绘出版事业［J］. 出版史料，1989（2）：87－91.

[4] 邹振环. 晚清西方地理学在中国［M］. 上海：上海古籍出版社，2000.

[5] 何志平，尹恭成，张小梅. 中国科学技术团体［M］. 上海：上海科学普及出版社，1990.

[6] 中国地学会启［J］. 地学杂志，1910，1（1）.

[7] 张天麟. 20世纪我国第一位地理学家——张相文［M］//吴传钧，施雅风. 中国地理学90年发展回忆录. 北京：学苑出版社，1999.

[8] 张星烺. 泗阳张沌谷居士年谱［J］. 地学杂志，1933（2）.

[9] 陈国达，陈述彭，李希圣，等. 中国地学大事典［M］. 济南：山东科学技术出版社，1992.

[10] 杜石然，范楚玉，陈美东，等. 中国科学技术史稿：下册［M］. 北京：科学出版社，1982.

[11] TING V K. The aims of the geological society of China［J］.

Bull. Geol. Soc. China, 1922, 1 (1/4): 8.

[12] 翁文灏. 几个地质学的大师 [J]. 地质论评, 1936, 1 (1): 3-6.

[13] 杨钟健. 中国地质之萌芽 [J]. 地质论评, 1947, 12 (1/2).

[14] 刘强. 1949 年前上海地理学的发展与贡献 [J]. 自然辩证法通讯, 1998, 20 (2): 50-56.

[15] 夏湘蓉, 王根元. 中国地质学会史 [M]. 北京: 地质出版社, 1982.

[16] 王子贤, 王恒礼. 简明地质学史 [M]. 郑州: 河南科学技术出版社, 1985.

[17] 梅森. 自然科学史 [M]. 周煦良, 全增嘏, 傅季重, 等译. 上海: 上海译文出版社, 1980.

[18] 小林英夫. 地质学发展史 [M]. 刘兴义, 刘肇生, 译. 北京: 地质出版社, 1983.

[19] 吴凤鸣. 世界地质学史 [M]. 长春: 吉林教育出版社, 1996.

[20] WOODWARD H B. The history of the geological society of London [M]. London: [s. n.], 1908.

[21] 王蒲生. 德拉贝奇: 英国科学职业化的先驱、杰出的地质学家 [J]. 自然辩证法通讯, 1996, 18 (4).

[22] LAUDAN R. Ideas and organizations in British geology: A case study in institutional history [J]. Isis, 1977, 68 (244): 527-538.

[23] 顾昕. 科学共同体的社会分层 [J]. 自然辩证法通讯, 1987 (4).

[24] 地质界消息 [J]. 地质论评, 1940, 5 (1/2): 145-148.

[25] 杨钟健. 杨钟健回忆录 [M]. 北京: 地质出版社, 1983.

[26] 迪金森. 近代地理学创建人 [M]. 葛以德, 译. 北京: 商务印书馆, 1980.

[27] 曾昭璇. 两位德国学者对我国华南地貌研究的贡献 [J]. 中国科技史料，1990，11（4）.

[28] 司徒尚纪. 地理学在中山大学70年 [M]. 广州：中山大学出版社，1999.

[29] 解放以来的中国地理研究所 [J]. 科学通报，1950，1（1）.

[30] 科尔. 科学的制造——在自然界与社会之间 [M]. 林建成，王毅，译. 上海：上海人民出版社，2001.

[31] 张林源. 中国东部第四纪冰川争论问题及其哲学意义 [M] // 王子贤. 地学与哲学. 北京：中国文史出版社，1998.

[32] 叶连俊. 富于远见卓识的科学家 [G] // 李四光研究会筹备组，地质学会地质力学专业委员会. 李四光纪念文集. 北京：地质出版社，1981.

[33] 李四光. 地质工作者在科学战线上做了一些什么？[J]. 地质论评，1952（Z1）.

[34] LEE J S. Quaternary glaciation in the Yangtze valley [J]. Acta Geological Sinica，1934，13（1）：395.

[35] 杨钟健. 回忆与忏悔 [G] // 地质科学院力学所. 第四纪冰川地质学习资料. 1974.

[36]《黄秉维文集》编辑小组. 自然地理综合工作六十年——黄秉维文集 [G]. 北京：科学出版社，1993.

[37] 杨钟健. 中国新生代地质及古生物学之现在基础 [J]. 地质论评，1942，7（6）.

[38] 李鄂荣. 庐山第四纪冰川论争五十年 [G] // 科学史集刊编辑委员会. 科学史集刊：第10集. 北京：地质出版社，1982.

[39] 陈群. 李四光传 [M]. 北京：人民出版社，1984.

[40] 景才瑞. 庐山没有第四纪冰川吗？[J]. 自然辩证法通讯，1981（4）.

[41] 中国地质科学院地质力学研究所. 中国第四纪冰川地质文集 [G]. 北京：地质出版社，1977.

[42] 施雅风. 庐山真的有第四纪冰川吗？[J]. 自然辩证法通讯，1981 (2).

[43] 施雅风. 中国东部第四纪冰川与环境问题 [M]. 北京：科学出版社，1989.

第四章 具有时代特色的专题研究

20世纪上半叶，地学研究有了长足的进展，在学科建设上也有了质的飞跃，取得了不小的成果，形成了初步的学科体系。然而近现代地学在中国科学史上能够占有一席之地，从某种角度上讲，与地学研究的社会经济价值关系更为密切。

综观中国地学的近现代化道路及其取得的成就，不难从中发现中国地学研究在国防和经济建设中都发挥了重要的作用，是一门应用性很强的学科。形成这种局面的原因是多方面的。首先，它与学科本身的研究内容，以及当时学者对地学性质的认识有关。多数学者认为，“学术的研究，必须与当前的国策相配合而作多方面的资助，才能产生宏伟的实际价值”，他们希望“理论与实际融成一片，行政与学术取得配合”[1]。其次，地学研究也受当时的经济建设需要、社会政治环境等多方面因素的影响与制约。1919年孙中山在《建国方略之二·物质建设》一文中，提出了经济建设的十大事业：交通、商港、城市、水力、工业、矿业、农业、灌溉、林业、移民实边。这些经济建设规划，多以对自然环境的研究为基础，这也进一步奠定了地学研究为经济建设服务的思想基础。再次，注重应用，也有国难之下知识分子的社会责任感等因素的影响。中国学者用地学研究为国家建设大政方针服务，把地学研究作为“学术研究的最高境界，也是最后的目的”[2]，“以期对国家有

〔1〕 新年献词［J］. 边政公论，1944，3（1）.

〔2〕 张其昀. 研究中国地理的新途径［M］//张其昀. 人地学论丛：第1集. 南京：钟山书局，1932.

速效的真实的贡献”[1]。

中国近现代地学的主要成就，既有理论上的探讨，又有应用性的研究，并且后者占据了更大的比重。当然，应用性的研究从某种程度上也促进了理论研究的深入。因为应用研究达到一定程度之后，人们“逐渐知道，光是实用，仍不能收实用的效果。如考察一地之矿产，非将之地层弄明白不可。而地层要弄明白，又非将各地层之化石弄清楚不可。因此就不能不注重纯粹方面的研究”[2]。上述种种原因，促使20世纪上半叶的地学研究及其成就，具有鲜明的时代特色。

第一节　理论地理学研究

决定一门学科质的飞跃，不仅仅是体制化和知识体系的不断充实与完善，更为重要的是学科的理论建设。中国近现代地学是在艰难的社会环境中产生和发展的。在这个过程中遇到了许多困难和不少问题，尤其是地理学学科。

19世纪末，当近现代地理学在西方出现的时候，“整个世界都通过学术界在问：什么是地理学”[3]。近现代地理学在传入中国时，这个理论问题并没有得到解决。因此地理学的发展历程与地学中的地质学和气象学等学科不同，在中国近现代地理学的发展道路上，中国学者还肩负着对地理学性质的理论探讨。也正是理论上的分析与研究，促进了中国近现代地理学理论研究的进步。

---

〔1〕 杨钟健．纯粹研究之出路［J］．论衡，1939（12）．

〔2〕 同〔1〕．

〔3〕 詹姆斯，马丁．地理学思想史［M］．李旭旦，译．增订本．北京：商务印书馆，1989：205．

地理学是一门基础性科学，同时又是一项具有明显社会经济效益的公益事业。随着人类生活空间的扩大和生产力水平的提高，社会发展和经济建设对地理学的需求日益迫切。“内政、外交、民生、国防，凡所举措，无不赖有地理研究为其根柢”[1]。这种迫切的需求促进了以研究自然界和人类社会发展变化规律及其相互关系为主要内容的地理学的发展。

社会的需求使越来越多的学者注意到了地理学的社会价值。20 世纪上半叶的中国，战争频繁，社会动荡。“在这种新旧适应转变当中，能够予新适应以实际帮助的科学虽然很多（如历史、工程等），然其中要以地理学最关重要。地理学是新旧适应转变中的指导者，他不但可以说明这种适应，并且可以知道新旧适应转变的方向”[2]。地理学可以“告诉人类，使之有所警戒、预防、适应、利用和种种应遵循努力的途径，以求生活的安适向上；以求衣于斯、食于斯、老死而葬于斯的‘场所’，成为一个人地调协，欣欣向荣的生活空间”[3]。甚至有学者认为，地理学的“机能为使未来国民精确构想人类活动之大舞台之世界，由之而使关于彼等身旁所发生之政治的社会的问题之思考日益精确，而使判断趋于健全”[4]。地理学的社会价值，已经使它成为人们必须具备的知识了。

地理学以其为“新邦建设之一动力”而受到社会的广泛重

〔1〕 翁文灏，竺可桢，张其昀．中国地理学会发起旨趣书［J］．方志月刊，1933，6（4）．

〔2〕 顾谷宜．地理学的范围［J］．地理杂志，1930，3（6）．

〔3〕 田世英．地理学新论及其研究途径［M］．上海：商务印书馆，1947：37．

〔4〕 何锡昌．自科学体系所见地理学之地位及其本质［J］．地学季刊，1932，1（3）．

视。20 世纪 20 ~30 年代，高等院校中的地理系和地理学会纷纷建立。高等教育与学术研究实体的出现是为了国计民生，为了解决内忧外患的问题，为了促进经济建设，为了了解国际关系，为了宣扬民族观念，为了沟通日益分化的各门科学，也是为了普及地理学知识……当学者们为了共同的目标聚集在一个共同的专业领域时，却没有一个可以共同遵循的理论框架和研究方法，甚至连这门学科的研究范围也模糊不清。社会的需要促成了学科的建立，而学科的建设则有赖于理论研究的深入。

对地理学应用价值的认同，虽然能够使人们感受到地理学的重要性，但也给人们一种错觉，即地理学仅是一种工具、一种知识而已。以社会需求、经济效益代替科学价值，必然造成学科方向不定，研究内容多变，难以正常发展，甚至造成了学科的危机。因此，一门学科的真正发展有赖于该学科理论研究的深入。

一　对于地理学学科性质的认识

19 世纪，伴随着人类对世界认识的扩大和研究方法的深入，一位学者已无法掌握整个地理环境的全部知识了。学科的分化成为近现代地理学发展的必然趋势，地理学已经由一门学科变成了一个科学体系。当学科分化越来越细时，就产生了地理学是否具有独立的研究对象，不与其他学科发生叠置的问题。

对地理学学科性质的不同解释，是一个世界性的问题。早在 17 世纪，德国学者瓦伦纽斯（Bernhard Varenius，1622—1650）在《普通地理学》一书中就对地理学的内容及范畴进行了研究，并将地理学分为普通地理学和专门地理学。瓦伦纽斯的地理学概念远远走在了那个时代的前面。不幸的是他英年早逝，未能进一步阐述他的观点。进入 19 世纪以后，不同国家和地区的地理学者开始了对地理学学科性质的理论探讨，最终形成了以德国、美国、法国、英国和苏联为中心的不同学术流派。

在中国，由于地理学研究范围很大，致使一些学者误将地理学看作是各学科的背景知识，或者把地理学作为认识世界的一个“观察点”。正如当时地理学家的描述：“任何一种科学，都有它自己的研究的中心，和所属的特殊的体裁。地理学既不如地质学、气象学、人类学、社会学……那样有着明确的自己的研究的中心，和所属的特殊的体裁，且所有的内容，亦俱为新发达起来的地质学、气象学、人类学、社会学等分划开来，作为专门的研究对象。所以地理学是否可以成为一有组织的、完整而独立的科学，乃成为十九世纪末以来，科学争论的一个大问题。”[1]多数地理学者意识到了，这正是地理学发展的瓶颈。

作为世界近现代地理学的组成部分之一，中国地理学的发

《地理学的性质》

《地理学性质的透视》

〔1〕 德坚生，霍威尔士．地理学发达史［M］．楚图南，译．上海：中华书局，1940：1.

展面临着许多同样的问题。但中国近现代地理学的传入是多方位的，其中既有欧洲思潮的熏陶，也有美国观点的影响。因此对地理学中一些理论问题的探讨，在中国就显得更加活跃，而且也没有形成统一的认识。

与西方近现代地理学的发展相比，中国地理学者还面临着许多特殊的问题。首先，是如何从传统研究方法向近现代方法转变的问题。中国古代著作中包含有大量的地理记述，因此可以说地理学在中国是一门十分古老的科学。然而以近现代科学方法研究地理环境的科学则刚刚起步，因此地理学又是一门年轻的科学。在内容上它们有着延续性，因此许多学者把近现代地理学看作是对古代地理学的更新，是旧径重开的一条新道。但是在方法上，两者却截然不同。前者只注重事实的铺陈，而忽视原则的推演；只注重个别的叙述，而忽视综合的解释。换言之，只有经验的地理学，而没有理论的地理学。其次，西方的环境派和景观派等不同学术流派的观点同时传入中国，中国学者需要对刚刚发展起来的近现代地理学进行重新认识和定位。地理学在中国应如何发展？对这门学科如何进行理论上的建设？正是这一系列的问题与需求，促进了中国地理学者的思考和理论研究的进步。

二　对地理学定义的探讨

作为一门独立的学科，必须有明确的研究范围、完整的研究对象、完善的研究方法和独立的应用领域。为了解决认识上的困难，中国学者开始探讨地理学的对象、性质、任务、与其他学科的关系，以及地理学在科学和社会发展中的地位与作用。更有学者希望通过分析和对比东西方地理学理论的异同，找出中国地理学研究的差距。一些学者还将新的观测手段和方法引入地理学，试图通过改进研究手段来加强地理学的科学性。

对地理学的不同定义是一个世界性的问题。尽管地理学的定义只有通过对“一组问题集合”的综合诠释才能涵盖其全貌，但是只有更好地理解地理学的定义，才能促进地理学的发展。因此通过了解中国地理学者对地理学定义的阐释，我们可以更好地了解当时地理学的发展水平。

中国近现代地理学的传入是多方位的。中国早期的地理学者中，留学归国人员占有很大的比重。由于他们留学国度不同，师从观点各异，从而进一步造成了中国近现代地理学定义的多元性。20 世纪 30 年代中期，李长傅总结了 10 多位国外学者对地理学的定义[1]，从中可以看出当时国外著名地理学者对地理学的定义均为中国学者所了解。如洪堡（Alexander von Humboldt，1769—1859）、李特尔（Carl Ritter，1779—1859）、拉采尔（Friedrich Ratzel，1844—1904）、李希霍芬（Ferdinand von Richthofen，1833—1905）、赫特纳（Alfred Hettner，1859—1941）、白吕纳（Jean Brunhes，1869—1930）、亨廷顿（Ellsworth Huntington，1876—1947）等。这些来自德国、法国、美国等西方近现代地理学的代表性的定义，多强调地理学的区域研究和对地理要素因果关系的研究。这些观点对中国学者影响很大。

同时近现代地理学在中国的发展过程中也面临一系列新的问题，它促使中国地理学家重新思考地理学的性质、研究对象和范围。这种探讨成为中国近现代地理学的主要特色之一。当

〔1〕 李长傅. 地理学本质论 [J]. 地学杂志，1935 (1).

时几乎所有的地理学者都参与了这场讨论。

地理要素在空间上分布不均衡，在时间上变化不断，同时地理学在发展过程中也不断引入新的科学方法和技术手段，因此对地理学的定义在不同的地域有着不同的视角，在不同的阶段也在不断发展变化之中。对于这些问题的认识，不可能也没有必要达到完全的统一。但是对地理学定义的探讨，促进了地理学的进步。

对于一门学科的定义，必须具有科学内涵，具有完整的有规律的体系，并能够反映出这门学科的性质。地理学中研究的地表，并不是几何意义上的地球表面，而是综合着大气、海洋、地层、生物、人类社会的一个复杂的综合体。因此对地理学是属于自然科学、社会科学还是两者之间的交叉科学的认识，是定义地理学的前提条件。研究内容决定了学科的性质，在整个近现代地理学的发展进程中，多数学者把地理学看作是自然科学和社会科学之间的交叉科学，认为“地理学是以自然科学做立足点，以社会科学做观察点”〔1〕，“地理学走的是社会科学的道路，用的是自然科学的方法”〔2〕。虽然在研究内容的侧重点上不同学者的认识并不相同，但这种对地理学跨学科性质的认识，成为地理学家的共同语言点。在此基础之上，地理学者对一系列理论问题进行了探讨。

对地理学的定义，也就是对学科研究范围的界定，是地理学区别于其他科学的基础。由于跨学科而造成研究内容上的复杂性，使学者们很难简单地概括出地理学的定义。综观中国学

---

〔1〕 发刊词［J］. 地学季刊，1932（1）.
〔2〕 李旭旦. 现代地理学的几个问题［J］. 地理知识，1979（9）.

者对地理学的多种定义，主要有几种倾向：强调自然与人类之间关系的研究，强调空间区域分布规律的研究，强调自然规律的综合研究等。

一些学者用地理学的研究内容来定义地理学，如王益厓认为地理学是“以地球为人类之住所，而研究其自然人文两方面诸般现象之科学”[1]。但这种定义很难突出地理学的独立性。因此，有些学者强调地理学“不是研究这无数现象的本身”，而是对“各地域诸现象综合的认识，……地理学以地域诸现象的综合体之认识为任务”[2]。

20世纪20～30年代，地理环境决定论对中国地理学者产生了深远的影响，这一时期的学者多强调人地关系的研究是地理学研究的主题。早在20年代初期，姚存吾就将中国和西方学者对于地理学的认识归纳为两点[3]：①地理学为叙述地球表面自然的人事的现象之科学；②地理学者研究地球表面自然现象与人类生活关系之科学。竺可桢也曾经专门著文《何谓地理学》（《史学与地学》，1926年第1期），并在文中引用了美国学者戴维斯（Davis）的观点：“地学者，乃研究地之一种科学，尤其是研究地与人间关系之一种科学。”张雨峰也强调“地理学者乃研究地与人或人与地之一种科学也”。

随着地理考察资料的增多和对人地关系认识的深入，区域地理研究成为近现代中国地理学研究的主题。强调地理学的区域研究对象成为多数中国地理学者的共识。周立三在《地理学的对象及其任务》（《地理》，1941年第2期。注：此篇文章

---

〔1〕王益厓．地学辞书［M］．上海：中华书局，1931：128．

〔2〕葛绥成．地理丛谈［M］．上海：中华书局，1948：2．

〔3〕姚存吾．地理学之解释［J］．地学杂志，1922（1）．

写于1929年底）中则提出地理学的对象是地球表面之景观，地理学的任务是地域个性之认识，并总结到："地理学乃是以地域之观点，将纷然杂陈之地表景物加以分析，依据其形态性质，机能及配列，分别归纳成各种统一而综合之景观，就各景观之分布范围，考察其内部之相互关系，再与其他区域作比较之研究。"李长傅著文《地理学本质论》，在列举总结了西方著名学者对于地理学所下定义的基础上，提出了自己的解释："地理学是对于地球表面自然及文化诸现象之分布，作系统的观察，且究明其相互关系与现象分布之因果。"（《地学杂志》，1935年第1期）任美锷也认为地理学"是最富地域性的一种科学"。李春芬也在《近现代地理学与其展望》（《地理学报》，1948年第1期）一文中指出："地理学是地域辨异的科学，它的对象是地域"，"它研究地表现象或要素共生共存的相互联系并从中研究地域差异"等。

中国学者对于地理学的定义并没有形成共识，但是可以看出早期学者多强调地理学研究中的自然和人文两个方面，同时强调了人地关系研究的重要性；后期学者多强调地理学的区域特性，强调地理学是一门综合性的科学。值得肯定的是，当时多数学者已经认识到了地理学具有综合性和区域性这两个主要特点，并且在对地理学的定义中，指出了地理学的整体本质，这也是地理学区别于其他学科的关键所在。以上列举的，只是当时较具代表性的一些观点，这些学者对于地理学的理解，可以说反映出了当时大部分中国地理学者的认识水平。而且这种认识也直接影响到中国地理学的研究方向，并推动了中国近现代地理学的研究向着通论和专论两个方面发展。

三　地理学分类研究

地理学的学科分化，是随着人类对地理环境认识空间的扩大与研究的逐渐深入而形成的。由于对地球上多种元素的综合研究已经变得越来越困难，地理学的学科分化势在必行。近现代地理学就是在学科的不断分化之中向前发展的。随之而来的是，地理学已经由一门科学变成了一个科学体系（见图1－4－1）。

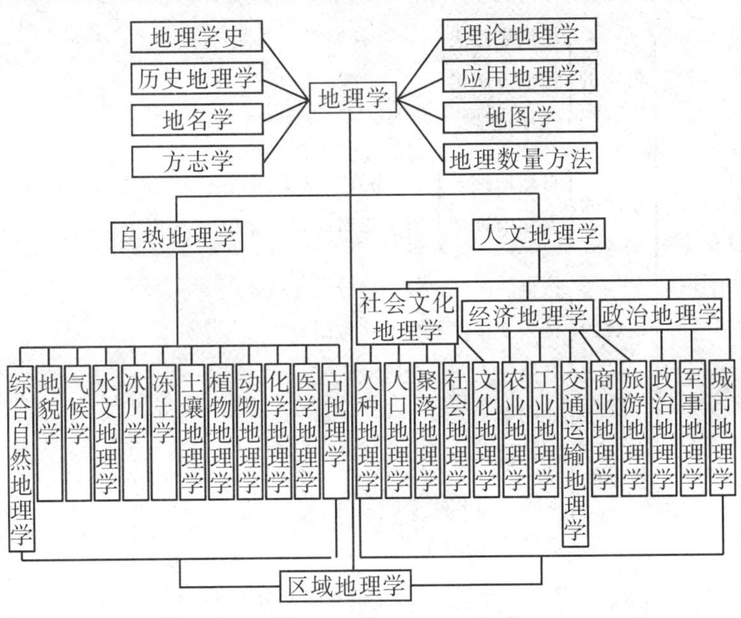

图1－4－1　地理学的学科体系

（《中国大百科全书·地理学》第5页）

对一门学科的分类，很大程度上是建立在对这门学科研究对象的认识基础上的。如前所述，中国近现代地理学的发展进程中一直没有形成地理学的统一定义。因此对地理学的分类，不同学者划分的角度不尽相同（见图1－4－2）。有些学者主要根据研究内容划分，有些学者则根据研究方法划分，有些学者根据技术手段划分，而更多的学者则是综合考虑各种因素的作用。并且随着地理学的发展和学科的进一步分化，地理学的分类方法也在不断地演变当中。因此对于这门学科的体系构成，至今也没有形成一个公认的结论。而且随着学科的进步，地理学仍然在不断地分化之中，据统计，到20世纪70年代，地理学的门类已经分化到50种以上[1]，并且地理学也由自然科学和社会科学的交叉科学演变为自然、社会、技术三大科学交叉的横断科学。

- 地理学
  - 哲学的
    - 地理思想史
    - 地理方法论
    - 元地理学
  - 系统的
    - 自然地理学
    - 人文地理学
    - （已分化为较多的二级和三级学科，并与有关学科交错，派生出若干边缘学科）
  - 区域的
    - 按自然区、自然带划分的区域研究
    - 按人文条件划分的区域研究
    - 自然—人文综合区域研究
  - 技术的
    - 地图学
    - 计算机和数学方法
    - 遥感、遥测和分析手段
    - 地理信息系统

图1－4－2　地理学的主要划分方法[1]

地理学一旦开始分化，人们就不得不对这门学科的构成及演变趋势进行分析和预测性的研究了。但是在分类研究的早期，由于中国学者对地理学的认识不够深入、全面，手段也不先进，人们更多注意到的是对它的研究内容，即地理要素的划分。因为这些地理要素既是具体的，又是杂乱的，所以在研究的过程中就必须对它们进行整理、排序。对地理要素的划分是

〔1〕 国家自然科学基金委员会. 地理科学［M］. 北京：科学出版社，1995：83.

学科分类的前提和基础，这一点从1905年出版的《地文学表解》中就可以看出。这本小册子以列表的形式向人们介绍了地理学的主要内容和研究方法。书中按地理要素将内容分为地球星学、陆界、水界、气界、生物界5大部分，并且在各个地理要素中，介绍了相应的研究学科和一些分支学科。它也是地理学中较早的、初步的学科分类。

《地文学表解》是为了普及科学知识而编撰的表解丛书之一，因此它还不是建立在近现代研究基础之上的分类。20世纪20年代末，张雨峰根据地理要素对人类影响的大小将其分为天然环境、人文环境、经济活动、社会活动和政治活动5个部分（见表1－4－1）。但这种划分过分强调人的中心地位，所以有些因素超出了地理学的研究范围。

表1－4－1　张雨峰的地理学内容表[1]

天然环境(甲) 影响较大者	天然环境(乙) 影响较小者	人文 环境	经济 活动	社会 活动	政治 活动
地形：山岳、平原、高原 气候：气温、雨量、风 水道：河流、湖泊、水力 海洋：海岸、海岛、海港、洋流 土壤矿产：土壤、岩石（建筑材料）、矿产 地位：纬度、高度、对于海洋之距离	动植物：自然植物、自然动物 面积 风景	市镇：城市、乡镇 交通：运河、铁道、航线 物产：农作物、畜牧类、工艺品 人口	物欲：衣、食、住、行 职业：农耕、牧畜、渔猎、开矿、伐木、工业、商业	教育 风俗 宗教 制度 文化	行政 政策 战争 疆界 国都 殖民

〔1〕张雨峰．地理学之意义与范围［J］．地学杂志，1929（1）．

为了避免上述大而杂的地理要素分类方法，20 世纪 30～40 年代地理学者多将地理要素分为自然与人文两个部分。但在具体要素的分类中，则因研究者兴趣的不同而差异较大。40 年代，周立三将地理要素分为自然要素和人文要素，并根据地理要素的运动规律将自然要素分为较静的地质构造、地形、水面和较动的气候、动植物等，人文要素也分为较静的房屋、耕地、道路、防御工事和较动的人、农作物、家畜、工具等（见表 1－4－2）。

表 1－4－2　地理要素的分类[1]

自然要素		人文要素	
较静之要素	较动之要素	较静之要素	较动之要素
地体构造：基岩、表土、矿藏	天气及气候：气温、雨量、其他	房屋	人
地形：平原、高原、丘陵、山岳	自然植物	耕地及牧场	农作物及其他产品
水面：地表水、地下水、海洋	自然动物	道路：铁路、公路、小路	家畜
		防御工事	机械类
			交通工具

近现代地理学随着学科体系的不断发展成熟，已经出现了许多相对独立的、多层次的科学体系，如技术科学体系、基础科学体系和工程技术体系。对应于近现代科学体系，地理学也有了自己的实验地理学、理论地理学和应用地理学三大基础体系。但中国近现代地理学的发展进程中，学科分化还不完备，技术手段也不全面，所以中国学者对地理学的划分基本上没有超出按地理要素，即地理学的研究内容划分地理学的范围。基于当时的认识水平，地理学者将各个分支学科进行总结、归

〔1〕周立三．地理学之对象及其任务［J］．地理，1941（1）．

纳，在根据研究方法的划分上，多数学者都将地理学分为以区域综合研究为主的特殊地理学（或称地理学特论）和以地理要素为对象的通论地理学（或普通地理学）两部分。

因为中国近现代地理学的学科发展还不健全，许多分支学科的研究刚刚起步，而且经常是一位学者兼做多方面的研究工作，所以对通论地理学的进一步划分则因不同的学者理解不同而不相同（见图1-4-3、图1-4-4和图1-4-5）。但大多按研究内容分为人文和自然两个方面。当时也有学者受欧美地理学思想的影响，在地理学的分类过程中为了强调人生地理（又称人地学）的重要性，将地理学分为自然、人文、人生三个部分（张雨峰，《地理学之意义与范围》），指出人生地理与人文地

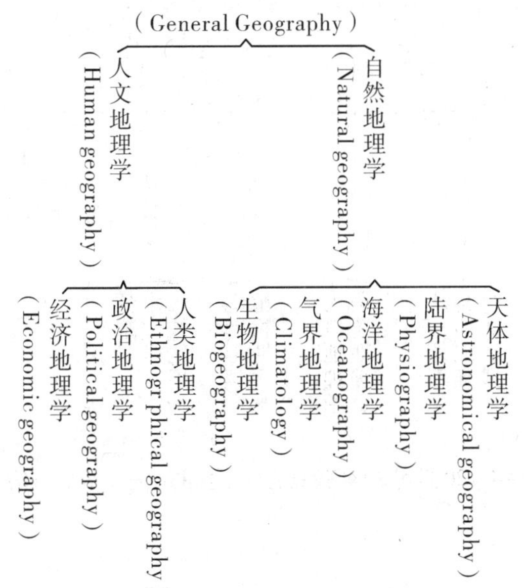

图1-4-3　20世纪30年代具有代表性的地理学分类方法之一[1]

---

〔1〕 王益厓. 地理学［M］. 上海：世界书局，1931：5.

理不同，突出强调地理研究中人地关系研究的重要性，并认为人生地理是人文地理研究的基础，是连接自然地理与人文地理的桥梁，是地理学研究的新趋势。这一分类思想虽不代表当时地理学分类的主流，但它反映出当时部分学者强调人地关系研究的倾向。

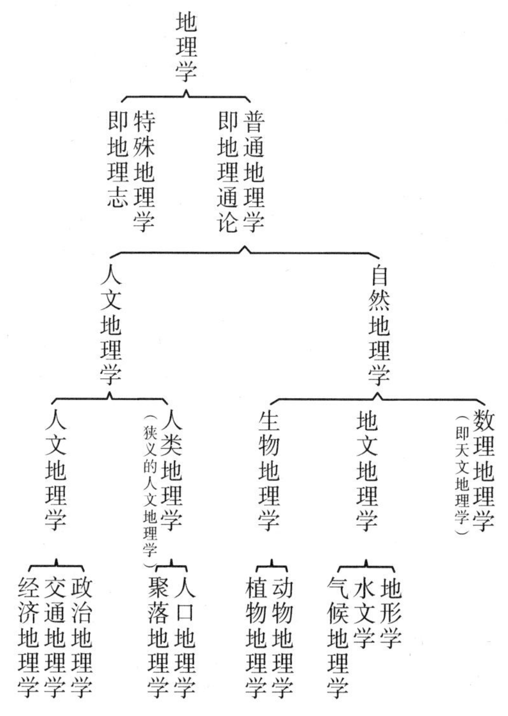

图 1－4－4　20 世纪 30 年代具有代表性的地理学分类方法之一[1]

〔1〕 李长傅．地理学本质论［J］．地学杂志，1935（1）．

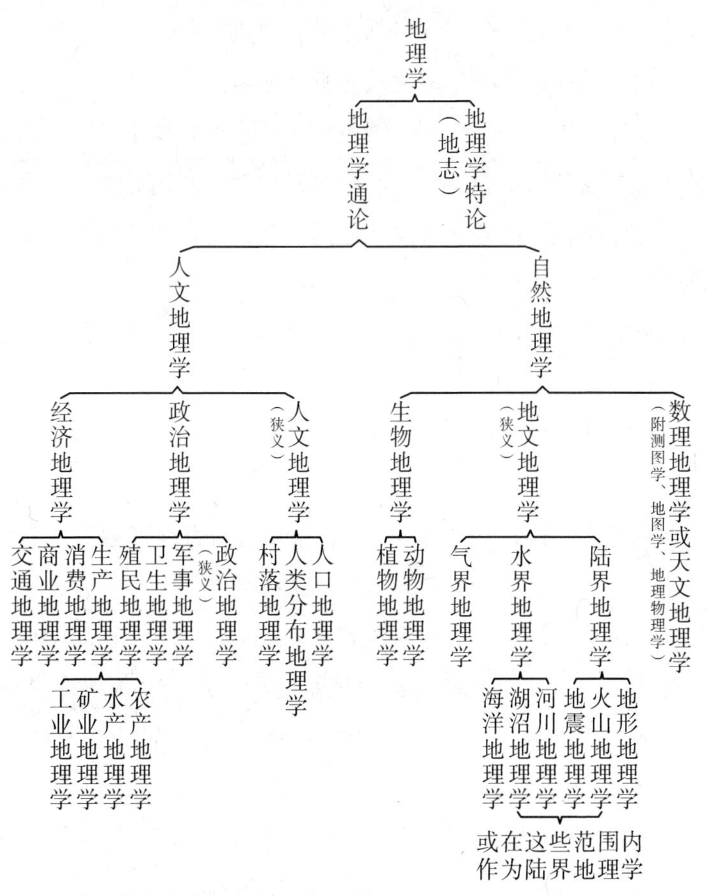

图 1-4-5　20 世纪 40 年代具有代表性的地理学分类方法[1]

从分类情况看，中国近现代地理学的研究已由经验性的总结转向理论性的探讨。因此在地理学的分类中，体现出了不同的学术倾向。不同思想对于地理学的理解存在着差异。这种差异有利于地理学学科的建设向着健全的方向发展。尽管在 20 世纪中叶以前地理学的分支学科发展不平衡，但当时学者所探

〔1〕 葛绥成．地理丛谈［M］．上海：中华书局，1948：3．

讨的地理学的各个分支学科都有学者在进行研究。

四　对地理学科学地位及与其他学科关系的认识

地理学作为一门独立的学科，在整个科学体系之中应有它的一席之地。从不同历史时期科学家和哲学家们对科学体系的划分，可以看出地理学科学地位的变化，也从一个侧面证明了地理学学科的独立性。

20 世纪 30 年代初，上海中华地学会出版的学术刊物《地学季刊》上，发表了何锡昌的文章《自科学体系所见地理学之地位及其本质》（《地学季刊》，1 卷 3 期），文章较早注意到了“地理学在科学上应占如何位置，应以如何之特色为其本质”。作者分析了 17 世纪到 20 世纪初西方学者划分的科学体系，提出了地理学的科学本质。文章列举了多位西方哲学家对科学体系的划分，从中可以看出 19 世纪之前，地理学还没有被看作一门科学而列入科学体系之中。19 世纪中期，斯宾塞（Herbert Spencer，1820—1903）将科学分为抽象的科学、抽象兼具象的科学和具象的科学三种，其中地质学被作为“处理成果之间之法则”列于具象科学之中，而地理学则还未被列入科学之中。1899 年，派松（Karl Pearson，1857—1936）的科学分类中，地理学与地质学、气象学、矿物学等被列入具象科学中的有形科学之内。可见地理学起源虽早，但进入科学领域之中则是 20 世纪的事情。

40 年代，中国学者的认识日臻成熟：“地理学既是介于自然科学和社会科学之间的一门‘综合的科学’，所以在自然科学方面，它和天文学、气象学、地质学、物理学、化学、海洋学、动物学、植物学及人类学等，有密切关系；在社会科学方面，它和政治学、历史学、军事学、经济学等，也有密切关系。这几种相关的学科，是地理学的初基，也可以说是研究地理的辅佐工具。”[1]

地理学及其分支学科与其他学科之间有着很大的交叉性和互补性，因此处理好它们之间的相互关系尤为重要。地理学者已经意识到“我们研究地理应当首先分析它们和地理的交互关系，……才不至于‘误认工具的知识，或同样研究地面现象的其他科学作为地理学的成分’；才不至于‘把性质和方法全不相同的学科，一起混在里面，以致许多科学的支属，都挂上了地理的招牌’，才不至于‘枉费其时间于其他科学之上’，才不至于犯了‘入之过深，即有越俎代庖之嫌’的毛病”[1]。

地理学既然与如此众多的学科关系密切，中国地理学者就非常重视它们之间关系的探讨，尤其是地理教育工作者，他们认为给学生指出这些关系，可以让他们更好地掌握地理学的基础。因此，在近现代的许多地理学教育理论文章中和地理学教科书中，很容易找到这些论述。其中比较有代表性的是冯景兰发表在《教与学》（第1卷第11期）上的《地理学与其他学科之关系及其研究途径》。但这些论文多强调地理学与其他学科之间的互补关系，以及其他学科在地理学中作为知识基础的重要性，而较少谈及地理学与其他学科的不同及其分界。

中国近现代地理学的分类体系中，分支学科已有十几门甚至二十几门之多，但从中国近现代地理学发展的总体水平来看，一些学科虽然已经有了一些研究成果，但还没有形成独立

〔1〕 田世英. 地理学新论及其研究途径［M］. 上海：商务印书馆，1947：37.

的学科，更没有独立的研究队伍和研究机构。更为重要的是，许多学者在对这些分支学科与其相邻学科之间的关系的认识上，还是模糊的，并存在着较大的偏差。

在中国近现代地理学的发展过程中，对分支学科与相邻学科之间关系的认识并不深入。直到20世纪40年代末，仍然有学者在提醒人们注意在自然地理研究中“最易犯的毛病”，就是“误把其他自然科学的材料，拉到自然地理学的范围内。像气象学列入气界地理，地质学列入陆界地理，天文学列入数理地理等”[1]。

在中国近现代地理学的发展进程中，为了强调地理学的独立性，学者们也一直在努力将地理学的新兴学科与其他学科区别开来。20世纪20年代就有学者用图表反映出了地理学与其他学科之间的关系（见图1－4－6）。20世纪40年代，葛绥成曾经列举了植物学与植物地理学的差别：“植物学家，若专从研究草木的生长和生理的状态，以及各种草木在分类上的地位，则与地理不相关；但一经着手与草木分布地域的调查，那就成为地理中的植物地理了。”[2]

〔1〕 顾谷宜．地理学的范围［J］．地理杂志，1930，3（6）．
〔2〕 葛绥成．地理丛谈［M］．上海：中华书局，1948：2．

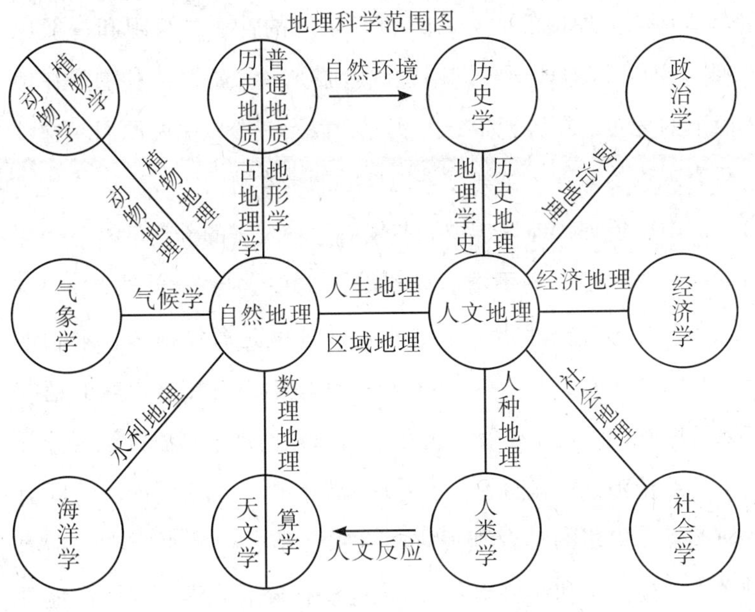

图1-4-6　地理学与其他学科的关系[1]

一些发展较快的分支学科不但取得了丰硕的研究成果，而且在其与相邻学科的关系问题上学者们也有较明确的认识。像地质学与地貌学、气候学与气象学、经济地理学与经济学之间的不同，尽管一些学者同时承担着两方面的科研工作，但仍能明确其差异。例如当时许多学者都已能明确气象学“应用物理学之方法，研究天气之各种要素，探索其原则，而发明其公律，其实用上主要贡献在于天气预报”。而气候学“则应用地理学上之方法，研究地方性之气候状况，记载其分布，而解释其因果，其主要贡献在讲明天时与人生之关系”[2]。再如经济

〔1〕 张雨峰. 地理学之意义与范围 [J]. 地学杂志，1929 (1).

〔2〕 张其昀. 近二十年来中国地理学之进步（续） [J]. 科学，1935，19 (11).

学“从纯粹理论的立场，来研究生产的性质、组织和一般原理”，而经济地理学“则用地域的眼光，来检讨某种物产在地面上的分布，在各地生产的实况，以及其所以然的原因。这种研究观点的差殊，实为经济地理学的基本特色”[1]。

中国近现代地理学中一些发展比较缓慢的分支学科与相邻学科的界线则模糊不清。如对海洋地理学与海洋学关系的认识，一些学者虽然指出了“水利地理就是海洋地理，水利地理与海洋学有关”，并指出在海洋地理学没有专著出版的情况下，应阅读海洋学读物，似乎已将海洋地理学与海洋学区分开来（张沦波、张雨峰），但文中却没有进一步说明两者之间有何差异。更多的学者则把它归入水文学之中（水文学包括海洋学、湖泊学和河道学），而且也没有分清海洋学与海洋地理学的不同（李长傅）；甚至有学者把海洋学和海洋地理学作为一个概念，成为地理学的分支学科之一（王益厓、张其昀）。因此尽管地理学者在这一领域做了很多的工作，但仍受到了其他学者的责难，认为地理学没有自己的研究领域。

明确地理学与其他学科之间界线的意义，不仅仅在于强调地理学的科学地位，更重要的是为了更好应用地理学方法、以地理学的独特视角解决地球上存在的各种问题。分界不清导致了研究方法上的混淆，甚至一些地理学者越俎代庖侵入其他学科的研究领域，从而受到了其他学科工作者对地理学的非难。一些学者认为地理学“不过用他科学研究的结果，把片断的知识聚集而成。只可算为杂货店的学。甚至于攻击地理学之所

〔1〕 任美锷. 建设地理新论［M］. 上海：商务印书馆，1947：17.

谓地理学，远不能称为一独立科学”[1]。

五　对地理学研究方法的探讨

要想把各分支学科统一在地理学之中，“就严格的科学意味说来，只有地理学方法论”[2]。随着近现代地理学方法的传入，中国学者深感传统地理学研究方法的落后，指出传统地理学只有事实的罗列，而缺乏原因的探讨。学者们认为正是这种研究方法阻碍了中国地理学的进步，它已不能适应地理学发展的要求。学者们认识到“中国地理学的最大缺憾”就是“只有经验的地理学，而没有理论的地理学”，指出“地理学近几十年在西方的进步，重要的不在乎扩充材料，而在乎改良目的和方法”[3]。学者们还认识到“科学之所以为科学，并不在乎其内容的事实怎样，而在乎入手方法怎样”[4]。于是纷纷倡议用新的科学方法进行地理学研究，从而促进了对地理学研究方法的探讨。

同时，近现代地理学在研究资料的应用上与其他学科存在着很大的重复性：“地文地理依赖地质学家整理材料，政治地理依赖历史学家整理材料，经济地理依赖经济学家整理材料，而气候尤有赖于气象。”[5]但“地理学的重点决不在于尽量吸收其他科学的材料，而系用地理的方法去处理这些材料，即按照新的方式以独特的观点来取材和分类。我们的注意所在不是事实本身，而是阐明这些事实之间各

〔1〕李长傅．地理学本质论［J］．地学杂志，1935（1）．
〔2〕威特弗格尔．地理学批判［M］．沈因明，译．上海：辛垦书店，1935．
〔3〕王成组．地理学的旨趣和需用［J］．地学杂志，1928（1）．
〔4〕葛绥成．地理丛谈［M］．上海：中华书局，1948：2．
〔5〕顾谷宜．地理学的范围［J］．地理杂志，1930，3（6）：1－4．

方面的联系，揭示整个地球空间中地理过程复杂总体的结构”[1]。因此，地理学科要想独立，必须从方法上入手，以新的方法应用这些资料。

1. 研究的角度

地理环境中的自然要素和人文要素存在着空间分布不均匀的现象，因此地理学研究具有明显的地域性特点。对收集的材料进行区域的研究与划分是地理学的重要研究方法之一，许多学者也把它作为地理学区别于其他学科的重要标志之一。早在20世纪初期，许多地理学者就认识到区域研究方法的重要性，并把这种方法应用到地理学的研究之中。甚至一些学者将区域研究作为“地理学之极峰”“地理学的最终的目的”，从而形成了以区域研究方法为核心的地理研究派别。关于区域派别的思想和区域地理学研究的主要成果，后文中将进一步论述。

中国古代地理学就以区域描述为特色，但古代的区域研究是对地理资料的简单的综合、概括和条理化，缺乏系统的理论和方法。到了近现代，区域地理学在理论和方法上都有了很大的进步，但地理学的各门分支学科在不断深入与细致的过程中，也从其他相邻的学科之中汲取了新的研究方法，形成了独立的理论体系。而作为研究基础的区域地理学在理论和方法的进步上却显得有些滞后，从而无法对各门分支学科给予指导和综合。同时区域研究方法的使用也并不完全为地理学所独有，其他学科也可以使用。因此仅有区域方法还不能使地理学成为一门独立的学科。

〔1〕卡列斯尼克．普通地理学原理：上册［M］．徐士珍，译．北京：高等教育出版社，1954：12.

地理环境是各种要素相互作用而形成的一个综合体，具有不可分割性。而对地理环境的多学科研究并不是综合研究，地理学也不应是把这些学科拼凑在一起。真正的综合研究应是跨学科、融会贯通的研究。[1]地理学以其横跨自然科学与社会科学为其特色，因此综合研究方法将是地理学不可缺少的。同时各个分支学科分化越细、研究越深，对综合的要求也就越强烈。因此，地理学与其他学科的不同点也应该反映在综合研究之中，因为地理学更注重研究各种要素的相互关系和它们作为一个整体的综合特征。

近现代地理学在不断分化的过程中，综合研究也一直没有停步，并有不少学者呼吁加强综合地理研究。早在20世纪30年代初就有学者指出："近年来新的地理学得有长足的进步和比较稳定的基础，最大的关键是在地理学已由个别的研究进至综合的研究，由单纯的科学进至综合的科学。"正是由于综合的研究，因此地理学中的区域研究就有了其他学科无法代替的优越性：其他学科中的区域研究"都不能与地理学家精心建构的人生地理区域相提并论。这种综合地面上及人生各种不同的现象间相互关系而定地理区域的研究乃是地理学家的专职，非其他科学家所能代包的。同时这种地理学特有的领域，也就是地理学成为独立科学的原因"[2]。20世纪40年代，任美锷也提出开发、利用、保护、改造地理环境和区域规划设计的综合研究方案[3]。综合研究方法在区域研究中发挥了一定的作

〔1〕 本书编辑组．陆地系统科学与地理综合研究：黄秉维院士学术思想研讨会文集［G］．北京：科学出版社，1999．

〔2〕 顾谷宜．地理学的范围［J］．地理杂志，1930，3（6）：1－4．

〔3〕 任美锷．建设地理新论［M］．上海：商务印书馆，1947：17．

用，但同样由于理论的滞后，在近现代地理学时期还无法发挥对其他分支学科的指导作用。

人类活动与自然环境之间关系的研究，成为贯穿于近现代地理学研究的一条主线，尤其是对中国近现代地理学的发展产生了深远的影响。一些学科也涉及人地关系问题，但以地理区域为基础的人地关系研究却是地理学的主要特点之一。人地关系思想对中国近现代地理学产生的影响是深远的，可以认为地理研究中对人地关系的重视渗透到各个分支学科之中，在许多研究成果中都可以找到人地关系思想的应用。

地理要素不但有空间上的分布，同时还存在着时间上的变化，因此对地理要素的发生学的研究，即因果关系的探讨，也是近现代的重要方法之一。“近现代地理学必先说明其地形如何形成，次则说明其如何变化。乃因河流各有其历史及环境，其谷形、流性、方向等，亦遂因地而异。就谷形言，有少年壮年之别；就流性言，有清流浊流之分；就方向言，则有先成谷后成谷等。吾人研习时，先将河流分为若干种类，各有明确之定义，虽有成千累万之河流，顾河流之通论，则甚简括扼要，斯即所谓地理学的科学基础是也。”[1]

2. 中国学者的认识

地理学研究对象的复杂性，决定了研究方法的多样性。从20世纪20年代开始，就有许多学者纷纷著文探讨如何改良地理学的研究方法。张其昀总结出了研究地理学的四条新途径：①从通论到方志。即首先探讨自然现象的发生、发展规律，再进行区域研究，使地理学成为“有本之学”。这正是中国传统

〔1〕 张沦波．地理科学之解释及其代表作［J］．地学季刊，1932（3）．

地理学的弱点。②从领空到领海。强调对领空、领海的研究，这是中国传统地理研究中长期忽视的问题。③从国家到国际。强调用世界的眼光研究中国地理，用中国的眼光研究世界地理。提出了对于全球地理的研究，这也是中国地理研究中的薄弱环节。④从知往到察来。指出了地理研究中应发挥它的预测功能，为国民经济建设服务。认为这是学术研究的"最高境界"[1]。李春芬将地理学的研究方法概括为：先观察后推理，先分析后综合。观察是为了获得原始资料，关键还在于分析现象或要素的相互关系和分布格局或形式，进行综合以揭示区域特征，并为所提出的假说或理论提供验证。

许多学者对于中西地理学的差异的比较研究，也多是从方法上的差异入手的。胡焕庸对中国与法国地理学进行了比较研究后指出，中国新地理学研究应由旅行探险调查入手，对地理研究者应加强理科的训练；研究目的应当从解除国际对中国不平等束缚、向边疆移民以及收复失地等问题着手。

从上述较有代表性的探讨中可以看出，当时对于地理学研究方法的认识，主要体现在四个方面：一是强调规律性的研究，二是强调综合性研究，三是强调实地考察，四是强调地图在地理学研究中的重要作用。这四点已基本上被地理学者接受。这也是针对中国地理学研究的薄弱环节提出的。还有学者站到了新的高度，把考察作为一种手段，而将地理学研究方法概括为三个方面：分析、综合、比较。他们指出："分析重在各种因素本身型性的探讨，及其对于有关事物的影响之辨明。综合重在由分析所得的各种认识，交揉参合，求得总

〔1〕 张其昀．人地学论丛：第1集［M］．南京：钟山书局，1932：181.

结果。总结果是否正确，尤待和本专论类似的其他地理论著，作一比较。”〔1〕

从对地理学定义的探讨可以看出，多数学者已经从理论上接受了近现代地理学的观点，认识到地理学研究中应对地表事物和现象相互依存关系进行科学的分析。然而在具体的研究过程中真正能够做到这一点，却需要一个过程。这就有待于对地理学研究方法认识的深入。

3. 对中、西地理学方法的评价与比较

在中国学者惊叹于西方发达的区域地理学研究水平之时，难免对中国地理学发展迟缓感到困惑，一些学者试图找出其原因。张其昀将这种原因归纳为两点：一是中国学者太注重实用，缺乏求真好奇的心理，自然科学不发达；二是中国人大都安其所习，缺乏比较方法和世界眼光。他认为中国地理学“只注重事实的铺张，而忽视原则的推演，只注重个别的叙述，而忽视综合的解释”。他进一步指出：“西洋近代地理学所胜过我们的，考其渊源所在，就是十五六世纪以后大探险家的世界眼光，和十七八世纪以后大学问家的科学精神。”〔2〕

王成组指出了近现代地理学的研究方法“是对于各地方的自然环境、生活状况，除了准确的叙述，更进一步解释它们中间的关系”〔3〕。

姚存吾列举了中西方学者对“地理学”的不同解释之后，概括总结出中西地理学的差异：“西人之解释地理，为发抒己

〔1〕 田世英. 地理学新论及其研究途径［M］. 上海：商务印书馆，1947：37.

〔2〕 张其昀. 人地学论丛：第1集［M］. 南京：钟山书局，1932：180－181.

〔3〕 王成组. 地理学的旨趣和需用［J］. 地学杂志，1928（1）.

见，中土之解释地理为皈依成说。”[1]这些解释虽过于笼统，但说明当时学者已经注意到了中西地理学存在着差异，并希望通过比较研究找出差距，扬长避短，推动中国地理学的进步。

胡焕庸对中国与法国地理学进行了比较，指出中法地理研究的相同点：①研究地理，多半由历史入手；②新地理未成立前以绘图家为地理家。他提出中国学者应向法国学习：①新地理之成立，由旅行探险调查入手；② 法国地学会受政府提携，政府各机关贡献于地理界者亦多。同时指出法国研究地理与扩充殖民地相为因果，而我国今日研究地理，当从解除国际对我国不平等束缚，向边境移民，及收回失地诸问题着手。胡焕庸最后还指出了法国地理学研究的弊端，提醒中国学者借鉴：①法国大学地理属文科，学者缺乏理科训练；②法国大学讲座制及证书制，足以限制地理发展设置课程，不如德美制之自由。[2]

当时还有许多学者，如竺可桢、李长傅、张印堂、田世英、周立三等均在近现代地理学思想的影响下，探索中国学者在地理学研究中的方法和途径。20世纪上半叶有关地理学的理论探讨的文章很多，除了以上有关地理学的定义、分类、方法的探讨外，还涉及地理学在科学中的地位，地理学与其他学科的关系等问题。这些讨论无疑促进了地理学理论水平的提高，使地理学在20世纪有了突破性的进展，在理论水平上有了很大的提高。

---

〔1〕 姚存吾．地理学之解释［J］．地学杂志，1922（1）．

〔2〕 马东．新地学［M］．竺可桢，等译．南京：钟山书局，1933：218．

第二节 区域地理研究

描述性区域地理著作无论是在中国还是西方，都有历史长，数量多，而且内容丰富等特点，但是这些著作多缺乏对方法论的研究。19 世纪末至 20 世纪初，地质学、地貌学、气象学、土壤学、动植物学等学科不断从地理学中分化出去，这是地理学研究不断深入、理论水平不断提高的反映。但同时"地理学作为一门学科是否还有存在的价值"这个问题，也引起了学者们的思考与争论，争论的焦点就是地理学的研究对象究竟是什么，它是否具有独特的研究对象而不与其他学科发生叠置现象。在学科分化越来越细、学科界限日渐清晰的背景下，这一问题尤显突出。因此，区域地理研究作为地理学的核心内容之一，引起了地理学者的重视，从而使得区域地理学理论在这一时期有了长足的进步。

20 世纪上半叶，中国区域地理研究的发展主要表现在三个方面：第一，近现代区域地理学理论不断经译著、留学、考察等途径被介绍到中国；第二，在近现代区域地理学思想的影响下，探讨区域研究方法的论著大量涌现；第三，中国地理学者以区域开发为目的，对国内许多地区进行了自然、人文等方面的区域地理考察与专题研究。

一 对区域地理学的认识

区域地理研究是中国近现代地理学的主要研究内容之一。这项研究受到中国地理学者的重视并取得了重要的进展，主要有两个方面的原因。首先，社会经济的发展具有显著的区域性。一个区域的自然条件组合和人口、城市等人文条件的类型组合是确定区域经济生产构成方向的资料基础。中国学者希望通过区域地理研究，为区域开发提供规划性的方案，为区域经济发展服务，以便“使本区之人生活动，更能利用其自然背景，俾地尽其利，人竭其力，则本区自可日渐繁荣，以登富足之境”[1]。而要想使“俾地尽其利”就必须进行地理区域综合研究，以便“发现地域个性”，充分地利用各地区的资源优势发展经济。这种应用研究不但目标明确，而且与国计民生密切相关，从而引起了中国地理学者的高度重视。其次，区域地理研究有其他学科无法替代的综合性研究优势，从而引起了中国地理学者的重视。“区域地理学是地理学的最终目的”[2]“区域地理学为地理学之极峰”[3]这种观点已成了20世纪上半叶中国地理学者的共识。

在西方地理学理论传入之前，中国区域地理内容主要包含在方志著作之中，并已经有了悠久的历史及独自的特色，积累了丰富的资料。描述性区域地理著作在中国不但历史长、数量多，而且内容丰富。但是这些著作多缺乏对方法论的研究。与之不同的近现代区域地理研究主要有三个特点：第一，区域地理研究建立在对大量考察资料的科学分析基础之上，并在研究中应用了近现代数学、物理学和经济学等诸多学科的理论与方法；第二，对区域的研究注重其规律性的探讨和发生学的研究；第三，研究以区域开发为目的，具有很强的应用性。尽管一些学者没有完全分辨清楚方志与区域地理学之间的界线[4]，

---

〔1〕 谢觉民. 川东平行岭谷区之自然与人生［J］. 地理，1943（1/2）.

〔2〕 李春芬. 现代地理学与其展望［J］. 地理学报，1948（1）.

〔3〕 王勤堉. 学林社丛刊·民国以来我国的地理学研究之业绩［M］. 广州：暨南大学学林社，1940.

〔4〕 张其昀. 近二十年来中国地理之进步（续）［J］. 科学，1936，20（6）. 张其昀认为：“……区域地理，以吾国固有之名辞称之，即方志学是也。”

但他们接受了近现代区域地理学的研究方法，将西方的有关理论与方法介绍到国内，并开始从传统的描述性区域研究转向用近现代地理学的理论、方法进行研究。

二　对西方区域地理研究的介绍与认识

区域性是地理学的重要特点之一，应该说地理学的各个研究领域都有区域性的研究课题：气候区域、土壤区域、地貌区域、矿产资源区域、植被区域、农业区域、工业区域、人口区域、综合自然区域，甚至政治区域的规划……这些都是地理学者感兴趣的问题。在地理学的各项研究成果当中都可以发现区域研究的成绩。

在 20 世纪 20 年代以前的译著之中，包含有大量的区域地理学内容，但这一时期的译著多为一些普及性著作，而且多从日文间接翻译而成。其内容也是为满足国人认识世界的愿望，主要是介绍世界区域人文地理，与中国古代的地志并没太大的差别。理论性的译著则极少。

《新地学》

20 世纪 20 ~ 30 年代，留学欧美等国的学者纷纷学成回国，他们直接把西方近现代地理学思想介绍到中国，推动了近现代区域地理学理论在中国的传播。30 年代竺可桢等译的《新地学》一书，翻译介绍了西方近现代地理学的新观点及发展概况。书中张其昀所译《方志学之价值》一文，西文标题为 *The Value of Regional Geography*，即“区域地理学之价值”。这是当时较少的专门介绍近现代区域地理学的文章之一。此文是 1921 年密尔（Hugh Robert Mill，1861—1950）在英国地学协会的演讲稿。它反映了当时部分英国学者的区域地理思想。密尔将区域地理学作为普通地理学之基础，指出："地理学上事实之确定端在观察与实测，而多数事实之相互作用又须在一特定区域研究之；本立而道生，然后可有统一的原理以建设普通地理学。"〔1〕文章指出了区域研究在国计民生、经济建设中的重大作用，提出了区域地理研究的内容：地面状况、土壤性质、岩石层理、天气影响、地形测量、植物、矿产资源、人口问题、都市、交通等。但作者也认识到这种综合研究的困难性，指出必须建立一种综合研究的"科学研究部"方可解决。

1938年王勤堉译《地理学史》〔2〕(*The Making of Geography*, R. E. Dickinson, O. J. R. Howarth) 一书的第19章，专门讲述了近现代区域地理的概念及区域划分方法，介绍了西方主要的区域地理学论著，重点讲了西方各种区域划分的方法。这是对近现代区域地理学的发展及当时西方区域地理学研究状况的较系统的介绍。文中把区域地理学作为近现代地理学的"极峰和主要目的"，可见作者对于区域地理学的重视。

值得注意的是在作者介绍的众多区域划分方法之中，虽然介绍了近现代区域地理学派的创始人赫特纳（A. Hettner, 1859—1941）的区域划分方法，但却没有提到他的方法对后世影响很大，被称为"区域地理学模式"的区域地理描述纲要（它们依次为：地理位置、地质、地形、气候、自然资源、史前时期、中古时期、人口分布、职业、道路与政治区

〔1〕 马东．新地学［M］．竺可桢，等译．南京：钟山书局，1933：148.

〔2〕 DICKINSON R E, HOWARTH O J R. 地理学史［M］．王勤堉，译．上海：商务印书馆，1938.

划等)[1]。

在《地理学史》出版之前的1935年，沈因明根据日本版著作，翻译了古里哥里也夫等著的《地理学新论》，这实际上是1932年苏联有关地理学研究的论文集。书中对赫特纳的地理观、历史观、经济地理观、方法论等进行了批判。书中对赫特纳的观点持否定的态度，认为赫特纳关于地理学为各现象及各事物的空间配置的科学这一观点，“恶化了地理学的立场”，他的思想“舍去内容和动态而倾心于形式和静态”。书中指出：“形式和内容及此等现实性和过程之这种隔离，是和应该深切地理解研究对象的根本要求不相容的，从辩证物质论的观点说来，断然不能容许。”[2]

与《地理学史》一书不同的是该书指出赫特纳是20世纪初“集地理学先行发展成果之大成”的人物，并指出他对近现代地理学产生了极大的影响。该书1935年初版，共印1500册，它的思想究竟对近现代中国区域地理学的发展产生了多大的影响还有待于进一步地考证，但有一点是可以肯定的，即20世纪上半叶苏联的地理学思想不如英、美、法等国的思想对中国学者的影响广泛。

有关赫特纳的思想在曹沉思译的《地理哲学》[3]和竺可桢等译的《新地学》中也有提及。在《新地学》中赫特纳被作为新地学开山12名家而加以介绍，书中称他为“在地志学(即区域地理学——作者注)、人文地理学、地理学方法论上

---

〔1〕 赵荣．地理学思想史纲［M］．西安：陕西科学技术出版社，1995：208.

〔2〕 古里哥里页夫．地理学新论［M］．沈因明，译．上海：辛垦书店，1935：3－5.

〔3〕 格拉夫．地理哲学［M］．曹沉思，译．上海：商务印书馆，1938：167.

称霸一方者”，“对于地理区之设定与地志之记载，拓一新生面”[1]，书中还提到了他的代表作——《地理学——它的历史、性质和方法》（此书直到20世纪80年代才被译成中文）。作为近现代区域地理学派的开山之祖，赫特纳本人和他的思想在20世纪上半叶已经为中国学者所了解，但是还没有被全面地介绍到中国，尤其是他的“区域地理学模式”并未引起中国学者的重视。继赫特纳之后的区域地理学理论的集大成者——美国区域地理学派的代表人物及他们的学说，则很少被中国学者所了解。由于受到翻译者所学专业、留学国度以及译者的导师和本人的兴趣的制约，当时中国学者对美国地理学的了解，主要集中于亨廷顿的人生地理学和鲍曼的政治地理学，而对近现代西方区域地理学发展状况的了解还不全面。

《地理学——它的历史、性质和方法》

三 区域地理概念的阐释

“区域”是近现代地理学传入中国之后，使用频率最高的地理学术语之一。区域是特定的地理空间，它是地理事实的基础，是研究地理的根本出发点。1936年，张其昀在回顾20世纪初中国地理学发展时进一步指出了“（分区地理）就一特定区域，而观察地理事实之各方面，凡天时、地利、人和种种现象，及其相互关系，一一疏通而证明之，而说明本地风光或本地景色，故又称为区域地理”[2]。张其昀的阐述，反映了当时

---

〔1〕 马东．新地学［M］．竺可桢，等译．南京：钟山书局，1933：319．
〔2〕 张其昀．近二十年来中国地理之进步（续）［J］．科学，1936，20（6）．

一些学者对区域地理学的理解。

20 世纪 40 年代，中国近现代区域地理学逐渐走向成熟，王勤堉认为“区域地理学……盖汇集地理学上各方面之结果，及其人文之关系，以某一自然区域为单位而研究人文地理者也”[1]。当时还有一些学者甚至把区域地理学的研究任务，作为整个地理学的研究任务。例如，周立三认为：“地理学乃是以地域之观点，将纷然杂陈之地表景物加以分析，依据其形态性质、机能及配列，分别归纳成各种统一而综合之景观，就各景观之分布范围，考察其内部之相互关系，再与其他区域作比较之研究。”[2]李长傅也有类似的解释：“地理学是对于地球表面自然及文化诸现象之分布，作系统的观察，且究明其相互关系与现象分布之因果。”[3]任美锷指出地理学“是最富地域性的一种科学”[4]。李春芬也认为：“地理学是地域辨异的科学，它的对象是地域。”[5]他们对地理学的理解可以说反映出当时大部分中国地理学者的观点。

从上述概念的阐释中可以看出，中国近现代区域地理学研究，是以区域的自然、人文、社会、经济等各要素及其相互作用为主要研究内容，以对人地关系的研究为其特色。

四　综合自然区域的划分

对区域进行综合性的分析与研究是地理学的独特领域，由

---

〔1〕 王勤堉．学林社丛刊·民国以来我国的地理学研究之业绩［M］．广州：暨南大学学林社，1940.

〔2〕 周立三．地理学之对象及其任务［J］．地理，1941（1）．（注：此篇文章写于 1929 年底）

〔3〕 李长傅．地理学本质论［J］．地学杂志，1935（1）.

〔4〕 任美锷．最近三十年来中国地理学之进步［J］．科学，1948（4）.

〔5〕 李春芬．现代地理学与其展望［J］．地理学报，1948（1）.

于它涉及自然、人文、经济甚至政治等诸多内容，一般学科无法涉及。同时这种综合的特性也为区域划分和研究带来了很大的困难。20 世纪早期，由于区域资料等基础性研究的限制，地理学者在划分全国区域时，虽然也考虑了一些人文因素，但主要是对综合自然条件的区域性进行了研究。1935 年，黄秉维在编撰《中国地理》时，除涉及各自然要素外，也涉及人口、交通等人文要素，并进行区域研究与划分。[1]当时的研究有两大特点。

首先，由于不同学者对中国区域划分的方法不同、侧重点不同，因此在区域的组成、范围上也相距很大，而且对于区域划分的方法也未达成共识。“地域的任何地理研究，都以区划为起点，又以区划为终点。”[2]当时多数学者在区域地理研究中都试图勾画出中国地理区域轮廓。据冯绳武 1946 年的统计[3]，当时主要有：1922 年罗士培（P. M. Roxby）分为 15 个区；1926 年张其昀分为 23 个区；1934 年葛德石（G. B. Cressey）分为 15 个区；1934 年李长傅分为 26 个区；1934 年洪思齐分为 25 个区；1934 年王益厓分为 23 个区；1935 年张其昀又细分为 60 个区；1936 年斯坦普（L. D. Stamp）分为 17 个区；1939 年李四光分为 19 个区。再加上要素区划，则更多。

其次，中国学者对地理区域划分原则和方法的科学探讨开始较晚，主要集中于 20 世纪 30～40 年代。造成这种现象的原

---

〔1〕《黄秉维文集》编辑组. 地理学综合研究——黄秉维文集［G］. 北京：商务印书馆，2003.

〔2〕李赫捷尔. 自然区划［M］//格拉西莫夫. 苏联地理学：总结与任务. 杨郁华，等译. 北京：科学出版社，1964：302.

〔3〕冯绳武. 中国地理区域［J］. 地学集刊，1946（1/2）.

因与中国近现代地理学起步较晚，以及缺乏大型地理学综合研究机构有关。因为对区域划分是一项综合性的研究，它需要以地理学各分支学科的考察与研究成果为基础。这一点当时的地理学者也有所认识。1934 年，洪思齐在《划分中国地理区域的初步研究》中就指出了区域划分的四点困难：

> (1) 精密的地质、地形、气候、土壤、天然植物及人口分布之研究尚未普遍于全国各地，综合的地理研究殊难着手。(2) 地理的要素既不止一端，难免顾此失彼。(3) 地理区域之范围必须大小适宜，盖太大则失于笼统空泛，太小则失于零碎混乱，……。(4) ……地理区域之界线非尽清晰有定。[1]

在确定区域划分的原则时，首先要考虑的就是面对众多的地理要素如何选择的问题。对于这一问题也是众说不一。每位学者在区域划分中的侧重点不尽相同。有些学者认为划分地理区域应将自然因素与人文因素“等量齐观”。而自然因素又包括地质构造、地形、气候、土壤、植物等；人文因素包括民族、人口密度、生活方式、经济交通及政治文化。实际上众多的地理要素很难全面考虑，所以“只有折中择善之道，以自然环境中之气候及地形为经，以人生活动方式之差异（如农、林、工、矿等要点）为纬，提纲携要而分之耳”[2]。有些学者侧重于自然因素，主张应该综合考虑地质、地形、气候、水利、土壤、植物、人口分布诸因素[1]。也有些学者认为在综合考虑各自然要素的同时，强调交通是区域划分时应考虑的重

〔1〕洪思齐．划分中国地理区域的初步研究（摘要）[J]．地理学报，1934(2)．

〔2〕冯绳武．中国地理区域 [J]．地学集刊，1946 (1/2)．

要因素之一，并建议以大都会作为提纲挈领之一法[1]。

当时学者对于区域划分原则的认识真可谓仁者见仁，智者见智，思想非常活跃。一方面他们希望在区域划分过程中尽可能全面地考虑到各地理要素，同时又认识到不可能面面俱到，所以在具体的划分过程中只有侧重某些重要的地理要素进行区域划分。例如洪思齐首先根据气候和水利分为两大区，再考虑其他地理要素划分亚区；而冯绳武则根据地理位置将全国分为五区，进而再划分亚区。地理区域是有大小、高下之别的，这就是区域的等级制。这种观念在当时虽不普遍，但已为少数学者所认识，这也反映出当时区域地理研究水平的提高。

五　区域研究与专题研究

区域研究是以客观实体为研究对象，客观可靠的科学资料是区域地理研究的基础。而在20世纪早期还缺乏组织大规模区域考察、区域规划及区域开发的条件，因此当时全国范围的区域考察与研究还不成熟。为了克服这种困难，也为了更好地进行区域研究，多数学者便从小区域的考察与研究入手，以期解决一些具体的规划问题。

1. 小区域地理研究

除受资料条件的限制外，从研究方法上讲，一些地理学者反对进行大范围的区域研究。前文已述，由于资料条件的限制，在全国性的区域研究中，学者们不得不以自然条件为主，这就在一定程度上忽视了人文及经济因素的作用。而地理研究最重视对人地关系的认识，这一点在大区域研究中很难反映出来。

为避免上述区域研究的不足，有学者倡议区域研究的范围

〔1〕张雨峰. 自然区域与政治区域［J］. 地学杂志，1929（2）.

选择不宜过大。“若范围太大，每以精力、时间、财力所限，不能详加探讨，便失掉了专题的用意。”在区域选择上，“最好是一个岛屿、山谷、冲积扇、三角洲、一丘一埠等，因为这一类的研究，宜于精细”[1]。在这种认识的基础上，地理学者转向了小区域研究。

小区域研究考察内容相当详细，自然方面包括位置、地质、地形、水文、土壤、气候、植物、动物等，人文景观包括土地利用、农业、矿藏、工业、商业、交通、人口、聚落、房屋、社会状况、教育、历史背景等内容，每一需要调查的要素下还有 1 至 2 级的亚类。从内容上已相当全面，分类也较合理，考察结果有利于区域的综合性研究。

当时的小区域性研究成果不胜枚举，研究论著成果卓著。地域范围上大到山区、盆地，小到城市、村落；研究内容上从自然、人文的综合到对自然要素及居民的具体研究等皆有不少成果；研究性质上既有纯学术研究，也有应用性研究，而以应用性的研究为主。

在众多小区域研究成果中，不乏优秀研究论著。如《嘉陵江流域地理考察报告》《汉中盆地地理考察报告》[2]《曲靖盆地》[3]《江都西山丘陵区之地理概述》[4]《渤海地域之研究》[5]《川东平行岭谷区之自然与人生》[6]《四川东南山地区之经济地理与经济建

〔1〕 田世英. 地理学新论及其研究途径［M］. 上海：商务印书馆，1947：90.

〔2〕 王德基，陈恩凤，薛贻源，等. 地理专刊第三号·汉中盆地地理考察报告［M］. 北碚：中国地理研究所，1946.

〔3〕 曹忠财. 曲靖盆地［J］. 地学集刊，1946，4（1/2）.

〔4〕 詹子政. 江都西山丘陵区之地理概述［J］. 方志月刊，1935，8（1/2）.

〔5〕 俞肇康. 渤海地域之研究［J］. 地学杂志，1916（2）.

〔6〕 谢觉民. 川东平行岭谷区之自然与人生［J］. 地理，1943（1/2）.

设》[1]等。

2. 专题性区域研究

在同一历史时期中，不同的区域具有不同的政治、经济和文化的意义；而在不同的历史时期，同一区域所起的作用也不相同。可以说，区域研究的价值体现在各个领域。除上述综合性区域研究之外，区域研究也渗透到了地理研究的各个领域。各种专题性区域研究的成果十分丰富：气候区域划分、矿产资源区域分布、地震区域分布、土壤类型的区域分布、人口的区域构成、农业及工业区域的划分等。此外，当时绘制的各种地图，也不同程度地反映出区域研究的成就。

区域经济建设注重区域的自给，区域问题可以说是整个实业计划的核心[2]。20 世纪 30 年代，中国掀起了工业化的浪潮，出现了许多探讨中国工业化及工业地理研究的文章。地理学者也参与了实现中国工业化的讨论。如《工业化与中国前途》[3]《中国经济建设的前瞻》[4]《如何踏上工业化的途径》[5]《中国东南部进一步的建设》[6]《工业地理之刍议》[7]等文章都从区域地理学的角度，谈到中国工业化的意义及其实现的途径。

经济学者们的研究侧重生产的性质、组织和一般原理的探讨，而忽视经济现象的地域性。因此工业化的讨论也促进了地

---

〔1〕 王成敬．四川东南山地区之经济地理与经济建设［M］．成都：四川省银行经济研究处，1944.

〔2〕 任美锷．实业计划中的工业区位思想［J］．新经济，1942，7（1）.

〔3〕 沙学浚．工业化与中国前途［J］．地理，1941，1（2）.

〔4〕 翁文灏．中国经济建设的前瞻［J］．经济建设季刊，1942，1（1）.

〔5〕 杨继曾．如何踏上工业化的途径［J］．中农月刊，1943（5）.

〔6〕 翁文灏．中国东南部进一步的建设［J］．地理学报，1947，14（1）.

〔7〕 林壬．工业地理之刍议［J］．地学杂志，1914，5（9）.

理学者对于工业区域的研究。20 世纪前期，杜能的工业区位论传入中国，更为科学地研究工业区域提供了理论依据。在科学方法的指导下，20 世纪 40 年代一些学者开始研究工业区位问题，如：陈振汉的《战后工业中心的区位》[1]，吴承洛的《战后工业建设区位之研究》[2]，吴景超的《中国应当建设的工业区与工业》[3]等。这些研究促进了经济地理学的理论研究，也为国家的工业建设提供了科学的依据。

在近现代经济地理学区位研究中，任美锷的《建设地理新论》[4]代表了当时经济地理学的研究水平。这部论文集性质的专著集中反映了任美锷在工业区位研究上的主要成就。他应用工业区位的理论原则，参照当时的资源和人口分布的资料，将中国分为 12 个工业中心：渤海区、晋北区、松花区、中原区、关中区、兰州区、京沪区、湘鄂区、重庆区、西川区、滇黔区和广州区。他认为重工业主要集中于渤海、晋北、湘鄂和滇黔四区；而京沪和广州则因人口稠密、市场广大、资源缺乏而应成为轻工业中心；滇黔、西川和重庆由于国防位置比较安全、资源丰富而以军需工业为主。但作者却没有对西北诸省的工业发展提出建设性的意见。

《建设地理新论》

〔1〕 陈振汉．战后工业中心的区位［J］．新经济，1941，5（11）．

〔2〕 吴承洛．战后工业建设区位之研究［J］．新经济，1942，7（1）．

〔3〕 吴景超．中国应当建设的工业区与工业［J］．经济建设季刊，1943，2（4）．

〔4〕 任美锷．建设地理新论［M］．上海：商务印书馆，1947．

地理学者在区域研究方面有着得天独厚的条件，因此在各个领域的区域研究中都可以找到地理学者的工作。除上述区域研究外，地理学者在省区的重新划分和国都选址方面也做了大量的工作。

六　在世界区域地理研究中的地位

20 世纪上半叶，在西方思想的影响下，中国区域地理研究日新月异。与此同时，近现代区域地理学在美国也有了新的进展并走向成熟。尽管 20 世纪上半叶涌现出大量的译文、译著介绍近现代区域地理学思想，但仍有很多学说未被介绍到中国，尤其是对 20 世纪 30 年代美国区域地理学派创立之后的美国区域地理学的介绍较少。

20 世纪 30 ~ 40 年代，近现代区域地理学在美国地理学者的努力下有新的进展。1925 年，苏尔（Carl O. Sauer，1889—1975）发表《景观的形态》一文。他接受了赫特纳的观点，把地理学作为研究区域内事物的组合与相互联系的科学，但却摈弃了赫特纳的区域地理学样板。他强调区域地理学研究应在自然和文化景观结合的基础上侧重历史的、发生学的分析。苏尔的思想对美国区域地理学派产生深远的影响。这一时期的区域地理研究广泛采用了发生学解释的工作方法[1]。稍后的哈特向（R. Hartshorne，1899—1992）继承了苏尔的区域地理研究的思想，将美国的区域地理研究推向新的高峰。1939 年，他发表《地理学的性质》一书，阐述了地理学是研究地球表面的区域分异特征的科学。

中国近现代地理学起步较晚，加之西方学说也没有被全

---

〔1〕 杨吾扬. 地理学思想简史［M］. 北京：高等教育出版社，1989：74.

面、系统、及时地介绍到中国，因此，中国与西方的近现代区域地理学研究还存在着一定的差距。尽管如此，中国近现代地理学的发展速度是举世瞩目的，并有其独自的特色。这一方面是由于受西方近现代地理学影响，另一方面也受到中国传统地理学注重区域描述的影响。

中国区域地理学研究在世界地理学史上占有重要的地位。与西方同时期区域地理学相比，中国学者在以下几方面做出了重要的贡献：①注意到区域的综合研究在地理学研究中的核心地位；②强调了在区域研究中要注重人地关系的探讨；③中国学者对区域划分原则的探讨非常活跃，尤其是对中国本土的区域划分填补了世界区划的空白。

与同时期西方区域研究相比，中国学者在区域研究中对历史的发生学的分析不够重视，这是20世纪上半叶中国区域地理研究不够成熟的一面。

20世纪上半叶中国地理学者注意吸收西方先进的地理学思想，分析中国传统地理学的优劣，取其精华，去其糟粕，努力使中国近现代区域地理学赶上世界步伐，同时又具有鲜明的中国特色，从而使中国近现代区域地理学在世界近现代区域地理研究中占有一席之地。

第三节　西北开发研究

中国西部边疆地理的研究有着悠久的历史，并为历代政府所重视。自汉代张骞凿空西域后，介绍中国西部地理概况的著作不断问世。清代，西北藩乱不断，为加强国防建设，有关边疆地理的研究，尤其是西北地区的地理研究逐渐丰富。经过清代两百多年的经营，中国人对边疆地区的自然环境及人文现象已经有了概括性的了解，并出现了大量的边疆地理著作。其中较为重要的有：西清的《黑龙江外记》、徐松的《西域水道记》和《新疆识略》、尼玛查的《西域闻见录》、祁韵士的《西域释地》和《西陲要略》、图理琛的《异域录》、张穆的《蒙古游记》、何秋涛的《朔方备乘》等。但是中国传统的边疆地理研究，以政客、僧人及流寓边疆的文人学者的著述为主，对边疆地理的认识也多停留在描述水平上。

19 世纪 60 年代以后，清政府被迫与西方列强签订的《北京条约》《天津条约》，允许外国人自由进入中国内地游历、传教和经商，大批西方人以“探险”“考察”的名义来到新疆，考察地质地理、测绘地图、搜集历史文物及政治情报。据统计，1872 ~ 1949 年的近 80 年中，陆续到新疆从事区域地质调查的团体或学者累计达 60 队次[1]。从 19 世纪的最后 10 ~ 20 年开始到 20 世纪初期，中国的边疆地理研究发生了根本性的变化。形形色色的外国人云集于中国边疆地区，尤其是西北部地区。其中既有带着侵略目的的政客，也有当时世界一流的地理学者和地质学者。这些学者不但运用近现代的科学方法考察了中国边疆的地理环境、资源概貌、历史遗迹和文物、人民风俗，而且还将近现代科学研究方法传入中国。

直到 20 世纪 20 年代末期以前，还没有中国地学研究者进入新疆从事科学考察。在整个 20 世纪前半叶，中国学者进入新疆的人数很少，次数也不多。但是，中国学者对这个地区的关注却从近现代地学事业在中国建立之时就已经开始。而且每

〔1〕 新疆维吾尔自治区地质矿产局．新疆维吾尔自治区区域地质志［M］．北京：地质出版社，1993：3.

一次关于新疆的工作，都为后来的进一步考察奠定了基础。正如张其昀在20世纪30年代的总结："吾国自道咸以降，以政治的原因，西北地理之研究成为学术界之风气。"[1]在亡国危机的压力和近现代科学方法的引导下，中国学者也开始了具有科学意义的西部考察与研究。

一　研究的兴起

中国历史上对边疆地理的研究主要包括西北、西南和东北地区。但是由于历史、政治和社会环境等因素的影响，不同地区开发的方法不同、开发的程度不同、开发的效果也不尽相同。例如抗日战争期间，战争使政治及学术中心迁移到中国的西南部地区，从而促进了对中国西南部地区的资源考察与研究的开展，并取得了丰硕的成果。

纵观19世纪末到20世纪前40余年的西部开发，以开发西北的呼声最高，所做的调查、研究持续时间最长，开发计划的制定也最多，因此开发西北成为中国近现代边疆开发的一个突出议题。

20世纪早期关于西北边疆问题的研究引起了中国社会的广泛重视，对西北地区的考察与研究也有了实质性的进展。尽管当时开发西北的呼声绵延不断，但西北的范围却没有确切的定论。根据当时中国政治环境的变化和地理研究的地域特点，这里主要是指新疆、陕西、甘肃、内蒙古、青海、宁夏等广大地区。

20世纪中国人对西北的开发热潮空前，既有政府部门的

〔1〕 张其昀．近二十年来中国地理学之进步（续）［J］．科学，1936，20(5)．

组织，也有民间学术团体的参与，更有个人的独立研究。整个20世纪前半叶，出版了大量关于西北开发的著作，相关的论文更是数量浩繁。当时已有许多专门研究边疆（尤其是西北）问题的杂志出版，如：《边政公论》《边事研究》《西北建设月刊》《新西北月刊》《新新疆》《西北研究》《西北论衡》等。一些学会会刊和学术杂志也相继出版西北专号，以讨论开发西北的问题，如：《禹贡》第5卷第8、9合期（1935年）和第6卷第5期，《建设月刊》第14卷第2期（1936年），《地理》第4卷第1、2合期等。1933年至1936年间，开发西北协会也曾组织3次年会，讨论西北的开发问题。

西北之所以成为边疆开发的重中之重，其原因是多方面的。

一是由于边疆危机不断。中国近现代边疆天灾人祸频繁，不但自然灾害严重，而且“边疆经营往往受他国之干涉”〔1〕。为了“脱离帝国主义的羁绊，而免于沦亡的悲运”〔2〕，中国人开发边疆、加强国防建设的呼声日益高涨，因此对边疆的考察及研究也日渐增多。同时西北地区民族众多，仅新疆就有十多个民族。解决民族矛盾也是稳定边疆的重要问题。“西北以种族宗教之复杂，风俗习惯之各异，毗连苏俄，危险万状，倘不急图经营，后患将不堪设想。”〔3〕因此中国人“咸汲汲于启边疆，经营西北为急切不可或缓”〔4〕之事。

二是抗日战争的影响。抗日战争爆发后，中国西部地区成

〔1〕 新年献词［J］. 边政公论，1944，3（1）.

〔2〕 葛绥成. 十年来之中国边疆［J］. 地学季刊，1932，1（4）.

〔3〕 刘镇华. 开发西北计划书［J］. 西北研究，1931（1）.

〔4〕 李国耀.《西北研究》发刊词［J］. 西北研究，1931（1）；又见：李国耀. 现在中国之地理教育［J］. 师大月刊，1935（19）.

为国防建设的重地。政治、经济及文化中心都由内地迁移到了西南地区，这个地区的开发建设也受到了政府的重视。而“西北也和西南一样，成了后方的重地。多少重要文化与政治机关，移到西北去。连带的多少在社会上、文化上、政治上实际工作的人士，也由东南到西北去”〔1〕。因此西北地区的建设问题不但再一次引起了社会的重视，而且学术中心的西移也在一定程度上促进了西部地区的发展，使西北的开发研究成为可能。同时战争使外界的物资供应中断，为了应付危难的局面，对西北地区资源的利用和开发工作逐渐展开。

三是经济建设的需要。中国的人口和经济主要集中于东部地区，土地面积不到整个国土的50%，而人口却占到全国人口的98%〔2〕。西北地区幅员辽阔、资源丰富，但人口稀少，20世纪30年代西北部地区“每方华里约有2人”〔3〕。新疆矿产资源丰富，中国学者认为这里“地利极厚，将来为国人不自经营，必成为国际大企业家之竞争地”〔4〕。虽然“新疆之情形，外人所知者实较国人自知者为多”，但是由于外国人的调查结果没有全部公布，中国学者了解的情况更少。其中的原因，正如地质学家丁道衡所说：“欧人虽于旅行该处之时，曾作调查；唯彼人既费去一番心血，自不愿贸然公布，以资邻国，预留已用。故虽于其著述中略得一二，率多尽人皆知，无

〔1〕 杨钟健. 抗战期中西北之发展［J］. 新西北月刊，1939，1（4）.

〔2〕 卡赞宁. 中国经济地理［M］. 焦敏之，译. 上海：光明书局，1937：16.

〔3〕 向金声. 西北资源的调查［J］. 建设月刊，1936，14（2）.

〔4〕 王忱. 高尚者的墓志铭——首批中国科学家大西北考察实录［M］. 北京：中国文联出版社，2005.

关宏要者。”[1]由于交通不畅，西北地区丰富的资源一直没有能够充分地利用。“西北为我国蕴而未发之宝藏，……吾国今日之急务，更无有重于开发西北者。”[2]因此西北地区潜藏的资源和作为“中国民族最后的移殖地”[3]引起了国人的广泛注意。

孙中山早在“实业计划”中就强调了移民实边及交通运输政策对国家经济发展的意义。在实业计划铁路经营的新原则中，他提出铁路应联络经济资源不同、人口密度不同的地域，以减少中国东西部地区经济上的差距，“谋全国平均发达”[4]，这样有利于全国政治、经济的稳定。

同时人们希望通过开发，可以“使西北经济制度，由农业而进至工业化，追随腹地各省平均发展，……，无形之中亦含有重要之国防目的”[5]。学者们指出：“就国内建设而言，我国过去所犯的最大错误，是重都市而忽乡村，重内地而忽边远，以致在经济上造成一种偏枯的现象，在政治上亦因有头重脚轻之势。”[6]

为开发西北，当时的政府乃至个人都做了许多工作。1929年国民政府内政部就拟定了《移民垦殖计划书》；1931 年 5 月，建设委员会拟定了内容浩繁的《开发西北计划》，涉及交通、水利等方面；1934 年 6 月，全国经济委员会通过《西北建设实施计划及进行程序》，分为公路、水利、卫生、农村建

〔1〕 丁道衡．新疆矿产志略［J］．地学杂志，1931（4）．

〔2〕 李国耀．现在中国之地理教育［J］．师大月刊，1935（19）．

〔3〕 向金声．西北资源的调查［J］．建设月刊，1936，14（2）．

〔4〕 刘镇华．开发西北计划书［J］．西北研究，1931（1）．

〔5〕 张其昀．兰州开发论［M］//张其昀．人地学论丛：第 1 集．南京：钟山书局，1932．

〔6〕 新年献词［J］．边政公论，1944，3（1）．

设四个部分。许多学者以个人名义发表的开发、建设西北的构想与计划更是不计其数，当时较有代表性的计划有：《西北之实况与其开发》（张振云，上海新亚细亚学会，1931），《开发西北计划书》（刘镇华，1931），《开发西北实业计划》（张人鉴，北平著者书店，1934），《西北建设论》（徐旭，重庆中华书局，1944）等。

这些计划实施的可能性，以及如何才能更好地实施，解决诸多问题都需要以实际考察与研究为基础。对于西北的开发，人们“多感于茫无所以”。因为“各项事业……非专家实地测勘，不能为确定之计划”[1]。学者们希望能够凭“客观的见地，真诚的研究，一方阐发一般边政原理，使得边政实施能有个正确的理论做参考基础；一方研讨实际问题，收集实际资料，希能为建设边疆尽其前哨的义务”[2]。

经济建设是一种地域性很强的活动，无法忽视地理环境的影响。“建设国家莫不以地理事实为基础，而边政之设施，其与地理之关系尤为密切”[3]。西北地区幅员辽阔，地质构造复杂，气候干旱，生态与环境脆弱。地区经济的发展必须建立在对自然环境综合研究的基础之上。西北丰富的自然资源是经济建设的重要基础和保障。搞清这些资源的分布、储量及开采的可能性需要地学工作者的参与。

在开发西北的过程中，人们意识到“西北事业之所以不能发达者，原因固多。而交通不便，运费过高，实重大原因之

---

〔1〕 刘镇华．开发西北计划书［J］．西北研究，1931（1）．

〔2〕《边政公论》发刊辞［J］．边政公论，1942，1（1）．

〔3〕 边政与地理［J］．边政公论，1944，3（3）．

一也"[1]。交通是促进地区经济发展的重要因素。因此开发西部地区应"以交通为各项事业进行之途径"[2]，只有将西北地广人稀、经济落后的地区与东部人口稠密、经济发达的地区联系在一起，才能促进西北的开发。西北地区交通不便，直到20世纪30年代，从内蒙古的呼和浩特市到新疆的乌鲁木齐还需要十多天的时间，而且路费昂贵，"资产在中人以下者，多不能借经于此"[3]。

交通的发展受着地理环境和地质条件等的制约，因此在开展交通建设之前，就要对沿线地区的地质、地貌、土壤等自然条件及经济环境进行调查。在交通路线的调查中，中国地理学者和地质学者做了大量工作，发挥了重要作用。尽管由于多种条件的限制，许多增设新线的计划未能付诸实施，但地学工作者为交通建设做了许多考察工作，撰写了大量考察报告，如《青康滇高原路线探查报告》（严德一，交通部公路管理处专册），《青康交通地理视察报告》（沈汝生，《公路工程》第4期1~20页），《河西南疆间之交通路线》（邓静中，中央大学《地理学丛刊》第7号），《新疆与印度间之交通路线》（严德一，《中央大学地理学专刊》第2号），《甘新铁路线之地理研究》（钟功甫，《地理》第4卷（1、2合刊）第71~80页）等。他们撰写的考察报告不但具有实用价值，而且还具有重要的学术价值。

二　资源的勘察

西北地区矿产资源丰富，但这一地区交通不便。再加上西

---

〔1〕 段承泽. 包头宁夏间黄河实测报告［R］. 20世纪30年代油印稿.
〔2〕 刘镇华. 开发西北计划书［J］. 西北研究，1931（1）.
〔3〕 郭敬辉. 划分西北自然区域之我见［J］. 禹贡，1936，6（5）.

北幅员辽阔、地质构造复杂，研究手段落后，因此人们对西北的环境、资源的情况认识模糊。

从19世纪下半叶到20世纪初这半个多世纪的时间中，中国学者几乎没有介入具有近现代意义的、大规模的资源考察工作之中。一些外国学者如德国的李希霍芬、俄国的奥布鲁切夫、瑞典的斯文·赫定和安特生等人虽然考察过中国西北地区，并发表过许多研究论著（见第一章），产生了较大的影响，但是他们的考察多为路线考察或个别区域的调查。20世纪初期虽然中国学者已开始了科学考察，但主要集中于内地，而且这些考察以单科性的居多，综合性的较少[1]。

从20世纪20年代开始，出现了许多中外联合考察团，如前述"中瑞西北科学考查团"、"中美联合科学考查团"、美国自然历史博物馆派遣的中亚远征队，以及1931年的"中法科学考查团"等。他们考察的地域均在中国西北地区，并有一些中国学者参与考察。考察团为中国学者参与大规模的科学考察提供了必要的物质条件，也为东西方学者的交流提供了良好的氛围。而且这时参与考察的中国学者，已经具备了近现代科学的理论和方法，所以在考察过程中取得了一些重要的研究成果。

上述联合考察团中，以"中瑞西北科学考查团"的合作最为成功，取得的成果也最多。中瑞联合组建的"中瑞西北科学考查团"（The Sino-Swedish Scientific Expedition to the North-Western Province of China）（以下简称"西北考查团"），是中

〔1〕 陈国达，陈述彭，李希圣，等．中国地学大事典［M］．济南：山东科学技术出版社，1992：8．

国首次与外国学者联合组织的大规模学术考察团体。它自1927年成立，到1933年部分欧洲团员离开中国，共经历了6年的时间[1]。“西北考查团”中，先后有中国、瑞典、德国和丹麦等国的40多名团员参加野外工作。成员中地质学家共有6人，中国方面有袁复礼（1893—1987）和丁道衡（1899—1955）；瑞典方面有那林（Erik Norin，1895—1982，1927年5月~1933年1月在“西北考查团”中工作），布林（Birgerb Bohlin，1898—?，1929年5月~1933年2月在“西北考查团”中工作），贝克赛（Gerhard Bexell，1929年10月~1933年10月在“西北考查团”中工作），霍涅尔（Nils G. Horner，1896—1950，1929年10月~1933年5月在“西北考查团”中工作）。

两位中国地质学家，是20世纪40年代以前在新疆考察时间最长的中国学者。袁复礼在新疆工作了5年，丁道衡工作了3年。他们在新疆做了大量的工作。袁复礼重点对新疆境内博格达山脉及其北坡进行了全面的区域地质调查，在新疆及考察沿途地区挖掘出大量爬行动物化石，其中采集到的7个完整的三叠纪爬行动物化石轰动了世界学术界。丁道衡主要对天山西南部进行了区域地质调查，曾经到达了中国最西部的帕米尔高原一带，首次翻越了著名的冰大坂。

---

〔1〕按照中外合作协议，“西北考查团”成员于1933年5月前后结束了野外工作。但是1933年10月至1935年2月间，斯文·赫定在中国政府的资助下又组织了一个汽车考察团，在中国西北地区开展野外考察。两项考察工作在人员和考察内容等方面有一定的重叠，部分考察资料也难以明确区分。例如，瑞典方面出版的56卷《斯文·赫定博士所率中国西北科学考查团报告集——中瑞联合考查团》中，就包含了1933~1935年考察期间收集的资料。因此，也有学者将“西北考查团”的工作认定为8年，本文仍取6年说，但是在对后续工作的分析上，有时涵盖了1933~1935年野外收集的资料。

在对大量古生物化石分析研究的基础上，袁复礼、丁道衡和其他中国地质学家对西北地区的地层进行了深入研究，其中以袁复礼在地层研究上的贡献最大。他命名的一些地层单位一直沿用至今。丁道衡重点研究了新疆的新构造运动。他在《天山逆掩断层之研究》一文中，详述了新疆一带的地质构造。

袁复礼不但发表了大量关于新疆地质调查与研究的论文，而且通过授课影响了一批中国地质学家。袁复礼从新疆回到清华大学后，曾举办过“西北考查团”地质成就展览会[1]。袁复礼从新疆带回的100多箱标本，除部分在战争中丢失外，幸存的部分直到20年后还有地质学家对其展开有关研究[2]。后来去新疆从事地质考察的中国学者，主要参考文献就是袁复礼的有关论著[3]。

虽然考察任务繁重、时间紧迫，但是中国地质学者仍然没有忘记对“沿途矿产亦作一度之调查”，以求“于其产生及分布之情形，得悉大概”[4]。丁道衡和袁复礼利用在新疆考察的机会，对新疆矿产资源进行了初步的调查。尤其是丁道衡，更是在野外工作结束后，对新疆矿产资源概况做了较为全面的总结。他撰写的《新疆矿产志略》，发表在1931年的《地学杂志》上。他还随文发表了亲手绘制的600万分之一新疆矿产分

〔1〕 武衡，宋叔和．地质教学理论结合实际的楷模［M］//杨遵仪．桃李满天下——纪念袁复礼教授百年诞辰．武汉：中国地质大学出版社，1993：19－20.

〔2〕 王鸿祯．师道长存功勋永在［M］//杨遵仪．桃李满天下——纪念袁复礼教授百年诞辰．武汉：中国地质大学出版社，1993：28－29.

〔3〕 杨遵仪．桃李满天下——纪念袁复礼教授百年诞辰［M］．武汉：中国地质大学出版社，1993：36－37，140－141.

〔4〕 丁道衡．新疆矿产志略［J］．地学杂志，1931（4）.

布图。这篇文章，被当代中国学者誉为“第一部综述新疆地质矿产资源的论著”[1]。

联合考察团的工作属于多学科、综合的科学考察。考察内容涉及历史、文化、风俗、考古、地质、地理及气象等。中外学者不但研究西北的地质构造，绘制了大量的地质图，而且对于西北的地貌、气候等地理学的理论问题也有更为深入的认识。甚至还发现许多重要的矿产资源。如20世纪50年代后开采的白云鄂博铁矿，就是30年代“西北考查团”在西北考察时，由丁道衡发现的。

西北开发研究的全面深入，得益于中国政府的支持。从20世纪20年代末期开始，中国政府和社会对西北地区资源的开发和利用报以极大的关注。1931年“九一八事变”后，开发西北的运动更是被推向了一个新高潮。一时间，有关西北的研究组织和机构纷纷成立，与西北相关的杂志纷纷创刊，新闻报纸也纷纷刊载有关西北的报道。其中规模和影响最大的，是对新疆地区的考察。1942年蒋介石视察西北后，宣告“西南是抗战的根据地，西北是建国的根据地”[2]。一时间开发西北热潮涌动，考察团体纷纷抵达新疆。

这一时期组织的考察团数目众多、名目繁杂、时间长短和规模大小不等、考察水平参差不齐。其中虽然也有到达新疆的考察团兼顾调查了这里的矿产资源，但这些团体中始终没有地质学家参与其中。这种情况，直到20世纪40年代中期才有了

---

〔1〕 张良臣. 中国西天山地质事业回顾与展望［J］. 新疆地质，2000，18(3)：264－272.

〔2〕 王荣华. 国民政府时期的西北考察活动与西北开发［M］//张海鹏，陈育宁. 中国历史上的西部开发. 北京：商务印书馆，2007：268－278.

根本性的转变。

20世纪40年代初期，新疆地方政权与国民党政府关系改善，国民党政府计划与苏联谈判合办独山子油矿，于是在1942~1943年间，派出以黄汲清为队长，由杨钟健、程裕淇、周宗浚、卞美年、翁文波等人组成的考察队，在天山北麓独山子一带，和天山南麓库车一带进行石油地质考察。这是第一次由中国学者独立组织的新疆地质调查。这次调查虽然持续时间不长，但规模很大，全队成员最多的时候可到30人左右〔1〕。更值得关注的是，考察队多由经验丰富的地质学家组成，从而保证了高质量的考察水平。

这次考察的任务具体而明确，主要是调查新疆的石油地质。由于苏联方面绘制的地质图始终不肯拿出来〔2〕，中国学者在完成预定考察任务的同时，还绘制了地质图。除了完成规定的任务，由于考察队成员黄汲清是著名地质构造专家，杨钟健是著名古生物学家，他们的工作兴趣是搜寻古生物化石，查看地层与地质构造，他们想借此机会解决地质学上的几个问题。他们一路上绘路线图，打石头，找化石，还不时向领路人问长问短，“忙得不亦乐乎”〔3〕。除了地质方面的收获外，地质学家还在考察沿途找到不少石器。

黄汲清极富野外考察和管理经验，知道组织严密的调查队配上良好的工作方法，才能得到预期的成功。此次考察成果丰硕，尽管杨钟健本人“未能完全如所期望”地在天山南北找到可以鉴定的脊椎动物化石，但是在黄汲清的主持下，考察队

〔1〕 黄汲清．天山之麓［M］．乌鲁木齐：新疆人民出版社，2001：27.

〔2〕 杨钟健．杨钟健回忆录［M］．北京：地质出版社，1983：119.

〔3〕 同〔1〕99.

完成118页的《新疆油田地质调查报告》英文版，并附有14幅地质图[1]。在这篇报告中，黄汲清提出了陆相地层也可以形成具有重大经济价值的油田的“陆相生油论”，同时还提出了“多期多层含油论”。黄汲清1944～1945年所著《中国主要地质构造单位》一书提出的天山多旋回构造运动论断，在天山构造研究上至今仍具有指导意义[2]。

1942年夏季组织的“西北史地考察团”（第二年改名为“西北科学考察团”），是20世纪50年代前中国人自己组织的规模最大的一次考察。考察历时半年，着重调查了陇西及河西走廊一带的自然地理和资源情况[3]。

组织考察团虽可以促进资源的调查，积累丰富的资料，但由于它是一个临时性的组织，因此无法进行全面、长期的调查工作，从而限制了科学研究的深入。因此建立长期、固定的调查研究机构，才有可能进行全面而深入的区域研究。

1943年9月，为了勘察西北地区的地质、开发西北的矿产资源，中央地质调查所在1942年成立的兰州地质矿产调查队的基础上，在兰州成立了西北分所。该所在条件十分艰难的情况下，对“西至新疆，东逾陇山，北入蒙旗，南越祁连”的广大范围进行了考察，除完成大量区域地质调查报告外，还提交了不少矿产报告。该所“测定经纬点，绘制地质图，研究其地层，勘察其矿藏。对我国西北隅土地能有较正确之认识

〔1〕 黄汲清，杨钟健，程裕淇，等．新疆油田地质调查报告［J］．地质专报甲种，1941（21）．

〔2〕 新疆维吾尔自治区地质矿产局．新疆维吾尔自治区区域地质志［M］．北京：地质出版社，1993：3－4．

〔3〕 侯仁之．中国地理学简史：下册［M］．铅印本．北京：北京大学，1959：173．

者，实我西北分所同仁之力也”[1]。

除西北分所外，当时在西北进行资源调查的机构还有新疆地质调查所、中国石油公司甘青分公司勘探处、甘肃矿产公司地质调查队和甘肃油矿局筹备处等[2]。这些机构为全面调查研究西北地区的地质构造和矿产资源情况提供了行政和经费上的有力保障，从而推动了西北地区地学研究的深入，并为开发西北奠定了研究基础。

三　西部区域地理与专题地理研究

地区的发展受到自然条件、社会制度、经济基础、人民受教育的程度以及历史、文化、宗教背景等多方面的影响。西北地区恶劣的气候、险峻的高山高原和浩瀚的沙漠限制了它与外界的交流，这种特殊的自然地理环境也限制了当地经济的发展。因此开发西部地区，首先应“认识当地的自然环境，运用冷静的头脑，根据科学的事实，以作合理的设计，然后才有成功的可能”[3]。

由于地理资料欠缺，在多数全国区域的研究中，对于西北部的区域研究显得过于笼统，或认为其价值较小而疏于研究。地理学者曾将中国分为六大工业区（其中的西北区是以炼油、毛织和畜产品加工为主）[4]和九大农业区（其中的蒙新宁干燥区和青康藏高原区为西北地区）。

---

〔1〕 中央地质调查所西北分所．中央地质调查所西北分所概况：三十二年至三十七年［M］．兰州：中央地质调查所西北分所，1948.

〔2〕 陈梦熊．抗战时期的地质调查所西北分所［M］//程裕淇，陈梦熊．前地质调查所（1916～1950）的历史回顾——历史评述与主要贡献．北京：地质出版社，1996：61.

〔3〕 陈正祥．西北区域地理［M］．上海：商务印书馆，1945.

〔4〕 任美锷．工业区位的理论与中国工业区域［J］．地理学报，1944，11（1）.

西北的政治区域划分与地理环境的地域分异相差较远，在地理考察和区域开发中使用政治区域很不方便。为弥补西北地区地理研究的不足，一些学者或通过实地考察，或收集大量资料，专门进行了小区域的研究。这些研究既弥补了全国性区域研究的空白，又为西北的开发与建设研究提供了翔实的地理资料基础。

20 世纪 30 年代初期禹贡学会会员郭敬辉曾对全国的自然区域进行了研究，并撰写了《划分中国自然区域地理雏议》，将中国分为西北、西南、东北、华中、华南等大区。1936 年《禹贡》第 5 期出版了“后套水利调查专号”，研究西北地区开发的问题，郭敬辉将其中西北地区的区域地理研究首先发表在这一期上[1]。文中将西北分为九个区域并详细论述各个区域的自然和人文特点。

20 世纪 40 年代，丁骕在详细研究新疆自然地理环境的基础上，专门研究了新疆的区域类型。《新疆之自然区域》[2]一文中，按照地形和方位将新疆分为 6 个大区（北部山原区、北疆盆地、天山山地、南疆盆地、北山区和昆仑山地区）和 20 个副区，文中还详细分析了各个区域的地质构造特点。

从 20 世纪 30 年代开始，一批西北区域地理学著作相继问世，如:《西北地理》（王金绂编著，立达书局，1932），《西北地理》（汪公亮编著，正中书局，1936），《西北地理》（严重敏著，大东书局，1946）等。

1943 年中央大学理科研究所地理学部的陈正祥，受行政院

---

〔1〕 郭敬辉．划分西北自然区域之我见［J］．禹贡，1936，6（5）．

〔2〕 丁骕．新疆之自然区域［J］．边政公论，1944，3（10）：17－21．

水利委员会的委托，研究西北水利移垦问题。他利用一年半的时间收集了九百多种资料，做了1700余张卡片。在研究了大量资料的基础上，撰写了《西北区域地理》一书[1]，书中将西北划分为8个区域，并详细叙述各区域的自然和人文特征。

在对西北地区的考察中，地理学者和地质学者也绘制了一些区域地图。抗战期间，中央大学地理系研究部在胡焕庸的领导下，根据英国人斯坦因（Aurel Stein）在中国西北地区的考察资料，绘制成《河西新疆五十万分之一地图集》。

除上述小区域综合研究外，一些学者还对西北地区进行了小区域专题研究。如气候方面有《从自然地理现象证明历史时代西北气候变化》［周廷儒，《地理》1942，2（3/4）］，《陕西省水旱灾之纪录与中国西北部旱化之假说》［丁文江，《斯文·赫定七十岁纪念册》（英文）］等。地貌方面有《罗布淖尔与罗布荒原》［陈宗器，《地理学报》1936，3（4）］等。水文方面有《西北水利计划》［《开发西北》1934，2（3）］，《考察西北水利纪要》［沈百先，《水利特刊》1941，3（6）］，《考察西北水利报告》［沈百先，《水利特刊》1942，4（2）］，《西北水利问题》［李仪祉，《水利特刊》1942，4（2）］，《行政院顾问罗德民考察西北水土保持初步报告》［罗德民，《行政院水利委员会月刊》1944，1（4）］，《陕甘水土保持考察简报》［黄瑞采，《金陵大学农学院农林新报》1941（10/12）］，《中国西北之交替湖》［陈宗器，《方志月刊》1936，8（4/5）］，等。此外，地学工作者还在区域经济地理的研究上做了大量的工作。这些专题性的区域研究为开发西北提供了翔实的

〔1〕 陈正祥．西北区域地理［M］．上海：商务印书馆，1945．

地理研究基础。

四　土地利用调查与土壤地理研究

在开发西北的讨论中，人们往往以西北地广人稀作为移民实边的依据，而实际情况并非如此简单。西北地处内陆，是典型的大陆性气候，一些地区的农业主要依靠高山雪水的灌溉，而且农作物的生长期短。西北地区浩瀚的沙漠、绵延的高山也不适宜人类的居住。这些都限制了农业的发展，因此移民的可能性虽然存在，但其潜力到底有多大还需要调查研究。

中国西部是土壤侵蚀严重的地区。土地资源如何利用是开发西部的重要内容之一。20世纪30年代初期在中华教育文化基金会的资助下，中国学者开始了土壤调查。由于经费和条件的限制，初期的调查多集中在东部地区。西部只考察了山西省和陕西省的一些地区，东经100°以西地区的调查则是一片空白。

由于建设的需要，中国学者开始了对西北地区土地利用的调查。但是由于种种条件的限制，早期的调查并不系统。为了克服资料上的欠缺，任美锷将世界许多环境相似的地域的开发实验介绍到中国，以此作为中国开垦边区的参考[1]。他认为西北地区已经位于农业带的边缘，在计划开垦时尤其要注意其特殊环境，优先决定土地利用的方式。这样可以用少量的调查费用，节省大量的人力和物力。由于这一地区降雨量少且不稳定，耕种以后往往引起严重的土壤侵蚀问题，因此建议农业建设应以畜牧业为主[2]。也有一些学者对西北地区的土壤及其

---

〔1〕 任美锷. 地理研究与经济建设［N］. 大公报（重庆），1942-06-08，1942-06-09.

〔2〕 任美锷. 西北之地理环境与经济建设［N］. 大公报（重庆），1941-11-25.

利用情况进行了调查研究，发表了一些调查报告和研究论文。如：《中国北部及西北部之土壤》（萨顿，《土壤专报》1935，12），《甘肃土壤调查记》［马溶之，《边政公论》1943，2（6/8，11/12）］，《甘肃西部与青海东部之土壤及其利用》［马溶之、席连之，《土壤季刊》1943，3（3/4）］，《西北土壤地理》［马溶之，《地理》1944，4（1/2）］，《青海中部之棕壤及其地理意义》（陈恩凤，《地理学报》1944，11）等。这些考察和研究报告在一定程度上弥补这一地区研究的不足。

对西部地区的土地利用调查促进了土壤学理论研究的发展。中国西部的黄土是北半球中纬度地区断续分布的黄土带中发育最好、厚度最大、地层最完整的，同时对于西部地区的交通、农业和水利事业的发展也有重要的影响。早在19世纪60年代，德国学者李希霍芬在考察中国西北地区时，就对那里广泛分布的黄土的特点进行了研究，并在《中国》一书中提出了黄土是风成或水成的看法。稍后，俄国的奥布鲁切夫在中国西北也进行了广泛的考察，并提出了黄土风成说。他们的争论引起了世界对中国黄土成因的广泛重视。

中国学者对土壤地理的研究开始较早，但主要集中于华北和华南地区。1916年《地学杂志》上发表译文，介绍了国外学者对于中国黄土地貌的研究成果[1]。黄土成因问题引起了中国学者的关注，并在20世纪上半叶出现了大量以黄土为研究对象的论文。这些研究主要集中于对构成黄土物质的来源和搬运堆积黄土物质营力的探讨[2]，也有学者研究了黄土对西

---

〔1〕 刘仲仁．陕西省黄土之地形［J］．地学杂志，1916，7（3）．

〔2〕 冯景兰．黄土研究之新趋势［J］．科学，1949（1）．

部生产和生活的影响[1]。

早期中国学者的观点与西方学者的观点基本一致，将黄土的成因归因于来自蒙新高气压干燥区的风蚀与风成作用的影响，并认为90%多的黄土物质是由沙漠吹过来的[2]。认为“风蚀与风成，实为黄土生成之典型，其较前衰弱之原因，或因漠境之泥沙缺乏，或因风力渐减之故也”。但随着研究的深入，多数中国学者认为黄土物质的来源非自一处，搬运堆积的营力也不完全为风力作用的结果[3]。中国学者根据示源矿物鉴定的新方法，研究黄土成因。在黄土的厚度研究上，取得了显著的成果[4]。近一个世纪对于黄土成因问题的争论与研究，不但加强了对该问题的深入研究，而且还推动了地理学的分支学科——古地理学、古土壤学的发展。

第四节　地震灾害研究

中国是世界上自然灾害的多发区，“其灾害之程度……，仅民国成立以来之二十余年间，中华民族元气之损伤于斯者，其数字真难以估计，此诚五洲各国稀有之现象也”[5]。近现代中国天灾人祸连绵不断。自然灾害比较严重的甘肃省，仅1927～1930年4年间死于天灾人祸的人口就占了全省人口的三分之一[6]。

---

〔1〕 任美锷. 中国北部黄土与人生［J］. 方志月刊，1936，9（1）.

〔2〕 马溶之. 中国黄土之生成［J］. 地质评论，1944（Z2）.

〔3〕 冯景兰. 黄土研究之新趋势［J］. 科学，1949（1）.

〔4〕 梁文郁. 关于黄土的厚度问题［J］. 地质论评，1946，11（3/4）：283－289.

〔5〕 黄泽苍. 中国天灾问题［M］. 上海：商务印书馆，1935：88.

〔6〕 张其昀. 兰州开发论［M］//张其昀. 人地学论丛：第1集. 南京：钟山书局，1932.

自然灾害种类繁多，主要有水、旱、蝗虫、台风、霜、雹、地震、海啸及火山爆发等。“除海啸、火山爆发而外，其余七种，中国无不包罗兼备，饱尝忧患。”[1]就天灾（自然灾害）而言，它是属于自然科学的问题，但自然灾害具有极强的社会性，它不但损坏人类的财富，还会激化社会固有的各种矛盾，以致威胁到人类的生存和发展。因此中国学者十分关注对自然灾害的研究，并取得了多项研究成果，其中最为突出的是对地震灾害的研究。

地震是一种破坏力巨大的自然灾害，“自然界中一切破坏动力，殆无有超其右者”[2]。地震学是一门地域性很强的学科。中国是世界上地震最多、地震灾害最为严重的国家之一。中国的大陆地震灾害占全球大陆地震灾害的三分之一。对中国大陆地震的研究在减轻地震灾害的研究和应用中具有决定性的意义。虽然中国地震学的研究起步较晚，但由于亚洲地区地震研究均起步晚、研究薄弱，因此中国的地震学研究一直被世界地震学界所重视。

近现代地震灾害频繁。20 世纪的前 50 年，5 级以上的破坏性地震就有上千次。其中较大的地震有：1917 年 1 月 24 日安徽霍山地震、1918 年 2 月 13 日汕头地震、1920 年 12 月 16 日甘肃六盘山地震、1923 年 3 月 24 日四川炉霍地震、1935 年 4 月 21 日台湾地震等[3]。由于近现代科技手段的传入及减轻地震灾害的需求，中国近现代不但开始了对地震的科学考察，

〔1〕 黄泽苍. 中国天灾问题［M］. 上海：商务印书馆，1935：88.

〔2〕 孙儒范. 过去两年南京所受到之地震［J］. 科学，1935，19（7）：1033－1053.

〔3〕 同〔2〕.

建立起了世界一流的地震观测台，而且已有上百篇的科学论文发表。同时，中国历史上丰富翔实的历史文献为地震学的研究提供了宝贵的资料。这些都为现代地震学的发展奠定了良好的基础。

一　地震考察及地震区研究

20世纪初期，中国地震活动进入相对活跃时期。为了研究地震的成因及其规律，以便减轻甚至预测地震灾害，中国学者对地震灾区进行了实地考察。1913年12月21日云南峨山发生7级地震，云南行政公署实业司派昆明甲种农业学校校长张鸿翼前往灾区主持考察工作。这是中国近现代首次以政府名义正式委派的地震科学考察〔1〕。1917年安徽霍山的大地震，农商部地质调查所调查员刘季辰等也曾到灾区考察，并撰写了地震调查报告〔2〕。

上述的地震考察都是中国最早的具有近现代科学意义的地震考察。但现代学者一般将翁文灏作为中国第一位考察研究地震灾害和出版地震著作的学者〔3〕。翁文灏也将他于1920年对甘肃的地震考察作为“中国自行实地调查之始”〔4〕。究其原因，一是甘肃等地发生的强震影响波及大半个中国，损失惨重。同时甘肃及其周围省区又是中国震灾最多的地区之一，因此中国近现代对于地震的考察与研究主要始于这一区域。二是这次考察后发表了大量的考察报告和研究论文，对中国近现代

〔1〕齐书勤．中国早期的地震科学考察［G］//王渝生．第七届国际中国科学史会议文集．郑州：大象出版社，1996：406．

〔2〕民国6年1月至2月地震调查报告［J］．农商公报，1917，3（35）．

〔3〕黄汲清．我国地质科学工作从萌芽阶段到初步开展阶段中名列第一的先驱学者［M］//王鸿祯．中国地质事业早期史．北京：北京大学出版社，1990．

〔4〕翁文灏．地震［M］．上海：商务印书馆，1924．

的地震研究影响很大。

1920 年 12 月 16 日，宁夏海原和甘肃发生 8.6 级地震，死亡 30 余万人。1921 年初翁文灏带领谢家荣、王烈等地质学者前往灾区考察，研究灾区的地震地质。通过大量的第一手材料，翁文灏连续发表了《甘肃地震考》〔1〕《中国一些地质构造对地震的影响》（1922）等文章，认为地震与地质构造关系密切。他还根据历史记载的 3500 余次地震的地点和受灾情况，并结合地质构造特点，总结出了中国的 16 条地震带及其频发次数。谢家荣在考察后也发表了《民国九年十二月十六日甘肃及其他各省地震情形》，并绘制了地震图〔2〕。

1923 年 9 月 1 日，日本东京等地发生了 8.3 级地震，由于震区人口密集，地震损失惨重，共造成近 10 万人死亡。日本的地震使"一般人对于平常绝不注意的一种自然现象，加以十分注意"〔3〕，一些报纸、杂志上纷纷发表文章，研究、介绍地震的成因及抗震减灾的措施，进一步推动了地震学的研究〔4〕。

1933 年 8 月 25 日，岷江峡谷中游叠溪地区发生强烈地震，常隆庆在考察了震区的范围和地表变化之后，发表了《四川叠溪地震调查记》〔5〕，详细记录了震区的地质、地理情况，并认为地震为断层所致。

---

〔1〕 翁文灏. 甘肃地震考［J］. 地质汇报，1921（3）.

〔2〕 谢家荣. 民国九年十二月十六日甘肃及其他各省地震情形［J］. 地学杂志，1922，13（8/9）.

〔3〕 杨钟健，王恭睦. 地震浅说［M］. 上海：中华书局，1924.

〔4〕 如：幼雄的《地震的研究》，翁文灏的《近十五年来中国重要地震记》（《东方杂志》，1923 年第 20 卷第 16 期）等。

〔5〕 常隆庆. 四川叠溪地震调查记［J］. 地质论评，1938，3（3）：251－292.

几乎中国破坏性较大的地震，地质学者们都进行了考察和研究。如蒋溶和陈国达对 1936 年 4 月 1 日广东灵山地震的考察[1]；王竹泉对河北滦县的地震考察[2]等。由于考察条件、交通状况和经费等问题的制约，地质学者采用了通信调查的方法对一些重要地震进行调查。1937 年山东菏泽的地震，李善邦和贾连亨采取通信的办法做了调查，通过分析，他们认为地层错动是造成这次地震的原因。在条件艰苦、经费不足、兵匪横行的时代，地质学者们为了取得第一手材料，付出了极大的努力甚至献出了年轻的生命[3]。这些中国近现代地学的先驱者们开创了中国地学研究的新局面，他们的治学精神值得后人学习。

"地震现象在地理上之分布较有规律可循，应一凭历史经验，二凭地质构造来进行分析研究"[4]，在无法对地震进行科学的预报时，对地震区域的研究具有重要的价值。在《中国地震区分布简说》[5]中，翁文灏根据掌握的大量资料绘制了"中国地震区分布图"，这是中国第一张地震区划图。他还在文章中指出了地震的轻重频率与地质构造之性质、时代有关。翁文灏在《甘肃地震考》一文中，收集了古籍中对甘肃地震的记载，并根据分析将甘肃分为 5 个地震区域。李善邦将新疆

〔1〕 蒋溶，陈国达．民国25 年4 月1 日广东灵山地震记略［J］. 地质论评，1940，5（5）.

〔2〕 王竹泉．河北滦县地震［J］. 地质论评，1947，12（1/2）.

〔3〕 李建初．旧中国被敌匪杀害的几位地质学家纪略［G］//中国地质学会地质学史委员会. 地质学史论丛（二）. 北京：地质出版社，1989.

〔4〕 翁文灏．中国地质构造对地震区分布之影响［J］. 中国地质学会志，1923，2（3/4）.

〔5〕 翁文灏．中国地震区分布简说［J］. 科学，1921，8（8）.

地震的活动区域分为南、北、中三带[1]。

二　地震台的建立

在1920年到1927年八年的时间里，中国宁夏、四川、云南、甘肃等地先后发生灾难性地震。面对这种严峻的形势，当时的实业部地质调查所决定筹建中国自己的地震观测台，以开展地震观测和现代地震学研究。地质调查所所长翁文灏在清华大学叶企孙教授的推荐下，聘请李善邦来北平主持地震观测。为此，李善邦于1930年到上海徐家汇法国天主教会创办的地震台考察学习，并于同年6月在北平鹫峰建立了中国人自己的第一个地震台。地震台在中国教育文化基金会的资助下，从德国订购了小型维歇尔式（Wiechert）机械地震仪，后又从爱沙尼亚订购了当时世界上最先进的地震仪器——伽利清·维里普式（J. Wilip）电磁式照相地震仪。

鹫峰地震台从1930年9月20日开始记录，把每月按照国际规定的格式记录到的震相到达时间编辑成《鹫峰地震月报》，与世界各地的地震台交换。对于重要的地震，李善邦还参考、利用交换来的资料，确定震中位置和震源深度，并加以分析研究，编撰出版了几十期《鹫峰地震专报》。由于地震研究具有很强的区域性，而亚洲地区的地震观测台站又很少，因此李善邦主持的地震观测和研究引起了世界各国地震台的关注，从而使中国地震观测研究工作在国际地震学界占有了一席之地。

从1930年到1937年，鹫峰地震台从未间断地记录了2472次地震。由于抗日战争的爆发，鹫峰地震台被迫停止工作。伽

〔1〕 李善邦．新疆地震［C］．国立北平研究院院务汇报，1934，5（1）．

利清·维里普式电磁地震仪被拆运到燕京大学保存，而维歇尔式机械地震仪由于不便拆运，只好留在了鹫峰地震台。李善邦和他的同事们也先后离开北平，移居到内地。由于没有观测仪器，地震研究无法继续，李善邦和他的同事们在湖南、贵州、四川等省做重力、磁法等勘探工作，地震研究室也就改为地球物理研究室。

1943 年李善邦自己动手制成了一台地震仪——I 型水平摆机械记录地震仪，重新开始了地震记录。这是中国人自己研制成功的第一台现代地震仪器。这台仪器在两年多的时间里共记录了 109 次地震。抗日战争胜利后，这台仪器和存放在燕京大学的观测仪器被先后运至南京水晶台，中国现代地震学研究进入了一个新的发展阶段。

1928 年中央研究院气象研究所成立时，在南京鸡笼山建立的气象台也附有地震观测台。观测台有德国维歇尔式水平动仪和上下动仪等观测仪器多台，一些仪器当时在世界上也是最先进的仪器。仅 1932 年秋至 1935 年夏的两年半的时间内，维歇尔式仪器就记录到国内外地震 678 次，即平均每 4 日有 3 个记录[1]，可见仪器之灵敏。

第五节　气象气候研究

中国是全球气象灾害多发的国家之一。前节谈到的九种自然灾害，有五种属于气象灾害，而虫灾和海啸也与气候因素有着密切的关系。因此中国学者非常重视气象气候学的研究。

---

〔1〕 孙儒范，过去两年南京所受到之地震［J］．科学，1935，19（7）：1033－1053.

气象学是以数学和物理学的方法探讨大气各种现象的变化过程，其研究成果将直接应用于天气预报。而气候学则是研究气候特征的空间分布和时间演变，它在工农业生产和国防建设上有着广泛的应用。中国近现代的气候学家大多为气象学家[1]，其中也不乏地理学者，因此中国近现代气象学与气候学研究是同时进行的，在这里我们也将这些成就放在一起讨论。

从气象气候学的研究性质可以看出，气象气候学是一门应用性极强的学科，加之中国近现代气象灾害不断，影响十分广泛，因此这一时期的气象气候学研究主要围绕着气象灾害的原因分析、预报与灾害防治等问题而展开。

一　早期的工作

气象研究与预报与其他地球科学研究所需要的条件不尽相同，它需要建立在普遍的观测、长期的记录和精密的统计的基础之上，必须长期而广泛积累天气和气候的客观事实。气象气候学是一门边缘学科，它既有地域特点又遵循着物理变化法则，与数理科学有着共同性。因而必须利用先进的技术手段进行研究。这些都有赖于近现代科学方法和技术手段的进步。

早在17世纪，南怀仁就把西方的气象仪器传入中国。18世纪传教士开始在北京设立测候所，进行气温、气压、云量、雨量、风向等的观测。但是这些观测结果多在国外发表[2]，对中国近现代气象学的发展并未产生多少影响。鸦片战争后西方列强纷纷进入中国，并在北京及中国沿海地区建立起观象

---

〔1〕 张其昀．近二十年来中国地理学之进步［J］．科学，1935，19（10）．

〔2〕 洪世年，陈文言．中国气象史［M］．北京：农业出版社，1983：88－89.

台，观测气压、气温、湿度、风力及风向、蒸发量、雨量以及地温、云等内容。这些观测结果主要是为一些帝国主义国家的侵略目的服务，较少用于科学研究。19 世纪西方人在中国虽然建立了一些气象观测台，但远远满足不了气象气候学研究的需要。

从 19 世纪 60 年代开始，一些西方的气象学著作被翻译介绍到中国。如 1877 年江南制造局出版的《测候丛谈》[（美）金楷理口译，华蘅芳笔述]、1880 年出版的《测候诸器说》[（英）傅兰雅口译，江衡笔述]，以及《御风要术》《气学丛谈》等书。这些著作包含了丰富的近现代气象学内容，但它们并未得到推广与普及，在社会上的影响不大〔1〕。

二　旱涝灾害研究

近现代气象学在中国的发展始于 20 世纪初期。为了减轻气候灾害，中国学者对各种气候形成因子及气候因素的特征进行了广泛的研究。中国是旱涝灾害比较严重的国家，“现代中国的特性，就是历年不断的大水灾”〔2〕。南涝北旱或北涝南旱的灾情对农业影响很大。1931 年 7 月长江流域发生特大水灾造成 14 万人死亡、2500 万人受灾〔3〕，仅中国中部被淹土地就等于全英国的领土〔4〕，而华北地区则是大面积干旱〔5〕。其后的 1932 年、1933 年、1934 年也连续发生了水灾。为了能够提

〔1〕 杨文衡．世界地理学史［M］．长春：吉林教育出版社，1994：465.

〔2〕 卡赞宁．中国经济地理［M］．焦敏之，译．上海：光明书局，1937：144.

〔3〕 张其昀．近二十年来中国地理学之进步［J］．科学，1935，19（10）.

〔4〕 同〔2〕.

〔5〕 竺可桢．民国二十年七月长江流域雨量何以特多之故［J］．时事月报，1921（9）.

前预报旱涝灾害、减轻灾情，中国学者对台风、季风等对降雨量影响很大的气象因素都有较为深入的研究。

台风是影响中国东部沿海地区天气变化的重要因素之一。竺可桢是最早用近现代科学方法研究台风的中国学者。他在留学美国期间就对台风的特性进行了研究。他的博士学位论文即为《远东台风的新分类》。1918 年他在美国发表的《台风中心的若干新事实》一文[1]，分析了台风的结构。1918 年秋对东南沿海的台风又做了进一步的研究，先后发表《秋间江浙滨海两飓风之详释》[2]《远东台风的新分类》[3]《远东台风的源地及转向》[4]等 12 篇研究台风的论文[5]。在竺可桢的带动下，一些学者从不同角度对台风进行了研究。如卢鋈的《东亚之台风》[6]、李宪之的《台风之研究》[7]等。徐近之对台风的运动路线也进行了研究[8]。

中国的季风对气候变化尤其是对降雨量影响很大，造成广大地区降雨量分布不均，旱涝灾害严重。仅 1911 ~ 1932 年间

---

〔1〕 竺可桢. Some new facts about the centers of typhoons [J]. Monthly Weather Review, 1918, 46: 417 - 419.

〔2〕 竺可桢. 秋间江浙滨海两飓风之详释 [J]. 地学杂志, 1921, 12 (11/12).

〔3〕 竺可桢. A new classification of typhoons of the far east [J]. Monthly Weather Review, 1924, 52: 570 - 579.

〔4〕 竺可桢. The place of origin and recurvation of typhoons [J]. Ibid, 1925, 53: 1 - 5.

〔5〕 卢嘉锡. 中国现代科学家传记: 第五集 [M]. 北京: 科学出版社, 1994: 350.

〔6〕 卢鋈. 东亚之台风 [J]. 气象杂志, 1937.

〔7〕 李宪之. 台风之研究 [J]. 气象研究所集刊, 1931, 3.

〔8〕 徐近之. 热带旋风 [J]. 地理杂志, 1930, 3 (6); 1931, 4 (1).

长江流域的水灾就有56次[1]，造成水灾的原因除台风之外，还有暴雨的影响，因此对降雨量的研究在防灾中具有重要的价值。在季风及降雨量问题的研究上仍以竺可桢的贡献最大，他发表的相关论文有20余篇[2]。1916年他发表的《中国之雨量及风暴说》[3]分析了季风形成的原因；他在《东南季风与中国之雨量》[4]《华北之干旱及其前因后果》[5]等文章中，运用大量史料分析了季风活动与降水的关系，指出东南季风强则南旱北涝，东南季风弱则南涝北旱。

降雨量的多少除受气象因素影响外，还受到地形等地理因素的制约。一些学者也就地理因素的影响做了一些研究，如朱炳海对山地雨量的研究等[6]，但这一时期对降雨量的研究主要以台风和季风为主。

三　气候区域的划分

根据不同的气候特点进行气候分区，可以更好地掌握气候的变化和分布规律，对农业生产和人类活动具有一定的意义。近现代气候分类方法传入中国之后，对中国学者产生了较大的影响，从而推动了中国气候区域的研究。

气候的分区是一项复杂的研究，由于气候因子很多，使用的标准不同，气候区的划分会有很大的差异。20世纪20年代末，竺可桢根据气温、雨量、风向及其全年分配的情况将中国

---

〔1〕 郑子政．长江下游之灾荒与夏季雨量之预测［J］．地理学报，1935，2（3）：81－90．

〔2〕 卢嘉锡．中国现代科学家传记：第五集［M］．北京：科学出版社，1994：350．

〔3〕 竺可桢．中国之雨量及风暴说［J］．科学，1916，2（2）．

〔4〕 竺可桢．东南季风与中国之雨量［J］．地理学报，1934，1（1）．

〔5〕 竺可桢．华北之干旱及其前因后果［J］．地理学报，1934，1（2）．

〔6〕 朱炳海．山地之雨量［J］．方志月刊，1935，8（7/8）．

的气候区域分为华南、华中、华北、东北、云贵、草原、西藏和蒙新等8个大区[1]，这是中国最早的气候区域划分。由于当时的气象记录有限，8个区域的划分过于笼统，区域范围过大，界限也不尽合理。1936年涂长望根据新的资料对竺可桢的中国气候区域进行了修订并增加了若干副区[2]。

20世纪40年代，为了克服气候区域划分中标准复杂、缺乏系统的缺陷，卢鋈提出了划分气候区域的3个原则：①分区标准必须简单扼要，明确易解，……凡含义不清，如年温及高度之类，须避免引用；②每区不但气候应具特色，天气现象亦须自成单位；③气候区域应与自然及人文景观大致相符。他在文章中重新对中国的气候区域进行了划分，将气候区域分为10个大区和30个副区[3]。

在近现代中国的一些地区，尤其是西部地区，气象观测站较少，进行全国性的气候区域划分难度很大，也很难保证其准确性。因此一些学者侧重研究小区域气候，以便解决农业生产等问题。当时的小区域气候研究涉及范围广泛，如东北、西北、西南以及东部地区[4]。同时一些学者也注意到了单一气象因子的气候区域分布研究[5]。这些研究为从宏观上把握气候变化的规律及气象预报奠定了基础。

---

〔1〕 竺可桢著《中国气候区域论》，1931年发表于《气象研究所集刊》第一号。1929年在泛太平洋学术会议上宣读。

〔2〕 涂长望，卢鋈．中国气候区域［J］．地理学报，1936，3（3）．

〔3〕 卢鋈．中国气候区域新论［J］．地理学报，1946，12/13：1－10．

〔4〕 如：张宝堃的《四川气候区域》［《气象学报》，1941，15（3/4）：111－144］；张其昀的《东北之气候》（1931）；程纯枢的《黄土高原及西北之气候》（1943）；胡焕庸的《黄河流域之气候》（1936）等。（参见：鞠继武．中国地理学发展史［M］．南京：江苏教育出版社，1987：229－230）

〔5〕 涂长望．中国雨量区域之分布［J］．气象研究所集刊，1935，5．

四　长期气候变化研究

1905 年，美国地理学家亨廷顿在塔里木盆地进行了科学考察。在考察了许多废弃于荒漠之中的古代遗址后，他认为这些遗址的废弃是气候变干的结果，并认为在气候总的变干的趋势中有小的波动。1907 年他在《亚洲的脉动》（*The Pulse of Asia*，Boston）一书中阐述了这一观点，并引起了西方学术界的广泛关注，许多曾在中亚考察的学者，如斯文·赫定（Sven Anders Hedin，1865—1952）都赞成中亚气候变干说。西方学者的观点使中亚的气候变迁和荒漠中古代文明的兴衰成为地理、历史和考古学界长期关注和争论的问题。

亨廷顿的观点在中国气象学界也产生了广泛的影响。一些中国学者开始关注中国历史上的气候变化。1925 年竺可桢发表了《中国历史上气候之变迁》[1]（《地球物理学报》，德国，1931）[2]。他利用中国历史古籍中对物候、雨旱灾荒、严寒酷暑等的记载，研究中国历史上的气候变化，论证中国历史上华北地区的气候并没有急剧的变化，并否定了亨廷顿的观点。中国学者郑子政则根据北京在 1677 ~ 1900 年的晴雨文献记录和对树木年轮的研究，也得出了与竺可桢类似的结论[3]。这些学者关于历史气候的研究方法及对气候变干观点的否定在中国学术界产生了很大的影响。

---

〔1〕 竺可桢．中国历史上气候之变迁［J］．东方杂志，1925，22（3）．

〔2〕 竺可桢．Climatic changes during historical time in china［J］．（德）地球物理学报，1931（32）．（转引自：侯仁之《中国地理学简史：下册》第 160 页）

〔3〕 郑子政．树木年轮与北平雨量［J］．史地社会论文摘要，1935，1（10）．

丁文江[1]、周廷儒[2]、吕炯[3]采用了对历史资料的分析研究方法，多数中国学者认为，西部地区气候以400年为周期，呈现湿润与干燥交替的规律，并无显著的干旱倾向[4]。

在历史气候变化问题的研究上，东西方学者的结论存在着明显的不同。西方学者强调以大量的实地考察资料验证所得结论的同时，却忽视了对历史记录和长期观测资料的分析。一些地质资料可以在短时期的考察中掌握，但在研究长时间跨度的自然变化过程时，就需要相应的长期观察资料。而中国学者在这一方面有着得天独厚的条件和敏锐的思想。因为中国学者有着对本土地区历史、文化和文献资料更好的理解与应用，再加上实地考察和树木年轮研究等近现代科学方法的应用，所以在对中亚气候变迁的研究上中国学者取得了后来居上的巨大成就。这也是中国学者对世界近现代自然史研究方法的一大贡献。

第六节　海洋地理研究

中国是世界上海岸线最长的国家之一，海域跨越三大气候

〔1〕丁文江．陕西省水旱灾之纪录与中国西北部旱化之假说［G］//斯文·赫定七十岁纪念册（英文）．

〔2〕周廷儒．从自然地理现象证明历史时代西北气候变化［J］．地理，1942，2（3/4）．

〔3〕吕炯．关于西域及西蜀之古气候与古地理［J］．气象学报，1942，16（3/4）．

〔4〕转引自：鞠继武．中国地理学发展史［M］．南京：江苏教育出版社，1987：230；又见：江小群，胡欣．中国地理学史［M］．北京：文津出版社，1995：260.

带，海洋资源十分丰富。在长期开发利用海洋资源的过程中，积累了丰富的海洋地理知识。但海洋地理学作为一门学科，则是在西方近现代科学技术传入中国之后。

一　近现代海洋地理学理论在中国的传播

17 世纪西方传教士东来，带来了许多新的科学知识，其中以地学知识最为丰富，而且这些知识多为西方 16 世纪的地学知识。传教士主要是通过世界地图中的说明文字和地学著作将这些知识介绍到中国，其中涉及海洋科学的内容较少。仅在艾儒略（Julio Aleni，1582—1649，意大利人，1610 年来华）的《职方外纪》和南怀仁（Ferdinand Verbiest，1623—1688，比利时人，1656 年来华）的《坤舆图说》中，介绍了“海名、海岛、海水之动、海之潮汐、海状、海族、海产、海道和海舶”等内容。

1840 年之后，大量的西方地学著作被翻译、介绍到中国。但当时的传播方式多是西方学者口译、中国学者笔述，这些中国学者也较少为专门从事地学研究的学者。译著之中与海洋科学有关的内容也多为航海、海图测绘以及海军建设等应用科学内容，如英国人那丽撰写的《航海简法》、英国人汤姆撰写的《行海要术》、美国人富兰克林撰写的《航海章程》、英国人金约翰撰写的《海道图说》、英国人华尔登撰写的《测绘海图全法》等[1]，而海洋科学理论则极少见。1857 年，英国传教士慕维廉（William Muirhead，1822—1900，1846 年来华）刊行《六合丛谈》（Shanghai Serial），他在“地理”专栏上

〔1〕 王扬宗．江南制造局翻译书目新考［J］．中国科技史料，1995，16（2）3－18.

连续发表文章，介绍西方自然地理学内容，有些文章包含有海洋科学内容，如洋海论和潮汐平流波涛论等[1]。

19 世纪中叶以后，一些西方考察家在中国探险考察，一方面扩大了西方地学在中国的影响，另一方面也成为中国近现代地学研究的基础[2]。但这些考察多数是在中国内陆地区进行的，沿海考察较少。只有李希霍芬（Ferdinand von Richthofen，1833—1905，1861 ~ 1872 年来华考察）曾经考察过中国沿海地区，并提出了中国海岸下降说，这一理论对中国学者影响较大。但亦存在不同观点。

进入 20 世纪之后，中西学术交流进入了一个全新的历史阶段。介绍西方近现代地学思想的译文、译著更加丰富。较早介绍近现代海洋地理学内容的译著，是 1906 年叶青翻译的英译本《最新地文图志》，其中有 3 幅图及其说明文字与海洋科学有关，第 1 幅图“海水功用”，说明文字中介绍了潮汐和海水的侵蚀作用；第 2 幅图“大陆高低及海盘深浅”，介绍了海底地形；第 3 幅图“全球海流形式方向”，专讲洋流，图中冷暖洋流分布规律也基本正确。

20 世纪 20 年代以前的译著多为一些科普性的著作。大量的西方地学学术著作是在 20 世纪 20 ~ 30 年代被翻译、介绍到

---

〔1〕 杨文衡．世界地理学史［M］．长春：吉林教育出版社，1994：467．

〔2〕 有关 19 至 20 世纪外国学者在中国的地理考察，有较多的研究成果，可参阅：翁文灏的《西洋人探查中亚地理摘记》（《地学杂志》，1930 年第 3 期），吴传钧的《近百年外人考察我国边陲述要》（《边政公论》，1944 年第 3 卷第 5、6 期合刊），徐尔灏的《青康藏新西人考察史略》（国立中央大学理科研究所，1945），黄汲清的《民国纪元以前外国地质学者在中国之工作》（《思想与时代》，1947 年第 49 期），吴凤鸣的《1911 至 1949 年来华的外国地质学家》（《中国科技史料》，1990 年第 3 期）等论著。

中国的。而这一时期对近现代地学理论传播贡献最大的，当属中国第一代近现代地学人才，其中多数为归国的留学生。这一时期留学生学成回国，促进了西方地学理论的全面介绍和普及，中国传统地学研究方法基本上被淘汰了。

竺可桢发表的《欧西地学发达之历史》（《科学》，1926）一文，以及王勤堉翻译的《地理学史》（1938）一书，介绍了西方海洋科学的发展概况，但内容多为西方海洋探险过程中的考察成果介绍。1928 年，王勤堉在《地理杂志》上发表文章，介绍了西方海洋学名著的内容，这篇文章对于推动中国海洋地理学的研究起到了积极的作用[1]。

随着中国海洋科学研究的深入，中国学者对西方海洋科学理论的介绍也逐步深入。1931 年，王益厓在《地学辞书》中介绍了西方有关洋流成因的四种学说——对流说、盐分说、水准说、风因说等；1935 年，吕炯发表《海水之运行》（《地理学报》第 2 卷第 1 期），介绍西方海洋科学关于洋流的最新研究成果；1948 年，郑重发表《百年来之海洋浮游生物学》（《科学》第 30 卷第 12 期），介绍了西方这一学科的研究内容；1948 年，李春芬发表《现代地理学与其展望》（《地理学报》第 15 卷第 1 期），介绍了国外有关海底地形的研究等，使中国学者对国外海洋学的研究状况有了初步的了解。

二　中国学者对海洋地理学的认识

20 世纪初，中国学者在西方思想的影响下，结合中国地

[1] 鞠继武．中国地理学发展史［M］．南京：江苏教育出版社，1987：225.

学传统，纷纷著文对地学的对象、性质、任务、研究方法及其在科学中的地位进行了探讨。在理论探讨中，许多学者对地学的各个分支学科进行了分类。由于不同学者研究的角度不同，对地学范围的分类也存在较大差异。我们从中可以看出海洋地理学在当时地学研究中的位置。

1. 海洋地理学在地学中的位置

20 世纪初，海洋地理学已经成为中国近现代地学的一门独立的学科。但从当时学者对地学的分类来看，对海洋地理学的认识还存在着较大的差距。例如，在李长傅的《地理学本质论》所列地学的各分支学科中，海洋地理学没有进入四级学科之内。作者将它归入水文学之中（水文学包括海洋学、湖泊学和河道学），而且也没有分清海洋学与海洋地理学的不同；也有学者将海洋地理学独立出来。王益厓在《地理学》中已经将海洋地理学作为第三级学科，但是也没有指出两者的差别。张沦波在《地理科学之解释及其代表作》一文中，指出“水利地理就是海洋地理，水利地理与海洋学有关”，并指出在海洋地理学没有专著出版的情况下，应阅读海洋学读物。张雨峰在《地理学之意义与范围》中似乎已将海洋地理学与海洋学区分开来，但文中却没有进一步说明两者之间有何差异。

虽然当时还没有学者专门讨论海洋学与海洋地理学的区别，但是已有一些学者指出了地学的一些分支学科与相关科学的关系。1947 年，商务印书馆出版了田世英的《地理学新论及其研究途径》，指出自然地理研究中“最易犯的毛病”：第一是“误把其他自然科学的材料，拉到自然地理学的范围内。

像气象学列入气界地理，地质学列入陆界地理，天文学列入数理地理等”；第二“就是只注重自然本身的叙述，而忽略了对于人生的影响”。1948 年，中华书局出版了葛绥成的《地理丛谈》，也强调了地理学与其他自然科学的不同，指出地理学是“以自然科学做立足点，以社会科学做观察点”。他还进一步列举了植物学与植物地理学的差别：“植物学家，若专从研究草木的生长和生理的状态，以及各种草木在分类上的地位，则与地理不相关；但一经着手与草木分布地域的调查，那就成为地理中的植物地理了。”他还专门绘制了一幅地理学与其他学科的相互关系图，以说明地学的一些分支学科与相关学科的关系。从当时学者对地学范围及分类的讨论中可以看出，20 世纪上半叶中国近现代海洋地理学的发展，与地理学其他分支学科相比，还是较为缓慢的。

2. 对海洋地理学内容的认识

海洋地理学作为地学与海洋学之间的边缘学科，以其研究地球表面海洋地理环境的空间结构特点和分布规律为特色。地学工作者应重点研究海洋地理环境的空间结构特点及其发展变化的规律，并研究人类活动与海洋地理环境之间的相互作用。它是涉及自然、经济、政治和区域等内容的一门综合学科。但是由于它的历史观念较为薄弱，并且与中国传统地学思想存在较大的差距，同时海洋学又需要以先进的观测技术设备为基础，因此它是地学各分支学科中起步较晚、发展较慢的一门学科。当时的多数地学工作者还没有区分清楚海洋学与海洋地理学之间的不同，但在海洋科学研究中，地学工作者是主要的参与者之一，并发挥了重要的作用。很多研究论文散布于地理、气象、地貌和动物学等分支学科中。

海洋地理学作为一门学科，对其范围的认识也是在实际研究中不断深化的。当时多数学者从学科理论的角度分析，将海洋地理学的研究范围划定为：①海洋之分布，包括海洋分布状况、地理区划及水陆面积比例统计等；②海洋之枝节，包括海的分类，海岸变化及海水侵蚀等；③海底之状态，包括海底深度凹凸及其沉淀物等；④海水之性质，包括海水中的含盐量及其色与密度等；⑤海水之温度，包括海面水温，不同深度下的海水水温及海冰的分布状况等；⑥海水之运动，包括波浪、洋流、潮流等；⑦海洋之过去与现在，通过海洋物理性质的研究，探讨过去和将来的变化。[1]这实际上主要是海洋学的研究内容，说明当时对于海洋学和海洋地理学之间的界线还较模糊。尽管如此，多数学者在实际研究过程中，还是非常重视海洋与人类关系的探讨，尤其是海岸、海岛、海港和洋流等对人类社会影响较大的要素。如《自然地理》（王华隆，北平文化学社，1935）专门列出一章讨论“水界与人生之关系”，指出海洋对于人类的主要功用有“资防守”“利交通”“和气候”“启文明”“饶风景”“便沐浴”“富水产”“制食盐”等。

三　海洋科研与教育机构

1. 相关机构与海洋考察

中国海洋地理学发展的第一个高潮是在20世纪20年代末期。它与这一时期相关研究机构的建立和海洋考察的

---

〔1〕 王益厓. 地学辞书［M］. 上海：中华书局，1931：301－302.

开展密不可分。1922年，当时的海军成立了海道测量局，开始在近海测量绘制航海图，并开始海洋调查。但这种出于军事目的的海洋研究并不能广泛传播，所以对于学术界的影响不大。1928年，青岛观象台设立海洋科，专门从事胶州湾及其附近海洋的考察。1930年，中国科学社成员在青岛聚会，创立中国海洋研究所筹委会，并决定以中国海洋研究所的名义筹建青岛水族馆。水族馆于1932年竣工，除了陈列室外，还设有研究室，它对普及海洋科学知识、提高民族的海洋意识发挥了重要的作用。1935年4月10日，太平洋科学协会海洋学组中国分会在南京中央研究院召开成立大会，其主要的工作有：海道测量、渤海渔业调查、珊瑚礁调查。1940年建立的中国地理研究所设有海洋组，在福建进行海流和潮汐观测。1947年，中央水产实验所在上海成立，这是中国第一个水产科学研究机构。海洋考察需要先进的设备和多学科的共同合作，因此这些相关机构的建立，无疑促进了海洋学研究的深入。

大规模的海洋科学考察也是海洋地理学发展的必要前提。20世纪20年代，中国兴起了海域考察的高潮，促进了近现代海洋科学的发展。其中影响较大的考察有：1927年中山大学生物系组织的海南岛生物考察；1934年中国科学社生物研究所等6个单位组织的海南生物科学采集团；1934年，国立北平研究院动物学研究所与青岛市政府联合组织了“胶州湾海产动物采集团”，这是一次以海洋动物为主、多学科的海洋调查，考察的区域是胶州湾及邻近海域。由于“胶州湾海产动物采集团”的调查具有经济效益，因此得到了政府部门的支持。几乎与此同时，中央研究院动物研究所在渤海湾也开展了多学科、综合的海域考察。但这一时期的海洋考察，是以与经济发展关系密切的相关学科，尤其是与水产业有关的海洋生物学为主，海洋地理考察则很少。

尽管如此，20 世纪上半叶的中国地学工作者在海洋地理研究中仍取得许多成绩，中国地学会就曾为开创中国近现代海洋科学研究做出重要的贡献。他们从地学角度对海洋地理、海洋地质、海产生物和海洋气象等进行研究，并通过其会刊《地学杂志》宣传海洋科学知识；也努力通过组建海洋地理研究实体，推动中国近现代海洋地理学的发展。1935 年，吕炯发表《从海洋与国防谈到筹设海洋观象台》（《地理学报》第 2 卷第 3 期），建议在上海建立海洋观象台。1940 ~ 1945 年，马廷英组建了中国地理学会海洋组，促进了海洋地理研究工作。

2. 高等地理教育中的海洋学

中国高校中专门的海洋学系成立较晚。直到 1946 年，厦门大学才创立海洋系并建立中国海洋研究所。同年，山东大学在青岛创办水产学系和海洋研究所。而在此之前近现代海洋科学在中国的传播和近现代海洋科学人才的培养，主要是在高等院校的地学系中。如 1912 年，中华民国政府教育部先后颁布《大学令》《大学规程》《师范教育令》，规定了大学文科及高等师范学校地理课程的设置，其中海洋学已经成为大学文科地理课中的主要内容之一。在 20 世纪 20 年代前后大学地理系的课程设置中，海洋学也主要放在自然地理学的课程中讲授。从当时的教科书中可以看出，海洋学的内容具体、目标明确。

1908年，《地文学》出版（张相文，上海文明书局）。这是在中国影响较大的一本近现代自然地理学著作。可以说它是中国近现代地学建立的标志。书中第3编“水界”第1章共分两个部分，专门介绍海洋。(甲）海水：1. 成分；2. 水色；3. 深度；4. 温度；5. 海底；6. 生物。（乙）海水之运动：1. 洋流；2. 潮汐；3. 波浪；4. 海啸；5. 流水。1916至1918年，《最新民国地志总论上·地文之部》出版（白眉初，世界书局)。此书作为大学课本及高级中学参考书，1921年和1926年再版，其中“海岸”已作为八章之一收入教材。而此后的自然地理学著作，如张资平（1933)、王谟（1935)、王华隆（1935）等编著的自然地理著作，也都包含有类似的海洋地理学内容。海洋地理学已经成为中国近现代地学的重要组成部分。

四　主要成就

中国近现代海洋地理学的成就是多方面的，发表于不同杂志上的学术论文反映了这一研究领域的前沿和最高水平。据1934年国立北平图书馆出版的，王庸、茅乃文主编的《中国地学论文索引》，以及1936年出版的《中国地学论文索引续编》统计，有关海洋地理学的研究，涉及范围非常广泛。其中，海岸与岛屿的论文51篇，渔业70篇。此外，还有关于港埠、水运、海塘等内容的论文。由于这一学科还没有专门的研究刊物，所以发表的论文也很分散，仅海岸与岛屿的51篇论文就分布于26种杂志之中。通过分析可以看出，海洋地理学的主要研究成就集中在以下几个方面。

1. 沿海地貌研究

受技术、资金等条件的限制，海洋地理学研究主要集中于沿海地带的地貌和区域综合地理研究上，其中，受李希霍芬提出的中国海岸下降说的影响，关于海岸地貌及其升降问题的研究论文最多。许多中国学者通过实地考察修正了李希霍芬的观点。例如，1934～1935 年，黄秉维受洛克菲勒基金会资助，在地质调查所从事山东海岸地形研究，提出海岸曾经上升和下沉的证据。

有关中国沿海地貌的研究论文主要有：《山东海岸变迁之初步观察及青岛一带火成岩之研究》《江浙海岸变迁之研究》《中国沿海地带之地文变迁》《中国海岸线的升沉问题》《广州漏斗湾至杭州漏斗湾地形之初步研究》《造礁珊瑚与中国沿海珊瑚礁的成长率》《与哥伦比亚大学约翰逊教授论“二公尺平台”书》《中国之海岸线》《闽海岸线变动与亚洲第四纪冰川之关系》《杭州湾地形述要》《中国南部复式岸线成因一解》等。其中《中国海岸线的升沉问题》一文较早提出中国海岸线以杭州湾为界，大抵北升南降，这一观点对当时学术界影响较大。当时学者也有不同的观点，如《福建之山脉水系及海岸》一文通过对福建海岸的考察，提出杭州湾以南的海岸在第三纪后期下降，而在第四纪则是上升的趋势，只是下降的幅度大于上升的幅度。此外，中国学者对世界海岸地形也有研究，最有代表性的是丁骕的《苏格兰西部的沿海地形》一文。

2. 海洋区域研究

海洋的区域研究应是海洋地理学的一个主要内容。但由于当时缺乏足够的海洋考察资料，因此海洋区域研究主要集中于黄海和渤海湾地区。主要论文有：《黄海纪略》《东北之黄渤二海》《渤海地域之研究》《渤海之过去与未来》《中国之缘海及其价值》等。这些论文分别从自然、历史、国防等方面进行了海洋区域研究。

3. 岛屿研究

在海洋地理研究中，对沿海岛屿的考察与研究的论文也很多，内容涉及岛屿的数量、面积、地貌及其形成原因等，具代表性的论文是：《东沙岛及西沙群岛》《江苏外海山岛志》《东西沙群岛之价值》《中国沿岸三千三百三十八岛屿面积初步计算》《海南岛》《库页岛概观》等。

4. 海洋气候研究

海洋气候与沿海地区的生产、生活息息相关，所以这一时期的海洋气候研究内容也主要集中于海洋气候形成因子及其对沿海地区的影响上。如《中国气候区域论》《中国雨量区域之分布》分析了中国气候的区域特点，《中国之雨量及风暴说》论述了海洋气候对大陆气候的影响。

这一时期更多的研究则集中于对台风的分析和研究上。主要论文有：《去秋江浙滨海之二台风》《台风中心的若干新事实》《远东台风的新分类》《远东台风的源地及转向》《东亚之台风》《台风之研究》等。

5. 海洋水文研究

主要论文有：《钱塘江与杭州湾水理学报告》《中国地质史上两次巨大的海浸——支那海浸与昆仑海浸》《北方大港气象潮位年报》《渤海之水文、渤海盐分分布与其海水运行》《海流与气流之连关》《渤海之气温与水温及其与海水垂直运行之关系》等。

6. 海洋生物研究

主要论文有：《厦门沿海动物之一斑》《烟台海滨动物之分布》《中国藻类植物之概况及其经济价值》等。

7. 海图绘制

绘制海图主要是为了实际应用，所以海图的内容相当广泛，包括战斗图、驾驶图、海流图、海水温度图、海底沉积图、海浪图等磁线图和海岛图等。与地学相关的海图主要有：清朝光绪年间绘制的《中国海口图说》《中国海道图》，以及《中国海及日本海海水温度分配图》（1930 年，蒋丙然绘制，青岛市观象台出版）等。

海洋地理学论文还涉及海洋经济（如港埠、渔业、海盐等）、海洋工程（如海塘等）、沿海及海岛游记等。虽然海洋地理学是地理学各门分支学科中发展较晚的学科之一，但在 20 世纪上半叶还是取得了许多成就，并为中国海洋地理学的进一步发展奠定了坚实的基础。

第七节　资源考察研究

中国具有现代科学意义的资源考察，始于 20 世纪 20～30 年代[1]。这一时期的工作，已经不限于单纯地描述或记录资源的分布情况，而是利用先进的科学仪器设备，查明资源的数量、质量，寻找资源分布的规律，分析资源的开发条件，并利用科学理论解释资源的区域分布、因果和动态关系。

〔1〕 中国大百科全书总编辑委员会《地理学》编辑委员会．中国大百科全书·地理学［M］．北京：中国大百科全书出版社，1990：511.

进入20世纪之后，中国学术团体和研究机构纷纷成立，中国学者开始独立从事资源考察工作。这一时期的考察工作，大多围绕着学术研究而展开。地质学、地理学、生物学分别从不同的角度，对同一项或几项自然资源进行考察研究。但是，学科之间很少交叉渗透。

学术机构组建的考察队，着重于资源调查、观测与初步研究。为了克服经费、人员等方面的困难，当时也有学术团体、高等院校、学术机构，甚至政府机构和社会团体联合组织考察团〔1〕。这些考察团或由于考察目的相近，或由于考察地域相

〔1〕 这一时期组织的考察团数目众多、名目繁杂、时间长短和规模大小不等、考察水平参差不齐。笔者在阅读资料过程中，看到了大量的考察团的记载，其中主要有："广西科学调查团"（1928年，中央研究院组织，历时9个月，着重采集动植物标本，调查地质环境及风土人情）；"西陲学术考察团"（1931年，政府组织，前往蒙古、甘肃、新疆各地考察）；"西北考查团"（1932年，百多名在中央党部工作的专家学者奔赴陕、甘、宁三省考察）；"长江通讯社西北考察团"（1932年，撰写有《西北实业计划调查报告》）；"四川考察团"（1932~1933年，资源委员会组织，在四川省乌江流域考察）；"雷马峨屏考察团"（1934年，西部科学院组织，在云南和四川东南部考察）；"云南地理考察团"（1934年，中央大学、国防设计委员会、云南省政府联合组织）；"西北考察团"（1937年，中英庚款董事会、西北移垦促进会联合组织，在甘肃调查）；"西北艺术文物考察团"（1940年，教育部组织，在西安开展工作）；"西北考察团"（1940年，中华自然科学社组织，考察范围在川西北及甘南白龙江流域）；"西南公路考察团"（1940年，由青海起南北穿过西康到云南一条可能的公路线）；"中印公路勘查队"（1941年，全国公路总局组织。北队曾拟从云南经西藏入印度，但被藏族所阻，未能完成任务）；"川康古迹考察团"（1941年春，中央研究院历史语言研究所、中央博物院筹备处和中国营造学社共同组建，在四川彭山和新津等处调查发掘）；"川康考察团"（1941年，西南联合大学化学系、生物系和地质系联合组织）；"甘青考察团"（1941年，农林部组织）；"川西科学考察团"（1942年，中央大学地质系、地理系、生物系联合组织）；"西北史地考察团"（后改为"西北科学考察团"，1942年，中央研究院历史语言研究所、中央博物院筹备处、中英庚款董事会、中国地理研究所和北大文科研究所联合组织，以甘、青、宁、新等省为中心）；"西北科学考察团"（1943年，中央研究院组织）；"西北建设考察团"（1943年，中央设计局主持）；"国父实业计划西北考察团"（1943年）。

同，往往由几个学科的人员共同组队，从事考察工作。但是在实际工作中，学科之间也是各自为政，没有形成真正的综合考察。

一 学术机构成立的考察队

从20世纪开始，地学研究机构纷纷建立。这些以地域性研究为主要特点的学术机构，成立之初的首要任务就是到野外搜集资料，为科学研究奠定基础。与此同时，为了研究机构的发展，也为了解决研究经费的困难，许多机构也接受政府或企业交给的任务，在服务社会的同时，从事学术考察。

1. 学术机构组织的考察

尽管在20世纪早期，无论从社会环境还是研究条件来看，野外工作都十分艰苦，但是生物、地学领域的研究机构，每年都会派出考察队到野外工作。仅地质学领域就组织了几百次的小规模考察。以中央地质调查所为例，在抗日战争最困难的1940年上半年，该所就有近20个考察队在野外工作[1]。生物学领域的研究机构，也在动植物资源的考察，植物标本的采集，以及药用植物的考察和采集方面做了大量的工作。

由于条件的限制，学术机构的考察地域多在所在地附近的区域，因此不同的机构，研究的地域不同。南京的中国科学社生物研究所，考察区域主要集中在长江中下游地区；北京的静生生物调查所，主要在华北、西北等地考察；广州中山大学农林植物研究所和广西大学植物研究所，考察地域则集中在华南。

〔1〕 李春昱. 关于测制二十万分之一地质图的商讨［J］. 地质论评，1940，5（5）.

研究所组织的考察队一般规模小、时间短，有时两三个人即可组成一个考察队出野外工作。当然，在经费充裕、条件允许的情况下，研究所也会组织远距离、大规模的考察工作。1932 年，静生生物研究所组织了云南生物采集团［蔡希陶（1911—1981）领队］。这是中国生物学史上时间较长、收获较多的一次生物标本的采集活动。

虽然各研究机构考察地域有限，但是这一时期成立的研究机构较多，考察成就也很丰富。据统计，1949 年以前全国约有六七十位生物学者，经过多年的努力，采集的高等植物标本约 80 万号，约 2 万余种，并在全国 15 个省市的植物学研究机构及大学建立了 27 个标本室〔1〕。

学术机构组织的考察，也有很大一部分是以应用性研究为目的。矿产资源考察是地质学者开始最早、投入人力和财力最多的工作。中国学者在煤、铁、石油以及其他金属矿产和非金属矿产资源的考察方面都做了大量工作，尤其重视煤、铁等资源的考察。据统计，仅中国学者调查过的煤田就有两百多处，其中新发现的有十几处。他们在铁矿资源的调查方面也做出了重大的贡献，发现了六七处铁矿〔2〕。此外，还在中国西部地区进行了多次石油地质调查，并找到了天然油气田。

在地质学家和生物学家从事专项资源考察的同时，地理学家已经开始尝试从区域研究的视角，在力所能及的范围内进行小区域的、综合性的资源考察。

---

〔1〕 中国植物学会. 中国植物学史［M］. 北京：科学出版社，1994：160.

〔2〕 尹赞勋. 经济部中央地质调查所二十五周年纪念会记略［J］. 地质论评，1942，7（1/3）.

中国地理研究所的宗旨就是“举办区域考察、着重研究工作”[1]。该所把区域综合考察作为学术研究的重要内容。该所建立之初，中国还缺乏组织大规模区域规划和区域开发的条件，进行全国范围内的综合性区域考察与研究，条件还不成熟。从当时学术基础来看，区域范围的选择如果太大，在人力、时间、财力等条件的限制下，考察工作无法做到深入细致，从而也就失去了考察研究的意义。因此，在区域的选择上，“最好是一个岛屿、山谷、冲积扇、三角洲、一丘一埠等，因为这一类的研究，宜于精细”[2]。在这种思想指导下，多数学者开始转向了小区域综合考察。

由于抗日战争的影响，中国地理研究所的考察区域主要集中在中国西部，曾先后组织对嘉陵江流域、涪江流域、汉中盆地、大巴山区、川东地区、成都平原等地区的考察工作。

2. 政府资助下的考察

野外考察需要大量的经费。在 20 世纪 20 ~ 30 年代，一次野外考察旅费的支出，少则几百元，多则几千元。参考当时北京四五口人之家每月只要有十几元的伙食费就可以维持生活，这个开销非常大。为了解决经费问题，研究机构一般都会主动接受政府或企业交给的任务。学者们不仅可以通过完成这些任务，实现学术研究服务于社会的夙愿，而且还可以在完成任务的同时，从事学术考察工作。地质学家在中国西南地区的考察就是其中一例。

---

〔1〕 地理，1942（1/2）：附录.

〔2〕 田世英．地理学新论及其研究途径［M］．上海：商务印书馆，1947：90.

中国西南是经济落后的地区，进入20世纪后，中国学者开始注意到发展西南地区经济的重要性。他们认为，“滇省地界泫边，矿务关系国家利权，亟应及时筹划”[1]。

1914年，交通部和中法工业银行签订了修建一条连接昆明和重庆铁路的协议[2]，于是政府委派中央地质调查所到云南考察。该所组织考察队在这一地区工作了11个月。地质学家的“任务是调查矿产，但他的科学兴趣是测量地形与调查地质”[3]。这次学者们不但考察了该地区的锡矿和煤矿，研究了这一区域的地层情况，还考察了当地的自然资源、经济、民族等情况，收集了大量的资料。

1929年，铁道部邀请中央地质调查所帮助调查南部各省铁路沿线的矿产资源。为此，该所制定了详细的《拟定调查办法大纲》，大纲中将考察的重点放在了中国西南部地区[4]。1929年至1930年间，在铁道部的资助下，地质调查所组织了一个规模较大的考察队到西南考察。这个考察队不但人员众多，而且配备了较好的考察设备[5]。高素质人员和先进设备的组合，使这一次西南考察成果丰富。考察采集了大量标本，收集了这一区域的自然资源和人文情况的资料。

---

〔1〕 丁文江．上农商总长书［M］//黄汲清，潘云唐，谢广连．丁文江选集．北京：北京大学出版社，1993．

〔2〕 弗思．丁文江——科学与中国新文化［M］．丁子霖，蒋毅坚，杨昭，译．长沙：湖南科学技术出版社，1987：31．

〔3〕 胡适．丁文江的传记［M］．合肥：安徽教育出版社，1999：46．

〔4〕 中国第二历史档案馆档案：全宗号375，卷宗号115。

〔5〕 考察队员携带有一套经纬仪、一个Omega高级怀表、一套手携无线电收听仪、一个美国制Brunton地质罗盘、一个干气压计、一套沸点温度仪、一个双筒望远镜、一个手携扩大镜、两个大槌、若干个钢钎、数个皮尺、一个小钢卷尺和一套绘图板及附件，以及电池、电灯等设备。

3. 基金会资助的考察

与政府出资不同，基金会对学术机构的资助一般时间较长，而且也没有具体的任务要求，从而保证了研究机构能够在相当的时期内，专心于专项考察和研究。基金会在资源考察方面的资助，以土壤资源的调查规模最大。

中华教育文化基金会十分重视中国的农业问题，并于1930年通过了一项土壤调查计划。由于缺乏相应的研究机构，中华教育文化基金会就委托中央地质调查所开展全国范围的土壤调查。为此该所专门成立了土壤研究室，并聘请美国学者来华指导工作。由于最初几年经费比较富裕，土壤调查工作进展顺利，取得丰硕的成果。

这是20世纪前半叶规模最大、范围最广的土壤资源的调查。土壤调查工作先后在山东、河北、陕西、甘肃、广西、广东及江西等地展开。虽然是因关注农业问题而资助土壤调查，但基金会并没有给研究机构下达具体任务。这项工作开展后，基金会也没有干涉它的考察内容。

正是这种特殊的机遇，使土壤资源的考察和研究都取得了长足的进展。野外考察取得大量的基础资料，同时还编制土壤图百余幅，采集土壤标本万余个，撰写调查报告和论文百余篇〔1〕。学者们还研究了土壤生成及分类、土壤分布规律、指示植物、土壤形态、土壤分层、土壤理化性质、土壤肥力等内容。

因条件限制，早期的土壤资源调查主要集中在中国的东部

〔1〕 李庆逵．前地质调查所土壤研究室的工作回顾［M］//程裕淇，陈梦熊．前地质调查所（1916～1950）的历史回顾——历史评述与主要贡献．北京：地质出版社，1996.

地区。西部地区只在山西和陕西两省的部分地区做了一些工作，东经 100°以西的地区则是一片空白。抗日战争爆发后，土壤调查工作开始转向西北和西南，这才开展了相关区域的土壤资源考察。

二　多方联合组织的考察团

随着研究机构的增多和野外考察规模的扩大，一个机构的力量已经无法担负起大规模的考察工作。而且，有些任务也不是单一学科能够独立完成的。考察团的组织形式，在一定程度上解决了这些问题。

联合考察团一般规模较大，利于在短期内迅速筹集资金。它的组织形式也比较灵活，可以建立起包括多个机构、多个学科的队伍。只要有一定的经费支持，这个队伍就能够迅速成立，并顺利地开展工作。1949 年以前成立的以资源考察为目的的考察团，涉及学科范围广泛，包括地质学、地理学、生物学、考古学、历史学、经济学等多个学科。

从学科角度看，中央研究院、北平研究院和西部科学院等机构，本身就具有多学科的优势。因此，这些机构已经具备了组织跨学科考察团的能力。1928 年，中央研究院组织了由生物学家和地质学家共同参与的“广西科学调查团”，该团历时 9 个月，着重采集动植物标本，调查地质环境及风土人情[1]；1934 年，西部科学院生物、地质两所研究员共 12 人组成考察团，在云南和四川东南部地区考察。这种组团方式，是以学术研究为目的，所以收集了丰富的资料，并撰写了考察研究报告。

---

〔1〕 姜玉平，张秉伦. 从自然历史博物馆到动物研究所和植物研究所［J］. 中国科技史料，2002，23（1）：18－30.

高等院校具有多学科的优势。由于教学工作的需要和时间上的限制，高校组织的考察团一般时间较短，但是参与人数众多。考察团一般由著名教师率领，组织教师和学生共同参与考察。这种考察团组建多是为了教学需要，所以不要求考察团成员撰写报告或从事研究。但是，部分参与考察工作的教师或领队人员经过个人的研究，发表了考察记录或研究论文。

1941 年，西南联合大学化学系、生物系和地质系组织了“川康考察团”。该考察团出版了 20 万字的考察报告《大凉山夷区考察记》（曾昭抡，1945），介绍了该地区的矿产资源、交通和少数民族的情况[1]。1942 年中央大学地质系、地理系、生物系也曾联合组织百余人参加“川西科学考察团”，但没有发表正式的报告。

高等院校组织的考察团，其教育的目的和意义要高于学术意义。考察团组建的目的是促进教学工作，培养学生吃苦耐劳的科学精神，所以考察工作没有明确的任务要求，考察后的研究成果较少。

研究机构与高校之间，也曾经组织过跨机构的考察团。1934 年，中国科学社生物研究所与静生生物调查所、中央研究院自然历史博物馆、山东大学、北京大学等单位联合组成了“海南生物采集团”，赴海南岛一带调查热带和亚热带动植物资源，采集标本。

跨机构联合组织的考察团中，规模最大的是 1942 年组建的“西北史地考察团”。考察团早期由中央研究院历史语言研

〔1〕 裘立群．西南联大师生步行考察大凉山［J］．中国科技史料，1994，15（2）：32－41．

究所、中央博物院筹备处和中国地理研究所联合发起组织。该团以甘肃、青海、宁夏、新疆等省区为中心，着重调查陇西及河西走廊一带的历史古迹、自然环境和资源情况。1943 年考察团规模扩大。北京大学文科研究所正式加入，并新增了地质、矿产、动植物等组。考察团名称也改为“西北科学考察团”[1]。

“西北科学考察团”虽然涉及学科众多，但是考察团结构松散，学科组各自为政，经费也是独立使用。各组之间基本上没有学术交流，考察成果也是在各自的学术刊物上发表。所以名为联合考察，实是在统一的旗号下独立研究。但是，这种组团的形式可以扩大考察的规模，维持较长时间的工作，也利于得到经费的资助，所以各学科的考察工作都取得了不小的成绩。像地理组在考察结束后，考察队员在《地理》《地理学报》《边政公论》等刊物上都发表了研究成果。

为了推进考察工作，学术机构也会主动与政府部门联合组团。20 世纪 30 年代中期，生物学家计划开展海洋生物资源的考察。1935 年，北平研究院计划开展海洋生物资源调查。因考察计划可以“辅助实业”，得到青岛市政府的支持。双方联合组织了“胶州湾海产动物采集团”，对胶州湾及临近海域的

---

〔1〕 刘诗平、孟宪实著《敦煌百年：一个民族的心灵历程》，广东教育出版社 2000 年出版，第 254、260 页。考察团人员组成情况如下：团长辛树炽（西北农学院院长）；总干事李承三（中国地理研究所所长兼领队）；历史组，主任向达（西南联大教授，1942 年由中央博物院聘请，1943 年以北大文科研究所成员的身份参加），1943 年夏鼐任副组长（历史语言研究所留英考古学博士），组员劳榦、石璋如，1943 年阎文儒加入（向达的研究生）；地理组，主任李承三，组员林超、周廷儒；植物组，主任吴静禅（同济大学教授）；文书劳榦（史语所）；会计石璋如（史语所）；事务周廷儒（地理所）。

海洋动物进行考察。市政府为考察团提供了设备、组织等保障，北平研究院则派出动物学研究所、生理学研究所的研究人员，并与青岛市观象台海洋科和山东大学等机构的学者共同开展考察。与政府部门联合组织的考察团，工作重点主要偏重于为生产实践服务。

参考文献

[1] 新年献词 [J]. 边政公论，1944，3（1）.

[2] 张其昀. 研究中国地理的新途径 [M]// 张其昀. 人地学论丛：第1集. 南京：钟山书局，1932.

[3] 杨钟健. 纯粹研究之出路 [J]. 论衡，1939（12）.

[4] 詹姆斯，马丁. 地理学思想史 [M]. 李旭旦，译. 增订本. 北京：商务印书馆，1989.

[5] 翁文灏，竺可桢，张其昀. 中国地理学会发起旨趣书 [J]. 方志月刊，1933，6（4）.

[6] 顾谷宜. 地理学的范围 [J]. 地理杂志，1930，3（6）.

[7] 田世英. 地理学新论及其研究途径 [M]. 上海：商务印书馆，1947.

[8] 何锡昌. 自科学体系所见地理学之地位及其本质 [J]. 地学季刊，1932，1（3）.

[9] 德坚生，霍威尔士. 地理学发达史 [M]. 楚图南，译. 上海：中华书局，1940.

[10] 李长傅. 地理学本质论 [J]. 地学杂志，1935（1）.

[11] 发刊词 [J]. 地学季刊，1932（1）.

[12] 李旭旦. 现代地理学的几个问题 [J]. 地理知识，1979（9）.

[13] 王益厓. 地学辞书 [M]. 上海：中华书局，1931.

[14] 葛绥成. 地理丛谈 [M]. 上海：中华书局，1948.

[15] 姚存吾．地理学之解释［J］．地学杂志，1922（1）．

[16] 国家自然科学基金委员会．地理科学［M］．北京：科学出版社，1995．

[17] 张雨峰．地理学之意义与范围［J］．地学杂志，1929（1）．

[18] 周立三．地理学之对象及其任务［J］．地理，1941（1）．

[19] 王益厓．地理学［M］．上海：世界书局，1931．

[20] 张其昀．近二十年来中国地理学之进步（续）［J］．科学，1935，19（11）．

[21] 任美锷．建设地理新论［M］．上海：商务印书馆，1947．

[22] 威特弗格尔．地理学批判［M］．沈因明，译．上海：辛垦书店，1935．

[23] 王成组．地理学的旨趣和需用［J］．地学杂志，1928（1）．

[24] 卡列斯尼克．普通地理学原理：上册［M］．徐士珍，译．北京：高等教育出版社，1954．

[25] 本书编辑组．陆地系统科学与地理综合研究：黄秉维院士学术思想研讨会文集［G］．北京：科学出版社，1999．

[26] 张其昀．人地学论丛：第1集［M］．南京：钟山书局，1932．

[27] 张沦波．地理科学之解释及其代表作［J］．地学季刊，1932（3）．

[28] 马东．新地学［M］．竺可桢，等译．南京：钟山书局，1933．

[29] 谢觉民．川东平行岭谷区之自然与人生［J］．地理，1943（1/2）．

[30] 李春芬．现代地理学与其展望［J］．地理学报，1948（1）．

[31] 王勤堉．学林社丛刊·民国以来我国的地理学研究之业绩［M］．广州：暨南大学学林社，1940．

[32] DICKINSON R E，HOWARTH O J R．地理学史［M］．王勤堉，译．上海：商务印书馆，1938．

[33] 赵荣. 地理学思想史纲 [M]. 西安：陕西科学技术出版社，1995.

[34] 古里哥里页夫. 地理学新论 [M]. 沈因明，译. 上海：辛垦书店，1935.

[35] 格拉夫. 地理哲学 [M]. 曹沉思，译. 上海：商务印书馆，1938.

[36] 张其昀. 近二十年来中国地理学之进步（续）[J]. 科学，1936，20（6）.

[37] 任美锷. 最近三十年来中国地理学之进步 [J]. 科学，1948（4）.

[38] 李赫捷尔. 自然区划 [M] //格拉西莫夫. 苏联地理学：总结与任务. 杨郁华，等译. 北京：科学出版社，1964.

[39] 冯绳武. 中国地理区域 [J]. 地学集刊，1946（1/2）.

[40] 《黄秉维文集》编辑组. 地理学综合研究——黄秉维文集 [G]. 北京：商务印书馆，2003.

[41] 洪思齐. 划分中国地理区域的初步研究（摘要）[J]. 地理学报，1934（2）.

[42] 张雨峰. 自然区域与政治区域 [J]. 地学杂志，1929（2）.

[43] 王德基，陈恩凤，薛贻源，等. 地理专刊第三号·汉中盆地地理考察报告 [M]. 北碚：中国地理研究所，1946.

[44] 曹忠财. 曲靖盆地 [J]. 地学集刊，1946，4（1/2）.

[45] 詹子政. 江都西山丘陵区之地理概述 [J]. 方志月刊，1935，8（1/2）.

[46] 俞肇康. 渤海地域之研究 [J]. 地学杂志，1916（2）.

[47] 王成敬. 四川东南山地区之经济地理与经济建设 [M]. 成都：四川省银行经济研究处，1944.

[48] 任美锷. 实业计划中的工业区位思想 [J]. 新经济，1942，7

(1).

[49] 沙学浚. 工业化与中国前途 [J]. 地理, 1941, 1 (2).

[50] 翁文灏. 中国经济建设的前瞻 [J]. 经济建设季刊, 1942, 1 (1).

[51] 杨继曾. 如何踏上工业化的途径 [J]. 中农月刊, 1943 (5).

[52] 翁文灏. 中国东南部进一步的建设 [J]. 地理学报, 1947, 14 (1).

[53] 林壬. 工业地理之絮议 [J]. 地学杂志, 1914, 5 (9).

[54] 陈振汉. 战后工业中心的区位 [J]. 新经济, 1941, 5 (11).

[55] 吴承洛. 战后工业建设区位之研究 [J]. 新经济, 1942, 7 (1).

[56] 吴景超. 中国应当建设的工业区与工业 [J]. 经济建设季刊, 1943, 2 (4).

[57] 杨吾扬. 地理学思想简史 [M]. 北京: 高等教育出版社, 1989.

[58] 新疆维吾尔自治区地质矿产局. 新疆维吾尔自治区区域地质志 [M]. 北京: 地质出版社, 1993.

[59] 葛绥成. 十年来之中国边疆 [J]. 地学季刊, 1932, 1 (4).

[60] 刘镇华. 开发西北计划书 [J]. 西北研究, 1931 (1).

[61] 李国耀. 《西北研究》发刊词 [J]. 西北研究, 1931 (1).

[62] 李国耀. 现在中国之地理教育 [J]. 师大月刊, 1935 (19).

[63] 杨钟健. 抗战期中西北之发展 [J]. 新西北月刊, 1939, 1 (4).

[64] 卡赞宁. 中国经济地理 [M]. 焦敏之, 译. 上海: 光明书局, 1937.

[65] 向金声. 西北资源的调查 [J]. 建设月刊, 1936, 14 (2).

[66] 王忱. 高尚者的墓志铭——首批中国科学家大西北考察实录

[M]. 北京：中国文联出版社，2005.

[67] 丁道衡. 新疆矿产志略 [J]. 地学杂志，1931 (4).

[68] 张其昀. 兰州开发论 [M]//张其昀. 人地学论丛：第1集. 南京：钟山书局，1932.

[69]《边政公论》发刊辞 [J]. 边政公论，1942，1 (1).

[70] 边政与地理 [J]. 边政公论，1944，3 (3).

[71] 段承泽. 包头宁夏间黄河实测报告 [R]. 20世纪30年代油印稿.

[72] 郭敬辉. 划分西北自然区域之我见 [J]. 禹贡，1936，6 (5).

[73] 陈国达，陈述彭，李希圣，等. 中国地学大事典 [M]. 济南：山东科学技术出版社，1992.

[74] 武衡，宋叔和. 地质教学理论结合实际的楷模 [M]//杨遵仪. 桃李满天下——纪念袁复礼教授百年诞辰. 武汉：中国地质大学出版社，1993：19－20.

[75] 王鸿祯. 师道长存功勋永在 [M]//杨遵仪. 桃李满天下——纪念袁复礼教授百年诞辰. 武汉：中国地质大学出版社，1993：28－29.

[76] 杨遵仪. 桃李满天下——纪念袁复礼教授百年诞辰 [M]. 武汉：中国地质大学出版社，1993.

[77] 张良臣. 中国西天山地质事业回顾与展望 [J]. 新疆地质，2000，18 (3)：264－272.

[78] 王荣华. 国民政府时期的西北考察活动与西北开发 [M]//张海鹏，陈育宁. 中国历史上的西部开发. 北京：商务印书馆，2007：268－278.

[79] 黄汲清. 天山之麓 [M]. 乌鲁木齐：新疆人民出版社，2001.

[80] 黄汲清，杨钟健，程裕淇，等. 新疆油田地质调查报告 [J]. 地质专报甲种，1941 (21).

[81] 侯仁之. 中国地理学简史：下册 [M]. 铅印本. 北京：北京大学，1959：173.

[82] 中央地质调查所西北分所．中央地质调查所西北分所概况：三十二年至三十七年［M］. 兰州：中央地质调查所西北分所，1948.

[83] 陈梦熊．抗战时期的地质调查所西北分所［M］//程裕淇，陈梦熊．前地质调查所（1919～1950）的历史回顾——历史评述与主要贡献．北京：地质出版社，1996：61.

[84] 陈正祥．西北区域地理［M］. 上海：商务印书馆，1945.

[85] 任美锷．工业区位的理论与中国工业区域［J］. 地理学报，1944，11（1）.

[86] 丁骕．新疆之自然区域［J］. 边政公论，1944，3（10）：17－21.

[87] 任美锷．地理研究与经济建设［N］. 大公报（重庆），1942－06－08，1942－06－09.

[88] 任美锷．西北之地理环境与经济建设［N］. 大公报（重庆），1941－11－25.

[89] 刘仲仁．陕西省黄土之地形［J］. 地学杂志，1916，7（3）.

[90] 冯景兰．黄土研究之新趋势［J］. 科学，1949（1）.

[91] 任美锷．中国北部黄土与人生［J］. 方志月刊，1936，9（1）.

[92] 马溶之．中国黄土之生成［J］. 地质评论，1944（Z2）.

[93] 梁文郁．关于黄土的厚度问题［J］. 地质论评，1946，11（3/4）：283－289.

[94] 黄泽苍．中国天灾问题［M］. 上海：商务印书馆，1935：88.

[95] 孙儒范．过去两年南京所受到之地震［J］. 科学，1935，19（7）：1033－1035.

[96] 齐书勤．中国早期的地震科学考察［G］//王渝生．第七届国际中国科学史会议文集．郑州：大象出版社，1996：406.

[97] 民国6年1月至2月地震调查报告［J］. 农商公报，1917，3（35）.

[98] 黄汲清．我国地质科学工作从萌芽阶段到初步开展阶段中名列第一的先驱学者［M］//王鸿祯．中国地质事业早期史．北京：北京大学出版社，1990.

[99] 翁文灏．地震［M］．上海：商务印书馆，1924.

[100] 翁文灏．甘肃地震考［J］．地质汇报，1921（3）.

[101] 谢家荣．民国九年十二月十六日甘肃及其他各省地震情形［J］．地震杂志，1922，13（8/9）.

[102] 杨钟健，王恭睦．地震浅说［M］．上海：中华书局，1924.

[103] 常隆庆．四川叠溪地震调查记［J］．地质论评，1938，3（3）：251－292.

[104] 蒋溶，陈国达．民国25年4月1日广东灵山地震记略［J］．地质论评，1940，5（5）.

[105] 王竹泉．河北滦县地震［J］．地质论评，1947，12（1/2）.

[106] 李建初．旧中国被敌匪杀害的几位地质学家纪略［G］//中国地质学会地质学史委员会．地质学史论丛（二）．北京：地质出版社，1989.

[107] 翁文灏．中国地质构造对地震区分布之影响［J］．中国地质学会志，1923，2（3/4）.

[108] 翁文灏．中国地震区分布简说［J］．科学，1921，8（8）.

[109] 李善邦．新疆地震［C］．国立北平研究院院务汇报，1934，5（1）.

[110] 张其昀．近二十年来中国地理学之进步［J］．科学，1935，19（10）.

[111] 洪世年，陈文言．中国气象史［M］．北京：农业出版社，1983.

[112] 杨文衡．世界地理学史［M］．长春：吉林教育出版社，1994.

[113] 竺可桢. 民国二十年七月长江流域雨量何以特多之故 [J]. 时事月报, 1921 (9).

[114] 竺可桢. Some new facts about the centers of typhoons [J]. Monthly Weather Review, 1918, 46: 417-419.

[115] 竺可桢. 秋间江浙滨海两飓风之详释 [J]. 地学杂志, 1921, 12 (11/12).

[116] 竺可桢. A new classification of typhoons of the far east [J]. Monthly Weather Review, 1924, 52: 570-579.

[117] 竺可桢. The place of origin and recurvation of typhoons [J]. Ibid, 1925, 53: 1-5.

[118] 卢嘉锡. 中国现代科学家传记: 第五集 [M]. 北京: 科学出版社, 1994: 350.

[119] 卢鋈. 东亚之台风 [J]. 气象杂志, 1937.

[120] 李宪之. 台风之研究 [J]. 气象研究所集刊, 1931, 3.

[121] 徐近之. 热带旋风 [J]. 地理杂志, 1930, 3 (6); 1931, 4 (1).

[122] 郑子政. 长江下游之灾荒与夏季雨量之预测 [J]. 地理学报, 1935, 2 (3): 81-90.

[123] 竺可桢. 中国之雨量及风暴说 [J]. 科学, 1916, 2 (2).

[124] 竺可桢. 东南季风与中国之雨量 [J]. 地理学报, 1934, 1 (1).

[125] 竺可桢. 华北之干旱及其前因后果 [J]. 地理学报, 1934, 1 (2).

[126] 朱炳海. 山地之雨量 [J]. 方志月刊, 1935, 8 (7/8).

[127] 竺可桢. 中国气候区域论 [J]. 气象研究所集刊, 1931, 1.

[128] 涂长望, 卢鋈. 中国气候区域 [J]. 地理学报, 1936, 3 (3).

［129］卢鋈．中国气候区域新论［J］. 地理学报，1946，12/13：1－10.

［130］涂长望．中国雨量区域之分布［J］. 气象研究所集刊，1935，5.

［131］竺可桢．中国历史上气候之变迁［J］. 东方杂志，1925，22（3）.

［132］竺可桢．Climatic changes during historical time in china［J］.（德）地球物理学报，1931（32）.

［133］郑子政．树木年轮与北平雨量［J］. 史地社会论文摘要，1935，1（10）.

［134］丁文江．陕西省水旱灾之纪录与中国西北部旱化之假说［G］//斯文·赫定七十岁纪念册（英文）.

［135］周廷儒．从自然地理现象证明历史时代西北气候变化［J］. 地理，1942，2（3/4）.

［136］吕炯．关于西域及西蜀之古气候与古地理［J］. 气象学报，1942，16（3/4）.

［137］江小群，胡欣．中国地理学史［M］. 北京：文津出版社，1995.

［138］王扬宗．江南制造局翻译书目新考［J］. 中国科技史料，1995，16（2）：3－18.

［139］鞠继武．中国地理学发展史［M］. 南京：江苏教育出版社，1987.

［140］中国大百科全书总编辑委员会《地理学》编辑委员会．中国大百科全书·地理学［M］. 北京：中国大百科全书出版社，1990.

［141］李春昱．关于测制二十万分之一地质图的商讨［J］. 地质论评，1940，5（5）.

［142］中国植物学会．中国植物学史［M］. 北京：科学出版社，

1994.

[143] 尹赞勋. 经济部中央地质调查所二十五周年纪念会记略[J]. 地质论评, 1942, 7 (1/3).

[144] 丁文江. 上农商总长书 [M] // 黄汲清, 潘云唐, 谢广连. 丁文江选集. 北京: 北京大学出版社, 1993.

[145] 弗思. 丁文江——科学与中国新文化 [M]. 丁子霖, 蒋毅坚, 杨昭, 译. 长沙: 湖南科学技术出版社, 1987.

[146] 胡适. 丁文江的传记 [M]. 合肥: 安徽教育出版社, 1999.

[147] 李庆逵. 前地质调查所土壤研究室的工作回顾 [M] // 程裕淇, 陈梦熊. 前地质调查所 (1916 ~ 1950) 的历史回顾——历史评述与主要贡献. 北京: 地质出版社, 1996.

[148] 姜玉平, 张秉伦. 从自然历史博物馆到动物研究所和植物研究所 [J]. 中国科技史料, 2002, 23 (1): 18 – 30.

[149] 裘立群. 西南联大师生步行考察大凉山 [J]. 中国科技史料, 1994, 15 (2): 32 – 41.

[150] 刘诗平, 孟宪实. 敦煌百年: 一个民族的心灵历程 [M]. 广州: 广东教育出版社, 2000.

第五章　结语：地学研究与社会需求

科学的发展需要社会的重视与支持，而这又有赖于科学显示出它的社会价值。随着工业化时代的来临，人类的生活更是离不开自然资源。地学以对自然资源及其分布规律的研究为主要内容之一，是一门应用性很强的科学，因此它的发展与社会经济，尤其是近现代的工业水平有着密切的关系。

第一节　地学对社会观念的影响

地学是一门以地球为研究对象的自然科学。早在20世纪初期中国学者就呼吁，地学“无论学理与实用均与国家发展之前途息息相关，故非得国家提倡而维持之，不足以大展其用”[1]。地学的学科性质决定了它与政府、社会有着广泛的联系。在社会动荡、战争频繁的年代里，地学能够在短时间内顺利地完成引进、传播、发展与深化等一系列过程，与地学的社会价值有着重要的关系。同时，地学的学科性质也使它摆脱了认识上的孤立性和抽象性，而被置于它的实践者赖以生活和工作的嘈杂的社会之中。

对中国社会和中国人世界观念产生过较大影响的与地学相关的理论中，以大陆漂移学说和进化论最为深入。地球的起源与演化问题是20世纪初期最活跃、最引人入胜的研究领域之一。1910年德国学者魏格纳（Alfred Lothar Wegener，1880—1930）提出的大陆是可以漂移的观点，对传统的、占统治地位

〔1〕章鸿钊．中华地质调查私议［J］．地学杂志，1912（1）．

的洋陆固定论提出了质疑，在西方学术界引起了强烈的反响。1925 年翁文灏在北京天文学会演讲时，详细介绍了这一理论。大陆漂移学说虽然只是地学领域中的一次理论革命，但它作为一种新的地球观，引导人们从宏观、运动发展的角度把地球作为一个有机的整体来研究，在一定程度上改变了人们对世界的认识。

进化论是影响中国社会最为广泛、深入的理论之一。早在 19 世纪末、20 世纪初，中国人就知道了达尔文（C. R. Darwin，1809—1882）的进化论。进入 20 世纪后，达尔文的进化论更是在中国产生了深刻的影响。达尔文所指的“进化”，本来是由于自然界中的生物与其地理环境之间相互作用中的改变而造成的，但英国哲学家斯宾塞（Herbert Spencer，1820—1903）将本属于生物界的进化论引入到社会科学中，提出了“社会有机体”学说。1895 年严复开始根据英国学者赫胥黎（T. H. Huxley，1825—1895）1893 年发表的文章编译《天演论》。严复在他介绍达尔文进化论的译著《天演论》中阐述了斯宾塞的观点，这种观点迎合了当时中国社会的需求。20 世纪 20 年代，“物竞天择，适者生存”的思想已经深入人心。

达尔文的进化论与地质学更是有着密切的关系。“地质科学的进步在 19 世纪前半叶，从本质上说，是成功的提出生物进化论的序幕。”[1] 进化论“本属生物学范围；但谓达尔文氏仅以一纯粹生物学者之资格，而能成此大著述，则吾未敢信也”，进化论“表面观之乃以生物学为根柢之著述，实则其根

〔1〕 吉利思俾.《创世纪》与地质学［M］.杨静一，译.南昌：江西教育出版社，1999：218.

柢为地质学”。达尔文的思想在许多方面得益于地质学家赖尔，赖尔的《地质学原理》始终是他观察地质现象的基础。早在20世纪20年代就有中国学者指出：“不知达尔文与地质学之关系而妄谈进化论者，非真能识达尔文者也。”[1] 进化论不但深刻地影响了中国人的思想，也促使更多的中国人希望了解地质学理论。

地学不但通过其理论影响着人们对世界的认识，还通过基础教育培养了新一代人的国家与民族意识。早在清末学制改革中，清政府就规定在学校中设置舆地课程，“其要义在使知地球表面及人类生计之情状，并知晓中国疆域之大概，养成其爱国奋发之心；更宜发明地文地质之名类功用，大洋五洲五带之区别，人种竞争与国家形势利害之要端”[2]。20世纪30年代有学者提出地学教育的3个重要功能：①民智方面，“盖青年学子，不知代数之公式，几何之法则尚可，其国家之疆域，行政之区划，身家之地位，则不可不知也！”。②经济方面，“国家之财政，国民之经济，其与大地之关系，亦甚密切。斯故一国财政之措施，国民经济之开发，莫不关及地理环境，需及地理知识”。③政治方面，“人民无地理之知识则无以策动政治”。[3]

地学还通过改变社会经济布局影响人们的观念和生活方式。一些重大矿产资源储藏地的发现改变了社会的经济布局，从而影响着人们的生活方式和文化活动。由于各种资源分布不

---

〔1〕 张资平．地质学者达尔文［M］．上海：商务印书馆，1926：1．

〔2〕 奏定高等小学堂章程［M］//邹振环．晚清西方地理学在中国．上海：上海古籍出版社，2000：278．

〔3〕 李国耀．现在中国之地理教育［J］．师大月刊，1935（19）．

均，地学还与国家外交、政治动向甚至人类战争有着密切关系。李希霍芬（Ferdinand von Richthofen，1833—1905，1861年后曾先后七次来华）在考察了中国的地质情况之后，撰写的报告中认为中国山西的煤炭资源足供全球使用千年；并指出山东半岛的胶州湾不但是中国最好的港口之一，而且还临近矿区，资源丰富。他的考察报告引起了世界列强的垂涎。1897年德国人强租胶州湾就是受到李希霍芬考察报告的影响。正是由于社会需求的影响，地学研究主要围绕着与国计民生关系密切的问题展开，成为民国时期中国地学研究的三大特色之一[1]。

第二节　地学的社会经济价值

18 世纪西方发生的产业革命改变了社会经济布局，矿产资源富藏地区在经济上占据了重要的地位。工业、采矿业、冶炼业的迅速发展带动了地学，尤其是地质学的进步。工业发达国家矿业和以矿产品为基本原料的工业，一般要占到整个工业生产的 60% 左右，而进行生产所使用的动力，几乎全部取之于地下资源。矿产资源是人类生产资料和生活资料的主要物质来源。目前 70% 以上的农业生产资料、80% 的工业原料和 95% 的能源均来自矿产资源[2]。人们把矿产品比作工业的“粮食”。

在工业化社会中，社会经济在开发利用矿产资源的过程中

〔1〕 另外的两个特点：一是野外考察已成为近现代地学研究的基础和必须性的工作，二是地图的应用与绘制成为近现代地学研究的重要手段和成果的载体。

〔2〕 朱训．地质科学与地矿产业——中国地矿工作的过去和未来［M］. 昆明：云南科学技术出版社，1994：10.

发展起来，矿产资源成为人类生产生活的大“材料库”。一个国家矿产资源的丰富程度，它的储量和质量是一个国家国力情况的重要标志之一。矿产资源已经成为国家间经济技术合作与贸易往来的重要内容。它是一些国家对外事务中的重要筹码，历史上曾发生过许多为争夺资源而引发的战争。

地学研究可以满足社会经济各方面的利益和需要，“矿山、土木、农业、山林、卫生等关于地体诸事业，不得不应用此学科之学理以经营之者也”[1]。地学的价值在于它运用人类已有的知识去了解地球，它可以为国家提供能源和矿产分布、储量的重要资料，为国家的减灾防灾提供参考意见，为国家的经济和军事战略布局提供科学的依据，并且能够为一些矿山企业提供生产发展的实质性建议。地学对交通道路建设、各种工程建设，甚至战争当中战壕地道的铺设、饮水、石料等问题的解决，都可以发挥重要作用。地学拓展了人类生存空间和资源开发利用空间，促进了社会经济发展，为社会创造了巨大的经济效益和巨大的市场效应。农、矿、工、商、道路交通、工程建设、垦殖、内部建设和国防等方面都需要利用地学研究成果。这些学科特点使政府及社会都会关注这门学科的研究成果。

第三节　社会环境对地学的影响

中国近现代地学是在一个特殊的历史背景下发展起来的。一方面帝国主义的侵略使“国人忧于外患之日深，非努力图存，无以挽回危局。于是不约而同地上下竞言提倡实用科

〔1〕 陈文哲，等．地质学教科书［M］.上海：昌明公司，1906：2.

学。……以期对国家有速效的真实的贡献”[1]。另一方面是中国近现代工业的发展推动了地学的进步。

近现代工业是地学发展的直接推动力。中国近现代工业始于19世纪60年代开始的洋务运动。“师夷长技以自强”的洋务运动推动了近现代军用工业的兴起，军用工业兴起又带动了近现代民用工业的发展。近现代工业需要大量的煤、铁等资源，因此19世纪60年代以后中国工业对于煤铁的需求量迅速增长。在19世纪最后30年中，伴随着近现代工业的发展，中国进行了一批近现代煤矿的开采。

1875年李鸿章创办的直隶磁州煤铁矿和盛宣怀创办的湖北广济兴国煤矿是最早采用机器开采煤铁的两个煤铁矿，但由于管理不善、资金不足、缺乏技术和设备、运输困难甚至煤铁储量不足等原因，它们都未能持续开采。中国第一座成功开采的机器煤矿是1876年建立的台湾基隆煤矿。到1911年，全国投资在一万元以上的民族资本的厂矿企业约有500个。第一次世界大战后，民族资本经营的煤产量由1912年的80多万吨上升到1919年的330多万吨。在钢铁冶炼方面，“一战”期间兴办了龙烟、大冶、石景山、和兴等钢铁厂。

在19世纪最后不到30年的时间里先后出现了十几个煤矿，它们不但为中国工业化提供了资源基础，而且煤矿业的迅速发展使之对相应的人才也有了需求。煤炭等矿产资源的开发离不开地质调查工作。李鸿章创办的直隶磁州煤铁矿开采后发现煤炭储量不多而被迫停产，一些煤矿也因为煤层地质情况不清而停产报废。当时一些西方人虽然勘察了中国的矿产资源，

〔1〕杨钟健．纯粹研究之出路［J］．论衡，1939（12）．

但他们的工作过于粗略，而且对储量的估计也相差悬殊。

为了适应采矿业对于人才的需求，1895 年，中国第一所设有采矿专业的高等学府——天津中西学堂（后改为北洋大学）成立，并为中国培养了一批矿冶技术人才。在近现代矿冶业中，凡是著名矿山企业、有名矿冶教学科研机关，差不多都有北洋大学毕业生的足迹。采矿专业的设立也从一定程度上推动了地质学发展。1917 年北京大学恢复地质学系时，其最初的学生很多是从北洋大学矿业科转过来的。

地学的经济价值使政府和社会都十分重视该学科的发展，并给予了相应的支持。这种支持的前提条件便是它的应用性研究。“中国的地质调查事业，始终没有离开一个实利政策，所有地质报告，大多数总附矿产一章，此外关于矿产或矿业的专著也复不少。”[1]

中国近现代地学因其重大的应用价值而具有强大生命力。“‘为科学而科学’的思想在中国从来没有地位”[2]，这一点在中国近现代地学发展的过程中尤为突出。1919 年孙中山在《建国方略》中提出了经济建设的十大事业，更促使学者们投身于地学应用性研究之中。

在中国，地学研究机构建立时几乎没有野外考察基础。虽然在 19 世纪末有一些西方学者来中国考察，并对中国学者产生了影响，但他们的考察过于粗略，而且他们的考察结果也没有成为中国近现代地学的资料基础。中国早期较大规模的详细地质考察基本上是在 1913 年中央地质调查所成立之后由中国

〔1〕 章鸿钊. 中国地质学发展小史［M］. 上海：商务印书馆，1937：43.

〔2〕 董光壁. 中国近现代科学技术史论纲［M］. 长沙：湖南教育出版社，1992：67.

学者完成的。

在影响科学研究的诸多社会因素之中，战争的影响最为强烈。战争虽然是影响科学发展诸因素中的一个特例，但由于民国时期地学发展的历程一直与战争相伴，因此研究方向、研究地域、研究设备甚至研究者的思想都明显地打上了战争的烙印。

地学在军事上的意义也格外突出。抗日战争期间国民党政府曾与美国政府签订中美合作计划，其中就有调查中国沿海地质情况，包括分析测定沿海海水深度，海岸性质为沙滩或岩壁，陆上可建飞机场的地点，高速公路路线，食用水的补给等问题，为美军在中国沿海的军事部署做准备。

战争年代，地学更加向应用性研究倾斜。抗战期间“我朝野人士莫不努力于建国抗战工作，因而各方之研究，咸以力求实用为最高鹄的”[1]。利用科学知识拯救危难中的祖国是知识分子最大的愿望，因此那些能直接应用于国家经济和社会建设的学科受到了高度重视。

抗日战争期间地学研究从内容到方法，甚至到学术成果的形式都做了重大的调整。“在我国抗战正达紧要关头的今日，无论政、军、商、学各界或一般的国民，对于我敌资源，尤其是矿产资源，应有充分的认识，所谓知己知彼，百战百胜。”[2] 翁文灏于1937年发布的《告地质调查所同人书》中强调“在此非常时期，应酌量集中工作于应用方面”，并强调地质调查所的任务应分为三步：“一，对于目前急需开发之矿

〔1〕 杨钟健．抗战以来脊椎动物化石新地点之发现及其在地层上与古生物上之意义［J］．地质论评，1940，5（1/2）.

〔2〕 书报述评［J］．地质论评，1940，5（1/2）.

产，注重实际需要之条件，从速详确调查，编成图说。二，有关实用之矿产调查，从前工作亦不少，但因旧时习惯，编辑报告力求完备（在科学研究上自属必要），往往因化石之鉴定未完，或整幅地质图之编制未毕，故使业有现成材料之矿产报告亦未写出。兹为急求应用起，自应将关于矿产部分之地质以及矿床质量提先编纂，俾利参阅。三，报告写成之后，如仅有一份外间不便借阅，故应从速油印若干份，……庶能使有关之机关及人士皆易取得。”〔1〕

不但研究机构开始调整工作方向，学术团体也开始改变学术宗旨以适应社会环境的改变。中国地质学会在抗战期间提出：“以本会立场而言，吾等责任除纯粹之科学研究外，尚应注意如何帮助开发内地之资源。今同人大都移居矿产丰富之西南各省，此时此地实为同人努力贡献国家之良好机会”，“希望本会同人应特别注意与抗战建国有关之地质问题”〔2〕。为国家建设服务成为地学的最高学术目标。

作为一门区域性科学，战争对于地学的影响更是不言而喻。一旦研究地域发生改变，也就意味着研究内容的相应调整。中央地质调查所迁到西南地区后，由于四川省矿产资源并不丰富，只有明矾、井盐、油田和煤，于是该所的工作重心由一般矿产调查转向石油勘探和燃料研究。所中的沁园燃料研究室在建立之初，侧重于建立煤的新分类。室主任谢家荣即根据分析发明了“煤岩学”研究的新技术。由于战争的影响，社会需要液体燃料，沁园燃料研究室的工作重点几年后开始转向

〔1〕 翁文灏. 告地质调查所同人书［J］. 地质论评，1937，2（6）：588－590.

〔2〕 本会第十六次年会记事［J］. 地质论评，1940，5（1/2）.

液体燃料研究。

地学的实用价值在战争期间尤为被社会重视，年轻人在选择专业上也开始转向实用性科学。抗日战争爆发后，地学成为年轻人关注的学科之一。1938 年 9 月，浙江大学在非常时期组织了入学考试，其中考试成绩名列第一和第三的考生都报考该校的史地学系[1]。

战争给地学造成了巨大的损失。学术研究机构的频繁迁移严重影响了正常的学术研究工作。地学研究需要先进的实验、观测设备。中央地质调查所在北平时也曾不惜工本添置了许多重要标本和先进的仪器设备[2]。抗日战争期间，该所所址由南京迁到长沙，再迁到重庆，而且这种迁移是在战争期间混乱的状态下进行的，仪器、设备的损失不言而喻。损失最大的当属该所地震研究室。中央地质调查所于 1930 年在北平西山建立了鹫峰地震台，并从国外购置了维歇尔式（Wiechert）地震仪和伽利清·维里普式（J. Wilip）地震仪，后者是当时世界上最先进的地震仪。抗日战争爆发前，地震台的仪器设备、管理水平及记录质量，都已经达到了当时世界一流水平[3]。抗日战争爆发后，地震台的观测工作彻底停顿。观测人员将其中的伽利清·维里普式地震仪拆卸装箱，送到燕京大学物理系的地下室存放了近 10 年，直到 1948 年它才被运往南京使用。而维歇尔式地震仪则不知去向，据推测可能是游击队将其熔化制

〔1〕 竺可桢．竺可桢日记：第一册［M］．北京：人民出版社，1984：259.
〔2〕 黄汲清《回忆录》，未刊稿。
〔3〕 秦馨菱．李善邦教授事迹［J］．中国科技史料，1981（4）.

成手榴弹用于抗日战争了[1]。离开了观测仪器，地震研究已经无法继续，所以在抗日战争期间研究人员只好改做地球物理探矿研究。地震研究室的名称也因此改成了地球物理研究室。

战争带给学者更多的是心理上的创伤。作为一名学者，最大的痛苦是不能正常从事研究工作。战争期间留守在北平新生代研究室的学者裴文中在“敌人占领下的北平没什么事可干，感到事业渺茫，心烦意乱”，“经常发脾气。有时他发起脾气来，使人莫名其妙”[2]。研究成果不能及时发表不但是学术上的重大损失，也是对学者的打击。抗战期间，“因物力艰难，印费昂贵”，许多“已完成的论文，多数尚未付刊”，采集的标本“均未装制”[3]。1942 年夏季，浙江大学史地系教师任美锷曾带领助教和研究生，用 2 个月的时间对贵州省遵义附近地区的土地利用情况进行了详细的调查，并为土地的合理利用提供了科学的方案。但他们的调查报告和绘制的土地利用图却因“印刷困难，暂难问世”[4]，直到 1944 年研究报告才在《真理杂志》上发表[5]，1945 年《地理学报》上也刊登了他们的调查研究成果[6]。

许多应用性的研究成果在硝烟弥漫的社会中也成了一纸空文。频繁的战争与政治的动荡使中国的经济基础十分薄弱，没有一个稳定而统一的政治环境，经济建设的各项计划是无法实

---

〔1〕 秦馨菱．中国自建的第一个地震台——鹫峰地震台［M］//王鸿祯．中国地质事业早期史．北京：北京大学出版社，1990.

〔2〕 贾兰坡．悠长的岁月［M］．长沙：湖南少年儿童出版社，1997：101.

〔3〕 国立北平研究院总办事处．国立北平研究院抗战及复员期间工作概况（1937～1947 年）［Z］.

〔4〕 任美锷．举办全国土地利用调查雏议［J］．新经济，1943，9（9）.

〔5〕 任美锷．贵州遵义附近之土地利用［J］．真理杂志，1944，1（1）.

〔6〕 任美锷．遵义附近土壤之利用［J］．地理学报，1945/1946，12/13.

施的。“解放以前，学术考察报告徒属画饼充饥，成为空谈。”[1] 造成这种局面的原因之一，就是学者们提出的许多计划政府无力顾及，造成许多成果无法得到实际应用。科学成果的应用需要社会的关注。在非常时期国家除对那些在经济建设中急需解决的问题给予了一定的重视外，地学研究成果仅仅表现在文字上，并没有发挥应有的作用。如土壤学者为了解决土壤的侵蚀问题做了大量研究工作，他们希望这些工作能够引起政府对于水土保持工作的重视。但是一个千疮百孔的社会，无力顾及如何保护自然环境的问题。自然界的变化是一个不可逆的过程，自然环境一旦被破坏，恢复的可能性极其渺茫。半个多世纪过去了，当我们今天重读当时的文章时，仍然感到问题的严重与紧迫性。

第四节　社会思潮的影响

进入 20 世纪以后，地学的发展进入了一个新的历史阶段。新的问题不断出现，新的分支学科不断产生，西方的地学理论大量传入中国，科学思想空前活跃，出现了探讨科学、研究科学的新局面。在众多的理论探讨之中，关于地理与文化（或人类社会）之间关系的争论，是一个引人注目的论题。

对于地理与文化之间关系的研究，源于人地关系这一悠久的历史命题。人地关系论经历了漫长的发展历程，但作为具有近现代科学意义的命题，却始于 18 世纪的欧洲。当时的一些哲学家和历史学家将地理环境决定论推向了高潮。19 世纪德

---

〔1〕 严德一．三十年代西双版纳的地理考察［J］．中国科技史料，1981（4）．

国地理学家拉采尔（F. Ratzel，1844—1904）在他的著作《人类地理学》中，将这一理论引入了地理学，并强调了人类活动受地理环境多方面的控制。20 世纪初，拉采尔的思想经过他的学生——美国地理学家辛普尔（E. C. Semple，1863—1932）的著作《地理环境的影响》(1911) 得到了广泛的传播。与辛普尔同时代的美国地理学家亨廷顿（E. Huntington，1876—1947）在 1915 年出版了《文明与气候》，创立了人类文化只有在刺激性气候地区才能发展的假说。后又出版《人文地理学原理》(1920) 一书，进一步强调了地理环境对于经济与文化的决定作用。

在地理环境决定论产生广泛影响的同时，法国学者维达尔（Paul Vidal de la Blache，1845—1918）提出了“可能论”（又称“或然论”），反对决定论的观点。他认为地理环境只为人类社会的发展提供了多种可能性，而人类又根据不同的生活方式做出选择，并能改变和调节自然现象。他的学生白吕纳（J. Brunhes，1869—1930）的《人地学原理》(1935) 一书，使这一观点在欧美产生了较大的影响。经过激烈的争论，到 20 世纪 20 年代“或然论”逐渐替代了“地理环境决定论”，并在西方国家占据了主导地位。

1. 问题产生的社会背景

20 世纪上半叶的中国，长期战争的破坏使得刚刚起步的近现代地学研究举步维艰，因此这一时期人为的、政治的因素对地学发展的影响显得尤为突出。时局的动荡、民族面临的存亡危机，加上科学技术的落后，使当时的中国知识分子产生了强烈的危机意识。他们试图通过科学的分析找出中国落后的原因，同时又希望能够通过科学拯救危难中的中国。

在这种社会背景下，许多学者试图通过东西方地理环境的不同寻找出东西方的本质差异，以探讨中国人如何摆脱困境。这种超越学术的研究动机，使得有关“地理与文化”的争论在20世纪20～30年代显得格外活跃，并成为众多近现代地学理论探讨中最为突出的论题之一。也正是这种原因，在西方已经沉没了的地理环境决定论在中国却格外风行。

从19世纪末开始，达尔文（C. R. Darwin，1809—1882）的进化论在中国产生了深刻的影响。达尔文所指的“进化”本来是由于自然界中的生物与其地理环境之间相互作用的改变而造成的，但英国哲学家斯宾塞（Herbert Spencer，1820—1903）将本属于生物界的进化论引入到社会科学中，提出了“社会有机体”学说。严复在他的介绍达尔文进化论的译著《天演论》中，阐述了斯宾塞的观点，这种观点迎合了当时中国社会环境的需要。到了20世纪20年代，进化论已为多数中国学者所接受[1]。

在“物竞天择，适者生存”的思想深入人心的社会背景下，尽管进入20世纪20年代以后“地理环境决定论”在西方已被“或然论”所代替，但是人地关系理论在中国的传播却首先始于地理环境决定论，而且还在中国产生了广泛的影响。

---

〔1〕 据笔者不完全的统计，20世纪上半期有关进化论的译著就有十余种，而中国学者介绍进化论的著作也有近十种。现代学者对进化论在中国的传播和影响，也做过许多深入细致的研究工作。参见：张秉伦、卢继传的《进化论在中国的传播和影响》，发表于《中国科技史料》1982年第1期；汪子春、刘昌芝的《人猿同祖论在我国初期的传播和影响》，发表于《自然科学史研究》1982年第2期；汪子春、张秉伦的《达尔文学说在中国的传播和影响》，选自《进化论选集》，1983年科学出版社出版；李学勇《达尔文进化论在中国的传播与影响》，选自《第三届科学史研讨会汇刊》1993年；卢继传《进化论的过去与现在》，1980年科学出版社出版等。

它反映出了政治热情高于科学精神的时代环境的特殊需要。进化论也为20世纪地理环境决定论能在中国找到生存的土壤奠定了思想基础。

“五四”前后有关东西文化问题的论战，也是促成地学界“地理与文化关系”讨论的原因之一。“五四”前后正值中国历史的重大变革时期，东西文化的差异问题就成为一个敏感的问题。这场在思想界进行的延续时间长、涉及范围广的论战，也直接影响了地学界的相关讨论。中国学者试图通过中西地理环境的差异，寻找中西文化差异的根源。

中国的地学研究在20世纪也发生了重大的变化。20世纪初，中国近现代地学刚刚起步，如何使地学从传统的描述向近现代科学研究方法转化？在中国地学发展还不够成熟的背景条件下，地理环境决定论成为中国近现代地学发展中的一个生长点。在许多研究领域还是一片空白的情况下，西方人地关系理论的传入，无疑使中国学者感到了一种“清新的气息”。

人地关系论题涉及的学科相当广泛，几乎涉及社会科学和自然科学的各个领域。由于人类与自然环境之间的关系历来是地理学者关注的中心议题之一，因此在中国近现代有关“地理与文化”的争论中，以地理学者们的探讨最为深入，并且这种争论对中国近现代地理学发展方向的影响也最为广泛。

2. 人地关系论在中国传播的过程

地理环境决定论是最早为中国学者所了解并被广泛接受的人地关系理论。在中国近现代地学开山之作——《地文学》（张相文，上海文明书局，1908）的第五编生物界中，阐述了不同气候带人种的优劣：“寒热带之人，为天然力所束缚，或昏怠迟缓，或猥琐困陋，皆不免长为野蛮。亚热带则生物以时，得天颇优，常为开化之先导。亚寒带则生物鲜少，人尚武健。”并认为“今世富强文明诸国，莫非温带之民族所创建也”[1]。张相文是中国近现代最早阐述地理环境决定论的学者之一。

张相文的学说是从日文著作中转介过来的。而且他的环境决定论的观点，在当时的地学界并未引起广泛的注意，也没有造成“地理与文化”关系的讨论。直到20世纪20~30年代大批留学生学成回国后，西方近现代地学理论直接、全面地传入中国，才产生了广泛的“地理与文化”的讨论。

1921年《地学杂志》介绍了亨廷顿的著作，认为“汉丁顿之学说，主以地面上之自然现象与空气情况解释人类生活组织之现象，而定人类文明创造与发展之界限，此种学说简括称之，即地理的历史观”[2]。1922年《地学杂志》译载了亨廷顿的《文明与气候》一书的第一章，《史地学报》译载了弗尔格里夫（J. Fairgrieve）的“各国历史所受地理之支配”。这一时期的有关杂志发表了大量的译文和介绍性文章，评价了地理环境决定论，并认为这种理论“以地理环境判断全世界古今各国文明之状况”，是“唯物史观、地理的历史观”[3]。决定论思想在中国地理学界中产生了广泛的影响，出现了一批阐述决定论观点的文章和著作，其中具代表性的是张其昀的《人生地理学》(1930）和白眉初的《地理哲学》(1923)。

随着研究的深入，越来越多的学者认识到了地理环境决定论的缺陷。胡焕庸在留学法国期间，受教于法国现代地理学大

---

〔1〕张相文．地文学［M］.上海：文明书局，1908.

〔2〕《地学杂志》，1921年第3期，“新书介绍”栏目。

〔3〕《史地学报》，1921年第1期，“新书介绍”栏目。

师马东（E. De Martonne）和白吕纳（J. Brunhes），并受到法国人地学派思想的影响。1928年他回国时，在西方已经落后的“地理环境决定论”思想还在中国学术界广为流传。他深感中国地学研究与西方的差距，撰写了《西洋人地学说晚近之发展》《白吕纳的人生地理学》《法国研究地理学的近况》等文章，介绍了法国人地学派的“或然论”观点。1935年白吕纳的《人地学原理》中译本出版，在这部译著的长篇译者序言中，系统地介绍了原作者的观点，从而使“或然论”在中国地学界产生了较大的影响，并逐步为越来越多的学者所接受。

20世纪30年代，马克思主义（当时称为新社会派）的辩证唯物论的人地观也被介绍到中国。楚曾（楚图南）在《地学季刊》上发表了《人文地理学的发达及其流派》，最早介绍了马克思主义的人地观，指出“自然环境对于人类的影响，则以在自己的作用之下所发生的经济关系为媒介而主要地影响于人类”[1]。强调了自然与社会是劳动过程的两个方面，而不是严格对立的。

3. “地理与文化”讨论的兴起

西方人地关系理论对中国学者产生广泛影响，学者们纷纷著文阐述对这一问题的认识，掀起了“地理与文化”问题的大讨论。早在1903年（光绪二十九年），张之洞、张百熙、荣庆等人拟定了京师大学堂的《大学堂章程》。《章程》对于各学科讲习方法的解释强调对于“文化与地理之关系”“军政

〔1〕 楚曾. 人文地理学的发达及其流派［J］. 地学季刊，1935（1）.

与地理之关系”“风俗与地理之关系”的讲解[1]。

20 世纪 20～30 年代，对“地理与文化”的讨论达到了一个高潮，论文数量之多、涉及范围之广是中国地学史上前所未有的。在 1933 年《地学杂志》发表的 169 期总目中，特地开辟了“地理与文化”一栏，可见此类文章之多以及当时学者对这一问题的重视。《东方杂志》也发表征文讨论地理与文化的关系。据笔者不完全统计，这一时期专门探讨地理环境与文化（或文明）关系的文章有 40 多篇，它们分别发表在 10 余种期刊上，其中以《地学杂志》论文最多，影响也最为广泛。在地学的相关文章中阐述了人地关系思想的文章就更多，尤其是在区域研究中，人地关系的研究已经成为研究主题之一。因此，这一时期包含有地理与文化关系的论文、论著近百篇。从而使这一论题成为中国近现代科学史上的主要论题之一。

在中国近现代地学的发展进程中，地理环境决定论始终没有退出历史的舞台，尤其是在 20 世纪 20～30 年代，在其他西方人地关系论传入之前，这种观点更为盛行。一些学者首先试图用中国优越的地理环境来解释历史与文化。1914 年，王桐龄发表《中国文化之发源地》，分析了世界文明六大发源地的地理环境，认为汉族文化发达是由于“气候温暖、物产丰饶”[2]。1924 年，又发表《陕西在中国史上之位置》(《地学杂志》)，从气候、土壤、河流、人口等方面分析，提出“陕西为中国开化最古之地”，“为中国文化发源地”是由于“陕西

〔1〕 阙维民．中国高校建立地理学系的第一个方案——京师大学堂文学科大学中外地理学门的课程设置［J］．中国科技史料，1998，19（4）．

〔2〕 王桐龄．中国文化之发源地［J］．地学杂志，1914（1）．

地理有种种特别优异之点”[1]。甚至有学者将中国近现代列强侵略中国归咎于中国的地理环境太优越，从而引起列强的羡慕与嫉妒[2]，将地理与文化关系的研究引向极端。

民国时期，中国知识分子已深刻地认识到中国与西方科学技术上的巨大差距，一些学者试图在地理环境上寻找中国落后的原因。1914 年，王桐龄发表《亚洲地理之缺点》，指出“亚洲为自古文明发源地，最古之文明国，皆起于亚洲。然迄今式微已甚”，而“亚洲之历史所以生此结果者，亦亚洲地理之缺点使之然也”。作者在分析了地势、海岸线等特点后指出：“亚洲地理凡可以阻绝交通之条件，无不具备”，而内部资源丰富、交通不畅是人民缺乏交流精神的原因。作者还指出欧洲“交通便利，而天产物缺乏，故欧人多利用交通机关，以求糊口于四方。其所以富于活泼进取之气象者，职是之由”[3]。

还有一些学者试图证明地理环境对人类的精神和社会制度也有决定作用。认为“地理与文明，如肌肤与精神之关系。充分之精神，必因健全之肌肤而始具。充分之文明，必有健全之地理而始生”[4]。而“社会制度乃人地相应之结果，历史乃人类适应自然的及社会的环境之成绩之记录及其说明；……不同的自然环境使人类不同的适应，而产生不同的社会制度”[5]。他们试图通过分析中西地理环境的差异，以及世界历史上的一些社会、文化发展的具体事例来证明他们理论的正确

〔1〕 王桐龄．陕西在中国史上之位置 [J]．地学杂志，1924 (1)．

〔2〕 刘文翮．中国近世史之地理的解释 [J]．图书展望，1936，2 (1)．

〔3〕 王桐龄．亚洲地理之缺点 [J]．地学杂志，1914 (2)．

〔4〕 东海寓公．地理与文明之关系 [J]．东方杂志，1913，10 (8)．

〔5〕 胡翼成．中华文化之地理背景 [J]．康藏前锋，1936，2 (9)．

性，并试图以此归纳出西方文化具有交流精神，而东方文化缺乏交流精神。

持地理环境决定论的学者一方面用中国优越的地理条件解释古代灿烂的文化，另一方面又以同样的地理环境解释近现代落后的原因。这种解释不免有牵强附会、自相矛盾之处。当时就有学者指出了这种观点的危害性。20 世纪 20 年代，姚存吾在《地学杂志》上连续发表文章，指出地理环境决定论如果“不纠而正之，将何以励国人因袭之气，鼓勇力以贡献于将来之世界，以图民族之自存”。还进一步指出“况此等骇人听闻言论，只为偶然之感触，而非根本之观察，只为一时之现象，而非追往查来之研究”〔1〕。并相信“人类能征服自然、利用自然者，其文化必日益进步”〔2〕。

1933 年，李长傅发表了《科学的地理学的新转向》，也批判了决定论的观点，认为它们“陷于速成推论法，把人与地的中间项的劳动过程漏掉了，其结论是任意规定，虽有时正确，但常常半正确，甚至完全错误”〔3〕。

4. 对中国地学的影响

中国学者对于“地理与文化”关系的广泛讨论，不但使人地关系的理论探讨更加深入，而且更为重要的是，它影响了中国地学的研究方向，促进了地学中对人类生产和生活关系密切的应用性分支学科的发展。

（1）土地利用和农业地理的发展。中国自古以农为主，

〔1〕 姚存吾. 地理与文化［J］. 地学杂志，1920（11）.

〔2〕 姚存吾. 何谓地理环境，地理环境与人类生活有若何之关系［J］. 地学杂志，1922（3）.

〔3〕 李长傅. 科学的地理学的新转向［J］. 地学季刊，1933（3）.

土地资源是人类赖以生存的重要自然资源之一，也体现了人类与自然界最为紧密的联系。土地是人类生产活动及科学研究和自然环境关系表现得最为具体的景观。因此通过研究土地利用可以了解人地关系的主要问题。这种思想促成许多地理学家选择土地利用和农业地理作为他们一生的主导研究方向。

从20世纪30年代开始，北京、广东、浙江、广西、福建、江西等地先后设立了土壤调查、研究的专门机构。通过调查研究，许多学者分析了土壤与气候、岩石等自然要素的关系，也有学者研究了土壤与人类活动、农业生产与地理环境等的关系，还有学者探讨了土地利用与人口分布的关系[1]。

（2）民族与人口地理的研究。中国是一个人口大国，早已有学者从事人口问题的研究。但早期人口研究偏重于人口数字的推求，很少重视地理背景的影响。从20世纪30年代开始，胡焕庸发表了一系列研究人口地理的论文，从地理环境和农业生产等方面的影响，分析了中国人口分布的特点和规律。1935年，胡焕庸发表《中国人口之分布》（《地理学报》，1935），文中配有中国第一张人口等值线密度图。文中，提出瑷珲–腾冲线是中国东南部人口密集区与西北部人口稀疏区的分界线。1936年，胡焕庸又发表了《中国之农产区域》（《地理学报》，1936），第一次从单位面积的人口容载量与农业生产水平之间的关系进行人口地理的研究。

民族地理的研究也发展起来。张相文的《地文学》中较早地将人种分为直发、拳发和绒发三种。民族的地理分布是民

〔1〕 翁文灏．中国人口分布与土地利用［J］．地政月刊，1933，1（1）．

族地理研究的主要内容。张其昀在《中华民族之地理分布》[1]一文中，根据地形特点将民族分为四个分布区。而更多的文章是研究不同民族与地理环境之间的关系。

（3）应用气候学和生物气候学研究。气候的变化是对人类影响最为显著的地理因素之一。气候学在商业、农业、交通、军事等方面的应用日趋广泛深入。从20世纪30年代起，对与人类生活关系密切的台风、季风、降雨量、气压等气候要素都有深入的研究，并有大量的论文发表。如竺可桢的《东南季风与中国之雨量》[2]，徐近之的《热带旋风》[3] 等文章。此外，与农业生产息息相关的物候和气候分区的研究也有所发展。

中国学者还开始研究利用适宜的气候环境治疗疾病，从而发展起了生物气候学。许多学者还对不同地区历史时期气候的变迁进行了研究，以求寻找中国气候的变化规律。例如，竺可桢就根据中国古籍的记载，论述了中国旱涝变化的周期[4]。

地学中所强调的人应该是自然的人，但在具体的研究过程中，人是离不开社会背景的。直到今天，地理环境与人类社会的关系仍然是地学的基础理论研究的核心内容之一，而且由于人与环境之间的关系在不断地变化，这一论题至今也没有得到彻底解决，但每一次对人地关系认识的深入都有利于以人类和自然界为研究对象的地学的发展。

首先，由于地学的研究对象包含了“人”这一因素，使

〔1〕 张其昀．中华民族之地理分布［J］．地理学报，1935，2（1）．
〔2〕 竺可桢．东南季风与中国之雨量［J］．地理学报，1934，1（1）．
〔3〕 徐近之．热带旋风［J］．地理杂志，1930，3（6）；1931，4（1）．
〔4〕 鞠继武．中国地理学发展史［M］．南京：江苏教育出版社，1987：210．

得这一学科较其他学科更易受到社会思潮的影响。地理环境决定论在西方已经消沉的情况下，在中国还能蓬勃地发展正说明了这一点。我们不能将它简单地归因于西方理论在中国传播的滞后性。前文谈到严复译的《天演论》是根据英国学者赫胥黎（T. H. Huxley，1825—1895）在1893年发表的文章编译的，而严复最迟在1895年就开始翻译了[1]。20世纪20～30年代，随着中外学者互访的增多和留学生现象，已经大大缩短了中西方科学交流的过程，西方出版的一些较有影响的地学著作，在三五年内就能见到中文译本。至于介绍西方地学理论和研究成果的文章更是广泛。而且，在20世纪上半叶的这场"地理与文化"的争论中，环境决定论观点一直在中国地学界占有一席之地，并没有因为学科的发展和研究的深入而退出历史的舞台，直到1948年，还有学者在宣传亨廷顿的学说，并认为他的研究"独树一帜"[2]。

其次，必要的理论争鸣和论证将有助于学科的发展。一方面这种争鸣促进了理论研究的深入，另一方面也有利于科学理论对学科发展产生深远的影响。众所周知，中国历史上不乏环境决定论的观点，如《礼记·王制》《管子·水地》《大戴礼·易本命第八十一》《周礼·地官大司徒》《吕氏春秋》《淮南子·坠形训》等著作中，都有类似的观点。中国古代的地理环境决定论思想可谓丰富，但它只是少数哲学家谈论的话题，并未在学术界引起广泛争鸣，因此并未对中国地学的发展产生很大的影响，这从反面证明了科学理论争鸣对学科发展的

---

〔1〕商务印书馆编辑部．论严复与严译名著［M］．北京：商务印书馆，1982：5．

〔2〕李春芬．现代地理学与其展望［J］．地理学报，1948（1）．

重要性。

参考文献

[1] 章鸿钊. 中华地质调查私议 [J]. 地学杂志，1912 (1).

[2] 吉利思俾. 《创世纪》与地质学 [M]. 杨静一，译. 南昌：江西教育出版社，1999.

[3] 张资平. 地质学者达尔文 [M]. 上海：商务印书馆，1926.

[4] 奏定高等小学堂章程 [M] //邹振环. 晚清西方地理学在中国. 上海：上海古籍出版社，2000.

[5] 李国耀. 现在中国之地理教育 [J]. 师大月刊，1935 (19).

[6] 朱训. 地质科学与地矿产业——中国地矿工作的过去和未来 [M]. 昆明：云南科学技术出版社，1994.

[7] 陈文哲，等. 地质学教科书 [M]. 上海：昌明公司，1906.

[8] 杨钟健. 纯粹研究之出路 [J]. 论衡，1939 (12).

[9] 章鸿钊. 中国地质学发展小史 [M]. 上海：商务印书馆，1937.

[10] 董光璧. 中国近现代科学技术史论纲 [M]. 长沙：湖南教育出版社，1992.

[11] 杨钟健. 抗战以来脊椎动物化石新地点之发现及其在地层上与古生物上之意义 [J]. 地质论评，1940，5 (1/2).

[12] 书报述评 [J]. 地质论评，1940，5 (1/2).

[13] 翁文灏. 告地质调查所同人书 [J]. 地质论评，1937，2 (6)：588 - 590.

[14] 本会第十六次年会记事 [J]. 地质论评，1940，5 (1/2).

[15] 竺可桢. 竺可桢日记：第一册 [M]. 北京：人民出版社，1984.

[16] 秦馨菱. 李善邦教授事迹 [J]. 中国科技史料，1981 (4).

[17] 秦馨菱. 中国自建的第一个地震台——鹫峰地震台 [M] //

王鸿桢. 中国地质事业早期史. 北京：北京大学出版社，1990.

［18］贾兰坡. 悠长的岁月［M］. 长沙：湖南少年儿童出版社，1997.

［19］任美锷. 举办全国土地利用调查雏议［J］. 新经济，1943，9（9）.

［20］任美锷. 贵州遵义附近之土地利用［J］. 真理杂志，1944，1（1）.

［21］任美锷. 遵义附近土壤之利用［J］. 地理学报，1945/1946，12/13.

［22］严德一. 三十年代西双版纳的地理考察［J］. 中国科技史料，1981（4）.

［23］张秉伦，卢继传. 进化论在中国的传播和影响［J］. 中国科技史料，1982（1）.

［24］汪子春，刘昌芝. 人猿同祖论在我国初期的传播和影响［J］. 自然科学史研究，1982（2）.

［25］汪子春，张秉伦. 达尔文学说在中国的传播和影响［M］// 陈世骧. 进化论选集. 北京：科学出版社，1983.

［26］卢继传. 进化论的过去与现在［M］. 北京：科学出版社，1980.

［27］张相文. 地文学［M］. 上海：文明书局，1908.

［28］楚曾. 人文地理学的发达及其流派［J］. 地学季刊，1935（1）.

［29］阙维民. 中国高校建立地理学系的第一个方案——京师大学堂文学科大学中外地理学门的课程设置［J］. 中国科技史料，1998，19（4）.

［30］王桐龄. 中国文化之发源地［J］. 地学杂志，1914（1）.

［31］王桐龄. 陕西在中国史上之位置［J］. 地学杂志，1924（1）.

［32］刘文翮. 中国近世史之地理的解释［J］. 图书展望，1936，2

(1).

[33] 王桐龄. 亚洲地理之缺点 [J]. 地学杂志, 1914 (2).

[34] 东海寓公. 地理与文明之关系 [J]. 东方杂志, 1913, 10 (8).

[35] 胡翼成. 中华文化之地理背景 [J]. 康藏前锋, 1936, 2 (9).

[36] 姚存吾. 地理与文化 [J]. 地学杂志, 1920 (11).

[37] 姚存吾. 何谓地理环境, 地理环境与人类生活有若何之关系 [J]. 地学杂志, 1922 (3).

[38] 李长傅. 科学的地理学的新转向 [J]. 地学季刊, 1933 (3).

[39] 翁文灏. 中国人口分布与土地利用 [J]. 地政月刊, 1933, 1 (1).

[40] 张其昀. 中华民族之地理分布 [J]. 地理学报, 1935, 2 (1).

[41] 竺可桢. 东南季风与中国之雨量 [J]. 地理学报, 1934, 1 (1).

[42] 徐近之. 热带旋风 [J]. 地理杂志, 1930, 3 (6); 1931, 4 (1).

[43] 鞠继武. 中国地理学发展史 [M]. 南京: 江苏教育出版社, 1987.

[44] 商务印书馆编辑部. 论严复与严译名著 [M]. 北京: 商务印书馆, 1982.

[45] 李春芬. 现代地理学与其展望 [J]. 地理学报, 1948 (1).

第二篇　中国现代地质学
（1949 年以后）

1949年后，中国地质学进入现代发展时期。

现代中国地质学的发展经历了1949～1953年（调整和重建），1953～1966年（曲折前进），1966～1976年（蹒跚而行）和1976年迄今（突飞猛进）4个阶段。1976年后的第四阶段，在地质调查、地质找矿、科学研究和地质教育等方面都成绩斐然。

中国地质学的分支学科，大致可以做如下划分：主要研究固体地球物质组成的地球物质学科，如矿物学、岩石学、地球化学等；主要研究固体地球历史演变的地球历史学科，如古生物学、前寒武纪地质学、第四纪地质学等；主要研究地球构造活动、地壳运动和其他物质运动的地球动力学科，如动力地质学、地球动力学、构造地质学等；主要研究与国计民生密切相关的应用地质学科，如工程地质学、水文地质学、环境地质学等。上述分类并不十分严格，它们之间还有交叉和互补。前三者属地质科学的基础学科，第四类为地质科学的应用学科。还有一些与地质学科发展和应用联系非常密切的领域，虽然不能成为严格的分支学科，但是对地质学的发展有很大的作用。它们是：①属于研究地质学的技术方法的，例如地质年龄测定的技术与方法，遥感技术与方法，岩矿测试技术与方法等；②基础地质工作，例如区域地质调查，地质制图与编图，地质科技信息等；③拓展服务方面，例如农业地质调查、城市地质工作、旅游地质与地质遗迹保护等；④拓展领域，这是地质学走出本学科，与相邻学科进行横向联合的研究领域，例如地球环境与全球变化、天体地质学、天文地球动力学和地球系统科学等。

第一章 区域地质调查和区域地质志

区域地质调查在20世纪50～60年代被称为区域地质测量，简称区测。20世纪70年代以后改称区域地质调查，简称区调。区域地质调查是运用地质科学的理论和方法，在一定区域内对地层、岩石、岩体、地质构造和矿化等各种地质体和地质现象进行观察、记录、比较和研究，解释和阐述区域内各种地质体的基本特征和相互关系以及地质演化过程的地质工作。区域地质调查是地质工作综合性的基础工作。其成果是其他地质工作和国家建设工作的基本参考资料，是各项基本建设的基础。

区域地质调查根据需要和可能，按不同精度进行。正规的区调按地形图的国际分幅进行调查。按精度要求，分为1∶100万、1∶20万和1∶5万三种比例尺。1996年以后按国际统一标准将1∶20万改为1∶25万。

在区域地质调查时，还要对区域内的重矿物分布、地球化学和地球物理的基本状况进行调查，并对矿点、矿化点和各类异常情况进行调查，圈出成矿远景区带和普查找矿的有利地段。

区域地质调查成果的表示形式为区域地质调查报告、规定比例尺的地质图和矿产图。按省（区）、直辖市进行区域地质调查总结，编写省（区）、直辖市区域地质志。在省级地质志的基础上编写全国性的区域地质成果。在总结时，各省（区）、直辖市编制1∶50万地质图和进行区域矿产总结。全国性的区域地质总结的成果是《中国区域地质概论》和《中国地质图（1∶500万）》及说明书。

第一节　不同比例尺的编图和区调

一　1∶100万比例尺的编图和区调

1945～1948年，中央地质调查所区域地质研究室的同仁，在室主任黄汲清的组织和指导下，编制了北京幅、太原幅、旅大幅、南京幅、南通幅、上海幅、西安幅、天水幅、昆明幅、重庆幅、武汉幅、长沙幅、衡阳幅和福州幅等14幅1∶100万国际分幅的地质图。图件从1948年起至1952年陆续内部出版。

1953年开始，研究人员进行东部地区1∶100万区域地质调查和编图，主要是利用过去的一些区域路线地质资料和矿区地质资料，进行归纳和综合，并适当补充一些野外工作，编制了1∶100万地质图、矿产分布图、大地构造图、内生金属矿床成矿规律图，以及相对应的说明书。1957～1960年，研究人员进行张家口幅1∶100万实测填图。这是我国第一幅1∶100万野外实测地质图。到1961年底，已完成1∶100万区调面积407.8万平方千米。经过将近8年的调查，研究人员对我国东部地区的地层、岩石、构造、岩体、地质特征、内生金属矿产的分布和生成规律进行了有益的探索。

1955年开始，中(国)苏(联)合作在新疆开展1∶100万区调工作，而在1961年我国才全面部署西部地区1∶100万区调工作。到1975年研究人员在新疆完成了162.6万平方千米的1∶100万区调工作，查明了阿尔泰山、准噶尔盆地、天山和昆仑山等地区的地层、岩石、构造，揭示了新疆地区的基本地质格局，并初步调查了矿产分布的状况。

1964 年开始，研究人员进行温泉幅和玉树幅 1∶100 万区域地质调查。1965 年研究人员首先实测了 3 条南北向纵贯图幅的踏勘路线，路线穿越唐古拉山、可可西里山、巴颜喀拉山和昆仑山。1966～1967 年研究人员开始进行全面的地面地质调查和填图，该工作历时 5 年完成。1972 年出版了 1∶100 万温泉幅和玉树幅地质图及说明书。到 1975 年西部地区 1∶100 万区调已完成 21 幅图幅，总面积 345 万平方千米。

1975 年研究人员测制拉萨幅，开始西藏地区 1∶100 万区调工作。至 1980 年，西藏地质局区域地质调查队先后完成日喀则幅、亚东幅和改则幅，并与成都地质学院共同完成日土幅和噶达克幅，总面积 118 万平方千米。

1969 年，云南省地质矿产局完成了 1∶100 万昆明幅、下关幅、普洱幅和凭祥幅的地调工作。到 1998 年底，1∶100 万比例尺的地质调查在陆地国土区已全部完成。

2002 年研究人员部署海区 1∶100 万地质调查，并开展汕头、南通、永暑礁三幅的调查。

二 1∶20 万比例尺的区域地质调查

1955 年，地质部决定开展 1∶20 万区域地质调查。1955 年秋，在新疆成立中(国) 苏(联) 技术合作地质测量队［后称第 13 地质队，再后改称新疆区域地质测量（调查）队］，开展阿尔泰、柯坪和西昆仑等地区的 1∶20 万区域地质调查。1956 年又相继建立 3 个中苏合作区域地质测量（调查）队，分别是秦岭区域地质测量队（陕西）、南岭区域地质测量队（广东）和大兴安岭区域地质测量队（黑龙江）。这 4 个中苏合作区域地质测量（调查）队都以苏联 1∶10 万～1∶20 万区域地质测量规范开展 1∶20 万区域地质测量（区域地质调查）

工作。这是一次区调工作的试点。

1956 年地质部建立地质矿产研究所，所内设区域地质与成矿规律及编图研究室、构造地质研究室、地层古生物研究室、岩石研究室、矿物研究室、前寒武纪地质及变质岩研究室、矿床研究室和地球化学及稀有分散元素研究室等研究室，均与区测（调）内容相对应，以便及时解决区测（调）工作中重大基础地质问题和关键的技术难题，是区域地质测量（调查）的技术后盾。

从 1958 年开始，各省（区）纷纷要求建立区域地质测量（调查）队，迅速开展 1∶20 万区测（调）工作。4 个中苏合作区测（调）队的技术骨干分别被调往各省（区），担任新建的区测（调）队的技术负责人。当时全国有 27 个区测（调）队，人数达 2 万人，含有技术人员 7000 人。

1959 ~ 1961 年，除西藏自治区外，各省（区）都成立区调队。地质部将原地矿司中的区测处合并到地质部地质矿产研究所的区域地质与成矿规律及编图室，加强对区测（调）工作的技术指导。该室组织编写我国首部 1∶10 万 ~ 1∶20 万区域地质测量规范和 1∶50 万 ~ 1∶100 万区域地质测量规范，并翻译出版了苏联的 1∶5 万区域地质测量规范。1959 年，地质部地质矿产研究所和地质部矿物原料研究所合并组建地质部地质科学研究院（即现中国地质科学院），聘请黄汲清、孟宪民、孙云铸、程裕淇、谢家荣、王晓青、郭文魁、李春昱、王曰伦、王恒升、徐仁和蒋溶等一、二级工程师担任区测（调）指导员，负责对区测（调）中的地层、古生物、岩石、矿物、构造、矿床等领域进行技术指导。

1962 年 4 月，地质部在广州召开区测普查工作会议，要求各省（区）区测队迅速纠正片面追求速度、忽视图幅质量的偏向，并决定清理1958年至1962年2月期间测制完成的图幅。1963年，地质部地质科学研究院朱效成副院长主持，组成1∶20万区测图幅质量检查组，对1956～1963年完成的417幅全国1∶20万区测图幅的资料进行全面的质量检查。根据对中南五省（区）检查的结果，研究人员提出了图幅质量分级管理标准，将图幅质量等级分为甲、乙、补测、续测和重测5个级别。从1964年开始，分成西北、华北、东北、华东4个组，研究人员同时开展各省（区）1∶20万区测图幅的清理检查。1964年5月底，所有已测图幅清理完毕。当时已测制图幅417幅，其中42幅已经过验收不做清理，应该清理的有375幅。其中，基本达到规范要求，可以作为国家正规出版的有18幅；质量尚可，可以作为地方图幅出版的有70幅；可作专报出版的有23幅。这就是说属于甲级和乙级的有111幅，要补做调查的有22幅，要续做调查的有106幅，要重新调查的有127幅，还有9幅并未审定。经过清理，约有120个图幅在一两年内陆续出版，其余图幅也被复制。

1965年5月，地质部在西安成立地质部区域地质测量局，朱效成任局长，李春昱任总工程师，陈爽任办公室主任。一室分管区测的科技人员全部调入该局。后逢“文革”，该局未能正常运转，应该补测、续测和重测的图幅没有完成，区测（调）工作处在停顿和半停顿状态。

1978年后，我国地质调查工作发展很快。到1988年底，1∶20万区调面积有653.2万平方千米，占全国陆地面积的68%。到1998年底，1∶20万和1∶25万区调完成陆地面积中应测面积的91%。

三　1∶25 万比例尺的区域地质调查——第二代区调填图计划

1996 年 5 月 21 日至 25 日，地质矿产部部署 1∶25 万区域地质调查研究项目，选择几个不同类型的造山带、浅覆盖区、城市和经济发达地区，开展 1∶25 万区调方法研究。特别是对西部的西秦岭、昆仑、天山、松潘-甘孜、三江等造山带，结合跨世纪找矿工程和重大地质关键地区，研究人员设立 6 个课题、10 个专题，解决各自的重大地质问题，总结形成我国造山带及非史密斯地层地区填图方法。造山带安排青海措纳湖幅、兴海县幅、云南贡山幅、四川甘孜幅、甘肃马鬃山幅、新疆纸房幅 6 个图幅；浅覆盖区安排黑龙江东方红林场幅；城市地区安排广东广州幅；海相火山岩区有新疆纸房幅和四川甘孜幅；陆相火山岩区及陆相盆地区有广州幅和河北承德市幅。1998 年 10 至 11 月间承德市幅和广州市幅通过野外成果验收。1999 年中国地质调查局提出当前首要任务是开展青藏高原和大兴安岭地区中比例尺区调空白区的 1∶25 万区调工作。青藏高原 1∶25 万区调工作在 2000 年 1 月启动，安排青藏公路沿线、新藏公路沿线、高原北部和高原南部的图幅。将原由中国地质科学院管辖的沈阳、天津、西安、成都、宜昌、南京 6 个地质科学研究所收归中国地质调查局领导，改称地质调查研究中心，并在天津、西安、成都、宜昌成立中国地质调查局前寒武纪地质研究中心、造山带地质研究中心、花岗岩研究中心和古生物研究中心。

2004 年底，大兴安岭中比例尺区调空白区 1∶25 万区调工作全部完成。2005 年底，青藏高原 1∶25 万区调 122 幅全部完成。这标志着连同以往 1∶20 万区调图幅在内，我国中比例尺地质调查实现了全覆盖。

1∶25 万区域地质调查十分注重地质调查与科学研究相结合，在组织形式上，地质调查研究中心、有关省（区）的地质调查院与科研单位、高等地质院校相结合，实现产学研一体化。地质调查与专题研究相结合，既提高了图幅的质量，又产出了一批研究成果，培养了一批年轻的地质科学技术人才。

四　1∶5 万比例尺的区域地质调查

1952～1953 年开展的矿产普查工作对主要矿产的矿区及矿区外围做过大比例尺（1∶1 万，1∶2.5 万和1∶5 万）地质调查和测图。1957 年，苏联地质专家介绍了苏联 1∶2.5 万～1∶5万区域地质测量工作规范的基本要求。1957～1958年，研究人员在吕梁山区、五台山区配合矿区勘探，对矿区外围也进行不同程度的 1∶5 万比例尺的区域地质调查工作。1958 年起，一些省（区）地质队与地质院校合作，在北京西山和北山、辽宁西部、山东沂蒙山区等地，开展了 1∶5 万区域地质测量工作，经过四五年的努力，完成了 70 个图幅，测图面积共 2 万平方千米。其中北京市地质局与北京地质学院在北京山区和半山区测图 23 幅。由于研究人员经验不足、技术生疏，对工作要求不够明确，因此资料不够完整，这些图幅最终没有验收出版，研究人员只复制了地质报告。

1960 年地质部地质科学研究院区域地质与成矿规律及编图室组织人力翻译并出版了苏联 1∶5 万区域地质测量规范。1960～1966 年，广东省区测队、地质队和中国地质科学院地球物理与地球化学勘探研究所相配合，在广东大宝山、潭水和云浮地区进行 1∶5 万区测。新疆的三个区测队利用航片判读，将重砂、化探和放射性伽马测量相配合，在天山、西准噶尔地区开展多图幅联测。随后，陕西、安徽、山东、江苏等省相继开展1:5万区测。安徽铜陵幅的地质调查，除了填图，还进行水文地质、矿产普查、矿点检查、重砂测量、化探、伽马测量、磁测等工作，局部地区做了重力和激电测量等工作。山东招远地区的地质调查详细划分了岩体、填绘了各种矿脉，并分别取样化验，对区内的断层进行较详细的研究。1966年，广西壮族自治区地质局在桂西北的罗城、融水一带和桂东南的玉林、陆川一带部署了1:5万区测，江西在赣南也进行1:5万区测。

1969年，我国第一幅1:5万（铜陵幅）区域地质测量正规图件出版，湖南省在耒阳地区也开展了正规的1:5万区测工作。

1974年，国家计委地质局在湘潭召开1:5万区测工作座谈会，会议认为当前1:5万区测应安排在成矿条件有利、战略位置重要、交通方便的区域或重点矿区周围，已完成或即将完成1:20万区测的省（区），应在综合研究1:20万区测成果资料的同时，积极开展1:5万区测工作，并要求区测队与综合地质队均从事这项工作。会后，广东、广西、湖南、湖北、江西、福建、安徽、江苏、河南、河北、辽宁、吉林、内蒙古、新疆、甘肃等15个省（区），建立了一至数个1:5万区测分队。1977年，山西、福建等省开始1:5万区测工作。1978年，河南开始1:5万区测工作。

20世纪70~80年代初各省（区）开展的1:5万区域地质测量取得了一些成绩。如湖北省从1972年开始1:5万区测，经过10年工作，完成了2万多平方千米的调查，解决了十多个重要的基础地质问题，发现重晶石、磷、金、黄铁矿、膨润土、重稀土矿等18种矿产39处矿床（点），经过不同程度的地质验证，已证实有大型矿床10处、中型矿床10处、小型矿床6处，还圈出重砂异常203处、化探异常545处、放射性伽马异常209处、圈定成矿远景区95处。又如内蒙古第二区测队以李家营幅作为1∶5万区测试点，从1971年开始，经历4年多时间，发现矿点和矿化点38处。其中李家营子铅锌矿，经证实是大型矿床。后又进行海苏坝幅、黄岗梁一二八地和天山好力宝等地区的1∶5万区调。

20世纪70～80年代初进行的1∶5万区调还处在实验阶段，其性质、目的、任务，以及工作方法，都在不断探索中。1978年，地质部在上海召开的区域地质调查和普查工作会议提出了要认真实行“区域展开，重点突破”，加强成矿远景区带1∶5万区调和区域地质调查队与综合研究队“两条腿走路”的方针。会后各省（区）和区测队调整技术力量，加强管理，加快了1∶5万区测（调）工作的步伐。1981年，地质部颁发了《1∶5万区域地质矿产调查工作要求(试行)》，明确要求1∶5万区调要布置在重要经济建设区。不少省（区）结合自身情况，编写了技术要求或实施细则。1983年初，全国地质局长会议提出，到20世纪末累计完成200万平方千米的1∶5万区调任务，此后这项工作得以加速推进。1983年5月，地质矿产部组织编写《火山岩区区域地质调查方法指南》(1987，以下简称为《指南》)，广泛吸收了国内外火山地质理论和研究成果，总结了我国30多年来火山岩区区调工作的经验，系统地阐述了我国火山岩区大、中比例尺区域地质调查的内容、工作程序、工作方法、资料综合整理、图件编制和报告编写的要求，较详细地介绍了岩相-地层学填图方法。《指南》强调，必须十分重视并加强火山岩岩石、岩相、火山构造和地层的研究，要特别注意火山岩相与古火山的鉴别和恢复，注意有关矿产与火山构造的关系研究，以便正确认识火山岩的基本地质特征和火山活动的规律，为区域矿产远景评价提供可靠的基础地质资料。

1983年11月5日至12日，地质矿产部在北京召开1∶5万区域地质调查工作会议，落实1983年初全国地质局长会议提出的到20世纪末完成200万平方千米的1∶5万区调任务，明确了1∶5万区域地质调查工作的方针和任务的部署，研究加速开展1∶5万区调的措施。1∶5万区调的基本方针是：从基础地质调查入手，提高区域地质、区域矿产研究程度，因地制宜，坚持区调队和地质队“两条腿走路”，注重速度与效益的统一，加快区调工作进程，为普查找矿提供依据，为地质科学研究提供资料，为经济建设和社会发展服务。1∶5万区调应主要部署在重要成矿区带、重点经济建设区、中心城市及其周围地区。

地矿部设立《1∶5万区调中地质填图方法研究》项目，提高工作的质量和科学水平，推动工作的开展。继火山岩区区调方法研究之后，研究人员开展我国花岗岩、变质岩和沉积岩发育地区1∶5万区调填图方法研究，该工作从1986年开始至1991年完成。《沉积岩区1∶5万区域地质填图方法指南》提出了沉积岩区1∶5万区域地质填图方法体系，基本点是：以现代地层学、沉积学为理论依据，以岩石地层为基础，从基本层序观察描述着手，合理建立和厘定地质制图单位，充分利用地层单位的多重性信息资料，逐步建立和完善区域地层格架和模型。《变质岩区1∶5万区域地质填图方法指南》提出了我国变质岩区构造-地（岩）层填图方法体系，其基本点是：以国内外变质地质学的有关先进理论和方法为指导，从变质岩系的物（质）、形（变）、位（序）三态变化观察入手，以研究变质岩石和正确划分不同类型地（岩）层单位为基础，采用建造与改造、变形与变质相结合的分析方法，逐步建立地质事件演化序列，分别从不同原岩建造与后期变形变质作用的改造与再造，提出由构造-地层-事件法、构造-岩层-事件法和构造-岩石-事件法构成的一整套填图方法体系。《花岗岩类区 1∶5 万区域地质填图方法指南》提出了花岗岩类岩石谱系单位的划分原则和方法体系，其基本点是：以同源岩浆演化和多次脉动、涌动上侵形成不同的构造岩浆单元为理论依据，系统地研究岩石成分、结构构造、接触关系、年龄特征及变化规律，以确定成分演化和结构演化序列为主要手段，详细划分侵入体，归并和建立单元、超单元及超单元组合三级等级体制，填制花岗岩类单元地质图，研究花岗岩就位机制和探讨花岗岩侵位与区域构造环境的关系。上述火山岩区、沉积岩区、花岗岩类区和变质岩区的区调填图方法，是科研、教学和区调的一线专家共同研究和编写的指南，是区调和科研相结合的方法指南，对于提高 1∶5 万区调填图的质量和水平，有着重要的指导作用。

1999～2003 年开展数字地质填图方法研究。在实施地质调查和填图的过程中，应用地理信息系统（GIS）、全球定位系统（GPS）和遥感技术（RS），将野外观测所获的实际资料进行数字化处理，并存储在手携计算机中。通过这项研究研制出具有自主知识产权的数字化填图设备，使地质调查和填图技术实现数字化。

第二节　区调成果、区域地质志的编写和区域矿产总结

一　区域地质调查成果

我国区域地质调查已有100年的历程。1953年开始编测结合进行1∶100万区域地质调查，1955年又计划按国际分幅进行1∶20万地质调查试点，1957年的1∶5万区域试点至今也有50多年的历史。到2007年底，我国已经完成1∶100万区调和填图59个图幅，覆盖面积960万平方千米；1∶20万区调和填图超过900万平方千米，基本实现全覆盖；1∶5万区调和填图192.4万平方千米，占国土面积20%。

区域地质调查的成果表现在一定比例尺的地质图和相应的地质报告中。各种比例尺的区域地质调查和填图，为地质和找矿方面提供了基础地质资料和各种有用的信息。

第一，发现了新的地质现象，解决了一批重大地质问题，提高了区域地质研究程度。在地层古生物方面，如在河南西峡秦岭地轴太古宇中发现了原北方震旦纪冰碛层；在皖南、赣东北的前寒武纪地层中发现下古生界的疑蠕类；甘肃白银厂铜矿区中下奥陶统海相火山岩含矿地层时代被厘定为寒武纪；湖南新邵中上泥盆统之间发现了大量西欧北美型晚泥盆世常见化石，解决了多年来该区中、上泥盆统划分的疑难问题；南岭地区一套分布较广的浅变质岩地层，过去笼统地被称为前泥盆纪的龙山群，经1∶20万区调，研究人员从地层中获得大量化石，将它进行详细划分，解体为震旦、寒武、奥陶、志留等系，并细分到统和组；安徽凤凰山的长山组中，发现了树笔石和无羽笔石等笔石化石，这是中国笔石化石的最低层位。

第二，侵入岩、火山岩和变质岩方面。花岗岩研究在20

世纪50年代以前仅涉及中国东部少数岩体，随着地调工作的开展，区域花岗岩研究逐步深入，对南岭花岗岩、长江中下游花岗岩、秦岭花岗岩、燕山花岗岩、东南沿海花岗岩、大小兴安岭花岗岩和青藏高原花岗岩的成因、侵位、演化以及与成矿、成景的关系，进行了不同程度的研究。通过1∶20万区调圈出了数万个基性和超基性岩体。对中生代火山岩系的工作，从以地层学为主的研究，上升至火山岩地层学与火山岩相学、火山构造学相结合；按火山口区分，建立若干火山岩地层剖面。这种方法学上的改进，使东南沿海的中、新生代火山岩研究工作有了明显的进展。变质岩研究，通过太行山、五台山、冀北、辽宁、吉林、吕梁山、中条山、嵩山、山东、许昌、大别山、秦岭、阿尔泰山、哀牢山等变质岩地区1∶20万区调，在变质岩区划分、原岩恢复、变质岩层构造、变质作用，以及变质岩地区花岗岩岩石的形成、演化和有关的混合岩化作用、变质相系等方面，研究人员都做了初步总结。福建平和测区中生代陆相火山岩盆地用双重填图法填图，圈定了各类火山构造80处。湖北大悟大磊山花岗岩体被确定为太古宙片麻岩，研究人员在辽宁抚顺地区运用绿岩带的观点对区域变质岩进行变质带的划分，并恢复原岩，建立了变质岩的地层层序和构造格架。

第三，发现了一批矿床，评价了测区的成矿远景。如河南桐柏银洞坡金矿、破山大型银铅矿、栾川马圈中型铜矿床，陕西茶店中型磷矿床，云南兰坪金顶铅锌矿、大红山铜铁矿、云龙锡矿、王家湾磷矿、元谋铂矿、江城钾盐矿、维西铁矿等，江西省曾家垅砷锡矿、汪山铀矿、大椿铀矿、阳储岭金钨钼矿、大旱叫山铌钽矿等，贵州省板其锑金矿，青海省当曲铁矿、阿夷则玛赛黄铁矿、同德汞矿，广东博罗铌钽矿、连平钨矿、新兴多金属矿、韶关铀矿，四川省白玉银多金属矿、岔河锡矿、孔马寺汞矿、木里水洛金矿、水井湾铌钽稀土矿、冕宁稀土钼矿，甘肃省芨岭铀矿、桃花拉山铌钽矿、塔尔沟钨矿，湖南省安化白钨矿、司徒铺白钨矿、曹家坝大型白钨矿、香花岭铌钽矿、凤凰汞矿，湖北省武山磷矿、段家沟重稀土矿、五丰重晶石矿、金牛钙基膨润土矿、大悟地区大型重稀土矿床，吉林省801稀土矿、巴尔哲札拉格稀土矿、珲春杨家沟金矿，福建省南平铌钽矿，江苏省龙王山凸凹棒石黏土矿，浙江省萧山钨铜钼矿等。

第四，构造方面，通过大、中比例尺的地质调查，积累了大量区域地质资料。20世纪70年代以后，应用遥感技术，结合区域地球物理资料，取得了更多的地质构造信息，对各种类型的构造，特别是结合中国地质演化的实际，运用板块构造理论，对中国各地的地质构造特性、地壳运动有了更为深刻的认识，特别是1999年的新一轮地质大调查。1999～2006年，全国各省区调队、有关研究所和高等地质院校的科技人员和师生在青藏高原经过艰苦的工作完成了110幅1∶25万区域地质调查，对面积达152万平方千米的区域内地质结构有了更加深入的了解。根据这项区调获得的资料，研究人员重新厘定了青藏高原的地层系统和构造格架，编制了第三代1∶150万青藏高原地质图、大地构造图和矿产资源图等图件，详细地研究了藏南构造-成矿演化进程，深入探索青藏高原地区板块碰撞和造山过程，提出了碰撞造山三阶段演化模式：主碰撞聚合期（65～41Ma）、晚碰撞转换期（46～26Ma）和后碰撞伸展期（25～0Ma）。伴随三个阶段形成了相应的三大成矿作用，即主碰撞汇聚成矿作用、晚碰撞转换成矿作用和后碰撞伸展成矿作用。研究人员在1∶25万区调中发现和采集数万件岩石标本，发现了高压超高压变质带和20多条蛇绿岩带，发现了500多处重要的矿点和矿化点，发现了更多的11万年至4万年时期的古大湖等。所有这些，对于进一步研究青藏高原地区构造发展演化过程、高原隆升过程和机制以及环境效应、青藏高原深部地质结构、青藏高原固体矿产成矿特征和油气资源远景等重大的地质和成矿问题，具有重大的意义。

二　区域地质志的编写和区域矿产总结

20世纪80年代我国区域地质调查大发展。1∶100万区调面积已完成894.4万平方千米，1∶20万区调完成面积653.2万平方千米，1∶5万区调完成面积55.63万平方千米。地质矿产部于1981年3月以467号文《关于公开出版区域地质志及地质图件的通知》下达任务，要求各省（区）、直辖市进行区域地质资料的总结，编写以省（区）、直辖市为单位的区域地质志。各省（区）、直辖市地矿局精心组织人员落实区域地质总结和地质志的编写。省级区域地质志的内容包括地层、沉积岩及沉积作用，火山岩及火山作用，岩浆岩及岩浆作用，变质岩及变质作用，地质构造和区域地质发展史等篇章。各省（区）、市可根据本地地质特点有所侧重，如贵州、安徽以沉积岩与沉积作用为主，福建、浙江以火山岩和火山作用为主，江西、湖南以岩浆岩与岩浆作用为主，河北、辽宁以变质岩与变质作用为主。区域地质志还附有1∶50万~1∶100万区域地质图，有的省（区）还编制了相应比例尺的火山岩相构造图、岩浆岩图和变质岩图和构造地质图。按当时我国的省级行政区划，编写并出版了30个省（区）、市（包括台湾省）的区域地质志，约3000万字于1989年10月全部完成。

各省（区）、市区域地质志的编写并不是资料的聚集，而是对过去区调资料的再研究，也不是对以往区调成果的简单总结，而是总结提高，强调对各种地质作用的研究，是一部系统的区域地质基础综合性著作，为科研、教学和经济建设提供较为完整的基础地质资料。

其后，研究人员又及时开展以省（区）、市为单位的突出本地区特点的区域矿产总结，除了全面反映区域内已知矿产，还要突出具有代表性、特殊性矿床事例及成矿地质条件的研究，圈出不同等级的成矿远景区带。

1989年开始编制《中国地质图（1∶500万）》及说明书，于1990年3月完成。地质图表示的内容为：地层一般表示到系或群（岩群），部分表示到统；侵蚀岩类分别表示到期，研究程度高的表示到次；火山岩一般按地层处理，显生宙未变质的火山岩加符号和岩性花纹，潜火山岩按相应的侵入岩处理；区域变质岩系一般按地层处理，某些非层状的变质岩、混合岩和花岗岩质岩石则按杂岩处理，并以不同地质时代表示；表示的断层在图面上不少于10毫米。图上还标出了有代表性的蛇绿岩、蛇绿混杂岩、混杂堆积、蓝片岩带、同位素年龄、古人类遗迹和火山口等。1∶500万中国地质图是以各省（区）、直辖市1∶50万或1∶100万地质图为基础进行编制的，地质资料一般截至1988年底，尽量补充近年的新成果。该图及说明书于1990年出版。

1991年10月，完成《中国区域地质概论》初稿（程裕淇任主编，沈永和、曹国权、范承钧、尚瑞钧、杨明桂、张良臣、黄崇轲、周维屏、马清阳任副主编），1993年3月完成修改稿，1994年9月出版。该书以各省（区）、直辖市区域地质志和《中国地质图（1∶500万）》及说明书为基础，收集了1992年以前的各种科技资料，经综合研究、高度概括，集体编写而成。它所依据的资料的广度、深度和系统性，各章节结构、内容安排以及读者对象，均有别于《中国地质》和《中国地质学》等冠以“中国”的区域地质调查和研究成果。它以系统的学术观点对这些资料和成果进行全面的分析和系统的概括，在章节内容安排上遵循区域地质总结为主，兼顾专题论述。

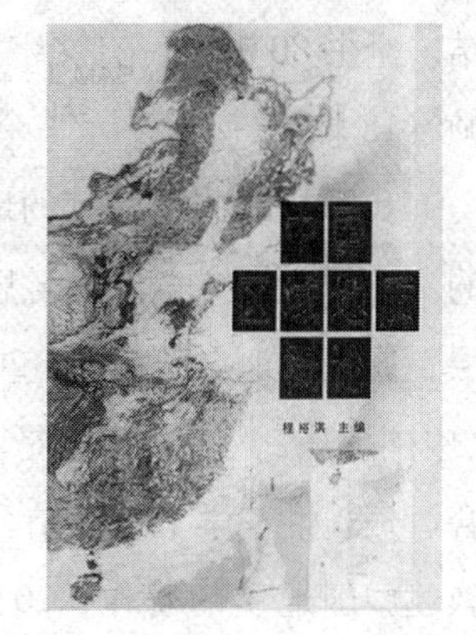

程裕淇《中国区域地质概论》

《中国区域地质概论》将全国划分为五大区：天山-兴安区、塔里木-华北区、昆仑-秦岭区、川滇青藏区和华南区。按五大区分章，从地层到岩浆岩、变质岩，从地质构造到地质发展史进行较为详细的阐述，充分地反映了五个区域各自的区域地质特征及演化过程。其后几章，参照近代地质学的有关理论，结合中国的实际，分别对我国沉积地层特征与沉积作用，岩浆岩及岩浆作用，变质岩系、变质带及变质作用，以及中国构造格局及其演化，进行了高度概括和论述。全书结构以区域地质为主（占2/3篇幅），条块结合，既反映各地区地质特点及差异性，又显示了一些全国地质的共性和统一的演化趋势和规律。全书和每章的前（导）言和结语对一些重要地质问题的进一步或新的认识都有所反映。这部专著代表着几十年来中国区域地质调查研究的丰硕成果，是具有特色的区域地质总结。全书80万字，有文字插图（86幅）、插表（52个）和图帧（18帧）。

我国冠以“中国”的地质著作有：20世纪20年代葛利普的《中国地质史》，顾名思义是讲中国地质发展史，偏于地层，属区域地史学范围；20世纪30年代李四光在英国出版的《中国地质》，基本特色是将中国地质的特点与地质力学相结合、资料性和学术性相结合，是具有作者强烈的学术观点的、叙述中国地质的著作；20世纪40年代黄汲清用英文发表的《中国主要地质构造单位》，偏于构造，严格地说是一部区域构造或区域大地构造著作；20世纪80年代杨遵仪、程裕淇、王鸿祯用英文发表的《中国地质学》，虽力求以构造活动论为主导思想，试图对地层、岩浆活动和变质作用进行全面论述，但限于当时的研究程度，全书结构仍以断代地层为主体；20世纪90年代出版的李四光的《中国地质》的扩编版，因囿于李四光原著的思想和体制，虽然更换和增加了资料，但扩编时间过长，引用的资料不是陈旧，就是不够系统，没有摆脱原著的缺陷。

《中国区域地质概论》则以大量篇幅充分而全面地记叙了五大区域的地质基本状况，从地层、岩浆岩、变质岩到地质构造，直至叙述其地质发展史，是在严格意义上的区域地质总结。书中还用了一定篇幅分别对沉积地质、岩浆作用、变质作用和构造演化进行专题论述，这些专论以新认识、新观点、新概念为主导，以新资料为依据进行规律性的概括和探讨，特别是沉积地质和变质地质部分更具特色和创新。当然，这些论述和创新有待进一步的修正、提高和完善。

参考文献

[1] 陈宝国，其和日格，庄育勋，等．中国区域地质调查史大事记（1829～2005年）[M]．北京：地质出版社，2011.

[2] 陈克强．基础地质调查50年成果 [G]//中国地质学会地质学史专业委员会，中国地质大学地质学史研究所．地质学史论丛（5）．北京：地质出版社，2009：1－16.

[3] 耿树方，范本贤．中国区域地质百年调查研究史及其重要事件 [G]//中国地质学会地质学史专业委员会，中国地质大学地质学史研究所．地质学史论丛（5）．北京：地质出版社，2009：17－25.

[4] 程裕淇．中国区域地质概论 [M]．北京：地质出版社，1994.

[5] 耿树方．中国区域地质及区域成矿规律研究现状和展望 [G]//中国地质学会．2000年的中国研究资料（第6集）·地质科学现状、差距及展望．中国科协2000年的中国研究办公室，1984：52－57.

[6] 耿树方．十年来中国区域地质及区域成矿研究的主要进展和展望 [M]//中国地质学会．八十年代中国地质科学．北京：北京科技出版社，1992：31－36.

[7] 耿树方．我曾参加过一段时间的区域地质调查管理工作 [G]//中国地质学会地质学史专业委员会，中国地质大学地质学史研究所．地质学史论丛（5）．北京：地质出版社，2009：149－151.

[8] 耿树方．百年来中国区域地质调查研究发展简史 [G]//田凤山．中国地质学会80周年纪念文集．北京：地质出版社，2002：15－20.

[9] 夏国治，程裕淇．当代中国的地质事业 [M]．北京：中国社会科学出版社，1990.

第二章　地质编图与制图

地质图是地质调查研究成果的一种重要表达方式，它与文字报告相配合，让人可以一目了然地看到区域地质内容的时空分布，直观地显示各种地质体之间的相互关系，并且可以分析出该地区地质演化的轨迹。

我国地质图的编图和制图与区域地质调查和研究一样，经历了从简单到复杂，从粗放到精细的发展过程，编图的种类有各种比例尺和不同的学科和学派，呈现图件的多样性这么一种兴旺的景象。

第一节　不同比例尺国际分幅地质图的编制

一　1∶100 万比例尺国际分幅地质图的编制

1924 年，翁文灏组织中央地质调查所人员编制 1∶100 万国际分幅北京-济南幅、太原-榆林幅和南京-开封幅地质图，开创了我国编制小比例尺分幅地质图的先例，于 1928 年完成。从 1945 年开始，黄汲清在完成《中国主要地质构造单位》的著作后，亲任主编，组织本室人员，按国际分幅开展 1∶100 万地质图的编制，到 1948 年先后完成北京幅、太原幅、旅大幅、南京幅、南通幅、西安幅、天水幅、上海幅、武汉幅、长沙幅、重庆幅、昆明幅、衡阳幅和福州幅的编制，1951 年以前陆续出版。黄汲清指导，曾世英负责地理底图的编制和地质图的制图，朱夏、楚旭春、陈梦熊、秦鼐、曾鼎乾、谌义睿、姚瑞开、王超翔和宫景光等参加编图。这套图件利用了 20 世纪前半叶我国区域地质调查成果，全面地系统地反映了那一时期我国区域地质调查的水平，在20世纪50年代初期经济恢复和第一个五年计划经济建设，以及地质工作部署中，发挥了重要作用。撰写的《中国地质图的编制》(黄汲清，1948)、《关于我国地质图的比例尺》(谌义睿)和《编制天水幅地质图之讨论》(陈梦熊) 等文，为以后的综合地质编图积累了经验，奠定了基础。

20世纪50年代初期，东北地质学院也编制了东北地区1∶100万国际分幅地质图。

1957年，地质部向地质部地质矿产研究所下达修编1945~1948年编制的1∶100万地质图的任务，由王晓青主持，修编了11幅图件。1961年春，地质部责成地质部地质科学研究院负责并组织和指导各省（区）和直辖市地质局，按统一要求编制全国1∶100万国际分幅地质图、矿产分布图、大地构造图和内生金属矿床成矿规律图等综合地质图件，简称1∶100万一套图。1961年成立由李四光任主任委员，黄汲清、程裕淇任副主任委员的中国地质图编审委员会，51位著名地质学家担任委员。地质科学研究院组织有关人员编写《1∶50万~1∶100万中华人民共和国一套综合地质图件编制规范（草案)》，内部出版，供各省（区）、直辖市使用，确保1∶100万一套图的统一性和完整性，同时，也使中国地质图编制走上规范化和正规化的道路。地质科学研究院还建立了华北、东北、华东、中南、西南和西北六大区的编图协作区领导小组。从1961年至1965年，全国共编制了1∶100万国际分幅地质图49幅，矿产分布图48幅，大地构造图29幅，内生金属成矿规律图28幅。上述4种图件都有说明书，共计900多万字。

二　1∶50 万 ~1∶300 万比例尺中国地质图的编制

1945 ~ 1948 年，中央地质调查所在编制 1∶100 万中国地质图的基础上，编制 1∶300 万中国地质图，1952 年出版。1957 年修编 1∶100 万国际分幅地质图时，该图也做了修编。接着，地质部地质矿产研究所组织了 1∶300 万一套图的编制，借此向中华人民共和国成立 10 周年献礼。1∶300 万一套图包括上述修编的地质图、中国大地构造图、中国内生金属矿床成矿规律图、中国前寒武纪地质图、中国煤田及煤质预测图，由内部印刷出版。中国石油及天然气预测图和中国岩浆岩分布图虽已编成，但未印刷出版。

在 1∶100 万国际分幅地质图的基础上，编制了 1∶200 万 20 幅拼接的大型中国地质图挂图。它由多幅拼接而成，对制图和印刷的精度要求很高，图幅的完成说明我国编图、制图和印刷地质图的技术已达到相当高的水平。该图及说明书《中国地质概述》于 1969 年出版。1958 年，张文佑主编的 1∶600 万中国大地构造图出版。

1973 ~ 1975 年，1∶500 万亚洲地质图和《亚洲地质》(李廷栋、李春昱和王鸿祯）是由 20 幅拼接的大洲地质挂图。同时由耿树方主编完成 1∶400 万中华人民共和国地质图。这两幅图都于 1976 年公开出版发行。还有，李述靖主编了 1∶400 万中国构造体系图。

1970 年后，特别是 1973 年后，约有湖北、甘肃、安徽、湖南、云南、广东、山东、山西、河南、广西、浙江、青海等 20 个省（区）、直辖市编制了 1∶50 万、1∶100 万和 1∶200 万不同比例尺的本省（区、市）地质图、矿产图或构造体系图、地貌图。

1981 年至 1990 年间，各省（区）、直辖市进行第二轮编图工作，编制了多省（区）、市的 1∶50 万或 1∶100 万地质图、构造图和岩浆岩图。同时，各地区和专业（学科）也进行编图，有 1∶100 万南岭地区地质图，三江（金沙江、怒江、澜沧江）地区地质图，华北前新生界地质图；1∶50 万青藏高原地质图，西藏板块构造图，长江流域地质图；1∶250 万中国构造体系图，中国第四纪地质图；1∶400 万中国大地构造图（黄汲清，多旋回一幅；陈国达，地洼一幅），中国内生金属成矿规律图，中国变质地质图，中国地质灾害类型及发育分布图，中国岩溶地质图，中国水文地质图，中国工程地质图，中国地震震中分布图，中国新生代盆地图等；1∶500 万中国及邻区海陆大地构造图（张文佑，断块构造）；1∶800 万亚洲大地构造图（李春昱，板块构造）；1∶1500 万亚洲地质图等。

1990 年，程裕淇主编的 1∶500 万中国地质图出版，这是我国大约 40 年地质调查成果的总结。

1991 年开始，中国地质科学院各研究所开展各类地质图的编制，有 1∶500 万系列图，如中国及邻区大地构造图（任纪舜），中国火成岩地质图，中国新构造图，中国区域地壳稳定性图，中国岩溶环境图和中国矿床成矿系列图；1∶250 万中国地质图；洲际性图件有 1∶500 万亚欧地质图（李廷栋），南极洲地质图（陈廷愚），1∶800 万亚洲水文地质图。地矿系统有关单位编制的图件有：1∶250 万中国煤田地质图及煤田预测图；1∶400 万中国岩溶水文地质图及可溶性岩类型图；1∶500万中国矿产资源图（分金属矿、非金属矿和能源类矿三种），以及张伯声主持编制的中国波浪状镶嵌构造图，中国航磁图，中国重力图，中国地球化学图，青藏高原亚东-格尔木地学断面图，格尔木-额济纳旗地学断面图，台湾-阿尔泰地学断面图等；1∶600 万中国环境地质图（有滑坡、泥石流、地面沉降等 11 种图）。其他有关部门还编制和出版了许多地质图，如中国煤田地质总局编制的 1∶200 万中国煤炭资源分布图和中国煤层瓦斯地质图，核工业部编制的1∶200万中国金矿分布图，武警黄金指挥部编制的 1∶400 万中国岩金成矿规律图与中国砂金成矿规律图，中国有色金属工业总公司编制的 1∶400万中国成矿大地构造图，水利部编制的 1∶250 万中国地表水资源分布图和 1∶800 万中国水土流失与治理图，中国建材地质中心编制的 1∶500 万中国非金属成矿地质图，中国科学院系统编制的 1∶100 万响水-满都拉地学断面图、1∶400 万中国大陆地区大地热流平均值分布图、1∶800万亚洲陆海壳体大地构造图，北京市环保科学院编制的 1∶400 万中国自然保护区分布图、中国荒漠化现状分布图。这些图件及其他我国编制的 200 多种、1000 多份图件在第 30 届国际地质大会（1996 年 8 月 4 日至 14 日，北京）上展览。

从 1999 年开始编制第二版 1∶500 万中国地质图，2000 年开始编制 1∶250 万中国西部及邻区地质图。

三　地质图集的编制

1950 年赵金科、张文佑等编制广西中、东部地区地质图集，1952 年出版。刘鸿允编制中国古地理图集，1955 年出版。

1971 年，国家计委地质局责成地质科学研究院组织各省（区）、直辖市地质局，编制分省（区）、市的中华人民共和国地质图集和中华人民共和国矿产图集。1973 年《中华人民共和国地质图集》出版，1974 年《中华人民共和国矿产图集》出版，1979 年《中华人民共和国水文地质图集》出版。

1982 年由王鸿祯任主编，中国地质科学院地质研究所和武汉地质学院北京研究院等单位合作，编制的《中国古地理图集》是一本以活动论大地构造和古地理相结合编成的由中国各纪古地理图、古构造图、生物地理、古气候、火山岩等图系组成的图集，反映我国在地质历史时期古地理和构造演变的过程。

1988 年，由地质部地质研究所负责，各省（区）、直辖市参加编制第二代中国地质图集和中国矿产图集。《中国地质图集》(马丽芳，2002）代替了资料陈旧的 1973 年编制的同类图集。地质部岩溶地质研究所编制了《中国岩溶地质图集》，国家地震局编制了《中国岩石圈动力学图集》和《中国活动断层图集》，中国水文地质工程地质勘查院编制了《中国地质灾害图集》。

1991 年以后还编制了《中国地球物理图集》(袁学诚)、《中国地球化学图集》(谢学锦）和《全球古地理再造图集》(王鸿祯)。

第二节　编制不同比例尺地质图的作用和意义

从 1905 年邝荣光编制的 1∶250 万《直隶地质图》，1906 年顾琅和周树编制的《中国矿产全图》(作为他们合著的《中国矿志》的附图由上海普及出版社出版；1910 年《地学杂志》第一号发表）至今，地质编图已有 100 多年的历史。有计划、较系统、全面完整地进行各种比例尺的地质编图，则主要开始于 20 世纪 50 年代后。几十年的地质编图，为经济建设、科学研究和教学提供了基础地质资料。

1. 在区域地质调查过程中，地质现象直观表示在地质图上，通过地质编图，将各类地质体按比例尺的要求进行归并、取舍，然后表示在所编的地质图上。这种归并和取舍，是对区调资料的再研究的过程，是进一步揭示各种地质体之间的相互关系的思考和探索。

2. 通过编图可以认识区域内地质发展的历史过程，将地域的、局部的资料，在更大范围内进行对接、联系，甚至在全国范围内，乃至在洲际的更广阔的视野里进行联系思考，揭示更为深刻的地质历程。

3. 在编图过程中可以发现以往区域地质调查和填图的不足或存在的问题，便于今后地质调查时加以注意。

4. 在不同比例尺的地质图上可以发现值得深入研究的课题，专业性的地质编图能够解答若干地质问题。地质编图和制图的水平，能够反映地质调查研究的广度和深度，能够反映地质科学的水平。

参考文献

［1］程裕淇．中国区域地质概论［M］．北京：地质出版社，1994.

［2］耿树方．百年来中国区域地质研究及地质编图、制图发展史简表［G］//中国地质学会地质学史研究会，中国地质大学地质学史研究所．地质学史论丛（4）．北京：地质出版社，2002：273－278.

［3］耿树方，范本贤．百年来中国地质编图发展简史［G］//田凤山．中国地质学会80周年纪念文集．北京：地质出版社，2002：21－26.

［4］马丽芳．中国地质图集［M］．北京：地质出版社，2002.

［5］亚洲地质图编图组．亚洲地质［M］．北京：地质出版社，1982.

第三章　古生物学

我国古生物研究在1949年以前已有坚实的基础。1952年，主要由中央地质调查所和中央研究院地质研究所的古生物研究人员组成，成立中国科学院古生物研究所。1953年以原地质调查所新生代研究室为基础建立中国科学院古脊椎动物研究室，1957年扩建为中国科学院古脊椎动物研究所，1960年又扩建为中国科学院古脊椎动物与古人类研究所。地质部地质矿产研究所建立地层古生物研究室。地质部下属6个大区研究所都设有地层古生物研究室。综合性大学地质系和地质院校大多有古生物教研室，有的还设有古生物专业。一时，全国古生物研究和鉴定人员达到1000多人，形成了全国古生物研究网。

中国科学院古脊椎动物与古人类研究所

古生物研究有两个主要方向，一为生物学方向，二为地层和地史方向。前者主要包括古生物分类、生物演化、古生物群、古生态，后者主要是生物地层、生物古地理和地质演化，在更高层次上两者是密切相关的。

第一节　系统古生物研究

在20世纪50年代，古生物研究结合区域地质调查，为地层划分和地层时代的厘定提供依据。多年来古生物研究的门类、地域和地层比较广泛，积累了古生物发现地点和标准层位的大量资料，对各断代地层与大区的生物地层和生物群的基本特征有了一定的了解，编辑出版了《中国标准化石》5册（含无脊椎动物3个分册，脊椎动物和植物各1册）。《中国标准化石》既是以往古生物研究的梳理和总结，又为地质调查工作中的古生物地层划分和地层时代的确定，提供了据以对比的工作手册。

20世纪60年代初开始，中国科学院古生物研究所陆续编写了中国各门类化石丛书，计有15个门类，有《中国的苔藓虫》(1962)、《中国的层孔虫》(1962)、《中国的介形类化石》(1962)、《中国的蜓类》(1962)、《中国的笔石》(1962)、《中国的腹足类化石》(1963)、《中国的珊瑚化石》(1963)、《中国的腕足动物化石》(上下两册,1964)、《中国的三叶虫》(上下两册,1965)、《中国的头足类化石》(1965)、《中国植物化石(第一册)——中国古生代植物》(1974)、《中国植物化石(第二册)——中国中生代植物》(1963)、《中国植物化石(第三册)——中国新生代植物》(1978)、《中国的瓣鳃类化石》(1976)、《中国的叶肢介化石》(1976) 17本。这些书是各门类化石研究的初步总结。与此同时，专家学者还出版了《扬子区标准化石手册》《西北区标准化石手册》《华南区标准化石手册》《秦岭化石手册》《东北区化石手册》等。中国各门类化石丛书与同时代国外出版的同类丛书相比，研究的深度和学术水平比较接近。

1974 年出版的《西南地区地层古生物手册》报道了 26 个门类 1000 余种化石，其中包括 100 多个新属 700 多个新种。20 世纪 70 年代后期至 80 年代初期，先后出版了《中南地区古生物图册》《华北地区古生物图册·内蒙古分册》《华东地区古生物图册》《东北地区古生物图册》《西北地区古生物图册·陕甘宁分册》《西北地区古生物图册·青海分册》《西北地区古生物图册·新疆维吾尔自治区分册》《西南地区古生物图册·贵州分册》《西南地区古生物图册·微体古生物分册》《西南地区古生物图册·四川分册》等各大区古生物图册，共 20 余册。这些化石图册总共整理记载了约 24000 属 45000 种，其中包括 1000 多个新属 13500 多个新种。湖南、湖北等省（区）还出版了省（区）的古生物图册。这些古生物手册和图册在确定所在地层的地质时代中起到了重要作用。它们既是阶段性总结，又为今后古生物系统研究积累了丰富资料。

古生物研究是一些重点地区的综合考察和综合研究中的一项重要工作。20 世纪 50 年代早期辽宁太子河流域地层研究，50 年代中期祁连山地质研究，就有许多门类化石的研究成果。20 世纪 60 ~ 70 年代珠穆朗玛峰地区、希夏邦马峰地区、新疆托木尔峰地区、秦岭地区和横断山脉地区的综合考察，都出版了相应的古生物化石研究著作。西藏综合考察出版了《西藏古生物》。还有《太子河流域本溪统的䗴科》(1958)、《广西西部下三叠纪菊石》(1959)、《华中及西南奥陶纪三叶虫动物群》(1975)、《苏浙皖中生代后期叶肢介化石》(1982)、《华南中生代早期的昆虫》(1986)、《新疆石炭纪头足类》(1991)、《松辽地区白垩纪双壳类化石》(1999)、《贵州西部晚石炭世和早二叠纪的䗴类》(2010)、《山旺昆虫化石》(1989)、《云南中生代化石》(1997)、《珠穆朗玛峰地区科学考察报告》(1975）中几个古生物分册、《喀喇昆仑山-昆仑山地区古生物》(1998）等。

古植物方面。20 世纪 50 ~70 年代，在徐仁的主持下，开展孢子花粉分析和研究，除了植物化石研究，还开展前寒武纪叠层石、沟鞭藻、轮藻、钙藻、硅藻及煤核化石的研究。在 20 世纪 60 ~70 年代，汇集整理、编写了《中国中生代植物》（斯行健、李星学，1963)、《中国古生代植物》(中国科学院南京地质古生物研究所和中国科学院植物研究所合编，1974)。这两本专著是对 20 世纪 60 ~70 年代以前中国古植物研究的总结。其他古植物研究成果散见于中外多种学术刊物。李星学的《中国地质时期植物群》(1995）是 20 世纪我国古植物研究的全面总结。

微体古生物学是古生物学的一个重要分支学科，研究对象是微体化石，要借助显微镜来进行观察和研究，这些微体化石不外是各种介形类、有孔虫类（包括䗴类)、藻类、苔藓虫、牙形石、裸子植物的孢子、种子植物的花粉以及钙质超微化石等各类动植物的化石。

在 1957 年以前主要是对古生代的几类微体化石进行研究，主要成果有云南和东南地区二叠纪茅口灰岩中的䗴类化石的研究（陈旭，1956)，辽宁和鄂西奥陶纪和泥盆纪介形类的研究（侯佑堂，1953，1955)，四川江油泥盆纪轮藻的研究（王水等，1956）等。1965 年以前，主要是研究钻井岩芯中的微体化石，这对地下地层的划分和对比起到重要的作用。主要有甘肃和柴达木盆地第三纪孢粉研究（徐仁等，1958)，西北和东北侏罗纪、白垩纪淡水介形虫研究（侯佑堂，1958)，柴达木盆地新生代介形类研究（黄宝仁，1964），柴达木盆地第三纪和酒泉盆地中新生代轮藻化石的研究（王水，1961，1965），四川南部三叠纪嘉陵江灰岩中有孔虫的研究（何炎，1959），江苏东部第四纪有孔虫的研究（何炎等，1965）。盛金章在1958年陆续发表了内蒙古白云鄂博附近和辽东太子河流域石炭纪蜓科、青海二叠纪蜓类的研究著作。1960年，金玉玕发表国内率先研究牙形石的成果——南京龙潭二叠纪孤峰组的牙形石。在总结1960年及以前的研究成果后，研究中国各门类化石的《中国的苔藓虫》(杨敬之、胡光琦，1962)、《中国的介形虫化石》(侯佑堂、陈德琼，1962）和《中国的蜓类》(盛金章，1962）三部综合性著作出版，分别介绍这三个门类已知属种及其地层分布，它们的形态、构造和系统分类。《松辽平原白垩纪——第三纪介形虫化石》(郝诒纯等，1974）是研究中、新生代非海相含油地层中介形类的专著。1976年，王成源发表珠穆朗玛峰地区三叠纪牙形石的研究成果。在20世纪70年代初期，郝诒纯等通过对微体古生物的生态研究，推断华北油田黄骅凹陷第三纪沉积环境。汪品先等研究华北、江汉等盆地微碱水有孔虫动物群，根据它们的古生态，推断沉积环境，开启了微体古生物研究的新方向。在1970年中期珠穆朗玛峰地区的苔藓虫、钙藻、放射虫和蜓类的研究都有新的成果发表。

20世纪70～80年代开始研究我国微体古生物研究的某些空白，如钙质超微化石、沟鞭藻和深海介形虫。郝诒纯和李惠生报道了渤海沿岸及邻区的早第三纪钙质超微化石（1984）。还相继发表了南海北部（段威武，1985；段威武、黄永祥，1991）、冲绳海槽（徐钰林、苏新，1987）、珠江口盆地（王崇友、曹寅，1988)、西藏（徐钰林、茅绍智，1992）和新疆（钟石兰，1992）等地区中、新生代钙质超微化石的研究成果，以及云南曲靖、江苏南京江宁、贵州道真巴渔和湖北宜昌等地的志留纪几丁虫的研究、云南武定早奥陶世几丁虫的研究。

一些研究工作较为薄弱的门类，如牙形石的研究，涌现了一批区域性和全国性的研究成果。有华北和东北地区寒武纪牙形石研究，华北及邻区奥陶纪牙形石研究（安泰庠，1982，1994)，广西泥盆纪牙形石动物群的研究（沈建伟，1995)，中国奥陶纪牙形石分区和生物地层研究，中国石炭二叠纪牙形石动物群、中国三叠纪牙形石动物群的研究成果。还有珠峰地区三叠纪放射虫，南京龙潭孤峰组放射虫，滇西晚二叠世至早三叠世放射虫，藏南晚白垩世放射虫，桂南晚古生代放射虫，以及广西钦州地区硅质岩放射虫的研究等。长期未被重视的非蜓有孔虫，也有重要研究成果涌现，如西藏阿里日土县早二叠世的有孔虫，青海玛沁石峡晚二叠世有孔虫动物群和阿里二叠纪非蜓有孔虫，华南晚古生代有孔虫，西秦岭石炭-二叠纪非蜓有孔虫，以及安徽广德晚石炭世有孔虫的研究等。

此外，还有一批区域性的微体古生物的研究成果，如西藏、江汉平原、渤海湾沿岸地区和新疆，以及南海、东海、南黄海、冲绳海槽的介形类和有孔虫的研究。

微体古生物的研究在石炭系和二叠系、二叠系和三叠系、寒武系和奥陶系以及泥盆系和石炭系界限划分方面，起到了举足轻重的作用；在古生态、古地理和古海洋研究中是必不可少的依据；在石油资源的勘查中也受到特别的重视。近年来，微体古生物在亚洲古季风研究和海平面变化研究中也显示了它的作用。

1959 年以前，古脊椎动物方面主要有四川江油和南京龙潭泥盆纪鱼类的新发现，贵州兴义、陕西横山、甘肃酒泉、甘肃玉门和新疆奇台早期辐鳍鱼类——软鱼等真骨鱼类的发现和研究，山东莱阳和四川的恐龙，新疆和山西的哺乳动物兽齿类和肯氏兽类，以及水生爬行动物（湖北、广西、贵州）的发现和研究。还有第三纪和第四纪各类哺乳动物的发现和研究。

1959 ~ 1966 年，我国古脊椎动物研究的成果颇多，陕西蓝田公王岭和陈家窝两个动物群、山西肯氏兽和假鳄类、合川马门溪龙、中国龟鳖类、广东古新世动物群、新疆水龙兽类、哈密和吐鲁番的哺乳动物、山东恐龙、川滇两省的泥盆纪盾皮鱼类及无颌类、早第三纪哺乳动物、恐龙足印化石等，都有新的发现和研究成果。

多次编写的脊椎动物化石手册，有《中国标准化石·脊椎动物》(1954)，《中国脊椎动物化石手册（鱼类、两栖类、爬行类部分）》(1961)，《中国脊椎动物化石手册——哺乳动物部分》(1960)。1977 年至 1980 年，编辑出版的各大区古生物图册中都有古脊椎动物部分，1979 年又出版了《中国脊椎动物化石手册（增订版）》，1992 年出版了 *The Chinese Fossil Reptiles and Their Kin*（《中国爬行类及其近亲》）。

第二节　重大古生物研究领域

我国古生物研究已从古生物化石的鉴定和系统的分类，进入重大古生物研究的领域，如探讨生命的起源，探索生物演化过程中渐变与突变的关系，生物大灭绝与复苏，生物类群的进化等。

一　早期生命演化

地球历史的早期生命演化是生命起源研究的一个重要领域，我国华北和华南元古宙地层出露齐全且又连续，保存了丰富的生物化石，是探寻生命起源和早期演化的重要地区，近年来有许多新的发现。在太古宇-古元古代高变质岩中，分离出丰富的石墨颗粒，是世界上首例从太古宙碎屑岩中获得的生物化石；在中元古界长城系串岭沟组中发现疑螈类化石，从形态、大小和超微结构等方面都显示它们是真核生物化石；元古宙叠层石在我国已有几十年的研究历史，对叠层石的分类、形成机理、演化、地质事件记录、形成环境、时空分布、组合特征和地层意义，进行了深入研究和系统总结，详细划分和描述了中国元古宙和显生宙151个叠层石种。三峡地区新元古界陡山沱组燧石结核中发现迄今为止最早的动物休眠卵化石，将动物起源的化石证据提前到6.32亿年前。贵州瓮安新元古界磷块岩中发现了动物胚胎发育成螺旋状构造的新证据，还发现具极叶胚胎化石，表明两侧对称动物早在5.8亿年以前就已出现。湖北宜昌新元古代震旦系灯影组发现埃迪卡拉化石呈三维立体保存，与现生所有宏体生物的身体构型都不相同，为重新认识这些特异体型的早期宏体生物的习性、生活方式和化石保存条件，具有极其重要的意义。在贵州和澳大利亚同时发现5.6亿年前的八臂仙母虫，为破解埃迪卡拉化石之谜提供了新证据，启迪了新思路。在贵州瓮安6亿年前的黑色磷块岩中，发现迄今为止最早的地衣化石，刷新了地衣化石的最早记录，将其提前了2亿年。陕西高家山地区新元古界灯影期沉积岩中，发现多种已矿化的Cloudina，管外壁上留下其他生物的钻孔痕迹，这是目前已知最早的动物选择性捕食的化石依据。扬子区台地相震旦系碳同位素变化存在8个漂移，依次可将它与世界埃迪卡拉系地层剖面进行对比，并可利用碳同位素变化规律反演当时可能发生的全球性事件，海洋每次氧化都对应着一次生物多样性的演化，表明早期埃迪卡拉真核生物的进化与海洋氧化存在相关性。

关于早期生物演化，现在已经发现的，依时代先后，有长城生物群（1.85Ga)、桑树鞍生物群（1.8～1.4Ga)、下花园生物群（1.4～1.2Ga)、赵家山生物群（1.05～0.9Ga)、龙凤山生物群（0.9～0.85Ga)、淮南生物群（0.85～0.7Ga)、高家山生物群（0.65～0.6Ga)、庙河生物群及瓮安生物群（560Ma）等。特别是庙河生物群和瓮安生物群，它的时代晚于淮南生物群和高家山生物群，庙河（瓮安）生物群是晚震旦世一个生物门类众多、保存方式多样、生态类型广阔的微体与宏体、动物与植物、软躯体与具硬体、实体与遗迹化石共存的生物群，既有大量宏观藻类、微体藻类和管状体生物，也有高级的两侧对称的后生动物，如腔肠动物、环节动物、蠕虫动物、海绵动物，还有大量遗迹化石和分类位置不明的疑螈类。这种疑螈类经进一步研究，认为是后生动物尚未孵化的休眠胚胎和卵细胞处于不同分裂阶段的生命体。说明在寒武纪生物大爆发以前，后生动物已有一段相当长的发展时期，是从原生动物向后生动物演化的早期阶段。高家山生物群界于埃迪卡拉生物群与早寒武世梅树村阶小壳动物群之间，是隐生宙至显生宙生物演化时期的记录，以软躯后生动物实体和遗迹化石为主，兼有宏观藻类化石的多门类化石组合，包括矿化壁的骨骼化石、蠕虫动物化石、宏观藻类化石、遗迹化石、疑螈类化石和叠层石微植物六大类群。在云南晋宁地区梅树村的寒武纪最早期的梅树村组中的小壳动物群已知有12个类别57个属98种，分别属于软体动物门原始类群、腕足动物无铰纲、分类位置不明的似软舌螺类、管壳类、骨片类、齿形类、球形类、开腔骨类等。没有三叶虫。其上为含有三叶虫、金臂虫等大型带壳动物的筇竹寺组。

二　寒武纪生物大爆发

在地球生命演化历史过程中，在寒武纪早期的一个很短的时间内（大约几百万年）几乎所有的动物基本门类快速起源，这一生物演化事件，被地质古生物界称为寒武纪生物大爆发。动物在寒武纪大爆发，19世纪30年代就被达尔文及同时代的地质古生物学家注意，然而这一直是个谜。1984年，美国地层古生物学家克劳德认为，寒武纪各种多细胞动物的出现非常快速，动物在寒武纪发生了快速大辐射。1956年德国古生物学家塞拉赫研究了前寒武纪-寒武纪过渡时期的遗迹化石，指出寒武纪生物爆发式演化的真实存在。20世纪70年代以来，研究人员在寒武纪三叶虫出现以前的地层中，发现各种矿化了的动物外壳和骨骼化石，通常将其称为小壳化石，这些发现说明在寒武纪早期的很短时间内快速发生生物的骨骼化，加深了寒武纪大爆发推断的准确性。随着世界各地晚前寒武纪和早寒武纪交界时期不同类型的化石生物群的陆续发现，特别是前寒武纪末期埃迪卡拉生物群、加拿大中寒武世早期布尔吉斯页岩生物群的出现，更加深了这一认识，后者已享誉全球百年之久。

我国华南地区前寒武纪和寒武纪地层连续沉积，具有研究前寒武纪向寒武纪转换的良好条件。20世纪70年代在云南晋宁县梅树村上震旦统渔户村（灯影）组的顶部发现不少带壳动物化石，相似的现象在昆明附近、四川峨眉、湖北宜昌、贵州遵义都有发现。这个梅树村小壳动物群及众多的早寒武纪地层中的遗迹化石，表明早寒武世梅树村期至筇竹寺期的数百万年间是生物爆发的演化时期。晋宁县帽天山剖面上，侯先光于1984年发现Naraoia和其他门类化石，经进一步研究，于1985年由张文堂、侯先光正式发表，并命名为澄江动物群，揭开了澄江动物群研究的第一幕。经中科院地质古生物研究所陈均远等，云南大学澄江动物群研究中心侯先光等和西北大学地质系舒德干等20余年的研究，发现了澄江动物群包括脊索动物在内的20多个门和亚门一级的动物类别，相当于纲一级的近50个动物类别，共计超过220个种，特别是脊椎动物等的发现，使寒武纪生物大爆发显得更快，规模也更大。寒武纪大爆发生命和环境过程：地球上的动物最早出现在南沱大冰期，约6.32亿年前，大约5.8亿年前一次小冰期结束之后，以瓮安生物群胚胎化石为代表的动物首次辐射，与当时地球其他地区繁盛的埃迪卡拉动物群差不多同时，他们可能是两个独立的演化代表。从6.32亿年前至寒武纪大爆发时期的大约一亿年内，生物经历了4个阶段的大辐射和大绝灭。寒武纪初出现的以小壳化石为代表的梅树村动物群，在梅树村中期（约5.26亿年前）达到顶峰，到梅树村晚期（约5.25亿年前）开始绝灭。较澄江动物群稍晚的早寒武世动物群还有具软躯体化石的动物及杷榔动物群，而与加拿大中寒武纪统布尔吉斯动物群几乎同时的贵州凯里动物群，

《澄江生物群》

已被发现的生物化石超过120个属、10个门类，其中棘皮动物化石多达3个亚门、3个纲、7个属。从晚震旦纪末瓮安动物群到早寒武纪梅树村动物群、澄江动物群、马龙动物群、关山动物群、石牌动物群、杷榔动物群到中寒世凯里动物群，隐生宙向显生宙大转变时期，地球上生命大爆发系列过程的发现，是我国最近20多年来古生物研究的世界性重大成果。

三　生物大灭绝、复苏和辐射

在华南地区建立了新元古代以来的海洋生物多样性曲线，阐述了同一板块上的主要门类的生物辐射、绝灭、残存和复苏的过程和特征。奥陶纪-志留纪过渡期划分了华南地区一系列生物的宏观演化阶段，包括辐射-大灭绝-残存灭绝-残存复苏-辐射几个不同时期。建立了二叠纪末期生物集群灭绝事件的浙江煤山大灭绝时间模式，继而证实南方高纬度地带的生物大灭绝模式在时间、速度和幅度等方面基本一致，在较大区域范围内得到了二叠纪末生物大灭绝在全球影响的证据。华南古生代三次大灭绝各有其时代特征，奥陶纪末大灭绝由两幕组成，延续时间较长，灭绝生物的分类级别较低，数量较多，生态继承性明显。晚泥盆世大灭绝的生物分类级别和数量均较高，灭绝前后生物群落差异明显，这是由多种环境恶化叠加所致，主要发生在浅海区域。这两次大灭绝只造成动物群的消亡、复苏和生物的显著演替，并未破坏古生代演化动物群的基本框架，也并未影响它们的持续繁盛。二叠纪末的大灭绝有4/5以上的生物快速消亡，古生代演化动物群和古植物时代不再占优势地位，这是显生宙规模最大、速度最快、影响最深刻的灭绝事件，多种的、高频的全球性的环境灾变影响涉及各类生态领域，所以生物灭绝量值很高，海陆生态系统几乎同时遭到重创。

四　古脊椎动物的起源问题有重大突破

鱼类起源方面，我国泥盆纪和晚志留世的无颌类和盾皮类鱼化石，种类丰富，数量又多，云南曲靖、沾益一带泥盆纪的总鳍鱼及肺鱼类化石的发现，提供了一个最早的脊椎动物化石的证据，不但为鱼类起源，也为脊椎动物的起源找到了实例。晚泥盆世中国螈的发现，将亚洲地区四足动物记录提前了将近1亿年，扩大了对全球泥盆纪四足动物的古地理区域的了解。兽孔类、海生爬行动物、初龙类和龟类起源研究也有长足发展，半甲齿龟在我国的发现和研究，将龟类的起源提前了1000万年。

早白垩世热河动物群含有大量不同门类的恐龙化石，它是继四川自贡大山铺侏罗纪恐龙化石群之后的又一恐龙化石群。特别是中华龙鸟和小盗龙等带羽毛恐龙化石的发现和研究，为探索长期以来有关羽毛和飞行行为的起源，以及鸟类特征演化提供了实物依据。热河生物群还发现被子植物辽宁古果，和具有花梗、雄蕊、雌蕊、花粉和花柱的典型花结构和果实的迪拉丽花。最近在辽西中侏罗世地层中发现中华星学花和中华施氏果。辽东发现昆虫类化石，从一个侧面反映当时有花植物的存在。

五　古气候学、古生态学和古生物地理学的进展

中国志留纪-泥盆纪早期陆生维管植物的多样性研究和中生代古植物群落的重建取得重要成果。对早期生命起源和寒武纪大爆发的历史过程有了一定的认识，寒武纪澄江动物群特异埋藏、奥陶纪生物大辐射、奥陶纪末赫南特贝动物群的居群变化和群落演替、二叠纪-三叠纪之交的生物大灭绝、中生代热

河生物群的生物多样性的研究，与晚古生代冈瓦纳、华南及其过渡区古生物地理的研究，都取得了可喜的成果。

总之，我国古生物学的发展经过了以下几个阶段：20 世纪 50～60 年代，主要服务于区域地质调查和矿产资源的普查和勘探，进行古生物化石的鉴定和研究，以古生物鉴定和分类研究为主，是古生物和生物地层资料的积累时期。20 世纪 60～70 年代，以古生物资料的整理，按门类系统研究为主。20 世纪 70 年代以来，随着新的化石资料的不断涌现和新思维的引进和产生，研究人员加深了各门类和区域性古生物学的研究，开展了总结性研究与全球对比相结合的研究，跟踪前沿，逐步与国际接轨；多学科交叉和渗透，进行综合研究，向生物演化、绝灭与辐射、古生态、古气候、古生物地理和地球生物学方向推进，这是我国古生物学发展的黄金时期，在国际地质古生物界占有重要的学术地位。

我国古生物学脱胎于地质学，现在已经发展到追索生命起源、生物演化、古生态、古地理和生物多样性的历史演变的阶段，名副其实地隶属于地质学和生物学的一门边缘学科。

参考文献

［1］陈均远，周桂琴，朱茂炎，等．澄江动物群——寒武纪大爆发的见证［M］．台北：台湾自然博物馆出版社，1996.

［2］丁启秀，邢裕盛，王自强，等．湖北庙河—莲沱地区灯影组管状化石及遗迹化石［J］．地质论评，1993，39（2）：118－123.

［3］侯鸿飞，姬再良．地层古生物研究现状及展望［G］// 中国地质学会．2000 年的中国研究资料（第 6 集）·地质科学现状、差距及展望．中国科协 2000 年的中国研究办公室，1984：66－71.

[4] 侯连海，周忠和，顾玉才，等. 侏罗纪鸟类化石在中国的首次发现［J］. 科学通报，1995，40（8）：726－729.

[5] 侯先光，柏格斯琼，王海峰，等. 澄江动物群·5.3 亿年前的海洋动物［M］. 昆明：云南科技出版社，1995.

[6] 侯先光. 云南澄江生物群［G］//陈毓川. 中国地质学会 80 周年学术文集. 北京：地质出版社，2002：54－61.

[7] 季强，等. 中国辽西中生代热河生物群［M］. 北京：地质出版社，2004.

[8] 汪啸风，陈孝红，许光洪，等. 一个罕见的珍稀生物群——关岭生物群［G］//陈毓川. 中国地质学会 80 周年学术文集. 北京：地质出版社，2002：42－53.

[9] 王鸿祯. 80 年来中国地层古生物学学科发展的简要回顾［G］//田凤山. 中国地质学会 80 周年纪念文集. 北京：地质出版社，2002：3－14.

[10] 王鸿祯. 王鸿祯文集［G］. 北京：科学出版社，2005.

[11] 王鸿祯，翟裕生，游振东，等. 中国地质科学 50 年的简要回顾［J］. 地质论评，2000，46（1）：1－7.

[12] 王鸿祯，翟裕生，游振东，等. 20 世纪中国地质科学发展的回顾［G］//中国地质学会地质学史研究会，中国地质大学地质学史研究所. 地质学史论丛（4）. 北京：地质出版社，2002：1－87.

[13] 王鸿祯. 中国地质科学五十年［M］. 武汉：中国地质大学出版社，1999.

[14] 王鸿祯. 中国地质学科发展的回顾——孙云铸教授百年诞辰纪念文集［G］. 武汉：中国地质大学出版社，1995.

[15] 袁训来. 瓮安生物群——一个认识早期多细胞生命的窗口［G］//中国地质学会. “九五”全国地质科技重要成果论文集. 北京：地质出版社，2000：17－24.

[16] 张录易，华洪，陈孟莪，等. 晚震旦世高家山生物群在早期

生命演化中的地位［G］//陈毓川．中国地质学会80周年学术文集．北京：地质出版社，2002：37－41.

［17］中国地质学会．中国地质学学科史［M］.北京：中国科学技术出版社，2010.

［18］侯鸿飞．我国地层古生物工作的回顾与展望［J］.地质论评，1982，28（1/3）：267－271.

［19］中国科学技术协会，中国古生物学会.2009—2010古生物学学科发展报告［G］.北京：中国科学技术出版社，2010.

［20］朱士兴，孙淑芬．前寒武纪生命演化重大事件研究的新进展［G］//中国地质学会．“八五”地质科技重要成果学术交流会议论文选集．北京：冶金工业出版社，1996：3－5.

第四章 地层学

研究地质的基础——地层，是地质调查和地质研究的最基本物质。我国地层研究以三次全国地层会议为标志，分别代表1949年以后我国地层学发展的三个阶段。每次地层会议，都对此前的地层研究做了总结，并指出下一阶段地层学研究的方向。

第一节 第一届全国地层会议前后

中国科学院、地质部和中国地质学会倡议召开的第一届全国地层会议的会前，从1958年12月~1959年7月，举行了一系列地层现场会议，如1958年12月下旬在长春举行松辽平原石油地层会议，1959年3月中旬在兰州召开区域地层现场会议，4月下旬在杭州召开浙西煤矿地层和浙西地层联合现场会议，6月上旬在广州召开南岭地层现场会议，6月中旬在贵州召开黔南地层现场会议，7月上旬在太原召开山西地层现场会议，8月召开磷矿地层现场会议，等等。通过这些地层现场会议，基本上实现了在我国东南、南岭、西南、西北和华北地区建立标准地层剖面的任务，同时对石油、煤、铁、铜、铝和磷等重要含矿地层进行了讨论。1959年10月28日~11月3日，在北京举行全国地层会议的专题会议，分前寒武纪、下古生界、上古生界、新生界和地层分区等6个专题组进行，各系报告的起草人对地层划分和对比问题做介绍，认真讨论了每个系需要讨论和解决的若干重要问题，初步解决了不少重大学术问题，对于暂时难以解决的问题，也指出了分歧的关键所在，为今后解决这些问题奠定了基础。1959 年 11 月 5 日 ~13 日召开全国地层会议预备会议，讨论了 6 个专题组草拟的意见书、地层规范（草案）及地层规范（草案）说明书、全国地层区划（草案）。对各专题组编制的断代地层表及小结进行讨论，有的统一了意见，有的存疑。修改和完善了各断代组的报告，并提交全国地层会议。

1959 年 11 月 14 日至 21 日，第一届全国地层会议在北京举行。李四光在开幕词中指出："这次会议的主要目的是要依据理论与实践相结合的基本原则，总结新中国成立 10 年来我国地层工作的成就，交流工作经验。"尹赞勋做《中国地层工作成就和地层学的发展》的综合报告。

全国地层会议提出总结报告 18 份，学术论文 182 篇，10 个界系和 4 个区域的地层对比表及说明书，12 个纪的地层总结报告，4 个区域的地层报告，5 个区域的地层现场会议资料汇编，地层规范（草案）及说明书，地层分区建议，共 700 余万字。会上，孙云铸做《南岭、秦岭、滇西和大兴安岭四个区域地层》的报告，黄汲清做《中国地层区划的初步建议》的报告，程裕淇、卢衍豪、王钰、赵金科和裴文中分别做《中国前寒武系》《中国下古生界》《中国上古生界》《中国中生界》《中国新生界》的报告。会议还做了两个决议，一是《关于地层规范草案的决议》，认为地层工作的大发展迫切要求我们尽快制定一套规章制度以统一术语、统一规格、便利工作。全国会议筹委会提出的地层规范草案基本上满足了这个要求。这个草案，经会议讨论修改后，已成为一个比较可行的草案方案予以通过。建议全国地层委员会将其呈报国家科委批准、施行。关于地层规范草案说明书，请全国地层委员会根据修改通过的地层规范草案加以修改，一并呈报国家科委批准、施行。二是《关于地层区划的决议》，为了使地层工作在各区有计划地进展，促进地层学的发展，决议认为需要制定能反映客观地质条件的地层区划。会议提出的地层区划，一级分区基本上满足上述需求；二级分区经过部分修改后，亦比较可行；三级分区由各省（区）结合具体情况，自行制定。凡跨省的三级分区应与邻省共同商定。建议这个地层区划草案由全国地层委员会呈报国家科委批准，作为草案施行。关于地层区划说明书，请全国地层委员会根据修改通过的地层区划草案加以修改，一并呈报国家科委批准、施行。会议还讨论通过了《全国地层委员会章程》和全国地层委员会委员名单。有委员王钰等45人，尹赞勋等17人任常务委员，李四光任主任，何长工、裴丽生、武衡、尹赞勋任副主任，李扬、朱效成任秘书长。

第一届全国地层会议的几个主要成果在20世纪60年代初期都已经过整理补充，并正式出版，它们是：①《全国地层会议学术报告汇编》，一套共14册，包括《总论》《中国的前寒武系》《中国的寒武系》《中国的奥陶系》《中国的志留系》《中国的泥盆系》《中国的石炭系》《中国的二叠系》《中国的三叠系》《中国中生代陆相地层》《中国的侏罗系和白垩系》《中国的新生界》《兰州地层及煤矿地层现场会议》《黔南地层现场会议》；②讨论和通过了《地层规范草案及地层规范草案说明书》，修改后经国家科委批准颁布施行，1960年出版。地层规范草案的颁布，改变了我国以往地层划分和命名的混乱状态，使其逐步走上规范化的道路。然而该草案还是沿袭了单一地层分类的观点，在一定程度上把生物地层与年代地层等同起来，也没有明确岩石地层和岩石地层的穿时性。这也是当时国际地层研究的状况。

地层研究结合区域地质调查，与古生物学共同发展。1951年起，王曰伦等在五台山地区进行前寒武系研究，重新划分了“五台系”和“滹沱系”，确定了两者的层序及相互关系，改正了维里七在这一地区地层划分上的错误。湘、赣、粤、桂等省（区）境内部分地区分布广泛的轻变质的“龙山系”及其相当的地层，经过研究，大部分已被确定是下古生界。经详细研究辽东太子河流域奥陶纪，学者们澄清了日本学者所造成的地层分类和命名的混乱状况，确定了奥陶系的分层和化石带。对志留纪的笔石带做了初步划分，建立了16个笔石带，这些笔石带基本上可与欧洲、澳大利亚及北美的志留系笔石带进行对比。长期没有解决的中国志留系下界问题得到比较正确的认识，即五峰页岩与龙马溪页岩的界线可作为志留系与奥陶系的分界线，这一界限与欧洲的相一致。

1959年第一届全国地层会议召开前的10年，我国地层学长足发展。1956年8月，中国地质学编辑委员会和中国科学院地质研究所共同编制的《中国区域地层表（草案）》出版，编制了91张区域地层表，1958年又出版了《中国区域地层表（草案）补编》。1956～1958年，以中国科学院地质研究所、兰州地质研究所、中国科学院古生物研究所和北京地质学院等为主体，组成祁连山地质考察队，对祁连山地区的地层、古生物、岩石、构造和矿产进行全面的调查和研究，编著和出版了相应的调查研究报告，填补了祁连山地层研究的空白。10年来的工作证明东北南部的地层层序、岩相、生物群与华北地区相同，地层划分和地层命名应和华北地区一致。在大兴安岭的区域地质调查中，发现了从奥陶系至泥盆系和下侏罗系，修正了过去错误的认识。松辽平原石油普查工作中，确定了松花江群属下白垩统。通过地质调查，在阿尔泰、天山、西昆仑山和哈密地区，都建立了一套区域地层表，对准噶尔、塔里木和柴达木的中新生界进行了详细划分，建立了祁连山的地层系统，将长期存疑的"南山系"弄清楚了。对内蒙古的中新生界和秦岭的变质岩层及下古生界的研究，也有很大进展。在华北地区建立了震旦纪和寒武纪的地层分类标准。在宁镇山脉肯定了寒武系和上奥陶统的存在、五通山石英岩组鱼类和植物化石的发现、茅山组时代的确定、龙潭群的进一步划分、中新统的发现在地层学上很有意义。在南岭建立了地层系统。在四川，采用岩相和重砂矿物分析、生物群和构造分析的综合研究方法，对二叠系和三叠系做了系统的研究。以李璞为首的西藏考察队地质组，经过两年的工作，采集了许多化石，对上古生界和中生界的认识有许多进展，接着所做的普查工作获得了不少地层资料。总之，这10年间，对过去空白的地区有了基本的了解，对过去了解很少的地区，都做了或正在做不同比例尺的地质调查，对了解较好的区域，做了许多较细的工作，研究程度大大提高，特别是由于同位素地质年龄测定工作的开展，古老地层的划分进入了新的阶段。关于震旦系的划分和对比，古生界下部的生物地层学工作，这几年有了重要的发现和修正。古生界上部地层的研究也有很大进步，尤其是含煤地层的划分和对比，达到了相当细微的程度。对于三叠纪海相地层的分布和划分，以及三叠纪海相化石的研究，都有很大进展。陆相地层的研究已获得丰富的资料。空白学科已开始填补起来，生物地层学的水平日益提高，岩相地层学开始工作，年代地层学已起步，古地理研究也在发展中。

第二节　第二届全国地层会议前后

第一届全国地层会议之后，经过20年，才举行第二届全国地层会议。其间，我国地层研究工作有很大进展。20世纪70年代初期全面开展全国各省（区）区域地层表的编制。《中国区域地层表》共有25个分册，其中有中南区1册、东北区3册、华北区6册、西北区5册、华东区6册、西南区4册。其中中南区分册于1974年出版，其余分册在1978年至1983年间陆续出版。这套地层表将中国地层区划分为3级，即地层区、地层分区和地层小区。地层表以地层小区为单位，地层划分的最小单位为组或段。对各级地层区都有地层概述，对地层小区内的各地层单位，都做了岩性、古生物、地层厚度、上覆和下伏地层及接触关系的综合叙述，大多列出了命名地层剖面或代表性地层剖面。各册都附有地层区划图和地层对比简表。《中国区域地层表》与各大区或省（区）古生物化石图册一起是我国20多年区域地层研究的重要成果。20世纪70年代后期，在各省（区）编制地层表和古生物图册的基础上，研究人员对自第一届全国地层会议后历年有关地层研究的成果进行断代总结，由中国地质科学院主编，地质、煤炭、石油等科学院和有关高等院校，共计33个单位152人共同编写由《中国地层概论》《中国的下前寒武系》《中国的上前寒武系》以及从寒武纪至第四纪的各纪地层共14册组成的《中国地层》系列专著。1982年至1986年，《中国地层》系列专著陆续出版。这套系列丛书各册的体例，基本上按沉积类型、地层区划、分统划阶、生物群、标准层序、上下界限、国内外对比、岩相古地理及矿产资源编写。中国科学院南京地质古生物研究所完成《中国各纪地层对比表及说明书》和《中国各系界线研究》(英文)，分别于1982年和1983年出版。

上述成果是1979年举行的第二届全国地层会议的主要文件。1959年至1979年的20年间同位素地质年龄从无到有，已掌握钾-氩法，铀-钍法、铅法、铷锶法、铀系法、C^{14}法和裂变径迹法，测出各地质时代约6000个年龄数值，其中属于先寒武纪的，从30多亿年到17亿年间的数据也有300多个。最古老的鞍山群，时代稍微超过31亿年，赞皇群、阜平群和泰山群可能与之相当，桑干群下部可能稍老。这些都属于太古界，它以25亿年前的阜平运动不整合面与位于其上的元古界分开。关于震旦系问题曾召开过三次讨论会。第一次（1973年10月，北京，先寒地层座谈会）是为解决亚洲地质图编制中的问题。有人认为北方的所谓震旦系不能作为标准，主张暂时根据南方剖面建立震旦系。有人主张大震旦系，以蓟县剖面为准。有人认为无论大震旦（蓟县型）、小震旦（峡东型），还是小小震旦（峡东型上部），只能选择一个作为震旦系的层型，应早做决定，免得落后于国际。1975年8～9月，在太原和五台县召开了“华北区前寒武纪地层专题会议”，大部分人主张大震旦系，有人建议将大震旦的三群升格为长城系、蓟县系和青白口系。1975年在北京召开“全国震旦系讨论会”，会上确认南北两套震旦系的不同时性，并将两者合并称为“震旦亚界”，包括长城系、蓟县系、青白口系和震旦系。会后由国家地质总局通知所属单位按此处理。1978年，亚洲地质图编图组发表《亚洲地层与地质历史概论》一文，写道：“在华北地区沉积了长城系、蓟县系、青白口系和震旦系，合称震旦亚界。”时至1982年，《1∶500万亚洲地质图》的姊妹篇《亚洲地质》的编写者说：“近来对‘震旦’一名两用提出异议，我们亦有同感，但考虑本文与亚洲地质图的呼应关系，仍暂使用‘震旦亚界’一名。”《中国地层概论》(1982) 则明确宣布：“震旦亚界”一名，本文不拟再用，其相应地层改称“上前寒武系”，包括长城系、蓟县系、青白口系和震旦系。“震旦系”与“震旦亚界”并用，显然不符合地层规范的规定，1982年3月的晚前寒武纪地层分类命名会议上废除了“震旦亚界”一名。在滇中，最老的寒武纪地层是含三叶虫化石的筇竹寺组，后来在上震旦统的渔户村组顶部发现不少带壳动物化石，有软舌螺、单板类、腹足类、节壳类等多种，称为小壳动物，应属下寒武统，另建梅树村组，置于寒武系的底部。川西峨眉山下，在洪椿坪组顶部也发现小壳动物，另建麦地坪组，归为下寒武统。鄂西宜昌，在灯影组顶部也划出产小壳动物的黄山洞组，置于水井沱组之下，同属下寒武统。云南昆明、贵州织金、遵义和新疆柯平都有类似发现。泥盆系常见的牙形刺和几丁虫研究取得了成果，竹节石、三叶虫、笔石、无颌类和植物化石近年来有新的发现。通过对新旧资料较为详细的研究，对上、中泥盆统分界和泥盆内部的划分已经建立在比较可靠的基础上，纠正了郁江组和四排组的上下层位关系，明确四排组在郁江组之上，结束了四排和郁江对比关系的长期争论。有人提出把二叠系三分的建议，即把我国原定的上石炭统往上提，作为下二叠统，将原来的下二叠统改为中统，上统维持不变。还有人建议将石炭系从三分改为二分。珠穆朗玛峰地区南部发现分布广泛的三叠系，从吉隆县至亚东都有出露，已在三叠系内建立14个菊石带，下统5个带，中统2个带和1

个亚带，上统7个带。珠峰地区三叠纪菊石动物群与印度尼西亚、阿尔卑斯同时代动物十分相似，这个地区三叠系层序的建立是我国这20年内三叠系研究的重大成果之一。我国西部地区已查明海相侏罗系的轮廓，藏南地区下、中、上统都有发育。在这20年间，1959年首先在吐鲁番盆地发现新生代的古新统，随后在新疆、内蒙古、陕西、河南、湖南、江西、安徽、广东等省（区）找到古新统，这些古新统含有丰富的哺乳类化石。这是世界上第三系研究的重要突破。在南雄、吐鲁番、安徽潜山、江西池江等地均已建立古新统的层序。

尹赞勋在报告《二十年来我国地层工作的进展》的第六部分以“把地层学推向先进水平”为题，提出重视世界地层学发展史、认真执行地层规范、努力提高生物地层学、重视物理地层学、建阶问题和向活动论的地层学发展6个地层学的方向问题。

第二届全国地层会议对1960年出版的地层规范草案进行修订。以1976年发表的《国际地层指南》为主要参考，结合我国的地层工作实际，克服了1959年地层规范草案的一些缺点，采用了多重地层分类的概念，提出岩石地层单位、生物地层单位和年代地层单位划分的标准。尹赞勋为了地层工作者能更好地理解和正确地区别地层，试编了一个岩石、生物、年代地层单位区别表。

20世纪80年代，各省（区）编写的区域地质志都有区域地层总结。1991年开始，地矿部以指令性任务开展地层清理，并列项研究，项目即为全国地层多重划分对比研究。1996年，各大区的研究成果通过鉴定，各省（区）岩石地层研究成果陆续出版，在此基础上建立了中国地层信息系统。

第三节　第三届全国地层会议前后

第二届全国地层会议通过的《中国地层指南及中国地层指南说明书》，经过大约 20 年的实践，对我国地层学和地层工作的开展起到了积极的推进作用。考虑到 20 年内国内外地层学的发展，第二届全国地层委员会决定对《中国地层指南及中国地层指南说明书》进行修订。参考国际地科联地层分类分会和国际地层委员会 1994 年修订的《国际地层指南》，新增磁性地层单位划分原则及相应的术语；对原有的岩石、生物和年代地层单位的论述也做了全面补充和修订。还新增“其他地层单位和地层研究方法”一章，介绍和阐述了已露端倪、将来有重要发展和应用前景的地层学新增长点的层序地层学、事件地层学、定量地层学和化学地层学。修订后的指南和说明书，经第三届全国地层会议讨论并通过，根据会议代表所提意见和建议，再次修改和完善，经国土资源部批准后，在全国实施。

《中国区域年代地层（地质年代）表说明书》(2001)

《中国地层指南及中国地层指南说明书》(2001)

1991 年地质矿产部和原地矿部直属单位管理局决定开展

全国地层多重划分对比研究，简称全国地层清理项目。这是一场地层学改革的系统工程，在全国范围内由下而上，根据现代地层学的理论和方法，对原有的地层单位重新明确定义、划分对比标准、延伸范围及各类地层的相互关系。在此基础上，建立全国地层数据库，巩固地层清理成果，推动我国地层学研究和地层单位管理的现代化和规范化，明确当前和今后一段时期内我国 1∶5 万和 1∶25 万等区域地质调查和填图工作以《中国地层指南及中国地层指南说明书》和《国际地层指南》为指导。对省（区）内各时代地层剖面重新考察或辅测，对本省（区）岩石地层进行全面清理，明确各岩石地层单位的层型类型，填写岩石地层登记卡和不采用地层单位登记卡，收集地层剖面的地球物理和地球化学资料，完成报告编写。经过 4 年工作，1996 年各省（区）基本完成地层清理工作。全国共有采用的岩石地层单位 4956 个，不采用的岩石地层单位 6540 个，各类层型剖面 14899 条，其中正层型剖面约 2600 条，副层型剖面约 287 条，选层型剖面约 650 条，新层型剖面约 45 条，次层型剖面约 11160 条，其他一般剖面 175 条，并建立了《中国地层信息系统》数据库。出版了包括台湾省在内的（上海市归入江苏）30 部省（区、市）岩石地层专著，另外还出版了华北、东北、东南、西南、西北五大区域岩石地层专著。

20 世纪 90 年代开始编写《中国地层典》(编委会主编程裕淇)。地层是固体地球表面最主要的组成物质，研究地层，确定地层层序，进行地层的划分和对比，是地质科学、地质工作、地质找矿和经济建设十分重要的基础性地质工作。然而地层发育和分布有很明显的区域性，地区之间的差异性和同一性并存给地层划分和对比带来很多困难。特别是 5.7 亿年以前的前寒武纪地层和2.5亿年以来的中、新生代地层，前者形成较早，后来被破坏和被后来的地层覆盖而出露较少，而且多数受到不同程度的变质作用，生物化石既少又较原始，增加了地层划分和对比的困难度；后者地层多数发育在各类独立的盆地中，且以陆相沉积为主，增加了地层划分和对比的复杂性。大约100年以来，地质人员在工作中命名了大量地方性地层名称，也给区域性地层对比造成很多困难。为了解决这些问题，从20世纪50年代以来，一些比较发达的国家各自先后编写了地层典。

我国地层立典工作起步较早，1964年，尹赞勋领导的研究集体就开展中国石炭系地层典的编写工作，1966年出版《中国地层典（七）·石炭系》，与发达国家的地层立典工作同步。

《中国地层典》

20世纪80年代，《中国地层》断代总结完成的前后，国内一些专家认为编写《中国地层典》的条件已经成熟，建议全国地层委员会组织专家，尽快编写《中国地层典》。1989年12月在天津召开的中国元古时期地层分类命名会议上，全国地层委员会主任武衡根据专家建议，责成全国地层委员会办公室负责立项，并委托程裕淇任主编负责这项工作。后来，编典工作被列入国家科委重点资助项目和地矿部“八五”期间重要基础性研究计划，并组成以武衡、王鸿祯、卢衍豪为顾问，程裕淇为主编，杨遵仪、王泽九、王勇、叶天竺为副主编的编委会，由中国地质科学院、煤炭工业部徐州普查大队等单位的73名专家，组成15个断代编写组、3个专题组，开展工作。全国地层委员会负责具体组织工作，用了3年多的时间完成太古宇、古元古界、中元古界、新元古界、寒武系、奥陶系、志留系、泥盆系、石炭系、二叠系、三叠系、侏罗系、白垩系、第三系和第四系15个分册的断代地层典，约300多万字。本次编典，以现代地质学和地层学理论，特别是多重地层划分原理为指导，以岩石地层单位“组”为基本单位，内容包括地层单位名称，地层时代命名（命名人、命名时间、命名剖面及参考剖面的地理位置）、沿革、特征（岩性、厚度、层位关系、古生物组合、沉积特征、地质事件、区域分布等）和备考。

第四节　各纪地层建阶和金钉子

全国地层委员会组织了显生宙各个系、各个阶的全球层型剖面、点位（GSSP）和各个纪地层建阶研究，建立或重新厘定了震旦纪以来若干年代地层单位的界限层型剖面，以及界线附近的生物、层序和化学地层对比标志，逐步完善了中国年代地层划分系统和对比标准。

岩石地层学、生物地层学和年代地层学是地层学的三大支柱和重要分支学科。岩石地层单位是以在野外可以识别的岩石岩性特征为基础，并能以这种岩石特征下定义的层状或似层状的岩石体，它是地质填图的基本填图单位，因此划分岩石地层单位是地质工作的基础工作。按岩石地层的级别，它们（从大到小）可分为群、组、段、层，用以区别不同地层单位以及它们的层序。根据生物进化的不可逆性，岩石中的古生物化石可以直接反映地层的层序，这是生物地层学的重要依据和基本原理，也是划分和对比地层的重要依据和主要手段。生物地层划分的基本单位是生物带，某些种类生物带可细分为亚带，或将有共同生物地层特征的生物带组成一个超带。年代地层单位是以时间界面划分的地层单位，年代地层单位与地质年代相对应，从大到小，有6个级别单位术语，宇（宙）、界（代）、系（纪）、统（世）、阶（期）、亚阶（亚期）。年代地层的研究成果，集中反映在《国际地层表》和《国际地质年代表》之中。全世界的地质学家只有采用统一的、精确的年代地层系统，才能共同探索地球历史上不同地区同步发生的各种地质事件和地质演化规律，相互交流各自的研究成果，在学术交流和交往中有共同的语言。20世纪70年代以来，地质界摒弃了传统的以地层的物理间断面作为划分地层的唯一标志，建立起拥有广泛对比性的单一物种在连续地层剖面中的首现，即全球以界线层型剖面和点位（GSSP）来划分地层，以保证全球年代地层系统的各相继单位之间，既不重叠也无间断，各剖面和点位的这种权威性，地质界形象地称它为“金钉子”。《国际地层表》中大约有100多条界线要由“金钉子”来确定。至今全球已经建立60多个“金钉子”，我国有10个入选。它们是：①湘西古丈县罗依溪寒武系古丈阶底界；②湖南省花垣县排碧寒武系芙蓉统和排碧阶底界；③浙江省江山市寒武系江山阶底界；④湖北宜昌黄花场奥陶系中奥陶统及大坪阶底界；⑤浙江省常山县黄泥塘达瑞威尔阶底界；⑥湖北省宜昌市分乡镇王家湾奥陶系赫南特阶底界；⑦广西柳州碰冲村石炭系维宪阶底界；⑧广西来宾市蓬莱滩二叠系乐平统及吴家坪阶底界；⑨浙江长兴县煤山D剖面长兴阶底界；⑩浙江长兴县煤山D剖面三叠系底界。

在寒武系芙蓉统及排碧阶的研究过程中，突破了以往通常采用底栖三叶虫建立化石带并用以定义界线的传统思路，大胆采用浮游类三叶虫的首现作为界线定义。经过广泛的国际交流和深刻而又严格的比对，国际地层委员会批准了将这个“金钉子”定在湖南花垣排碧。这一新的思路开启了长期影响全球寒武系界线层型研究的新路。在此基础上，进一步拓展思路，终于摒弃了沿用了170年的寒武系三分方案，提出了我国华南“4统10阶”的全球寒武系划分的新框架，并被国内外同行专家认可，被纳入《国际地层表》。

从2009年开始的中国主要断代地层建阶研究取得重要成果，研究的大部分阶和两个新建系的成熟度有了明显提高。在古元古界滹沱系建系研究中，山西五台县七图村东南的滹沱群底部集庄组底砾岩中的变质基性火山岩夹层的锆石 SHRIMP U - Pb年龄为 2517Ma ± 13Ma，花岗岩砾石的 SHRIMP 锆石 U - Pb同位素年龄为 2553Ma ± 17Ma 和 2529Ma ± 10Ma，豆村群顶部的青石村组顶部，豆村群中部东冶亚群下部的河边村组顶部，都有变质基性火山岩，SHRIMP 锆石 U - Pb 同位素年龄分别为2366Ma 和2300Ma。这些数据不但说明滹沱群的地质时代为古元古代，而且为滹沱系的进一步划分提供了依据。在新元古界南华系研究中，确定了湖南省石门县壶瓶山镇杨家坪层型剖面，剖面不但连续、完整地出露地层而且有两套可与国内外广泛对比的冰期与间冰期沉积序列，根据岩石组合及冰期系列，可分下统和上统，下统包括渫水河组（或莲沱组）、古城组和大塘坡组（自下而上），上统为南沱组（冰碛岩）。南华组底部渫水河组顶界以下 10 米所夹凝灰岩中的锆石 SHRIMP U - Pb年龄为 758Ma ±23Ma，南华系下伏青白口系上部的老山崖组顶界以下 12 米所夹凝灰岩的 SHRIMP 锆石 U - Pb 年龄为

809Ma±16Ma，由此可确定南华系底界的年龄。南华纪早冰期的年龄根据国内多条剖面几个重点层位的系统采样，进行同位素测年，其发生的时限为750～670Ma，大塘坡间冰期的下限不超过670Ma，晚冰期（南沱冰期）时限为660～630Ma。此项研究还发现陕西省紫阳县芭蕉口以北的仙中沟剖面中志留统（亦是安康阶）的底界与下伏的中志留统紫阳阶的顶界连续过渡，在界线上下发育连续的笔石带系列，是国际地层表中志留统纹洛克统（亦即该统底部伍德阶）的底界GSSP的理想点位。

参考文献

［1］中国地质学会．中国地质学学科史［M］．北京：中国科学技术出版社，2010.

［2］中国科学院南京地质古生物研究所．中国各纪地层对比表及说明书［M］．北京：科学出版社，1982.

［3］王鸿祯．王鸿祯文集［G］．北京：科学出版社，2005.

［4］全国地层委员会．全国地层会议学术报告汇编（总论）［M］．北京：科学出版社，1962.

［5］全国地层委员会．全国地层会议学术报告汇编（前寒武系）［M］．北京：科学出版社，1962.

［6］全国地层委员会．全国地层会议学术报告汇编（寒武系）［M］．北京：科学出版社，1962.

［7］全国地层委员会．全国地层会议学术报告汇编（奥陶系）［M］．北京：科学出版社，1962.

［8］全国地层委员会．全国地层会议学术报告汇编（志留系）［M］．北京：科学出版社，1962.

［9］全国地层委员会．全国地层会议学术报告汇编（泥盆系）

[M]. 北京：科学出版社，1962.

[10] 全国地层委员会. 全国地层会议学术报告汇编（石炭系）[M]. 北京：科学出版社，1962.

[11] 全国地层委员会. 全国地层会议学术报告汇编（二叠系）[M]. 北京：科学出版社，1962.

[12] 全国地层委员会. 全国地层会议学术报告汇编（三叠系）[M]. 北京：科学出版社，1962.

[13] 全国地层委员会. 全国地层会议学术报告汇编（侏罗系）[M]. 北京：科学出版社，1962.

[14] 全国地层委员会. 全国地层会议学术报告汇编（白垩系）[M]. 北京：科学出版社，1962.

[15] 全国地层委员会. 全国地层会议学术报告汇编（新生界）[M]. 北京：科学出版社，1963.

[16] 全国地层委员会. 地层规范草案及地层规范草案说明书 [M]. 北京：科学出版社，1960.

[17] 全国地层委员会. 中国地层指南及中国地层指南说明书 [M]. 北京：科学出版社，1981.

[18] 全国地层委员会. 中国地层指南及中国地层指南说明书（修订版）[M]. 北京：地质出版社，2001.

[19] 王鸿祯. 中国地质科学五十年 [M]. 武汉：中国地质大学出版社，1999.

[20] 王鸿祯. 论中国地层分区 [J]. 地层学杂志，1978，2（2）：81－104.

[21] 王鸿祯. 五十年来中国地层学研究的进展 [M] // 王鸿祯. 中国地质科学五十年. 武汉：中国地质大学出版社，1999：45－53.

[22] 王鸿祯，翟裕生，游振东，等. 中国地质科学 50 年的简要回顾 [J]. 地质论评，2000，46（1）：1－7.

[23] 王鸿祯. 80 年来中国地层古生物学学科发展的简要回顾 [G]

//田凤山．中国地质学会80周年纪念文集．北京：地质出版社，2002：3－9.

［24］尹赞勋．尹赞勋文集［G］. 北京：科学出版社，1984.

［25］尹赞勋．中国地层学工作的成就和地层学的发展［J］. 科学通报，1959（24）：805－813.

［26］王鸿祯，翟裕生，游振东，等. 20世纪中国地质科学发展的回顾［G］//中国地质学会地质学史研究会，中国地质大学地质学史研究所．地质学史论丛（4）．北京：地质出版社，2002：1－87.

［27］尹赞勋．二十年来我国地层工作的进展［J］. 地层学杂志，1980，4（3）：61－190.

［28］中国地质科学院．中国地层概论［M］. 北京：地质出版社，1982.

［29］侯鸿飞，姬再良．地层古生物研究现状及展望［G］//中国地质学会. 2000年的中国研究资料（第6集）· 地质科学现状、差距及展望．中国科协2000年的中国研究办公室，1984：66－71.

［30］王泽九，黄枝高．中国区域年代地层研究取得重要进展［J］. 地质论评，2006，52（6）：747－756.

［31］侯鸿飞．我国地层古生物工作的回顾与展望［J］. 地质论评，1982，28（1/3）：267－271.

［32］中国地质学会编辑委员会，中国科学院地质研究所．中国区域地层表（草案）［M］. 北京：科学出版社，1956.

［33］中国科学院南京地质古生物研究所．中国地层研究二十年（1979—1999）［M］. 合肥：中国科学技术大学出版社，2005.

第五章　矿物学

20 世纪 50 年代后，矿物学得到应有的重视，发展很快。1956 年，地质部成立矿物原料研究所。随后，中国科学院、冶金部、二机部、建材部等部门先后成立了矿物岩石研究室。在配合区域地质测量、地质找矿、地球化学研究过程中，矿物学发挥了应有的作用，同时也促进了自身的发展。

第一节　矿物物理学

20 世纪 50 ~ 60 年代，何作霖、王德滋、蒋溶、郭宗山、陈正等出版了一系列偏光和反光光性矿物学著作和教材，如何作霖著《光性矿物学》(1951)，王德滋著《光性矿物学》(1965)；矿物形态的研究方面，有《晶体光学》(季寿元、王德滋，1961)，《晶体的测量》(王文魁，1963)。20 世纪 80 ~ 90 年代有《矿物晶体微形貌学概论》(王文魁等，1984) 和《晶体测量学简明教程》(王文魁等，1992)。许多学者对区域变质岩中的斜长石、动力变质带中的板状磁铁矿双晶、岩浆岩中的锆石、金伯利岩中的铬铁矿和金矿中的黄铁矿的形态与形成环境之间的关系，进行了深入的研究。邵伟、孙岱生、陈光远等（1986）将矿物环带与矿物发生史相联系，李胜荣(1990) 用石英环带最大韵律数为参数，进行了矿物学填图。矿物形态学已经从宏观到微观，从外部形态到内部形态，并对与环境相联系的层次进行研究。

何作霖是我国岩组学的开拓者，也是世界上最早创建 X 射线岩组学的学者，他发明了 X 射线岩组学照相机，发表

《用X光研究岩组之方法》和《X光材料鉴定术》等文章，继1947年出版《X射线组构分析》之后，又于1964年出版了《X射线岩组学》。20世纪50年代后期，彭志忠、周公度、唐有祺测定了我国第一个晶体——葡萄石的结构，彭志忠、龚复生测定了羟矽铍石的晶体结构（1961），彭志忠、张荣英、张光荣研究了香花石的晶体形态（1964），彭志忠发表了《几种矿物的晶体结构分析成果和对矿物晶体化学的若干新认识》（1964）。《稀土矿物晶体化学》（郭承基，1963）总结了1960年前225种稀土矿物的晶体结构。不少学者先后对新矿物和复杂矿物的晶体结构进行测定。1962年，彭志忠在中国地质学会第32届学术年会上，报告了星叶石、塔菲石等8种矿物的晶体结构。在1985年冶金学家发现了五次对称的骤冷凝聚Al-Mn合金之后，准晶态的研究轰动一时。彭志忠不失时机地研究了矿物的准晶态，提出了"20面体原理""黄金中值原则"和"准晶态分维结构模型"，并对五方、十方晶系准晶进行研究。叶大年等（1988）提出拓扑体积可加性及地球圈层氧平均体积守恒性原理。马喆生等（1988~1991）发现晶体中两类无公度调剂现象。施倪承等（1992）对八方和十二方准晶进行研究。继彭志忠之后，我国矿物学家又推导出11次对称准晶体的点群、单型和准晶态晶格，计算了准晶体的电子衍射图和维数，并提出一些新的准晶态的结构模型。沈今川、张汉卿、傅平秋、罗谷风等对超结构、超显微双晶，廖立兵等（1991~1997）对矿物表面原子级分辨率图像进行了研究。不透明矿物X岩组也开始用于矿物和矿床成因研究（陈光远等，1984）。20世纪80年代以来，大量引进近代固体物理和原子物理的理论和方法，在矿物的光学、电学、磁学、声学、热学、力学、放射性、挥发性、吸收性和弹塑性等物理性质方面，开展了基础研究。在测试手段和计算方法上也进行了探索。20 世纪 70 年代，穆斯堡尔效应开始应用到矿物研究，80 年代以来，出版了一批矿物物理方面的专著（王裕先，1985；徐国凤，1985；叶大年，1988；闻辂，1989；谢先德、查福标，1993；李高山，1994；陈丰、林传易、张惠芬、谢鸿森，1995；徐培苍等，1997；等等）。20 世纪 70 年代以来，量子理论在我国得到发展，为量子矿物学研究开辟了新路，建立在量子力学基础上的价键理论、晶体场理论、配位场理论和分子轨道理论，能够近似地反映化学的某些本质。近年来，研究人员用分子轨道理论研究了矿物的键性，用单电子近似簇模型、体格尔法、近似自洽场原子轨道线性组合法及多重散射 Xa 法等，进行理论计算，对许多矿物的物理性质、晶胞参数、反射率、硬度等相互关系及本质进行了解释，并对矿物的某些物理性质进行了预测。

第二节　新矿物的发现和研究

早在 1935 年，何作霖在研究丁道衡采集的白云鄂博矿石时，发现了两种稀土元素矿物，将其命名为白云矿和鄂博矿，后来确认是独居石和氟碳铈矿。1958 年，黄蕴慧、杜绍华等发现香花石这种新矿物以后，在 20 世纪 50～60 年代，又有钡铁钛石（张培善等，1959）、包头矿（E. H. 谢苗诺夫、洪文兴，1960）、黄河矿（E. H. 谢苗诺夫、张培善，1961）、顾家石（彭琪瑞等，1962）、锌赤铁矾（涂光炽等，1964）、锌叶绿矾（涂光炽等，1964）、锂铍石（赵春林，1964）、章氏硼镁石（曲一华，1964）、水碳硼石（谢先德等，1964）、索伦石（黄蕴慧，1965）、多水氯硼钙（钱自强等，1965）和硅镁钡石（E. H. 谢苗诺夫等，1965）等13种新矿物被发现。20世纪50年代后，新矿物的发现和研究取得突破性的进展。

矿物是在地球的地壳、相邻圈层和宇宙中天然形成的单质或化合物，绝大多数是无机物、晶质的，也有极少数是有机和非晶质化合物。矿物的特性主要由其化学组成和结晶性、晶体结构决定，若发现一种矿物在这两方面或者其中之一，与已知矿物明显不同，就可将其定为新矿物（新矿物种），并给以新的矿物名称。确定新矿物种要测定其物理和化学性质，将新矿物的数据在正式刊物上发表，并将新矿物及矿物命名报有关委员会审批，将模式标本存在指定的博物馆或陈列馆。我国在中国地质学会和中国矿物岩石地球化学学会之下，共同建有新矿物及矿物命名委员会（成立于1979年），并于1981年加入国际矿物学家协会（IMA）的新矿物及矿物命名委员会（CNMMN）。这标志着我国新矿物研究已与国际接轨，并进入了一个崭新的阶段。

到2010年6月，我国发现的新矿物已达117种。据王濮统计（2010），将不同时期发现的新矿物种数略加修正，结果如表2-5-1。

表2-5-1

年代	20世纪50年代	20世纪60年代	20世纪70年代	20世纪80年代	20世纪90年代	2000~2010年	总计
种数	2	11	20	41	18	26	118

通常认为，一个国家发现新矿物种的数量，反映该国矿物学学科发展的水平。20世纪80年代以来，我国新矿物种的发现是一个辉煌的时期，从一个侧面反映了我国矿物测试技术和

研究水平的提高。根据王濮的资料（2010），不同时期发现的新矿物种的名称如表2－5－2。

表2－5－2

20世纪50年代	香花石、钡铁钛矿
20世纪60年代	包头矿、黄河石、顾家石、锌赤铁矾、锌叶绿矾、锂铍石、章氏硼镁石、水碳硼石、索伦石、多水氯硼钙、硅镁钡石
20世纪70年代	氟碳铈钡矿、褐铈铌矿－β、水星叶石、红石矿、伊逊矿、道马矿、兴中矿、六方碲锑钯镍矿、碲锑钯矿、纤钡锂石、芙蓉铀矿、莱河矿、南岭石、长白矿、湘江铀矿、斜方钛铀矿、峨眉矿、蓟县矿、硫砷钌矿、安多矿
20世纪80年代	斜蓝硒铜矿、斜铜泡石、金沙江石、汞铅矿、兴安石、中华铈矿、自然铬、四方铜金矿、锡铁山石、大青山矿、锡林郭勒矿、丹巴矿、钕易解石、铋细晶石、钕褐铌矿、青河石、桐柏石、沂蒙矿、滦河矿、围山矿、赣南矿、古北矿、喜峰矿、黑硼锡镁石、骑田岭矿、额尔齐斯石、腾冲铀矿、柴达木石、钓鱼岛石、张衡矿、氟碳钙钕矿、二连石、扎布耶石、锌绿钾铁矾、南平石、安康矿、孟宪民石、西盟石、赤路矿、镁尼日利亚石－2NIS、镁尼日利亚石－6N6S
20世纪90年代	盈江铀矿、绿泥间蜡石、李时珍石、建水矿、珲春矿、硒锑矿、祁连山石、沅江石、平谷矿、袁复礼石、双峰矿、马营矿、高台矿、承德矿、马兰矿、铬铋矿、长城矿、大庙矿
2000～2010年	氟铁云母、铊明矾、湖北石、氟尼伯石、涂氏磷钙石、碲锌石、牦牛坪矿、罗布莎矿、丁道衡矿、张培善石、曲松矿、雅鲁矿、藏布矿、李四光矿、那曲矿、林芝矿、氟钡镁脆云母、氟高铁金云母、氟镁磷石、汉江石、氟韭闪石、硫碲铁银矿、欧特恩矿、谢氏超晶石、铁海泡石、自然钛

第三节 成因矿物学和找矿矿物学

矿物是成因和找矿信息的载体，矿物标型是成因矿物学的核心。所谓矿物标型，即矿物在化学组成、微形貌、微结构、形态以及物理性质方面，所显示的能够反映它的形成条件和成因上的特征。只在一定物理化学条件下形成，能指示其成因的矿物，称为标型矿物。成因矿物学以研究矿物的生长、变化及其与内外环境之间的相互作用为主要内容。20 世纪 50 年代初，陈光远将成因矿物学引进我国，并培养了一批从事成因矿物教学和研究的人才。

找矿矿物学是成因矿物学在找矿方面形成的一个应用方向，近 20 年找矿矿物学才独立成为一门分支学科。

1960 年，北京地质学院结晶矿物教研室成立了成因矿物研究组，将矿物标型引入矿物分类，开辟成因矿物族的研究方向，开展了角闪石、绿泥石、黑云母、石榴子石等成因矿物族的研究。20 世纪 60 ~ 70 年代，研究人员运用成因矿物学的研究成果和研究手段，结合我国急缺的铁、铬等矿种开展成因矿物研究。如，20 世纪 60 年代初，陈光远等应用矿物应力标志于密云沙厂变质铁矿的远景评价；20 世纪 70 年代提出贫富铁矿的标型矿物及标型特征。20 世纪 70 年代至 80 年代初，我国一些重要铁矿，如辽宁弓长岭铁矿、海南石碌铁矿、广东大顶铁矿、鲁中铁矿、滇中铁矿等矿床，在勘探与研究的过程中，成因矿物的研究在矿床评价、成因类型的确定等方面，起到了一定的作用。1978 年出版了王嘉荫的《应力矿物概论》，20 世纪 80 年代初编著出版了一批成因矿物学的教材（陈光远等，1980；薛君治等，1984；靳是琴等，1984）。陈光远、孙岱生、殷辉安的《成因矿物学与找矿矿物学》(1987）系统地整理和总结了我国古代找矿矿物史料，论述了矿物系统发生史，提出成因矿物族的分类方法，总结了矿物标型的普遍性、相应性、变化性、继承性和分带性。

20 世纪 80 年代是我国成因矿物学和找矿矿物学知识普遍推广的时期，先后举办过 5 次全国性的矿床矿物学、成因矿物学和找矿矿物学学术会议，组织过 4 次全国性的成因矿物学和找矿矿物学培训班。成因矿物学和找矿矿物学在铁、铬、镍、铂、金、银、铜、钨、铅、锌、稀土、放射性元素和金刚石等 10 多种矿产的找矿和勘探方面得到应用，特别是在金矿找矿上起到了重要的作用。

20 世纪 90 年代和 21 世纪头几年，成因矿物和找矿矿物学继续发展，建立了金矿找矿标志，研究人员在各种不同地质条件的地区开展了系统的成因矿物研究，成因矿物的人工实验也有了新的进展，矿物填图参数不断增加，从矿床矿物学填图发展为区域矿物学填图。

第四节　系统矿物学

系统矿物学全面研究矿物的分类命名、化学成分、晶体结构、物理性质、谱学特征、鉴定标志、成因、产状和主要用途。20 世纪 40 年代《矿物学》(张守范）是我国早期的系统矿物学著作。20 世纪 50 年代初高等学校使用苏联别捷赫琴编著的《矿物学教程》，1960 年南京大学地质系编著了《晶体矿物学》教材，其后有《矿物学》(蒋良俊)、《矿物学》(陈光远等，1961）和《光性矿物学》(王德滋，1965)。20 世纪 80 年代，《结晶学及矿物学》(潘兆橹）多次再版。王濮、潘兆橹、翁玲宝等收集20世纪80年代以前的矿物资料，进行系统整理，先后于1982年、1984年和1987年出版了三卷本的《系统矿物学》，郭宗山、黄蕴慧等收集1981年至1994年间国际上新发现的852种新矿物，按照矿物系列归类整理成册，建立了相应的数据库。

在分类系统矿物方面，研究人员对蛇纹石矿物、铀矿物、黏土矿物、硫酸盐、碳酸盐、卤化物及其复盐的盐类矿物、方柱石族矿物、海洋自生矿物和大洋锰结核矿物等也都进行了系统研究。还出版了铀矿物、铌钽矿物、稀有元素矿物、盐类矿物等的鉴定手册。

在矿物志的编著方面，有《中国金矿物志》(蔡长金等，1994)，《中国铀矿物志》(张静宜等，1995)。中国地质学会矿物学专业委员会在1984年组织系统完整地按照矿物分类系统进行《中国矿物志》的编写，拟分七卷十七分册出版，以矿物种的产状、矿物学特征、结构、矿物的资源和环境属性、产地和分布规律的基础矿物学资料进行系统归纳，总结世界上已经产出的矿物在中国的产出状况。这是一项立典性的工作。已出版了《中国矿物志·卤化物矿物》(秦淑英等，1992)，《中国矿物志·自然元素单质及其互化物矿物》(黄蕴慧等，2000)，《中国矿物志·硫化物矿物》和《中国矿物志·硫盐矿物》(蔡剑辉等，2007)。

《中国矿物志》第一卷

第五节　包裹体和地幔矿物学、宇宙矿物学

我国包裹体矿物学的研究开始于20世纪60年代，李兆麟和何知礼做了开创性的工作。李兆麟发表《我国南部某些不同类型矿床石英中包裹体均化温度测定研究》(1964)，何知礼发表《用矿物包裹体进行地质测温的方法》(1965)。中国地质科学院矿床地质研究所、南京大学、冶金工业部北京地质研究所等单位，先后对压电石英、绿柱石和汞矿进行了包裹体矿物研究，如通过对万山汞矿的研究，获得该矿形成的温度为92～133℃，冶金地质研究所1965年用爆裂法，测得云南个旧锡矿5个成矿期锡石的形成温度。徐国庆、李秉伦等在包裹体研究方面也做了不少研究。

1977年召开了“全国首届包裹体及成矿实验学术会议”。中国矿物岩石地球化学学会原有矿物包裹体与成岩成矿专业委员会，1987年包裹体分立为单独的专业委员会。1977年何知礼提议将这一新兴的矿物学分支学科称为“包裹体矿物学”。

20世纪80年代以后，我国包裹体矿物学有很大的发展。李秉伦、谢奕汉（1983，1989）应用包裹体查明宁芜铁矿的形成条件，李兆麟、李秉伦开展矿物包裹体动力学信息研究，施继锡、侯增谦做有机包裹体研究，夏林圻、李院生研究熔融包体，何知礼、徐久华关于幔源包裹体的研究，都取得了显著的成绩。20世纪80年代，《包体矿物学》(何知礼，1982)，《矿物中的包裹体》(陈福安等，1989)，《包裹体地球化学》(卢焕章，1990）等相继出版。

1994年，何知礼发起成立亚洲太平洋国际流体包裹体学会。30年来包裹体矿物学研究的内容包括：多种成岩成矿的

物理化学条件的研究，温压地球化学找矿研究，包裹体测试设备的改进，包裹体的实验研究。

当前矿物学的研究对象，已超出地表常及的天然矿物，深及地幔，广及宇宙，形成地幔矿物学和宇宙矿物学。

地幔矿物学是研究地幔岩石的矿物而形成的一门矿物学分支学科。20 世纪 80 年代以来，研究人员在我国东部许多地区的新生代玄武岩和金伯利岩中，发现橄榄石、辉石、长石、石榴石、尖晶石、钛铁矿、刚玉和金刚石等一系列幔源捕掳晶和巨晶，对这些幔源矿物的矿物学、矿物化学（赵磊，1983；邱家骧等，1987；池际尚、路凤香等，1996；张安棣等，1991）、流体和溶包裹体（夏林圻）、共生矿物温压参数（邓晋福等，1980）等进行研究，据以计算了寄生岩浆的起源（邓晋福，1980，1990），建立地幔岩石分层模型（鄂莫岚，1987），确定古地温和地温梯度（曹荣龙等，1989；董振信，1981，1983，1989；邓晋福，1990；支霞臣等，1990）。以幔源橄榄岩的位错显微构造和亚颗粒构造，计算了地幔的一系列古应力和流变学参数，研究了辉石的多型转变（黄婉康，1987）和出溶特征（杨凤英等，1990），发现了纯 CO_2 液相（夏林圻，1984）和原生全晶化硅酸盐岩浆包裹体（彭礼贵，1986，1987）。在胶东煌斑岩中发现地幔矿物集合体构成的深源包体，证实了煌斑岩的深源性（桂志利、孙岱生、陈光远，1991），在金刚石中发现了火山喷发包裹体（刘观亮等，1994）。白文吉、杨经绥、方青松等在西藏雅鲁藏布江蛇绿岩带的铬铁矿床中，发现了一批能表征不同深度地幔的矿物群，后又与施倪承、李国武等合作，在这个地幔矿物群中，发现了 7 种新矿物，将它们分别命名为罗布莎矿 FeSi、雅鲁矿（Cr，Fe，

$Ni)_9C_4$、藏布矿 $TiFeSi_2$、曲松矿 WC、林芝矿 $FeSi_2$、那曲矿 FeSi 和自然钛 Ti。

20 世纪 70 年代以来，欧阳自远、侯渭等对 1976 年 3 月 8 日 15 时的吉林陨石雨散落的陨石进行研究，鉴定出 41 种矿物，开创了我国宇宙矿物学的研究领域。这些矿物包括自然铜、铬铁矿-尖晶石各变种、白色高压包裹体和多种结构类型的辉石、橄榄石、玻璃质和金属球粒，特别是发现了碳硅石、铁纹石、镍纹石、白磷钙矿、陨硫铁、磷铁镍矿、磷石英、方英石等地球上罕见的矿物。研究人员进一步研究这些矿物，将太阳星云凝聚过程划分为 6 个阶段。通过橄榄石、辉石、白磷钙石等的裂变径迹测年和包体测温，揭示了吉林陨石雨母体演化的热历史，为检验和完善太阳星云演化模式提供了证据。沈今川等对湖北随州陨石雨及其他陨石矿物，路凤香等对月岩矿物白磷钙进行了研究。中国科学院广州地球化学研究所陈鸣和美国卡内基地球物理研究所毛河光等在随州陨石中发现了超高压新矿物，谢氏超晶石 2008 年获国际矿物协会新矿物及矿物分类命名委员会批准，与其共生的高压矿物有林伍德石、镁铁榴石、玲根石和涂化磷钙石，形成压力为 18～23GPa，温度为 1800～1950 ℃，相当于地球上地下超过 500 千米深度的上地幔的温度和压力状况。

第六节　矿物学的应用研究

经过选矿、冶炼，用物理和化学方法将金属矿石转变为金属加以利用，这是冶金技术，是矿物学的应用。这已是一种专门技术。这里所谓的矿物学应用研究，指的是不以提取纯金属或化工原料为目的的对矿物经过加工和改造所获得的矿物材料，或者直接利用矿物的物理化学性质。矿物学的应用研究可分为工艺矿物学、材料矿物学、环境矿物学、医学矿物学、农业矿物学、生物矿物学、宝石矿物学和合成矿物学等分支学科。

工艺矿物学是研究矿物的物理性质、能量转换及其与矿物的结构、物质组成之间的内在联系，进而认识矿物的微观世界的物理特性，选冶过程的工艺性能，以及选冶过程中元素迁移富集规律和相变规律。通过工艺矿物研究，查明矿石的物质组成，制定合理的选冶工艺流程，以保证有价值的矿物达到最佳回收。这是工艺矿物学的任务。也就是说工艺矿物学虽然不直接获取有用的金属，但它是获取矿物和元素最佳方法的前提和基础。在难堆浸金矿中，许多是金属硫化矿，金往往分散在黄铁矿和砷黄铁矿的晶格中，常规的氰化堆浸，金的浸出率只在40% 左右。在了解金的赋存状态后，采用微波预处理，再做氰化浸金，金的浸出率可提高到 89% ～90% （谷晋川等，1996）；采用硫铁氧化预处理，再做氰化浸金，金的浸出率提高到 90% ～92% （才锡民，1996）。攀西钒钛磁铁矿的 TiO_2 以钛铁矿的形式存在，经工艺矿物研究，知钛磁铁矿中存在以固容体分离形式的片状、网状钛铁矿，也有与钛磁铁矿紧密连生或单独充填于脉石间的粒状钛铁矿。在选矿过程中，它们随钛磁铁矿进入精矿中，其中原矿中的 TiO_2 有 50% 进入精矿，其余部分主要以粒状钛铁矿进入选铁尾矿。前者经过冶炼，精矿中的 TiO_2 几乎全部进入高炉炉渣。因此，从尾矿和炉渣中回收 TiO_2 就成为综合利用的重要途径。

柿子园多金属矿床是世界上特大型多金属矿床之一，有用元素除钨外，还有钼、铋、硫、锡、铍、铁、金、银、萤石和石榴石等。经工艺矿物研究，知钨主要以独立的钨酸盐矿物存在，占 WO_3 总量的92.85%；铋主要以辉铋矿为主，占总量的65.49%，自然铋次之，占16.13%，氧化铋占16.01%；钼主要以辉钼矿形式存在，占总钼量的92.97%。按目前技术经济条件可综合回收的有钨、铋、钼、萤石、硫、石榴石、金和银。云锡公司有大量尾矿，对尾矿做工艺矿物研究，知锡石为尾矿主要矿物，锡在褐铁矿中有一定程度的富集，采用适当工艺，可以获得更多的精矿。针对辽宁某含铀铁硼矿，工艺矿物研究提出细碎抛尾新工艺。大冶铁矿洪山尾矿库中有回收价值的矿物有8种，采用合适的选矿技术，可获得铜精矿和硫钴精矿。白云鄂博铁矿含稀土、铌，采用弱磁-强磁-浮选工艺，可获得稀土精矿、次稀土精矿，提高铁精矿的回收率。白银厂铜矿中次生铅矾浮选恶化研究，霓辉石与赤铁矿不易分选原因研究，方铅矿表面过氧化而进入铜精矿研究，等等，都为回收更多的多金属精矿提供了技术支撑。

有关工艺矿物学的著作，有《工艺矿物学》(周乐光，1990)，《山东省金矿床工艺矿物学》(张施展、郭纯毓、杜本臣，1990)。工艺矿物学正向宝玉石和材料科学渗透，出现了《实用宝石加工工艺学》(包德清，1995)，利用黄铁矿作为纳米碳管生长的催化剂（陈代璋等，1997），玻璃陶瓷变形因素研究（李酽等，1997）等。

材料矿物学是以天然矿物或岩石为主要材料，研究其成分、结构、性质、性能、加工制备工艺和矿物材料的工程应用的矿物学与材料科学的边缘分支学科。材料利用的水平是科学技术发展水平的标志，是国家现代化程度的标志，材料科学、能源科学和信息科学是现代科学技术的三大支柱，新材料、信息和生物技术是新技术革命的主要标志。材料矿物学在我国四个现代化进程中得到前所未有的发展，同时也给四个现代化以重要的支撑。

近20多年来，我国材料矿物学飞快发展，主要表现在4个方面。①非金属矿物原料深加工研究，主要是朝着细磨碎、精细分级、提纯改性和多品种制备方向发展，已具备加工纯石墨、石英、硅藻土、高岭石、膨润土、金红石等的成熟的技术。②矿物孔道或层间域的离子、分子的交换、插入的有关研究，研究对象主要是沸石等具多孔道的矿物、岩石和以蒙脱石为主的各种黏土矿物以及石墨等层状结构矿物。蛇纹石提取镁后的副产品氧化硅具有多孔的特性。对它们进行改性处理，使其具有吸附各种有害物质的性能，可以用作吸附剂、催化剂载体、增肥剂、防水剂、膨胀剂、防沉降剂、凝胶剂、黏结剂、增塑剂、增稠剂、悬浮剂、脱色剂、导电材料、快离子导体材料、染色剂、干燥剂、过滤剂等。③矿物表面改性技术及其应用研究，对矿物表面进行改性处理后，达到改善和提高矿物应用性能的目的。④新型建材研究，包括传统原料矿物的应用新工艺，新原料矿物的发现和新型建材的开发研究，涉及各种涂料、耐火材料、水泥、玻璃和陶瓷制品等。材料矿物学近年来的主要成果是在开发应用方面，如绢云母以往主要用于制陶业，利用它较强的热学、光学和电学特征，以及耐酸、耐碱、隔音和隔热等性能，广泛用于塑料和橡胶的添加剂，以改善塑料和橡胶制品的性能，增加它们的耐热性和耐磨性，减少产品的收缩率；用绢云母制造绝缘纸和绝缘板，可用于电子工业；应用于涂料、油漆和日化产品，能增加它们的分散性、附着力；用作造纸填料可生产高级陶瓷。以钠长石代替传统的钾长石作为制作陶瓷的原料，可以降低能耗，而不影响陶瓷制品的质量。还开发了一批超硬、超细、高分散的矿物材料。

环境矿物学是随着环境科学的发展，最近逐步形成的一门边缘学科。它研究的内容包括三个方面：一是污染环境的矿物，二是治理环境的矿物，三是反映不同时间和空间环境变化的矿物。第一个研究内容是研究矿物在自然界和人类利用过程中对人类健康和环境产生不良影响的物质及防治方法，第二个研究内容是研究具有能治理环境、修复生态性能的矿物，第三个研究内容是为了提取环境变化的信息，三者的目的殊途同归，即保护环境、造福人类。

在第四纪气候变化研究中，矿物的风化程度和新矿物的形成，已经成为气候指标的载体，而对其进行研究，如第四纪不同时期沉积物中易风化矿物的保持程度、风化壳中黏土矿物的形成、洞穴沉积中碳酸盐矿物的产生，以及沉积中石英颗粒表面结构的变化，等等，都是气候环境的信息。

在采矿、选矿和冶炼过程中，荒料、尾矿和炉渣中会残留有害环境的矿物和元素，采取措施回收这些矿物和元素，可以变废为宝、变害为利。

环境矿物学的重要领域是寻找治理环境、消除污染的矿物和工艺。近年来，我国已对黏土矿物、滑石、石棉、石膏、方解石、水红锆石、金红石纤维、部分硫化物和硫酸盐的环境特征开展研究，对黏土矿物在突发自然灾害中的作用、某些矿物与土壤性质的关系进行探讨。蛇纹石提镁后的副产品——多孔氧化硅的吸附性可用于污水处理，还可用于生产生态建材。低温快烧陶瓷，用于保温、隔热、吸音和调光。天然铁的硫化物用于处理含镉废水，天然铁的氧化物用于处理含汞废水，天然锰的氧化物孔道起到离子筛和分子筛的作用，可用于处理废水，天然钛的氧化物处理卤代有机污染物，天然蒙脱石有机化改性产物吸附有机污染物，天然蛭石用于燃煤的固硫除尘，天然黄钾铁矾治理矿山酸性废水，等等，都是矿物学在环境科学和环境治理中的应用（鲁安怀、陈从喜，2002）。

医学矿物学是矿物学在医疗卫生方面的应用。中国地质学会和中国药学会于1989年、1992年和1995年联合举办过三次全国矿物药学术会议。在矿物药品种考证和应用历史、生药品种鉴别、矿物药的炮制与制剂、矿物药的药理、临床应用，以及矿物药资源调查和开发利用等方面都有研讨，在《本草纲目》所载药用矿物、地道药材及市售矿物药的真伪等方面也有涉及。近年来，矿物药的研究内容有所拓宽，已发现一些新的矿物药，如嵩山药石、凹凸棒石用作肤疡散主药。有关矿物药或药用矿物的著作有《中国矿物药》（李鸿超，1988）、《矿物中药与临床》（毕焕春，1992）、《矿物药的沿革与演变》（王水潮、吴焕才，1996）等。

农业矿物学是主要研究矿物原料对农林作物生长的影响和保障动物快速健康成长的新的矿物学研究领域。前者利用矿物制造肥料、改良土壤、制造农药和除草剂，后者利用矿物做家畜、家禽和鱼类饲料添加剂及兽药。南通高沙土透水性强，肥料易随之流失，使用非金属矿粉做复合肥，改良了土壤，提高了高沙土的保水保肥性能，降低了成本，增加了肥效，保证了增产。磁化铁尾矿施入土壤可增加土壤的磁性，增加土壤的团粒结构，改善土壤的氧化还原过程，使土壤中无效养分转化为有效养分，对土壤中的微生物起着活化作用。在土壤中施用磁化铁尾矿可以增加农作物产量，提高农作物品质。近年来，对农用非金属矿物的利用主要有沸石、蒙脱石、伊利石、高岭石、凹凸棒石、海泡石、海绿石、蛭石、石灰石、白云石、石膏、麦饭石、磷灰石、硅藻土、菱镁矿、蛇纹石、褐煤、草炭、绿豆石、珍珠岩、凝灰石、火山岩、浮石、火山熔岩，等等。已研制成功不溶性钾矿生产钾肥的技术。

近20多年来关于生物成矿和人体胆结石的研究较多，进行系统地论述的著作有《生物矿物学》(戴永定，1994)。最近10年，资源和环境中的微生物技术开始得到重视。

宝玉石矿物学及观赏石历史较久。从矿物学的角度研究宝玉石和观赏石则是最近30年的事，研究人员编著了不少宝玉石方面的著作。近20多年来结合不同产地的宝玉石进行了专门的研究，如1985年至1991年间李兆麟等对新疆、湖南的绿柱石、海蓝宝石和水晶的研究，赵磊（1996）对新疆金刚石的研究，何明跃（1997）对山东蓝宝石的研究，彭明生（1997）对广东顽火辉石的研究，以及杨晓勇等（1997）对皖南马鞍山绿松石的研究，等等。

合成矿物学的研究领域是运用各种矿物生成的原理，将某些原料在高温、高压等环境下合成人工矿物。1965~1984年，章元龙等及有关单位的人员做了多年的开创性实验研究。目前，我国已能进行许多矿物的人工合成，如水晶、金刚石、金云母、红宝石、祖母绿、钇铝榴石、萤石、遂安石、硼钙锡矿、碳钠钙铀矿、球状晶质铀矿等。20世纪80~90年代出版了《晶体生长》(张克从等，1981)、《人工水晶》(仲维卓，1983)、《金刚石的人工合成与应用》(郭永存，1984)、《人造石英晶体技术》(经和贞、刘承钧，1992)。蔡元吉（1990）对黄铁矿的成因形态学做了人工实验，近年来在合成高纯度水晶单体原品方面取得成功，解决了加工业、矿业、电子工业和高新技术产业所需原料问题。还有以下新的成果涌现：用凹凸棒石与磷酸反应生产活性二氧化硅，用天然沸石生产超轻硅酸钙，用叶脂石合成沸石，人工合成金刚石，人工合成电石，人工合成黄铜矿型太阳能电池材料，以石英、粉煤灰等为原料合成氮化硅等。

第七节　研究方法和测试仪器的现代化

矿物学的研究离不开新技术的支撑。20 世纪初矿物学研究限于简易鉴定，普通光学显微镜下的观察和描述，湿法普通化学分析，只了解矿物的外部形态、宏观特征、主要化学组成，加上野外产状、产地，进行定性分类，了解它的用途，整个国际矿物学处在定性描述阶段。20 世纪 20 年代，发达国家已开始将 X 射线分析手段在矿物学研究领域应用，进入了矿物 X 射线结构分析和矿物成因研究阶段。20 世纪 30 年代国际矿物学界引进高温高压实验技术和热力学理论，进入了实验矿物学阶段。人们的认识由宏观进入到微观。我国矿物研究长期处在定性描述阶段，20 世纪 50 ~ 60 年代只有少数实验室和研究机构，高等院校的矿物学研究进入 X 射线和矿物成因研究阶段。20 世纪 80 年代初，已能紧紧跟随世界上近代矿物学的发展步伐。

一　微束分析技术和高分辨电镜的应用

微束分析技术是用高分辨率电镜，对矿物做微区微量分析、测试和观察。涉及许多大型和超大型的仪器和设备，例如：电子探针（EPM）、扫描电子显微镜（SEM）、高分辨透射电子显微镜（HRTEM）、俄歇电子谱仪（AES）、离子探针

(IMMA)、二次离子质谱仪（SIMS)、激光显微探针质谱仪(LAMMA)、激光显微发射光谱仪（LESMA)、激光拉曼光谱仪、质子探针显微分析仪（PPMA)、质子激发X射线发射分析（PIXE)、同步辐射荧光分析（SXRF）和扫描隧道显微镜(STM）等。30多年来，我国矿物学界运用这些高分辨仪器和技术，研究矿物的物质组成和元素赋存状态、复合结构、多型、超结构、晶畴、缺席有序-无序、调制结构和出溶现象等，取得了不少成果。

二　激光拉曼光谱仪的使用

我国在20世纪80年代引进了激光拉曼光谱仪，弥补了红外吸收光谱的不足，充实了矿物的振动光谱学，还为研究矿物中的显微包体提供了有效的手段。20世纪80年代后期，我国矿物和岩石学者先后在榴辉岩的石榴石中发现了柯石英包体，为高压变质带的研究提供了有力的证据。

三　扫描隧道显微镜的应用

这是20世纪80年代发展的纳米技术，能直接探测和观察原子尺度的物质细节。这项技术在20世纪80年代就由中国科学院化学研究所引进，在生物化学、表面化学研究上发挥重要作用。我国矿物学者将这一技术用于矿物表面结构研究，对石墨、碳纤维、硫化物和硫盐等研究做出了突出的成绩。

四　同步辐射的应用

同步辐射（SR）是一种新型光源。在电子储存环或同步加速器中，当带电粒子做圆周运动，并且运动速度接近光速时，在圆周切线方向上产生一种电磁辐射，这就是同步辐射光。由于它具有强度高、亮度高、准值性高、偏振性好、波长宽和优良的时间结构等突出优点，因此近20年在许多学科领域中得到应用。在矿物研究工作中，应用同步辐射可测定矿物的成分、结构，特别是局部结构、结晶化学参数和元素的价态等。

五 穆斯堡尔谱学的应用

穆斯堡尔谱学作为一种核技术，于20世纪60年代初应用于矿物学研究，70年代被引进我国，我国相继建立了若干个穆斯堡尔效应实验室。20世纪80年代，应用其研究了矿物中的Fe、Sn、Eu和Au的形态、配位、占位、阳离子有序-无序的热动力学、矿物中的混合价态、近邻和次邻效应、矿物的相变、磁性，以及作为地质温度计和压力计的可能性，等等。较为深入地研究了莱河矿的低温塞曼效应，Fe^{2+}、Fe^{3+}的占位与空位分布，石榴石族矿物的穆斯堡尔谱的特征，钛榴石中电子非局域化现象和混合价，多硅白云母中Fe^{2+}占位的高压效应等。通过^{197}Au穆斯堡尔谱研究，查明了金的4种化学态。

六 矿物高频介电性的研究和应用

我国矿物学者在研究矿物介电性的基础上，研制成功了矿物电分选仪，开发出高频、中频和射频介电选矿技术。这项研究和技术，可以对密度和磁性相近的细小矿物进行分选，在锆石、光纤用超纯石英、矽线石、卡林型金矿的矿物提纯中起到重要作用。

七 量子矿物学的进展

近年来，矿物学者用分子轨道理论研究了矿物的键性，用单电子近似模型、休格尔法、扩展的休格尔法、近似自洽场原子轨道组合法和多重散射Xα法进行理论计算，对许多矿物的物理性质、晶胞参数、反射率、硬度等相互关系及本质进行解释，并对矿物的某些物理性质进行了预测。

总之，采用高新技术，通过多学科交叉，我国矿物学研究已经实现了从宏观到微观、从微粒到微区、从静态到动态、从部分到整体、从零星分散孤立到全面系统相互联系、从现象到本质的飞跃，在矿产资源的寻找和地质理论的探讨上发挥了不可替代的作用。

参考文献

[1] 中国地质学会．中国地质学学科史［M］. 北京：中国科学技术出版社，2010.

[2] 彭志忠．几种矿物的晶体结构分析成果和对矿物晶体化学的若干新认识［J］. 地质论评，1964，22（2）：135－149.

[3] 陈光远，孙岱生，殷辉安．成因矿物学与找矿矿物学［M］. 重庆：重庆出版社，1987.

[4] 孙岱生．成因矿物学与找矿矿物学十年回顾［G］∥中国矿物岩石地球化学学会．80 年代中国矿物学岩石学地球化学研究回顾．北京：地震出版社，1991.

[5] 王嘉荫．应力矿物概念［M］. 北京：地质出版社，1978.

[6] 何知礼．包体矿物学［M］. 北京：地质出版社，1982.

[7] 中国地质学会矿物学专业委员会．六十年来我国矿物学的回顾与展望［J］. 地质论评，1982，28（4）：374－377.

[8] 应育浦，秦淑英．八十年代矿物学发展的回顾［M］∥中国地质学会．八十年代中国地质科学．北京：北京科技出版社，1992：5－10.

[9] 王鸿祯．中国地质科学五十年［M］. 武汉：中国地质大学出版社，1999.

[10] 中国矿物岩石地球化学学会．80 年代中国矿物学岩石学地球化学研究回顾［G］. 北京：地震出版社，1991.

[11] 欧阳自远．世纪之交矿物学岩石学地球化学的回顾与展望

[M]. 北京：原子能出版社，1998.

[12] 王鸿祯，翟裕生，游振东，等. 中国地质科学 50 年的简要回顾 [J]. 地质论评，2000，46（1）：1－7.

[13] 矿物学专业委员会. 我国矿物学现状及 2000 年的展望 [G]//中国地质学会. 2000 年的中国研究资料（第 6 集）· 地质科学现状、差距及展望. 中国科协 2000 年的中国研究办公室，1984：58－65.

[14] 王濮. 在中国发现的新矿物 [G]//中国地质学会地质学史专业委员会，中国地质大学地质学史研究所. 地质学史论丛（6）. 北京：地质出版社，2014.

[15] 王鸿祯，翟裕生，游振东，等. 20 世纪中国地质科学发展的回顾 [G]//中国地质学会地质学史研究会，中国地质大学地质学史研究所. 地质学史论丛（4）. 北京：地质出版社，2002：1－87.

[16] 李胜荣，王立本. 矿物学在当代中国的发展与展望 [G]//田凤山. 中国地质学会 80 周年纪念文集. 北京：地质出版社，2002：62－69.

[17] 游振东，翟裕生. 80 年来中国地球物质科学发展的简要回顾 [G]//田凤山. 中国地质学会 80 周年纪念文集. 北京：地质出版社，2002：54－61.

第六章　岩浆岩岩石学

岩石学包括研究三大岩类的学科。岩浆岩岩石学、沉积岩与沉积学、变质岩与变质作用，近年均成为岩石学的三个既相对独立又分别与地质学其他学科相结合的分支学科。

岩浆岩又称火成岩。岩浆岩岩石学是研究岩浆和岩浆岩地质、物理、化学特征及成因和资源环境效应的科学。在 1949 年以前，我国岩浆岩岩石学已有一定基础，但还是比较零星，叶良辅、喻德渊、何作霖、王恒升、程裕淇、王嘉荫、舒文博等为我国岩浆岩岩石学做出了奠基性的贡献。

岩浆岩分类如表 2－6－1。

表 2－6－1　岩浆岩大类名称对比表

按 SiO_2 含量划分			按暗色矿物(M)和石英(Q)的体积分数划分		
SiO_2	大类名称	代表岩石	M、Q 含量	大类名称	代表岩石
<45%	超基性岩	苦橄榄	M>90%	超镁铁质岩	橄榄岩
		橄榄岩			
45%~53%	基性岩	玄武岩			辉石岩
		辉长岩	M=10%~90%	镁铁质岩	辉长岩、斜长岩
53%~66%	中性岩	安山岩	M=10%~90% Q<5%	中性岩	闪长岩
		闪长岩			
>66%	酸性岩	流纹岩	Q>5%	长英质岩	花岗岩类
		花岗岩			

第一节　花岗岩及有关岩浆的研究

我国花岗岩出露面积 909276 平方千米，占火成岩面积的

98%，是主要的侵入岩。

1949～1956年，我国花岗岩研究方面，只对北京西山、江苏苏州、江西西华山、广西富钟贺等个别地区的花岗岩岩体做了一些研究。20世纪50年代后半期，1∶20万区域地质调查的展开促进了花岗岩类岩石学的研究，其中南岭地区花岗岩的研究最为突出。广东省地质局编写了《南岭花岗岩》(1959)，对这个地区中生代以来的花岗岩类的岩体地质、岩石学、岩石化学、造岩矿物、副矿物、包体以及成因等方面做了对比和论述。1957年，徐克勤在江西南康龙回和上犹陡水首次发现了两个加里东期的花岗岩岩体，为华南多时代花岗岩体系的建立打开了突破口。1958年，徐克勤和郭令智等又在皖南休宁琅斯发现了雪峰期花岗岩岩体，为认识华南多旋回花岗岩侵入的存在奠定了基础。徐克勤和南京大学地质系师生长期致力于华南多时代花岗岩及其与成矿作用关系的系统的综合研究。1963年发表《华南多旋回的花岗岩类的侵入时代、岩性特征、分布规律及其成矿专属性的探讨》(徐克勤、孙鼐、王德滋、胡受奚)。李璞等（1963）报道了内蒙古和南岭伟晶岩和花岗岩的K－Ar法同位素年龄数据。1964年，中国科学院贵阳地球化学研究所有关研究人员报道了我国第一批测定的岩浆岩同位素年龄数据，肯定了海西期花岗岩的存在。随后，地质部地质研究所、中国科学院贵阳地球化学研究所、冶金部地质研究所、二机部北京三所、地质部中南地质科学研究所、南京大学地质学等单位，也陆续公布了大量岩浆岩同位素年龄数据，为研究花岗岩的地质时代提供了重要依据。

1963年11月，中国地质学会召开了“第一届全国矿物岩石地球化学学术会议”。会议收录的论文中有关花岗岩类的有

9篇。20世纪60年代前期公开发表的有关花岗岩类及其有关矿床的论文，对所研究的花岗岩体的产状、岩石和矿物特征、结构、构造、化学组成、形成时代等都有阐述。1963年，《中国岩浆岩的平均化学成分》(黎彤等）开始有了我国较系统的岩浆岩岩石化学的初步统计数字。《燕山西段南口花岗岩》(池际尚等，1962）在1∶5万地质填图的基础上，进行了系统的矿物学（包括主要矿物的化学组分）、岩相学和岩石化学组分（包括部分微量元素Cu、Pb、Zn、Cd、Ga、Ge、Zr、Mo）等方面的研究，通过不同的岩石图解反映出其侵位条件和形成时的岩浆分异状况，特别是在岩浆分异作用下，对围岩的同化混染作用做了详尽的分析，划分出各种混杂和分异类型，以及它们在结晶过程中所起的作用。20世纪70年代末期起，区域性花岗岩类岩石学的综合研究得到加强。不少省（区）的有关地质部门进行了区域或全省（区）的岩浆岩总结，有的还编制了全省（区）的岩浆岩分布图。

《南岭及其邻区花岗岩同位素年代学研究》(中国科学院贵阳地球化学研究所，1972）论证了长江中下游和南岭两种不同类型花岗岩。1979年，他们又出版了《华南花岗岩的地球化学》，在较充分的室内测试和实验的基础上，提供了有关矿物成分、造岩矿物结构、微量元素地球化学、包裹体测温和岩石初熔实验等方面的大量数据。还运用数学地质方法和热力学理论对花岗岩的成因（提出两种成因系列）和其他理论问题，进行较深入的探讨和分析。《南岭花岗岩的地质学》(莫柱荪等，1980）以大量区域地质调查资料和同位素年龄数据，对南岭花岗岩进行探讨，提出了成矿模式，认为加里东期-海西期的同源的混合岩化花岗岩发展成为岩浆型堇青石-紫苏辉石深成-火山杂岩体的花岗岩系列，代表着我国一个完整的造山运动旋回中，从超变质作用开始到运动瓦解后，受局部伸展构造控制的花岗岩浆所形成的花岗岩系列。《中国东南部花岗岩类的时代分布、岩石演化、成因类型和成矿关系的研究》（徐克勤等，1980）是一篇总结性论文，将我国东南部花岗岩分为同熔型、陆壳改造型和幔源型3个类型。同熔型花岗岩是由上地幔派生的岩浆沿板块交接带或深断裂带上升，与上部地壳重熔混染而成的产物。陆壳改造型花岗岩是地槽沉积物花岗岩化的产物。幔源型花岗岩是由超壳深断裂引起的碱性花岗岩浆造成的。1981年，《华南不同时代花岗岩类及其与成矿关系》（徐克勤等）出版。

20世纪80年代前后开始，由于板块构造理论的引入，以及其他欧美学说的影响，还有各种高端测试技术的引进，特别是各种同位素测试技术的应用，花岗岩研究朝与地壳演化关系的方向发展。上述1979年后期的一些有关花岗岩的著作，已经融入岩浆活动地球化学和构造活动等学科的因素。

1980年开始，各省（区）、直辖市开展了包括南岭、东南沿海、华南、燕山、胶东、天山、秦岭、三江、西藏和东北等重点地区的系统的花岗岩类研究。《中国区域地质概论》在花岗岩方面进行了系统总结。将中国岩浆活动分为前吕梁（2900 ~2500Ma）、吕梁（2500 ~ 1800Ma）、四堡（1800 ~ 1000Ma）、晋宁（1000 ~ 800Ma）、震旦（800 ~ 600Ma）、加里东（600 ~ 405 ± 5Ma）、华力西（405 ± 5 ~ 250Ma）、印支（250 ~ 205Ma）、燕山（205 ~ 66 ± 2Ma）和喜马拉雅（66 ± 2Ma 至今）10期。在辽宁鞍山地区发现有离子探针 U - Pb 3804 ± 5Ma 和 3300Ma 的花岗质岩石（刘敦一等，1992）。黑龙江省发现大规模的晚元古、加里东和印支期花岗岩，分布面积达110000平方千米。王德滋在浙江莫干山、桐庐发现上部流纹岩和下部花岗岩呈现逐渐过渡的现象，提出“次火山花岗岩”的概念，并进一步提出，在时间、空间和成岩物质来源一致的条件下，花岗岩实际上是流纹岩、英安岩所构成的中心式火山机构的根，形成了成因上有机联系的花岗质火山-侵入杂岩。这种现象在浙江北雁荡山、福建钟腾和江西岩背等地也有存在。

研究人员从花岗岩成因系列的角度把花岗岩分为同熔型和改造型，或地壳改造型、过渡地壳重熔型和幔源型；也有分为壳源重熔型、壳幔混合源同熔型、幔源分异型、壳幔混合源变质交代—熔融型的；还有的提出三级分类方案，即先分为岩浆花岗岩、深熔花岗岩和混合岩三种建造，后以物质来源的深度分为深源和浅源，再以地质环境进一步划分类型。按花岗岩形成的地质环境，划分为以下类型：①M型，板块接合带和岛弧蛇绿岩中的花岗岩；②I型，活动大陆边缘岩浆弧内或区域性深断裂及闭合隆起中的花岗岩；③S型，大陆碰撞带和韧性剪切带内的花岗岩；④A型，裂谷闭合阶段或造山期后的花岗岩。这些花岗岩及其与大地构造的关系的研究受到普遍重视，特别是A型花岗岩。中国A型花岗岩有着不同的类型和多种地质意义，主要有中生代晚期的含晶洞花岗岩，它分布在东南沿海的漳州-厦门（周珣若等，1992）、青岛崂山（赵广涛等，1997）、燕山地区（许保良等，1994），以及小兴安岭、张广才岭（李之彤等，1991）；海西期A型花岗岩成弧状分布于新疆准噶尔-内蒙古-大兴安岭，延至俄罗斯和蒙古（洪大卫等）；喜山期A型花岗岩分布于云南哀牢山-金江带（涂光炽等，1986)；前寒武纪和中、晚元古代的环斑花岗岩（郁建华等，1994；张本仁等，1994)。这些类型在地球化学组分上往往表现不同，形成的地质环境从碰撞后至裂谷型各异。

1986 年，地质矿产部设立“1∶5 万区调中地质填图方法研究”项目，开展花岗岩、变质岩、沉积岩发育区的区调和填图方法研究，1991 年完成。1991 年 11 月《1∶5 万区域地质填图方法指南》出版。该书全面探讨了花岗岩类岩石谱系单位的划分原则和方法体系，其基本点是以同源岩浆演化、多次脉动、涌动上侵形成不同的构造岩浆单元为理论依据，系统地研究花岗岩的岩石成分、结构构造、接触关系、地质年龄及变化关系，确定其成分演化和结构演化序列，详细划分侵入体，建立单元、超单元及超单元组合三级等级体制，填制花岗岩类单元地质图，研究花岗岩类就位机制，探讨其与区域构造环境的关系。该方法指南不但对花岗岩类发育地区的区调工作具有指导意义，而且对科学研究、普查勘探和地质教学都有参考价值。

王德滋等（2000）发现中国东南部中生代，特别是白垩纪期间，形成一种特殊的构造岩浆组合，即双峰式火山岩（复合岩石)、双峰式侵入岩和 A 型花岗岩构成的组合。这一组合形成的构造环境是岩石圈厚度和地壳厚度都明显减薄，表明这一时期中国东南大陆边缘处于不断伸展之中，这与强烈挤压的南美安第斯型大陆边缘明显不同，那里地壳厚度大，岩石组合以安山岩和英云闪长岩为主。王德滋等将中国东南大陆这种与伸展构造作用有关的构造岩浆组合称为“陆缘伸展型组合”。在此基础上，结合全球花岗岩形成的构造环境，将花岗岩构造岩浆组合划分为洋壳俯冲消减型、陆-陆碰撞型、陆缘伸展型、陆内断裂坳陷型和裂谷型5个类型。研究人员进一步指出，造山带花岗岩可以从一种构造岩浆组合演变为另一种构造岩浆组合，即从俯冲型→碰撞型→伸展型，至A型花岗岩的出现，则显示造山运动趋于尾声，这几乎是普遍的规律。还提出（王德滋、任启江等，1996；王德滋等，1999）由改造型发展成为S型的深成-火山杂岩体、中生代火山岩系中的橄榄粗玄岩系、富钾钙碱性岩系、富钾钙碱性岩系的同熔型岩系等，强调了中国大陆边缘的花岗岩和一般的岛弧型花岗岩的不同之处，以及它们可能形成的大地构造环境。

我国花岗岩研究已经进入将壳幔作用引入花岗岩形成机制的阶段。花岗岩的物质来源，即原岩性质，花岗岩形成的地质构造环境，以及花岗岩的成因机制与构造运动的关系，已经成为我国花岗岩研究的三个基本问题。天山造山带花岗岩在空间上呈东西向带状分布，时代上从古元古代至三叠纪都有花岗岩形成。前寒武纪花岗岩主要分布在元古宇地层发育区，同位素地质年龄在2487Ma至696Ma年间，是天山及邻区前寒武纪结晶基底的重要组成部分。早古生代-泥盆纪花岗岩按时代和形成的地质环境可分两个阶段：第一阶段早期为早-中奥陶世（490～457Ma），形成于拉张地质环境的花岗岩，晚期为晚奥陶世-中志留世（441～425Ma），形成于汇聚挤压地质环境的花岗岩；第二阶段早期为晚志留世-早泥盆世（424～393Ma），形成于拉张环境的花岗岩，晚期为中-晚泥盆世（383～357Ma），形成于汇聚挤压环境的花岗岩。石炭、二叠纪花岗岩（352～248Ma）具有后碰撞花岗岩的岩石地球化学特征，多为钙碱-高钾钙碱-钾玄岩系，铁质和镁质花岗岩都有发育，微量元素具有大陆板内花岗岩和岛弧型花岗岩的双重特征。秦岭-昆仑造山带发育有世界上罕见的元古宇、古生代、中生代多时期的造山型环斑花岗岩，确定了后碰撞构造环境、岩浆混合导致温度异常升高是环斑结构形成的主因。东昆仑造山带幔源岩浆底侵作用、壳幔相互作用明显，并发现世界上第二个岩浆底侵的地表露头。世界上罕见的兴蒙造山带显示了显生宙大陆生长的特征，以及陆壳生长与超大陆演化的关系。海南东部早三叠世与中三叠世之际的后造山碱质和铝质 A 型花岗岩和大量中二叠世同碰撞钾玄岩系及壳源重熔强过铝花岗岩体的发现，为完善华南海西-印支期造山作用岩浆事件序列提供了证据。在燕山造山带火成岩构造组合和岩浆构造事件序列基础上，建立构造岩浆演化动力学模型，证明对流地幔的热和物质的注入是燕山造山带陆壳形成的驱动力，大陆地壳的形成和改造主要是通过壳幔相互作用来实现的。上述现象表明中国不少花岗岩带在显生宙还有地幔物质输入，显生宙也是大陆地壳生长的重要时期。中国花岗岩的大陆地壳生长方式有两种类型，西部的洋陆转化类型，以产生一定量的花岗闪长岩为特征，东部中生代花岗岩为陆壳改造类型，几乎没有花岗闪长岩形成。根据地球化学等标志，上述两种类型又可细分为以下 5 种大陆生长方式：①阿尔泰式，为对流地幔输入和上地壳混合；②东昆仑式，为对流地幔输入和元古代基底混合；③燕山式，即对流地幔输入改造太古代基底；④南岭式，为陆壳物质再循环；⑤东北式，即对流地幔输入-改造显生宙陆壳（肖庆辉等，2009）。

当前，对花岗岩的特征有下列 6 个方面的共识：①花岗岩基本上是经过地壳重熔，在一定的温压条件下由各种地质作用相互制约形成的，可以用重熔实验来模拟；②花岗岩可能是地壳来源和地幔来源间的连系谱系，由于两种来源的混合程度不同，经历过程有别，造成了花岗岩类岩石类型的多样性；③在导致地壳熔融形成花岗岩的过程中，地幔提供的热能起了非常重要的作用；④由于热流传递机制的差异，花岗岩可以分为两种类型，一种是以热流传导为主的超变质作用型的混合花岗岩，一种是以热对流为主的深熔型花岗岩，它们在一定条件下可以相互转化；⑤H_2O及其他挥发组分对花岗岩岩浆的物理性质、运移状态和化学性质有重要影响，甚至对花岗岩岩浆的形成起到控制作用；⑥花岗岩的形成与它所处的地质构造环境有密切的关系。

第二节　基性岩与超基性岩（镁铁质岩和超镁铁质岩）

我国超镁铁质岩-镁铁质岩分布面积约为20334平方千米，占侵入岩的2.1%。它们在地表分布较少，但由于以下原因，在火成岩研究中有着非常重要的地位：①这类岩石基本上源自上地幔，其中超镁铁质岩可以是地幔通过构造作用直接来自上地幔，也可以由地幔源区熔融形成；②大部分超镁铁质岩出现在板块缝合带，是确定古板块边界位置的一个重要依据，世界上著名的造山带，如阿尔卑斯造山带、喜马拉雅造山带、秦岭造山带等，都有超镁铁质岩岩体分布，意味着它们曾经历经洋壳俯冲事件，是板块的边界位置；③超镁铁质岩和镁铁质岩与一些重要的金属和非金属矿有密切的关系，如镍、铬、钴、铂和金刚石等。

从1950年起，研究人员对东北、内蒙古、西藏和祁连山等地区的基性和超基性岩体进行调查研究。从1953年开始，研究人员陆续对内蒙古锡林郭勒盟和乌兰察布市的基性、超基性岩及其含铬性进行研究。1956年研究人员还研究了祁连山地区的基性、超基性岩。特别是从1957年起，地质部地质研究所和中国科学院地质研究所合作，共同对中国基性、超基性岩进行研究，如1958～1962年对内蒙古基性、超基性岩的研究；1960～1962年对西藏超基性岩的考察；1961～1966年对新疆东西准噶尔界山含铬超基性岩的研究；1962～1978年对中国含铂基性、超基性岩的研究；1971～1972年对燕山地区基性、超基性岩的研究；1973～1975年对祁连山地区基性、超基性岩的研究；1976～1978年对西藏曲松和东巧基性、超基性岩的研究。此外，研究工作还拓展到大别山、哀牢山和秦岭地区。参加研究的单位还有中国科学院贵阳地球化学研究所，华东（南京）地质矿产研究所、东北（沈阳）地质矿产研究所、地质力学研究所、冶金部地质研究所（桂林），以及地质、冶金部门有关地质矿产调查和勘探的单位。它们在基性、超基性岩的岩石学、岩相学、矿相学、矿物学、岩组学和矿田构造学方面，取得了不少成果，特别是在岩石学、岩石化学和地球化学方面，提出了独立见解，并初步掌握了含矿性的标志，对铬铁矿的找矿勘探起了一定作用。它们出版了各种研究报告、论文、专辑和汇编。

20世纪50年代末，研究人员开展了甘肃、新疆和东北与硫化铜镍矿床有关的基性、超基性岩的研究，同时还在山东及西南地区进行金伯利岩的研究。1965年研究人员在贵州镇远地区发现了金伯利岩型金刚石原生矿。此后，研究人员在湖北钟祥、京山地区、辽东半岛、山东都陆续发现金伯利岩。20世纪70年代末到80年代初，研究人员对西南地区的钒钛磁铁矿的基性、超基性岩杂岩体的矿物学、岩石学研究也取得了成果。在含铂、镍岩石的地球化学性质及金伯利岩的分类等方面，取得一定成绩，对部分地区的斜长岩也做过专门研究。

20世纪80年代以来，基性、超基性岩研究主要集中在一些与急缺矿产有关的重点地区。在金伯利岩方面，在形成时代、矿物学、地球化学和找矿标志等层面的研究取得了一定的进展，在华北和华南都发现了钾镁煌斑岩。研究人员较为系统地研究了川滇地区基性、超基性岩的类型和含矿性，确定攀西地区层状基性杂岩体形成于裂谷的地质环境，对甘肃金川镍超镁铁质侵入杂岩，华北地块内斜长岩和扬子地台北缘的榴辉岩，做了系统的地质学、岩石学、矿物学和地球化学研究。研究确定了斜长岩形成于1800Ma，有全球对比意义。华北和大别山区的榴辉岩中发现了柯石英（杨经绥等，2002）和金刚石（陆永增，1998）。

地幔岩石的研究是从新生代玄武岩中的捕虏体及高压巨晶的研究开始的。《中国东部新生代玄武岩及深源岩石包体》（鄂莫岚、赵大升，1987）和《中国东部新生代玄武岩及地幔岩研究（附金伯利岩）》（池际尚等，1988）是两部代表作。中国东部新生代玄武岩区普遍有数量不等的幔源岩石包体，包括地幔橄榄岩类、辉石岩类，以及橄榄石、辉石、长石、石榴石、尖晶石、钛镁铁矿和刚玉等一系列捕虏晶或巨晶矿物。作者对各种幔源岩石捕虏体进行了岩石学、矿物学、地球化学、热力学、显微构造学和实验岩石学等方面的综合研究，系统地论述了中国东部新生代玄武岩及其捕虏体超镁铁岩的岩石分类、时空分布、岩浆起源和演化、大地构造环境，探讨了上地幔的物质组成及某些物理参数、古地温变化，以及大陆裂谷与深部过程的关系，强调指出玄武岩生成与上地幔演化的有机联系和制约联系，建立了中国岩石圈-软流圈结构的岩石学模型。这项研究为研究我国东部大陆岩石圈的起源和演化提供了重要依据。20 世纪 90 年代研究人员开展了东部的岩石圈四维填图、动态综合的深部过程研究。金振民（1994）用实验来论证在塑性变形的条件下，橄榄岩部分熔融的熔体拓扑结构对上地幔流变强度、深部物质的波速、导电率等物理性质有明显的制约，同时对元素的溶解度也有直接的影响。这对了解大陆地幔的熔融作用和完善大陆动力学模式，开展深部地球物理的研究，具有十分重要的意义。徐义刚（1993）研制了适用于地幔的地质温压计，支霞臣（1996）运用质子探计测定橄榄石中的含 Ca 量，选用两种二辉石温度计和压力计计算了扬子地块东段的岩石圈地幔的热状态。金刚石矿表明华北地块和扬子地块在古生代时岩石圈地幔的深度（厚度）都超过 200 千米，如以我国东部古生代岩石圈地幔与南非 Kapvaal 克拉通相比，可以认为我国东部中新生代的岩石圈遭受到侵蚀拉伸和减薄，被热的亏损程度低的地幔所替代，控制了我国东部中新生代的岩浆作用和成矿作用（路凤香等，1998）。在我国西部新生代火山岩分布区，如甘肃几个地区（喻学惠，1991）、扬子克拉通西缘（舒小辛，1995）、西天山（韩宝福，1998）、可可西里（吴才来，2001）、西昆仑（罗照华等，2000）等地区，发现了一系列地幔包体和高压巨晶。西藏雅鲁藏布江蛇绿岩是喜马拉雅特提斯洋壳和地幔残余，20 世纪 90 年代和 21 世纪初期的研究（杨经绥、白文吉等）在罗布莎蛇绿岩铬铁矿中已发现由自然元素矿物、氧化物、合金、硫（砷）化物、碳化物和硅酸盐等 70 ~ 80 种矿物组成的异常地幔矿物群。中国大陆科学钻探工程项目于 2000 年初施钻，所取岩心主要由 1300 米榴辉岩、近100米石榴石橄榄岩和各种类型的片麻岩组成。许多矿物是上地幔中未曾见过的，其中有些可能来自地幔过渡带，或许来自下地幔甚至核幔边界。鲁西济南、邹平一带有辉长岩，淄博、莱芜一带有碳酸盐、云母岩，费县一带有含辉石捕虏体的玄武岩，枣庄、薛城和藤县一带有偏碱性的镁铁质-超镁铁质煌斑岩，这一系列幔源岩石的发现和研究（洪大卫等，2003；邱检生，2005）对扬子-华北板块活动的认识具有重要意义。

蛇绿岩是岩石学家和构造地质学家共同关心的地质体。蛇绿岩是由橄榄岩-蛇纹岩、辉长岩、辉绿岩、枕状熔岩、细碧岩和伴生的沉积物——放射虫硅质岩、远洋黏土（复理式）和有孔虫灰岩组成的一套岩石组合的术语，又称蛇绿岩套。它基本上可以代表洋中脊处的大洋岩石圈。典型的蛇绿岩套由以下几部分组成：①底部是具有变质变形结构的地幔橄榄岩，最常见的是蛇纹岩或蛇纹石片岩；②其上是具有火成堆晶结构的镁铁质-超镁铁质岩，这是厚度最大的单元；③再上是席状岩墙群，由细粒辉长岩、辉绿岩、粗玄岩的密集岩墙或岩脉组成；④洋中脊玄武岩，为拉斑玄武岩，因在海底喷发而成，往往成层状、块状、透镜状，通常称枕状熔岩。由于各地地质环境的复杂性，不同地区不同时期的蛇绿岩套的发育程度有所差别，如有的缺失基性岩墙群，有的缺失火成堆晶岩。也因后期的地质构造作用使上述4个单元的顺序不太清楚，有时被分割成孤立的岩块，或彼此呈断层接触，形成火山岩、沉积岩和超镁铁岩的混杂岩。蛇绿岩套的存在表示某个地区某个地质历史阶段曾经是洋壳，如果蛇绿岩套中的火山岩不是洋中脊玄武岩，而是岛弧火山岩，则表示可能形成于岛弧的局部拉张环境。因此，蛇绿岩套对恢复区域大地构造演化有着重要的意义。这就是岩石学家和构造地质学家注重蛇绿岩研究的原因。

1965 年，黄汲清等在论证北祁连山加里东旋回时期的优地槽时，就以此地寒武-奥陶纪超基性岩、细碧角斑岩和放射虫岩三位一体复理石确认其为优地槽。当时虽然还没有蛇绿岩套的概念，但已认识到中基性海底喷发和深海沉积的存在。板块构造理论引进以后，肖序常等很快就认定北祁连山存在寒武纪、奥陶纪的细碧岩、角斑岩和基性枕状熔岩，以及形影相伴的辉长岩、辉长辉绿岩、蛇纹石化辉橄岩、橄榄岩及纯橄岩。这些基性、超基性岩与寒武系、奥陶系多数呈断层接触关系。上述岩体的围岩是一套浅变质的海相沉积建造，还发现含放射虫残迹的硅质灰岩。因此，确认了完整的“三位一体”的蛇绿岩套在北祁连山的存在（王荃、刘雪亚，1975；李春昱，1975；肖序常，1976）。常承法（1973，1978）报道了雅鲁藏布江蛇绿混杂岩，肖序常等进一步研究了雅鲁藏布江缝合带昂仁-仁布的蛇绿岩。1981 年和 1982 年分别在西安和沈阳召开有关蛇绿岩和板块构造以及成矿关系的学术会议。在此期间发现并厘定了我国各地 17 条蛇绿岩带（肖序常等，1983）。

1980～1982 年开展的中法喜马拉雅地质考察和 1985～1986 年中英青藏高原地质考察，极大地推动了我国蛇绿岩和相关领域的研究。20 世纪 80 年代以来，涌现了一系列有关蛇绿岩的著作，例如《中国蛇绿岩概论》（肖序常，1984）和《西藏蛇绿岩》（王希斌，1987）。前者着重在若干蛇绿岩带的地质特征及构造意义，后者着重在系统地总结雅鲁藏布江和班公湖怒江一带蛇绿岩的岩石学和地质学特征。

到 20 世纪 90 年代为止，我国已发现蛇绿岩带不下 17 条，它们有各自的特点和形成时期，自北向南依次为：①富蕴-北塔山加里东期蛇绿岩带；②克拉麦里-莫钦乌拉华力西期蛇绿岩带；③唐巴勒-温都尔庙-西拉木伦河加里东期蛇绿岩带；④达拉布特-贺根山华力西期蛇绿岩带；⑤巴音沟-索伦山-玛纳斯河华力西期蛇绿岩带；⑥北祁连山加里东期蛇绿岩带；⑦南祁连山加里东期蛇绿岩带；⑧西昆仑北缘蛇绿岩带；⑨东昆仑南缘蛇绿岩带；⑩秦岭蛇绿岩带；⑪甘孜-理塘印支期蛇绿岩带；⑫金沙江印支期蛇绿岩带；⑬澜沧江燕山早期蛇绿岩带；⑭怒江燕山早期蛇绿岩带；⑮雅鲁藏布江燕山晚期蛇绿岩带；⑯那丹哈达早中生代蛇绿岩带；⑰歙县-德兴中元古代蛇绿岩带。此外，在我国台湾中央山脉和东海岸还有两条蛇绿岩带。其中，那丹哈达蛇绿岩带和台湾蛇绿岩带为环太平洋蛇绿岩带。（肖序常等，1984；程裕淇等，1994）

肖序常等（1984）曾论述中国蛇绿岩带的时空分布规律，他们指出如果以中朝-塔里木地块（板块）为核心，显生宙以来，主要蛇绿岩带从其边缘向外，蛇绿岩的时代有越来越新的趋势，从西伯利亚板块的边缘向南，蛇绿岩带越来越新，与上述中朝-塔里木板块以北的蛇绿岩带呈现老-新-老的二维对称分布规律。中国的蛇绿岩带中，西北和西南部地区能见到比较完整的序列组合，其余地区由于俯冲消减和变质作用等因素，缺乏完整的蛇绿岩，多为蛇绿岩残体或残片，恢复蛇绿岩组合和序列，尚需进一步的工作。

第三节　火山作用和火山岩

火山岩是岩浆喷出或溢出地表的火成岩，有基性的玄武岩类和中酸性的熔岩与火山碎屑岩类，还有与玄武岩密切共生的超镁质火山岩，如苦橄岩、科马提岩等，后者分布十分局限。

1949 年以前，研究人员主要在我国东部地区，对中、新生代陆相火山岩做过一些研究，古生代和更早的海相火山岩研究仅局限于西部少数地区。叶良辅、黄汲清、尹赞勋、王恒升、李毓尧、李捷、王竹泉、程裕淇、宋叔和、彭琪瑞、朱夏等先后都做过开创性的火山岩研究。

1949 ~ 1980 年，火山岩地质学的研究从传统的以火山岩地层研究为主，向火山岩地层学、火山岩岩石学与岩相学、火山岩构造学相结合的方向转变。在火山岩地层学方面开始按破火山口区，分别建立几个火山岩地层剖面，以火山旋回、古生物和同位素年龄相结合，划分地层组、段。火山岩的区域岩石学、岩相学和岩理学研究有较大发展。1956 ~ 1964 年，研究人员对浙闽中生代火山沉积岩系、大兴安岭第四纪火山、贵州二叠纪玄武岩、中国东部新生代玄武岩类岩石化学、火山和火山沉积作用等进行了深入研究。延边地区石炭二叠纪的火山-沉积碎屑岩的地层、岩相古地理和古火山活动的研究，燕山西段侏罗纪凝灰岩类岩石的岩性特征和成因类型研究，都是这一时期的研究成果，代表当时我国火山岩研究的水平。1972 ~ 1975 年，地质部华东地质研究所，中国地质科学院地质矿产研究所，江苏、安徽两省地质局和冶金部冶金地质勘探局所属的有关地质队、实验室，武汉地质学院，南京大学地质学系，合肥工业大学，以及中国科学院地质研究所等 17 个单位的人员，承担宁芜地区中生代火山岩及其同铁矿成矿关系的研究项目，对这一地区的火山旋回、古火山机构、火山岩岩石学、矿物学和地球化学特征及其同成矿关系做了较为全面的剖析，认为该区火山岩形成于弱造山带环境，而非典型的造山带和岛弧火山岩，铁矿的成矿作用与岩浆的钠质分异演化有一定的内在联系。

1964年以前，较少有涉及火山岩岩石学的研究，特别是关于火山岩分类命名的研究，只有火山碎屑岩（谭荣森，1964）、燕山西段凝灰岩类（孙善平等，1964）和山东蒙阴钾质火山岩（邱家骧，1964）的分类研究。1974年后，研究人员对火山岩岩石学的关注渐多。1980年11月，中国地质学会岩石专业委员会召开的火山岩分类及命名学术讨论会，以火山岩分类和命名为主题，兼及火山地质和火山作用。1975年后，我国逐渐重视火山岩自然共生组合和岩浆系列的综合研究。如我国东南沿海中生代火山岩的研究，多半侧重于钙碱性系列安山岩-英安岩-流纹岩组合和熔岩凝灰岩形成机理的研究。我国东部大陆内侧与深断裂有关的中、新生代火山岩的研究，多半侧重于火山旋回和岩浆演化、火山系列组合的分带性，以及岩石学和岩石化学特征的研究。我国西南、西北和中南、华北部分地区分布较广的海相、海陆交互相的火山岩和变质火山岩，除西藏等局部地区属中、新生代以外，多半是古生代和古生代以前的火山岩。1975年后，从岩石学、岩石化学，火山岩地质、火山岩系列的组合，及其与成矿的关系等方面，研究人员做了大量工作。

新生代玄武岩及其深源包体的研究结果表明，我国东部新生代火山岩具有三种基本组合，即拉斑玄武岩和碱性玄武岩复合的组合，富钾的碱性玄武岩-响岩组合，富钠的碱性橄榄玄武岩-霞石碧玄岩（霞石岩）组合。其中仅富钾的碱性玄武岩中含深源包体，碱性玄武岩浆的来源深度较大，一般达到尖晶石辉石橄榄岩相，有的还达到石榴石二辉橄榄石相。

20世纪80~90年代，火山岩、火山作用及其与环境、资源的关系的研究，集中在中国东部中、新生代板内陆相火山岩区，新疆阿勒泰、天山、准噶尔、秦巴、祁连、大青山-乌拉山等古生代造山带的海相、海陆交互相火山岩，以及横断山、喜马拉雅的古生代和中新生代复合造山带。

在中国东部中新生代陆相火山岩地区区调工作中，研究人员普遍采用了火山岩地层学和火山构造、岩相学相结合的制图法，大大提高了火山地质的研究程度。在火山岩地层划分中，考虑复合火山口的发育阶段，研究人员把岩石地层同古生物、同位素年龄，甚至古地磁结合起来，对典型的火山口、破火山口和复合火山口，以及火山的各发育阶段做了系统的梳理，同时还运用遥感、地球物理和地球化学资料。刘承祚等（1984）应用特征分析方法对火山盆地做了定量化对比研究，于学元（1986）主要从地球化学角度探讨了该区东南部的岩石成因及其与板块构造的关系，认为流纹岩、碱性玄武岩和安粗岩三个系列的原始岩浆分别来自不同源区。陶奎元（1988）从岩浆活动与演化、火山喷发形式和相模式、区域火山构造、大地构造环境，以及区域成矿作用等方面，探讨了中国东南大陆边缘中生代火山作用特征及其与东太平洋安第斯型大陆边缘火山作用的关系，指出组成该岩带的岩石主要是富碱质（钾）火山岩。《浙东南沿海中生代火山——侵入杂岩》（杜杨松、王德滋、陈克荣，1989）论证了中酸性火山岩、次火山岩和侵入岩“三位一体”的侵入杂岩的存在，讨论了熔结凝灰岩某些特征的成因和浙闽沿海地区中生代的大地构造环境，提出了火山碎屑流和涌浪堆积的综合成因模式，以及火山侵入杂岩的岩浆作用模式。陈义贤（1997）将辽西及邻区的中生代火山岩划分为5个喷发旋回，火山活动-盆地演化明显受区域构造运动迁移的控制，其时空演化自西向东、由老到新、从富集地幔向亏损地幔变化，研究人员认为这是深部壳幔过程的产物。鲍亦冈（1992）对北京和冀北中生代火山岩进行了研究，认为这里在燕山构造旋回有3次火山活动旋回，形成的火山岩从基性和偏基性向偏酸性和酸性转化，火山岩属碱钙性岩石系列，化学成分以富钾为特征。

我国新生代火山活动非常频繁，也很强烈。《华东及邻区中、新生代火山岩》（吴利仁，1984）、《中国东部新生代玄武岩及深源岩石包体》（鄂莫岚、赵大升，1987）、《中国东部新生代玄武岩及上地幔研究（附金伯利岩）》（池际尚，1988）、《中国新生代火山岩年代学与地球化学》（刘若新，1992）和《中国火山》（刘嘉麒，1999）是这一时期的代表作。这些著作系统地论述了中国东部新生代玄武岩及其中的超镁铁岩石包体、岩石分类、时空分布、岩浆起源和演化、大地构造环境，探讨了上地幔的物质组成和某些物理参数、古地理变化以及大陆裂谷作用与深部过程的关系，建立了中国岩石圈-软流圈结构的岩石学模型。按照地理位置和火山岩发育的构造环境，我国新生代火山及火山岩分布在两大区域：①沿我国东部大陆边缘即环太平洋构造域，形成数以百计的火山群和火山锥，是全球环太平洋火山的一部分；②位于青藏高原的边缘，即特提斯喜马拉雅构造域的火山，是地中海-喜马拉雅火山带的一部分。东北地区从白垩纪晚期到现代大体发生过10个火山幕，中新世中期和第四纪是两个高峰期。中新世中期到晚期，无论是青藏高原还是东部地区，几乎都有火山活动，尤其以郯庐断裂及其东北延伸的伊通-依兰断裂一带更为强烈，东北尚志、伊通，华北赤峰、达来诺尔、汉诺坝，山东山旺，江苏六合，福建牛头山，广东雷州半岛等地的一些火山都在这个时期形成，岩石是碱性和强碱性的玄武岩、富含超镁铁岩包体。青藏高原可可西里等地的大部分火山也形成于此时，岩性为超钾质火山岩。新近纪到第四纪初这段时间，火山活动很少，到早更新世中期，火山再度活跃，中更新世达到高潮，科洛、五大连池、大同、龙岗、明溪、大屯、基隆、雷琼、腾冲、阿什库勒等地火山都有大规模喷发，高大的长白山火山也形成于此时。上述地区的很多火山在全新世继续活动，有历史记载的火山喷发有五大连池、长白山、台湾、腾冲和西昆仑等地区，它们在400年间曾有火山活动，其中长白山有3次，最近一次发生在公元1903年。西昆仑的阿什库勒火山最近一次喷发是在1951年5月27日。它们应是处于休眠状态的活火山。

李兆鼐等（1984）在总结国内外经验的基础上，针对我国的具体情况，提出了我国火山碎屑岩的野外和室内分类方案（这是一组基本上相互对应的定性分类），矿物定量分类和化学定量分类的火山岩分类系统，岩石结构构造分类系统，以及与之相匹配的鉴定曲线、图鉴和鉴定方法，相应的火山岩数据库和数据处理，自动成图的方法库。该方案受到国际岩石分类命名委员会的高度重视。

研究人员对我国东南沿海、长江中下游、郯庐断裂带（山东部分）、燕辽、大兴安岭、吉南等地的中生代富碱的钙碱性火山岩区，划分了岩浆系列和岩石组合，区分了岩浆形成和演化的地质构造环境，并对其时空分布规律进行了总结，区分了板块内安山质、粗安质火山岩的地质-地球化学类型产出的地质环境和形成机制，并与岛弧安山岩的异同做了对比研究，明晰了中国东部中生代陆相钙碱性火山岩与岛弧和活动陆缘火山岩的区别，阐述了板内活动（挤压、拉张和裂谷作用）对中、新生代火山作用的制约，以及太平洋板块俯冲对它产生的间接影响。首次对二氧化硅含量在90%以上的超硅质火山熔岩和穹丘进行了系统研究，并探讨了其形成机制。板内基性、超基性火山岩是拉张构造环境，通常是裂谷环境的产物。20世纪80年代的研究结果表明，我国新生代玄武岩喷发具有多旋回性，从古近纪、新近纪到第四纪，拉斑玄武岩在递减，碱性玄武岩在递增，甚至出现玄武质岩和响岩。据热力学推算，岩浆来源深度为52～113千米，接近于低速层的顶部，是上地幔经过不同程度的部分熔融的产物。

我国古生代造山带和元古宙活动带火山岩的研究，主要在阿勒泰、天山-内蒙古、祁连、秦巴和三江等地区。研究人员还研究了喜马拉雅和西南极的中新生代造山带的火山岩。他们分别研究了这些地区不同时代和不同系列组合火山岩的边界断裂性质、蛇绿岩特别是伴生玄武岩的成因类型，区分岛弧和活动大陆边缘的钙碱火山岩，区分弧后盆地和岛弧的拉斑玄武岩，恢复火山岩系的古构造环境，阐明火山-沉积岩系的岩相古地理条件，并综合分析了火山地质学、岩石学和地球化学特征，恢复古大陆边缘沟-弧-盆系和地体增生和裂解的古构造格局，建立了相关地区的地壳发展演化模式。研究人员利用火山岩岩石学、岩石化学、微量元素、痕量元素（包括稀土元素）和同位素地球化学特征，讨论了古岛弧、古活动陆缘横向和纵向变化规律，分析了岩浆岩多样性的原因及其与岩浆源区上地幔的组成、部分熔融程度、源区和高位岩浆房的分异，以及岩浆在不同深度的混合作用的关系。古生代的峨眉玄武岩也是由碱性玄武岩和拉斑玄武岩组成的裂谷环境形成的，是上地幔二辉橄榄岩部分熔融的产物，其$^{87}Sr/^{86}Sr$初始比值较高，可能有一定的地壳物质混杂。研究人员对元古宙甚至太古宙的变质火山岩，也进行了原岩恢复和古构造环境分析。

从20世纪80年代中期起，学者们开展了火山作用及其环境和灾害效应的研究。研究者在东北五大连池和长白山建立了火山观测站，对长白山、五大连池、镜泊湖和腾冲等地的一些典型的休眠火山进行研究，以恢复其火山喷发历史。从区域地质构造背景，壳幔之间，岩石圈、软流圈之间物质能量交换，以及岩浆房演化过程的综合分析，研究人员提出了这些火山复活的可能性，以及复活后可能形成的环境及灾害效应。代表性著作有《火山作用与人类环境》(刘若新，1995)、《中国火山》(刘嘉麒，1999)、《长白山天池火山近代喷发》(刘若新等，1998)、《中国东北地区新生代火山和火山碎屑堆积物资源与灾害》(刘祥，1997)、《长白山火山地质研究》(金伯禄等，1994)、《中国的活火山》(刘若新，2000) 等。

中国的近期火山分布在地壳活动区，尽管近半个世纪以来没有喷发，近两个世纪以来也很少有强烈的喷发，但火山喷发的危险性和可能性依然存在。从时间上看很多火山最近一次喷发至今，时间并不长，有的几十年，有的几百年，都属于高休眠期间。据已有的资料分析，长白山、五大连池、台湾、雷琼、腾冲和西昆仑阿什库勒等地的火山存在潜在危险，其中危险最大的是长白山火山（刘嘉麒，1999)。

20世纪至21世纪之交，我国学者对新元古宙末大陆裂谷火山作用如Rodinia超级联合大陆裂解的研究，对中亚石炭纪-早二叠世大规模裂谷火山事件的深部地球动力学背景及其与古特提斯裂解和晚古生代中亚大规模成矿事件关系的研究，对中

-新生代东亚火山作用与岩石圈巨量减薄的研究，对新生代印度-亚洲大陆碰撞与高原隆升的火山作用响应的研究，以及对火成岩省和地幔柱的研究，都取得了许多成果。

参考文献

[1] 程裕淇. 中国区域地质概论 [M]. 北京：地质出版社，1994.

[2] 李兆鼐. 国内火山岩研究现状和努力方向 [G]//中国地质学会. 2000 年的中国研究资料（第 6 集）· 地质科学现状、差距及展望. 中国科协 2000 年的中国研究办公室，1984：72 – 78.

[3] 沈其韩. 50 年代以来岩浆岩和变质岩研究的进展和展望 [G]//田凤山. 中国地质学会 80 周年纪念文集. 北京：地质出版社，2002：70 – 82.

[4] 中国地质学会岩石学专业委员会. 六十年来我国岩石学研究的回顾与展望 [J]. 地质论评，1982，28（6）：574 – 580.

[5] 孙鼐，孙明志，彭亚鸣. 花岗岩研究近况述评 [G]//中国地质学会. 2000 年的中国研究资料（第 6 集）· 地质科学现状、差距及展望. 中国科协 2000 年的中国研究办公室，1984：84 – 86.

[6] 王鸿祯，翟裕生，游振东，等. 中国地质科学 50 年的简要回顾 [J]. 地质论评，2000，46（1）：1 – 7.

[7] 王鸿祯，翟裕生，游振东，等. 20 世纪中国地质科学发展的回顾 [G]//中国地质学会地质学史研究会，中国地质大学地质学史研究所. 地质学史论丛（4）. 北京：地质出版社，2002：1 – 87.

[8] 王鸿祯. 中国地质科学五十年 [M]. 武汉：中国地质大学出版社，1999.

[9] 肖序常. 燕山地区超基性岩及铬铁矿地质特征的几个问题 [J]. 地质科学院地质研究所所刊，1974（2）.

[10] 游振东，翟裕生. 80 年来中国地球物质学科发展的简要回顾 [G]//田凤山. 中国地质学会 80 周年纪念文集. 北京：地质出版社，

2002：54－61.

［11］中国地质学会. 中国地质学学科史［M］. 北京：中国科学技术出版社，2010.

［12］中国矿物岩石地球化学学会. 80年代中国矿物学岩石学地球化学研究回顾［G］. 北京：地震出版社，1991.

［13］欧阳自远. 世纪之交矿物学岩石学地球化学的回顾与展望［M］. 北京：原子能出版社，1998.

第七章　变质岩、变质地质和变质作用研究

1949年以前有关变质岩的工作做得很少，只有孙健初在阴山，杨杰在五台山等地，程裕淇、任泽雨在川西康定、丹巴等地区，做了变质岩的调查和研究。

第一节　变质岩岩石学研究

1949年到1958年底，我国发表了20多篇有关变质岩的论文。如《中国东北部辽宁山东等省前震旦纪鞍山式条带状铁矿中富矿成因问题》（程裕淇，1957），《中国沉积变质型的磷灰岩》（刘之远，1957），《论大冶式铁矿》（黄懿、裴荣富等，1957）等，都是在大量勘查工作基础上得到的高水平研究成果。王曰伦领导的五台队发表的《五台山五台纪地层的新见》（1952），提出了与维里士（B. Willis）不同的关于五台山地区变质岩的地层划分的新见解。《中国前寒武纪地层问题》（赵宗溥，1954）、《五台山区区域地质构造基本特征》（马杏垣等，1957）是对五台山地区区域地质构造研究的总结，其运用变质岩石学方法，探讨该地区前寒武纪地质构造的发展。王嘉荫（1951）研究北京西山硬绿泥石带，认为该带是燕山运动的产物。20世纪50年代地质界对花岗岩和花岗岩化问题颇有争论，孙鼐（1957）认为研究古老变质岩系中的花岗岩与其共生的变质岩之间的关系，是解决其成因的关键。莫柱荪（1950）认为花岗岩化是交代变质作用，也就是混合岩化。张秋生研究江苏海州一带句山系岩层的花岗岩化作用，支持交代变质作用的观点。

1950年，苏联学者别列夫采夫在长春地质学院讲授变质岩石学，培养我国变质岩教学与研究人才。后来，在长春地质学院形成以董申葆为核心的变质岩教学与研究集体。同时，在地质部地质研究所形成以程裕淇为核心的变质岩研究室。

在区域变质岩石学方面，地质部门、冶金部门、中国科学院和大专院校等，对某些重点地区变质地层的划分、变质作用、混合岩化和变质矿床方面进行了总结，如河北、山西、河南、东北、山东、云南以及五台山和祁连山等地区的变质图件的编制、区域变质岩石学的研究，等等。程裕淇等（1951，1952，1957，1963）长期研究鞍山和山东新泰地区的变质岩和混合岩，认为辽宁、山东等省前震旦纪鞍山式条带状铁矿中富铁矿的形成，是区域变质作用所致。关广岳（1961）也注意到区域变质作用在鞍山式铁矿形成中的意义。吴懋德初步研究了哀牢山变质带，李璞等（1963，1964）对内蒙古集宁群变质岩的研究，将集宁群沉积变质岩划分为4个组，又根据矿物组合和岩石化学成分，将变质岩分为6个类型，认为该区变质岩属麻粒岩相，受到再次动力变质作用。再次变质的时间，用K-Ar法同位素年龄法测定，为19亿年。莫柱荪（1963）对粤西桂北云开大山地区的变质杂岩进行研究，将那里前人认为的形成于太古代的片麻岩和形成于元古代的片岩，改正为它们的原岩为寒武-奥陶纪，加里东运动使这些原岩发生区域变质、动力变质和接触变质。杨超群（1963）对云开大山北缘大绀山变质岩的研究，将这些片麻岩、片岩和原岩定为泥盆石炭系，变质作用发生在中生代，认为它们经历了区域动力变质作用，热力（接触）变质作用和花岗岩化作用（动力-热力-交代复合作用）。此外，还对江西武功山地区的千枚岩、混合岩，北京密云沙厂地区的变质岩，甘肃白银地区的变细碧角斑岩，以及鄂东某铜铁矿床的矽卡岩和矽卡岩的形成受岩浆岩和碳酸盐岩的控制进行研究。在池际尚的组织领导下，1958 年至 1961 年间，游振东等在泰山群变质岩系中初步建立了岩石地层单位，对变质火山岩进行了较为详细的变质岩石学研究。以董申葆为首的长春地质学院师生在东北和华北地区开展 1∶20 万为主的区调填图和变质岩石学研究。董申葆等提出变质建造概念，以及混合岩和混合花岗岩成因等方面的论述。程裕淇和董申葆等都对混合岩带进行划分和分类，并对混合岩化作用与成矿作用的关系进行论述。特别是在鞍山式铁矿类型、硼矿床、多金属硫化物矿床以及稀土、稀有和放射性矿床方面，成矿作用和混合岩化存在一定的关联。

《变质岩的一些基本问题和工作方法》（程裕淇、沈其韩等，1963）是在大量科研实践的基础上完成的。该书结合我国的实际例子，对有关变质岩和混合岩等重要问题做了比较系统的阐述，书中关于变质岩的分类命名以及一些工作方法，对我国变质地区的工作起过重要的指导作用。

王嘉荫、苏良赫、陈光远等对一些变质特征矿物，如石榴石、角闪石、辉石、硬绿泥石等进行了矿物学研究，并做了成因方面的研究。

20 世纪 70 年代后半期我国变质岩石学又有了发展。对太行山、五台山、冀东、辽东、吉林、吕梁山、中条山、嵩山、山东、许昌、大别、秦岭、阿尔泰山和哀牢山等地区的变质岩，都进行不同程度的变质岩石学研究。由于大量同位素年龄测试数据的积累，区域变质岩石学的工作逐渐演变成变质岩地层学，在前寒武纪变质岩地层的划分和对比方面，起到了重要的作用，并进一步把变质作用和地壳演化初步结合起来。在应用变质岩地球化学资料研究太古代地壳演化方面也有了良好的开端。

我国还开展了变质相系的研究。在祁连山、天山、内蒙古、滇西等地相继发现蓝闪石或冻蓝闪石的高压相系或高压相系的过渡带。在五台山、山东、秦岭等前寒武纪变质岩地区划出了以蓝闪石为主的中压相系。对冀东太古代古老变质岩系也初步划分了变质相系。在珠峰地区也划分了若干中压相系的变质带。在相当多的中生界、古生界和前寒武纪分布区的变质岩中，还找到了以红柱石和堇青石为主的低压相系。个别地区还发现了双变质带。中国科学院地质研究所还利用变质相系的概念，编制了河南省和西藏北部小比例尺变质带纲要图或略图，不少省（区）开始试编1～2幅1∶20万变质相和变质相系图。此外，在冀东、嵩山、东秦岭等地，结合构造变形、地层新老关系，或同位素年龄数据，进行多期变质作用研究。

通过野外观察、岩石化学图解的改进和应用、人工重砂矿物等手段做变质岩原岩的恢复的原岩建造研究，发现相当多的前寒武纪变质岩地区都有不少火山-沉积岩系列的原岩存在。如在福建、河南等地的变质岩中，发现了细碧角斑岩系，在五台群古老变质岩中发现含有变质拉斑玄武岩和钙碱系列火山岩，在辽东半岛和吉南地区有富钠含硼火山-沉积岩系存在，在大别山南缘的黄陂、大悟、应山南部发现有变基性和酸性火山岩，等等。五台、鞍山、舞阳、冀东等地区从岩石化学分析可以认为有科马提岩和缘岩带存在的可能。深入开展混合杂岩体的研究，联系到与岩浆杂岩的过渡类型如何划分、碱性交代作用在混合岩化作用中所占的地位以及花岗岩浆的来源等因素，混合岩化与花岗岩成因的研究紧密地联系在一起。

变质矿物学的研究较前有所加强，研究的矿物种类也有所增多。这些矿物有长石、云母、角闪石、辉石（紫苏辉石和透辉石）、石榴石、蓝闪石或冻蓝闪石等，除长石外，大多数根据其矿物成分和几种矿物的共生特点，从热力学角度，研究其形成时的温压条件。王嘉荫系统地研究了应力作用对变质矿物的影响，并著有《应力矿物学》(1978)。北京大学有关人员对冀东和内蒙古等深度变质岩区，利用某些矿物或全岩进行氧同位素研究，并利用这些氧同位素资料，进行岩石形成时温压条件的初步计算。

20 世纪 80 年代我国变质岩、变质作用和变质地质的研究，无论在理论上，还是研究内容和研究方法上，都有长足的进展。

第二节 变质地质研究和变质地质图编制

一 变质作用研究和 1∶400 万全国变质地质图的编制

20 世纪 80 年代初，由程裕淇指导，董申葆、沈其韩、孙大中、卢良兆主编了《1∶400 万中国变质地质图》及说明书。之后，四川、云南、河北、青海、山西和内蒙古等省（区）陆续编制和出版了各自的 1∶50 万 ~1∶100 万的变质地质图和说明书——《中国变质作用及其地壳演化的关系》[地质专报(三)、(四)]。其他省（区）、市的变质地质图大多纳入本省(区)、市的地质志中。《1∶400 万中国变质地质图》及相关专著显示了中国变质相和相系时空分布的主要特征，划分出 10 个一级以及更多的次级变质地质单元，对其岩石组合、原岩建造、变质作用期次和时代、变质作用类型，以及与变质作用有关的岩浆作用等做了详细论述。将变质作用分为四大类、八个类型，并阐述了不同变质作用类型在时空演化上的旋回特征，即随着时间的演化，地壳内部总的热流有着不可逆转的减弱趋势，同时又有旋回性的变化。强调变质作用与地壳演化和大地构造之间的约束关系，将变质作用的发展与地壳构造演化很好地结合起来。这是在变质岩、变质作用、变质地质研究上具有里程碑性质的研究成果。

20 世纪 80 年代后，我国区域变质岩研究进度很快。1986 年起，“1∶5 万区调中地质填图方法研究”项目中的变质岩课题启动，有冀东、太行山、五台、辽东、武功山 5 个地区专题。通过对上述地区的实践研究，编写了《变质岩区 1∶5 万区域地质填图方法指南》(1991 年出版，下文简称为《指南》)。该《指南》用 7 个章节叙述变质岩区 1∶5 万填图的原则和方法，有“变质作用与变质岩”“变质原岩建造研究”“变质岩区构造观察与研究”“地质事件序列研究与地质事件表的建立”“变质矿床的调查与分析”“地质填图工作”等章节。该《指南》以研究变质岩石和正确划分不同类型的岩（地）层单位为基础，从变质岩系的物质、位序和形变着手，利用建造与改造、变形与变质相结合的分析方法，建立地质演化序列。以这种地层-构造-岩性“三位一体”作指导思想的新一轮 1∶5 万和 1∶20 万（1∶25 万）的区域地质调查工作，已在变质岩分布区进行了 20 个年头，陆续出版了新的地质图。不少原作为地层处理的岩系中分辨出了许多深成岩浆变质的长英片麻岩，加强了构造研究。到目前为止，已经识别和厘定出 60～70 条韧性剪切带，并区分了他们的构造序列和变质序列。此外，还在冀东、太行、内蒙古、辽东、五台、嵩山、中条、鲁西、胶东、秦岭、川滇、三江、大别、吉南和浙西等地区进行专题研究，取得了很多成果。如在对长英质片麻岩与表壳岩的区分、对基性麻粒岩原岩的识别、绿岩-花岗岩带的分布与形成环境、重大地质事件与地壳演化、变质岩的岩石化学和地球化学特征等许多方面，都有新的认识。

二 区域变质作用的 $p-T-t$ 轨迹研究

以往变质作用的研究主要是研究变质岩石的变质相、变质相系和变质反应的机理。20 世纪 70 年代中期以后，学者们提出了变质作用 p（压强）$-T$（温度）途径的概念。20 世纪 80 年代初正式引入 $p-T-t$（时间）轨迹的概念和术语，以表达在一个造山带或深变质带（区）内一次独立的地球热动力条件下，岩石随时间演化所经历的 $p-T$ 条件的连续变化过程，从而使变质作用研究从静态转向了动态。自 1984 年提出 $p-T-t$ 轨迹以后，国外研究进展很快，我国也迅速将其引进并加以应用。从 20 世纪 80 年代后期开始，研究者先后在秦巴-桐柏-大别造山带，祁连造山带，三江变质带，阿尔泰变质区，中条变质区，苏北-胶南-大别榴辉岩带，高变质区麻粒岩相带的内蒙古、冀东、山东沂水等区段，以及牡丹江麻粒岩区段，进行区域变质作用的 $p-T-t$ 轨迹研究。研究结果表明，变质作用是一个很长的过程，包括多期次、多阶段的变形变质，不同阶段变质作用的 $p-T-t$ 轨迹各异，都与各阶段的构造演化过程有关。

三 高温麻粒岩相变质作用研究

我国的麻粒岩主要分布在华北克拉通北缘、东缘和南缘太古宙变质岩区，以北缘最广，少数见于元古代造山带根部的桐柏麻粒岩。20 世纪 80 年代的研究主要集中于华北地台北缘，如内蒙古中南部。研究人员对冀西北、冀东、辽北、吉南、华北地台南缘和东缘也做了一些工作。主要研究内容为麻粒岩岩石学和原岩性质，麻粒岩相和相带，麻粒岩岩石化学和地球化学，麻粒岩的同位素年代学，麻粒岩相岩石的流体包体，麻粒岩相变质作用的温压条件和 $p-T-t$ 轨迹，以及麻粒岩的成因、形成时的大地构造环境及动力学机制。麻粒岩相变质作用研究涉及下部地壳，对于探讨早期地壳的形成和演化、古构造格局的厘定、壳幔相互作用，都有重要的意义。《中国前寒武纪麻粒岩》(沈其韩等) 总结了我国各主要麻粒岩变质区的地质和岩石特征。

根据麻粒岩分布状态、原岩建造，以及是否存在递增变质带等特征，我国前寒武纪麻粒岩一般可以分为面状高温区域变质作用麻粒岩相型、热点状高中温区域变质岩相中局部麻粒岩相型、线状区域动力热流变质作用麻粒岩相型等 3 个主要类型和若干亚类型。麻粒岩相岩石的地球化学特征说明它们来自亏损地幔。根据同位素年代资料，华北地台太古宙面状高温麻粒岩相变质作用型和热点状高中温麻粒岩相区域变质型可分为 >3000Ma,2700～2800Ma 和 2500Ma 三个变质期，线状区域动力热流作用变质型的变质期，已知的有 2300～2400Ma，1800～1900Ma 和 1500Ma 等几个期次，但尚待进一步研究。麻粒岩相变质作用的温压条件温度（T）为 700～850℃，压强（p）为 0.7～1.0GPa，即以中低压和中压为主。已发现恒山地区存在高压麻粒岩、山东威海存在柯石英麻粒岩。已发表的部分麻粒岩 $p-T-t$ 轨迹资料反映的大地构造背景中，既有碰撞造山带顺时针型，也有大陆岩浆弧形的反时针型，轨迹的形态各不相同，显示多类型的特征，尚待研究人员进一步的工作。

四　造山带区域动力热流为主的变质作用研究

这方面的研究主要是指与碰撞造山带隆升或地壳拉张过程有关的带状递增变质作用。研究人员在秦巴、大别-桐柏、祁连、三江、川西、浙闽和新疆阿尔泰等地区开展了造山带变质作用研究。这些地区的特点为：①造山带多位于陆块之间，变质和变形与碰撞构造关系密切；②以热穹隆或热轴为中心，普遍有递增变质带存在，即中心是中高温变质带，向外递减，直至低绿片岩相带；③以区域变质作用为主，也常有其他类型的变质作用叠加，常伴有不同规模的花岗岩浆活动和混合岩化；④变质和变形有一次性的，也有多期次的，即使是一次性的途径也包含多幕变质结晶作用和变形，呈现变质作用的多旋回性；⑤随着造山带山体的隆升，构造体制发生从挤压向伸展的变化，发育多种类型的糜棱岩带或强应变带。游振东等（1991）在秦巴造山带将其变质变形区分为晋宁期、加里东-早海西期、印支期和燕山期。以晋宁期最明显，可识别出三幕褶皱变形，伴有中压角闪岩相区域动力热流变质；加里东-早海西期以多幕韧性剪切带发育为特征，伴有低压角闪岩相变质和碰撞型花岗岩体侵入；印支期出现脆-韧性变形如断陷带绿片岩相变质；燕山期以后表现为脆性改造，包括地壳上升、伸展和脆性破裂，伴随花岗岩侵位和接触变质。东秦岭造山带核部的秦岭杂岩经受两大构造变质旋回，晋宁旋回的 $p-T$ 轨迹表明具有减压升温的过程，加里东-早海西旋回的 $p-T$ 轨迹则反映升压增温的过程。

1988 年，在长春召开变质作用与地壳演化国际讨论会。1990 年，在北京召开的第 15 届国际矿物学大会开辟了中国的变质作用专题讨论，促成了国际《变质地质学杂志》相应专集的出版。专集主要反映中国大陆前寒武纪克拉通之间陆内活动带的变质作用，记录了亚洲大陆拼合过程中与碰撞作用相伴随的变质和变形。

在变质地质研究中，运用岩石学资料重溯 $p-T-t$ 轨迹称为反演法。运用变质岩的地球物理参数来计算模拟，则称为正演法。石耀霖成功地进行了逆冲推覆地体区域变质 $p-T-t$ 轨迹的二维热模拟。20 世纪 90 年代，他将此方法用于青藏高原和大别山地区的研究。

五　低温高压蓝闪片岩变质作用研究

蓝片岩是分布最广的高压低温变质岩，由洋壳和海沟沉积物俯冲变质形成。20 世纪 80 年代，通过区域地质调查和专题研究，我国发现 20 多条不同规模的蓝闪岩和蓝闪-绿片岩带，如长达 2000 千米的秦巴-大别-苏鲁蓝闪片岩带，长达 1600 千米的雅鲁藏布蓝闪片岩带，长约 1000 千米的西藏改则-丁青蓝闪片岩带，长约 800 千米的金沙江-哀牢山蓝闪片岩带，长约 750 千米的内蒙古温都尔庙和苏尼特左旗蓝闪片岩带，以及黑龙江依兰-牡丹江、澜沧江、新疆柯坪塔格阿克苏、北祁连、准噶尔西侧唐巴勒和科克沙依、大兴安岭、西天山特克斯、内蒙古二道井、额尔古纳河和台湾玉里等规模中等的蓝闪片岩或蓝闪绿片岩带。它们大多数是在 300 ~ 500℃ 和 500 ~ 1000℃ 温压区间内形成，当时地温比较低。

六　高压-超高压榴辉岩带的研究

榴辉岩作为高压-超高压变质岩，形成的温度范围比较宽，有高温、中温、低温 3 类，低温类实际上就是榴辉岩相和蓝片岩相的过渡。20 世纪 80 年代中晚期，一些中外学者在研究秦巴-大别蓝闪岩带时，对该带东段鄂皖和苏鲁地区的榴辉岩也做了比较详细的岩石学和矿物学研究，进行岩石种类的划分，区分了角闪（蓝闪）榴辉岩、柯石英榴辉岩、蓝晶石榴辉岩和石英榴辉岩。近年来对榴辉岩的矿物学研究，在大别山、苏北和胶南等地榴辉岩的石榴子石和绿辉岩中发现了柯石英及其假象，稍后又发现了富含铝榍石和一种特殊的碱性角闪石，在石榴子石刚玉岩和榴辉岩中发现镁十字石，在榴辉岩的石榴子石中发现金刚石和微粒金包体。这些重要发现，为国内外学者共同注目，上述地区已成为研究高压、超高压变质和碰撞构造的理想地区。对榴辉岩做 Sm－Nd 全岩等时线和矿物等时线同位素年龄研究获得的年龄数据，除少数为华力西期（265 ± 2Ma，杨建军，1991）和燕山期外，其余主要集中在印支期（220～230 Ma，李曙光，1989；221Ma ±5Ma，244Ma ±11Ma，李曙光；232Ma 和 211Ma，从柏林等，1991），是否存在多期性，尚待研究。关于榴辉岩的成因，国外学者曾提出两种模式，一种是原地变质模式，是榴辉岩与围岩片麻岩一起经历了高压变质作用而形成的；另一种是外来挤入模式，榴辉岩形成于上地幔或其他地区，在后来的构造变动中被挤入片麻岩中。目前所知，根据榴辉岩与围岩的产状特征和围岩中存在高压矿物等现象，大多数学者认为我国大部分地区榴辉岩是原地变质形成的。对榴辉岩形成的大地构造环境的研究，学者普遍认为是经过了俯冲、碰撞和折返抬升等几个阶段，但是对各个阶段的构造式样、发生时间等还有不同的看法。

七　极低温变质作用

这是一种极低温变质作用或极低级变质作用，是埋藏变质作用。有两种变质相，一是地槽型（或洋底）沉积带，是浊沸石和葡萄石-绿纤石相，我国主要见于准噶尔-北天山、中天山、西藏南部和台湾东部海岸山脉等古生代或中生代地层中；二是陆内沉积盆地中的浊沸石相，主要见于陕北、松辽、四川、江淮等中生代沉积盆地中，原岩主要是陆相碎屑岩、浊沸石类矿物，产于一定深度的一定层位中。对于浊沸石是否属于变质作用的产物，尚有不同看法。张立飞（1990）对陕北鄂尔多斯盆地的三叠纪砂岩，进行埋藏变质作用研究，划分了从成岩作用到变质作用的演化阶段，即高岭石胶结阶段、压溶石英与长石的再生阶段、碳酸盐胶结阶段和浊沸石生成阶段。他在研究了黏土矿物及其变化以后，提出了“当砂岩中所有的孔隙空间隔绝、堵塞之后，在没有外来组分的带入、带出（H_2O，CO_2 除外），胶结物间或胶结构与碎屑颗粒之间通过变质反应形成新的变质矿物，标志着成岩作用的结束，变质作用的开始”。

参考文献

［1］程裕淇．变质岩和变质作用的研究在不断前进［G］//中国地质学会，2000 年中国地质研究会，张炳熹．当代地质科学动向．北京：地质出版社，1987.

［2］程裕淇．有关混合岩和混合岩化作用的一些问题——对半个世纪以来某些基本问题认识的回顾［J］．中国地质科学院院报，1987，16.

［3］程裕淇，贾跃明．八十年代我国岩石学工作回顾［G］//中国矿物岩石地球化学学会．80 年代中国矿物学岩石学地球化学研究回顾．北京：地震出版社，1991.

［4］程裕淇，庄育勋，沈其韩．变质作用研究的回顾与展望［J］．地学前缘，1998，5（4）：257－266.

［5］程裕淇，沈其韩，刘国惠，等．变质岩的一些基本问题和工作方法［M］．北京：中国工业出版社，1963.

[6] 程裕淇. 中国区域地质概论 [M]. 北京: 地质出版社, 1994.

[7] 沈其韩. 变质岩石学和变质作用研究的国内外动向、差距和展望 [G] // 中国地质学会. 2000 年的中国研究资料 (第 6 集) · 地质科学现状、差距及展望. 中国科协 2000 年的中国研究办公室, 1984: 79 - 83.

[8] 沈其韩. 50 年代以来岩浆岩和变质岩研究的进展和展望 [G] // 田凤山. 中国地质学会 80 周年纪念文集. 北京: 地质出版社, 2002: 70 - 82.

[9] 沈其韩. 沈其韩文集 [G]. 北京: 地质出版社, 2008.

[10] 中国地质学会岩石学专业委员会. 六十年来我国岩石学研究的回顾与展望 [J]. 地质论评, 1982, 28 (6): 574 - 580.

[11] 王鸿祯, 翟裕生, 游振东, 等. 中国地质科学 50 年的简要回顾 [J]. 地质论评, 2000, 46 (1): 1 - 7.

[12] 王鸿祯, 翟裕生, 游振东, 等. 20 世纪中国地质科学发展的回顾 [G] // 中国地质学会地质学史研究会, 中国地质大学地质学史研究所. 地质学史论丛 (4). 北京: 地质出版社, 2002: 1 - 87.

[13] 王鸿祯. 中国地质科学五十年 [M]. 武汉: 中国地质大学出版社, 1999.

[14] 游振东, 翟裕生. 80 年来中国地球物质学科发展的简要回顾 [G] // 田凤山. 中国地质学会 80 周年纪念文集. 北京: 地质出版社, 2002: 54 - 61.

[15] 中国科学技术协会, 中国地质学会. 中国地质学学科史 [M]. 北京: 中国科学技术出版社, 2010.

[16] 中国矿物学岩石学地球化学学会. 80 年代中国矿物学岩石学地球化学研究回顾 [G]. 北京: 地震出版社, 1991.

[17] 游振东. 中国变质岩石学之进展 [G] // 中国地质学会地质学史研究会, 中国地质大学地质学史研究所. 地质学史论丛 (4). 北京: 地质出版社, 2002: 261 - 267.

［18］游振东．中国变质岩石学60周年回顾［G］//中国地质学会地质史专业委员会，中国地质大学地质学史研究所．地质学史论丛（6）．北京：地质出版社，2014：225－228.

第八章　沉积岩石学、沉积学与沉积地质学

20世纪上半叶我国主要研究沉积矿床，如20世纪20~40年代朱庭祜（1929）对西沙群岛鸟粪的研究，王竹泉（1932）、谢家荣（1935，1944）对铝土矿的研究，谢家荣（1923，1927，1934）、王竹泉（1921，1922，1928）对煤田的调查和研究，谢家荣（1922，1935）对油田的调查和研究，阮维周（1937）对硅藻土的研究，李承三和叶连俊（1940）对云南新第三纪煤层和川南滇北烟煤和油页岩的调查和研究，程裕淇（1939）对云南昆阳磷矿的调查和研究，袁见齐（1942，1945，1946）对盐类矿床的研究，等等。此外，翁文灏（1931）对现代侵蚀和冲积的定量研究，李学清（1928）对黄土化学成分和矿物成分的研究，马溶之对黄土形成和北方现代尘土的研究，马廷英（1938）对珊瑚礁建造的研究，李学清（1927）、计荣森、许德佑、盛莘夫（1937）、阮维周（1940）对石英岩的研究，叶连俊对燧石成因的研究，阮维周对沉积岩分类的矿物定量方法的研究，等等。这些研究为我国沉积岩岩石学、沉积学和沉积地质学的发展，起着开拓性的作用。

第一节　20世纪50~60年代的沉积岩石学

20世纪50年代后，我国沉积岩石学的研究紧密结合大规模经济建设对矿产资源的需求而发展，并引进一些相邻学科的成果。1953年，侯德封、叶连俊、孙枢等运用沉积学原理发现湘潭磷矿床，解决了国家急需。叶连俊（1953，1954，1955）

对中国锰矿床和它们的沉积条件进行研究，提出了陆源汲取成矿论（1963），带动了铁、铝、磷等沉积矿床的研究。业治铮（1956）对华北铝土矿的研究，刘长龄（1958）对北方铝土矿的研究，得到不少基于沉积条件和沉积作用规律性的分析和总结，对找矿实践起到了明显的指导作用，同时也推动了沉积岩石学的发展。许多有关的研究院所和地质院校建立了沉积岩实验室，开展有关沉积岩矿物学和结构学的研究，其中最普遍的是开展沉积岩的粒度分析和重矿物分析。地质院校开设沉积岩石学课程。20 世纪 50 年代，地质院校使用苏联的教材，参考书也是苏联学者的著作。1961 年《沉积岩石学》(戴东林)、《沉积相与古地理教程》(曾允孚、刘宝珺）相继出版，改变了我国高校没有本国教材的状况。20 世纪 60 年代，对碳酸盐岩、黏土岩和沉积岩总体分类、命名都有了一套方案，研究者对沉积岩的结构、构造、沉积环境的变化，以及沉积岩的分层方法等进行探讨。对侏罗纪碎屑岩，根据沉积岩的颜色探讨沉积过程的物理化学条件。20 世纪 50 年代末至 60 年代初，欧美沉积岩石学有了重大发展，1959 年美国福克提出了基于机械成因的石灰岩分类，美英学者引进泥沙运动力学原理和方法，研究碎屑岩（沉积）形成的动力条件，这是沉积岩石学发展的里程碑性质的进展。20 世纪 60 年代初业治铮发表的以机械沉积观点制定的石灰岩分类方案，曾允孚用福克的分类对川东三叠系的研究，都是先驱性的成果。宋天锐等（1965）对沉积岩的分类命名进行详细论述。沈永和（1957）研究高岭岩，刘长龄（1957，1958，1963，1965）对黏土沉积岩进行研究。20 世纪 50 年代末至 60 年代初，开始有关重力流和等深积流的研究。关尹文等（1959）发现和研究了皖南和浙西上奥陶统的复理石建造，王鹤年（1961）对湘西前寒武纪板溪群中的复理石建造进行研究。

20世纪60年代，国外沉积岩石和沉积学界有几项重大突破。20世纪60年代初美国一些沉积岩石学者和工程专家进行学科交叉性质的交流，沉积学家从水利专家那里引进了泥沙运动力学的理论和方法，解释了层理、波浪等沉积构造的形成及当时的水动力状态，并将其应用到红层冲积物的研究中。英国的艾伦也在红砂岩研究中取得重要进展，沉积学家对牛顿流体，即牵引流所形成的沉积有了本质性的认识。20世纪50年代为解释硬砂岩的形成机制而提出的浊流理论，认识到非牛顿流体的沉积作用的存在及重要性。20世纪60年代，研究者又在研究石油储层的需求下，进行沉积成岩作用的研究，引入物理化学原理和方法，使沉积作用和沉积相领域形成较为系统的理论和方法，1967年出现总结性的著作。20世纪50年代末至60年代初有关石灰岩成因分类和碳酸盐岩的机械沉积的观点得到公认，打破了多年来认为碳酸盐为深水化学沉积的传统观念，这是对传统的沉积分异学说的巨大冲击。20世纪60年代板块学说的兴起，对沉积学和岩相古地理学发展起到推动作用，沉积学家被推向考虑移动的大陆和陆块对沉积作用的影响的研究。上述地球科学家的成就，说明沉积学的理论已基本成熟，沉积动力学、成岩成矿理论、碳酸盐沉积理论、重力流理论等理论和研究方法，是沉积学的理论支柱和方法论支撑。这些沉积学理论大多形成于20世纪60年代中后期。

第二节　20世纪70～80年代的沉积学

从1970年开始，地质、石油、煤炭等科学院，高校和一些地质学研究机构的科学技术人员引用国内外新理论和新方法，开展沉积学和岩相古地理学的研究，将其普遍应用在油气生储层、煤层和层状沉积矿产、层控热液矿床以及海洋地质等方面。研究工作已从岩石鉴别向古环境识别、沉积物形成机制和水动力条件分析转变。大庆等油田的地质工作者与院校教师合作，对我国东部各含油盆地进行了系统深入的研究。曾学思、叶德胜等研究我国西南上古生界沉积-岩相古地理，吴崇筠总结了我国东部含油盆地的湖泊相和三角洲相，何镜宇对渤海湾、冀骅盆地沉积相和指相矿物进行研究，关士聪等的《中国晚元古代至三叠纪海陆分布、变迁及海域沉积相图》提出了中国古海域沉积环境综合模式，曾允孚研究我国西南地区古生代碳酸盐相、生物礁，刘宝珺（1977）研究云南红层冲积相和金属矿床的岩相控制，云南冶金系统的地质人员和湖南、贵州地矿系统的人员研究以沉积岩为载体的金属矿床沉积相，这些研究都是这一时期的重要成果。潘随贤等关于华北石炭纪煤系地层沉积相地层和聚煤条件的研究，李思田对霍林河盆地、俞桂英对陕西焦坪侏罗系的研究，是煤田地质研究中较早应用沉积-岩相古地理方法的成功案例。叶连俊和孙枢（1977，1978）总结出我国沉积成矿是在地史演变过程中不同阶段的具体地质背景环境条件下，通过多因素、多阶段的沉积分异和富集的产物，它们从太古宙到新生代分出了3个成矿周期，并阐述了每个周期沉积矿产形成的特点和主要矿种。从太古宙到中元古代变质基底所经受的地壳运动的频率都显示最大最强，从成矿序列和组合来看，却没有显示出大片古陆块的存在，也看不出一般海洋作用的明显迹象，整个古生代及下伏的新元古界主要是海相的，中新生代都是陆相的。刘宝珺

(1977) 在对红层型铜矿和碳酸盐岩中的铅锌矿进行研究后，提出了沉积期后分异作用与成矿作用的理论，揭示了岩相、层位、构造、成岩作用等因素对成矿的控制，修正了传统的沉积分异作用。关于沉积岩类矿床，最早由袁见齐提出成钾理论。何起祥于 1978 年出版了《沉积岩和沉积矿床》。

总之，20 世纪 70 年代我国已从沉积岩石学发展到沉积学阶段，摆脱了传统的描述性和直觉经验总结的沉积岩的研究方法，应用牵引流、重力流理论和方法，以及碳酸盐沉积机制和成岩过程理论等沉积动力学，形成有严格的科学推理和系统完整的理论指导并有实验依据的现代沉积学。有别于传统的沉积岩石学，它是一种以活动论为基础，多学科交叉和渗透，将运动学和动力学结合起来的崭新的研究方向，是新的地球观的重要组成部分。在结合油气和煤炭资源以及其他与沉积作用相关的矿产资源的研究中，沉积学发挥了重要的作用。

20 世纪 80 年代是我国沉积学取得重大进展的 10 年。1979 年召开了全国第一次沉积学学术会议，内容涉及沉积矿物、沉积岩石、沉积矿床、岩相建造、古地理、现代沉积、海洋地质、成岩作用、煤层学、有机地球化学和沉积地球化学等沉积学的各个领域。会上成立了中国地质学会和中国矿物岩石地球化学学会的沉积地质专业委员会。1983 年《沉积学报》创刊。1994 年,《中国沉积学》出版。

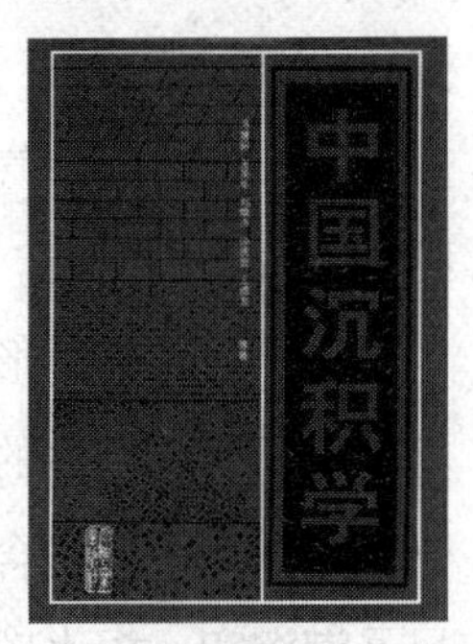

《中国沉积学》

这一时期，研究人员在沉积物的矿物岩石学方面做了基础性的研究工作，如在碳酸盐岩、生物礁岩、硅质岩、黑色细屑岩、生物碎片沉积岩、现代海洋沉积、风暴沉积、浊流沉积、重力流沉积，以及成岩风化作用等方面，都取得新的突破性的研究成果。如豫北早元古代硅质岩的发现、豫北鞍山铁矿层风化壳富集的判定问题、洋底锰结核的形成问题，都有显著的成果。在西沙群岛施钻中，获得了对生物礁沉积学的重要认识，并发现了风成生物碎屑灰岩。此外，在沉积矿物方面，也有不少成果。

20 世纪 80 年代在沉积矿床方面，发现了不少新的矿床类型，多半是层控矿床，例如微粒金矿床、锑矿床、锡矿床，以及许多重要的多金属硫化矿床，它们是外陆架盆地区域形成的大型矿床。外陆架盆地成矿不同于内陆架台地成矿，其沉积建造几乎主要是由细屑岩组成的浊积复理石，间或含有若干凝灰质沉积或熔岩夹层数层，盆地基底的大地构造性质与台地明显不同，成矿介质的地球化学性质和古生物组合也有其自身的特点。

与石油、天然气、煤和铀等能源矿产有关的沉积学研究也得到了很大的发展。20 世纪 80 年代，许多地区的石炭纪地层中发现了由红树林形成的海相煤层，这对近海、潮间带的成煤盆地沉积和旋回性的认识非常重要。在石油、天然气方面，关于中国东部第三纪含油岩系砂体类型的划分，关于潮汐沉积、风暴潮沉积、深水碳酸盐岩、浊积砂体的研究，都有很大的进展。西部若干大型、超大型盆地中发现新的油气层和油气田，其中相当多的是海相碳酸盐岩油气田，无论是生油层、储油层，还是沉积相组合及其展布规律，都与我们过去熟悉的陆相碎屑岩油气田不同。出版了冯增昭的《碳酸盐岩岩相古地理学》(1989)，王英华、张秀莲、杨承运的《华北地台早古生代碳酸盐岩岩石学》(1989)。中国科学院地质研究所编的《沉积岩石学研究（论文集)》(1981）有多篇论文论及不同地质时期的碳酸盐岩和海滩岩及其成岩作用。

我国在20世纪50年代末至60年代初已开展复理石的研究（关尹文等，1959；王鹤年，1961)，这是我国重力流研究的开始。70年代引进浊流理论，并应用于若干地区浊积岩的研究（李继亮等，1978)。20世纪70年代末至80年代初，研究领域不断拓宽和逐渐加深，从浊积岩研究扩展到碎屑流的研究（梅志超，1982；高振中等，1983；孙枢等，1984)。近年来已发展到研究重力流沉积的控制因素，运用重力流沉积分析大地构造演化问题（段太忠等，1985)。1981年，王成善研究珠穆朗玛峰地区侏罗纪等深积岩，虞子治等（1989）研究广西钦州盆地志留纪-中泥盆世等深积流沉积，并讨论了它的大地构造意义，段太忠（1990）对华南古大陆边缘的湘西北九溪的下奥陶统碳酸盐等深积岩丘做了研究。重力沉积包括岩崩沉积、滑动和滑塌沉积和重力流沉积，后者又可区分为碎屑流沉积、颗粒流沉积、液化流沉积和浊流沉积。湘西黔东的寒武系由碎屑流沉积、浊流沉积、颗粒流沉积、孤立岩块、滑崩沉积等重力流沉积物组成（高振中，1985)，滇西北泥盆系（高振中等，1986）重力流沉积包含有浊流、碎屑流、颗粒流和液化流四种沉积，而深水沉积由暗色页岩、纹层硅质岩、泥晶泥质灰岩组成。陆扇海底槽物源来自康滇地轴，通过横切碳酸盐岩台地的海底峡谷将陆屑物质输向深海槽中形成海底扇沉积，显示了那里泥盆纪边缘海陆架、陆缘、陆坡至海槽的构造地貌格架。准噶尔盆地周缘（晋慧娟等，1989；宋春晖等，1989；杨世倬，1989；方国庆，1989）广泛发育晚古生代的重力流沉积、黏性碎屑流沉积、稀性碎屑流沉积、高密度砾质浊流沉积和高密度砂质浊流沉积，以及岩崩、滑塌沉积。它们形成于沟弧盆系活动大陆边缘、安第斯型大陆边缘和大洋岛弧环境。

中国震旦纪冰碛岩主要是南沱组，后来在新疆也发现了相当层位的冰碛岩，华北南部的罗圈组是震旦纪晚期的冰碛岩（陆松年等，1985）。震旦纪冰碛岩是全球寒冷气候造成的，罗圈组冰碛岩则是裂谷初期基底隆起处的山岳冰川类型，是局部范围冰川所致（陆松年，1990）。西藏地区晚石灰世地层中也发现有冰碛岩，它们广泛分布于雅鲁藏布江以北一带，其成因与华南的南沱冰碛层一样，是冰海中浮冰沉积所成的冰碛岩（陈炳蔚等，1992；梁定益等，1983）。

膨润土是一种以蒙脱石为主的细粒黏土岩，1988 年美国地质学家奈特（W. C. Knight）在美国怀俄明州本顿堡（Fort Benton）附近的白垩纪地层中首次发现，故按产地命名为 Bentonite，中文音译为斑脱岩。这种蒙脱石黏土具有吸水膨胀性，故在我国地质文献中称膨润土（彭琪瑞等，1963；黄相龄等，1981；方邺森等，1982；刘长龄，1987）。我国膨润土主要产于中生代以后的火山岩、火山沉积岩系及有关的沉积岩中，少数产于石炭系、二叠系的火山岩、火山沉积岩系中。按成因有风化型、火山沉积型、沉积型和热液型。

凹凸棒石黏土岩是以凹凸棒石（坡缕石）为主要成分的黏土岩，主要产于白垩纪以后的地层中。最初发现于美国佐治亚州的凹凸堡（Attapulgus），故称作凹凸棒石黏土。这种黏土的外貌与一般黏土相似，其成分以坡缕石为主，目前我国发现的为土状，是沉积所致。主要分布在苏皖两省毗邻地区，主要产地是江苏六合、盱眙，安徽嘉山、来安，含矿层为上新统黄岗组（许冀泉、方邺森等，1980，1983）。凹凸棒石具有热稳定性、抗盐性、吸附性和较高的脱色能力，可用于油脂脱色、配制涂料和制造抗盐耐高温泥浆。

碳酸盐岩主要是由方解石和白云石等碳酸盐矿物组成的沉积岩，主要岩石类型有石灰岩和白云岩，方解石占一半以上的为石灰岩，白云石占一半以上的为白云岩。英国地质学家索比（H. C. Sorby）在《石灰岩的构造和成因》(1879）中指出，绝大多数的石灰岩都是由4种机械搬运的颗粒组成的，它们是化石碎屑、鲕粒、较老的碳酸盐岩碎屑，以及无构造的球粒。当时及以后的一段时期内没有受到重视，到了20世纪50年代末至60年代末，这种观点才得到普及和发展。由于中东地区在碳酸盐岩中发现大油田，人们对碳酸盐岩进行全面深入的研究，大约10年之后，到了20世纪50年代末和60年代初，福克（R. L. Fork，1959）的《石灰石的实用分类》和哈姆（R. L. Ham，1962）主编的《碳酸盐岩分类文集》中收录的福克、哈姆、莱顿和潘德克斯特（Leighton and Pendexter）、普拉姆等（Pluemley，et al）的文章，都是用新的结构成因观点对碳酸盐岩进行分类和解释。从此，碳酸盐岩岩石学进入崭新的历史发展阶段。1980年，第一届全国碳酸盐岩石学学术会议上，除了交流岩类学研究成果，还涉及岩相学、岩相古地理学、现代沉积和成岩作用等诸多领域，以及石油、天然气、煤、建材、金属与非金属矿产、冶金、化工、地下水和岩溶等方面。在碳酸盐岩类学方面，一般按其成分中所含方解石和白云石的多少而划分为石灰岩、白云质石灰岩、灰质白云岩和白云岩。其中石灰岩的方解石含量≥75%，白云石含量≤25%；白云质石灰岩中方解石和白云石的含量分别为50%～75%和

25% ~50%；灰质白云岩中方解石和白云石的含量分别为25% ~50% 和 50% ~75%；白云岩的方解石含量≤25%，白云石含量≥75%。黏土含量≤25% 的为（纯）石灰岩，黏土含量≤75%，方解石含量≤25% 的则为（纯）黏土岩，其间的过渡类型为泥质石灰岩（方解石 50% ~75%，黏土矿物 25% ~50%）、灰质黏土岩（分别为 25% ~50% 和 50% ~75%）。从岩石的结构角度来观察碳酸盐岩，它主要由颗粒、泥、胶结物、生物格架和晶粒 5 种结构结合组成。冯增昭（1982，1989）认为石灰岩的结构分类是石灰岩岩类学的精华部分，福克（R. L. Fork，1959，1962）、哈姆（R. L. Ham，1962）和莱顿（M. W. Leighton，1962）的分类都是按结构分类，这是碳酸盐岩岩石学发展到新的历史阶段的突破口。冯增昭提出的石灰岩的结构分类，首先把石灰岩分为 3 个大的结构类型，即颗粒-灰泥石灰岩、晶粒石灰岩、生物格架石灰岩。然后，将第一大类，即颗粒-灰泥石灰岩按照灰泥和颗粒的含量进行第三等级的分类，以颗粒含量 50%、25% 和 10%，灰泥含量 50%、75% 和 90% 作为界限，划分为颗粒石灰岩、颗粒质石灰岩、含颗粒石灰岩和无颗粒石灰岩。白云岩的分类基本与石灰岩相同，只要将石灰岩改为白云岩、将灰泥改为泥即可。

在碳酸盐沉积物的成岩作用方面，结合现代沉积和现代成岩作用进行研究（沙庆安等，1981；沙庆安、潘正莆，1985；沙庆安，1977；沙庆安等，1986）。在灰砂胶结、准同生白云岩化、混合水白云岩化和淡水白云石等问题上，结合成岩环境的研究取得了不少研究成果（冯增昭，1976；王英华，1979；沙庆安，1983；王国忠，1984）。此外，方少仙、李南豪等对西南地台碳酸盐岩成岩和孔隙的研究，曾允孚、刘宝珺等对上、中扬子区含金属矿碳酸盐岩的研究取得了较大的进展。我国还在中、新生代的一些盆地中发现了湖泊碳酸盐岩。具有重要地质意义的湖泊碳酸盐岩（钱凯等，1994），从三叠纪开始，发育于侏罗纪和白垩纪，到古近纪达到全盛，新近纪已经很少了。按地质产状，有三种类型：骨架碳酸盐岩，主要为礁、礁丘和生物层；颗粒碳酸盐岩，主要为滩、堤、坝和“砂咀”；泥晶碳酸盐岩，薄层状、纹层和页层状等。发育湖泊碳酸盐的盆地有松辽盆地（K_1）、珠江口盆地（E_1）、鄂尔多斯盆地（T_1）、渤海湾盆地（E）、塔里木盆地（E）、楚雄盆地（J_2）、四川盆地（J_2）、百色盆地（E）、准噶尔盆地（E）、南襄盆地（E）、柴达木盆地（E）和江汉盆地（E）。此外，碳酸盐沉积物与陆源碎屑沉积物的混合沉积，在各地质时期都存在（张锦泉等，1989，1994）。在陆相环境、海陆过渡环境、滨海岸环境和大陆坡环境，都有陆源碎屑与碳酸盐的混合沉积或两种沉积的交互发育。

我国从1922年就开始研究叠层石［葛利普（A. W. Grabau）；高振西，1934］。杨杰（1935）对蓟县晚前寒武和五台山滹沱群的碳酸盐岩中的叠层石也做过研究。梁玉左（1962）研究了我国北方晚前寒武的叠层石，鉴定它为5个属12个种。曹瑞骥和梁玉左（1974）用藻类化石和叠层石进行我国南北方震旦系的对比，并描述了叠层石9个属10个种。他们都将叠层石作为一种生物来进行研究。朱士兴等（1978）认为在叠层石生成过程中，生物和沉积环境都是主要因素，但在对叠层石命名时，仍持生物学观点。业治铮（1965）曾明确指出，“它是一种取决于一定环境因素的特定沉积，具有良好的指相意义”。现在，叠层石研究已从生物学研究进入沉积学研究的新领域。赵震（1981，1986，1988，1994）认为叠层石是在某些蓝藻、绿藻和细菌等微生物生长和新陈代谢过程中，与沉积物相互作用引起的沉积物沉淀、黏结和捕获，从而形成的一种沉积组构固结而成的一种岩石。它的基本层由较透明的亮层和色深的暗层组成，厚度一般为1～2毫米。亮层由矿物颗粒、岩屑和胶结物组成，暗层富含有机质，保存有藻类化石。它由基本层聚合为集合体，再聚积成群体。赵震（1963）研究五台山地区滹沱群碳酸盐地层时就发现岩石地层和叠层石都有旋回特征。赵震（1976）研究蓟县中、晚元古宙地层剖面时，又发现岩石地层与叠层石都显示不同级次的旋律层、韵律层的相互套叠。孟祥化（1979）从沉积学的角度阐述了燕山地区藻礁与沉积环境的关系。朱士兴（1980，1987）从生物沉积学的角度系统地研究了叠层石形态成因。他们都认为叠层石或藻礁碳酸盐岩建造形成过程中，环境起着控制作用。我国叠层石的地史分布，从太古宙开始萌生，早元古代滹沱纪较为繁盛，中元古代长城纪更为繁盛，蓟县纪和晚元古代青白口纪最为多见，震旦纪仍很繁盛，至早古生代寒武纪趋向衰落。空间分布上，在大陆型地壳区以裂陷槽内最发育，平缓台地上也可见到，在过渡型地壳区多见于边侧或裂陷槽内，在大洋地壳区极少见到。

生物礁是重要的油气藏，由于它是在特定的环境中形成的，因此也是一种特殊的沉积相。我国生物礁的发现和研究始于20世纪60年代初期，何可梗（1963）论证了黔西南紫云、望谟、册亨一带上二叠统生物礁岩。20世纪70年代对生物礁的研究取得了显著进展。鄂西利川建南7井长兴组二段礁相沉积发现礁油气藏（银玉光，1976），从此在我国南方寻找礁型油气藏成为热点。1976年研究人员在川东井下连续发现礁气藏，20世纪80年代在南海北部大陆架进行海上石油勘探，屡次发现礁油气藏，在珠江口盆地东沙隆起上连续发现具有工业价值的礁油藏，在南海北部大陆架古近纪地层中发现大批可供勘探的后备礁体。生物礁是由造礁生物营造的碳酸盐岩有机建造的，具有抗浪击的格架和凸镜状或丘状的外部形态，并突出于四周同期沉积物，由于它的存在足以影响四周的沉积环境，因此形成前后不同的相带（曾鼎乾等，1994）。

礁是在造礁生物直接作用下形成的。现代生物礁大多为珊瑚礁。古代与现代造礁生物所需的生存环境条件基本相似，需要有正常的盐度和水温，还要有清洁的海水和一定的水深。一个生物礁礁体的生长需要礁基和海面控制在生物能够生存的范围内，如果礁基的沉降（或海面的上升）与海面（或礁基）维持在50米之内，生物得以生长而生物礁能够增长，如果礁基下降过快（或抬升过快），水深超过50米（或高出海面），生物礁停止生长。西水一井钻到1251米厚的礁体，西太平洋比基尼岛一口钻井钻到厚达780米的礁，这就是礁基长期缓慢下沉，造礁生物骨骼不断积累的结果。

中国各地质历史时期都有生物礁发育，分布范围也很广。目前发现的生物礁按时代分布于震旦纪、寒武纪、奥陶纪、志留纪、泥盆纪、石炭纪、二叠纪、三叠纪和新生代。其中泥盆纪、二叠纪和新生代为3个主要造礁时期。地区分布遍及云南、贵州、广西、四川、湖南、湖北、江西、浙江和陕西各省（区），华北始新统、南海北部大陆架中新统，以及塔里木盆地都有礁体发现。礁体类型有台地边缘礁、堤礁、台隆环礁、塔礁、块礁和点礁等。造礁生物种类方面，震旦纪和寒武纪比较单一，震旦纪为藻类，形成叠层石，寒武纪为古环类；志留纪造礁生物门类增多，有藻类、珊瑚、苔藓虫、海绵和层孔虫等；泥盆纪造礁生物以层孔虫和床板珊瑚为主；石炭纪则发现苔藓虫-珊瑚礁；二叠纪常见造礁生物有海绵、水螅、苔藓虫、红藻和蓝绿藻等；三叠纪造礁生物主要有红藻和蓝绿藻；东部古近纪潟湖礁以绿藻为主，蓝绿藻次之；南海北部陆架的古近纪至中新世礁造礁生物为红藻、六射珊瑚、苔藓虫、水螅和海绵等。

沉积构造是沉积物和沉积岩最常见的特征之一，是在沉积时或沉积后由物理、化学和生物等作用在沉积物（岩）表面或内部形成的。物理成因的沉积构造有波浪、层理、侵蚀构造和变形构造等，还有雨痕和冰雹痕；化学成因构造有晶体印痕和假晶、鸟眼、结核、缝合线和叠锥构造；生物成因的沉积构造有遗迹化石、生物扰动构造和生物层理构造。这方面的出版物有《沉积构造与环境解释》(1984)，《沉积构造》(科林森、汤普森，1988）和《沉积环境和相》(里丁，1985)。刘宝珺等(1982)、王生海等（1989）分别对水成岩脉和水成岩墙做过研究，张继庆（1986）研究了四川盆地早二叠世碳酸盐沉积相和风暴沉积，王文才（1985）阐述沉积岩的交错层理及环境意义，陈昌明等（1988）就潮汐沉积作用进行研究，陈景山（1994）系统阐述各种环境下形成的波浪、层理、侵蚀构造、变形构造、化学成因构造。杨式溥（1982，1984，1986，1988，1989)、杨式溥等（1982，1987，1988）先后研究各地各时期的遗迹化石、遗迹相及其沉积环境。出版了《古遗迹学》(杨式溥，1990)，发表了《遗迹化石与沉积环境》(杨式博，1994）。

1979 年以来，孟祥化从研究我国沉积建造入手，提出以岩石共生的物源、环境和能量平衡三重含义为基本原则的建造分析方法和建造划分方案。后来他（孟祥化，1985，1987，1989）又运用板块构造理论和比较构造学方法，探索板块构造与沉积建造形成和发育的关系。孟祥化于 1985 年提出了板块构造观的建造新概念，将沉积建造定义为“某一特定的长期持续的（时限 $>10^7$ 年）板块构造背景范围内形成的岩石、岩相及沉积体系的共生组合体”。孟祥化等（1985，1994）提出板块构造盆地与沉积建造类型的划分方案：稳定克拉通盆地的沉积构造（包含稳定陆源建造和稳定内源建造）、裂谷系及被动边缘的沉积建造（包含次稳定型陆源建造和次稳定型内源建造），发育于活动边缘及岛弧系的沉积建造（包括复理石建造、磨拉石建造、混杂建造和非稳定火山沉积建造）。

第三节　20 世纪 90 年代以来的沉积地质学

20 世纪 90 年代，沉积学主要发展的领域是沉积盆地分析、层序地层学、有机地球化学和岩相古地理学。此外，在沉积类型和沉积构造方面也向纵深发展，尤其是一些特殊沉积岩类型，如风暴沉积岩、浊积岩、震积岩、硅质岩、塌积岩、潮汐沉积、热水沉积、火山碎屑沉积和风成沉积等。

层序地层学的概念萌发于 20 世纪 70 年代晚期。它是在 20 世纪 80 年代后期，在地震地层学基础上发展起来的，地层学与沉积学相互结合产生的一门分支学科。它研究以不整合面或与其相关的（对应的）整合面为界的、连续的、成因上有联系的年代地层框架内的岩石关系。根据地表露头、钻井、测井和地震资料，结合有关的沉积环境和岩相古地理解释，对地层层序框架进行综合解释。盆地覆盖区测井资料和地震层析资料是层序地层研究的关键环节。如果将层序地层学与生物地层学和沉积建造分析结合，便可提供精确的地层时代对比、沉积相制图和钻前预测生储盖层分布的年代地层框架。地球上的沉积地层是由周期性的（不同级别）沉积作用形成的。因此，地层具有旋回性。为确定旋回层序，层序界面的识别尤为关键。层序地层学的理论基础是海平面的周期性变化产生的一系列不连续面-时间线关系，以从这些不连续面（层序界面）所限定的具有成因联系的并可置于年代框架内的沉积组合体（旋回层序）为研究对象，建立可资区域对比甚至全球对比的格架。层序地层学考虑的海平面周期变化是由构造沉降、气候变化和沉积物供给等因素控制的。高分辨率层序地层学进一步提高了地层对比的精细程度和储层预测的准确性。高分辨率层序地层学（高频层序）的基础是准层序的识别。准层序是层序地层的基本组成单元，它是以海泛面或与之相当的面为界，相对整合彼此有成因联系的层或层组，依次代表小规模的海平面的旋回，在露头上能直接识别的地层堆积单元。准层序的厚度仅为数十厘米至数米，代表一个沉积节律，有人称其为米级层序（梅冥相，2000），有人称为小层序（王鸿祯，1998），有人称其为岩石地层单位的旋回性基本层序（魏家庸等，1991），或高频层序［米彻姆（Mitchum），1991］和节律性谱系［费舍尔（A. G. Fischer）、博特杰（D. J. Bottjer），1988］。准层序属米兰科维奇频带范围的旋回层序。经梅冥相等（1994，1997）研究，华北中寒武世张夏组发育的 60 ~ 80 个潮下型碳酸盐米级旋回层序，米级层序 1∶4 叠加表明单个米级旋回层序形成时限为10万年，对应于米兰科维奇的地球轨道偏心率以10万年为周期的变化。

张德武等（2004）应用层序地层学理论和方法，分析地震、测井、岩心和化验资料，建立了东营凹陷早古近纪层序界面识别标志，把那里的下古近系划分为1个超层序组（一级层序）、4个超层序（二级层序）和10层序（三级层序），进行体系域划分，建立了东营凹陷下古近系层序格架。通过层序格架和构造坡折带的研究，建立了东营凹陷层序地层发育模式。孔店组二、三段为初始裂陷幕沉积，孔店组一段和沙河街组三、四段为裂陷幕沉积，沙河街组一、二段为收敛幕沉积，它们共同构成一个裂陷期，馆陶组为坳陷期沉积。

层序地层和高分辨率层序地层研究在沉积学和地层学中已经普遍应用，对地质时期盆地演化、海平面（或湖平面）变化和气候变化，它是一种有效的研究手段，在油气聚集、煤层形成方面有着应用前景。目前研究人员一般将层序划分为六级：一级层序，其称谓有巨层序、超长周期层序、巨旋回、超层序组；二级层序，其称谓有超层序、长周期层序、层序组、超长期层序；三级层序，其称谓有层序、中周期层序、长期层序；四级层序，其称谓有副层序组、短周期层序、准层序组、中期层序；五级层序，又名副层序、米级层序、超短周期层序、准层序、短期层序；六级层序，又称韵律层、超短期层序。总之，对于层序级别的划分，不同作者有自己的主见，众说纷纭。大家对不同级别的层序界面标志，看法大致相同，而且都认为一级层序受控于构造演化，二级层序受控于次级构造作用，而三级以下层序受米兰科维奇假设的因素影响。

南斯拉夫学者米兰科维奇在1920年提出了第四纪冰期成

因的天文假说，认为夏半年日照量的减少是冰期形成的主要原因，在地球上的任何纬度，日照量主要受地球公转轨道的偏心率（e）、地轴倾斜角（ε）和岁差（ρ）三个因素变化的影响。e 的变化短周期为 0.1Ma，长周期为 0.4Ma，ε 的变化周期为 0.041Ma，ρ 的变化周期为 0.02Ma。哈亚（J. O. Haya）等（1976）和奥尔森（H. A. Olsen，1990）先后在不同盆地和不同时代的地层中，对海平面和湖平面升降形成的沉积韵律和沉积旋回所做的研究，表明这些不同级别的沉积旋律分别与岁差、黄赤道交角和偏心率的变化周期相吻合。

在层序地层学刚形成时，人们认为三级层序是层序地层学的主要研究对象和基本层序地层单位，随着层序地层研究的逐渐精细化，产生高分辨率层序地层学以后，人们的注意力转到四级和五级层序的划分，认为准层序才是层序地层的基本组成单元，是地层学的主要研究对象。

层序地层学的形成是沉积学已经发展到沉积地质学的一个重要标志，在沉积盆地的演化上开辟了研究的窗口。例如黔桂地区泥盆纪层序地层的研究成果（杜远生等，1997）表明，黔桂稳定型滨岸-台地地区的泥盆系可划分为 21 个三级层序，是由海平面控制的层序。而南丹、罗富、大厂泥盆系层序地层格局，则揭示了裂陷槽盆地的形成和演化过程。构造幕式沉降是丹池盆地层序发育的亘控因素。除了共同经历了冰川型海平面变化的背景，滇西南古特提斯石炭纪海山碳酸盐台地的层序地层（张海清等，1997）与黔南明显不同，它们处在不同的大地构造背景。大量研究表明构造运动是控制陆相盆地层序类型的主要因素，湖平面的变化只控制层序的内部结构。陆相伸展盆地形成的初期主要形成洪积层序，当盆地强烈伸展基底快速沉降时，是湖泊水域宽深时期，形成湖泊层序，盆地伸展末期形成冲积层序。盆地两侧不对称升降在层序地层上也会有强烈反差。

云南寻甸西北部先锋盆地的层序地层研究表明（张强等，1997），走滑型盆地层序地层的发育明显受到盆地构造格架和盆缘断裂系统的控制，构造沉降、走滑运动、构造迁移和转化都直接决定了层序的形成和发展。刘国生等（2002）对郯庐断裂带张八岺隆起段的走滑运动在合肥盆地的沉积响应进行的研究表明，郯庐断裂距今1.20亿年前后的左旋走滑运动，在早白垩世于合肥盆地东侧形成、北北东延伸的张八岺隆起方面起了主导作用，沉积中心位于郯庐断裂带附近，湖泊伸展方向与该断裂带大致平行，下白垩统朱巷组残留厚度约1000米，地震资料解释厚度可达1500米。合肥盆地是郯庐断裂带左行滑移形成的挠曲盆地。郭建华等（1998）研究渤海湾盆地南端东濮凹陷高分辨率旋回层序后认为：从湖进到湖退组成一个旋回层序，从古近纪沙四段到沙三段的旋回层序表明，控制湖平面变化的主要原因是构造活动与气候变化，其中区域性的构造裂陷与盆地内的断层活动控制了低频的，即长周期的湖平面变化，米兰科维奇气候旋回则控制更变频的，即短周期的湖面变化。苏建平等（2002）对酒泉盆地白垩纪沉积物层序地层研究后认为这里的白垩系有三个构造层序，盆地演化经历了初始裂陷、伸展扩张-热衰减以及萎缩关闭3个构造发展过程。

层序地层学界存在不同的观点或派别，创导层序地层学的EXXON公司Vail学派以不整合面或与之相对应的整合面为层序边界，是以沉积层序为基础的层序地层学派（1987），即沉积层序地层学派。美国德克萨斯大学奥斯汀分校加洛韦

（W. E. Galloway）于 1989 年在 *AAPG Bulletin* 发表两篇论文，在沉积幕的基础上，提出了成因地层层序的模式，以最大海泛面作为层序边界。约翰逊（J. G. Johnson）等则强调海平面相对变化时控制层序界面和岩相分布的内在机制。1995 年，薛良清和加洛韦（W. E. Galloway）发表关于德克萨斯滨岸平原古新世 Wilcos 群高分辨率沉积框架的论文（*AAPG Bulletin*，79：2），1997 年薛良清（*AAPG Bullentin*，81：6）继续研究 Wilcos 群的高分辨率成因地层层序。克罗斯（T. A. Cross）认为海平面变化、构造沉降、沉积物补给、沉积地形等综合因素制约了地层基准面，这是理解地层层序的成因并进行层序地层划分的主要依据。高分辨率层序地层分析可分辨数米至数十米的地层层序，数万年至数十万年的沉积时限。1993 年，薛良清和加洛韦（W. E. Galloway）在 *AAPG Bulletin* 77 卷 1 期上发表松辽平原上白垩统 QYN 成因层序方面的论文，首次将成因地层层序的理论和方法应用到陆相湖盆。1994 年汉密尔顿（D. S. Hamilton）等（*AAPG Bulletin*，78：2）论述将煤层作为陆相盆地成因地层层序边界的合理性。我国层序地层的研究，主要是从美国引进的，沉积层序地层、成因层序地层和高分辨率层序地层几乎同时被应用，从海相地层移用到陆相地层乃至煤系地层都是引进的，我国在这些方面少有创新意识。如何将层序地层研究再推上一个台阶，是当前研究者应该重视的问题。

参考文献

［1］冯增昭，王英华，刘焕杰，等．中国沉积学［M］．北京：石油工业出版社，1994.

[2] 关士聪．中国海陆变迁、海域沉积相与油气［M］．北京：科学出版社，1984.

[3] 梅冥相，梅仕龙．华北中寒武世张夏组复合海平面变化旋回层序［J］．沉积学报，1997，15（4）：5－10.

[4] 牟传龙，许效松，林明．层序地层学与岩相古地理编图——以中国南方泥盆纪地层为例［J］．岩相古地理，1992，12（4）：1－9.

[5] 中国地质学会岩石学专业委员会．六十年来我国岩石学研究的回顾与展望［J］．地质论评，1982，28（6）：574－580.

[6] 宋天锐．沉积学和沉积岩石学国内外现状［G］//中国地质学会．2000年的中国研究资料（第6集）·地质科学现状、差距及展望．中国科协2000年的中国研究办公室，1984：87－88.

[7] 王鸿祯，翟裕生，游振东，等．中国地质科学50年的简要回顾［J］．地质论评，2000，46（1）：1－7.

[8] 王鸿祯，翟裕生，游振东，等．20世纪中国地质科学发展的回顾［G］//中国地质学会地质学史研究会，中国地质大学地质学史研究所．地质学史论丛（4）．北京：地质出版社，2002：1－87.

[9] 王鸿祯．中国地质科学五十年［M］．武汉：中国地质大学出版社，1999.

[10] 许效松，牟传龙，林明．露头层序地层与华南泥盆纪古地理［M］．成都：成都科技大学出版社，1993.

[11] 叶连俊，孙枢，李继亮．2000年代的沉积学［G］//中国地质学会．2000年的中国研究资料（第6集）·地质科学现状、差距及展望．中国科协2000年的中国研究办公室，1984：89－95.

[12] 张克信，童金南，殷鸿福，等．浙江长兴二叠系-三叠系界线剖面层序地层研究［J］．地质学报，1996，70（3）：270－281.

[13] 中国科学技术协会，中国地质学会．中国地质学学科史［M］．北京：中国科学技术出版社，2010.

[14] 叶连俊，孙枢，郭师曾．六十年来中国沉积学发展的回顾与

展望［J］. 地质论评，1982，28（5）：500－502.

［15］祖辅平，李成，王彬．金衢盆地的沉积相［J］. 沉积学报，2004，22（3）：417－424.

［16］冯增昭，彭勇民，金振奎，等．中国中奥陶世岩相古地理［J］. 古地理学报，2003，5（3）：263－278.

第九章　古地理学

古地理学是研究地质历史时期和人类历史时期自然地理环境的发生和发展的科学，也就是重建古代自然地理特征的科学。地质历史时期和人类历史时期的划分，关键在第四纪，即距今二三百万年这段历史，这是人类祖先诞生的时代，同时也是地质历史时期。地质学家一般将第四纪以前的古地理叫作地质时期的古地理，地理学家则把有文字记载的时期的古地理称为历史自然地理学，将有文字记载上溯到人类出现的时期，即距今二三百万年以来的时期称为史前时期，或称环境考古，或称第四纪古地理。本章阐述的是地质学家一般认为的地质时期古地理的研究历史。

中国古地理研究始于20世纪20年代，葛利普的《中国地层（中国地质史）》(1924～1928）附有中国石炭纪、二叠纪和三叠纪早期的古地理图5幅。1928年，李四光发表《古生代以后大陆上海水进退之规程》，以当时掌握的地质资料，论证海水进退与地球自转速度的关系，这是探索地球上海陆变迁的一种思路。黄汲清在1943年底至1945年著《中国主要地质构造单位》，编制了6幅古地理图。谢学荣在1945年从古地理和地质构造方面论述贵州早二叠世煤层沉积的差异，用古地理方法探寻磷矿，发表《古地理为探矿之指南针》(1947)。然而1949年以前，我国古地理的研究只处在萌芽时期，它的发展是在1950年后。

第一节　构造古地理学

构造古地理是从地质构造，特别是大地构造，主要是海陆分布及演变的角度研究古地理及其变化。黄汲清的古地理观点是多旋回大地构造古地理观。《中国主要地质构造单位》(黄汲清）第九章“纵贯各地质时代的大地构造”阐述各地质时代的海陆分布就是用大地构造观点，从地槽和地台演化的角度进行的。所附寒武纪、加里东期泥盆纪、华力西期二叠纪、燕山期白垩纪和喜马拉雅期古地理图5幅，主要表示海陆分布及演化。《中国主要地质构造单位》中的图是综合各时代古地理图编制而成的。《地史学教程》(王鸿祯等，1956）阐述中国各时代的地史演化也是以构造古地理为主，结合地层古生物资料进行的，所附各地质时期的古地理图亦如此。《中国自然地理·古地理》(1986）主要从地壳运动历史，大地构造单元与古地貌单元的关系，地层古生物来确定不同构造运动时期的海陆分布，然后对陆地和海区细分。基本思路也是构造古地理。书中所附古地理图（震旦纪、中古生代、晚古生代以及下册中的三叠纪、侏罗纪、白垩纪）与海陆分布图（中岳运动后、震旦运动后、加里东运动后、华力西运动后、印支运动后、燕山运动后以及喜马拉雅运动后）均可对照。黄汲清、陈炳蔚(1987)，王鸿祯、杨森楠、刘本培（1990）的著作，都在构造古地理方面有所研究。

《中国古地理图集》(王鸿祯）是构造古地理研究的代表作和里程碑。在其说明书的总论中，王鸿祯指出“编制本图集和编写图幅说明书的主要目的是系统地表达我们对中国地壳在地质历史中的地理发展和构造演变过程的认识”。“决定古地理轮廓演变的主导因素是构造格局或称构造骨架的形成及其发展变化。所以对中国地区古地理轮廓演变过程的认识，包括编图中的分析方法和表达方式，都牵涉到大地构造学，特别是历史大地构造学的一些基本观点和认识问题。”王鸿祯还明确表示：“我们编制图集的指导思想和基本认识，简单地讲，在全球构造方面是‘活动论’，在历史发展方面是‘阶段论’，并把全球构造的‘活动论’与历史发展的‘阶段论’有机地结合起来。首先承认大陆和海洋相对于地极和赤道的位置、大陆地块之间的相对位置，在地质历史中，由于地壳与地幔顶层组成的固态岩石圈在其下的软流圈上发生水平运动而不断改变。其次，这种改变，这种向前的发展又是分不同阶段，通过相对集中较短时期的急剧变革而完成的。每一阶段都代表一个相对平静的演化期，其构造格局和古地理轮廓具有相对的稳定性；而每一阶段在地壳的空间分异、构造性质、运动规模和运动方式等方面既各有其特殊性，总的又都表现为一个持续的、向前的发展时期。这就是我们的主导思想和基本观点。”

《中国古地理图集》

在上述指导思想和基本观点的指导下，王鸿祯等阐述了地球表层的空间分异和构造单元的划分，分析了大陆区、陆间区和陆缘区，将其划分为构造域，同时将其分别划分为相对稳定的中间地块和具有不同程度活动性的各期褶皱带；分析了大陆增生过程和大陆张裂过程，及由此产生的构造单元和古地理格局。将地球表层历史发展和构造发展阶段划分为陆核形成阶段、地台形成阶段、联合古陆形成阶段和联合古陆解体阶段。将中国的一级构造分区确定为5个构造域：①北方（西伯利亚-蒙古）大陆南侧陆缘构造域；②中国北部大陆及陆缘构造域；③中国南部大陆及陆缘构造域；④南方（冈瓦纳）大陆及陆缘构造域；⑤中国东部（环太平洋）大陆及陆缘构造域。前4个构造域由3条地壳对接消减带分隔，后者的后期发展与前3个构造域为部分叠加关系。3条地壳对接消减带自北往南分别是：①艾比湖-居延海对接带（西段），索伦-西拉木伦对接带；②大致沿昆仑-秦岭，西段为修沟-玛沁对接带，东段为山阳-桐城对接带，这东西断续的对接带西段为阿尔金断裂带，东段被郯庐断裂带截切后向西和向东继续延展；③班公错-怒江对接带，这是由东西向转为南北向的地壳消减带。指出“以上几个主要的构造域和几条重要的地壳消减带控制了中国地壳构造的基本轮廓和发展的主要过程”。

说明书总论部分（王鸿祯执笔）最后分前震旦纪（850万年前）、加里东、海西-印支、后印支4个阶段概述中国的构造格局轮廓及其古地理的发展。

构造古地理学及构造古地理图的基本资料和表示的主要内容是地层分布及其沉积组合与它们所代表的古地理意义和所处的构造部位。当前国内外构造古地理学呈现出构造地质学与沉积学、地层学、古生物学、地球物理学、地球化学相互结合和相互渗透的趋势，研究热点为造山带沉积与古地理、古特提斯多岛洋构造古地理、全球古大陆重建，尤其是关键部位古大陆重建等方面（冯增昭，2003）。

第二节 生物古地理学

《中国古地理图》(刘鸿允，1955）是一部从震旦纪到三叠纪按世分幅的古地理图集，根据中国区域地层与古生物、沉积类型编制而成，主要依据是海相化石资料。真正的生物古地理学研究起始于20世纪60年代。

生物古地理的理论与方法主要源自现代生物地理学的理论与方法。从生物学的角度为生物区系（植物区系和动物区系)，从地理学角度为生物地理（植物地理和动物地理)，都是研究生物的分布情况。自坦斯利（A. G. Tansley）在1935年提出生态系统的概念以后，生物古地理对生态学的发展产生了巨大影响。生物古地理学的形成和发展，建立在古生物化石种属鉴定资料及对它们的地史和地理分布资料的大量积累和对它们与大地构造或构造古地理关系认识的不断深化的基础上。一般所指的生物古地理主要是分类生物古地理、生态生物古地理和历史生物古地理（谱系)。其实这三者是互有联系的不同层次的研究领域。

卢衍豪对中国寒武纪生物古地理（1965）和奥陶纪动物古地理的研究（1976)，开创了系统深入研究我国生物古地理的先声，提出的生物-环境控制论（1974，1979）兼顾了大陆和洋盆的隔离，以及气候带的变动对古生态的影响。穆恩之（1983）则侧重于生态因子，而较少注意隔绝的作用。王鸿祯在20世纪70年代注重我国地层分类和地层分区的研究，并于1978年发表《论中国地层分区》，1979年与刘本培合撰《中国地层分区与古地理发展》。王鸿祯认为“若能从沉积组合、沉积环境模式、生物区系、古地理古构造格局和地质阶段等多方面，去认识地层发育的特点和意义，就能较好地解决综合地层区划问题”。生物古地理包括生物分区和生物相分异及相互联系。生物区的不同，是指因各种阻绝因素形成的生物分类和演化体系的差异。所谓阻绝，对海生生物来说，既包括陆地隔绝，也包括深海和洋流以及温度差异对底栖生物的阻绝作用；对陆生生物来说，是海洋和海峡的阻绝。所谓生物相的分异，是指因生物的生活环境条件的不同，形成的生态组合分异。总之，海陆隔绝和纬度分带都是生物分区的重要因素，判断何者为主，应结合各时期的海陆分布和气候区系特征。学者认为早寒武世，中国绝大部分地区都属澳大利亚太平洋大区，即东方大区，二级生物区按浮游类型或底栖类型为主进行划分，如江南华夏亚区、天山北山亚区、华北扬子亚区等。奥陶纪时扬子亚区和塔里木亚区属广义的古地中海生物大区，向北延展到西准噶尔和北山，兼有底栖介壳相和浮游笔石相。另一大区包括北欧、北美、北大西洋和西伯利亚的北方大区，中国境内以华北区为代表。在贺兰平凉一带出现地中海大区和北方大区动物群混生现象，即通常所谓的珠角石类群与直角石类群的并存。江南、华南的奥陶系以笔石碎屑为主，生物群似属澳大利亚南太平洋大区。志留纪时，古地中海生物大区北界是天山海槽和北祁连海槽，北方大区的中志留纪动物群属准噶尔和兴安岭的乌努尔区，北山和内蒙古的志留纪动物群似乎是两者之间的过渡，吉林延边分区的志留纪动物群，是澳大利亚太平洋大区北部和古地中海大区相汇合、沿华北地块东北边缘向西侵进的产物。早、中泥盆世中国的扬子区、秦岭区、南天山西段是古地中海生物大区的东延，西秦岭和华南中晚泥盆世的珊瑚群与澳大利亚相似，其通道似乎是经由印度尼西亚和马来西亚海域北侵进入滇西，与古地中海区交汇，黔桂海域是这个通道向东侵进的内海。晚石炭世至早二叠世古地中海生物大区的北界，与昆仑南秦岭区的北界一致，南天山西段则是中亚海域的东北分支；古地中海区的南界，在雅鲁藏布江谷地，是古地中海暖水动物群与冈瓦纳冷水动物群和高寒单调的植物群的分界。南天山海槽的最后海侵在早二叠世晚期，属古地中海区，海侵来自中亚。北山海槽的最后海侵是早二叠世晚期，属北方海区，海侵来自其东的内蒙古。分割两区的仍是中北天山及其东延的古陆隆起。二叠纪安格拉植物群与华夏植物群在长白山、阴山、中天山一线以北地带，形成东西延长数千千米的混生带。安格拉植物群向南侵移最远的一段在北山和北祁连山，即走廊南山。自三叠纪起海域西迁，自侏罗纪起海域限于滇藏，统属古地中海生物区。王鸿祯（1978）指出：它们的基本面貌及其变化，受到3个生物大区的控制。古地中海大区生物群自西和西北向东，进入昆仑秦岭区和扬子区；北方大区生物群自北向南，到达天山、内蒙古和华北区；澳大利亚太平洋大区生物群自南向北和西北，进入江南、华南区和滇西区。由于在不同时期海陆分布和海水通道的变化，各生物群相互阻绝或汇通和混合，不断发生变化。寒武纪生物群分异和分区程度不明显，但在奥陶纪和志留纪，大致呈北西295°走向的北秦岭-北祁连海槽和中天山隆起带，是分隔北方大区与地中海大区的大致分界。从晚生代起，大致呈东西走向的长白山、阴山、中天山带和昆仑秦岭带，都是分割不同生物区的重要界线。这些界线的位置，主要是受海陆分布的影响，并非是当时纬度和气候分带所致。植物易受气候条件控制，华夏植物群与安格拉植物群的混生带，大致沿南兴安岭、内蒙古至北山和中北天山成东西向的宽缓弧形。华夏植物群的南界自滇西和印支半岛向西北和向西延伸，经乌丽和藏北的热觉茶卡，向西到费尔干纳盆地和土耳其斯坦，与欧美热带、亚热带植物群混生。这代表了二叠纪纬度和气候带大致的分布规律。

王鸿祯等（1989）对奥陶纪、志留纪、泥盆纪、石炭纪和二叠纪四射珊瑚的古地理研究，从全球构造古地理和全球生物古地理的广阔角度阐述中国古生代石炭纪的生物古地理及其演变。王乃文（1984）探讨了青藏高原生物古地理与板块构造的关系，徐仁（1982）尝试复原中国主要地区地质时期的植物景观。《中国地质时期植物群》(李星学，1995）是对1995年以前我国古植物研究的总结。在中国，石炭纪、二叠纪全球著名的4个植物区系——冈瓦纳植物群、安加拉植物群、欧美植物群和华夏植物群都存在古植物。新疆、内蒙古和东北北部有大量关于安加拉植物群的研究报道（窦亚伟等，1985；胡雨帆，1987；黄本宏，1995），冈瓦纳植物群也在藏南被发现和研究（徐仁，1973；徐仁等，1990；李星学等）。西藏定日地区早白垩纪植物化石与印度上冈瓦纳系第九组合带完全可以对比（吴一民等，1987；周志炎等，1994），说明侏罗-白垩纪这里的植物地理区是冈瓦纳区系，雅鲁藏布江以南为冈瓦纳古陆的一部分。据孙湘君的孢粉研究（1979），晚白垩世被子植物仅在东北地区存在，西北和华南地区发现很少，此时中国植物地理区可以以阴山-燕山一线为界划分为南北两大区。

古近纪大约从始新世后期到渐新世早期，中国大致可分成以下几个自然地带：①暖温带针叶-落叶阔叶林地带，位于东北北部和内蒙古东北部；②暖温带含较多亚热带植物的针叶-阔叶混交林地带，包括华北、下辽河、渤海、内蒙古东部；③

以亚热带植物种类为主的针叶-阔叶混交林带，包括山东、苏北、冀南、晋陕及内蒙古南部；④西部暖温带森林草原和灌丛草原地带，从贺兰山到阿拉善、甘肃河西走廊、西连戈壁、阿尔泰以及准噶尔盆地；⑤中亚热带疏林草原植被地带，包括苏浙闽粤高地、湘赣、云贵高地、贺兰山-六盘山地区、河西走廊、柴达木盆地、准噶尔盆地和塔里木盆地；⑥南亚热带过渡型常绿-落叶阔叶混合林带，自台湾北端，经闽南，大致沿北纬 24 度经滇东顺澜沧江上游接昆仑山而至帕米尔。晚近纪的自然地带与现代相似。

第三节　岩相古地理学

王竹泉（1958，1959）对华北地台石炭纪、二叠纪煤系地层做古地理分析，解释岩相古地理与煤系地层形成的关系，以预测新的煤田。《北华地台上古生代含煤地层分布之规律及其古地理》一文中（1959）还附有华北陆台本溪世、太原世、山西世和石河子世 4 幅小比例尺岩相古地理图。《华北地台石炭纪岩相古地理》(王竹泉等，1964)，从时间先后，即纵向上若干沉积相的依次交替，横向上即区域上不同沉积相的渐次改变，探讨华北地台石炭纪的冲积相、湖泊相、三角洲相、河湖相、浅海相的时空分布和演化，并依次恢复华北地台中晚石炭世古地理，附有小比例尺华北地台中石炭世和晚石炭世岩相古地理图两幅。《华南晚二叠世煤田形成条件及分布规律》(王竹泉，1980）从华南上二叠统沉积特征、岩相、地质构造背景，系统阐述华南晚二叠世煤田和煤层的特征，并附有 1∶500 万华南晚二叠世大地构造图、古地理图、煤质图和含煤性图的彩色图各一幅。

1970年，我国岩相古地理进入快速发展时期。先后有冯增昭（1977，1979）探索研究华北早奥陶世岩相古地理，曾学思、叶德胜等研究我国西南早古生代岩相古地理，关士聪等的《中国晚元古代至三叠纪海陆分布、变迁及海域沉积相图》，吴崇筠对中国东部含油盆地的湖泊相和三角洲相进行总结，何镜宇研究渤海湾黄骅盆地沉积相和指相矿物。

20世纪80年代，岩相古地理学深入发展。《岩相古地理》于1987年创刊。《中国海陆变迁、海域沉积相与油气》（关士聪，1984）对沉积相系列的划分提出了具有中国特点的方案。对陕甘宁及内蒙古地区奥陶纪、晋冀鲁京津地区早奥陶世的岩相古地理进行研究（冯增昭，1983，1986）。《华北地台早古生代岩相古地理》（冯增昭等，1990）、《鄂尔多斯地区奥陶纪岩相古地理》（冯增昭等，1993）和《鄂尔多斯奥陶纪地层岩石岩相古地理》（冯增昭等，1998），进行了比较详细的定量古地理研究，编制了岩相古地理图，如早奥陶世的冶里期、亮甲山期、马家沟一期、马家沟二期、马家沟三期、马家沟四期、马家沟五期、马家沟六期、中奥陶世的平凉期、晚奥陶世的背锅山期的定量岩相古地理图10幅。《中国南方寒武纪和奥陶纪岩相古地理》（冯增昭等，2001）也对南方寒武纪和奥陶纪分期编制了10多幅岩相古地理图。《中国南方岩相古地理图集》附有说明书（刘宝珺、许效松，1994）。冯增昭等还对中国南方和滇黔桂地区石炭纪、二叠纪、三叠纪，西北地区寒武纪和奥陶纪的岩相古地理进行系统的研究，并有若干专著出版。不少省（区）地矿局在岩石地层单位清理过程中，也编制了各自省（区）岩相古地理图集，如《新疆古地理图集》（1988）、《贵州岩相古地理图集》（1992）和《云南岩相古地理图集》

(1995) 等。研究成果还有：田在艺等的《中国含油气盆地岩相古地理与油气》、刘焕杰的《关于海相成煤盆地岩相古地理研究》、刘焕杰等的《准噶尔煤田含煤建造岩相古地理学研究》、陈世悦等的《华北晚古生代层序地层与聚煤规律》，裘亦楠等的陆相碎屑岩岩相古地理的研究，宋天锐、乔秀夫等关于震旦纪岩相古地理的研究，等等。

在古地理学的基础理论和方法学方面，有《碳酸盐岩岩相古地理学》(冯增昭，1989)，《岩相古地理基础和工作方法》(刘宝珺、曾允孚，1985)，《岩相古地理学教程》(刘宝珺、余光明等，1990)。冯增昭（1992）启用单因素分析多因素综合作图法进行定量的岩相古地理图的编制。

第四节　古地理学的发展方向

1999 年《古地理学报》创刊，标志着我国古地理研究进入了新的阶段。2002 年 12 月 5 日，香山科学会议第 197 次学术讨论会以“多信息古地理重建”为主题，就地质历史时期和人类历史时期古地理重建的多信息化、定量化、计算机化，各古地理分支学科的相互交叉、渗透和耦合，以及更有效地为经济发展和社会进步，为恢复和保护人类赖以生存的地理环境服务问题，进行探索和交流。

古地理图的精度多以年代地层单位“阶”对应地质年代单位“期”。为达到这个精度，有两个办法：一是寻找瞬时性的“事件层”为等时界面，以等时界面上下地层作为岩相分析、古地理分析和编图的目的层，这种方法非常精确，但这类瞬时性事件很少；二是提高地层划分和对比精度，由于层序地层学发展比较成熟，三级层序及体系域级别的区域地层对比已成为可能，这就提高了年代地层划分的精度和古地理研究和编制古地理图的精度。

古地理研究和古地理图的编制，许多学者已意识到应该体现构造古地理、生物古地理和岩相古地理的结合。这就首先要实现地层学、沉积学、岩石学、构造地质学、地球物理学、地球化学、古生物学、地貌学等学科的相互交叉和渗透，发挥各学科的作用。

古地理研究已开始与盆地分析相结合，研究盆地的形成和演化，造山带和盆地的转换关系，以及造山带的研究。如许效松等的《中国南大陆演化与全球古地理对比》(1996)，许效松、刘宝珺等致力于盆山转换和海槽迁移的古地理研究(1996，2001)。

参考文献

［1］陈文一，刘家仁，王中刚，等. 贵州峨眉山玄武岩喷发期的岩相古地理研究［J］. 古地理学报，2003，5（1）：17－28.

［2］中国科学院《中国自然地理》编辑委员会. 中国自然地理·古地理［M］. 北京：科学出版社，1986.

［3］冯增昭. 我国古地理学的形成、发展、问题和共识［J］. 古地理学报，2003，5（2）：129－141.

［4］冯增昭，陈继新，张吉森. 鄂尔多斯地区早古生代岩相古地理［M］. 北京：地质出版社，1991.

［5］冯增昭，金振奎，杨玉卿，等. 滇黔桂地区二叠纪岩相古地理［M］. 北京：地质出版社，1994.

［6］冯增昭，彭勇民，金振奎，等. 中国中奥陶世岩相古地理［J］. 古地理学报，2003，5（3）：263－278.

［7］冯增昭，彭勇民，金振奎，等. 中国南方寒武纪和奥陶纪岩相

古地理［M］. 北京：地质出版社，2001.

［8］冯增昭，王英华，张吉森，等. 华北地台早古生代岩相古地理［M］. 北京：地质出版社，1990.

［9］刘宝珺，许效松. 中国南方岩相古地理图集（震旦纪—三叠纪）［M］. 北京：科学出版社，1994.

［10］刘宝珺，许效松，潘杏南，等. 中国南方古大陆沉积地壳演化与成矿［M］. 北京：科学出版社，1993.

［11］刘鸿允. 中国古地理图［M］. 北京：科学出版社，1955.

［12］刘焕杰，张瑜瑾，王宏伟，等. 准格尔煤田含煤建造岩相古地理学研究［M］. 北京：地质出版社，1991.

［13］卢衍豪，朱兆玲，钱义元. 中国寒武纪岩相古地理轮廓初探［J］. 地质学报，1965（4）.

［14］武汉地质学院地史教研室，王鸿祯，刘本培. 地史学教程［M］. 北京：地质出版社，1956.

［15］王鸿祯. 王鸿祯文集［G］. 北京：科学出版社，2005.

［16］王鸿祯，杨森楠，刘本培，等. 中国及邻区构造古地理和生物古地理［M］. 武汉：中国地质大学出版社，1990.

［17］王鸿祯，翟裕生，游振东，等. 中国地质科学50年的简要回顾［J］. 地质论评，2000，46（1）：1－7.

［18］王鸿祯. 中国古地理图集［M］. 北京：地图出版社，1985.

［19］王鸿祯. 中国地质科学五十年［M］. 武汉：中国地质大学出版社，1999.

［20］王乃文. 青藏高原古生物地理与板块构造的探讨［G］//中国地质科学院地质研究所. 中国地质科学院地质研究所所刊（第9号）. 北京：地质出版社，1984：1－28.

［21］王竹泉. 中国北部石炭二叠纪煤系古地理之新解释及其对预测新煤田之意义（1958年）［G］//中国煤田地质局. 王竹泉选集. 北京：煤炭工业出版社，1991：249－250.

[22] 王竹泉．北华地台上古生代含煤地层分布之规律及其古地理（1959 年）[G]//中国煤田地质局．王竹泉选集．北京：煤炭工业出版社，1991：267 - 283.

[23] 王竹泉，潘随贤，顾寿昌，等．华北地台石炭纪岩相古地理[J]. 煤炭学报，1964，1（1）.

[24] 吴浩若．晚古生代—三叠纪南盘江海的构造古地理问题[J]. 古地理学报，2003，5（1）：63 - 75.

[25] 徐仁．地质时期中国各主要地区植物景观[M]. 北京：科学出版社，1982.

[26] 殷鸿福，等．中国古生物地理学[M]. 北京：中国地质大学出版社，1988.

[27] 中国科学地质协会，中国地质学会．中国地质学学科史[M]. 北京：中国科学技术出版社，2010.

[28] 王竹泉．华南晚二叠世煤田形成条件及分布规律（1980 年）[G]//中国煤田地质局．王竹泉选集．北京：煤炭工业出版社，1991：301 - 409.

[29] 关士聪．中国海陆变迁、海域沉积相与油气[M]．北京：科学出版社，1984.

第十章　前寒武纪地质学

前寒武纪指的是从地球形成起到寒武纪以前的地质时期，如按地球形成于46亿年以前算，前寒武纪的历史占了地球历史88%的时段；若按地球上已知最古老的岩石形成于40亿年前算，前寒武纪也占有75%的时间。因此，前寒武纪是地球历史非常重要的历史阶段。由于前寒武纪阶段地壳和岩石圈的组成和演化、构造发展、生命形式和生物演化，以及成矿特点等方面不同于寒武纪及以后的阶段，因此研究方法也有差别。研究对象是前寒武纪的岩石和地层，研究工作揭示前寒武纪的地壳演变和生物演化，挖掘前寒武纪矿产资源。

第一节　中国前寒武纪地质学发展的历史回顾

中国前寒武纪的岩石和地层很发育。1923年田奇㺨对北京南口和1924年李四光对长江三峡震旦系的研究，是中国学者研究前寒武系的开始。对前寒武纪古老变质岩系的研究，还有20世纪30年代赵亚曾、黄汲清对秦岭系的研究，高振西（1935）对河北蓟县震旦系的研究，谭锡畴、李春昱（1935）对四川西康定片麻岩的研究，冯景兰对泰山杂岩的研究等。黄汲清的《中国主要地质构造单位》(1945）划分了前寒武纪地块，认定前寒武旋回的存在。

1951年起以王曰伦为首的五台队系统地研究了五台山前寒武系，重新划分了五台系，勘正了维里士的错误。1957年，马杏垣等又对五台山地区的古老岩系和构造进行了系统研究，梳理了那里的地质发展史。20世纪50年代末，各地质院校和研究单位在河北、山西、辽宁、山东等地区进行了大范围的调查研究，积累了许多前寒武纪地质的第一手资料。到 1959 年第一届全国地层会议时，程裕淇等提出我国的前寒武系三分的方案，即太古界、元古界和震旦系。1963 年，马杏垣等在论文《中国东部前寒武纪大地构造发展的式样》和教科书《中国区域地质》中，曾用“萌地台”“萌地槽”“原地台”“原地槽”等概念，描述我国东部前寒武纪不同构造单元的性质和演化，也就是说从变质岩区的构造研究发现华北地台原先并不是一个统一的大陆克拉通，而是由若干变质地块和变质褶皱带组合而成。正是由于我国古老变质基底构造的复杂性，才导致中国大陆呈现“台中有槽，槽中有台”的复杂图像。王曰伦等（1962）根据同位素地质年龄资料和孙云铸提出的蓟县运动不整合面的普遍存在，对中国南北震旦纪地层剖面做对比研究，提出南方震旦系的层位在北方震旦系之上，蓟县运动不整合面所缺失的地层相当于南方震旦系。王曰伦等对蓟县震旦纪剖面做地层、叠层石、微体古植物、岩石化学和同位素地质年龄等的综合研究。在第一届蓟县现场会议上，陈晋镳、邢裕盛、梁玉左、崔盛芹、杜汝霖等人报告了各自的研究成果，1963 年以《地质丛刊》(甲种）前寒武纪地质专号（1）出版，内容包括华北和北秦岭的前寒武纪地质问题。20 世纪 60 年代后，山西省和河北省的区调队分别对五台山和太行山的古老地层区进行了详细的协作研究。程裕淇等（1973）对我国东北地区和华北地区的前寒武系做了进一步的梳理、论述和总结，对东北南部、山东、内蒙古南部至燕山、太行山、五台山、吕梁山地区和秦岭东段的前震旦纪地层，分别进行论述并归纳为三套地层系列，年代界限分别为 23 亿～25 亿年、20 亿年和

17 亿～18 亿年。

1973 年 10 月在北京举办前寒武纪地层座谈会，解决前寒武系划分问题。会议的 22 篇论文以《前寒武纪地层座谈会资料汇编》为题，由《地质矿产研究》增刊发表。其中，亚洲地质图编图组用了不少篇幅讨论震旦系的界限和对比后，指出把震旦系改成震旦界或亚界是不恰当的，会上多数学者同意以 25 亿年为界划分太古代和元古代，对震旦系的时代和南北对比意见分歧较多。1975 年 8～9 月在太原和五台县两地召开华北区前寒武纪地层专题会议，发表了会议纪要和 25 篇论文，对震旦系问题仍是众说纷纭。1975 年，在北京召开全国震旦系讨论会，会上确认：南北两套“震旦系”并非同时，而是上下关系，南方“震旦系”维持原名，北方“震旦系”分为长城系、蓟县系和青白口系，这四个系合称震旦亚界，对北方“震旦系”滹沱群的关系尚不清楚。1982 年，程裕淇、白瑾、孙大中发表《中国的下、中前寒武系》，对东北南部、胶东和鲁东南、山东中西部、淮阳地区、阴山-燕山地区、五台山、太行山和吕梁地区、秦岭东段北坡及相邻地区，以及西北地区的下、中前寒武系进行阐述和对比，划分为太古界（鞍山群、胶东群、阜平群、太华群等）、下元古界下部（宽甸群、双山子群、二道洼群、五台群等）和下元古界上部（辽河群、粉子山群、青龙河群、马家店群、滹沱群等）。文中明确指出，太古界地层普遍受到 25 亿 ±1 亿年的一次区域变质作用和与其相伴随的混合岩化作用以及相应的构造运动的影响，这次运动大致相当于五台山地区的阜平运动；在下元古界的上下地层间普遍存在不整合接触关系，在五台山地区称为五台运动。《中国的上前寒武系》(邢裕盛等，1982）一文中提出从 18 亿年至6.15亿±0.2亿年间为晚前寒武纪，将上前寒武系从老到新划分为长城系、蓟县系、青白口系和震旦系。前三个系以河北省蓟县剖面为层型剖面，震旦系以湖北省峡东剖面为层型剖面。经过几次热烈争论之后，大家得出了一个与国内外关于地层划分通则不同的结论：震旦系和震旦亚界同时并存。尹赞勋在第二届全国地层会议的主题报告中就告诫，这个不合时宜的决定对于我们在世界地层表上争取一个合法地位的努力，恐怕要发生不利的影响。《中国的上前寒武系》(邢裕盛等，1982）中明确表示："对'震旦亚界'一名，本文不拟再用，其相应地层改称'上前寒武系'。"《论中国前寒武纪地质时代及年代地层的划分》(王鸿祯等，1986）提出中国前寒武地质时代与年代地层划分表，将原来的隐生宙划分为隐生宙和原生宙，前者包括太古代和其前的冥古代，后者包括始元古代、中元古代和新元古代，将震旦纪置于显生宙，为早古生代的最早的一个纪。

1983年，在北京召开的国际前寒武纪地壳演化讨论会，对前寒武纪变质杂岩体和构造、太古宙岩石和地球化学，以及太古宙金属成矿作用等问题展开了讨论。《古华北陆台早前寒武纪基底的某些地质和演化特征》(程裕淇、孙大中，1986）一文对华北地台早前寒武纪地质做了系统总结，概括为以4个火山沉积旋回为代表的阶段性演化过程。《中国前寒武纪历史过程中构造样式的变化》(马杏垣等，1986）指出"太古宙的地体都为多期的复杂构造，元古宙以产生大的克拉通内盆地和活动带为特征"。

同年，在天津召开的国际晚前寒武纪地质讨论会，以区域和大陆间的地层对比为主题，从古生物、年代地层、古地磁、古冰川、地球化学、构造和岩浆活动等方面进行讨论。《元古宙地层对比方法的回顾》（陈晋镳等，1987）对现有的地层划分和各种方法的应用、适用范围及使用限度进行比较和评估。会议报告《中国元古代构造单元及其边界性质》（王鸿祯）阐述了中国北部和南部元古代构造单元边界性质的差异和特征及其与大陆内部构造演化的相互关系，对古大陆边缘地质做了全面的总结。杨遵仪、程裕淇、王鸿祯合著的《中国地质学》英文版于1989年在英国出版，中文版也于1989年在国内出版。书中用很大的篇幅阐述了中国的太古界、元古界、古老变质岩及中国地壳发展阶段、特征等。

20世纪90年代逐渐出现探讨前寒武纪地壳演化的论著，如《中国前寒武纪地壳演化》（白瑾等，1996），《中朝准地台前寒武纪地壳演化》（赵宗溥等，1993），《秦岭造山带主要变质岩群及其变质演化》（刘国惠、张寿广、游振东等，1993），《前寒武纪大陆地壳演化示踪》（陆松年等，1996）等。《中国区域地质概论》（程裕淇，1994）总结了我国区域地质调查资料，在天山-兴安地区，塔里木-华北地区、昆仑-秦岭地区、川滇青藏地区和华南地区各章中都有前寒武纪地层、岩浆岩和岩浆作用、变质岩系和变质岩带、前寒武纪地质发展史的论述，并详细阐述了前寒武纪的沉积、岩浆、变质和地质演化的内容。此外，还明确指出了中国现代大陆的形成及发展演化过程，并概括为陆核、陆块、陆缘和陆内四个发展阶段，前两个阶段属于原始板块体制范畴，陆缘阶段可称为古板块构造阶段，陆内阶段可称为现代（近代）板块构造阶段。

第二节　前寒武纪岩石学、岩相、古地理和地球化学

在1961年召开的华北前寒武纪现场会议上，程裕淇等做了《变质岩系分布地区进行区侧和普查的一些工作方法》的报告（1962），提出了变质岩分类和命名方案，经补充修改后，以《变质岩的一些基本问题和工作方法》出版发行。

1986年，在程裕淇指导下，董申葆、沈其韩主编了《中国变质地质图及说明书》，这是继1961年王曰伦、程裕淇主编《1∶300万中国前寒武纪地质图》之后的一项基础性工作。这是对变质岩区的变质岩系和变质作用的一次全面而系统的总结，提出了区域变质类型划分的原则与分类方案，对变质作用的分类增添了两个辅助类型；从成因机理上阐明了混合岩化作用的发育过程，提出了先以深熔分异为主，后以混合交代为主的观点。书中还阐述了各种变质作用的特征及其与地壳演化的关系。程裕淇、孙大中等对我国华北地台前寒武纪变质地质及其演化进行梳理和总结，概括为以四次火山沉积旋回为代表的四个演化阶段（程裕淇等，1986）。沈其韩则将这里的变质作用分为五期，早、中太古代以高温麻粒岩相为主，晚太古代以高中温角闪岩相为主，早元古代以区域动力热流变质作用为主，中、晚元古时期陆台边缘同时沉积的岩系均受动力变质作用（沈其韩，1989）。沈其韩、徐惠芬等（1992）对我国已知30余处麻粒岩相带（区）进行较系统地总结，在时空分布、相带类型、分类命名、流体包体、$p-T-t$轨迹、大地构造环境和动力学机制，都做了详尽的研究（沈其韩等，1992；沈其韩，1992；沈其韩，1998）。沈保丰等（1998）对中国绿岩带特别是华北地台绿岩带的研究，对深变质绿岩带的原岩类型、

时空分布、基本类型和特征，以及与国外绿岩带的比较做了详细研究（沈保丰，1993；沈保丰等，1994；沈保丰等，1998）。卢良兆等（1996）对北方早前寒武纪孔兹岩系的研究，填补了我国这一岩类研究的空白。

前寒武纪岩浆岩研究主要有对华北地台东部太古宙花岗岩的研究（林强等，1992）和对华南前寒武纪幔源花岗岩类的研究（王德滋等，1982）。

许志琴（1987）、徐树桐等（1991，1992）、索书田等（1993）、简平等（1996）对大别山榴辉岩的研究，对该地区的变质岩石学和大地构造学研究提出了挑战。

孙大中、胡维兴（1993）对中条山区古元古代五套火山岩和四期花岗质岩石进行微量元素和同位素地球化学研究，揭示了这些岩石的原岩特性、岩浆生成方式、深度和变质条件，以及岩浆受混杂和交代等的过程，还根据中条山表壳岩和深成岩的地球化学特征，推断深部内壳岩的岩性、深度、变质相，从而构建了火成岩演化的系统。

中国震旦纪冰碛层的研究起步较早，经数十年的研究，现已发现三期冰碛岩，代表三次冰期。第一冰期（贝义西冰期）以塔里木古陆贝义西组冰碛岩为代表，桂北长安组和湘西洞口组的冰碛、冰水堆积可以对比，其层位为下震旦统下部，又叫长安冰期，冰期年限为7.6亿~8.0亿年，冰川范围限于塔里木古陆北侧和扬子古陆东南缘；第二冰期（南沱冰期）是震旦纪冰川最主要的一期，以扬子区各地南沱冰期层为代表，皖南有蓝田冰碛层，冰川在扬子古陆东南缘的川东、黔北一带和湘西洞口一带、湘桂交界地区、塔里木盆地都有发育，冰期时限为7.0亿~7.4亿年，是大陆冰川；第三冰期（罗圈冰期）

以豫西上震旦统上部罗圈组为代表，陕西商洛的上张湾组可与它相对比，时限约为6.0亿~6.3亿年，为山岳冰川（王曰伦、陆松年等，1980）。

早在20世纪50年代初，刘鸿允便对中国前寒武纪古地理和古气候进行研究。王鸿祯等（1979）对中国北方中上元古界及震旦纪古地理进行研究，他们分阶段编制了岩相地理图，探讨了当时的构造轮廓。陆松年等（1985）研究中国晚前寒武纪冰成岩，论证了冰川-海洋相沉积物的存在，提出中国震旦纪冰期划分方案。除此之外，还有秦正永（1984）对早元古代中国最老红层的研究，孙枢等（1985）对华北南部震旦纪古地理古构造的研究，张惠民（1990）对中国东部中上元古界磁性地层和古构造演化的研究，谭琳等（1991）对内蒙古渣尔泰山群岩相古地理的研究，杜汝霖（1989，1992）对中国太古宙和元古宙古气候的研究。

在前寒武纪古地理研究方面，王鸿祯等（1990）用微型计算机自动成图方法再造世界震旦纪构造古地理，在理论上和方法上都有创新，对全球震旦纪研究有重要意义。刘宝珺等（1993）研究中国南方古大陆自震旦纪以来的沉积史、构造史和成矿史，重建古地理环境及其演化。

第三节　前寒武纪古生物学

我国前寒武纪古生物研究，在生物门类、代表属种、生物群落、生物特征和生物演化等方面，都取得重要成果，改变了人们对前寒武纪生物界面貌、生物起源及其演化的认识。

20世纪60年代起，梁玉左、曹瑞骥、邢裕盛分别对蓟县上前寒武系的叠层石和微体古生物进行研究。朱士兴等

(1987) 的《关于五台山及邻区早元古代叠层石》指出，最早的叠层石层位是滹沱群豆村亚群的上部天石岭组和青石村组，产出时代为 24 亿 ~ 23.5 亿年。在中上元古界发现特有的微小叠层石，具有指相意义（梁玉左等，1984）。梁玉左、曹瑞骥、张录易等（1984）对晚前寒武纪假裸体叠层石做了系统研究。《中国叠层石》(朱士兴等，1993）汇集了当时我国叠层石研究的最新成果。朱士兴等（2002）、张忠英（1993）、曹瑞骥（1991）对叠层石生物节律进行研究，从叠层石纹层带进行分析，得出叠层石不同级别的纹层带分别反映地球自转、公转和月球绕地球转动的周期。特别是朱士兴等（2002）发现月球公转一周至少 42 小时，每太阳年至少 13 ~ 14 个太阳月，每太阳年的天数至少有 546 ~ 588 天，地球自转一周的时间为 16.05 ~ 14.91 小时。这说明在将近 13 亿年以前的中元古代雾迷山组沉积时，每年至少有 546 ~ 588 天，比现在每年多 200 天，即地球自转速度每年比现在要快 200 多周。结合 8.5 亿年前、泥盆纪、石炭纪等相关数据，不难发现地球自转速度愈来愈慢。

真核生物和宏观生物的出现是前寒武纪生物演化里程碑式的事件。我国在这两大事件的发现方面，取得了骄人的成果。1982 年天津蓟县串岭沟组底部发现大量裂梭藻，证实 18 亿年左右已出现大量简单的浮游性真核生物（闫王忠，1983）；接着，罗其岭等（1985）在长城系底部发现多种单细胞藻类真核生物，出现时间也是约 18 亿年。朱士兴（1993）在蓟县古元古代长城系团山子组下部层位发现宏观后生藻类，为一个以古代褐藻为主的底栖型真核多细胞明后生植物群，出现时代接近 17 亿年。孙淑芬等（1998）还在五台山滹沱群下部豆村亚群大石岭组和青石村组中发现19属31种尾骨植物群，大约有82%为原核生物，18%为真核生物，时代为23.5亿~25亿年间，可以说明真核细胞最早出现在23.5亿年以前。

不断有对前寒武纪地层中（主要是震旦系）古生物群的发现和研究，如长城生物群（18.5亿年）、桑树湾生物群（18亿~14亿年）、下花园龙凤山生物群（9亿~8.5亿年；杜汝霖、田立富，1986）、淮南生物群（8.5亿~7亿年；陈孟莪、郑文武，1986）、高家山生物群（5.65亿~5.63亿年；张录易，1986）、蓝田生物群（6.35亿~5.8亿年）、瓮安（庙河）生物群（6亿~5.87亿年；张昀、袁训来，1993）和西陵峡生物群（5.7亿年；邢裕盛等，1985）。其中高家山生物群产于陕西省宁强县上震旦统灯影组高家山段中上部，主要是以软躯后生动物实体和遗迹化石及骨骼化石为主，兼有宏观藻类化石，包括六大类群：具有矿化壁的骨骼化石类群、蠕形动物化石类群、遗迹化石类群、宏观藻类化石类群、疑源类群和叠层石微石类群（张录易等，2002）。瓮安生物群发现于贵州省瓮安县瓮安磷矿震旦纪陡山沱组的磷块岩中，主要有多细胞藻类、大型带刺疑源类、蓝菌丝状体和球状体、细菌化石及可疑的“海绵化石”和“动物胚胎化石”（袁训来，2000）。蓝田生物群早于以往报道的埃迪卡拉生物群，它不但含有扇状、丛状生长的海藻，而且也具有触手和类似肠道特征、形态与现代腔肠动物或蠕虫类相似的后生动物。15个不同形态类型的宏体生物已被发现。

《中国晚前寒武纪古生物》（邢裕盛等，1985）和《前寒武纪古生物学和地史学》（杜汝霖，1992）是对中国前寒武纪古生物研究的综合性、系统性的总结。

20世纪90年代和21世纪头10年我国前寒武纪古生物研究的进展主要表现在早期生命演化和震旦纪埃迪卡拉生物群的研究上，如蓟县元古代长城系串岭沟组发现的疑源类，通过光学生物显微镜、扫描电子显微镜、超薄切片透射电子显微镜和荧光显微镜等多种方法鉴定，对其形态学和超微结构进行综合研究，结果表明它们是可靠的真核生物化石，并表明在17亿年前真核单细胞藻类就有了一定的形态分异（彭松波等，2009）。又如在山西五台山地区太古宙角闪石英岩中分离出丰富的石墨颗粒，其中有一些经激光拉曼光谱分析后，显示明显的边缘同心褶皱、表面皱纹和复杂的超微结构，很可能是在变质过程中压扁、挤压，随后再石墨化的有机壁球体。这表明在高变质的太古宙岩石中也有可能找到远古生命的信息。

埃迪卡拉生物群（5.75亿~5.40亿年）是地球上已知的最古老的个体较大、形态复杂的多细胞动物。我国近年在宜昌震旦系灯影组石板滩段中新发现的化石呈三维立体保存，与现生所有的宏体生物的身体构型都不相同。在贵州和澳大利亚南部同时发现5.6亿年的埃迪卡拉生物群动物化石“八臂仙母虫”（唐烽等，2009）；陕西高家山地区新元古代灯影期沉积岩中被发现保存有多种管状化石，在早期生物矿化现象的管外壁上有明显的其他生物钻孔留下的痕迹（华洪等，2002），还发现这种管状化石有分叉现象（华洪等，2005）。

稍早于埃迪卡拉动物群的生物化石，近年来也有新的发现。如在贵州省瓮安磷矿距今6亿年的黑色磷块岩中，发现了地衣化石，把地衣化石最早记录提前2亿年（袁训来等，2005）。在瓮安陡山沱组磷矿岩中发现了一系列具螺旋状构造的球状化石，它们被解释为连接动物胚胎和成体的中间环节，若瓮安磷块岩中的管状似珊瑚化石是由它们发育而成，那么新发现的化石将成为连接陡山沱动物胚胎和成体动物之间的关键（肖书海等，2007）。在瓮安陡山沱组中磷酸化胚胎化石获得的高分辨率结构资料，表明这些胚胎化石具有颈状构造的极叶结构，这也就表明两侧对称动物早在5.8亿年前就已出现（陈均远等，2006）。在三峡地区新元古代陡山沱组燧石结核中发现一类以前作为疑源类，被称为天柱山球藻的微体化石，它们具有2～16个分裂球的动物胚胎发育特征，被包裹在复杂装饰的有机质包被壁内，与现生动物的滞育卵囊胞内含早期卵裂的胚胎相似，应为动物的休眠卵。这是迄今最早的动物化石记录，将动物起源的证据提前到6.32亿年之前。

《叠层石》（曹瑞骥、袁训来，2006）总结了数十年来中国叠层石研究资料，从叠层石研究历史、形成机理、相关地质事件记录、环境意义、演化、生物地层学意义、分类命名、矿产资源、中国元古宙叠层石的时空分布和叠层石组合，进行了全面回顾和系统阐述，并详细描述了中国元古宙和显生宙的151个叠层石种。

第四节　前寒武纪地层学

20世纪60年代、70年代和80年代，程裕淇等人曾对中国前寒武纪地层研究进行总结。20世纪80年代以来我国前寒武纪地层研究方面又有了新的进展。

鉴于云南晋宁梅树村剖面为震旦纪-寒武纪地层连续剖面，产小壳动物群化石，研究程度高。1982年在昆明召开的国际前寒武纪-寒武系界线问题讨论会上，一致同意由罗惠麟、蒋志文、张世山、邢裕盛等研究的梅树村剖面为全球前寒武系-

寒武系层型和点位的中国候选剖面。1983 年在英国召开的界线工作组会议上，梅树村剖面又被列为最终候选剖面之一。我国峨眉、三峡等界线剖面也被这个界线工作组认定为良好的层型剖面。

从 20 世纪 50 年代初期开始，我国对五台山、冀东、鞍山、鲁西、胶东、内蒙古阴山、太行山、中条山、豫西、秦巴、神农架、滇中、三峡和新疆库鲁克塔格等前寒武系分布的重要地区，进行过多次地质调查和专题研究，出版了不少专著，如《五台山早前寒武纪地层》(白瑾，1986)、《辽吉东部前寒武纪地质》(姜春潮等，1987)、《冀东早前寒武纪地质》(孙大中，1984)、《泰山杂岩》(应思淮，1980)、《阜平群变质地质》(伍家善等，1989)、《秦岭造山带主要变质岩群及其变质演化》(刘国惠等，1993)、《中条山前寒武纪年代构造格架和年代地壳结构》(孙大中、胡维兴，1993)、《鲁西早寒武纪地质》(曹国权等，1996)。

刘敦一等（1988）用单颗粒锆石进行逐级蒸发，测得冀东黄柏峪铬云母石英岩的铀-铅年龄为 36.7 亿 ~ 37.2 亿年。又用离子探针质谱计对黄柏峪铬云母石英岩和鞍山白家坟花岗质糜棱岩中的锆石进行测定，分别获得 35.5 亿 ~ 38.5 亿年和 3.8 亿年的年龄结果（1992）。中国就此成为格陵兰、加拿大、东南极等几个地区之后的又一个发现老于 38 亿年古老陆壳物质的国家和地区。近年来又在西藏普兰和北秦岭发现 41 亿年的碎屑锆石（多吉等，2007；吉洪亮等；杜春荣等，2010）。

扬子地台北缘崆岭群下部被发现有铀-铅同位素年龄值 26 亿 ~29 亿年的数据，扬子地台西南缘康定杂岩被发现有 29.51 亿 ~ 17.00 亿年的数据，下部为上太古界（程裕淇，

1994)。在华北地区已发现有一批大于30亿年的年龄数据，如山西吕梁、河南登封、胶南莒南县等地（陆松年，1996），辽南鞍山地区也有一些大于30亿年的数据（万渝生等，1997），冀西北也测得超过25亿年的年龄数据，鲁西蒙山有27亿年、26亿年的年龄值的数据（杨淳等，1997）。新疆塔里木地台北缘的米兰岩群和托格拉格布拉克岩群已分别取得24.62亿年（铀-铅法）和32.63亿年（Sm－Nd法）的年龄数据（胡蔼琴等，1992）。黑龙江麻山麻粒岩群被发现有25.39亿年的数据资料。海南省琼中地区原抱板群斜长角闪片麻岩中测得25.62亿年的锆石U－Pb年龄数据。这表明我国许多地区都有太古代地层存在。特别是辽宁鞍山陈台沟表壳岩的发现及其年代33亿年的确定（宋彪等，1993；万渝生等，1999）；五台群的多年研究结论——三个亚群和侵入其中的花岗质岩石的时代都大于25亿年；阜平群的7个岩组重组后，只存有索家庄岩组和元坊岩组，前者原岩形成于26.29亿～26.90亿年，后者中的斜长角闪岩全岩Sm－Nd等时线年龄为27.91亿年和25.60亿年（程裕淇等，2004）；山西的涑水岩组中表壳岩单独分出后被称为运城表壳岩组，被发现被年龄为24.53亿～26.18亿年的西姚片麻岩包围和侵入。这些表壳岩和侵入于变质表壳岩-变质火山-沉积岩中岩体同位年龄数据超过25亿年，表明我国确实存在太古代地层。

中国元古宙和震旦纪地层的研究相对于太古宙而言，更为成熟。建立了比较完整的地层系统，对各组的岩石地层、生物地层、化学地层、磁性地层、层序地层、沉积相和古地理、古冰川、同位素年代以及区域地层对比，进行了比较深入而系统的研究。《中国震旦亚界》(王曰伦等，1980)、《中国的上前寒武系》(邢裕盛等，1989)、《中国震旦系》(刘鸿允等，1991)就是这方面系统、全面的总结。

在我国前寒武纪地层研究过程中，不断有学者对我国前寒武纪地质时代的划分和地质年代的建立提出自己的方案，争论颇多。王鸿祯（1986)、刘鸿允（1981，1987)、王启超(1988)、赵宗溥（1988，1993)、张伯声等（1993）都对划分原则、命名、时限及方案等提出了有益的建议。王鸿祯(1986）根据地质历史发展的阶段性和有序性，从地质事件(构造变动、岩浆活动、生物演化、沉积类型发展等)，从量变到质变的阶段过程，以同位素方法测定这些时间的界限年龄，逐步建立前寒武纪地质时代和年代地层单位。据此，提出了中国前寒武纪地质时代与年代地层方案。将地质历史划分为显生宙、原生宙和隐生宙，将震旦纪作为显生宙的第一个纪，年代区间为7.4 亿~6.10 亿年；原生宙起始年龄为25 亿年，分为三个代，新原古和中元古界线年龄为17.0 亿年；隐生宙分为太古代和冥古代，这两个代的界限年龄为38 亿年，太古代三分为五台时期、阜平时期和迁安时期，界限年龄分别为31 亿年和28 亿年。

20 世纪80 年代后期中国同位素年表工作组对东北、华北一些标准剖面各系（群）统（组）的地层界限或地质事件时限进行测定，于1987 年提出了我国前寒武纪地质年代表。1988 年国际前寒武纪地层分会在天津召开第六次会议，大会通过了一个新的方案。我国于1989 年结合国内实际，也提出了一个新的方案，采用国际统一术语，将前寒武纪划分为太古宙和元古宙两大时间单元，太古宙与元古宙界限年龄为25 亿年，太古代以29 亿~30 亿年为界划分为早中太古代和晚太古代。元古代三分，按我国习惯称早、中、晚元古代，后改称为古、中、新元古代。早、中元古代界限年龄为18亿年，与国际方案不同。中晚元古代界限年龄为10亿年。1990年初国际前寒武纪分会曾提出太古宙的划分方案。王鸿祯、李光岑（1990）曾有预见地提出了两条新的太古宙年龄界线38.5亿年和31亿年，赵宗溥（1993）和王启超（1996）提出了大于36亿年、32亿年和30亿~28亿年的三条界线，从而为我国太古宙的划分奠定了基础。

全国地层委员会参考国际地质科学联合会地层分类分会和国际地层委员会修订的《国际地层指南》(1994)，并结合自1981年以来我国在地层分类和实际应用的进展，修订了1981年制定的《中国地层指南及中国地层指南说明书》。该指南的年代地层（地质年代表）将中国前寒武纪划分为元古宇（宙）和太古宇（宙），界限年龄为25亿年；将太古宇（宙）划分为始、古、中、新太古界（代），界限年龄分别为36亿、32亿、28亿和25亿年；将元古宇（宙）划分为古、中、新元古界（代），界限年龄分别为18亿年、10亿年和54.3亿年；古元古界（代）辖一个滹沱系（纪），底界年龄为23亿年，25亿~23亿年留空；中元古界（代）辖长城系（纪）和蓟县系（纪），界限年龄为14亿年；新元古界（代）划分为青白口系（纪）、南华系（纪）和震旦系（纪），界限年龄分别为8亿年和6.8亿年；中元古界（代）和新元古界（代）的这几个系（纪）均两分，称下（早）统（世）和上（晚）统（世）；震旦系（纪）的两个统（世），各建一个阶（期），先后分别为陡山沱阶（期）和灯影峡阶（期）；其他时代都未建阶，太古宇（宙）下界年龄未定。

第五节　前寒武纪构造地质学

在20世纪70年代前，对变质岩区地层和构造的识别，由于错把片理和片麻理当成层理，把多次叠加褶皱或同斜褶皱误判为单斜，因此发生了许多错误。20世纪70年代末期以来，马杏垣（1980，1984，1987）、索书田（1983，1987）、白瑾（1983）、单文琅和宋鸿林（1987，1989）、徐朝雷等（1990）等人的研究，以及区域地质调查的实践，已总结了一整套以恢复原岩为基础，以构造解析为主导的综合构造地层研究的方法。在深变质岩区，首先是判别深成侵入的TTG片麻岩系、构造岩和具有地层意义的表壳岩。对表壳岩和其他沉积变质岩的构造研究，要从研究面理的置换入手，进而研究各类构造的样式划分与对比，再研究各样式群的叠加和时代划分，就能得出一个地区地质构造的序列，进而探讨其构造演化的规律。我国前寒武纪变质岩区的构造特征，主要是线性韧性剪切带发育、较普遍发育推覆构造和逆冲断层、多期构造置换、多期构造叠加、穹隆构造发育并有多种成因模式、显生宙再造作用等。

马杏垣等（1960，1963）研究过地壳早期演化特征和我国东部前寒武纪大地构造基本轮廓和发展的样式，认为华北地台原先并不是个统一的大陆克拉通，而是由若干变质地块和变质褶皱带组合而成。他曾用"萌地槽""原地台""原地槽"等概念。20世纪70年代马杏垣与索书田等（1975，1977）在嵩山古构造研究中，发现五佛山群存在大规模的重力滑动构造。在全面总结嵩山区前寒武纪构造变形史和古构造形式的过程中，研究了重力滑动构造的构造体制、运动方式、形成机制和动力来源（马杏垣等，1975，1980，1981）。20 世纪 80 年代，马杏垣与白瑾等创造性地运用解析构造学的理论与方法，深入研究中国前寒武纪大地构造，编制了中国前寒武纪构造格架图，撰写了《中国前寒武纪构造格架及研究方法》(1987)，全面系统地总结了我国前寒武纪构造演化过程和特征，恢复了不同历史阶段形成的基本构造格架。

张秋生（1984），许志琴（1988），张国伟等（1988，1993），刘国惠、张寿广（1990，1993），游振东、索书田（1993）对秦岭造山带的研究，认为秦岭地区从早元古代中期（23 亿年）以来，没有原生古大洋存在，秦岭造山带是在太古宙-早元古宙初期形成的统一的中国岩石圈板块基础上，产生的板内多旋回开裂-增生-拼合碰撞的造山带（刘国惠等，1993），认为扬子地台与华北地台可能在晚太古代-早元古代初期已经是统一的古大陆。索书田、游振东等研究大别山区古构造，也得出相同的结论（索书田等，1993）。白瑾等（1996）认为，“华北原地台、扬子原地台和塔里木原地台在晚太古时期，由于陆块的焊接，已形成统一的克拉通了，到太古宙末期，构造体制发生变化，呈现不同性质的活动带同刚性地块并存的构造格局”。任纪舜（2004）认为塔里木、华北、华南在新元古代已焊接为统一的中国原地台，可能是罗迪尼亚超大陆的一部分。王鸿祯（1997）认为新元古代早期我国主要陆块，包括塔里木、柴达木、华北、扬子、华夏等陆块已汇聚或相对邻近并组成统一的中国古大陆，嗣后经历了显生宙多期造山运动的叠加和改造，最终形成现在的大地构造轮廓。陆松年等（2003，2004）则从克拉通化时间、中-新元古代早期热构造事件、南华纪裂解事件群以及冰碛层层位和时代的相似性，论证了塔里木和扬子克拉通在中古元古代晚期至新元古代早期相连，8.2亿年两陆块开始破裂。而华北克拉通与扬子-塔里木克拉通在上述4方面有很大差异，加上秦岭造山带中的中新元古代早期热构造事件仅仅发生在“秦岭岩群分布区”，与华北克拉通没有直接关联，因此，他们认为华北克拉通与扬子-塔里木克拉通在中-新元古代没有发生过汇聚作用，它们之间隔海相望。

扬子古大陆东南缘，即闽浙赣地区，郭令智（1980）、王鸿祯（1980）、乔秀夫（1981）以及王鸿祯、刘本培（1981）等用板块构造理论建立了扬子板块及其东南大陆边缘元古代沉积发展和俯冲消减模式。歙县-婺源蛇绿混杂岩带在休宁-歙县长70千米，婺源-弋阳间有大小蛇绿岩块148个呈NEE方向展布，Sm－Nd等时限年龄10.24亿年和11.13亿年。歙县伏川剖面上，有蛇绿岩岩片推覆在9.26亿年的花岗闪长岩上。所以，人们认为该蛇绿混杂岩带的存在，说明其南侧的浙西地块在中元古代从扬子陆块分离，为古南华洋中的一个微陆块。从20世纪80年代开始，许靖华、孙枢和李继亮对华南地区的大地构造提出了新看法，他们认为“江南古陆”并不存在，过去认为的不整合接触关系都是断层接触，华南存在晚古生代到三叠纪的洋盆，本区是华南造山带，而不是华南地台。徐备等（1992）运用地体分析和碰撞造山带研究方法，划分出6个元古代构造地层地体，确立了元古代和早古生代两期碰撞造山带，并追索了前加里东构造地理的发展和造山带形成的历史。陈冠宝、徐树桐等（1993，1994，1996，1998，2000），何科昭（1996，2000）在皖南和赣东北前寒武纪地层中发现古生代甚至晚古生代化石，以致使江南古陆面临解体，认为所谓蓝田向斜是“构造窗”（徐树桐、孙枢、李继亮，1993）。

当前，对于太古宙是否存在板块和板块运动机制，尚无定论。有人认为太古代原始大陆是由微板块拼接而成，也有人提出陨石撞击或热点构造模式，也有人用地幔构造观解释太古代陆核的形成。白瑾等（1986）提出原始大陆形成的涡旋构造假说，结合华北地台的地质特征，阐明地质历史早期构造体制，有别于板块构造的动力学和运动学。陆松年等（2004）认为罗迪尼亚超大陆之前19亿~15亿年的哥伦比亚古大陆的遗迹在中国已存在，华北古大陆属于哥伦比亚大陆的组成部分，哥伦比亚古大陆的汇聚期与吕梁、中条造山运动的时限相一致，造山和裂解事件群的性质、特征和时代等方面，华北与北美、西伯利亚和西北欧有更大的相似性。白瑾等（1996）、伍家善等（1998）从绿岩带的分布和太古宙末期偏碱性岩浆活动论述了板块构造存在的可能性。后来，李正祥（Z. X. Li，2002）试图从冀东豆荚状铬铁矿论述了太古宙陆块内部存在洋壳的可能性。张旗等（2004）、简平等（2005）对华北新太古代的赞岐岩套进行探索。在华北克拉通上寻找太古宙板块构造的痕迹，是我国前寒武纪地质学今后必须注意的问题。

参考文献

［1］程裕淇．中国区域地质概论［M］．北京：地质出版社，1994.

［2］刘敦一，耿元生，宋彪．冀西北地区晚太古代陆壳的增生和再造——同位素年代证据［J］．地球学报，1997，18（3）：226－232.

［3］柳永清，尹崇玉，高林志，等．峡东震旦系层型剖面沉积相研究［J］．地质论评，2003，49（2）：187－195.

［4］陆松年．前寒武纪几个主要地质问题进展概述［M］//中国地

质学会. 八十年代中国地质科学. 北京：北京科学技术出版，1992：81－88.

［5］马杏垣. 关于河南嵩山区的前寒武纪地层及其对比问题［J］. 地质学报，1957，37（1）：11－32.

［6］马杏垣，尉葆衡. 五台山区的震旦系及河北、山西北部震旦纪古地理［J］. 地质学报，1956，36（3）：299－314.

［7］孙大中，陈晋镳. 前寒武地质研究的动向和前景［G］//中国地质学会. 2000年的中国研究资料（第6集）· 地质科学现状、差距及展望. 中国科协2000年的中国研究办公室，1984：96－101.

［8］万渝生，刘敦一. 辽宁弓长岭中太古代片麻状花岗岩和铬云母石英岩的锆石年龄［J］. 地质论评，1993，39（2）：124－129.

［9］万渝生，宋彪，伍家善，等. 鞍山3.8Ga奥长花岗质岩石的地球化学和Nd、Sr同位素组成及其意义［J］. 地质学报，1999，73（1）：25－36.

［10］万渝生，伍家善，刘敦一，等. 鞍山3.8Ga陈台沟花岗岩地球化学和Nd、Pb同位素特征［J］. 地球学报，1997，18（4）：382－388.

［11］王鸿祯. 从中国东部前寒武纪岩系发育论中国东部大地构造分区［J］. 地质学报，1955，35（4）：375－404.

［12］王鸿祯. 中国之震旦系及其世界之对比［J］. 地质学报，1956，36（4）：477－492.

［13］王鸿祯，翟裕生，游振东，等. 中国地质科学50年的简要回顾［J］. 地质论评，2000，46（1）：1－7.

［14］王鸿祯，翟裕生，游振东，等. 20世纪中国地质科学发展的回顾［G］//中国地质学会地质学史研究会，中国地质大学地质学史研究所. 地质学史论丛（4）. 北京：地质出版社，2002：1－87.

［15］王鸿祯. 中国地质科学五十年［M］. 武汉：中国地质大学出版社，1999.

[16] 王涛，胡能高，裴先治，等．秦岭杂岩的组成、构造格局及演化［J］．地球学报，1997，18（4）：345－351.

[17] 王曰伦．对中国寒武纪以前古老沉积岩划分的意见［J］．地质学报，1955，35（4）：361－374.

[18] 王曰伦．中国震旦纪冰碛层及其对地层划分的意义［J］．地质学报，1955，35（4）：327－360.

[19] 杨杰．对于中国北部的震旦纪的认识［J］．地质学报，1956，36（1）：95－101.

[20] 尹崇玉，刘鹏举，唐烽，等．国际埃迪卡拉系年代地层学研究进展与发展趋势［J］．地质论评，2006，52（6）：765－770.

[21] 程裕淇，万渝生，高吉凤．河北平山小觉地区阜平群变质作用和深熔作用同位素年代研究的初步报道［J］．地质学报，2000，74（1）：30－37.

[22] 赵宗溥．中国前寒武纪地层问题［J］．地质学报，1954，34（2）：169－196.

[23] 赵宗溥．关于中国滹沱系和震旦系问题［J］．地质学报，1956，36（1）：81－93.

[24] 中国地质调查局前寒武纪地质研究中心．超大陆研究进展——中国中新元古在重大地质事件及与 Rodinia 超大陆事件对比［Z］．天津地质矿产研究所，2004.

[25] 中国科学技术协会．中国地质学学科史［M］．北京：中国科学技术出版社，2010.

[26] 中国地质学会前寒武纪地质专业委员会．六十年来我国前寒武纪地质工作的回顾与展望［J］．地质论评，1982，28（2）：165－170.

第十一章　构造地质学与大地构造学

学术界对构造地质学与大地构造学关系有不同看法。有人认为构造地质学包括大地构造学，有人认为大地构造学包含构造地质学，还有人认为两者相同，但它们有区别，又有联系。我们既认为构造地质学包括大地构造学，又认为大地构造学不尽然是构造地质学分支学科。

第一节　20 世纪 40 年代及之前的概况

20 世纪 20 年代，我国构造地质学和大地构造学已是比较活跃的领域。当时它与古生物学和地层学并驾齐驱，是中国地质学学科的三鼎足。《地质研究所师弟修业记》(章鸿钊、翁文灏，1916）列有地质构造一章（第四章)。1922 年，在比利时首都布鲁塞尔召开第 13 届国际地质大会，丁文江向大会提交了《滇东的构造地质学》，翁文灏在会上发表《中国某些地质构造对地震的影响》。丁文江的论文是他 1911 年从英国留学回来，取道云南、贵州考察和 1913 ~ 1914 年专赴滇东考察的总结，翁文灏的论文是他偕谢家荣赴甘肃调查地震的成果。

一　翁文灏等对构造运动的研究

20 世纪 20 年代，翁文灏就注意到中国东部晚中生代强烈的地壳运动。1926 年在东京举行的泛太平洋科学会议上，他发表了《中国东部的地壳运动》，1927 年发表了《中国东部中生代以来的地壳运动及岩浆活动》。他认为中国东部中生代以来地壳运动激烈，以侏罗纪末期、白垩纪初期地层不整合为标志，在燕山地区较为典型，命名为燕山运动，并指出岩浆侵入和火山喷发与地壳运动关系密切，应同时考察。他还认为燕山运动在太平洋西岸地区具有特殊意义。在1929年发表的《中国东部中生代造山运动》中，将燕山运动分为A、B两幕，其标志分别为前髫髻山组不整合和前王氏祖不整合。《中国的造山运动》(丁文江，1929）将燕山运动分为三幕。《西山地质的新研究》(谢家荣，1933）和《北京西山地质构造概论》(谢家荣，1933）将燕山运动划分为五幕。

民国时期，我国地质学者在区域地质的调查和研究、矿产勘查、矿区勘察和地震调查等工作中，都对地质构造进行观察和研究，公开发表的构造地质方面的论文超过100篇，几乎所有的区域地质著作、矿产地质报告中，都有阐述构造地质的章节。当时的地质学者对地层不整合十分重视，以地层不整合为标志，确定地壳运动发生的地质时代，并对地壳运动命名。1949年及以前的资料统计显示，民国时期命名的地壳运动名称有80个。李四光命名的地壳运动就有怀远运动、苏皖运动、江南运动、建康运动、昆明运动、东吴运动、淮阳运动、宁镇运动、兴安运动、闽浙运动等。由李四光指导，朱森、李毓尧和李捷于1935年撰写的《宁镇山脉地质》著作中创立或使用的地壳运动的名称有茅山运动、金子运动、南象运动、苏皖运动、东吴运动等。当时，学界将地层间的角度不整合当作地壳运动的主要标志，甚至是唯一标志，乃至将角度不整合作为造山运动的标志。

二　李四光地质力学学派的形成

李四光在研究北方，尤其是将山西石炭纪地层与南方石炭纪地层进行对比后，得出古生代海水南北进退的规律，从而建立起海水进退与地球自转速度变化关系的概念，发表《地球表面形象变迁的主因》(1928)，初步建立地球表面水平运动的概念，认为这种水平运动是地球自转变化引起的，是全球性的。当时他表示赞同魏格纳(A. L. Wegener)的大陆漂移说(1939)。《东亚构造格架》(李四光，1933)中明确提出东亚存在东西变形带、大陆边缘或接近大陆边缘的地向斜和地背斜以及扭动形式三种变形类型。东西变形带自北向南有安加拉带(N57°~58°)、唐努-肯特带(N49°~50°)、阴山带(N25°~26°)、秦岭带(N33°~34°)和南岭带(N25°~26°)。边缘地向斜和地背斜一经消失，只有通过古地理再造来追溯其过去的存在，从西向东有大兴安岭地背斜、渤海地向斜、长白山-山东丘陵地背斜、日本海-黄海-东海地向斜、日本群岛及相关花采列岛地背斜。它们是华夏地向斜在燕山运动之后产生的地背斜和地向斜。扭动型式中，多字型和山字型体系是大陆内部最主要的构造单位，文中阐述了伊尔库茨克山字型、中国北部(祁吕)山字型、淮阳山字型、金沙江山字型、潇湘山字型和广西山字型，并指出了它们的两翼和脊柱所在，从它们的弧顶指向南，分析了形成这些山字型的应力状况。他认为这些构造与地球旋转轴成明确的、不变的关系，必定与地球旋转轴有某种成生联系。也就是说，李四光在20世纪30年代初就已初步形成了地质力学的思想。《中国的构造轮廓及其动力学解释》(1935)重申了东亚构造轮廓实质上是被上述三组构造所控制，特别强调华夏地向斜和华夏褶皱带可以与北美东部阿巴拉

李四光（1889—1971）

契亚地向斜和阿巴拉契亚褶皱带相对比。文中还阐述了由于地球收缩，地球内部物质的集中，致使地球旋转速度增加，助长了大陆块的区域扭动和挤压。这样，在重力控制下大规模的海进在低纬度地区发生。随着构造运动的爆发，因变质作用、火成物质喷出，以及大陆由低而高和由高纬度到低纬度的位移，地球的转速稍微减缓，导致海水向极区退却。李四光将大陆车阀作用控制构造变动的过程的假设述说得非常详尽。《广西台地构造之轮廓》(1940）中，明确了东西褶皱带和新华夏系构造线的概念。《南岭何在》(1942）中，正式提出了地质构造线彼此干涉的情形，即它们交接的方式有重接、斜接、反接和截接四种方式，并首次使用“地质力学”（Geomechanics）这一专用名词。在《南岭和山字型构造》(1944）中建立了详细的山字型构造模式。20 世纪 40 年代中叶，李四光撰写《地质力学的基础与方法》。这是地质力学研究的阶段性总结，也是地质力学理论的奠基之作。在这本著作中，对构造型式、构造体系、构造线交接的四种方式、地质体系形成时的大陆车阀说等都有阐述。

三　黄汲清多旋回学派的形成

黄汲清在前人研究的基础上，总结自己区域地质调查的资料，采用欧洲人的地槽-地台学说，按历史分析和建造分析的方法，对中国大地构造特征进行初步总结，在 20 世纪 40 年代前期撰写了《中国主要地质构造

黄汲清（1904—1995）

单位》，于 1945 年出版。黄汲清的观点与李四光显著有别。他首先指出中国存在几个前寒武纪地块，如中朝地块、塔里木地块、扬子地台和一些中间地块，还阐述其特点；阐述了加里东褶皱、华力西褶皱、印支褶皱、燕山褶皱和喜马拉雅褶皱的分布及其特征。他特别强调中新生代的基底褶皱，认为它们在中国东部特别发达，因而形成中国境内独特的多旋回构造。他还认为亚洲存在三种主要构造型式，即太平洋式、古亚洲式和特提斯-喜马拉雅式，并按活动论的观点，解释它们的相互关系。黄汲清的观点与当时世界构造地质大师史蒂勒（H. Stille）不同，史蒂勒的地槽褶皱带的构造岩浆旋回的观点是：初期以下沉为主，有大量蛇绿岩出现，之后地槽型沉积物褶皱成山，同时有花岗岩侵入，接着有安山岩喷发和各种斑岩小侵入体出现，最后褶皱带遭受剥蚀，地槽转化为地台，并有玄武岩喷溢。这就是在当时地质界占统治地位的单旋回观点。《中国主要地质构造单元》是黄汲清的多旋回构造运动说的奠基之作。

第二节　中国各大地构造学派介绍

1949 年后，我国地质力学学派和多旋回构造运动学派得到快速发展，并在 20 世纪 50 年代后期和 60 年代初涌现地洼、断块和镶嵌三个学派。

一　地质力学学派

在民国时期，地质力学学派的创始人李四光和他的学术团队的成员朱森、李捷、李毓尧、张文佑、孙殿卿、马振图、谷德振、吴磊伯、徐煜坚、陈庆宣、李铭德等，在创建地质力学和发展地质力学方面，做出了重要贡献。1949 年以后，李四光在孙殿卿、吴磊伯、陈庆宣的协助下，使地质力学内容更加丰富、寓意更加深刻、学说更加完善。

20 世纪 50 年代初期，李四光先后发表《受歪曲的亚洲大陆》(1951)、《地质构造的三重基本概念》(1953)、《旋卷构造及其他有关中国西北部大地构造体系复合问题》(1954)、《莲花状构造》(1957，与黄孝葵合著）和《东西复杂构造带和南北构造带》(1959) 等文。在《新华夏海之起源》(1948) 中，李四光就将震旦式褶皱及有关的断裂划分为：①华夏系（走向 NE45°~50°）的褶皱，有时有逆断层；②中华夏系（走向 NE30°~34°）的褶皱、冲断层及与其直交的断层，形成隆起带和山脉；③新华夏系（走向 NE18°~25°）的高角度冲断层，有时还有倒转背斜，以及直交于它们的断层，通常与华夏系和中华夏系斜接，还有从辽河河谷到扬子江中游的盆地。《受了歪曲的亚洲大陆（节要)》则详细阐述了山字型构造的特征，并述说了中国大陆上 16 个山字型构造。它们分别是龙江系山字型、祁吕型山字型、陇南系山字型、淮阳系山字型、淮南弧型、巴康系山字型、康滇山字型、昆明系山字型、滇东可能还另有一个山字型、黔西系山字型、广西系山字型、湘南系山字型、赣南系山字型、闽西系山字型、粤北系山字型和临安系山字型。文中还指出在亚洲西部也有山字型弧形存在，最显著的是伊朗-阿富汗系和土耳其的托罗斯-安纳托利亚系，在印度半岛的西北部和欧洲东南角（希腊的赫伦弧）都有向南凸出的弧形构造。他还认为有一个横跨欧亚大陆的巨大山字型构造——欧亚系山字型，其西翼在俄罗斯地台的西南边缘，东翼未指明，脊柱就是乌拉尔山。向东南凸出的边缘弧是无脊柱的弧形，都分布在亚洲大陆东部的边缘，分为三列，最外一列是一群念珠状的岛屿（千岛群岛、日本本州岛、琉球群岛各为一弧）；中间一列由所谓通古斯弧、朝鲜弧、闽南弧构成；最内一列由大兴安岭弧、燕然山弧、太行-崤山弧、雪峰-苗山弧（贵州东南）4 个弧构成。李四光还将从西藏、青海、祁连山，经过川西、滇西至缅甸，一直到安达曼、尼科巴、印度尼西亚群岛的弧形认定为亚洲大陆向西或向西南凸出的边缘弧形。他还指出东西带深深地被边缘构造所影响，它们相互干扰，使东亚的花采列岛不排成直线或连续的弧，而是在一定间隔上交错，每个交错都在东西带向大陆边缘延伸所应该占据的位量。他还指出，研究构造地质的最基本的概念是结构要素、地块形态和构造体系（1953）。《东西复杂构造带和南北构造带》（1959）一文虽不长，但分量很重。它在我国大陆的东西构造带实在是太重要了，尤其是昆仑山脉-秦岭-桐柏山-大别山-苏北海州-沉没于东海-日本本州西部和四国北部，更为复杂。李四光认为这些东西带在中生代晚期的运动中都遭受了强烈的南北向挤压，至少有一部分在加里东和海西运动时曾经一再褶皱，东西带的雏形早在前寒武纪即已发育绝非不可能。他进一步阐述了西亚、欧洲和美洲也存在与这三个东西复杂构造带断续连接的东西复杂构造带，在南半球相当的纬度上也有类似的东西复杂构造带。东西复杂构造带被认为是全球性的一级构造带。李四光认为中国的南北构造带分布分散，发育不成熟，其中最强大的出现于四川与西藏之间和滇西的褶皱地带。这些南北走向的巨大褶皱带，向北延展，逐渐向西北弯曲，而插入西藏高原及青海地区，向南延伸经过老挝西北部、泰国西部、缅甸全境、安达曼群岛、尼可巴群岛，逐渐向东南弯曲，进而形成印度尼西亚的弧形构造。他认为这个南北向构造带与一个超巨型的反 S 形构造的中部相复合，从燕山时期一直到晚近地质时代，断断续续地遭受过褶皱和隆起运动，它的一部或全部在古生代可能属于一个地槽的范围。此外，中国其他地区，如滇东、黔东、湘东南、赣西以及更东的华南地区，也有南北走向的挤压带。山西陆台东部边缘的挤压现象，一部分可能也属南北向挤压带。至于郯（城）庐（江）走向近南北埋伏在地下的强烈破裂带，这种既不严格符合南北，又不符合北北东的构造线，看来是由构成南北向挤压带的应力和构成北北东挤压带的应力，同时联合作用的结果。李四光认为南北走向的构造带在地球上其他地区往往也有出现，只不过规模不等，体型为中巨型或超巨型，规模最大的是出现于南北美洲西部的科迪勒拉和安第斯地槽，其次为乌拉尔山脉和它的先行者乌拉尔地槽。这两者是属于回返、挤压而产生的褶皱带。东非的裂谷地带、地中海东岸附近地区、西欧隆河谷（罗讷河）、莱茵河直到斯堪的纳维亚南部，是几段大致走向南北的巨大破裂带。这些主要是张裂性的大断裂，总的方向是向南北伸展的。最后，李四光指出这些东西向和南北向构造带分布的全球性，是地球自转速度变更形成的。他认为东西复杂构造带的存在，可用达尔文（G. H. Darwin）根据分带的协和函数（即球函数）分析提出的地球表面应有所谓的协和山脉的存在加以解释。李四光还认为，由于地球自转的角速度加大，会在西部有阻挡的情况下产生东西向挤压作用，西部无阻挡情况下产生张裂带。但没有说地球角速度变小情况下，将如何变化。

《旋卷构造及其他有关中国西北部大地构造体系复合问题》是李四光在1949年后的一篇力作。文中提出了不同构造体系的构造成分的复合的概念，认为那些复合的构造体系，可以是同时期的，或者部分同时期的，也可以是完全不同时代的。它们所涉及的地区，可以是大致相同的，但在绝大多数的场合，范围是不一致的，规模也大都不相等。他确定了4种复合方式：①归并，一个构造体系的某些成分，或者某一部分的所有一切成分，有时经过轻微的改变，卷入另一构造体系，或成为同一体系的不同序幕的成分。②交接，两个构造体系的构成成分出现于同一地区的时候，有时互相穿插，自己保持本来面目，很少改变，彼此既不加强，也不削弱。两个构造体系交接的方式，可以概分为重接、斜接、反接和截接4类。③包容，在一个构造体系中，有时包含着岩块或地块，这种岩块或地块，有时出现一些自成系统的构造形体，而它与包含它的构造系统不同，也不受其影响，这些岩块或地块与包容它的构造体系所标志的大致符合或是协调的。④重叠，已经为一定的构造体系所贯串的地块，在那个体系发育成熟后，有时有一部分隆起或翘起，而另一部分沉降或陷落。高升的部分显得加强，而沉降的部分显得削弱，实际上并未加强和削弱。但沉降地区往往有新的沉积的掩盖，必须把上升或沉降重叠在原有构造体系上的影响除去，才能见到它的本来面貌。他还论证了旋卷结构的形成机制，旋转扭动是旋转构造的运动方式，有旋转轴水平的和垂直的两种旋扭运动，前者大都是小型构造，就是由帚状节理和弯曲裂面组成，形态可以一目了然。而中型以上的旋卷结构，鉴定比较困难。他鉴定了文殊山旋卷构造和宋梁山旋卷构造。而巨型旋卷构造，他则鉴定了陇西系旋卷结构和康藏滇缅歹字型构造。文章重点论证祁吕贺兰山字型构造体系的存在。祁吕贺兰山字型的构造由祁吕弧形褶带和南北走向的贺兰褶带组成，前者为前弧，后者为脊柱。在贺兰褶带北延和南延部分情况尚不清楚以前，李四光只好让祁吕贺兰山字型构造体系的建立问题，暂时停留在拟议的阶段。他还指出了在祁连山极东部及以东地域，乌鞘岭以南直到兰州东南，走向北北西（不超出 NW15°～30°的范围）的褶皱和冲断面，有广泛的发展，其扩展的范围更大，称之为河西构造体系，它与祁吕弧东翼的新华夏系呈对称的状态，与祁吕弧复合。最后，他从弹塑性物质实验结果推导出了中国西北各构造体系所显示的运动方式，认为存在西北地区各部分不均匀地对南面的推挤作用。由于青海西藏地块对它西面的阻碍发生了顺时针的旋扭运动，华北平原及其以东的地块也发生了阻碍作用。阴山以南、贺兰-六盘地带以东的华北地块对西稍偏北方向的推挤，造成山西陆台和太行陆梁所需要的东西方向的压力，对祁吕贺兰山字型体系的双边对称性，起了不小的歪曲作用。

《地质力学概论》(1962）是李四光 40 年实践的总结，是地质力学学派学术观点的经典著作。该书稿始于 1959 年 1 月，1962 年完成，1973 年正式出版。其间几经修改，内部印刷，并作为三期地质力学进修班的主要教材。1962 年书稿印出后，流传很广，影响广泛。全书分为有关地质构造的若干传统概念述要、地质力学的方法、当前地质力学中存在的问题和地质运动起源问题等 4 章，共约 17 万字。附有 8 个图版和一幅“北半球表面出露的主要构造带简化图”。随正文还有 38 幅插图。李四光把研究地质力学 40 年来形成的并逐渐完善的工作方法系统地总结为鉴定每一种构造形迹或构造单元（结构要素）的力学性质、辨别构造形迹的序次，按照序次查明同一断裂面的力学性质可能转变的过程、确定构造体系的存在和它们的范围、划分巨型构造带，鉴定构造型式、分析联合和复合的构造体系、探讨岩石力学性质和各种类型的构造体系中应力活动方式和模型试验七个步骤。所有结构面，按照力学性质，可划分为压性结构面（挤压面）、张性结构面（张裂面）、扭（剪）性结构面（扭裂面）、压性兼扭性结构面（压扭面）和张性兼扭性结构面（张扭面）。他认为地质力学的分析工作，首先是要鉴定某一部分构造形迹的序次和等级。在一个地区中出现的各项构造形迹，可以按照它们的规模大小分为不同的等级。同时，在一个地区中相互关联的各项构造形迹，按照它们发展的情况，可以分为初次、二次、三次乃至多次的构造成分。一般来说，第一级构造大多属于初次构造，再次（二次、三次乃至多次）构造大多是二级、三级乃至更低级构造，但并非一一对应。再次构造有的可能是新生的，有的可能是由旧的构造形迹转变而来的。构造体系是许多不同形态、不同性质、不同等级和不同序次，但具有成生联系的各项结构要素所组成的构造带以及它们之间所夹的岩块或地块组合而成的总体。一个复杂的，即由不同序次、不同等级的各项构造成分组成的构造体系，特别是大型的构造体系，经常是由许多较小的次一级的构造体系组合而成的，这种次一级的构造体系，又可以由若干更小的构造体系组成。他将构造体系分为三大类。

第一类为横亘东西的复杂构造带。在中国境内有位于北纬40°～43°的阴山带、位于北纬33°～36°间的秦岭带以及不那么明显的南岭带。南岭带位于北纬23°30′～25°30′，因受其他构造体系的干扰而不那么延续不断。李四光认为，这些东西向的构造体系，不但在中国存在，而且向东延伸到太平洋底，向西延伸到欧洲，甚至在北美大陆都存在。除此之外，在南半球也有东西构造带发育。他还分析亚洲东部的弧形列岛，每两个弧形互相连接的地方，恰巧和一个东西复杂构造带所在的地位相当，他解释为本应呈直线状排列的列岛，受到潜伏的东西带的阻碍，形成了一系列的弧形。他还联系到若干行星，特别是木星的表面，也存在着东西向的带状结构，表明它们与所在的星球的自转保持着一定联系。

李四光将川西和滇西南北向的褶带确定为第二类，即南北向构造带。它向北延展逐渐向西北弯曲，插入西藏高原及青海地区；向南延展经过老挝西北部、泰国西部、缅甸全境、安达曼和尼科巴群岛，逐渐向东南弯曲，而形成印度尼西亚的弧形构造。他认为中国西部的南北向构造带与一个超巨型的反S形构造在中部复合。此外，在滇东、黔西、湘东南、赣西南以及华南地区，往往都出现南北走向的挤压带，在福建特别发育。在中国南部若干地区，南北向褶皱带和山字型构造的脊柱全部或部分重复在一起。

第三类为各种扭动构造型式。李四光在我国燕山运动以来逐步发展的构造体系中列举了多字型构造、山字型构造、旋卷构造、棋盘格式构造等几种类型的扭动构造型式。多字型构造是走向大致平行的挤压带与同它大致成直角的张性断裂组成。在特殊情况下，成雁行排列，属于这类的有华夏系构造、中华夏系构造和新华夏系构造。将亚洲东部的岛弧作为新华夏系最外的第一级隆起带，其西侧的海域为第一个沉降带；紧挨着的是第二隆起带为朱格朱尔山脉-锡霍特山脉-张广才岭-老爷岭-长白山脉-狼林山脉，由辽东半岛穿过胶东半岛到淮阳丘陵以及东南沿海丘陵（包括武夷山、戴云诸山脉）；其西为第二沉降带，即松辽平原-渤海-华北平原，越过南岭后至北部湾；再往西为第三隆起带，即大兴安岭、太行山脉、湘黔边境诸山脉；再往西的第三沉降带被阴山和秦岭所截断，形成呼伦-巴音和硕、鄂尔多斯-陕北（伊陕）和四川三个单独盆地。山字型构造由前弧、反射弧、脊柱和马蹄形盾地组成。前弧是由若干平行的挤压带形成的弧形构造，前弧两翼向相反方向的弯曲部分为反射弧。前弧两翼和反射弧是呈正弦曲线状的，一边呈S形，另一边呈反S形连续的复式构造带。在前弧半包围的中间地带为强烈的直线状的隆起挤压带，即脊柱。在脊柱与前弧的弧顶和两翼之间往往形成平缓地区或褶皱微弱地带，为马蹄形盾地。他列举了中国不少山字型构造以及世界上的一些山字型构造。旋卷构造由旋扭核心和围绕核心的弧形褶皱和断裂或放射状平移断裂组成。旋扭轴有斜立的、水平的，大型旋卷构造的旋扭轴大都是垂立的，是水平扭动的结果。帚状构造、莲花状构造或环形构造、一部分正弦状构造或S状和反S状构造、辐射状构造、歹字形构造都是不同类型的旋卷构造。棋盘格式构造是网状构造，由两组相互交叉的断裂组成，其夹角一般为直角或近似直角；它们之间的两对对角一为钝角，一为锐角，形成X形。后来，《地壳构造与地壳运动》(李四光，1970）总结为巨型纬向构造体系、经向构造体系、新华夏系构造体系、华夏系和华夏式构造体系以及扭动构造体系五种构造体系。

对于这些构造体系形成的动力来源，李四光认为由于地球自转角速度的变更，不只是东西走向的构造体系和山字型构造体系等可以跟着产生，而且南北走向的构造体系，也可以跟着产生。地壳的构造运动是控制地球自转速度的自动机制。就是说，地球自转加快，就包含着使它变慢的作用，这是对立的统一，是和许多自然现象所显示的一般规律符合的。在另一处，李四光（1970）说是在重力控制下地球自转的离心力是地壳运动的力量来源。一场大规模的构造运动会使地球深部的物质乘机活动，闯入地壳上部，密度较大的深部物质上侵或冒出，和大陆上的纬向和经向水平扭错运动对地球深部发生摩擦结合起来，好像自动刹车的车阀的作用一样，让地球自转速度又变慢了。

二　多旋回构造学派

任纪舜（2004）在《读〈中国主要地质构造单位〉：中国大地构造的经典著作》一文中写道："如果说翁文灏以'中国东部的地壳运动'（翁文灏，1926，1928），第一次提出，中国东部重要的构造运动时期不在古生代末期，而在中生代中期，并命名为燕山运动，开创了中国学者研究中国大地构造的先河，李四光以《中国地质学》(Lee，1939）第一次系统阐述了中国的地层系统和地壳运动，并用其独创的地质力学方法，论述了中国和东亚的构造，黄汲清先生则以《中国主要地质构造单位》，创立了中国大地构造结构复杂、演进有序的严谨图式和理论体系，为中国大地构造的深入研究打下了坚实的基础。"文中指出，"黄汲清先生是站在巨人的肩膀上完成这一巨著的"。任纪舜在列举19世纪末20世纪初庞佩利（R. Pumpelly)、李希霍芬（F. von Richthofen)、阿尔冈（E. Argand)、葛利普(A. W. Grabau)、奥布鲁切夫（B. A. Обручев)、李四光、阿尔汉格尔斯基（A. D. Arkhangelsky)、纳里夫金（D. Nalivkin）等的著作后，接着写道："其中阿尔冈的学术思想对黄汲清先生影响最大。阿尔冈这位20世纪前期最伟大的活动论大地构造学家是黄汲清先生的博士导师，综观《中国主要地质构造单位》，从科学术语到学术思想，无不闪耀着阿尔冈科学思想的光芒，《中国主要地质构造单位》实际上也可以看作阿尔冈的

《亚洲大地构造》一书的继承和发展。”

20世纪50年代起，黄汲清和他的研究团队，通过进一步研究，发展和完善多旋回构造学派，1956年黄汲清发表的文章中，提出了正地台、准地台、正地槽和准地槽的概念。黄汲清在指导肖序常、姜春发、任纪舜等编制1∶300万中国大地构造图并编写《中国大地构造基本特征》(1965)过程中，发表了《中国地质构造基本特征的初步总结》(1960)一文。他根据20世纪50年代地质调查的新资料，重新划分了中国大地构造基本单位。他明确指出中国东部和西部是两个不同的构造体系。西部是活动性比较大的、古生代的，经过中新生代又复活了的地槽型强烈褶皱地带，褶皱带之间夹着大小不等的“中间地块”；东部则是基本上活动性比较小的，以前震旦纪结晶片岩和轻变质岩系做基底，从古生代浅海相沉积和中新生代陆相沉积作盖层的地台型断裂褶皱地区。他将东部命名为中国地台，包括东北准地台、中朝准地台、扬子准地台和南华准地台4个一级构造单位；西部包括几个巨大的褶皱体系，属于天山蒙古褶皱系的有阿尔泰、天山和内蒙古大兴安岭3个褶皱系，属于昆仑秦岭褶皱系的有昆仑、祁连、秦岭、松潘甘孜4个褶皱系，其中还有塔里木地块和西藏滇西准地台，后者包括西藏准地台和滇西褶皱系。此外，还有台湾褶皱系和喜马拉雅褶皱系。黄汲清在文章中写道，“随着新中国成立以来的资料的大量积累和经过1∶300万中国大地构造图的编制，我们不但更肯定了过去已经提到的中国大地构造的若干特点，而且又发现了一些新的特点”。他列举了印支运动旋回及其重要性、燕山运动旋回及其重要性、多旋回造山和多旋回岩浆活动、深断裂和大断裂、大型隆起和大型凹陷的发生和发展、准地台及其特点、地槽地带的若干特点。文章认为当时的区域地质调查证实了印支运动旋回在中国南部的重要性和普遍性，以南华准地台发育得最好，在这里是地台型褶皱运动，而在扬子准地台则为升降运动。印支运动在地槽地带也有发展，如云南的哀牢山褶皱带、大理丽江褶皱带等。而属于华力西地槽褶皱带的雅江褶皱带，在巨厚的志留泥盆纪地槽型沉积与三叠纪地槽型沉积呈不整合接触，三叠系又被褶皱。这种印支旋回褶皱重叠在华力西旋回的地槽褶皱之上，称为“二重地槽”，这是中国地槽的特点之一，应进一步研究。黄汲清将燕山运动分为五期，其中第四期为主要的区域性不整合。黄汲清认为中生代晚期的燕山运动在亚洲东部分布很广，根据新的资料，把中国东部燕山运动旋回分为五期，其中第一期为真正的褶皱运动，第三期是第二个重要的褶皱运动。第一期和第三期是燕山旋回的爆发期。这里有两个火山碎屑建造：中性火山岩产生于中侏罗世，即第一期后；酸性火山岩产生于上侏罗世，即第二期之后。他在列举中国各构造单元燕山运动的变形形式之后，指出燕山运动以及其各式各样的活动形式波及了全中国，并且铸造和改造了全国的地质构造，只有少数稳定地带如鄂尔多斯、四川中部、塔里木地块等例外。文中他坚持将阿尔卑斯旋回分成三个亚旋回：印支旋回、燕山旋回和喜马拉雅旋回。多旋回造山在中国西部地槽褶皱带表现得颇明显，他列举祁连山、秦岭地槽褶皱带及天山地槽褶皱带山前坳陷的多旋回发展，并加以说明。他还指出华北准地台、扬子准地台的边缘也存在多旋回造山运动。在谈到深断裂和大断裂时，黄汲清写道：“笔者过去曾谈到中国的深断裂。随着编制中国大地构造图工作的进展，更多的深断裂被发现，我们才体会到深断裂的复杂性、多样性和重要性；我们认识到在中国大地构造体系中深断裂不但起着巨大的作用，而且往往起着主导的作用。各种深断裂和深断裂带的存在以及它们的发生和发展，是中国大地构造主要特征之一。”他论述中国深断裂有地台深断裂、地槽深断裂和山前坳陷深断裂；有正断层、逆断层和逆掩断层；有新深断裂和老深断裂；还有深浅之分，最深的深断裂深达700千米，一般的深断裂有数十千米之深。若干地台深断裂有大量基性岩和超基性岩伴随，说明它已切穿了地壳。深断裂还有显露的和隐蔽的之分。深断裂往往也是多旋回的，也是多旋回活动的结果，深断裂进一步发展往往便变成为众多的深断裂群。这就是多旋回深断裂体系。两个或两个以上不同走向的深断裂有时相互交叉或相互切割，其中一组可能较老，另一组可能较新，有时一组较显著，另一组较隐蔽，它们组成了交叉深断裂体系。在地台地区和地槽地区都普遍存在大型隆起和大型坳陷，在地台上更是多种多样。这些隆起和坳陷有的长期存在，有的存在时间稍短些；有的是线状的，有的不是线状的；有的地轴和伴随的轴缘坳陷；有的成为隆起坳陷带，成群平行排列；有地台褶皱边缘坳陷；也有地槽褶皱边缘坳陷。东部地台区往往出现下陷很深的大型坳陷，其深度可达8000~10000米，沉积以海相或海陆交替相碎屑岩为主，往往夹火山喷发岩。坳陷发展时间不太长，一般只有一个纪甚至不到一个纪。它已属地槽性质，因其规模较小，时间又不太长，一般都在准地台内发展，暂不认为是地槽，被命名为“准地槽型坳陷”。这篇文章专就准地台和准地槽两个大地构造单元做了说明并指出了准地台与正地台的区别：活动性比较大；基底硬程度一般不高；差异性震荡运动产生各式各样的大型隆起和大型坳陷；地轴和轴缘坳陷、平行排列的隆起坳陷、有时有线性的准地槽型坳陷发育；真正的造山运动的存在，伴随有岩浆活动，而且是多旋回的，以燕山旋回为主；有许多深大断裂切割准地台的盖层和基底，而且是多旋回的；由于大规模和大幅度的新构造运动，准地台的地貌往往都非常年轻。黄汲清还指出中国地槽带与一般地槽不同的特点是活动性小，褶皱不够强烈，岩浆作用和区域变质不够广泛，硬化程度较低。中国地槽发生多旋回造山的主要原因之一是硬化太低。秦岭地槽东端三面被中国地台包围，祁连地槽东南延为鄂尔多斯所阻。它们都是盲肠状地槽，都是冒地槽。祁连地槽和昆仑地槽都有中国地块或中间隆起带存在。

《从多旋回构造运动观初步探讨地壳发展规律》(黄汲清、姜春发，1962）是一篇与陈国达进行探讨的论文。文中更明确地提出了准地槽和正地槽的主要特点及其差别、准地台和正地台的主要特点及其差别、地槽与地台的相互转化及相互转化的方式，强调地壳发展的多旋回性，并将地槽发展的构造旋回划分为前期旋回、主旋回和后期旋回。作者在分析了美国和中国一些地槽的多旋回发展规律后，将震旦纪以来的新地巨旋回归结为4个旋回和若干个亚旋回，即：①阿森特旋回［5.7亿~11（12）亿年］，它可能包括两个旋回和若干个亚旋回；②加里东旋回（4亿~5.7亿年)，包括早、晚两个亚旋回；③华力西旋回（2.25亿~4亿年)，包括早、中、晚三个亚旋回；④阿尔卑斯旋回（2.25亿年后)，包括印支、燕山、喜马拉雅三个亚旋回。震旦纪以前划分为三个巨旋回，它们是：老太古巨旋回［26（27）亿~34（35）亿年］，有两个或更多旋回；新太古巨旋回［18（19）亿~26（27）亿年］，包括两个或更多旋回；老元古巨旋回［11（12）亿~18（19）亿年］，包括三个或更多个旋回。作者认为后期旋回发生在主旋回之后，即地槽全部回返之后，它应是地台型的构造运动。一般来说，准地台的后期旋回明显而重要。准地台的构造运动主要有两大类型：①以震荡运动为主的运动，有大型坳陷和大型隆起，它们都有条带状的和非条带状的；②以褶皱断裂为主的多旋回运动，又可分为天山型、闽浙型、八面山型、燕山型、山东型和混合型等6种型式。文中还阐述了继承作用和新生作用在多旋回构造运动中的表现，大陆的扩大与缩小和地壳多旋回运动的关系，并对陈国达的地台活化说提出异议。作者进一步论证了多旋回深断裂、多旋回岩浆活动和多旋回成矿作用，认为地台活化就是多旋回构造运动的一种。文中明确指出在地壳发展的各个时期，都是地槽和地台，更恰当地说地壳的活动地带和稳定地带都是同时并存的，没有事实证明泛地槽和泛地台。对陈国达的“动定转化递进说”或“地洼说”提出了不同的看法。

《中国大地构造基本轮廓》(黄汲清，1977）对中国大地构造单元的划分做了一些调整，明确了一些优地槽和冒地槽多旋回褶皱带，将中国的深断裂分为壳断裂（包括硅铝层断裂和硅镁层断裂）和超壳断裂（包括岩石圈断裂和超岩石圈断裂)。超岩石圈深断裂是地球构造圈中规模最大的第一级深断裂。一般是大陆和大洋之间的分界，在地史上出现过这类深断裂带一般都伴有发育良好的蛇绿岩套，有的还伴有高压低温和高温低压成对出现的变质带遗迹混杂岩等；现代正在活动的这类深断裂往往伴有深源地震，即毕乌夫带。雅鲁藏布江深断裂带和台湾大纵谷深断裂带是超岩圈深断裂，前者是印度板块与亚洲板块之间的地缝合线，在我国境内长近2000千米，沿断裂带发育有我国最大的蛇绿岩带；后者是西太平洋岛弧深断裂系的一部分，沿断裂发育蛇绿岩套、蓝闪石片岩和混杂岩带。西太平洋岛弧毕鸟夫带一般都是压性断裂，而台湾大纵谷深断裂却是一条左旋剪性断裂，向南延即是菲律宾断裂。此外，北祁连深断裂带、金沙江红河深断裂带、德尔布干（即中蒙古）深断裂带都可能是古板块缝合线，即超岩石圈断裂带。岩石圈断裂的规模也相当大，一般都有超基性岩等深部物质沿断裂带呈线状分布，而缺乏良好的、大规模的蛇绿岩套。中国地槽中大多数深断裂和地台上的一部分深断裂属岩石圈断裂，重要的有郯庐伊抚深断裂系和昆仑秦岭深断裂系。前者是亚洲东部最重要的深断裂之一，包括郯城-庐江、抚顺-密山、伊兰-伊通三条断裂带，全长 2400 千米。南北贯串扬子、中朝、吉黑等几个构造单元，是中国东部一个重要的中新生代岩浆活动带、成矿带和地震带。在地史发展过程中曾发生过左旋剪切，而现代震源机制显示右旋剪切。后者包括北祁连-北秦岭-北淮阳深断裂带、柴达木北缘-青海南山-北秦岭-北淮阳深断裂带、东昆仑-秦岭深断裂带，是中国中部横贯东西的复杂深断系，控制着昆仑秦岭地槽褶皱系的发生、发展。这几条深断裂带显示西深东浅的特点，西段普遍有海底火山岩和超基性岩，沿断裂带优地槽特征清楚，其中北祁连已发现延伸 700 千米的蛇绿岩套和百余公里的蓝闪石片岩带，是古板块缝合线；东段则是复理石沉积为主体的冒地槽带，极少有超基性岩。壳断裂一般没有超基性岩分布，但中酸性岩浆活动往往是硅铝层断裂的一个重要特点，硅镁层断裂则常常伴有玄武岩流的喷溢。壳断裂在中国广泛分布，东南沿海的深断裂伴有大规模中酸性岩浆活动，东部硅镁层断裂控制着中新生代断陷盆地的发生、发展，大量发育的张性断裂伴有大量玄武岩流的形成。文章在讨论中国大地构造的发展时，强调元古代末的扬子旋回的重要性。太古-早元古代主要是中朝地台的形成，晚元古即震旦阶段主要是扬子地台和塔里木地台的形成，即晋宁运动和澄江运动，年龄值分别为8亿年和7亿年，原称扬子旋回的7亿~5.7亿年部分改称兴凯旋回。扬子旋回还使柴达木北缘、东昆仑、秦岭、阿尔金等地发育有和扬子、中朝南部、塔里木等地一样的地台型早-中寒武世的含磷岩系。说明这些地方经过扬子造山旋回已成为稳定的地台状态。也就是说扬子旋回在中国境内形成了辽阔的地台，暂称古中国地台。这个地台在震旦系和下寒武系沉积时，经历了差不多2亿年的发展。他们认为古生代以来中国大地构造的发展运动经历了古生代阶段和中、新生代阶段，在空间上发展三大构造域，即古亚洲构造域、滨太平洋构造域和特提斯-喜马拉雅构造域。古生代阶段主要是古亚洲构造域的形成，早寒武世末当萨彦-北蒙古-额尔古纳地槽褶皱隆起时，扬子旋回形成的古中国地台开始解体，形成昆仑、秦岭等古生代地槽；经过加里东旋回，到华力西旋回之后，随着中亚蒙古地槽的完全封闭，西伯利亚地台和塔里木、中朝、扬子等地台连成一体，形成一个巨大的克拉通，即古亚洲。中、新生代阶段，中国主要处于滨太平洋和特提斯-喜马拉雅构造域控制之下。滨太平洋构造域分为内带和外带，内带主要为新生代构造带，即西太平洋岛弧带，外带主要为中生代构造带，它除了包括中国东南沿海华力西褶皱系、东北亚中生代地槽褶皱带，大部重叠在中国东部较老的、时代不同的构造单元之上，自北而南为内蒙古、大兴安岭和吉黑华力西褶皱系、中朝准地台、秦岭褶皱系东段、扬子准地台、华南加里东褶皱系等。造成总体是北东-北北东方向的隆起和坳陷、强烈的地台盖层褶皱、断裂以及大量的火山岩（以中酸性为主）和大规模花岗岩。特提斯-喜马拉雅构造域的发展给古亚洲构造域以十分强烈的影响，其中最明显的就是天山、昆仑、祁连等老褶皱带的大规模纵向线状隆起和被多旋回磨拉斯充填的多旋回山前坳陷带的形成和发展。文章列举天山地槽和祁连地槽两个褶皱系的造山运动、岩浆运动、复理石沉积建造的多旋回性，认证了地槽发展的多旋回性，说明这种多旋回并不是简单的重复循环，而是有方向性的螺旋式发展。然后，精辟地论证了三叠纪以来中国大地构造发展中构造活动方式的初步考虑，指出太平洋板块与亚洲大陆之间仰冲和俯冲作用对亚洲东部构造发展的深刻影响，以及特提斯洋壳与亚洲大陆陆壳相互作用对雅鲁藏布江以北特提斯中生代褶皱带的形成所起的作用，印度板块的碰撞作用形成雅鲁藏布江以南的属于冈瓦纳大陆北缘的新生代褶皱带。文章以“中国造山旋回划分及大地构造发展简表”作为结语。

《试论地槽褶皱带的多旋回发展》(黄汲清，1979）系统地列举 20 世纪 60 年代至 70 年代欧洲和苏联地质学家采用史蒂勒（H. Stille）的单旋回观点的地槽发展模式，阐述从中国实际出发论述多旋回观点的主要内容，并以澳大利亚东部的塔斯曼地槽、美国的阿帕拉契地槽和加拿大的科迪勒拉地槽为例，论述了地槽褶皱带的多旋回发展。他认为除这三个地槽外，多旋回发展的地槽褶皱带还有很多，如乌拉尔地槽、哈萨克斯坦地槽、高加索地槽、西北欧的加里东地槽以及日本本洲的中新生代地槽。阿尔卑斯地槽由于发展时间较短，多旋回性质不太显著。文章再次论述了地槽褶皱带多旋回发展的模式，根据国内外优地槽发展的特点，找出共性，去其特性，绘制了地槽多旋回发展的模式图。将地槽褶皱带发展划分为三大阶段六个旋回：早期旋回阶段（旋回 I、旋回 II）、主旋回阶段（旋回 III、旋回 IV）、后期旋回阶段（旋回 V、旋回 VI）。前两个阶段属于地槽沉积阶段，后一阶段为后期旋回阶段属后地槽阶段，地槽褶皱回返，转变为地台。黄汲清首次对板块构造的冲击做出了回应，着重从科迪勒拉板块构造、西南日本地槽带和南美安第造山带板块构造的多旋回发展，论述了板块构造说与多旋回发展相结合的问题。他说："板块构造说是新生力量，它有许多优点，特别在解释大西洋之形成，环太平洋带和古地中海带的中新生代构造发展史方面，它很容易被接受，所以我们必须研究板块构造；结合亚洲大陆的大地构造特点，进行创造性的分析和综合，是我们今后的任务。当然，板块说还处于幼年期，它是从研究大洋构造发展起来的，大陆构造，特别是最复杂的欧亚大陆构造（特别是古生代）是否也是板块活动的结果，其活动方式是否符合目前人们所提出的板块模式，这些问题有待我们去认真考虑，并创造性地而不是教条式地加以解决。"他继续写道："板块说和多旋回说不但不相互排斥，而且可以互相补充、互相渗透，换句话说，它们是应当密切结合的。板块说可以部分地解决多旋回说的运动机制问题，而多旋回说的规律性总结，板块说必须予以认真的考虑，并纳入其模式中。"

《关于大地构造研究的几个重要问题》（黄汲清、任纪舜，1982）阐述了对大地构造研究各方面的看法。他们认为："导源于对古地磁和海洋的研究而产生的板块构造学说与从研究大陆构造逐步形成的地槽学说是地球科学不同发展阶段的产物，它们之间基本不互相矛盾。板块构造学说把地槽学说提高到一个新的认识阶段。很显然，在用板块学说研究大陆构造的过程中，只能是修正和改进简单的模式去接近更为复杂的客观事实，而不能是歪曲事实去适应预想的模式。”文中指出为了研究大陆上的古板块构造，对蛇绿岩套、混杂岩、高压低温与高温低压变质带成对出现的研究，引起了人们的高度重视，并把它们作为板块缝合线的重要标志。其实，这并不尽然。如北祁连地槽，显然肖序常等发现较好的蛇绿岩套和蓝闪片岩带，但与之有关的断裂并不是巨型缝合线，而是古中国地台裂陷后的次一级板块缝合线，它与西太平洋毕乌夫带这样的巨型构造比较，还有很大的差别。因此，只有全面地、历史性地分析、对比，才能做出比较合理的、符合客观情况的结论。他们还指出中国由于其所处的大地构造位置，在研究全球构造中具有特殊的重要意义。当时国内外学者多把注意力放在青藏高原，特别是雅鲁藏布江缝合带，并取得了一些可喜的成果。他们强调，中国东部滨太平洋构造域的研究不但不容忽视，而且甚至更为重要。而古亚洲构造域的深入研究，则将是使用板块构造观点研究大陆构造遇到的最严重的挑战。从某种意义上讲，它也许是说明板块构造能否圆满解释大陆构造具有决定意义的一环。

1979 年，在黄汲清指导下，中国地质科学院地质研究所构造地质研究室完成 1∶400 万中国大地构造图的编制和出版。1980 年又出版了黄汲清指导，任纪舜、姜春发、张正坤、秦德余执笔的 1∶400 万中国地质图说明书《中国大地构造及其演化》。说明书是《中国大地构造基本轮廓》(黄汲清，1977)一文的续篇或进一步阐述。我们有理由认为这部著作是多旋回构造学派的一部重要著作。著作开篇阐述作者们对大地构造的一些基本理论和方法的认识，诸如大陆和大洋及其接触关系，活动带、稳定区及其转化裂谷带和褶皱隆起带，构造运动，单旋回和多旋回，构造过渡和构造迁移，深断裂，以及构造应力场等。在研究方法方面，采用历史分析法，即以各种地质、地球物理、地球化学为基础，按地史发展的顺序，探讨不同阶段大地构造发展的特点，着重研究和比较壳、幔各部分构造的发生、发展和转化，找出它们之间的共同性和差异性，阐明它们的运动规律。作者强调要做到以下几个结合：大陆构造的研究和大洋构造的研究相结合，表层构造的研究与深层构造的研究相结合，区域构造的研究和全球构造的研究相结合，微观构造的研究与宏观构造的研究相结合，定性的研究与定量的研究相结合，地球构造的研究与宇宙的研究相结合，从局部到整体的研究和由整体到局部的研究相结合，等等。作者们根据新的资料，将中国的构造旋回划分得比以前更为完整：阜平旋回（太古代末）、五台旋回（25 亿～20 亿年）、中条旋回（20 亿～17 亿年）、武陵旋回（17 亿～14 亿年）、扬子旋回（元古代末～7 亿年）、兴凯旋回（古生代第一个旋回，震旦纪～早寒武世）、加里东旋回（中或晚寒武世～志留纪末）、华力西旋回（早泥盆世～二叠纪）和阿尔卑斯旋回。将华力西旋回划分为早（晚泥盆世）、中（早石炭纪末）、晚（晚石炭世末）和末（早、晚二叠世之间）4 期，将阿尔卑斯旋回划分为印支亚旋回（中三叠世、中三叠世后～晚三叠世早、晚三叠世末～侏罗纪初），燕山亚旋回（早期：早侏罗世～中侏罗世早期；中期：中侏罗世晚期～早白垩世早期；晚期：早白垩世晚期～晚白垩世早期），喜马拉雅亚旋回（早喜马拉雅旋回：晚白垩世晚期～中新世中期；晚喜马拉雅旋回：中新世以来）。在简述各主要构造单元之后，分析了中国地槽和其主要特点，中国深断裂和深层构造以及中国大地构造演化。他们将中国大地构造演化划分为以下各个阶段：

（1）太古代及元古代巨旋回。从太古代至早元古代，包括阜平旋回及更老时期、五台旋回和中条旋回时期。在阜平旋回时期可见到五台山地区早元古代五台群与太古代阜平群之间的角度不整合。冀东迁西群、辽东鞍山群、鲁西泰山群、豫西登封群、太华群中，都有相当数量的25亿年左右的同位素年龄数据被测录。马杏垣认为这是早太古代陆核迅速增长，形成萌地台的时期，河淮陆核可能也是这一时期的产物（朱英，1979）。鄂尔多斯北部则是另一个陆核——鄂尔多斯陆核的分布区。五台旋回时期河淮和鄂尔多斯已成为两个较大的稳定区，马杏垣称其为河淮雏地台和鄂尔多斯雏地台。其他地区仍是构造活动带。五台运动使五台期地槽封闭，两个雏地台焊接在一起，中朝准地台的主体部分基本形成。此时仅存胶辽、内蒙古、冀北、滹沱、吕梁、中条和嵩箕等几个相当于冒地槽的活动带，17亿年左右发生的中条运动使这些活动带褶皱、固结，从而中朝准地台的基底最终形成。

（2）新元古巨旋回（晚元古代）。以滇东为代表，主要构造运动是晋宁运动，表现为昆阳群与其上的澄江砂岩的不整合，时限为8亿年。后一次是澄江运动，表现为澄江砂岩与其上南沱冰碛层间的不整合，时限为7亿年。扬子旋回的构造运动使中国南部扬子江流域和塔里木地区的地壳构造基本固结，形成扬子准地台和塔里木地台。在天山中间隆起带、祁连中间隆起带、昆仑中间隆起带、秦岭地轴都发现元古代地槽型沉积之上不整合覆盖着震旦系或寒武系，而这些震旦系和寒武系是地台型沉积。这些中间隆起带可能与扬子地台和塔里木地台连在一起，还可能与中朝地台连在一起，构成一个巨大的古中国地台。

(3) 兴凯旋回及古中国地台的解体。东北佳木斯隆起的晚元古代至早寒武世变质杂岩，在其南部兴凯湖附近的苏联境内中寒武世磨拉斯明显不整合于震旦系-下寒武统冒地槽沉积之上。在苏联境内的小兴安岭部分，震旦纪-早寒武世冒地槽型沉积物形成南北向的紧密的线状褶皱。说明佳木斯隆起是早寒武世末褶皱固结的。代表古生代第一个造山旋回——兴凯旋回，是中亚-蒙古地槽古生代第一次重要的造山运动。在古滇藏地槽，甚至中南半岛巨大的印支地块和郸邦地块的褶皱基底，都是兴凯旋回的产物，也就是说兴凯旋回形成了滇藏地槽的褶皱基底。

上述地槽褶皱隆起，形成新的大陆的时候，古中国地台开始解体，天山地槽西段、祁连地槽、东昆仑地槽、秦岭地槽震旦纪地台型沉积之后，先后从中寒武世和奥陶纪，开始发育地槽型沉积，说明古中国地台在此时裂陷，地槽再生。古生代继续发展的中朝准地台，塔里木地台和扬子准地台是古中国地台解体后的残留部分。

(4) 早新地巨旋回（古生代）。早期阶段加里东旋回时，华南地槽褶皱封闭，扩大了中国南部地台；祁连地槽褶皱封闭，塔里木-中国地台也随之扩大。三江地槽系虽发生过加里东褶皱，但并未结束地槽的发展历史。中朝准地台北侧，内蒙古地槽南部形成加里东褶皱带，但仍处在活动的地槽状态。后期阶段华力西旋回，使中亚-蒙古地槽中的各个褶皱系——阿尔泰、准噶尔、天山、内蒙古-大兴安岭、吉黑等全部封闭，昆仑地槽也大部褶皱，从而使中国境内的陆壳与西伯利亚陆壳相连，形成古亚洲。

（5）晚新地巨旋回（中、新生代）。自晚三叠世具有划时代意义的印支运动以后，中国大地构造又进入了一个新的发展时期——滨太平洋构造域和特提斯-喜马拉雅构造域强烈活动阶段。

滨太平洋构造域的形成是太平洋与亚洲大陆之间沿西太平洋毕乌夫带强烈作用的结果。它分为内外两带，内带主要为新生代构造带，包括西太平洋岛弧和各边缘海海盆；外带主要为中生代构造带，包括亚洲东部滨太平洋中生代地槽褶皱带和中、新生代大陆边缘活动带。后者重叠于较老的、时代不同的构造单元上，自北而南包括内蒙古-大兴安岭和吉黑华力西褶皱系、中朝准地台、秦岭褶皱系东段、扬子准地台、华南加里东褶皱带等。形成强烈的地台盖层褶皱、断裂以及大量的火山岩和大规模的花岗岩，以及总体呈北东至北北东方向的隆起带和坳陷带。

晚三叠世印支运动时期，太平洋与亚洲大陆之间沿西太平洋毕乌夫带的强烈挤压，是中国东部滨太平洋域强烈活动的开始。一方面使日本等地的印支地槽封闭，形成第一对双变质带——飞弹-三郡双变质带；另一方面使亚洲东部的稳定大陆边缘变为活动大陆边缘。还使锡霍特地区已经固化了的华力西褶皱系陷落，再生为中生代地槽带。在中朝准地台东部，形成复杂的地台盖层褶皱带，并伴有相当规模的花岗类岩浆的侵入。之后，在山间坳陷中堆积了安源煤系（T_3）和门头沟煤系（J_{1-2}）为代表的、陆相为主的类磨拉斯型含煤建造，即中国东部大陆边缘活动带的第一套地质建造。

燕山旋回是中国东部太平洋构造域最剧烈活动的阶段。这时，西太平洋毕乌夫带活动进一步发展、加强，随着日本中生代地槽的封闭，形成第二对双变质带——领家-三波川双变质带。在中国东部大陆边缘活动带主要表现为强烈的褶皱作用、断裂作用和大规模的钙碱性岩浆活动。从而使燕山旋回成为中国东部最重要的内生金属成矿阶段，许多著名矿床（如赣南钨矿等）大都是这一阶段岩浆活动的产物。中国东部大陆边缘活动带第二套地质建造是以钙碱性火山岩和花岗岩为基本特征。在燕山旋回中期之末，进入中国东部大陆边缘又一个重要成煤时期，形成阜新煤系、鸡西煤系等。晚燕山时期，即早白垩世晚期至晚白垩世早期，是西太平洋燕山地槽的消亡时期，也是中国东部大陆边缘活动带由挤压为主的阶段转化为以引张为主的阶段，在东北形成以松辽盆地为代表的大型坳陷型沉积盆地，在华北和华南则形成由张性断裂控制的中小型断隔盆地，开始堆积中国东部边缘活动带第三套地质建造——陆相为主的含油建造和红色含盐建造。

喜马拉雅旋回是岛弧-边缘海发展阶段。中国东部的活动边缘在中生代，即印支-燕山旋回时期，基本上是一个类似安第斯式的大陆边缘，到喜马拉雅旋回时期，逐渐转化为岛弧-边缘海式的大陆边缘。早喜马拉雅阶段（白垩纪晚期～早第三纪），邻接中国东部大陆边缘的晚燕山褶皱带虽已部分与亚洲大陆分离，开始形成岛弧带，但大部分尚未完全分离，而处于岛弧阶段的前奏。在此大陆边缘弧形褶皱山系内侧，华北、苏北等地形成大陆裂谷式断陷盆地（早第三纪时，其形态和特点与美国西部盆地-山脉构造相似），其中继续堆积以陆相为主的红色含盐和含油建造，并伴有频繁的玄武岩流的喷溢。晚喜马拉雅阶段（晚第三纪以来），亚洲东部边缘的中、新生代褶皱山系已与大陆完全分离，形成今日之岛弧-边缘海式大陆边缘。中国东部大陆边缘及海底构造地貌大都是在这一阶段定型的。其中东海地区现正是发展中的地槽带，南海地区是已具洋壳的边缘海海盆。这说明中国东部大陆边缘活动带正处在扩张、沉陷为主的构造背景。但各地情况不尽相同，例如华南正处在西北-东南的挤压应力作用中。

中国西南部的特提斯-喜马拉雅地槽带以雅鲁藏布江深断裂为界，分成两部分：雅鲁藏布江深断裂之南的南特提斯地槽，是冈瓦纳大陆的北部边缘地槽；之北的北特提斯地槽是亚洲大陆的南部边缘地槽。两者之间的雅鲁藏布江深断裂，则是特提斯海洋壳消失后，两大陆块之间的地缝合线。这里也经历了印支、燕山、喜马拉雅三个阶段多旋回的发展过程。

印支运动在这里表现为特提斯洋壳（或次洋壳）与欧亚大陆之间的强烈的挤压作用。主要的构造作用发生在怒江深断裂和金沙江-红河深断裂之东。它使秦岭、松潘-甘孜、三江以及与之相连的印度支那地槽封闭，在亚洲西南部形成世界上规模最大的印支地槽褶皱区。而在此褶皱区的背后，原来的古亚洲大陆的临近边缘地区则形成四川、鄂尔多斯、柴达木、塔里木等大型陆相为主的沉积盆地。

早燕山旋回形成喀喇昆仑-唐古拉早燕山褶皱系；中燕山旋回形成那曲中燕山褶皱系；晚燕山旋回是北特提斯地槽最后封闭阶段。在雅鲁藏布江深断裂之北形成冈底斯-念青唐古拉晚燕山褶皱系。南特提斯喜马拉雅地槽初次褶皱。

喜马拉雅旋回阶段，特提斯海的洋壳消失，并导致印度次大陆与亚洲大陆之间沿雅鲁藏布江缝合线发生强烈碰撞，使南特提斯喜马拉雅地槽封闭，印度次大陆与亚洲大陆合并，使中国西部的构造面貌发生了划时代的根本性变革。此后的主要矛盾运动从特提斯海与亚洲大陆之间，转移到印度板块与亚洲大陆之间进行。

不断扩张着的印度洋推动着刚性的印度地台挤向形成不久的特提斯-喜马拉雅地槽褶皱带，产生强大的挤压力，并遇到古亚洲南缘几个刚性地块（塔里木、中朝、扬子）的抵抗，产生强大的反作用力。这样构造作用力便在特提斯-喜马拉雅地槽褶皱带及其邻近地区集中，促使地壳、上地幔物质运动强化，发生剧烈的深层和表层地质作用，使那里的壳层急剧增厚，地表大幅隆起，于是形成青藏高原和中国西部各大山系。它们相继复活，发生强烈断块隆起，形成新的复活山系。昆仑山前、祁连山前、天山南北山前坳陷带的形成时代和沉积特征，与印度锡瓦利克山前坳陷带完全一致，证明它们是在同一构造应力作用下形成的（黄汲清等，1979）。

《特提斯-喜马拉雅构造域初步分析》（黄汲清、陈国铭、陈炳蔚，1984）、《多旋回地壳运动理论及其应用》（黄汲清、陈炳蔚，1985）和《中国及邻区特提斯海的演化》（黄汲清、陈炳蔚，1987）对特提斯-喜马拉雅构造域进行深入分析，提出特提斯-喜马拉雅地槽褶皱带及周围地区构造地质演化史，并提出板块的“手风琴式运动”模式。

李春昱是地槽学说重量级学者史蒂勒的学生，他的大部分学术研究是槽台论。他是黄汲清大学时代的同窗，两人长期以来又是挚友。李春昱在20世纪70年代转向研究板块构造，是我国板块学说的推广者。通过编制以板块学说观点为主导的亚洲大地构造图，他认为“板块学说不排除地槽论点，只是对地槽概念有新的发展。地槽不是大陆内部的坳陷或断陷，也不是介于两个大陆之间的活动带，而是大陆边缘的地层沉积带。围绕陆壳核心的边缘，近陆区以大陆壳为基底是冒地槽、远陆区，以大洋壳为基底是优地槽。二者往往相伴出现”。“褶皱带的形成正是板块移动挤压的结果。”

三　地洼构造学派

陈国达（1912—2004）

陈国达建立了中国大地构造的地洼构造学派。《中国地台“活北区”的实例并着重讨论“华夏古陆”问题》（陈国达，1956）一文首次提出地台活化和地台活化区或活化地台的概念。从1957年至1959年他又连续发表文章，阐述他对地台活化和活化地台的认识。1959年发表《地壳动定转化递进说——论地壳发展的一般规律》，形成了较为完整的地洼学说。《地台活化说及其找矿意义》（陈国达，1959）标志着地洼学说的最终形成。根据陈国达的叙述，地台活化现象首先是苏联地质学家发现的。苏联学者对此给出了各种名词，如次生地槽（帕甫洛夫斯基，1953）、中生代地壳坳陷（别洛乌索夫，1954）、回春（帕夫林诺夫，1954）、块断运动（米尔钦克）、年轻造山作用（尼古拉也夫，1955）等。陈国达认为这种地台区发生重新活动的现象还是叫作“地台活化”为好。“地台活化是指属于‘稳定’区性质的、以前认为代表地壳发展最后形式的、不会再有剧烈活动的地台区，当其建成以后，到了某一时期，又重新获得了显然超出地台型构造运动范畴的高度活动性，再度转化为活动区的一种现象。它是构造运动的一种新类型，代表着地壳运动的新的方向，标志着地壳发展过程中继由地槽区转化为地台区这一阶段后，走上了更高级的阶段。”“经过活化的地台区，著者叫它‘地洼区’（同义语为‘活化区’，以前曾叫‘活化地台’……），它是地壳发展过程中继地槽区和地台区之后所出现的，和这两种构造区域同等重要的一种新的基本构造单元。”陈国达将台地活化形成新的活动区即地洼区的过程称为“地洼型构造运动”。

陈国达将地台活化的过程划分为初动期、渐进期、极烈期和余动期4个主要阶段。①初动期，是地台由原来的“稳定”状态转化为剧烈活动状态的开端，主要特征为拱曲、断裂肇始、出现地洼、里面发生了以粗屑成分为主的最初的地洼沉积，有时也有岩浆活动，造成侵入岩或喷出岩。②渐进期，是活化现象正逐步进入强烈时期的阶段，特色是拱曲、断裂幅度逐渐增大、低洼下陷愈来愈深，其中沉积物也愈来愈厚。有时伴有较剧烈的构造运动，地洼沉积与原地台沉积盖层，同受褶皱及断裂。偶或出现火山活动。③极烈期，主要特点是活化达到极度，构造运动和岩浆活动到了最高点，地洼沉积继续增厚。同时，此时及此前所成的地洼沉积和原有地台的沉积盖层（甚至褶皱基底也在内）继续同受褶皱和断裂，并且这些构造变动已经发展到最剧烈程度，形成了“（地洼）褶皱带”。④余动期，主要特点是构造运动和岩浆活动已逐渐转弱，但在其出现的“山间洼地”中还可形成较厚的沉积。这些地台活化余动期地洼沉积或“山间洼地沉积”，常以粗屑物质占有特别重要位置为特色。在部分地区可有较显著的构造运动及岩浆活动。

从另一角度，陈国达又把地台活化过程概括为三大阶段：

第一阶段为局部活化期，相当于初动期的前期；第二阶段为主要活化期，包括初动期的后期、全部渐进期、极烈期和主要余动期；第三阶段为残余活化期，相当于残余余动期。

陈国达指出，地台活化的四个阶段之间，并无截然的界限，也不是简单地、直线地走过去，它通常是渐变的、起伏的。在不同的地洼区，地台活化的开始和结束，时间可以全不相同；各个阶段的长短和起讫，也不一致。同属于在中国古地台上所见的地台活化现象，也不一定在各个地区或各个剖面都具有足以反映上述四个阶段的全部记录。

陈国达认为："地壳发展的方向，乃是呈螺旋状的，继在地槽区转化为地台区之后，又由地台区转化为地洼区的过程，正是自然界依照其'否定之否定'的客观规律演变和发展的过程：地洼区的出现，乃是地壳在其上升的而不是循环的发展过程中走上更新的更高级的阶段的标志。""地壳无论在过去即或未来的地质时代都是遵循着螺旋状的方向，由于活动区和稳定区之间矛盾和斗争，在其演变的道路上互相转化，相继更替，从一次动定转化到另一次动定转化，由简单到复杂，由低级到高级，不断向前发展。这个一般性规律，可称为'地壳动定转化递进律'。"

对于地台活化的原因，陈国达给出了一个放射性元素积聚和消散的模式。根据中国东部地洼区内放射性元素分布极为普遍，并且它们主要是地台活化时期岩浆活动的产物的事实，他初步推测，"地台活化的直接原因，可能与地壳里面放射性元素的热积聚和消散交替的规律性有关"。

关于哪些地区已见到地台活化，陈国达指出了亚洲境内主要是中国东部和西南部，其次是包括中国西北部天山在内的中亚、西伯利亚的东部和南部、亚洲西部的巴勒斯坦和阿拉伯半岛的西部。欧洲主要见于苏联境内的顿涅茨盆地。非洲主要见于东部，自红海一带，与亚洲西部阿拉伯的发生活化地区相接处，向南延伸，成带状。北美洲的南部和西部，南美洲的东缘，也发生过地台活化现象。地台活化现象可见于不同时代的地台上，属于前震旦纪地台发生活化者有中国地台、滇缅地台、西伯利亚地台东部、俄罗斯地台南部、非洲地台东部、北美地台南部和西部、南美地台东部。原为新地台发生活化的有原西伯利亚地台南部贝加尔一带（后加里东地台）、中亚天山、帕米尔一带以及原西西伯利亚台坪南部（后海西地台）。

陈国达将地台活化的发生时代划分为三个时期：①顿涅茨地台活化期，发生在晚古生代，自泥盆纪至三叠纪，约相当于海西运动期，只见于地壳的局部地方，如苏联顿涅茨和北美南部维儿大；②华夏地台活化期，发生时代或极烈期出现时代在中生代，自三叠纪后期至第三纪初期，约相当于太平洋运动期（阿尔卑斯运动期），它们见于地壳的许多地区，如东亚、北美和东非；③中亚地台活化期，第三纪开始显著，至今乃烈，约相当于喜马拉雅运动期，中亚一带可见。中生代和新生代的特色，就是地台活化比较广泛，以及地洼区借着地台区的活化而继续扩展。

陈国达将地台活化的类型分为两类：①拱裂型。又可分为两种类型，一是顿涅茨型，这是由于拱曲和断裂发生巨型坳陷及断陷式的地洼，沉积巨厚的地层，最后可达万米以上，主要为陆相，中夹许多海相层，有显著褶皱，伴有岩浆活动，如苏联南部原属俄罗斯地台南部所见均是；二是华夏型，由于拱裂而造成成列出现的、分布广泛、但规模较小的地洼，岩浆活动却十分显著。这种地洼中的沉积物以纯陆相沉积为绝大多数，少数地区在某一时段曾有海相沉积生成。岩浆活动以大量酸性或中性岩为主，有些地区有中酸性火山喷溢，属于华夏型的为华夏洼隆，包括浙江、福建、广东东部和中部以及江西东南部和东南沿海区。广泛分布于中国东部、西伯利亚南部及东部、北美洲落基山脉等处。②块断型，以块状断裂为主，又可分为两个类型，一是东非型，以大规模的断裂形成小型地洼，以强烈的火山活动为特征，除非洲东部外，还向北延续到阿拉伯至巴勒斯坦一带。二是中亚型，以强烈的断层和拱曲，以及大幅度的上升，形成巨型的隆起和陷落为特征，岩浆活动不大显著。中亚天山地区所见者属于此类。此外，按活化程度又分为活动性较大的闽浙式地洼区、活动性中等的湖北式地洼区、活动性较小的黔桂式地洼区；按原来地台建立的时代又分为由前震旦纪老地台活化而成的地洼区、由新地台（后加里东、后海西）活化而成的地洼区；按发生活化时期还分为顿涅茨期地洼区（形成于古生代至中生代初）、华夏型地洼区（形成于中生代中后期至第三纪初）和中亚期地洼区（形成于新生代）。

关于地洼区小区的划分，陈国达一方面考虑该处地台的活化结果，另一方面考虑地洼形成以前处在地台阶段时该处的特点。他提出了从地洼区-洼坪（洼盾）-洼陷（洼隆）-洼渊（洼凹、洼原、洼凸）-洼塘（洼丘）-地洼（地穹）-山间洼地（褶断带）七级系统。

陈国达还提出了地洼区的主要特征：①结构方面有三个基本构造层，即下构造层（褶皱基底）、上构造层（沉积盖层）、活化构造层（地洼构造层）；②地层方面，地槽期和地台期的地层与其他地槽地台无异，第三构造层的地洼沉积不是遍布于地洼区，而是小面积分布在原来地台的两个构造层上，厚度较大，且不稳定，一般厚4000米左右，也有1000～2000米的，厚的达8000～12000米。与下伏地层为不整合或偶为假整合接触。地洼沉积物间有许多沉积间断。沉积相以陆相（湖河相）为主，偶有海相层和风成沉积，或夹有火山岩。以砾岩、砂岩和页岩为主，岩性变化大。地层受到比较强烈的构造变动，发生褶皱和断层。

陈国达《大地构造学》(1962）教科书以地洼学说为主旨，1965年他发表《地洼区——后地台阶段的一种新型活化区》。1974年陈国达指导，国家地震局广州地震队编制完成1∶400万中国大地构造图，1977年出版该图和说明书《中国大地构造概要》。他们将地洼划分为地洼区、地洼系、地洼列和地洼4个级别的构造单位，其正向构造单是地穹区、地穹系、地穹列和地穹。将中国及邻区划分为12个地洼区。1975～1976年提出“多因复成矿床”的概念，完成《成矿构造研究法》(1978)。1979年系统提出“多因复成矿床”。

陈国达的地洼学派学术观点，或地洼学派的学术体系，由5个部分组成：①大陆地壳新型构造单元——活化区（地洼区）的概念。他认为中国地台自中生代以来，已经活化，它既不是地台，也不是准地台，而是新的构造单位——活化地台或地洼区，这是继地壳发展的地槽阶段和地台阶段后的地洼发展阶段。②地壳动定转化递进说。地台活化现象的发现，证明地台区不是地壳发展的最后阶段，由地台区转化为地洼区，乃是地壳发展进入一个新的更高级的阶段；地洼区也不是地壳发展的最后形式，继其后还会有代表“稳定”区的另一种基本构造单元出现，这另一种构造单元既不同于地洼区，也不同于地台区；同样，地槽也不是地壳发展的最初形式，在其之前还应有更早的构造单元，既不同于地台区也不同于地槽区；也就是说无论是过去还是将来，地壳都是遵循着螺旋状的方向，在活动区和稳定区之间由一次动定转化到另一次动定转化，由简单到复杂，由低级到高级，不断向前发展。③地洼递进成矿理论。认为不同大地构造单元都有其成矿专属性。1975 年他提出地洼区的矿床为多因复成矿床，其物质来源于地洼期以前的地壳发展阶段，具有多成矿阶段、多物质来源、多成矿作用、多成因类型和多控矿因素等特征，经历了叠加富化、改造富化和再造富集等过程。④壳体构造概念。将全球陆、洋岩石圈块体（壳体）的演化与运动相结合，采用历史-动力综合分析法，统一研究壳体大地构造。⑤地幔蠕动热能聚散交替假说。这是在 1960 年他提出地壳里放射性元素热积聚和消散交替的基础上，于 1977 年逐渐形成的一种假说，试图用以解释地壳发展的动、定转化交替、递进上升前进，以及岩石圈块体在空间上迁移和构造定向性的根本原因和力学机制。

以原中南矿冶学院陈国达为首的地洼研究集体为基础，1961 年成立中国科学院中南大地构造与地球化学研究室，1975 年成为湖南大地构造研究所，1978 年改为中国科学院长沙大地构造研究所。

四　断块构造学派

断块构造学派的创始人张文佑原是地质力学学派的主要成员，是李四光研究地质力学的主要助手。据张文佑所言：“断块学说是以地质力学为基础，吸取‘地槽地台说’‘板块说’等的合理部分，在分析和综合我国及世界大量地质、地球物理资料的基础上发展起来的。它从研究褶皱与断裂的辩证关系开始，认为岩石变形一般从褶皱到断裂，但一经产生断裂，它便对以后的变形作用起决定性作用，即第一期的断裂控制第二期的褶皱，第二期的褶皱改造第一期的形变，也就是基底控制盖层，盖层改造基底。所以断块说侧重研究断裂的形成与发展。”

张文佑（1909—1985）

张文佑特别关注断裂构造，尤其是X型断裂和T型断裂（张文佑，1944，1949）。20世纪50年代继续注重X形断裂的研究（张文佑，1957）。在他主持1∶400万中国大地构造图的编制以及撰写说明书《中国大地构造纲要》时，就产生了断块构造的学术思想。其主导思想是以地质力学分析和沉积建造古地理分析，即历史分析相结合，改造和建造、表层构造与深层构造、大构造与小构造相结合的方法，研究中国大地构造的演化。他指出中国大地构造的主要特征是：地台区比其他地台区活动性大，而地槽区比其他地槽区活动性小；基底断裂多，并对盖层构造和岩浆活动起了主要控制作用。张文佑认为地壳的稳定区与活动区的出现，主要是取决于原始地壳的破裂程度。它的破裂是由于地球不均一的收缩与自转。地壳主要构造带大致成东西和南北两个方向。中国的东西构造带有三个，即阴山、秦岭和南岭。南北构造带最清楚的是贺兰山-六盘山-龙门山及横断山脉等。中间被秦岭东西构造带截断。这两个方向的构造带主要是由深断裂形成的，东西构造带是迁就北东东和北西西X型断裂而成的；南北向构造带是迁就北北东和北北西X型断裂而成的。

张文佑等将中国地壳的发展大致分为两个时期：震旦纪（或古生代）以前，以地槽为主，可暂时称为“泛地槽”阶段，塑性变形较强；震旦纪以后，以地台为主，暂时称为“泛地台”阶段，断裂形变较强。在“泛地台”的基础上，由断裂作用产生了古生代、中生代和新生代地槽。地壳的断裂主要是地球的收缩和自转引起的，一方面表现为北北西向和北北东向两组X型剪切破裂面，从全球地台形态看来，西伯利亚地台、俄罗斯地台、北美地台、南美地台、印度地台和澳洲地台，都以锐角对南北方向，这些地台的边缘可能就是受X型剪切面控制的。另一方面，在安加拉古陆和冈瓦纳古陆之间，出现一个近于东西向活动区，主要为古生代、中生代和新生代褶皱带。这些活动区主要是由原始地壳在北西西向和北东东向两组X型剪切破裂面的强烈影响下断裂而成的，所以在这个东西向延长的、主要由地槽区构成的活动带内的破裂残余台块，如西班牙、法国、波西米亚、匈牙利以及中国的塔里木、柴达木、西藏等台块的长轴都是近于东西向的。这些菱形或斜方形台块的锐角指东西方向，可能是由北西西向和北东东向的X型破裂面所造成的。从模型试验结果推测（张文佑，1948），北北东和北北西向的X型剪切面是南北挤压作用形成的，而北东东和北西西向的X型剪切面则是在南北向挤压下由弯曲作用所诱导出的南北向的张力造成的。因此，初步认为前者是较早的构造，后者是较晚的构造，而且后者重叠在前者之上。

在中国，以贺兰山、六盘山、龙门山和横断山脉的南北向构造带为界，东西部有显著的不同。东部以地台为主，西部则以地槽占优势；西北部地区古生代岩浆活动较强，东南部地区中生代岩浆活动较强；华北台块中生代活化运动中的南北向断裂，华南台块在古生代沿北北东方向的差异运动，可能受了南北向构造带的影响；中国东部以华夏系（北东向）构造为主，西部以西域系（北西向）构造为主，而且又分别受西域系和华夏系的影响而复杂化，出现了菱形盆地；东部地区的菱形断块锐角指向南北，西部地区的菱形断块锐角指向东西。

由于基底断块的错动引起了盖层的滑动，因而指向东西构造系和南北构造系，即西域系和华夏系中，除断裂外，还有褶皱出现。弧型构造系大致可分为三种，一种是山字型构造，一种是大陆边缘弧型构造，一种是旋卷构造（歹字型构造）。这些弧型构造系都是由于基底断裂错动所引起的盖层滑动所致。这些弧型构造系除了基底断裂，还由于地球自转引起的水平分力作用，使沉积盖层沿基底不均匀滑动，产生了一系列的扭动构造系，主要为康滇、昆明、广西、黔南、湘南、赣南、闽西、粤北等山字型构造系。这些山字型构造系大部分彼此相接，呈正弦曲线形状。它们的范围较祁吕山字型和淮阳山字型构造系小，也说明华南在燕山期活化较强。

20 世纪 60 年代后，特别是 20 世纪 70 年代后，张文佑等以断块构造理论论证中国乃至全球大地构造发展特点。1980 年发表《华北断块的形成和发展》，1982 年主编《断块构造文集》，1983 年编制 1∶500 万《中国及邻区大地构造图》，1986 年发表《中国及邻区海陆大地构造》，不断充实和完善断块构造学说。

20 世纪 70 年代与 80 年代之交，张文佑在各地讲课，阐述其断块构造理论。他的讲课和录音，经人整理，并由他改定后，以《断块构造导论》为书名出版。作者认为岩石圈被大小不等、深浅不一、厚薄不同和发展历史各异的断裂分割成多层次、多级别和多期发展的断块构造。断裂按其深度、规模和地球物理特征，可分为岩石圈断裂、地壳断裂、基底断裂和盖层断裂。断块相应地有岩石圈断块、地壳断块、基底断块和盖层断块4个等级。断块构造的驱动力是地球内部的热力和重力作用引起的地球膨胀收缩的交替作用，加上外部天体的影响、地球自转角速度的变化和地球自转轴摆动的不均一性对地球的影响等。断裂的形成和发展，首先形成共轭剪切断裂网络，然后形成锯齿状拉张断裂。在行星式断裂网络中，北北东-北北西、北东东-北西西形成近南北向和近东西向的断裂体系，构成X、Y、I、S、V型5种断裂体系。沿断块边界而错动和沿断块顶底面的层间滑动是断块运动的两种基本形式。断块层间滑动有沿软流圈、沿康氏面、沿莫霍面、沿变质基底与盖层界面的滑动。浅层构造受深部断块运动控制，深层构造也会受浅层构造影响；基底断裂控制盖层褶皱，盖层褶皱也影响基地断裂。大陆型地壳在拉张作用下，可形成地堑，产生出海洋乃至大洋，而大洋型地壳在挤压作用下，可形成岛屿或陆缘山脉，变成大陆。

断块构造学说认为由线性断裂构造组成的全球构造网络具有方向性、直线型、长期性和统一性。中国及邻区断块构造自西向东，依次为大陆型地壳构造域、过渡型地壳构造域和大洋型地壳构造域。在大陆型地壳构造域中部，南北向的深断裂带，将这个构造域分为东西两部分。西部在古生代和中新生代阶段以地槽型为主，自北向南依次为天山地槽、昆仑地槽、松潘甘孜地槽，显示从北向南变新的趋势。各地槽间夹有古老的残块，如塔里木断块、藏北断块、申扎-腾冲断块、喜马拉雅断块。该区发育北西西和北东东两组断裂网络，以北西西为主，构成长轴近东西的菱形断块。南北向构造带以东，古生代以地台为主，在华北断块与扬子断块之间，夹有古生代的秦岭地槽，经加里东和海西旋回，在扬子断块东南侧拼上了武夷云开断块和东南沿海断褶带。中新生代构造阶段则以地台“活化”为特征，产生由断裂活动控制的强烈的火山活动，充填巨厚的沉积物的裂谷和断陷盆地，以及大陆花岗岩岩石圈被拉薄并向大洋壳转化的趋势，反映了该区中新生代的拉张状态。该区发育北北东和北北西向断裂网络，以北北东向断裂为主，构成长轴近南北向的菱形断块。亚洲大陆东部边缘，发育有凸向太平洋的沟弧盆体系，属过渡性地壳构造域，这是中生代晚期以来构造最活跃的地区，也发育北北东和北北西断裂网络，以北北东向的为主，构成长轴近南北向的菱形断块，显示越向东，拉张应力越强的趋势。总之，断块说认为，南北向断裂带以西的地壳在新生代处于挤压隆起状态，以东的地壳处于拉伸凹陷状态。

断块构造说对中国和邻区大地构造演化的认识是：表现出明显的连续性和阶段性、同时性和非同时性的不均匀发展。地壳演化的阶段性表现为经历太古代、元古代、始生代、古生代和中新生代五大发展阶段，除太古代外，每一阶段都与一次巨大的拉张-拼合事件相对应。地壳发展的连续性表现为它的发展是前进的、不可逆的、螺旋式上升的过程，而这种连续性又通过阶段性表现出来。在每次拉张事件中，运动的方向和方式、基底的性质和结构等都很不相同，因而每次拉张拼合事件都有新的内容，绝不简单重复。每经一次拼合，陆壳的范围就扩大，厚度也增加，刚性也增强。

断块构造说在研究方法上，强调地质力学分析与地质历史分析的结合，即强调对断块结构、断块边界的力学机制，断块内部的力学状态和层间滑动以及由它们所控制的构造形变带、岩相建造带、岩浆活动带、成矿带、地震带、地球物理异常带等进行综合分析，从中找出内在联系，得出规律性的认识。

断块构造说对断块构造形成的驱动力是这样表述的：地球内部的热力和重力作用引起的地球膨胀和收缩的交替作用，加上天体的影响，地球自转角速度的变化，以及地球自转摆动的不均一性对地球的影响。

张文佑（1979）有如下一段述说断块学说优点的话："各种大地构造理论假说，虽有其独特的见解和研究方法，但仍有共同之处。我们认为，地槽相当于地堑，比较'软'，活动性强，大洋型地壳为优地槽；大陆型地壳相当于冒地槽；地台相当于断块，比较'硬'，活动性弱。断裂多期活动使地台活化，可导出'地洼'；断裂多期活动也可使地槽导致出'多旋回'；而镶嵌构造则是各级断块的组合。板块实际上是岩石圈断块的一种，把板块从海洋引向大陆的关键是古海底的存在。但是断块与板块学说不同，不仅强调边缘活动，而且强调内部活动；不仅强调大小，而且强调深度不同的层间滑动；不但强调俯冲，而且强调仰冲，其倾角大小常决定附近岩石的分带性。此外，蛇绿岩套是板块边缘地缝合线的主要标志，但岩石圈断块边缘不仅可由冷侵入的蛇绿岩表现出来，而且可由热侵入的超基性岩和基性岩表现出来。"这里，张文佑提到了多旋回（槽台）说、地洼说和地壳镶嵌说，唯独没有提到地质力学说。估计他是把断块说看成是在地质力学基础上吸收了其他学说，包括后来引进的板块说的合理部分以后，对地质力学说的发展。不管正统的地质力学学派如何看待断块学说，断块构造说确实含有更多的地质力学元素。由于断块学说吸取了有关大地构造假说的优点，使许多疑难问题从理论上提高到了科学的解释。因此，受到了国内外地质界的普遍重视。

五　波浪镶嵌构造学派

地壳波浪状镶嵌构造说，是张伯声于20世纪60年代建立起来的关于地壳构造和地壳运动的假说。这一假说于1959年萌芽，最先阐明的问题是：相邻两地块在不同地质历史时期都以它们之间的活动带为支点带，互作天平式的摆动，并相应地引起支点带本身与之同时做激烈的波状运动（张伯声，1959）。1962年，他提出了整个地壳是由不同级别的激烈的活动带与不同级别的相对稳定的地壳块体相结合而形成的一级套一级的镶嵌构造；同时认为传统所称“地台古老镶边”的“地轴”“地盾”等，实际上与地槽活动带的中央隆起性质相似，在空间展布上一般也是相连的，所以应划归活动带的范畴（张伯声，1962）。1965年，把相邻两地块的“天平式摆动”在空间上扩大范围来统一考虑，引申出地块波浪的概念，并论述了中国地壳的“非地台性质”，指出地球表面存在四个地壳波浪系统，用基于地球膨胀与收缩相结合而以收缩为主的“脉动说”，加上“收缩说”的“四面体理论”，来说明地壳镶嵌构造的形成机制（张伯声，1965）。1974年，他突出强调地块镶嵌格局的波浪状及地壳运动的波浪性，还吸收了地质力学的某些分析方法，把由于地球的脉动，及由此而引起的地球自转速度变更对于地壳波浪镶嵌构造格局的形成和影响，做了综合的考虑（张伯声、王战，1974）。此后，逐渐明确地划出了以斜向构造为主交织而成的“中国地壳镶嵌构造网”（张伯声、吴文奎，1975；张伯声等，1978；张伯声，1980；张伯声、汤锡元，1975）。

张伯声的地壳构造镶嵌图案，首先是两个最宏伟的构造带，即环太平洋构造带和地中海构造带，这是两大岛弧-海沟系，是当今整个地壳构造地貌差异最大的地带，也是地球上最大的地震带和火山带。这两大构造带把整个地壳分为太平洋、劳亚和冈瓦纳三大壳块。三大壳块之内还可由次一级、再次一级等构造带分为地台、地块，以至更小的壳体；两大构造带内也可以由次一级、再次一级等构造带，以至断层、节理等分为一级、小一级的构造活动带，在它们之中又分布着大大小小的地块、山块、岩块等。也就是说，整个地壳的构造，就是由一级套一级的、大大小小的构造带或构造面所分割的，一级套一级的、大大小小的地块和岩块，又把它们结合起来的构造，就好像破伤了的地壳又被愈合了的伤痕结合起来的形象。这种既破裂又被结合起来的地壳构造，就叫作地壳的镶嵌构造。张伯声又指出，全球地壳构造的总体布局，显示出四个系统地壳波浪的网状交织：太平洋-欧非波浪系统、北冰洋-南极洲波浪系统、北美洲-印度洋波浪系统和西伯利亚-南大西洋波浪系统。其中太平洋-欧非波系和北冰洋-南极洲波系是两个最明显的地壳一级波浪镶嵌构造系统。板块构造学提供的新资料帮助我们对于地壳一级波峰带和波谷带的展布规律认识得更清楚（张伯声、周廷梅，1982）。大洋中脊可以认为是地壳波浪状镶嵌构造的一级波峰带，深海

张伯声（1903—1994）

沟及某些具有巨厚堆积物的地槽带（不是全部）可以认为是地壳的一级波谷带。地壳的一级波峰-波谷带成对出现。环太平洋波谷带和环欧非波峰带，构成了两个基本上封闭的活动带，组成一峰一谷成对构造带。在构造上有两个极点，环太平洋波谷带的极点位于太平洋中部，环欧非波峰带的极点位于非洲中北部，张伯声把它们结合起来，称为太平洋-非洲波系（张伯声，1965）。特提斯波谷带和南极洲洋脊波峰带也有两个对极，一个位于北冰洋，另一个位于南极洲，张伯声也把它们结合起来，称为北冰洋-南极洲波系（张伯声，1965）。

地壳的一级波峰、波谷带的形成机制问题。张伯声、周廷梅（1982）认为北冰洋-南极洲波系的两个构造极点同地理上的北极和南极基本上一致，特提斯波谷带和南极洲洋脊波峰带的展布方向也同地理上的纬线方向大体相同，称之为纬向波系。太平洋-非洲波系的两个极点，分别位于太平洋中部和非洲中北部，环绕着两个构造极点的两个大圆构造带，即环太平洋波谷带和环欧非波峰带，其大部分同地理上的经线多少有些平行，称其为近经向波系。对于这两个纬向和经向波系，他们用李四光提出的地球自转速度的变更来解释。他们认为地球自转速度变更产生的侧向力产生地壳波浪，如同海浪、水波、沙波和地层中留下的波痕那样，是地球表面的重力波或叫表面波，波形是反映介质运动方式的一种重要表态，对称波痕代表静水波，不对称波痕代表流水波，后者陡坡代表水的流动方向。地壳发生弯曲说明波浪形成，后波推前波，能量就不断向前传播，在传播过程中陡坡愈来愈陡，进而形成向后倾斜的断裂带，形成地壳波浪前锋的锋面。就环太平洋一级构造带来说，前锋面习称贝尼奥夫带，由海洋向大陆倾斜；就波形来说，陆坡指向海洋，说明其推动力应是从大陆推向海洋。这种巨大的锋面是不连续面，后方的能量不断传来，锋面上不再往前传播，使波浪的振幅愈来愈大，在锋面附近达到最大，使构造地貌反差不断增大，形成岛弧-海沟系或形成强大的褶皱山系，也使重力异常值不断增大。环太平洋波谷带和特提斯波谷带并非一蹴而就的，北美现代环太平洋构造带外围在太古代就存在地壳一级波谷带，从古生代至以后，南北美洲西部地槽系逐步向太平洋波谷带和特提斯波谷带方向迁移。在太平洋西岸，在我国东南沿海有海西褶皱带，其西为加里东褶皱带，其东为日本和我国台湾的中新生代褶皱带。澳洲也是这样。这些实例就说明环太平洋波谷带是在漫长的地质历史时期，逐渐从大陆向大洋推进的。地中海构造带（波谷带）大致也是如此，早古生代地槽在北欧地台南缘，到晚古生代南迁至莱茵海西地槽，中生代特提斯地槽又南迁至海西地槽南侧，第三纪形成的凹陷位于现代地中海。他们指出，这些都说明地中海构造带从北向南迁移在欧洲比较显著，在北美和亚洲虽较复杂，但向南迁移的总趋势还是能够看出来的。尽管地槽带发生过较大的迁移，但是，以北冰洋-南极洲为构造极点的活动构造带这一基本构造格局并没有多大变化。南极洲洋脊波峰带的形成也与地球的自转速度变更有关，地球自转的侧向力指向北，地壳波浪的波形比较平缓，对称性高，从南向北一浪高过一浪的变化不显著，在南半球范围内地壳没有很高的能量积累，以平缓的波形越过赤道，或在赤道附近直接与特提斯波谷带相接，形成南北半球统一的波峰、波谷带。也就是说，特提斯地槽系是北半球地壳波浪向南传播和南半球地壳波浪向北传播，在同一锋面上仰冲和俯冲的共同作用下造成的地壳高能带。北半球地壳波浪振幅大，能量积累多，尤其是在前锋附近地壳一级高能带，地壳极不稳定，运动方式属地槽型；南半球地壳波浪波形平缓，能量积累不多，地壳比较稳定，运动方式属地台型。这就形成了大体上以特提斯地中海为界的“南台北槽”构造格局。太古界岩层在南非、西澳、印度是一套极低变质度的绿纤石-葡萄石相的绿岩系，而在特提斯带以北地区，如苏格兰高地、波罗的、乌克兰、阿纳巴尔、阿尔丹和我国华北太古界多为角闪岩、麻粒岩、混合岩等高度变质的杂岩系。两相对照，虽同属太古界，但形成的构造环境极不相同。这就启示我们，北冰洋-南极洲波系的南台北槽构造格局可能在太古代就初具规模，在中晚元古代基本定型，历经古生代、中新生代到如今，在漫长的地质历史时期中，这种南台北槽的基本构造格局似乎没有很大改变，只在中新生代以来，在特提斯地槽造山作用的同时，作为对极的环南极洲一级波峰带的脊部张裂作用趋于明显。由于环太平洋岛弧海沟带的强烈运动，在其对极的环欧非波峰带所属的大西洋中脊和西印度洋洋脊等地，形成一系列裂谷带。他们认为：全球性大地构造格局是自太古代以来，在基本上变化不大的全球性统一地应力场中发生发展的结果，地球自转轴虽有烛头状摆动，但摆动程度不大，赤道和两极的位置也变化不大。各处地块的运动只是按一定方式相对迁移，不能设想它们能够在地幔上漂来漂去，乱碰乱撞。大陆壳块是漂而不远，移而不乱，在相对的侧向运动中，它们的位移不像大陆漂移及板块说认为的那样漫无限制。这就是地壳波浪镶嵌构造论者与板块说者的不同看法。在主要论点上，张伯声等认为分歧是基本的，共同之处并不多。

地壳波浪镶嵌构造的注意力集中在对中国地壳的波浪状镶

嵌构造的阐述上面。张伯声、王战（1982）认为：中国的大地构造地中海构造带和环太平洋构造带在东亚“T”字头的部位和劳亚壳块的东南角，更确切地说位于太平洋壳块和西伯利亚地台、印度地台三者“品”字形排列的空当。由于地中海构造带和环太平洋构造带的一些类平行的分带——古地中海构造带和外太平洋构造带，在中国交织成网，形成了中国的斜向构造网。在这个网目中，有秩序地排列着许多地块。这些地块在过去为纵横交错的地槽带所分割，而今又为这些地槽褶皱带所结合。在地块和地槽褶皱带中都有次一级、更次一级的错动带再分割再结合，这样一级套一级的大小地块和岩块存在。这就构建了中国地壳的波浪状镶嵌构造的格局。在这个镶嵌斜向构造网中的菱形地块，西部地块东西方向延伸较长，东部地块南北方向延伸较长。还认为，在这个斜向构造网上还叠加上了南北向构造带和东西向构造带。张伯声和王战还将贺兰山、六盘山、龙门山南北向构造带称为东亚镜像反映中轴，其东的北东和北北东方向的构造带为华夏构造带，其西的为华西构造带，使由贯穿南北纬度约50度的南北向构造带与华夏构造带、华西构造带成反复锯齿状，组成了东亚镜像反映中轴带，这是一个由东亚镜像反映中轴带贯穿了的套山字型构造。这个套山字型构造也叠套在斜向构造网格上。东亚套山字型构造在中国斜向交织的构造网上的叠加，在中国东西两部分分别打上了多字形和反多字形的构造印记，还使“中轴”经过地带的地块遭到部分乃至大部分的破坏。

地壳波浪状的镶嵌构造说将镶嵌构造的波浪式发展归结为相邻地块的天平式摆动，认为由古地中海构造带的一些段落，如秦岭、阴山等构造带-北西西向波峰带分隔了华南、华北和东北等波谷带；再由外太平洋构造带，如长白-雪峰、大兴安-龙门山等北东向波峰带的一些段落，在华北隔开河淮和鄂尔多斯，在华南分离湘赣、四川等地块。这样的构造网不仅在目前的构造地貌上表现为这样的地壳波浪形式，而且在地史中不断地进行着天平式的波浪摆动。以秦岭构造带为支点，华北和华南的地块从太古代晚期以后不断地做天平式摆动，在早加里东运动阶段这种天平式摆动比较激烈。秦岭构造带是由中、晚元古、寒武-奥陶、志留、泥盆-三叠四个时期地槽体系的波浪构造发展形成的。华北地块与东北地块以阴山构造带为支点也进行着天平式摆动。四川地块和湘赣地块则以武陵山波峰带为支点做天平式摆动。西藏地块与塔里木地块、塔里木地块与柴达木地块、柴达木地块与藏北地块之间反复变换的波状起伏，依次夹在其间的西昆仑、阿尔金和东昆仑三个构造带也都相应地进行着侧向摆动。

张伯声、王战将地壳波浪运动的基本形式形象地表达为蚕行式、蛇行式和蠕行式。①蚕行式地壳波浪清楚地表现在剖面上，在地壳中一带隆起间一带坳陷，一带地背斜间一带地向斜。较小的褶皱波浪状更加清楚，是蚕行式的屈伸前进。地垒-地堑、半地垒-半地堑，也都是蚕行式的屈伸波浪。②蛇行式地壳波浪表现在平面上，构造带不论大小，在水平方向上表现为略显波状的曲线，它们在形成过程中，不断地在左右方向蜿蜒摆动。天山-祁连-秦岭北西西向构造带各段古生代地槽迁移，就表现为蛇行式蜿蜒摆动的地壳波浪运动。③属于纵波形式的蠕行式地壳波浪普遍存在。蠕形波如同蚯蚓的行动，头部缩短时尾部就伸长，头部伸长时尾部就缩短，就靠身体的一伸一缩进行着波浪运动，如同地震产生的纵波以及声波和爆炸产生的冲击波。相邻地块对冲时，在相互挤压的地带，发生褶皱、冲断、岩石变质，使地壳在垂直向增厚。而相邻地块相对稳定，它们同时做天平式摆动。这是地壳中纵波式的蠕行的表现。

波浪状镶嵌构造除了上述主要特点，他们认为尚有一些其他特点，例如：地质构造的近等间距性、斜向构造的普遍性、镶嵌地块的相对稳定性和构造带的活动性、构造带的剪错性和镶嵌地块多呈斜方形等。

关于地壳波浪镶嵌构造形成机制，他们认为，地球运动主要是自转和以收缩为主的张缩。当地球收缩到最小体积时趋向于四面体，四面体的四个收缩中心是太平洋中部、北冰洋、印度洋和南大西洋，这四个地区是地球明显的洼陷。它们的对极是明显的隆起，即非洲地台、南极地台、加拿大地台和西伯利亚地台。在这些洼陷和隆起之间形成一系列似平行的构造活动带。在接近大圆的位置形成最宏伟的构造活动带，这样地球就有四个波系相互交织。其中太平洋-非洲波系和北冰洋-南极洲波系表现明显，因它们分别属于近经向和近纬向构造活动带。中国大地构造位置正好是西伯利亚地台、太平洋地台和印度地台呈“品”字形排列的中间地带，由三个地台相互挤压形成的斜向构造网络（张伯声、王战，1982）。

六　其他大地构造观点

除上述中国五大大地构造学派以外，还有马杏垣、王鸿祯等对中国大地构造的研究，各有独到的见解。

20 世纪 50 ~ 60 年代，马杏垣在山西五台山和河南嵩山地区研究前寒武纪地质，曾对中国地壳的早期演化和大规模的重力滑动构造十分关注。早年，他提出华北地台原先不是一个统一的克拉通，而是由若干变质地块和变质褶皱带组合而成的。因而提出萌地台、萌地槽、原地台、原地槽的概念。后来，马杏垣等（1981）发表《嵩山构造变形：重力构造、构造解析》一文，创立重力说，认为重力是一种遍及全球的体力，由于地球表面的地形坡度，普遍存在重力作用下的滑动，重力在地球本身、内部圈层以及塑造大多数构造变形的最终格局中，都起着重要作用。这种作用包括均衡概念至各种波浪状脉动等方面，其主要是垂直运动。岩石圈-软流圈的由各种因素引起的重力失稳的动力系统中，有足够的势能驱动全球的水平运动——板块运动。重力垂直运动主要有隆陷、压实、生长和挤压等作用类型，它与侧向运动，即重力滑动的崩塌、塌滑、滑动和扩展等作用类型相连，并相互转化。借鉴国际上现代构造分析的原则和方法，吸收李四光创立的地质力学方法，马杏垣结合他和他领导的集体多年来的构造地质研究，形成解析构造学。在马杏垣看来，解析构造学既是一种构造观念，又是一种构造分析方法，它有三个步骤，即构造几何分析、构造运动学研究和构造动力学研究。解析构造学不仅要应用固体力学，而且要应用流变学原理，还要遵循尺度、层次、构造变形场、岩性介质、叠加、置换、转换、再造等八项基本原则。后来，马杏垣在地震构造方面，以深部重力均衡调整和热对流作用产生的垂直运动，导致地壳不同层次的水平扩展和横向位移为理论基础，结合我国具体的裂陷和伸展构造实例，深入分析不同的构造特征、形成机制、发育历史以及它们与地震活动的联系，开展“多震层”、深断裂带和“古震源实体”构造的研究，以开辟地震成因研究的新途径。他认为，“伸展构造发育于岩石圈演化的所有阶段和广泛不同的构造环境中”，“裂谷是地球动力学活动的窗口，是强震的孕育地”。他与他的同事研究了大量反射地震剖面，将地表断裂系和深部断裂系联系起来，并指出地球结构的多层圈系统，岩石圈内必然具有多层次滑脱构造（马杏垣等，1983，1984），为大陆动力学研究开了先河。

1982 年，马杏垣主持《中国岩石圈动力学地图集》的编制，于 1986 年出版，翌年又出版了作为说明书的专著《中国岩石圈动力学纲要》。该图集由各类序图、地质基础图、地球物理和地球化学专题图、新构造变动、地震活动、各省地质构造、分区岩石圈动力学特征图等 68 幅图件组成，还有一幅 1∶400 万“中国及邻近海域岩石圈动力学”挂图。马杏垣还是全球地学断面计划（GGT，即 Global Geoscience Transect）工程中我国国家地震局承担的 6 条大断面的主持人，并具体主持了“江苏响水至内蒙古满都拉地学断面”的编制。这种横断不同的构造带长距离的研究，要求沿着 100 千米宽的地带，延续数百千米，甚至一两千千米，将地质、地球物理、地球化学资料都概括展示在图上，综合成一条至少深达莫霍面，甚至整个岩石圈的解释性剖面。不仅要求表示地壳和岩石圈的现状，而且要用以解释它是如何演化的。这条剖面已成为国际优先出版的成果。

王鸿祯提出历史大地构造或构造古地理的概念。他从历史大地构造的角度，强调构造发展的阶段性，从活动论构造观和全球构造出发，以渐变和突变、前进性和阶段性、阵发性和周期性的眼光，看待地球有机界的生物史、无机界的沉积史和构造史。对构造阶段的划分着眼于大区及全球格局的改变，也就是说以大陆地壳发展的大地构造性质及其分布格局变化为依据，将中国及邻区地壳发展划分为四个大阶段，即陆核形成大阶段、地台形成大阶段、联合古陆形成大阶段和联合古陆解体大阶段。在大阶段里再分为地壳发展的构造阶段，然后就是构造运动期。历史大地构造观点关于构造单元的划分，认为每个构造单元都是地壳构造阶段发展的结果。主张构造单元的命名力求具有时代的含义。“全球构造活动论者认为大陆地台及其周围的大陆边缘区构成一个相对稳定的整体。这个整体单元在发展和运移过程中可以同其他单元相互对接、碰撞，形成超级大陆（联合大陆），也可以张裂、分离形成较小的地块。因此，活动论者重视大陆边缘区的构造发展史，又特别重视它们碰撞前的构造部位和对接、碰撞的界线。”（王鸿祯等，1990）王鸿祯还提出：“为了概括分析大陆地壳的构造发展史，在单元划分上应考虑建立较大陆地台更高级的构造单元，也应研究大陆边缘中小型地块的成因来源及其构造就位过程。”他们将大陆地壳的一级构造单元称为构造域。构造域由一个或一个以上的大陆地台及其周围的大陆边缘组成，在地球历史上长期形成相对稳定的整体。它有两种类型（亚构造域），即大陆型和陆缘型。在中国和亚洲范围内，按照各个主要大陆地台和重要地块的位置和演变关系，划分为北亚（安加拉赫斯坦）构造域、亚洲中轴（中朝-塔里木）构造域、南亚构造域、东冈瓦纳构造域和太平洋构造域。此外，王鸿祯等还将中国和亚洲的地壳构造发展分为前震旦纪、早古生代及加里东、海西-印支、后印支等时期，并分别阐述了各时期的构造格局，突出各时期的构造特点，特别强调燕山-喜马拉雅构造发展阶段，是中国及邻区地壳运动最为明显的变革期。

第三节　板块构造学说的引进和板块构造研究

20 世纪 60 年代形成的板块构造理论是多学科相互结合、相互渗透发展起来的全球构造理论，是现代地球科学发展的里程碑，被誉为地质学的革命。

20 世纪 50 年代古地磁学研究的重大进展，使已经消沉的大陆漂移学说再度兴起。20 世纪 50～60 年代海洋地质研究的成果促进了海底扩张学说的产生并支持了大陆漂移学说。大洋中脊及中脊裂谷带的发现，海底磁异常条带和地磁年代的获得，洋中脊热液活动和转换断层以及岛弧-海沟系和蛇绿岩套的发现，促使在 20 世纪 60 年代中期形成了板块构造理论。

板块构造是在大陆漂移、海底扩张的基础上，综合了岩石圈、软流圈、转换断层、岩石圈俯冲与消减、大陆碰撞、地震和火山系列概念而提出的新地球构造说。板块构造的基本内容是：漂浮在软流圈上面的刚性岩石圈，被活动带或断裂带分割成若干大小不等的球面块体，即岩石圈板块。板块内部是刚性体，它的边界是洋中脊、岛弧-海沟系、地缝合线和转换断层等构造活动带。也就是说板块边界具有强烈活动性。在海底扩张和大陆漂移过程中，板块边界不停地增生，不断地消亡。当两板块相背运动时则使大陆破裂或海底扩张；当两板块相向运动时，则两板块碰撞，通常是大洋板块俯冲到大陆板块之下，而使海底消亡，或两大陆板块相撞而拼合，形成褶皱带。1968 年，勒皮雄（X. Lepiehon）将全球岩石圈划分为六大板块。除太平洋板块属海洋外，其余五大板块都包括海洋和大陆。也有 8 大板块、12 大板块和 20 大板块的划分方案。

20 世纪 60 年代，由于国际地球物理年、深海钻探以及海洋地球物理工作的开展，积累了许多地质和地球物理资料，孕育产生了板块构造学说。李四光在1970年编写《天文·地质·古生物资料摘要（初稿）》时，他已经看到了国外关于大陆漂移、海底扩张和板块构造的文献，但因为某种原因，没有加以介绍，还隐约看出有些批评，只是引用了一些实际资料。1972年，尹赞勋发表《板块构造简介》，系统而较为详细地向国内同行介绍板块构造学说的形成、发展以及主要内容。后又以《板块构造述评》一文发表在《地质科学》上。接着又相继发表《从大陆漂移到板块构造》(1973)、《地球的六大板块与地震》(1977)、《板块构造说的发生和发展》(1978）和《板块构造学说的认识论的意义》(1978)，向国内学术界推介。与此同时，傅承义撰写了《大陆漂移、海底扩张和板块构造》(1972)，继又有《地球十讲》(1976)，前书见到书名便知其主旨，后书介绍了20世纪60～70年代世界上包括板块构造在内的对地球的新认识。李春昱接连三论板块构造，朱夏译述了《板块构造的岩石记录与历史实例》(1973)，并翻译了《动力地球学》(1978)。郭令智发表《关于板块构造的一些基本观点》(1974)。1979年，美国板块构造代表团一行10人，来我国进行地质考察和学术交流。

这一时期除了上述学者向国内介绍板块构造，还有一些学者结合中国的实际，用板块构造的理论与方法，进行大地构造的研究，如常承法等对珠穆朗玛峰地区地质构造的研究(1973，1978)，时振梁等研究我国强震活动与板块构造(1973)，李春昱发表《用板块构造学说对中国部分地区构造发展的初步探讨》(1975)，尹集祥等对珠穆朗玛峰北坡冈瓦纳相地层的研究（1976)，王荃等对祁连山区古海洋地壳的研究

（1976），李春昱等对秦岭和祁连山构造发展史的研究（1978），肖序常等对喜马拉雅蛇绿岩及其地质构造意义的研究（1980），以及黄汲清、陈炳蔚的《特提斯-喜马拉雅构造域上新世-第四纪磨拉斯的形成及其与印度板块活动的关系》（1979）。郭令智等则研究了华南大地构造格架和地壳演化（1981）。李春昱的《板块构造与多旋回构造运动》（1979），阐述了板块构造说和多旋回构造说的相互关系，认为板块构造不排除地槽论点，而且是对地槽概念的新发展。

20 世纪 80 年代在我国掀起了板块构造研究的热潮。李春昱在 20 世纪 70 年代末 80 年代初组织了一个板块构造研究组，开展中国板块构造研究，相继发表了《中国板块构造的轮廓》（李春昱，1980）、《对亚洲地质构造发展的新认识》（李春昱，1981）、《中国内生成矿与板块构造》（李春昱、王荃、刘雪亚，1981），《中国内蒙古板块构造与成矿》（王荃、刘雪亚、李锦轶，1991），等等。李春昱等编制的 1∶800 万《亚洲大地构造图》既反映了传统的大地构造反映的不同时代的基底、褶皱带、盖层、各时代的各种岩浆活动以及断裂和褶皱现象，还增加了板块构造的新内容。他们根据蛇绿岩带、深大断裂、地层时代和沉积岩相的显著差异、古生物的分布与混杂堆积、古地磁、双变质带以及地壳深部的重力、磁力异常等，把亚洲及其邻区显生宙时期先后划分成 12 个板块，它们是塔里木-中朝板块、华南-东南亚板块、西伯利亚板块、哈萨克斯坦板块、东欧板块、土耳其-中伊朗-冈底斯中间板块、印度板块、阿拉伯板块、非洲板块、太平洋板块、菲律宾板块、澳大利亚板块。其中东欧地台不在亚洲，只是它的东部乌拉尔褶皱带共同组成东欧板块，才与亚洲发生关系；非洲板块只有红海扩张脊以西的窄带与亚洲关联；澳大利亚板块也基本上在亚洲之外，只有伊里安岛毛古山脉之南部分属澳大利亚板块。

除了在《中国科学》《科学通报》《地质学报》《地质论评》《地质科学》等学术刊物上发表有关研究中国板块构造的论文，有关地质科研机构和高等学校的院刊、所刊、学报也有这类论文发表。1983 年和 1987 年还出版了《中国北方板块构造论文集》第一集和第二集，1986 年由李春昱主编，出版了《板块构造基本问题》。

郭令智领导的研究集体，长期集中在中国东南部和华南地区研究板块构造。1965 年，郭令智提出江南地背斜实际上是古岛弧构造形象的认识，认为江南古岛弧制约着华南地槽褶皱区的沉积分带性和构造演化。他带领着南京大学地质系同仁，以华南为科研基地，长期不懈地进行以华南大地构造和地壳演化为主题的科学研究。随着板块构造的传播，郭令智迅速从槽台论者转向了板块构造论者，他和施央申、马瑞士、卢华夏等，连续数年到浙江、江西、安徽、福建、广东、广西、贵州、云南等省（区）进行野外调查和深入研究。1973 年在江南古岛弧东南侧发现元古代蛇绿岩套、钙碱性岛弧火山岩和岛弧复理石。他发表《论古海沟岛弧系的研究方法及其地质意义》(1977）和《现代海沟岛弧系和海沟弧形山脉系的形成和演化》(1977)，提出在古大陆内部鉴定古板块运动和古海沟岛弧系的标志：蛇绿岩套、钙碱性火山岩、岛弧型复理石、进化变质带和对变质带、不同时代的混合岩和花岗岩类、混杂岩、超壳深大断裂以及矿产空间分布规律。从而识别和论证了扬子大陆东南缘从元古代开始就已出现古板块运动机制，提出华南元古代板块构造和存在活动大陆边缘沟-弧-盆体系，指出了华南地壳从西北向东南的不断生长和演化的规律及其与成矿带分布的关系。20 世纪 80 年代初，郭令智等发表西太平洋中新生代活动大陆边缘和岛弧形成演化的论文（1983），总结了板块边界性质在不同边界条件下形成的各种地层-构造-岩浆记录及其伴生的金属成矿带、油气盆地空间分布特征，阐明了中国东南部花岗岩形成与大陆地壳阶段性生长的规律，以及华南显生宙金属成矿带和中国东部中新生代油气藏与板块构造演化的关系。

20 世纪 80 年代中叶至 90 年代，郭令智等引进地体构造理论，用以探索华南大陆及其他地区岩石圈的结构和演化，通过在华南、海南岛、西南、西北、东北、秦岭-大别山、新疆和西藏等地进行地质调查和研究，将板块构造、地体构造和碰撞构造等地质理论有机结合，系统研究我国大陆内部的地质问题。发现和论证了中国东南部造山带中存在古老的陆块地体，既有古老的冈瓦纳大陆裂解的，如海南地体，也有岛弧和海山成因的，如九岭地体、怀玉地体，还有古老的变质地体。他们划分了 23 个地体和 5 个复合地体群，历经自元古代到新生代多期聚合和离散过程。他们认为地体拼贴聚合有俯冲、逆冲、停靠等方式，地体离散则有漂移、旋转、走滑和挤出等方式。认为江南元古代岛弧和武夷-云开的震旦纪-早古生代地质构造由于受地体碰撞、拼贴、离散等复杂构造作用，发生了强烈的变质和变形，从而构成一幅复杂的镶嵌构造图案，或拼贴构造图案，出版了《华南板块构造》(郭令智，2001)。

《中国及邻区特提斯海的演化》(黄汲清、陈炳蔚，1987)用板块构造的观点阐述徐士提出的特提斯海的演化历史。作者根据李春昱、肖序常、常承法和他们自己的研究，提出在西藏有三条蛇绿岩带，它们是：龙木错-玉树缝合带、班公湖-怒江缝合带和印度斯-雅鲁缝合带。第一条缝合带向南延伸到滇西，出现金沙江-昌宁-双江缝合带，继续向南延入泰国，顺湄南河谷进入暹罗湾，这条缝合带被认为是在二叠纪和三叠纪时期分开欧亚大陆和冈瓦纳大陆的最重要的板块缝合带，他们称其为北主缝合带；第二条缝合带从班公湖附近向东延伸，到改则、丁青转向南，顺怒江（萨尔温江）河谷展布，再向南沿缅甸榫邦高原西界的主断裂（榫邦边界断裂）而行，有可能隐伏在该断裂之下，他们根据当时掌握的资料，认为这条缝合带是第三条缝合带——印度斯-雅鲁缝合带的分支，不是重要的缝合带；第三条缝合带是最著名的，也是研究得最好的缝合带，特别是白垩纪的蛇绿岩，并有典型的混杂岩，他们称其为南主缝合带。他们将南、北两个主缝合带之间的地区称为中特提斯或互换构造域，其演化史划分为三个主要阶段：①古特提斯阶段（古生代阶段），互换构造域地区大部分被陆缘海占据，构成冈瓦纳大陆的北部边缘，这时互换构造域作为冈瓦纳板块的“前卫”，尚未与冈瓦纳分开。②中特提斯阶段（中生代阶段），早、中三叠世欧亚大陆、冈瓦纳大陆（狭义的）同互换构造域已联结成一个大陆（即泛大陆A），虽然这个大陆的许多地方仍被陆缘海覆盖；晚三叠世至晚白垩世，由于张裂作用及随之而来的海底扩张，互换构造域已与冈瓦纳大陆主体分开，被留在欧亚大陆；侏罗纪及早白垩世形成的中特提斯洋加宽，至晚白垩世中特提斯洋宽度缩小，接着冈瓦纳大陆（狭义的）与互换构造域，也就是说同欧亚大陆聚敛、碰撞，使三者合为一体，形成现在见到的超级大陆。③新特提斯阶段，沿南主缝合带的一些地段仍有洋盆存在，这一洋盆及陆缘海只有在始新世结束时才退去、消失。这是一位槽台论者接受板块学说对青藏高原板块构造的分析，也是板块活动多旋回发展的实例。

肖序常、李廷栋等长期进行青藏高原和中国西部地区板块构造研究。1973 年，肖序常等在前人工作（黄汲清等，1965）的基础上，进行调查研究，认为北祁连加里东地槽褶皱带有长达 600 ~ 700 千米的呈北西向延伸的早古生代地层，是比较典型的蛇绿岩带，超基性岩、细碧角斑岩和放射性硅质岩的“三位一体”，代表一个古洋壳残体，这个加里东地槽褶皱带是较典型的古地缝合线。震旦纪、寒武纪和奥陶纪几条不同时期的蛇绿岩带的存在，反映了它的多旋回活动，似乎在震旦纪早期中朝准地台的西南方已出现裂谷型分裂，震旦纪晚期到奥陶纪，逐渐发展成广阔的海洋，志留-泥盆纪海盆处于闭合阶段（肖序常等，1978）。20 世纪 80 ~ 90 年代，肖序常将我国西部的构造单元做了系统划分：5 个古板块——中朝板块、塔里木-柴达木板块、扬子-巴颜喀拉板块、羌塘-冈底斯板块，以及印度-喜马拉雅板块，14 个板段（二级单元）和近 40 个板片（三级单元）；4 条缝合线——北祁连-北秦岭缝合带、东昆仑-南秦岭缝合带、喀喇昆仑（班公湖）-丁青-澜沧江缝合带、雅鲁藏布江缝合带。前两条缝合线是秦昆构造域中的两条早古生代缝合带，分别是中朝板块与塔里木-柴达木板块的分界、塔里木-柴达木板块与扬子-巴颜喀拉板块的分界；后两条是特提斯构造域中的中、新生代缝合线，分别是羌塘板块与冈底斯板块分界，羌塘-冈底斯板块与印度板块的分界线。喀喇昆仑（班公湖）-丁青-澜沧江缝合线是青藏高原区域内冈瓦纳古陆与欧亚古陆的分界线。以南的土耳其-中伊朗-冈底斯板块和印度板块属于冈瓦纳古陆；以北的中朝板块、塔里木板块和华南-东南亚板块属于欧亚古陆。他认为处在西伯利亚地台与中朝-塔里木-卡拉库姆地台间的中亚古生代造山带是大陆岩石圈板块内显生宙洋盆聚敛、碰撞褶皱成山的典型地带，称这一东西向、向南成弧形的古生代为主的造山带为古中亚复合巨型缝合带，围绕古陆缘转化为陆，大陆有规律地不断增生，形成了这一巨型缝合带；这一地带古生代不存在深邃广阔的大洋，主要是有限拉张、有限洋盆与微古陆相间的构造格局。肖序常等（1986）认为晚前寒武纪以来，青藏高原及邻区板块构造演化，实际上就是南方古陆不断分裂、向北漂移和北方古陆不断拼合、向南增生的演化过程。晚寒武纪东亚所在的北半球上，秦祁昆古大洋和亚洲大洋环绕着西伯利亚、中朝和南方古陆三个大陆板块。塔里木、华南-东南亚、土耳其-中伊朗-冈底斯和印度板块可能都属于南半球高纬度的南方古陆。中朝古陆位于赤道附近。此时秦祁昆古大洋正在扩张，古亚洲大洋向北消减。震旦纪到寒武纪早期，塔里木板块和华南-东南亚板块先后从南方古陆裂开。塔里木成为秦祁昆大洋中的中间地块，把古大洋分为北祁连洋区和昆仑洋区，同时祁连洋壳开始向漂来的塔里木板块东北缘（柴达木板段）俯冲。华南-东南亚板块与南方古陆的分裂，引起陆间裂谷或特提斯古大洋初始洋壳的形成。中朝大陆陆缘仍为稳定型陆缘，并处在不断下沉中，海侵面积扩大。中寒武世-奥陶纪期间，北祁连洋壳向南俯冲引起柴达木板段上沟弧盆的形成。北部古亚洲大洋壳也朝中朝陆块北缘俯冲，北特提斯洋逐渐成熟变宽，扩张作用使华南-东南亚陆块向赤道漂移，冈瓦纳古陆块则朝西南漂移，进入寒冷区。晚奥陶世开始，昆仑洋壳也向柴达木南缘之下发生俯冲，志留纪时达到高潮。早古生代末，秦祁昆大洋演化结束，中朝、塔里木和华南-东南亚陆壳板块在赤道以北缝合一体，组成统一的晚古生代中国板块，形成了秦祁昆构造域中北祁连-北秦岭和东昆仑-南秦岭两条早古生代缝合带。此时古亚洲洋持续消亡，特提斯洋继续扩张。晚古生代早期，特提斯洋已扩张到2000千米宽，特提斯洋海水由南向西北和东北漫淹，在石炭纪达到高潮，在加里东基底上沉积了中上泥盆统到下二叠统浅海相陆棚碎屑岩和碳酸盐岩盖层沉积，海侵区域内发育了特提斯-扬子暖水生物群，还有华夏植物群。整个中国板块横跨赤道，在南纬4度~北纬20度的范围内。冈瓦纳古陆则受南极寒冷气候影响，在冈瓦纳陆块和印度陆块上广泛出现石炭纪-早二叠世的大陆冰川沉积和冰海沉积，发育冷水型生物群和冷温植物群。特提斯洋两岸都是大西洋型稳定陆缘。早二叠世晚期，古亚洲大洋消减结束，中国板块与西伯利亚板块、哈萨克板块沿额尔齐斯-索伦山-西拉木伦河一线碰撞，形成古欧亚板块。中国板块北移速度随之变慢，引起特提斯洋壳向中国板块，即欧亚板块南缘发生俯冲，使大西洋型大陆边缘向太平洋型转化，在羌巴松板段上开始形成沟弧盆，出现差异性升降和沉积地层的缺失，华力西中基性到中酸性岩浆活动发生。原来位于冈瓦纳古陆上的冈底斯陆块也裂出古陆向北漂移，逐渐进入温暖区域，出现特提斯暖水海域的海水侵入和晚古生代地层中从老到新、由北向南的暖水型生物和冷水型生物的混生和替代。南特提斯洋区地壳随之形成。三叠纪晚期，特提斯海北岸的沟弧盆演化结束，巴颜喀拉-松潘-甘孜弧后盆地沉积物褶皱隆起，海水南退，羌塘地区仍然接受较稳定的陆棚浅海或交互相侏罗纪沉积。同时，残余的北特提斯洋壳可能反转而朝着已漂移到赤道附近的冈底斯陆块北缘发生俯冲，使藏北念青唐古拉以北“活化”，出现2.03亿~1.40亿年的钙碱性火山-岩浆活动，形成一些规模较小、特征不明显的沟弧盆环境，其间沉积了侏罗纪深水浊积岩或复理石。某些小洋盆中出现基性、超基性岩，形成初始洋壳或弧后盆地型蛇绿岩，它们在后来的碰撞中被推出地表，成为现在藏北零星面状分布的蛇绿岩碎块。晚侏罗纪到早白垩世，冈底斯陆块与北部古欧亚板块，或中国板块碰撞缝合，北特提斯大洋演化结束，藏北地区隆起成陆。此时冈底斯陆块尚在赤道附近，印度板块还在南纬23°附近，期间为南特提大洋洋壳相连。晚白垩世，南特提洋壳在北纬10度以南，以每年6厘米的速度，约60度的倾角朝着因碰撞而漂移减速的冈底斯陆块南缘俯冲（俯冲带在拉萨附近深120千米，羊八井以南深295千米，林周附近深455千米），引起冈底斯陆块南缘下地壳和上地幔部分熔融，出现0.9亿~0.5亿年的深源型钙碱性岩浆活动高潮，冈底斯火山-岩浆岛弧带弧间和弧后盆地先后形成，发育了不同型相的岩石组合，同时出现区域性高温低压变质作用。与此同时，印度板块北缘大幅度下沉，大陆坡复理石中出现硅质泥岩建造，大型底栖生物被浮游有孔虫和放射虫替代，喜马拉雅地区仍为浅海陆棚，而且此时印度板块北缘已漂移到赤道附近。始新世前后，南特提斯海消亡，印度板块北缘已越过赤道，到达海沟部位，部分洋壳碎片向南仰冲到大陆基沉积物上，蛇绿岩构造侵位。海沟位置出现动力变质和高压低温变质作用及混杂作用，形成藏南蓝片岩带和构造混杂带。海沟两侧陆缘沉积物都开始发生较强褶皱变形和断裂构造，形成一系列轴面北倾、向南倒转的褶皱和递掩断层，组成缝合带上第一期变形构造。中新世时，两大陆基底碰撞，并连为一体。在雅鲁藏布江缝合带上形成了以蛇绿岩楔状体向北偏转为标志的一系列碰撞构造，混杂体、蓝片岩体从深部抬升到地表的现象。蛇绿岩两侧地层出现轴面南倾、向北偏转的有限性叠加褶皱和断裂。这时，在康马-定日一线形成一条A型俯冲带，并出现壳内熔融形成的拉轨岗日花岗岩带。这时，高原境内海水已全部退出，进入了区域地壳挤压缩短加厚和均衡隆升阶段。这就是肖序常等（1986）描绘的一幅青藏高原及邻区板块构造演化的动画图像。

1988年，肖序常、李廷栋提出：近年在藏西北日土-多玛-龙木错一带发现晚石炭世-早二叠世冷湿型动物群化石和冰水沉积，冷温型和暖水型动物群在空间和时间上纵横交替出现和混生，几乎同一层位就存在冷温和暖水型生物的混生现象。冰碛层和冰水沉积的分布，向西达到喀喇昆仑东南乃至阿富汗的赫拉特（Herat）和科拉山（Knorasan）一带，向东甚至可达亚洲东部的西伯利亚东南。在典型冈瓦纳古陆的印度也发现晚石炭世-早二叠世华夏植物群的混生。这些现象说明劳亚大陆和冈瓦纳大陆在中生代晚期以前并未发生大规模分裂，基本上是一个整体，除浅海、小型深邃洋盆、海湾外，不存在宽达数千千米，分隔大陆的特提斯大洋。

1998~2000年肖序常等明确提出：晚古生代-早中生代印度大陆与欧亚大陆之间不存在广阔的古特提斯大洋，中生代印度大陆与亚洲大陆之间也不存在广阔深邃的新特提斯大洋。晚石炭世-二叠纪具有印度地区冈瓦纳冷温型动物群和植物群，在青藏高原已有多处发现，在藏北冈底斯（拉萨）地体内冈瓦纳冷温型动植物分异度指数达80；晚三叠世陆生的印度四足兽在北美、亚洲都有发现，在新疆和云南也有多处发现，其分异度指数为71。在喜马拉雅地体、冈底斯（拉萨）地体和羌塘地体内发现代表陆棚、浅海和温暖型的华夏动物群的蜓类。喜马拉雅-尼泊尔的三叠纪菊石群落，在羌塘、巴颜喀拉和昆仑地带，分异度指数达80，冈瓦纳的典型植物在冈底斯、东巧、羌塘也有发现。这些都说明古特提斯海和新特提斯海都不是不可逾越的宽达6000～7000千米的广阔大洋，而仅是狭长的裂陷槽或小洋盆。亚东-格尔木CT断面的青藏高原及邻区古地磁资料显示，二叠纪时期印度大陆大部或全部位于南纬30°～南纬60°，二叠纪-三叠纪印度大陆部分位于南纬30°～南纬45°，部分位于南纬30°～南纬15°，直到侏罗纪，印度大陆还未与其南的南极洲和澳大利亚大陆等分离而向北漂移。二叠纪-三叠纪时期冈底斯（拉萨）地体平均位于南纬21°，羌塘地体约位于南纬16°，昆仑地体约位于南纬11.3°。也就是说从南边的冈底斯地体、羌塘地体，到北边的昆仑地体，即青藏高原在二叠纪-三叠纪基本上与印度大陆连在一起，都在南半球，期间不可能有特提斯大洋，仅可出现裂陷槽、海湾、小洋盆和浅海域。侏罗纪时期，印度大陆与澳大利亚大陆和南极大陆仍相连在一起，但已一同向北移动，大致位于南纬60°以北地区，而印度大陆大部分已北移到南纬30°以北的温暖地带；冈底斯地体移到南纬7°地区。印度大陆与澳大利亚和南极洲的分离应发生在侏罗纪之后，可能在白垩纪-古近纪。青藏高原、印度、澳大利亚、南极洲，在晚古生代至侏罗纪相距不远，或基本相连，它们之间古生物群落的类同和变化，主要是古纬度和古气候带变化所致。白垩纪-古近纪以来，印度大陆与澳大利亚大陆和南极大陆分离，其发生机制是什么？肖序常等（2000）提出：根据印度洋磁异常及海底扩张速率等估计，从中生代晚期到现在，地球直径增长最快，约增长了20%，这意味着中生代以来，地球膨胀速度加快，因而导致海洋扩张增大，而陆地受到挤压。这一膨胀动力，在时空上显然是不均匀和不对称的。用地球膨胀说来解释特提斯的演化、联合大陆和冈瓦纳大陆的离散，以及青藏高原的形成和演化的动力源是值得考虑的。

肖序常、李廷栋等（2000）根据古生物、沉积建造以及热年代学等定量和半定量方法，对青藏高原隆升速率提出下列时间表：I_1早期（0.6亿~0.5亿年）极慢速隆升期，隆升速率主要在每年0.016~0.068毫米；I_2早期（0.5亿~0.4亿年）慢速隆升期，隆升速率主要在每年0.07~0.08毫米；II_1中期（0.23亿~0.11亿年）中等速率隆升期，隆升速率在每年0.09~0.13毫米；II_2中期（0.1亿~0.04亿年）中等速率隆升期，隆升速率在每年0.30~0.75毫米；Ⅲ晚期（0.02亿~0.005亿年）快速隆升期，隆升速率在每年1.6~4.5毫米；Ⅳ近期（0.005亿年以来）极快速隆升期，隆升速率大于每年4.5毫米（南部喜马拉雅可达每年10~12毫米，现代更大于每年12毫米）。

高原隆升速率，从上新世末或中新世末和更新世以来，有突然加快趋势。上新世以来，从南向北，隆升速率逐渐变慢。

根据地球物理探测、深反射地震探测和大地电磁测深以及动力反演初步推断，印度板块并未长距离向北楔入，而是受阻于雅鲁藏布江以北的热熔层，印度板块的岩石圈-上地幔于雅鲁藏布江之南以约30°倾角向北下插。青藏高原地壳缩短、增厚和隆升具有“多阶段、多层次和多因素”的特点：①来自印度板块为主的南面的挤压，以及周边的塔里木地块、扬子地块和中朝地块滞后的阻力，产生高原内不均匀的汇聚压缩，这是控制高原地壳缩短、加厚和隆升的基本因素。②高原内部的热力作用、热效应，根据近年大地电磁（MT）热流测量、深地震测深和层析成像资料，可看到冈底斯和羌塘、唐古拉地体以南深部存在低阻、低速和高导层以及高热流值，即这一带具有“热壳、热幔、厚壳”特征。热力作用不仅能增强地壳的蠕动变形，造成地壳的缩短和加厚，而且可促使地壳发生重熔、热扩散，从而产生低密度空间，为地壳上浮、隆升提供有利条件。③均衡调整也对高原隆升有控制作用。新近纪以来，通过各种变形和热力作用，特别是在羌塘北部-可可西里地带形成了较厚的地壳和岩石圈上地幔，具有强大的静载荷压，造成岩石圈的向下弯曲，呈现不均衡状态，在软流圈内形成“下沉山根”，地表则形成山隆，互成镜像。但到上新世和更新世以后，除东面印缅犄角和西面帕米尔犄角仍保持较强挤压外，印度板块向北挤压相对减弱，压应力相对松弛，从而引起均衡调整，“下沉山根”逐渐抬升，促使地壳上隆和地表抬升。青藏高原自古近纪以来，一直受到南来的压应力，对其邻区也有一定的影响，但南来的压应力也分别被高原各块体间的各种变形构造吸收一部分，特别是阿尔金走滑断裂和高原西侧的喀喇昆仑走滑断裂，起到对南来压应力的阻挡、消弭、缓冲和转换作用。所以，印度板块与欧亚板块碰撞对欧亚板块的影响范围，不超过天山以北和东经105°以东地区。

经过大约30年的研究，中国板块构造学说获得了一批成果，基本上确定了中国大陆上主要缝合带和全国断裂体系，划分了中国主要板块构造单元，初步查明我国深部构造轮廓。主要成果如下：

（1）对中国主要地质构造单元划分的认识。我国地质学界存在各种大地构造学派。板块构造学说引进以后，尽管仍有不同的观点，对这个学说的反应也各不相同，但也有不少共同的认识。大家都认为我国存在中朝、扬子和塔里木三个小型克拉通和若干更小的陆块，还存在古亚洲、特提斯和环太平洋三个构造域，以及与之相对应的古亚洲、特提斯和环太平洋造山区。每个造山区又包含若干造山带系和造山带，包含秦岭、松潘-甘孜、三江-马来在内的北特提斯印支巨型造山带。克拉通、造山带和沉积盆地等大地构造名词已与国际接轨，为各大地构造学派所使用。

（2）中国造山旋回和构造发展阶段的划分已经基本取得共识。在隐生宙有迁西（30 亿～29 亿年）、阜平（26 亿～25 亿年）、五台（24 亿～23.5 亿年）、中条（吕梁）（19 亿～18 亿年）、扬子（晋宁）（10 亿～8 亿年）等几个造山旋回，显生宙分为兴凯（萨拉伊尔、泛非）、加里东、华力西、印支、燕山、喜马拉雅等几个造山旋回。在古生代主要受阿伯拉契-古亚洲洋动力系统控制，到中-新生代转变为主要受特提斯-古太平洋和印度洋-太平洋动力系统控制。印度板块、欧亚板块、太平洋板块和菲律宾海板块的活动，以及它们的相互作用，牵制着中国构造活动和构造地貌的演化。

（3）基本查清全国的主要断裂体系和主要缝合带。与三大构造域相对应的是古亚洲、特提斯和环太平洋三大断裂体系。对板块缝合带的认识虽然还存在差异，但多数学者认可了一些主要缝合带，它们是昆仑-秦岭缝合带、金沙江缝合带、班公湖-怒江缝合带、雅鲁藏布江缝合带、乌拉尔-南天山缝合带、斋桑-内蒙古缝合带、蒙古-鄂霍茨克缝合带等。阿尔金断裂带、红河断裂带和郯城-庐江断裂带是长期活动、现今仍在活动的深走滑断裂带，它们分别对我国西部、西南部和东部的构造演化起着非常重要的作用。已经查明汾渭地堑是裂谷带，渤海湾盆地是巨大的裂谷盆地。近年来，在江南古陆东南缘、皖南和赣东北的蛇绿岩带和这一地区古生物地层构造演化的研究，又提出了江南古陆解体和印支运动的问题，已引起各方面的注视。

（4）初步查明中国深部构造轮廓。经过多年地球物理探测获得的地学大断面（GCT）的研究，初步查明了我国现今深部的构造轮廓，包括莫霍面的起伏（即地壳厚度）、岩石圈结构和地壳-上地幔深地震成像。环青藏高原重力梯度带和大兴安岭-太行山-武陵山重力梯度带，不仅反映地表地形的两个台阶，而且在梯度两侧地壳以及岩石圈厚度和性质方面存在巨大差异。在扬子克拉通西部、中朝克拉通西部和塔里木克拉通中，存在厚度超过 200 千米的岩石圈，渤海湾裂谷盆地等地则岩石圈剧烈减薄，最小厚度小于 60 千米（刘福田等，1989；袁学诚等，1996）。从而认识到中国东部地壳-上地幔的不同层次，在三维空间上的非耦合关系——立交桥式结构，生动体现了中国东部中生代构造动力体制的大转换和构造格局的大改组（任纪舜，1990；万天丰，2001）。

第四节　地质构造、小型构造和显微构造研究

1965 年举行的第一届全国构造地质会议指出：地质构造研究者必须脚踏实地从事对构造现象及其组合规律的专门研究。

1953 年，李四光在《地质学报》发表《关于地质构造的

三重基本概念》，其中之一是结构要素，又称构造要素，是存在于各种地质体中的基本构造形迹，主要有结构面和结构线，它是标志地质构造存在或划分构造地块的基本单位，可分为原生和次生结构要素两类。不同结构要素有不同的力学属性，如压性、张性、扭性、压扭性和张扭性等。地质力学要求从具体的中小型的构造研究入手，来确定构造型式和构造体系。《莲花状构造》(李四光、黄孝葵，1957）是这一工作成果的典型代表。张文佑领导的中国科学院地质研究所构造地质研究集体，以岩石力学实验为基础，对断裂构造进行深入研究，并进行模拟实验。他们的研究成果以《构造地质问题》(中国科学院地质研究所构造地质研究室，1965）结集出版，有《锯齿状断裂的力学形成机制》(张文佑、钟嘉猷)、《节理力学性质判别及其分期、配套的初步研究》(马宗晋、邓起东)、《几种构造变形的光弹模拟实验》(马瑾、钟嘉猷）等论文。以谷德振为首的工程地质研究集体开创的岩体工程地质力学，就是地质构造在工程地质方面的应用，或者说是地质力学的结构要素的工程应用。几乎同时，马杏垣带领他的研究集体，在北京西山对小型构造做详细研究，先后发表《北京西山的窗棂状构造简记》(马杏垣，1964)、《北京西山的香肠构造》(马杏垣，1965)、《北京西山谷积山箱形背斜倾状端构造研究》(宋鸿林，1966）等构造分析论文。刘如琦发表《湖南长沙岳麓山上泥盆统岳麓砂岩组的香肠构造》(1963）和《湖南绥宁附近的一个小型迭加褶皱手标本的初步研究》(1965)。

中国地质学会构造地质专业委员会（有时联合地质力学专业委员会）举行了几次构造地质专题会议，如 1981 年在大同以低角度断层为主题，1985 年在南京以推覆构造为主题，

1998 年在呼和浩特以大青山推覆构造为主题，1989 年在武汉以大陆构造与成矿为主题，1990 年在大连以沉积地质与构造变形为主题，1991 年在北京以伸展构造为主题。研究者们在这些专题讨论会和现场讨论上，交流了对我国推覆构造、伸展构造、剪切构造和韧性剪切带的研究。

1978 年出版了《地质构造形迹图册》（武汉地质学院区地教研室），1980 年出版了《区域地质调查野外工作方法（第三分册）——构造、地貌、第四纪、矿产矿点检查、矿物》（地质部书刊编辑室）。以大量实际资料，阐明各类中小型构造的基本特征及其可能成因和观察、研究方法。而《嵩山构造变形——重力构造、构造解析》（马杏垣等，1981）不但是对这个地区的构造做了全面系统的分析，而且成为我国构造地质研究的典范。

20 世纪 70 年代后期，关于褶皱几何学和叠加褶皱的方位分析的研究陆续开展，发表了一些成果（刘如琦等，1976；白瑾等，1986；汤加富等，1987；徐朝雷，1990），使对嵩山、鞍山、五台山、北京西山和武当山等复杂构造区的构造几何学、运动学和构造世代的分析取得显著进展。

《岩石有限应变测量及韧性剪切带》（郑亚东、常志忠，1985）系统地介绍了应变测量和应变分析的理论和分析方法。此后，有限应变测量和分析方法在国内广泛使用，以解释区域构造地质和构造变形机制问题。《郯庐断裂南段深层次的塑性变形特征及区域应变场》（徐嘉炜、王萍、秦仁高，1984）用变形砾石的有限应变测量来解释区域构造，其计算的韧性水平位移量在郯庐断裂东侧向北达 225 千米。与其他区域地质资料配合，很好地说明了郯庐断裂的左行水平位移量。傅昭仁

（1990）和宋鸿林、朱宁（1998）利用变形鲕、褪色斑、石英和白云石粒进行有限应变测量，查明了北京西山地区区域应变强度的系统变化及其与区域构造-热状态的密切联系，从而有力地说明了北京西山地区固态流变构造的形成机制。何绍勋（1996）利用变形砾石和石英以及糜棱岩中的 S/C 面理间的夹角等，测定河台、新洲等金矿区的韧性剪切带中的应变分布及其与金矿的关系，应用这种方法可以确定韧性剪切带的应变程度和位移量。张进江等（1995）还将极莫尔圆和运动学涡度应用于韧性剪切带的定量分析。从石油构造研究中，形成一种平衡剖面定量分析方法，成功地用于前陆盆地沉积盖层中的等厚褶皱和逆冲构造区。近年来，在区域构造研究中已成为定量研究的必要手段，可用以估算造山带的水平缩短量和伸展区的地壳水平伸长量。这就要求对区域地质剖面按构造几何学原理加以复原，这样才能得到正确而可靠的数据。邓起东、冯先岳、张培震（1999）的《乌鲁木齐山前坳陷逆断裂褶皱带及其形成机制》在这方面做出了成果。构造定量分析还要求考虑三维几何学上的相容性问题，在一个地区不但要求剖面的平衡，还要求在平面上的平衡，卢华夏、贾东、陈楚铭（1998）的《柯坪剪切挤压构造新模式及其对塔里木盆地的意义》就是对走滑断裂做平面平衡研究的一次有益尝试。朱光等（1998）、王小凤等（1998）对郯庐断裂大规模的左行走滑及其与大别山的陆内消减关系的研究，是涉及三维平衡研究的实例。断裂带内各个分断裂之间的变换带的研究，已经引起了盆地分析的重视。

《中国前寒武纪构造格架及研究方法》（马杏垣等，1987）和《变质岩区构造地质学》（傅昭仁、蔡学林，1996）是在吸收了欧美关于构造层次和变形相分析的理论和方法的基础上，对变质岩区的构造，如叠加褶皱、构造置换、韧性剪切、地壳的流变学和构造变形相领域的研究，是具有代表性的成果。关于构造岩的识别和韧性剪切带的厘定及其几何学和运动学的研究，有《断层岩的分类、识别及其形成条件》(夏宗国，1983)、《断裂构造岩的划分》(孙岩，1985)、《动力变质岩分类述评》(宋鸿林，1986)、《糜棱岩及其与其他区域变质岩的区别》(徐树桐，1988) 等。20 世纪 80 年代后，我国学者对韧性剪切带的研究得以快速发展。《变形变质作用与成矿》(刘喜山、李树勋、刘俊来，1992)、《中国华北地区深层次构造岩的基本特征和层次划分》(马宝林、刘若新、张兆忠，1990) 和《韧性剪切带与成矿》(何绍勋等，1996)，将剪切带及糜棱岩类岩石及其形成温度和变质相加以划分，对大量与金矿有关的韧性剪切带中的应变强度、构造类型、温压条件、体积变化和构造地球化学作用及其与金矿化的关系研究推向了新的高潮。我国已发现大批大型韧性剪切带，其中扬子地台北缘韧性剪切带长达 1500 千米，其类型包括推覆型、滑脱型和平移型 3 大类。有些作者按变形域的特点将韧性剪切带划分为高温韧性剪切带、深成韧性剪切带和浅成韧性剪切带 3 种类型。

20 世纪 80 年代以来，构造地质界对逆冲推覆和滑覆构造的研究取得长足进展。《逆冲推覆构造》(朱志澄，1989；朱志澄，1991) 系统地介绍了国外这一领域的研究现状，初步总结了我国近 10 年来在许多地区研究逆冲和推覆构造的成果。内蒙古大青山、包尔腾山（王建平等，1986；朱绅玉等，1997)、燕山（张长厚等，1990；崔盛芹等，2006)、秦岭（吴正文等，1991)、大别山麓（刘文灿等，1999）和宁镇山脉（薛虎等，1985，葛肖红，1997）等地中生代逆冲推覆构造的研究，已经突破了经典的造山带前陆的推覆构造模式。在前期已趋稳定的地块，也有逆冲推覆构造发生，这对我国中生代板内造山作用和逆冲推覆构造形成机制的确定，具有重要意义。喜马拉雅造山带是由一系列逆冲推覆的岩片和褶皱作用使地壳叠置增厚的造山带。川西龙门山及其前陆盆地，主要由侏罗纪至新生代陆内俯冲形成，它主要由青川-茂汶断层、北川-映秀断层、灌县-安县断层和广元-大邑断层自西向东排列组成。冲断带的扩展以前展式为主，即由后陆朝前陆方向发展，发育时代自西向东变新；后期由于龙门山大幅度抬升，由重力滑覆产生一系列断层，呈后展式发育，即由前陆向后陆方向扩展（刘和甫等，1994）。大巴山、北天山、北祁连山、西昆仑山、阿尔泰山、雪峰山等造山带，都具有推覆构造的特征。在大量推覆体下面发现煤田，扩大了煤炭资源的储量，更促进了逆冲推覆构造的研究。中蒙边界的特大推覆构造，推覆的距离达到120千米以上，是世界上大型推覆构造之一（郑亚东等，1990）。

20世纪80年代初，受北美大陆伸展构造研究的启迪，《论伸展构造》(马杏垣，1982）予以介绍，后发表《中国东部中新生代的裂陷作用和伸展构造》(马杏垣等，1983；马杏垣等，1985），《中国新生代的伸展构造》(马杏垣等，1988），《论滑覆与岩石圈多层次滑脱构造》(马杏垣、索书田，1984），深入地讨论了我国不同构造层次上伸展构造的构造特征、形成机制、发育历史，以及它们与地震活动的关系，首次把伸展构造研究的重要性展示在广大构造地质学家面前。经中美合作研究证实，怀柔韧性正断层是北美地区以外发现的我国第一条低角度韧性正断层和第一个变质核杂岩，据此提出了热隆-滑覆-推覆模式。北京怀柔云梦山和房山成为我国研究中生代伸展构造的典型（郑亚东，1989）。1991 年北京的伸展构造学术讨论会上，研究人员现场展示该模式，该模式得到推广。后来，涌现了一批关于伸展构造研究的成果。

华北地区是伸展造山和造盆的代表。在伸展体制下，燕山、大别山、太行山、胶辽山地大幅度隆升，河淮地区形成一系列铲状断裂控制的大型断陷盆地。造山带的隆升，上覆岩层大幅度拆离滑脱，隆升较快的地区，变质基底裸露，形成围绕河淮裂陷的变质核杂岩构造（牛树银等，1999）。大兴安岭的伸展造山是幔源岩浆上升引起岩石圈的伸展减薄，使变质核杂岩上升至地表，大兴安岭主脊的地层发生低温伸展变质，形成滑覆构造（邵济安等，1999）。伸展构造不但与收缩构造同样重要，而且为正确认识区域构造和复杂构造区多期伸缩交替的构造演化史开拓了新的局面。宋鸿林等提出了比北美科迪勒拉双层结构更为普遍的三层结构的变质核杂岩模式（1994）。还有学者提出了不同构造环境下的变质核杂岩（板内和板缘两大类），揭示了变质核杂岩多样性和多时代的特点，如中条山元古代变质核杂岩、亚干的中生代变质核杂岩、扬子地台西缘变质核杂岩等，强调了热隆作用在变质核杂岩形成中的重要作用（宋鸿林，1995；牛树银等，1999；邵济安等，1999）。

研究者对一些大型的走滑构造带进行了系统的研究，其中，对郯庐断裂带的研究（徐嘉炜等，1995；朱光等，1995），对它的几何学、运动学和动力学，及其对我国以至东亚地区中、新生代构造演化的意义，做了十分精辟的论述，认为郯庐断裂带是在晚侏罗世-早白垩世，伊泽奈崎板块俯冲于欧亚大陆下造成的巨型走滑断裂，伴生一系列北东-北北东向的左行平移断层，南东盘向北错移超过500千米（朱光等，1999）。后又经过万天丰（1996）、王小凤等（1998）的进一步研究，对郯庐断裂带的形成、演化及详细的构造特征，有了更深入的认识。哀牢山构造带和红河断裂带也是左旋走滑断裂带，左旋走滑的高峰期为中新世，两侧位移约300千米（钟大赉等，1998），据两侧岩石对比，可达450千米（吴根耀，1997），上新世转变为右行剪切（刘和甫，1999）。阿尔金走滑构造带由阿尔金断裂、车尔臣河断裂和其他一些同是北东东向的走滑断层组成。走滑开始于始新世，肇源于印度板块与亚洲大陆的碰撞。根据走滑拉分盆地——索尔库里盆地计算，阿尔金断裂新生代左移走滑量达200千米（刘和甫，1999）。阿尔金断裂带向西延至康西瓦缝合带，在塔里木盆地南侧部分走滑位移量转化为北昆仑冲断带；阿尔金断裂带向东北可能与恩格尔乌苏缝合带相连，在酒泉盆地北侧，部分走滑位移量已转换为北祁连冲断带（刘和甫等，1999）。其他还有左旋位移的秦岭-大别断裂带和右旋位移的澜沧江断裂等。

走滑构造带、逆冲推覆和伸展构造等多体制的构造格局，为合理解释和正确演绎我国中新生代构造演化，提供了新的证据和新的思路。似乎“大推覆、大滑脱、大平移”是我国大陆中新生代构造发展的重要特征。

《应力矿物概论》(王嘉荫，1978）和《显微构造地质学》（刘瑞珣，1988）开创了我国显微构造的研究。1981年冬召开了显微构造与组构学术讨论会，促进了我国显微构造的发展。在引进透射电镜并应用于岩石变形研究，特别是学习国外关于岩石变形的微观机制的方法以后，我国实现了构造地质学与变质地质学的学科交叉，宏观与微观的结合。20世纪80年代末，显微构造的教材和专著陆续出版。对应用显微构造研究的成果解释和演绎区域构造的运动学、变形条件和动力学方面的问题，特别是对不同矿物在不同温压条件下的变形，进行了较为深入的研究。碳酸盐岩的组构及动力学分析（宋鸿林，1982），斜长石塑性变形研究（嵇少丞，1989），橄榄石的流变学研究（金振民，1990），实验岩石变形研究（刘俊来，1999）都取得了重要的成果。这些研究连同宏观构造的研究，使构造地质研究的空间范围达到 $10^{-8}\sim10^{8}$ 米。

构造应力场的研究是李四光倡导的，早在 1945 年他就对构造体系做应力和应变分析。20 世纪 50 年代他部署地应力测量，并建立相关实验室。1965 年邢台地震以后，李四光强调地应力与地震的密切关系，试图以地应力的变化来预报地震。1970 年以后，我国活动构造与构造应力场的研究得到飞快发展，出现了一批研究成果的论文，如《喜马拉雅弧形山系及其邻近地区现代构造应力场分析》(叶洪等，1975)，《我国西南地区现代构造应力场与现代构造运动探讨》(阚荣举等，1977)，《中国构造应力场特征及其与板块构造运动的关系》(邓起东等，1979)，《中国东部新生代构造应力场变化之探讨》(张裕明等，1979)。地质力学研究所从 20 世纪 70 年代开始，陆续开展应力解除、空心包体、水压致裂、压磁、钻孔崩落、震源机制解和声发射等一系列方法的应力测量。王连捷、廖椿庭等发表了一系列研究成果。构造应力场分析是地质力学研究的一项重要内容，也是活动构造和地震活动性研究的主要方面之一，在工程建设、矿山开挖方面也有应用前景。丁原辰 (1991) 研究发现凯塞效应具有抹不录净现象，说明岩石能记录多次应力作用。安欧出版了关于应力测量的著作。《古构造应力场》(万天丰，1988）和《中国东部中、新生代板内变形构造应力场及其应用》(万天丰，1993）是古构造应力研究的代表性成果。

第五节　造山带研究

地质学在西方经过100年的发展，到20世纪初，在欧美国家陆续发现部分地区地层间的不整合接触关系，史蒂勒（H. Stille）综合西欧文献中关于不整合的记录，建立了一系列褶皱幕的专用名称，得出了构造运动在时间上和空间上的规律性，1913年出版了《地壳构造及演化与革命》。1924年发表构造地质学划时代的著作——《比较构造学的基本问题》。史蒂勒的构造地质学说是多方面的，其中有一点，就是造山运动的分期和分幕及造山幕的短时性和全球同时性。从槽台观点出发，造山作用分为新褶皱和基底褶皱两类。新褶皱（即阿尔卑斯式褶皱），又可分为地槽褶皱（推覆山和褶皱山）和大洋边缘褶皱。基底褶皱（即日耳曼式褶皱）又可分为古地槽地带的和狭义大陆块上的两类，这两类又可细分。自从板块学说问世以来，造山带成为板块构造研究的重要内容，对造山带给出了一个言简意赅的定义："汇聚板块边缘进行的大地构造作用称为造山作用，这种大地构造作用形成的地质体称为造山带。"［森格（A. M. C. Sengor)，1990］。即在20世纪60年代前期及以前，地槽回返褶皱造山的观点占统治地位，60年代后期，板块的汇聚碰撞俯冲造山观点代替了地槽褶皱造山观点。

中国大陆是多块体的多造山带的拼合，块体多且小，又破碎，还经过长期的强烈活动；中国大陆是洋壳和陆壳混生的地壳构造区，经历了窄洋盆、小洋盆与洋陆过渡海盆构成的洋陆间列、复杂的演化。许多学者认为板内造山带客观存在，因此，研究大陆造山带是大陆动力学研究的关键。

阐述刚性岩石圈板块在地球表面运动规律的板块构造理论，并不适用于变形的板块边缘即造山带。造山带是地球历史上构造热事件频繁出现和变化最为剧烈的地带，经典板块构造学说在解释造山带，特别是大陆造山带的复杂演化过程时，遇到了许多困难。克拉通和造山带是组成大陆的两个基本单元，从活动性来说它们又是地壳构造的两个端元，大陆上表现为刚性的克拉通，是过去40亿年期间造山带逐步转化而来的。因此造山带研究是揭示地球构造演化史的关键。

20世纪60年代上半叶以前，我国造山作用的研究主要集中在地层不整合的确定上，认为造山作用形成地层的褶皱，当褶皱的地层（造山运动或褶皱作用的主要标志）被侵蚀夷平以后，上面沉积的地层与它成不整合接触关系，如果这种不整合接触关系在一定的区域内不只在一处见到，就说明它在一定区域内发生过地壳运动。不整面上下最接近的地层的时代间隔确定为这次地壳运动发生的时期。据此，截至1977年我国已命名的地壳运动有186个。板块构造学说引进以后，随着工作的深入，逐渐接触到板块间的碰撞和造山问题。造山带的研究从蛇绿岩带的研究开始，逐渐涉及各种造山作用的标志、造山带的形成和演化、运动学和动力学、岩浆活动和成矿。

20世纪80年代，采用地质、地球物理、地球化学相结合，宏观与微观相结合的研究方法，在活动论观点的指导下，对我国几个主要造山带的结构构造、造山模式、演化历史和动力学机制等进行研究。如对青藏高原地质构造的研究，认为它经历了裂解、汇聚与造山三种运动方式和若干发展阶段，划分了5个地体和6个缝合带，从北往南分别是：塔里木盆地、西昆仑祁连带、北昆仑褶皱带、南昆仑褶皱带、可可西里巴颜喀拉地体、喀喇昆仑金沙江带、羌塘地体、班公湖怒江带、拉萨地体、雅鲁藏布江缝合带、喜马拉雅地体。建立了欧亚板块不断增生且最终与印度板块汇聚的大陆拼合的演化模式。有的学者提出在昆仑山发现的缝合线，代表了劳亚大陆和冈瓦纳大陆间的古生代大洋，进而认为东特提斯地区经历了原特提斯（早古生代）、古特提斯（泥盆纪-中三叠世）和新特提斯（中、新生代）三个演化阶段，修正了国外学者关于东特提斯始于二叠纪的论点。对秦岭造山带尽管存在不同看法，但多数学者认为从元古生代以来该造山带已处于板内演化阶段，中生代的逆冲造山作用遍及整个秦岭地区。鄂皖胶东巨型高压或超高压变质带的发现，以及对其中所含的柯石英、金刚石和榴辉岩的研究，对深入认识秦岭-大别山造山带的演化和地球动力学有重大意义。松潘-甘孜造山带的研究表明，它是劳亚、扬子、羌塘三个板块相互作用下形成的早-中古生代双向造山带。华南造山带的研究揭示了：①它是经历四次碰撞作用叠合而成的陆-弧-陆碰撞造山带。②具有薄皮构造模式的三叠纪造山带。③经历了古大陆裂解、拼合、碰撞和陆内造山作用的造山带。对兴蒙造山带的研究发现，起始于晚元古代的古蒙古洋，在早古生代南北双向俯冲，分别形成位于东乌珠穆沁旗和西拉木伦河的2个加里东褶皱带，早海西期古蒙古洋封闭，形成贺根山褶皱带，使中朝板块与西伯利亚板块拼合。对滇西和西北地区的造山带也做了不同程度的研究，获得许多认识。此外，学者还引进了地体的概念，并运用地体理论，把大地构造研究与古生物地理、古地磁、地球化学及深部地球物理结合，重新解释了我国一些板块拼合、大陆生长的过程和构造格架。

20 世纪 90 年代，我国造山带研究成果颇多。如：王作勋（1990）、左国朝等（1990）、肖序常等（1992）、唐克东等（1992）、何国琦等（1994）和陈哲夫等（1997）对天山-兴安造山带的研究；许志琴等（1988）、姜春发等（1992）、张二朋等（1993）、张国伟、张本仁、袁学诚（1996）、张以茀等（1996）和夏林圻等（1998）对昆仑-秦岭带的研究；常承法、郑锡澜（1973）、肖序常等（1988）、刘增乾等（1990）、陈炳蔚等（1991）、潘裕生等（1996）、潘桂棠等（1997）、钟大赉等（1998）和孙鸿烈等（1998）对青藏滇西带的研究；郭令智等（1990）、李继亮等（1992）、金文山等（1997）对华南造山带的研究；高名修（1983）、崔盛芹等（1983，1985，1995，1998，1999，2000，2002，2003）、任纪舜等（1990）、邓晋福等（1996）和路凤香等（2000）对中国东部太平洋构造带的研究；徐嘉炜等（1980）、国家地震局地质研究所（1987）、万天丰（1995）、王小凤等（2000）对郯庐断裂带的研究；杨建军等（1989）、徐树桐等（1994）、从柏林等（1994）、游振东等（1998）、索书田等（2000）和杨巍然等（2000）对大别-苏鲁高压变质带的研究。

张国伟、周鼎武、于在平等（1988）研究认为秦岭造山带经历了 4 个主要演化阶段：①晚太古宙统一克拉通地块的形成。②元古宙古秦岭裂谷系。③晚元古宙末到中生代初期以现代板块构造体制为基本特征的板块演化阶段，但未扩张成为广阔的大洋，而是在相当于板块构造的早期阶段就开始封闭。早古生代至中生代初期南秦岭基本上连续发育厚大的扬子板块北缘被动陆缘沉积体系，而北秦岭却主要发育岛弧型和边缘海型蛇绿岩，还有以前寒武纪秦岭杂岩为基底的岛弧链，并贯入大量加里东至早海西期俯冲型钙碱性花岗岩。古秦岭洋经西秦岭和松潘与古特提斯洋连通，是广泛存在诸如大别、随县、武当、陡岭、平利、佛坪、小磨岭等众多微型地块的多岛洋。④中新生代陆内造山作用。加里东中晚期扬子板块已向华北板块之下俯冲。晚海西-印支期向东向西众多陆块相互作用，陆-陆不同时接触的多种俯冲碰撞发生造山作用，后又叠加中新生代多种形式的陆内造山，造成这里壳幔、壳内岩石圈板块、岩片的多重堆叠。李曙光等（1992）根据秦岭-大别山造山带构造年代学、榴辉岩 $p-T-t$ 轨迹，以及其他同位素年龄和地质学资料，提出秦岭-大别山造山带形成的四阶段模式：①晚元古华北地块南缘沟-弧-盆体制下的造山作用，即在 10 亿年时北秦岭已具类似现代板块构造的特征；②北秦岭海西弧-陆碰撞造山作用，北秦岭海西期强烈变形、变质事件是由于北秦岭古岛弧与华北陆块之间发生弧-陆碰撞引起的；③印支期陆-陆碰撞造山作用，陆-陆碰撞的时代在古生代末或三叠纪初，整个三叠纪是陆壳俯冲的时代；④陆-陆碰撞后的中新生代造山作用，秦岭-大别山造山带在经历三叠纪的碰撞、陆壳俯冲和地壳缩短的挤压造山之后，在侏罗纪、白垩纪和古近纪、新近纪继续隆升，形成今天山脉的面貌，其间虽然存在不同阶段的复杂推覆、走滑等构造运动，但其总体是拉伸作用，经历燕山期和喜马拉雅期的造山作用。

冯益民等（2000）研究认为西秦岭造山带构造演化可分 4 个阶段：①早期的洋陆结构- Rodinia 超大陆裂解与秦祁昆大洋的形成阶段。新元古代-早古生代蛇绿岩带主要沿东昆仑和商丹带出露，奥陶纪的蛇绿岩带则沿北祁连山、北秦岭、柴达木北缘出露，说明存在于新元古宙的 Rodinia 古大陆在 7 亿年左右开始裂解，使中朝陆块、扬子陆块和塔里木陆块在超级大洋中漂移，并逐渐靠近。②奥陶纪-早泥盆世俯冲-碰撞造山及复合前陆盆地体系形成阶段。早志留纪时发生弧-陆碰撞和陆-陆碰撞，形成前陆盆地和磨拉石，至早泥盆世结束，形成西秦岭造山带及邻区的复合前陆盆地体系，使中朝陆块、扬子陆块、塔里木陆块和其他小陆块拼合在一起，形成华夏古大陆。③中晚泥盆世-中三叠世板内伸展及板内伸展盆地体系形成阶段。前期表现为新生大陆地壳的伸展，形成板内深裂陷盆地、板内裂谷和新生洋盆，它们沿陆块拼合带出现，后期（中三叠世中期开始）盆地中的深水相沉积逐渐被浅水相代替，反映了由伸展到挤压的转折点，进入陆内造山的前期。④晚三叠世到现在的板内叠覆造山阶段及现今构造格局形成阶段。晚三叠世开始逆冲逆掩造山期，使伸展阶段形成的沉积盆地大规模消减，一些中间地块也大规模消减，形成一系列推覆体。至晚三叠纪已基本结束，但东秦岭则持续到侏罗纪，甚至早白垩世。早侏罗世开始到新近纪末为走滑造山期，形成大型走滑断裂和走滑盆地，通过走滑作用，各陆块间达到了动力上的平衡。从更新世开始至今为隆升造山期。

燕山造山带是典型的陆内造山带。崔盛芹等（1995，1998）将燕山陆内造山带的地质构造演化过程划分为 3 个阶段。①克拉通基底的形成。燕山造山带的克拉通基底形成于太古宙-古元古代，由深变质的片麻岩-麻粒岩块体与花岗岩-绿岩带构成，大部分岩石形成于 25 亿年前。晚太古代形成古老陆核，随后在燕山东部发生古元古代裂谷作用。古元古代末期的强烈构造运动——吕梁运动，形成显著的构造变形、岩浆活动和中深区域变质作用，构造热事件的高峰期为18亿~19亿年，中朝陆台形成，区域构造线以东西向为主，晚期在东部有一些东北向构造，这一时期称为始燕山造山带。②坳拉槽-克拉通盖层发育。中新元古代在克拉通基底上形成了一个巨型坳拉槽，其中沉积了厚达10000米的中新元古代碎屑岩-碳酸盐岩系。在坳拉槽期间发生两次区域隆起事件，形成10亿年和8亿~6亿年两个区域性平行不整合。坳拉槽期之后，形成了稳定的寒武纪-中奥陶世与中石炭世-晚二叠世的克拉通盖层，直到2.5亿年，他们称这一时期为燕山中新生代陆内造山的前造山期。③中新生代陆内造山过程。在18亿年至2.5亿年的坳拉槽与克拉通盖层阶段之后，燕山地区进入一个新的构造发展时期，形成燕山中新生代造山带。分为4个时期：a. 始造山期（印支期）。三叠纪时北部与兴蒙古生代造山带毗连，晚华力西构造岩浆作用有一定连续性和继承性，陆内造山作用从印支期开始形成雏形，区域构造线以近东西向为主。b. 主造山期（早燕山期）。盆山相间分布，地貌反差明显，沉积了大量受同沉积断裂控制的类磨拉石建造的含煤地层，发育强烈的褶皱和逆冲断裂，形成一些推覆构造和大型褶皱构造，伴有强烈的中酸性岩浆侵入和中基性火山喷发，区域构造线以东北向和东西向为主。c. 主造山晚期（晚燕山期）。白垩纪形成广泛分布的流纹岩、玄武岩和安山岩，还有少量碱性火山岩和近百个中酸性侵入岩体，侵入岩以花岗岩、花岗闪长岩、闪长岩、二长岩及碱性岩为主——发育多个较大的湖相含油页岩、含煤盆地。早期构造活动较强，晚期减弱。构造变形以宽缓褶皱、盆缘同沉积断裂活动为主要特点，区域构造线以北北东向为主。本区侏罗纪-白垩纪原生的盆-山构造-地貌景观及构造-岩浆带称为“中燕山造山带”。d. 重造山期（喜马拉雅期），新生代以强烈的区域性伸展造山作用为主要特征。张性-张扭性断裂活动强烈，褶皱变形微弱，裂谷作用显著，区域构造线以北北东、北西和近东西向为主。在燕山西段形成延庆、怀来与蔚县等裂谷盆地，应属汾渭裂谷系北段。向西为呼-包裂谷盆地，向东形成下辽河-渤海-华北裂谷系。在燕山东北侧和西北侧的外围地区，发育有中生代晚期以来的松辽与二连裂谷盆地。在这些盆地裂陷、坳陷的同时，周围山脉快速隆升，形成现今盆-山明显对峙的构造地貌格局，称之为“新燕山造山带”。他们将燕山中新生代造山带造山作用机制确定为：a. 两组不同方向的逆冲推覆和褶皱变形。在“始燕山”与“中燕山”造山带，东西向和北东-北北东向区域性构造变形占主导地位，导致两组不同方向的褶皱构造与逆冲推覆构造在全区广泛分布，并控制了区内沉积建造、火山活动、岩浆侵入和矿床的空间展布。b. 不同深度的拆离与滑脱作用。燕山造山带内有多个不同深度的软弱层，如吕梁运动界面、中新元古代泥质岩层、古生代和中生代含煤岩系等。在一定温度、压力和构造应力作用下，上覆岩系可以沿着这些软弱层发生拆离和滑脱。此外，地震探测资料表明，在燕山造山带地壳的不同部位，存在多个高导、低速层。中新生代时期沿着这种拆离面发生过较大距离滑动。因此，拆离和滑脱是燕山板内造山带及邻区的重要造山机制之一。c. 岩浆底辟和热隆作用。在燕山陆内造山带有 300 多个岩浆侵入体，它们大部分都属区域性挤压环境下的强力侵位，导致局部性熔融、固态塑性流变、环状韧性剪切、环状和放射状断裂活动和接触变质作用，形成岩浆底辟构造系统。这些局部性构造系统，如环状构造与变质核杂岩构造，与区域性构造复合在一起，形成燕山陆内造山带复杂的构造格局。d. 重造山期的断陷和隆升作用。中生代古盆山-构造-地貌在中生代末-古近纪初受到区域性夷平作用，形成北台期地面（夷平面）。早喜马拉雅期，在燕山造山带东侧和南侧，开始发生新生代裂谷作用，形成一系列裂谷盆地。同时，燕山山脉开始快速隆升。喜马拉雅晚期（新近纪-第四纪），裂谷范围扩大，波及燕山大部分地区，进入一个新的区域性快速隆升时期，使新生代早期的北台期地面抬升到 1000～1500 米以上的高度，最终形成现今的盆山相间分布的构造地貌格局与山岳景观。

中国的其他造山带亦有许多研究成果发表。

第六节　盆地研究

沉积盆地是赋存煤、石油和天然气的场所，盆地的形成和演化反映了地壳和岩石圈的动力学过程，盆地和造山带构成了地球动力学研究的基本领域。

1980 年，朱夏运用板块构造观点研究我国含油气盆地，提出我国存在两个世代、两种体制的含油气盆地：古生代以槽台为体制的含油盆地，中生代以板块为体制的含油盆地。刘和甫（1982）从地球动力学分析出发将含油气盆地分为张性盆地、压性盆地和扭性（剪切）盆地，它们的边界断层分别是正断层、逆断层和平移断层，对应于板块边界的类型为离散型（大陆裂谷、大洋中脊）、聚敛型（大陆碰撞、海沟俯冲）和转换型（大陆上的剪切带、大洋中的洋中脊）。高名修（1979）和陈焕疆（1982）认为中国东部盆地是通过断陷和坳陷交替而发育起来的，经历了晚侏罗世和早白垩世初期的挤压转变为扩张，晚白垩世至始新-渐新世的第二次盆地扩张，以及晚第三纪以来板块运动出现了新的调整，盆地发生南北分异等三个阶段。朱夏（1982）在1978年用双重标准划分前阿尔卑斯和阿尔卑斯盆地的基础上，对中国中新代盆地进行地球动力学分析，认为中国中新代盆地是在中生洋开启、全球板块体制建立以来先后形成的。由于中国的特殊位置，它们既非拉张大陆边缘的盆地，也非敛合边缘的盆地，又不同于大陆内部的裂谷和克拉通盆地。在西面受中生洋扩张边缘的挤压、东面受太平洋板块的俯冲作用和北面受古生代造山带的阻挡的特定地球动力学条件下，这些盆地基本上是在大陆地壳受挤压的状况下发生的，但表现的方式多种多样。南部的地壳压缩是以西部的潜没带（川西）和东部的几个基底滑移（包括华南大部地区）实现的，在两者之间的是四川盆地。其余盆地都是在推掩体上盘通过断裂发生的，盆地的规模较小，影响的深度也较小。北部的地壳压缩首先是通过岩石圈的大型起伏，凹下的部分是早期的沉降盆地（如三叠纪-侏罗纪的鄂尔多斯盆地）。凸起的部分接着发生断陷和向两侧的拉张，产生对应的箕状断陷。随着地幔垫的发生和回收，转化为大规模的坳陷，侏罗-白垩纪和古近-新近纪是两个明显的旋回。这种活动涉及的岩石圈深度较大，盆地总体的范围也较大。北北东向和北西-北西西向的平移断裂先后对盆地的发生有重大影响。前者从晚三叠世至新近纪，先是由于来自北方的压力而左移，后来由于来自西面的影响而转为右移。后者是印度板块从白垩纪末开始靠拢的效应，到新近纪又因太平洋岛弧的弧后扩张而被阻止或逆移，并使早期的南北向裂陷受到挤压。北西西向的平移断裂活动，包括与之相伴随的相对升降活动，从白垩纪末期起，把中国大陆分成3个与古生代构造体系大致相适应的段落，东北的地槽区表现为白垩纪末期以后的上升和挤压，华北的地台区此时出现了拉张和沉降，华南的褶皱区继续受到挤压。与台湾在新近纪向大陆推掩相适应的是东海外侧冲绳海槽的弧后扩张及其向大陆的挤压。西部的盆地先是受中生洋扩张时期海西褶皱带上不均一沉降的影响，包括褶皱带内的沉降、海侵、古地台的隆起拉张；后来又因为中生洋的封闭和印度板块的碰撞，引起了地壳缩短和强烈升起与平移扭动，从而产生大幅度的断陷、巨厚的磨拉石沉积和复杂的褶皱断裂。这些中新生代盆地大部分发生在古生代地台内部、地台边缘和坳拉谷盆地的基础上。沉积和构造的叠加作用对古生代油气的分布和再分布起到重大的建设性与破坏性兼有的作用。

20世纪80年代，研究者对我国一些重要盆地的结构和演化史做了深入研究，厘定了盆地类型，建立了盆地演化模式，并运用计算机技术进行了盆地的构造解析和模拟，提出了板内盆地的分类方案。按地球动力学环境，分出伸展型盆地为主，亦有走滑型盆地，在伸展背景上发育了大型坳陷、陆内裂谷盆地和大陆边缘裂陷盆地；中国西部以压缩型盆地为主，亦有走滑型盆地，这里有克拉通盆地、前陆盆地、山间盆地和弧后盆地等。此外，在对盆地及其周缘构造分析基础上，提出了铲形正断层、掀斜断块、缓倾斜冲断层、古潜山和拉分盆地等样式。

20世纪八九十年代以后，盆地构造研究与盆地沉积研究相结合，与造山带研究相联系。研究成果主要集中在华北盆地和松辽盆地的研究方面。古生代的盆地，如云南思茅三叠纪弧后前陆盆地（谭富文，2002），黔桂地区泥盆纪台内裂陷槽盆地（杜远生、龚一鸣、吴治等，1997），也有研究。陆克政（1996）论述了扭动盆地和扭动构造，认为与扭动或走滑断层作用有关的盆地，可以在不同的板块背景和地动力环境下，包括离散边缘、俯冲聚敛边缘、碰撞边缘和板内形成。它们分为走滑拉分盆地和走滑挤压挠曲盆地两类。走滑拉分盆地是在走滑断层产生伸展环境下形成的盆地，其形成的构造部位有走滑断裂带中和带间的旋转块体。走滑环境下形成的挠曲盆地（也称扭压盆地），是沿着走滑断层产生的缩短挠曲环境下形成的盆地。它们形成的构造部位有压紧弯曲断层旁、分支断层间、雁列隆起间、雁列断层间等。这类扭动盆地以郯庐断裂带东侧发育最为良好，如胶莱盆地、渤海盆地、下扬子区盆地、庐枞、宁芜、怀宁、繁昌、溧水和溧阳诸盆地。郯庐断裂带北延的伊兰-伊通盆地、南延赣江断裂带的研究（杨明桂等，1981；郭英杰等，1981）表明，该断裂带在早侏罗世-早白垩世发生西侧由北向南、东侧由南向北逆冲推覆，晚白垩世-古近纪北北东向的赣江断裂带与其配套的东北向和东西向的断裂带，在主干断裂发生左旋平移的背景上，分支断裂产生扭张，断层下滑，形成一系列的雁行排列的拉分盆地，如高安、宜丰、新余、清江、泰和、新干、吉安、永丰、万安、临川、乐安、赣州、南雄等盆地，沉积了巨厚的红色碎屑地层。北东东走向的鹰潭-绍兴断裂带，也控制了东乡、余江、鹰潭、贵溪、弋阳、横峰、上饶、广丰、玉山、衢州、龙游、金华、兰溪、义乌、诸暨等红色盆地（K_2）的发育。阿尔金断裂带是中国西部地区北东东走向的左行走滑断裂带。除了断裂带内存在一些断陷盆地以外，在断裂带两侧发育了一系列拉分盆地，如民丰盆地、且末盆地、索尔库里盆地等。同时，它对塔里木盆地、柴达木盆地、酒泉盆地和阿亚克库木湖山间盆地的形成起着重要作用。

刘训等（1996）论述了塔里木板块周缘地区晚古生代以来的沉积构造演化，认为侏罗纪时，那里发育有四种类型的沉积盆地：①拉分盆地，沿东侧的阿尔金断裂和西侧的塔拉斯-费尔干纳断裂分布走滑拉分盆地；②前陆盆地，与上述走滑拉分盆地形成同时，由于天山和昆仑山的上升，在塔里木盆地南北两侧形成前陆盆地；③塔里木盆地内部的内陆河流盆地；④在塔里木盆地南侧喀喇昆仑地区存在早-中侏罗世浅海陆棚海湾，是南面特提斯海的海湾，一直延伸到羌塘地区。

甘肃酒泉-玉门间的酒西盆地，位于北祁连山北缘逆冲断裂、阿拉善山前断裂和阿尔金断裂之间，是酒泉-民乐盆地的组成部分，是一个内陆叠合型盆地，由晚生代海陆交互相单型盆地、侏罗纪断陷单型盆地、白垩纪断坳单型盆地和新生代陆相单型盆地组成，其中白垩纪断坳单型盆地是酒西盆地的主体。酒西盆地是在前中生代前陆盆地的基础上发育起来的，以扩展裂陷为主的单型盆地。作为白垩纪盆地，经历了初始裂陷、扩张裂陷、热衰减和湖盆萎缩三个发育阶段（苏建平、吴保祥，2002）。盆地内新生界，除缺失古新统和始新统外，地层发育齐全，从老到新为火烧沟组、白杨河组、疏勒河组、玉门（砾石）组、酒泉（砾石）组和戈壁（砾石）组。据磁性地层对比，分别形成于1300万~830万年、830万~490万年、366万~93万年、84万~14万年、14万~0万年。根据各组地层中重矿物分析资料，结合地层的岩性岩相特征，发现青藏高原北部祁连山地区，在826万年以前处在比较稳定的状态，盆地南缘沉积了590米的粉砂岩、泥岩和砂岩夹砂质砾岩，处在山盆地形高差小的夷平时期。826 万～490 万年间盆地南缘沉积了粉砂岩、泥岩、泥质砂岩、砂质砾岩和砾岩，剖面上层序表现为向上粒度变粗，砾岩增多变厚，顶部为厚层砾岩，反映祁连山已由构造相对稳定时期转变为逐渐强烈，呈现稳定和活动相互过渡的阶段。>366 万～0 万年在盆地南缘堆积了超过 770 米厚的玉门砾石层、酒泉砾石层和戈壁砾石层，表明祁连山已进入急剧隆升阶段。

合肥盆地和金衢盆地分别是郯庐断裂带和鹰潭-绍兴断裂带上的规模较大的盆地。合肥盆地位于郯庐断裂带西侧，它是在印支期扬子板块与华北板块陆-陆碰撞大别造山带的再生前陆盆地的基础上，受郯庐断裂带平移扭动的影响而形成的后继盆地。原来的冲断层，由于应力松弛而转变为正断层，在郯庐断裂左行平移影响下属走滑挠曲盆地（周进高，1999），里面沉积了厚度超过 1500 米的下白垩纪统碎屑岩，沉积中心偏于郯庐断裂带附近（刘国生等，2002）。金衢盆地位于鹰潭-绍兴断裂带的中段，它是晚中生代区域伸展作用形成的晚白垩世-古近纪的箕状断陷盆地，除了沉积早白垩世的碎屑岩外，主要沉积了晚白垩世河流相和湖泊相的碎屑岩，厚达 5000 余米（祖辅平等，2004）。

吐（鲁番）-哈（密）盆地是我国新疆东部著名的含煤和含油气盆地，其地质构造背景引起多方关注。有人认为是貌似山间盆地，却不同于山间盆地，同时又不是典型的克拉通盆地（党振荣等，1991）；有人概括为多旋回复合型内陆盆地（吴涛等，1995）。葛肖红等（1997）从大地构造背景、构造地貌、现今应力场和构造模型等 5 个方面进行论证，认为吐-哈盆地是背驮于博格达推覆席体上的盆地，新生代以来受北东向走滑断裂系改造与影响，是剪切-背驮型盆地。

车自成等（1999）对造山旋回中的沉积盆地进行分类。他认为前造山期的区域动力以伸展作用为特点，形成陆表海盆地、陆坡盆地、陆基盆地、被动裂谷盆地和裂陷盆地等一系列被动陆缘盆地；在造山期以俯冲作用或碰撞作用为特征，形成弧前盆地、弧后盆地、弧后前陆盆地、周缘前陆盆地、滞后前陆盆地和陷落型前陆盆地等活动陆缘盆地和前陆盆地；后造山期以内部伸展和前缘逆冲为主，形成滞后前陆盆地、陷落型前陆盆地等前陆盆地和山间陷落盆地；贯穿整个造山过程还可能有走向剪切作用发生，形成以薄皮滑脱型和厚皮滑脱型走滑拉分盆地。而在造陆旋回中，由于底侵与拆沉作用，形成克拉通内盆地和大陆裂谷盆地。

盆地动力学研究，盆地演化和盆地耦合研究发展迅速，这就涉及盆地形成时岩石圈变形机制、构造热体制、盆地沉降和充填、沉积物埋葬史、有机热演化、流体生成和运移过程等诸多方面。研究主要有：林畅松等（1995）对拉伸盆地的研究，李思田（1995）的沉积盆地动力学分析，李思田等（1998）对中国东部中新生代裂陷作用的研究，龚再升等（1997）对南海北部大陆边缘盆地的分析，解习农（1998）对中国东部中新生代盆地形成演化与深部过程的耦合关系的研究，马力、杨继良、丁正言（1990）对克拉通内发育的松辽盆地的研究，刘和甫、夏义平、殷进垠等（1999）对走滑造山带与盆地的耦合关系的研究，林畅松等（1995、1998、1999）对沉积盆地的动力学模拟，贾承造等（1995）、陈发景等（1996）以及汤良杰等（1996）对盆地构造演化的研究，等等。这些研究都将盆地构造演化置于大陆动力学框架内。

第七节　大陆动力学研究

20 世纪 60 年代，板块构造理论的产生是地质科学的一次革命。但是，板块构造学说的创立，源于海洋，即海底扩张和大陆漂移。板块构造理论在大陆地质演化中得到了普遍而广泛的应用。同时发现，大陆地质构造现象和地质构造发展的历史比海洋复杂得多，许多内容难以用板块构造理论加以解释。当构造地质学家目光从海洋回到大陆时，更为复杂的一系列问题摆在面前，需要建立起一个从大陆岩石圈活动规律总结出来的动力学模式。继 20 世纪 80 年代美国“固体地球科学现状和研究”之后，20 世纪 90 年代又推出“1990～2020 年大陆动力学研究计划”，旨在研究重大的大陆基本科学问题，以大陆和大陆的构成块体的成因、结构、过程和历史等基本问题为主题，最终目标是建立大陆形成和演化的新模式。2003 年公布了受美国国家科学基金会资助，由美国 26 位构造地质学者提出的“构造地质学与大地构造学的新起点”的白皮书，提出当时需要关注的 4 大重点科学命题，即：①超越板块构造——流变学与大陆造山作用；②失去的联系——从地震到造山作用；③构造、气候与地球表层过程之间的动力相互作用；④地球与生命的协同演化。可以看出，这些重要科学命题都与大陆动力学研究息息相关，是大陆动力学研究的延伸和深化。

我国大陆动力学研究起步与世界发达国家几乎同时，从“八五”开始安排大陆动力学的研究项目，至 20 世纪 90 年代中期就涌现一批成果。

一　大陆岩石圈动力学和演化

国际大地测量与地球物理联合会和国际地质科学联合会共

同发起的《岩石圈的动力学，组成、演化、自然资源和减轻自然灾害纲要》(简称《国际岩石圈计划》) 于1980年开始执行，为期10年。国际地科联邀请我国参加该计划，马杏垣参加该计划的指导委员会，参与创立国际岩石圈委员会，并担任执行委员。在中国科学技术协会的主持下，由中国地质学会、中国矿物岩石地球化学学会、中国地球物理学会和中国地震学会等联合组成国际岩石委员会中国委员会，推动我国的岩石圈研究。有关部门也成立相关的研究机构，开展我国境内的大陆岩石圈研究。地质矿产部深部地质办公室在综合国外资料的基础上，编写了《岩石圈研究基本问题和方法》，举办了三次深部地质讲座和培训班。1982年由国家地震局牵头，马杏垣主持，31个单位近300位专家参加，编制《中国岩石圈动力学地图集》(1989年出版)。图集包括各类序图、地质基础图、地球物理和地球化学专题图、新构造图、地震活动图、各省(区) 地质构造、分区岩石圈动力学特征图等68幅。还主编了1∶400万《中国及邻区海域岩石圈动力图》(挂图)，编写出版说明书《中国岩石圈动力学纲要》。刘光鼎（1992）组织编制了《中国海区及邻域地质——地球物理系列图》，从大陆到海洋，从地壳到深部，阐明了我国大陆岩石圈的基本特征。此外，还对川滇西部和泰巴地区的岩石圈进行了研究。

国际地质对比计划配合岩石圈研究，在1986年以后组织全球地学大断面研究，计划在全球编制比例尺为1∶100万的200条地学大断面（GGT)。我国承担了11条。所谓地学大断面就是在选定的断面上，综合一定宽度（100千米）内所有的地质、地球物理、地球化学和大地测量资料，进行多学科的综合，资料涉及的深度至少要达到莫霍面。所提供的资料和解释要有统一的标准，以保证可以进行全球对比。全球地学断面图是一种全新的图件，形式和内容与以往的地质图、地球物理图件都不同。它包括地学断面索引图、构造带和地体图、地质条带图、时空流程图、地质解释剖面图。1989 年 4 月在北京召开东亚地学大断面（GGT）国际讨论会，会上展示了我国 11 条地学大断面（GGT）断面图，日本和苏联有 3 条。我国编制的 GGT 实现了地质和地球物理、地球化学的结合。其中，由吴功建、肖序常、李廷棒主编的《青藏高原亚东-格尔木地学断面》被列为国际样板，由马杏垣主编的《内蒙古满都拉-江苏响水地学断面》入选优先出版的地学断面。

20 世纪 80 年代的岩石圈研究，特别是大陆岩石圈的研究和地学大断面的编制，为 90 年代开始的大陆动力学研究打下了基础。

二　造山带研究

代表岩石圈力学与热学变化最激烈的造山带是地球动力学的钥匙，是地球动力学研究的热点和重点。20 世纪 90 年代国家自然科学基金设立“八五”重大项目——“秦岭造山带岩石圈结构、演化及成矿背景”研究项目，组织跨学科联合攻关，取得了一些新的认识：发现秦岭为多层次推覆和伸展拆离构造，提出现今岩石圈立交桥式三维结构框架模型；揭示了秦岭造山带造山过程与主造山期（Pt_3 − T_3）板块俯冲碰撞造山的细节，通过现今三维结构与造山过程的动力学分析，提出“立交桥式”三维结构可能是大陆增生演化保存的主要途径之一，指出现今秦岭大陆岩石圈正处在新的调整阶段。地质矿产部“八五”重大基础项目“昆仑-秦岭-大别造山带特征及形成机制”，以“地学开合律”为指导，总结了昆仑-秦岭-大别山造山带各方面的特征，提出了多旋回、多体制复合造山模式和中央造山带的新概念。地矿部“八五”期间还开展了“燕山地区中新生代陆内造山作用研究”。

三 青藏高原地质构造和形成、演化研究

青藏高原是大陆动力学研究的热门地区，吸引着中外地质学家纷纷前来研究。我国自20世纪60年代起就进行包括构造地质学在内的综合考察和研究。20世纪80年代以后，还分别与法国、美国、英国、日本和德国等国的地质学家进行合作研究。1980~1984年“中法青藏高原地球科学合作研究”是我国打开国门后的第一项国际大型科学合作，之后又组织了第二轮中法青藏高原地学合作研究。围绕青藏高原构造格架、形成演化、地壳、地幔结构和深部驱动力等开展研究，出版了许多论文和专著。随后开展了中英青藏高原拉萨-格尔木综合地质考察、中日西昆仑联合考察、中法喀喇昆仑-西昆仑山联合考察、中德青藏高原冰川考察、中美喜马拉雅和青藏高原深剖面（INDEPTH）合作研究、中法昆仑山-阿尔金山联合考察等。这些国际合作研究项目的实施，展示了我国地质学家和地球物理学家的实力和水平，也不断学习和借鉴合作伙伴的先进分析技术和方法，了解国际同行的科学视野、学术思路和理念，开阔了眼界，拓宽了思路，培养了一批研究人才，涌现了学术团队和学术带头人。

20世纪90年代青藏高原研究进入了深化的阶段。1992~1996年，以中国科学院为主体，开展“八五”攀登计划“青藏高原形成演化、环境变迁与生态系统研究”项目。在青藏高原岩石圈及其演化和动力学方面取得了新的认识。接着，以中国科学院为主体，开展了“九五”攀登计划“青藏高原环

境变化与区域可持续发展研究”项目（1997～2000），在青藏高原隆升过程与动力学机制方面又取得了新的成果。1998～2003年，以中国科学院和国家自然科学基金会为依托，开展了“青藏高原形成演化及其资源、环境效应”研究，在印度大陆与欧亚大陆初始碰撞时限、青藏高原南北缘山盆岩石圈尺度的构造关系、高原构造体系与成矿成藏评价、新生代重大构造变形隆升事件序列等岩石圈动力学方面，取得了新的认识。2003～2007年“973”项目“印度-亚洲大陆主碰撞带成矿作用”实施并完成，提出了印度大陆与欧亚大陆碰撞造山的三阶段演化模式，伴随碰撞过程应力场出现由挤压向伸展的转变以及相应的地球动力学模式，总结了主碰撞汇聚成矿、晚碰撞转换成矿、后碰撞伸展成矿的三大碰撞成矿作用理论，初步建立了以大陆斑岩铜矿新理论为代表的五类矿床成矿新模式，提出了成矿预测新思路和新方法（侯增谦等，2008）。

地质矿产部“八五”重大基础项目“青藏高原岩石圈结构、隆升及其对大陆变形影响”“青藏高原的后造山期变形和隆升机制”和“九五”重大基础项目“青藏高原隆升的地质记录及机制”等，科技部“973”项目“印度-亚洲大陆主碰撞带成矿作用”（2002～2007），自然科学基金项目“青藏高原大陆动力学及资源效应”（2010～2013），中国地调局重点科研项目“青藏高原周缘造山带的崛起和资源环境效应”（2007～2009），以及“十二五”计划项目“青藏高原碰撞造山及大陆动力学”（2011～2015），都已经完成，或正在实施。

对青藏高原大陆动力学研究主要有三个研究集体，一是以中国科学院地质与地球物理研究所为主要研究力量，孙鸿烈、郑度领导的研究集体，二是中国地质科学院地质研究所以肖序常、李廷栋为首的研究集体，三是以中国地质科学院地质研究所、国土资源部大陆动力学重点实验室许志琴、杨文采为首的研究集体。这三个研究集体对青藏高原地质构造、形成演化和隆升过程及机制有大体相同的认识。比如，三方都认为青藏高原是拼接体。孙鸿烈等认为特提斯的发育有随时间的推迟而在空间上逐步向南移的趋势，反映了冈瓦纳大陆不断裂离、亚洲大陆相继依次向南增生的板块运动过程。肖序常等认为前寒武纪以来青藏高原及其邻区的板块构造演化，实际上就是南方古陆不断分裂、向北漂移和北方古陆不断拼合、向南增生的演化过程。尽管对其地球动力学机制还有待探讨，但以板块漂移或板块运动形式来阐述这种演化，目前是比较符合客观现象的。许志琴等认为青藏高原是造山的高原——不同时期构成的复合、叠置造山并合体。尽管他们对于拼贴和造山的方式和过程的解释存在某些分歧，但是从高原形成的大陆动力学机制方面，大体上有相同的认识。

1999 年我国启动了地质大调查，重点填补区域地质调查的空白。在青藏高原开展 1∶25 万区域地质调查工作，于 2005 年结束野外工作，历时 7 年。新一轮的区域地质调查体现了地质调查与科学研究相结合的理念，取得一批颇有影响的成果：①填制了 110 幅 1∶25 万区域地质图，实现我国中比例尺区域地质调查的全面覆盖；②全面掌握了迄今已发现的 5000 多个矿床和矿点的地质资料，编制了第一幅 1∶150 万金属矿产图、非金属矿产图和成矿区带图；③取得了一批重要的原创性的新发现和新认识；④系统探讨了青藏高原隆升和地球环境变化的关系，新发现了大量地质灾害，对其分布规律和危害性进行了研究和评估；⑤发现、研究和总结了青藏高原地质旅游景观资源及其分布规律。

四　高压、超高压变质带研究

1989 年，杨建军首先提出苏鲁柯石英榴辉岩省的概念。1992 年徐树桐、张树业分别在大别山榴辉岩中发现金刚石，提供了中国大陆动力学研究的新途径。国家自然科学基金会先后设立了“八五”重点项目“大别山-苏北-胶南超高压变质带及其大地构造意义”和“九五”重大项目“超高压变质作用与动力学”。地质矿产部和国家计委安排了专项研究“秦岭-大别高压超高压变质带”“华中元古宙高压变质带”“鄂北高压超高压变质带”等研究课题。同时出版了一批著作，如《中国东秦岭和大别山的高压超高压变质带》(游振东等，英文，1996；中文，1998)、《中国大别山—苏鲁地区的超高压变质岩》(从柏林等，1996)、《中国中部北扬子克拉通的元古代蓝闪片岩带和若干榴辉岩》(董申葆等，英文，1996)、《湖北北部高压、超高压变质带》(周志高等，1996)、《华中元古宙高压变质带》(康维国等，1996)。这些研究成果取得了许多共识：高压超高压岩石的原岩是中上地壳的物质，形成深度大于 60～100 千米，经历了前进变质和退变质作用；高压超高压岩石遭受强烈构造变形，多呈透镜状分布于韧性剪切带中；高压超高压岩石晚期与围岩一起发生大规模隆升，受到剥蚀而露出地表。因此认为它们是中上地壳岩石向深部俯冲形成，然后快速折返所致。然而，对高压超高压变质岩原岩的形成时代及其与围岩的关系，高压超高压变质岩形成时的俯冲性质与俯冲深度，高压超高压岩石折返机制、形成时间和期次等若干问题，尚有诸多分歧意见。以许志琴为首的研究集体和其他研究者，在青藏高原北缘发现了早古生代柴北缘超高压变质带，早古生代阿尔金超高压变质带，东秦岭早古生代超高压变质带，西藏拉萨地体中的大型古特提斯高压超高压变质带，南迦巴瓦高压超高压变质带，东昆仑、甘肃北山和天山也有高压超高压变质带被发现。表明高压超高压变质带具有普遍意义。

五　中国东部中新生代构造岩浆带研究

中国东部中新生代断裂构造、盆地构造和岩浆作用十分明显，不但与金属和非金属矿产、油气和煤炭资源关系密切，而且也是大陆动力学研究的重要对象。地质矿产部“八五”重大基础项目“中国东部濒太平洋地区地质构造、岩浆演化及成矿作用”，研究结果划分了14种火山岩组合和9种侵入岩组合，确定了碰撞滞后、大型走滑挤压和拉分以及裂谷拉张3个动力学环境的3个岩浆域、13个岩带和21个岩区，建立了不同裂谷碱性岩浆及俯冲钙碱岩浆的陆内块体间的俯冲碰撞造山新模式；指出白云母/二云母花岗岩是陆内俯冲的岩石记录、岩石圈根作用是中生代以来东部大陆“活化”的深部原因。地矿部“八五”重大基础项目“中国东部环太平洋带中新生代盆地演化及地球动力学背景”，以盆地演化的动力学研究为中心，运用多种途径相互检验，计算了中国东部伸展盆地的岩石圈拉伸系数和软流圈顶面隆起高度，揭示了这类盆地的深部控制因素；将岩浆岩，特别是火山岩作为壳幔深部过程的“探针”，推断晚侏罗世—早白垩世初始裂陷期地壳和岩石圈的厚度很大，是盆岭式断陷盆地形成的重要边界条件；运用定量动力学分析的盆地模拟系统，对7个代表性盆地的沉积史、热史、岩石圈伸展及软流圈隆起状况进行研究，揭示盆地构造演化与盆地沉降和热演化等的定量的动态关系。对西太平洋边缘海含油气盆地提出了以地幔柱活动为主导控制因素的成因模式。

六　造山带与盆地的耦合机制研究

造山带和盆地是同时出现的地质现象，因此，造山带与盆地的相互联系反映了地球动力学的状态。白文吉等（1985）曾提出地球上除了大洋-大陆或大陆与大陆之间相互作用（板块构造）产生变形，还有广阔发育在大陆上的盆地—山脉之间的相互作用的影响。他们用地质力学原理，对亚洲大陆区内盆地及其周围的山脉的应力场做了初步分析，以华北平原内的拉张盆地和塔里木盆地的中央隆起为例，讨论了盆地形成机制，并初步划分亚洲大陆的盆-山系：北亚经向盆-山系、里海-华西北纬向盆-山系、濒太平洋盆-山系、恒-印河-喜马拉雅纬向盆-山系和阿拉伯半岛盆-山系。他们认为盆地扩张是由盆底扩张引导的，盆地扩张是由其中正断层系的水平拉伸距反映出来的，盆地扩张必然导致周围构成山脉的地层在水平方向的收缩。因此山脉中的褶皱、逆掩断层、压扭性断层等发育，山根的形成和山脉抬升等也是山脉受到挤压作用的表现。他们认为亚洲大陆地壳运动不是受同一应力场控制的，而是由各局部应力场制约的，即受盆-山系的局部应力场所控制。只有分析和研究盆地应力性质，盆地和山脉之间的应力作用，大陆板块内部的地质构造运动才能得到完善的解释。

但是多数学者认为造山带与盆地的关系并不那么简单。罗志立（1957）较早应用板块构造理论探讨了四川盆地的油气资源。张恺等（1980）将中国的沉积盆地划分为5类10种原型，并提出复合型命名方案。田在艺（1982）将含油气盆地划分为8种类型。李德生（1981）将中国东部、中部和西部的含油气盆地分为拉张型、过渡型和挤压型3种类型。朱夏提出了与全球构造运动体制相关联的盆地“世代”概念，强调沉积盆地原型及其空间上的组合和时间上的叠合。

关于沉积盆地的成因，国内外研究的热点是关注盆-山的关系、盆地原型和成盆动力学机制，用走滑构造和伸展构造模式，以及克拉通与前陆盆地叠合复合模式，解释盆地的形成与演化。刘和甫等（1992）认为贺兰山-龙门山叠瓦冲断带位于我国东西两大构造域的交叠处，主要呈现为我国特提斯域向东北推覆与滑覆所形成的冲断带，并在其东侧形成前陆盆地。构造显著的近南北向构造带，实际上包括贺兰山、六盘山及龙门山等冲断带及相邻的前陆盆地，各有其复杂的形变历史。贺兰山冲断带是在贺兰坳拉槽背景下发育起来的，后期挤压而成为冲断带；六盘山冲断带是在华北地块与祁连缝合带之间大陆边缘背景下发育起来，晚期构造反转逆冲而成；龙门山冲断带是在扬子地块与金沙江、理塘缝合带之间大陆边缘反转而成。刘和甫等（1999）将造山带与前陆盆地耦合类型分为 3 类：大洋俯冲型造山带与弧后前陆盆地、大陆碰撞型造山带与周缘前陆盆地、陆内俯冲型造山带与再生前陆盆地，可以大地构造相作为划分准则，而造山带与前陆盆地耦合都是以前陆褶皱冲断带为连锁键。前陆褶皱冲断带运动学以前展式为主，有时在前缘可以出现反冲断层，而后缘可以出现重力滑动后展式冲断带。前陆褶皱冲断带动力学以造山楔推力为主产生推覆构造；而造山作用晚期可以以重力为主，产生滑覆构造。岩石圈多层状拆离系统和连锁断层系统是联系造山带与前陆盆地耦合的重要机制，又可应用板块构造运动学和动力学原理，通过层圈拆离模式成为探索大陆动力学的钥匙。刘和甫等（1999）又认为大陆动力学机制中走滑作用起到极为重要的作用，既调节造山带的斜压运动或差异压缩，也调节同造山期伸展作用；既可以作为造山过程的机制，又成为盆地形成的机制。这是由于走滑作用有时具有走滑挤压特征，有时又具有走滑伸展特征，因此出现走滑造山带和走滑盆地耦合特征。他们指出走滑造山带是大陆山链主要类型之一，走滑断层按卷入深度可分为转换断层、平移断层、变换断层和捩断层。压缩弯曲和伸展弯曲可以形成走滑挤压带和走滑伸展带。走滑挤压作用常形成走滑造山带及正花状构造，并在造山带两侧或一侧可以形成走滑挤压盆地；走滑伸展作用可以形成走滑盆岭构造及负花状构造，并在走滑带形成盆地或楔形裂陷。印度板块楔入西伯利亚板块的阻滞，在中国大陆中形成滑移线场，并在中国东部及中西部广大地区发育走滑造山带与走滑盆地耦合，同时调节中国大陆中西部的收缩与中国大陆东部的滑逸或蠕散，因此在中西部以发育走滑造山带及走滑-桡曲盆地为主，而在东部以发育走滑盆岭带及拉分盆地为主。太平洋构造域中新生代晚期以来，由于太平洋板块俯冲，在中国东部地区出现大陆边缘岩浆弧及深部软流圈上涌，相继发育伸展盆山体系，形成弧造山带与弧内盆地和弧后盆地的耦合，变质核杂岩热隆升和伸展盆地的耦合等。

七　大陆与大洋边界关系研究

1998 年，任纪舜等完成了新一代的《中国及邻区大地构造图（1∶500 万）》的编制和《中国大地构造研究》(1999)，总结了我国大陆构造的特点和形成机制。他们指出中国大陆是由众多微陆和造山带组合而成的复合大陆。这些微陆以中朝、扬子、塔里木 3 个小克拉通面积最大，具有前震旦纪基底和发育良好的沉积盖层。这些小克拉通，既具有克拉通的基本结构和特征，又有较大的构造活动性，所以黄汲清将其称为准地台。其他大量微陆，如图瓦-蒙古、中蒙古-额尔古纳、巴尔喀什-伊犁、准噶尔、布列亚-佳木斯、阿尔金、若尔盖、中咱、羌塘、拉萨、中缅、马苏等陆块，则均已强烈地卷入显生宙造山带，并成为其不可分割的一部分。他们将组成欧亚大陆的微陆，按构造属性和发育历史，分为亲西伯利亚、亲冈瓦纳和古中华三个陆块群。如将东亚大陆作古构造、古地理复原，这些微陆只不过是散布在浩瀚海洋中星罗棋布的岛屿和海底高原，而北美克拉通、西伯利亚克拉通、俄罗斯克拉通以及更大的冈瓦纳大陆，则是被海洋环绕或被浅海覆盖的大型和巨型大陆。从全球看，这些微陆块是位于3个巨型大陆之间的转换构造域，古生代阶段大多位于古亚洲洋之南，属冈瓦纳大陆结构复杂的北部边缘，中生代阶段它们大多又位于特提斯之北，属古亚洲大陆结构复杂的南部边缘。古亚洲洋消失后，中国及邻区的华力西碰撞造山作用，并不是冈瓦纳与西伯利亚两巨型大陆主体间的直接的硬碰撞造山，而是两个大陆的复杂大陆边缘的软碰撞造山。软碰后，处于“联而不合”状态的陆块之间，在经历相当长的一段时间之后，在新的地球动力学体系作用下，陆块间再一次发生俯冲造山作用，这就是陆-陆叠覆造山作用。他们认为微陆块的软碰撞和多旋回缝合作用，以及由此而形成的多旋回复合造山带、多旋回叠合盆地和多旋回成矿作用，是中国以至亚洲大地构造的一个非常重要的特色。

王鸿祯、莫宣学（1996）着重从时间上总结中国大陆演化规律，提出中国是由9个构造域在不同时期拼合成的复杂大陆，经历了5个构造发展阶段，以晋宁阶段和印支阶段最重要。在华北，于中太古代（28亿年）形成陆核，至古元古代末（18亿年）形成原地台，可能相联成为超级大陆。中元古代出现裂陷槽，在晋宁期最终形成地台（9亿~8亿年），并联接成为超级大陆和联合大陆。晋宁前期，中国的构造发展主要是陆壳的增生和固化，但从中元古代起，大陆边缘裂解移离和地块再度拼合增生已经出现。从震旦纪至三叠纪，构造发展主要是大陆边缘的裂解、移离和地块再拼合增生过程。总的来说，如果加里东阶段以伸展为主，海西印支阶段是以挤压为主，最终形成联合大陆，可能是全球一致的。印支期末，中国构造格局主要是受从联合古陆裂解的冈瓦纳地块北缘地块不断北移的控制。总体上看，压性和张性状态的交替和泛大陆的不只一次出现，很可能存在地内深部过程和地外天文控制的高一级周期性规律。

通过“中国岩石圈三维结构”（2000~2006年）项目的实施，系统揭示了中国及邻区岩石圈三维结构特征。

（1）中国西部和东部岩石圈和软流圈结构存在很大差异，西部地区岩石圈和软流圈的层状结构明显，岩石圈厚（130~200千米）、软流圈薄（30~100千米），反映了板块碰撞汇聚的地质环境；东部地区的岩石圈与软流圈呈块体镶嵌结构，岩石圈薄（50~85千米）、软流圈很厚（200~300千米），反映了软流圈物质上涌和岩石圈减薄的特点。同时，东部地区的地壳与岩石圈地幔间，普遍存在上老下新的年龄结构特点。

（2）根据地震面波层析成像反演结果，在东亚至西北太平洋地区深度70~250千米地段，存在一个巨型低速异常带，东西宽2000~4000千米，南北长12000千米。由于该巨型低速带的活动，导致了软流圈物质上涌和形成了东亚造山带。

（3）在青藏高原腹部，下地壳和岩石圈地幔发生局部熔融，上地壳被局部熔融的下地壳和岩石圈地幔顶托，以液压方式整体抬升，从而形成了平坦的高原。在华北地区，则是软流圈物质上升破坏了岩石圈地幔，形成了新生地幔与古老残留地幔并存的蘑菇云状岩石圈地幔结构。

（4）中生代以来，中国东部发生的岩石圈巨变，不是太平洋板块向中国大陆俯冲造成的，而是软流圈物质上涌的结果。在中国大陆，除了东北辽吉地区受太平洋板块向大陆俯冲的影响（地震震源深度达到400千米），其他地区没有发现太平洋板块俯冲的证据。

（5）中国大陆当今的构造动力源，主要是西部由于印度洋扩张，导致印度板块向北推挤碰撞和东部东亚-西太平洋软流圈的物质上涌构成的二元动力系统。这两个动力系统的分界线就是贺兰山-六盘山-龙门山南北构造带。南北构造带以西总体处在挤压环境中，以东处在拉张环境中。正是由于应力场由挤压转变成拉张而产生的剪切应力，导致了南北构造带多次强烈的地震，汶川大地震就是实例。

（6）通过对中国大陆按经度3°、纬度2°“切片”的层析成像解析，获得了岩石圈分层的总体结构基本特征，初步概括以下层圈结构模型：

西部深度		东部深度
17～25千米	上-中地壳滑移剪切面	15～20千米
45～76厘米	下地壳莫霍界面	30～45千米
120～200厘米	岩石圈地幔软流圈	50～85千米

在上-中地壳和下地壳之间的滑移剪切面是浅源地震、韧性剪切带、逆掩（冲）断裂带，以及铲形断裂带，可以认为是浅层构造作用的发源地。

岩石圈地幔是下地壳与上地幔软流圈之间的过渡带，是壳-幔物质交换的主要地带，这里既有下地壳的高速硬块体，也有上地幔软流圈的熔融物质，形成了软硬镶嵌的层圈，是中深源地震、大型走滑断裂带、壳幔混熔型岩浆作用等地质-地球物理现象的多发地。由于物质结构的复杂性，还导致其下部与软流圈之间接触底界面呈现凹凸起伏的蘑菇云状结构。

在岩石圈地幔底界面之下，为物质成熔融状态的软流圈。在软流圈内还常有岩石圈块体被熔融后的残留体（高速块体），还有少量低速流体乃至气体。

（7）根据岩石圈物质组成、地球物理场特征和动力学性质，将中国大陆和海域划分出5种岩石圈类型：克拉通型（塔里木、鄂尔多斯等）、造山带型（大兴安岭、祁连山、喜马拉雅等）、裂谷型（松辽平原、华北平原等）、岛弧型（台湾岛）和洋壳型（南海中央海盆）。

（8）根据上述特征，以贺兰山-龙门山南北向构造带为界，将中国岩石圈划分为2个一级单元、6个二级单元和19个三级单元。它们是：西部一级单元“中亚岩石圈构造域”，包括2个二级单元，即西域岩石圈块体和青藏岩石圈块体，每个块体各有3个三级单元。东部一级单元“东亚岩石圈构造域”，包括4个二级单元，即兴安吉黑岩石圈块体、华北岩石圈块体、华南岩石圈块体和南海岩石圈块体。4个块体共有13个三级单元。这些不同级别的块体和分块体，都以不同规模和不同性质的断裂带为界，互相切割。

大陆动力学研究的科学目标是：（1）大陆的成因和演化；（2）大陆下面的地幔及其与大陆的相互作用；（3）地震的性质及板块边界的相互作用；（4）大陆中岩浆的成因和动力学；（5）大陆岩石圈的变形和活动性；（6）作为气候和全球变化

研究关键的地球系统历史；（7）大型沉积盆地的成因和演化；（8）地壳-水圈的相互作用。我国大陆动力学研究任重而道远。

构造地质学和大地构造学是地质科学的核心分支学科，具有探索性的特点，学派众多，观点纷杂，争论不断。从中国构造地质学和大地构造学的发展史可见，随着新资料的不断发现，观点、概念和理论的不断更新，各个学派不是随之修正、完善甚至演变，便是消亡，而新的学派随之产生。

参考文献

［1］白文吉，胡旭峰，杨经绥，等. 山系的形成与板块构造碰撞无关［J］. 地质论评，1993，39（2）：111－117.

［2］白文吉，杨经绥. 亚洲盆—山系及其地质构造应力场初析［J］. 吉林地质，1985（4）：33－40.

［3］常承法，郑锡澜. 中国西藏南部珠穆朗玛峰地区构造特征［J］. 地质科学，1973（1）：1－12.

［4］陈国达. 中国地台“活化区”的实例并着重讨论“华夏古陆”问题［J］. 地质学报，1956，36（3）：239－271.

［5］陈国达. 关于怎样识辨活化地台［J］. 地质月刊，1958，8（6）：29－32.

［6］陈国达. 华夏型活化地台的进行过程［J］. 科学通报，1958（9）：279－280.

［7］陈国达. 论中国东南沿海区的大地构造性质［J］. 中国科学（英文版），1958，7（1）：75－90.

［8］陈国达. 中国活化地台的类型［J］. 科学通报，1958（2）：55.

［9］陈国达. 地壳动定转化递进说——论地壳发展的一般规律［J］. 地质学报，1959，39（3）：279－292.

[10] 陈国达．地台活化说及其找矿意义［M］．北京：地质出版社，1960.

[11] 陈国达．地壳演化的新阶段——关于地洼学说［N］．光明日报，1979-04-28.

[12] 陈海泓，肖文交．多岛海型造山作用——以华南印支期造山为例［J］．地学前缘，1998，5（增刊）：95-102.

[13] 陈衍景．影响碰撞造山成岩成矿模式的因素及其机制［J］．地学前缘，1998，5（增刊）：109-118.

[14] 陈毓川，等．世纪之交的地球科学：重大地学领域进展［M］．北京：地质出版社，2000.

[15] 程裕淇．中国区域地质概论［M］．北京：地质出版社，1994.

[16] 崔军文．1992，青藏高原的伸展构造及对建立陆内碰撞模式的意义［G］//中国地质学会．"七五"地质科技重要成果学术交流会议论文选编．北京：北京科技出版社，1992：152-155.

[17] 崔盛芹．论全球中-新生代陆内造山带作用与造山带［J］．地学前缘，1999，6（4）：283-293.

[18] 邓晋福，莫宣学，赵海玲，等．壳-幔物质与深部过程［J］．地学前缘，1998，5（3）：67-74.

[19] 邓平，舒良树，杨明桂，等．赣江断裂带地质特征及其动力学演化［J］．地质论评，2003，49（2）：113-122.

[20] 邓起东，冯先岳，张培震，等．乌鲁木齐山前坳陷逆断裂-褶皱带及其形成机制［J］．地学前缘，1999，6（4）：191-203.

[21] 葛肖红，王锡魁，昝淑芬，等．试论吐鲁番—哈密盆地为剪切-背驮型盆地［J］．地质论评，1997，43（6）：561-568.

[22] 葛肖红，刘俊来．北祁连造山带的形成和背景［J］．地学前缘，1999，6（4）：223-230.

[23] 郭令智，施央申，马瑞士．华南大地构造格架和地壳演化［C］//国际交流地质学术论文集——为第二十六届国际地质大会撰写

（1）：构造地质　地质力学．北京：地质出版社，1980：109－117.

［24］黄汲清．中国主要地质构造单位［M］．北京：地质出版社，1954.

［25］黄汲清．中国区域地质的特征［J］．地质学报，1954，34（3）：217－244.

［26］黄汲清．中国东部大地构造分区及其特点的新认识［J］．地质学报，1959，39（2）：115－134.

［27］黄汲清．中国地质构造基本特征的初步总结［J］．地质学报，1960，40（1）：1－37.

［28］黄汲清．对中国大地构造特点的一些新认识——并着重讨论地槽褶皱带的多旋回理论发展的问题［J］．地质学报，1979，53（2）：99－111.

［29］黄汲清．多旋回构造运动说的基本要点［N］．光明日报，1979－04－28.

［30］黄汲清．试论地槽褶皱带的多旋回发展［J］．中国科学，1979（4）：384－397.

［31］黄汲清，陈炳蔚．特提斯—喜马拉雅构造域上新世—第四纪磨拉斯的形成及其与印度板块活动的关系［C］//国际交流地质学术论文集——为第二十六届国际地质大会撰写（1）：构造地质　地质力学．北京：地质出版社，1980：1－14.

［32］黄汲清，陈炳蔚．中国及邻区特提斯海的演化［M］．北京：地质出版社，1987.

［33］黄汲清，陈国铭，陈炳蔚．特提斯-喜马拉雅构造域的初步分析［J］．地质学报，1984，58（1）：1－17.

［34］黄汲清．黄汲清著作选集：第三卷——地质学及大地构造学［M］．北京：地质出版社，1992.

［35］黄汲清，姜春发．从多旋回构造运动观点初步探讨地壳发展规律［J］．地质学报，1962，42（2）：105－152.

[36] 黄汲清，李春昱. 中国及其邻区大地构造论文集［G］. 北京：地质出版社，1981.

[37] 黄汲清，任纪舜. 关于大地构造研究的几个重要问题［M］// 中国地质学会构造地质专业委员会. 构造地质学进展. 北京：科学出版社，1982.

[38] 黄汲清，任纪舜，姜春发，等. 中国大地构造基本轮廓［J］. 地质学报，1977，51（2）：117－136.

[39] 黄汲清，任纪舜，姜春发，等. 对中国大地构造若干特点的新认识［J］. 地质学报，1974，48（1）：36－52.

[40] 黄汲清，肖序常，任纪舜，等. 中国大地构造基本特征——三百万分之一中华人民共和国大地构造图说明书［M］. 北京：中国工业出版社，1965.

[41] 黄汲清，张正坤，张之孟，等. 中国的优地槽和冒地槽以及它们的多旋回发展［G］// 中华人民共和国地质部地质科学研究院论文集·丙种·区域地质，构造地质·第1号. 北京：中国工业出版社，1965.

[42] 任纪舜，姜春发，张正坤，等. 中国大地构造及其演化——1∶400万中国大地构造图简要说明［M］. 北京：科学出版社，1980.

[43] 解习农. 中国东部中新生代盆地形成演化与深部过程的耦合关系［J］. 地学前缘，1998，5（增刊）：162－165.

[44] 李春昱. 用板块构造学说对中国部分地区构造发展的初步分析［J］. 地球物理学报，1975（1）：52－77.

[45] 李春昱. 板块构造与多旋回构造运动［J］. 地质学报，1979，53（4）：305－315.

[46] 李春昱. 中国板块构造的轮廓［J］. 地质与勘探，1981，2（1）：7－14.

[47] 李春昱. 对亚洲地质构造发展的新认识［G］// 黄汲清，李春昱. 中国及邻区大地构造论文集. 北京：地质出版社，1981：1－21.

[48] 李春昱，刘仰文，朱宝清，等．秦岭及祁连山构造发展史[J]. 西北地质，1978（4）：1－12.

[49] 李春昱，王荃，刘雪亚．中国的内生成矿与板块构造［J].地质学报，1981，55（3）：195－205.

[50] 李春昱，王荃，刘雪亚，等．亚洲大地构造图说明书［M]. 北京：地图出版社，1982.

[51] 李春昱，郭令智，朱夏，等．板块构造基本问题［M].北京：地图出版社，1986.

[52] 李光岑，麦尔西叶．中法喜马拉雅考察成果［M].北京：地质出版社，1984.

[53] 李国彪，万晓樵，丁林，等．藏南古近纪前陆盆地演化过程及其沉积响应［J].沉积学报，2004，22（3）：455－464.

[54] 李继亮，张国伟，钟大赉，等．“造山带研究”笔谈会［J]. 地学前缘，1999，6（3）：1－20.

[55] 李四光．地球表面形象变迁之主因［J].中国地质学会志，1926，5（3－4）：209－262.

[56] 李四光．国立中央研究院地质研究所集刊·第六号·古生代以后大陆上海水进退的规程［M].南京：地质研究所，1928.

[57] 李四光．中国地质学［M].张文佑，编译．南京：正风出版社，1953.

[58] 李四光．广西地台构造之轮廓［J].中国地质学会志，1940，21（1）：1－24.

[59] 李四光．南岭东段地质力学之研究（摘要）［J].地质论评，1944，9（5－6）：347.

[60] 李四光．地质力学的基础与方法［M].上海：中华书局，1945.

[61] 李四光．受了歪曲的亚洲大陆［J].地质论评，1950，16（1）：1－5.

［62］李四光．旋卷构造及其他有关中国西北部大地构造体系复合问题［J］．地质学报，1954，34（4）：339－410.

［63］李四光．东西复杂构造带和南北构造带［M］//地质力学论丛：第1号．北京：科学出版社，1959：5－14.

［64］李四光．地质力学概论［M］．北京：科学出版社，1973.

［65］李四光．天文、地质、古生物资料摘要（初稿）［M］．北京：科学出版社，1972.

［66］李晓波．地球动力学演化与巨型矿集区的形成［J］．地学前缘，1998，5（增刊）：103－108.

［67］林畅松，刘景彦，张燕梅．沉积盆地动力学与模拟研究［J］．地学前缘，1998，5（增刊）：119－126.

［68］刘国生，朱光，王道轩，等．郯庐断裂带张八岭隆起段走滑运动与合肥盆地的沉积响应［J］．沉积学报，2002，20（2）：267－273.

［69］刘和甫，等．贺兰山-龙门山叠瓦冲断带与前陆盆地演化［G］//中国地质学会．“七五”地质科技重要成果学术交流会议论文选编．北京：北京科技出版社，1992：155－159.

［70］刘和甫，夏义平，刘立群．造山带与前陆盆地连锁断滑系统［M］//马宗晋，杨主恩，吴正文．构造地质学——岩石圈动力学研究进展．北京：地震出版社，1999：29－40.

［71］刘和甫，夏义平，殷进垠，等．走滑造山带与盆地耦合机制［J］．地学前缘，1999，6（3）：121－132.

［72］刘训，傅德荣，姚建新，等．塔里木地块及其周缘地球晚古生代以来的沉积-构造演化［G］//中国地学会．“八五”地质科技重要成果学术交流会议论文选编．北京：冶金工业出版社，1996：169－170.

［73］卢华夏，贾东，陈楚铭，等．库东新生代构造性质和变形时间［J］．地学前缘，1999，6（4）：215－222.

［74］陆克政．扭动盆地和扭动构造［G］//中国地质学会．“八五”地质科技重要成果学术交流会议论文选编．北京：冶金工业出版社，

1996：165－168.

［75］罗金海，周新源，邱斌，等．塔里木盆地西部喀什凹陷褶皱冲断带的构造特征［J］. 石油与天然气地质，2004，25（2）：199－203.

［76］马文璞．当前造山带研究的几个重要问题［J］. 地学前缘，1999，6（3）：113－120.

［77］马杏垣，等．五台山区地质构造基本特征［M］. 北京：地质出版社，1957.

［78］马宗晋，杨主恩，吴正文．构造地质学——岩石圈动力学研究进展［M］. 北京：地震出版社，1999.

［79］钱祥麟．中国构造地质学六十年回顾和展望［J］. 地质论评，1982，28（6）：567－574.

［80］任纪舜，牛宝贵，刘志刚．软碰撞、叠覆造山和多旋回缝合作用［J］. 地学前缘，1999，6（3）：85－93.

［81］任纪舜，肖庆辉．大地构造学的研究现状和发展前景［G］//中国地质学会. 2000 年的中国研究资料（第 6 集）· 地质科学现状、差距及展望．中国科协 2000 年的中国研究办公室，1984：102－108.

［82］时振梁．我国强震活动和板块构造［J］. 地质科学，1973（4）：281－294.

［83］孙殿卿．地质力学［N］. 光明日报，1979－04－28.

［84］王鸿祯．中国古大陆边缘与大地构造名词体系［M］//王鸿祯，王自强．中国古大陆边缘中、新元古代及古生代构造演化．北京：地质出版社，1994：1－4.

［85］王鸿祯，刘本培，李思田．中国及邻区大地构造划分和构造发展阶段［M］//王鸿祯，刘本培，等．中国及邻区构造古地理和生物古地理．武汉：中国地质大学出版社，1990：3－34.

［86］王鸿祯，杨巍然，刘本培．华南地区古大陆边缘构造史［M］. 武汉：武汉地质学院出版社，1986.

［87］王鸿祯，翟裕生，游振东，等. 20 世纪中国地质科学发展的

回顾［M］//中国地质学会地质学史研究会，中国地质大学地质学史研究所．地质学史论丛（4）．北京：地质出版社，2002：1－87.

［88］王鸿祯，翟裕生，游振东，等．中国地质科学50年的简要回顾［J］．地质论评，2000，46（1）：1－7.

［89］王鸿祯，何国琦，张世红．中国与蒙古之地质［J］．地学前缘，2006，13（6）：1－13.

［90］王荃，刘雪亚．我国西部祁连山区古海洋地壳及其大地构造意义［J］．地质科学，1976（1）：42－55.

［91］王荃，刘雪亚．扬子板块的漂移与冈瓦纳古陆的早期活动——显生宙全球动力活动的一个重要趋势［J］．长春地质学院学报，1979（1）：1－8.

［92］王涛，胡能高，裴先治，等．秦岭杂岩的组成、构造格局和演化［J］．地球学报，1997，18（4）：345－351.

［93］吴正文，张长厚．关于创建中国造山带理论的思考［J］．地学前缘，1999，6（3）：21－29.

［94］肖序常．肖序常文集［G］．北京：地质出版社，2010.

［95］肖序常，陈国铭，朱志直．祁连山古蛇绿岩带的地质构造意义［J］．地质学报，1978（4）：281－295.

［96］肖序常，陈国铭，朱志直．关于北祁连山古板块构造的几点认识［G］//肖序常．肖序常文集．北京：地质出版社，2010：195－199.

［97］肖序常，李廷栋．青藏高原的构造演化与隆升机制［M］．广州：广东科技出版社，2000.

［98］肖序常，曲景川，陈国铭，等．中国特提斯喜马拉雅蛇绿岩及其地质构造意义［C］//国际交流地质学术论文集——为第二十六届国际地质大会撰写（1）：构造地质　地质力学．北京：地质出版社，1980：143－153.

［99］肖序常，汤耀庆．古中亚复合巨型缝合带南缘构造演化

［M］. 北京：科学技术出版社，1991.

［100］肖序常，李廷栋，李光岑，等．喜马拉雅岩石圈构造演化总论［M］. 北京：地质出版社，1988.

［101］肖序常，汤耀庆，冯益民，等．新疆北部及其邻区大地构造［M］. 北京：地质出版社，1992.

［102］肖序常，刘训，高锐，等．新疆南部地壳结构与构造演化［M］. 北京：商务印书馆，2004.

［103］肖序常，等．青藏高原的碰撞造山作用及效应［M］. 北京：地质出版社，2010.

［104］谢桂青，毛景文，胡瑞忠，等．中国东南部中—新生代地球动力学背景若干问题的探讨［J］. 地质论评，2005，51（6）：613－620.

［105］许效松，刘宝珺，许强，等．中国大型盆地分析及地球动力学［M］. 北京：地质出版社，1997.

［106］许志琴，侯立玮，王宗秀，等．中国松潘—甘孜造山带的造山过程［M］. 北京：地质出版社，1992.

［107］许志琴，杨经绥，姜枚，等．大陆俯冲作用及青藏高原周缘造山带的崛起［J］. 地学前缘，1999，6（3）：139－152.

［108］杨志华，张传林，朱立华，等．大陆造山带盆-山转换的类型及阶段——以秦岭造山带为例［J］. 地学前缘，1999，6（4）：273－282.

［109］叶洪，等．中国东部晚中生代、新生代盆地岩石圈热动力学演化及扩张率的定量估算［G］//中国地质学会．"七五"地质科技重要成果学术交流会议论文选编．北京：北京科技出版社，1992：177－181.

［110］尹赞勋．板块构造述评［J］. 地质科学，1973（1）：56－88.

［111］尹赞勋．从大陆漂移到板块构造［J］. 科学实验，1973（3）：1－3.

［112］尹赞勋．板块构造说的发生和发展［J］. 地质科学，1978（2）：99－112.

［113］尹赞勋．再谈板块构造［J］．新疆地质，1978，33：7－33．

［114］尹赞勋．发展中的板块地质学［G］//中国科学院贵阳地球化学研究所．70年代地质地球化学进展．贵阳：贵州人民出版社，1980：1－6．

［115］尹赞勋，谢翠华．板块学说的进展［J］．自然杂志，1979，2（10）：603－604．

［116］袁学诚．秦岭造山带地壳结构与楔入造山［J］．地质学报，1997，71（3）：227－235．

［117］张伯声．中国的波浪状镶嵌构造［N］．光明日报，1979－04－28．

［118］张伯声．从陕西大地构造单位的划分提出一种有关大地构造发展的看法［J］．西北大学学报（自然科学），1959（2）：13－33．

［119］张伯声．镶嵌的地壳［J］．地质学报，1962，42（3）：275－288．

［120］张伯声．从镶嵌构造现象说明中国大地构造的基本特征［M］//陈国达，郭令智，张伯声，等．中国大地构造问题．北京：科学出版社，1965：66－95．

［121］张伯声．中国地壳的波浪状镶嵌构造［M］．北京：科学出版社，1980．

［122］张伯声．镶嵌构造波浪运动说［M］//中国地质学会构造地质专业委员会．构造地质学进展．北京：科学出版社，1982．

［123］张伯声，汤锡元．鄂尔多斯地块及其四周的镶嵌构造与波浪运动［J］．西北大学学报（自然科学版），1975（3）：92－112．

［124］张伯声，王战．中国镶嵌构造与地壳波浪运动［J］．西北大学学报（自然科学版），1974（1）：7－17．

［125］张伯声，王战．中国地壳的波浪运动及其起因的研究［C］//国际交流地质学术论文集——为第二十六届国际地质大会撰写（1）：构造地质 地质力学．北京：地质出版社，1980：55－60．

[126] 张伯声，吴文奎．新疆地壳的波浪状镶嵌构造 [J]．西北大学学报（自然科学版），1975（3）：80－91.

[127] 张伯声，等．中国镶嵌地块的波浪构造 [G]//国际交流学术论文集——为第二十六届国际地质大会撰写（1）：区域构造 地质力学．北京：地质出版社，1978.

[128] 张伯声．地壳波浪与镶嵌构造研究 [M]．西安：陕西科学技术出版社，1982.

[129] 张国伟，等．秦岭造山带与古特提斯构造带 [G]//中国地质学会．"七五"地质科技重要成果学术交流会议论文选编．北京：北京科技出版社，1992：126－129.

[130] 张国伟，李三忠，刘俊霞，等．新疆伊犁盆地的构造特征与形成演化 [J]．地学前缘，1999，6（4）：203－214.

[131] 张旗，周国庆．中国的蛇绿岩 [M]．北京：科学出版社，2001.

[132] 张文佑．X 及 T 式节理初论 [J]．中国地质学会志，1994，24（3/4）：235－238.

[133] 张文佑．牵就—裂缝发生之一种方式及其与地质现象之关系 [J]．地质论评，1949，14（4/6）：144.

[134] 张文佑．中国 X 型断裂与新构造运动的关系 [C]//中国科学院地学部．中国科学院第一次新构造运动座谈会发言记录．北京：科学出版社，1957：84－87.

[135] 张文佑．断块构造导论 [M]．北京：石油工业出版社，1984.

[136] 张文佑．取长补短，发展大地构造理论——谈断块学说理论及应用 [N]．光明日报，1979－04－28.

[137] 张晓猛，张梅生，龙胜祥，等．秦岭—大别造山带北部逆冲推覆构造与合肥盆地、周口坳陷控盆断裂 [J]．石油与天然气地质，2004，25（2）：191－198.

［138］张长厚．初论板内造山带［J］. 地学前缘，1999，6（4）：295－308.

［139］郑洪玻，等．新疆叶城晚新生代山前盆地演化与青藏高原北缘的隆升——Ⅰ地层学与岩石学证据［J］. 沉积学报，2002，20（2）：274－281.

［140］中国地理学会地貌专业委员会．中国地理学会第一次构造地貌学术讨论会论文选集［G］. 北京：科学出版社，1984.

［141］中国科学技术学会．中国地质学学科史［M］. 北京：中国科学技术出版社，2010.

［142］中国地质学会地质力学专业委员会．地质力学发展的回顾与展望［J］. 地质论评，1982，28（2）：165－169.

［143］中国科学技术协会．2009—2010 青藏高原研究学科发展报告［G］. 北京：中国科学技术出版社，2010.

［144］中国科学院地质研究所．中国大地构造纲要［M］. 北京：科学出版社，1958.

［145］周瑶琪，宋晓东．地幔动力系统与演化最新进展评述［J］. 地学前缘，1998（增刊）：11－39.

［146］朱夏．中国中新生代盆地构造与演化［M］. 北京：科学出版社，1983.

［147］朱志文，朱湘元，张一鸣．西藏高原古地磁及大陆漂移［J］. 地球物理学报，1981，24（1）：40－49.

第十二章　第四纪地质与全球变化

第四纪是地球历史演变到现在的最近200万年左右的阶段，与48亿年的地球历史比较，大约只占1/5000的时段，然而第四纪是地球上生物演化进入人类发展的阶段，第四纪时期的一切变化都与人类演化及人类社会的发展休戚相关。

第一节　20世纪上半叶中国第四纪研究的简要回顾

早在19世纪后期，就有一些外国地质学家，如李希霍芬（F. V. Richthofen）、奥布鲁切夫（B. A. ОбручеВ）、维里士（B. Willis）等来中国进行地质考察。他们的著作涉及黄土、戈壁、沙漠、冰川和地文的论述颇多。后来，大约在20世纪20～30年代，安特生（J. G. Anderson）、德日进（P. Teilhard de Chardin）、巴尔博（G. B. Barbour）和费斯曼（H. V. Wissmann）等，长期在华工作。李希霍芬和奥布鲁切夫对黄土的研究，维里士对地文期的研究，安特生对新石器时代考古和新生代地质的研究，德日进对哺乳动物、旧石器、黄土、红土的研究，步达生（Davidson Black）和魏敦瑞（Franz Weidenreich）对古人类化石和新生代地层的研究，巴尔博、费斯曼对地文的研究，梭颇（James Thorp）对土壤的研究，都对我国第四纪研究做出了贡献。

国内学者对第四纪的研究，开始于20世纪20年代，如丁文江对三门系地层时代的探讨。其后有杨钟健和裴文中对周口店洞穴堆积物、北京猿人及其共生的脊椎动物化石的研究，杨钟健等对黄土和红土的研究，李四光对中国东部第四纪冰川遗迹的研究，以及叶良辅、谢家荣对地文期的研究。20 世纪 30 年代前后，各区域地质调查报告中的地层一章，都有更新世一节，也大多有地文期一章。20 世纪上半叶我国第四纪地质研究的成果对后来的研究有以下五个方面的重要意义。

（1）建立了中国第四纪地层系统。20 世纪 30 年代，杨钟健将中国上新统和更新统沉积物划分为河湖堆积、土状堆积、洞穴堆积和砾石堆积，以此为纬，以上新统（分为上、中、下）、更新统（分上、下）和全新统为经，进行地层划分和对比。《中国上新统—更新统的界限》（杨钟健，1948）将此地层表更臻完善。这为我们研究中国第四纪地质打下了坚实的基础，使我国第四纪研究，避免了西方国家百年来至今尚未完全解决的第四纪下限问题和第四纪时代长短，乃至第四纪存废和上新世/更新世界限问题所遇到的困境。

（2）建立了我国上新世、更新世动物群的演化系统。建立了泥河湾动物群、中国猿人-肿骨鹿（周口店）动物群、剑齿象-大熊猫（四川万县盐井沟）动物群、纳玛象-晚期鬣狗（萨拉乌苏）动物群、山顶洞动物群、猛犸象-披毛犀（东北）动物群。初步梳理了各个动物群之间的关系。

（3）建立了我国新生代，包括第四纪的地文期。其中主要是北方以山西和北京西山为标准地点的侵蚀和堆积的地文期系列，南方以三峡为标准地点的地文发展系列。

（4）北京猿人头盖骨的发现和研究。最初发现的是三颗牙齿化石，1929 年 12 月 2 日，主持周口店古生物化石发掘的裴文中发现了北京猿人第一个头盖骨化石，这一发现震动了世界，一方面证明了人类起源和演化比当时认为的尼安德特人向前推进了数十万年，另一方面解决了爪哇猿人的疑难，同时开创了我国古人类研究的先声。

（5）提出了中国东部第四纪冰川和第四纪时期气候波动的概念。李四光于20世纪20年代发现和研究中国第四纪冰川遗迹，关于中国东部地区第四纪是否发育过冰川，在当时乃至到现在都尚未解决，但是他提出中国第四纪存在气候寒冷的变化，提出了气候波动的概念，这是科学思想的突破，为当今古全球变化的研究做了科学理念的准备。

第二节　20世纪50～60年代我国第四纪研究的重要事件

1949年后，我国第四纪研究有很大发展，发生了一些颇有影响的事件。

（1）中国科学院“中国猿人第一个头盖骨发现25周年纪念会”。1954年是北京猿人（中国猿人）发现25周年，中国科学院于1954年12月27日举行了纪念会。纪念会上郭沫若做了报告，阐述了中国猿人发现和研究的经过、意义和努力方向；杨钟健、周明镇、吴汝康和贾兰坡、裴文中、贾兰坡分别做了“中国化石人类研究的过去现在与未来”“从脊椎动物化石上可能看到的中国化石人类生活的自然环境”“中国发现的各种人类化石及其在人类进化上的意义”“中国旧石器时代的文化”“山西襄汾县丁村人类化石及旧石器发掘报告”等的报告。纪念会的各专题报告，都根据1948年召开的第18届国际地质大会的决定将意大利原定为晚上新世的维拉方层改定为第四纪底部地层，正式将曾与维拉方动物群对比而定为上上新统的泥河湾层及其动物群改定为早更新世，原定为更新世早期的周口店期改定为中更新世，萨拉乌苏动物群和黄土为更新世晚期。这一方案基本上奠定了中国第四纪时期划分的基础。

（2）三门峡第四纪会议。为配合三门峡水利枢纽的建设，北京地质学院袁复礼和帕夫林诺夫与中国科学院地质研究所侯德封共同创议，于1954年组织了多学科的第四纪野外考察，内容包括第四纪地质、地层、地貌、新构造、古脊椎动物、孢子花粉等方面。于1959年召开了“三门峡第四纪会议”。贾福海做了“对黄河三门峡水库三门系的初步认识”的主题报告，冯景兰、袁复礼、李捷、刘国昌、徐煜坚、刘东生、宋之琛等都做了报告或发了言，会后出版了《三门峡第四纪地质会议论文集》（1959）。这次考察和研究开创了中国第四纪研究多部门多学科协作的先声。三门峡水库建成后，三门系地层剖面被淹没，所以这次考察是抢救性考察。

（3）中国第四纪研究委员会的成立。1957年中国第四纪研究委员会成立。1957年11月举行成立大会和第一届学术会议，制定了1957～1959年工作纲要。第一届中国第四纪研究委员会主任为李四光，副主任为尹赞勋、侯德封，刘东生为学术秘书。该委员会由中国科学院地学部领导。在学术会议上宣读论文80篇，会议期间和会后还收到10篇论文。1958年《中国第四纪研究》创刊，是编有卷期的不定期出版物。

（4）第一届全国地层会议的第四纪地层总结。1959年11月14～21日召开第一届全国地层会议，每个纪都有地层研究的总结，第四纪地层的总结包含在新生界总结中。裴文中在大会上做“中国新生界”的报告，对全国的第四纪地层做了如下梳理和划分：更新世初期的三门组，南方为元谋组；更新世中期的周口店阶，并将周口店第13和第9地点定为中更新世初期，第1地点定为中更新世中期，第3、第15、第4地点为中更新世晚期；更新世晚期为黄土堆积，即马兰黄土，或新黄土，东北为海拉尔组；全新世大部分是砂砾层组成的冲积物，东部平原区有泥炭、西北内陆区有盐类沉积。裴文中还建议更广泛地开展我国第四纪冰川和黄土的调查研究，召开冰川和黄土的专门会议，进行讨论。

（5）中国第四纪冰川遗迹研究工作中心联络组的成立和研究工作的开展。1960 年 3 月 15～21 日，地质部召开中国第四纪冰川研究工作中心联络组座谈会，商讨开展中国东部地区第四纪冰川遗迹的调查研究工作，决定分大区进行调查和研究。如长春地质学院俞建章之于东北区，李毓尧、杨怀仁之于华东区，王曰伦、孙殿卿之于华北区，景才瑞之于华中区，李承三之于西南区。联络组还出版了《中国第四纪冰川遗迹研究文集》。

（6）开展为水土保持服务的黄河流域黄土和黄土高原的第四纪地质考察和研究。中国科学院地质研究所第四纪地质研究室与北京大学、南京大学等高等学校合作，在黄河中游进行以黄土为主要对象的第四纪地质考察和研究。出版了《黄河中游第四纪地质考察报告》，以及专著《黄河中游黄土》（1964）、《中国的黄土堆积》（1965）、《黄土的物质成分和结构》（1966）。

（7）参加第六届国际第四纪地质大会。1961 年在波兰华沙召开第六届国际第四纪地质大会。李四光组织并主持了第四纪冰川、黄土和古人类三篇论文提交大会，其中有孙殿卿、杨怀仁的《大冰期时期中国的冰川遗迹》和刘东生、张宗祜的《中国的黄土》。

（8）中国地质学会第三十二届年会的第四纪交流。1962

年12月18~26日，中国地质学会在北京召开第三十二届年会。李四光在大会做题为《华北平原西北边缘地区的冰碛和冰水沉积》的学术报告。会中的地质考察，考察的是北京西山的冰川遗迹。会后以内部资料的形式编印了论文选集，收录了第四纪地质和地貌论文13篇。

(9)“兰田新生界现场会议”和第二届全国第四纪地质学术会议。1964年秋季，在西安先后召开“兰田新生界现场会议”和第二届全国第四纪地质会议。在前一个会议上中国科学院古脊椎动物与古人类研究所发布新发现的“兰田人”化石的初步研究结果，代表们去现场参观考察。后一个会议上代表们交流、讨论了从1956年以来各单位在第四纪各方面的研究成果。

(10)元谋人牙齿化石的发现和研究。1965年地质部地质研究所组成以赵国光为组长的西南渡口地区新构造研究组，在元谋盆地工作期间，钱方和浦庆余发现了两颗猿人牙齿化石，交全国地质博物馆胡承志研究，确定为比北京猿人更古老的猿人，定名为元谋人。

(11)中国科学院第一次新构造运动座谈会的召开和发言记录的出版。1956年1月中国科学院生物学地学部主办这次座谈会，会上黄汲清做《中国新构造运动的几个类型》的系统发言，地球物理研究所苏联顾问果尔什科夫做《最新构造运动的研究方法及其与地震活动性的关系》的学术报告，北京地质学院顾问帕夫林诺夫做《中国新构造运动的一些痕迹》的学术报告。黄汲清的长篇发言得到很高评价，是中国新构造运动研究标志性的著作。会上发言整理编辑后，以《中国科学院第一次新构造运动座谈会发言记录》为书名正式出版。

20 世纪 50 年代以来，第四纪研究得到了较快的发展，使我国研究年轻地质时期的年轻学科走向成熟、走向世界。在具有中国特色的黄土、喀斯特、青藏高原隆升和过去全球变化等方面尤为突出。

第三节　第四纪地层、第四系建阶和第四纪下界

20 世纪 50 年代初中国第四纪地层的划分，泥河湾层、三门组和元谋组为更新世初期的地层，周口店猿人洞洞穴堆积为更新世中期地层，黄土堆积（马兰黄土）、迁安动物群地层、萨拉乌苏、丁村和山顶洞的堆积物为更新世晚期地层。20 世纪 60 年代初期，刘东生等编制了 1∶400 万“中国第四纪沉积物区域分布图”，对中国各地的第四纪地层进行了系统梳理，提出了“中国区域第四纪地层简表”。将古气候（湿润期/干燥期，雨期/间雨期）、动物群、考古与古人类相结合，分北方与南方、天山冰川、河西走廊、黄土高原、黄河中游河谷盆地、周口店洞穴、河北平原、东北、四川、南方洞穴、南方冰川、长江中下游、淮河平原几个小区进行划分和对比。将华北和华南的泥河湾动物群和柳城动物群列为下更新统，周口店动物群和万县动物群列为中更新统，淮河流域的下草湾动物群置于下、中更新统，华北的萨拉乌苏动物群和山顶洞动物群、东北的顾乡屯动物群和札赉诺尔动物群（榆树动物群），以及华南的资阳动物群列为上更新统，东北的沙锅屯动物群列为全新统。考古和古人类方面旧石器时代早期文化（从早到晚为周口店第 13 地点文化、中国猿人文化、丁村文化和周口店第 15 地点文化）相对应的是中国猿人和丁村人，都对应于中更新统；旧石器时代中期和晚期是河套文化（古人类从老到新为

河套人、马坝人、长阳人）和山顶洞文化（古人类从老到新为资阳人、山顶洞人），对应于晚更新统；全新统包含中石器时代和新石器时代。将天山的冰期和南方冰期对应于湿润期，间冰期对应于干燥期。至于黄土高原和黄河中游河谷盆地的第四纪地层划分，以午城黄土、离石黄土和马兰黄土分别置于下、中、上更新统，并与干燥期对比；黄河中游河谷盆地的泥河湾组置于午城黄土之下，同为下更新统，陕县组（匼河组）置于离石黄土之下，同为中更新统，乾县组（萨拉乌苏组）置于马兰黄土之下，同为上更新统，这些地层都对应于湿润期；将黄土高原的汾河期侵蚀、湟水期侵蚀、铜川期侵蚀和清水期侵蚀分别与黄河中游河谷盆地区的泥河湾组（三门组）、陕县组、丁村组、乾县组对比，显示黄土高原的切割与河谷盆地的堆积组对应。一些著名的砾石层，如河西走廊的玉门砾石层（Q_1）和酒泉砾石层（Q_2），四川盆地的漳腊砾石层（Q_1）、雅安砾石层（Q_2）和江北砾石层（Q_3），长江中下游的白沙井砾石层（Q_1）和雨花台砾石层（Q_1），东北地区的白土山组（Q_1）、黄山组（Q_2）和顾乡屯组（Q_3）等，都有了各自的地层位置。这张第四纪地层简表是20世纪50~60年代初期中国第四纪地层划分的成果，代表这一阶段我国第四纪地层研究的水平。

20世纪70年代，国家地质总局部署进行全国地层表的编制，对中国第四纪地层进行清理和总结，一些科研和教学单位也开展了第四纪地层的调查和研究，进行中国地层的断代总结。在各省（区）、直辖市编制地层表的工作结束后，1977~1979年出版的区域地层表中，都有第四纪地层表，1985~1992年出版的各省（区）、直辖市区域地质志中都有第四纪地层的论述。《中国地层（14）·中国的第四系》（周慕林等，1988）对中国第四纪地层进行了汇总。一些第四系比较发育的省份，在20世纪80～90年代都编著了第四纪专著。

“八五”期间进行了中国地层典编写。出版《中国地层典·第四系》（周慕林等，2000），除对311个组一级的地层时代、命名、沿革和特征分别予以阐述外，还以地层区为单位，将各地第四纪地层进行排列和对比。大体以中国地形的三级坡折为界，划分为西部、中部和东部3个第四纪地层区，西部地层区又分为西北和青藏高原2个地层分区，中部地层区又分为黄土高原（或内蒙古高原）、四川盆地和云贵高原3个地层分区，东部地层区又分为东北、华北、长江中下游、岛屿与海域4个地层分区。在分区之下，再按自然状况划分若干小区，每个小区建立各自的地层系统，并进行区间对比。地层划分以岩石地层单位为主线，采用岩石地层、生物地层、气候地层，结合磁性地层和测年资料，进行多重地层划分对比。将第四纪底界年龄置于2.48万年，即午城黄土底界，泥河湾东窑子头动物群所在层位的底界。

第四纪底界，即更新世的底界，在我国有着一些变化，1948年以前将泥河湾层、三门系置于上新世晚期，周口店猿人洞堆积物为下更新统。1948年第18届国际地质大会将意大利上维拉方作为第四系底部地层，我国于1954年正式将第四系分为下、中、上，即泥河湾、周口店和萨拉乌苏。

中国一些第四纪盆地中发育河湖相地层，研究比较详细的有泥河湾和元谋。泥河湾层和元谋组的窜时性非常明显，其下部达到300多万年，上部（泥河湾层）延续到20万年，因而有人便将泥河湾组和元谋组做了限定，将连续剖面上的某段定为狭义的泥河湾组和狭义的元谋组，置于早更新统。这种做法是否合适，值得斟酌。

第二届全国地层委员会第四纪分组在20世纪90年代曾达成共识，第四系拟以泥河湾、周口店和萨拉乌苏为建阶单位，进行深入研究。第三届全国地层委员会开展中国各地地质时代地层的建阶研究，采纳了这项建议，正在进行深入的研究。

第四节 黄土和沙漠研究

美国人庞佩利（1866）调查中国的黄土后认为它们是黄河挟带的泥沙流入湖泊后形成的。李希霍芬在《中国》中提出中国黄土风成说，同时还认为是洪流挟带山区风化物进入盆地与风尘混合所成，确切地说是风成洪积说，1866年他认为黄土是草原风积物，即草原土壤。金斯米尔（1897）认为中国黄土是海成的。奥布鲁切夫（1892，1893，1894）认为中国黄土是风成的，并提出原生黄土、次生黄土和退化黄土的概念，把欧洲大冰盖前缘的黄土叫冷黄土，把中国沙漠前缘的黄土称为暖黄土。1903～1904年，维里士对我国黄土进行研究，在他的《中国的研究》书中认为中国黄土的粉尘物质是风成的，而搬运这些粉尘的营力是河流和洪流，也即是风成-冲积或风成-洪积说。20世纪20年代李学清（1921～1929）在野外观察的基础上对黄土的矿物成分和化学成分做了比较深入的研究。熊毅在研究黄土区的土壤时，对作为土壤母质的黄土也进行了研究，提供不少黄土化学成分和颗粒成分的资料，他认为黄土是风成的。安特生认为李希霍芬所谓的黄土地层，其下含三趾马化石的保德红土属上新世，北京斋堂的马兰黄土是风成的，属晚更新世。巴尔博（1935）、任美锷（1935）、李庆逵（1934）、邓海容（1935）、裴文中和杨杰等也对黄土做过研究。德日进和杨钟健（1930）在黄土区进行大量的哺乳动物化石研究，他们把马兰黄土之下、保德三趾马红土之上的一套土状堆积物叫作红色土，并把红色土分为 A、B、C 三带。梭颇（1936）从土壤学角度研究了下蜀黏土和成都黏土及黄土层中的古土壤。马溶之（1944）从土壤学角度研究了黄土的颗粒成分、矿物成分和古土壤，认为黄土是风成的。

20 世纪 50 年代后，对黄土的调查和研究。格拉西莫夫（1957）提出黄土坡积说。帕夫林诺夫认为中国黄土是洪积所成，西尼村坚持奥布鲁切夫的风成说，张伯声（1956）认为是黄河冲积物充填盆地所成，杨杰（1958）认为是河流冲积所成，王嘉荫认为华山顶上的黄土系风与冰川共同作用形成。王永焱（1964）认为因地因时而异。后来，王永焱（1983）认为中国黄土应是以风力为主的综合成因。张宗祜（1959）主张中国黄土多种成因，以水成为主。

黄河中游黄土高原地貌与第四纪地质调查和研究，吸引了许多地貌、第四纪地质和土壤学家共同关注黄土和黄土地貌。刘东生（1958）通过实地调查将马兰黄土命名为新黄土 1，属晚更新世，将次生黄土称作新黄土 2。把马兰黄土下面的黄土叫作老黄土，并将其两分，下部为老黄土 1，上部为老黄土 2，底下留有空白。当时刘东生领导的研究集体都持此种观点（王挺梅、王克鲁、丁梦麟，1958；苏联义、吴子荣、田国光等，1958）。与此同时，朱显谟（1958）和石元春（1958）都提出了黄土中的古土壤问题。他们两位是土壤学家，朱显谟认为这些“红层”是在风成黄土为母质的基础上发育的古土壤，具有明显的土壤发育剖面，是褐土或灰褐土类型，比目前当地草原型土壤的成土作用要强烈得多。他指出黄土中 10 多层古土壤的存在。石元春（1958）认为：“红色黄土层中含有多达 18 层的古土壤层，形成红黄相间的条带，这种古土壤层构成了当时的地面，并随着基岩地形而倾斜，根据形态学的观察，理化性质的分析，以及孢子花粉和动物化石等资料，初步鉴定此红棕色古土壤层是在温暖、干湿交替的气候和干旱型森林草原下发育的褐土土壤。”绝大多数学者接受这种观点（刘东生，1958；张宗祜，1958；王挺梅，1958；苏联义等，1958；刘国昌，1965；曾河清，1965；朱海之，1965；严阵，1966；周昆叔等，1960）。黄土中多层古土壤的发现和鉴定，是我国黄土研究的重大突破。

《新黄土和老黄土》（刘东生，1959）明确地将马兰黄土，即几乎不含古土壤的比较疏松的那层黄土叫作新黄土，而将位于马兰黄土下面比较致密且含有多层古土壤的黄土叫老黄土。新老黄土的地质时代分为上、中更新世。在有些地方见到古土壤层的切割，分辨出老黄土层之间存在不整合，将其分为老黄土上部和老黄土下部。在 1961 年，刘东生与张宗祜准备带着论文《中国的黄土》出席第六届国际第四纪地质大会时，在李四光主持下，将老黄土下部称离石黄土下部，老黄土上部称离石黄土上部，新黄土仍称马兰黄土，在离石黄土之下，如山西午城柳树沟剖面所见，尚有红黄色黄土层，命名为午城黄土。这篇论文以山西午城的这个剖面为标准，对出露的 121 米厚的黄土做如下划分：马兰黄土，厚 10 米，浅灰黄色，较均匀一致，不整合覆于离石黄土上部的剥蚀面上；离石黄土上部，厚 51.5 米，灰黄-黄色，含有 7 层埋藏土壤层，不整合覆于离石黄土下部的剥蚀面上；离石黄土下部，厚 42 米，黄色-

淡棕黄色，含有14层红色发育较差的埋藏土和埋藏风化层，以假整合覆于午城黄土剥蚀面之上；午城黄土，厚17.5米，红黄色，含有6层红色埋藏土和埋藏风化层，不整合覆于上新统砾岩之上。

这些地层的地质时代的确定主要根据所产的脊椎动物化石：马兰黄土中发现有方氏田鼠和鸵鸟蛋碎片；离石黄土上部层位找到石化较深的方氏田鼠、短尾兔和鼠料一种等，均为中更新世晚期常见的化石；离石黄土下部层位的埋藏土壤中找到大量丁氏田鼠、赵氏田鼠、裴氏转角羚、午城马、肿骨大角鹿等化石，大角鹿、裴氏转角羚均见于周口店第13地点，而丁氏田鼠与周口店第13地点的后丁氏田鼠相同，不早于中更新世早期；午城黄土中出土有中国长鼻三趾马、三趾马一新种、中国貉、短脚野兔、李氏野猪等化石，长鼻三趾马见于泥河湾层，故午城黄土时代相当于早更新世。根据：①黄土和沙漠、戈壁成带状排列；②其产状与基岩地形无关；③含有陆生动、植物化石；④结构相似和成分一致性；⑤由北而南、由西向东，粒度逐渐变细，厚度逐渐变薄；⑥多次埋藏土壤层的重叠；等等。这些特征的沉积物的形成"很难以其他营力作用解释，这可能是由黄土高原北部及西北部风力吹扬作用把尘土由远及近吹来而形成的"。这是中国黄土研究的又一次飞跃。

在20世纪50~60年代黄土调查和研究的基础上，《中国的黄土及黄土状岩石》（地质部水文地质工程地质研究所，1959）、《黄河中游黄土》（刘东生等，1964）、《中国的黄土堆积》（刘东生等，1965）、《黄土的物质成分和结构》（刘东生等，1966）出版。这是对我国黄土研究的初步总结，代表了20世纪60年代我国黄土研究的水平。

20世纪70～80年代，我国第四纪研究引进了一些新技术、新方法、新思路和新理念，在黄土研究上得到了应用。例如C^{14}、热释光等测年手段的运用，磁性地层的使用，古温度代用指标等，使黄土研究的时间尺度更精确，并与第四纪自然环境的演变联系起来。《黄土与环境》（刘东生等，1985）不但总结提升了《黄河中游黄土》、《中国的黄土堆积》和《黄土的物质成分和结构》，而且汇总了20世纪70年代中后期和20世纪80年代前期黄土-古土壤系列新的研究成果，达到了新的水平：①通过磁性地层和其他测年手段，获得了黄土-古土壤系列沉积的时间标尺，采用第四纪编年系统，划分出几个重要的层次，自上而下，为现代黄土及其覆盖的地形；1万年以来的黄土及其地形；10万年以来的黄土（马兰黄土）及覆盖的地形；50万年前后的古土壤（第5层古土壤）及地形，相当于周口店猿人洞第10层的时间；80万年前后的砂质黄土及地形（相当于上粉砂层），布容/松山界限前；115万年前后的砂质黄土层及地形（相当于下粉砂层），哈拉米洛极性亚期前；180万年前后的古土壤（午城黄土中部古土壤组合），奥都维极性亚期；240万年前开始沉积的黄土，松山/高斯界限前后。这种划分，不仅说明我国黄土的特点、我国黄土研究已进入半定量阶段，而且也标志着我国第四纪地层划分已进入编年的阶段。②有了黄土年代学的数据，可以了解大约240万年以来黄土的形成过程和现代黄土沟谷地形的形成过程，黄土分布地区的自然环境演变历史。③黄土风成为主的认识的建立和现代沙尘暴发生过程，以及它们的联系的感知，一方面可以提高对黄土物质来源的认识，另一方面又能够提升对现代沙尘暴危害的认知，为现代沙尘暴的防治提供历史经验。④黄土-古土壤系列提供第四纪气候变化丰富的地质信息，包括气候变化周期，主要气候突发事件等。对这些气候和环境变化信息的解读，将有助于北半球季风气候区第四纪环境变化规律的破解。⑤黄土-古土壤系列与深海沉积物氧同位素系列，极区和高山区冰岩心系列，成为全球变化研究的三杆标尺和三根支柱，在全球变化研究中将发挥一般想象不到的重要作用。《黄土与环境》是中国黄土研究的第三次飞跃。与此同时，王永焱等出版了《黄土与第四纪地质》（1982）和《中国黄土研究的新进展》（1985）。

20世纪80年代后期开始，中国黄土-古土壤系列研究和全国乃至全球范围内的气候和环境演变相结合，在空间和时间尺度上和质量与能量交换上进行全盘考虑，提出了古季风演变的概念（安芷生、吴锡浩等，1991）。这个问题已进入全球变化领域。我国指出黄土层代表冬季风极盛期，古土壤代表夏季风极盛期，使黄土研究提升了一个层次，较之黄土代表干旱期和冰期，古土壤代表湿润期和间冰期，更加符合东亚季风区的实情，更加深刻，更为贴切。这应是中国黄土研究的第四次飞跃。这一时期出版了《黄土高原第四纪》（孙建中等，1991）、《中国黄土古地磁学》（岳乐平、薛祥煦，1996）和英文版的《黄土、环境和全球变化》（刘东生、丁仲礼、郭正堂，1991）。

1966年，谢又予根据西安蓝田一带三趾马红土广泛分布，且超覆于不同高度的地貌和不同时代的地层上，认为三趾马红土也是风成的。赵景波（1986，1989）从三趾马红土中发现光性定向黏土，认为三趾马红土是在陆上形成的古土壤，是风成的。后来，刘秀铭（1989）、袁宝印（1993，1998）、安芷生（1991）、丁仲礼（1997）等也都相继表示了三趾马红土风成的观点。孙东怀（1997）研究三趾马红土后认为它与午城黄土并无很大的区别，它是淡红色的石质黄土与深红色的古土壤相间成层，形成红黄土-古土壤系列，与第四纪的黄土-古土壤系列一样，反映了新近纪末期夏季风与冬季风之交替活跃。对三趾马红土磁性地层的研究（孙东怀等，1997，1998；岳乐平等，1998）得到，保德红土的下界年龄720万年，郭正堂等（2002）在甘肃秦安发现253.1米厚的秦安黄土，由231层棕黄色黄土及其所夹的古土壤层组成，磁性地层年龄为2200万～620万年，秦安黄土除少部分与保德红土重叠外，基本上是连续沉积。黄土沉积最早出现在2200万年以前，这是个重大的突破，也是第四纪黄土研究的拓展和延伸。孙建中的《黄土学（上篇）》（2005）是对20世纪中国黄土研究的一部总结性的著作。

古沙漠的研究突破了传统的概念。古沙丘遗迹在西北上新统乃至中新统中多有发现，它们与北方三趾马红土层所显示的风成沉积特征可相互印证。更新世早期西北地区已有干旱的显示，柴达木盆地早更新世湖泊沉积物中的石膏和芒硝层（陈克造，1987），罗布泊120万～100万年的地层中有含石膏细砂层和透镜状石膏层，80万年前后、70万年前后都有石膏发育。大约60万年以后，石膏含有量有所增加；上更新统出现的大量钙芒硝，较多的石盐、杂卤石、钠镁矾；全新统中出现大量石盐，较多的钾盐镁矾、钾石盐、光卤石、泻利盐，均反映气候从早更新世开始已向干旱化发展（王珥力等，2001）。中更新世塔克拉玛干、巴丹吉林、腾格里等沙漠已经形成，晚更新世塔克拉玛干沙漠几乎扩大到整个塔里木盆地，柴达木盆地的湖泊也收缩得很小，进入新的成盐期。在干盐湖周围出现干旱荒漠景观，巴丹吉林和腾格里沙漠扩展为大规模的沙漠，毛乌素沙漠、科尔沁沙地等的出现，表明沙漠有向半干旱半湿润区扩展的趋势。沙漠和黄土在第四纪时期内的迁移，东海和黄海大陆架沙漠化和沿海岛屿黄土的关系，不但反映了黄土与沙漠的密切关系，而且说明了东亚季风的演变与沙漠化及黄土堆积的成生联系。

第五节　第四纪冰川与冰缘研究

中国东部第四纪冰川是长期争论的问题。这里不打算过多地叙述争论的过程，只阐明争论的要点。早在 20 世纪 20 年代李四光报道大同盆地和太行山麓发现冰川条痕石起，争论便已开始。争论的焦点是条痕石是否仅是冰川所成，泥砾是否只是冰川堆积所成，那些似冰蚀地形是否真是冰川侵蚀所为，再有就是中国第四纪季风气候是否对发育冰川有利等。20 世纪 50 年代后的争论主要是 20 世纪 60 年代和 20 世纪 80 年代的两次争论。

1949 年以后，中国第四纪冰川的研究主要有三个时期。1960 年召开的中国第四纪冰川遗迹研究工作中心联络组座谈会前后开展的中国东部第四纪冰川考察与研究。1958 年一季度，李四光与孙殿卿等率领科技人员在香山、八大处公园一带做第四纪冰川遗迹的调查研究，陆续发现香山正蓝旗、四王府南面的荷叶山鼻山尾、八大处公园的五处和六处之间的带擦痕的漂砾、模式口的冰溜遗痕，以及三家店东北隆恩寺南面山坡上的基岩冰溜擦痕。1959 年 4 月中旬，在发现隆恩寺冰溜擦痕后，李四光立即前往查看，之后他又来看过 3 次，才认定是冰川擦痕。1959 年 11 月 12 ~ 21 日举行的第一届全国地层会议期间，李四光约请前来参加会议的苏联纳里夫金院士和别夫纠科等一行，以及中国专家俞建章、王曰伦、孙殿卿、刘东生等考察隆恩寺冰溜面。纳里夫金回国后撰写《亚洲地质史上的光辉一页》加以赞扬。

1960 年 3 月 15 ~ 16 日，在李四光倡导并主持下，在北京召开中国第四纪冰川遗迹研究工作座谈会，出席这次会议的除李四光外，还有杨钟健、侯德封、俞建章、李捷、王曰伦、孙殿卿、杨怀仁、李毓尧、李承三、景才瑞等将近 40 人。李四光做了两次讲话，阐述第四纪冰川的特征及鉴定、研究第四纪冰川遗迹的重要意义。经过讨论成立了在国家科委领导下的中国第四纪冰川研究中心联络组，李四光任组长，朱效成、杨钟健、侯德封、孙殿卿任副组长。到会专家分片负责，开展第四纪冰川的考察和研究工作。3 月 17 ~21 日，参加座谈会的人员在李四光的带领下，考察北京西山的第四纪冰川遗迹。会后，由李四光撰写的《北京西山区第四纪冰川遗迹与中国冰期问题》，以中国第四纪冰川研究中心联络组的名义发表（《科学通报》，1960 年第 8 期）。

在李四光主持下，孙殿卿和杨怀仁撰写论文《大冰期时期中国的冰川遗迹》，提交在波兰召开的第六届国际第四纪地质大会，并由孙殿卿携文与会。这篇文章发表在《地质学报》1961 年出版的第 41 卷第 3 ~4 合期上。

1962 年 12 月 18 ~25 日，中国地质学会第三次会员代表大会暨第 32 届学术年会在北京召开，18 日下午，李四光在北京天文馆报告厅做《华北平原西北边缘地区的冰碛和冰水沉积》的学术报告。在报告过程中，李四光先后指定吴磊伯、徐仁、姜达权就北京附近砾石层组构、周口店猿人洞堆积物孢粉和华北平原钻孔钻透的冰川漂砾等三个问题做补充发言。会后，这个学术报告以《华北地区的冰期和间冰期问题》为题发表在《中国地质》（1963 年第 4 期），并写出通俗文章在《人民日报》1963 年 4 月 2 日的学术版以《就华北平原打井谈冰期问题》为题发表。

1963 年，在中科院古脊椎动物与古人类研究所进修的华东师范大学地理系教师黄培华的《中国第四纪时期气候演变的初步探讨》在《科学通报》发表。有专门的一节，名为“关于长江以南地区的古冰川遗迹问题”，对江南，尤其是庐山的第四纪冰川遗迹提出质疑，明确表示“在冰期时，我国江南地区气温降低的现象是可能有的，但变冷的程度能否形成山谷冰川和山麓冰川?”因此，对于长江以南的冰川遗迹的研究，还有深入的必要。现有的研究成果还不完善，要对它做出肯定或否定的结论，都似乎过早了一些。接着，曹照垣等 23 人以读者来信投书《科学通报》，该刊 1963 年第 3 期刊登了这封信，题为《关于中国的冰期和间冰期问题》。在第 6 期上刊出了吴锡浩、浦庆余、杨达源的《对〈中国第四纪时期气候演变的初步探讨〉一文的讨论》一文，从冰川地形、冰碛物和冰溜遗痕等方面针对黄培华提出的疑点进行探讨。《科学通报》1963 年 10 期刊登黄培华的《关于长江以南地区冰川遗迹问题》，以庐山为重点，对他《中国第四纪时期气候演变的初步探讨》文章的同名一节进一步加以阐述，并回答吴锡浩等提出的问题。《科学通报》1964 年第 1 期刊登曹照垣、吴锡浩、浦庆余的《庐山及其东北麓的冰川遗迹》，对黄培华的《关于长江以南地区冰川遗迹问题》文章进行辩驳。至此，这次关于中国东部第四纪冰川问题的讨论暂告一段落。

1964 年，以中国第四纪研究委员会、中国第四纪冰川遗迹研究工作中心联络组名义编辑的《中国第四纪冰川遗迹研究文集》出版，载有李四光在 1962 年召开的中国地质学会暨第 32 届学术年会上的理事长学术报告《华北平原西北边缘地区的冰碛物和冰水沉积》，还有四川龙门山南段东陂及山前带（李承三、吴燕生、李永昭、卢登仕）、大兴安岭东坡（俞建章、谢宇平、刘翰）、大别山（李毓尧、袁玲玉、王保法）、东秦岭（严阵、温恒录）、太行山东麓漳河-滹沱河（曹照垣、王彦春、任富根、何培元）等地区第四纪冰川遗迹和第四纪冰期方面的论文。

1964 年，地质力学研究所和华北地质研究所的研究人员在秦岭北坡考察第四纪冰川，是年秋季在西安召开的第二届全国第四纪地质会议上对太行山东麓的第四纪冰川问题展开热烈讨论。1965 年，在李四光主持下，地质部成立西南第四纪冰川考察队，调集地质力学研究所和华北地质研究所全部从事第四纪研究的科技人员、当年分配来的大学生、北京地质局水文地质队部分科技人员、成都地质学院部分从事地貌与第四纪地质教学和研究的教师，由段万倜任队长，周慕林和景才瑞（借调）担任技术负责人。这支队伍赴四川渡口地区做第四纪冰川考察工作，后因 1966 年开始的“文化大革命”，没有在西南地区继续工作。各单位人员回本单位工作，原地质力学研究所与北京水文地质队的科技人员和 1965 年分配来的大学生回地质力学研究所。1970 年，保留在地质力学研究所的科技人员和成都地质学院的教师，仍以冰川考察队的名义在湘西和黔东进行以寻找金刚石原生矿为目的的第四纪冰川研究。

地质力学研究所编辑的《中国第四纪冰川地质文集》出

版，刊有第四纪冰川考察队在四川渡口和西昌地区考察的6篇文章。它们分别探讨了西昌地区螺髻山地区第四纪冰川地质，该地区第四纪砾石层组构分析，西昌砾石层，渡口地区第四纪金沙冰期，西南昔格达组，以及昔格达组下部的孢粉与第四纪早期古气候。还有元谋第四纪冰期和地层，滇东黔西、雪峰山、太行山、北京潭柘寺等处的第四纪冰期考察的文章。

1978年9月，在庐山召开中国地质学会第四纪冰川及第四纪地质学术讨论会，参加会议的有许杰、杨钟健、尹赞勋、贾兰坡、李连捷、席承藩、周明镇、杨怀仁、孙殿卿、徐仁、张宗祜、王永焱、吴磊伯等。会议安排了三天地质旅行，考察庐山及山麓第四纪冰川遗迹。会议贯彻百家争鸣的方针，包容各种学术观点，包括对中国东部第四纪冰川持赞成或异议的观点，与会者都畅所欲言。会后将有关论文选登在《第四纪冰川地质文集》第一、第二集中。地质力学研究所的论文以《地质力学研究所所刊》第二号出版。1970～1973年间，湘西黔东第四纪冰川考察的成果以《关于湘西、黔东第四纪冰期划分》（曹照垣、于清河）和《沅水瓮洞-安江段第四纪砾石层的组构分析》（何培元、浦庆余）发表于该号所刊。

1982年10月6日～13日，中国地理学会和中国第四纪研究委员会在安徽屯溪（今黄山市）召开中国第四纪冰川冰缘学会讨论会，主持会议的是施雅风、崔之久和李吉均，吴征镒、景才瑞、周慕林、黄培华、郑本兴、牟均智、谢又予、张林源、浦庆余、吴锡浩、杨达源等138人参加会议。会议以中国东部地区第四纪冰川问题为中心展开，在黄山及其山麓进行考察。引导者以泥石流解释黄山山麓的沉积物，以岩性及节理解释地形，以花岗岩析离体解释慈光寺谷地中岩壁上的“擦痕”。南京大学地理系刘振中、俞序君撰文，明确表明在第四纪庐山并无明显的冰川作用及其形成的特殊地貌，庐山在第四纪沿老断裂强烈抬升，形成高大的断块中山，主要受寒冻和流水、泥石流作用，在山麓带广泛堆积了巨厚的砂砾层和巨砾。李吉均、张林源、李容全等基本上都持这种观点。孙毓飞、黄培华对黄山的第四纪冰川遗迹也提出了质疑。牟均智、谢又予和崔之久等分别对庐山和黄山山麓的堆积物提出并非冰碛，而是泥石流堆积的观点。杨达源阐述了中国东部山地第四纪冰川地形和堆积物。邱淑彰论述了浙江天目山第四纪冰川地貌的特征。蔡祖仁认为天目山地区的堆积物为流水成因。浦庆余、黄兴根、董光荣、韩淑媞等分别将中国东部多年冻土南界，河北涿鹿第四纪冰缘现象，鄂尔多斯高原晚更新世冰缘现象和乌鲁木齐仑房沟晚更新世冰缘与冰期对比，并进行论述。会后编辑出版了《中国第四纪冰川冰缘学术讨论会文集》(1985)。

1981～1982年，《自然辩证法通讯》发起了关于中国东部第四纪冰川问题的争论。先后发表《庐山真的有第四纪冰川吗?》（施雅风，1981）和《庐山没有第四纪冰川吗?》（景才瑞，1981)。1982年，该刊4卷2期同时刊登《对庐山第四纪冰川问题的几点意见》（任美锷、刘泽纯、王富葆）和《庐山有第四纪泥石流吗?》（周慕林)，4卷3期刊登《也谈庐山第四纪冰川》（刘昌茂）和《〈冰期之庐山〉质疑》（黄培华)。

在此期间，《科学通报》和《冰川冻土》上时有东部第四纪冰川质疑的文章发表。兰州大学地理系于1980年邀请英国的德比希尔来华，举办第四纪冰川方面的学习班，进行研讨，并赴庐山考察。德比希尔在《冰川冻土》发表《庐山的困境：长江以南的更新世冰川作用》长文。赵良政连续发表论文

（1984，1985，1988）论述庐山早更新世早期冰川作用的证据。

1989 年出版的《中国东部第四纪冰川与环境问题》（施雅风、崔之久、李吉均等），对陕西太白山、兰州附近的马衔山、甘青交界处的达里加山、四川西昌螺髻山、云南玉龙山、长白山等地第四纪末次冰期的地貌和沉积物做了全面肯定，并对中国东部末次冰期的分布规律做了全面论述，认为尽管中国东部因气候而雪线降低值大大超过西部地区，也仅有少数海拔高度较高的山地，即在 40°N 以南的海拔高度在 3500 米以上的山地，方能在冰期中进入雪圈并发育冰川。该书对庐山的第四纪冰川问题提出了不同的看法，对中国其他地区，如黄山、天目山、九华山、桂林附近、云南元谋、川西、秦岭、北京附近、五台山、大兴安岭，凡有过第四纪冰川遗迹报道的几乎所有地区进行全面的考察并提出异议，并对李四光学派关于中国东部地区第四纪冰川问题的误解原因进行剖析。认为早更新世时，我国东部已初步受到东南季风与西伯利亚冷气团互为消长的影响，出现了干冷与湿温交替；华南则有雨期、间雨期的征兆。在干冷时期，东北、华北和华中北部已显著变冷，而华中的南部地区温度稍有降低，但基本上仍处于亚热带波动范围之内。温湿期时，自然环境基本上与现代相似。中更新世冷期和暖期的温度波动幅度增大，在东北，暖期时，为暖湿带疏林草原景观，还有亚热带动物夹杂，干冷时，为寒温带暗针叶林草原和草甸草原景观；华北黄土区有 7 个主要旋回，干冷期为温带北部干旱气候，温湿时期为暖温带南部或亚热带北部半湿润森林草原，比现代温度高 2～4℃；周口店地区干冷时为温带针叶林草原或干草原环境，温湿时为暖温带落叶阔叶林或针阔混交林植被；庐山、黄山地区都是亚热带常绿阔叶林和落叶阔叶混交林景观，山上也是针阔混交林景观。他们认为晚更新世除在长白山、太白山和台湾中央山脉的高山带有古冰斗及冰碛垄以外，其他地方末次冰期古冰川遗迹都是不可靠的。鄂西神农架（海拔3050米）仅有石海、雪蚀凹地、冰缘岩柱等保存较新鲜，风成黄土一直分布到长江中下游芜湖一带，森林消失，出现耐干冷的中生和旱生草本植物，北京平原上是以蒿、藜和木本科植物为主的草原，东北为冻荒漠植被，为冰缘期；喜冷的冰原动物群——披毛犀、猛犸象动物群大幅南迁，东北成为他们栖息的主要地域，华北平原和渤海海底也留下了他们的脚印，华北地区典型的北方动物群也南下；多年冻土大规模向南方推进，南界东起辽东半岛，经河北涿鹿、阳原、山西大同、陕北靖边到甘肃永登一线。此时发生了最大的海退，大约2.3万年前期，海水从渤海、黄海全部退出，海岸线在东海陆架边沿现代水深110米位置，长江中下游的水位至少要比现在低20~45米。

《庐山第四纪冰期与环境》（何培元等，1992）通过数年的野外调查和室内测试和研究，对庐山及其山麓的冰蚀地形、冰碛和冰溜遗痕及冰川推挤的表皮构造做了认真鉴定，并做了有关沉积物磁性地层测试。确定庐山在第四纪发生过4次冰期：大排冰期（300万~250万年），鄱阳冰期（180万~160万年），大姑冰期（110万~90万年）和庐山冰期（40万~20万年），以及一次存疑的庐林冰期（晚更新世末）。

《崂山地质与古冰川研究》（李乃胜等，2003）和《冰期之崂山》（郭良、相石宝、赵松龄，2007）以崂山的冰斗、U型谷、冰碛划分了4次冰期，认为崂山第四纪冰川为冰帽，即小冰原，崂山的海岸为冰碛海岸。《中国东部低海拔型古冰川遗迹》（赵松龄，2010）列举阴山，北京西山，山东泽山、泰山、鲁山、蒙山、沂山、石门山、九仙山、莲花山、青云山（以上为鲁中山地），招虎山、大泽山、圣经山、昆仑山、灵山岛、乳山、海阳云顶、牙山、崂山（以上为胶东半岛）的古冰川，苏浙皖赣山地，除庐山、黄山外，还增添了云台山、临安、杭州、黄岩、庆元、舟山群岛的冰川遗迹，福建福安、雁溪的冰臼群。《海岸黄土与古冰川遗迹》（李培英、徐兴永、赵松龄，2008）论述的是海岸带黄土与古湖及古冰缘的关系，虽然也涉及山东半岛的古冰川，但这不是主要方面。令人深思的是，刘东生在为该书写的序言中有两段肯定他们对中国东部沿海、低山丘陵区第四纪冰川的发现和研究，这和刘东生几十年来一贯对中国东部低山丘陵区的第四纪冰川问题抱沉默的态度大相径庭，与20世纪70年代后期杨钟健对中国东部第四纪冰川，从不赞成到特别赞成的180度大转变有些相似。

中国第四纪冰川的争论不只局限于东部是否存在第四纪冰川，还有关于青藏高原是否存在过大冰盖，中国中低纬度的低山丘陵和河谷中的基岩岩臼是流水形成的壶穴（水臼）还是冰臼的问题等。

中国第四纪冰缘研究始于1956年对哈尔滨附近的“冰滑作用”即冰卷泥（冻融褶皱）的报道和进一步对哈尔滨黄山和内蒙古扎赉诺尔“冰滑作用”的研究（裴文中，1957）。杨怀仁等（1958）对长江中下游冰缘沉积进行了研究。范锡朋（1963）报道了青藏高原东部多年冻土。中国科学院地理研究所冰川冻土研究室对青海高原沿线多年的冻土考察（1965）中对冰缘地貌的研究（杜溶桓、谢自楚，1965）。周廷儒（1963）对新疆第四纪冰缘现象也做过研究。20世纪80年代是我国冰缘地貌研究的高峰时期，有崔之久（1980，1981，1982，1983），崔之久、谢又予（1984），崔之久、谢又予、朱景湖（1985），谢又予（1981，1984，1985），郭东信（1981，1979），郭东信等（1981，1982），周幼吾（1965），周幼吾等（1963，1965，1982，1996）对东北和青藏高原的冰缘地貌及中国北方晚更新世冰缘环境的研究。

还有王绍令等（1983，1986，1989，1991），王家澄等（1979，1982，1983）也对青藏高原冻土进行了多年研究，周昆叔（1982）、吴子荣（1982）、黄兴根等（1982）对萨拉乌苏、泥河湾等地冻融褶皱的研究。

关于冰缘地貌的研究争论的焦点是中国东部末次冰期或晚更新世多年冻土区南部界限的位置问题。

（1）杨怀仁等（1980）从猛犸象-披毛犀动物群和孢子花粉反映的古气候着手进行分析，认为当时多年冻土区的南界在长江下游，从杭州一带，即30°N左右，向西延伸到南昌附近，然后折向西北。

（2）郭东信、李作福（1981）根据砂土楔等古冻土遗迹和孢粉资料，恢复当时的年平均气温，认为末次冰期多年冻土区南界在辽河平原，位于42°N～43°N，即辽宁铁岭附近，在辽东半岛位于41°N附近。

（3）崔之久、谢又予（1984）根据古冻土遗迹、孢粉资料和猛犸象-披毛犀动物群，将末次冰期多年冻土区南界置于39°N～41°N，此线以北至45°N区域为岛状多年冻土区，45°N以北为连续多年冻土区。

（4）浦庆余（1984）根据古冰楔、冻融褶皱和猛犸象化石的最南位置，将连续多年冻土区南界置于40°N附近，岛状多年冻土区南界置于34°30′N～34°40′N，后一界线和现代季节冻土区南界基本吻合，即从鸟岛、连云港、徐州、商丘、开封、郑州至洛阳以东折向西南，然后沿秦岭南坡大约海拔600米的高度沿等高线向西伸展，在陕西略阳和甘肃迭部附近与青藏高原多年冻土区北下界相接；前一界限大体位于河北秦皇岛至北京城区，与现代中、深多年冻土区南界大体相合。

（5）徐淑鹰等（1989）以冻缘动物群、冰冻环境中的古植被和古冻土、古冰缘间的联系进行论证，认为末次冰期多年冻土区南界东起松辽分水岭以南（42°N），向西沿辽西山地至40°N附近，再向西南插入陕北（37°N），随后顺着内蒙古高原南缘向西延伸。

（6）李吉均等（1989）认为被当作多年冻土主要标志的是冰（砂）楔和冻融褶皱。冻融褶皱需要细心鉴别，因为地震、冰川滑动及地层本身的负荷也会产生类似现象。把猛犸象与披毛犀出现地点当作冻土苔原的分布区是欠妥的。他以冻融褶皱与冰（砂）楔同时出现的地点为依据，将末次冰期多年冻土区南部界线划定为东起辽东半岛，经河北涿鹿、阳原、山西大同、陕北靖边（萨拉乌苏河）至甘肃永登的一条向西纬度降低的斜线，即从40°N降到37°N。

（7）张林源（1991）基本同意崔之久、谢又予（1984）的观点，认为末次冰期多年冻土区的南界位于40°N附近，向西沿着燕山山脉南麓逐渐与高原多年冻土区相接。

（8）周幼吾等（2000）指出多边形楔形构造，包括土楔、砂楔、冰楔和化石冰楔是确定冻土存在的可靠标志。他们据此将这条界线定在东北南部（40°N～41°31′N）、华北北部（40°N～37°N）、鄂尔多斯高原南缘（36°36′N），最后进入陇东黄土高原，于六盘山、华家岭一带与西部高原多年冻土区下界相接。

第六节　古人类和考古

化石人类分类将能人定为早期猿人阶段，直立人定为晚期猿人阶段。原定为南方古猿的非洲种，因脑量大（约600mL），头骨骨壁薄，眉嵴不明显，前门齿比纤细型南猿窄，手骨与足骨与现代人相似，同时发现砾石工具，改定为能人，为早期猿人。人类进化第三阶段为早期智人，第四阶段为晚期智人。我国晚期猿人即直立人化石已发现约15处，早期智人和晚期智人发现各约10处和38处。

北京人遗址（周口店）自1927年正式开始发掘到1937年，已获得5具人类头盖骨、9块头盖骨碎片、6块面骨、14块下颌骨、7段股骨断片、2段肱骨、1根锁骨、1块月骨和零星牙齿147枚，它们代表了大约40个人体的存在。此外，还有大量石器和用火的证据，以及有争议的骨器。后因战争原因，这批珍贵的人类化石下落不明。1949年后，在周口店第一地点又发现了北京人下颌骨、肱骨和胫骨断片、6枚牙齿及头盖骨，这具头盖骨是1966年发现于北京人遗址第一地点的顶部堆积物中。

1963年在陕西蓝田陈家窝村红色土堆积物中发现了一块下颌骨，1964年在蓝田公王岭红色土堆积物中发现一具头盖骨和部分面骨，除其右颌骨上保存有第二、三齿外，还有一枚左上臼齿。蓝田人头盖骨是大约30岁的女性个体，下颌骨是女性老年个体，其特征显示较北京人稍更原始，从其一起出土的古生物群看也应早于北京人，但不会太早。

1965 年，在云南元谋发现两枚上内侧门齿，出土于被定为早更新世的元谋组第 4 段的褐色黏土中，经 1972～1973 年的发掘，又出土了 6 件石器、3 层炭屑和大量哺乳动物化石。从牙齿化石比北京人牙齿原始及出土的 28 种的哺乳类化石来看属早更新世。

后来，经过对北京人遗址的综合研究，蓝田人和元谋人地层的古地磁研究，认为元谋人为距今 170 万年左右，公王岭蓝田人为距今 100 万～115 万年，陈家窝子蓝田人为距今 50 万～65 万年，北京人为距今 58 万～23 万年。

20 世纪 50 年代以来，还在安徽和县、湖北郧城、南京汤山发现与北京人同期的直立人化石。南京人（同层位的鹿牙）氨基酸外旋年代测定为距今 57.6 万～63.6 万年，和县人年龄用氨基酸外旋年代测定为距今 20 万～30 万年，用铀系法测定为距今 15 万～19 万年，用热释光法测定为距今 16.9 万～21.1 万年。

之后，黄万波先后在安徽繁昌和四川巫山龙骨坡的洞穴堆积中发现了与早更新世动物共生的人类化石与石器，龙骨坡的人类化石是带有第 1 和第 2 前臼齿的下颌骨和残缺的一枚零星门齿，下颌骨被鉴定为直立人，门齿为智人。地层时代为 204 万年。有人认为下颌骨残缺，是猿的。

我国大约 200 万年以前的人类祖先遗骨很少被发现，云南发现的禄丰古猿不能认为是直立人的直系祖先。即使在云南元谋与 20 世纪 80 年代末发现许多曾被定为“东方人”“竹棚猿人”“蝴蝶人”“蝴蝶腊玛古猿”的牙齿化石，经进一步的研究发现他们都是古猿，还不是直立人的直接祖先（吴新智，1990）。

表2－12－1　中国直立人（晚期猿人）阶段化石表

直立人	省、市	发现地点	化石年代	发现时间	注
巫山人	重庆	巫山县龙骨坡	约200万年	1985年	有人认为是古猿
元谋人	云南	元谋县上那蚌	约170万年	1965年	有人认为是中更新世
蓝田人	陕西	蓝田县公王岭 蓝田县陈家窝子	100万～115万年 50万～65万年	1964年 1963年	
建始巴东人	湖北	建始巴东	100万年	1968年	曾疑为南方古猿
北京人	北京	房山区周口店	58万～23万年	1927年	
南京人	江苏	南京汤山	>50万年 >24万年	1993年	1号头盖骨 2号头盖骨
郧西人	湖北	郧西县白龙洞	中更新世	1975年	
郧县（梅铺）人	湖北	郧县梅铺	中更新世早期	1975年	
洛南人	陕西	洛南县东河村	中更新世早期	1985年	
郧县（曲远河口）人	湖北	郧县学堂梁子	56万～83万年	1989年	
沂源人	山东	沂源县土门	约31万年	1981年	
金牛山人	辽宁	营口金牛山	24万～28万年	1984年	可能为早期智人
南召人	河南	南召杏龙山	中更新世	1978年	
和县人	安徽	和县陶店	15万～30万年	1980年	
庙后山人	辽宁	本溪庙后山	24万年	1978年	可能为早期智人
桐梓人	贵州	桐梓	<20万年	1972年、1983年	可能为早期智人
淅川人	河南	淅川	?	1973年	自药材商店购得

1970年，在湖北建始发现的“南方古猿”类化石——三枚下臼齿，同时出土的还有巨猿牙齿和20多种脊椎动物化石，地质时代为早更新世晚期。

20世纪50年代，在江苏泗洪、山西襄汾、湖北长阳、广东韶关和广西柳江，先后发现了下草湾人（1954）、丁村人（1954）、长阳人（1956）、马坝人（1958）和柳江人（1958）。其中丁村人的时代根据对伴生的哺乳类化石和地层的分析，认为它应属晚更新世。长阳人和马坝人据原发掘报告，其时代为中更新世末，从化石人骨的形态看应为较进步类型，而且共生的大熊猫-剑齿象动物群化石在华南很多地区一直延续到更新世晚期，因而长阳人和马坝人的地层时代被改定为晚更新世。铀系法测定，长阳人为17万~22万年，马坝人为11.9万~14.0万年。他们都是早期智人类型。属于早期智人的还有龙骨山人（周口店）、大荔人（陕西大荔）、许家窑人（山西阳高）、桐梓人（贵州桐梓）、银山人（安徽巢县）、鸽子洞人（内蒙古科左后旗）、庙后山人（辽宁本溪）和金牛山人（辽宁营口）。大荔人头盖骨于1978年3月21日发现于陕西省大荔县段家村甜水沟，铀系法测定年龄为18万~23万年。许家窑人是1976~1977年间在山西阳高许家窑村附近发现的，为儿童左上颌一块，成年左上第2白臼一颗，不同年龄段的顶骨六块和枕骨一块，铀系法测定许家窑为10万~12.5万年。峙峪人化石是1963年发现于山西朔县峙峪村附近，是一块人类枕骨，同时出土的有石器15000多件，装饰品一件，大量被人工击碎的兽骨、烧石和烧骨，各类动物牙齿5000余枚，是一处旧石器时代晚期遗址。庙后山人是1978年在辽宁省本溪县（现为本溪市）山城子村东庙后山的一个洞穴里发现的，材料为一颗犬齿，一颗右侧下臼齿和一段小孩左股骨，铀系法测定年龄股骨层位年龄 14.8 万 ~22.8 万年，右下第一臼齿层位年龄 14.2 万年，犬齿层位年龄 24.7 万年。

晚期智人化石在形态上已与现代人基本一致，但多少带有若干原始性质。山顶洞人是 1933 年在周口店山顶洞发现的，包括完整及基本完整的头骨 3 具，头骨残片 3 块，下颌骨 4 件，下颌残片 3 块，零星牙齿数十枚，脊椎骨及肢骨若干件，它们至少代表 8 个个体，也可能是 10 个。C^{14}测定年龄 1.8 万年。柳江人是 1958 年发现于广西柳江县通天岩旁的小岩洞中，有头骨 1 具，完整的下段胸椎 4 节，并连有肋骨 5 段，全部 5 节腰椎及骶骨、髋骨、股骨，与现代相似，共生的为大熊猫-剑齿象动物群，时代为晚更新世。铀系法测定年龄为 6.7 万年。资阳人的材料是一具女性老年人头骨，于 1951 年发现于四川资阳县（现为资阳市）黄鳝溪，头骨特征与山顶洞人相似，对植物化石做 C^{14}测定，有认为是 7000 年的，也有认为是 3.6 万 ~3.9 万年的，可能后者更接近实际。晚期智人发现的情况见表 2 - 12 - 3，必须说明，建平人肱骨化石是 1957 年辽宁省博物馆从建平县合作社收购的龙骨中发现的，发现此化石不久前，该馆从同一合作社选得披毛犀、转角羚羊、野牛等化石。榆树人头骨破片和一段胫骨是 1951 年东北工学院师生从吉林省榆树县（现为榆树市）周家油坊附近河中捞到的，这一带已知几个化石地点的化石都发现于砂和黏土沉积的交界处。

1978 年，贾兰坡出版了《中国大陆上的远古居民》，1983 年由贾兰坡主编出版了《人类的黎明》。1989 年，由吴汝康、吴新智、张森水主编出版了《中国远古人类》。

我国在 1976 年以前，一般把人类演化阶段分为猿人、古人、新人。其实，在1927年步达生研究我国周口店两颗牙齿化石时，叫中国原人，并不是中国猿人，是原始人之意。可能是当时负责的人不懂内容，换成了“猿”字。现代人类学对于人类演化，如以直立行走为标准，则南方古猿已能直立，人类历史有700万年；如以能制造工具为标准，则以非洲能人和鲁道夫人为始约250万年。现代人类学将人类演化阶段叫能人阶段（或早期猿人阶段），如北京人这样的古人类叫直立人，即晚期猿人阶段。往后为早期智人阶段和晚期智人阶段。

表2-12-2 中国早期智人阶段化石表

早期智人	省(区)、市	发现地点	化石年代	发现时间	注
金牛山人	辽宁	营口	21万~30万年 (24万~28万年)	1984年	可能是直立人
庙后山人	辽宁	本溪庙后山	24万年	1978年	可能是直立人
桐梓人	贵州	桐梓	>20万年	1972年 1983年	可能是直立人
大荔人	陕西	大荔	18万~23万年	1978年	
巢县银山人	安徽	巢县	16万~20万年 (10万~20万年)	1982年	
龙骨山人	北京	周口店新洞	11万~17万年	1973年	
丁村人	山西	襄汾	16万~21万年	1954~ 1976年	
马坝人	广东	韶关	11.9万~ 14.0万年	1958年	
许家窑人	山西	阳高	10万~12.5万年	1976年	
鸽子洞人	内蒙古	科左后旗	10万年	1975年	
长阳人	湖北	长阳	17万~22万年	1956~ 1957年	

表2-12-3 中国晚期智人阶段化石表

晚期智人	省（区）、市	发现地点	化石年代	发现时间
柳江人	广西	柳江	6.7万年	1958年
资阳人	四川	资阳	3.6万~3.9万年	1951年
榆树人	吉林	榆树	晚更新世	1951年
下草湾人	江苏	泗洪下草湾	晚更新世	1954年
麒麟山人	广西	来宾	晚更新世	1956年
丽江人	云南	丽江	晚更新世	1956~1964年
荔浦人	广西	荔浦	晚更新世	1961年
安图人	吉林	安图	晚更新世	1963年
新泰子	山东	新泰	晚更新世	1966年
长武人	陕西	长武	晚更新世	1972年
猫猫洞人	贵州	兴义	晚更新世	1974年
建德人	浙江	建德	晚更新世	1974年
黄龙人	陕西	黄龙	晚更新世	1975年
建平人	辽宁	建平	晚更新世	1957年
泾川人	陕西	泾川	晚更新世	1976年
九楞山人	广西	都安	晚更新世	1977年
封开人	广西	封开	晚更新世	1978年
德城人	广西	隆林	晚更新世	1979年
宝陨岩人	广西	桂林	晚更新世	1979年
龙潭山人	云南	呈贡	1.86万~2.86万年	1977年
庙后山东洞人	辽宁	本溪	2.8万年	1980年
峙峪人	山西	朔县	2.8万年	1963年
小孤山人	辽宁	海城	2万~4万年	1981年
河套人（萨拉乌苏人）	内蒙古	乌审旗	3.7万~5.0万年	1922~1956年
田园洞人	北京	周口店	2.5万年	2003年
西畴人	云南	西畴	晚更新世晚期	1972~1973年
山顶洞人	北京	周口店	1万~2万年	1933年
旁洞人	贵州	普定	1.5万年	1979年
扎赉诺尔人	内蒙古	扎赉诺尔	1万年	1993~1943年

考古学是用实物资料研究人类古代历史的一门科学，属于历史学的范畴，狭义历史学研究的对象是文献资料，考古学研究对象是实物资料。考古时代一般分为石器时代、青铜时代和早期铁器时代。近年来有人提出在石器时代之后还有陶器时代，是有一定道理的，但它与新石器时代在时间上有交错和重叠，如何处理是值得研究的。出现人类就有文化，哪怕是非常初级的。旧石器时代的人类以采集和渔猎为生，劳动工具以打制的石器为主，也使用木器、骨器、角器和蚌器。旧石器时代大约从250万年起到1.2万年或1万年为止，占整个人类历史时间的96%以上，其实几乎是第四纪的整个时间。那些古人类文化遗物埋藏在第四纪地层中，因此，旧石器时代考古与第四纪研究息息相关，互为依靠。新石器时代是以农业和饲养业为主的时代，石器以磨制为主。考古界将陶器还没有出现的新石器时代叫作新石器时代早期或无陶新石器时代，或前陶新石器时代。新石器时代文化层与全新世地层关系密切。因此，第四纪地质工作也十分关心新石器时代考古文化。史前考古学主要是研究石器时代的考古学，历史考古学是研究青铜时代和铁器时代的考古学。考古学与狭义的历史学在研究方法上的最大区别是前者十分注重田野发掘，除了注意石器的制作和功能，还注意地层的叠压关系。人类遗骨、人类文化遗物、人类活动与自然环境的关系，还有动植物遗迹，包括孢子和花粉，都是史前考古的重要内容，因此它们和第四纪地质学、古生物学关系密切，史前考古与它们都是第四纪研究的组成部分。

我国史前考古是从20世纪初开始的，和古人类学研究、第四纪地质工作紧密结合，是周口店遗址的发掘和研究，再就是地质学家安特生、袁复礼和斯坦斯基对河南渑池县仰韶村以彩陶和磨制石器共存为特征的新石器时代遗址的发掘。

1949 年后旧石器时代考古的发展大致可分为三个阶段。

（1）1949～1959 年为第一阶段，恢复周口店遗址的发掘，又发掘出了北京人下颌骨、牙齿、肱骨、胫骨断片和头盖骨。1954 年 12 月 27 日，中国科学院召开“中国猿人第一个头盖骨发现二十五周年纪念会”，郭沫若做报告，杨钟健做主题报告，周明镇、吴汝康、裴文中和贾兰坡做了学术报告。会后编辑出版了《中国猿人化石的发现和研究》专集（1955）。1956 年，贾兰坡发表《对中国猿人石器的新看法》，他认为中国猿人曾用砸击、锤击和碰砧三种方法剥制石片，用锤击法和砸砧法修理石器，在石器使用上也有了分工，刮削器不能用于砍伐，尖状器也不能用于锤砸。这一阶段，还先后发现了一些古人类化石和旧石器地点。例如，1951 年在四川资阳县（现为资阳市）黄鳝溪发现了资阳人化石，研究成果编著成了《资阳人》（裴文中等，1957）。1954 年在山西襄汾县丁村发现了三枚人牙化石、2000 多件石器和大批动物化石，其研究成果编著成了《山西襄汾县丁村旧石器时代遗址发掘报告》（裴文中、吴汝康、贾兰坡，1958）。为配合黄河三门峡水利枢纽工程建设，1957 年 11 月间，中国科学院古脊椎动物与古人类研究所派出王泽义（带队）等人组成一个以第四纪哺乳动物与旧石器为调查中心的调查队前往调查，用大约一个月的时间，在河南峡县、灵宝，陕西潼关，山西芮城县的涧口、匼河、谭郭、独头等地，发现了多处旧石器时代的文化地点，并采到了人工打制的石器和少量动物化石。根据发现的石器材料，贾兰坡、王泽义、邱中郎等又于 1959 年冬季做了初步研究，并撰写了《山西旧石器》（1961）。在广西的调查中，发现了几个旧石器时代的洞穴遗址。在华南地区还发现了属于旧石器时代中期的长阳人（1957）和马坝人（1958），属于旧石器时代晚期的柳江人（1958）和麒麟山人（1956）。

（2）1960～1966 年为第二阶段。这一阶段带着学术的目的进行调查和发掘。周口店遗址被继续发掘，对周口店的石器进行研究，广泛开展周口店中国猿人文化性质的讨论。

讨论在裴文中、贾兰坡、吴汝康之间展开，他们同在古脊椎动物与古人类研究所从事古人类与旧石器时代考古研究。争论从 1959 年贾兰坡认为中国猿人已能制造骨器和 1960 年裴文中重申中国猿人遗址的碎骨不是骨器开始。继之，裴文中（1961）反对曙石器之说："衡量人与猿的区别，应当看他能否制造工具，而不是什么直立行走，以及脑量和语言。""在人类发展中，在最原始也是最古老的猿人阶段中，可以确定能够制造和使用石器的，就现在所知，只有中国猿人。其他如爪哇猿人和海德堡人，尚都不能确定。因此我们说中国猿人是最原始的人，他们所制造和使用的石器是最原始的石器。"贾兰坡（1962）明确指出确定最古老的猿人不是猿，除了石器，其体质也是很重要的标志，不能只看石器不顾体质，海德堡人、马坝人、长阳人遗址没有发现石器，谁也没有否认他们是原始人。进而贾兰坡详细分析了周口店遗址石器的性质和中国猿人制造和使用的石器，显示了它的进步性。他说："分析一种文化的性质，虽然要做通盘的考察和考虑，但应特别注意它的进步一面。因为进步的东西才是主要的。"他还指出中国猿人已经使用和控制火。这种伟大成就是经过长期劳动和若干次的尝试才能取得，就这把火就没有理由把中国猿人看成是最原始的人类。最后，贾兰坡指出周口店 13 地点的文化虽与第 1

地点同属中更新世，但它确实比中国猿人的地层层位要早一些。匼河文化就稍早于中国猿人文化。吴汝康（1961）就曙石器问题谈中国猿人并不是最早的人。裴文中（1962）又撰文与贾兰坡、吴汝康讨论，认为中国猿人是最原始的人。还对匼河文化的原始性提出疑义。贾兰坡（1962）就匼河文化的时代问题再次与裴文中商榷。在陕西蓝田发现蓝田猿人（1964），并确定他比北京猿人古老以后，关于中国猿人是否为最早的人类之争暂告平息。但在元谋猿人问题上，仍留有痕迹，难怪当年（1973）在元谋发掘现场，发生袁振新等请裴文中辨认石器的一幕。

1963 年夏初，王泽义、尤玉柱等在山西朔县峙峪村附近发现了一处旧石器时代晚期遗址。经过发掘获得人类枕骨一块，石器石片 15000 多件，烧石、烧骨等多块，装饰品一件，各类动物牙齿 5000 多颗，以及大量被人工击碎了的兽骨。经整理的文化材料有 818 件，有石核、石片、砍砸器、尖状器、刮削器、雕刻器、扁形石核石器、斧型小石刀、石镞，还有一件破损的带孔装饰品。峙峪出土的哺乳动物群与萨拉乌苏动物群十分相像。贾兰坡等（1972）认为峙峪的扇形石核石器是细石器中特有的类型，峙峪的小石片也显示发达的细石器技术的迹象。他们认为属于第一地点峙峪系的华北旧石器时代晚期文化是产生华北发达的细石器文化的基础。

1966 年在周口店发掘中发现了猿人顶骨和枕骨各一件，与 1931 年发现的两块顶骨和枕骨正好拼对成一具头骨，称为 5 号头骨，另外还发现一枚猿人牙齿和 100 多件石器和哺乳动物化石。1963 年，在裴文中带领下，重新考察了桑志华、德日进调查过的河套地区和德日进、杨钟健考察过的陕西榆林地区。同年对宁夏灵武县水洞沟地点重新发掘，发现了大量石器，搞清楚了地层关系，肯定了文化时代。这一年，古脊椎动物与古人类研究所在秦岭北麓西安附近进行了新生代地质与古生物调查和研究时，在蓝田县陈家窝的红色土层中发现了一件猿人下颚骨和一些哺乳动物化石，以及几件石器。接着，1964年又在蓝田县城东10千米左右的公王岭发现了猿人头盖骨和牙齿化石，以及大量哺乳动物化石和少量石器，这就是著名的蓝田直立人，即蓝田人。1964年召开蓝田新生界现场会议，1966年出版会议论文集——《陕西蓝田新生界现场会议文集》。

1964年还在贵州黔西县观音洞发现一处旧石器时代早期文化遗址，发现大量石器和哺乳动物化石。1965年冬，在裴文中主持下，对观音洞进行首次发掘，搞清了含石器的层位，并又在红土中发现大量石器。20世纪50年代末古脊椎动物与古人类研究所在三门峡地区发现的材料，经贾兰坡等整理出版了《匼河——山西西南部旧石器时代初期文化遗址》（1962），并报道了西候度更新世初期地层中的石器和哺乳动物化石的研究成果（1962）。

1965年5月1日，在西南地区做新构造研究的地质部地质研究所的赵国光、浦庆余、钱方和王德山在云南元谋盆地做第四纪地质和新构造调查和研究。钱方、浦庆余在上那蚌地区找到产于早更新世元谋组地层中的两颗牙齿化石，浦庆余在现场初步鉴定是两颗猿人门齿，与蓝田猿人和北京猿人的门齿十分相像。回京后由全国地质博物馆胡承志研究，初步结果是猿人的上内侧门齿，定名为元谋直立人，较北京直立人和蓝田直立人都原始。

（3）1967 年至今，期间经过大约 3 ~ 4 年的停顿，然后逐步恢复研究，从 1971 年开始开展全国性普查和重点地区的详细研究。1977 年黄万波等在元谋盆地做第四纪地层研究，发现了一批脊椎动物化石，尤玉柱等做了报道（1978）。1971 ~ 1973 年，古脊椎动物与古人类所在袁振新主持下对元谋人牙齿化石地点进行考察，并做发掘。原在地质部地质研究所，后调至地质力学研究所的浦庆余和钱方于 1972 年又在元谋盆地继续测制元谋组地层剖面，并采制为磁性地层研究用的标本。1972 年 2 月中旬，美国总统尼克松访华在即，新华社要报道我国科学技术方面的成就。记者找到全国地质博物馆了解情况，得知古人类方面的报道既有影响力，又没有科学技术保密问题。几经周折，终于在 1972 年 2 月 22 日，即尼克松抵京的第二天，以新华社电讯在全国各大报纸报道了这项研究成果。然后，胡承志的论文《云南元谋发现的猿人牙齿化石》在刚复刊的《地质学报》上发表，浦庆余、钱方的《对元谋人化石地层——元谋组的研究》于 1977 年发表，1978 年公布了磁性地层研究结果，元谋人地质时代为距今 170 万年左右。袁振新等的发掘报告（1979）公布的材料显示，元谋人文化的发现物除了两颗上中门齿，还有旧石器 6 件，在元谋人牙齿出土点小丘上还发掘到 10 件具有人工痕迹的石片和石器，还发现三层炭屑，以及云南马、爪蹄兽、猪、纤细原始鹰、牛类、剑齿象、豪猪、鬣狗、竹鼠、斯氏鹿、云南水鹿、最后枝角鹿、轴鹿、羚羊等动物化石，萝卜螺、田螺、凯塞螺、小旋螺、兰蚬以及其他腹足类化石，其中有爪蹄兽、原始鹰、斯氏鹿和最后枝角鹿等第三纪的残后种。西候度文化遗存有 30 余件石制品，有人工加工痕迹的残鹿角 2 件，以及一些烧骨，一起出土的还有22种哺乳类化石，全无现生种，其中有生存于早更新世的双叉麋鹿、粗面轴鹿、山西轴鹿、古中国野牛、中国长鼻三趾马等，还有上新世残存种，如步氏羚羊，故该遗迹属早更新世。

1971年旧石器时代考古工作重启以后，由于各地已培养了一批旧石器时代考古人员，在全国各地陆续发现几十处重要的文化遗址和地点。1972年在辽宁凌源县（现为凌源市）四八间房发现一处旧石器时代晚期石器地点后，于1973年又在喀左旗鸽子洞发现了一处旧石器时代中期遗址。1974年在营口金牛山发现一处旧石器时代早、中期文化遗址，共出土石器18件，主要是刮削器，还有小型尖状器，金牛山下层出土哺乳类化石26种，其中三门马、梅氏犀、肿骨鹿、变种狼和硕猕猴都是中更新世有代表性的种属。1978～1980年在辽宁本溪山城子庙后山，经辽宁省博物馆和本溪市博物馆发掘，在洞穴遗址第5层中部发现智人犬齿一枚，第6层底部出土智人股骨一段，在第4～6层出土石核3件、石片28件、刮削器13件、砍砸器12件、石球2件及其他石器71件，第7层出土石器5件，还发现一些骨制品和用火遗迹。出土的动物化石有哺乳动物72种、鸟类2种、鱼类2种，它们的基本成员是华北中更新世动物群中的常见种属。据动物化石、同位素年龄测定与磁性地层分析，第4～6层距今40万～14万年，第7层距今约10万年，庙后山文化属华北旧石器的匼河－丁村系(1986)。通过1954年的调查，在丁村周围11千米的狭长地带发现11处与丁村文化相当的旧石器文化遗址，1978年以后，在上述地区的汾河西岸也发现不少新的地点。到目前为止共有20多处地点：绝大多数是旧石器时代中期的。丁村旧石器的加工技术和石器型与匼河有渊源关系，贾兰坡将共归于匼河－

丁村系。山西阳高许家窑遗址，经1974年、1976年和1977年的几次发掘，发现许家窑人化石计有顶骨11块、枕骨2块、左上颌骨1块（附有4颗牙齿）、左下颌骨1块、零星牙齿2颗，代表10多个男女老幼的个体。这些骨骼化石反映了他们有一定的原始性，又接近于现代人的特征。出土的文化遗物很多，有石器14200多件，还有不少骨器。石器类型以刮削器最多，石球也不少，还有少量尖状器、雕刻器、小石砧和小型砍砸器。一种龟背状刮削器，劈裂面平直，可能用于剥皮、刮肉和加工兽皮，短圆头刮削器，小圆弧形的刃缘经过精细加工，已带有细石器技术的部分风格。石球有1000多颗，重80～2000克，球面敲打得匀称滚圆，比公王岭、匼河形制更为规则，是重要的狩猎工具。一些细小石器的出现，已具有几种细石器的母型，与后来发达的细石器文化有着密切联系。遗址中同时出土的哺乳动物化石属更新世晚期。用铀系法测定，许家窑文化年代为8.8万～11.4万年。1978年春，在陕西大荔县甜水沟中更新世晚期的河流相砂砾层中，发现一具较为完整的人类头骨化石，唯缺失下颌骨和全部牙齿，是男性青年遗体。其形态介于直立人和智人之间，比北京人进步，是早期智人中的古老类型。出土石制品181件，形体偏小，石器22件，仅见一种用石片加工而成的刮削器，加工并不精细。伴生的哺乳类化石有肿骨鹿、大角鹿、古菱齿象、犀牛等近10种，时代早于丁村动物群。

这一时期的重要发现还有在泥河湾层中发现了旧石器。1978年，尤玉柱等在蔚县盆地和阳原盆地进行调查时，发现了小长梁旧石器时代遗址，全部文物埋藏于泥河湾组顶部中粒砂层中，计有石核1件、石片47件、石器12件、废品及碎块

720 件、打击骨片 6 件，废品率达百分之九十以上（尤玉柱、汤英俊、李毅，1980）。后来又陆续发现新材料，计有石核 1 件、石片 120 件、刮削器 7 件、尖状器 5 件、小石钻 2 件。小长梁遗址从磁性地层柱分析位于哈拉米洛极性事件前，大约距今 100 万年前。1981 年，又在泥河湾村附近的东谷坨村西北侧发现一处旧石器遗址，试掘时就发现石制品 1443 件，包括石核 152 件、石片 839 件和石器 452 件，石器有刮削器 391 件，尖状器 52 件和砍砸器 9 件，以刮削器数量最多，还有骨制品。从磁性地层分析，它位于哈拉米洛极性事件之上，大约距今 100 万年。

贾兰坡在坚持中国猿人不是最原始的人的时候（1962），早在 1957 年就提出泥河湾期的地层才是最早人类的脚踏地，他早就预言："随着我国的地质、古生物、考古等专业的发展，只要大家缜密的注意，我们相信关于泥河湾期已有人类及其文化存在的推论是会得到证实的。"（贾兰坡、王建，1957）当发现了西候度和元谋的实物，已被证实之后，他们又根据这些实物，提出"上新世地层中应有最早的人类遗骸及文化遗存……我们相信，我们这一看法，将会被地质、考古工作者（包括作者）在今后的实地调查发掘中，以新的发现证明上新世地层是最早人类的脚踏地"（1982）。上述泥河湾的新发现，证实了这个看法是正确的。

在周口店龙骨山第四地点的裂缝处有一个小洞，1973 年发掘，发现一枚男性上第一前臼齿，被称为新洞人，同时发现的还有几十件石器、灰烬、动物化石和被火烧过的动物骨骼。从臼齿的特征说明新洞人介于北京人和山顶洞人之间，据铀系法测定与新洞人臼齿共生的鹿牙的地质时代为距今 11 万 ~17

万年。2003 年 7 月 7 日，中国科学院与北京市政府联合宣布，在周口店遗址附近的田园洞，发现距今约 2.5 万年的山顶洞人时期的晚期智人化石。出土的有下颌骨（附多枚牙齿）、肱骨、桡骨、脊椎骨、股骨、腓骨、跟骨、趾骨等，为一成年男性个体，此外还发现有几枚零星牙齿，属另一个体，还有大约 26 种哺乳动物的化石。

1980 年，在安徽和县陶店镇汪家山的龙潭洞发现了一个较完整的头盖骨，一块左下颌骨和 5 颗零星牙齿，代表三个不同个体。头盖骨为一男性个体。伴随出土的有石器骨器和灰烬，以及火烧的骨头，还有约 40 种哺乳动物的化石，具有北方和南方动物混杂的特点。1978 年，在河南南召县云阳镇杏花山，于中更新世红色黏土土层中，发现一颗青年个体的第 2 前臼齿化石，同时出土的还有剑齿象、剑齿虎、肿骨鹿和中国鬣狗等化石。在此化石点西 3 千米的小空山有一处旧石器时代早期的洞穴遗址，发现灰烬和石器，石器有刮削器、尖状器、雕刻器、石铲和石球等，属旧石器时代早期偏晚的遗址。

贾兰坡将华北旧石器传统分为两大传统（1976），一个是以大石片砍砸器、三棱大尖状器为传统的匼河-丁村系，另一个是以船底形刮削器、雕刻器为传统的周口店第 1 地点-峙峪系（见表 2-12-4）。

中国是否存在中石器时代，现在似乎已有共识：中国中石器时代文化并不显著，旧石器时代与新石器时代之间的衔接几乎是没有问题的。广西桂林、武鸣一带几处遗址的石斧、穿孔砾石、磨盘、磨棒等磨制工具、农业工具和谷物加工工具，说明这些文化遗址已进入新石器文化阶段，并不是原来认为的中石器文化。

表 2-12-4 华北旧石器时代文化传统（贾兰坡，1976）

<table>
<tr><th>地质时代</th><th colspan="3">文化时代</th><th>大石片砍砸器、三棱大尖状器传统（匼河-丁村系）</th><th colspan="2">船底形刮削器、雕刻器传统（周口店第1地点-峙峪系）</th></tr>
<tr><td>全新世</td><td colspan="3">新石器时代
中石器时代</td><td>鹅毛口文化</td><td colspan="2">细石器文化</td></tr>
<tr><td rowspan="9">更新世</td><td rowspan="5">晚</td><td rowspan="9">旧石器时代</td><td rowspan="2">后（晚）期</td><td colspan="3">周口店山顶洞文化（传统不清楚）</td></tr>
<tr><td rowspan="2">?</td><td colspan="2">小南海文化</td></tr>
<tr><td rowspan="3">中期</td><td>峙峪文化</td><td>萨拉乌苏文化</td></tr>
<tr><td rowspan="2">丁村文化</td><td colspan="2">许家窑文化</td></tr>
<tr><td colspan="2">?</td></tr>
<tr><td rowspan="3">中</td><td rowspan="4">初期</td><td>?</td><td></td><td>周口店第15地点文化</td></tr>
<tr><td>匼河文化</td><td colspan="2" rowspan="2">周口店第1地点文化（北京人遗址）</td></tr>
<tr><td>蓝田（公王岭）文化</td></tr>
<tr><td>早</td><td colspan="3">西候度文化（传统不清楚）</td></tr>
</table>

农耕和畜牧业的出现表明人类已经告别主要依靠狩猎和采集讨生活的时代，石器的加工也进入了磨制的精加工阶段，这是人类社会发展的一次飞跃，称之为“新石器革命”“农业革命”“新经济革命”，陶器的出现不但是人类生活需要，而且人类能够控制用火的温度，达到400～500℃的水平。

中国新石器时代遗址已发现有6000～7000处。新石器时代分为早、中、晚三个时期。

新石器时代早期大致从距今1.2万年前开始，它又分前、后两期，前期是前陶新石器时期，后期是有陶新石器时期，也就是陶器的萌芽时期。前陶新石器时期即过去所称的中石器时期，有陕西大荔县的沙苑，河南许昌的灵井，青海贵南的拉乙亥，山西怀仁县的鹅毛口，内蒙古哲盟托鲁特旗的南勿呼井、科尔沁右翼中旗的嘎扎，广东阳春市的独石仔、封开县的黄岩洞、翁源县青塘的吊珠岩，广西柳州的白莲洞第二期文化，贵州平坝县飞虎洞第二期文化，等等。新石器时代早期的后期——有陶新石器遗址有江西万年仙人洞第一期文化，广东翁源青塘的几处洞穴遗址、潮安的石尾山，广西柳州大龙潭鲤鱼嘴第一期文化。

新石器时代早期的石器以打制石器为主，磨制石器较少，早期的磨制石器只是局部磨光，整体磨光的石器罕见。这时的石器中已出现农业生产工具，如砍伐器、石斧、石锛、磨盘和磨棒等。陶器的火候低、质地粗糙、吸水性强，为平底器和圆底器，不见三足器和圈足器，华南地区则多为夹砂纹陶。新石器时代早期的农业为火耕农业，饲养业以农草为饲料的牛、羊为主。新石器时代早期距今12000~8000年。

新石器时代中期也可分为前、后两期，属于前期的有黄河流域的磁山-裴李岗文化、老官台文化和北辛文化，长江下游的马家浜文化和河姆渡文化，长江中游的前大溪文化，等等；属于后期的有黄河流域的仰韶早期文化、大汶口早期文化，长江下游的马家浜文化和河姆渡晚期文化，长江中游的大溪文化，等等。

新石器时代中期的前期阶段，陶器制作虽有一定进步，但仍用手制，以夹砂陶为主，陶胎较厚，且厚薄不匀，器形不规整，有少量三足器和圈足器。后期阶段的制作技术有所进步，泥质陶比例上升，慢轮修整技术普遍应用，陶胎形制比较规整，胎壁厚薄均匀。器形有圆底器、平底器、圈足器和三足器。长江下游地区鼎已成为主要炊器。彩陶已普遍出现。

石器已以磨制石器为主，打制石器比例很小，已从局部磨光发展到通体磨光，穿孔石器普遍出现，石器的器形除石斧、石锛以外，已出现较多的石铲、石耜和石锄等翻土工具，河姆渡遗址还出土骨耜。

新石器时代中期的农业已从火耕发展到锄耕农业，当时黄河流域已普遍种植粟，长江流域以种植水稻为主，表明已进入灌溉农业阶段。有些遗址发现有粮囤，说明农业生产技术的提高，已有余粮。在农业发展的基础上，以谷物为主要饲料的猪已成为主要家畜。新石器时代中期距今 8000 ~ 5000 年。

新石器时代晚期也可分为前后两个阶段。属于前阶段的有黄河流域的大汶口文化晚期、庙底沟二期文化、马家浜文化晚期。属于后阶段的有黄河流域的龙山文化、后岗二期文化，以及客省庄二期文化、齐家文化、长江流域的良渚文化、青龙泉三期文化。

在陶器制作方面，前阶段已现轮制，尚不普遍，后阶段已普遍使用轮制技术。轮制陶胎烧制的陶器，器形规整、浑圆、胎壁薄、造型美观。新石器时代晚期大多以灰陶和黑陶为主，中期盛行的彩陶趋向衰落，黄河下游龙山文化的蛋壳黑陶是这一时期各种陶器中最杰出的作品。晚期的陶器器形出现了斝、鬲、鬶、甗等为代表的炊器。

新石器时代晚期的石器器形变小，磨制精致，穿孔石刀、石镰等收割工具普遍使用。中国东南地区最有特色的是有段石器和双肩石器，三角形穿孔犁、耘田器是太湖流域适于水稻耕耘的特色农具。太湖流域的良渚文化和粤北地区的石峡文化墓葬中普遍发现礼器性质的玉琮、玉臂、玉瑗和玉斧等随葬品。新石器时代晚期，我国黄河流域、长江流域和华南地区，都进入到了发达的锄耕农业阶段，太湖流域发展到犁耕和灌溉农业。而北方荒漠草原地区农业经济一直处于不发达状态，渔猎经济占据着重要地位，新石器晚期向着游牧经济演变，这一方面是自然条件的差异，另一方面也是文化发展的不平衡。新石器时代晚期距今5000~4000年。

1950年后，中国新石器时代考古日新月异，有1976~1977年河北省武安县境内磁山文化遗址的发掘和1977~1979年河南新郑县境内裴李岗遗址的发掘，20世纪50年代对西安半坡遗址和河南陕县庙底沟遗址的发掘，以及对陕西、河南、晋南、冀南发现的500多处文化遗址的研究。这些发现和研究对黄河中下游新石器时代的文化和分期的认识有了新的发展。

20世纪50年代对山东大汶口文化的发现和研究，苏北青莲岗文化的发现和研究，为了解江苏淮北、鲁中南、胶东平原、皖北，甚至豫中大汶口文化和包含大汶口文化因素的其他原始文化及其传承关系，提供了许多实物资料。山东大汶口文化被划分为北辛文化（公元前5300~前4400年）、大汶口文化早期（公元前4300~前3500年）、大汶口文化中期（公元前3500~前2800年）和大汶口文化晚期（公元前2800~前2400年）。

龙山文化因1928年首次在山东济南附近的龙山镇城子崖发现而得名。在后来的10年中，将黄河中游发现的数百处以灰黑陶为主的新石器晚期遗址，统称为龙山文化。从20世纪50年代末就有人指出山东地区的龙山文化有其独自特征，与中原各类龙山文化有区别，称“典型龙山文化”或“山东龙山文化”。经30年的考古实践，证实典型龙山文化与河南龙山文化是来源不同的两支文化。典型龙山文化由大汶口文化发展而来。河南龙山文化承袭庙底沟二期文化，是早商二里头文化的前身。陕西龙山文化部分遗址与河南龙山文化近似，部分沿渭河而上，渐变为齐家文化，或者说继承了若干马家窑文化因素，演变为齐家文化。龙山文化的不同地域类型，历史上的夏商文化可能与龙山文化有一点渊源。

长江下游太湖地区的文化序列为河姆渡文化（公元前5000～前4500年），青莲岗文化马家浜类型（公元前4500～前4000年），北阴阳营类型（约公元前4000年左右），崧泽类型（公元前4000～前3500年），良渚文化张陵山类型（公元前3500～前2500年）和雀幕桥类型（公元前2500～前2000年）。河姆渡文化发现于杭州湾南岸余姚县（现为余姚市）境内，1973～1974年和1977～1978年进行了两次发掘，有依次叠压的4个文化层，出土有石、骨、木、陶质的各种生产工具数千件，以骨器为主，其中成批的骨耜最引人注目，仅第四层就出土170余件。还出现带榫卯的木构件和干栏式建筑遗址。成堆的稻谷、谷壳、稻秆和稻叶，是我国发现的最早的人工栽培稻，也是亚洲最古老的稻米实物遗存。河姆渡文化层上面叠压着马家浜文化层。河姆渡文化主要分布在宁（波）绍（兴）平原地区，在余姚茅湖、鄞县（现为鄞州区）辰蛟、宁波八字桥和舟山白泉等地都有发现。马家浜文化中出现我国最早的粳稻和织物。

半坡遗址于1953年被发现，1954～1957年先后进行5次发掘，现建有半坡博物馆。1963年中国科学考古研究所发表《西安半坡》报告。半坡遗物丰富，发掘出较完整的房屋40多座，各类墓葬200多座，陶窑6座，展示了仰韶文化村落的概貌。与半坡同期的临潼姜寨遗址的聚落布局已有防御壕，房屋密集而又有规律，有村落中心，有周围高而中心低的广场，全部房屋都向着中心广场开门。其他如东北红山文化、长江中游大溪文化等，都有许多发现。

关于殷商和西周文化的发现很多，而夏文化的探索在新中国成立后为学界孜孜以求。虽有传说，但无确切的文字记载，更无考古实物验证。徐炳昶1959年在豫西和晋南做夏墟调查，先在登封王村，继在郑州洛达庙，后又在堰师二里头发现了晚于二里头文化，属于商代早期文化的一种文化类型，与晋南夏县东下冯遗址属同一类型，只是略有差别。夏文化的代表二里头文化发现有两座宫殿建筑遗址，有青铜容器、铜牌饰、磨制石器（铲、斧、锛、凿、砺石等）、骨器（有锥、铲、刀、镞）、蚌刀、蚌铲、陶纺轮和陶网坠等，还有铜刀、铜锥、铜铃，陶器常见鼎、砂质罐、甑等炊器，豆尊、碗钵、盘等食器，盉、觚、斝、爵、杯等饮器，盆、泥质罐、瓮、樽、缸等盛储器，等等。二里头遗址的进一步发掘，可分出4个文化时期，一期为龙山文化晚期，四期为早商文化，二、三期为夏文化。至今，在豫西伊、洛、颍河流域，晋南浍、涑和汾河下游地区，分别发现二里头遗址50多处和30多处，经C^{14}同位素年龄测定（树龄校正），数据落在公元前1900~前1600年间，其年代与古史传说的年代（约公元前21~前16世纪）大体相符。国家“九五”重大科研项目“夏商周断代工程”通过研究登封王城岗遗址和郑州二里头遗址，已确定二里头1~4层都是夏文化。用考古学、历史学、天文学和同位素测年等手段，把夏王朝的始年，即大禹受禅的年代定为公元前2069年前后，不会早于公元前22世纪，也不会晚于公元前20世纪。

中国第四纪地层系统的建立方法，有岩石地层学、生物地层学、年代地层学和磁性地层学等。贾兰坡在1957年就指出了"旧石器的研究除了完备我们的通史，揭发原始社会的发生、发展、繁荣和解体以及有助于古人类学解决人类的起源外，同时它和动植物化石一样对于地层划分也有一定的意义和作用，不过它只限于更新统的领域"。他同时也指出了用旧石器鉴定地层有一定的局限性。根据当时有限的旧石器资料，贾兰坡以中更新世（周口店期）和黄土时期（后更新世）为例，试做地层划分和对比（贾兰坡，1968）。时隔25年，我国已发现旧石器时代遗址有百余处，新石器时代遗址不可胜数，根据已发现的人类化石、文化遗迹和哺乳动物化石来划分我国第四纪地层已成为可能。他进一步指出："我国的古人类化石和古文化遗物材料丰富，分布广泛，利用它们的研究成果进一步划分我国的第四系是一个可行的办法，因为人类和文化变化迅速，容易发现它们的更替阶段。"他将我国下更新统划分为西候度组、元谋组、灰峪组，将中更新统划分为公王岭组、周口店组、许家窑组，将上更新统划分为丁村组、萨拉乌苏组、峙峪组、下川组、山顶洞组，将全新统划分为扎赉诺尔组、裴李岗组、尹各庄组、丁家堡组、刘斌屯组，并对各组地层的文化类型、生物化石等做了分析。他最后也指出了用古人类和古文化划分地层的优越性和局限性，应有其他学科，如冰川学、古生物学、古植物学、地貌学、矿物分析及"绝对"年代测定等的帮助。他进一步指出如果以古人类和古文化作为划分第三系和第四系的标志，那么还得把上新统的一部分地层（静乐组?）划到第四纪初（贾兰坡、卫奇，1982）。

环境考古工作是从1980年开始的（王开发等，1980），20世纪80年代初，结合长江三角洲地区的几个新石器时代遗迹做孢粉分析，以恢复当时的古地理。大约从1987年开始，在侯仁之、刘东生和北京市文物局的支持下，周昆叔等开展环境考古研究，并于1990年在西安临潼召开中国环境考古学术讨论会。环境考古是考古学与地质学（特别是第四系地质学）、古生物学（特别是古脊椎动物学、古植物学、孢粉学）相结合的，以古文化与古环境相互关系研究作为方向的一项跨学科综合性研究。大约20年来，环境考古在以下几个方面有长足的进展：（1）古代人类对生存场所的选择及其演变；（2）地质地层和文化地层及相互关系；（3）气候变化与文化发展的关系；（4）人类生存环境的特点与文化特点；（5）旧石器时代文化与第四纪环境；（6）旧石器时代向新石器时代过渡时期的文化与古环境研究；（7）新石器时代文化与古环境；等等。地质、古生物科研人员介入考古文化研究，使考古文化工作者开阔了思路。一些考古遗址的研究植入了环境考古的内容，使古文化的研究自然而然地与自然环境及其演变结合起来，使考古文化研究进入人地关系的自然历史和人文历史的领域。

中国的考古学肇始之时，就与地质学结下了因缘。受聘于地质调查所的瑞典人安特生，本身就是一位地质学家和考古学家，对北京人遗址的研究和安阳殷墟的考古研究有许多贡献。地质学家袁复礼参加过河南渑池仰韶村的考古发掘，他还做过甘肃洮河流域的考古调查和辛店墓地的地形测量。袁复礼还和李济一起到山西汾河流域做考古调查，发现西阴村史前遗址，并一起做考古发掘。在参加西北科学考察团期间，袁复礼除了主要从事地质考察，还考察了一些文化遗址。这是我国地质学家在中国考古文化方面做出的重要贡献，也是地质学与考古学结合的典范。后来，这两门学科有些疏远起来了，合作研究也少了。20 世纪 80 年代后期掀起的环境考古研究，重新在第四纪地质学与考古学之间架起了桥梁，使两门分属自然科学和社会科学的学科重新结缘。

第七节　哺乳动物群

第四纪是哺乳动物时代，中国第四纪的研究与哺乳动物研究是紧密联系在一起的，以往中国第四纪地层的划分，第四纪内部的时代划分，主要就是依靠哺乳动物化石。

1957 年，裴文中在中国第四纪研究委员会第一届学术会议上，做了中国第四纪哺乳动物区划和地层划分问题的报告。他指出泥河湾动物群有上新世蓬蒂纪的残余种，如剑齿虎、长鼻三趾马、爪兽等，出现了真马、象、狼和田鼠等现代种，说明这个动物群已经进入了第四纪。中更新世动物群以周口店动物群为代表，基本上已完全没有了上新世的残余种，仅存剑齿虎一种，出现大批更新世的动物和相当数量的现生种，相当的动物群也在晋、陕及豫北的红色土 C 带里。黄土期即晚更新世动物群在内蒙古伊克昭盟（现为鄂尔多斯市）和汾河流域有大量发现，有扁角鹿、披毛犀、野牛、野马、赤鹿、王氏水牛、中国鬣狗等。

20 世纪 60 年代，中国第四纪动物群的研究有了新的进展，发现广西柳城巨猿洞动物群（裴文中，1962），山西丁村动物群（裴文中，1959），对泥河湾动物群、周口店动物群和萨拉乌苏动物群的面貌也有了更深刻的认识。

泥河湾动物群的特点是：（1）上新世保德红土所含的蓬蒂动物群（三趾马动物群）许多科的动物绝灭了，仅存少数种属，如长鼻三趾马、猞猁、剑齿象、爪兽等；（2）从古老类型中演化过来的种属多少有些改变，如鬣狗、犀牛、羚羊、野牛等；(3) 首次出现了一些现代种属，如象、真马、狼、熊、羚羊、野牛、羊等；(4) 出现了标准的第四纪的种属，如大的斑马型的马、巨骆驼、步氏大角鹿、"四不像"、板齿犀、平额象等；(5) 许多动物化石与中更新世周口店动物群相接近。在南方有含巨猿化石的柳城动物群，这一动物群的特点是有大熊猫、东方剑齿象、云南马、水牛、纳玛象等新的种属，并有三棱齿象、前东方剑齿象等较老种属，还含有古猿。

我国北方地区中更新世动物群以周口店动物群为代表，南方以万县（盐井沟）动物群为代表。周口店动物群的特点是：(1) 泥河湾动物群保留下来的上新世种属，如三趾马、犸犷等已不存在，泥河湾动物群中新出现的种属如长鼻三趾马、泥河湾剑齿虎等也已消失，只有少数从上新世残存下来的动物，如剑齿虎；(2) 有少数从泥河湾动物群中残留的种属，如中国鬣狗、转角羊、犀牛、大骆驼、纳玛象、三门马等；(3) 产生了一些新的种属，它们只存在于更新世，如居氏河狸、洞熊、杨氏虎、梅氏犀、披毛犀、葛氏鹿、德氏水牛等；(4) 出现了一些更为进步的类型，如狼、狐、豺、獾、猞猁、豹、松鼠、仓鼠、地鼠、鼠类、麝、猴、骆驼和转角羚羊等，它们是现生种；(5) 有北京直立人和人类用火遗迹。周口店动物群更具有北方特点，但也有少数南方种类，如水牛。

万县盐井沟动物群的特点是：(1) 以大熊猫、鼬鼠、竹鼠、野牛、水牛、巨貘、印度犀、东方剑齿象、纳玛象、长臂猿为代表；(2) 还有不少南方种类，如猪獾、豪猪、竹鼠、水鹿、麂、果子狸和少数稍带古老色彩的种类；(3) 有两个上新世的残存种类，它们是犸犷和乳齿象。这一动物群在南方分布广泛，如江苏丹阳、广西兴安、云南富民河上洞、四川歌乐山、台湾，甚至越南、缅甸也有它的踪迹。

晚更新世萨拉乌苏动物群，过去称作黄土期动物群，后来改称为萨拉乌苏动物群。这个动物群的特点是：（1）许多中更新统的动物不见了，如中国鬣狗、剑齿虎、梅氏犀、三门马、丁氏鼢鼠等；（2）中更新世的某些种类得到发展，表现为数量增加和形体增大，如洞穴鬣狗、披毛犀、鄂尔多斯大角鹿、转角羚羊、水牛、骆驼、纳犸象和鸵鸟等；（3）出现了一些更现代的种类，如野驴、鹿、牛、野牛、驼鹿、猛犸象等；（4）有智人和旧石器。丁村动物群大体上与萨拉乌苏动物群相当，这个动物群中有3个种在周口店动物群中发现过，它们是梅氏犀、披毛犀和葛氏斑鹿，还有更古老的德永氏象；有6个种发现于萨拉乌苏动物群中，它们是野驴、普氏野牛、披毛犀、加拿大马鹿（赤鹿）、河套大角鹿和原始牛；大角鹿是晚更新世的代表种，曾发现于周口店第3和第15地点，它可能是与萨拉乌苏同时的动物，猛犸象也是晚更新世的动物，它可能与纳玛象同时生存于萨拉乌苏期；还有6个现生种，有似浣熊貉、方氏鼢鼠、野驴、普氏野马、加拿大马鹿、印度象。与丁村动物群同时出土的有智人化石和石器。山顶洞动物群是晚更新世晚期的动物群，晚于萨拉乌苏和丁村两个动物群，这个动物群现生种类占绝大部分，无绝灭属，只有几个绝灭种，如鸵鸟、鬣狗、洞熊等。东北地区更新世晚期的猛犸象-披毛犀动物群大体与萨拉乌苏动物群相当，但更接近俄罗斯西伯利亚的面貌，化石主要来自哈尔滨的顾乡屯和吉林榆树周家油坊。这个动物群中的披毛犀、河套大角鹿、转角羚羊、原始牛、王氏水牛、中国斑鬣狗、鸵鸟在萨拉乌苏动物群中都存在，而猛犸象和东北野牛在萨拉乌苏动物群没有发现。这个动物群中的猛犸象、洞熊和原始牛在西伯利亚生存到晚更新世的更晚时期。

20世纪60年代后期至70年代，我国有更多的第四纪动物群被发现，属于早更新世的有灵台动物群、泥河湾动物群、西候渡动物群、元谋动物群和柳城动物群。它们的特点是含有较多的进步种属，如牛、马和象等，并保存着少数上新世的残留种属。中更新世动物群主要有蓝田公王岭动物群、周口店动物群、和县动物群、万县盐井沟动物群和大荔动物群，它们的特点是上新世遗留种已基本消失。晚更新世动物群主要有许家窑动物群、丁村动物群、萨拉乌苏动物群、峙峪动物群、迁安动物群、蓝田涝池动物群、东北猛犸象-披毛犀动物群、四川资阳动物群、小南海动物群和山顶洞动物群，有比较多的现生种。

20世纪70年代后期至80年代，我国第四纪哺乳动物群的研究又有新的进展，主要表现在上新世与更新世过渡时期动物群的发现，主要有三个地点：甘肃的灵台动物群、陕西的游河动物群和泥河湾地区的蔚县东窑子头动物群。它们的共同特点是（以东窑子头动物群为例）有主要生活在上新世的代表，如贺凤三趾马、轭齿象、古麟属、旋角羚属和假河狸等，也有第三纪残存而进入第四纪的种，如长鼻三趾马，又有主要生活在第四纪的种，如猞猁、中国貉、披毛犀、副骆驼和中国羚羊等。东窑子头动物群的绝灭属占75%，绝灭种为100%，而泥河湾动物群的绝灭属占45.71%，绝灭种为90.24%，显然东窑子头动物群早于泥河湾动物群。对于元谋动物群有更多的发现，约有40个种类，能鉴定到的有24个，其中绝灭种有22

个，占93%，与泥河湾相当，或稍多，但第三纪残留种，泥河湾有5种，元谋却有9种，因此，元谋动物群应稍早于泥河湾动物群。在泥河湾的地层中，除了有东窑子头动物群和泥河湾动物群，20世纪70年代末，由于在泥河湾层中出土中更新世乃至晚更新世的动物化石，尤其是许家窑人和许家窑动物群的发现，泥河湾层反映的泥河湾湖的消亡应在晚更新世，泥河湾组跨越了早更新世、中更新世和晚更新世三个时期，是地层穿时性的典型代表。

周口店新洞的发掘从1972年开始，1973年发掘到一颗新洞人的牙齿，还采集了40多种脊椎动物化石，经鉴定至少有33属30个种，动物群的面貌是：（1）代表北京猿人时期的残存种主要有硕猕猴、披毛犀、翁氏鼢鼠、似李氏野猪、肿骨鹿、似翁氏兔等，这些种属现已绝灭，绝灭的属约占6.06%，绝灭的种约占17.5%；（2）代表新洞堆积时期出现的种属，有岩松鼠、赤鹿等，这是晚更新世的代表；（3）一些从第四纪早期到晚期都存在的种属，它们在新洞动物群中占80%，新洞动物群的现生种有82.5%，比山顶洞动物群的87.5%略少。而山顶洞动物群中无绝灭属，绝灭种只有12.1%。新洞动物群显然晚于第一地点的周口店动物群，早于山顶洞动物群，而与第3和第15地点大体相近（顾玉珉，1978）。程捷等（1996）在周口店河东岸与西岸龙骨山遥相对应的太平山东洞和西洞，燕山石化厂北面的上店洞和东岭子洞发现了一批哺乳类化石。其中东洞的动物群有早更新世及以前的成员占可鉴种的61.1%，显然高于周口店动物群和公王岭动物群，有更新成员占可鉴定种的11.1%，有现生种和现生种相似的种27.8%，显然，东洞哺乳动物群是早更新世中期的动物群。西洞动物群与周口店第1、第9、第13地点及公王岭动物群有较多的相同种，其面貌与第9地点更相似，为早更新世晚期的动物群。上店洞哺乳动物群材料较少，时代可能为中更新世。东岭子洞哺乳动物群可鉴定到种的为10种，有绝灭种3种，即30%，较丁村动物群（绝灭种为45% ~60%)、峙峪动物群(40%)、蓝田涝池河动物群（42%)、许家窑动物群（45%)的都低，而比周口店新洞动物群（17.5%）和第15地点动物群（12.5%）的都高，接近萨拉乌苏动物群（33.3%）和榆树动物群(30%)。

南京汤山葫芦洞哺乳类化石是1992年发现的，经徐钦琦等研究，发现有两个化石层位。第一个层位在葫芦洞大洞表层，有5目13科17种，称大洞动物群，它们是马铁菊头蝠、鼠耳蝠（未定种)、变异仓鼠、根田鼠、似小林姬鼠、棕熊、黑熊、似北方豺、南方獾、中国鬣狗、梅氏犀、李氏野猪、葛氏斑鹿、肿骨鹿、毛冠鹿、狍（未定种)、似德氏水牛；第二个层位在葫芦洞南侧的小洞内，与南京直立人1号头骨在一起，称之为小洞动物群，它们有棕熊、黑熊、中国鬣狗、虎、豹、中华貉、狐（未定种)、南方猪獾、李氏野猪、肿骨鹿、鹿、水牛（未定种)、梅氏犀、马（未定种)、剑齿象（未定种)、小型鹿属（未定种)。大洞动物群与小洞动物群合称汤山动物群。这个动物群不存在第四纪古老种，也没有见到晚更新世典型种类，与周口店动物群、和县动物群接近，为中更新世的动物群。汤山动物群多北方类型，缺少南方大熊猫-剑齿象类型。南方大熊猫-剑齿象动物群延续时间从早更新世到晚更新世。

这一时期，还发现江苏丹徒莲花洞动物群（李文明等，

1982）、大连海茂动物群（孙华等，1997）、山东平邑哺乳动物群（郑绍华等，1998）和辽宁安平中更新世动物群（徐晓风，1986）等。

据贾兰坡的研究（1982），我国第四纪几个主要哺乳动物群的地质年代大体是早、中、晚更新世。早更新世：西侯度动物群，有已绝灭属占47%，绝灭种100%，磁性地层年龄180万年；元谋动物群，有绝灭种94.4%，古地磁年龄约170万年；灰峪动物群，绝灭属占26.3%，绝灭种占75%。中更新世：公王岭动物群，绝灭种占63.2%，古地磁性地层年龄71万年，热发光年龄第10层52万～61万年，裂变径迹年龄第10层为46.2±4.5万年，铀系法年龄第8～9层42±1.8/1.0万年，第7层37万～40万年，热发光年龄第4层为29万～31万年，铀系法年龄第1～3层为23±3.0/2.3万年；许家窑动物群有绝灭属18.8%，绝灭种43.8%。晚更新世：丁村动物群，绝灭属占18.3%，绝灭种占62.5%，虽然百分比和周口店动物群接近，但原始种类较少，氨基酸法年龄7万年左右；萨拉乌苏动物群，绝灭种29.6%，C^{14}年龄3.75±0.19万年；峙峪动物群，绝灭种40%，C^{14}年龄2.8万年；山顶洞动物群，绝灭种12.1%，C^{14}年龄上部为10470±360年，下部为18340±410年，四川资阳人动物群与其相当。

第八节　孢子花粉研究

低等植物的孢子和高等植物的花粉具有坚实的壁，在第四纪及第四纪以前的地层中易于保存，鉴定埋藏于地层中的孢（子）（花）粉，可以知道当时生长在该地的各种植物。孢粉组合可大致地恢复当时当地的古植被，以此能鉴定地层时代和自然状况。

民国时期，丁骕曾介绍孢子花粉方法的应用，但并未开展研究。真正开展研究始于1953年。1952年徐仁从印度回国，1953年他在中科院古生物研究所建立孢粉实验室。1954年，地质部结合找煤工作，举办孢粉培训班，徐仁主讲。徐仁（1953）为培训班讲煤岩学和孢粉学，并编有孢粉学讲义；1956年，波克罗夫斯卡娅（И. М. Покровская）的《花粉分析》译成中文由科学出版社出版；1955年，王伏雄等对现代植物花粉的研究；1955～1958年，宋之琛对北京地区空气中花粉的收集和研究（1959）；1962年宋之琛翻译格里丘克的《化石孢粉分析及其在古地理上的应用》；《孢子花粉分析》（宋之琛，1965）出版；等等。这些都是开展第四纪孢粉分析和古植物研究的基础。

1957年，中国第四纪研究委员会举办第一届学术会议。《喀什米尔第四纪第一次间冰期的孢子花粉分析（摘要）》（徐仁，1958）和《三门系植物化石和孢子花粉组合的研究》（宋之琛，1958）是目前见到的我国最早的第四纪孢粉研究的论文。

20世纪60年代的孢粉研究主要在北京附近开展（周昆叔，1965；刘金陵等，1965；徐仁等，1965；孙孟荣，1965）。其他还有辽宁南部（陈承惠等，1965），长江三角洲（王开发，1964），南通滨海地区（宋之琛等，1961），湖南洞庭湖地区（李文漪，1962），青海湖盆地（杨惠秋等，1965），山西黄土（周昆叔等，1960）。20世纪70年代孢粉研究在全国各地广泛地开展，如珠穆朗玛峰地区（徐仁等，1976；周昆叔等，1976），滇东黔西（孔昭宸等，1977），西川渡口地区

（刘廷栋，1977），上海浙江地区（刘金陵等，1977；王开发，1978），青藏高原沿线（唐领余等，1976），哈尔滨黄山（长春地理所沼泽研究室，1976）。20 世纪 80 年代以来研究的地区更加宽广，如河北东部（李文漪等，1985；许清海，1988），黑龙江三江平原（谢又予，1982；夏玉梅，1988），吉林榆树（严富华等，1982），安徽安庆、芜湖等地（张树维，1985；黄赐璇，1984；徐馨等，1987），江苏北部（王永吉等，1981）和启东一带（叶永英等，1982），浙南沿海（杨蕉文，1982），太湖地区（王开发等，1983），天目山地区（徐馨等，1981、1995），南京附近下蜀土（徐馨，1993），荆江平原（任振纪等，1992），长江中下游地区（王开发等，1995；刘兰锁，1995），云南昆明鹤庆和腾冲等地（吴玉书等，1991；蒋雪中，1998、2002；秦勇，1992），川西诺尔盖（蔡遥等，2007），青藏高原（刘耕年等，1997；张玉芳等，1998；朱大岗等，2003；韩建恩等，2005）。

我国第四纪孢子花粉分析和研究，自 20 世纪 50 年代中期开始至今，从无到有，从幼年到盛年，取得的成绩表现在以下几个方面。

第一，在研究人员和研究机构上，从无到有，从难以企及到遍地开花。1953 年，中国科学院南京古生物研究所成立孢粉组，建立孢子花粉分析实验室，宋之琛、周和仪师从徐仁，学习和开展孢子花粉研究；1954 年地质部举办煤岩和孢粉培训班，徐仁来京主讲，后调任中国地质科学院主持化石孢粉研究室工作，在中国地质科学院建立孢子花粉实验室，李文漪、刘金陵、刘牧灵、孙孟荣等在徐仁指导下从事新生代特别是第四纪孢粉研究；1959 年徐仁还负责中国科学院植物研究所古植物研究室工作，在那里建立孢粉研究实验室，培养了孙湘君、孔昭宸、杜乃秋等从事第四纪孢粉研究的人才；1956 年，周昆叔在中国科学院地质研究所从事孢粉研究，师从植物研究所的王伏雄，学习孢粉形态学，并在刘东生的指导下开展北京埋藏泥炭的调查和孢粉分析，在中国科学院地质研究所建起孢粉分析实验室。后来李文漪在中国科学院地理研究所，徐馨在南京大学地理系，王开发在华东师大地理系，后在同济大学海洋地质系成立孢粉实验室。由此培养了一大批孢粉研究人员，在许多研究机构、大专院校和基层地质单位成立孢粉实验室。

第二，孢粉学从 20 世纪 50 ~ 60 年代作为研究中国第四纪的辅助手段，上升为中国第四纪研究的重要一环。在 20 世纪 50 ~ 60 年代有关研究机构和大专院校建立孢粉实验室时，是作为研究第四纪地质的一种方法或手段来操作的。经过几十年的经营，孢子花粉被用来恢复古植被、古植物反应古生态和古地理，而第四纪研究已从主要进行地层划分和地层对比发展到了恢复第四纪古气候、古环境。孢粉分析便上升为第四纪古气候演变和全球变化研究的主力军之一，其重要性愈益彰显。尤其是孢子和花粉鉴定方面，有些孢粉可以定到种。技术水平的提高，加上其他方法的配合，孢粉资料可信度增加。

第三，技术和方法的改进，孢粉研究的精度和水平有了明显的提高。从岩样中分离出孢粉的技术不断提高，并进行孢粉浓度、沉积率和沉积通量的统计和计算，进行当地表土孢粉与当地植被关系的对比，增大采集密度，配以地质年龄测定，如此等等，大大提高了孢粉研究的精度。一度被视为难题的黄土-古土壤孢粉分析取得新进展，湖相沉积物孢粉研究的精度有所提高，且更加系统化。据此重建各地第四纪植被演化、气候变迁、地理环境演变成为可能。

第四，李四光曾在阐述华北平原西北边缘地区的冰碛物和冰水沉积时说过，如果认为那里的泥砾确定是冰川活动的产物，那么，至少必须提出三项必不可少的证据和一项应有的但不一定处处可以得到的证据，来加以验证。李四光所指三项必证是（用一般的说法）冰蚀地形和冰溜遗痕，冰碛、冰水沉积和其他冰缘沉积，应有而未必有的证据是在寒冷气候下生活的动植物遗体或遗迹。孢粉工作者曾一度配合第四纪冰川工作者找寻这项应有的证据，第四纪冰川工作者也曾为孢粉工作者找到寒冷气候下生存的植物孢粉而欣慰。经过第四纪地质和第四纪孢粉工作者的共同努力和反复争辩，就现在掌握的资料和持有的共识，中国东部在第四纪特别是晚更新世气候确实有冷暖交替的变化，在孢子花粉方面的反映是曾经多次出现以冷杉和云杉为主的暗针叶林植被发育的时期，以及比暗针叶林植被更严酷的草原植被时期。周昆叔（1984）提出华北地区第四纪气候变化与植被演替模式得到多数人的认可。由孢子花粉恢复的植被景观并无可能提供此地是否发育过冰川的直接和间接证据，然而它是恢复此处古植被、古气候和古地理的理想途径。

第五，按地层新老层序和孢粉组合反映气候冷暖变化，以及钻孔中岩心分析出的孢粉组合的气候指示，华北地区气候的大的变化旋回有南沟冷期，张家坡暖期、冷期、暖期、冷期，周口店暖期、冷期、暖期和北京冷期等冷暖周期。

第六，第四纪孢粉分析在全新世气候和环境变迁研究发挥了重要的作用。全新世或冰后期，是指大约 1 万年以来的史前时期和人类社会发展的历史时期。全新世气候和环境的变迁与人类社会的发展关系至为密切，这是地质界、地理界、历史界、考古界和社会各界普遍关心的地质时期的最后阶段，人类社会历史的最初阶段的一个重要时期。全新世的孢粉组合变化是恢复这一历史时段气候和环境的重要手段。

第九节　有孔虫研究和海洋第四纪地质

1930～1940年，马廷英曾从珊瑚礁的角度介入海洋地质（含海洋第四纪地质）的研究。

20世纪50年代末开始进行全国海洋普查；20世纪60年代初在全国范围内开展了海岸带调查。任美锷在1964年撰文阐述海平面变化在海洋地貌上的反映，有一定影响。在陆地上的一些钻孔中，做微体古生物分析，发现了一些有孔虫的种属。1970年开始做沿海平原海水进退的研究。首先是在山西高原运城盆地钻孔岩心中发现有孔虫化石，并做了报导（王乃文，1963）。后来，汪品先等（1974）、林景星（1977）对中国东部几个盆地和华北平原钻孔中发现的有孔虫做了研究，对华北平原东部和下辽河平原的更新世晚期以来的海进和海退进行剖析。以河北平原东部地区为例（河北省第七地质队，1977），孔深329～270米处有四角块心虫，为渤海海侵；224～185米处，有普通抱球虫，为海兴海侵；176～130米处，有毕克卷转虫，为黄骅海侵；107～70米处，有暖水卷转虫等，为青县海侵；76～40米处，有暖水卷转虫、施罗德转轮虫等，为沧西海侵；36～15米处，有暖水卷转虫，施罗德转轮虫等，为献县海侵；8～3米处有暖水卷转虫，为沧东海侵。在渤海湾西岸的南排河孔岩心中（李培英等，2008），见到以转轮虫为主的有孔虫层位有：497～490米，348～336米，278～276米，

272～269 米，233 米，223～220 米，210～204 米，147～135 米，124～112 米，101～97 米深处等。这 10 个层位似乎也代表着第四纪的 10 次海侵。下辽河平原从晚更新初开始有三次海进，其中第二次发生在 4 万年至 2.5 万年间，第三次发生在 25000～8000 年间。林景星（1977）在河北平原东部几百米厚的第四纪沉积物中发现 6 个海相层，代表 6 次海进。在山东惠民地区沿海的 600 米厚的沉积物中发现有 10 个海相或海陆过渡相沉积夹层。在上述基础上，杨怀仁和杨达源（1985）编制了中国华北东部的第四纪海面变化曲线，经过初步的构造沉降量校正后，发现中、晚第四纪曾有几次间冰期海面略高于现代海面。杭嘉湖平原晚更新世以来有过 4 次海侵；D 层海侵在 11 万年左右，C 层海侵在 7 万年左右，B 层海侵在 2.4 万年左右，A 层海侵在 1 万年左右，海侵范围最大，至吴兴-杭州一线以东。朱永其等根据地貌、沉积物、三角洲和水下三角洲、海岸砂堤在东海陆架上的分布和 C^{14} 年龄数据，认为末次冰期极盛期东海海平面曾下降到 －150～－160 米的位置（朱永其等，1979）。苍树溪等（1986）、赵希涛等（1979）、杨怀仁与谢志仁（1984）、王靖泰与汪品先（1980）都对中国晚更新世以来海面变化进行不同程度的研究，并绘有海面变化曲线，他们都认为末次冰期极盛期中国海域的海平面没有这么低。关于我国全新世海面变化，目前存在三种观点，即海面震荡变化（即高海面）的观点，海面持续上升的观点和海面上升到 5000～3600 年达现今的高度后基本稳定的观点。

20 世纪 90 年代，赵松龄（1991，1995）、李培英等（1991）研究海岸带黄土时，将海岸带黄土与海底沙丘联系起来，提出了陆架沙漠化的新认识。它们把中国黄土堆积划分为三个沙漠-黄土堆积群：（1）黄土高原黄土堆积群，它与西部和北部的沙漠相对应；（2）渤海海底及邻区黄土堆积群，与渤海海底和华北平原大面积的沙漠区对应；（3）宁镇山脉一带的沙漠黄土堆积群，包括苏北和黄海、东海陆架的沙漠、苏南、皖南、浙北和赣北的黄土堆积区。

汪品先领导的同济大学海洋地质教育部重点实验室，从1990年起与国际大洋钻探组织合作，进行深海钻探与古海洋研究，在南海地区开展多学科研究，在有孔虫、钙质超微化石、硅藻、孢子花粉等微体古生物方面，碳循环和氧同位素方面，进行古温度和古环境研究，取得一批重要成果。

汪品先总结我国半个世纪以来海洋第四纪地质研究的历程，认为取得的重大进展，表现在以下五个方面：

（1）从调查到研究：20世纪50年代末开始的全国海岸带普查和20世纪60年代初的全国海岸带调查，以及当时沿海平原的钻探，有力地推动了海洋第四纪研究。与此相应，开始阶段以调查为主，如我国沿海海侵的次数和时间的调查，有孔虫等生物群的描述，其重点在于数量和范围的追求。20世纪80年代以来，已逐渐深入到专题研究，如海洋变迁对于中国陆地的影响，海流改道在沉积中的记录等。从调查现象向专题研究的探索推进。

（2）从海岸到浅海再到深海：我国大陆的海洋第四纪研究，20世纪60~70年代集中在海岸三角洲；20世纪70~80年代由于黄海、渤海和南海等地区的石油勘探开始，进入到浅海陆架；到20世纪80~90年代，随着南沙海洋调查、西沙岛礁钻探，南极和南大洋探索，大洋海底资源调查等项目，以及古海洋学和大洋钻探研究工作的开展，已经扩展到深海远洋。

研究海区范围的扩展，为我国海洋第四纪研究的视野和性质带来了质的变化。

（3）从晚期第四纪到晚新生代：研究的时代范围受手段和材料的限制。20 世纪 60 年代材料主要来自沿海的水文、工程钻孔和海底的表层抓样，研究必然以第四纪晚期为主；20 世纪 70 年代开始海上石油钻探，提供了晚新生代的材料，虽然主要还只是岩屑样品；20 世纪 90 年代末，中国南海首次大洋钻探成功，取得了早、中更新世以来高质量的连续沉积记录和 1 MaB. P. 以来西太平洋区最高速率的深海沉积剖面，为我国海洋第四纪研究开拓了新局面。

（4）从低分辨率到高分辨率：直到 20 世纪 80 年代初以前，我国海洋第四纪的研究还是聚焦在沿岸海侵层的数目上，时间分辨率以第四纪四分为准，也就是 10^4 ~ 10^5a 以上；20 世纪 80 年代晚期以来，进入到以轨道周期为时间标尺，推进到 10^3 ~ 10^4a；20 世纪 90 年代晚期深入到亚轨道周期，即 10^2 ~ 10^3a 的高分辨率研究，其中东沙深水区 17940 站的 40000aB. P. 剖面已是目前西太平洋区分辨率最高的一例（王律红，1999）。

（5）从定性到定量：第四纪研究之所以在近年国际地球科学中处于突出地位，方法上从定性到定量的成功发展是一个关键。在我国，海洋第四纪研究的手段起初主要靠微体古生物学加沉积学，研究材料又是连续程度不高的地层，取样方法不精的样品，实际能做的只是定性分析，充其量也只是半定量分析。近年来随着高精度采样的实施，同位素地球化学，环境磁学等多种手段的大量和广泛应用，以及数据处理技术的引进，已经使海洋古环境研究从定性发展到定量，逐渐达到国际标准。

与上述变化同时出现的是中国海区第四纪研究的“升温”现象。如果说20年前西太平洋边缘海中只有日本海区被认为是海洋古环境研究的重点海区，那么在中国科学家和国外同行的努力下，今天南海肯定已经成为最大的“热点”，接二连三的国际科考航次便是证明。

以上汪品先的概述（汪品先，2001）既是我国海洋第四纪艰难发展的经历，也是他奋斗一生的历程。又经过多年，我国海洋第四纪研究已跨出国门，向深海区发展，以边缘海的暖池做主战场，开展古东亚季风在海区的研究，与古东亚季风陆区以沙漠和黄土的研究相呼应，为古全球变化研究做出贡献。

第十节　冰冻圈第四纪

中国的冰冻圈主要是在西部高原高山的地区和东北大、小兴安岭地区，西部高山高原地区存在现代冰川和冻土，大、小兴安岭地区只有冻土，是西伯利亚冻土区的南延。

对中国西部第四纪冰川的研究始于“新疆阿克苏北乡塔克拉克地方之第四纪冰碛及非冰碛停积”（黄汲清，1944）。现代冰川的研究是在20世纪50年代，结合开展登山运动而进行的。1957年的攀登贡嘎山，1958年的攀登慕士塔格山和1959年的攀登珠穆朗玛峰，都有科学考察活动，对现代冰川和第四纪冰川进行了观察和研究（崔之久，1958，1960；王明业，1962，1963）。任美锷等（1957）在滇西考察时对玉龙山的现代冰川和第四纪冰川也做了一些观察和研究。

1958～1959年，施雅风领导的祁连山冰雪利用研究队对祁连山的现代冰川的考察是系统的、规模较大的中国西部地区现代冰川和第四纪冰川的考察研究。1959年出版这次考察的科学报告。考察地区有北大河上游、冷龙岭、黑河流域、野马山、疏勒南山、祁连山西南地区等，考察内容主要是现代冰川的分布、规模、基本特征和发育规律，考察目的是实现冰雪资源的利用，对祁连山现代冰川分布、储量、发育和开发利用进行了探讨。1966～1968 年，中国科学院西藏科学考察队在珠穆朗玛峰地区做了多学科的综合考察，涉及寒区和冰冻区第四纪地质的有现代冰川与地貌，以及第四纪地质两部分。现代冰川与地貌的考察研究集中在绒布冰川、久达冰川和格重康冰川。主要对现代冰川的冰的结构和构造、冰层温度、冰川的运动、冰川消融特点、冰川的变化、冰川的侵蚀和堆积进行系统地观察和研究。从绒布冰川末端终碛的发育特点出发，划分为基龙寺残破终碛、绒布寺终碛和绒布德寺终碛，认为前两者是珠穆朗玛峰地区末次冰期——珠穆朗玛冰期的前后两个阶段绒布冰川到达的位置，后者是全新世气候转冷，冰川再次前进所成，现代冰川是 16～19 世纪冰川前进的结果。这次考察和研究，对珠穆朗玛峰地区第四纪冰期和间冰期进行了认真的厘定（郑本兴、施雅风，1976；郭旭东，1976；赵希涛等，1975）。他们在对比了珠穆朗玛峰地区、卓奥友峰地区、希夏邦马峰地区、萨尔地区、帕里-亚东地区和藏南低分水岭地区的地形和堆积物，将这里的冰期和间冰期做如下安排（从早到晚）：

（1）希夏邦马冰期：仅几处见有高出聂聂雄拉冰碛台地的冰碛，贡巴砂砾岩为冰水沉积，是小型山麓冰川，时代为早更新世。

（2）帕里间冰期：为一些冰水砾岩阶地，帕里湖相沉积，大部分地区是侵蚀下切，冰川退却或消失。

（3）聂聂雄拉冰期：聂聂雄拉冰碛平台等高冰碛平台。

北坡一般为大型的山麓冰川，希峰北坡冰川末端抵达5000～5200米，卓奥友峰北坡抵达4600米，帕里和多钦湖盆地冰川末端抵4400～4500米。喜马拉雅山南坡和珠峰东北坡，为树枝状山谷冰川，长30～40千米以上，在吉隆河下达2500米左右，在聂拉木下达3750米，在亚东下达3200米以下的高度。

（4）加布拉间冰期：大部分地区是侵蚀下切，有的地区为高阶地，有湖相沉积。

（5）喜马拉雅冰期：许多冰川槽谷中较现代冰碛为早的古山谷冰川冰碛（终碛和侧碛和相应的古冰斗）。包含有若干堆积时间有明显先后的侧碛和终碛，分为基龙寺和绒布寺等两个阶段。冰川末端高度由东向西增高，即由4400米增至5000米左右，水汽来源有利的地区冰川末端的下限就比较低，如帕里盆地周围，为宽尾冰川或掌状山麓冰川，冰川末端达到4400～4500米，珠峰东坡到达3800米。基龙寺阶段和绒布寺阶段间为间冰期，形成冰水阶地。

（6）亚里期：全新世气候最宜期，为冰水阶段。

（7）绒布德小冰期：比现代冰川长数公里，冰川末端海拔4650～5340米。

（8）现代冰川。

郑本兴、施雅风、郭旭东和赵希涛等将这个冰期-间冰期系统与阿尔卑斯冰期系统、中国东部的冰期系统进行对比，并一一对应，即希夏邦马冰期相当于欧洲的群智冰期，庐山的坚固的深红色泥砾（鄱阳冰期），聂聂雄拉冰期相当于民德冰期和大沽冰期，喜马拉雅冰期基龙寺阶段相当于里斯冰期和庐山冰期，喜马拉雅冰期绒布寺阶段对应于玉木冰期和大理冰期。这样这个冰期-间冰期模式和阿尔卑斯冰期-间冰期模式、中国东部冰期-间冰期模式一样，成为各自所在地区的经典模式。这一模式在他们的对比表中还用来对比天山、克什米尔的冰期、间冰期。《中国自然地理·地貌》（中国科学院《中国自然地理》编辑委员会，1980）的第八章西部冰川部分，还将这一模式对比到天山的汗腾格里峰、博格达峰、祁连山冷龙岭和西藏东南部察隅地区的冰期、间冰期。

1964 年，国家体委组织希夏邦马峰登山队，在队内同时组织以地学为主的科学考察队，施雅风和刘东生分别担任正、副队长。科考队对希夏邦马峰地区的冰川温度、冰川类型、积雪形成和成冰作用、冰川结构和构造、冰塔林、冰川的地质作用、冰期划分、第四纪地质与地貌等，进行考察和研究，编写了考察报告（1982）。刘东生和崔之久撰写了《第四纪地质与地貌报告》，施雅风、崔之久和郑本兴撰写了《冰期探讨的报告》，这两篇文章都将希夏邦马峰地区第四纪冰期划分为最老冰期、较老冰期、较新冰期和最新冰期，并与珠穆朗玛峰地区、克什米尔地区的冰期进行对比，有意识地不与欧洲阿尔卑斯、中国东部的冰期对比。但是，不难看出这个冰期模式与阿尔卑斯模式、中国东部模式并无不同。

1962 年，杨怀仁就注意到天山最近一次冰期以来的冰川进退及其所反映的气候波动问题，后来又撰文论述乌鲁木齐河源头第四纪冰川与冰后期气候波动（杨怀仁等，1965）。他们在那里划分了 4 次冰期，着重阐明现代冰碛前面的三道终碛代表 16 ~ 19 世纪天山小冰期的冰川前进。郑本兴（1982）对希夏邦马峰北坡野博康加勒冰川前缘拿克多拉河谷中的多道终碛垄反映的冰川阶段性进退进行分析，发现那里现代冰川前缘的终碛，有 7 个阶段性冰川进退的存在。他将第 7 阶段的终碛

（三道）定为17～19世纪冰进时形成，第5、第6两道为全新世温暖期后的小冰期（新冰期）冰川前进时形成，第1、第2道为末次冰期的晚冰期的遗迹，第3～4道形成于最暖期以前（郑本兴，1982）。

1973～1976年组成中国科学院青藏高原综合科学考察队，从雀儿山到阿里地区，从喜马拉雅山到羌塘高原和长江源头，对现代冰川和古冰川进行了广泛的调查。《西藏冰川》（中国科学院青藏高原综合考察队，1986）就青藏高原现代冰川的分布、面积、雪线变化，冰川性质，冰川发育与地形、大气环流形势的关系，海洋性冰川的与大陆性冰川区分标志和分布范围，以及冰川的近期变化都做了论述。指出了在青藏高原诸山系中，地形、地势和气候是发育冰川三个最重要的因素，任何山脉只要有一个因素占优势，即可发育相当规模的冰川。喜马拉雅山冰川是地势占优势，念青唐古拉山冰川是气候占优势，西昆仑山冰川是地势（夷平面）占优势，喀喇昆仑山则兼具各个优势，故冰川规模最大。这几条山脉的冰川面积占青藏高原现代冰川总面积的69.2%，喀喇昆仑山现代冰川面积占本山地总面积的37%，喜马拉雅山占17%，西昆仑山占8.2%，念青唐古拉山占7%。它们比欧洲的阿尔卑斯山现代冰川仅占山地面积的2.2%的比例都要高得多。所以青藏高原是世界中低纬度最大的山地冰川作用区。决定冰川性质和规模的气候因素中，降水（雪）起着举足轻重的作用。固体降水的多少及其季节分配和高原上特殊的大气环流形势有密切关系。高原西侧的喀喇昆仑山位于西风带，属地中海型降水（雪），有利于冰川发育，高原东南部雅鲁藏布江-布拉马普特拉河谷是夏季南亚季风降水量最多的地方，冬春地形槽的活动也带来许多降水（雪）。故这两个地方冰川均属海洋性冰川，冰川活动性很高，冰舌下伸的位置很低。高原北缘的昆仑山和祁连山受高压控制，降水极少，故发育了极大的陆性冰川，雪线和冰川末端位置都比较高。高原诸山脉复杂的地形条件，影响到各地区冰川，使其类型复杂、规模悬殊、活动性差别大。考察队在古冰川方面的研究也取得了不少成果。在论述了喜马拉雅山、念青唐古拉山、冈底斯山、岗日嘎布、唐古拉、喀喇昆仑、西昆仑等地的古冰川遗迹和冰期划分及各次冰期冰川的性质规模以后，将这些地区的第四纪冰期与喜马拉雅山的冰期进行对比。并以喜马拉雅山的冰期间冰期系列作为西藏高原冰期间冰期系列的代表，与天山、阿尔卑斯和北美的冰期间冰期系列进行对比。将贡巴砾岩作为冰水沉积与阿尔卑斯的多瑙冰期和北美的瓦夏克冰期对比，为早更新世的最老冰期。周尚哲、李吉均、李世杰（1991）后来意识到借助更新世冰川恢复古气候的缺陷，与阿尔卑斯地区四次冰期的对比显得过时了。于是他们试图将青藏高原三次确定的、一次存疑的冰期与深海沉积物氧同位素曲线进行对比：末期冰期与氧同位素曲线第 2、第 4 阶段对比，倒数第二冰期与第 6 阶段对比，倒数第三冰期与第 12 阶段对比，倒数第四冰期与第 16 阶段对比。得出这样的结果：喜马拉雅冰期绒布寺阶段（白玉冰期）为 11 ~ 75ka，基龙寺阶段（古乡冰期）130 ~ 185ka，聂聂雄拉冰期 429 ~ 455ka，希夏邦马冰期 578 ~ 617ka，最大间冰期加布拉间冰期与第 9 和第 11 阶段相当。据说在这样对比后再回头与柯本和魏格纳将阿尔卑斯四次冰期与米兰科维奇所绘的 60 万年以来 65°N 夏季太阳辐射曲线的 9 个低值的对比方案（11 ~ 115ka、180 ~ 240ka、430 ~ 480ka 和 545 ~ 600ka）相对照，除倒数第二冰期外，在时间上出入不大。也就是说绕了几个弯子，他们还是认为阿尔卑斯冰期系列是可信的，青藏高原第四纪冰期系列与阿尔卑斯的进行对比是可行的。

《中国第四纪冰川与环境变化》（施雅风主编，崔之久、苏珍副主编，2006）的精髓是对一些第四纪冰川与气候演变的重要问题给出了作者们的见解。虽然主编在前言的最后声明各章分工执笔，各自撰写，各自署名，有关意见不一致处，主编尊重作者意见，但是通观全书，作者们意见一致之处是主要的，异见不多，而且并不是主要的。

《中国第四纪冰川与环境变化》
（施雅风主编）

该书有以下几点亮点。（1）对我国西部现代冰川的冰芯研究的综合分析，以恢复过去气候和环境变化。从祁连山敦德冰帽、西昆仑山古里雅冰帽、希夏邦马达索普冰川、唐古拉山冬克玛底冰川、天山乌鲁木齐河源 1 号冰川、高原北部马兰冰帽、玉龙雪山 1 号冰川、普若岗冰原、珠穆朗玛峰东绒布冰川、帕米尔慕士塔格峰的冰川上，钻取不同长度的冰芯，对末次间冰期以来气候变化规律，如末次间冰期、末次冰期早阶段、末次冰期间冰阶、末次冰期极盛期和冰后期进行分析，还得出了新仙女木事件的位置。1 万年以来气温升高，至 8.7ka B. P. 气温比前期下降 3.7℃，为全新世出现的一次极冷事件，随之为 8.5 ~ 8.4ka B. P. 的高温事件，较前一极冷事件高出 4.5℃，8.5 ~ 7.2ka B. P. 气温波动下降，7.3ka B. P. 为明显低温，7.2～6.9ka B.P. 为全新世暖期的盛期，6～5ka B.P. 气温波动且偏凉，有4次暖峰和4次冷谷，4.9～2.9ka B.P. 气温波动，而整体偏暖，从3ka B.P. 开始气温波动下降。

（2）第四纪冰期-间冰期旋回与深海沉积物氧同位素曲线的重新对比，提出了对比的2002年改进方案。将青藏高原的冰期系列统一考虑各山脉的冰期，以喜马拉雅山的系列为基础，以古里雅冰芯与冰川沉积记录为准绳，将祁连山的中梁赣冰期置于倒数第一冰期之前，最大冰期以昆仑山的昆仑冰期为代表，而不沿用喜马拉雅山的聂聂雄拉冰期，希夏邦马冰期仍为最早冰期。这样，末次冰期盛期对应于深海沉积氧同位素2阶段，末次冰期早冰阶对应于4阶段，倒数第二冰期对应于6阶段，中梁赣冰期对应于12阶段，昆仑冰期对应于16～20阶段，希夏邦马冰期时间待定。统计了最大冰期时冰川的面积，并与现代冰川面积做比较，高原中东部比现代冰川面积增加17倍，西部增加1.4倍。还阐述了历次冰期和间冰期的气候和环境，特别是末次冰期盛期的气候和环境。

（3）有专门的一章，针对库勒（M. Kuhle）近年来多次宣扬青藏高原大冰盖的论调（下面详述）。

（4）阐明了末次冰期季风亚洲大理冰期的冰川规模早期大于晚期，与欧洲、北美不同的原因。对西太平洋近海山地末次冰期首次经历冰川扩大，而内陆冰川规模缩小，这种似乎矛盾，却是有因的现象，他们用海面下降，冬季风加强和构造上升来加以解释。

关于青藏高原第四纪是否还存在过大冰盖，是长期争论的问题。早在20世纪初，亨廷顿（E. Huntington）等，特纳克勒（E. Trinkler）分别于1906年和1930年提出青藏高原在冰期中可能存在大范围的冰盖，西尼村（1965）也认为亚洲高原第四纪有过大冰盖。而海屯（S. Hedin）在1909年和1922年，瓦特（F. K. Ward）也在1922年，认为高原上只有分散的山地冰川。1962年崔之久向中国地质学会暨第32届学术年会提交《关于中国西部古冰川覆盖类型问题》的论文，从青藏高原较老冰期（最大冰期，Q_{II}）开始逐一论述，最大冰期青藏高原的冰川有三种覆盖类型：①网状覆盖类型，古冰川有很多中心，从各个中心向四方呈线状流出，形成复杂的大规模的树枝状山谷冰川系统，在相当大的范围内，冰川形成一个整体，但绝非完全覆盖，绝不同于大冰盖；②掌状覆盖类型，以一个高峰为中心形成星状或掌状的冰川覆盖类型，冰川只占据大纵谷的上游，它未能继续向下流动而汇聚更多的支冰川，而那些支冰川也只到达主谷边缘，主、支冰川没有连接；③局部冰盖和冰帽，多发育在残留的夷平面上，如藏南和藏北之间的奇林湖一带及横断山地的中部，喀喇昆仑东北部，祁连山西南部和东部，这种局部冰盖面积小，很少有超过1000平方千米的。他认为末次冰期冰川规模缩小，小冰期冰川规模更小。崔之久用高原气候干燥，固体降水少来解读这种现象。

李炳元等考察青藏高原的地貌和第四纪地质（1983），也认为青藏高原从未存在过统一的大冰盖。李吉均等（1986）在《西藏冰川》中专门阐述青藏高原不存在第四纪大冰盖的证据和原因。

《青藏大冰盖》（韩同林，1991）从青藏高原上广泛分布的冰碛、大湖边上有山体形态似冰川覆盖过等方面论证青藏高原在200多万年的第四纪早期曾发育大冰盖，冰盖厚度至少有1500米。

1984～1987年，中国科学院兰州冰川冻土研究所与美国俄亥俄大学伯德极地研究中心联合考察祁连山的敦德冰帽，取得了3支透底深的冰心。1992年在西昆仑古里亚冰帽取得92.3米长的冰心，1996年在希夏邦马地区达索冰川取得2根冰心，1989年和1994年在唐古拉山冬克马底冰川取得冰心，1991年在天山乌鲁木齐河源1号冰川取得冰心。后来，在青藏高原北部马兰冰帽，横断山脉的玉龙雪山白水1号冰川，普若岗日冰原，喜马拉雅珠峰东绒布冰川，帕米尔慕士塔格冰川分别钻取冰心，进行冰心古气候研究，获得不同时间尺度的气候变化。例如末次间冰期，末次冰期，新仙女木事件，全新世大暖期，现代新冰期等气候事件，以及这些气候事件中的变化细节，这些气候事件与青藏高原冰川进退的对应关系，这些气候事件与中国东部气候变化若干事件的对比，甚至对南亚季风的演变也做了初步的探讨（施雅风等，2006）。

20世纪50年代，因地质调查、林业开发、铁路和公路建设及工业和民用建筑的需要，在东北进行冻土的工程地质和水文地质工作。1960年开始，施雅风主持的中国科学院冰川积雪冻土研究所筹备委员会，设立冻土研究组，开始冻土研究工作。1960～1962年与铁道部高原铁路研究所联合进行青藏公路沿线的冻土综合考察。《青藏高原冻土初步考察》（周幼吾等，1963）第一次向国内外报道了青藏高原冻土的分布特征、温度状况、厚度、组构、地下水及冻土地质地貌现象等。《青藏高原冻土考察论文集》（1965）就高原冻土分布及分区特征、冰缘地貌、冻土区地下水、冰的结构和化学及植被等专题，进行系统总结，标志我国冻土研究已经成长起来。1963～1977年，结合煤、铁路、输油管道建设，在青藏高原、祁连山、天山和大、小兴安岭，进行冻土研究。

通过对东北大、小兴安岭冻土的研究，提出了这一地区多年冻土分区及特征，编制了东北多年冻土分布图（1∶300万），总结了大兴安岭地区多年冻土的地温特征。明确了东北多年冻土区自然地理南界的位置，即以年平均气温0℃等值线为轴线，在0～±1℃等值线南北之间摆动（鲁国威等，1993）。以后通过东北土体的季节冻结和季节融化层底面温度研究，加深了对东北各冻土分区地温状况的认识，提出东北多年冻土的地球物理南界与年平均气温－5℃等值线基本一致的看法（周幼吾等，1996）。

青藏高原冻土研究，在区域冻土特征及其影响因素方面有了初步的系统总结（王家澄等，1979；樊溶河等，1982；童伯良等，1980），编制出版了1∶60万青藏公路沿线多年冻土分布图（童伯良、李树德等，1982），图上给出了不同类型的冻土的平面分布、界线和分区特征，还对青藏公路沿线各类融区的分布和形成条件，做了系统的研究和总结（郭东信等，1982；邱国庆，1982；邱国庆等，1983）。通过中德青藏高原东北部自然景观及气候地貌联合考察（1981），青藏高原东部水文地质普查和编图（1∶100万）（1987～1988），以及青藏高原综合考察（横断山，1981～1983；西昆仑山，1988），对青藏高原多年冻土分布特征和形成发育规律有了更加全面的认识（王绍令等，1991；李树德等，1983，1990）。

通过南疆铁路天山越岭地段冻土研究，和随后的天山冻土调查研究（1972～1981），以及中俄天山联合考察（1990～1992），对天山地区多年冻土发育特征及温度动态有了系统总结（邱国庆等，1983，1988，1998）。对祁连山地区的多年冻土（郭鹏飞等，1984）、阿尔泰山的冻土（童伯良等，1986）都有专门研究和论述。

20 世纪 80 年代，对我国多年冻土的基本特征和分布发育的地带性和区域分布规律，就有初步的论述（周幼吾等，1980，1982；邱国庆等，1995）。估算我国多年冻土区面积有 2.15×10^{6}平方千米，根据多年冻土发育的主导因素——纬度地带性和高度地带性，将我国多年冻土划分为高纬多年冻土（东北）和高海拔多年冻土（西部）两种类型，后者又分为高山多年冻土和高原多年冻土。1990 年编写了中级科普读物《中国的冻土》（郭东信）。运用统计分析方法，提出了中国多年冻土平面区划指标（丁德文等，1982）和 1∶400 万中国冻土分布图的编制原则和方法（徐学祖等，1982），并由此对中国冻土分布规律有进一步认识，明确划出季节冻土和瞬时冻土的分界线（徐学祖等，1983）。中国冰雪冻土图（1∶400 万）（施雅风，1988）表示出我国各类冻土的分布规律及冻土区主要的冷生现象，反映了 30 多年来我国区域冻土研究的成就。《中国冻土》（周幼吾、郭东信、邱国庆等，2000）是我国 50 年来区域冻土学研究的总结，也是我国冻土学人艰苦奋斗的心血结晶。全书分三篇，共十三章，分别阐述中国冻土形成条件及其主要特征，冻土区划及各冻土区的冻土特征，中国冻土历史演变与冻土区的开发。阐述了冻土区划和冻土图的编制原则，编制了 1∶1000 万《中国冻土区划及类型图》，作为该书的附图。其中关于中国冻土历史演变一章，阐述了晚更新世以前、晚更新世极盛期和全新世三个阶段我国多年冻土发育及南界的变迁，列举各种不同观点，并表明自己的看法。

第十一节　过去全球变化

20 世纪 80 年代，提出全球变化研究和地球系统科学。这是地球科学发展到当时的必然结果，也是地球科学国际合作研究的需要。

地球科学的国际合作研究历史，可以追溯到 19 世纪末叶。1882～1883 年执行的第一次国际极地年就有 22 个国家的科学家参加，由 14 个极区合作网进行为期 13 个月的同时观测，观测内容以地球物理学和生物学为主，为了解地球及其环境积累了资料。1932～1933 年组织的第二次国际极区年计划科学内容比第一次广泛得多，有气象、辐射、高空气象、臭氧、地磁、地电、大气电、电离层物理、水文、冰川、夜发光云、天文，以及生物学的某些要素。经过对这些观测资料的分析和研究，分别出版了相关著作。1957 年 7 月～1958 年 12 月执行的国际地球物理年（IGY）计划，是上两届国际极区年计划的继续、延伸和扩展，是第一次从全球视野研究地球的更大规模的国际合作，有来自 70 个国家的几万名科学家参加观测、分析和研究，内容包括地球各层圈，其亮点是利用人造卫星、基本观测仪器的标准化和建立国际资料中心，使其成果共享成为可能。弥足珍贵的是从国际地球物理年中培养出来的科学合作精神，是往后国际合作研究的精神支柱，并得到发扬光大。此后，一个又一个国际合作计划接连出台，如 20 世纪 60 年代的国际宁静太阳年（IQSY）、国际上地幔计划（IUMP）、国际磁层计划（IMS），20 世纪 70 年代的国际地球动力学计划（IGP）、深海钻探计划（DSDP）、国际大洋钻探计划（IPOD）、全球大气研究计划（GARP）、国际地质对比计划（IGCP）、国际生物学计划（IBP），20 世纪 80 年代有国际岩石圈计划（ILP）（1985 年增加地学大断面 GGT）、世界气候研究计划（WCRP）、国际日地计划（ISTP）、人与生物圈计划（MAB）。这些国际合作研究有的至今还在执行。它们可分三类，分别研究固体地球、大气圈和生物圈。其中的大部分合作研究我国都参加了。

1984 年，国际科学联合会在加拿大首都渥太华召开的第 20 届大会上，决定在全球开展三个方面的国际合作研究：基因工程、全球变化和传授知识。这三方面都是事关全人类前途，是至关重要的科学问题。工业化以来，特别是 20 世纪 80 年代以来，人们认识到全球性重大的环境问题，是地球整体性的物理-化学-生物过程相互作用的结果，全球变化研究被提上议事日程。1984 年召开的第一次全球变化国际会议，确定了全球变化研究的对象和目标。我国派出以刘东生为团长的代表团出席会议，提交了《气候变化——全球及多学科研究课题》（叶笃正、符淙斌）论文，提议将全球气候变化作为全球变化研究的中心问题。全球变化的全称是国际地圈生物圈计划（IGBP），研究内容包括海气相互关系、全球碳循环、全球土地覆盖和过去全球变化。

我国科学家对于全球变化研究早有思想上和行动上的准备，竺可桢和涂长望早就对历史时期和器测时期的气候变化有所研究（竺可桢，1925，1933，1961；涂长望，1944，1961）。之后，张家诚（1973，1976）也对气候变化问题做过研究。此外，李四光、刘东生、杨怀仁等对第四纪时期的气候变化也有论述。1977 年《辽宁省南部一万年来自然环境的演变》（中国科学院贵阳地化所第四纪孢粉组和 C^{14} 组）开创了第四纪地质界介入气候变化研究的先河。《中国近五千年来气候变迁的初步研究》（竺可桢，1972）以考古时期（约公元前3000～前1000年）、物候时期（公元前1100年～公元1400年）、方志时期（公元1400～1900年）和仪器观测时期的气候资料进行分析和综合，制作了中国5000年来气温变化曲线，并分别与1万年来挪威雪线高度变化曲线、1700年来世界气温波动曲线进行比较，得出结论：①近5000年中的最初2000年，即从仰韶文化到安阳殷墟，大部分时间的年平均温度高于现在2℃左右，一月温度大约比现在同期高3～5℃；②在那以后气温上下波动，最低温度出现在公元前1000年，公元400年、1200年和1700年，摆动范围1～2℃；③在每一个400至800年期间，可分出50～100年为周期的小波动，温度变幅1～0.5℃；④上述循环中，任何最冷时期，似乎都是从东亚太平洋海岸开始，向西传播到欧洲和非洲的大西洋海岸，同时也有东北向南传播的趋势。浦庆余（1980，1982）受到竺可桢这篇论文的启示，根据当时掌握的第四纪地质和孢粉研究的资料，将中国气候变迁的序列从大约5000年前延伸至大约3万年以前。他认为末次冰期中国东部地区年平均温度比现在低10～12℃，进入全新世，距今10300～8500年，为泄湖寒冷期，年均温比现在低3.5～5.5℃；距今8500～3000年，为仰韶温暖期，年均温比现在高2～3℃；公元前1000年至公元前850年，为周汉寒冷期，年均温比现在低1～2℃；公元前850年至公元1000年，为普兰店温暖期，年均温比现代高1～2℃；其后为现代小冰期，年均温比现代低1～2℃。孙建中（2005）将黄土高原1万年以来气候变化规律划分为泄湖寒冷期（距今10000～8500年），仰韶最暖期（距今8500～5000年）、龙山夏商温暖期（距今5000～2500年），其后是周初寒冷期、春秋战国暖期、东汉南朝冷期、隋唐暖期、南北宋冷期。

20 世纪 80 年代初，我国有一小部分从事交错学科研究的地学科技人员，自发合作研究，写出了《天文地质学概论》(1983)。在此期间，他们撰写了多篇论文阐述了天文地质学的一些基本问题（徐钦琦，1980，1981；徐钦琦等，1981；徐道一，1981；徐道一等，1982；蒋志，1981），将米兰科维奇曲线与黄土古土壤气候变化曲线进行比拟。在《天文地质学概论》中，对这个问题又做了深入的探讨。

《最近 2 万年以来中国古环境变迁的初步研究》（安芷生、吴锡浩、卢演俦等，1990）是一篇颇有分量的多学科合作研究论文。文章以风尘堆积序列、植被（孢子花粉）演化序列、山地冰川序列、海平面变化、标志性哺乳动物群的兴衰及它们之间的对比，重建 2 万年以来的古环境，制作了距今 18000 ~ 15000 年（代表末次冰期）和距今 9000 ~ 5000 年（代表冰后期气候高温期）的我国环境略图，从这里推演出古季风的进退。

《末次间冰期以来中国古季风气候与环境变迁》（安芷生、吴锡浩、汪品先等，1992）是又一篇具有重要意义的跨学科合作研究论文。文章以古季风为主题，从历史资料、黄土-古土壤系列、沙漠、湖泊、植被、古哺乳动物、雪线和林线、海岸带和大陆架、古海洋学和几个黄土剖面的磁化率曲线，进行综合对比，提出了大约 13 万年以来古季风气候和环境变迁模式：末次间冰期夏季风强盛，末次间冰期冬季风强盛，在末次间冰期又是间冰阶夏季风稍盛，冰阶冬季风稍盛，末次冰期中的冰阶冬季风更盛，间冰阶夏季风稍盛。在夏季风盛期植被以木本为主，沙漠化弱，以成壤为主，高湖面，海水表层冬温高；在冬季风盛期则植物以草本为主，沙漠化强，以风尘堆积为主，低湖面，海水表层冬温低。约 125 ~ 110 ka B. P.，98 ~ 90ka B. P.，85 ~ 75ka B. P. 和 9 ~ 5ka B. P. 的磁化率高峰段落及相应的古土壤层，显示黄土高原 13 万年中 4 个夏季风强盛及降水量较大的阶段。文章还论及洛川黄土-古土壤系列，古土壤层或古土壤组合，如 WS_3 组合、S_{13}、S_5 和 S_1 古土壤层突出地记录了特征性的夏季风环境效应，而 WL_2 组合，L_{15}、L_9、L_6、L_2、L_1 等黄土层突出地记录了气候严重干冷的冬季风环境效应。下伏的上新世红黏土层中含有相当数量的风成粉砂物质和陆生哺乳动物化石，而在红黏土的上部还见到具有钙质结核的古土壤层发育，红黏土层的下部有密集发育的由于沉淀形成的钙质结核层。这些都表明上新世红黏土是在季节分明的季风气候下形成的。

在《中国的全球变化预研究》中，对中国过去气候变化做了系统梳理，分为最近 250 万年不同时间尺度的古气候变迁、历史时期的气候变化和仪器观测时期的气候变化三部分来阐述，提出了不同尺度的气候变化周期及其与米兰科维奇曲线的关系。

1988 年国家自然科学基金会启动“中国气候与海面变化及其趋势和影响的初步研究”项目，先后出版《中国气候与海面变化研究进展》等项目中间性成果。项目结束后，出版《中国历史气候变化》（张丕远、孔昭宸、龚高法等，1996）、《中国海面变化》（赵希涛、陈宗镛、朱季文等，1996）、《全球气候变暖》（王明星、张学洪、赵高祥等，1996）和《气候变化对西北华北水资源的影响》（施雅风、刘春蓁、张祥松等，1995）。4 部著作实为《中国气候与海面变化及其趋势和影响》的4个分册，主要是揭示1万年以来的变化及其规律。

刘东生等在编译威廉斯（M. A. Williams）等的《第四纪环境》时，由刘东生主笔编写了《中国第四纪环境概要》作为该书的第十二章刊出，这一章简要地阐述了中国第四纪气候和环境研究的最新和最主要的成果，着重于第四纪气候和环境变化的时间序列、动力机制和建立概念模型。这个复杂的模型从北半球高纬度夏季太阳辐射减少、中低纬度赤道太平洋太阳辐射梯度降低、边缘海因素、热带海洋因素和青藏高原因素5个方面及它们的相互影响，使冬季风加强、干旱区扩大、海面蒸发减少、海陆热力差减少、印度低压减弱、高原加热作用减弱，进而促使夏季风减弱。

《全球变化——地球四大圈异常变化及其天文成因》（任振球，1990）以大量事实说明，不但地球的大气圈、水圈、生物圈和岩石圈是开放的，它们之间存在着相互作用，而且整个地球系统也是开放的，与外界有物质和能量交换，对于地球系统运转的维持及其重大变化往往有着决定性的作用；地球各圈层发生的重大事件往往呈现着群发性和大致同步的特点，它们是全球各系统相互作用的极为重要的环节；在地质时期和历史时期，全球变化在时间尺度上存在着多种层次，较大的层次对于较小的层次具有制约作用，各个层次有其各自的特点和成因；引起多尺度全球变化的原因都与相应时间尺度的天文因素有关，其中地球运动状态的种种改变对外界能量和物质的输入起着重要的调节作用。作者认为多种地球运动与全球变化之间的物质的输入起着重要的调节作用。书中对多种地球运动与全球变化之间的物理联系进行了广泛的讨论。该书对地球的运动分为14种：地球自转、地球公转、绕地月质心运动、绕太阳系质心运动、自转速率的变化、地极移动、轨道偏心率变化、黄赤交角变化、近日点运动、岁差、章动、浮动、绕银河系中心运动、穿越银道面运动。接着讨论了地球自转和公转定常运动对全球系统的影响，地球自转变化与地球系统异常，地球绕太阳系质心运动与自然灾害群发现象，地球轨道参数与第四纪冰河期，地球随地球绕银河系运动与地球系统大旋回，地球运动与全球性干旱和沙漠化等问题，并讨论了它们的物理联系。

朱诚等的《全球变化科学导论》（朱诚、谢志仁、李枫等，2012）是一本系统阐述全球变化科学问题的著作，全书分为全球变化的基本问题、全球变化研究的主要方法、以自然为主的环境演变、人类活动和全球变化四个方面进行叙述。内容涉及全球变化科学的最新进展，过去全球变化的重建，全球冰雪圈、水圈、大气圈变化的主要事件，青藏高原隆升及其环境效应，温室效应与全球变化等诸多方面。徐馨（2013）的《气候变暖环境恶化将给人类带来深重劫难》从全球气候变暖与人类活动的双向影响，阐述人类应如何应对气候变暖。

国外关于全球变暖及其影响尚有不同看法，我国则至今未有不同的声音。

当前，国际地圈生物圈计划（IGBP）即全球变化研究进入了第二阶段的研究（IGBP Ⅱ），这个新的计划与生物多样性计划（DIVERSITAS）、全球环境人文因素计划（IHDP）、世界气候研究计划（WCRP），进行更密切的合作，这 4 个计划联合组成地球系统科学合作组织（ESSP）。我国全球变化研究任重道远。

参考文献

［1］WILLIAMS M A J，DUNKERLEY D L，DE DECKKER P，et al. 第四纪环境［M］. 刘东生，等译. 北京：科学出版社，1997.

［2］安金槐. 中国考古［M］. 上海：上海古籍出版社，1992.

［3］安芷生. 最近2万年中国古环境变迁的初步研究［M］//刘东生，安芷生. 黄土·第四纪地质·全球变化（3）. 北京：科学出版社，1990：1－26.

［4］安芷生. 末次间冰期以来中国古季风气候与环境变迁［M］//刘东生，安芷生. 黄土·第四纪地质·全球变化（3）. 北京：科学出版社，1992.

［5］安志敏. 略论我国新石器时代文化的年代问题［J］. 考古，1972（6）：35－44.

［6］蔡遥，王燕，蒋复初，等. 川北若尔盖高原玛曲——红原一带表土中孢粉组合的特征［J］. 地质力学学报，2007，13（4）：333－340.

［7］苍树溪. 渤海晚更新世以来的海侵与海面波动［M］//国际地质对比计划第200号项目中国工作组. 中国海平面变化. 北京：海洋出版社，1986.

［8］曹照垣，王彦春，任富根，等. 太行山东麓漳河-滹沱河间第四纪冰川现象［G］//中国第四纪研究委员会，中国第四纪冰川研究工作中心联络组. 中国第四纪冰川遗迹研究文集. 北京：科学出版社，1964：147－168.

［9］曹照垣，吴锡浩，浦庆余. 庐山及其东北麓的冰川遗迹［J］. 科学通报，1964（1）：48－51.

［10］曹照垣. 关于中国冰期和间冰期问题［J］. 科学通报，1963（3）：29－30.

［11］陈承惠. 辽东半岛普兰店附近含古莲子的全新世沉积物的孢粉分析［J］. 中国第四纪研究，1965，4（2）：167－173.

[12] 陈承惠，林绍孟．西安一钻孔剖面第四纪孢粉组合与古气候初步分析［C］//中国第四纪研究委员会．第三届全国第四纪学术会议论文集．北京：科学出版社，1982：139－141.

[13] 程国良，李素玲，林金录．“元谋人”的年代和松山早期事件的商榷［J］.地质科学，1977（1）：34－42.

[14] 程捷．周口店新发现的第四纪哺乳动物群及其环境变迁研究［M］.武汉：中国地质大学出版社，1996.

[15] 仇士华．夏商周年表的制订与 C^{14} 测年［J］.第四纪研究，2001，21（1）：79－83.

[16] 崔之久．贡嘎山现代冰川的初步观察——纪念为征服贡嘎山而英勇牺牲的战友［J］.地理学报，1958，24（3）：318－338.

[17] 崔之久．慕士塔格——公格尔冰川的某些特点及其开发利用的条件［J］.地理学报，1960，26（1）：35－45.

[18] 崔之久．关于中国西部第四纪冰川覆盖类型问题［J］.地质学报，1964，44（2）：229－245.

[19] 崔之久．青藏高原的冰缘现象与环境重建［C］//地质部书刊编辑室．国际交流地质学术论文集——为二十六届国际地质大会撰写（5）：水文地质·工程地质　第四纪地质·地貌．北京：地质出版社，1980：109－117.

[20] 崔之久．关于古冰缘研究的意义与展望［C］//中国第四纪研究委员会．第三届全国第四纪地质学术会议论文集．北京：科学出版社，1982：168－175.

[21] 崔之久，唐元新，李建汇，等．太白山佛爷池剖面的全新世环境变化信息［J］.地质力学学报，2003，9（4）：330－336.

[22] 崔之久，谢又予．论我国东北、华北晚更新世晚期多年冻土南界与冰缘环境［J］.地质学报，1984，58（2）：163－175.

[23] 地质部水文地质工程地质研究所．中国的黄土及黄土状岩石［M］.北京：地质出版社，1959.

［24］第四纪冰川考察队．四川渡口地区第四纪金沙冰期的初步探讨［G］//中国地质科学院地质力学研究所．中国第四纪冰川地质文集．北京：地质出版社，1977：44－54.

［25］第四纪冰川考察队．四川西昌螺髻山地区第四纪冰川地质［G］//中国地质科学院地质力学研究所．中国第四纪冰川地质文集．北京：地质出版社，1977：1－43.

［26］丁德文，徐敩祖．试论我国多年冻土平面分布类型的区划指标［C］//中国科学院兰州冰川冻土研究所．中国地理学会冰川冻土学术会议论文选集（冻土学）．北京：科学出版社，1982：70－73.

［27］丁仲礼，孙继敏，朱日祥，等．黄土高原红粘土成因及上新世北方干旱化问题［J］．第四纪研究，1997（2）：147－157.

［28］董光荣，李保生，高尚玉，等．鄂尔多斯高原第四纪古风成沙的发现及其意义［J］．科学通报，1983（16）：998－1001.

［29］董光荣，靳鹤龄，陈惠忠．末次间冰期以来沙漠-黄土边界带移动与气候变化［J］．第四纪研究，1997（2）：158－167.

［30］董光荣，高尚玉，李保生，等．鄂尔多斯高原晚更新世以来的古冰缘现象［C］//中国地理学会冰川冻土分会，中国科学院兰州冰川冻土研究所．中国第四纪冰川冰缘学术讨论会文集．北京：科学出版社，1985：225－230.

［31］董光荣，王贵勇，李孝泽，等．末次间冰期以来我国东部沙区的古季风变迁［J］. 中国科学（D 辑），1996，26（5）：437－444.

［32］樊溶河，姚尚生．青南藏北高原多年冻土的形成及发展趋势探讨［J］. 冰川冻土，1982，4（1）：45－54.

［33］范淑贤，童国榜，郑宏瑞．山西大同地区 0.8Ma 以来植物群及古气候演化［J］. 地质力学学报，1998，4（4）：64－68.

［34］范淑贤，赵景波，吴锡浩，等．秦岭太白盆地晚更新世晚期环境变迁［J］. 地质力学学报，1997，3（4）：46－52.

［35］范锡朋．青藏高原东部的多年冻土［J］. 地理，1963（4）.

[36] 冯应俊. 东海四万年来海平面变化与最低海平面［J］. 东海海洋，1983，1（2）：36－42.

[37] 符宗斌，安芷生，吴祥定，等. 中国过去气候的变化［M］//叶笃正，陈泮勤. 中国的全球变化预研究（第二部分，分报告）. 北京：地震出版社，1992：3－84.

[38] 傅君亮. 安徽黄山地貌与冰川遗迹［C］//中国第四纪研究委员会. 第三届全国第四纪学术会议论文集. 北京：科学出版社，1982：305－307.

[39] 古脊椎动物研究所高等脊椎动物组. 东北第四纪哺乳动物化石志［M］. 北京：科学出版社，1959.

[40] 顾玉珉. 周口店新洞人及其生活环境［G］//中国科学院古脊椎动物与古人类研究所. 古人类论文集. 北京：科学出版社，1978：158－174.

[41] 郭东信. 中国的冻土［M］. 兰州：甘肃教育出版社，1990.

[42] 郭东信，李作福. 我国东北地区晚更新世以来多年冻土历史演变及其形成时代［J］. 冰川冻土，1981，3（4）：1－16.

[43] 郭东信，黄以职，徐淑鹰，等. 唐古拉山北坡布曲河谷地融区的初步研究［C］//中国科学院兰州冰川冻土研究所. 中国地理学会冰川冻土学术会议论文选集（冻土学）. 北京：科学出版社，1982：10－16.

[44] 郭鹏飞. 祁连山地区的多年冻土［C］//中国科学院兰州冰川冻土研究所. 中国地理学会中国土木工程学会第二届全国冻土学术会议论文选集. 兰州：甘肃人民出版社，1983：30－35.

[45] 郭旭东. 珠穆朗玛峰地区第四纪间冰期和古气候［M］//中国科学院西藏科学考察队. 珠穆朗玛峰地区科学考察报告（1966～1968）· 第四纪地质. 北京：科学出版社，1976：63－75.

[46] 国际地质对比计划第 200 号项目中国工作组. 中国海平面变化［M］. 北京：海洋出版社，1986.

[47] 韩建恩，余佳，孟庆伟，等. 西藏阿里扎达盆地香孜剖面孢

粉分析［J］. 地质力学学报，2005，11（4）：320－327.

［48］韩同林. 青藏大冰盖［M］. 北京：地质出版社，1991.

［49］何培元，等. 庐山第四纪冰期与环境［M］. 北京：地震出版社，1992.

［50］何汝昌. 甘肃环县楼房子晚更新世孢粉组合［J］. 西北大学学报（自然科学报），1977（1）：31－39.

［51］胡承志. 云南元谋发现的猿人牙齿化石［J］. 地质学报，1973，47（1）：65－71.

［52］黄培华. 关于长江以南地区冰川遗迹问题［J］. 科学通报，1963（10）：29－33.

［53］黄培华. 中国第四纪时期气候演变的初步探讨［J］. 科学通报，1963（1）：34－39.

［54］黄培华. “冰期之庐山”质疑［J］. 自然辩证法通讯，1982，4（3）：43－45.

［55］黄培华. 中国第四纪气候演变与庐山“冰川遗迹”问题［J］. 冰川冻土，1982，4（3）：1－14.

［56］黄万波，黄赐璇. 和县人动、植物群的性质及古气候的初步探讨［C］//中国地理学会冰川冻土分会，中国科学院兰州冰川冻土研究所. 中国第四纪冰川冰缘学术讨论会文集. 北京：科学出版社，1985：180－182.

［57］黄赐璇，梁玉莲. 安庆古树的古土壤孢粉分析及其古地理环境［M］//中国科学院地理研究所. 地理集刊・第13号・地貌. 北京：科学出版社，1981：133－140.

［58］黄赐璇，梁玉莲. 江苏青墩古人生活时期的地理环境［J］. 地理学报，1984，39（1）：97－105.

［59］黄兴根，焦振兴，张英礼，等. 河北涿鹿第四纪冰缘现象及其意义［C］//中国地理学会冰川冻土分会，中国科学院兰州冰川冻土研究所. 中国第四纪冰川冰缘学术讨论会文集. 北京：科学出版社，1985：

221－224.

［60］贾兰坡. 旧石器的研究对更新统地层划分的作用［J］. 中国第四纪研究，1958，1（1）：132－133.

［61］贾兰坡. 关于中国猿人的骨器问题［J］. 考古学报，1959（3）：1－5.

［62］贾兰坡. 中国猿人的石器和华北其他各地旧石器时代早一阶段的石器关系［J］. 古脊椎动物与古人类，1960，2（1）：45－50.

［63］贾兰坡. 谈中国猿人石器的性质和曙石器的问题——与裴文中先生商榷［J］. 新建设，1961（9）：18－21.

［64］贾兰坡. 中国猿人不是最原始的人——再与裴文中先生商榷［J］. 新建设，1962（7）：54－67.

［65］贾兰坡. 中国猿人及其文化［M］. 北京：中华书局，1964.

［66］贾兰坡. 贾兰坡旧石器时代考古论文集［M］. 北京：文物出版社，1984.

［67］贾兰坡，王建. 西侯度——山西更新世早期古文化遗址［M］. 北京：文物出版社，1978.

［68］贾兰坡，王建. 上新世地层中应有最早的人类遗骸及文化遗存［J］. 文物，1982（2）：67－68.

［69］贾兰坡，王择义，王建. 匼河——山西西南部旧石器时代初期文化遗址［M］. 北京：科学出版社，1962.

［70］贾兰坡，卫奇. 建议用古人类学和考古学的成果建立我国第四系的标准剖面［J］. 地质学报，1982，56（3）：255－264.

［71］贾兰坡，王建. 泥河湾期的地层才是最早人类的脚踏地［J］. 科学通报，1957（1）：30－31.

［72］贾兰坡. 陕西蓝田新生界［C］//中国科学院古脊椎动物与古人类研究所. 陕西蓝田新生界现场会议论文集. 北京：科学出版社，1966.

［73］贾兰坡，盖培，尤玉柱. 山西峙峪旧石器时代遗址发掘报告

[J]. 考古学报，1972（1）：39－58.

[74] 贾兰坡，陈淳. 中国猿人［M］. 上海：上海科技教育出版社，1998.

[75] 蒋雪中，羊向东，王苏民. 云南鹤庆盆地的孢粉记录及1.0Ma以来的构造抬升与气候变迁［J］. 海洋地质与第四纪地质，2002，22（2）：99－104.

[76] 蒋雪中，王苏民. 云南鹤庆盆地30ka以来的古气候与环境变迁［J］. 湖泊科学，1998，10（2）：10－16.

[77] 蒋志. 地球在银道面上运动与理论地质年表［J］. 中国科学，1981（9）：1104－1116.

[78] 景才瑞. 庐山没有第四纪冰川吗?［J］. 自然辩证法通讯，1981，3（4）：42－46.

[79] 孔昭宸，杜乃秋，席以珍，等. 北京一亿多年来植物群的发展和古气候的变迁［J］. 植物分类学报，1976，14（1）：78－89.

[80] 孔昭宸，杜乃秋，陈照洪. 滇东黔西第四纪古植物的发现及其对植物群和古气候的初步探讨［G］//中国地质科学院地质力学研究所. 中国第四纪冰川地质文集. 北京：地质出版社，1977：179－190.

[81] 孔昭宸. 北京地区距今30000～10000年的植物群发展和气候变迁［J］. 植物学报，1980，22（4）：330－338.

[82] 孔昭宸. 北京地区10000年以来的植物群发展和古气候［J］. 植物学报，1981，24（2）：172－181.

[83] 孔昭宸，杜乃秋，许清海，等. 中国北方全新世大暖期植物群的古气候波动［M］//施雅风. 中国全新世大暖期气候与环境. 北京：海洋出版社，1992：48－65.

[84] 李保生，董光荣，祝一志，等. 末次冰期以来塔里木盆地沙漠、黄土的沉积环境与演化［J］. 中国科学（B辑），1993，23（6）：644－651.

[85] 李保生，董光荣，张甲坤，等. 塔克拉玛干沙漠及其以南风

成相带的划分与认识［J］. 地质学报，1995，69（1）：78－87.

［86］李保生，靳鹤龄，吕海燕，等. 150ka 以来毛乌素沙漠的堆积与变迁过程［J］. 中国科学（D 辑），1998，28（1）：85－90.

［87］李承三，吴燕生，李永昭，等. 四川龙门山南段东坡及其山前带第四纪冰川遗迹［G］//中国第四纪研究委员会，中国第四纪冰川研究工作中心联络组. 中国第四纪冰川遗迹研究文集. 北京：科学出版社，1964：14－84.

［88］李华章. 华北平原第四纪环境演变初议［J］. 第四纪冰川与第四纪地质，1988（5）：41－51.

［89］李培英，夏东兴. 中国东部海岸带黄土成因及冰期渤海沙漠化之探讨［M］//梁名胜，张吉林. 中国海陆第四纪对比研究. 北京：科学出版社，1991.

［90］李普，钱方，马醒华，等. 用古地磁方法对元谋人化石年代的初步研究［J］. 中国科学，1976（6）：579－591.

［91］李树德. 贡嘎山地区高山多年冻土分布及其环境因素的关系［M］//《青藏高原研究》编辑委员会. 青藏高原研究：横断山考察专辑（一）. 昆明：云南人民出版社，1983：166－175.

［92］李树德. 西昆仑山区多年冻土的基本特征［C］//中国科学院兰州冰川冻土研究所. 第四届全国冰川冻土学术会议论文选集（冻土学）. 北京：科学出版社，1990：1－8.

［93］李树德，王绍令. 青藏高原的多年冻土［C］//中国青藏高原研究会. 中国青藏高原研究会第一届学术讨论会论文选. 北京：科学出版社，1992.

［94］李树德，李世杰. 青海可可西里地区多年冻土与冰缘地貌［J］. 冰川冻土，1993，15（1）：77－82.

［95］李树德. 喀喇昆仑山-昆仑山地区的多年冻土与冰缘环境［M］//苏珍. 喀喇昆仑山-昆仑山地区冰川与环境. 北京：科学出版社，1998：181－215.

[96] 李四光. 华北平原西北边缘地区的冰碛和冰水沉积 [G]//中国第四纪研究委员会，中国第四纪冰川研究工作中心联络组. 中国第四纪冰川遗迹研究文集. 北京：科学出版社，1964，1-13.

[97] 李文漪. 湖南洞庭层泥炭的孢粉分析及其地质时代和古地理问题 [J]. 地理学报，1962，28 (1)：1-10.

[98] 李文漪. 试论河北东部更新世孢粉组合特点及其古地理意义 [C]//中国地理学会冰川冻土分会，中国科学院兰州冰川冻土研究所. 中国第四纪冰川冰缘学术讨论会文集. 北京：科学出版社，1985：194-197.

[99] 李文漪. 全新世孢粉分带与地层划分 [J]. 中国第四纪研究，1987，7 (2)：37-44.

[100] 李文漪，吴细芳. 云南中部晚第三纪和早第四纪的孢粉组合及其在古地理学上的意义 [J]. 地理学报，1978，33 (2)：142-156.

[101] 李文漪，梁玉莲. 河北东部全新世温暖期植被与环境 [J]. 植物学报，1985 (6)：640-651.

[102] 李毓尧，袁玲玉，王保法. 大别山第四纪冰川遗迹初步观察 [G]//中国第四纪研究委员会，中国第四纪冰川研究工作中心联络组. 中国第四纪冰川遗迹研究文集. 北京：科学出版社，1964：101-135.

[103] 辽宁省博物馆，本溪市博物馆. 庙后山——辽宁省本溪市旧石器文化遗址 [M]. 北京：文物出版社，1986.

[104] 林景星. 华北平原第四纪海进海退现象的初步认识 [J]. 地质学报，1977，51 (2)：109-116.

[105] 林绍孟，祝一志. 唐山地区上新世——第四纪孢粉组合的特征及其意义 [C]//中国第四纪研究委员会. 第三届全国第四纪学术会议论文集. 北京：科学出版社，1982：290-291.

[106] 林一朴，潘悦容，陆庆五. 云南元谋早更新世哺乳动物群 [G]//中国科学院古脊椎动物与古人类研究所. 古人类论文集. 北京：科学出版社，1978：101-125.

[107] 刘昌茂. 也谈庐山第四纪冰川 [J]. 自然辩证法通讯，1982，4 (3)：46 - 49.

[108] 刘东生. 新黄土和老黄土 [J]. 中国地质，1959 (5)：22 - 25.

[109] 刘东生. 中国第四纪环境概要 [M]//威廉斯，等. 第四纪环境. 刘东生，等译. 北京：科学出版社，1997：189 - 220.

[110] 刘东生，郭旭东. 五十年来中国第四纪地质研究进展 [M]//王鸿祯. 中国地质科学五十年. 武汉：中国地质大学出版社，1999.

[111] 刘东生，刘敏厚，吴子荣，等. 关于中国第四纪地层划分问题 [M]//中国科学院地质研究所. 第四纪地质问题. 北京：科学出版社，1964：45 - 64.

[112] 刘东生，王克鲁. 中国北方第四纪地层的某些问题 [M]//中国科学院地质研究所. 第四纪地质问题，北京：科学出版社，1964，65 - 76.

[113] 刘东生，杨理华，陈承惠. 中国第四纪沉积物区域分布特征的探讨 [M]//中国科学院地质研究所. 第四纪地质问题. 北京：科学出版社，1964：1 - 44.

[114] 刘东生，张宗祜. 中国的黄土 [J]. 地质学报，1962，42 (1)：1 - 14.

[115] 刘东生. 黄河中游黄土 [M]. 北京：科学出版社，1964.

[116] 刘东生. 中国的黄土堆积 [M]. 北京：科学出版社，1965.

[117] 刘东生. 黄土的物质成分和结构 [M]. 北京：科学出版社，1966.

[118] 刘东生. 黄土与环境 [M]. 北京：科学出版社，1985.

[119] 刘耕年，崔之久，伍永秋，等. 昆仑山垭口热水剖面 18000 年以来的环境变化记录 [J]. 地质力学学报，1997，3 (4)：39 - 45.

[120] 刘嘉麒，韩家懋. 中国第四纪科学发展的回顾与展望 [G]//

田凤山. 中国地质学会 80 周年纪念文集. 北京：地质出版社，2002：49 - 53.

［121］刘金陵. 长白山区孤山屯沼泽 13000 年以来的植被和气候变化［J］. 古生物学报，1989，28（4）：495 - 511.

［122］刘金陵. 燕山南麓泥炭的孢粉组合［J］. 第四纪研究，1965，4（1）：105 - 117.

［123］刘金陵，叶萍宜. 上海浙江某些地区第四纪孢粉组合及其在地层和古气候上的意义［J］. 古生物学报，1977（1）.

［124］刘俊峰. 陕西关中黄土地层中第一层古土壤的孢粉组合及其意义［J］. 西北大学学报（自然科学版），1989，19（1）：77 - 80.

［125］刘俊峰. 黄土高原西部会宁地区 66 万年以来冰期——黄土旋回的孢粉记录［J］. 冰川冻土，1992，14（1）：33 - 43.

［126］刘俊峰，苏英. 陕西蓝田地区 850ka 以来的植被和气候演变［M］//刘东生，安芷生，吴锡浩. 黄土 · 第四纪地质 · 全球变化. 北京：科学出版社，1996：53 - 62.

［127］刘兰锁. 长江中下游地区更新世以来古环境演变的初步研究［G］//中国地质学会第四纪冰川与第四纪地质专业委员会，中国地质科学院地质力学研究所. 第四纪冰川与第四纪地质论文集：第八集. 北京：地质出版社，1995：30 - 36.

［128］刘牧灵. 河南陕县会兴镇会兴沟早更新世堆积中的孢粉组合初步研究［J］. 第四纪研究，1965，4（1）：143 - 150.

［129］刘廷栋. 昔格达组下部的孢粉组合及其对第四纪早期古气候演变的意义［M］//中国地质科学院地质力学研究所. 中国第四纪冰川地质文集. 北京：地质出版社，1977：164 - 178.

［130］刘秀铭，安芷生，强小科，等. 甘肃第三系红粘土磁学性质初步研究及古气候意义［J］. 中国科学（D 辑），2001，31（3）：192 - 206.

［131］卢演俦. 黄土地层中 $CaCO_3$ 含量变化与更新世气候旋回

[J]. 地质科学，1981（2）：122 - 131.

[132] 鲁国威，翁炳林，郭东信. 中国东北部多年冻土的地理南界[J]. 冰川冻土，1993，15（2）：214 - 218.

[133] 吕厚远，吴乃琴，刘东生，等. 150ka 来宝鸡黄土植物硅酸体组合季节性气候变化[J]. 中国科学（D 辑），1996，26（2）：131 - 136.

[134] 南京大学地理系第四纪研究小组. 镇江地区一万五千年来的古环境[G]//杨怀仁. 第四纪冰川与第四纪地质文集：第二集. 北京：地质出版社，1985：162 - 169.

[135] 裴文中. 在中国境内"冰滑作用"的首次发现[J]. 科学通报，1956（11）：51 - 53.

[136] 裴文中. 哈尔滨黄山及内蒙古扎赉诺尔附近"冰滑作用"的初步研究[J]. 科学记录（新辑），1957，1（1）：51 - 54.

[137] 裴文中. 关于中国猿人骨器问题的说明和意见[J]. 考古学报，1960（2）：1 - 9.

[138] 裴文中. "曙石器"问题的回顾——并论中国猿人文化的一些问题[J]. 新建设，1961（7）：12 - 23.

[139] 裴文中. 关于古人类学研究的动向问题[N]. 文汇报，1962 - 6 - 24.

[140] 裴文中. 中国猿人究竟是否最原始的"人"——答吴汝康，贾兰坡二先生和其他同志[J]. 新建设，1962（4）：28 - 41.

[141] 裴文中. 裴文中史前考古学论文集[G]. 北京：文物出版社，1987.

[142] 浦庆余. 三万年来我国气候变迁的研究[J]. 自然杂志，1980，3（3）：193 - 197.

[143] 浦庆余. 中国东部地区的大理冰期与冰后期——3 万年以来我国气候变迁的初步探讨[J]. 中国地质科学院地质力学研究所所刊，1982（2）：57 - 80.

［144］浦庆余．晚更新世我国东部多年冻土区的南部界线及其演变［J］．水文质·工程地质，1985（4）：49－52．

［145］浦庆余．晚更新世我国多年冻土的界线在何处［C］//中国地理学会冰川冻土分会，中国科学院兰州冰川冻土研究所．中国第四纪冰川冰缘学术讨论会文集．北京：科学出版社，1985：216－220．

［146］浦庆余．末次冰期以来中国自然环境变迁及其与全球变化的关系［J］．第四纪研究，1991（3）：245－259．

［147］浦庆余，陈明．我国第四纪地质学的现状和预测［M］//中国地质学会．2000年的中国研究资料（第6集）·地质科学现状、差距及展望．北京：中国科协2000年的中国研究办公室．1984：134－140．

［148］浦庆余，钱方．对元谋人化石地层——元谋组的研究［J］．地质学报，1977（1）：89－100．

［149］浦庆余，吴锡浩，钱方．青藏公路沿线多年冻土的历史演变［C］//中国科学院兰州冰川冻土研究所．中国地理学会冰川冻土学术会议论文选集（冻土学）．北京：科学出版社，1982：74－77．

［150］浦庆余，陈霞，陈明，等．中国第四纪自然环境的基本特征和研究现状［G］//中国地质学会第四纪冰川与第四纪地质专业委员会．第四纪冰川与第四纪地质论文集．北京：地质出版社，1988：1－13．

［151］钱方，浦庆余，袁振新，等．云南元谋盆地第四纪冰期与地层划分［G］//中国地质科学院地质力学研究所．中国第四纪冰川地质文集．北京：地质出版社，1977：55－81．

［152］秦勇，费安玮，金奎励，等．云南腾冲盆地晚更新世孢粉组合及古植被、古气候和古环境演化［J］．海洋地质与第四纪地质，1992，12（1）：109－119．

［153］秦蕴珊．东海地质［M］．北京：科学出版社，1987．

［154］邱国庆．青藏高原沱沱河盆地融区和多年冻土的分布特征形成条件［C］//中国科学院兰州冰川冻土研究所．中国地理学会冰川冻土学术会议论文选集（冻土学）．北京：科学出版社，1982：19－25．

[155] 邱国庆. 中国天山高山多年冻土的形成条件 [J]. 冰川冻土, 1988, 5 (1): 96-102.

[156] 邱国庆, 郭东信. 论青藏公路沿线的融区 [G]//中国科学院兰州冰川冻土研究所. 青藏冻土研究论文集. 北京: 科学出版社, 1983: 30-36.

[157] 邱国庆. 中国天山地区冻土的基本特征 [C]//中国科学院兰州冰川冻土研究所. 中国地理学会中国土木工程学会第二届全国冻土学术会议论文选集. 兰州: 甘肃人民出版社, 1983: 21-29.

[158] 邱国庆, 程国栋. 中国的多年冻土——过去与现在 [J]. 第四纪研究, 1995 (1): 13-22.

[159] 邱国庆, 张长庆. 天山奎先达坂附近冻土分布特征 [M]//中国科学院兰州冰川冻土研究所. 中国科学院兰州冰川冻土研究所集刊: 第2号. 北京: 科学出版社, 1981: 1-14.

[160] 任美锷. 庐山地形的初步研究 [J]. 地理学报, 1953, 19 (1): 61-73.

[161] 任美锷. 第四纪海面变化及其在海岸地貌上的反映 [J]. 海洋与湖沼, 1965 (3): 295-306.

[162] 任美锷. 古海洋学的回顾与前瞻 [J]. 黄渤海海洋, 1983 (1): 1-8.

[163] 任美锷. 全球气候变化与海平面上升问题 [J]. 科学, 1988, 40 (4): 248-279.

[164] 任美锷. 全球海平面上升与世界三角洲 [J]. 自然杂志, 1989, 12 (5): 365-368.

[165] 任美锷, 刘泽纯, 王富葆. 对庐山第四纪冰川问题的几点意见 [J]. 自然辩证法通讯, 1982, 4 (2): 37-39.

[166] 任美锷. 丽江玉龙山地貌初步研究 [J]. 云南大学学报, 1957 (4): 9-18.

[167] 任美锷, 曾成开. 论现实主义原则在海洋地质学中的应用

[J]. 海洋学报，1980，2（2）：94－111.

[168] 任振纪，徐馨. 荆江平原第四纪植物群发展初步研究 [J]. 石家庄经济学院学报，1992，15（4）：448－456.

[169] 任振球. 全球变化——地球四大圈异常变化及其天文成因 [M]. 北京：科学出版社，1990.

[170] 施雅风. 庐山真的有第四纪冰川吗？[J]. 自然辩证法通讯，1981，3（2）：41－45.

[171] 施雅风，崔之久，李吉均，等. 中国东部第四纪冰川与环境问题 [M]. 北京：科学出版社，1989.

[172] 施雅风，邓养鑫. 庐山山麓第四纪泥石流堆积的确证——以庐山西北麓羊角岭为例 [J]. 科学通报，1982（20）：1253－1258.

[173] 施雅风. 中国气候与海面变化研究进展（一）[M]. 北京：海洋出版社，1990.

[174] 施雅风. 中国第四纪冰川与环境变化 [M]. 石家庄：河北科学技术出版社，2006.

[175] 施雅风. 中国冰雪冻土图 [M]. 北京：中国地图出版社，1988.

[176] 石元春. 晋西地区的黄土及其形成过程 [J]. 中国第四纪研究，1958，1（1）：252－253.

[177] 宋之琛. 三门系植物化石和孢子花粉组合的研究 [J]. 中国第四纪研究，1958，1（1）：118－130.

[178] 宋之琛. 孢子花粉分析 [M]. 北京：科学出版社，1965.

[179] 宋之琛，王开发. 江苏南通滨海相第四系的孢粉组合 [J]. 古生物学报，1961，9（3）：234－266，

[180] 苏联义，吴子荣，田国光，等. 陇中盆地第四纪地质的初步研究 [J]. 中国第四纪研究，1958，1（1）：198－200.

[181] 孙殿卿. 中国第四纪冰川遗迹纪要 [M]. 北京：科学出版社，1957.

[182] 孙殿卿，吴锡浩，浦庆余. 关于中国第四纪冰川地质工作的几点意见 [C]//中国第四纪研究委员会. 第三届全国第四纪学术会议论文集. 北京：科学出版社，1982：155－161.

[183] 孙殿卿，杨怀仁. 大冰期时期中国的冰川遗迹 [J]. 地质学报，1961，41 (3/4)：233－241.

[184] 孙东怀，刘东生. 中国黄土高原红粘土序列的磁性地层与气候变化 [J]. 中国科学 (D辑)，1997，27 (2)：266－270.

[185] 孙建中. 黄土学 [M]. 香港：香港考古学会，2005.

[186] 孙建中，赵景波. 黄土高原第四纪 [M]. 北京：科学出版社，1991.

[187] 孙黎明，许清海，阳小兰，等. 冰消期以来宣化盆地的植被与环境 [J]. 地质力学学报，2001，7 (4)：303－308.

[188] 孙孟荣. 周口店中国猿人化石层的孢子花粉组合 [J]. 第四纪研究，1965，4 (1)：84－104.

[189] 孙孟荣. 云南元谋盆地元谋组孢粉组合的初步研究 [M]//周国兴，张兴永. 元谋人：云南元谋古人类古文化图文集. 昆明：云南人民出版社，1984，170－181.

[190] 孙湘君. 陕西渭南北庄村晚更新世晚期古植被的再研究 [J]. 第四纪研究，1989 (2)：177－189.

[191] 孙湘君，杜乃秋，陈明洪. "河姆渡"先人生活时期的古植被、古气候 [J]. 植物学报，1981，23 (2)：146－152.

[192] 孙秀萍. 北京地区全新世以来自然环境和人类活动关系 [J]. 第四纪冰川与第四纪地质，1988 (5)：52－56.

[193] 唐邦兴. 念青唐古拉山主峰附近的冰川初步观察 [J]. 地理学资料，1959 (6)：34－38.

[194] 唐领余，王睿. 青芷公路清水河二〇三米钻孔孢粉组合及其意义 [J]. 兰州大学学报 (自然科学版)，1976 (2)：92－112.

[195] 童伯良，李树德. 1∶60 万青藏公路沿线多年冻土图 [G]//

中国科学院兰州冰川冻土研究所. 青藏冻土研究论文集. 北京: 科学出版社, 1982.

[196] 童伯良, 李树德. 青藏高原多年冻土的某些特征及其影响因素 [G]//中国科学院兰州冰川冻土研究所. 青藏冻土研究论文集. 北京: 科学出版社, 1983, 1－11.

[197] 童伯良, 李树德, 张廷军. 中国阿尔泰山的冻土 [J]. 冰川冻土, 1986, 8 (4): 357－364.

[198] 童国榜, 张俊牌, 范淑贤. 中国第四纪孢粉植物群的分布 [J]. 海洋地质与第四纪地质, 1992, 10 (1): 45－56.

[199] 童国榜. 中国 4Ma 以来孢粉植物群与环境演变的趋势 [M]//刘东生, 安芷生, 吴锡浩. 黄土·第四纪地质·全球变化: 第 4 集. 北京: 科学出版社, 1996: 32－45.

[200] 童国榜, 吴锡浩, 童琳, 等. 太白山最近 1000 年的孢粉记录与古气候重建尝试 [J]. 地质力学学报, 1994, 4 (4): 58－63.

[201] 童国榜, 张俊牌, 羊向东, 等. 云贵高原晚新生代孢粉植物群与环境变迁 [J]. 海洋地质与第四纪地质, 1994, 14 (3): 91－103.

[202] 涂长望. 关于二十世纪气候变暖问题 [N]. 人民日报, 1961－1－26.

[203] 涂长望, 张汉松. 明代 (1370～1642) 水旱周期的初步探讨 [J]. 气象学报, 1944, 18 (2).

[204] 汪品先. 我国海洋第四纪研究与环境演变中的海陆相互作用 [J]. 第四纪研究, 2001, 21 (3): 218－221.

[205] 汪品先, 林景星. 我国中部某盆地早第三纪半咸水有孔虫化石群的发现及其意义 [J]. 地质学报, 1974, 48 (2): 175－183.

[206] 汪品先, 闵秋宝, 林景星, 等. 我国东部新生代几个盆地半咸水有孔虫化石群的发现及其意义 [J]. 地层古生物论文集, 1975 (2): 1－36.

[207] 汪品先. 海洋微体古生物论文集 [M]. 北京: 海洋出版社,

1980.

［208］王伏雄，喻诚鸿. 花粉形态的研究：1. 术语及研究方法［J］. 植物学报，1954，3（1）：81－105.

［209］王家澄，王绍令，邱国庆. 青藏公路沿线的多年冻土［J］. 地理学报，1979，34（1）：18－32.

［210］王靖泰，汪品先. 中国东部晚更新世以来海面升降与气候变化的关系［J］. 地理学报，1980，35（4）：300－310.

［211］王开发. 长江三角洲太湖淤泥层的孢粉组合［J］. 华东师范大学学报（自然科学版）1964（1）：79－86.

［212］王开发. 南昌西山洗药湖泥炭沼泽的孢粉分析［J］. 植物学报，1974，16（1）：1－11.

［213］王开发，张玉兰，蒋辉，等. 黄海表层沉积物的孢粉、藻类组合［J］. 植物学报，1980，22（2）：182－190，217－218.

［214］王开发，张玉兰，蒋辉，等. 崧泽遗址的孢粉分析研究［J］. 考古学报，1980（1）：59－66.

［215］王开发. 根据孢粉分析推论沪杭地区一万年以来的气候变迁［M］//中国地理学会历史地理专业委员会，《历史地理》编辑委员会. 历史地理：创刊号. 上海：上海人民出版社，1981：126－131.

［216］王开发. 上海市金山亭林文化遗址孢粉组合及其古地理［C］//中国地理学会地貌学术讨论会. 中国地理学会一九七七年地貌学术讨论会文集. 北京：科学出版社，1981.

［217］王开发. 江苏常州圩墩遗址孢粉组合及其环境［M］//中国地理学会历史地理专业委员会，《历史地理》编辑委员会. 历史地理：第3辑. 上海：上海人民出版社，1983：63－67.

［218］王开发. 陕西临潼姜寨遗址文化层的孢粉分析［J］. 考古与文物，1985（2）：103－107.

［219］王开发，张玉兰，叶志华，等. 根据孢粉分析推断上海地区近六千年以来的气候变迁［J］. 大气科学，1978（2）：139－144.

[220] 王开发，张玉兰，蒋辉．太湖地区第四纪孢粉组合及其地层、古地理意义（摘要）［G］//同济大学海洋地质研究所论文汇编. 1982：121－123.

[221] 王开发，王宪曾．孢粉学概论［M］. 北京：北京大学出版社，1983.

[222] 王开发．杭州湾沿岸晚第四纪沉积的孢粉组合及地层［M］//中国科学院地质研究所孢粉分析组，同济大学海洋地质系孢粉分析室．第四纪孢粉分析与古环境. 北京：科学出版社，1984：60－77.

[223] 王开发．江苏唯亭草鞋山遗址孢粉组合及古地理［M］//中国科学院地质研究所孢粉分析组，同济大学海洋地质系孢粉分析室．第四纪孢粉分析与古环境．北京：科学出版社，1984：78－85.

[224] 王开发．江西庐山全新世沉积物的孢粉研究［M］//中国科学院地质研究所孢粉分析组，同济大学海洋地质系孢粉分析室．第四纪孢粉分析与古环境．科学出版社，1984：97－108.

[225] 王开发，徐馨．第四纪孢粉学［M］. 贵州：贵州人民出版社，1988.

[226] 王开发．长江中下游地区全新世孢粉组合及其地层、古气候意义［G］//中国地质学会第四纪冰川与第四纪地质专业委员会，中国地质科学院地质力学研究所．第四纪冰川与第四纪地质论文集：第八集．北京：地质出版社，1995：8－29.

[227] 王律红，SARNTHEIN M. 南海北部陆坡近四万年的高分辨率古海洋学记录［J］. 第四纪研究，1999，19（1）：27－31.

[228] 王明业．珠穆朗玛峰地区自然地理概述［G］//中国珠穆朗玛峰登队科学考察队．珠穆朗玛峰地区科学考察报告．北京：科学出版社，1962：1－5.

[229] 王明业．珠穆朗玛峰地区1959～1960年科学考察的几点收获［J］. 科学通报，1963（11）：60－63.

[230] 王乃樑，韩慕康，朱之杰，等．太行山东麓滹沱河出山处新

生代沉积相与地貌结构［J］. 第四纪研究，1985，6（1）：44－59.

［231］王乃文. 山西外旋多孔虫（有孔虫）的发现及其地层与古地理意义［C］//中国海洋湖沼学会. 中国海洋湖沼学会 1963 年学术年会论文摘要汇编. 北京：科学出版社，1964：58.

［232］王绍令，罗祥瑞，郭鹏飞. 青藏高原东部冻土分布特征［J］. 冰川冻土，1991，13（2）：131－140.

［233］王绍令，陈肖柏，张志忠. 祁连山东段宁张公路达坂山垭口段的冻土分布［J］. 冰川冻土，1995，17（2）：184－188.

［234］王挺梅，王克鲁，丁梦麟. 陕北无定河流域第四纪地质［J］. 第四纪研究，1958，1（1）：181－182.

［235］王永吉，李善为. 青岛胶州湾地区 20000 年以来的古植被与古气候［J］. 植物学报，1983，25（4）：385－409.

［236］王永吉，苘淑名. 江苏北部沿岸第四纪海相地层中的孢粉分析［J］. 海洋与湖沼，1981，83（1）：35－44.

［237］王永焱，笹嶋贞雄. 中国黄土研究的新进展［M］. 西安：陕西人民出版社，1985.

［238］王永焱. 黄土与第四纪地质［M］. 西安：陕西人民出版社，1982.

［239］王宗涛. 浙江海岸全新世海面变迁［M］. 海洋地质与第四纪地质，1982，2（2）：79－88.

［240］卫奇. 沱河湾层中的新发现及其在地层学上的意义［M］//中国科学院古脊柱动物与古人类研究所. 古人类论文集. 北京：科学出版社，1978：136－150.

［241］卫奇，谢飞. 沱河湾研究论文选编［G］. 北京：文物出版社，1989.

［242］文本亨. 云南元谋盆地发现的旧石器［G］//中国科学院古脊柱动物与古人类研究所. 古人类论文集. 北京：科学出版社，1978：126－135.

［243］文物编辑委员会. 文物集刊：1［G］. 北京：文物出版社，

1980.

[244] 吴定良. 中国猿人是不是最早的人类 [N]. 文汇报, 1961-11-9.

[245] 吴汝康. 从"曙石器"问题谈到中国猿人是否是最早的人 [N]. 光明日报, 1961-9-9.

[246] 吴汝康, 李星学, 吴新智, 等. 南京直立人 [M]. 南京: 江苏科学技术出版社, 2002.

[247] 吴汝康, 赵资奎. 周口店新发现的中国猿人下颌骨 [J]. 古脊椎动物学报, 1959, 1 (4): 155-158.

[248] 吴汝康, 贾兰坡. 周口店新发现的中国猿人化石 [J]. 古生物学报, 1954, 2 (3): 267-288.

[249] 吴汝康. 中国的远古人类 [M]. 北京: 科学出版社, 1989.

[250] 吴锡浩. 近十年中国第四纪冰川与第四纪地质研究进展 [M]//中国地质学会. 八十年代中国地质科学. 北京: 北京科学技术出版社, 1992.

[251] 吴锡浩, 浦庆余, 杨达源. 对"中国第四纪时期气候演变的初步探讨"一文的讨论 [J]. 科学通报, 1963 (6): 31-35.

[252] 吴锡浩, 钱方, 兰朝玉. 北京延庆盆地早更新世古气候重建 [M]//刘东生. 黄土·第四纪地质·全球变化. 北京: 科学出版社, 1990: 47-61.

[253] 吴新智. 中国远古人类的进化 [J]. 人类学学报, 1990, 9 (4): 312-321.

[254] 吴艳宏, 羊向东. 鄱阳湖地区晚更新世古环境变迁 [J]. 地质力学学报, 1997, 3 (4): 69-76.

[255] 吴玉书, 陈因硕, 肖家仪. 滇池地区四万年以来的植被和气候演变初步研究 [J]. 植物学报, 1991, 33 (6): 450-458.

[256] 吴子荣. 沱河湾组顶部冻融变形的机制分析和时代探讨 [G]//中国第四纪研究委员会全新世分会, 陕西省地震局. 史前地震与

第四纪地质文集. 西安：陕西科技出版社，1982.

［257］夏商周断代工程专家组. 夏商周断代工程 1996～2000 年阶段成果报告［G］. 北京：世界图书出版公司北京分公司，2000.

［258］夏玉梅. 三江平原 12000 年以来植物群发展和气候变迁的初步研究［J］. 地理科学，1988，8（3）：240－250.

［259］谢又予. 从黑龙江省三江平原的孢粉分析探讨沼泽地的成因［C］//中国第四纪研究委员会. 第三届全国第四纪学术会议论文集. 北京：科学出版社，1982：130－133.

［260］谢志仁. 海面变化与环境变迁：海面-地面系统和海-汽-冰系统初探［M］. 贵阳：贵州科技出版社，1995.

［261］徐道一. 地质学中的新灾变假说［J］. 自然杂志，1982（10）：743－748.

［262］徐道一，卢演俦. 黄土剖面中 $CaCO_3$ 沉积旋回与地球轨道要素变化周期［J］. 科学通报，1982，27（6）：366－368.

［263］徐道一，张勤文，杨正宗. 银河系与地质现象关系的探讨［J］. 地质论评，1982，28（5）：421－427.

［264］徐道一，杨正宗，张勤文，等. 天文地质学概论［M］. 北京：地质出版社，1983.

［265］徐钦琦. 地球轨道与黄道倾斜的关系［J］. 科学通报，1980（4）：180－182.

［266］徐钦琦. 气候演变的周期性与黄道倾斜的关系［J］. 古脊椎动物与古人类，1980，18（4）：334－343.

［267］徐钦琦. 晚更新世以来气候变迁与地球轨道［J］. 地层学杂志，1981（3）：226－230.

［268］徐钦琦. 天文气候学［M］. 北京：中国科学技术出版社，1991.

［269］徐钦琦. 刘时藩. 史前气候学［M］. 北京：北京科学技术出版社，1991.

[270] 徐钦琦，尤玉柱，陈云. 陕西洛川黄土与深海沉积物的对比[J]. 科学通报，1981（19）：1189－1191.

[271] 徐仁. 孢粉学的现状及孢子花粉分析在我国发展的展望[J]. 科学通报，1956（7）：49－52.

[272] 徐仁. 喀什米尔第四纪第一次间冰期的孢子花粉分析[J]. 第四纪研究，1958，1（1）：131－132.

[273] 徐仁. 孢子花粉分析[M]//中国科学院编译出版委员会. 十年来的中国科学（古生物学 1949～1959）. 北京：科学出版社，1959.

[274] 徐仁. 中国猿人时代的北京气候环境[J]. 第四纪研究，1965，4（1）：77－83.

[275] 徐仁. 珠穆朗玛峰地区第四纪古植物学研究[G]//中国科学院西藏科学考察队. 珠穆朗玛峰地区科学考察报告·1966～1968·第四纪地质. 北京：科学出版社，1976：93－104.

[276] 徐仁. 中国更新世的云杉-冷杉植物群及其在第四纪研究上的意义[J]. 第四纪研究，1980，5（1）：48－56.

[277] 徐淑鹰. 中国东部末次冰期多年冻土带分界线问题[C]//中国地理学会冰川冻土分会，中国科学院兰州冰川冻土研究所. 第三届全国冰川冻土学术会议论文集. 北京：科学出版社，1989：105－113.

[278] 徐馨. 第四纪冰期中的我国植物群[C]//中国地理学会冰川冻土分会，中国科学院兰州冰川冻土研究所. 中国第四纪冰川冰缘学术讨论会文集. 北京：科学出版社，1985：125－128.

[279] 徐馨. 喀纳斯湖口湖相沉积物孢粉分析[G]//袁方策，黄文房，朱德祥，等. 阿勒泰地区科学考察论丛. 北京：科学出版社，1991：88－92.

[280] 徐馨. 南京附近下蜀黄土植物群及其环境[J]. 南京师范大学学报，1993，16（增刊）.

[281] 徐馨. 天目山地区第四纪孢粉分析及其在气候地层学与古环境学上的意义[G]//中国地质学会第四纪冰川与第四纪地质专业委员

会，中国地质科学院地质力学研究所．第四纪冰川与第四纪地质论文集：第八集．北京：地质出版社，1995：72－81.

［282］徐馨．天目山冰坑剖面孢粉组合及其古气候意义［J］．地理科技资料，1981（20）：13－16.

［283］徐馨．浙江天目山地区第四纪孢粉组合及其古气候意义［C］//中国地理学会地貌专业委员会．中国地理学会1977年地貌学术讨论会论文集．北京：科学出版社，1981：317－328.

［284］徐馨．气候变暖环境恶化将给人类带来深重劫难［M］．昆明：云南科技出版社，2013.

［285］徐馨，张树维，周曙．芜湖—江阴地区三万年来的植被、气候与环境的初步研究［J］．南京大学学报（自然科学版），1987，23（3）：556－557.

［286］徐学祖，郭东信．1∶400万中国冻土分布图的编制［J］．冰川冻土，1982，4（2）：18－26.

［287］徐学祖，王家澄．中国冻土分布及其地带性规律的初步探讨［C］//中国科学院兰州冰川冻土研究所．中国地理学会中国土木工程学会第二届全国冻土学术会议论文选集．兰州：甘肃人民出版社，1983.

［288］许清海，陈淑英，孔昭宸，等．白洋淀地区全新世以来植被演替和气候变化初探［J］．植物生态学与地植物学学报，1988，12（2）：143－152.

［289］薛祥煦．陕西渭南——早更世哺乳动物群及其层位［J］．古脊椎动物与古人类，1981，19（1）：35－44.

［290］闫永定．萨拉乌苏组中的融冻褶曲［J］．冰川冻土，1982，4（3）：73－76.

［291］闫永定．陕西渭南北庄村冰碛层的质疑——对北庄村冰期的修订［J］．冰川冻土，1982，4（1）：70－83.

［292］严富华．吉林前树周家油坊一级阶地沉积物的孢粉分析及其意义［C］//中国第四纪研究委员会．第三届全国第四纪学术会议论文

集. 北京：科学出版社，1982：147－150.

［293］严富华，叶永英，麦学舜. 新疆罗布泊罗4井的孢粉组合及其意义［J］. 地震地质，1983，5（4）：75－84.

［294］严富华，麦学舜，叶永英. 据花粉分析试论郑州大河村遗址的地质时代和形成环境［J］. 地震地质，1986，8（1）：69－75.

［295］严钦尚. 大兴安岭附近冰川地形［J］. 地质学报，1952，32（1/2）：1－14.

［296］严钦尚. 大兴安岭一带冰川地形［J］. 地质论评，1951（1）：49－50.

［297］严阵，温恒录. 东秦岭第四纪冰川遗迹［G］//中国第四纪研究委员会，中国第四纪冰川研究工作中心联络组. 中国第四纪冰川遗迹研究文集. 北京：科学出版社，135－146.

［298］杨海峰，贾彧彰，苏宝敦. 周口店北京人遗址［M］. 北京：中国人事出版社，2004.

［299］杨怀仁. 诺敏河流域的冰川地形［J］. 南京大学学报（自然科学版），1955（1）：95－109.

［300］杨怀仁，徐馨. 中国东部第四纪自然环境的演变［J］. 南京大学学报（自然科学版），1980（1）：121－144.

［301］杨怀仁，杨森沅. 长江下游第四纪冰川及冰缘沉积［J］. 中国第四纪研究，1958，1（1）：238－243.

［302］杨怀仁，杨森沅. 长江下游第四纪的冰缘现象［J］. 中国第四纪研究，1958，1（2）：141－154.

［303］杨怀仁，邱淑彰. 东天山最近一次冰期以来的冰川进退及其在气候波动上的意义［C］//中国地理学会地貌专业委员会. 中国地理学会1961年地貌学术讨论会论文摘要. 北京：科学出版社，1962：128－129.

［304］杨怀仁，邱淑彰. 乌鲁木齐河上游第四纪冰川与冰后期气候波动［J］. 地理学报，1965，31（3）：149－211.

[305] 杨怀仁，徐馨．中国第四纪古气候与古环境 [G]//杨怀仁．第四纪冰川与第四纪地质文集：第二集．北京：地质出版社，1985：89－103.

[306] 杨怀仁．中国末次冰期的古气候 [J]．第四纪冰川与第四纪地质，1998（5）：22－40.

[307] 杨怀仁．中国晚第四纪古环境的特征及其影响因素 [J]．第四纪冰川与第四纪地质，1998（5）：14－21.

[308] 杨惠秋，江德昕．青海湖盆地第四纪孢粉组合及其地层意义 [J]．地理学报，1965，31（4）：321－335.

[309] 杨蕉文，陈学林．浙南沿海地区全新世孢粉组合及其意义 [J]．华东师范大学学报（自然科学版），1982（3）：71－79.

[310] 杨景春，孙建中，李树德，等．大同盆地古冰楔（砂楔）和晚更新世自然环境 [J]．地理科学，1983，3（4）：339－344.

[311] 杨启伦．我国海洋地质发展现状和展望 [M]//中国地质学会．2000年的中国研究资料（第6集）·地质科学现状、差距及展望．北京：中国科协2000年的中国研究办公室，1984：148－154.

[312] 杨启伦，叶开祥．我国海洋地质科学的发展 [J]．地质论评，1982，28（6）：585－590.

[313] 杨振京，刘志明，张俊牌，等．银川盆地中更新世以来的孢粉记录及古气候研究 [J]．海洋地质与第四纪地质，2001，21（3）：43－49.

[314] 杨子赓，林和茂．中国近海及沿海地区第四纪进程与事件 [M]．北京：海洋出版社，1989.

[315] 杨子赓，李幼军，丁秋玲，等．试论河北平原东部第四纪地质几个基本问题 [J]．地质学报，1979，53（4）：263－279.

[316] 叶永英．江苏启东第四纪晚期沉积物的孢粉分析及其意义 [C] //中国第四纪研究委员会．第三届全国第四纪学术会议论文集．北京：科学出版社，1982：151－154.

［317］尹达．新石器时代［M］．北京：生活·读书·新知三联书店，1955.

［318］俞建章，谢宇平，刘翰．大兴安岭东坡的第四纪冰川［G］//中国第四纪研究委员会，中国第四纪冰川研究工作中心联络组．中国第四纪冰川遗迹研究文集．北京：科学出版社，1964：85－100.

［319］袁复礼，杜恒俭．中国新生代生物地层学［M］．北京：地质出版，1984.

［320］袁疆，袁刚，袁杨，等．西北科学考察的先行者——地学家袁复礼的足迹［M］．北京：新华出版社，2007.

［321］袁振新．云南元谋人化石产地的综合研究［G］//中国科学院古脊椎动物与古人类研究所．古人类论文集．北京：科学出版社，1978：94－100.

［322］岳乐平，薛祥煦．中国黄土古地磁学［M］．北京：地质出版社，1996.

［323］张嘉尔．长江下游晚冰期孢粉组合和气候回暖问题［C］//中国地理学会冰川冻土分会，中国科学院兰州冰川冻土研究所．中国第四纪冰川冰缘学术讨论文集．北京：科学出版社，1985：175－179.

［324］张俊牌，童敏，王书兵，等．太白山芳香寺剖面孢粉记录的古气候重建［J］．地质力学学报，2001，7（4）：315－421.

［325］张林源．我国东部晚更新世冻土南界［G］//中国地理学会地貌与第四纪专业委员会．地貌及第四纪研究进展．北京：测绘出版社，1991：55－59.

［326］张林源．关于我国云杉、冷杉孢粉组合的古气候意义之商榷［C］//中国地理学会冰川冻土分会，中国科学院兰州冰川冻土研究所．中国第四纪冰川冰缘学术讨论会文集．北京：科学出版社，1985：129－137.

［327］张树维．第四纪末次冰期晚期芜湖地区古植被与古气候演变［C］//中国地理学会冰川冻土分会，中国科学院兰州冰川冻土研究所．

中国第四纪冰川冰缘学术讨论会文集. 北京：科学出版社，1985：172－179.

［328］张玉芳，张俊牌，徐建明. 黄河源区距今13万年来古气候演化［J］. 地质力学学报，1998，4（4）：69－75.

［329］张之恒. 中国考古通论［M］. 南京：南京大学出版社，1991.

［330］张子斌，王丁，丁嘉贤. 北京地区一万三千年来自然环境的演变［J］. 地质科学，1981（3）：259－268.

［331］张宗祜. 中国黄土［M］. 北京：地质出版社，1989.

［332］吉林省地理研究所沼泽研究室孢粉组. 哈尔滨黄山剖面的孢粉组合及古气候探讨［G］//地理集刊（1）：三江平原沼泽专辑. 长春：吉林省地理研究所，1976：109－112.

［333］赵良政. 九江庐山地区第四纪地层及早更新世早期冰川发育的证据［J］. 兰州大学学报，1983（丛刊）.

［334］赵叔松. 中国晚更新世海平面变化研究的进展［M］//国际地质对比计划第200号项目中国工作组. 中国海平面变化. 北京：海洋出版社，1986.

［335］赵松龄. 晚更新世末期中国陆架沙漠化及其衍生沉积的研究［J］. 海洋与湖沼，1991，22（3）：285－291.

［336］赵松龄. 陆架沙漠化［M］. 北京：海洋出版社，1996.

［337］赵希涛. 中国海洋演变研究［M］. 福州：福建科学技术出版社，1984.

［338］赵希涛，郭旭东，高福清. 珠穆朗玛峰地区第四纪地层［G］//中国科学院西藏科学考察队. 珠穆朗玛峰地区科学考察报告（1966～1968）·第四纪地质. 北京：科学出版社，1976：1－28.

［339］赵希涛，杨达源. 全球海面变化［M］. 北京：科学出版社，1992.

［340］赵希涛. 中国海面变化［M］. 济南：山东科学技术出版社，

1996.

[341] 郑本兴．希夏邦马峰地区冰后期冰川进退的阶段性特征[G]//中国希夏邦马峰登山队科学考察队．希夏邦马峰地区科学考察报告．北京：科学出版社，1982：177－191.

[342] 郑本兴，施雅风．珠穆朗玛峰地区第四纪冰期探讨[G]//中国科学院西藏科学考察队．珠穆朗玛峰地区科学考察报告（1966～1968）·第四纪地质．北京：科学出版社，1976：29－62.

[343] 中国地质学会第四纪冰川及第四纪地质专业委员会．我国第四纪冰川及第四纪地质学的成就与展望[J]．地质论评，1982，28（6）：581－586.

[344] 中国地质科学院地质力学研究所．中国第四纪冰川地质文集[G]．北京：地质出版社，1977.

[345] 中国第四纪冰川与环境研究中心，中国第四纪研究委员会．中国西部第四纪冰川与环境[M]．北京：科学出版社，1991.

[346] 中国第四纪研究委员会，中国第四纪冰川研究工作中心联络组．中国第四纪冰川遗迹研究文集[G]．北京：科学出版社，1964.

[347] 中国科学院《中国自然地理》编辑委员会．中国自然地理·地貌[M]．北京：科学出版社，1981.

[348] 中国科学院兰州冰川冻土研究所．中国冰川概论[M]．北京：科学出版社，1988.

[349] 中国科学院兰州冰川冻土研究所．青藏冻土研究论文集[G]．北京：科学出版社，1983.

[350] 中国科学院地理研究所冰川冻土研究室．青藏公路沿线冻土考察[M]．北京：科学出版社，1965.

[351] 中国科学院地质研究所孢粉分析组，同济大学海洋地质系孢粉分析室．第四纪孢粉分析与古环境[M]．北京：科学出版社，1984.

[352] 中国科学院高山冰雪利用研究队．祁连山现代冰川考察报告[G]．北京：科学出版社，1958.

[353] 中国科学院古脊椎动物与古人类研究所. 古人类论文集[G]. 北京：科学出版社，1978.

[354] 中国科学院贵阳地球化学研究所第四纪孢粉组、C^{14}组. 辽宁省南部一万年来自然环境的演变[J]. 中国科学，1977 (6)：603-614.

[355] 中国科学院青藏高原综合科学考察队. 西藏冰川[M]. 北京：科学出版社，1986.

[356] 中国科学院西藏科学考察队. 珠穆朗玛峰地区科学考察报告(1966~1968) ·现代冰川与地貌[G]. 北京：科学出版社，1975.

[357] 中国科学院西藏科学考察队. 珠穆朗玛峰地区科学考察报告(1966~1968) ·第四纪地质[G]. 北京：科学出版社，1975.

[358] 中国科学院植物研究所，地质部地质研究所新生代孢粉组. 陕西蓝田地区新生代古植物学的研究[C]//中国科学院古脊椎动物与古人类研究所. 陕西蓝田新生界现场会议论文集. 北京：科学出版社，1966：159-161.

[359] 中国社会科学院考古研究所. 新中国的考古发现和研究[M]. 北京：文物出版社，1984.

[360] 中国希夏邦马峰登山队科学考察队. 希夏邦马峰地区科学考察报告[G]. 北京：科学出版社，1982.

[361] 周昆叔. 对北京市附近两个埋藏泥炭沼的调查及其孢粉分析[J]. 第四纪研究. 1965，4 (1)：118-142.

[362] 周昆叔，严富华，叶永英. 花粉分析法及其在考古中的应用[J]. 考古，1975 (1)：65-71.

[363] 周昆叔，梁秀龙，刘瑞玲. 初论我国黄土的古气候[C]//中国第四纪研究委员会. 第三届全国第四纪学术会议论文集. 北京：科学出版社，1982：134-138.

[364] 周昆叔. 花粉分析与环境考古[M]. 北京：学苑出版社，2002.

[365] 周昆叔，巩启明. 环境考古研究（第一辑）[M]. 北京：科

学出版社，1991.

［366］周昆叔，莫多闻．环境考古研究（第三辑）［M］.北京：科学出版社，2006.

［367］周昆叔，宋豫秦．环境考古研究（第二辑）［M］.北京：科学出版社，2000.

［368］周昆叔．根据花粉分析的资料探讨珠穆朗玛峰地区第四纪古地理的一些问题［G］//中国科学院西藏科学考察队．珠穆朗玛峰地区科学考察报告（1966～1968）·第四纪地质．北京：科学出版社，1976：79－92.

［369］周昆叔，陈硕民，叶永英，等．吉林省敦化地区沼泽的调查及其花粉分析［J］.地质科学，1977（2）：129－139.

［370］周昆叔，严富华，梁秀龙，等．北京平原第四纪晚期花粉分析及其意义［J］.地质科学，1978（1）：57－66.

［371］周昆叔．内蒙古萨拉乌苏河流域冰缘期的划分及其意义［G］//中国第四纪研究委员会全新世分会，陕西省地震局．史前地震与第四纪地质文集．西安：陕西科学技术出版社，1982.

［372］周慕林．庐山有第四纪泥石流吗？［J］.自然辩证法通讯，1982，4（2）：40－42.

［373］周慕林．论“红崖冰期”［C］//中国第四纪研究委员会．第三届全国第四纪学术会议论文集．北京：科学出版社，1982：295－295.

［374］周尚哲，李吉均，李世杰．青藏高原更新世冰川再认识［M］//中国第四纪冰川与环境研究中心，中国第四纪研究委员会．中国西部第四纪冰川与环境．北京：科学出版社，1991：67－74.

［375］周廷儒．中国东部第四纪冰川作用的探讨［C］//中国第四纪研究委员会．第三届全国第四纪学术会议论文集．北京：科学出版社，1982：162－175.

［376］周幼吾．多年冻土［M］//中国科学院《中国自然地理》编辑委员会．中国自然地理·地貌．北京：科学出版社，1980：255－269.

［377］周幼吾，郭东信，邱国庆，等. 中国冻土［M］. 北京：科学出版社，2000.

［378］周幼吾，杜榕桓. 青藏高原冻土初步考察［J］. 科学通报，1963（2）：60－73.

［379］周幼吾，郭东信. 我国多年冻土的主要特征［J］. 冰川冻土，1982，4（1）：1－19，95－96.

［380］周幼吾，王银学，高兴旺，等. 我国东北部冻土温度和分布与气候变暖［J］. 冰川冻土，1996（增刊）：139－147.

［381］朱诚，谢志仁，李枫，等. 全球变化科学导论［M］. 北京：科学出版社，2012.

［382］朱大岗，赵希涛，孟宪刚，等. 西藏纳木错扎弄淌剖面1000年以来的沉积间断和环境变化记录［J］. 地质力学学报，2003，9（4）：355－362.

［383］朱俊亭. 小唐古拉山的冰川现象［J］. 地质知识，1957（9）：32－34.

［384］朱显谟. 关于黄土层中红层问题的讨论［J］. 第四纪研究，1958，1（1）：74－82.

［385］朱永其，李承伊，曾成开，等. 关于东海大陆架晚更新世最低海面［J］. 科学通报，1979（7）：317－320.

［386］朱育新，薛滨，羊向东，等. 江汉平原沔城M_1孔的沉积特征与古环境重建［J］. 地质力学学报，1977，3（4）：77－84.

［387］竺可桢. 中国历史上气候之变迁［J］. 东方杂志. 1925，22（3）：84－100.

［388］竺可桢. 历史时代世界气候的波动［N］. 光明日报，1961－4－27/28. 人民日报，1961－5－2. 气象学报，1962－31（4）.

［389］竺可桢. 中国近五千年来气候变迁的初步研究［J］. 考古学报，1972（1）：15－38.

第三篇　中国现代地理学
（1949年以后）

第一章　中国现代地理学发展综述

第一节　中国现代地理学发展概述

20世纪50年代初，地理学者绝大多数仍集中在高等学校。中国科学院在筹建期间，竺可桢力主设置地理研究所，主要研究与农业有关的地理问题，旋即接收原教育部中国地理研究所留在南京的人员与设备，在南京筹备建立专业地理研究机构，由竺可桢任筹备处主任，黄秉维、周立三主持所务，1953年建成，当时在筹备处工作的地理学家有罗开富、曾世英、周廷儒、方俊、李春芬、吴传钧等20多位。1956年自然资源综合考察委员会成立，地理学队伍进一步扩大，考察工作的组织也更有效。根据为社会主义生产建设服务的方针和客观形势的需要，先后有计划地开展了一些较有影响的工作。但是，由于种种原因，在1949年后相当长的一段时间内，基本上是将在资本主义发展过程中形成和发展起来的近代地理学与资产阶级反动科学完全等同起来，一概加以否定和摒弃。苏联地理学的理论、方法和主要研究方向在这个时期占据着我国地理学研究的统治地位。尤其是把地理学分割成自然地理学和经济地理学两门独立的学科，割裂了自然和人文现象的客观联系，把人文现象的研究局限在经济上的生产配置这一狭隘的范畴，出现了人文地理学和经济地理学一衰一盛完全不同的局面。

1949年以后的半个多世纪，地理学得到很大发展，高等院校地理院（系）和省级以上地理研究机构达到200多个，全国从事地理教育和研究的人数达到20多万，有两院院士20多位。中国地理学会会员扩展到20000多人，地理学术核心期刊 20 多种，加上与地理学有较密切关系的学术期刊有 60 多种。与此同时，地理学本身发生了专业分化，出现了数十个第二级、第三级分支学科。在全国范围内，地理学一级学科博士点 10 多个，二级学科博士点 70 多个。今天的中国地理学已经建立了独特和相当完整的学科体系，地理学家组织和参与完成了国家一系列重大科学研究任务，为国家决策和社会发展提供了重要的科学支撑，产生了巨大的效益。中国地理学的影响已经超出了专业的界限，得到了国家和社会的高度认可。

中国地理学会上海分会成立大会（1952 年 11 月 16 日）

北京朝阳区大屯路 917 大楼，
中国科学院地理研究所所址（1964～1999 年）

几十年来，我国现代地理学的发展大致可以概括为1958年以前、1958～1965年、1966～1977年、1978年～1999年和2000年以后5个时期。在中华人民共和国建国初期，竺可桢率领一批地理学家，把握学科发展方向和国家需求，在机构建设、学科方向、人才配备和人才培养等方面做出了一系列具有重大影响的决定和措施。中国科学院地理研究所正式成立，在全国一些重点院校建立地理学系。1956年开始制定具有重要历史意义的十二年科学技术发展规划。在竺可桢、黄秉维领导下制定的地理学科发展规划充分体现了我国地理学发展要为国家建设服务的方向和以“任务带学科”的方针，突出的重点是为农业服务。在这个阶段我国地理学取得了具有历史意义的成就。1950～1958年，8年的工作在规模上远远超过以往的30年，研究考察的足迹遍及全国大多数省区。在各分支学科中，气候学、土壤地理学有不少进展，地貌学、植物地理学、农业地理学、地图学有显著提高，水文地理学、动物地理学、综合自然地理学、工业地理学也已具备一些基础。大部分研究工作是着眼于解决生产与建设中的问题，使地理工作者与决策者及人民群众之间有较多的联系和共同语言。研究人员在参加各地区综合考察及其他考察研究中，获得了大量涉及国内许多地方的第一手资料，提出了不少对经济建设有意义的意见和建议。1958年后的一段时间，地理研究机构迅速发展。这一时期，

1958年，朱德委员长视察中国科学院地理研究所

部分研究包括在较大地区考察和全国性工作之中，而相当多的研究是短期而分散的研究课题。全国性的工作有国家大地图集中的《中华人民共和国自然地图集》与中国农业区划。1958年至1966年间，地理学各分支学科都在实际工作中得到应用和发展。过去未曾开展的领域，如冰川、冻土、风沙、湖泊、沼泽、泥石流、滑坡等成为研究人员经常研究的对象。地表水分热量平衡与化学元素迁移变化的研究也建立了工作基础。传统的自然地理研究取得资料的方法是野外考察、收集常规记录和统计，对自然过程的了解往往比较肤浅。20世纪50年代已认识到实验的重要性，但直到20世纪60年代才开展这一方向的研究。1966年至1977年的10年间，研究工作又大多停顿，只有西藏综合科学考察和珠穆朗玛峰科学考察还继续进行。新开展的有中国自然地理、中国农业地理、喀喇昆仑山巴托拉冰川、若干地区的冻土问题、泥石流、季风气候、南亚气候、地区工业条件和布局、地图与外国地理等方面的研究。还有引发克山病和大骨节病的地理环境、水体污染、海洋气候、小流域最大洪峰径流估算方法、天山公路雪害、土面增温剂的应用、遥感资料的收集和应用等。1978年以后，尤其是1979年12月底至1980年1月初，中国地理学会第四次会员代表大会暨1979年综合学术年会在广州召开，此次会议具有里程碑意义。李旭旦、吴传钧等在会上提出“复兴人文地理学”，影响深远。伴随着改革开放，各国地理学的先进理论、方法逐渐被引入我国，加之数学计量方法、计算机和航空航天遥感等新技术逐步推广应用，中国现代地理学进入了一个新阶段。除大型全国性的研究工作外，许多区域性和专题性的研究工作全面展开，地理学各分支学科得到较好的发展。中国地理界积极参与国际学术交流与合作，很多研究工作已和国际接轨，并得到了国外同行的赞许和好评。20 世纪 80 年代初到 90 年代，中国科学院和若干所大学的几百名地理工作者走上黄淮海“主战场”，开展了黄淮海平原治理与农业开发的实践，体现了地理科学研究面向国民经济主战场的方向。国土开发、区域发展和城市化研究，GIS 和遥感技术应用得到大力发展。1999 年，中国科学院地理研究所与中国科学院自然资源综合考察委员会合并组建中国科学院地理科学与资源研究所。2000 年以后，中国地理学逐步进入一个新的阶段，其大背景是全球环境的变化和我国经济与社会大规模的迅速发展。我国地理学者重视和把握地理学的国际前沿，国家有关部门加大投入，水资源与水环境、对地观测、生态经济、灾害防治、资源经济与战略、城镇化与生态功能区规划等新学科领域和新方向的建设得到加强，学科发展精彩纷呈。

北京朝阳区大屯路甲 11 号，
中国科学院地理科学与资源研究所所址（2000～　年）

第二节 外国近代地理学者对中国现代地理研究的影响[1]

近代地理学第一代创建人李希霍芬（Ferdinand von Richthofen，1833—1905），创建近代地理学的代表作便是《中国：个人旅行的成果和在这个基础上的研究》（*China: Ergebnisse eigener Reisen und darauf gegründte Studien*），共五集，于1877～1912年先后出版，这使中国的地理研究成为全球近代地理学创建的重要组成部分。其他如俄国近代地理学的创建者谢苗诺夫-天山斯基（Семёнов - Тяншанский П. П.，1827—1914）、美国近代地理学创建人之一亨廷顿（Ellsworth Huntington，1876—1947），以及斯文·赫定（Sven Anders Hedin，1865—1952）、罗士培（Percy Maude Roxby，1880—1947）和奥布鲁切夫（Владимир Афаранасьевич Обручев，1863—1956）曾先后来华考察，发表了不少关于中国的著作，对中国地理研究产生了很大影响。

鸦片战争后，西方资本主义国家出于对中国进行侵略的目的，派遣了不少地质地理学家对中国进行考察，如美国地质学家庞佩利（Raphael Pumpelly，1837—1923），著有《1862～1865年在中国、蒙古、日本的地质调查》和《穿过美洲和亚洲》，1904～1905年他再度来华时，同行者有戴维斯（William Morris Davis，1850—1934）和亨廷顿；1903～1904年美国地质学家维里士（B. Willis）考察中国七个省区，1907年出版了《中国地质研究》。俄国则有普尔热瓦尔斯基（Н. М. Пржевальский）、

〔1〕参见本书第一篇第一章第二节地学知识的传播与影响。

奥布鲁切夫、科兹洛夫先后多次对中国的东北、华北、西北进行考察，著有一系列著作，但由于中国地学学者很少有人精通俄文，故这些著作对中国地学发展影响相对较小。法国在攫取印度支那半岛作为其殖民地后，对毗邻的中国西南，尤其是对云南进行了一系列的考察，如勒克莱尔（M. A. Leclerc）、兰登诺（H. Lantennois）、戴普拉（J. Deprat）的考察。英国对西藏和云南，也进行了一系列的考察，如 1903 年麦克唐纳（D. Macdonald）对西藏的考察，1907 ~ 1910 年布朗（J. C. Brown）对云南的多次考察，海登（H. H. Hayden）和布拉德（S. G. Burrard）合著了《西藏地理地质志》。日本军国主义对侵略中国早已处心积虑，有许多日本学者到中国进行考察，考察时间久，地区范围和考察内容均非常广。日本驻俄外交官西德二郎 1886 年到新疆考察，著有《中亚纪事》；1896 年福岛安正到阿尔泰山考察。马关条约签订后，更多的日本学者到中国进行考察。如 1902 年日本净土真宗西本愿寺长老大吉光瑞在英国伦敦组织了考察团，窃取了我国西北和西藏地区许多情报和极其珍贵的文物；日俄战争之前，京都大学著名学者小川琢治已对东北南部进行地质调查；日俄战争之后至 1910 年的 5 年间，横山又次郎、小藤文次郎等先后到东北进行地质考察；1910 年至 1931 年间以小仓为主，对东北进行了系统地质调查等。

与此同时，还有一批外国学者受聘来华任教，如美国学者葛利普（Amadeus William Grabau，1870—1946）担任北京大学教授和北平地质调查所古生物学研究室主任达 26 年之久。1929 年德国学者克勒脱纳（Wilhelm Credner）创办中山大学地理系，1931 年又聘请卞莎（Wolfgang Panzer）任教 3 年。

1923～1929 年美国学者葛德石（George Babcock Cressey）受聘执教于上海沪江大学，并利用假期开展系统考察，著有在国内外影响广泛的《中国地理基础》一书。在他的苦心经营下，沪江大学地质地理系不断壮大，成为当时中国不多的地学系之一。奥地利籍德裔学者费思孟（Hermaun Von Wissmann）于 20 世纪 30 年代担任中央大学教授，等等。他们的许多学生后来都成为我国当代著名的地理学家。

总之，在 20 世纪前后约 60 年间，美、欧、日等资本主义国家派出的一些近代地理学的创建者来华虽然动机不一，却培养了一批地理学者，撰写了一些高水平的地质地理学著作，促进了近代地理学在中国的产生和发展，对现代中国地理学也产生了很大影响。

第三节　张相文和竺可桢对发展中国现代地理学的贡献

中日甲午战争失败后，中国的一些先进人物开始认识到地理学在国外资本主义产生、形成中的巨大作用，中国要摆脱列强的侵略和掠夺，必须走富国强兵之路，了解世界各国的发展态势，调查清楚国内的资源和配置，探讨经济发展的战略，这种爱国思想为中国科学地理学奠定了产生和发展的思想基础。中国近代地理学的奠基人——张相文，就是这样走上终生致力于地理研究道路的（张天麟，1981）。

张相文（1866—1933），字蔚西，号沌谷，生于江苏沌阳。他早年执教于上海南洋公学、天津北洋女子高等学校。张相文生活的时代正值我国屡遭帝国主义列强侵略瓜分的时代，也是中国传统科学向现代科学转型、学术发展较为活跃的历史时期。他及时把握时代潮流，为推动我国以现象描述为主的旧地理学向以探求规律、成因为主的现代地理学转型做出了独特贡献。他敦促了综合地理学思想的形成与发展，倡议并贯彻了“学以致用”的地理学思想。他曾就水土保持、风沙防治、土壤改良、河流治理、地区开发、水陆交通等实践性很强的问题进行了详细论述。这些至今对地理学发展仍有启发意义。作为20世纪中国地理学的奠基人，1901年出版《初等地理教科书》和《中等本国地理教科书》，1908年出版《地文学》，1909年出版《最新地质学教科书》。作为中国第一个地理教师和第一个出版从中学到大学地理教科书的作者，正是他开拓了中国地理教育。《地文学》一书的内容包括星界、陆界、水界、气界、生物界5篇，较世界近代地理学第二代创建人之一的马东（Emmanuel de Martonne，1873—1955）的《自然地理专论》（*Traite de Geographie Physique*），在时间上早一年问世，在内容上马东只有无机四界，而张氏则既有无机四界，又有有机生物界，是20世纪初自然地理学上的一个重要创举（林超，1994）。张氏的奠基作用除了教育和著述外，还创立了中国地学第一个学术团体——中国地学会，1909年9月28日在天津成立（其后迁设北京），张相文被选为首任会长。1910年创办了中国地学第一个学术刊物——《地学杂志》，有力地推动了我国地理学的发展（林超，1994）。

张相文

（1866—1933）

竺可桢（1890—1974），浙江上虞人，字藕舫。1918年在美国哈佛大学研究院获得博士学位。1928年任中央研究院气象研究所所长，1935 年当选中央研究院评议员，1948 年被选为中央研究院院士，1955 年被选为中国科学院院士。1949 年 11 月中国科学院成立后，担任该院副院长、生物地学部主任、地学部主任、综合考察委员会主任等职。1929 年当选为中国气象学会会长。1949 年后还长期担任中国气象学会理事长、名誉理事长及中国地理学会理事长等职务。1966 年被选为罗马尼亚科学院院士。在长达 1/4 个世纪里，他领导着中国地理事业，为国家的社会主义建设做出了杰出的贡献。

竺可桢

（1890—1974）

竺可桢是中国现代地理学的奠基人。1921 年他出任国立东南大学地学系主任。作为一个新型的学系，竺可桢亲自讲授地学通论、气象学、世界地理、世界气候等课程，他亲自编撰的《地学通论》讲义是第一份地学课程讲义。在他的培养下，当时在东南大学授业的胡焕庸、张其昀、王庸、朱炳海等都对我国现代地理学的发展做出过重要的贡献。竺可桢被公认为我国地理学界和气象学界的一代宗师。

竺可桢从事科学研究，以与农业生产密切相关的气象学开始，其中尤以台风问题为先。以后逐步扩大至气候区划、自然区划、气候变迁、物候学，乃至于自然条件与自然资源综合考察等领域，在理论上和研究方法上建树颇多。五六十年来，他的一些学术观点经久不衰。特别是 20 世纪 50 年代以来，他明确提出，地理学研究要密切联系实际，尤其要为农业生产服务。在他的领导和推动下，中国地理学有了长足的发展，走出单纯描述的圈子，努力为国民经济发展和社会进步服务。竺可桢关于地理学的科学论著和各类文章有100多篇，凡是比较重要的都已经被收入科学出版社出版的《竺可桢文集》中。

竺可桢根据我国热量和降水量的分布，将农业气候分析和气候区划及自然区划研究紧密联系起来。1931年他在气象资料不足的情况下，按照简单明确、与天然区域符合以及和大气环流相一致的原则，将全国划分为8个气候区域。这项开创性工作为以后的中国气候区划和自然区划研究打下了基础，至今仍有一定科学意义。竺可桢认为自然区划工作必须也能够为农业生产服务。在他的力主下，中国综合自然区划以气候因素为主，各带的划分主要是气候带的划分。在20世纪50年代进行的自然区划工作中，地理学界讨论得最热烈的问题之一是亚热带的划分。竺可桢认为亚热带是热带和温带之间的过渡带，必须反映自然地理现象的连续过渡性。反映竺可桢上述学术成果的《中国的亚热带》一文是中国自然区划研究的经典著作之一。

气候变迁是竺可桢毕生研究最多的领域之一。他从20世纪20年代开始研究，持之以恒，不断深化，成为我国这个研究领域的创始人。他利用古代文献、诗词、日记、地方志中关于气象、物候的描述，各种自然灾害的记载，加上对太阳黑子、极光和彗星等天象的记录，对比分析后开拓出一条学术思想新颖、研究方法不同的探索历史上气候变化的途径，其研究结论与采取同位素和孢粉测年方法进行研究所得的结论基本一致。《中国近五千年来气候变迁的初步研究》集中了50年气候变迁研究成果之大成。竺可桢在这方面提出的规律性认识，较之由美国学者霍普金斯（A. D. Hopkins）提出的霍普金斯物候定律，又增加了新内容。

竺可桢是中国现代物候学的创始人。1920年他执教于南京师范学堂时就开始亲自观测南京的物候。1931 年，当物候观测资料已经积累了九年时，他开始理性地考虑在中国开展物候学研究，撰文讲述现代物候研究的理论与方法。这一时期竺可桢在物候学研究领域的理论探讨和实践活动，是中国现代物候学的发轫。此后的四十余年间，他身体力行，一直热心于观测和研究周围动植物物候。在所留下的 800 余万字的日记中，他几乎每天都在醒目的位置记述当日物候。这些资料本身就是极为珍贵的物候观测数据。他与宛敏渭合著的《物候学》，是新中国发行量最大的科技书籍之一。该书首版于 1963 年，之后数次再版，对传播和普及物候学知识起到了非常重要的推动作用。虽然我国科学的物候观测较欧洲晚近 200 年，但由于高瞻远瞩，他于 20 世纪 20 ~ 30 年代在物候领域的科学实践使我国在现代物候研究及应用上基本与欧洲和北美同步。由于数据优势，在历史时期物候研究方面，我国则超越欧美，属世界领先。竺可桢运用辩证唯物主义的观点，论述了生物个体内因和外因的关系，强调内因是物候变化的根据。他和宛敏渭合著的《物候学》中，以《一年中生物物候推动的原动力》做专门的一章加以论述，从生理学、遗传学角度讨论了物候变化的奥秘。在当今全球变暖的背景下，生物物候及其与气候变化之间的关系受到当前学术界的高度关注。

竺可桢是我国自然资源综合考察研究的奠基人，为摸清中国国情、认识我国自然特点、探索利用改造途径做出了杰出的贡献。竺可桢认为："综合考察工作只有积极地配合和围绕国家的重要中心任务，才能顺利地进行。"他认为综合考察不仅要到边远地区去取得第一手资料，更重要的是对这些材料进行系统、综合研究，在认识自然的基础上去有效地利用自然资

地理工作者参加2005年由水利部组织的水保考察

源。他还一再强调：必须将自然界作为一个整体来研究，在统一规划下进行开发；土地利用必须因地制宜，不能各行其是。例如，治理黄土高原水土流失，必须采取农林牧水综合措施；坡度在35度以上不能发展种植业；在干旱地区，必须根据灌溉条件的可能来扩大耕地。20世纪50年代以后，我国第一个具有真正意义的、方向任务明确的综合考察队，应是1955年成立的黄河中游水土保持考察队。竺可桢从就任中国科学院副院长之初，鉴于黄河流域在我国的突出重要性，就主张地理、土壤等研究所要把黄河流域作为其工作重点之一，如地理所在筹备期间就派人进行了黄河中游峡谷的地貌与水文调查和黄泛区的土壤与农业调查。1953年，与水利部商定共同组成一支黄河水土保持工作队，邀请各有关部门专家在当年做短时间的野外考察。在此基础上，1954年他参加了为期20余天的黄河中游地区考察。1955年初，中国科学院正式成立了黄河中游水土保持综合考察队，开始进行长达4年的全面普查、区划研究和典型地区调查与治理规划工作。1955年4月，又鉴于综合考察事业有日益开展的趋势，中国科学院常务会议讨论决定：为了更好地组织领导我国的综合科学考察工作，中国科学院准备成立综合调查工作委员会。同年6月郭沫若院长在学部成立大会上的报告中正式提出中国科学院将成立综合考察工作委员会，以协助院长、院务会议领导综合调查研究工作，当年年底经国务院批准成立，竺可桢任主任。

1955年竺可桢（左2）率水土保持检查组赴山西检查考察工作（左3为黄秉维）

竺可桢的两篇论文《论我国气候的若干特点及其与粮食作物生产的关系》（1964）和《中国近五千年来气候变迁的初步研究》（1972）是中国地理学现代化的标志，也是全球现代地理学具代表性的著作。这两篇文章阐明了由于气候条件的限制，粮食作物的产量是有限的，这是客观规律，人类活动只能适应而不能漠视自然，这就是最早的全球可持续发展思想的萌芽。竺可桢研究人类参与下的气候变迁规律，这是全球环境变化、气候变化、生物圈变化研究的先导，也是理论的高层突破。直到今天，它仍然在中国全球环境变化研究中占据重要地位。

竺可桢对研究自然科学史和历代科学家情有独钟，目的是弘扬优秀的中国古代文化和科学研究方法，激励后人的爱国主义精神。他曾评述过宋代沈括（1031—1095）和明代徐霞客（1587—1641）对推动中国近代地学研究所做出的贡献。竺可桢在 1965 年亲自收集资料，撰写魏格纳（1880—1930）小传，除了宣传魏格纳献身科学的英勇精神外，还论述了由魏格纳提出的大陆漂移学说，指出该学说经过一段时间的沉寂后，由于古地磁研究而兴起，又对此给予肯定的评价。

竺可桢在提倡地理学密切结合生产实际的同时，又提倡不同学科之间互相交叉，引进数理化的理论和方法，大力推动地理学科的发展。1959 年，他倡议修建沙风洞实验室，以流体力学理论来观测研究风沙移动规律。以后，地理学逐步走上了实验科学的道路。他还强调在定位观测的基础上，“加强定性和定量相结合的分析，用最新的科学成就和仪器设备把地理科学武装起来”。在他主持下，以中国科学院五个地理研究所为骨干，加上部门和地方上的地理研究单位，1966 年前在中国就基本上形成了各有特色、分工明确的地理学研究体系。这些研究单位的建立和发展，成为我国地理学 20 世纪 50 年代以后快速发展的标志。竺可桢还十分注意培养年轻人才，早在 20 世纪 50 年代出访苏联时，就指示当时中国留学生以冰川冻土为学习方向，他鼓励并支持青年人参加高山研究，为不断拓宽地理学研究内容储备人才。

就全球范围而言，20 世纪的地理学是发展与危机共存。所谓发展包括第二次世界大战前的分化，即地理学分支学科的创建，以及第二次世界大战后由相关科学引进新理论以及遥感技术和计算机技术在地理学中的应用引发的研究方法革命而出现的现代化。而危机则是战后地理学的分化造成的综合性和区域性的削弱，以及百年来应用研究的止步不前。竺可桢洞察全球地理学发展态势，认为“地理学是研究地理环境的形成、发展与区域分异及生产布局的科学。它具有鲜明的地域性与综合性特点，同时具有明显的实践作用，与国民经济建设的各个部门有着极为密切的关系”。他还认为“综合研究应当成为地理学发展的主要方向，只有这样才能发挥地理学综合性、地域性的特点，为社会主义建设做出自己独特的贡献”。他还特别指出：“近代科学虽然愈分愈细，但因为学科研究对象——客观世界却是辩证统一体。一个学科是可以从本学科的特殊角度来讨论问题，然而最终必须归结到一个目标，即合乎客观世界的运动变化规律。”这使中国地理学避免了国外近代地理学的危机。

第四节　1949 年前促进中国现代地理学发展的其他代表人物及其学术贡献

1949 年以前，中央大学、中山大学、浙江大学和北平师范大学是中国地理教育和科学研究的中心。黄国璋、张其昀、胡焕庸、顾颉刚、曾世英、吴尚时是继竺可桢之后，我国地理科学的第二代创建人。他们对中国地理学都有许多开创性的业绩，如胡焕庸、黄国璋、张其昀于 1929 年共同在中央大学理学院创办第一个地理学系；1934 年他们与翁文灏、竺可桢等一起创建中国地理学会，出版《地理学报》；1940 年，朱家骅利用中英庚子赔款在重庆创办了中国第一个专业地理学研究机构——中国地理研究所，黄国璋任所长。

黄国璋（1896—1966），湖南湘乡人，字海平。1926 年赴美，先后入耶鲁大学理学研究院和芝加哥大学地理系学习，获理学硕士学位，1928 年归国。于 20 世纪 30 年代初转赴北京，积极参与和领导中国地学会，出任北平（京）师范大学地理系主任，抗战时在西安出任西北联合大学（今西北大学前身）地理系主任，并曾任中国地理研究所首任所长。他领导组织了汉中盆地地理考察和嘉陵江流域地理考察，派员参加西北史地考察，开创了中国地理科学考察的先河。中华人民共和国成立后，院系调整转到西安师范学院（今陕西师范大学）任系主任。黄国璋倡导地理学研究的区域地理方向，将之作为开展工作的方针。在《地理学之对象及任务》（中国地理研究所，《地理》杂志1卷2期）一文中，他曾系统阐述了这一基本思想，指出：地理学乃以地域之观点，将纷然杂陈之地表景物加以分析，依据其形态性质、机能及配列，分别归纳成各种统一而综合之景观，就各景观之分布范围、考察其内部之相互关系，再与其他区域作比较之研究，同时更进而推究各景观发展之程序。又说："地理学之最终任务即所谓地域个性之认识。"黄国璋在人文地理学方面的代表性论著有《社会的地理基础》《我国国防与地理》《中国地形区域》《爪哇低纬农业的研究》等。他特别重视边疆地理的研究，其成果在20世纪50年代后的中苏、中蒙、中印、中越、中缅边界谈判中，均发挥了参考作用。

黄国璋
（1896—1966）

张其昀（1901—1985），字晓峰，浙江鄞县（现为宁波市鄞州区）人。1923年毕业于南京高等师范学校史地学系。先后任职于商务印书馆（上海）、中央大学、浙江大学，任1934年成立的中国地理学会总干事与同年出版发行的《地理学报》总编辑，1935年被选为中央研究院第一届评议会评议员，

1936 年创建浙江大学文学院史地系并出任系主任，同时创办史地学部，史地教育研究室和师范学院史地学系，首次将教学与研究结合起来，又首创地理学的研究生培养制度。1962 年他在台北开始筹建中国文化大学。张其昀是一个地学、史学、哲学皆有很高造诣的学者。在地理学中，他既是教育家，又是研究家。中国当代许多著名地理学家皆是他的学生，中国近现代科学的人文地理学、政治地理学、文化地理学、历史地理学、旅游地理学、方志地理学、区域地理学等皆由他首先引进或创建。张其昀一生发表各种论著 2045 篇（部），早期的地理学代表作有：全套《中学地理教科书》（商务印书馆，1927 年以前编纂）、《人生地理学教科书》（1926）、《人地学论丛》（1932）。他去台湾后代表作有《中国地理学研究》（1955）、《中国地理大纲》（1963）、《政治地理学》（1965）、《中国经济地理》（1959）、《新方志学举隅》（1955）、《中国区域志》（甲、乙两篇各二册，1958）等。从 1961 年起至 1978 年他投入到学术巨著《中华五千年史》的编著，在完成九册后，嘱咐其学生完成其未竟的 23 册的写作。他一生编纂了《中等本国地图集》与《中国地形图》等教学用地图。晚年则编绘出了标准的《中国地图集》和《世界地图集》等地图。张其昀对世界地理学的发展十分了解和熟悉，翻译著作甚多，其中美国学者鲍曼（Isaiah Bowman）的《战后新世界》（*The New World*）和法国学者白吕纳（Jean Brunhes，1869—1930）著的社会科学史丛书《人生地理学》（*The History of Social Sciences Series*：*Human Geography*）两部译著影响最大。

胡焕庸（1901—1998），江苏宜兴人。1923 年夏毕业于南京高等师范学校（东南大学前身）。1926 ~ 1928 年留学法国巴黎大学和法兰西学院学习自然地理和人文地理。1928 年出任东南大学（当年改名中央大学）史地系教授，1930 年出任新建地理系主任，1943 ~ 1944 年任中央大学教务长，1946 ~ 1947 年应美国马里兰大学地理系聘任为研究教授，1943 ~ 1949 年任中国地理学会理事长。1934 ~ 1936 年，胡焕庸先后发表了一系列有关人口地理的论文，开创了国人对人口地理学系统研究的先声。这些论文一反前人偏重人口数字之推求，绝少注意地理背景的做法，转而高度重视地理环境的研究和农业生产对于人口分布的显著影响，开创了国内对人口地理学系统研究的先声。其中《中国人口之分布》一文，包括文中所创制的全国第一张人口（等值线）密度图和所发现的一条人口地理分界线，集中反映了他的学术观点。该文在深入分析全国第一张人口密度图所提供的直观图象时发现了一条人口地理分界线，即爱辉（现黑河）-腾冲直线：直线以东的中国东部，其面积占全国的 36%，而人口却占全国总人口的 96%；直线以西的中国西部，其面积占全国的 64%，人口约占全国总人口的 4%。由于该直线的科学性和客观性，虽经历了半个世纪，至今此线依然起着作用。根据 1990 年全国人口普查数据，爱辉-腾冲直线以东和以西的人口所占百分比为 94.2% 和 5.8%，与 1933 年相比仅有 1.8 个百分点的增减。胡焕庸划定的这条人口分布线被国内外学者广为引用，甚至被称为“胡焕庸线”。论文《中国之农产区域》也是当时国内首创之作，是继《中国人口之分布》之后的姊妹篇，具有很高的科学参考价值。

顾颉刚（1893—1980），江苏苏州人。1913 年入北京大学预科，1915 年入北京大学哲学系，1920 年毕业留校。1926 年后先后任教于厦门大学、中山大学、燕京大学。抗日战争期间还任教于昆明云南大学、成都齐鲁大学、重庆中央大学、上海复旦大学。他是中国近代历史地理研究的开拓者和奠基人。侯仁之、谭其骧、史念海早年均受其惠泽。早在1928年他就编写了《中国古代地理研究讲义》（中山大学图书馆丛书），他对我国两部古代地理著作《禹贡》和《山海经》的研究对中国历史地理研究产生了深远的影响。由于他的恢复研究为后人的研究工作奠定了基础，后人才有可能通过比较研究弄清《禹贡》以后由于地理环境自身的变化和先民们的生产、生活活动对地理环境的认识、利用、改造所造成的地理环境变化的变化规律。他于1934年发表的《〈五藏山经〉试探》（《史学论丛》，北京大学潜社）中，认为《山海经》中《山经》的写作时代要早于《禹贡》，对于揭开《山海经》的真实内容及其学术价值有重要意义。1934年他与谭其骧共同发起组织“禹贡学会”，出任理事长，出版《禹贡》半月刊，倡导历史地理和边疆地理的研究，并由此培养了我国最早的历史地理学人才。

顾颉刚
（1893—1980）

《禹贡》

顾颉刚是我国著名的沿革地理学者。《两汉州制考》（《庆祝蔡元培先生六十五岁论文集》，1933）是1931年他与谭其骧、张福来讨论“汉代十三州问题”和“九族问题”时编写的讲义，后将《汉十三州考》改名为《两汉州制考》。1934年他在《禹贡》创刊号上发表《古史中地域的扩张》，1936年与史念海合作编著《中国疆域沿革史》，1953年与他人合编了《中国历史地图》，1955年《中国历史地图（古史部分）》（陈清泉等，1985）出版。1949年后，他任中国科学院历史研究所研究员，担任《资治通鉴》校点工作的总校，陆续发表研究古史和历史地理的文章，还完成了《廿四史》校点出版总其成的重任。

曾世英（1899—1994），江苏常熟人。1919年毕业于苏州工业专门学校土木科。后曾在天津顺直水利委员会任技师和绘图室主任，继后又在中央地质调查所参与《申报》地图的编制，并勘察川广铁路线。1935～1936年赴美国锡拉丘兹大学研究生院留学航测专业，并到北美及欧洲13个国家考察地图制图。1944～1946年奉派去美国任陆军制图局顾问及资源委员会驻纽约技术团成员。1949年至1959年间，主要任解放日报舆图部负责人、新华地图出版社社长、地图出版社副总编辑等职，为地图出版事业做出了重要贡献。1959年至去世前，他一直在国家测绘局测绘科学研究所（后改为中国测绘科学研究院）工作。历任副总编辑、副所长、研究员、地名研究所名誉所长等职。这一时期他作为现代中国地名学的开拓者，从事中国少数民族语地名和外国地名的汉字译写规范化研究以及地名工具书的编辑。1980年他积极发起和参与“继续编纂和公开出版国家大地图集”的提案并兼任该图集总编纂委员会副主任，对推动国家地图的编制出版起到了重要作用。

曾世英所编绘的《申报》地图集是我国第一本根据实测资料、按等高线、运用分层设色法绘制的现代化地图集，早在

20 世纪 30 年代出版时就得到了很高的评价。其著作还有《中国实测经纬度成果汇编》《中国地名拼写法研究》《地名学论稿》《曾世英论文选》等。特别是在地名正名、中国地名罗马字母拼写标准化、汉语方言区地名用字规范化、地名学理论研究等方面，他发表了一系列颇具影响的论文。

吴尚时（1904—1947），字一龙，广东开平人。1928 年毕业于中山大学英文系，1929 年赴法就读于里昂大学地理系，1932 年转格朗劳布（Granoble）大学，1934 年在波尔多（Bordeaux）大学研究生毕业，获法国国家硕士学位。同年他被聘为中山大学地理学教授，1939 ~ 1945 年任该系主任。1946 年受聘为岭南大学历史政治系教授。地貌学是吴尚时建树最多的领域。1937 年 5 月 14 日在广州七星岗发现海蚀平台地形，并肯定这是距今五六千年的古海岸遗址，为广州地区的沧海桑田提供有力证据，之后为中外地学界所公认；1947 年与弟子曾昭璇发表论文《珠江三角洲》，肯定珠江三角洲的存在，提出珠江三角洲溺谷生成学说，圆满地解决了长期争论不休的珠江三角洲形成地貌学问题；1947 年发表《中国之山脉概论》，首创中国山脉“一带三弧”分布论，即以昆仑山-秦岭为轴线，包括蒙古弧、藏滇弧和华南弧组成中国山脉分布规律和基本格局；最先提出中国地形从东北大兴安岭到西南滇南谷地一线，可划分为西北与东南两大部分，此线即为“中华对角线”，指出两大部分非地带性差异大于南北地带性差异；1947 年与曾昭璇共同发表《南岭何在》论文，指出南岭实为一群山地，而不是传统认为的一条山脉，后为地理界广泛认可，今已采用“南岭山地”概念；1939 年发表论文《广东南路地形》，第一次指出琼州海峡是地史上最近一次地层陷落的产物。湛江湖光岩为死火山口积水成湖，澄清了法国人称湖光岩为“奇湖”的模糊概念，首次提示湖光岩成因；1941 年为《广东年鉴》撰写《广东地形》章节，第一次将广东划分为十大地形区，成为 1949 年后广东地貌区划的基础。吴尚时是中国水文地理学最早倡导者之一。1937 年和 1940 年将法国地理学者巴台尔（Maurice Parde）的论文《江河的流量》和《江河之水文》一书翻译成中文，使这一学科逐渐在中国建立起理论和方法；1935 年提出广州市区东濠潦患治理方案，解决困扰广州市民生的一个重大难题；1937 年发表《关于（顺德）甘竹炸滩的意见》，否定炸滩。由于这一认识，20 世纪 50 年代后我国得以在甘竹滩建造中国唯一一个低水头潮差发电站。吴尚时对区域气候研究也有颇多建树，1944 年与弟子何大章合著的《广东省之气候》是中国第一部大区域气候专著。该书科学地阐明了广东季风气候特征与分类，并划分为海南岛区、粤北区、粤中适渡区、东北部粤东沿海区及西南部雷阳沿海区 5 个气候区。在区域地理方面，吴尚时擅于视自然与人文为一体，将之归于区域、归于生产。吴尚时对华南、云南做过多项区域研究，1947 年与曾昭璇合作发表论文《广东南路》，该论文被认为是抗日战争时期中国地理学重要成果之一。在填图和制图学方面，1934 年他从广州地形图上发现白云东麓断层崖，1937 年从地图上判断出粤闽浙很多河道为典型横谷，这些都为后来的地质调查所验证。1941 年领导和组织编制《广东政治经济挂图》6 幅，《广东省分县地图册》108 幅，撰写 50 万文字说明，是广东历史上规模最大的一项制图工程。吴尚时是将西方近代地理学介绍到中国的最早学者之一，除上述水文地理著作外，1939 年至 1944 年间与诸弟子合译法国地理学者马东（Emmanuel de Martonne）《自然地理学》的水文篇、地形篇、气候篇以及其他一些论著。遗憾的是，吴尚时英年早逝，未能对20世纪50年代以后的中国地理学产生更为深刻的影响。

人地关系是地理学研究的核心，人类社会和地理环境到底怎样发生关系，人们的认识是各不相同的。德、美学者更加倾重地理环境，无论是环境决定论，还是二元论和适应论，都认为地理环境对人类社会的影响无处不在，自然的力量是无法抵御抗拒的，人类只能想尽办法去适应；苏联学者更加倾重于人类社会，认为地理环境既可被了解和认识，还可被利用和改造，对地理环境决定论、人口论进行批判，甚至完全漠视地理环境在人类社会发展中的应有作用；而法国由维达尔（Paul Vidal de la Blache，1845—1918）创立，并由白吕纳、马东（1873—1955）、德孟雄（Albert Demangeon，1872—1940）等人继承的人地关系或然论或可能论，强调两者关系的相互作用和相互影响，张其昀、胡焕庸、吴尚时都倾向于法国的人地相关论并对其加以传扬，使中国近代地理学避免走两个极端的弯路。

此外，翁文灏（1889—1971）于1934年与竺可桢、张其昀等共同发起成立中国地理学会，翁文灏出任会长，1937年又出任理事长，直到1943年。他首先提出“中国地大物不博”的观点，先后发表了《中国地理区域及其人文意义》《中国人口分布与土地利用》《中国东南部进一步的建设》等人文地理著作，至于自然地理方面的研究则更多。丁文江（1887—1936）是中国科学地质学的主要开拓者之一，是中国地学会最早的会员之一，又是中国地理学会的创建人之一。其所著

《扬子江下游之地质》，是研究芜湖以下长江下游和三角洲的权威地质地貌学著作；1923 年在《科学》杂志上发表了《关于中国人文地理》，他是我国最早引入“人文地理”一词的学者。丁文江、翁文灏、曾世英共同编制的《中华民国新地图》（1934）是中国近代地理学发展初期的重要成果，他们都对中国现代地理学产生了不同程度的影响。

第五节　中国现代地理学发展的独特道路[1]

20 世纪 50 年代以来，中国地理学走过了一条独特的发展道路。国家重视和引导地理学的发展。在很长时间内，遵循着科学理论来源于科学实践的思想，学者们十分重视野外考察和调查研究。国家在每一个发展时期制定的国民经济和社会发展规划、科学技术发展规划都指引了地理学的发展。根据中国的广阔幅员和特殊的自然和经济基础，从 20 世纪 50 年代初开始，国家就重视作为基础性和应用性都很强的地理学的地位。在中国科学院建立了综合性的地理研究机构和有地区特色的专业性地理学研究机构。1978 年后，我国在综合性大学和师范类院校建立的研究机构更多。20 世纪 80 年代我国人文地理学复兴被国家写入第六个五年计划，这促进了地理学应用方向的发展，旅游地理、城市地理、区域地理、世界地理等学科得到发展。地理信息系统在全社会得到广泛应用，这推动了地球信息科学在我国的发展，使地球信息科学体系建立起来。

“以任务带学科”是现代地理学发展的一条基本经验。地

〔1〕 本节内容主要引自陆大道著的《向 100 年来为国家和人类做出贡献的地理学家致敬——纪念“中国地理学会”成立 100 周年》，该文发表于《地理学报》，2009 年第 63 卷第 10 期。

理学家组织和参与完成了国家一系列重大的关于我国自然结构和国家发展的综合性研究任务，包括大规模的地区综合考察、综合自然区划、全国农业区划、黄淮海平原的综合治理、全国国土综合开发和整治规划、大区域的发展战略和区域可持续发展等。在这个过程中，研究方向和研究问题明确，各学科之间开展合作具有成效。大量的研究成果充分体现了应用价值和科学水平，成为我国地理学理论发展的科学实践源泉，成为诸多分支学科发展和形成的基本动力。这为国家和社会提供了大量的建议和科学资料，在经济发展和社会发展等实践中产生了巨大的经济效益和社会效益，彰显出我国地理学的方向和价值。

大型综合性研究及其成果的系统总结使理论研究在一系列重要领域中取得突出的进展。主要是：通过实验研究在农田生态系统的水分循环和水盐运动规律及其与作物生长关系方面，在环境生物地球化学、环境背景值和环境健康方面，在地域分异规律与中国自然地理区划、土地类型与土地利用、区域自然地理和农业区划、地域生产综合体与区位理论和空间结构理论方面，在青藏高原隆起及其影响，在专题地图学和综合制图的理论方面等。近些年我国在地球表层系统理论、全球环境变化及其区域响应和区域可持续发展以及生活化城市地理等领域的理论探讨中也取得进展。20 世纪 50～60 年代，黄秉维提出水热平衡、化学元素迁移和生物地理群落这三个自然地理学的新方向。学术思想比当前全球变化研究中逐渐获得共识的地球生物化学循环和地球系统科学的思想约早 30 年。

在从实践中总结理论和发展理论的同时，研究人员编撰出版了一系列大型学术著作（图集）。这些专著和图集在建立我国地理学理论体系、积累地理学研究资料和向社会宣传大量的地理学研究成果方面起到了重要作用。最突出的有：《中国自然地理》系列专著、《中华地理志》、《中国自然地图集》、《中国土地利用图》、《中国经济地图集》、《中国人口地图集》、《中国农业地理丛书》、《中国人文地理丛书》等。

《中国自然地理》系列著作

在中国现代地理学的发展历程中，有一批具有远见卓识的杰出地理学家的引导，一代代地理学家站在学科发展的前沿，在机构建设、人才培养和研究方向、重大研究主题等方面开拓和引领了我国地理学的发展道路。一大批杰出地理学家在诸多专业领域和特殊类型区域的研究方面在完成空白的基础上做出了突出贡献，起到了重要的奠基和领军作用。

中国现代地理学走过了光辉的历程，中国地理学的影响日益扩大，特别是在决策应用方面的价值得到大大提高。地理学研究工作促进了中国自然条件的合理利用，地理学的方法逐步为社会所了解和应用，地理学的成就在愈来愈大的程度上为社会所认同。

参考文献

[1] 陈清泉，苏双碧，李桂海等．中国史学家评传［M］. 郑州：中州古籍出版社，1985.

[2] 国家自然科学基金委员会. 自然科学学科发展战略调研报告·地理科学［M］. 北京：科学出版社，1995.

[3] 胡焕庸．胡焕庸人口地理选集［M］. 北京：中国财政经济出版社，1990.

[4] 黄秉维．当代中国丛书·当代中国地理学［M］. 北京：当代中国出版社，1994.

[5] 林超．中国现代地理学萌芽时期的张相文和中国地学会［J］. 自然科学史研究，1982，1（2）：150 – 159.

[6] 刘盛佳．地理学思想史［M］. 武汉：华中师范大学出版社，1990.

[7] 陆大道．向 100 年来为国家和人类做出贡献的地理学家致敬——纪念“中国地理学会”成立 100 周年［J］. 地理学报，2009，64（10）：1155 – 1163.

[8] 钱伟长，孙鸿烈 . 20 世纪中国知名科学家学术成就概览——地学卷（地理学分册）［M］. 北京：科学出版社，2010.

[9] 司徒尚纪．吴尚时［M］. 广州：广东人民出版社，1995.

[10] 吴传钧 . 20 世纪中国学术大典·地理学［M］. 福州：福建教育出版社，2002.

[11] 杨吾扬．地理学思想简史［M］. 北京：高等教育出版社，1998.

[12] 张天麟．张相文对中国地理学发展的贡献——纪念“中国地学会”成立七十周年［J］. 历史地理，1981（创刊号）：203.

[13] 郑度，杨勤业 . 20 世纪的中国地理学［J］. 科学，2010，62（1）：39 – 44.

［14］中国科学技术协会，中国地理学会．地理科学学科发展报告［M］．北京：中国科学技术出版社，2007.

［15］郭扬等．中国地理学会大事记（1909—1993年）［J］．地理学报，1994，49（增刊）.

［16］竺可桢．竺可桢文集［M］．北京：科学出版社，1979.

第二章　中国现代地理学的发展、特点及成就

第一节　中国现代地理学的发展阶段

20世纪50年代以后，我国现代地理学的发展大致可以概括为1958年以前、1958～1965年、1966～1977年、1978年～1999年和2000年以后5个时期。

1950年至1958年间我国研究者曾一度照搬苏联模式，按自然地理与经济地理新二元论观点发展地理学，这种情况持续了10多年。人文地理的大多数领域中断了30年的研究，严重影响了中国地理学的发展。这一时期的研究工作大体上可区分为3类：（1）参加西藏、华南和云南的热带、黄河中游、新疆、汉水、黑龙江、甘青等综合考察，并参加黄河规划；（2）编写中华地理志和拟定中国自然区划；（3）进行其他主要与水利、交通及农业有关的研究。这8年的工作，在规模上远远超过以往的30年，研究考察的足迹遍及全国大多数省区。在各分支学科中，气候学、土壤地理学有不少进展，地貌学、植物地理学、农业地理学、地图学有显著提高，水文地理学、动物地理学、综合自然地理学、工业地理学也已具备一些基础。这一时期的研究大部分是多学科性的集体研究，为不同专业之间交流

甘青队综合考察（1959年）

协作提供了较多机会。大部分研究工作是着眼于解决生产与建设中的问题，使地理工作者与决策者及人民群众之间有较多的联系和共同语言。研究人员在参加各地区综合考察及其他考察研究中获得了大量涉及国内许多地方的第一手资料，提出了不少对经济建设有意义的意见和建议。其中以新疆考察所取得的成就最为完整。在黄土高原的考察阐释了土壤侵蚀的类别、过程、地域差异与防治途径（黄秉维，1953），具有开拓意义。中国自然区划第一次针对农、林、牧、水等事业的需要，根据自然界的现代特征，完整地表现出中国的自然地带性（罗开富，1956）。中华经济地理则全面阐述了各大省区的工业、农业和交通。

1958 年后的一段时间里，地理研究机构发展迅速，其原因是计划经济建设极需了解当地的情况，地理学和地理研究工作具有较大的弹性，能在较短时间内取得所需资料，所需设备和经费也较少。这一时期，部分研究包括在较大地区的考察和全国性工作之中，而相当多的是短期而分散的研究课题。全国性的工作有国家大地图集中的《中华人民共和国自然地图集》与中国农业区划。前者以地图的形式展示全国的自然概貌，绝大多数图幅是当时中国地学、生物学的许多分支学科研究成果的权威性概括，设计和制图工艺达到了当时的国际水平。中国农业区划由中国科学院、中国农业科学院及有关部门协作进行。江苏省农业区划、广东省东莞县（现为东莞市）农业区划都对部署和发展农业生产发挥了良好的作用。全国及其他省区的农业区划研究虽中途停顿，但已有成果对 20 世纪 70 年代及以后的中国农业地理研究与中国农业区划研究仍然起了一定的作用。1958 年至 1966 年间，地理学各分支学科都在实际工作中得到应用和发展。过去未曾开展的领域，如冰川、冻土、风沙、湖泊、沼泽、泥石流、滑坡等成为经常研究的对象。地表水分热量平衡与化学元素迁移变化的研究也建立了工作基础。传统的自然地理研究取得资料的方法是野外考察、收集常规记录和统计，对自然过程的了解往往比较肤浅。在此期间，地理学研究方向不断拓展和深化，竺可桢倡导为农业服务的方向，为地理学的发展开拓了广阔的空间。黄秉维提出研究地表自然过程的三个新方向，即分别研究地表物理的、化学的和生物的自然过程，然后加以综合，这一思想比国际上的同类研究约早 30 年。他积极引入新思想、新技术和新方法，部署建立各类实验室和野外定位观察试验站，推动地理学的深化研究，开拓了实验地理学的方向。虽然 20 世纪 50 年代我国已认识到实验的重要性，但直到 60 年代才开展这一方向的研究。中国地理工作者向来缺乏这方面的素养，在相当长的一段时期内，曾为此付出了很大的代价。

1966 ~ 1977 年的 10 年间，研究工作大多停顿。只有西藏综合科学考察和珠穆朗玛峰科学考察继续进行。新开展的有中国自然地理、中国农业地理、喀喇昆仑山巴托拉冰川、若干地区的冻土问题、泥石流、季风气候、南亚气候、地区工业条件和布局、地图与外国地理等方面的研究。还有引发克山病、大骨节病的地理环境、水体污染、海洋气候、小流域最大洪峰径流估算方法、天山公路雪害、土面增温剂的应用、遥感资料的收集和应用等。

1978 年以后，情况发生了很大的变化，地理学的各分支领域得到了发展。1979 年，李旭旦、吴传钧提出“复兴人文地理学”，使中国人文地理学及其分支学科得以加快发展，并取得令人瞩目的成就。随着科学技术的进步，许多新的学科领域也逐步萌生，并得到发展。各国地理学的先进理论、方法逐渐被引入中国，加之数学计量方法、计算机和航空航天遥感等新技术逐步得到推广应用，中国现代地理学进入了一个新阶段。除大型全国性的研究工作，如中国自然地理与中国农业地理系列专著的编著，《1∶100 万土地类型图》《1∶100 万土地利用图》《1∶100 万土地资源图》等的编制外，许多区域性和专题性的研究工作都全面展开，如国家“八五”科技攻关项目“黄土高原综合考察与治理研究”，国家自然科学基金重点项目“黄河流域环境演变与水沙运行规律研究”（叶青超等，1994）。地理学各分支学科得到较好的发展。中国地理界积极参与国际学术交流与合作，很多研究工作已和国际接轨，并得到了国外同行的赞许和好评。

2000 年以后，中国地理学无论在科研方向的突破、研究手段的革新，还是对国家建设、对社会、对科学和教育的贡献方面都达到前所未有的程度。

第二节　中国现代地理学的研究成就概述[1]

自 1950 年起地理学结合国家与地方建设的需求和学科发展的需要，开展的研究工作和取得的主要成就大体如下。

一　区域综合科学考察与资源开发研究

区域考察和区域开发研究　20 世纪 50 年代中国科学院及国务院相关部门组织了对黑龙江流域、新疆、青甘、西藏、蒙

〔1〕 本节内容引自郑度、杨勤业的论文《20 世纪的中国地理学》，发表于《科学》2010 年第 62 卷第 1 期；郑度、杨勤业的论文《中国现代地理学研究与前瞻》，发表于《科学》2015 年第 67 卷第 4 期。

宁和西南等地区的综合科学考察，积累了丰富的第一手资料，改变了过去学科空白的状况。20 世纪 50～60 年代研究人员又先后组织了对黄河中游水土保持、云南与华南热带生物资源、南水北调、沙漠治理、宜农荒地与天然草地资源的综合科学考察，分别为相关区域自然环境与自然资源的评价与开发提供了重要的科学依据。20 世纪 80 年代研究人员组织了对南方山区、黄土高原、新疆和西南 4 大区域的综合科学考察，提出了不少有益的建议，为区域发展战略和规划的制订提供了重要的参考依据。

山间铃响考察队归来（南水北调）

20 世纪 50 年代起我国科学家进入了独立自主对青藏高原开展考察的新时期。研究人员先后对珠穆朗玛峰地区、西藏自治区、横断山区、喀喇昆仑山-昆仑山区和青海可可西里地区进行综合科学考察研究。20 世纪 90 年代起我国开展了国家攀登计划和国家基础研究发展计划中有关青藏高原研究的多个项目，在高原隆升与环境演化、高原气候、高原生物多样性、高原自然环境及其地域分异等领域取得了重要进展。

在横断山区采集植物标本

极地冰冻圈考察研究 20世纪80年代初，我国开始对极地进行考察研究。随着1984年在南极建立科学考察站，由我国自行组织的极地冰川学考察持续开展。20多年来，中国在南极洲开展了气象、生物、生态考察监测，进行冰川、地质、地貌、海洋等的研究，取得了世界瞩目的成就。近些年多次组织对北极地区开展考察，并开始了以北极黄河站为基地的斯瓦尔巴（Svalbard）群岛新奥尔松冰川变化监测。

国土开发、整治及其规划研究 在黄淮海平原的治理与开发工作、黄土高原地区综合治理开发研究、京津唐渤地区的国土开发与环境研究、东北三江平原的开发与治理等工作中，地理学家发挥了重要的作用。随着区域经济的快速发展和不合理的人类活动的影响，我国土地退化问题日趋严重。地理学家在土地退化过程及其恢复整治的工作中，提出了整治与修复的技术路线和措施，为水土保持与生态建设做出了积极的贡献。

20世纪80年代以来，地理学家在国土资源评价、国土开发战略、国土开发整治区划等方面起到骨干作用。地理学家最先开展我国国情研究，发表国情分析系列报告，提出了建立我国资源节约型的社会经济体系。在社会经济空间结构研究方面，提出了“点-轴系统”理论和我国国土开发、经济布局的“T”字型战略，这对国家相关规划与决策产生了重要影响。

二　基础地理工作与研究

编纂大型学术著作　20 世纪 50 年代我国投入大量人力编写《中华地理志》，积累了较为系统的资料。20 世纪 70 年代中国科学院组织编撰出版了《中国自然地理》丛书，在教学、科研和实践应用上发挥了重要的作用。由中国科学院倡议、组织编写出版了《中国农业地理丛书》；20 世纪 90 年代编撰出版了《中国人文地理丛书》。上述大型学术著作的编撰，在建立我国地理学理论体系、积累地理学研究资料和向社会宣传大量研究成果方面都起到了重要的作用。

自然区划与农业区划研究　中国科学院自然区划工作委员会分别对地貌、气候、水文、潜水、土壤、植被、动物和昆虫八大要素进行区划，连同综合自然区划共 9 册于 1959 年出版相关图书，详尽地揭示了中国地理地带性规律，此书成为相关部门查询、应用和研究的科学依据。地理学家在 20 世纪 60 年代进行农业区划的试点工作，自 1980 年起全国开展农业资源调查和农业区划工作。1981 年周立三等主持完成的《中国综合农业区划》成果，是农业区划工作的主体部分。

证书

获奖项目：

获奖单位：

奖励等级：

奖励日期：

《中国人口地图集》获奖证书

编制各种综合图集和专题图集　编撰完成的大型综合地理图集有《中华人民共和国自然地图集》和《中华人民共

和国国家农业地图集》等；编撰出版的许多全国性的专题地图集与区域性的综合地图集，内容涉及长江三峡生态与环境、全国地方病与环境以及自然保护等。《中国人口地图集》采用计算机制图技术与自主的软件系统，全面反映中国人口特征与分布规律。

三　定位观测试验与地理模拟实验研究

野外定位观测试验研究　1956 年在宁夏沙坡头建立了我国第一个野外定位观测试验站，研究包兰铁路沿线流动沙丘的治理问题，该项研究取得了显著的社会经济效果。中国科学院建立了沙漠、冰川、积雪、泥石流、滑坡、湖泊湿地、沼泽、土壤侵蚀与水土保持等定位观测试验站。研究者在全国不同自然地带建立的农田、草原、荒漠和森林等生态系统的定位观测试验站，表明现代地理学正逐步从静态现象的定性描述，转入动态过程的定量研究，深入了解各种自然过程的变化及影响因素，物质迁移和能量转化的机制、速率和强度，为实现地理预测提供了可靠的依据。1988 年中国科学院组建“中国生态系统研究网络”（CERN），要求网络内的生态站要具备长期观测、试验研究和示范推广的功能，最终实现服务于国家生态建设并为区域可持续发展提供科学基础的目标。

室内地理模拟实验与分析　从 20 世纪 60 年代初开始我国相继建立了水热平衡实验室、化学地理分析室，以及风洞、流水地貌、地表径流、坡地实验、孢粉分析等室内实验室。20 世纪 80 年代起，新建了微量元素分析、古地理与古环境（碳 14 实验室、树木年轮实验室、沉积环境实验室等）、泥石流地理学模型等实验室，以及涉及资源与环境信息系统、河口海岸、冻土工程、冰冻圈过程、沙漠与沙漠化、湖泊沉积与环境、地表过程分析与模拟、山地灾害等诸多领域的实验室。这些实验室提供了大量可靠的科学数据，为建设现代地理科学做出了不可磨灭的贡献。

20世纪80年代地理研究所流水地貌实验室

四 遥感与地理信息系统研究

20世纪50年代我国已有了规模化的航空摄影，并组织开展了航空相片判读分析的综合研究。20世纪70年代末中国科学院组织了腾冲航空遥感综合试验，并取得显著进展，为中国遥感技术的发展发挥了奠基的作用。20世纪80年代中、后期建立在中国科学院的遥感卫星接收站和遥感飞机系统，稳定地提供了各类航天航空对地观测数据，为地学研究和国土、农、林、水、环境、测绘等行业的应用奠定了信息基础。研究者开展了全国资源环境遥感调查和动态监测研究，为建立国家资源环境，特别是土地资源动态数据库和信息系统提供了完整的技术路线。在区域研究方面，建立了区域信息系统模型，并在农业资源调查、水库淹没损失、库区背景分析和自动制图等方面得到深入的应用。遥感、地理信息系统和全球卫星导航定位系统的应用是地理学研究现代化的重要标志。

第三节　现代自然地理学的发展及主要成果

虽然我国地理学思想渊源极早，但地理学作为一门系统学科传入我国主要是在20世纪20~30年代。20世纪50年代以后中国自然地理学进入快速发展时期。中国现代自然地理学，与地理学的其他领域相比较而言，取得的成就要大得多。20世纪初，张相文的《地文学》，虽是奠基之作，却是代表当时世界水平的著作。此后我国有一批到国外留学的地理学家，他们回国后开拓创新，对中国自然环境的总体特征以及一些自然地理的部门和地区进行研究，都有高水平的成果面世。加上地质学、气象学、水文学、土壤学、生物学学科间渗透研究的成果，中国自然地理的发展具有很好的条件。1949年以后的30年里，鉴于自然地理研究受到的干扰较小，一些原本从事人文地理研究的学者，为了减少受制，先后转入自然地理方面的研究，加强了自然地理的学科力量。

现代中国自然地理学的研究，主要是从综合自然地理角度构建的。“综合自然地理学”是我国学者1957年提出的新概念，并由林超用英文表达为“integrated physical geography”。它既不同于西方近代地理学中的自然地理学，强调地理事物和地理现象量的变化过程，而忽视化学过程、生物过程和人类活动在自然界中的作用与地位，也不同于苏联新二元论中的自然地理学（Земеведение 或 Физическая География），偏重于自然综合体的自然过程，忽视人类社会在自然过程中施加的影响。综合自然地理克服上述两种理论体系的不足，更加突出自然地理的综合性和地域性，具有更丰富的内涵，在科学和生活中起到了更大的作用。西方和苏联都把小区域自然地理研究称之为景观

（德语：Landschaftskunde），我国学者则称之为土地类型研究，这一概念没有理解的困难，而且国际上越来越多的人把地理学认知为人与地的学问，把土地一词理解为自然综合体、人类的生存空间，对20世纪特别是后半叶出现的有限的生存空间和不能完全控制的人口增长的矛盾，即人口、资源、环境与发展的协调关系的揭示，都具有极大的意义。

中国的综合自然地理学研究在古地理学、景观学和土地科学、现代自然地理过程以及区域自然地理学等领域均取得了显著进展。古地理学研究的突出成果可以《中国自然地理·古地理》（中国科学院《中国自然地理》编辑委员会，1984）为代表。黄秉维提出自然地理学要分别研究地表物理的、化学的和生物的自然过程，然后加以综合。物理过程包括风力作用、水力作用、地表水分和热量平衡，探索自然地带性规律；化学过程原以盐分平衡为开端，从水盐动态着手，后来转向与人体健康有关的地方病和环境保护研究，探索化学元素的迁移规律；生物过程探索生物与其环境之间的物质与能量变换，后与农业自然生产潜力相联系，发展为土壤-植物-大气连续体的综合研究。自20世纪60年代以来，在北京大屯、河北石家庄、衡水、甘肃民勤、山东德州开展的定点实验和观测研究，建立和发展了实验地理学，成为2000年以后中国生态系统研究网络实验研究的先驱。自20世纪50年代进行大、中比例尺的土地类型调查与制图，如在太湖东洞庭山的工作（陈述彭等，1958）。20世纪70年代末，赵松乔、林超等以土地类型为基础的土地资源、土地评价、土地利用、土地规划和土地管理决策的系统研究，已经全面发展为土地科学的系统研究。20世纪90年代以后，与全球环境变化研究相联系，土地利用、土地覆被变化研究日渐盛行。

20 世纪 50 年代开展江苏太湖东洞庭山土地利用研究

区域研究是自然地理学的传统，从综合观点分析阐明所研究区域的全部自然要素及其相互联系，探讨其形成、发展、结构和分布规律，综合分析区域之间的相互作用和联系，为发展规划提供科学依据。中国地理学家提出的“综合”思想和方法，既具有中国自己的特色，也与洪堡所开创的自然地理学辩证综合途径一致，与目前全球变化研究、地球系统科学、可持续发展研究等所强调的综合（integration）或集成（synthesis）不谋而合，获得了国际认可。

综合自然区划是全面认识自然的主要方法之一，在协调人口、资源、环境与经济发展方面具有重要意义。20 世纪 50 年代以前，我国完全没有按照自然综合体的发生发展与区域分异规律，拟定比较严密的原则和方法，并据此进行综合自然区划工作，更没有相关学科研究人员的共同参与。20 世纪 50 年代以后这种情况迅速得到改变。《中国综合自然区划（初稿）》

（中国科学院自然区划工作委员会，1959）按照生物气候原则，从复杂的自然条件中揭示了中国自然地理地带性规律，在理论和方法上均有很大的创新和突破，是我国较为详尽、系统的自然区划专著。林超（1954）、罗开富（1956）、任美锷（1961）、侯学煜（1963）、席承藩（1984）、赵松乔（1983）等也先后提出各种不同的全国自然区划方案。20 世纪 90 年代，研究者从生态建设与环境保护的需要出发，将生态系统观点、生态学原理和方法引入自然区划研究，特别是全球变化研究的兴起，需要自然区划作为研究基础。傅伯杰等（2001）、杨勤业等（1999）相继开展了生态区划研究。郑度等（2008）开展了生态地域系统研究。全国性的自然地理研究成果主要有：《中国自然地理》系列专著的《中国自然地理·总论》（1985），任美锷主编的《中国自然地理纲要》（1985）和《中国自然区域及开发整治》（1992），赵松乔撰写的 *Physical Geography of China*（1986），郑度主编的《中国生态地理区域系统研究》（2008）和《中国自然地理总论》（2015）等。这些研究成果为政府和社会提供了大量决策建议和科学依据，在国家建设中起到了独特而重要的作用，同时也提高了学科本身的应用价值和科学水平，促进了学科的发展。

区域性的自然地理研究基本上是在综合考察和大学区域自然地理教学上发展起来的。这方面的研究大致涉及下列内容：（1）从综合观点分析研究区域的自然地理要素及其相互作用，探讨其发生、发展、分布、结构等自然规律；（2）结合生产需要，从分析和评价自然资源着手，提出进一步开发、利用的途径和主要措施；（3）从分析和衡量不利自然条件（特别是旱涝、低温、盐碱、水土流失等自然灾害）出发，探讨防灾包产、控制改造的措施和途径；（4）对区域之间的各种相互联系、相互渗透等现象进行综合分析，为区域发展规划提供科学依据。这些研究成果，对于认识我国自然环境分异规律，掌握我国自然资源质量与数量及建立资源开发体系，合理布局我国的产业和进行自然环境保护，起到了良好的保障作用。区域研究成果丰硕，如20世纪50年代有与黄河中游水土保持相关的研究、华北平原土壤调查的综合研究、汉江及珠江流域规划的自然地理研究等。20世纪50年代以后，这方面的研究一直未间断，成果多按不同尺度的自然区或行政区进行阐述，如《西藏自然地理》（张荣祖等，1982）。

近代自然地理学创始人洪堡综合的、辩证的、比较的自然要素“编整”，被恩格斯誉为“打破19世纪保守自然观的六大缺口之一”。道库恰耶夫创立自然地带学说，把地理学由传统的描述引向空间分异和地域结构规律的探讨；马什第一个指出并分析了人类活动对自然环境的干预；戴维斯将进化论引入地理学；哈维从方法论高度总结了实证主义地理学；怀特提出开展自然资源、自然灾害和人类环境的综合研究；黄秉维提出自然地理学的三个新方向，并提出综合的思想和方法。所有这些自然地理学发展过程中的重大突破，不仅促进了科学认识的提升，也提高了自然地理学的学科地位和解决实际问题的能力（蔡运龙，2010）。整体而言，中国自然地理学已经从经验科学走向实验科学，从对宏观格局的研究走向微观过程和机理与宏观格局相结合的研究，从要素和过程的分离研究走向综合集成研究，取得多方面较好进展。作为可持续发展战略科学基础的自然地理学，过程研究将进一步朝微观深化和宏观综合两个方向发展，相邻学科之间的横向交叉、渗透和融合成为明显的趋势，应用领域不断拓展，实验与研究手段不断现代化。

自然地理的部门地理中，地貌学、气候学、水文地理学是发展比较成熟的分支学科。地貌学及其分支是中国地理学诞生之后的强项，许多著名地理学家都集中在地貌学领域中，如罗来兴、陈永宗等对黄土地貌的研究，陈述彭等对岩溶地貌的研究，朱震达等对沙漠地貌的研究，施雅风、李吉均等对冰川地貌的研究，黄锡畴等对沼泽地貌的研究，陈吉余等对河口地貌的研究，沈玉昌等对河谷地貌的研究，邢嘉明对平原地貌的研究，以及集中全国著名地貌学家编写的《中国地貌区划》(1959）等，都反映了我国地貌学研究的成就。这种情况与国际地理界，特别是英国地理学的发展有一些类同。特别是1958年以后，地貌学各个领域，如黄土地貌、河谷地貌、喀斯特地貌、冰川地貌、沙漠地貌、区域地貌、地貌分类、区划与制图等都有人专门从事研究工作，其后又开展地貌-气候关系研究，促使地貌学向专深方向发展。20世纪末，地貌学研究出现了一些新的趋势：（1）地貌现象的综合研究，如青藏高原隆起，这是构造地貌中的大事，还开展了高原隆起对大气环流产生的巨大影响以及对周围地区环境和人类活动的影响研究；出现了以综合为特点的山地研究，将山地的构造类型、形态特征、资源开发、生态保护、灾害防治、经济的可持续发展结合起来，并把山地与平地联系成一个互相作用的系统，开展物流、能流、信息流、人流的相互关系研究。这种研究与单纯的地貌学研究，有着根本的不同，表现在其综合性更强，这也是地理学本质特征的重要表现。（2）许多成果被世界承认。如青藏高原隆起造成大气环流演变，对黄土、黄河形成的影响；河流地貌中发现游荡河型和江心洲河型皆有地带性分布规律，古河道研究的突破性成果；喀斯特地貌中论证了峰丛和峰林间的演化关系并建立演化模式；冰川地貌中反对青藏高原第四纪大冰盖的假说；黄土地貌中推论的四个侵蚀期，推算出全新世中期黄河输沙量等；风沙地貌中对沙漠化的新认识，《中国沙漠概论（修订版）》（朱震达，1980）的出版以及古风成沙的研究；海岸地貌中有关海平面升降变化对地球表面环境影响研究等。（3）手段现代化。地貌学研究手段由原来的两脚量测、两眼观察、两手并用的简陋方法，到现在的遥感遥测制图与地理信息系统相结合，实验室实施与模拟，电脑多媒体技术应用，以及利用激光、红外、雷达等对地貌灾害的观测、预报、预警等，都显示了地貌学的巨大发展与进步。

气候学在20世纪上半叶，偏重于对气候要素的观测和分析，其中以气温和降水为主，既有单因素变化趋势分析，又有多因素的相关分析，基本上摸清了我国气候的一些基本规律，竺可桢、沈思屿、张宝堃、徐近之等，都做出了贡献。气候变迁及其研究由来已久，竺可桢的《南宋时期我国气候之揣测》（1925），就是最早的气候变迁研究，胡焕庸的《气候变迁说述要》以及丁文江、吕炯、周廷儒等对我国北方气候变旱的研究都有代表性。《中国近五千年来气候变迁的初步研究》（竺可桢，1973）集中了50年的气候变迁研究成果。竺可桢凭借资料将中国五千年来气候变化划分成考古时期（公元前3000～公元前1100年）、物候时期（公元前1100～公元1400年）、方志时期（公元1400～公元1900年）和仪器观测时期（公元1900年以来）。这种分段历史研究的方法，特别是对史前气候变化的研究，是比较罕见的。他认为中国五千年来的前两千年，黄河流域年平均温度比现在高出2℃，冬季温度高

3~5℃，与当今长江流域相似；后三千年气温曾有一系列波动，最低温度出现在公元前1000年、公元400年、公元1200年和公元1700年前后，大体上每隔400~800年发生一次变动，年平均温度变化范围为0.1~0.5℃。他认为，由于中国位于亚洲大陆东部，大陆性显著，大陆性从东到西增强。他以北京和南京为例，指出虽然两地纬度相差7度，但反映在物候上的差异，4月至5月要比3月至4月小。这是因为我国在3月至4月南北的温差比4月至5月要大。竺可桢在这方面提出的规律性认识，较之由美国学者霍普金斯（A. D. Hopkins）提出的霍普金斯物候定律，又增加了新内容。我国幅员广阔，各地气候既表现有很强的规律性，又有很强的变异性；既有全国的普遍性，又有地方的特殊性，所以气候的变迁频繁、影响大。因此，中国气候研究的80多年历史中，气候变迁研究始终居于主要的地位。全球气候研究计划（WCRP）、国际地圈生物圈计划（IGBP）和国际全球环境变化人文因素计划（IHDP），以及生物多样性计划（DIVERSITAS）相结合，成为其重要的内容，其趋势是：（1）对未来气候的预测，主要采取气候资料、古气候类比、随机、大气环流模式等方法，但还有不少问题有待解决；（2）气候变化引起的陆地生态系统变化，含温室气体、臭氧、水分利用、植被和自然保护等生态系统变化；（3）气候变化与社会经济关系。实际上是气候因子与非气候因子的相互影响和互相作用问题。2007年，由科学技术部、中国气象局、中国科学院等12个部门组织编写了第一部气候变化国家评估报告（《气候变化国家评估报告》编写委员会，2007）。2011年又编写了《第二次气候变化国家评估报告》。其核心目的是为制定国民经济和社会的长期发展战略提供科学决策依据，为中国参与气候变化领域的国际行动提供科技支撑，总结中国的气候变化科学研究成果并为未来的科学研究指出方向。

气候区划和地区气候研究，在中国部门自然地理中，成果最多，水平也颇高。竺可桢、涂长望、卢鋈等早在20世纪20～30年代皆已进行了全国性的气候区划研究。20世纪50年代中华地理志编辑部的《中国气候区划（草案）》和中国自然区划委员会的《中国气候区划（草稿）》，都坚持为农业生产服务的方针。争论比较大的问题是亚热带的概念和界线，既有中国学者与苏联专家的争论，也有中国学者内部的不同见解，争论持续了四十多年。竺可桢（1958）认为亚热带是热带和温带之间的过渡带，必须反映自然地理现象的连续过渡性。按照实用观点和发生观点，以积温4500～8000℃、最冷月的气温为2～16℃、无霜期240天至365天为主要划分指标，亚热带北界接近北纬34度，即淮河、秦岭、白龙江线直至东经104度，其南界横贯台湾的中部和雷州半岛的南部，即21°30′N～22°30′N。亚热带是一个气候上的概念，采用它可以说明许多自然地理现象，能更确切地反映中国自然界的过渡。亚热带的概念亦被自然区域的划分所采用，以便解决热带与温带逐渐过渡所产生的困难，来缓冲和弥补某些缺陷，从而可以更准确地刻画自然界的这种渐变（杨勤业等，2006）。地区气候研究既包括全国，也包括区域、省、市、区。全国的有《中国气候概论》（竺可桢、卢鋈，1936），《中国气候图集》（卢鋈，1946），《中国的气候》（陈世训，1957），《中国气候》（朱炳海，1962），《中国气候》（张家诚、林之光，1985）。《东北之气候》（张其昀，1931）、《黄河流域之气候》（胡焕庸，1936）、

《台湾之气候》（李式金，1948）等皆是较重要的区域气候著作。城市气候研究起始甚早，《南京之气候》（竺可桢，1927）、《北平之气候》（黄厦千，1929）等，当时是利用城市气象台站规范科学的观测资料进行研究的。20 世纪 90 年代以后的城市气候研究，是围绕城市气候的热岛效应，进行类型、成因、下垫面和规划研究，如对北京、上海、广州、天津的研究。

干湿气候区划是气候学、地理学、生态学、农学等学科的重要研究内容，广泛应用于气候区划、自然区划、生态区划以及气候变化等领域。近百年来，国内外学者曾提出过许多干湿气候等级体系、划分干湿气候的指标及计算方法。1954 年，张宝堃、朱岗昆以谢良尼诺夫的水热系数为依据，修订了大于 10℃的积温与同期降水量之比的计算公式，根据国情假定秦岭-淮河一带的可能蒸发量与降水量接近平衡，对照其他自然景观，确定系数为 0. 16，并将分子分母做了互换，称作干燥度。1965 年卢其尧等用沙什科的干燥度指标把全国分为潮期、湿期、旱期和干期，并进一步根据干湿期的地域分布和季节变化规律，把全国分为潮湿区、湿润区、半湿润区、半干旱区、干旱区和干燥区。同年，钱纪良等用年可能蒸发量与年降水量的比值划分全国干湿气候区。1984 年，《中国自然地理》系列专著气候分册的中国气候区划由陈咸吉完成。其中，干湿气候区用年干燥度系数作为指标进行划分。1997 年，慈龙骏等在中国荒漠化范围界定的研究中，根据联合国的定义，用年降水量与可能蒸散量之比作为指标，确定了中国荒漠化的潜在发生范围。2001 年，丁一汇等用夏季三个月的平均气温与同期总降水量之比，乘以系数 17. 5，作为划分中国西北地区干湿气候区的指标。

20世纪60年代，左大康开拓了太阳辐射研究，探讨了中国地区的太阳辐射特征，确定了中国地区全年和各月晴天太阳辐射的纬度带值，绘制了太阳总辐射分布图，讨论了它的时空分布规律。他和他的同事最早研究了东亚地区地球-大气系统和大气的辐射平衡，编著了《地球表层辐射研究》（左大康等，1991）一书，指出利用先进科学手段研究太阳辐射的途径。

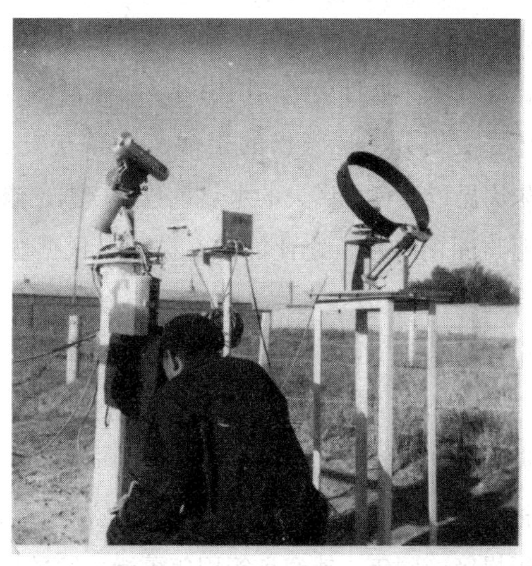

1979年，在青海格尔木进行辐射观测

我国地理学中现代水文学研究始于20世纪30年代末，以吴尚时的译著《江河之水文》为起始。20世纪50年代初，谢家泽、钱宁、施成熙等对水文学的研究，郭敬辉、罗开富对水文地理学和水文区划的系统研究，为推动我国水文研究做出巨大的贡献。20世纪50年代中期以后，以河流水文为主的水文研究迅速发展，包括边远地区河流水文调查与全国水文区划的研究。20 世纪 60 年代以后，从河流水文（包括河口水文）逐渐扩大到其他陆地水体，包括冰川、湖泊与沼泽水文与水文过程（如泥石流、洪水与森林水文影响等）的研究。同时，水文实验（包括定位半定位实验）相继发展。20 世纪 70 年代，特别是 80 年代以来，水资源问题与环境水文研究得以迅速发展。20 世纪 80 年代中期以后，“人与水”和涉及全球变化的水文研究开始兴起。近 30 多年来，水文学的地理方向成为水文地理学发展的主要趋势，《水文学的地理研究方向与发展趋势》（郭敬辉、刘昌明，1984），《我国水文地理研究工作进展》（刘昌明，1984）是其开始，强调水文地理学与普通水文学、水文工程学、水文地质学的科学分工。水文地理学开展了 6 个领域的研究：（1）水循环与水平衡。既在全球宏观尺度上，又在小区域微观尺度上开展研究。全球在人类活动参与下的环境变迁，国际地圈生物圈计划（IGPB）强调界面过程研究，力图把描述全球物理气候系统的总循环模型（GCMS）与全球水循环模型相耦合。（2）区域水文与水资源。淡水是人类生存的必需品，古往今来很少出现短缺不足的现象，时至今日区域水的供支平衡难以维持，且已不是个别现象。近年来水资源的研究已引起人们广泛的注意。研究者对城市、边远地区及重大跨流域调水工程尤为关注，并取得不少成果，如关于我国干旱区水资源开发利用的研究（汤奇成等，1989），关于全国水资源的评价（国家水利部，1987）等。（3）冰川、湖沼水文。我国高山冰川和全国各地湖泊、沼泽，是陆地水资源的宝库，总计面积为 17.76×10^4 平方千米，约占全国总面积的 1.85% 。冰川储量为 51322×10^8 立方米，融水年径流量为 563×10^8 立方米；湖泊年贮水量为 7088×10^8 立方米。然而冰川、湖泊和沼泽都处于变化之中，总的趋势是面积减小、储量减少、水质变差，生态环境遭到破坏。如何保护、开发水资源，都是近年来的研究热点。关于亚洲中部湖泊近期变化的研究（杨川德等，1993），为中亚湖泊水资源利用提供了科学依据。（4）水文过程和环境水文。前者着重产流、汇流的模型和降水、地表水、地下水、土壤水、植物叶面水的水量转化；后者着重环境变化造成的水量、水质变化。在我国平原地区，研究者开展了降水、地表水与地下水的“三水转化”研究，考虑到土壤水，称为“四水转化”，再进一步联系到植物水分，称为“五水转化”，这是研究工作的一种循序渐进、从简单到复杂的过程。这方面的研究采用了系统的观点和演绎方法，使水量转化过程的理论得到了进一步的发展。这些进展表现出研究者对水文过程研究的全面概括和预见性，揭示出界面水文研究的前景，同时也丰富了自然地理过程的理论。（5）实验水文，主要是实验手段和研究方法的建设。（6）实践应用研究，是水文研究服务社会、经济和人民生活的重要形式，通过国土规划、区域发展、城乡规划、工矿交通建设、生态环境保护等来实现应用。如关于华北、西北的节水农业，对华北平原古河道的利用等。

土壤地理、植物地理、动物地理都是自然地理学的重要组成部分。这些领域的研究成果另行阐述。20 世纪 80 年代以后，地理学界的有关学者相继转入化学地理学和环境地学研究。化学地理学是研究地理环境中的元素迁移，研究地理环境中的化学组成和结构及其形成过程，而其形成过程又在地理环境之中进行，是贯穿于各地理要素和各结构之间复杂统一的化学元素迁移和转化过程。20 世纪 50 年代末，彼列尔曼

（А. И. Перельман）的《景观地球化学概论》在我国翻译出版，作为开端，仅隔4年即1962年，《化学地理学》（刘培桐等，1962）问世，首次比较完整地、全面系统地阐述了化学地理学原理，初步形成化学地理学体系，在全国产生了比较大的影响。化学地理学后来与环境学结合，形成环境地学，结合人口健康问题，还开展了医学地理的研究。通过克山病和大骨节病病因研究，研究人员发现我国存在一个地理低硒带，创立了地方病环境病因学说。20世纪90年代以后，这方面的研究调整为以环境生命元素理论为基础，以环境发展与健康指标体系和环境健康风险评价为重点，以环境和健康保护技术开发服务于社会，着重于地理学与医学、化学、农学、生态学、环境学等多学科交叉与综合的新研究体系开始形成。

第四节　现代人文地理学的发展及主要成果

1949年以前，我国人文地理发展水平高于自然地理。一则由于世界近代地理学一些大师级学者，对中国自然地理的一些重大问题做了深入的研究，要有突破，难度很大；二则由于自然地理的相关学科，如地质学、气象学、水文学、土壤学、生物学等皆有很好的发展，自然地理的一些分支学科和相关学科的发展相比略显逊色；三则因中国的贫穷落后，主要不是自然的原因造成，而是社会的发展落后所致。太平天国运动、辛亥革命、新民主主义革命等都是社会革命，科学救国本质上就是用科学技术发展生产力，而生产力的发展必须有相适应的生产关系，人文地理学恰恰是生产力与生产关系的结合点和切入口。

1949年以后人文地理学的部分领域，如经济地理、农业地理、历史地理等发展得较好，可以认为，20世纪50年代以后，中国人文地理学与50年代前相比，主导地位虽然有所削弱，但人地关系地域系统的综合研究却有了实质性的加强，这为80年代及以后的全面发展，创造了条件，奠定了基础。

周立三于1955年参与《中国农业区划的初步意见》和《关于划分中国农业经济区划的初步方案》的写作，先后发表《甘青农牧交错地区农业区划初步研究》（周立三，1958）、《试论农业区划的形成演变、内部结构及其区划体系》（周立三，1964）、《农业地理学的性质及其发展方向的探讨》（周立三，1981）、《农业区划问题的探讨》（周立三，1981）等论文；吴传钧参与编写的《中国海岸带与海洋资源调查报告》《中华人民共和国国家农业地图集》，主编《中国农业地理总论》（1980）、《1∶100万中国土地利用图集》（1986），撰写的专著《国土开发整治与规划》（1990）、《现代经济地理学》（1997）、《中国经济地理》（1998）等；侯仁之撰写的《历史地理学的理论与实践》（1979）、《北京市历史地图集》（1988）等；谭其骧主编《中国自然地理（历史地理）》（1986）、《中国历史地图集》（1987）等都反映了人文地理研究的主流。

20世纪70年代末，李旭旦、吴传钧、鲍觉民、张文奎等倡导复兴人文地理学，得到全国地理界的支持和响应，此后的30年里人文地理学有了长足的发展。李旭旦主编的大百科全书地理学分册《人文地理学》和《人文地理学论丛》，以及张文奎编著的《人文地理学概论》面世，推动了人文地理学的发展，人文地理学范畴的许多分支学科出现了前所未有的繁荣。钟功甫、胡序威等人的经济地理学研究，以区域发展为主题，对国家宏观经济的布局和调控，起了重要的作用；周立三、钟功甫、邓静中等对农业地理和农业区划，特别是对农业地域分异规律和因地制宜发展的研究，有了新的突破；李文彦、魏心镇等使原本薄弱的工业地理学领域得到了加强。

人文地理学以人地关系为基础，探讨各种人文现象的地理分布、扩散与变化，研究人类活动地域结构的形成和发展规律。在特殊的历史环境下，20 世纪 50 ~ 60 年代，经济地理学曾一枝独秀并取代人文地理学的位置，所以就出现了地理学的“两分法”和“三分法”之争。以李旭旦、张文奎、金其铭为代表，坚持地理学的传统两分法，即自然地理学与人文地理学是地理学的两大分支。杨吾扬、江美球、陈传康则主张三分法，认为现代地理环境分为自然地理环境、经济地理环境和社会文化地理环境，对应这三个组合体的研究，就形成了自然地理学、经济地理学和社会文化（人文）地理学。这种主张把人文地理置于非经济的有限领域，即提倡狭义的人文地理学。不过学术界通用的仍是广义的人文地理学概念。

人文地理学研究的核心是人地关系。近代西方人文地理学界先后形成人地因果关系论、地理环境决定论、自然可能论（或然论）、非地理环境决定论、文化景观论、人类适应论、人地协调论等各种流派，而人地协调思想已被现代人文地理学家普遍接受。中国人文地理学界由于重视社会实践，广泛参与为国民经济主战场服务，在很短的时段内便揭示了人地相互作用的规律性。吴传钧提出人文地理学是研究人地关系的地域系统，即研究人地地域系统的形成过程、结构、特点和发展方向，并指出协调人地关系，首先要谋求地和人两个系统各组成要素之间在结构和功能上保持相对平衡，从而维持整个世界相对平衡的基础，保证地理环境对人类活动的可忍度，使人与地能长期共存。而人地系统协调一定要有整体性、有序性、层次性和地域性，不能用均质静态的观点去度量各个国家和地区。吴传钧强调人地关系地域系统是地理学的研究核心，这一思想引领了中国现代地理学理论和实践的发展。动态协调、综合协调、战略协调、全球协调、地域协调、主导协调，便是中国学者对人地关系协调论的充实和拓展。

现代人文地理学研究方法的革新源于西方，但早在20世纪60年代经济地理学研究便引入了计量方法，以提高论证的科学性的方法，如数学分类法（以聚类分析和判断分析为主、主成分分析、线性规划与投入产出模型）、老三论（系统论、信息论、控制论）和新三论（耗散结构论、突变论、协同论）的引入，计算机、遥感降水、地理信息系统等现代化手段的应用，使人文地理学研究视野扩大、周期缩短、精度提高，服务更适合现代社会的需要。

中国经济地理学有悠久的历史。作为人文地理学的主要分支，最初的发展都与历史学有密切的联系。西汉历史学家司马迁（约公元前145或前135—?）撰写的我国第一部通史《史记》中有“货殖列传”一章，记述了黄河流域和长江流域各地的人口、经济、物产、贸易和城市，是一篇具有开创意义的经济地理著作。西方人文地理学和经济地理学在20世纪二三十年代传入我国，但人文地理学与经济地理学研究工作相互交错，并没有明确的专业分工。第二次世界大战后，进入现代地理学的发展阶段，在理论上，战前经济地理学的中心理论是分布论，以研究地域差异为重点，战后进入区位论和景观类型论的研究。20世纪50年代以后，国家经济建设的客观需要，给经济地理学的发展提供了广阔的空间。20世纪60年代以后，经济地理学逐渐向数量化、经济化、生态化、社会化的方向发展，从而使这门学科能更好地发挥作用。

20 世纪 50 年代以后，我国农业地理学才逐渐成为一门学科。这与我国的特殊情况有密切的关系。中国农业地理研究紧密结合生产，为农业生产服务的思想比较明确，而且一贯注重野外实地调查研究，研究内容涉及农业自然资源、农业社会经济条件、农作物布局、农业类型、农业基地、农业区划、农业地带、区域农业地理和农业土地利用等许多方面。中国农业地理研究取得了许多重要成果，如《中国农业地理丛书》和《中国农业地理 · 总论》等。

1978 年以后，区域开发的综合研究在各个层次展开。在国土规划、区域发展战略、社会经济研究等多方面开展了许多重要研究。总结区域开发和国土规划综合研究实践，根据中国国情，结合德国古典区位论，陆大道（1984）提出了我国国土开发和经济布局的“点-轴”系统理论、“点-轴渐进扩散”发展模式，是将德国古典区位论应用到中国实际的典范，被纳入国家《全国国土规划纲要》。近年来开展的主体功能区研究则成为国家主体功能区方案编制的科学基础和方案编制的技术规程。

20 世纪 80 年代以后，人文地理学有四大新的分支学科得到发展，即旅游地理学、城市地理学、文化地理学和区域经济学。旅游地理学无论是国际，还是国内都还处于初期阶段，地理学从事旅游研究的长处是旅游资源的开发和利用，而短处是对旅游经营、旅游投资、旅游心理、旅游文化等缺乏深层次的研究。我国的旅游资源得天独厚，1978 年以后，随着旅游业的发展，旅游地理的研究在全国各省普遍开展，获得了可喜的成果。20 世纪 90 年代以后，旅游地理学研究了全国旅游资源分类与评价规范，系统地总结了区域旅游规划理论与方法，推动了旅游资源开发与发展规划工作，探讨了旅游区环境容量测算、生态旅游发展模式及旅游生态保护功能区划分等方法。

20世纪60年代开创城市地理研究。但20世纪80年代以前，城市地理学研究不全面、不系统，理论研究甚少。20世纪90年代以后，《中国设市预测与规划》《城市化与城镇体系》《沿海城市密集地区空间集聚与扩散机理研究》《中国城市地理》等著作相继出版，将理论突破、专题研究和规划布局结合起来，使城市地理学发展成为一门较成熟的学科。

1978年以后，工业地理获得较快的发展。《中国工业地理》和《中国工业布局的理论与实践》是重要成果。

中国是世界四大文明古国之一，文化的发展源远流长，又是世界上古代地理学发展水平很高的国家，但文化地理学的发展在中国时间却不长。港台地区学者陈正祥的《中国文化地理》开了先河，之后大批内地学者参与。目前，文化地理学一是将文化与产业黏附，如分类中的农业文化和游牧文化。中国自古是农业国，但并非是单纯的农业国文化，世界古代文化几乎所有的类型，中国无不具有，简单地将中国传统文化归入农业文化类型有失偏颇；二是文化地理偏重于有型，忽视无型，这种现象与西方文化景观学说有渊源关系，但与社会文化相脱离则不妥；三是市场经济条件下，如何同文化市场的空间网络系统运行规律研究相融洽，使文化地理学开拓新方面，值得探讨。

经济地理学自1949年以来，在我国地位上升，与自然地理学并列，成为地理学中的两大二级学科。人文地理学恢复之后，经济地理学成为人文地理学范畴的子学科，不再具有先前的地位，加以经济地理学先前的发展一是从地理学的角度，偏重于经济活动的自然环境研究；二是从经济学角度，偏重于经济现象的空间形态研究。无论是苏联和东欧，还是中国，地理学派和经济学派长期论战，前者长于区域研究，后者长于部门研究，双方的共同点则在于生产配置（或布局）。近年来中国科学院地理研究所的学者既从理论又从实践上构建区域经济地理学，以空间经济系统规律为研究对象，由系统产生的动力机制、系统运行的推动机制、系统结构的调节与优化机制为主要内容，以市场为中心要素流、信息流、产品流形成的网络系统空间形态演变为主体，结合国土规划、地区经济发展、战略等任务，开展区域经济学研究仍将是今后的一个主要趋势。《全国国土规划纲要》、《国情研究报告》（1989）、《1999 年中国区域发展报告》（陆大道等，1997）、《1999 年中国可持续发展战略报告》、《中国区域发展的理论与实践》（陆大道等，2003）等是这方面已经取得的主要成果。《区域发展报告》从政策-行动-效果的角度，对中国区域发展及其差异问题进行了全方位的分析研究。

政治地理学和行为地理学是两个很有前途的人文地理学分支学科。当今世界不少人认为主潮流是经济一体化，其实是政治意图、经济手段的混合一体化。美国推行霸权主义的政治意图，就是企图运用美元的世界经济一体化手段来实现的；但继日元之后，欧元起用也威胁到美元的货币地位，反映了欧盟和日本的实力地位；再加上俄罗斯和中国，世界政治已出现多极的局面。20 世纪初至 1949 年，我国的政治地理研究集中于抵御外侵、收复失地和加强国防。1949 年后至 1979 年的 30 年间，政治地理学研究几乎完全停顿。20 世纪 80 年代后，除了翻译出版一系列国外政治地理学的著作外，张文奎、周介铭、王恩涌等编著的政治地理学专著，代表了近今中国政治地理学研究的新水平。

第五节　现代中国地理学的重要代表人物及其学术思想和成就

一　黄秉维和自然地理综合研究

黄秉维

（1913—2000）

黄秉维（1913—2000），广东惠州人。1934年毕业于中山大学地理系，师从克勒脱纳和卞莎。早年追随丁文江、翁文灏在北平地质调查所撰写中国地理（长篇）。其后，曾先后任职于浙江大学、资源委员会等单位，从事地理教学和自然资源的利用与保持方面的研究。20世纪50年代以后先后担任中国科学院地理研究所副所长、所长、名誉所长，中国地理学会理事长、名誉理事长。1955年当选为中国科学院院士，1964年当选为罗马尼亚科学院院士，1996年获国际地理联合会荣誉奖状，1997年获何梁何利科技进步奖。

1992年黄秉维（左2）在华南考察

在中国现代地理学的发展中，黄秉维按照学科本身的特点和规律，密切关注国际研究动向和趋势，提倡学科间的相互交叉、渗透，强调综合研究，积极引入新思想、新技术和新方法，重视理论与实践结合，强调地理学为经济建设，尤其是为农业服务，并身体力行，为推动中国地理学的发展和促进科研水平的提高，做出了重大贡献。其论著收录在《自然地理综合工作六十年——黄秉维文集》（1993）和《地理学综合研究——黄秉维文集》（2003）中。他主持的“中国自然环境及其地域分异的综合研究”项目获1987年国家自然科学二等奖。

1953年他首次完成黄河中游土壤侵蚀方式分类，编制出中国第一幅1∶400万黄河中游土壤侵蚀分区图。此成果至今仍是黄土高原治理的重要参考依据。20世纪80年代他提出要深入系统地研究侵蚀机制，将坡地水文与坡地发育熔为一炉，并与地形气候、植物生态、土壤因素相结合，才能取得保持土壤的有效成果。他指出中国东部坡地利用既要防止土壤侵蚀及土壤物理性质变坏，又要使土壤养分不减少；坡地改良利用战略上应以植物措施为主，最大限度地提高一面坡或一个小流域的持续生产力，最好的途径是凭借速生植物除害兴利。

黄秉维对中国自然区划的研究始于20世纪30年代末，40年代发表的《中国之植物区域》及《中国之气候区域》，在中国早期部门区划中具有开拓意义。1959年主编的《中国综合自然区划（初稿）》为中国迄今为止最详尽而系统的全国自然区划专著之一，在全国产生了巨大的影响，有力地促进了全国及地方自然区划研究的深入开展。20世纪60年代和80年代，他两度修订原方案，强调将区域单元作为环境和自然资源的整体来认识，将区域与土地类型熔为一炉，以持久地维持、提高及最大限度地发挥某一地域自然生产潜力为目的，对自然因素进行综合分析。

黄秉维始终坚持地理学的综合发展方向，早在20世纪40年代发表的《地理学之历史演变》，强调自然地理学是研究地理环境成分及各成分之间物质、能量交换及其地域差异的科学。20 世纪 50 年代末便倡导开展物理地理、化学地理和生物地理群落三大方向的研究。地理学从近代时期的奠基开始，学科性质的讨论便没有停止，但地理学研究地球表面气、水、陆的界面，后来加上生物和人类，五圈交接的界面是明确的，这就是地球表层。百余年来讨论的焦点是五圈的相互关系究竟如何研究，黄秉维提出的物理地理（即热量水分平衡）、化学地理（即化学元素迁移和转化过程）和生物地理群落（即生态环境的维系和保护）是地球表层学基础性的核心内容，而综合自然地理则将三大系统融洽起来形成一个有机的统一体，宏观单元是自然区，微观单元是土地类型，综合自然区划便是三大系统融洽上的结构、运行、控制，因地域的不同而形成差异的揭示。他的这一思想比 1984 年国际科联（ICSU）决定的综合研究物理的、化学的、生物的过程的方向约早 30 年（杨勤业，1996）。他提出热量平衡和水分平衡是地理环境中有决定意义的主要机制，为此组织开展了试验研究，20 世纪 80 年代又提出围绕土壤-植物-大气系统及其相互作用开展试验研究，提出并发展了“农田自然生产潜力”的基本理论和方法。

1998 年黄秉维与杨勤业谈工作

黄秉维主张按自然区划来观察气候变化，对全球变化中的危险地带开展研究，要研究中国在农、林、牧业和能源利用方面对于全球变暖问题所应采取的积极对策和措施。他指出地理学有必要研究适合中国情况的区域可持续发展战略，以50年为主要目标时间，以此带动地球系统科学的建立。在地球系统中应以陆地系统及其与大气、海洋的外延叠合为重点，并熔全球环境变化与区域环境变化为一炉。

黄秉维多次阐明“分科愈细，综合愈重要”。地球表层学体现的便是综合，地球表层的综合研究有重要意义。但必须明确，多学科研究不是综合研究，只有跨学科研究，融会贯通，才能算是综合研究。地球表层的6个研究领域：（1）地理学传统研究对象是作为人类居住场所的地表或作为人类生活的环境；（2）生态学研究生物与环境的关系，对象全在地球表层；（3）自然资源研究主要是研究自然界中物质和能量的利用与保存，对象亦全在地球表层；（4）环境研究有狭义和广义之分，狭义的是消除和避免环境污染，广义的就包括一切与人类生活和活动有关的环境，这与地理学的传统定义相同；（5）国土整治研究，其对象仍然在地球表层之中；（6）地圈、气圈相互作用研究，其内容是研究地表对大气的影响和大气变化对地表的影响。这就使地球表层学的理论体系渐趋明朗。在《论地球系统科学与可持续发展战略科学基础》（黄秉维，1996）中论述了与钱学森提出的地球表层学和地理科学同时的国际上内容大致相同的地球系统科学与可持续发展战略，着重论述了地球系统科学的进展和渊源及其存在的问题。地球系统科学是全球可持续发展战略的科学基础，它虽然是发轫于20世纪80年代，但早在19世纪末，已经萌生了将地球几个圈层联系起来的思想。“地球系统科学脱胎于全球气候系统研究，主要着眼于全球，着眼于有全球意义的对象。”黄秉维指出研究工作仍得顾及区域差异，认为“在可持续发展战略中，不但全球环境与区域环境应该结合起来，环境也应该与发展结合起来，否则就会失去其作为行动依据的作用”。他又指出，“地球系统科学侧重说明与可持续发展关系密切的几十年至几百年的变化，将全部现象区分为物理气候系统和生物地球化学循环两个方面”（黄秉维，1996）。黄秉维提出的开展地球表面陆地系统科学与区域可持续发展战略研究，有重要意义。

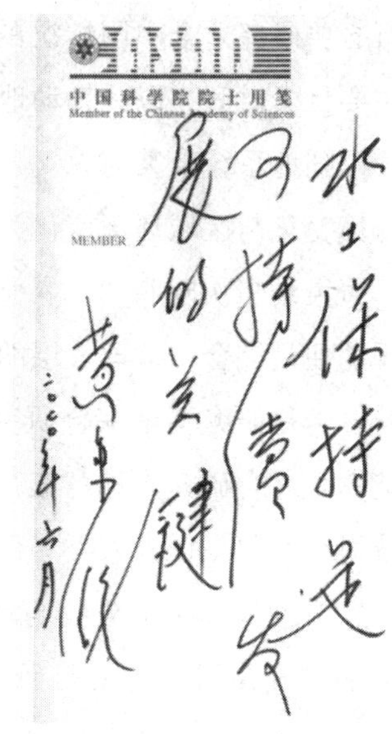

2000 年 6 月黄秉维为水土保持的题词

二　任美锷与建设地理学

任美锷
（1913—2008）

任美锷（1913—2008），浙江宁波人。1934 年毕业于中央大学地理系，1936 年由李四光推荐赴英国格拉斯哥大学地理系，师从贝利（E. B. Bailey），1939 年获哲学博士学位，同年回国，先后在浙江大学、复旦大学、中央大学任教，并兼任中国地理学会总干事、《地理学报》总编辑。1949 年后，长期担任南京大学地理系主任，兼任中国地理学会副理事长等重要学术领导职务。1980 年，被选为中国科学院院士，获得英国皇家地理学会授予的维多利亚奖章。他的研究成果颇丰，先后发表专著 10 多种，论文 200 多篇。

早在20世纪40年代初，任美锷就著文倡导"建设地理学"，宣传地理学在国家建设中的重要地位和作用。在他所撰写的《地理研究与经济建设》《经济地理学理论体系》《战后中国的工业中心》等文章中，他认为所谓区域设计计划研究实际上属于经济地理学的应用，可称为"建设地理学"，并且提出：（1）战后中国工业建设应以钢铁工业建设为主，农业建设以土地利用的合理化为首要，交通建设乃是中国经济建设的灵魂。（2）经济地理学是研究经济现象区域特色的科学，以区位理论为中心思想。许多经济地理事实常因人为因素发生重大变化，随时更新和变动，必须用动态观点来研究，这就是动态的经济地理学。（3）工业区位论的实质是工业原料指向、动力指向和市场指向，战后中国工业发展应以多元化原则与区域工业差别发展原则为标准；而且，中国工业布局应发扬进取精神，不应该消极地把重要的工业退置于经济条件不合适的闭塞之处。（4）土地利用最富区域性，随各处自然环境和人文条件不同而异，必须研究当地特殊的自然和人文环境。但是，人是主体，环境是客体，人的活动受到自然环境的影响，但不受严格控制。我国西南地区农业增产途径并不在于垦荒，应以改善水利、增施肥料、改良作物品种来提高作物产量为主，而中国南部丘陵地区应重视垦荒过度所引起的严重侵蚀。这些科学见解至今仍有重要意义。他所提倡的"建设地理学"思想促进了我国地理学的发展，对经济地理学的兴起有积极作用。20世纪50年代初，他参加了热带亚热带生物资源综合科学考察，在综合分析自然条件的基础上，最早提出我国橡胶种植北限可达北纬25°N，海拔上限900～1000米的结论，进而提出"准热带"的概念。

任美锷还在中国自然区划研究、地貌学研究等方面卓有成就。如他从20世纪50年代开始系统地研究了溶洞发育问题，提出“深部喀斯特”的新观点，修正了苏联学者索科洛夫“喀斯特垂直分带图式”，建立了中国特色的喀斯特理论，得到国外同行的好评。20世纪60年代以后，他把研究领域扩展到海洋，致力于海岸带与海涂资源调查、海洋沉积学和海洋动力过程研究。从动力、沉积相和海滩循环等方面综合探讨开敞性潮滩的沉积动力过程，通过台风异常事件揭露风暴潮在海岸带沉积过程中的作用规律，阐明人类活动对黄河三角洲消长的影响，为胜利油田建设选定油运港址，并提出整治黄河三角洲以适应未来环境变化的工程措施建议。这些方面的研究成就充实了世界潮滩和三角洲沉积的内容，受到国外同行的广泛关注。

三　施雅风与冰川学研究

施雅风

（1919—2011）

施雅风（1919—2011），江苏海门人。1942年毕业于浙江大学史地系，1944年获浙江大学研究院硕士学位，后到中国地理研究所任研究助理。1949年任中国科学院地理研究所所务秘书，1950年参与创办《地理知识》杂志，1953年后任中国科学院生物地学部副学术秘书，参与国家“十二年科学规划”和“中国自然区划”工作，主持建立中国冰川冻土研究机构，1978年任兰州冰川冻土研究所研究员、所长，中国科学院兰州分院院长。1980年当选为中国科学院院士。1984年后任兰州冰川冻土研究所名誉所长，南京地理与湖泊研究所研究员。

还先后任中国地理学会理事、副理事长、理事长，竺可桢研究会理事长等。2006 年，甘肃省授予他“科技功臣奖”。

1990 年黄秉维院士与施雅风院士（右）在一起

施雅风是我国冰川科学事业的创始人、冻土研究的开拓者、泥石流研究的奠基者。从 1958 年起，施雅风组织领导我国西部山区冰川考察，先后考察了祁连山、天山、喜马拉雅山、喀喇昆仑山等山系，建立了天山冰川观测站，同时还促进开展冻土学研究和泥石流研究以及青藏高原综合科学考察。在多年考察研究的基础上，他提出亚洲中部冰川划分为大陆型、海洋型和复合型三类，对喜马拉雅山的冰塔林成因首先做出科学解释。1974～1975 年他率队考察巴基斯坦境内喀喇昆仑山巴托拉冰川的变化和运动特征，提出并应用波动冰量平衡观念与冰川-气候相关方法，较正确地预报了喀喇昆仑山巴托拉冰川变化趋势，并据此确定中巴公路通过方案。他和合作者提出了西部山区 4 次冰期和相应的间冰期，探讨了青藏高原迅速隆起导致气候变干、限制冰川发育规模的问题，发现晚更新世冰期各个山区的冰川是互不连续的，没有发生过高原大冰盖，指明 80 万～60 万年前青藏高原上升到 3500 米左右进入了最大冰期和冰冻圈，较具体地阐明末次冰盛期高原冰川与环境特征。中国东部第四纪冰川问题是地学界长期存在着深刻分歧的争论问题。施雅风和一些多年在我国西部冰川区工作的学者，对关键性地区——庐山考察后，在 1981 年从冰川侵蚀形态、冰川堆积和气候条件等方面提出质疑，否定李四光在《冰期之庐山》一文中提出的冰川遗迹论证，指出庐山、黄山等中低山区不存在第四纪冰川，其研究成果有《中国东部第四纪冰川与环境问题》等。中国的冰川研究，经过40年的努力，基本摸清了全国冰川资源的分布，掌握了冰川形成、存在和变化的基本规律，探索了高山冰雪的利用途径与冰雪灾害的防治方法，解决了经济建设中若干重要问题。施雅风主编的《中国冰川概论》的问世，标志着以研究中纬度高山冰川为特色，全面认识冰川资源、冰雪灾害以及与气候、环境相联系的中国冰川学已经形成。1960年，施雅风组织和领导了我国第一支冻土考察队，对青藏高原冻土开展了研究，填补了我国冻土研究的空白。

施雅风是提升中国气候和环境变化研究水平的主要贡献者。20世纪90年代后，他致力于全球变暖对水资源、海平面上升和自然灾害影响的研究，较早提出对中国北方气候暖干化、海岸带灾害加剧发展等的认识。他主编出版了《中国气候与海面变化及其趋势和影响》《气候变化对西北华北水资源影响》《中国全新世大暖期气候与环境》等专著，发表了若干论文。在青藏高原环境变化研究中，他提出高原隆升与季风孕育、冰期与间冰期旋回对季风影响和相应的新见解。他先后主编和参与撰著的专著10多部，各类文章250篇左右。

四　周廷儒与古地理研究

周廷儒（1909—1989），浙江新登（今富阳）人。1933年毕业于中山大学地理系。1946年曾前往美国加利福尼亚大学深造。20世纪50年代以后，长期担任北京师范大学地理系主任，中国地理学会常务理事、副理事长，《地理学报》副主编。1980年当选为中国科学院院士。

周廷儒积极学习并引进国外地理学先进理论与方法，重视理论与实践相结合，长期从事野外考察。尤其是从1956年至1960年参加中苏合作的新疆综合科学考察工作（任中方地貌组组长），撰写了专著《新疆地貌》（科学出版社，1978）和多篇论文。周廷儒在他60年的地理科学研究和地理教育生涯中，为中国地理研究开拓了多方面的研究领域，他的论著大都收集在《周廷儒文集》（北京师范大学出版社，1992）中。

周廷儒早期的地貌研究有华南花岗岩地貌、四川河谷地貌等，都属开拓性研究。后期主要研究干旱区与半干旱区地貌，特别对冰川地貌、干旱区山地、平原河流地貌、湖泊演变等，有独特的见解。如《新疆塔里木河中游的变迁问题》阐述了河道变迁的规律性，提出整治开发利用的方针，该文收入苏联科学院出版的《昆仑山与塔里木河》一书中。关于新疆一带历史时期是否存在日益变干的趋势这一重大问题，周廷儒经过详细考察认为，新疆的自然旱化趋势并不一定显著，而是人类活动导致环境退化。这是对维护干旱地区结构脆弱的生态系统平衡的迫切性，及上下游农业开发必须协调等方面提出的警告。

早在20世纪30年代他就用景观学观点对我国扬子江下游地景进行了区分。1956年与施雅风、陈述彭撰文提出中国三大地形区的划分，至今为我国自然区划工作所沿用。20世纪50年代又以古地理学观点对全国和新疆等地区提出综合自然区划方案，精辟地分析了中国自然区域分异规律，提出以气候-构造作用为主导因素的划分方案。他在20世纪60年代初提出研究自然地理方向的古地理学，并在北京师范大学创建了新生代古地理研究室，研究我国第四纪冰川形成、古季风形成、青藏高原隆起、黄土成因、海岸线变迁、中国古人类生活环境等古地理问题。他先后撰写了《中国自然地理·古地理》《古地理学》《中国第三纪第四纪以来地带性与非地带性的分化》《新疆第四纪陆相沉积的主要类型及其与地貌气候发展的关系》《新生代以来中国自然地带的变迁》《中国东部第四纪冰川作用的探讨》等专著和30多篇论文，为研究中国新生代古地理奠定了基础，开辟出中国古地理研究这块园地。

五　吴传钧与人地关系地域系统研究

吴传钧
（1918—2009）

吴传钧（1918—2009），江苏苏州人，号任之。1941年毕业于中央大学理学院地理系，1943年获中央大学研究生院理科硕士学位，1948年获英国利物浦大学哲学博士学位，旋即回国进入中国地理研究所工作，曾任中国科学院地理研究所副所长（1979~1984）。1991年当选为中国科学院院士。1980年后，任中国地理学会副理事长、理事长；1988~1996年连任两届国际地理联合会（IGU）副会长。吴传钧长期从事经济地理学和人文地理学研究，特别是在农业地理学、土地利用、经济地理理论和人地关系研究等方面，都有一流学术水平的著作问世和一流的理论建树，并具有实践指导意义。

在农业地理研究领域，他策划和组织进行的国家重点任务《中国农业地理丛书》及主编的该丛书主卷《中国农业地理总论》，以因地制宜、合理布局的观点，对我国农业生产地域分异进行了综合分析和理论概括，奠定了我国农业区划的基础；

他对“商品粮基地建设”的论证也被生产部门采纳，并获中国科学院科技进步一等奖。20 世纪 80 年代，他主持全国 1∶100万土地利用图编制和研究的国家重点课题，历时 10 年完成。出版了世界上第一本全国规模的土地利用图集——《1∶100万中国土地利用图》和配套的专著《中国土地利用》。这项成果在国内外产生了广泛影响，为国土资源管理、农业发展战略规划、国力综合研究提供了科学依据，为此获中国科学院科技进步一等奖、国家科技进步二等奖。他负责编写的《中国海岸带和海涂资源综合调查》土地利用卷，获得国家科技进步一等奖。

吴传钧毕生从事人文地理学研究。人文地理学一直以人地关系为研究对象。而在苏联由于左的政治思潮的干扰，人文地理学的很多分支学科都被看作是唯心主义的伪科学而加以政治性批判，保存下来的经济地理学又被看作是政治经济学的一个分支，割裂了它们与地理学的联系。我国在 20 世纪 50 ~ 60 年代亦受到了这股思潮的影响。吴传钧对此持有不同意见，早在 1960 年便提出经济地理学是边缘科学的观点，认为“经济地理学所研究的是一个特殊的领域，即具有自然-技术-经济相结合的特点，因此，经济地理学在科学性质上固然属于社会科学，却也是与自然科学和技术科学有着密切联系的一门边缘科学”（刘盛佳，1998）。《论地理学的研究核心——人地关系地域系统》一文（吴传钧，1991），既是他边缘科学思想的发展，又是地理学理论研究的重大进展。地理学是研究人地关系的科学，这是地理学发展史一直阐述的观点。地理学研究人地关系，是客观世界人人关系和地地关系的纽带和桥梁，在地理研究中始终处于极其重要的地位。但由于人地关系是一个开放的、复杂的巨大系统，包括基础系统、应用系统、理论系统，绝非地理学一门科学所能独家包揽而胜任的，吴传钧认为地理学在人地关系研究中，主要担当地域系统的研究。他说：“涉及人地关系综合研究的学科，不限于地理学，但以地域为单元，着重研究人地关系地域系统的唯有地理学。亦即说从地理学入手来研究人地关系，明确以地域为基础。”吴传钧认为“在人地关系系统中，人口与社会经济要素为一端，资源与自然环境为另一端，双方之间以及各自内部存在着多种直接反馈作用，并密切交织在一起。它们的相互作用主要表现在两方面：一是自然资源对人类活动的促进作用和自然灾害对人类活动的抑控作用；二是人类对自然系统投入可控资源，治理自然灾害，开发不可控资源，从而实现土地资源的产出。这样，人地间相互作用在投入产出过程中得到充分的体现。由此可见投入产出是人地系统中最基本的双向作用过程”，“人地关系系统的研究是一项跨学科的大课题，其研究内容和方向也是多方面的，但在特定的时间条件下，这一研究的方向和重点应是明确的。其中心目标是协调人地关系，重点研究人地关系地域系统的优化，落实到地区综合发展上。任何区域开发、区域规划和区域管理必须以改善区域人地相互作用结构、开发人地相互作用潜力和加快人地相

吴传钧（右）在新疆考察

互作用在地域系统中的良性循环为目标，为有效进行区域开发和区域管理提供科学依据”。

六 李旭旦与人文地理研究

李旭旦（1911—1985），江苏江阴青阳镇人。1934 年毕业于南京中央大学地理系，1936 年获中英庚款奖学金，赴英国剑桥大学留学，两年后获得理科硕士学位。1939 年回国，长期担任中央大学地理系主任，期间于 1946 ~1947 年应聘前往美国马里兰大学任访问教授。1952 年后到南京师范学院创建地理系，先后担任系主任、名誉系主任，曾任中国地理学会常务理事、江苏省地理学会副理事长、中国地理学会人文地理专业委员会首任主任等职。

李旭旦积极引进西方现代地理学思想。早在大学求学时期，他就与任美锷合作翻译了法国人文地理学家白吕纳的《人地学原理》，晚年又主持编写了《国外地理科学文献选译》，翻译了《地理学思想史》等著作，这些译著为了解国外地理学发展动向，促进我国人文地理学的发展产生了长远的影响。他竭力主张发展具有中国特色的人文地理学，早年曾发表《白龙江中游人生地理观察》，把我国传统的地理界线——秦岭-淮河线向西延至青藏高原东缘，成为 20 世纪 50 年代后我国制定农业发展纲要和划分地理界线的重要依据。1980 年率先提出在我国复兴人文地理学。在他主编的《人文地理学论丛》《中国大百科全书·地理学 人文地理学》等著作中，强调人地关系理论是人文地理学的基础和核心，主张协调人地关系是当代人文地理学研究的新课题，并提出我国人文地理学在引进和学习西方人文地理学时要注意分析和批判，要用新的观点、新的手段和新的方法来发展人文地理学，以研究、分析解决中国的实际问题为其主攻方向。

李旭旦（1911—1985）

地理学思想史

李旭旦还是我国著名的区域地理学家。他认为区域地理学是地理学的核心，但现代区域地理学要重新定向，应致力于方法论的革新，并力主把传统的百科全书式的区域描述代之以专题研究的解释性的分析。他在进行区域地理研究时，始终把自然现象和人文现象作为一个地域的统一整体加以分析，《中国地理区之划分》（*Annals the Association of American Geographers*, 1947）一文，吸取了当时国外地理学区划的理论方法，综合考察地貌、气候、水文、土壤、植被等自然要素和人口、经济、民族、文化等人文要素，提出了综合地理分区的方案，这一成果在当时具有开创性的理论和实践意义，体现了他在区域地理研究上的统一地理学思想。

七　周立三与农业区划和国情研究

周立三（1910—1998），浙江杭州人。1933 年毕业于中山大学地理系，1939 年任广西大学副教授。1940 年后，先后在中国地理研究所、南京地理与湖泊所任副所长、所长、名誉所长。1946 年赴美国威斯康星大学研究生院进修。1980

周立三
（1910—1998）

年当选为中国科学院院士。1986 年获中国科学院竺可桢野外工作奖。1997 年获何梁何利基金科技进步奖。

20 世纪 30 ~ 40 年代，周立三开始对地理学进行研究和探索，编写并出版了《中国地理》（教科书）和《日本地理大纲》，由他负责完成的四川省经济地图集和说明书是我国第一本分省经济地图集。20 世纪 50 年代以来，周立三的科学研究密切结合国民经济的发展，论著涉及经济地理和地理学基本理论、国土整治、干旱区开发、农业区划、国情分析及对策研究

1950 年周立三（右 1）等率地理所同仁开展新中国成立后的南京市土地利用调查，中午在野外就餐

等许多方面，新疆综合考察、农业区划、国情分析突出代表了他的成就和贡献。他自 1956 年担任新疆综合考察队副队长、队长后，组织了 200 多名科技工作者进行了长达 5 年的考察和研究，对新疆的水、土、生物、气候资源特点和农田、牧草场分布、农林牧业生产特点与发展方向、生产力配置等进行了全面调查研究，完成了具有战略性和实践性的综合考察报告和 13 个专题报告，对新疆的自然资源开发利用与农业生产发展提出了一系列重要建议。此后又出版了 10 多种科学专著，对新疆的经济发展规划提供了重要依据。新疆综合考察于 1979

年获全国科学大会奖。1984 年中国科学院再度组织新疆综合科学考察，周立三指导并参与工作，主编完成《关于新疆农业生产发展的若干建议》，主张重视各种地域类型的统一性，重视生态环境变化的后果，重视调整经济结构和解决农牧、林牧、工业与农业、城市与乡村等的矛盾，重视农牧业竞争力的提高。报告还就合理用水、挖掘耕地生产潜力、防治沙漠化、改良利用盐碱地、挖掘畜牧业潜力、合理利用天然草场、保护和营造森林、重视粮食生产的小区平衡以及建设棉花生产基地等问题进行了专题分析，深受中央和地方政府及有关部门的重视。

在农业区划的理论、方法和实践等方面，周立三起到了开创性的作用。早在 20 世纪 50 年代就完成了新疆农业区划研究，他认为农业具有明显的地域性、严格的节律性、较长的周期性和生产上的不稳定性，强调指导农业生产要因地制宜，发挥地区优势，现代化的农业必须实行区域化、专业化，但又要结合我国国情逐步实现。20 世纪 50 ~ 60 年代周立三即从理论方法上探讨农业区划并着手实践，具体负责江苏省的农业区划工作，取得了显著进展，并由此推动了全国各省区划的开展。1978 年后他受命主持全国和江苏省综合农业区划，研究成果都得到了中央和地方政府的重视。特别是在全国农业区划工作中，他与合作者以科学事实为据，大胆尖锐地指出我国的农业生产水平低下，存在掠夺式经营、破坏资源和生态环境的问题，全面而系统地提出了发展农业生产的途径，并分区论证了各地的农业发展方向与措施。由于这一工作发挥的作用和影响，我国从中央到地方先后成立了农业资源调查与农业区划机构，这些机构成为领导农业生产的得力参谋部门。他主持的

"中国综合农业区划研究"于1985年获国家科技进步一等奖，"江苏省农业区划"于1985年获全国农业区划委员会一等奖，《国家农业地图集》于1989年获中国科学院科技进步一等奖、国家科技进步二等奖。

从20世纪80年代后期开始，周立三开拓了国情分析研究新领域。他受国务院农村发展中心和中国科学院委托，组织国情分析研究小组，完成并出版了《生存与发展》一书，对中国的人口、资源、环境、粮食等问题分析精辟、见解独到，为中央高层次咨询决策提供了重要科学依据，在社会上引起很大反响。接着在他的指导下，国情小组又陆续出版了《开源与节约》《城市与乡村》《机遇与挑战》等报告。上述成果于1997年获中国科学院科技进步一等奖。

八　李春芬与区域地理研究

李春芬
（1912—1996）

李春芬（1912—1996），江苏兴化白驹镇人（现属大丰市）。1933年考入中央大学外语系，次年转入地理系。1937年毕业并留校任教。1939年考取中英庚款公费留学生，后因欧战爆发暂缓赴英。1940年转往加拿大多伦多大学研究生院，受教于地理学家泰勒（G. Taylor）教授。1943年获加拿大第一个地理学博士学位，同年赴美国哈佛大学从事博士后研究。1944年进美国内政部地名局工作，任专业第四级区域地理专家。抗日战争胜利后，应竺可桢之聘回国任浙江大学史地系教授。1949年8月该校理学院地理学系成立，同年10月出任系主任。1951年浙江师专成立，兼任地理科（杭州大学地理系前身）主任。1952年转入华东师范大学，出任地理系首任系主任，主持和领导地理系长达23年。1963年和1978年，两度出任华东师范大学副校长，1980年改任校务委员会副主任，还担任过校学术委员会副主任（1979~1984年）和校学位委员会副主任、中国地理学会副理事长（1979~1984年）等。李春芬积极参与国际学术交流。鉴于他对地理事业和中加地理界学术交流所做的贡献，1988年加拿大地理学家协会授予其特别荣誉奖状。

李春芬先后发表了40余篇（册）论著，内容涉及理论地理、自然地理、城市地理、地理教育等诸多方面，但2/3属区域地理研究成果。他的论著始于区域地理，终于区域地理，是我国区域地理的学术带头人。《南美洲地理环境的结构》和《北美洲地理环境的结构》是两部倾注其毕生精力的区域地理著作，书中提出的"地理结构的整体性和差异性"学术见解，是我国区域地理理论建设的宝贵财富。从整体性着眼，通过分析地理环境各组成要素和各组成成分之间的内在联系，揭示总体特征，并在全球性同类型区共性的基础上，研究各类型区的特殊性，阐明共性与个性的关系。这一学术思想与辩证唯物主义思想和系统论的思想一致，现已成为我国高等学校《世界自然地理》统编教材的学术指导思想。他撰写的《地理学的传统与近今发展》《区域地理：问题和展望》《区际联系：区域地理学的近期前沿》等论文均具有很高的理论造诣，对我国地理学，特别是区域地理学的发展具有指导意义。

九　谭其骧与历史地理研究

谭其骧（1911—1992），16岁入上海大学和暨南大学，20岁考入北京燕京大学研究生院，1932年毕业到辅仁大学教授中国沿革地理。与顾颉刚一起发起成立禹贡学会，出任《禹贡》半月刊主编。1941 年赴浙江大学任教。1930 ~ 1949 年的 20 年间他的研究以人文历史地理为主，致力于中国人口和民族迁移史、历史地名学的研究，汇成《长水集》上册。

谭其骧
（1911—1992）

1949 年后，谭其骧转入以历史自然地理和《中国历史地图集》为主的研究。他的历史自然地理研究以黄河、海河、长江三大流域水道变迁为主。《何以黄河在东汉以后会出现一个长期安流的局面——从历史上论证黄河中游的土地合理利用是消弭下游水害的决定性因素》（1962）一文，关于东汉以后黄土高原游牧民族的南进、农业民族的退缩与黄河安流关系的研究，他抓住泥沙量的来源、沉积等关键因素，并将整个流域，特别是黄土高原植被覆盖程度与产沙量的关系进行分析，从而说明黄河安流与改道的规律，对当今综合治理黄河有重要的指导意义。

谭其骧是《中国历史地图集》的主编。该图集共 8 册，以历史文献资料为主，吸取了考古研究成果，收录了石器时代的重要文化遗址，包括自商周至清代全部可考的县级和县级以上的行政单位，边区不设政区地带的部族分布和其他各种地区居民点，还包括主要山峰、河流、长城、海岸线、岛屿等，除中原王朝外，还包括少数民族在边疆地区建立的大小政权。从 1950 年起至出版发行，前后历时 30 年之久，是我国历史地图学术研究方面的重要成果。他亲自进行修订、补充、定稿，为《中国历史地图集》的出版做出了卓越的贡献。

十　侯仁之与历史地理研究

侯仁之

（1911—2013）

侯仁之（1911—2013），1932 年考入燕京大学，1936 年毕业留校做研究生，并兼任顾颉刚的助教，1940 年获硕士学位，后赴英国利物浦大学，在达贝（Henry Clifford Darby）的指导下攻读博士学位，1949 年学成回国。其后一直任教于北京大学，曾担任北京大学教务长等职务。

20 世纪 50 年代末至 60 年代初，我国历史地理学界曾经有一场关于历史地理学对象和任务的论战。实质上是近代历史地理学与中国传统历史地理学之间的论战。结果是近代历史地理学的理论和方法取得了胜利。侯仁之将西方近代历史地理学的理论和方法引入中国，这是他的一大功绩。

侯仁之的研究集中在四个方面：历史地理的理论研究、沙漠的历史地理研究、城市历史地理研究和地理学史的研究。侯仁之在《历史地理学刍议》（北京大学学报（自然科学版）1962 年第 1 期）和《历史地理学的理论与实践》（北京大学学报（自然科学版）1979 年第 1 期）中阐明了历史地理的基本理论问题。侯仁之的研究，不仅包括广泛的史料收集和整理，包括历史文献和考古发现，而且非常重视实地考察。他把现场考察与收集到的文献资料相互印证，把统万城的兴衰与环境演变紧密结合，指出主要是人类不合理的土地利用导致了这里的沙漠化。关于毛乌素沙地和宁夏河东沙地在历史时期变迁的研究，在学术界引起了强烈反响。《中国古代地理学简史》（科学出版社，1962）和《中国古代地理名著选读》（科学出版社，1959）以科学的论述、确凿的史实，正确地揭示了中华民族在地理学的发展中，无论在理论上、方法上，还是具体地域的研究上，都曾经占据了极为重要的地位。

侯仁之对北京城的研究，复原了北京发展过程的基本轮廓，为首都的城市建设提供了科学论据，开创了城市历史地理为城市规划服务的新方向。

十一 史念海与历史地理研究

史念海（1912—2001），山西平陆人。1936 年毕业于北平辅仁大学，获学士学位。后任教于陕西师范大学。自 1983 年起担任中国古都学会会长。史念海在历史地理学的研究中，坚持“求真求实，为世所用”的治学原则，不断开拓创新，取得了多方面的成就。

史念海

（1912—2001）

沿革地理学是史念海早年治学的一个主要领域。除在《禹贡》上发表有《两唐书地理志互勘》《西汉侯国考》《秦县考》等论文外，还与顾颉刚合著出版了《中国疆域沿革史》（商务印书馆，1938）一书，全面总结了 2000 多年来我国沿革地理的研究成果，不仅在许多问题上提出了独到的见解，而且还突破了前人所划定的沿革地理的范围，在有关人口、都城等方面做了考证研究，并开了我国现代历史地理研究的先河。该书出版于抗日战争即将全面爆发的形势下，具有强烈的爱国主义意识，是青年学者从事历史地理研究必读的入门书。史念海从 20 世纪 40 年代初已不限于沿革地理研究，开始思及历史上人与自然的关系，着手进行我国古代运河的研究，并撰写成《中国的运河》（重庆史学书店，1944）一书。

该书由史学着眼和立论，偏重于社会和人事方面，40 年后，又根据多年来野外考察所得，加以充实增补，再版发行（陕西人民出版社，1988）。20 世纪 50 年代至 60 年代前期，围绕黄河流域历史上的经济发展问题，从农业、蚕桑、交通道路、居民聚落与经济都会等多个侧面，论证分析了它们的地理分布与变迁过程。后结集为《河山集》（三联书店，1963），完成了从纯粹的沿革地理向科学的历史地理研究的转变。20 世纪 80 年代起，他组织他的学生们分朝代、分区域对我国历史农业地理开展了深入的研究。20 世纪 70 年代初起，他在大河上下、长城内外进行野外考察，将文献考证与地理考察结合起来，在科学研究道路上迈出了重要的一步。这期间，先后研究了北方农牧分界线变迁、黄河流域和长江流域主要农业区兴衰变迁、黄河流域蚕桑事业盛衰变迁、黄土高原农林牧分布地区变迁，并针对黄河流域与黄土高原地区历史上地貌、植被、河湖、沙漠等环境变迁问题撰写了一批论著。除与他人合著有《黄土高原森林与草原的变迁》（史念海、曹尔琴、朱士光，陕西人民出版社，1985）一书外，其余论文大多收入他的《河山集》第 2 ~5 集中。

1983 年史念海会同一些有关专业的学者发起成立了中国古都学会，并成为新兴的中国古都学的创立者。围绕中国古都之定义、研究对象以及如何为当前城市经济与文化建设服务等理论与实际问题撰写了多篇论文，推动了这门科学的深入发展。他主编的《西安历史地图集》（西安地图出版社，1996）就是这方面的一个重大成果。

十二　陈述彭与地理遥感和地理信息科学

陈述彭（1920—2008），江西萍乡人，1942 年毕业于浙江大学史地系，1947 年留校攻读硕士学位。1980 年当选为中国科学院院士，1992 当选第三世界科学院院士。曾任中国空间科学技术研究院、国家遥感中心和中国国际减灾十年委员会顾问，中国资源卫星应用系统总设计师，中国地理学会理事长。

陈述彭

（1920—2008）

20 世纪 50 年代以后，他进行了一系列超前的开拓工作。1949 年调入中国科学院地理研究所参加筹建地图学研究组。1954 年国家开展黄河流域综合治理规划。他采用补测天文点控制平面、统一各省基点高程、加密平原等高线等措施，去粗取精、去伪存真，成功地编制出 108 幅 1∶20 万黄河中下游地形图。同期，他率先开展了地形表示方法、制图综合指标等研究，编制出中华人民共和国第一幅 1∶400 万地势图。20 世纪 60 年代初，他设计并参与《中华人民共和国自然地图集》的编制，研究景观制图方法和制图区域概括指标，强调地图学与地学的结合，推动了我国地图学的学科建设和发展。1965 年《中华人民共和国自然地图集》正式出版，它使我国地图学迅速跻身于世界先进水平。1972 年，他领导开拓计算机辅助专题制图新领域，为地理信息系统在中国的诞生和茁壮成长奠定了基础。1954 年他编制了《中国地形鸟瞰图》，把透视点放在外层空间，从宇宙来观察地球。1958 年，他开创了我国遥感地学应用的先河。1963 年率队赴海南岛开展航空相片综合系列制图实验。1975 年率先引进美国资源卫星影像。1978 年起，领导资源遥感（云南腾冲）、环境遥感（天津）和能源遥感（二滩），培训了我国第一批遥感科技队伍，并筹建了中国科学院遥感应用研究所，作为中国科学院遥感应用研究的基地。1994 年出任国家自然科学基金重大项目“遥感信息传输机理与成像规律研究”首席科学家时，对遥感信息地学特征、高分辨率遥感信息的处理，地物识别原理，地物微波遥感信息处理及成像机理和遥感信息在介质中传输规律等，进行了前沿研究。

面对日益迫近的信息时代，20 世纪 80 年代初他倡议开展地理信息系统研究。1985 年，他负责筹建资源与环境信息系统国家重点实验室，推动重大自然灾害评估技术集成系统等国家重大科技攻关，提出以海岸为基线的世界数据库建设模式和蓝图。他指出地球系统科学的研究应该“顶天立地”，即研究全球变化，服务于区域可持续发展。地理信息系统是其中参与宏观调控的重要手段。20 世纪 90 年代，他积极倡导发展地球信息科学，主张以地球系统科学为基础，研究信息流及其对系统内外循环中物流、能流的调控作用，充分利用遥感、全球定位系统、电子地图、互联网络和卫星通信、地面（海面）观测台站以及地理信息系统等现代对地观测与信息分析、处理和传输工具，使之相互渗透、相互嫁接，形成高度集成的、准时的、全数字化的地球信息科学技术体系，探讨全球变化的区域分异规律与区域可持续发展模式，对人流、物流、能流进行时、空分析与宏观调控，以适应资源、能源节约和生态环境保护的迫切需求。

陈述彭成果丰硕，在国内外发表论文 400 多篇，主编了《鸟瞰地图集》（1954）、《陆地卫星影像中国地学分析图集》（中、英文版，1984，1986）等 20 余部大型图集，出版了《地学的探索》（1990～1992）四卷、《中国遥感与地理信息系统的崛起》（英文版，1993）、《地球信息科学与区域持续发展》（1995）和《遥感地学分析》等专著，《遥感大辞典》等工具书。他多次获得国家自然科学和科技进步奖励，还获得绿色科技特别金奖（1995）和何梁何利科技进步奖（1996）。

十三　钱学森与地球表层学和地理科学

我国杰出科学家钱学森任中国科学技术协会主席期间，曾就地球表层学和地理科学，多次发表论文、讲话，后由浙江教育出版社于1994年以《论地理科学》为书名出版。他首先对科学的分类，对将科学分为自然科学和社会科学两大类提出质疑，因为这种分类割裂了二者的联系，自然科学由于没有社会发展的推动而缺乏动力，社会科学由于没有自然科学为基础而缺乏检验真理的标准，两者割裂对发展不利。其次，科协只管自然科学学会的联合、协作工作是很难搞好的。他认为地球表层是自然科学和社会科学的共同基础；并由此提出了地球表层学和地球表层巨系统的概念。1987年他在第二届全国天地生相互关系学术讨论会上，做了《发展地理科学的建议》（大自然探索，1987年第1期）的讲话。他认为，"'地理科学'就是一门综合性的科学，地理科学研究的对象就是地球表层"。后来他在中国科学院地学部第二次学部委员会大会上的《关于地学的发展问题》报告中进一步指出："为什么我提出地理科学而不是简单地称地理？或者说地学？因为我要突出讲地理科学是自然科学和社会科学的汇合，或叫交叉。"后来又提出地理科学是开放的复杂巨系统，也就是地理系统，其研究方法是从定性到定量的综合集成方法。他说："既然有社会主义三大文明建设，引出一个地理系统的概念。我们这个地理系统也要建设嘛！是否可这样提，我们要考虑社会主义的地理建设。

……我们提出了地理建设的概念，那究竟什么是地理建设呢？我想到的是：交通运输、信息通信、能源发展、供气供水、环境保护、绿化建设、城镇体系建设、气象预报、防灾抗灾、矿业开发、农业资源及林业资源开发与保护等。……我们要建设社会主义三个文明，我们要把它的基础条件搞好，不然持续稳定协调发展就很难，这就是地理建设。”钱学森的地球表层学-地理科学与国际上的地球系统科学-可持续发展，有着实质上的联系，可以说是对中国地理学理论研究的推进。

参考文献

[1] ZHAO Songqiao. Physical geography of China [M]. New York: John Wiley & Sons, Inc. Publishers, 1986.

[2]《科学家传记大辞典》编辑组. 中国现代科学家传记（第1集）[M]. 北京：科学出版社，1991.

[3]《科学家传记大辞典》编辑组. 中国现代科学家传记（第2集）[M]. 北京：科学出版社，1991.

[4]《科学家传记大辞典》编辑组. 中国现代科学家传记（第3集）[M]. 北京：科学出版社，1992.

[5]《科学家传记大辞典》编辑组. 中国现代科学家传记（第4集）[M]. 北京：科学出版社，1993.

[6]《科学家传记大辞典》编辑组. 中国现代科学家传记（第5集）[M]. 北京：科学出版社，1994.

[7]《气候变化国家评估报告》编写委员会. 气候变化国家评估报告 [M]. 北京：科学出版社，2007.

[8] 包浩生. 任美锷教授八十华诞地理论文集 [G]. 南京：南京大学出版社，1993.

[9] 蔡运龙. 当代自然地理学态势 [J]. 地理研究，2010，29（1）.

[10] 蔡运龙. 林超的学术思想与成就 [J]. 地理学报, 1993, 48 (3).

[11] 蔡运龙, 陆大道, 周一星, 等. 地理科学的中国进展与国际趋势 [J]. 地理学报, 2004, 59 (6).

[12] 陈述彭. 太湖东西洞庭山果区的自然条件 [M] //中国科学院地理研究所. 地理学资料（第2期）. 北京: 科学出版社, 1958.

[13] 慈龙骏, 吴波. 中国荒漠化气候类型划分与潜在发生范围的确定 [J]. 中国沙漠, 1997, 17 (2).

[14] 丁一汇, 王守荣. 中国西北地区气候与生态环境概论 [M]. 北京: 气象出版社, 2001.

[15] 恩格斯. 自然辩证法 [M]. 北京: 人民出版社, 1971.

[16] 郭敬辉, 刘昌明. 水文学的地理研究方向与发展趋势 [J]. 地理学报, 1984, 39 (2).

[17] 国家自然科学基金委员会地球科学部. 地球科学“十一五”发展战略 [M]. 北京: 气象出版社, 2006.

[18] 侯仁之. 北京市历史地图集 [M]. 北京: 北京出版社, 1988.

[19] 侯仁之. 历史地理学的理论和实践 [M]. 上海: 上海人民出版社, 1979.

[20] 侯学煜, 姜恕, 陈昌笃, 等. 对于中国各自然区的农、林、牧、副、渔业发展方向的意见 [J]. 科学通报, 1963, 9: 8-26.

[21] 黄秉维. 论地球系统科学与可持续发展战略科学基础 [J]. 地理学报, 1996, 51 (4).

[22] 黄秉维. 区域持续发展的理论基础——陆地系统科学 [J]. 地理学报, 1996, 51 (5).

[23] 黄秉维. 陕甘黄土区域土壤侵蚀的因素和方式 [J]. 地理学报, 1953, 19 (2).

[24] 黄秉维. 自然地理一些最主要的趋势 [J]. 地理学报, 1960, 26 (3).

[25] 李春芬. 李春芬地理文选 [G]. 杭州：浙江教育出版社，1993.

[26] 李文彦. 中国工业地理 [M]. 北京：科学出版社，1990.

[27] 李秀彬. 土地覆被变化的水文水资源效应研究——社会需求与科学问题 [M]//中国地理学会自然地理专业委员会. 土地覆被变化及其环境效应. 北京：星球地图出版社，2002.

[28] 林超，冯绳武，关伯仁. 中国自然地理区划大纲（摘要）[J]. 地理学报，1954，20（4）.

[29] 刘昌明. 水文地理学与水文学的地理研究 [J]. 人民黄河，1984（2）.

[30] 刘培桐，唐永銮，王华东，等. 化学地理学 [M]. 北京：北京师范大学地理系，1962.

[31] 刘盛佳. 吴传钧院士的人文地理学思想与人地关系地域系统学说 [J]. 地理科学进展，1998，17（1）.

[32] 刘卫东，樊杰，周成虎，等. 中国西部开发重点区域规划前期研究 [M]. 北京：商务印书馆，2003.

[33] 卢嘉锡. 中国当代科技精英（地学卷）[M]. 哈尔滨：黑龙江教育出版社，1994.

[34] 卢其尧，卫林，杜钟朴，等. 中国干湿期与干湿区划的研究 [J]. 地理学报，1965，31（1）.

[35] 陆大道. 关于地理学的"人－地系统"理论研究 [J]. 地理研究，2002，21（2）.

[36] 陆大道，蔡运龙. 我国地理学发展的回顾与展望——地理学：方向正在发生变化的科学 [J]. 地球科学进展，2001，16（4）.

[37] 陆大道，薛凤旋，等. 1997 中国区域发展报告 [M]. 北京：商务印书馆，1997.

[38] 陆大道. 中国工业布局的理论与实践 [M]. 北京：科学出版社，1990.

[39] 陆大道，等．中国区域发展的理论与实践［M］．北京：科学出版社，2003.

[40] 罗开富．中国自然地理区划草案［M］//中华地理志编辑部．中国自然区划草案．北京：科学出版社，1956.

[41] 马秋芳，杨新军．1994～2003年我国旅游地理研究文献及其评价［J］．地理与地理信息科学，2005，21（1）.

[42] 钱纪良，林之光．关于中国干湿气候区划的初步研究［J］．地理学报，1965，31（1）.

[43] 钱学森，等．论地理科学［M］．杭州：浙江教育出版社，1994.

[44] 钱正英．西北地区水资源配置生态环境建设和可持续发展战略研究［M］．北京：科学出版社，2004.

[45] 全国农业区划委员会《中国综合农业区划》编写组．中国综合农业区划［M］．北京：农业出版社，1981.

[46] 全国农业区划委员会《中国自然区划概要》编写组．中国自然区划概要［M］．北京：科学出版社，1984.

[47] 任美锷，包浩生．中国自然区域及开发整治［M］．北京：科学出版社，1992.

[48] 任美锷，杨纫章．中国自然区划问题［J］．地理学报，1961，27.

[49] 任美锷．中国自然地理纲要［M］．修订版．北京：商务印书馆，1985.

[50] 水利电力部水文局．中国水资源评价［M］．北京：水利电力出版社，1987.

[51] 宋长青，冷疏影．当代地理学特征、发展趋势及中国地理学研究进展［J］．地球科学进展，2005，20（6）.

[52] 谭其骧．中国历史地图集（第八册）［M］．北京：中国地图出版社，1987.

[53] 谭其骧. 中国自然地理·历史地理 [M]. 北京：科学出版社，1986.

[54] 汤奇成. 中国干旱区水资源主要特点及其开发利用 [C]//杨成，刘昌明，沈灿桑. 中国地理学会水文地理专业委员会第四次全国水文学术会议文集. 北京：测绘出版社，1989.

[55] 吴传钧. 论地理学的研究核心——人地关系地域系统 [J]. 经济地理，1991，11 (3).

[56] 吴传钧. 中国经济地理 [M]. 北京：科学出版社，1998.

[57] 吴传钧，侯锋. 国土开发整治与规划 [M]. 南京：江苏教育出版社，1990.

[58] 吴传钧，刘建一，甘国辉. 现代经济地理学 [M]. 南京：江苏教育出版社，1997.

[59] 吴绍洪，刘卫东. 陆地表层综合地域系统划分的探讨——以青藏高原为例 [J]. 地理研究，2005，24 (2).

[60] 吴绍洪，尹云鹤，郑度，等. 近 30 年中国陆地表层干湿状况研究 [J]. 中国科学（D 辑），2005，35 (3).

[61] 杨川德，邵新媛. 亚洲中部湖泊近期变化 [M]. 北京：气象出版社，1993.

[62] 杨勤业. 地理综合研究与陆地系统科学——祝黄秉维院士 85 寿辰 [J]. 地理研究，1997，16 (4).

[63] 杨勤业，李双成. 中国生态地域划分的若干问题 [J]. 生态学报，1999，19 (5).

[64] 杨勤业，郑度. 50 年来中国自然地理学研究的回顾 [M]//中国地理学会自然地理专业委员会. 全球变化区域响应研究. 北京：人民教育出版社，2000.

[65] 杨勤业，郑度，吴绍洪. 关于中国的亚热带 [J]. 亚热带资源与环境学报，2006，1 (1).

[66] 叶青超. 黄河流域环境演变与水沙运行规律研究 [M]. 济南：

山东科技出版社，1994.

[67] 翟金良，冯仁国. 中国科学院地理科学领域知识创新工作进展与展望 [J]. 地球科学进展，2004，19 (4).

[68] 赵松乔. 中国综合自然区划的一个新方案 [J]. 地理学报，1983，38 (1).

[69] 郑度，陈述彭. 地理学研究进展与前沿领域 [J]. 地球科学进展，2001，16 (5).

[70] 郑度，杨勤业. 20 世纪的中国地理学 [J]. 科学源流，2010，62 (1).

[71] 郑度，等. 中国生态地理区域系统研究 [M]. 北京：商务印书馆，2008.

[72] 中国科学技术协会，中国地理学会. 地理学学科发展报告 (自然地理学) [M]. 北京：中国科学技术出版社，2009.

[73] 中国科学院地理研究所经济地理研究室. 中国农业地理总论 [M]. 北京：科学出版社，1980.

[74] 中国科学院国情分析研究小组. 生存与发展 [M]. 北京：科学出版社，1989.

[75] 中国科学院可持续发展战略研究组. 1999 中国可持续发展战略报告 [M]. 北京：科学出版社，1999.

[76] 中国科学院南京地理与湖泊研究所. 周立三论文集 [G]. 北京：中国科学技术出版社，1990.

[77] 中国科学院青藏高原综合科学考察队. 西藏自然地理 [M]. 北京：科学出版社，1982.

[78] 中国科学院《中国自然地理》编辑委员会. 中国自然地理 · 古地理 [M]. 北京：科学出版社，1984.

[79] 中国科学院《中国自然地理》编辑委员会. 中国自然地理 · 总论 [M]. 北京：科学出版社，1985.

[80] 中国科学院中国自然区划工作委员会. 中国地貌区划 (初稿)

[M]. 北京：科学出版社，1959.

[81] 中国科学院中国自然区划工作委员会. 中国气候区划（初稿）[M]. 北京：科学出版社，1959.

[82] 中国科学院中国自然区划工作委员会. 中国综合自然区划（初稿）[M]. 北京：科学出版社，1959.

[83] 中国科学院《中国自然地理》编辑委员会. 中国自然地理 · 气候 [M]. 北京：科学出版社，1984.

[84] 中国土地利用图编委会 . 1∶100 万中国土地利用图编制规范及图式 [M]. 北京：科学出版社，1986.

[85] 周立三. 农业地理学的性质及其发展方向的探讨 [J]. 经济地理，1981（1）.

[86] 周立三. 农业区划问题的探讨 [J]. 地理科学，1981，1（1）.

[87] 周立三. 试论农业区域的形成演变、内部结构及其区划体系 [J]. 地理学报，1964，30（1）.

[88] 周立三，吴传钧，赵松乔，等. 甘青农牧交错地区农业区划初步研究 [M]. 北京：科学出版社，1958.

[89] 周一星. 人文地理研究能为制订国家政策作贡献——以城市开发方针为例 [J]. 人文地理，2001，16（1）.

[90] 朱震达，吴正，刘恕，等. 中国沙漠概论 [M]. 修订版. 北京：科学出版社，1980.

[91] 竺可桢. 中国的亚热带 [J]. 科学通报，1958（17）.

[92] 竺可桢. 中国近五千年来气候变迁的初步研究 [J]. 考古学报，1972（1）.

[93] 左大康，周允华，朱志辉，等. 地球表层辐射研究 [M]. 北京：科学出版社，1991.

[94]《第二次气候变化国家评估报告》编写委员会. 第二次气候变化国家评估报告 [R]. 北京：科学出版社，2011.

第三章　自然地理学的学科发展

自然地理学是研究地理环境的成分及各成分之间的物质、能量交换及其地域差异的科学。自然地理学把组成自然地理环境的各种要素相互联系起来进行综合研究，以阐明自然地理环境的整体、各组成要素及其相互间的结构、功能、物质迁移、能量转换、动态演变和地域分异规律。

20 世纪 50 年代后，通过解决国家和区域性重大实际问题，中国自然地理学在自然地理区划、土地类型划分、大农业生产、区域自然地理综合调查等应用基础研究方面，以及地表热量与水分平衡、化学元素迁移与转化、气候与环境变化、地域分异规律、生物地理群落等基础研究方面均取得丰富的研究成果。而且，为以后的发展奠定了基础。

20 世纪下半叶，全球环境问题不断暴露，巨大的社会需求推动了全球变化研究的进程。近些年，中国自然地理学者以全球环境变化研究为契机，从不同角度深入对人地关系进行了研究，中国自然地理学亦得到不断的丰富和发展。

第一节　综合自然地理学

综合自然地理学是自然地理学的重要分支学科，即狭义的自然地理学。它是以自然地理环境，即作为人类居住场所的地球表层的整体和一系列层次不同而相互联系、相互转化的自然综合体为研究对象，进行系统的综合研究，着重研究自然地理环境各组成要素间的物质能量关系，阐明自然地理环境的历史形成、现代过程、类型结构、地域分异和发展演变。综合自然地理学处于地理学分科三个层次中的第二层，是该层次的基本组成部分。它是在第三层次，即部门自然地理学的基础上进行综合研究，同时也为第一层次的综合地理学提供基础。综合研究是发展自然地理学最主要的方向，同时也是带动部门自然地理学最有效的途径。

综合研究有现代过程的研究和历史过程的研究两个互相关联、互相补充的方面。地理环境中现代过程的综合研究包括：地表热量、水分的分布、转化及其在地理环境中的作用的研究；化学元素在地理环境中的迁移过程的研究；生物群落与其环境之间物质、能量的交换研究。景观学和土地学从类型结构角度对自然综合体进行综合研究，而自然区划则从区域角度进行综合研究。自然地理环境是历史的产物，古地理环境，特别是新第三纪以来古地理环境形成过程的历史研究，是综合自然地理学的一个分科，即古地理学的内容。

在我国近现代地理学的发展中，自然地理学的发展较人文地理学更强。20 世纪上半叶，是引入西方近代自然地理学并加以发展的时期。这一时期，林超、黄秉维等就已从事自然地理的综合研究工作，如黄秉维在 20 世纪 30 年代编撰的《自然地理原理》内容丰富、结构严谨，力求将各种自然现象互相贯通，他的《中国地理》涉及自然地理诸要素，是综合自然地理学的基础。周廷儒在 20 世纪 30 ~ 40 年代开创对历史时期环境变化的研究，是我国古地理研究的开拓者。20 世纪 50 年代以后，自然地理学继承我国古代地理学传统的同时，受西方近代地理学和苏联地理学思想的影响，特别是与国家经济建设密切结合，才形成和发展了具有中国特色的综合自然地理学。

综合自然地理学的研究符合学科发展的潮流和趋势，是地球表层整体研究的需要。综合自然区划、土地系统科学、现代自然地理过程以及区域自然地理等领域的研究是相互联系、彼此结合的。区域、类型和过程的综合研究是区域可持续发展和全球环境变化研究的基础，也是地球系统科学的重要理论基础。部门自然地理学和专门自然地理学的研究为综合自然地理学的发展提供了坚实的理论和资料基础。从研究方法和技术手段看，定位试验、遥感技术的应用，地理信息科学的发展，使系统分析和综合集成的方法得以应用，促进了综合自然地理学发展并提高到新的研究水平。无论从学科发展，还是从应用实践的角度来看，综合自然地理学研究部应进一步加强与人文地理学的密切结合，真正实现综合研究。

20 世纪 50 年代以来，中国的综合自然地理学研究在古地理学、综合自然区划、景观学和土地科学、现代自然地理过程、区域自然地理及自然地理的综合研究等领域均取得显著进展。

一　古地理学

自然地理学的古地理学方向，主要研究新生代以来的地理环境演变。此项研究遵循“将今论古”的现实主义原则，通过沉积、孢粉、同位素、冰芯、树木年轮、考古和历史文献记载等多种分析手段获取各种代用资料，对过去的地理环境进行复原。

我国古地理学研究是随着近代地质学、近代自然地理学、近代气候学等地球科学的出现而起步的。20 世纪 50 年代后，古地理学研究得到了迅速发展。周廷儒于 20 世纪 60 年代提出发展自然地理学的古地理方向的主张，1962 年在北京师范大学地理系开设古地理学课程，随后创建古地理研究室。《中国自然地理·古地理》和《古地理学》，分别为国内古地理研究的第一部区域性和原理性专著。20 世纪 70 年代后，随着国际上对过去全球变化问题研究的不断深入，我国的古地理学研究获得了重大进展。其中，最具代表性的研究成果包括：竺可桢开创的基于考古和历史文献资料的气候变化研究，刘东生、安芷生等领导的中国第四纪黄土及古季风研究，施雅风领导的中国东西部第四纪冰川研究、全新世环境演变研究，汪品先等领导的中国海域第四纪环境演变研究，及其他大量区域环境演变研究。其中青藏高原、第四纪黄土和基于考古与历史文献资料的研究是我国独具特色的研究领域，主要研究新生代以来的地理环境演变，在国际上居于领先地位，备受中外学者重视。

古地理学研究的突出成果可概括为以下几方面：中国第四纪以来环境演变过程与全球变化过程在总体格局上一致；青藏高原的隆起不仅使其自身从亚热带景观向干寒方向转化，还导致现代季风环流系统的建立与加强，强化了我国西北内陆地区的干旱程度，出现荒漠环境；新生代以来我国的环流系统经历了非季风、古季风和现代季风的演变过程；第三纪是我国自然环境格局形成的关键时期，该时期我国气候普遍比现代温暖，其后随着全球性的新生代衰退，温暖程度逐渐降低；第四纪时期，随着全球性冷暖期的交替变化，我国自然地带发生多次推移；全新世暖期盛期，我国东部地区平均温度较现代高2.5℃左右，增温幅度北方大于南方；气候干湿程度变化对我国的影响，不亚于冷暖变化所带来的影响，中国西部和华北的干旱化趋势得到证实；第四纪时期，海面随冰期－间冰期的交替而升降变化，最后冰期时海面低于现代海平面 130～150 米，与此相应，大规模的海陆变迁成为第四纪东亚地区最显著的地理变化之一。

我国自然地理学的古地理方面研究恰与国际性的全球变化研究相接轨，积极参与了过去的全球变化计划（PAGES）等国际研究计划，正进一步深入研究全球变化在中国的表现与响应，以及中国的环境演变对全球变化的影响。研究主要是关注十五万年来及两千年来两个时间尺度的环境演变研究，注重分析技术的改进、新代用资料的开发、高分辨率序列的建立及定量化程度的提高。2012年张兰生主编的《中国自然地理系列专著·中国古地理——中国自然环境的形成》系统阐述了中国自然地理环境的起源、演化和形成过程。

二　综合自然区划研究

简称“中国自然区划研究”，它是对自然区域的划分、研究、描述，是自然地理研究发展到一定阶段的产物。一个国家的自然区划水平是反映对自然地理环境认识的深度和自然地理研究水平的重要标志之一。

按照区划的对象，自然区划可分为综合自然区划和部门自然区划。前者对象是自然环境的整体，即不同等级的自然综合体。它是从自然环境的综合特征出发进行的地域划分。综合自然区划不仅要正确认识地域分异规律，还要深入分析各组成要素之间的相互联系，是对各级自然综合体自然环境与资源的全面认识。后者对象是自然环境的各组成要素，如地貌、气候、水文、土壤、植被、动物等，虽然也注意与周围环境各组成要素的相互关系，但其重点是它们本身的地域分异规律。进行自然区划遵循的原则是选择区划指标、建立等级系统的准绳。一般有地带性与非地带性相结合的原则、发生统一性原则和区域共轭性原则。自然区划是多级的系统，一般有单列系统与双列系统之分。自然区划过去多用相关分析基础上的标志法，自上而下地进行划分。20 世纪 70 年代以后又发展了自下而上逐级合并的方法。自上而下的划分与自下而上的合并相结合，使自然区划更具客观性。

中国是世界上最早出现自然区划的国家。近代中国自然区划研究以 1931 年竺可桢的《中国气候区域论》为良好开端。其区划方案系统性较强，简便易懂，常为地学家所依据，并传播到海外。1935 年丁文江提出要拟定一个比较系统的中国地理区域划分方案，并指导黄秉维编撰《中国地理·长篇》。1940 年黄秉维发表了《中国之植物区域》。这些工作开创了我国地域系统研究的先河。中国综合自然区划研究始于 1922 年的罗士培（P. M. Roxby）。其后，葛德石（G. B. Cressey，1934，1944）、李长傅（1934）、洪思齐及王益厓（1934）、斯坦普（L. D. Stamp，1936）、王成组（1934）、李四光（1939）、冯绳武（1945）、李旭旦（1947）亦先后对全国自然区域进行过划分。20 世纪 50 年代后，随着各地综合科学考察的逐渐深入，各类观测站网的建立，我国比较全面地、系统地积累了许多基本科学资料，中国自然区划研究因而有了长足的进展。

1954 年，林超等为了满足综合性大学地理教学的需要，拟定了全国的综合自然区划。首先根据地形构造将全国划分为 4 个部分，然后依气候状况划分为 10 个大地区，再按地形划分为 31 个地区和 105 个亚地区。该区划基本上反映了全国的自然地理面貌。

20 世纪 50 年代初期，《中华地理志》编辑部的第一步就是拟定了全国地形、气候、水文、土壤、植被、动物 6 种区划，在此基础上拟订《中国自然区划草案》，并于 1956 年出版。草案主编罗开富指出，景观是分区的对象，其标志是植被和土壤，同时考虑地形与气候及其对景观的影响。区划草案先依据季风影响，将全国划分为东部森林、森林草原和西部草原、荒漠等两大半壁；接着按照温度变化及其在土壤、植被上的反映，将东半壁（湿润）分成东北、华北、华中、华南4个基本区；将垂直分异较明显的康滇单独划为一个基本区；根据地势及其所产生的温度差异，将西半壁（干燥）划分为蒙新、青藏两个基本区。该区划与传统概念大致相符，但辽南归属华北，云南、贵州分别划入康滇与华中，粤桂北部隶属华中，均与过去不同。基本区之下则主要依据地形的差异划分出23个副区。

20世纪50年代后，中国最大规模的自然区划研究，是由中国科学院自然区划工作委员会组织进行的。1956年，中国科学院决定成立自然区划工作委员会，由竺可桢、黄秉维等主持，组织各有关学科人员进行中国地貌、气候、水文、潜水、土壤、植被、动物、昆虫的区划及综合自然区划。由于区划的主要目的是为农、林、牧、水等事业服务，几种主要区划所采取的原则，一是先进行类型区划，然后进行区域区划；二是偏重现代的自然特征及其相互关系；三是以地带性为第一性因素，非地带性为第二性因素；四是地带性因素先考察较难以人力改变的温度，然后考察在一定条件下、一定限度内可以人力改变的水分状况；五是在拟定温度带（原称热量带）和水分状况地区的界线时，一般先着眼由温度及水分状况的地域差异所引致的其他现象的地域差异，然后选取界线，再寻求较能体现地理相关性的界线指标。综合自然区划的结果显著地显示出自然地理地带性规律，除两个零级外，区划至第三级，将全国划分为3大自然区，6个热量带，18个自然地区和亚地区，28个自然地带和亚地带，90个自然省。书中阐述了第四、五级和生物气候类型的划分，系统说明了全国自然区划在实践中的作用及在科学认识上的意义。《中国综合自然区划》1959 年出版，共 8 册 259 万字。这是中国十分详尽而系统的全国性区划专著，一直为农、林、牧、水、交通运输及国防等有关部门作为查询、应用和研究的重要依据，影响巨大，有力地推动了全国和地方自然区划工作的深入，后各省区和地区均进行各类自然区划。国外迄今未见有类似的著作。20 世纪 60 年代，黄秉维对综合自然区划的原则和方法做了进一步的阐述，补充修改了原有方案，明确将热量带改称为温度带。1989 年，他又做了较系统的修订，简化了区划体系，重申温度与热量的不同，纠正热量带的错误称谓。他以提高和维持自然生产潜力为目的，拟订的区划见表 3 –3 –1。

表 3 –3 –1　中国综合自然区划表

温度带	干湿地区	地区
Ⅰ寒温带	A 湿润地区	ⅠA_1 大兴安岭北部
Ⅱ中温带	A 湿润地区	ⅡA_1 三江平原
		ⅡA_2 东北部山地
		ⅡA_3 东北东部山前平原
	B 半湿润地区	ⅡB_1 松辽平原中部
		ⅡB_2 大兴安岭中部
		ⅡB_3 三河山麓平原丘陵
	C 半干旱地区	ⅡC_1 松辽平原西南部
		ⅡC_2 大兴安岭南部
		ⅡC_3 内蒙古高平原东部
	D 干旱地区	ⅡD_1 内蒙古高平原西部
		ⅡD_2 兰州与河西东部丘陵平原
		ⅡD_3 准噶尔盆地
		ⅡD_4 阿尔泰山地、额尔齐斯流域与塔城盆地
		ⅡD_5 伊犁盆地

续表

温度带	干湿地区	地区
Ⅲ暖温带	A 湿润地区	ⅢA_1 辽东胶东山地丘陵
	B 半湿润地区	ⅢB_1 鲁中山地丘陵 ⅢB_2 华北平原 ⅢB_3 华北山地丘陵 ⅢB_4 晋南关中盆地
	C 半干旱地区	ⅢC_1 晋中陕北甘东高原丘陵
	D 干旱地区	ⅢD_1 塔里木盆地与吐鲁番盆地
Ⅳ北亚热带	A 湿润地区	ⅣA_1 淮南与长江中下游 ⅣA_2 汉中盆地
Ⅴ中亚热带	A 湿润地区	ⅤA_1 江南与南岭山地丘陵 ⅤA_2 贵州高原 ⅤA_3 四川盆地 ⅤA_4 云南高原 ⅤA_5 喜马拉雅山东段南坡
Ⅵ南亚热带	A 湿润地区	ⅥA_1 台湾中北部山地平原 ⅥA_2 粤桂闽丘陵平原 ⅥA_3 文山至腾冲间山地丘陵
Ⅶ边缘热带	A 湿润地区	ⅦA_1 台湾南部低地 ⅦA_2 海南中北部与雷州半岛山地丘陵 ⅦA_3 云南南缘谷地丘陵
Ⅷ中热带	A 湿润地区	ⅧA_1 海南南部低地与东沙、中沙、西沙诸岛
IX 赤道热带	A 湿润地区	IXA_1 南沙群岛
H0 青藏高原寒带	D 干旱地区	H0D_1 昆仑山地
HI 青藏高原亚寒带	B 半湿润地区	HIB_1 阿坝那曲地区
	C 半干旱地区	HIC_1 青海南部与羌塘高原
HII 青藏高原温带	AB 湿润、半湿润地区	HIIAB_1 四川西藏东高山深谷
	C 半干旱地区	HIIC_1 青海东部高原山地 HIIC_2 藏南山地
	D 干旱地区	HIID_1 柴达木盆地 HIID_2 阿里山地

方案首先将青藏高原与相对较低地域区分开，然后分别按

温度、干湿情况和地形逐级划分，他共分出12个温度带、21个自然地区和45个自然区（附表）。

1961年任美锷等依据自然情况差异的主要矛盾及利用改造自然的不同方向，将全国划分为8个自然区，23个自然地区，65个自然省。1982年他进行了修订。

1961年，任美锷依据我国自然情况差异的主要矛盾以及利用改造自然的不同方向，进行划分，提出了一个区划方案。其后，20世纪80年代，任美锷等编撰的《中国自然区域及开发整治》（1992）一书中，论述了自然地理区的划分原则、方法与区划方案，把全国分为8个自然区、30个自然亚区和71个自然小区，以小区为重点进行说明，按自然区阐述资源利用与环境整治问题。任美锷方案在区划指标应否统一，对指标数量分析如何评价，区划等级单位的拟订和各级自然区域命名等方面提出了与黄秉维方案不同的见解。

1963年侯学煜提出了以发展农、林、牧、副、渔为目的的自然区划。他首先按照热量将全国分为温带、暖温带、半亚热带、亚热带、半热带、热带等6个带和青藏高原区1个区域，再根据水热状况分成29个自然区。该方案目的明确，偏重实用，但在热量带界线划分等方面引起不少争议。1988年，他再次对全国进行了划分，共分为20个自然生态区，部分生态区还进一步分为若干区，并重点阐述各自然生态区的大农业发展方针。

1983年赵松乔为《中国自然地理·总论》一书区域部分的框架设计了一个新方案，将全国划分为3个大自然区、7个自然地区和33个自然区，其下可再划分出自然亚区和自然小区，并指出最低级自然区划单位应与土地类型的组合相结合，并互相衔接。

1984 年席承藩等以黄秉维方案和侯学煜方案为基础，进行了自然区划，将全国划分为 3 大自然区域、14 个自然地带、44 个自然区，重点对自然区的自然特点、农业现状、生产潜力和发展方向做了论述，为满足当时规划、指导、调整各地农业生产提供了依据。

20 世纪 50 年代后，特别是 70 年代开展农业区划研究后，中国各省区大多先后完成自然区划研究。一些特殊区域，如河西走廊、珠江流域、华南热带、川西滇北、青藏高原、横断山区、干旱及半干旱区、黄土高原等也都做了相应的综合自然区划。此外，还有为特殊目的服务的自然区划，如为水土保持服务的黄河中游黄土区自然区划（罗来兴，1958），橡胶宜林地区划，为公路建设规划服务的全国公路自然区划（陈传康，1973）等。与此同时，我国对陆地空间地理规律，中国及各地区自然地域分异规律进行了讨论，对自然区划的基本理论、原则和方法，等级单位系统以及区划界线等都有较深入的研究和探讨。

20 世纪 80 年代，我国学术界继续对已有的一些区划方案，特别是分界线的确定，展开了广泛的讨论。尤其是亚热带与热带的界线。同时，郑度、张荣祖、杨勤业、彭补拙等对青藏高原及其周边地区的自然地带研究，伍光和对青海及柴达木盆地的自然区划，填补了青藏高原及其周边地区的自然区划内容。杨勤业开展了黄土高原自然区划研究。

20 世纪 90 年代，郑度、傅伯杰、杨勤业等先后开展了中国生态地理区域系统的研究，使综合性的自然地理区划工作进入一个新的阶段。随着地球系统科学和可持续发展研究的深入，20 世纪末黄秉维倡导开展综合区划研究，并得到一些尝试性的成果。

然而，中国学术界对自然区划的若干基本问题仍然存在着认识上的分歧和不同见解。例如，从时空角度综合来看，地带性因素与非地带性因素相互作用表现出来的形式，是地表最基本的分异规律。因此，在自然区划中，应该将贯彻始终、影响全局、决定分异本质和过程的地带性和非地带性的有机结合关系放在重要位置，作为总的指导思想。但在具体划分中，往往需要根据不同分异联系的主导规律，是否应如此就引发了单列系统和双列系统之争。黄秉维方案是在整个区划体系建立过程中，综合考虑这两条基本规律的成功范例。发生学原则早在 19 世纪后半期就已开始应用到区划实践中，但迄今国内外学者仍缺乏共同的理解和明确的认识。20 世纪 60 年代，中国学者发表了不少文章阐述对这一问题的看法，一些人认为贯彻发生学原则"着重现代自然过程的研究"，一些人认为"只要对每个综合体的形态结构特点进行详细分析与说明，就是具体地贯彻了发生学原则"，更有人认为"发生学原则即区划单位系统的古地理分化过程"，必须通过古地理法来贯彻。黄秉维认为，"作为区划依据的发生似应指一个区划单位所以不同于同级其他单位的基本特点的发生。论述发生的同一性和差异性，并不一定要追溯历史。"发生学既不是地貌的发生历史，也不是地质史的发展过程，而应理解为"地域分异的原因、过程和规律的原则"，阐明所划分区域的最基本和最本质的特点的形成和发展，是避免区划方案任意性的客观标准。关于区域共轭性原则的争论集中在这一原则的具体应用上，如柴达木盆地究竟应该归属于蒙新高原或西北区，还是应该归属于青藏高原等。

对于区划原则和等级单位体系存在的观点分歧和方案的不同，集中地反映在各级区划单元界线划定上。20 世纪 50 年代以前乃至 20 世纪 50 年代初期，关于中国热带范围和热带北界的认识还很模糊。1956 年《中华地理志》提出华南区属于热带，并以南岭山麓为热带北界。如果根据柯本气候分类，中国只有海南岛五指山以南才属于热带。但多数学者认为，中国热带界线划分既要考虑天文因素，又要考虑中国的实际情况。竺可桢主张的界线与最冷月平均气温 16℃等值线大体相符，同时应用的指标还有≥10℃，积温 8000℃，平均极端最低气温 5℃以及土壤和植被的性质。后各家虽有许多不同见解，但经数十年深入调查研究，目前各家对中国热带北界的看法已渐趋接近。为了解决热带与温带之间连续过渡所产生的困难，结合中国亚热带性特别显著的特点，借用气候学的概念，划分出一个亚热带，可以缓冲和弥补某些缺陷，更正确地刻画自然界的渐变。竺可桢、黄秉维等多数学者认为中国亚热带的北界接近北纬 34°，即淮河、秦岭、白龙江一线。由于这条界线无论在自然条件方面，还是在农业生产上，意义都比较明确，各方面的意见比较一致。但界线的具体拟定仍存在一些分歧。中国的半湿润地区和半干旱地区地域广袤，两者之间无论在自然界的客观实际还是在农业生产状况方面都存在显著不同，把它们区分开来是有意义的，但它们之间的界线划分至今仍存在较多的分歧和争议。

自然地域分异规律是地表最基本的分异规律，亦是进行自然区划的基础。自然地域分异规律的研究始于 19 世纪初。近代地理学的奠基人、德国学者洪堡（A. V. Humboldt）首创世界等温线图，发现植被分布的水平分异和垂直分异性以及气候和植物分布的关系。俄国学者道库恰耶夫（В. В. Докучаев）建立土壤地带学说，进而发展成为自然地带学说。20 世纪 50 年代以前，中国地理界对自然地域分异规律的研究既少又不深入。20 世纪 50 年代以后随着自然区划工作的开展，相关研究才渐趋广泛和深入。

关于地带性学说，近百年来国外一直存在着广义和狭义两种不同的理解，中国亦然。黄秉维主持完成的《中国综合自然区划（初稿）》（1959）采用从广义来理解地理地带性分异规律，认为自然地理地带性包括纬度地带性、经度地带性和垂直地带性等 3 个组成部分。胡焕庸等主张地带性主要是指纬度地带性，而经度地带性和垂直地带性属于非地带性。这是地带性学说的狭义理解。就垂直地带性而言，也存在多种不同认识，归纳起来有：（1）认为属于非地带性；（2）认为与水平地带性各自独立存在；（3）随高度呈垂直结构图式，自下而上能重现从赤道向极地的纬度地带次序。对地带性学说的不同理解及由此而产生的争论，至今仍未结束。中国自然环境异常复杂，在众多因素的影响制约下，客观上存在着地带性规律难以辨识的困难。1959 年黄秉维的中国综合自然区划方案揭露并肯定了地带性规律的普遍存在，这对于中国自然地域分异规律研究，是一个历史性的突破。其后，在各省（区）和特殊地理单元进行的各类自然区划亦大都赞同该方案的观点，并应用该方案所获得的成果来阐述本地区的地域分异规律。自然地域分异规律作为各类自然区划中最基本的理论依据而得到充分反映。

在 1959 年黄秉维的区划方案中，直至第三级的划分都遵守生物气候原则，即根据气候与土壤、生物、农业的相关性来划分。所考虑的规律主要是广义的地带性，划分的结果亦基本上是水平地带性规律的反映。在不同的自然区中，水平地带性的表现不同，地域分异的主导因素不同，所以，零级单位自然大区的划分也可以理解为认识水平地带规律的一个步骤。低级区划单位的地域分异则是地方性差异，主要取决于非地带因素，以地貌、地质构造与岩性、土壤温度与土壤水分、地表水、地下水等因素为划分依据。

在垂直地带性规律支配下，具有一定高度的山体所产生的由下而上的带状更迭，称为垂直自然带。发育在不同地域山体的垂直自然带具有各自特殊的带谱性质、类型组合和结构特征。发育在不同水平地带的垂直自然带的各类型之间，亦存在一定的联系，反映出它们在三度空间上的规律变化。由此，德国学者特罗尔（C. Troll）在 20 世纪中叶提出了“三维地带性”的概念，亦被称为三维层性、三维结构。在中国学者中，黄锡畴（1962）研究了欧亚大陆温带山地垂直带结构类型，划分出大西洋沿岸垂直带结构亚纲、大陆垂直带结构亚纲和太平洋沿岸季风区垂直结构亚纲。姜恕（1962）在划分川西滇北山地垂直带类型时，主张将垂直带谱分为纲、类、型等 3 级并划分出 4 个带谱纲、8 个带谱类及 11 个带谱型。

多山地和高原是中国自然界的突出特点之一。20 世纪 60 年代以后，随着青藏高原自然区划工作的开展，高原山地自然区划问题逐渐被提到日程，并日益深化。应用三维地带性观点进行垂直自然带谱分析，已较广泛进行。中国几大高原的地势结构不一，海拔高度不同，在自然区划中的位置也不一样。郑度等认为，要阐明其自然地域分异，必须对高原各种地貌类型组合的基面的海拔高度进行比较分析，按照不同区域确定代表基面及其海拔高度范围，以便首先使水平地带性得到充分反映，然后再体现垂直地带性的差异。郑度等（1975）在探讨珠穆朗玛峰地区气候、植被与土壤相互关系基础上对垂直自然分带进行概括，指出在地带性与非地带性因素的相互制约和共同作用下，该地区南北翼属于不同的自然分带系统：南翼属湿润的海洋性季风地区的自然带谱，自下而上有低山热带季雨林带、山地亚热带常绿阔叶林带、山地暖温带针阔叶混交林带、高山寒温带针叶林带、亚高山寒带灌丛草甸带、高山寒冻草甸垫状植被带、高山寒冻冰碛地衣带和高山冰雪带 8 个分带；北翼属大陆性半干旱高原地区的自然带谱，自下而上为高原寒带半干旱草原带、高山寒冻草甸垫状植被带、高山寒冻冰碛地衣带和高山冰雪带 4 个分带。张荣祖等（1982）按照垂直自然带谱的基带、带谱结构、优势垂直带以及温度、水分条件等特点，将青藏高原的垂直自然带划分为季风性和大陆性等两类带谱系统，前者又分为湿润、半湿润和高寒半湿润 3 个结构类型组，后者又分为高寒半干旱、高寒干旱、高寒极干旱、极干旱、干旱和半干旱 6 个结构类型组。郑度等（1985）将青藏高原东南部的垂直自然带划分为山地针阔叶林基带、干旱河谷灌丛草甸基带、山地暗针叶林基带、高山灌丛草甸基带 4 个结构类型。上述研究均具有开创性意义，为中国其他地区同类性质工作提供了借鉴。

水平地带和垂直自然带之间的关系，备受关注。姜恕（1962）在研究川西滇北地区的垂直自然带时，已经把它与水平地带联系起来，以此划分出不同的自然区域。张经炜、姜恕（1973）研究了珠穆朗玛峰地区植被垂直分带与水平地带的关系，郑度等（1975）研究了同一地区垂直自然分带与水平地带的关系。就全国性工作而言，侯学煜（1980）对中国植被分布的水平地带和垂直地带进行了研究。刘华训（1981）在研究中国山地植被的垂直分布规律时，也讨论了植被水平地带和垂直带的关系。郑度、杨勤业等（1997）认为，热量平衡随高度而改变是垂直地带性的起因，是在能量分布和水分作用等基本分异背景下派生的地域分异规律。他们还指出，任何一地的垂直自然带都是纬向、经向和高度变化因素对自然环境共同影响的结果。尽管垂直自然带有许多特点与水平地带类同，但并不相同。就组成山地垂直自然带谱的各分带而言，根据与平地自然带的相似程度，可以归纳为同源的（成因与平地自然带相似，形态只有量的变异，如暗针叶林）、相似的（形成条件差异大，而性质有某些相似，如寒冻风化带、冰雪带）和独特的（平地上没有的，如高山草甸带）等 3 大组。垂直自然带既有与水平地带类同的成分，也有大量相似的和独特的成分，它不完全重现纬度地带的序列。同时，垂直带的类型结构存在于它所处的水平地带，是在水平地带的基础上发育和发展起来的。

在高山草甸考察

不少学者探索用模型或数学公式来表述水平地带和垂直自然带之间的关系。张荣祖等（1982）得到西藏自然环境三度空间变化的图式。李文华等（1979）得到欧亚大陆暗针叶林分布上限与经度和纬度关系的模型。刘朝端（1979）总结了西藏土壤地带规律的三维结构图式。牛文元（1980）、蒋忠信（1982）获得表述水平地带与垂直自然带关系的数学模型。

水平地带和垂直自然带关系的深入研究，为高原山地的自然区划提供了可能。关于青藏高原地域分异规律，我国长期存在不同观点：（1）认为水平地带性被垂直地带性所掩盖，（2）认为高原上的地带仅能由垂直带辨认，（3）强调高原非地带性明显，不应划分为自然地带等。郑度等（1979）认为，从三维地带性出发，高原边缘的垂直带与毗邻低地的水平地带有联系，在内部其基带或优势垂直带在高原面上联结、展布，反映出自然地带的水平分异，反过来又制约着垂直自然带的特点，这就是三维地带性在高原上的体现。张新时（1978）则称之为“高原地带性”。从上述认识出发，依据大地貌的区域差异，温度、水分条件的不同组合，地带性植被、土壤和垂直自然带结构类型的异同，高原被划分为9个自然地带。这一划分已经成为协调区域资源、环境、人口、发展的重要自然基础，亦为世界其他高原山地研究工作提供了借鉴。

地表的自然地带性是复杂历史过程的产物，每一个地带都有自己的历史和年龄。由于现代自然地域分异规律是历史的继承和发展，因此，四度时空的研究日益受到重视。张荣祖等（1982）研究了上新世以来青藏高原水平地带和垂直自然带的变化，以及两者的相互关系。邢嘉明（1988）分析了更新世以来华北平原水平地带的变化。杨勤业等（1990）绘制了黄土高原不同时期自然地带示意图，认为现代自然地带是第三纪以来地质历史演变的产物。时间因素或残遗因素的研究有待今后进一步深入。

地方性分异主要表现为自然环境组成成分和自然综合体的有序性和重复性。微域分异是地貌部位差别等导致的最小范围的地域分异。这两方面的研究在20世纪70年代以后，随着土地类型研究的深入而获得较多成果。如申元村（1983）对北京市土地类型的研究，即以土地类型组合结构和地方性分异规律，来了解区域土地特征，作为综合自然区划的依据。邢嘉明等（1988）认为，京津平原地区的分带式水平分异，即是在高一级地域分异规律制约下，以地方性地域分异的形式，制约区域自然地理环境的空间变化。佘之祥等（1988）认为太湖平原以碟形洼地为中心的分异也具有强烈的地方性色彩。

三　景观学与土地科学研究

土地类型的研究对象是自然地理各要素（气候、水文、地貌、植被、土壤等）相互作用形成的自然综合体。它是在自然地理要素研究，以及继综合自然区划研究基础上发展起来的类型研究，因而其形成、发展被看作是20世纪综合自然地理学发展的一个重要标志。在综合自然地理学的三个研究方向中，土地类型研究往往被视为综合自然地理研究的基本对象。也有学者（如赵松乔等）认为它是综合自然地理学研究的核心。

自20世纪50年代中期起，陈述彭等就开展了大比例尺景观调查与制图的实践。此后从20世纪50年代末至20世纪60年代初我国在广东鼎湖山、北京怀柔、内蒙古毛乌素、甘肃民勤等地进行大比例尺的土地类型调查与制图，随后相继开展了中比例尺制图与调查研究工作。20世纪60年代后我国对许多山区进行的山地垂直带研究和制图工作，也是中、小比例尺的土地类型研究。20 世纪 70 年代起，以土地类型为基础进行土地资源评价，确定土地利用结构并开展农业区划的应用研究有较大的发展。在林超、赵松乔、陈传康的倡导和推动下，吸取德、苏景观学派和英、澳土地学派的长处，以土地类型为基础的土地资源、土地评价、土地利用、土地规划和土地管理决策的系统研究，已经全面发展为土地科学的系统研究。根据 1978 年制订的全国自然科学和基础科学发展规划，地理工作者在全国开展了编制 1∶100 万土地类型图、土地资源图和土地利用图的研究工作。此期的研究成果，一是提供了宜农荒地的自然类型、质量高低、开发条件和面积数量，为国家农业开垦提供了基本依据；二是在土地类型分级和土地系列制图上积累了经验，逐步完善和建立了独立的土地类型学体系，并为土地科学在我国成为一门独立的学科奠定了基础。

20 世纪 80 年代我国土地类型调查和制图研究取得重大进展。在中国科学院地理研究所的主持下，1981 年 1 月成立了由 39 个科研、教学、生产单位组成的中国 1∶100 万土地类型图编委会（主编赵松乔）。参与此项研究的专业人员有 200 余名，至 1996 年，该研究取得了以下进展。

第一，确立了土地类型在综合自然地理学中的地位，明确其研究对象是地理环境中的类型综合体，具有反映地段综合特征和属性的功能。通过一系列制图的实践，土地类型基本可分为三级：土地类、土地型和土地单元。从中国国土辽阔，地域差异大的实际出发，中国 1∶100 万土地类型图编委会在土地类之上设立零级单位（土地纲），作为土地类型分级的控制单位，实际上也是综合自然区划的基本单位。土地纲划分的基本依据是水分、温度大尺度分异，将全国划分出：A 湿润赤道带，B 湿润热带，C 湿润南亚热带，D 湿润中亚热带，E 湿润北亚热带，F 湿润半湿润暖温带，G 湿润半湿润温带，H 湿润寒温带，I 黄土高原，J 半干旱温带草原，K 干旱温带暖温带荒漠，L 青藏高原。土地类为土地类型分级单位的高级单位，反映了主导分异因素——地貌的变化，如滩涂、低湿河湖洼地、海积平地、冲积平地等。适用的制图比例尺为小于 1∶100 万比例尺。土地型是土地类下的续分单位，表示植被型（或亚型）、土壤类（或亚类）的组合匹配形式，适于 1∶20 万～1∶50 万比例尺作图。土地单元是土地类型分级的基层类型单位，表示的是植被群系（或群系组）、土壤属（或种）的组合，或局部地段的综合特征，适宜于 1∶5 万～1∶10 万比例尺成图。

第二，具有大批同一区域不同比例尺土地类型系列图件，适于满足不同管理层次级别的精度需求。至 1989 年，按国际分幅出版了西宁等地（区）8 幅彩图，鉴定评审通过了北京等地（区）23 幅，覆盖面积达国土面积的 40% 以上。各省（区）同期为农业区划需要编制了大量 1∶20 万～1∶50 万比例尺土地类型图件，基本制图单位为土地型。以省（区）级独立完成的有宁夏等 19 个省（区），大部完成的有四川等 10 个省（区）。

第三，拥有大量典型区域以土地单元为制图对象的资料、图件，是深入解析不同自然区的地域分异规律和土地合理布局的基本依据。

第四，对某些特定条件下形成的土地类型，如沼泽土地、海涂类型、荒漠类型、绿洲土地等进行调查、制图，在促进区域开发和环境整治中起到了特殊作用。

第五，亦有不少从理论方法进行总结，如《土地类型结构与农业综合自然区划的初步研究——以北京市为例》《贵州省地域结构与资源开发》《西藏雅鲁藏布江中游地区土地系统》等。

2005 年在雅鲁藏布大峡谷考察

以土地类型为基础进行不同利用目的的应用研究，在 20 世纪 80 年代取得了重大进展。应用最为广泛的是为农业合理用地规划、调整土地利用结构方面。《中国 1∶100 万土地资源图》（主编石玉林）的编制，基本摸清了我国宜农、宜林、宜牧土地的质量与数量，并为国家制定土地利用总体规划和农业发展规划提供决策依据。服务于单项目的土地质量评价研究，亦有很大发展，如对水稻、柑橘、茶叶、橡胶的单项土地适宜性研究，均可视为土地属性深入研究的成果。20 世纪 80 年代后，土地的应用研究领域不断扩宽，逐渐扩展到旅游、城市用地和环境综合整治方面。旅游质量用地评价依据土地利用的历史文化价值、艺术观赏价值、科学研究价值，采用景点、景观单元、游览线和景区的结构分析方法进行评价，通过对北京旅游区、乌鲁木齐南山风景区、广东丹霞山风景区、黄果树瀑布风景区等的研究，已初步确立了我国旅游用地评价体系。城市土地评价在20世纪90年代中国房地产业的兴起中起到了突出作用，不仅考虑土地的自然属性，更多地依据城市土地的经济价值（地租）进行评估，对于建立城市用地合理结构有积极意义。以土地类型生态属性为基础开展环境综合整治的研究，有20世纪80～90年代在中国“三北”防护林建设体系的林灌草布局规划，黄土高原重点产沙区水土流失治理设计，吉林西部退化土地恢复整治生态建设，中国脆弱生态环境综合整治等。利用土地类型空间结构分析方法进行自下而上综合自然区划的工作，20世纪80～90年代完成了北京市、贵州省、青海省及甘青宁“三北”防护林区、江汉平原区、关中地区、秦巴山地等区域的相关工作。在土地类型与土地资源评价研究基础上，20世纪80～90年代我国相继开展了土地生产潜力与人口承载能力的研究。中国科学院地理研究所和其他单位开展了以土地评价分等单元为依据的类型等级法，进行了柴达木盆地、黄河大柳树灌区的研究。这一领域的研究，正由静态研究转变为跟踪生产力发展水平和提高生活水准的动态研究，以适应动态管理决策的需求。

由于航空航天遥感资料和计算机的逐渐应用，土地研究已日益向定量化方向发展。20世纪80年代后，利用假彩色合成卫星相片和彩红外合成航空相片技术逐渐普及，解译准确性和制图精度亦渐趋成熟，20世纪90年代我国已逐渐开展超小比例尺航空相片的解译及应用。利用卫星相片编制1∶50万土地类型与土地资源图件在20世纪80年代已经成功，利用1∶10万TM卫星相片编制相应比例尺土地图件，已应用于若干重大项目。利用地理信息系统（GIS）进行土地利用管理决策和ARC/INFO软件制图新技术的应用，20 世纪 90 年代亦日渐成熟。

景观作为科学名词被引入地理学，具有地表可见景象的综合与某个限定性区域的双重含义。最早是 19 世纪的德国地理学家洪堡倡导景观研究作为地理学的中心问题，探索由原始景观变成人类文化景观的过程。20 世纪 30 年代景观生态一词由特罗尔（C. Troll）首先提出，景观的概念被引入生态学，作为位居生态系统之上的一种尺度单元。景观生态学是一门在景观地理学和生态学综合研究相结合的基础上发展起来的交叉学科，它以生态学的理论框架为依托，吸收现代地理学和系统科学之所长，研究景观的结构（空间格局）、功能（生态过程）和演化（空间动态），研究景观和区域尺度的资源、环境管理，具有综合整体性和宏观区域性的特色，并以中尺度的景观结构和生态过程关系研究为所长。

景观生态学的建立源于西欧，不过是 20 世纪 80 年代初期的事。在我国的发展，大体上经历了两个阶段。1981 ~ 1988 年是引入介绍阶段。1983 年林超发表了特罗尔（C. Troll）的《景观生态学》和纳夫的《景观生态学发展阶段》等两文的译文，在国内首次介绍景观生态学的代表性文献。1985 年陈昌笃发表《评价 Z. 纳维等著的〈景观生态学〉》，1986 年景贵和发表《土地生态评价与土地生态设计》，陈昌笃发表《论地生态学》，对景观生态学和地生态学内涵做了有意义的探讨。1988 年李哈滨发表《景观生态学——生态学领域里的新概念构架》，重点介绍美国学派的景观生态学研究进展。

1989 年 10 月全国首届景观生态学术讨论会于沈阳召开，标志着我国的景观生态学研究进入有组织、有计划的阶段，研究工作主要集中于我国景观生态学的发展方向、景观空间结构、景观异质性动态变化、景观生态类型、遥感和地理信息系统应用、生态过渡带研究以及其他方法研究。肖笃宁等（1990）的《沈阳西郊景观格局变化的研究》是采用北美景观生态学派观点来研究景观格局的，应用研究主要集中在景观生态建设和自然资源管理及自然保护。进入20世纪90年代后，董雅文（1993）、徐化成（1996）等出版了几种景观生态学教材。1996年5月全国第二届景观生态学术讨论会于北京召开。会议论文集《景观生态学与生物多样性保护》于1998年出版。1991年中国科学院沈阳应用生态研究所成立了景观生态研究室，次年北京大学城市与环境学系也成立了景观生态研究室。景观生态学作为一门新兴的交叉学科已被国内同行广泛接受。

四　现代自然地理过程研究

早在20世纪50年代黄秉维就提出自然地理学要分别研究地表物理的、化学的和生物的自然过程，然后加以综合。他指出，从更广阔的视野看，3个方向存在着外延部分叠合的关系，可以将不同尺度的研究结合在一个统一的体系之中，并将获得对地理环境中现代过程及其地域分异秩序的全面了解。物理过程研究包括风力作用、水力作用、地表水分和热量平衡研究；化学过程研究原以盐分平衡为开端，从水盐动态着手，后来转向与人体健康有关的地方病和环境保护研究；生物过程研究则与农业生产潜力相联系，后来，发展为土壤-植物-大气连续体的综合研究。1956年，黄秉维就提出要发展自然地理定位观测与实验。20世纪60年代初中国科学院相继在石家庄和德州建立了水热平衡观测站，坚持数年之久。经过十余年中断之后，又于1979年在山东禹城建立了禹城综合试验站。20世纪80年代我国筹建了北京农业生态系统试验站，对太阳辐射能、光量子能量、农田二氧化碳浓度、土壤水分状况、作物叶面温度、作物气孔阻力等进行了为期数年的测定，还对灌水定额和灌溉制度、耕作和轮作制度等方面的问题开展了研究。我国农业生产潜力研究的主要进展是建立了田间试验研究网络。1988年由中国科学院直接主持的田间试验网络包括从中温带

李鹏总理视察中国科学院禹城试验站（1988 年）

至中亚热带，湿润、半湿润、半干旱及干旱地区不同生态类型的 8 个试验站，在国家“七五”期间进行了两整年的同步观测，其中作为农业生产潜力研究基本组成部分的太阳辐射分光谱(包括紫外、可见光、红外辐射)观测研究在国内是首次

禹城试验站小麦试验田

观测太阳分光辐射

开展；建立了计算农业自然生产潜力的数学模型。这些定位观测试验的部分研究是热水平衡研究的继续和发展。20 世纪 70 年代黄秉维（1978）首先提出了光合潜力的概念、计算公式及公式中各项系数的数值。黄秉维认为，光合潜力是在空气中二氧化碳含量正常，其他环境因素都处于最适宜状态时，具备最适宜于接受和分配阳光的群体的，高光合效能作物充分利用阳光所能生产的植物质（包括根、茎、叶和繁殖器官含水 15% 的干物质）。所采用的光合潜力估算方法是将太阳总辐射（卡/厘米^2）数值乘以 0. 124（后订正为 0. 123）便是光合潜力（斤/亩）数值。这个方法很简单，但每项参数的选择都经过比较多的考虑，也经过一些验证，总的倾向是偏保守一些。随后他又完成了光温潜力、光温水潜力的分析计算方法，并就全国各区域的情况分别予以讨论。此后，农业生产潜力研究便被广泛应用到不同自然区域的综合研究工作中。

五　区域自然地理研究

《中国自然区划》系列丛书（部分）

区域研究是自然地理学的优良传统，全国性的自然地理研究成果主要有：20 世纪 50 年代的《中国自然区划（初稿）》丛书，20 世纪 80 年代的《中国自然地理　总论》，任美锷等主编的《中国自然地理纲要》《中国自然区域及开发整治》，赵松乔的 *Physical Geography of China* 以及各大学地理系编撰的《中国自然地理》教科书等。

区域性的自然地理研究成果丰硕。《中国干旱地区自然地理》从综合自然地理、地貌、气候、水文、地下水、土壤地理、植被以及动物地理等方面对干旱地区分别进行了概要分析和探讨。《新疆综合自然区划概要》分析了新疆自然地理特征、自然资源概况，并对区划划分的各个单元进行综合研究，阐明其基本特征及其利弊，以及开发利用中的问题，并提出相应的建设性意见。《西藏自然地理》和《中国的青藏高原》全面阐述了青藏高原基本自然特征、组成自然地理环境的诸多要素，揭示了高原区域的自然地域分异规律。其中，《西藏自然地理》是我国第一部重视从生态学角度进行区域地理阐述的著作，受到国内学术界的关注和赞扬。《横断山区自然地理》讨论了横断山区地域分异特点、垂直自然带谱、地形因素以及区划界线等问题，进行了综合自然区划。《西藏雅鲁藏布江中游地区土地系统》探讨了高原山地地区土地系统的整体性和综合性特征，分析了土地类型、土地结构、土地分区、土地评价、土地生产潜力、土地发展规划和土地人口承载潜力等子系统，并讨论了它们之间的联系和作用。此外，较具代表性的著作还有《湖北省自然条件与自然资源》《河南自然条件与自然资源》《青海省自然地理》《黄土高原地区自然环境及其演变》《青海可可西里地区自然环境》《南迦巴瓦峰地区自然地理与自然资源》等。可见，区域自然地理研究大多与综合考察相结合，始于边远、资料缺乏的地区，而后才逐渐向较发达、人口较多的地区延伸。

此外，综合自然地理学的研究工作还包括资源的合理开发利用、退化土地的整治与恢复、坡地的改良与利用、土地利用与土地覆被变化、景观生态规划与设计、自然灾害的综合研究以及环境脆弱与环境冲突研究等，这些领域亦都取得了成绩。

第二节　地貌学

地貌学在以地表过程为主要研究对象的现代地理科学中是一个重要的分支学科，是研究地表形态特征及其形成、发展、结构和分布规律的科学。19 世纪末到 20 世纪初，由美国人戴维斯（W. M. Davis）和德国人彭克（W. Penck）分别创立的侵蚀轮回学说和山坡平行后退理论，标志着近代地貌学的建立。我国地貌学研究受西方近代地貌学理论的影响，20 世纪 50 年代以前研究内容主要是区域地貌和地貌发育历史。20 世纪 50 年代后，地貌学研究广泛吸收相邻学科的理论和方法，在进行大量野外调查基础上，加强了地貌现代过程的观测与分析，在区域地貌、部门地貌和应用地貌等领域开展深入研究，以内营力为主的构造地貌学和以外营力为主的河流地貌学、岩溶地貌学（Karst）、冰川地貌学、风沙地貌学、黄土地貌学和海岸地貌学等各个分支学科研究都有长足发展。

我国构造地貌学研究始于20世纪30年代。李四光用地质力学观点对中国地形和地质构造关系进行研究，对中国地貌特征和成因做了科学概括。1951年李四光对亚洲构造体系进行了分析，他所提出的弧形构造在地貌上的反映是非常明显的。

20世纪70年代后，我国科学家运用板块构造学说对中国的构造地貌的格局和成因进行研究，认为从始新世－渐新世起，印度板块以小角度斜插到亚洲板块之下，产生巨大的近南北向的挤压力并派生向东的侧向压力，随着印度板块的继续向北推挤，青藏高原的隆升范围也不断向北和向东扩展，大约到上新世至第四纪初，青藏高原轮廓基本形成。第四纪以来，青藏高原进一步快速上升，才形成今日世界最高的高原。青藏高原不断隆升过程中产生的向北和向东的挤压力在中国西北地区形成一些北西向和近东西向的构造山地及其间的压陷盆地，山地和盆地边缘都有逆断层发育，常形成推覆体。青藏高原的东北部边缘由甘肃天祝、古浪一带到六盘山形成与高原边界方向一致的呈弧形分布的构造山地，到高原东部则形成近南北向的山脉－横断山脉。我国东部受太平洋板块和菲律宾板块作用的影响，大约在始新世，太平洋板块向欧亚板块运动方向有一个重要的变化，即由向北北西向移动变为向北西西向移动，再加上印度板块向北东方向的推挤，在华北和东北地区，使中生代的北西－南东向的挤压应力场变为北东东－南西西的挤压应力场，产生北西－南东向的拉伸应力，一些在中生代发育的北东向压挤构造受右旋拉张作用形成断块翘起山地，在两个断块翘起山地间发育一系列被北东或北北东向的断陷盆地。华南和华北不同，自中生代以来一直维持着北西－南东方向的挤压，发育一些北东向的山脉和北西向的地堑盆地。

20 世纪 80 年代后，我国地貌年代学研究进入一个飞速发展时期。地貌年代的实验测定，使地貌发育阶段划分有较精确的年代数据的支持。中国科学院青藏高原综合科学考察队经过多年考察研究认为，高原隆升可划分为几个主要阶段，即距今 6000 万至 3000 万年的始新世到渐新世，距今 2200 万至 800 万年的中新世和距今 340 万年的上新世至今的三次构造运动阶段，各运动阶段还可划分若干强烈构造活动时期。构造活动阶段或活动时期，不仅在高原上留有明显的地质地貌遗迹，而且对其周边构造地貌的发育和形态有着重要的影响和表现。青藏高原北缘的一些压陷盆地开始发育的时期正是青藏高原构造强烈活动的第一阶段。中新世的构造强烈活动阶段使盆地进一步下陷。最后一次构造活动阶段中的 200 万 ~ 150 万年的构造活动时期及其以后的 100 万、60 万和 15 万年以来的各次构造活动期中，高原大幅度上升，高原周边发育的一些河流发生强烈下切侵蚀，例如兰州附近黄河的第六级阶地形成于 150 万年以前，100 万年前左右黄河积石峡被切穿，60 万年前可能松巴峡被切穿，15 万年以来形成龙羊峡的深切等（李吉均，1993），高原周边的一些压陷盆地受到进一步挤压使宽度缩短，深度增大。中国东部大部分构造地貌主要形成时期在中新世 - 上新世，虽然在 250 万年以前有明显活动，使一些断陷盆地进一步拉张加深，但到 15 万年以后的晚更新世和全新世，构造地貌发育和表现就不及西部那样明显。中国东西部构造地貌发育时间上的差异原因还没有完全研究清楚。

从 20 世纪 60 年代后期，由于地震工作的需要，我国对中国内陆活动断裂基本特征进行了详细研究（丁国瑜，1982）。

根据沟谷、阶地和山脊等被断层错断的地貌和活动褶皱使地貌面发生拱曲变形等特征分析，借助卫星相片解释，发现新断层水平活动的幅度远远大于垂直运动幅度。根据断层活动和沟谷裂点、阶地发育之间的关系分析，反演断层垂直活动的幅度、次数、间隔时期、时代和平均速率，为应用地貌学方法定量研究断层活动状况开辟了一条新路。从活动断层的空间分布、应力状态及其和地貌形成关系分析，断层水平活动地貌模型得以建立。在一条活动断层带的不同地段，根据同一时代地貌面的变形程度强弱，构造地貌发育差异，断层陡坎的高度和坡度的不同，同一时期发育的沟谷在断层处的平面弯曲幅度和剖面高差变化等特征，我国开展了活动断层分段的地貌标志研究。

河流地貌是最为普遍的一种地貌类型。我国河流地貌研究可分为两个方向：一个方向是河流地貌发育史的研究，另一个方向是现代河流地貌过程的研究。我国河流地貌发育史的研究开始于20世纪20年代初。20世纪50年代后，我国对金沙江袭夺问题展开了讨论。此外，我国还对河流地貌发育与新构造运动、气候变化的关系问题做了大量研究。同时，河口与三角洲的研究也有长足发展。现代河流地貌过程的研究在我国始于20世纪50年代，主要是进行河流地貌室内水槽模拟实验和野外定位观测，对黄河下游游荡河型、长江中下游的弯曲河型和分叉河型以及渭河下游、钱塘江河口地区的河道成因与演变过程进行了研究。大体上，20世纪70年代以前，河流地貌研究主要侧重河谷地貌发育史、河流地貌与地质构造的关系等方面。河型的研究是河流地貌研究最活跃的领域之一。沈玉昌等在分析前人分类方案的基础上提出了新的河型分类方案，即将单汊和多汊作为第一级分类，单汊之下再分为顺直微弯和弯曲两种河型，多汊之下则分为两汊和复汊两种河型，并讨论了它们的形成条件。近年来在山地河流水力几何形态关系、河型转化和不同河型的沉积特征等方面取得进展。泥石流是山区沟谷突发性的现代地貌过程。我国是一个多山国家，受季风气候的影响，山区经常发生泥石流，造成严重灾害。20 世纪 50 年代以来，防治泥石流灾害取得突出成绩，并成立了专门研究机构（即中国科学院成都山地灾害与环境研究所）。

我国喀斯特研究始于 20 世纪 20 年代，开始是对喀斯特洞穴中的古生物进行发掘和研究，自 1929 年裴文中在北京周口店中国猿人洞发现北京猿人第一个完整头盖骨后，周口店就成为闻名于世的人类文化遗产地。为了弄清猿人洞的发育过程对猿人生活的影响，20 世纪 70 年代中后期，我国开始了喀斯特洞穴研究，对洞穴的形成与发育、地质构造、岩性的关系，洞穴中沉积物的结构和形成过程以及时代进行了分析。喀斯特地貌研究始于 20 世纪 30 年代，杨钟健（1935）指出桂林附近喀斯特峰林有不同高度的四个地貌面，首先提出我国喀斯特峰林发育的图解。20 世纪 50 年代开始，我国对喀斯特水动力特征，我国西南地区新构造上升对喀斯特发育的影响，以及喀斯特发育分期问题等都进行了总结。1966 年在广西桂林召开的喀斯特学术会议上，与会人员决定将“喀斯特”一词改称为“岩溶”。1975 年我国将中国岩溶分布、发育规律及其改造利用列为全国科学发展规划项目之一，开展了对广西桂林和都安、贵州独山和普定、湖南龙山、山西娘子关泉域的研究并对全国岩溶进行了普查，对海拔 4000 ~ 5000 米以上昆仑山的岩溶现象以及珊瑚礁岩溶进行了考察研究。同时中国地质科学院岩溶地研究所在广西桂林成立。20 世纪 80 年代我国开展了旅游洞穴的应用研究，研究成果指导了岩溶洞穴、喀斯特地貌景观的旅游开发与保护。1997～2004 年组织的云南石林与国外剑状喀斯特对比，云南石林和贵州荔波峰林及重庆武隆芙蓉洞－天坑喀斯特捆绑式“中国南方喀斯特”申请世界遗产名录论证报告，为成功申遗奠定了坚实基础。

考察楼兰古城

从 20 世纪 50 年代开始，我国开展了大规模的沙漠地区综合考察，并于 1965 年成立中国科学院兰州冰川冻土沙漠研究所（后分为冰川冻土研究所和沙漠研究所）。这一时期我国还对风成地貌进行专门研究。通过采用地面调查与航空相片分析，风沙运动规律的定位和半定位观测，沙样的粒度和矿物分析以及沙丘风洞动力学实验等多种方法，风成地貌的类型划分、形成条件和发育过程的研究有了快速发展。我国对沙丘移动规律和沙丘的物质来源有了新的认识，为开展防沙、固沙工作打下坚实的基础。在腾格里沙漠南缘的中卫沙坡头一带采用的沙障和植物固沙工程取得突出的效果。此外，编制了我国第一幅中国沙漠分布图，指出不同地区各种类型沙丘的分布状况和移动方向。

考察罕见的金字塔沙丘

我国黄土和黄土地貌研究始于19世纪末，当时一些外国学者对我国黄土进行了调查。20世纪初，奥布鲁切夫（B. A. Обручев）对我国黄土进行研究，提出黄土风成说。20世纪20年代德日进（P. Teilhard de Chardin）、杨钟健（1929）将黄土划分为马兰黄土（晚更新世）和红色土A、B、C三带，分属上新世、早更新世和中更新世。20世纪50年代后，黄土与黄土地貌研究取得了一系列世人瞩目的成就，例如黄土高原自然环境变化系列和40万年以来黄土高原古气候变化曲线等。在黄土地貌方面，我国划分了黄土沟谷地貌分类系统，对黄土区土壤侵蚀状况和土壤侵蚀量进行了分析和计算。黄秉维编制的黄河中游流域土壤侵蚀分区图，至今还是黄土高原地区进行土壤侵蚀研究和水土保持治理的重要依据。罗来兴总结出的“羊道侵蚀”、“道路侵蚀”、细沟侵蚀规律以及土壤侵蚀沿坡长的变化规律等，已经成为这方面研究的经典。20世纪80年代后，土壤侵蚀的研究在侵蚀产沙过程及其机理研究方面取得重要进展。我国对黄河流域侵蚀、泥沙输移和沉积过程进行了系统深入研究，提出黄河中游多沙粗沙区极端侵蚀模数新概念，并拟合出极端侵蚀模数与林草以及与林木覆盖度之间的定量函数关系，计算出极端侵蚀模数的临界植被覆盖度。土壤侵蚀主要受自然和社会经济两个方面因素的影响。其中自然要素如降水、植被以及地形等直接影响侵蚀过程，而社会经济因素主要是通过对人类活动的影响间接作用于侵蚀过程。自然侵蚀过程受到人为活动的影响而加速发展，进而对土地利用和人类生存环境产生负面影响时，就演变成“人为加速侵蚀”，是人为因素作用的范畴。全新世以来黄土高原进入侵蚀的发展期，到 20 世纪 80 年代人类活动引起的加速侵蚀的速率已经达到 25%，也有人为加速侵蚀占 30% 的研究结果。可见，人为加速侵蚀已经成为现代土壤侵蚀的重要原因。

我国第四纪古冰川研究开始于 20 世纪 20 年代。李四光在《冰期之庐山》（1947）一书中，划分庐山、大姑和鄱阳三次冰期，并与欧洲阿尔卑斯山的冰期进行对比，建立了我国第四纪冰期的理论。20 世纪 50 年代以来，我国对东部地区的第四纪冰川作用遗迹有更多的研究，同时对第四纪古冰川一些问题提出质疑并进行了热烈讨论。20 世纪 60 年代以来，对我国西部现代冰川的分布情况、物理性质和运动特征进行了大量调查。同时，对晚更新世冰期以来的冰川地貌，中更新世和早更新世以来的冰川作用遗迹及冰期划分，古冰川的规模及演化也进行深入研究（施雅风，1981）。

我国海岸地貌研究在 20 世纪 50 年代以前曾以构造运动观点进行中国海岸类型划分（陈国达，1950）。20 世纪 50 年代以来，我国根据海岸组成物质、地貌特征、海岸动力条件、全球海面变化和新构造运动等诸多因素对中国海岸发育影响进行海岸类型分类。随着港口建设和资源调查的推动以及放射性年代学、扫描声呐和浅层剖面仪等新技术、新方法的应用，我国海岸地貌发育与泥沙运动关系的研究，渤海、黄海、东海和南海大部分海底地质和地貌研究以及我国广大海域晚更新世以来海面变化与环境研究等都有长足的发展。

我国地貌类型和区划工作研究早在20世纪30年代就已开始。李四光曾将全国划分19个地形区。50年代以来，任美锷（1953）曾把全国分为21个地形区；周廷儒等（1956）根据地表形态划分全国一级地貌区3个，二级地貌区9个，三级地貌区29个；沈玉昌（1958）根据地貌成因将中国地貌划分为中国陆地地貌成因类型、海岸地貌成因类型和海底地貌成因类型，每一种类型又分为若干亚类；施雅风等（1958）根据大地貌形成的构造条件对我国平地地貌划分12种地貌类型，山地地貌划分为11种地貌类型；1959年中国科学院自然区域工作委员会地貌组提出一级地貌区划单元根据非地带性标志，较低级的分区则以外营力为主要标志，共划分全国18个一级区、44个二级区、114个三级区。中国自然地理系列专著之《中国地貌》（尤联元、杨景春，2013）依据三大地貌阶梯间的明显差异以及第二、第三级地貌阶梯内部基本地貌类型存在的差异，将全国划分为6个地貌大区，38个地貌区。此外，还有以部门地貌为对象的地貌区划工作，如黄土地貌区划、冰缘地貌区划、海底地貌区划和干旱区地貌区划等。

随着地貌分类和地貌区划工作的开展，地貌制图工作也得到相应的发展，我国先后出版了由中国科学院地理研究所和南京地理与湖泊研究所主持的1∶400万《中国地貌类型图》（1959）、《中国地貌图》（1994）和《中国及其毗邻地区地貌图》(1993)以及1987年以来先后出版的1∶100万全国分幅地貌图。此外，我国还出版了一些专门地貌图，如《中华人民共和国沙漠图》(1979)、《中国岩溶主要类型分布图》(1986)、《中国滑坡泥石流图》(1992)、《黄淮海平原地貌图》(1985)、《长江中游地区岸溶塌陷图》(1992)、《南海海底地貌图》(1982)和《渤海、黄海、东海海洋图集》(1990)等。2000年以来，地貌制图以遥感影像的使用和计算机技术支持下的数字制图为特征。2009年我国完成了由中国1∶100万地貌专题类型图、1∶200万地貌晕染图、Landset TM/ETM卫星遥感影像图(1∶200万)及地貌特征说明等部分组成的《中华人民共和国地貌图集(1∶100万)》。

第三节　气候学

气候学是研究气候特征、形成和演变及其与人类活动相互关系的一门学科。它是气象学与地理学的分支与边缘学科，主要研究气候的形成及其机制，气候要素的时空分布及区域气候特征，气候资源与气候灾害，气候变化规律，气候形成诸要素间的相互影响与相互作用，气候模拟及气候与人类活动的相互关系等。气候学，按研究尺度可分为大气候学、中气候学和小气候学；按研究时段长短，可分为地质时期气候学、历史时期气候学和近代气候学；按所用原理和研究方法，可分为统计气候学、天气气候学和物理动力气候学等。此外，气候学还在社会经济建设和发展的广泛应用中，结合各相应专业特点，形成了应用气候学的各个分支，如农业气候学、林业气候学、建筑气候学、医疗气候学、航海气候学、航空气候学等。

我国较系统地进行气候研究始于20世纪初。竺可桢自

1916 年发表《中国之雨量及风暴说》和 *Rainfall in China 1990—1911* 两文开始，陆续发表了一系列论文，开我国近代气候学研究之先河。20 世纪 50 年代后，天气和气候站网基本遍布全国，应当时研究之需，我国分别在气象局系统和中国科学院系统建立专门的气候研究机构，并在大专院校设置气候学专业，培养专业人才。先进研究手段被逐步引入、研究队伍不断壮大及大量气候资料被系统整编和出版，为我国气候学研究提供了基本条件。一大批中青年学者在先驱者的带领下，应用近代天气－气候－动力学观点和方法，对我国气候、大气环流及应用气候进行研究，研究涉及区域气候、气候区划、生物及农业气候、物理气候、动力气候、气候变迁、季风气候、海洋气候、物候、气候模拟等，进一步扩大了气候学研究领域。

自 20 世纪 50 年代初至 20 世纪 80 年代，我国气候学研究取得大量的成果，最主要的包括以下几个方面：①系统整编了我国的气候资料，对全国及一些典型区域的气候特征进行了大量研究，多次出版了中国气候图集和中国气候及其区划专著。1956 年出版了《中国气候图》（上、下集）。1979 年中央气象局又出版了《中华人民共和国气候图集》，利用 1951 ~ 1970 年全国 700 ~ 1000 个气象站的资料，绘制出包括气压、日照、日射、气温、湿度、降水、风、云、天气现象、气候区划这 10 个图组的 220 幅图，它是近 50 年以来较全面的一部综合性的基本气候图集。中国科学院自然区划工作委员会 1959 年编撰出版《中国气候区划（初稿）》（张宝堃等），区划方法主要根据热量、水分和光量，一级区划用干燥度为指标，二级区划主要考虑积温或最冷候的气温，三级区划用年季干燥度、年降雨量、积温、年和四季日照时数等为界线，奠定了我国气候区划的基础。钱纪良等和卢其尧等几乎同时开展了我国干湿气候区划的研究。不同的是前者应用彭门的经验公式，用干燥度和干湿频率作为区划指标，后者用沙什科的公式做了补充和修改，从水分平衡和农业气候角度分析了全国干湿期出现日期和持续日数，并进行了干湿区划。②初步重建了我国近五千年来气温变化序列，编制并出版了《中国近五千年旱涝分布图集》，对我国历史时期气候变迁进行了初步分析。③初步阐明东亚大气环流结构和青藏高原隆起对全球大气环流的影响，分析了全球和东亚大气环流的动力统计特征及其维持与演变机制；初步弄清了我国夏季低纬度环流结构和演变规律，夏季风和梅雨的天气气候统计特征以及大气环流季节性突变。④分析、探讨了中国季风气候的特点，及中国旱涝与大气环流异常的关系。⑤开展了中纬度和热带海洋对我国气候的影响，中国近海及西北太平洋气候和海温及海面热收支场的基本特征等海洋气候学研究。⑥根据气候学研究的特点，引入大量统计方法，发展了统计气候学。⑦初步研制了经验、统计、动力和数值模拟等长期预报和超长期预报（气候预测）方法，并在逐年预报实践中检验和改进。⑧建立了系统的物候观测点，开展物候学研究，编制、出版物候年报和物候学研究专著。⑨普查了我国气候资源，建立了全国范围内的农业气象观测台站网络，开展了农业气候资源利用、气候灾害、农业气候区划、气候条件与农业生产的关系等方面的农业气候研究。⑩初步开展了气候系统中的水分循环和能量循环等物理气候学研究（如蒸发量和辐射的计算等），出版了《中国物理气候图集》。

1987 年成立了国家气候委员会；1990 年出版国家气候蓝皮书（中国科技蓝皮书第 5 号《气候》）；20 世纪 90 年代初，

国家气候研究中心成立。其后研究领域不断拓展，大量先进理论和研究方法被不断引入，成果丰硕。2007 年 17 个部门 88 位专家共同完成了《气候变化国家评估报告》。2011 年 16 个部门 158 位专家共同完成《第二次气候变化国家评估报告》。

我国气候学 20 世纪 80 年代后的若干领域研究状况和进展主要有以下几个方面内容。

（1）进一步发展了传统气候学概念，拓展了气候学理论、研究手段与方法，引进“气候系统”概念，即：认为决定气候的因子不仅仅是各气候要素本身和大气内部的各个过程，还决定于发生在大气上边界和下边界处各种物理和化学过程；提出在进行气候研究时，不但要考虑大气自身的各种过程，还需要考虑海洋、冰雪覆盖、陆地表面、地球上的生物分布以及大气上边界处的太阳辐射等；认为气候学已不再仅是气象学与地理学的一个分支学科，而是大气科学、地理学、海洋学、地球物理和地球化学、地质学、天文学、生物学乃至系统科学、社会科学等众多学科相互渗透的交叉学科。其研究手段和方法已不仅仅局限于定性描述和统计分析，还包含基于定量观测上的推理和综合分析，及对气候形成和变化的动态过程进行理论研究和数值模拟。

（2）气候特征、区域气候和气候区划研究：详细、深入地开展了区域气候和气候区划研究，特别是对过去较少涉及的西部及高原地带的气候特征进行了较详细的研究，系统地阐述了我国各气候要素的时空分布特征及其形成机制，多次出版中国气候和中国季风气候等专著及中国气候系列丛书。

（3）历史气候和气候变迁研究：气候变迁研究是气候学中一个专门研究气候变化及其规律的领域。气候变迁研究是全球变化研究的支柱之一。

我国近代气候变迁研究始于20世纪20年代。蒙文通1920年发表的《中国古代北方气候考略》是我国近代气候变迁研究的最早文献。1925年，竺可桢发表《南宋时代我国气候之揣测》和《中国历史上气候之变迁》两文，为我国近年气候变迁研究奠定了基础。至20世纪70年代初，中国的气候变迁研究在他及徐近之、文焕然等人的努力下，取得了可喜的进展。特别是竺可桢集多年研究之大成，于20世纪60年代至20世纪70年代初发表了《历史时代世界气候的波动》和《中国近五千年来气候变迁的初步研究》等文章，初步建立了我国近5000年来的温度变化序列，成功地描绘出我国历史时期气候变化的轮廓，论述了气候波动的世界性，为我国进一步开展气候变迁研究指出了方向。

自20世纪70年代起，我国的气候变迁研究进入了一个新阶段。这一气候变迁研究阶段在研究手段上，除大规模挖掘我国宝贵的历史文献记载外，还引进了树木年轮、考古、孢粉分析等新手段；在研究方法上，在以往定性为主的基础上，大量引进统计学方法，进行了较为定量的统计分析。这一阶段的主要工作和成果可概括为如下内容：①中央气候局系统地整编了以地方志为主要来源的我国近500多年的旱涝记载，确定了一套处理史料记载的定量化方法，并对所收集的记载进行数值化处理，完成了全国120个站点的长

获取树木年轮标本

达500年的逐年旱涝等级序列和《中国近五百年旱涝分布图集》；同时比较系统和定量地分析了我国近500年的气候变化，特别是旱涝变化情景。其中主要成果大多被收入《全国气候变化学术讨论会文集》（科学出版社，1978）、《气象科学技术集刊（四）——气候与旱涝》（气象出版社，1983）和 *The Reconstruction of Climate in China for Historical times*（Science Press，1988）等书中。②中国科学院地理研究所气候变化组对历史气候及气候变迁研究方法进行了系统阐述，并探讨了利用计算机进行史料记载处理的可行性，出版了《历史时期气候变化研究方法》《树木年轮与气候变化》《中国历朝气候变化》等专著和《自然灾害史料的信息化处理》等论文，这些文献详细介绍了利用中国历史文献、树木年轮、考古、孢粉、同位素等各种历史时期气候研究手段和研究方法。③重建起一批分辨率较高的历史时期气候变化序列，揭示了我国历史时期气候变迁史实，比较深入地分析了我国历史时期气候变迁的特点。其中最主要的成果有：重建我国近六千年的温度波动，提示了距今3400～3000年和11、12世纪出现的两次显著的升温过程；重建我国近500年冬季温度和降水波动，较准确地指出我国“小冰期”的起讫时间及气候特点；分析了我国近百年春季温度的变化，揭示了在世纪尺度上我国春季寒暖变化与冬季寒暖变化趋势不一致的特点；研究了我国近500多年来冷暖变化与旱涝变化的关系，分析了我国历史时期冷暖年代的干旱型，证实冷的时期气候超常不稳定；利用树木年轮、孢粉、考古和历史文献记载等，比较综合地重建和分析了我国西北地区和青藏高原的历史气候波动状况，并分析了这些地区气候变化与中国东部地区气候变化的异同。④初步研究和论述了我国历史时期气候变化的影响，特别是对我国农业的影响。其中主要成果有《历史气候变化对农业影响的讨论》《广东小冰期的气候及其影响》《应用史料丰歉记载研究北京地区降水量对冬小麦收成的影响》《历史时期我国气候带的变迁及生物分布界限的推移》等。

20 世纪 80 年代中期以后，我国气候变迁研究步入以定量综合分析和深入考证为主要特点的阶段；许多工作的研究时段拓展至整个全新世，研究范围也几乎覆盖全国；同时，除地方志外的一大批新史料被继续挖掘，计算机等先进手段也在我国历史气候变迁研究中得到广泛的应用；出版了《中国历史气候变化》等专著。2011 年出版的《中国历朝气候变化》（葛全胜等，科学出版社），主要内容涉及秦汉以来中国各个朝代温度和干湿（降水）时空变化特征、植被和水体变化过程以及气候变化对人类社会经济、政治、军事、文化等领域的影响。

（4）季风气候研究。我国位于世界上最著名的季风盛行区，对季风问题的研究，始于 20 世纪 10 年代——竺可桢于 1916 年首次发表了有关季风问题的论著。20 世纪 50 年代以前气象资料很少，研究的人也不多，但地理工作者对季风的一些基本研究问题都提出了正确的方法和卓越的见解。竺可桢在他的第一篇论文《中国之雨量及风暴说》（1916）中，就讨论到季风的形成及某些特征。他指出“因陆地和海水之比热不同，大陆为较海洋易热亦冷，是故在夏季则大陆较海洋为热，冬季则反是”。他又说“夏季水冷于陆，近陆之空气浮升，海面稍冷之空气群趋之，故其风常自海而陆。冬季则陆冷于水，在大陆之气压较在海面者为高，故其风常由陆至海。此季风之所由来也”。从现代科学角度来看，海陆热力差异形成季风的观点基本是正确的。不仅如此，竺可桢对东亚季风的活动特征及季风与降水的关系等问题也有卓越的见解。他在《东南季风与中国之雨量》（1934）一文中指出“我国之夏季风其来也渐，自南而北，凡需两阅月，4 月初东南季风已见于广东沿岸，6 月底其势力才扩张到东北诸省。冬季风之来也其势骤，不出一月而已弥漫全国”。还指出“我国东南季风来自海洋，含充分之水汽，其为雨泽之源，可无疑义”。20 世纪 40 年代，涂长望、黄仕松（1944）讨论了夏季风在我国的进退活动，得到夏季风北进时缓，经过两个多月到达华北，南退时急，不到一个月就退出大陆的结论，支持了竺可桢的观点。此外，竺可桢对印度季风与中国季风的异同也提出了自己的见解。这些论点基本上被现代观测资料所证实。

20 世纪 50 年代初至 20 世纪 60 年代中期，我国气象事业有了较快的发展，尤其是高空观测资料的增加和积累，使得有条件对东亚季风气候做比较系统的研究。当时中国科学院地球物理研究所成立了季风气候研究组，对东亚季风的形成、特征、三维结构和性质，季风气压场的多年变化，东亚季风的进退活动与大气环流的季节变化和中国降水的关系等问题都进行了仔细的研究。同时该研究组还探讨了青藏高原上的季风现象，比较了亚洲各地区（中国、印度、中南半岛、日本）季风的特征，并根据不同来源的季风特征和活动特点把我国划分为八个季风区。这些工作不仅具有较高的科学价值，也有很大的实际意义。《东亚季风的若干问题》（1962）一书是对 20 世纪 50 年代研究季风气候的较全面的总结。

20 世纪 60 年代初，国际上对季风研究的重视还比较少，而在我国，中国科学院地理研究所气候室着重研究了东亚夏季风季节变化和年际变化、季风异常对我国旱涝冷暖的影响，对冬季风活动也进行了分析，取得了一些很有意义的研究成果。对夏季风变化的研究表明，我国夏季风盛行不仅与北半球大气环流变化有关，而且与南半球的大气环流也有一定联系，特别是澳大利亚至南太平洋地区的冷空气活动时对我国夏季风的建立有很大影响。研究还发现从冬到夏的季节过渡在对流层中、下层的温度场有两次显著增温，一次在4月，一次在6月。中国科学院地理研究所气候室详细地研究了我国旱涝与夏季风活动的关系，并指出夏季风盛行时期，我国降水分布的年际变化具有两年周期。江淮流域夏季旱涝年前的冬春季节，大气活动中心的变化就出现了某些征兆。同时中国科学院地理研究所气候室还对比分析了夏季风异常年海－气间的能量交换也有明显的差异。对冬季风的研究表明，冬季风的酝酿、发展及建立过程，在北半球对流层和平流层的温压场也均有明显的变化。此外，中国科学院地理研究所气候室还利用当时不多的平均高空风资料，确定了季风经圈环流量是存在的，分析了季风经圈环流的季节变化，对比了季风盛行区和季风非盛行区平均经圈环流的差异，发现冬季主要差别在高纬度，夏季在低纬度，并指出季风经圈环流对大气环流有加强和维持的作用。

进入20世纪70年代后，季风问题引起世界气象界的极大重视，1979年有20多个国际单位参加了我国首次进行的青藏高原气象科学实验，把青藏高原对季风的影响列为实验研究的4个科学问题之一。通过这次实验研究，我国地理学者对亚洲夏季风建立的物理过程，夏季风发展与南北半球行星尺度环流季节变化的关系，夏季风系统的中期振荡特征，水汽输送变化以及高原的动力和热力影响等问题有了进一步认识，提出了一些新的见解，取得了一批重要的研究成果。云南省气象学会于1979年9月组织了有关季风问题的专题报告会。这是我国第一次召开的专门讨论季风的学术会议，并将部分报告汇编成《季风专题报告选编》(1979)，这对推动我国的季风研究起到了积极的作用。是年底，在中国气象局支持下我国夏季热带季风研究组成立，有近20个单位参加协作，目的是通过对夏季风的研究为我国夏季降水的中长期预报提供依据。通过这次协作研究，研究组深入了解了东亚夏季风的活动规律，确定了夏季风强度的定义，研究了夏季风的年际和年代际变化规律，以及季风变率的形成原因及其对中国降水的影响。研究组对过去注意不多的西南季风与我国西南和华南的旱涝关系也进行了较系统的分析。总的来说，研究组对夏季风的水汽来源、水汽输送以及夏季风形成和维持的能量来源和大尺度环流背景的分析都比过去深入。

1982年依据中美大气科学协定，由中国气象局组织开展中美季风合作研究。中国学者着重研究季风气候的特征、季风环流的季节变化、东亚季风与南方涛动和厄尔尼诺的关系、季风异常及夏季风的长期预报等问题。中国学者对夏季风的建立和维持机制、影响夏季风活动的物理因子进行了数值的和理论的分析，提出了不少新的见解，发表了一批很有特色的研究成果，出版了两本专刊：《气象科学技术集刊·10（季风论文专集）》(1987)，《气象科学技术集刊·11（东亚夏季风）》(1987)。

20世纪90年代以来，我国对季风问题的研究更加深入。1993年签定了中日亚洲季风机制研究合作协议，合作的第一项工作是由双方科学家总结有关亚洲季风机制的研究成果。我国学者的研究成果主要包括亚洲季风的大尺度环流背景，大气热源及对天气和气候的影响，东亚季风与中国旱涝，夏季风的低频振荡及东亚冬季风的研究等。国内不少研究单位和大专院校也在不同的科研项目中，加入了有关季风的研究内容，例如中国夏季风降水的模拟试验、夏季风降水预测等。

20 世纪 70 年代以来我国学者对包括夏季风的结构与大尺度环流的关系，季风变率（包括年际变化与低频振荡），季风与中国气候以及季风形成（包括季风降水的模拟与预测）等可能与季风有关的各个方面都有了比较系统的研究。

以中国科学家为主的“南海季风试验”外场观测研究阶段为 1999 ~ 2000 年。由于南海是世界上夏季风暴发最早的地区，南海也是我国夏季风活动的主要能源和水汽源，因此研究南海季风爆发和演变对深入认识亚洲季风的发生和发展以改进旱涝预报能力有重要意义。

（5）海洋气候研究。我国近代海洋气候研究始于 1916 年，竺可桢论述了海洋气候对中国大陆的影响，从海陆热力差异阐述了季风的形成；指出了台风造成的灾害，一再说明气象与航业（航海和航空）的关系，进而恳切地提出建议。1922 年，中国海军成立海道测量局，开始进行近海测量和海洋调查。1928 年，青岛观象台建立海洋科。1935 年，他开始对黄海、渤海进行海洋气象观测和调查，获得了大量的珍贵资料，开创了我国海洋气象研究。后来，竺可桢又发表了《台风的源地和转向》（1925）及《东南季风和中国之雨量》（1934）两文，把沿海的天气现象与海洋环境因素的变化联系起来。

20 世纪 50 年代初，吕炯先后发表了《海水温度与水旱问题》(1950)、《西北太平洋及其在东亚气候上的问题》(1951)、《海冰与气候》(1954)等一系列海洋气候的论文，讨论了海温、海流、海冰等海洋因子对我国旱涝、大气环流的影响，从而在我国开创了大尺度海气关系的研究。后来，他又进一步把黑潮的变化与梅雨盈亏及对东亚大气环流的影响联系起来，并从能量交换的角度探讨了海气关系，从中寻找海洋环流对大气环流的影响机制。近代气候学和长期天气预报发展的客观事实证明了上述科学思想的正确性。应该说，从海洋影响研究气候变化，特别是旱涝问题，这在当时的国际上亦属卓越的见解。

20世纪60年代初，吕炯等开始系统地开展中纬度海洋对我国天气、气候，特别是梅雨盈亏的影响研究，发表了《北太平洋温度变异与长江中下游降水异常》（1964）等论文。20世纪60年代中期，李克让、张丕远等汇集整理了中国海及邻海海区大量原始船舶水文气象及高空气象观测记录，整编出版了由我国自行设计编制的第一套大型彩色《中国海及邻海气候图册》（三册）（1972）。该图集基础资料多、分区细微、内容齐全。在图集的基础上撰写了《中国海及邻海气候》（1975）一书。上述成果初步满足了各方面的需要。此后，吕炯、李克让等又增加内容改编出版了《中国近海及西北太平洋气候图集》（上、下册）（1982，1984）和《中国近海及西北太平洋气候》（1993）。国家气象局资料室又先后绘制了四册《三大洋气候图集》，撰写了《三大洋气候》（1991）和《中国近海气候》（1993）。中国气象局和海洋局广泛开展了海洋气候应用服务，其中包括海洋能源的估算与分区、海岸海洋工程环境条件评价、工程气候参数计算、海洋运输的气候航线设计、近海养殖和捕捞作业的环境资料分析服务等。

愈来愈多的观测事实和研究表明，热带地区海气相互作用在年际气候变化中具有突出的贡献，其影响明显大于中纬度海洋的影响。20 世纪 70 年代中期，中国科学院地理研究所海洋气候组在对北太平洋海温场和短期气候过程物理分析的基础上，着重研究了大气运动的主要能源区：热带太平洋对西太平洋副热带高压（以下简称副高）的影响，先后发表了《热带海洋对副高长期变化的影响及预报试验》（1976）、《热带海洋对副高长期变化的影响》（1977），同时整编出版了《北太平洋逐月平均海温距平图》及《北太平洋逐月海温资料》（1980），大大地推动了海气关系的研究。此后，中国科学院大气物理研究所、北京大学等单位相继开展了这类研究，取得了一批成果。主要表现在：揭示了北太平洋海温场的基本特点和类型；揭露了太平洋热带海区准 3～4 年气候振荡以及海温对北太平洋高压、赤道低压、中纬度西风强度、西太平洋台风影响的重要事实；阐述了热带海气相互作用的物理过程，特别是经向和纬向大气垂直环流圈的相互作用以及大气高度场和温度场对赤道海温变化的响应；为从理论上研究低纬度大气海洋耦合系统中多年振荡的现象，进行了数值模拟试验，得到了与观测事实一致的结果；西太平洋副高是制约我国气候，特别是夏季旱涝的重要大气活动中心，按照它与热带太平洋海温距平之间的时间滞后耦合振荡关系，建立了副高与我国东部地区汛期降水预报模式，预报实践证明效果良好。

20 世纪 80 年代，中国的海－气关系研究进入了全面发展的时期。国家气象局等单位利用详尽的资料确定了厄尔尼诺（EN）现象和南方涛动（SO）的判据、划分标准、指数，建立了 ENSO 的起讫日期、发展阶段、强度、类型和过程等信息系统；全面分析了海温，特别是 ENSO 对我国东部地区降水、旱涝、低温冷害、台风，乃至东亚季风的影响，获得了许多有意义的结果；揭示了南方涛动与北方涛动的内在联系；在西太平洋地区气候图集编制及暖池指数建立的基础上，分析研究了大洋暖池的基本特征及其影响。研究表明，ENSO 是一种明显的海气耦合现象，随着 ENSO 的出现，全球热带海洋和大气常发生一系列有规律的变化。这些变化非常强烈，成为气候变化的强信号，大大超过了气候噪音，通过遥相关作用可影响更大范围的气候变化。因此，热带海气相互作用的研究可能是探索短期气候预测最有希望的一种途径。此外，相关单位还研究了南极和北极冰盖及海冰对我国气候变化的影响。

近年来，观测实验与数值模拟实验研究相结合已成为国际气候科学研究的主要手段。20 世纪 80 年代以来，一系列大规模国际合作计划，如“热带海洋与全球大气”(TOGA)（1985～1994)、“海气耦合与响应实验”（TOGA－COARE）（1991～1995）等都把开展观测实验作为首要任务。我国也先后组织并参加了这类研究，其中包括中国科学院相关研究所合作的“热带西太平洋海气相互作用与年际气候变化”（1985～1990)、中美“热带西太平洋海气相互作用研究”（1985～1990）以及“TOGA－COARE 国际合作强化观测”（1992～1993）等，在西太平洋进行了大量观测实验研究，获得了丰富的海洋和大气基础科学数据，出版了英文版《热带西太平洋海气相互作用研究图集》(1993）等成果。

用计算机对复杂的海气相互作用过程及其影响进行数值模拟实验是深入了解其变化机理，预测未来气候变化的最有效的手段。近年来中国科学院大气物理研究所等单位，已经研制出不同复杂程度、独具特色的大气模式、大洋环流模式以及海气耦合模式。这些模式不仅能较好地模拟季节变化、年际气候变化、ENSO 事件等，而且能用于跨季度气候变化的预测试验。

（6）物候学研究。物候是指自然界中受环境影响而出现的动植物生命活动的季节性现象和某些以年为准周期的气候水文现象。物候学研究自然季节现象的规律，以及气候变化对动植物的影响。物候学是介于气候学、农业气象学和生态学的边缘科学。我国是世界上最早将物候用于掌握农时生产安排的国家。我国自古有编制物候历的传统，物候是黄历的重要内容。

我国现代物候学的发展是与竺可桢的倡导、组织和推动分不开的。组织起统一的、严格的物候观测网，是现代物候学发展的重要标志。竺可桢在总结了我国古代的物候成就后，就倡议应用新法观测物候。在他的推动下，从 1934 年起，前中央研究院气象研究所便选定了 21 种植物、9 种动物、一些水文气象现象和绝大部分农作物，委托各地的农事试验场进行观测，这是我国最早的有组织的物候观测网。现保留有 1934 ~ 1940 年的 7 年记录，因处抗战期间，其中仅有 1934 ~ 1936 年的记录比较完整。比较长的连续观测是 20 世纪 50 年代后进行的。1961 年在竺可桢的指导下，由中国科学院地理研究所和中国科学院植物研究所植物园发起，我国再次建立了全国物候观测网，并制定了严格的观测方法，确定了我国的共同观测种类：木本植物 33 种，草本植物 2 种，动物 11 种。资料以观测年报形式出版，已出版到 11 号（1963 ~ 1988）。近年来国家气象局所属的各农业气象试验站及部分气象站，也开始了自然物候和农作物物候的观测。个人观测年代较长的是竺可桢，他曾在 1921 ~ 1931 年（缺 1926 ~ 1927）对南京春季物候进行观测，1950 ~ 1973 年又对北京春季 8 个物候项目进行了观测。

我国的物候学研究已取得的成果可概括为：

• 利用物候来研究气候变迁。《中国五千年来气候变迁的初步研究》（竺可桢，1972）文内所采用的主要方法是物候学方法，即根据古今物候差异以及物候气候的统计关系来推算历史时期气候的演变。文中把公元前1100年至公元1400年长达两千五百年的时期，称为物候时期。据他分析，我国近五千年来的最初两千年，即从仰韶文化到安阳殷墟，大部分时间的年平均温度比现在高2℃左右，1月份温度大约比现在高3～5℃。从公元前一千年的周期初期以后，则有一系列冷暖波动，其最低温度出现期分别在公元前1000年（周初）、公元400年（东晋）、公元1200年（南宋）和公元1700年（清），温度摆动范围为1～2℃。在每一个400～800年的期间里，冷暖波动又可分出以50～100年为周期的较小波动，温度变化范围为0.5～1℃。这种变化趋势与挪威的雪线高度变化，以及丹麦丹斯加尔德用O^{18}得到格陵兰岛的温度变化趋势基本一致，证明了其结果的可信度。近年龚高法等又根据私人笔记、日记、诗词里的物候资料，完成了北京和杭州两地近四百年来的物候变化序列，对其波动、距平、周期等做了细致的定量分析，使我们对近四百年来我国的气候物候变化有更深入的了解。20世纪90年代前期气候变化影响的研究，对未来气候变化对中国物候的可能影响做了推算和评估，根据统计分析，影响物候期波动的主要因素是温度，在此基础上我国建立了仅考虑温度变化的统计模式。据计算，如果全球年平均气温上升1℃，我国的树木物候，春季一般提前3～4天，秋季则推迟3～4天，绿叶期延长6～8天。到21世纪中叶，估计在大气中CO_2浓度倍增的情况下，我国的年平均温度将上升1.0～1.8℃，其物候期相应变化为：春季物候提前3～4天，秋季则相应推迟，绿叶期延长8～12天，而北方的物候提前或推迟的幅度都较南方大。

• 编制了我国新的自然历。过去编制的物候历不是按照严格的规范实地观测和统计计算出来的，是经验性的。这就使物候历与实际情况有一定出入，更重要的是物候是有地方性的，过去的物候历仅适用于京城周围，所以《论新月令》（竺可桢，1931）指出，二十四节气与月令已沿用几千年，已不适于现代，故提倡用新法进行物候观测，制作新月令。宛敏渭等在多年观测的基础上，制作了全国五十多年地方的自然历，这是科学意义上的新月令，已在农时预报中广泛应用。

• 提出了适合我国生物气候定律的物候地理变化规律。美国森林昆虫学家霍普金斯（A. D. Hopkings）研究了美国各州植物物产期的地区差异后，于1918年提出了这条物候地理变化规律，并在1938年正式定名为生物气候定律（bio－climatic law）。他认为不同地区植物物候期的早迟主要受当地气候的影响，而气候又受经纬度、海陆分布、地形高度诸因素的制约，即在其他因素相同的情况下，北美温带内，每向北移动纬度1°，向东移动经度5°，或上升400英尺（约122米），春季和初夏物候期延迟4天，秋季反之。龚高法等根据我国物候资料建立了我国物候地理变化的多元回归统计模式，计算结果表明，霍普金斯的生物气候定律不适用于中国：我国物候的纬度推移率不是常数，一般来说春季推移率较大，越近夏季越小；各物候现象随经度的变化也不是固定不变的，在我国经度每向东5°，上半年推迟1～5天不等，下半年则提前1～2天，物候的高度递减率为上半年每上升100米，物候期推迟1～2天，而下半年提前都在1天之内，该值比霍普金斯提出的值小得多。这些都与我国典型的东亚季风特点有关。

• 把物候作为山区或小区域气候调查的重要手段并推广应用。植物在当地的适应性以及物候期的早迟，都不同程度地指示着当地的气候，因此张福春等提出可以通过物候调查，了解当地的气候和小区域内的气候差异。20 世纪 80 年代初全国开展县级农业气候区划工作，对山区县而言，一般县只有一个气象站，如果要做山区县的气候区划，这显然是不够的，因此只能采用各种气候调查方法开展气候区划工作。实践证明气候调查的物候学方法是方便、可靠、较受欢迎的方法之一。此外，物候在以下方面也得到应用：在农业方面把物候作为指示播种和除草的指标，作为掌握放蜂、放牧季节的指标，用物候预报虫害发生期，根据物候估计作物品种的种植季节和推广范围等；在气候方面用物候指标划分季节；在林业方面根据树木的物候掌握采种和造林季节；在地理方面用物候或植物的生长和分布作为自然区划或气候区划的指标或辅助指标等。

此外，农业气候及其他应用气候研究方面，在农业气候资源利用、农业气候区划和农业气候灾害等研究基础上，我国地理工作者拓展了农业气候的研究领域，比较系统地开展了山地气候资源利用、农田小气候及其他专题的农业气候研究（如林业气候、畜牧业和渔业等），出版了《中国气候灾害分布图集》《山地气候》《农田小气候》《中国牧区畜牧气候》等农业气候著作，进一步为我国农业生产和农业发展提出一系列科学依据。其他应用气候研究领域如能源气候、建筑气候、城市气候、医疗气候等也都取得较大进展，其中一些成果，如我国各地区的风能和太阳能开发利用及布局的可能性，中国建筑气候区划，中国风雪压分布图等，都具有极高的实际应用价值。

在动力气候及气候模拟研究方面，我国地理工作者进一步论述了大气环流的动力学特征，发展了比较完善的波包动力学理论、行星波波导理论等动力气候学理论；开展了气候模式设计、气候及区域气候模拟研究，并已获得初步成功；同时在海气相互作用、陆气相互作用、气候与冰雪覆盖等研究方面，也取得一些新成果。

在气候预测研究方面，我国地理工作者改进和发展了一套实用综合气候预测方法，其中包括相似、相关、时间序列、预报因子和数值模拟及气候模式计算等，为气候预测的业务化打下良好的基础。

当前，气候变化及其对社会经济发展的影响已成为世界各国政府和科学家以至于广大民众所关注的重大问题，气候变化和气候预测研究也由此而成为气候学研究的重点。我国气候学研究的重大问题是：①气候资料库的建立，资料的整编和插补问题；②我国旱涝等灾害性气候的季节至半年预测问题；③年际气候变化及重大气候异常的前兆强信号及年际气候预测问题；④气候形成及演化过程的物理－动力学问题和气候变化的原因及其机制问题；⑤大气化学成分变化与未来气候变化趋势预测问题；⑥气候变化和生态环境相互作用问题。

第四节　水文与水文地理学

水文地理学是用地理学的原理、观点和方法综合、系统地研究水文现象的普遍规律的科学。水文地理学的研究分为陆地水文与海洋水文两个方面。中国河流水文测验始于 1865 年（汉口站），但至 1949 年台站亦十分有限。1950 年后台站获得很大发展，至 1958 年全国水文台站网基本成形，为水文和水文地理学研究提供了基础。因此中国现代水文地理研究是从

1949 年后才真正开始的。

一 水文区划研究

1954 年中国科学院地理研究所罗开富等人整理分析和计算了全国水文资料，编制了一整套水量平衡要素图，拟定了中国第一个《中国水文区划草案》，在中国首次提出了水文区划的目的、原则、方法和指标体系。这项成果对以后的区划研究工作产生了深远的影响。1956 年，中国科学院中国自然区划工作委员会再次开展中国水文区划的研究。20 世纪 50 年代后期，水文地理工作者参加了一系列的考察工作，完成了新疆水文区划的研究。此研究有很强的区域特色和实用价值，至今仍被各有关水文水利部门参考。20 世纪 80 年代为配合中国农业区划工作，我国水文地理工作者又开始了中国水文区划的研究。与此同时，我国水文地理工作者从整个中国水情出发探讨水文区划的原则和方法等理论，对距离系数矩阵和聚类分析方法，以及运用灰色系统的关联分析方法进行区划等进行了有益的探索。在 20 世纪 80 年代后期，水利部门为满足水文站网规划的需要，也开展了大量的水文分区的研究，并取得了一批成果，如黄河流域的水文分区等。

二 河流类型划分研究

20 世纪 50 年代初，中国科学院地理研究所便进行了中国河水季节变化类型的研究。20 世纪 50 年代后期，郭敬辉、施成熙分别根据河川径流的补给以及其他指标，对中国的河流类型进行了全面的研究。尽管这些方案当时以定性描述为主，但在资料缺乏的地区，估算其年内变化还是起到了一定的作用，而且成为以后研究的基础。20 世纪 60 年代初，中国科学院地理研究所对中国的河流类型重新进行了研究。在实地考察的基础上，该研究所分析了影响河川径流动态变化的各种自然地理因素，并对中国河川径流动态类型进行了全面研究。其特点是充分考虑河川径流的年内动态变化特点，并将河流动态类型在地域上的表现用分区的方法结合起来。《中国自然地理·地表水》(1981)，按河川径流的补给来源分为雨水补给、雨水融水补给和融水补给三大类，然后再以径流年内变化情势作为二级指标，将同类河流分为多个型。

采用模糊聚类等方法对河流分类的研究，20 世纪 80 年代初已出现了一批成果，如山东半岛诸河及海滦河流域的河流聚类分析等。当然这种以定量为主的方法，并非取代以前的分类研究，而是进一步地发展与深化，促进河流类型研究理论水平的提高。

三 特别地区的水文研究

特别地区的水文研究一直是国际水文十年（IHD）和国际水文计划（IHP）的重点研究项目之一。中国近年来在不同景观区和功能区的水文特征研究较多。

1. 干旱区水文研究

早在 20 世纪 50 年代末中国科学院地理研究所提出的径流形成与径流散失的理论以及以前平原地下水的补流来源主要是地表通过不同方式渗漏所形成的理论，已为各界普遍接受。结合生产实际是干旱区水文研究的特点。20 世纪 60 年代中国科学院地理研究所对新疆、甘肃河西走廊地区的水资源进行估算，完成了农田用水供需平衡的研究，为各地开展此项研究开了先河。1984 年提出干旱区要节约用水和合理用水，并且指出灌溉用水过量不仅浪费了宝贵的水资源，也是造成干旱区土壤次生盐渍化的主要原因。1986 年又提出，为了绿洲的永续利用，必须在总水资源中划出部分水量作为生态环境用水，并初步拟定了生态环境用水的具体指标，在此基础上提出了在干旱区建立人工绿洲经济生态系统的理论，真正做到经济、社会和生态环境效益的统一。中国干旱区的周边及中部矗立着许多高山，现代冰川也较发育，导致水文诸要素包括降水、径流、蒸发等具有明显的垂直地带性规律。中国科学院冰川冻土研究

1958 年在新疆塔里木河流域考察

所从 20 世纪 60 年代开始进行冰川水文的研究，主要在冰川物质平衡、冰川与雪融水对河川径流的补流，中国冰川和季节积雪融水量的估算及其分布等方面做了研究，并对 CO_2 倍增对冰川与积雪的影响做了初步探讨。干旱区的生态环境十分脆弱，因此环境水文的研究显得特别重要。20 世纪 60 年代初期，新疆塔里木河干流、甘肃河西走廊的石羊河流域及黑河流域相继出现了比较典型的上下游用水的矛盾，造成环境恶化。塔里木河从 1972 年起在大西海子水库以下已经断流，“绿色走廊”遭到破坏，沙漠化面积扩大，塔克拉玛干和库姆塔克沙漠有合

拢的危险，这引起了人们广泛的关注。石羊河流域为了提高水的利用率，进行了防渗和排灌工程，在扩大武威绿洲耕地面积的同时，下游民勤绿洲湖区近年已弃耕达2.67万公顷。黑河流域由于张掖绿色灌溉面积的扩大，通过正义峡下泄至内蒙古额济纳旗的水量逐年下降，造成居延海东湖、西湖干涸和胡杨林等大片枯化，风沙面积扩大，近年来成为沙尘暴的主要源地之一。但与此同时内蒙古境内农田和牧场也有浪费水资源的情况。根据这三个典型地区的研究，共同的结论是，由于水资源利用的不合理，环境严重恶化。干旱区其他流域或早或迟也会出现类似的问题。因此要建立人工绿洲经济生态系统，最合理地永续利用有限的水资源。

2. 喀斯特水文研究

20世纪70年代以来我国主要进行了两个方面的喀斯特水文研究工作：一是宏观研究，应用比较水文学的方法通过与非喀斯特景观区的对比分析，找出其水文情势的规律和特殊性，经过研究初步认识到在集水面积大于300平方千米以上时，与非喀斯特地区的年径流量相差甚少；二是通过建立定位、半定位试验站进行实地观测，积累资料，求得参数，进行水量平衡分析计算，再建立模型，达到计算和预测目的，这方面的工作主要集中在贵州省。

3. 黄淮海平原的水文研究

20世纪60年代以来的研究主要包括：降水、地表水、地下水、土壤水四水转化关系分析。研究主要通过建立试验站进行。这方面的研究为正确估算和合理评价、利用水资源提供科学依据。此项工作目前在山东、河北等也仍在继续，并取得了一些初步的结论。年径流量的还原计算，还原的方法主要是水量平衡法，也有人提出用年蒸发量反推河川径流量的方法，这方面工作虽然做得较多，但理论水平尚待提高。蒸发量的地区分布规律和蒸发量的分析计算一直为世人所瞩目，其中水面蒸发的研究主要是器测法和建立经验、半经验的模型，取得了一些初步成果。而陆面蒸发的问题比较复杂，在模型计算方面还没有脱离彭曼（Penman）公式的框架，而器测法也有许多局限，尚需继续研究。环境水文的研究主要包括两个方面：一是南水北调在调水后对水文循环以及自然环境的影响，尤其在东线和中线；另一方面是天然水体和水资源受人类活动影响后对生态环境的影响。近几年，国内环境水文的研究大多结合各地的环境保护规划与实施进行，如华北地区的水环境与上海市的水环境。我国地理工作者在一些薄弱领域也开展了研究，如地下水污染。1992 年与 1993 年分别在美国华盛顿和中国拉萨举行了国际会议，讨论全球变化对水文与水资源的影响和高寒地区水文水资源对气候和全球变暖的影响，推动了我国大环境水文的研究。

4. 城市水文研究

20 世纪 70 年代开始城市水文研究逐步发展起来，主要由水利和城市建设部门进行，着重于研究城市供水、城市暴雨产流，城市的水文效应等。近年来我国地理工作者对城市水文效应的环境等问题，也进行了许多研究。

5. 实验小流域研究

加强水文基础研究，建立水文科学实验平台是目前中国水文科技发展的基本思路之一。实验小流域研究自“国际水文十年（1965 ~ 1974）”始，一直是“国际水文计划”（International Hydrological Programme，IHP）的组成部分。中国系统的小流域水文实验研究开始于20世纪50年代。中国现存及历史时期存在过的实验小流域有18个，主要集中在水土保持方面开展工作，研究的主要内容是降水径流关系、四水转化和水土流失、水源污染、人类活动和气候变化的水文效应等。此外，中国水文地理学者通过野外实地考察，建立半定位或定位的观测试验站，也对除河流以外的水体做了大量研究工作，如沼泽、冰川、寒区、湖泊、河口水文等。

四　河流诸水文要素研究

对水文诸要素的研究主要是为了更精确、更科学地概括水文现象的时空分布规律及其与环境的关系。尤其是对以往研究比较薄弱的环节，而且大部分是属于概念和计算方法的创新和改进。

1. 径流的时序变化规律研究

河川径流的时序变化规律研究，包括年内分配和年际变化两个方面。长期以来，对年内分配的阐述和计算一直停留于计算年径流量在不同保证率的情况下，各月径流量占年径流量的百分比。这已远远不能满足各方面的需要。从20世纪80年代初开始，在这方面已经有人提出了不均匀系数计算法、集中度和集中期法、二阶有序法、主成分分析法等许多方法。不均匀系数法初期是从水库调节的角度提出的，其概念明确、计算简便，但遇到像华南有前汛和后汛等多汛峰的河流，计算比较烦琐，并且一般用月为计算单位，深受日历年的影响。集中度与集中期法以及二阶有序法则在时段选择上较为方便，可以月径流量为计算单位，也可以旬、候、日为计算单位，它们计算的结果是向量，这些向量共同反映了年内分配的各种特征。这两种方法已得到了较广泛的使用。主成分分析法尤其适用于研究一定区域范围内的年内分配规律，它既考虑了年内分配的空间差异性，也考虑了年内分配的多年变化。

径流年际变化规律研究多采用数理统计方法进行，变差系数（Cv）为最常用的指标。20 世纪 80 年代 Cv 的计算方法已从单变量发展为多变量的分析法，即在计算年径流 Cv 值的同时，也考虑到年内分配的情况。也有人提出了径流多年变化规律研究的有序最优分割法，这种方法尤其适用于较长的径流序列分析。总之，径流时序变化规律分析研究的趋势是从静态的单指标向动态的多指标方向发展，研究的方法和理论正在不断地完善与改进。

2. 径流的空间分布规律研究

不少人在这方面进行了大量研究。等值线法一直被广泛地使用着。尽管等值线法具有概念明确、表达方式直观等优点，但大量的信息损失是其致命的弱点。早在 20 世纪 50 年代，罗开富在其《论等值线》一文中已提出这些问题，但一直未解决。到 20 世纪 80 年代才开始有人运用多变量的统计方法来研究径流的空间分布规律，并取得初步成果。

3. 枯水径流的计算与研究

枯水径流的计算与研究是极值水文乃至整个水文学研究中最薄弱的环节之一。20 世纪 80 年代开始，中国科学院地理研究所对枯水径流进行了研究，主要集中在两个方面：一是枯水频率曲线的线型问题。过去和现在中国普遍采用的理论频率曲线为 P－Ⅲ型曲线，实际上这种线型在枯水径流的分析计算中不是很适用。因此中国科学院地理研究所提出了用耿贝尔曲线作为枯水径流计算的理论频率曲线，并用实例将两种线型做了对比分析。这项工作尚需进一步深入研究。二是枯水径流的计算与预测方面。过去中国地理工作者多采用线性回归的方法，20 世纪 80 年代开始，已应用时间序列分析方法来研究和预测枯水径流，特别是应用了自回归分析方法，这对枯水径流的研究具有理论与实践的指导意义。

4. 固体径流研究

水文地理学研究中开展固体径流的研究较迟。20 世纪 80 年代出版的《中国自然地理 · 地表水》一书，曾初步研究了中国河川固体径流的运动和更变规律。与此同时，该书对中国入海年径流量和沙量及其对海洋沿岸的影响也做了初步的分析研究。20 世纪 80 年代中期后，我国水文地理学者对黄河流域的环境演变与水沙运行规律做了较全面的研究，对历史时期黄河的流域环境变迁与水沙变化，黄土高原土壤侵蚀与产沙规律，干流水沙运行规律与下游河道输沙能力等方面进行了分析计算。

5. 水资源的估算

中国科学院地理研究所早在 1957 年就开展了中国河川径流资源的研究和计算工作。当时得出中国河川径流量为 27841 亿立方米。在编著《中国自然地理 · 地表水》一书时，又重新进行了估算，结果为 26000 亿立方米。此后无论是在国际上发表的数字，还是联合国引用的数字，中国河川径流量均为 26000 亿立方米或 26200 亿立方米。1987 年水利电力部在全国范围内进行了中国水资源的评价工作，最后估算的中国河川年径流量为 27110 亿立方米。以上这些数字虽有一定的出入，但变幅仍都在水文误差的范围之内。此外，水文地理学者还提出了对农业生产至关重要的土壤水的资源评价与利用及农业节水途径，对边远地区的水资源进行了比较系统的研究。

第五节　植物地理学

植物地理学是研究世界及一定区域植物的种类和植物群落的分布、演变及与环境相互关系的科学。中国记述植物地理知识有悠久的历史。科学的近代植物地理学于20世纪初由西方传入中国，开始萌芽。20世纪20～40年代有所发展。20世纪50年代以前，中国近代植物地理学的先驱是胡先骕、刘慎谔、钱崇澍和李继侗等，他们分别研究了中国植物区系的性质、分区，某科属的地理及植被的类型、生态分布等。

20世纪50年代至60年代中期中国植物地理学蓬勃发展。1950年中国科学院植物研究所及林业、农业等研究所相继成立植物生态学和地植物学或类似的研究室（组），1952年各师范院校、部分综合性大学及农村院校普遍开设植物地理学、植物生态学或森林生态学课程，同时组办教师和科研人员培训班，由中国前辈专家李继侗、曲仲湘、仲崇信、朱彦丞、侯学煜等和苏联专家主持教学或讲学，派遣赴苏联留学生，培养一批专业人员，还引入大量俄文论著和翻译许多有关教科书及专著等。同时期，植物地理工作者积极参加一系列大型综合科学考察，开展了全国森林调查，北方荒山造林，草地合理利用及植被、森林、草场和植物资源调查等。此期的成果，全国性论著有钱崇澍、吴征镒、陈昌笃合作的《中国植被的类型》（1956），钱崇澍主编的《中国植被区划》（1960）和侯学煜的《中国的植被》（1960）等。他们对中国植被区划的原则、标准、系统和方案等进行了比较广泛具体的研究讨论。此期植物地理工作者还编制出版了1∶400万中国植被图（1959）和1∶1000万中国植被图（1965）。

20世纪70年代末至80年代初，植物地理研究得到迅速发展。至20世纪90年代中期，我国陆续出版了一批综合性植被专著，如广东、新疆、四川、内蒙古、云南、青海、辽宁、宁夏、贵州、西藏、福建、湖南、河北等省区的植被，《中国植被》（1980）及《中国自然地理·植物地理（下册）（中国植被地理）》（1988）等。其中由吴征镒主编的《中国植被》，是中国植被地理工作十分完整精湛的总结和代表成就，在国内外产生了很大影响。它总结了已有的植被分类和分区的原则方法，建立了全国统一的植被分布和区划系统与方案，对于长期存在分歧的热带、亚热带和草原的界线，青藏高原在植被区划中如何处理等问题达成共识，基本查清中国植被的类型、特征和地理分布，阐明了中国植被的三维空间分布规律，建立了全国主要山地的植被垂直带谱。植被制图工作也有很大发展，出版了一批不同比例尺的地方植被图，有些图件是利用遥感技术完成的，如内蒙古的植被图和草场资源图，1982年新编出版的1∶400万中国植被图。地植物化学研究工作有所发展，如调查研究盐碱土和金属矿的指示植物，利用地植物化学勘探油气资源，以及出版《中国植被地理及优势植物化学成分》（侯学煜，1982）。植物群落的研究方法亦由定性的描述发展为定量的数值统计分析和模式分析。1989年中国科学院建立植被数量生态学开放研究实验室，更推动了它的发展。20世纪50年代后期开始的一些生态定位研究到20世纪80年代初发展为生态系统的定位研究，同时植物地理工作者参加了许多保护区的调查及定位研究，在保护区的规划、布局和建设等方面发挥了巨大的作用。

植物区系地理是中国植物地理研究中比较薄弱的部分，至

20世纪60年代成果才陆续显现出来，20世纪70年代末成果显著增加。吴征镒自20世纪50年代始就全面系统研究中国植物区系，1957年与王文采合作发表了《云南热带、亚热带地区植物区系研究的初步报告》；1964年在北京国际科学讨论会上的报告《中国植物区系的热带亲缘》产生了很大影响，首次从全球角度将中国种子植物约2980属分为15个分布区类型和35个变型，指出北纬20°~40°之间的中国南部、西南部和印度支那的广大地区最富于特有的古老科属。这些从第三纪古热带区系传下来的成分可能是东亚区系的核心，这一地区正是东亚区系的摇篮，也许甚至是北美和欧洲植物区系的出生地。1963年他在中国植物学会三十周年年会上的报告《论中国植物区系的分区问题》，经过实地考察，补充修改，于1979年正式发表，提出了中国植物区系分区系统，将中国区系分为泛北极和古热带2个植物区，下分7个亚区、22个地区和12个亚地区，把青藏高原、中国－日本和中国－喜马拉雅分别列为泛北极植物区的3个亚区。1983年他与王荷生合作发表的《中国自然地理·植物地理（上册）》一书，应用植物分类学、系统学和地理学的新资料，从植物系统发育和板块构造－海底扩张新理论上重新论述了上述结论和观点，比较详细地论述了中国种子植物属各分布区类型的特点、起源和关系，提出了中

吴征镒（中）和中国科学院青藏高原综合科学考察队植物组考察高山植物

国植物区系的5点基本特征。1988年吴征镒主持国家自然科学基金重大项目“中国种子植物区系研究”（1990～1994），主要研究内容包括中国特有科属，关键和研究薄弱地区的植物区系，重要科属的起源、分化和地理分布，及中国植物区系的起源、发展与演化。他提出中国植物区系分区的新系统，与以往中国乃至世界区系分区的显著不同是把东亚和古地中海植物区系从泛北极植物区中独立出来作为与后者同等级的2个植物区，即将中国分为4个植物区，下分7个亚区、24个地区和49个亚地区。关于种子植物和中国植物区系的起源问题也与流行的一些学说不同，他认为种子植物是多源、多期、多域起源的，初步提出种子植物多源系统。种子植物起源的时期可能在侏罗纪甚至三叠纪，中国植物区系的起源可以追溯到联合古陆。中国现代的植物区系主要是就地发生的，华中、滇黔桂和横断山脉地区是起源和分化中心。该研究确定中国特有属分布有8个多度中心和判定新特有属与古特有属的3条标准。通过该项研究他还建立了中国种子植物数据库，为今后植物地理的深入研究打下了坚实的基础。

张宏达是研究植物区系地理的另一位主要代表，他于1962年发表《广东植物区系的特点》一文，20世纪80年代以来发表一系列重要文章。他根据现代植物区系、古植物、地史变化，尤其是植物的系统演化、大陆漂移、板块构造理论和事实，论述华夏植物区系和种子植物的起源与发展（1980，1986）。他称华夏植物区系是指三叠纪以来在华南地台及其毗邻地区发展起来的有花植物区系，它起源于华夏古陆当地。有花植物在三叠纪或侏罗纪就已存在于统一的联合古陆，华夏古陆可能是原始种子植物和有花植物的起源地，认为亚洲热带－

亚热带植物区系是一个整体。他又依据种子植物区系的形成与发展过程，参考现代分布状况，提出地球植物区系分区的新系统，区别于一贯沿用的地球植物区系分区。这些及前述的重要结论将影响东亚以至世界植物区系地理的研究。

第六节 动物地理学

动物地理学是研究动物分布规律的地理学与动物学之间的边缘科学。动物地理区和生态动物地理群的划分通常代表了动物地理学的综合成果。

我国古代对各地所产动物的记载，历史极早。但动物地理学直至1950年都没有人注意，对动物地理区划的探讨更寥寥可数。20世纪50年代以后，由于动物区系和动物资源调查工作的促进，这方面的研究发展较快。这类调查，在获得比较完整的动物分布资料时，基本都进行了有关动物地理的分析。各类专志，除《中国鸟类分布名录》专述鸟类分布与迁徙外，其他如《中国无尾两栖类》《中国经济动物志》《中国两栖爬行动物学文献》《中国哺乳动物分布》及陆续出版的各类动物志，对各类动物的地理分布均有较系统的记述与讨论。凡此，均属动物地理学的基础性工作，随着分类学整理工作的进展，专门的动物地理学研究亦不断增多。其中动物地理区划，由于全国自然区划工作的推动，自20世纪50年代中期至60年代，甚为活跃，并一直延续至今，反映经济、文化、医疗卫生建设对动物学与地理学方面的要求，生态学工作中凡涉及较大地域内的地理变化时，亦具有动物地理学性质。

20世纪50年代的动物地理区划，主要是以陆栖脊椎动物和昆虫为根据，不但初步阐明了我国动物地理的区域，而且对具有世界意义的古北界和东洋界在我国境内的划分问题也进行了探讨。此外，动物地理区划还进行了中国鸟类、淡水鱼类、毛皮兽等地理分布的研究。区域性的动物分布研究，由于动物区系调查工作的展开而得到发展。1979 年，张荣祖完成《中国自然地理·动物地理》一书，该书很快被翻译成日文在日本出版发行，产生较大的影响。随后，他又发表文章论述中国的动物地理区划。他于 1999 年出版了专著《中国动物地理》，2011 年出版了《中国自然地理系列专著·中国动物地理》。

1995 年云南开展长臂猿调查。左为张荣祖

20 世纪 50 年代以来，我国动物地理学研究的主要成果有以下几方面。

一　区系南北分异及其在我国动物地理学上的重要性

尽管我国疆域辽阔，自然条件的区域分异十分明显，对动物分布有重要的影响，但从区系的历史演化来看，无论陆栖，还是内陆水域或海域的动物，除广泛分布与地方性特有种，大体上均分属南北两大系统，即陆地方面的古北（全北）区系与东洋区系，以及海洋方面的北太平洋区系与印度 - 西太平洋区系。这一分异，几乎反映在所有大的类群之中，因而分析两者成分在各地的出现、消失及其比例等，成为动物区系及动物地理学研究传统性的重要内容。

据各方面的研究，陆栖及内陆水域两方面种类在我国东部相互渗透的范围十分广泛，两者分布上的南北极限可分别伸展到北纬40°~20°，跨越我国整个东半壁，两大区系成分明显的混杂区是长江流域中下游，但其比重倾向于东洋界。夏季受季风的影响，北迁的夏候鸟类更加深了这一印象。现代动物的分布是历史变迁至现阶段的产物，可以从古生物学上进行追溯，我国自上新世以来动物区系的南北分化及其分布变迁与现代动物分布，在历史演化上是相互衔接的，大部分学者对于过渡带的存在及其大范围没有异议。然而，毕竟各个门类中两者成分的分布情况还是各具特点，所以各家在评述两大区系（regional fauna）分布特征以及划分两大界（faunal realm）时，看法不太一致。已提出的古北界与东洋界的界线颇多，最南的可达北纬25°，最北的可至北纬35°。根据比较综合性的研究，陆栖脊椎动物的界线选在自喜马拉雅山脉南侧（针叶林带下限），通过横断山中部，东延至秦岭、伏牛山、淮河，止于长江口以北（郑作新，1981）；昆虫方面所选的界线在东部则南移至九岭山、天目山，止于浙闽山地，约在北纬28°附近。

我国海域鱼类，浮游动物或底栖动物南北两大区系过渡的特征，受到"黑潮"暖流及其季节变化的影响很大，印度－西太平洋区系成分向北扩展较北太平洋区系成分的南伸明显，我国学者将两大区系的分界大体上划在长江口北岸与韩国济州岛之间，与陆地动物区系的划界大体相衔接。

显然，现有两大界的划分只是一个大体的趋势，是各家进一步探讨的起点而已，我国及外国学者自20世纪20年代末至今对这一问题兴趣未减。

二　动物地理区划

我国动物地理区划研究受全国自然区划研究指导思想的影响颇深，要求从实践意义出发，并力求与其他主要区划相协调。动物分布受现代自然的影响，环境变迁，动物成分亦随之而变化，这在理论上与事实上都是正确的。因而，我国动物地理区划工作一直遵循了“历史发展”“生态适应”“生产实践”三项原则。

还有一些门类，如内陆水域的某些无脊椎方面的研究，亦进行过全国性地理分布及区划讨论。几乎所有区划，对于我国西北干旱区与青藏高原区及东部地区的两个极端带（寒温带与热带）的划分都是共同的，其界线也颇为接近，只是淡水鱼类由于还须考虑流域界线而在个别地区有较大出入。在陆栖脊椎动物与昆虫区划中，长江流域中下游过渡区以其区系的比重特点，均分别划归东洋界。在淡水鱼类区划中，有人将这个地区划属古北界，称华东区，主要依据这时期大量引人注目的我国特产鱼类。但是，这一地区实际上还存在着古北界与东洋界鱼类的混合特征。近年研究发现，鱼类区划中东洋界北界依成分的比重，亦沿秦岭淮河一线与陆栖脊椎动物相似，这充分说明，我国自然历史与现代环境对各类动物分布的共同影响。

全国动物地理区划，特别是以陆栖脊椎动物为基础的综合性区划在国外农、林、医学及教育科学研究等方面得到广泛的应用，亦由国际学者所认可。继全国性区划以后，不少动物学者依据已有的区划3级系统（0－界，1－亚界，2－区，3－亚区），再以各自研究的门类（以两栖、爬行、鸟类和啮齿类为主），在各自研究的省区再进行低级区划（4－“省”与5－“小区”）的划分，并对某些地区全国性动物地理区划的界线或等级系统提出了不少修改和增加亚区的建议。近来，中俄动物地理学者共同对我国蒙新区西部荒漠亚区的“省”级区划进行了研究，这无疑将使我国动物地理区划得到进一步完善。

我国动物种类与大陆邻近地区有密切的关系，限于国界之内的分析，显然有其局限性。因而，种的分布型的研究继而产生。按动物的分布状况大多与自然地理相关的事实，我国陆栖脊动物分9个主要类型：北方型（全北型和古北型），东北型，中亚型，高地型（北方），归大陆热带－亚热带型，东南亚热带－亚热带型（东洋型），喜马拉雅－横断山型，南中国型和岛屿型（南方）。动物分布型的研究揭示了我国动物分布与全球动物分布的关系。实际上我国各动物地理区的动物区系多以一个代表分布型为基础，与其他分布型扩展成分相结合而显示其区系的特性，相当于分布型亚型的划分也陆续出现。

我国近海及邻近海洋的动物地理区划，分别有鱼类、底栖动物、浮游动物合并于浮游生物内。前两者的划分与命名是相同的，即北太平洋区；远东亚区，东亚亚区；印度－西太平洋区；中日亚区，印（度）－马（来亚）亚区。只是界线在局部地方稍有出入。后者不存在中日亚区。

三　生态动物地理学研究

20世纪50年代以后以昆虫研究方面进展最快，最早开展的规模较大的工作，当属我国昆虫学家对飞蝗的研究（马世骏等，1965）。此工作从环境因素的综合概念出发，着重现代自然条件及其变迁与飞蝗不同类型发生地、世代结构及其演替转化关系的研究。研究者将蝗区视为一个生物地理群落，并致力于蝗区改造工作，使其向有利方向发展，这一连续十年的工作，为昆虫生态地理学研究（在中比例尺的尺度内）做出了贡献。研究者对其他重要害虫的研究，大多涉及更广的范围（小比例尺尺度）。研究表明，许多害虫发生的空间及时间（盛发期等）的规律变化与我国自然地理因素（经纬度、高度、气温、雨量等）的相应变化及作物栽培的特点是相吻合的。其中特别重要的是，害虫越冬期的气候条件直接影响第一代害虫的发生量。据对粘虫的研究表明，常年有效积温在很大程度上制约了粘虫在全国各地可能发生的世代数目，其地理变化规律可按全国自然区划予以归纳。

在陆栖脊椎动物这方面的工作，工作的中心主要针对啮齿类与鸟类，进行群落结构及数量调查。其中对动物生境或栖息地的划分主要依据植被群落，在鸟类研究工作中亦有按繁殖地域的海拔高度进行的调查工作。以明显建群种构成的各类植被群落，其动物组成与数量对比也有明显的差别，可从群落生态学出发划分动物群，并以优势动物加以命名。因为这类工作大多是在同一季节内按不同生境而开展的，具备了对比研究的条件，可称为比较地理研究，其工作的尺度，可以中、大比例尺地图或图式表示，受到生产实践部门与医学动物学方面的重视。

至于从全国范围以小比例尺划分动物生态地理群，研究者也有进行初步尝试，最高一级划为三大类：季风区耐湿动物群，蒙新区耐旱动物群，青藏区耐寒动物群。在此基础上进一步将其分为七个群：寒温带针叶林动物群，温带森林草原、农田动物群，温带草原动物群，温带荒漠、半荒漠动物群，高地森林草原－草甸草原、寒漠动物群，亚热带林灌草地、农田动物群，热带森林－林灌、草地－农田动物群。

我国海域动物学研究中的生态地理观点，一向很突出。作为动物生态条件的各个海域海水理化条件，大陆棚底质环境及生物群落结构的水平与垂直分布一直是海域动物生态类型划分、命名与各种尺度的生态区划分的基础。

四 动物地理学专题研究

在青藏高原综合科学考察中，动物地理研究者对高原隆起与高山高原动物区系起源和演变关系，予以特别的关注。在青藏高原隆起过程中，气候虽逐渐变冷，并加强了每次冰期的作用，但是高原上尚未被大冰覆盖，这一历史背景对动物区系的演化有重要意义。据对哺乳动物区系的分析，高原上原来源自第三纪与中国东部森林地区相似的动物，在冰期时并未完全消失，而是随着高原隆起、气候变迁而不断向外缘，主要是向东南方向退缩，而中亚的若干成分则随之伸入。同时，在此过程中形成了高原高山喜寒的土著种类（郑作新，1982），它们与欧亚北部的冰缘类群有密切的关系。昆虫鱼类等亦存在类似现象。根据对特别适应于高原的裂腹鱼类的研究，发现此类鱼的三个演化阶段及其相应的垂直分布与水平分布，可能反映了高原三次主要的大幅度抬升，以及环境条件改变对裂腹鱼类所产生的影响（曹文宣等，1962）。对两栖类等类群的研究亦有类似现象，这一规律性现象尚有待更多的研究。后来，对横断山区、南迦巴瓦峰、贡嘎山等山脉的考察更进一步地探讨了高山形成与动物区演替的关系，昆虫方面的研究还联系大陆漂移、两大板块（欧亚与印度）冲撞与动物分布及在两大板块间的交流问题。

在喜马拉雅－横断山系动物区系的研究中，最引人注意的是有许多类群在该山系既有古老残留的成分又有近亲种的聚集或亚种的分化，充分说明该山系既是动物的避难地又是动物的演化中心。这一问题已成为近期我国动物地理学研究的焦点。

国内对鸟类迁徙和鱼类洄游的研究，在20世纪中后期逐渐得到加强。特别是在林业部成立了全国鸟类环志中心后，鱼类洄游研究所得的结果，已对鱼汛期的确定起了重要作用；鸟类研究通过环志不断累积回收的结果，得知候鸟的迁徙路线、日期及其繁殖和越冬范围，逐渐掌握鸟类种群季节性变动规律，尤其在实践上对鸟类资源的保护与永续利用有重要的参考价值。这些工作还将使静态动物地理学逐渐趋向动态动物地理学发展，在理论上与实践上都是重要的。

第七节　土壤地理学

土壤地理学是介于土壤学和地理学之间的交叉性、边缘性学科。它把土壤与环境间的相互关系看作统一体，着重研究土壤的形成过程、发生分类、个体特征以及地理分布规律，并进行土壤调查与制图。

我国农业历史悠久，在 2000 多年前就在治土、改土方面积累了丰富的经验，同时地理学者总结提出土壤分层概念和土壤分类方法以及“地力常新壮”理论，这是我国古代土壤理论的光辉成就。应用近代科学方法研究土壤则是在清末西学东进以后开始的。梭颇（J. Thorp）的学术思想及其在中国的工作，对我国土壤地理学的发展有着深刻的影响。

1949 年以后，是我国土壤地理学研究蓬勃发展的时期。1953 年中国科学院南京土壤研究所成立，最初设土壤地理与土壤改良研究组，后来改为土壤地理研究室。此后，中国科学院林业土壤研究所（现改为应用生态研究所）、土壤及水土保持研究所（1961 年与南京土壤所合并）、西北水土保持及生物土壤所（现改为西北水土保持研究所）、西南土壤研究室（现改为成都山地灾害与环境研究所土壤室）和新疆生物土壤沙漠研究所等相继诞生。另外，中国农业科学院和中国林业科学院都建立了一些全国性和省属土壤或土壤肥料研究机构，有的省还专门成立土壤研究所。高等农业和林业大学、综合性大学及师范大学也设有从事土壤地理教学与研究的室、组。特别是从1979年开始，国家农业部组织开展的第二次全国土壤普查，先后有8万多人参加，在全国范围内对土壤类型的性质和成土过程进行定位或半定位研究。在此基础上，地理学者不断更新全国土壤分类系统，发展我国土壤发生与土壤分类学，比较深入地研究我国土壤地理分布规律，充实和发展土壤的地带性学说，逐步形成具有我国特色的土壤地理学的理论体系。

1950年以后，我国土壤地理学研究所取得的成就包括以下内容。

(1) 土壤发生与分类。一是对土壤形成作用和发育规律进行的研究，明确了我国土壤形成的一些主要过程和特点。张万儒认为在西南亚高山冷杉林和大兴安岭北端针叶林下，有部分灰白层是在酸性还原淋溶条件下形成的。而曾昭顺、徐琪认为在三江平原、鲁南低山丘陵和长江中下游的白土层则是在季节性还原条件下，土壤表层铁被不断淋失的结果，并不是灰化过程的产物，从而纠正了国内外早期文献多把具有灰白色土层的形成作用看作是“灰化过程”的观点。有关耕作条件下土壤的熟化过程，目前在国际上仍属没有解决的重大理论问题。我国从20世纪30年代起就开始研究水稻土水下耕作培肥和在氧化还原交替下所产生的特有变化和性状（席承藩，1979）；以后又重点研究了旱耕条件下土壤性状的变化，认为土壤熟化是人为活动十分强烈的土壤形成过程，可分为水耕熟化过程和旱耕熟化过程两个方面，并分别包括不同的熟化阶段。土壤的黏化作用，在我国也是普遍存在的现象，但过去对其形成机制不甚清楚。近年来我国采用土壤微形态技术，把黏化作用分为残积黏化、淀积黏化和残积-淀积黏化三种，为土壤类型鉴定提供了依据。此外，一些定位试验站对土壤物质循环的研究，初步提示了土壤形成过程的实质；古土壤的研究，对下蜀黄土、黄土中的古土壤和红色风化壳的研究，为我国土壤的发生演变提供了新的证据。在此基础上，研究总结出我国土壤形成有原始土壤形成、盐渍、钙积、黏化、白浆化、富铝化、螯合淋溶（又称漂灰）、有机质积累、潜育和土壤熟化这10种基本过程。这些研究成果表明，土壤发生学理论在我国取得了重大进展。

二是土壤分类研究与应用。我国逐步建立了具有我国特色的土壤分类体系，并在生产实践中发挥作用。我国土壤分类学的发展受美国早期分类［即马伯特（C. F. Marbut）分类］思想和苏联的土壤发生、土壤地理分类观点的影响，走过了一段曲折的道路。直至1958年全国开展第一次土壤普查后，我国对耕种土壤的分类问题才有了新的认识，1963年首次确立了水稻土、娄土和绿洲耕种土壤在分类上的地位。《中国土壤》提出以成土条件、成土过程、剖面形态和属性（理化、生物特性）作为划分土壤类型的综合依据以发展我国的土壤分类体系。1978年我国制定了《中国土壤分类暂行草案》。这个分类草案把耕种土壤和自然土壤纳入统一的系统中，划分了11个纲和47个土类、142个亚类，初步体现了土壤发生分类和我国实际的进一步结合。后经多次修改与补充，1992年全国土壤普查办公室最后确定的“中国土壤分类系统”，将土纲定为12个，即铁铝土、淋溶土、半淋溶土、钙层土、干旱土、漠土、初育土、半水成土、水成土、盐碱土、人为土和高山土，划分亚纲29个，增补土类到61个、亚类到231个。这是我国现阶段以地理发生学为基础，吸取各分类学派之长而建立起来的一个比较完整的土壤分类系统，它不仅体现了我国土壤分类的特色，而且充分注意到了世界土壤分类的新动向。从1985年开始我国进行了土壤系统分类研究，在中国科学院南京土壤研究所的主持下，有30多个高等院校和研究所参加，经过近十年时间，于1991年提出《中国土壤系统分类（首次方案)》，后又进一步修订完善，1995年正式出版《中国土壤系统分类（修订方案)》。修订方案中拟定了11个诊断层、20个诊断表下层、2个其他诊断层和25个诊断特性作为分类的依据；土壤系统分类表共设14个土纲、31个亚纲、74个土类和273个亚类，并建立一个分类检索系统。我国土壤分类迈向定量化、国际化这一重大进展，受到国内外高度评价，并已产生了深刻的影响。目前我国人为土的分类原则和指标已被国际土壤分类组织接受，我国提出的干旱表层和盐磐层也得到了国外土壤学家的肯定。与此同时，我国对基层分类单元的研究也取得进展。

（2）土壤调查与制图。自20世纪30年代起土壤调查与制图一直是我国土壤地理学研究工作的重点。但1949年以前我国只进行了一些全国和部分省区的路线调查，先后编制了数张全国性土壤略图与概图，以及河北等省部分县的中、小比例尺土壤图。从20世纪50年代起至60年代中期，最早为华南发展以橡胶为主的热带经济作物宜林地的选择进行的土壤调查，我国编制了两广和云贵南部1∶100万土壤图及海南岛、雷州半岛中比例尺土壤图；为满足流域规划和江河整治的需要，先后完成了黄河、淮河和长江等各大河流域的土壤调查，完成

1∶100万川西滇北土壤调查制图。同时，在东北平原、西北高原盆地及华南地区进行荒地调查，我国测制大量的1∶2.5万至1∶10万土壤图；为完成区域开发方案，编制了新疆、内蒙古、青海和西藏等省（区）1∶50万和1∶100万土壤图以及东北1∶300万土壤图；在全国各主要林区开展森林土壤调查和山地土壤分布规律研究；1958年到1960年全国还开展了以耕地为主的第一次土壤普查，从公社（现在的乡）、县、地区到省分别编制大、中比例尺农业土壤图，全国编制1∶250万农业土壤图。这些土壤图都是以类型为制图单位，图幅内容较1949年前的更充实和完善。20世纪70年代后，我国土壤调查制图工作同土壤分类一样开始进入一个更加规范化和实用化的阶段。我国在黄淮海平原围绕区域治理和农业综合开发进行土壤调查，编制了1∶50万黄淮海平原低产土壤图和文安渠流域、涡河流域与邯郸地区中比例尺土壤图，以及一些农业科技攻关试验区大比例土壤图；编制了1∶50万黄土高原地区土壤图和安塞县1∶5万土壤图；在新疆、黑龙江省重点荒区以及甘肃河西地区进行土壤调查，编制了1∶20万至1∶100万土壤图；进行了南方11省（区）小比例土壤调查制图和江西省吉泰盆地等地的1∶20万土壤制图，以及为三峡库区服务而编制的土壤图。这些成果都是过去工作的延续和深化。从1979年起历时长达15年的全国第二次土壤普查，是我国当时最全面、最系统的一次土壤调查，取得了丰硕的成果。县级完成了1∶5万或1∶10万土壤图，地区一级汇总编制了1∶20万土壤图，省（区）级编制了1∶50万或1∶100万土壤图，全国按国际分幅编制了1∶100万中国土壤图，并缩编成三种更小比例尺（1∶250万，1∶400万和1∶1000万）的中国土壤图。在进行土壤调查制图过程中，自20世纪60年代起，我国便开展土壤航判的研究。结合第二次全国土壤普查和生产需要，我国开展了西藏和横断山的科学考察、三峡库区调查、黄淮海平原综合治理、内蒙古东部遥感制图以及1∶100万全国土壤图编制，做了大量的工作。我国还首次出版了第一部综合性和生产性相结合的《中国土壤图集》。我国广泛开展了大、中、小比例尺系列制图，并以土壤图为基础编制了各种派生图，如土被结构图、土地资源评价图等。20世纪80年代后期，我国土壤制图采用彩红外航片、MSS、TM、SPOT等图像和磁带计算机处理编制土壤资源图。

（3）土壤分布与土壤区划。20世纪60年代以前，马溶之根据长期研究曾详尽地论述了我国土壤地理分布规律，并率先提出欧亚大陆土壤地理分布的一般图式，受到了国际土壤学界的高度重视。以后取得的进展，主要是：①揭示了我国地带性土壤的水平分布不仅自南而北随纬度升高而变化，而且也由距海洋的远近、干旱程度自东而西随经度而变化，即具土壤“相”性的变化，这种土壤地带的排列既不同于欧洲平原，也有别于北美大陆。②我国东部秦岭、淮河以北和西藏高原，土壤地带的走向一般为东北－西南向，而在秦岭、淮河以南和新疆地区，土壤地带的走向则呈东西向，这与我国所处的地理位置、山脉走向和季风气候的影响有关。③土壤水平地带的过渡是缓慢的，在两个土壤地带之间常出现一些过渡性的土壤类型或在地带的边缘相互渗透呈交错分布现象；同时，地带的边缘受母质和地貌条件影响更为显著，可在不同母质和地貌部位上分布着不同的土壤类型。④我国山地土壤垂直带的分布受山体高度和所处地区水平地带特征的双重影响，愈往南其影响程度愈大。按山地土壤垂直带谱的不同，全国山地土壤垂直带大致可划分为19个结构类型（或称土壤垂直带谱群）。在西藏高原土壤的垂直分布还出现自高原面向下呈有规律的更替和排列的土壤分布，即形成所谓的土壤下垂谱或反向垂直谱。

为促进区域土壤的合理利用和改良，1950年以后，我国便十分注重土壤区划的研究，先后提出多种中国土壤区划方案。1954年，马溶之首先根据土壤地理学原则，把全国划分为7个土壤带，下续分出38个土区。1957年他进一步把全国划分为14个区带，在区带下按各种土壤的相互关系和大地形变化划分土区。1959年，马溶之和文振旺拟定土壤气候带、生物气候地区、土壤地带、土壤省、土壤区（或土群）、土片或土组、土块或土域等7级土壤区划系统。这是我国20世纪60年代前一项较为完整的土壤区划研究成果，对土壤区划的理论有较系统的阐述，对我国以往的土壤调查资料做了全面的整理。20世纪80年代后，《中国自然地理·土壤地理》重新拟定了一个区划系统。它按土壤组合分布的相似性和差异性，把全国土壤区划简化为大区、地区和土区三级，并在土壤图上直接编制1∶1000万中国土壤分区图。1982年席承藩和张俊民对区划系统做了修正，将全国分为富铝质土区域、硅铝质土区域、干旱土区域与高山土区域等4个区域，15个土壤带，90个土区。与此同时，《中国农业土壤概论》拟定的区划系统为土壤区域、地区和土区三级，全国划分为4个土壤区域，界线同席承藩等划分的大同小异，而在命名上则大相径庭。以后《中国土壤区划（初稿）》，又进一步做了修改，将区划系统定为土壤区域、土壤地区和土区等三级，全国共划分3个土壤区域，12个土壤地区，70个土区。它在命名上也做了大改动。

（4）土地资源评价与土壤生产力研究。20 世纪 40 年代以前，我国对土地资源评价研究尚不多。1950 年后，从农业的适宜性出发，开展土地资源质量评价与数量估算，成为土壤地理学服务于生产的一项重要研究内容。20 世纪 50 年代初，将三江平原等地荒地按其利用改良的难易程度划分为 4 级。1952 ~1962年中国科学院华南热带生物资源考察队和热带生物资源调查队，把橡胶宜林地分为 4 个等级（石玉林，1985）。同期，中国科学院新疆综合考察队，把新疆全部的未垦地划分为不需水利土壤改良措施、可列为优先开发的土地，需要较为复杂的水利土壤改良措施的土地，改良困难或土地利用率低的土地，不宜农用的土地等。其下，中国科学院华南热带生物资源考察队和调查队再根据改良措施的差异划分为 25 个等。1963 年黄自立等人在总结 20 世纪 50 年代土地资源评价工作的基础上，拟定了一个较为系统的土地评价方案。根据土地生产力的高低，他提出土地类、土地等和土地组三级划分。土地类以水热条件为划分基础；土地等以土壤 - 地貌为划分依据；土地组是以土壤为基础，按土壤改良措施的不同区分。此外，20 世纪 70 年代后，我国在甘肃、宁夏和青海、西藏等省（区）及沿海各省先后开展荒地资源调查，沿海各省（市）也组织滩涂资源调查。这些调查研究一般根据土壤类型、土壤性状和环境因素以及改良措施的难易来进行宜农荒地的选择与质量评价，多把宜农荒地分为 4 类（或 4 等），土地质量由 1 类（或 1 等）至 4 类（或 4 等）逐渐降低，这种土地评价方法比较简单，目的性明确，便于生产部门应用。20 世纪 80 年代后，最重要的进展是在中国科学院自然资源综合考察委员会主持下，由 40 多个单位参加编制的中国1∶100万土地资源图，这是我国迄今为止一项较为全面、系统和深入的土地资源评价研究成果。该图依据土地生产力的高低、土地对农林牧业生产的适宜程度和限制程度，并适当考虑与此有关的土地利用现状及社会因素，将全国土地资源划分为9个土地潜力区，其下划分宜农耕地类、宜农宜林宜牧土地类、宜农宜林土地类、宜农宜牧土地类、宜林宜牧土地类、宜林土地类、宜牧土地类和不宜农林牧土地类8个土地适宜类。该国又按土地质量高低和农林牧适宜程度各分3个土地质量等，在土地等之下划分10个土地限制型，每个限制型又由数量不等的土地资源单位（或称土地资源类型）组成；同时，对评价土地资源质量的限制因素指标都有明确的规定和说明。在此基础上，中国科学院自然资源综合考察委员会又组织进一步开展中国土地资源生产能力及人口承载量研究。

第八节　化学地理学（含医学地理学）

化学地理学是自然地理学与化学之间的一门边缘学科，是一门新兴学科。它是研究地理环境的化学组成、结构及其形成过程的科学。现代科学技术为化学地理学的迅速发展提供了理论和技术保证。它的基础理论是自然地理学和化学元素迁移转化理论。它的主要研究手段是化学分析测试技术。在学科体系上它是自然地理学的分支学科。

国际上，化学地理学始创于20世纪30年代，直至20世纪50年代仍处于积累研究资料阶段。我国这方面的发展在20世纪50年代前尚属空白。20世纪60年代起，我国化学地理学进入迅速发展阶段。我国不少地理研究单位和高等院校地理系广泛开展了化学地理教学和研究，有的院校设置了化学地理专业。1962 年刘培桐、唐永銮等编写了《化学地理学》一书，首次比较完整和全面地阐述了化学地理学原理，初步形成化学地理学体系。20 世纪 70 年代后，化学地理全面发展，在环境保护、医学、农业中做出了重要贡献。

（1）生物地球化学省是生物地球化学和污染（环境）化学地理的重要学说。其成因有地带性和非地带性两种。章申等提出生物地球化学省是在地质、地形、气候、水文、土壤、植物和人文（技术）等因素的综合作用下形成的，然而其中总有一个因素占据主导作用，并提出将中国生物地球化学省分为 8 种成因类型。

（2）化学地理地方病研究的重大进展是查清了主要地方病的病区的化学地理特征，病区的成因分类，地方病地理流行与环境中致病化学元素异常的相关模式，新病原说，以及因地制宜的预防措施等。

• 在总结跨地带大面积调查资料的基础上，化学地理工作者提出地方性甲状腺肿的地理流行与饮用水中碘含量异常呈抛物线函数关系，这是地方性甲状腺肿研究的一个新发现。

• 20 世纪 30 年代已知地方性氟中毒是水源性的。20 世纪 80 年代化学地理工作者查明我国燃煤污染型粮源性氟中毒，过量的氟不是通过饮水，而是通过粮食进入人体，是燃烧高氟煤烘烤粮食和其他食物的过程中被高氟的烟尘污染所致。

• 克山病和大骨节病在我国分布广、危害大。我国医学部门相继提出硒缺乏与克山病和大骨节病的密切关系后，化学地理研究为这一假设提供了病区环境贫硒的化学地理异常的重要论据。

由于地方性克山病和大骨节病在我国许多地区严重流行，为响应国家号召和实际需要，20 世纪 60 年代后中国科学院有关地学研究所参与地方病的病因及防治研究。谭见安等通过大量的野外调查和实验分析，经过对 28 个省、自治区、市的地理流行病学调查，结果表明克山病和大骨节病主要分布在我国东北到西南的温带森林和森林草原地带内，并发现我国存在一个地理低硒带。这与硒缺乏引起的动物白肌病的地理分布基本一致；全国范围内发现的低硒地区与克山病和大骨节病的地理分布基本一致；过渡地带属于低硒带，即土壤、粮食、人发的含硒量明显低于西北干旱地区和东南湿润地区，而且用硒防治克山病和大骨节病均有明显效果，这引起了国际上的关注。

化学地理研究人员在阿坝县采取
头发样品，2009 年

• 根据国际的统计，约百分之八十的癌症属于环境癌。20 世纪 70 年代初，化学地理工作者投入到食管癌、肝癌等的考察工作，随后又参加了全国和省（区）、市的恶性肿瘤地图集的编制工作，对于食管癌、肝癌等的分布规律有了较清楚的了解。食管癌主要较集中地分布在我国从西南、西北、华北到东北的干旱、半干旱地带的某些地区及东南沿海的潮汕地区，这种分布形势和食管癌的世界分布形势基本上是一致的。肝癌则主要分布在长江三角洲沿海地区。化学地理工作者对于这两类癌与环境条件的关系有了初步的了解。

• 我国编制了《中华人民共和国地方病与环境图集》，为进一步开展研究提供了基础。

现在，我国医学化学地理学或“化学地理与健康”的研究体系已经大体形成，可概括为：Ⅰ. 疾病或健康状态的地理分布；Ⅱ. 疾病（或健康状态）的地理流行病学规律，即对疾病流行特点或健康状况的地域差异进行地理学的阐述与解释（包括自然的与人文的）；Ⅲ. 地理环境中化学元素或物质的地理分布规律与疾病或健康状况的对比相关研究；Ⅳ. 地理环境中化学元素的地理生态学循环（或迁移转化）与疾病和健康状态的关系；Ⅴ. 改良化学地理环境防治疾病增进健康。当前在地方病环境病因研究中，试图对粮食中维生素 E 和含硫、含硒氨基酸的地理差异进行探讨，以及在大骨节病和食管癌等环境病因研究中对水中有机物研究的尝试，都反映了这方面的趋势和客观要求。再者，研究还必须进行元素的地理生态学循环的模拟实验才能更好地满足要求。同时，随着环境污染问题的愈发突出，污染化学地理环境与人体健康之间的问题也将突显出来。因此，我国应重视逐渐建立和发展有机化学地理和实验化学地理。地理环境化学污染对人体健康的影响的研究也应是现代医学化学地理的重要组成部分，应得到应有的关注。

1984 年《中国地方病与环境图集》编制组主要成员研讨审定图稿。左 4 为图集主编谭见安

近年来，以地方性疾病为中心的疾病地理研究依然是我国医学地理研究的重点。环境健康风险评价理论被普遍接受，环境污染的健康风险技术逐渐标准化，全球环境变化对中国人口健康的影响开始引起关注，城市化进程中的城乡环境健康问题受到重视，遥感、地理信息系统和模型等被医学地理和环境健康研究广泛采用。针对当前我国主要地方病的危害在西部地区依然严重的问题，我国开展了青藏高原大骨节病的地理流行规律研究，饮水型地方性砷中毒的地理流行规律及其防治研究，燃煤型氟、砷中毒的流行规律及其控制研究，茶砖型氟中毒的地理流行规律及其防治研究等。我国还开展了人类活动影响下典型区域重金属污染的健康风险及其消减研究。20 世纪 90 年代后，我国还开展了全球环境变化、城市化与人类健康关系研究，中国陆地生态系统碳氮生物地球化学循环研究，稀有元素环境生物地球化学研究，水陆界面营养盐和污染物质循环模拟研究，以及环境污染风险评价、治理技术及环境健康保障技术研究等。

（3）20 世纪 70 年代我国开展了一些江河湖海水域和城市工矿地区的环境污染规律、环境质量和综合防治的研究。如官厅水库、白洋淀、蓟运河、第二松花江等水域的水源保护研究，北京西郊和东郊、南京郊区、茂名地区等以城市或工业区为中心的污染调查和控制、环境质量评价，珠江口南海等海域环境调查和水质评价。上述研究为我国区域环境研究建立了较完整的研究程序、原则和方法，积累了资料和经验，有力地推动了我国环境保护工作的开展。20 世纪 80 年代以后，面向经济建设，结合环境保护和国土整治，环境保护工作取得了良好的效果，理论上也获得进展。

地理工作者最早参与了环境保护研究，图为在白洋淀取样

• 各项研究解决了官厅水库、白洋淀、蓟运河、第二松花江、湘江、图们江等水域的水污染控制、水质恢复等许多重大环境问题。近几年地理工作者在防治乡镇工业污染、保护农村生态环境方面也取得成绩。

• 20 世纪 60 年代地理工作者在岱海盆地开展了古风化壳和古地理的研究，重点是第三纪以来该地区的演变过程。20 世纪 70 年代我国又先后开展了对整个地理环境的演化过程的研究。研究认为，根据地理环境的化学演化过程可以分出几个阶段，每个阶段都有相应的化学地理环境类型，即还原型的非生源类型和生源类型、氧化型的生源类型和人源类型。弄清楚化学地理环境演化，对于确定化学地理学的研究重点和发展方向具有指导意义。

• 地理工作者大规模开展了土壤和水的环境背景值研究，获得了中国土壤 40 多种元素的背景值。研究发现土壤中重金属的含量在很大程度上取决于成土母质和基岩中该元素的含量，而成土过程对土壤中重金属含量分布规律也有很大的影响。土壤中重金属含量水平与土壤机械组成有关。这种情况也反映在水体沉积物中。这是土壤化学地理学的一个明显的进展。

与此同时，地理工作者还获得长江水系水环境 30 多种微量元素的背景值，同时发现清洁河流或河段水相中，碱金属、碱土金属、卤素元素和形成含氧阴离子的元素，以溶解态为主，稀土元素、Th、Se、Fe、Mn 等元素以悬浮颗粒态为主，而大部分第一长周期过渡元素和一些重金属元素介于上述两者之间。在溶解态中 Cu 以稳定有机态为主，Pb 以稳定无机态为主，Zn、Cd 则以不稳定态为主，然而在污染水体中重金属则以悬浮颗粒态为主。这是目前国际上以大量样品实测研究揭示的陆地水环境化学地理现象。

• 水文化学地理的研究工作比较充分。20 世纪 60 年代初水文化学地理工作者对全国的河流水化学特征进行了全面的分析研究，根据对河流水质的 pH、矿化度、硬度、水化学类型及化学剥蚀变化规律的研究，我国河流水化学具有从东南沿海向内陆过渡的明显的地域性分布特征。矿化度由东南沿海 50

毫克/升递增至西北内陆的1000毫克/升以上。水化学类型由重碳酸盐类过渡为硫酸盐、氯化物类，阳离子中钙逐渐被钠所代替。我国的化学剥蚀自东南沿海向西北化学剥蚀率逐渐升高，化学剥蚀力首先是逐渐增大，到长江流域达到最大值，过后又逐渐减小。化学剥蚀率高而化学剥蚀力小的区域，主要是径流矿化度大的硫酸盐、氯化物剥蚀区；化学剥蚀率低而剥蚀力大的区域，主要是径流矿化度小的重碳酸盐或硅酸盐剥蚀区；化学剥蚀率低、化学剥蚀力小的区域，主要是径流矿化度小的重碳酸盐、硅酸盐及铁、铝等氧化物的剥蚀区等。我国西部山区河流水化学的垂直地带性变化也十分明显。

20世纪70年代初，根据全国700多个站点积累的水化学资料，地理工作者编制了六百万分之一的我国河水矿化度图、总硬度图、水化学类型图及离子径流模数图。

• 为探索污染物在水环境中迁移转化的规律，地理工作者开展了无机污染物和有机污染物在环境中迁移转化的研究。结果表明，许多污染物的迁移能力是比较弱的，离开污染源的沿程变化基本上服从负指数方程的递减规律。近年来的研究表明，在最佳条件下，各种类型的沉积物释放速度与沉积物原有甲基汞含量呈线性关系。降低沉积物中无机汞的甲基化过程、降低微生物活性的技术措施，是控制汞在环境中的循环过程减少汞危害的关键。

• 20世纪60年代，大气化学地理在全国各地仅有零星的研究，曾对华北和西北以及江苏射阳沿海和珠江三角洲河口地区降水的化学成分进行分析和研究，发现降水的化学组成自沿海向内陆呈有规律的变化，钠离子和氯离子自沿海向内陆减少，硫酸根、钙离子逐渐增多。20世纪70年代中期后，环境污染问题日渐突出，北京、上海、天津、南京、沈阳和兰州等市普遍定期进行大气中污染物质的测定，测定后发现粉尘、二氧化硫、二氧化氮等在大气中的含量有逐年增加的趋势。唐永銮等在一些城市开展了污染物在大气中的迁移、扩散、转化及其分布规律的研究，进行了大气环境质量评价和预测预报，填补了我国大气化学地理的空白。

• 土壤化学地理工作者进行了中国土壤环境容量的研究，为制定土壤环境质量标准、农田灌溉水质标准、污泥农田施用标准提供了科学依据；开展了土壤微量元素含量、形态，特别是植物可吸收态的研究，以及稀土元素化学地理研究，建立了中国土壤、河流沉积物中稀土元素的分布模式。这方面的工作也是化学地理学为农业服务的主要方面。

• 区域化学地理研究是一项较繁重的综合性研究工作，也是一项地理意义强、实践意义大的研究工作。

20 世纪 60 年代初期，在我国东北温带针阔叶混交林灰棕壤地带、华北暖温带干旱森林和森林草原褐色土地带、华南亚热带常绿阔叶林红壤和黄壤地带及热带季雨林砖红壤地带，地理工作者开展了区域化学地理的研究工作。他们主要是通过分析整理已有的大量资料和实地观测的资料进行研究。他们在研究成果中对各地带地球化学景观的形成过程、各级景观结构单元之间的地球化学联系、各单元景观的地球化学性状及其改造利用途径等均做了较全面的阐述。

此后，地理工作者又在我国西北干旱地区及华南高温多雨地区进行了一些较系统深入的区域化学地理研究。20 世纪 70 年代，他们结合西藏高原的综合考察工作对珠峰高海拔地区降水和冰雪中的微量元素，冰体中氢氧等同位素，珠峰地区过渡元素在各地理要素[illegible]布与迁移转化过程以及[illegible]征等研究方面做了许多工作，为这一地区提供了珍贵的化学地理资料，同时也查明了在这座世界第一高原的冰雪中，微量元素的富集系数除 Zn 以外，都与南北极大气气溶胶相近。

第九节　其他

一　冰川学与冻土学

冰川学和冻土学以冰冻圈的地球表面组分——冰川、积雪、河、湖、海冰和冻土为研究对象，研究它们与大气圈、水圈、生物圈、岩石圈之间的相互作用，为寒区资源开发、环境保护、灾害防治和工程建设服务。近年来，气候变化的研究成为热点。与大气圈、水圈、生物圈和岩石圈一起被列为气候系统 5 个组成部分之一的冰冻圈的研究也因此得到很大的发展。

冰川学方面的进展包括以下内容。

20 世纪 80 年代以来我国持续开展冰川考察，开展了我国冰川编目工作，在此基础上进行了系统的总结，出版了专著《中国冰川概论》，得到全国冰川总面积为 58651 平方千米，冰储量为 5132 立方千米，以及地处中纬度的我国山地冰川对气候变化的响应很敏感的结论。据此，许多学者开展了这方面的研究，预测未来的可能变化，并获得了许多有意义的结论。

从 20 世纪 80 年代起，我国 30 余位科学家前往南极地区，以长城站和中山站为据点开展冰川研究，取得一些成果。1990 年秦大河参加穿越南极大陆的探险考察，丰富和加深了对南极冰盖的认识，使我国南极冰川学的研究跃上一个新台阶。

考察天山一号冰川

关于第四纪冰川，我国学术界经历了两次大的争论。李四光在20世纪20~30年代发现我国东部的第四纪冰川遗迹，并划分4次冰期。20世纪80年代以后，从事西部冰川研究的部分学者进行了多方面的研究，出版了专著《中国东部第四纪冰川与环境问题》，获得了若干与李氏学说相反的新认识。关于青藏高原第四纪冰川，国内学者大多认为不存在冰盖，但20世纪80年代德国学者库勒（M. Kuhle）提出大冰盖论。1991年在北京举行的第13届国际第四纪大会后，90多位中外学者参加了青藏高原的考察，大多数西方学者经过考察亦不支持存在大冰盖的观点。

我国冻土学研究始于20世纪60年代，90年代以后进一步注意了冻土区的环境、生态问题及冻土的改造利用，并与全球变化的研究接轨。冻土学方面所取得的进展包括：编制了中国1∶400万雪、冰、冻土图及若干区域性的冻土图，集中反映了我国冻土研究方面的成就。20世纪90年代，地理工作者在青藏公路沿线、青海高原东部、中国北方地区等地发现大量古冰缘现象的遗迹。中国东部古冰缘研究也得到相当的发展。我国对冻土区环境和生态系统的研究起步较晚。20世纪90年代，地理工作者对森林采伐、森林更新、森林火灾、草场退化等与冻土的关系进行了观测研究。此外，地理工作者还开展了冻土物理、寒区工程等方面的大量研究。

20 世纪 80 年代初，我国开始对南极冰盖进行考察研究。随着 1984 年我国在南极建立科学考察站，由我国自己组织的极地冰川学考察持续开展。几十年来，中国在南极洲开展气象、生物、生态考察和监测，开展冰川、地质、地貌、海洋的研究等，取得一系列为世界瞩目的成就。南极洲无冰区地貌与晚第四纪环境变化的研究表明，南极洲地区晚第四纪气候与环境变化规律同世界各地一致，都是对全球变化的响应；在上次间冰期和全新世暖期，南极冰盖是稳定的。南设得兰群岛纬度较低，与南极大陆相比气候较为温暖湿润，冰川（帽）的温度较高，融水渗透作用强烈。我国在国际上率先成功地钻取 300 多米连续完整的冰芯样品，完成埃默里冰架综合断面的调查和冰架前缘断面海水温度、盐度、深度和流场的观测工作。我国在世界上首次对南极海冰厚度变化进行跟踪监测，在海冰生长消融整体过程研究方面填补了国际空白，并率先对南极洲格罗夫山进行大范围的全面遥感测图工作。

在 1995 年首次远征北极点的考察中，我国对海冰表面特征、雪层物理和化学进行了实地观测和采样分析。我国近几年开始了以北极黄河站为基地的斯瓦尔巴（Svalbard）群岛新奥尔松冰川变化的监测。

二 海洋地理学

海洋地理学是地理学的新分支，具有自然科学、社会科学、技术科学相互交叉渗透的特点。我国海疆辽阔、海岸线长，资源丰富。历史上中国航海、对外贸易与文化交流都有光辉的成就。但在一段历史时期，封建锁国政策与科学技术落后，抑制了中国向海洋的开拓。20 世纪 50 年代以后情况开始发生变化。20 世纪 60 年代我国曾提出“向海洋进军”的号召，20 世纪 80 年代后海洋事业才有了显著的发展，完成了海岸带与海涂资源综合调查、全国海岛资源环境综合调查研究，获得了系统的科学资料。西太平洋海气交换、黑潮等项国际合作研究取得突出成果，实现了南大洋考察与南极大陆建立科学考察站进行连续观测。2013 年出版的《中国自然地理系列专著·中国海洋地理》（王颖、刘瑞玉、苏纪兰，科学出版社）总结了 20 世纪 90 年代以来联合国海洋法实施，我国多次海洋调查及沿海经济发展的新成果。

三　山地研究

山地是具有一定海拔高度和坡度的地面。在国际上，对山地的自然、经济和社会及三者的关系进行综合研究是 20 世纪 50 年代前后才开始的。国内在 20 世纪 80 年代前后才成立了多个有关山地的学术团体和研究机构，如 1984 年成立中国地理学会山地研究会，中国科学院成都地理研究所 1987 年改名为成都山地灾害与环境研究所，贵州科学院设立山地资源研究所，中国科学院还建立了兰州高原大气物理研究所、西北高原生物研究所，1990 年成立中国青藏高原研究会，相继召开了许多有关山地的学术讨论会，山地研究逐渐得到加强。

青藏高原的形成曾经众说纷纭。中国学者研究表明，高原的形成符合由若干个从冈瓦纳古陆分裂出来并向北漂移的块体在不同地质时期拼合起来的大地构造模式，近期仍保持强烈的活动状态。中国学者从三维地带观点出发，在综合探索各自然地理要素相互关系的基础上，揭示了青藏高原地表自然界三维空间分异的特点；从不同的角度出发，研究我国山地资源开发与经济的可持续发展，在理论上和实地试点上都取得了进展。我国学者还广泛开展山地生态、山地灾害、高地与低地的关系等多方面的研究。

四 沼泽研究

沼泽研究是自然地理学中专门研究沼泽形成演化、结构功能、类型特征及合理利用的年轻的分支学科。在沼泽研究刚刚起步的20世纪60年代初，我国就将全面开展中国沼泽的综合考察列为首要任务。以中国科学院长春地理研究所和东北师范大学地理系为主，结合各项科学考察任务，我国先后对东北三江平原、大小兴安岭、长白山区、若尔盖高原、西藏、新疆、横断山区以及沿海地带的沼泽进行了考察，研究了上述地区沼泽的分布、成因、类型、特征等，积累了十分宝贵的科学资料。20世纪90年代初，中国科学院又支持了中国沼泽系统调查与分类研究，从而补充调查甘肃南部、青海、内蒙古、华北及热带、亚热带地区的沼泽，建立了中国沼泽综合分类系统和沼泽数据库，编著《中国沼泽志》。

芦苇沼泽是沼泽的主要类型。中国科学院长春地理研究所及有关生产部门，先后对松嫩平原、呼伦贝尔高原、辽河三角洲、洞庭湖、博斯腾湖等地的芦苇资源进行了专项调查，估算了资源储量，为其开发利用提供了依据。泥炭是沼泽地的特有产物。1982~1985年，在地矿部的主持下，地理工作者开展了全国泥炭资源考察，进行了大量的地质填图、钻探、取样、测试工作，初步查明全国泥炭资源总量为46.87亿吨（尹善春，1991）。

20世纪80年代，沼泽研究从对沼泽的综合调查开始转向定位研究和合理开发利用途径研究。1987 年，中国科学院长春地理研究所在三江平原建立了我国第一个沼泽生态站，系统地开展了沼泽生态系统结构、功能与生物生产力的定位研究。与此同时，该研究所在三江平原七星河畔建立了以沼泽综合开发为特色的试验区，在完善排灌工程的基础上进行生态工程设计，开展泽地种稻、芦苇高产培育、建池养鱼、引种经济植物等方面的试验示范，取得了显著的经济、社会与生态效益。

此外，结合沼泽调查和定位观测，地理工作者探索和研究了沼泽学的有关理论问题，提出了一些得到学术界支持的理论观点。黄锡畴等（1988）从沼泽的形成环境和特征分析，提出沼泽是“水陆相互作用形成的，具有过渡性质和半水半陆的自然生态系统”。沼泽的分布，受自然地域分异规律所制约，在平原条件下，沼泽具有地带性叠加地带内规律的特点，它同苔原、森林、草原、草甸以及其他生物地理群落一样，是生物圈不可分割的组成部分。通过分析大量国内外有关沼泽发育年代和发育过程的资料，并根据沼泽体在时间上的发育受空间规律制约的观点，他提出所谓发生学原则的沼泽发育统一过程仅反映了寒温带沼泽体的发育特点，在较低纬度还未能找到实例。因此，黄锡畴（1982）认为沼泽体的发育应是多模式的，试图把沼泽的发育都纳入一个模式是不恰当的。

通过沼泽调查与定位研究，我国地理工作者在国内外刊物发表了数百篇论文，并出版了一批专著，如《若尔盖高原的沼泽》（中国科学院西部地区南水北调综合考察队，1965）、《三江平原沼泽》（中国科学院长春地理研究所沼泽研究室，1983）和《中国的沼泽》（牛焕光等，1995）、《泥炭地学》（柴岫，1990）等。

近年来，我国开展了青藏高原湿地研究。在将遥感的理论和方法应用于高原湿地方面，在高原时空变化方面都有新的进展。

五　湖泊研究

湖泊是湖盆、湖水及水中所含物质的统一体。湖泊学是研究湖泊的形成与演变、湖水的理化性质、湖泊资源的合理利用、湖泊中各种现象的发生与发展的规律及其内在联系的科学。湖泊科学的进展是与生产力的发展分不开的。20 世纪 50 年代以前，我国的湖泊资源未能得到充分利用，湖泊科学也难以得到应有的发展。20 世纪 50 年代后，由于社会经济的发展，湖泊资源的开发利用受到重视，特别是兴修了大量的水库，促进了湖泊科学的发展。

中国科学院于 1957 年决定开展湖泊研究工作。中国科学院地理研究所湖泊组于 1958 年 6 月在南京成立，1961 年改为湖泊研究室。20 世纪 80 年代南京地理研究所又改称中国科学院南京湖泊与地理研究所。自 1958 年起它与有关单位合作对我国的许多湖泊开展了自然条件与自然资源调查，积累了大量的第一手资料。它不仅整理公布了许多湖泊以往的水文资料，而且在重要湖泊水库设立了监测站。它对太湖、官厅水库、洪泽湖、三门峡水库、鄱阳湖的水量平衡进行了全面研究；先后开展了湖泊地貌与第四纪地质、湖泊成因与演变、湖盆沉积及其理化性质、盐湖类型与盐湖矿产等多方面的研究。20 世纪 80 年代以后，该研究所在青藏高原综合科学考察、新疆综合考察中这方面的成果更多。

南京湖泊与地理研究所的地貌工作，大致包括：（1）调查江苏与全国主要湖泊的成因与演变、湖盆沉积的理化性质及滨湖地貌、第四纪沉积过程与特征，确定湖泊形态度量；（2）

针对湖泊资源开发利用过程出现的矛盾所开展的湖滩围垦、产卵场所地貌条件的评价；（3）为干旱地区湖泊引水灌溉工程而进行的湖泊形态测量、计算水量及引水选线的地貌评价；（4）为研究湖盆发育与找矿目的而开展的如湖三角洲沉积模式、沉积机制研究等。20 世纪 50 年代后期以后，湖泊水化学的研究日益增多。20 世纪 70 年代以后，随着沿湖地区工农业的发展，污染湖泊的因素不断增多，为了改善环境、保护水质，研究所大规模地开展了湖泊污染状况调查，提出污染评价方法和改善途径。此外，研究所还开展了湖泊水生生物资源利用与保护的调查与研究。

六　荒漠化研究

土地荒漠化是当前全球性的环境问题。1959 年中国科学院成立治沙队，开始沙漠综合科学考察，当时已经注意到人为因素所造成的沙漠变迁。研究工作从沙漠中古城的兴衰，分析环境的变化；以历史上屯垦区为中心分析环境的变化。20 世纪 70 年代以后，我国研究与国际研究进程同步，将沙漠研究的重点转移到对沙质荒漠化问题的研究和面临荒漠化危险的半干旱地带和部分半湿润地带。

我国研究者对中国北方干旱、半干旱及部分半湿润地带的土地沙漠化发生发展过程的特点，特别是对脆弱生态环境下及人类活动频繁地区进行了较多研究。我国研究者还开展了西藏自治区的荒漠化研究；选择沙漠化严重的地区建立了不同自然条件不同类型的沙漠化治理的试验示范基地；利用不同时期的航空和卫星相片进行了沙漠化发展趋势的监测与制图。

20 世纪 90 年代以来，在水土保持工作中，我国研究者提出了“石山荒漠化”的概念，在西南泥石流研究中又提出“砂石化”的概念，并认为是土地荒漠化的一种类型。关于南方山地丘陵地区土地荒漠化的原因，不少研究者认为主要是森林过渡采伐，不合理的农林耕作制度，以及工矿弃土弃石引起的。

参考文献

[1] 梭颇. 中国之土壤 [M]. 北京：实业部地质调查所，1936.

[2] 白重媛. 天山乌鲁木齐河源1号冰川消融期间宽阔冰面上的热量平衡 [M]//中国科学院地理研究所冰川冻土研究室. 天山乌鲁木齐河冰川与水文研究. 北京：科学出版社，1965.

[3] 蔡凤歧. 论耕作土壤的熟化及分类问题 [J]. 土壤通报，1983 (5).

[4] 蔡运龙. 贵州省自然区划与区域开发 [J]. 地理学报，1990, 45 (1).

[5] 曹文宣，陈宜瑜，武云飞，等. 裂腹鱼类的起源和演化及其与青藏高原隆起的关系 [M]//中国科学院青藏高原综合科学考察队. 青藏高原隆起的时代、幅度和形式问题. 北京：科学出版社，1981.

[6] 曾水泉. 海南岛土壤环境质量现状评价与利用[M]//董汉飞，曾水泉. 海南岛生态环境质量分析与综合评价. 广州：中山大学出版社，1985.

[7] 曾昭顺，庄季屏，李美平. 论白浆土的形成和分类问题 [J]. 土壤学报，1963，11 (2).

[8] 中国科学院西部地区南水北调综合考察队. 若尔盖高原的沼泽 [M]. 北京：科学出版社，1965.

[9] 常承法，郑锡澜. 中国西藏南部珠穆朗玛峰地区地质构造特征以及青藏高原东西向诸山系形成的探讨 [J]. 中国科学，1973 (2).

[10] 陈传康，郑度，申元村，等. 近10年来自然地理学的新进展 [J]. 地理学报，1994 (S1).

[11] 耿大定，陈传康，杨吾扬，等. 论中国公路自然区划 [J].

地理学报，1973（1）.

［12］陈刚起，刘兴土．我国三江平原沼泽的水文气候效应及其合理开发[C]//沈灿．中国地理学会水文专业委员会第五次全国水文学术会议论文集．北京：科学出版社，1992.

［13］陈吉余．长江三角洲河口段的地形发育［J］．地理学报，1957，23（3）.

［14］陈吉余．两千年来长江口发育的模式［J］．海洋学报，1979，1（1）.

［15］陈隆亨．风蚀土壤的分类和制图问题［J］．土壤通报，1981，12（1）.

［16］陈满祥．对我国年径流地区分布规律的认识［J］．水文，1988（2）.

［17］陈梦熊．我国岩溶地区水文地质图编图经验［J］．中国岩溶，1988，7（3）.

［18］陈墨香，鄧孝，王鈞．新疆内陆湖泊水化学特征的初步研究［J］．地质科学，1964（3）.

［19］陈述彭，吕人伟，滕俊．沁河流域的地貌［J］．地理学报，1956，22（2）.

［20］陈曦．中国干旱区自然地理［M］．北京：科学出版社，2010.

［21］陈喜保，章申．湘江水体中重金属的化学形态及分布特征的研究［J］．环境科学学报，1986，6（2）.

［22］丁锡祉．第二松花江的河谷阶地［J］．中国第四纪研究，1958，1（1）.

［23］丁一汇．亚洲季风［M］．北京：气象出版社，1994.

［24］丁一汇．中国自然地理系列专著・中国气候［M］．北京：科学出版社，2013.

［25］董光荣，李保生，高尚玉，等．鄂尔多斯高原第四纪古风成沙的发现及其意义［J］．科学通报，1983，28（16）.

[26] 董雅文，夏家淇，汪祖强. 苏南太湖地区典型县、乡镇工业和农业对水体污染的预测及控制研究 [J]. 环境科学，1986，7 (4).

[27] 杜榕桓，康志成，朱平一. 泥石流动力作用与砂石化过程 [M] //杜榕桓. 云南小江流域综合考察与防治规划研究. 重庆：科学技术文献出版社重庆分社，1987.

[28] 冯景兰. 黄河流域的地貌，现代动力地质作用，及其对于壩库址选择的影响 [J]. 地质学报，1955，35 (2).

[29] 傅伯杰，刘国华，陈利顶. 中国生态区划方案 [J]. 生态学报，2001，21 (1).

[30] 高冠民，窦秀英. 湖北省自然条件与自然资源 [M]. 武汉：华中师范大学出版社，1986.

[31] 高国栋，陆渝蓉. 中国物理气候图集 [M]. 北京：农业出版社，1981.

[32] 高由禧，徐淑英，郭其蕴. 东亚季风的若干问题 [M]. 北京：科学出版社，1962.

[33] 龚高法. 历史时期气候变化研究方法 [M]. 北京：科学出版社，1983.

[34] 郭敬辉. 关于中国径流资源的推算 [J]. 科学通报，1957 (23).

[35] 郭敬辉. 中国的地表迳流 [J]. 地理学报，1955，21 (4).

[36] 郭敬辉. 中国河流的水文 (上) [J]. 地理知识，1958，2.

[37] 郭敬辉. 中国河流的水文 (下) [J]. 地理知识，1958，3.

[38] 郭敬辉，汤奇成. 关于中国河流的动态类型及其区划的初步研究 [M] //中国科学院地理研究所. 地理集刊·第 12 号·水文分析与实验. 北京：科学出版社，1982.

[39] 郭令智，薛禹群. 从第四纪沉积物讨论山西汾河与涑水在地貌演化上的关系 [J]. 中国第四纪研究，1958，1 (1).

[40] 洪嘉琏. 水面蒸发的计算 [C] //沈灿. 中国地理学会水文专业委员会第五次全国水文学术会议论文集. 北京：科学出版社，1992.

[41] 侯仁之. 从红柳河上的古城废墟看毛乌素沙漠的变迁 [J]. 文物, 1973 (1).

[42] 侯仁之. 敦煌县南湖绿洲沙漠化蠡测——河西走廊祁连山北麓绿洲的个案调查之一 [J]. 中国沙漠, 1981 (100).

[43] 侯仁之, 俞伟超. 乌兰布和沙漠的考古发现和地理环境的变迁 [J]. 考古, 1973 (2).

[44] 侯学煜. 中国的植被 [M]. 北京: 人民教育出版社, 1960.

[45] 吴征镒. 中国植被 [M]. 北京: 科学出版社, 1980.

[46] 侯学煜. 中国植被地理及优势植物化学成分 [M]. 北京: 科学出版社, 1982.

[47] 侯学煜. 中国自然地理·植物地理 (下册) (中国植被地理) [M]. 北京: 科学出版社, 1988.

[48] 侯学煜. 中国自然生态区划与大农业发展战略 [M]. 北京: 科学出版社, 1988.

[49] 侯学煜, 姜恕, 陈昌笃, 等. 对于中国各自然区的农、林、牧、副、渔业发展方向的意见 [J]. 科学通报, 1963 (9).

[50] 黄秉维. 关于热带界线问题: I. 国际上的热带和亚热带定义 [J]. 地理科学, 1992, 12 (2).

[51] 黄秉维. 关于西北黄土高原土壤侵蚀因素的问题 [J]. 科学通报, 1954 (6).

[52] 黄秉维. 关于综合自然区划的若干问题 [C] // 中国地理学会, 中国科学院地学部. 1960 年全国地理学术会议文选集·自然区划. 北京: 科学出版社, 1962.

[53] 黄秉维. 论中国综合自然区划 [J]. 新建设, 1965 (3).

[54] 黄秉维. 陕甘黄土区域土壤侵蚀的因素和方式 [J]. 地理学报, 1953, 19 (2).

[55] 黄秉维. 中国之植被区域 (上) [J]. 史地杂志, 1940, 1 (3).

[56] 黄秉维. 中国之植被区域 (下) [J]. 史地杂志, 1940, 1

(4).

[57] 黄秉维. 中国综合自然区划的初步草案 [J]. 地理学报, 1958, 24 (4).

[58] 黄秉维. 中国综合自然区划纲要 [M] // 中国科学院地理研究所. 地理集刊·21·自然区划方法论. 北京: 科学出版社, 1990.

[59] 黄秉维. 自然地理综合工作六十年 [M]. 北京: 科学出版社, 1993.

[60] 黄第藩, 杨世倬, 刘中庆, 等. 长江下游三大淡水湖泊的湖泊地质及其形成与发展 [J]. 海洋与湖沼, 1965, 7 (4).

[61] 黄汲清. 多旋回构造运动说的基本要点 [N]. 光明日报, 1978-4-28 (2).

[62] 黄瑞采. 关于我国应用性土壤分类系统 [J]. 土壤, 1990 (5).

[63] 黄锡畴. 试论沼泽的分布和发育规律 [J]. 地理科学, 1982 (3).

[64] 会议文集编辑组. 全国热带夏季风学术会议文集 1981 [C]. 昆明: 云南人民出版社, 1983.

[65] 姜恕. 川西滇北地区自然地理垂直分带与水平差异 [C] // 中国地理学会自然地理专业委员会. 中国地理学会 1962 年自然区划讨论会论文集. 北京: 科学出版社, 1964.

[66] 蒋忠信. 关于自然地带性数学模式之商讨 [J]. 地理学报, 1982, 37 (1).

[67] 张新时. 西藏植被的高原地带性 [J]. 植物学报, 1978, 20 (2).

[68] 华钟. 江汉湖群 [M]. 武汉: 湖北人民出版社, 1974.

[69] 黎尚豪, 俞敏娟, 李光正, 等. 云南高原湖泊调查 [J]. 海洋与湖泊, 1963, 5 (2).

[70] 李宝庆. 土壤水资源及其评价方法的探讨 [C] // 杨戊. 中国地理学会第四次全国水文学术会议论文集. 北京: 测绘出版社, 1989.

[71] 李吉均，文世宣，张青松，等. 青藏高原隆起的时代、幅度和形式的探讨 [J]. 中国科学，1979（6）.

[72] 李克让. 中国近海及西北太平洋气候 [M]. 北京：海洋出版社，1993.

[73] 李容全. 内蒙古高原湖泊与环境变迁 [M]. 北京：北京师范大学出版社，1990.

[74] 李四光. 受了歪曲的亚洲大陆 [J]. 地质评论，1951，16（1）.

[75] 李孝芳. 编制毛乌素沙区土被结构图的初步尝试 [J]. 资源科学，1980（1）.

[76] 李孝芳，王青怡. 编制大比例尺土地资源评价图的经验小结——以江西省泰和县为例 [J]. 自然资源，1982（1）.

[77] 李学仁. 鄂北桐柏大别丘陵山区水土流失与治理途径研究 [M]//中国科学院南方山区综合科学考察队第一分队. 鄂北桐柏大别丘陵山区自然资源与区域发展. 郑州：河南科学技术出版社，1990.

[78] 李治武. 综合自然区划的原则问题及其他 [C]//中国地理学会自然地理专业委员会. 中国地理学会1962年自然区划讨论会论文集. 北京：科学出版社，1964.

[79] 梁虹，杨明德. 喀斯特流域水文地貌系统及其识别方法初探 [J]. 中国岩溶，1994，13（1）.

[80] 林超，冯绳武，关伯仁. 中国自然地理区划大纲（摘要）[J]. 地理学报，1954，20（4）.

[81] 林之光，孙安健，谢清华，等. 三大洋气候 [M]. 西安：陕西人民出版社，1991.

[82] 刘昌明. 自然地理界面过程及水文界面分析 [M]//郑度. 自然地理综合研究——黄秉维学术思想探讨. 北京：气象出版社，1993.

[83] 刘朝端. 土壤地带性理论的发展 [J]. 土壤专报，1985，39.

[84] 刘东生. 青藏高原环境与资源研究——回顾与展望 [C]//中国青藏高原研究会. 中国青藏高原研究会第一届学术讨论会论文选. 北

京：科学出版社，1992.

［85］刘东生．黄土与环境［M］．北京：科学出版社，1985.

［86］刘东生．中国的黄土堆积［M］．北京：科学出版社，1965.

［87］刘恩宝．模糊数学在河流分类上的应用［J］．水文，1981（5）.

［88］刘恩宝，张家桢，熊怡．划分水文区的模糊数学方法［M］//中国科学院地理研究所．地理集刊·第15号·水文与气候．北京：科学出版社，1985.

［89］刘华训．我国山地植被的垂直分布规律［J］．地理学报，1981，36（3）.

［90］刘培桐，唐永銮．化学地理学［M］．北京：北京师范大学出版社，1993.

［91］刘培桐，王华东，潘宝林，等．岱海盆地的水文化学地理［J］．地理学报，1965，31（1）.

［92］刘庆书．大边地下水污染小区段差异分析［C］//沈灿．中国地理学会水文专业委员会第五次全国水文学术会议论文集．北京：科学出版社，1992.

［93］刘慎谔，冯宗炜，赵大昌．关于中国植被区划的若干原则问题［J］．植物学报，1959，8（2）.

［94］刘燕华．西藏雅鲁藏布江中游地区土地系统［M］．北京：科学出版社，1992.

［95］卢奋英，章宗涉，丘昌强，等．大通湖的生物相及理化环境与近代沉积的初步报告［J］．海洋与湖沼，1964，6（4）.

［96］卢其尧，卫林，杜仲朴，等．中国干湿期与干湿区划的研究［J］．地理学报，1965（1）.

［97］罗德富．西南地区自然灾害类型、特点及危害［M］//罗德富，吴积善．西南地区自然灾害及防治对策．北京：科学出版社，1991.

［98］中华地理志编辑部．中国自然区划草案［M］．北京：科学出版社，1956.

[99] 中国科学院自然区划工作委员会. 中国综合自然区划（初稿）[M]. 北京：科学出版社，1959.

[100] 罗开富，李涛. 中国水文区划草案 [M]//中华地理志编辑部. 中国自然区划草案. 北京：科学出版社，1956.

[101] 罗来兴，祁延年. 黄土邱陵区沟壑发育与侵蚀量计算的实例——陕北绥德韮园沟流域 [J]. 地理学报，1953（2）.

[102] 马溶之. 中国土壤的地理分布规律 [J]. 土壤学报，1957，5（1）.

[103] 马世骏. 中国昆虫区划 [M]. 北京：科学出版社，1959.

[104] 马世骏. 中国昆虫生态地理概述 [M]. 北京：科学出版社，1959.

[105] 马世骏. 中国东亚飞蝗蝗区的研究 [M]. 北京：科学出版社，1965.

[106] 马学慧，牛焕光. 中国的沼泽 [M]. 北京：科学出版社，1991.

[107] 牟海省. “气候变化与全球变暖对山地、寒地和其他地区水文水资源的影响”1993 年拉萨国际学术讨论会圆满结束 [J]. 地理学报，1994，49（1）.

[108] 牛文元. 自然地带性的理论分析 [J]. 地理学报，1980，35（4）.

[109] 钱崇树，吴征镒，陈昌笃，等. 中国植被区划草案 [M]//中华地理志编辑部. 中国自然区划草案. 北京：科学出版社，1956.

[110] 钱纪良，林之光. 关于中国干湿气候区划的初步研究 [J]. 地理学报，1965（1）.

[111] 钱宁. 黄河下游河床地貌 [M]. 北京：科学出版社，1965.

[112] 钱宁，谢汉祥，周志德，等. 钱塘江河口沙坎的近代过程 [J]. 地理学报，1964，30（2）.

[113]《青藏高原气象科学实验文集》编辑组. 青藏高原气象科学实验文集（二）[G]. 北京：科学出版社，1984.

[114]《青藏高原气象科学实验文集》编辑组. 青藏高原气象科学实验文集（三）[G]. 北京：科学出版社，1987.

[115]《青藏高原气象科学实验文集》编辑组. 青藏高原气象科学实验文集（一）[G]. 北京：科学出版社，1984.

[116] 全国土壤普查办公室. 中国土壤普查技术 [M]. 北京：农业出版社，1992.

[117] 全国土壤普查办公室. 中国土种志（第一卷）[M]. 北京：农业出版社，1993.

[118] 全国土壤普查办公室. 中国土种志（第二卷）[M]. 北京：农业出版社，1994.

[119] 全国土壤普查办公室. 中国土种志（第三卷）[M]. 北京：农业出版社，1994.

[120] 全国土壤普查办公室. 中国土种志（第四卷）[M]. 北京：农业出版社，1995.

[121] 全国土壤普查办公室. 中国土种志（第五卷）[M]. 北京：农业出版社，1995.

[122] 全国土壤普查办公室. 中国土种志（第六卷）[M]. 北京：农业出版社，1996.

[123] 饶莉丽，章申. 湘江汞分布与沉积物中汞的形态研究 [J]. 中国环境科学，1982（5）.

[124] 任美锷，包浩生，韩同春，等. 云南西北部金沙江河谷地貌与河流袭夺问题 [J]. 地理学报，1959，25（3）.

[125] 任美锷. 祖国的地形 [M]. 上海：中国青年出版社，1952.

[126] 任美锷，包浩生. 中国自然区域及开发整治 [M]. 北京：科学出版社，1992.

[127] 任美锷，杨纫章. 中国自然区划问题 [J]. 地理学报，1961（900）.

[128] 任美锷. 中国自然地理纲要（修订版）[M]. 北京：商务印书馆，1985.

［129］申元村，李昌文．土地类型结构与农业综合自然区划的初步研究——以北京市为例［J］．地理研究，1983，2（4）．

［130］申元村，向理平．青海省自然地理［M］．北京：海洋出版社，1991．

［131］沈碧贞，陈林观，赵子定．天津地区土壤中若干元素的含量与机械组成的关系［J］．土壤学报，1983，20（4）．

［132］沈竟琪，高前兆，胡智育．塔里木盆地南部历史时期沙漠化的初步研究［J］．中国沙漠，1982，2（1）．

［133］沈玉昌．中国地貌的类型与区划问题的商榷［J］．中国第四纪研究，1958，1（1）．

［134］沈玉昌，杨逸畴．滇西金沙江袭夺问题的新探讨［J］．地理学报，1963，29（2）．

［135］沈玉昌．黄河下游孟津小浪底至郑州花园口的河谷地貌与河道演变初步研究［M］//中国科学院地理研究所．地理集刊第10号·地貌．北京：科学出版社，1976．

［136］盛承禹．中国气候总论［M］．北京：科学出版社，1986．

［137］施成熙．中国的河流分类摘要［J］．华东水利学院学报，1958（3）．

［138］施成熙．中国河流分类的初步研究［J］．水利学报，1958（2）．

［139］施雅风．山地冰川与湖泊萎缩所指示的亚洲中部气候干暖化趋势与未来展望［J］．地理学报，1990，45（1）．

［140］施雅风，孔昭宸，王苏民，等．中国全新世大暖期气候与环境的基本特征［M］//施雅风．中国全新世大暖期气候与环境．北京：海洋出版社，1992．

［141］石玉林．中国土地资源的人口承载能力研究［M］．北京：中国科学技术出版社，1992．

［142］时子明．河南自然条件与自然资源［M］．郑州：河南科学技术出版社，1983．

[143] 黄振寿. 中国毛皮兽的地理分布 [J]. 地理学报, 1955, 21 (4).

[144] 水利电力部水文局. 中国水资源评价 [M]. 北京: 水利电力出版社, 1987.

[145] 孙鸿烈. 青藏高原的形成演化 [M]. 上海: 上海科学技术出版社, 1996.

[146] 孙金铸. 内蒙古高原的湖泊 [J]. 内蒙古师范学院学报, 1965 (100).

[147] 汤奇成. 近年塔里木盆地河川年径流量变化趋势分析 [J]. 中国沙漠, 1992, 12 (2).

[148] 汤奇成. 应用模糊分级统计研究西北干旱区河流类型 [J]. 干旱区资源与环境, 1989, 3 (4).

[149] 汤奇成. 用灰色关联法探讨干旱地区蒸发器的代表性 [J]. 湖泊科学, 1994, 6 (2).

[150] 汤奇成, 周成虎. 用空间相连-聚类法进行新疆水文区划 [M]//中国科学院地理研究所. 地理集刊·21·自然区划方法论. 北京: 科学出版社, 1990.

[151] 汤奇成, 栾禄凯. 滇东桂西喀斯特地区河流水文初步研究 [J]. 地理学报, 1983, 38 (4).

[152] 汤奇成, 周成虎. 中国干旱地区水资源主要特点及其开发利用 [C]//杨戊. 中国地理学会第四次全国水文学术会议论文集. 北京: 测绘出版社, 1989.

[153] 唐以剑. 水体中重金属元素的迁移与转化[G]//高宇声. 《环境保护》十年选编. 北京: 中国环境科学出版社, 1985.

[154] 唐永銮. 大气环境化学 [M]. 广州: 中山大学出版社, 1992.

[155] 黄增禄. 土壤环境容量研究 [J]. 环境科学, 1986, 7 (5).

[156] 宛敏渭. 中国自然历选编 [M]. 北京: 科学出版社, 1986.

[157] 王桂岭. 我国境内天山地区冰川消融及其对乌鲁木齐河的补

给作用 [C]//中国地理学会. 干旱区地理学术会议论文选集. 北京：科学出版社，1966.

[158] 王继辉，郭履维. 贵州省诸河流枯水规律初步分析 [J]. 水文，1995 (5).

[159] 王明远，章申. 生物地球化学区和地方病的探讨 [J]. 中国科学 (B 辑)，1985 (10).

[160] 王乃梁. 对于张伯声先生"从黄土线说明黄河河道的发育"一文的意见 [J]. 科学通报，1956 (7).

[161] 王书海，王起超，王稔华，等. 淡水河流沉积物甲基汞释放规律的研究 [J]. 环境科学学报，1985，5 (3).

[162] 王文浚，陈琴德. 冰川消融及其对乌鲁木齐河的补给作用 [C]//中国科学院地理研究所冰川冻土研究室. 天山乌鲁木齐河冰川与水文研究论文集. 北京：科学出版社，1965.

[163] 王颖. 海洋地理学的当代发展 [J]. 地理学报，1994 (S1).

[164] 王颖. 中国自然地理系列专著·中国海洋地理 [M]. 北京：科学出版社，2013.

[165] 王宗太. 中国的区域冰川编目 [J]. 冰川冻土，1988，10 (3).

[166] 王宗太. 中国西北地区小冰期盛期以来的冰川变化及趋势预测 [M]//中国气候与海面变化研究进展 (二). 北京：海洋出版社，1992.

[167] 吴敦虎，佘中盛，任淑芬，等. 第二松花江水中若干重金属化学形态和分布特征的研究 [J]. 环境科学学报，1983，3 (2).

[168] 吴祥定. 树木年轮与气候变化 [M]. 北京：气象出版社，1990.

[169] 中国科学院《中国自然地理》编辑委员会. 中国自然地理·植物地理 (上册) [M]. 北京：科学出版社，1983.

[170] 吴征镒，王文采. 云南热带亚热带地区植物区系研究的初步报告 I [J]. 植物分类学报，1957，6 (2).

[171]．全国农业区划委员会《中国自然区划概要》编写组．中国自然区划概要［M］．北京：科学出版社，1984.

［172］席承藩，那文俊．我国热带、亚热带地区综合考察三十年的成就［J］．自然资源，1986（3）.

［173］夏增禄，穆从如，李森照，等．北京东郊作物对重金属的吸收及其与重金属在土壤中含量和存在形态的关系［J］．生态学报，1983，3（3）.

［174］肖笃宁．景观生态学的理论、方法及应用［M］．北京：中国林业出版社，1991.

［175］谢自楚．绒布冰川的消融特征［M］//中国科学院西藏科学考察队．珠穆朗玛峰地区科学考察报告（1966～1968）·现代冰川与地貌．北京：科学出版社，1975.

［176］谢自楚，伍光和，王立伦．祁连山冰川近期的进退变化［M］//中国科学院兰州冰川冻土研究所．中国科学院兰州冰川冻土研究所集刊·第5号·祁连山冰川变化及利用．北京：科学出版社，1985.

［177］谢自楚，葛光文．天山乌鲁木齐河源1号冰川的积累、消融及物质平衡［C］//中国科学院地理研究所冰川冻土研究室．天山乌鲁木齐河冰川与水文研究论文集．北京：科学出版社，1965.

［178］邢嘉明，唐以剑，徐志康．京津区域生态地理环境研究［M］．北京：气象出版社，1988.

［179］熊怡．中国水文区划［M］．北京：科学出版社，1995.

［180］徐琪．长江中下游白土的地理分布规律及其形成过程的特点［J］．土壤学报，1962，10（1）.

［181］阎俊岳．中国近海气候［M］．北京：科学出版社，1993.

［182］杨惠芳，贾省芬，张鸿翼，等．蓟运河汉沽地区河泥中汞的微生物甲基化作用［J］．生态学报，1982，2（3）.

［183］杨居荣．砷对农田生态系统污染效应的试验研究［J］．生态学报，1984，4（1）.

［184］杨凯，黄锡荃．上海嘉定县水资源水环境及对策的初步研究

[C]//沈灿．中国地理学会水文专业委员会第五次全国水文学术会议论文集．北京：科学出版社，1992．

[185] 杨明德，梁虹．喀斯特流域结构特征及其水文效应 [C]//沈灿．中国地理学会水文专业委员会第五次全国水文学术会议论文集．北京：科学出版社，1992．

[186] 杨勤业，李双成．中国生态地域划分的若干问题 [J]．生态学报，1999，19 (5)．

[187] 杨勤业，郑度，吴绍洪，等．20 世纪 50 年代以来中国综合自然地理研究进展 [J]．地理研究，2005，24 (6)．

[188] 杨学义．南京地区土壤背景值与母质的关系 [M]//《环境科学》编辑部．环境中若干元素的自然背景值及其研究方法．北京：科学出版社，1982．

[189] 杨艳生，史德明．逐步判别分析在侵蚀土壤分类中的应用 [J]．土壤，1983，15 (3)．

[190] 杨针良．中国冰川水文 [M]．北京：科学出版社，1992．

[191] 叶青超．黄河流域环境演变与水沙运行规律研究 [M]．济南：山东科学技术出版社，1994．

[192] 尹善春．中国泥炭资源及其开发利用 [M]．北京：地质出版社，1991．

[193] 应卫明，章申．海南岛琼山热带土壤中重金属分布和矿物特征的关系 [J]．土壤学报，1988，25 (4)．

[194] 应卫明，章申．湘西亚热带地球化学景观土壤中重金属的分布和赋存状态的研究 [J]．地理学报，1987，42 (2)．

[195] 由懋正．土壤水资源评述 [C]//沈灿．中国地理学会水文专业委员会第五次全国水文学术会议论文集．北京：科学出版社，1992．

[196] 袁宝印．XIII 届 INQUA 大会地质考察纪实 [J]．第四纪研究，1992 (1)．

[197] 袁见齐．柴达木盆地中盐湖的类型 [J]．地质学报，1959 (3)．

[198] 袁远荣. 祁连山老虎沟冰川径流的初步研究[C]//中国地理学会. 干旱区地理学术会议论文选集. 北京：科学出版社，1966.

[199] 张伯声. 从黄土线说明黄河河道的发育 [J]. 科学通报，1956 (3).

[200] 张春霖. 中国淡水鱼类的分布 [J]. 地理学报，1954，20 (3).

[201] 张春霖. 中国鲱形类的分布 [J]. 动物学报. 1957 (4).

[202] 张福春. 气候变化对中国木本植物物候的可能影响 [J]. 地理学报，1995，50 (5).

[203] 张宏达. 广东植物区系的特点 [J]. 中山大学学报，1962 (1).

[204] 张宏达. 华夏植物区系的起源与发展 [J]. 中山大学学报，1980 (1).

[205] 张宏达. 再论华夏植物区系的起源 [J]. 中山大学学报，1994 (2).

[206] 张家诚，林之光. 中国气候 [M]. 上海：上海科学技术出版社，1985.

[207] 张兰生. 中国自然地理系列专著・中国古地理——中国自然环境的形成 [M]. 北京：科学出版社，2012.

[208] 张丕远. 中国历史气候变化 [M]. 济南：山东科学技术出版社，1996.

[209] 张荣祖. 中国自然地理系列专著・中国动物地理 [M]. 北京：科学出版社，2011.

[210] 张荣祖，郑昌琳. 青藏高原哺乳动物地理分布特征及区系演变 [J]. 地理学报，1985，40 (3).

[211] 张荣祖，郑度，杨勤业. 西藏自然地理 [M]. 北京：科学出版社，1982.

[212] 张荣祖，郑度，杨勤业，等. 横断山区自然地理 [M]. 北京：科学出版社，1997.

［213］张万儒. 青藏高原东南部边缘地区的森林土壤［J］. 土壤学报，1962，10（2）.

［214］章海生，史运良，俞锦标. 高原分水岭型喀斯特径流过程模拟——以贵州普定县南部地区为例［J］. 中国岩溶，1987，6（4）.

［215］章申，唐以剑，毛雪瑛，等. 京津地区主要河流的稀有分散元素的水化学特征［J］. 科学通报，1983（3）.

［216］章申，王明远，于维新. 生物地球化学进展和展望［J］. 地方病通讯，1985（3）.

［217］章申，陈喜保，于维新. 珠穆朗玛峰地区土壤地球化学研究——土壤中镉和铅的分布［J］. 科学通报，1985（17）.

［218］章申，饶莉丽，于维新. 珠穆朗玛峰地区土壤地球化学研究——土壤中汞的某些地球化学特征［J］. 科学通报，1985（14）.

［219］赵松乔. 中国综合自然地理区划的一个新方案［J］. 地理学报，1983，38（1）.

［220］赵松乔，陈传康，牛文元. 近三十年来我国综合自然地理学的进展［J］. 地理学报，1979，34（3）.

［221］胡松乔. 中国干旱地区自然地理［M］. 北京：科学出版社，1985.

［222］杨利普. 新疆综合自然区划概要［M］. 北京：科学出版社，1987.

［223］郑宝山，黄荣贵. 燃煤污染型氟中毒的环境地球化学研究［J］. 矿物岩石地球化学通讯，1985（3）.

［224］郑度. 山地与高原综合自然区划问题的探讨［M］∥中国科学院地理研究所. 地理集刊·21·自然区划方法论. 北京：科学出版社，1990.

［225］中国科学院西藏科学考察队. 珠穆朗玛峰地区科学考察报告（1966～1968）·自然地理［M］. 北京：科学出版社，1975.

［226］郑度，杨勤业. 青藏高原东南部山地垂直自然带的几个问题［J］. 地理学报，1985，40（1）.

[227] 郑度，杨勤业，刘燕华. 中国的青藏高原［M］. 北京：科学出版社，1985.

[228] 郑度，杨勤业. 中国生态地理区域系统研究［M］. 北京：商务印书馆，2008.

[229] 郑度，杨勤业. 自然地域系统研究［M］. 北京：中国环境科学出版社，1997.

[230] 郑作新. 中国鸟类分布目录1·非雀形目［M］. 北京：科学出版社，1955.

[231] 郑作新. 中国鸟类分布目录2·雀形目［M］. 北京：科学出版社，1958.

[232] 郑作新，张荣祖. 中国动物地理区域［J］. 地理学报，1956，22（1）.

[233] 郑作新，张荣祖. 中国动物区划［M］. 北京：科学出版社，1959.

[234] 郑作新. 青藏高原陆栖脊椎动物区系及其演变的探讨［J］. 北京自然博物馆研究报告，1981（9）.

[235] 国家环境保护局. 中国土壤元素背景值［M］. 北京：中国环境科学出版社，1990.

[236] 中国科学院大气物理研究所，中国科学院地理研究所，国家气象局国家气象中心. 中国气候灾害分布图集［M］. 北京：海洋出版社，1997.

[237] 中国科学院地理研究所. 地理集刊·第九号·气候学［M］. 北京：科学出版社，1965.

[238] 中国科学院地理研究所. 地理集刊·第六号·气候学［M］. 北京：科学出版社，1963.

[239] 中国科学院地理研究所地貌研究室长江模型实验小组. 长江中下游分汊河道演变的实验研究［J］. 地理学报，1978，33（2）.

[240] 中华人民共和国地方病与环境图集编纂委员会. 中华人民共和国地方病与环境图集［M］. 北京：科学出版社，1989.

［241］中国科学院地理研究所化学地理研究室环境与地方病组．克山病与自然环境和硒营养背景［J］．营养学报，1982（3）．

［242］中国科学院地理研究所化学地理研究室环境与地方病组．我国低硒带与克山病、大骨节病病因关系的研究［J］．环境科学，1986，7（4）．

［243］中国科学院地理研究所化学地理研究室环境与地方病组．我国克山病的地理流行病学规律［J］．地理学报，1979，34（2）．

［244］中国科学院贵阳地球化学研究所环境地质组．克山病、大骨节病地区地球化学环境的初步探索［J］．地球化学，1972（1）．

［245］中国科学院黄土高原综合科学考察队．黄土高原地区水资源及其对策［M］．北京：中国科学技术出版社，1991．

［246］中国科学院黄土高原综合科学考察队．黄土高原地区自然环境及其演变［M］．北京：科学出版社，1991．

［247］中国科学院南京土壤研究所．中国土壤［M］．北京：科学出版社，1978．

［248］中国科学院南京土壤研究所．中国土壤图集［M］．北京：地图出版社，1986．

［249］中国科学院南京土壤研究所土壤系统分类课题组，中国土壤系统分类课题研究协作组．中国土壤系统分类（首次方案）［M］．北京：科学出版社，1991．

［250］中国科学院南京土壤研究所土壤系统分类课题组，中国土壤系统分类课题研究协作组．中国土壤系统分类（修订方案）［M］．北京：中国农业科技出版社，1995．

［251］中国科学院内蒙古宁夏综合考察队．内蒙古自治区及其东部毗邻地区水资源及其利用·综合考察专集［M］．北京：科学出版社，1982．

［252］中国科学院《中国自然地理》编辑委员会．中国自然地理·古地理（上册）［M］．北京：科学出版社，1984．

［253］中国科学院《中国自然地理》编辑委员会．中国自然地理·

地表水［M］. 北京：科学出版社，1981.

［254］中国科学院《中国自然地理》编辑委员会. 中国自然地理·动物地理［M］. 北京：科学出版社，1979.

［255］中国科学院《中国自然地理》编辑委员会. 中国自然地理·土壤地理［M］. 北京：科学出版社，1981.

［256］中国科学院自然区划工作委员会. 中国地貌区划（初稿）［M］. 北京：科学出版社，1959.

［257］中国科学院自然区划工作委员会. 中国气候区划（初稿）［M］. 北京：科学出版社，1959.

［258］中国科学院自然区划工作委员会. 中国水文区划（初稿）［M］. 北京：科学出版社，1959.

［259］中国科学院自然区划工作委员会. 中国土壤区划（初稿）［M］. 北京：科学出版社，1959.

［260］中国科学院植物研究所. 中国植被区划（初稿）［M］. 北京：科学出版社，1960.

［261］中国林业科学研究院林业研究所. 中国森林土壤［M］. 北京：科学出版社，1986.

［262］《中国农业土壤概论》编委会. 中国农业土壤概论［M］. 北京：农业出版社，1982.

［263］中国植被编辑委员会. 中国植被［M］. 北京：科学出版社，1980.

［264］中央气象局气象科学研究院. 中国近五百年旱涝分布图集［M］. 北京：地图出版社，1981.

［265］钟祥浩. 长江上游环境特征与防护林体系建设（川江流域部分）［M］. 北京：科学出版社，1992.

［266］周廷儒. 古地理学［M］. 北京：北京师范大学出版社，1982.

［267］周廷儒，施雅风，陈述彭. 中国地形区划草案［M］//中华地理志编辑部. 中国自然区划草案. 北京：科学出版社，1956.

［268］周幼吾，梁林恒，顾钟炜，等. 大兴安岭北部森林火灾对冻土水热状况的影响［J］. 冰川冻土，1993，15（1）.

［269］朱震达，王涛. 从若干典型地区的研究对近十余年来中国土地沙漠化演变趋势的分析［J］. 地理学报，1990，45（4）.

［270］朱震达，刘恕，高前兆，等. 内蒙西部古居延－黑城地区历史时期环境的变化与沙漠化过程［J］. 中国沙漠，1983，3（2）.

［271］朱震达，刘恕. 中国北方地区的沙漠化过程及其治理区划［M］. 北京：中国林业出版社，1981.

［272］朱震达，王涛，崔书红. 中国的土地荒漠化地貌过程及其环境整治［M］//中国地理学会地貌与第四纪专业委员会. 地貌过程与环境. 北京：地震出版社，1993.

［273］竺可桢. 东南季风与中国之雨量［J］. 地理学报，1934（1）.

［274］竺可桢. 论新月令［J］. 中国气象学会会刊，1931（6）.

［275］竺可桢. 中国的亚热带［J］. 科学通报，1958（17）.

［276］竺可桢. 气象研究所·第一号·集刊，中国气候区域论［M］. 南京：南京北极阁气象研究所，1929.

［277］竺可桢. 中国之雨量及风暴说［J］. 科学，1916，2（2）.

［278］竺可桢，宛敏渭. 物候学［M］. 北京：科学普及出版社，1963.

［279］中国科学兰州沙漠所北京风沙课题组. 北京地区风沙活动及其整治的初步研究［J］. 中国沙漠，1987，7（3）.

［280］葛全胜，等. 中国历朝气候变化［M］. 北京：科学出版社，2011.

［281］ZHENG D，ZHANG Q，WU S. Mountain geoecology and sustainable development of the Tibetan plateau［M］. Boston：Kluwer Academic Publishers，2000.

［282］QIN D，ZELLER E J，DRESCHOFF G A M. The distribution of Nitrant content in the surface snow of the Antarctic ice sheet along the route of the 1990 international trans-Antarctic expedition [J]. Journal Geophysical Research, 1992 (92).

[283] SHI Y F. Map of snow ice ang frozen ground in china (1:4000000) [M]. Beijing: China Cartographic Publishing House, 1988.

[284] XI C F. Anthropogenic soil types of China [M]// Soil Science Society of China. Current progress in soil research in People's Republic of China. NanJing: Jiangsu Science and Technology Publishing House, 1986.

[285] ZHANG S. Toxic elements in the sediments of water bodies in China's semiarid area and their environmental chemical behavior [M]// SWANNACK-NUNN S, BOWMAN K, HEFFERNAN P. Environmental protection in the People's Republic of China. Washington D C: National Council for US-China Trade, 1979.

[286] ZHAO s z. Physical geography of China [M]. Beijing: Science Press, 1986.

第四章　人文－经济地理学的学科发展

人文－经济地理学是地理学的重要分支，是研究人类生活和生产活动地理分布格局形成与演变规律的一门学科。它从地球的自然圈层和人文圈层相互作用的关系出发，探讨人地关系地域系统的功能、结构、格局、过程。该学科具有鲜明的自然科学与人文科学交叉的学科特征，不仅在体现地理学综合性而且在体现地球系统科学整体性中都具有独特的价值。地理学研究人类与自然相互作用的综合性特质，几乎得到了所有中外地理学者的深刻的理论性认同。卡列斯尼克（C. B. Kalesnik）认为“地理学实际上它表示一组自然科学和社会科学，前者研究地理表面的自然特征，后者研究人类社会在各个国家和区域的经济活动的配置和发展的条件和特征”。“坚持区分人文因素和自然因素两大项目给研究工作的进展带来了许多困难……我们通常想象为‘自然的’特征，经过调查研究之后，发现是由自然和人类共同形成的；同样，通常认为是人文起源的特征，可能发现是某一历史时期人文和自然因素交互作用的产物。”1905 年，赫特纳（Alfred Hettner）也说过“自然和人类对地区特性都是本质的，两者并且处于彼此不可分割的密切联合中”，并且他还认为“地理学最关心的是人的世界和非人文世界之间的关联”。竺可桢也认为地理学是一门综合性的学科，是“面向各个自然要素和整个地理环境，综合性和地区性都很强的科学”。李旭旦曾清楚地阐明，“地理学是研究地球表面的自然现象与人文现象的空间分布以及两者间的相互关系的一门学科”。

中国近百年人文地理学的基本特征由以下背景条件所塑造：①中国传统文化中的科学思想。②中国近百年来的现代化历史走向及其对于科学的需要。在这种基本的背景条件下，中国现代人文地理学表现出如下特征：①中国现代地理学发展的阶段与社会政治变迁一致性较强。②唯舶来品马首是瞻，不但传统地理学的精华未得到深入发掘，遭到抛弃，而且人文地理学研究实践基本是将西方人文地理的理论与方法在中国地理现实研究中的移译，缺乏自己对世界人文地理的独特贡献。③把人文地理学完全看作是可以直接创造财富的工具，实用主义盛行，其学术探索的性质未得到应有的重视。④缺乏科学的独立性。

20 世纪 50 年代后，人文地理学进入一个迅速发展的时期，大大缩小了中国人文地理学与西方国家的差距。但是，受苏联二元化学术思想的影响，人文地理学的发展受到阻碍。这种情况一直持续到 20 世纪 70 ~ 80 年代初期。

当前人文 - 经济地理学正处在一个重要的转型时期。交叉学科的定位和应用基础研究的价值进一步明确，人文 - 经济地理学科构架已经成型，基于人地系统研究的领域不断拓展，面向社会文化发展的新兴方向得到加强，技术方法不断得到革新。最近这些年来，中国人文 - 经济地理学依托长期的学术积累，紧紧抓住社会发展出现的重大需求，充分发挥交叉学科优势，积极尝试与资源环境科学、社会经济科学以及计算系统科学的融合与集成。我国结合中国人文 - 经济地理学发展的特点和国外发展现状，通过解决国家发展重大实际问题和学科发展基础理论方法问题，使人文 - 经济地理学取得长足发展。

第一节 农业与乡村地理学

农业地理学研究农业生产地理分布与农业地域分异规律，从区域的角度研究农业经济活动地域系统的形成条件、过程、结构、特征及发展变化规律，是经济地理学的一个重要分支。中国是一个以农立国的古国，很早就提出了“因地制宜”“因时制宜”“因物制宜”的原则。这为中国农业地理研究提供了重要基础。利用现代地理学理论方法研究农业的地域分布也较早受到了中国地理学者的重视。早在20世纪30年代，胡焕庸就开展了全国性和省域的农业区划研究，如《江苏省之农业区域》（《地理学报》1934年第1卷）、《中国之农业区域》（《地理学报》1936年第3卷）等。这对于后来农业区划研究的盛行有重要影响。

20世纪50年代以来，由于社会政治经济环境的变化和国民经济建设的需要，农业地理学的研究一直受到各级政府的重视。因而，农业地理学获得较快的发展，并且研究目的、范围、组织方式均与1949年以前有很大的不同。主要表现为由各级政府和国家科学技术的领导部门提出研究任务，有计划、有组织地进行；同时列入全国科学技术发展计划，作为长期重大项目；由简到繁，由部门到综合，不断探讨运用新的方法；多学科、多层次地深入研究；参加人员之多，专业之广，不仅在我国前所未有，在其他国家也不多见。

20世纪50年代以来，中国农业地理学从基层单位起步，进行了不同层次区域单位的研究，并在此基础上建立全国范围的、有益于指导分区专业化生产的宏观布局。同时，中国农业地理学也建立了比较完整的科学体系。在研究方法上，为摆脱传统的、以经验科学为主导的定性描述，为更准确、更精确、更深入地认识农业区域的本质和特点，中国农业地理研究不断加强数理分析和计算机等手段的应用。新中国成立以来，中国农业地理研究所取得的成就，主要表现在：(1) 农业地理丛书的编写；(2) 农业地图研究；(3) 土地资源利用研究；(4) 农业区划的调查研究；(5) 农业类型研究；(6) 农业发展战略研究；(7) 农村地理研究等。

一　农业地理丛书的编写

20 世纪 70 年代初，中国科学院地理研究所发起编写一套《中国农业地理丛书》的倡议。此倡议得到了中国科学院和农业部的支持，它们组织了全国各地的地理学者和相关学科的专家，先后编印了总论、分论共计 22 本专著。其中，《中国农业地理总论》由中国科学院地理研究所负责编写，分论则按我国现行行政区，即省、自治区和直辖市编写，委托各地的地理研究所或大专院校的地理系会同当地有关农业科技人员承担。该丛书总结了 20 世纪 50 年代以来改造自然、发展农业的丰富实践，以农业地理的大量专题研究为基础编写而成。该丛书以因地制宜、合理布局为中心思想，比较系统地评价了全国各地区农业生产条件和特点，既充分表述了 20 世纪 50 年代以来农业生产的成就，又揭示了生产发展过程中的问题，探讨了区域发展方向及改善途径，是我国迄今为止一套比较大型的农业系统专著。它不仅为中央和省、市、区农业部门指导农业生产发展的方向和途径，而且对我国农业区划、大专院校的教学及培养农业地理科技人员也起到了重要作用。

二　农业地图研究

农业地图是农业地理学和地图学共同研究的内容。20 世纪60年代，中国科学院南京地理所编制了《江苏农业地图集》，中国科学院地理研究所编制了《全国农作物的生产特征和农作物分布图》。在《中国农业地理丛书》中，在对宜农荒地资源开发利用条件进行了评价的基础上，编委员绘制了“中国北方水浇地分布图”“中国耕地复种指数图”“中国土地利用概图”（比例为1∶600万）。这是我国第一幅全国范围的土地利用现状图。20世纪90年代，周立三主持编制了《中华人民共和国国家农业地图集》，吴传钧主持编写了《1∶100万中国土地利用图》等，为全国和省区农业生产提供了基础资料和依据。20世纪80年代以来，吴传钧开展了全国海岸带、黄土高原、京津唐地区的土地利用研究，最有代表性的科研成果是《1∶100万中国土地利用图》。

三　土地资源利用研究

土地是农业的基础生产资料，因而土地利用也是农业地理学研究的重要任务。1950年，吴传钧进行了南京市土地利用调查与制图研究，利用1∶1万地形图进行野外填图，最后编制出版了“1∶4万南京土地利用图”，这是20世纪50年代初期土地利用研究的一项重要成果，对后来研究南京土地利用的变化有重要的参考价值。1956～1960年间，在黑龙江流域综合考察中，吴传钧等编制了“1∶300万土地利用图”，该图概括反映了黑龙江流域土地利用类型、结构及分布特点，是编制小比例尺土地利用图的一种尝试。1958～1961年，邓静中等结合农业地理调查开展了北京市郊区昌平县（现为昌平区）马池口（1958）、山西省离石县城关公社和李家山林牧场（1960）等典型地区土地利用调查。1962年，中国科学院地理研究所与农业部全国土壤普查办公室协作完成了《中国土地利用现状区划》研究，这是我国第一次全国性土地利用区划研究成果，后来成为进行全国农业现状区划的重要基础。1980～1990年间，在吴传钧的主持下，组织有关地理研究所、大专院校地理系、土地管理与农业区划等40多个单位、300多人协作，我国开展了《1∶100万中国土地利用图》的编制研究工作。它被列为国家自然科学基金委员会的重点资助项目。这也是我国地理学者20世纪80年代开展的规模最大的土地利用研究项目。该项目历时十年，完成了《1∶100万中国土地利用图》和在此基础上完成的《中国土地利用》专著两项成果。此外，我国地理学者还编制了《1∶100万中国土地利用图编制规范与图式》和《1∶400万中国土地利用图》。《1∶100万中国土地利用图》是国家自然资源中的基本图件，共63幅图，附分幅说明书和土地利用类型中英文对照，便于国际交流。该图全面而系统地反映了中国土地利用现状、类型结构及其区域分布规律，是我国有史以来第一套国家级的土地利用专业图，具有重要的科学意义和实践应用价值。它在方法上不是单纯依靠卫星图像，而是利用多元信息进行编图，提高了地图的精度和质量。为了保证全国编图工作的统一性，经过编制样图的试验，编委会总结和吸收了国内外经验，撰写了《1∶100万中国土地利用图编制规范与图式》。该编制规范既有牢靠的实践基础，又具有较广的使用性和较高的科学性，不仅满足了编制《1∶100万中国土地利用图》的需要，而且对国内外今后展开同类性质的研究工作具有参考价值。在吴传钧和蔡清泉的主持下，我国地理学者开展了海岸带土地利用的系统调查，编写了《中国海岸带土地利用》。他们不仅对全国海岸带的自然、社会、经济条件、土地利用现状及存在的问题和开发潜力做了一次全面的摸底，而且对黄海、东海、渤海、南海各段今后的土地开发利用方向提出了建议，同时还编制了《1∶20 万土地利用现状图》和《1∶100 万中国海岸带土地利用结构图》。

1993 年后，在全国土地资源详查的基础上，我国开展了全国省、市、区及县级的土地利用规划研究，其中《全国土地利用总体规划研究》是最具有代表性的成果。整个规划研究包括全国土地利用现状研究、全国土地粮食生产潜力及人口承载力研究、全国不同地区耕地开发智力技术经济效益研究、全国村镇用地预测研究和全国土地利用总体规划分区方案研究等几个方面。此外，我国编制了《1∶100 万全国土地利用现状图》《全国土地利用总体规划》《全国土地利用总体规划分区图》。近些年来，不同时期的卫星相片和计算机技术被广泛用来调查分析土地利用动态变化及其形成机制。中国科学院遥感应用所主持、全国各地理所参加完成的《中国资源环境遥感宏观调查与动态研究》就是利用最新的卫星相片，以耕地为中心，通过判读和对比分析，查清了 20 世纪 80 年代以来全国各种类型用地的时空变化情况及其变化规律。这项研究是我国首次运用遥感技术进行全国土地资源动态变化研究的成果，说明我国土地利用研究已从动态现状研究进入动态预测研究的新阶段，也反映我国土地利用研究的技术水平有了显著的提高。

四　农业区划的调查研究

1953 年，我国开始第一个五年计划，为适应大规模的资源开发和经济建设，1956～1958 年，先后组织多次农业资源综合考察。如黑龙江流域综合考察，基本摸清了该区域水土资源的状况，提出了开发宜农荒地资源、兴建大型国营农场、建设东北商品粮基地的建议；新疆综合考察，基本查清了该地区水土资源及其开发潜力，提出了开发新疆，建立棉花、甜菜生产基地的建议；西北甘青农牧交错地区的考察，基本摸清了草地资源的状况，提出了保护、建设和合理利用草原，发展畜牧业，实行农牧结合的建议。与此同时，1953 年，国家农业部要求各省进行农业区划工作。1955 年之后，完成的全国成果有《全国各省区划资料汇编》（1955），“中国农业区划的初步意见”（1955，打破省界的区划方案），“关于中国农业经济区划初步方案”（1955，保持省界完整的区划方案）。《中国农业区划方法论研究》（邓静中等，1960）阐述了农业区划概念和任务，介绍了国际上农业区划的先进经验，总结了中国农业区划的经验，提出了农业区划的原则、种类和分级，探讨了农业自然条件评价和农业生产配置的理论方法，拟定了中国农业区划工作的方法和步骤。这是我国第一本有关农业区划理论方法的专著，对后来的农业区划工作有很强的借鉴意义。

1963 年，农业区划被列为全国农业科技发展规划的第一项任务。在邓静中的主持下，中国科学院地理研究所会同农业部土壤普查办公室协作完成了《全国农业现状区划初步方案》。这是我国较早的全国农业区划方案，它为我国后来的全国农业区划工作提供了大体框架。1963 ~ 1966 年完成的省级、地级、县级农业区划还有《江苏省农业区划》（周立三等）、《广东省东莞县农业区划》（钟功甫等）、《邯郸地区农业区划》（邓静中等）等。

20 世纪 70 年代以后，农业资源调查与农业区划工作也随之进入一个新的发展时期。20 世纪 70 ~ 80 年代，农业地理学家先后参加了黑龙江西部和内蒙古东部的宜农荒地资源考察以及黄土高原、南方亚热带山地的综合考察，并为这些地区提供了综合开发的建议。1980 年以后，从中央到地方陆续地建立分管农业区划的组织机构，自上而下大规模地开展农业资源调查和农业区划工作，全国有关地理所和大专院校地理系均参加了此项工作，其重要成果是《中国综合农业区划》（全国农业区划委员会《中国综合农业区划》编写组，1981）。

五 农业类型研究

中国农业类型的研究起步较晚。1961 年中国地理学会首次强调开展农业类型研究的重要性，指出农业类型不仅是农业区划的基础，而且为实现农业合理的地域分工，建立农业专业化商品生产基地提供了依据。20 世纪 60 年代后，农业地理学者开始农业类型的探索研究，如钟功甫以广东中山县（现为中山市）为例，探讨了农业类型的概念、性质、作用、划分依据、等级系统等理论方法；程鸿在四川甘孜、阿坝地区进行了农业类型研究；臧威延在西藏日喀则、江孜地区和成都平原进行了农业类型研究，等等。这些农业类型的划分主要是以农业生产结构和农业集约化水平为依据，以定性研究为主，是 20 世纪 50 年代以来较早的农业类型研究。20 世纪 80 年代后，郭焕成等进行了全国的农业类型研究，选择了农业结构、生产水平、集约化水平、商品化水平、自然条件等 5 个方面 22 个指标，划分了种植业、林业、畜牧业、农林牧综合等 5 个一级类型和 122 个二级类型，初步建立了中国农业类型体系，并发表了《中国农业类型划分的初步研究》（郭焕成、姚建衢、任国柱，1992）。此后，他们先后在山东陵县、河北石家庄市进行了农业类型研究，以农业结构、生产水平、集约化水平、自然因素等为依据，应用数学模型划分农业类型。他们在北京近郊区利用农业结构、生产水平、商品化程度等 22 项指标划分了农业类型。他们运用主成分分析法和聚类判别法划分了浙江省和浙江省（常山县）的农业类型。通过这些农业类型的研究，他们揭示了农业生产地域差异，为实现农业生产区域专业化、市场化、现代化提供了科学的依据。

六 农业发展战略研究

全国农业区划委员会组织各方力量于20世纪80年代初，对我国20多个农业生产重点地区进行了农业发展战略的研究。研究针对重点区域的农业生产的优势和战略地位、战略目标、战略措施，有的还进一步就主要农产品的发展做了预测。这项研究主要为制定农业发展规划，调整农业结构提供了科学的依据。此外，还有许多研究针对各类地区自然资源和社会经济条件，确定区域优势和农业发展方向，提出调整作物布局、发展农业专业化生产等方面的建议，并从保护生态的角度提出了改变利用自然资源的方式，如《关于中国农业发展战略的几个问题》（汪泽国，1987），《太湖地区经济发展面临的人口、土地和粮食三大问题的挑战及其对策》（周立三，1983），《黄淮海农业发展战略》及《东北平原发展战略》等。近年来，农业地理专家还对中国农村长期发展的人口、资源、粮食、环境等问题进行了系统研究。其中，以《社会主义经济体制下中国农业持续发展战略研究》（郭焕成，1996）最具代表性，它全面论述了中国农业发展面临的形势和问题，研究了中国粮食生产潜力及缓解粮食压力的途径和政策选择、中国主要农产品的成本和效益、中国农业区域发展战略与对策、面向国际市场的中国农业持续发展与对策以及中国持续农业体系的建设问题。此外，《生存与发展》（中国科学院国情分析研究小组，1989）、《开源与节流》（中国科学院国情分析研究小组，1992）、《机遇与挑战》（中国科学院国情分析研究小组，1995）、《地理学与农业可持续发展》

（许越先，1993）等也是这方面的研究。

七　农村地理研究

农村地理研究是在农业地理研究的基础上发展起来的。它是研究农村地区经济、社会、资源、环境协调发展与时空演变及其布局规律的科学。1988 年，在深圳召开的全国人文、经济地理学术会议上，地理专家正式提出要进一步开展农村地理研究。1989 年，在北京召开的中国乡村地理学术会议上，地理专家们交流了开展农村地理研究的经验，有力地推动了农村地理研究的进程，《黄淮海地区乡村地理》（郭焕成，1991）是我国 20 世纪 90 年代初第一本较大区域的农村地理专著。1989 年以后出版的《中国乡村地理》（西南师范大学），《太湖地区乡村地理》（马湘泳、虞孝感等，1990），《江苏省农村经济类型划分》（曾尊固）等也是这一时期我国农村地理研究的成果。20 世纪 90 年代后，地理专家还开展了农村经济区划研究，编写了《云南省农村经济区划》和《中国农村经济区划》（郭焕成，1999）等专著，其中后者是我国第一本全面而系统地论述全国农村经济发展及地域分布规律的大型专著，该专著首次将中国农村经济划分为东、中、西三个地带，在三个地带中又划分出九大农村经济区，对指导我国农村经济的发展和布局有重要的参考意义。

20 世纪 90 年代后，随着可持续发展成为全球战略，可持续农业逐步成为农业和农业发展领域的重要前沿领域。地理学在可持续农业和乡村发展研究中发挥了重要作用：提出了面向经济全球化的中国农业发展方向、目标和对策建议（中国国情研究组，1997）；梳理了区域农业和农村可持续发展的具体模式，深化了区域农业可持续发展模式的应用研究（郭焕成，

1999)；研究了农业结构调整方向和农业产业化经营模式，开展了农业类型划分与区划（郭焕成等，1992）；提出了各地区农业产业化的地域模式（邱国锋，2002）；提出中国农村工业发展的形式，以及在全国省级尺度对农村工业化规律和发展差异进行了研究和模拟（陈叶青，2010）。研究成果都反映在农业和乡村发展综合研究、农村空心化与空心村整治、新农村建设综合研究、区域农业与乡村发展研究等方面。相关研究成果经过系统梳理后出版了一批学术论著，促进了农业地理和乡村发展学科建设。

第二节　工业地理学

工业地理学是人文地理学的一个分支学科，它研究工业生产的地域分布及其规律，着重从区域与综合的角度，研究各种工业布局的因素与特点和不同类型的工业地域组合的形成、发展与分布规律。

我国工业地理学发展历史较短，20 世纪 50 年代前只有少数的地理学者和经济学者做过一些工矿调查或介绍国外工业区位理论。20 世纪 50 年代后，由于经济建设的需要，我国才培养出我国第一批侧重于工业地理研究的地理学者，开展工业地理方面的研究。20 世纪 50 年代后，工业地理学主要展开了以下几个方面的研究：①为了提高重大工业建设项目布局规律的研究水平和实证分析的效果，进行了以苏联工业地理学为主的有关工业地理专著的翻译工作，其中以巴朗斯基（N. N. Baransky）、萨乌什金（Y. G. Saushkin）和科洛夫斯基（N. N. Kolosovsky）为首的区域学派和以费根（Y. K. Feegen）和康斯坦丁诺夫（O. A. Konstantinov）为首的部门统计学派对我国工业地理理论的发展和建设影响最大；②系统、全面地阐述包括工业在内的我国经济发展的区域分布总体状况，以便为继续发展工业奠定一个良好的基础。1953 年秋，中国科学院组织编写《中华地理志》。该书由科学出版社陆续（1954 ~ 1962）出版。《中华地理志》区域、经济地理丛书包括工业部分。专著的编写较为严谨，并形成于实地考察和综合分析的基础之上，因之能较系统地阐明各地区的经济特征。其中的工业部分对我国 20 世纪 50 年代后半期工业地理全貌做了较为全面的阐述；③为了配合"一五"时期以来的大规模工业建设，积极参与重点项目的布局和以联合选厂为中心的区域规划工作，以及为摸清工业发展的资源基础和提高以生产发展为中心的区域综合考察。20 世纪 50 年代中期到 60 年代中期，工业地理工作者对大西北、黑龙江、川滇等欠发达地区，分别进行了基础性调查研究，其目的是为国家开发建设的长远部署服务，其在工矿方面的研究是在地区自然资源评价的基础上论证工业的发展远景与新工业基地的布局。除上面的考察外，工业地理工作者还对重要的工业区域，特别是重点建设的工矿基地做了专题研究。包头工业基地的研究（李文彦，1963 ~ 1964）就是一次有代表性的工作。20 世纪 50 年代末，茂名、个旧、兰州、包头、昆明、大冶、湘中等城市地区开展了区域规划工作，提出区域发展方向与骨干建设项目的布局方案，为区域规划中研究工业布点提供了初步经验。

20 世纪 60 年代中期的一段时间工业地理研究完全中断。20 世纪 70 年代初期，它才重新恢复发展起来。20 世纪 70 年代中期，已有学者预见到国家建设重点有由内地向东部地区转移的趋势，就着手在东部进行若干地区、城镇布局的调查研究，其中在 1973 ~ 1980 年期间先后在济宁、枣庄、胜利油田、冀东、两淮、辽中等工矿基地进行的研究（胡序威、李文彦、陆大道等）成效最为显著。其研究内容包括：主要矿产的开发利用方向、合理开采规模及采矿基地布局；区内自有资源、区外输入资源合理加工利用的广度与深度及现有原材料开发利用的前景；能源与原材料工业同交通运输的配合发展问题；城镇及其工业区的合理布局、水源保证及水利工程部署等。尽管上述调查工作尚缺乏产品消费市场和资本投入产出效益分析等，但在技术经济和综合指标体系论证方面，较 20 世纪 60 年代以前有了明显进步，为促进地方与中央政府有关部门的决策和进一步规划，提供了有益的参考依据。20 世纪 70 年代末，我国经济地理工作者对 20 世纪 50 年代以来我国工业布局发展的经验与教训进行了一次较为系统的总结，其内容涉及工业布局的分散与集中、矿产资源与工业布局、工业地理学未来的发展和任务。这一工作为以后我国工业地理学的发展奠定了良好的基础，建立了新的生长点。与此同时，工业化发展再一次占据国家日常生活的主导地位，这一变化也为我国工业地理学的发展带来了难得的机遇，打开了工业地理学发展的新局面。

20 世纪 80 年代初期，我国开展了以若干地区工业、交通与城市为重点的工业基地建设布局综合研究。最先作为国家计委国土规划试点之一的是由中国科学院地理研究所主持的京津唐国土规划，研究结果揭示了京津二市的地域分工不明确，大城市工业过分集中而且布局混乱等问题，从宏观的角度，提出了工业布局向沿海地带推进的战略方针。对于我国最大的能源基地——山西，中国科学院地理研究所等单位，于 1982 ~ 1983 年研究了其能源开发与经济区划问题，出版了《山西能源基地综合开发与经济区划》（李文彦，1985），对该地区提出了具体的区划方案和一系列开发建议。

1985～1986 年工业地理工作者对上海及其周围小城市组成的长江三角洲工业基地开展了综合性研究。1988～1989 年，由华东师范大学与上海市计划委员会共同主持，相关专家对上海的工业结构与布局进行了系统深入的研究，探讨了工业的总体结构与不同层次空间布局的演变及当前主要问题，并有针对性地提出了发展方向与调整规划。辽宁是我国最重要的重工业基地，尤其在辽宁中部工业、城镇高度集中，多年来在全国经济发展中起着重要的作用，同时又存在着各种日益严重的矛盾，陆大道等于 1989～1990 年，承担了国土规划中的工业与专题规划，对辽宁中部的工业布局进行了更深入的研究。他们认为辽中作为全国几个最重要的工业－城镇集中区，产业结构不合理、空间结构有问题、存在运输紧张、环境污染等矛盾，从而提出了全省工业结构的调整和空间结构调整的方向以及战略部署，包括建设重点区域到小尺度地向海滨地带转移等。此项研究成果是我国工业区域研究的一项有代表性的成果。

随着沿海经济特区和港口城市的对外开放，广州地理研究所、中山大学、北京大学等都进行了经济特区尤其是深圳工业发展的研究。中国科学院地理研究所则为深圳科技工业园的选址进行了调查和论证，并投入到具体规划实施中去。由于沿海城市与经济特区几乎都有发展新兴工业的愿望，如何规划其合理分工与布局就是具有迫切性的研究课题。我国自 1985 年创办了第一个科技园——深圳科技工业园以来至 20 世纪末，全国已有 52 个国家级高技术产业开发区。《新的产业空间－高技术产业开发区的发展与布局》（魏心镇、王缉慈，1993），是在对北京中关村高技术产业试验区进行了长期深入研究并在总结中外各种高技术产业开发区的建设经验的基础上，系统地研究了影响高技术产业发展和空间定位的软资源要素系统及各要素间相互协调、支持的作用，在理论上揭示了这些要素组成的高技术产业的优势区位。此外，我国还有“珠江三角洲工业布局的特点与类型分析”（1985~1986）、“中国亚热带东部地区工业开发”（1987~1988）、“新疆工业发展与布局”（1986~1989）、“黄土高原工业布局”（1988~1990）、“中国环渤海地区产业发展与布局”等调查研究。

不难看出，我国工业地理学调查研究的范围日益拓宽，已经从单一地以工矿城镇为重点向城市集聚区、区域工业生产综合体、城市工业开发区和科技工业园等多元化方向发展，区域范围也从重点工业区及地区走向全国，我国第一部系统、全面概括我国各主要工业部门与地区工业生产系统30多年来发展与布局经验的专著——《中国工业地理》（李文彦，1990）一书的出版，正是这一趋势的反映。

证　书

获奖项目：中国工业发展与布局研究

获奖单位：中国科学院地理研究所

奖励等级：三等

奖励日期：一九九二年十一月

国家科学技术进步奖
评审委员会

《中国工业发展与布局研究》获奖证书

在调查研究内容方面，20世纪80年代以来，我国工业地理学逐步从资源评价和重点企业布局扩展到工业布局原则、相关因素和条件影响的系统分析和宏观发展战略等方面。20世纪80年代以来，出于对有效布局空间组织的考虑，工业地理工作者一直比较注意工业布局原则及有关因素与条件的研究，从不同角度探讨了工业布局的集中与分散，如《试论工业布局的集中与分散》（胡序威，1981），同时他们还研究了工业布局与技术、工业布局与交通、工业布局与供水水源、工业布局与环境保护等的关系，从而加强了工业布局研究的综合特点，加深了对相关因素的认识；此外，他们还就钢铁、煤炭、化工等部门的布局因素与特点进行了专门研究，其中化学工业方面，出版了专门探讨其布局问题的专著《化学工业布局概论》（梁仁彩，1982）。

20世纪80年代以来，工业地理工作者开展了工业布局的技术论证、地区系统、地域组合、区位选择及地区工业结构等诸多关键问题的研究。20世纪80年代初，魏心镇首先提出了工业地域组合（工业集中区域）－工业区－工业城镇－工业枢纽－工业地区组成的等级类型系统，并且着重就工业区这一最基本类型的性质、规模、分类、布局因素与原则进行了比较深入的研究。而后，梁仁彩进一步研究提出，工业地域组合除了可按等级层次划分为五级外，还可按组合的性质划分为若干类型和按其在国民经济中所起作用划分为工业中心、工业基地等。陆大道在20世纪80年代中期，提出了生产力布局的“点－轴系统理论”和国家工业的“T型发展轴线”。其后他进一步在其《区域发展及其空间结构》（1995）中，剖析了点轴空间结构系统，特别是点轴等级体系。此外，宏观发展战略的研究也引起了人们极大的关注。

面对不断扩展的研究领域和迅速扩展的研究内容，我国工业地理迫切需要建立和完善自身的理论与方法系统，以便更好地服务于国民经济快速发展的要求。《工业地理学》（工业布局原理）（魏心镇，1982）首次系统地阐述了工业布局的基本原理以及工业布局规划的技术经济问题。此后，尽管工业地理学的系统理论也曾出现有关布局理论的著作，但是都未突破《工业地理学》一书的理论框架。此种状况直到《中国工业布局的理论与实践》（陆大道等，1990）出版后才出现明显改变。该书以苏联和西方新老古典区位等理论为依据，系统地探讨了我国40多年来工业发展政策所产生的空间效果，并根据生产力空间发育“点－轴扩散原理”提出了我国未来工业空间发展的“T”字型结构系统。此外，我国还陆续出版了以最活跃的区位因素——技术为主，探讨信息时代工业布局原理的《现代工业布局》（王缉慈，1994）和以矿产资源开发实践为基础，阐明推动我国工业空间组织结构演进动力的《中国矿产资源开发与区域发展》（张雷，1997）等。

第三节　人口地理学

人口地理学是人文地理学的一门分支学科。20世纪20～30年代，中国的人口地理学进入发端期。期间，许多研究论著对中国人口地理学的发展具有开拓性和奠基的意义，如张印堂的《中国人口问题之严重》（《地理学报》，1934年第1卷），胡焕庸的《江宁县之耕地与人口密度》（《地理学报》，1934年第1期），胡焕庸的《安徽省人口密度与农产区域》（《地理学报》，1935年第1期），涂长望的《与张印堂先生商榷中国人口问题之严重》（《地理学报》，1935年第1期），胡焕庸的《中国人口之分布》（《地理学报》，1935年第2期），胡焕庸的《句容县之人口分布》（《地理学报》，1936年第3期）。

20世纪50年代是我国人口地理学恢复与发展阶段。这一时期，人口地理学的研究比20世纪40年代活跃，但是由于受苏联的影响，人文地理学受到批判，与人文地理学有历史渊源的人口地理学的发展也受到影响，只是人口地理学研究不像人文地理学及其分支那样完全绝迹。这一时期，研究较多的主要是从农业生产角度出发对农业人口和农村居民点的研究，研究的深度和广度均十分有限。另外，我国人口地理学研究还开始注意对外国人口地理发展情况的介绍。在理论方法上，由于20世纪50年代初期对地理环境决定论和马尔萨斯人口论的批判，在分析问题的观点上，我国人口地理学研究强调了社会生产方式对人口地理特征的决定作用。1953年全国人口普查时，发现我国人口逾六亿，这引起了人们的重视。1955年3月，中共中央制定了《关于控制人口问题的指示》，一度推动了人口问题的研究。1956年，国家教育部批准在华东师范大学地理系成立人口地理教研室，这是我国最早的人口地理研究机构，标志着我国人口地理学进入完全独立发展的阶段。之后的短短几年里，我国人口地理工作者即完成了"江苏省的人口分布与农业区划"（胡焕庸，1958）、"宜兴县的人口密度"（胡焕庸，1958）、"南通地区的人口分布"（胡焕庸，1958）、"常熟县的农业生产和人口分布"（胡焕庸，1958）等一批地区性人口研究成果。从20世纪60年代初到70年代末的20年里，人口地理学的研究出现了低潮。

20世纪70年代末到80年代初，我国人口地理学重新蓬勃发展。这个阶段是从1979年对马寅初的《新人口论》重新肯定之后开始的。《新人口论》的平反，为中国人口科学的发展提供了有利条件，再加上这时我国人口数量已经增至10亿人，人口问题十分突出，并且普遍受到社会、人民和国家的重视，急需有关学科加强研究。1981 年，我国成立了全国人口学会，为适应社会主义现代化建设事业的需求，组织和促进了人口问题的研究。1980 年，中国地理学会第四届代表大会确定人口地理学研究为今后地理学主攻方向之一。不少学者从人口理论、人口分布、人口城市化、人口迁移、人口生态及区域人口等不同角度开展研究工作，取得了丰硕的成果。从事人口地理研究的人员也大大增加，人们的思想和学术气氛活跃。从人口地理的角度出版的专著和论文也陆续出现。20 世纪 80 年代初，地理学者相继出版了《世界人口地理》（胡焕庸、张善余，1982）和《中国人口地理》（上、下册）（胡焕庸、张善余，1984；胡焕庸、张善余，1986），填补了学科的空白。1981 年，华东师范大学人口研究所重建，并于 1985 年成为全国唯一的人口地理方向的博士点（兼博士后流动站）。20 世纪 80～90 年代，地理学者出版了多种人口地理学方面的著作，较为重要的研究成果有：《人口地理学概论》（张善余，1999），《中国人口分布与区域经济发展》（王桂新，1997），《人口空间过程》（丁金宏，1996），《人口发展与生存环境》（胡焕庸、严正元，1992）。此外，《人口地理学》（祝卓，1991），《人口地理》（周启昌，1987），《人口承载力与人口迁移》（张志良，1993），《中国人口迁移与发展的长期战略》（杨云彦，1994）。《中国城镇化区域比较研究论文集》（王嗣均，1992）也是这一时期的重要成果。

随着计算机自动制图的进展，20 世纪 80 年代，地理学者相继出版了《中华人民共和国老年人口地图集》（何慧德，1986）和《中华人民共和国人口地图集》（国务院人口普查办公室、中国科学院地理研究所，1987），填补了我国人口地图史的空白。1989 年，南京大学还出版了《江苏省人口地图集》。

人口地理学是一门新兴的分支学科，近 60 多年来虽然获得了迅速的发展，但是如果与地理学的其他分支学科比较起来，还是相对薄弱的。由于独立发展的历史短，人口地理学直到目前还尚未建立起严谨的内容体系和基础理论，许多课题的研究也是刚刚起步。当前研究的主题和热点，大致包括人口生育与老龄化、人口流动与迁移、人口与脆弱性等。人口地理未来研究将更关注人口过程、社会问题与焦点问题间的交叉研究。

第四节 城市地理学

在中国几千年漫长的历史发展过程中，关于城市记述的资料浩如烟海。20 世纪 50 年代以前，随着现代人文地理学的发展，虽然在当时的历史条件下，发表的城市地理研究论文不多，但这个时期的城市地理学的发展，仍然可看作是我国现代城市地理研究的奠基时期，对推动我国现代城市地理学发展有着重要影响。其间，《地理学报》发表的主要城市地理研究论文有：王益厓的《无锡都市地理之研究》（1935 年第 2 卷）、沈汝生的《中国都市之分布》（1937 年第 4 卷）、陈尔寿的《重庆都市地理》（1943 年第 10 卷）、沈汝生等的《成都都市地理之研究》（1947 年第 14 卷）、文振旺的《曲江都市地理》（1948 年第 15 卷）。

20 世纪 50 年代以后，我国城市地理学开始进入现代研究阶段，大致经历了 30 年的缓慢探索阶段（1949 ~ 1980）、10 年的积极参与阶段（1981 ~ 1990）、10 年的快速拓展阶段（1991 ~ 2000）和逐步深化阶段（2000 年以来）等阶段。

20 世纪 70 年代以前，城市地理学的研究规模非常小，仅有翻译、介绍西方城市地理学的发展及研究对象的文献，但对城市的历史、类型、职能与城镇分布等方面做了初步研究。20 世纪 70 年代中期，城市规划工作经历了十余年的暂停、废弛后开始复苏，并从过去的历史教训与国外经验中提出了城市规划中加强区域分析和社会经济分析的要求。1973 ~1974 年，北京大学经济地理专业的教师参与了北京、邯郸城市规划实践。此后，南京大学、中山大学、杭州大学、东北师范大学等高校经济地理专业也转向城市规划。华东师范大学也组织了专门力量从事城市规划研究，中山大学、南京大学、北京大学等地理系还为国家建委城市建设局开设了城市规划工作人员培训班，提高了城市规划在职人员在空间分析、区域分析、综合分析方面的专业素养。中国科学院地理研究所的经济地理研究室也以城市总体规划的专题研究为重点，开始了城市地理研究工作，其中比较突出的是参加了唐山与南京等城市的总体规划工作。1978 年 12 月在长沙召开的经济地理专业学术会议上，城市地理和城市规划方面的论文非常多。会后经济地理专业委员会出版了《工业布局与城市规划》文集，全面反映了 20 世纪 70 年代后期这方面的研究成果，为后来城市地理学的振兴准备了条件。

1978 年改革开放以后，城市地理学走上了快速发展的道路。《城市地理概论》（于洪俊、宁越敏，1983）是我国第一部城市地理学概论性著作和很有价值的城市地理参考书。此后，中国城市地理研究工作与国家建设密切结合，以城市规划、国土规划为契机，中国城市地理研究工作者陆续开展了城市化、城市性质、城市体系、城市历史地理和城市建设与发展等方面的研究，发表了大批学术论文与专著。南京大学地理系和中国科学院地理研究所受国家建设部的委托，分别组织国内地理单位合作完成了两个城市地理研究课题，并出版了《研究城镇合理规模的理论与方法》（1986）与《城镇与工业布局的区域研究》（中国科学院地理研究所，1986）。城市地理学逐渐成为我国人文地理学与经济地理学最活跃的研究领域之一。

一　城市化研究

城市化是一个社会历史进程，是全球性的社会现象。在不同社会制度的国家里，城市化过程的特点与问题、采取的途径与政策也不尽相同。在同一个国家的不同地区，由于各区原有的基础不同，所处的社会发展阶段各异，在城市化进程中的特点与问题也不相同。因此，根据各国、各类型趋于城市化进程的规律与出现的问题提出不同的措施与政策是很有必要的。基于以上思想，20 世纪 80 年代末，我国城市地理工作者最先在国内提出需要开展中国城市化的研究。这一建议很快得到了城乡建设环境保护部所属部门的重视。1983 年起我国组织了《若干经济较发达地区的城市化途径和发展小城镇的技术经济政策》研究，并将其列为“六五”重点研究课题。成果包括对我国城市化进程的历史性回顾与展望；对全国城市化水平的地域分布的分析，确定了我国经济发达地区的范围；建立了城市化发展的模型；概括了促进我国城市化进程的 5 个动力和我国城市化进程面临的 12 个相关问题。此外，《城市化与国民经济生产总值关系的规律性探讨》（周一星，1982），《论我国城市化的地域差异》（周一星，1983），《关于我国城镇化的几个问题》（周一星，1984），《八十年代中国城市化的若干新动向：兼论中国第四次人口普查的市镇人口比重》（周一星，1993），《1949 年以来中国城市人口与城市化》（许学强，

1985)，《我国城市化的省际差异对外开放加速珠江三角洲市镇发展》（许学强、胡华颖，1988），《城镇建制、人口统计与城市化水平——中国城市化思考之一》（崔功豪，1987），《新中国城市发展的过程、特点和趋势——中国城市化思考之二》（崔功豪，1988），《近十年中国城市化的研究进展》（崔功豪，1989），《长江流域城市化特征与进程——中国式城市化道路的基本类型》（沈道齐，1988），《中国城市化的特点及其战略思路》（辜胜阻，1991）等研究成果，为研究中国式城市道路、制定有关政策提供了很好的参考。

农村剩余劳动力的转移是近年来城市化研究的重要内容，引起许多学者的关注。《农村城镇化的过程及其类型》（孙胤礼、林雅贞，1988），《中国农业劳动力转移展望》（潘纪一、郭申阳，1986），《中国乡村人口与乡村劳动力》（阎小培，1989），《农业劳动力转移机制的思考与选择》（康就升，1991），《体制、农业剩余和中国人口城市化》（范力达、孙少岩，1992），《中国20世纪80年代城镇化速度与劳动力产业转移速度比较研究》（陈卫民，1993）等都是有关这方面的研究成果。城市化研究提高了中国城市地理的理论与方法的水平。城市化问题已是我国近年来宏观研究城市的重要项目，而且是我国与国际同步研究的课题。

二　城市体系研究

20世纪80年代初，结合城市规划工作的深化以及国土规划工作在全国的开展，城市体系的研究也开始得到重视。我国最先开展的是辽中南、京津唐、苏锡常、湘东及长春地区等城市体系研究。此后，我国地理工作者广泛开展对区域、省级城市体系的研究，如《近年来珠江三角洲城镇发展特征分析》

（许学强、黄丹娜，1989），《论黄河三角洲城镇体系布局基础》（顾朝林，1992），《湘南城镇体系研究》（谢光辉，1990），《河南省城市体系功能组织研究》（王发曾、袁中金、陈太政，1992）等。这些研究主要结合区域规划、国土规划任务，从分析工业及交通布局、区域城市化及城市体系及其空间联系等方面着手，探讨了区域城市体系的形成和发展机制、发展前景，并以此为依据编制市域、县域城镇体系的规划。

地理工作者积极参与了国土规划研究。他们在规划性质和功能定位、规划目标和主要任务、空间范围与时间期限、指导思想与工作思路、编制主题与工作模式、规划主题与纲要内容、研究专题与规划成果、国土规划的区域划分等方面进行了广泛的探索。发表的论文有《我国的国土规划问题》（程潞，1983），《国土规划的理论开拓——关于地域结构的研究》（魏心镇、林亚真，1989），《对我国国土规划几个主要问题的重新认识》（凡杰，1993），《我国新一轮国土规划编制的基本构想》（毛汉英、方创琳，2002）和《中国区域规划的演变与展望》（胡序威，2006）等。

我国还涌现出不少关于中国城镇体系与体系规划理论方法的论文，如《我国城镇规模体系的演变与预测》（许学强，1982），《区域开发中城镇体系的理论与实践》（严重敏，1985），《我国城镇等级体系变动的回顾及其省区地域类型》（周一星、杨齐，1986）等。20 世纪 80 年代初，就有学者介绍了戈特曼（Jean Gottman）的城市带理论。随着改革的深入，区域差异迅速扩大，沿海经济高速增长导致城市数目的增多，城市规模扩大，有一些地区出现了城市密集区。在这样的背景下，许多学者展开了城市群的研究，如《长江中下游城市带研究》（李世超，1987），《中国城市群》（姚士谋，1992）等。城市体系的研究已在地方政府和城市部门制定区域内城市发展战略和城市规划的建设中起到积极的作用。

三　城市发展方针研究

长期以来，中国采取“控制大城市，发展小城镇”的方针。地理学者结合这一方针对个别城市与镇做了大量的调查研究工作，如《大城市发展规律探讨》（胡兆量，1984），《我国大城市发展内在机制》（胡兆量，1987），《大城市超前发展及其对策》（胡兆量，1986），《江陵县实例调查》（沈道齐，1984）等。随着商品经济的发展，经济效益成为城市发展的主要目标，控制大城市的政策受到冲击，一场中国城市发展方针，也即中国城市化道路问题的辩论在学术界开展起来，有关的研究成果颇多，如《中国的大都市》（薛凤旋等，1986），《中国城市化道路初探——兼论我国城市基础设施的建设》（叶维钧、张秉忱、林家宁，1988），《建设美好的小城镇》（方可、许学强等，1988），《小城镇建设的道路》（1991），《论世界大都市的发展趋势兼论我国大城市的发展问题》（宁越敏，1990），《中外大城市发展问题研究》（申维丞，1992），《我国百万人口城市发展趋势》（胡兆量，1990）和《开放改革下的北京：突破，规模与挑战》（胡兆量，1993）等。尽管国家政策强调控制大城市规模，但中国的大城市无论在规模上还是在数量上都以势不可挡的速度发展着。从 1990 年开始，政府又制定了更为严格的城市发展方针，并在《城市规划法》中以法律的形式固定下来。然而，许多大城市都拟订了庞大的城市扩展计划，对于新方针能否指导城市建设，一些学者表示怀疑，他们发表了有关的论文对此展开讨论，如《对我国城市发展方针的讨论》(周一星、于艇，1988)，《发展与控制中国大城市的经验与前景》(宗林，1993) 等。

四 城市内部空间结构研究

关于城市内部空间结构研究，地理学者早期主要是介绍国外的理论，后来就是开始对中国的实证研究。《中国城市形态的类型、特征及其演变规律》(武进，1988) 是对我国历史时期以来的城市形态结构进行较为全面的研究的初步尝试。此项研究也为进一步探讨城市内部空间结构打下了良好的基础。

改革开放带来了第三产业，尤其是商业的大发展，促使城市地理学者展开市场空间研究，有《北京市的商业服务地理》(徐放，1984)，《广州市城区零售商业企业区位布局的探讨》(吴郁文、谢彬、骆慈等，1988)，《略论上海市中心商务区的改造和发展》(严重敏、宁越敏，1992) 等。在介绍了西方国家 CBD（Central Business District，中央商务区）与城市发展的关系之后，一批学者开展了对上海、北京、广州等城市的 CBD 研究，如《CBD 与城市发展》(楚义芳，1992)，《北京市中心商务区的现状与预测》(杨吾扬、谢东晓，1992)，《广州市中心商业区土地利用特征、成因及发展》(阎小培、许学强，1993) 等。

近年来，中国城市地理学研究既重视秉持“理论-假设-检证-理论”的研究范式，强调科学问题和科学价值的实现，又致力于解决本土问题的“实用研究”，基本立场是“洋为中用”，强调国外理论和方法，即“引进-消化-吸收-应用-创新”的实用研究方法。这具体表现在中国城市地理学研究与国家经济建设的热点总体同步，在城市化、城市群/城市圈等领域积极参与国家战略和城市建设实践，强调定量和计量手段的科学研究成为潮流。

第五节 交通运输地理学

交通运输地理学是研究交通运输在生产力地域组合中的作用，客、货运输需求及客货流的形成、变化的经济地理基础，以及交通线网和枢纽的地域结构与类型的一门学科，它是人文地理学和经济地理学的重要内容。

1949年以前，在我国现代人文地理学发展的早期阶段，我国已有较为重要的交通运输地理学研究成果。仅就《地理学报》发表的论文，就有徐近之的《西藏西康国防线上之通路及其重要》（1936年第4卷），胡焕庸的《国内交通与等时线图》（1936年第4卷），孙宕越的《粤北与赣南湘南之交通与运输》（1937年第4卷），严德一的《论西南国际交通路线》（1938年第5卷），林超的《秦岭与大巴山对于四川与西北交通之影响》（1947年第14卷）。

20世纪50年代以后，由于大规模交通建设的客观需要和经济地理学的加强，通过有关高等学校和科研机构的共同努力，交通运输地理学迅速形成一门独立的学科，并建立起研究交通地域系统及其发展规律的理论体系。20世纪50年代初，中国经济地理工作者开始参加国家经济建设的实践，配合水利和铁路建设做了较多的工作，如对包兰、湘黔、成渝等铁路做了选线经济调查和沿线经济地理调查；由国家组织对许多重点地区进行的大型综合科学考察中的交通运输发展的研究，如黑龙江流域、新疆、青（海）甘（肃）、内（蒙古）宁（夏）、西南和华南等地区的综合考察中的交通建设与布局研究。1953年，在《中华地理志》的编写中，相关地理学者对华北、华中、华南、华东、西南、东北、西北及内蒙古自治区、新疆维吾尔自治区等大区的交通运输发展做了大量调查和系统总结。通过大量的实践，我国地理工作者积累了宝贵的资料并对我国交通运输地理学的发展进行了探索和总结。与此同时，南京大学、北京大学、中山大学和一些高等交通院校，先后开设了交通运输地理课程，对国外交通运输地理学的发展动态以及交通运输地理学的研究对象、性质和内容等做了较为深入的探讨和归纳。

一　交通地理研究之拓展

随着研究的不断开展和深入，交通运输地理学的研究范围不断拓宽，除继续开展铁路、水运等部门运输地理的调查和研究工作外，还扩展到煤炭、矿石、粮食等大宗货流的生产力布局、产销规划、区域规划中的交通网布局规划、热带资源开发利用的运输问题的研究、交通建设自然条件的评价区划等领域。一些学者在调查研究中运用了多学科的综合观点，在理论和分析方法上都有创新。《论中国公路自然区划》（耿大定、陈传康、杨吾扬等，1978）全面阐述了影响我国各地区公路建设的自然条件及其差异，确定了主要影响因素和指标，提出了中国公路建设的自然区划方案，为各地区公路建设与养护路基、路面和材料的选择提供了科学依据。该区划方案为交通部所采用，被列入公路路面规范。《中国经济地理总论（运输地理部分）》等交通地理著作，对20世纪50年代末中国运输网和内河运输网做了系统的分析与总结。

20世纪70年代中期，中国交通运输地理学开始走向复兴。20世纪80年代后，交通运输地理学的研究领域向着深度和广度不断扩展，在综合运输网布局与规划，中外路网的发展模拟，不同类型地区的交通布局、运输化问题，空间运输联系的时空分布规律、布局及地域组合，综合交通枢纽布局，港口城市的关系，城市交通规划等方面都开展了研究。但至今，交通运输地理学所取得的成绩，总体上仍属填补空白的性质。

二 建立基本理论

《交通运输地理学》（杨吾扬、张国伍等，1986）是我国第一部交通运输地理学理论专著。该书总结了我国在交通运输地理学方面的理论成就和实践经验，吸纳了当时国外最新理论，立足于从地理环境和地域结构阐述交通运输问题，增加了技术经济分析和计量分析方法，选用了国内外的典型资料，填补了我国这方面的理论专著的空白。

交通运输作用与交通规划的理论分析和实证分析也有所发展。从中外经济发展进程的大量资料分析与逻辑概括中，荣朝和（1992）提出了运输化的必然性与阶段性的理论，认为运输化是伴随着工业化而发生的一种经济过程，是工业化的重要特征之一，并指出交通作为区位的重要因素，在趋于经济空间结构演变中的作用又具有阶段性特征，在工业化不同的发展阶段中，其影响表现为从强到弱的发展趋势。

《运输系统的区域效应研究》（高小真，1991）中指出运输系统的改进－距离缩短－产业布局调整这一空间过程对不同的区域可能具有完全不同的意义。这一研究结果表明，对区域运输系统的任何改进措施都应该慎而行之，以免造成与本来目标相悖的区域效应。《论铁路干线对沿线地区经济开发的影响》（武伟、宋迎昌，1997）中，探讨了铁路干线对沿线地区经济开发的主要作用机制。《构筑唐山21世纪交通体系与特色经济格局》（张世奇，1999）一文中，通过对唐山现有的交通基础设施的总体状况进行概括和评价，指出了其对未来经济发展所构成的潜在优势，并从区位的影响、经济布局、城镇体系和产业结构调整等方面，论述了交通体系与唐山特色经济格局形成的战略影响。

三　对客货流、空间运输联系及其规划进行理论研究与实证分析

《我国客流的影响因素及其地区差异的研究》（张文尝，1988）一文中分析了客流形成的社会经济因素及其地区差异，并对客流增长、分布与人口、经济的相关关系进行了计量分析，填补了我国客流研究的空白。在旅客和货物交流的计量分析方面，文中提出了联结度、联系强度和首位联结度等评价指标，利用区域间交流数据对我国区域间的客货流进行了大量的分析。

空间运输联系是在自然、社会、经济诸要素综合作用下区域间通过运输设施进行旅客和货物交流产生的相互联系和作用。对其进行系统研究的意义在于：第一，认识空间相互作用的客观规律；第二，有利于系统研究诸地理要素，尤其人文要素在空间相互作用中的意义以及彼此间的相关关系；第三，揭示区域开放性及区域间相互作用的特征；第四，预测分析各级区域在运输系统中的变化，引导交通运输在方式上和空间上的合理配置；第五，为生产力的空间布局与分工协作提供了科学依据。《我国空间运输联系的实验研究——以货流为例》（金凤君，1991）便是从实证分析入手，探讨了影响我国空间运输联系的基本因素和各种运输方式在空间运输联系中的作用。《空间运输联系的生成与增长规律研究》和《空间运输联系的分布与交流规律研究》（张文尝、金凤君、唐秀芬，1994）则以世界不同类型国家和我国近半个世纪的运输活动及其社会背

景值作为研究对象，采用定量与定性相结合的实证分析法，深入研究了运输联系的地域分布特征、地域间交流联系生成的内在机制和增长演变趋势，并提出了生成密度、运输强度、非均衡系数、集中度、首位联系等评价指标。

四　省级区域运输经济区划开拓性研究

地理学者在分析对外与区内各运输联系和交流特点的基础上，提出了强联系、弱联系的概念和系统相关指标，以及区划的步骤与方法，为相应的省区综合经济区划提供了重要的基础依据。20 世纪 80 年代以来，地理学者陆续出版了《交通运输地理学》（杨吾扬、张国伍等，1986）、《空间运输联系——理论研究·实证分析·预测方法》（张文尝、金凤君、荣朝和等，1992）、《中国交通运输地理》（陈航、张文尝、金凤君等，1993）等综合性专著。

第六节　文化地理学

文化地理学是人文地理学的一个重要的分支学科，但在我国发展缓慢，直至20 世纪 80 年代以后随着我国人文地理学的复兴才正式出现。20 世纪 50 年代前，我国文化地理学仍以介绍西方文化地理学说和思想为主。20 世纪 50 年代以后，作为一个分支的文化地理学，与人文地理学一起从地理学领域中消失了。而在此期间，文化地理学在欧美地理学研究中却颇受重视，因而得到了长足的发展。1983 年底，陈正祥出版了我国第一部文化地理专著。1984 年，王煦柽、张文奎和李旭旦分别编写的《文化地理学》和《文化景观论》条目出现在《中国大百科全书·地理学：人文地理学》（1984）中，1985 年钱今昔为人文地理研究班写的《文化地理学与现代化建设》，1985 年王煦柽发表

《试论文化地理学的性质和内容》，才逐步确立了文化地理学在我国人文地理学中作为一门独立学科的地位。

20 世纪 80 年代中期，关于文化地理学方面的著作与思想从国外蜂拥而来，文化地理学也有了较快发展。王恩涌是我国率先将文化地理学现代理论体系系统引入高等院校的专业教育中的地理专家。他于 1986 年春季便开始以美国乔丹（T. G. Jordan）的《文化地理学》（*The Human Mosaic*）为蓝本，在北京大学地理系开设了《文化地理学》课程。该课程很快被正式列入北京大学教学计划，并成为全校二十多个系的选修课，掀起了前所未有的学习文化地理学的热潮。王恩涌撰写的《文化地理学导论》于 1991 年出版，对文化地理学在我国的传播和发展起到了不可低估的作用。

此后，《文化地理学》（夏日云、张二勋，1991）出版，该书共 16 章，涉及内容广泛。1991 年，谢觉民将历次来北京大学所做的文化地理学演讲的讲稿整理成书（《人文地理学》）出版，该书简明扼要，呈现了清晰的人文地理学框架体系。《社会发展地理学概论》（曹诗图等，1992），是从不同社会的发展阶段来说明文化与人地关系的。《文化地理论》（刘岩、路紫，1995）和《文化地理学引论》（李慕寒、吴学典、朱传耿，1995）是两部文化地理学总论性质的著作。《论文化地理学的基本理论与主要内容》（张晶，1997）强调了文化地理学研究的三个互为补充的研究趋向，即景观学派、文化生态学派和环境感应研究的重要性。总之，随时间的推移，各著作对文化地理学的理论问题的理解和阐释进一步加强。

20 世纪 80 年代后，中国学者对不同尺度的区域文化地理进行了研究。陈正祥通过“中国文化中心的迁移”“中国的城”“黄土、黄土高原和黄河”“长城和大运河”“台湾地名——文化层分期”的文化探索，特别是对历代人才地理分布和龙王庙之分布与地理环境关系的分析，出版的《中国文化地理》（1983）是第一部全国性的文化地理著作。继他之后，国内学者从不同侧面出版了两部全国性文化地理著作。《中国文化地理概说》（赵世瑜、周尚意，1991），着重于人地观的演变，中国文明起源和中国文化趋异与趋同，人地关系，中国文化与地理环境的现实与未来等方面的探索。《中国文化地理》（王会昌，1992），总结了影响文化的环境特征，中国文化气质、风格和内涵特性延续的原因。《广东文化地理》（司徒尚纪，1993）从省级区域文化地理入手，完整地研究了文化形成因素、文化起源、发展和传播、文化发展过程、各种文化景观、文化区划等，成为省级文化地理研究的重要代表作。20世纪90年代，区域文化地理研究的分区越来越细，内容更为具体充实。

对文化现象中的某一问题进行专题研究，是深化文化地理学研究的需要。目前为止，专题文化地理研究的内容从起初仅有的方言地理研究逐渐扩展到古村落与居民、人才地理、饮食文化等多个方面，呈现多元化的趋势。国内最早、最有影响的专题性文化地理学的著述出现于语言地理学领域，是20世纪80年代中期的《方言与中国文化》（周振鹤、游汝杰，1986）。该书对汉语方言的形成与移民的关系、方言与人文地理、方言与民俗做了分析。另外，专题性文化地理学还进行了历史方言规划。

一 文化的聚落表现研究

聚落与民居这一主题一直是文化景观中吸引研究者注意的

课题。值得提及的是邵仲良（Ronald G. Knapp）《中国农村的传统建筑——民居的文化地理》（1986）和《中国浙江民间建筑——房屋与文化》（1989），把研究视点集中于传统村落和民居，为国内学者的相关研究工作提供了较好的借鉴。《古村落：和谐的人居空间》（刘沛林，1997），在阐述中国古村落的起源、分布、布局思想及文化意境的基础上，着重探讨了古村落的物质景观和意象景观的特点，明确提出了文化景观的多维性概念，对文化地理学理论做了尝试性探索。《陕南乡村聚落体系的空间分析》（李瑛、陈宗兴，1993），对乡村聚落体系模式做了详细的案例研究。《民居中的奇迹——福建的土楼》（王恩涌，1993）、《试论徽州地理环境对徽商和徽派居民建筑的影响》（黄成林，1993）是对特定地区和特定类型民居地理的研究。《论民居的文化区域性因素——民居文化地理研究》（翟辅东，1990）对民居形成与分布的区域性要素做了认真的剖析。《论民族聚落地理特征形成的变化影响与文化聚落类型》（伍家平，1992）以贵州东南部苗族、侗族聚落为例，论述了因文化背景的不同所导致的聚落形态与结构功能的差异。

二　文化的饮食、音乐、服装地域表现研究

饮食、音乐、服装文化地理方面近年来也引起人们的注意。《中国饮食文化的区域分化与发展趋势》（陈传康，1994）对中国菜系的形成、发展、趋势与经营之道做了研究，是专题文化地理研究的代表作。《欧亚大陆的文化四边形》（王恩涌，1992）对西北角欧洲喜食牛肉、东北角中国多喜食猪肉，而印度东南角与西南角阿拉伯地区禁食牛肉和猪肉的习俗用文化生态观点做了较好的分析和阐释。《音乐文化的地理研究》（刘岩、李秀霞，1996）和《试论服装地理的主要研究领域》的

讨论（张述林、罗世伟，1995）是对新领域的探索。我国是一个有多种宗教的国家。各宗教经过长期的发展历史，对我国政治、经济、文化、生产产生了很大影响，宗教地理的研究对我国四化建设有重要意义。关于宗教文化地理方面的论文有《试论宗教与地理学》（李悦铮，1990），《中国民间寺庙：一种文化景观的研究》（周尚意，1990），《中国佛教的文化景观》（张晶，1991）等。

三　民俗与文化地理环境研究

我国历史悠久，民族众多，丰富多彩的民俗与地理环境、社会、经济、文化条件息息相关，世代继承，几经演变，为祖国灿烂的文化留下了许多瑰丽的遗产。人们可以从不同历史阶段、不同民族的风俗，了解人类生活的不同侧面，了解各族人民的物质生活、科学文化和精神面貌，这也是观察社会的一个“窗口”。因此，关于民族与民俗地理方面的论文与专著日益增多。如《试论云南民族地理》（尹昭亭，1989），《论民族文化地理系统的特点、结构和功能——以桐文化为例》（伍家平，1991），《文化板块与丽江纳西族地区的文化特征》（吕拉昌，1996），《中国民族地理》（李志华，1997）。《试论民俗演化与人地关系发展的内在联系》（马洪元，1992），《岭南史地与民俗》（曾昭璇，1994）也是这方面的研究成果。《悬棺葬》（靳微，1993）和《风水——中国人的环境观》（刘沛林，1995）是对风俗地理研究的新尝试。

四　人才分布的文化地理研究

人才地理学是一段时间内文化地理学的热点。陈正祥的《中国文化地理》关于“中国文化中心的迁移”的问题中，涉及中国古代人才的时空分布变化问题。20 世纪 90 年代初，国内学者较早涉及此领域研究的是朱翔，他先后发表《中国现代人才分布问题》（1990）和《近现代湖南人才地理研究》（1998）两篇文章。之后，王会昌（1992）在《中国文化地理》一书中除论及古代人才的地理分布之外，对截止到1991年的中国科学院学部委员（院士）的地理分布也做了研究。胡兆量、王恩涌、李向荣发表了《我国的武将地理分布初探》（1993）。王恩涌、胡兆量、李向荣发表了《当前我国文武人才的地理分布与南北差异》（1996）。黄定华、胡兆量做了相关探索并发表了《中国历代名人地理分布》（1995）。

五　区域文化地理研究

文化区域不同于政治区域、经济区、工业区或农业区。它有其独特性和功能。文化地理学者把历史地理的研究与其结合起来，可对各地文化的起源和传播、特点形成的历史和地域条件、该区文化发展的前景等有一个清晰的概念。20世纪80年代，历史地理学者关于历史文化地理学的研究成果迭出，对我国文化地理有着积极的推动作用。关于不同时代的历史文化地理的研究有《汉唐时期山西文人及地理分布及其文化发展之特点》（王尚义，1986），《西汉时期的文化区域与文化重心》（卢云，1987）、《东汉时期的文化区域与文化重心》（卢云，1987）、《三国西晋时期的文化区域与文化重心》（卢云，1988）及《汉晋文化地理》（卢云，1991），《殷商文化区域研究》（宋新潮，1991）。其中《汉晋文化地理》和《殷商文化区域研究》两书在断代性历史文化地理研究中具有开创性和示范性，同时两书也是以文化区域为研究对象的。前者对汉晋时期的学术文化、宗教文化、婚姻形态、音乐文化等的区域特征做了深入分析；后者则将殷商分出中原文化区、北方与西北文化区和南方长江流域文化区，并注意到与周边民族的关系及文化辐射与汇聚。

1994年，侯仁之主编了合计100多万字的《黄河文化》(1994)，这是国内首部以流域为区域的历史文化地理学巨著。此书以中国文化起源的核心地区——黄河中下游地区为时空对象，全面系统地记述了从远古开始，经仰韶文化、龙山文化至先秦文化的风采，介绍了西汉至唐代期间以黄河流域为重心的古都文化的盛况，以及重心转移后的黄河文化。1997年，周振鹤在著作《中国历史文化区域研究》中对语言、宗教、风俗、人物文化区做了划分，对文化重心区和区域文化地理、历史文化及时空差异做了分析。张伟然的《湖南历史文化地理研究》(1995)，是一部以省为区域的历史文化地理著作，对湖南的方言、宗教、民风、民俗的空间分布做了分析，特别是对影响湖南文化发展的地理环境、行政区划和历次移民等进行了透彻的分析。

我国是一个文化持续不断发展的民族，存在着许多特殊的文化地理问题。从20世纪90年代后，综合性的文化地理学研究逐步出现，并且辐射到更广阔的范围。关于中国文明起源的研究有《中国文明起源的比较研究》(王震中，1994)和《文明起源的地理分析》(王恩涌，1995)，它们都是从世界角度做分析比较。关于我国统一与分裂、中心转移、农牧民族关系的研究，有《普天之下——统一分裂与中国政治》(葛剑雄，1989)和《统一与分裂》(葛剑雄，1994)，《无所不在的伟力——地理环境与中国政治》(吴松弟，1989)，《地理环境与社会发展》(王恩涌，1988)，《中国历代行政区划的变迁》(周振鹤，1991)，《分分合合三千年》(孙关龙，1995)。《气候变化对我国历史时期人口迁移的影响》（方金琪，1992），《2000年来中国北方游牧民族南迁与气候变化》（王会昌，1996），针对的是地理因子中起重要作用的气候因子与文化的关系，属于文化地理的边缘问题的研究，带有明显的交叉性或边缘性。

第七节　政治地理学

政治地理学是研究国家和地区等各种类型领土内或领土间政治活动现象的地理分布或空间布局的一门学科，是人文地理学的分支。以1978年为界，中国现代政治地理学的发展可以分为两个阶段。

1949年至1978年，是我国政治地理学发展的停滞时期。在这一时期，我国政治地理学仅在以下几个方面有一些论著：①配合时事教育写的与政治地理学有关的文章，如《东北地位与朝鲜战争》（李旭旦，1950），《中朝边境地理概况》（向偶，1950）；②与行政区划有关的研究文章，《中华人民共和国行政区域划分》（薛贻源，1958），《中华人民共和国行政区划》（宗璋，1951），《山东最新行政图表》（马紫枫，1950）都属于一般知识性介绍；③研究世界政治地图的论著，如《世界政治地图的形成及现代政治地图的特征》（张文奎，1957）。这一时期，刘愈之（1965）翻译出版了《和平地理学》［地缘政治地理学，斯皮克曼（Nicholas John Skykman）著］。该书认为控制了陆缘就控制了欧亚大陆与世界的观点，对美国地缘政治战略有重要影响，在国内出版后，却几无影响。

随着20世纪70年代末人文地理学的复兴，政治地理学开始苏醒并发展。20世纪80年代以来，中国政治地理学的发展体现在以下几个方面。

一 科学体系逐步建立

1984 年，李旭旦在《政治地理学》一文中首先提出“政治地理学是研究国家与地区等各种类型领土内或领土间政治活动现象的地理分布或空间布局的一门学科”。李旭旦还指出了政治地理学的任务、政治地理学的最新研究方向以及计量分析与行为理论对研究政治地理学的意义。鲍觉民在 1986 年和 1988 年写了两篇政治地理学的文章，即《政治地理学研究的若干问题》（1986）与《再论政治地理学的几个理论问题》(1988)。文中提出了政治地理学研究的主要内容与核心问题，强调了政治地理学的重要地位，论述了研究政治地理学的作用。此外，文中还特别讨论了政治地理学所研究的区域尺度问题。1987 年出版的高等学校地理系教材《人文地理学概论》中的《政治地理学》一节，全面分析了政治地理学的理论体系的基本问题。

20 世纪 80 年代后期，为了配合教学，教师们开始编写与翻译政治地理学教材，有《政治地理学》（张文奎、刘继生、阎越，1991）和《系统政治地理学》（格拉斯纳、德伯里杰著，宋保平、吕康寿、师谦友译）；在此以后，有《现代政治地理学》（王正毅，1993）与《政治地理学概论》（肖星，1995）。《政治地理学》（王恩涌、王正毅、楼耀亮等，1998）是以多年教学实践为基础，吸收了国外教科书框架的优点并结合我国的具体情况而成的。除了上述通论性教材，还出版了中国与世界的政治地理教材。《中国政治地理学》（周介路、邱道持，1989）是第一本中国的政治地理学著作，该著作除了包括传统的政治地理学的内容外，还包括当代中国的对外发展战略。《世界政治地理》（王国梁，1993），内容涉及世界格局演变、领土争端、种族冲突等热点问题。

二　政治地理学研究和实践的领域向广、向深扩展

地缘政治学是我国政治地理学的最重要的分支，一直受到国内学者的重视。如《从地缘政治学看中国的战略态势》（王恩涌、李贵才，1990）分析了麦金德（H. J. Mackinder）的“心脏地带”理论和斯皮克曼的“边缘地带”理论，对我国战略区位进行了论述，同时指出了当前国际形势下中国的战略地位及其特点、中国所处的国际环境以及我们应当采取的对策等。《地缘政治学理论、方法与九十年代的地缘政治学》（刘妙龙、孔爱莉、涂建华，1995），除了对美国地缘政治学的理论与方法做评述，还提出20世纪90年代应重视的地缘政治问题，如变化中的国家、全球相互依存关系、区域和平与安全等。1986年，王恩涌的《从地缘政治学看中国在亚太地区的战略地位》对我国自1949年以来的战略地位与对外的地缘政治关系做了总结性的阐述与展望。

三　对地缘政治经济问题的逐渐重视

1978年改革开放后，一些相关论文相继发表，如《海湾风云的地缘政治分析》（楼耀亮、程辉，1991），《九十年代中东地缘政治的因素与机制探讨》（杨兴礼，1993），《朝鲜半岛的地缘战略结构及其演化》（陆俊元，1996）。一些学者对地缘经济也进行了研究，如王恩涌、李贵才研究亚太地区地缘经济后，发表的《从欧洲共同体看亚太地区经济合作的发展趋势》（1991）。在当代区域性国际经济一体化的大背景下，中国一些周边地区或“增长三角”正在成为国际区域合作的热点，重视这类选题是国家地理研究实行中外结合的一个方向，发表的相关论文有《论东北亚地区政治经济形势变化与图们

江地区多国合作开发》（陈才，1993）及《亚太地区政治经济形势的特点与东北亚区域经济合作》（刘继生、刘力，1993）。

在世界政治格局和当代国际战略方面，《国际战略问题》（陈忠经，1987）是分析中国、美国及苏联的国际战略的重要著作；《战略地理论》（陈力，1990）研究了战略与地理的关系，国际战略力量的地域政治及全球战略的地理分析；《综合国力论》（黄硕风，1992）分析了西方研究综合国力的理论和方法，并提出了综合国力理论、指标体系、评估方法和动态方程；《转换中的世界格局》（杜攻，1992）、《国家安全地理》（沈伟烈，1995）和《当代国际政治析论》（王逸舟，1995），反映了苏联解体后世界政治格局的变化与世界各主要国家和区域的安全战略，对地缘政治观念与现实做了专门阐述。值得一提的是，作为政治地理学的一个分支的军事地理学，由于实际的需求大大增加，地理工作者编著和翻译了较多军事地理论著。20 世纪 80 年代以来，地理工作者撰写出版了《中国军事百科全书·军事地理测绘气象》（中国军事百科全书编审委员会，1997），《军事地理学论丛》（王三欣、沈伟烈，1988），《军事地理学》（陈健安，1988），《军事地理学》（姜春良，1995），《海军地理学》（顾浩然），《普通军事地理学》（郭树桂、刘建忠、田智慧，1997），此外还撰写出版了《战略地理学》《高技术战争与军事地理学》《中国军事地理学》《中国周边地区军事地理学》《世界军事地理学》等区域军事地理书籍及《军事地理学术研讨会论文集》《军事地形学术研讨会论文集》等。这些具有中国特色的军事论著问世，标志着我国军事地理学的基础理论和应用研究有了重大突破。

从 20 世纪 80 年代后，经济特区、沿海开放城市、经济技术开发区对我国经济发展起了巨大的作用，同时也成为我国政治地理学研究的重大课题。《我国沿海地区对外开放十年若干问题的讨论和建议》（许自策、蔡人群，1989），《浅论开发区如何走出困境》（邓维鉴，1989），《试论湛江市发展外向型经济的条件与对策》（陈小平，1989），《厦门经济特区发展战略的几个问题》（张立生、姚士谋、叶枫，1988）都是关于这一方面的研究。

为了更好地借鉴国外的经验和吸收国外的政治地理学的研究成果，研究国外政治地理课题的论著和翻译出版的论著日益增多。如《现代政治地理学研究对象的基础理论——琼斯的统一场论》（宋保平，1998）和《西方政治地理学发展的历史与现状》（黄成林，1988）。

历史政治地理学与传统的沿革地理有着密切的系统渊源，作为中国传统的沿革地理的主体，政区演变的研究经久不衰，依然吸引着大批学者，从而促进了历史政治地理的研究。《西汉政区地理》（周振鹤，1987）被公认为是一项超越前人的成果。《北京历代建置沿革》（尹钧科，1994），《魏、蜀、吴三国时代的政治地理战略分析》（王恩涌、曹诗图，1996）等也是历史政治地理研究方面有影响的著作与文章。

2005 年后，为顺应地缘政治发展战略需要，政治地理学研究回暖，地理工作者出版了一些实证主义的成果。如《亚洲海权地缘格局论》（鞠海龙，2007），《地缘大战略：中国的地缘政治环境及其战略选择》（丁力，2010）等。

第八节　商业地理学

商业地理学是研究商品经济活动的地理环境的科学。它是人文地理学中的经济地理学的重要分支学科，也是20世纪中叶末迅速发展的社会客体应用经济学科。

现代商业地理学是在商业区位研究的基础上发展起来的。1964年，严重敏首次把克里斯泰勒（Walter Christaller）的中心理论传入中国，标志着中国商业地理研究开始起步。20世纪80年代是我国传统商业地理研究较为活跃的时期。随着商业地理研究队伍的扩大，1984年7月中国商业地理研究会第一次代表大会在吉林省延吉市召开。《产业和城市区位导论》（杨吾扬，1985）首次全面地介绍了西方区位论的主要理论、方法论和学派，并结合中国的实际，提出了发展商业地理学科基础理论研究的倡议。该书实现了克里斯泰勒的中心理论与中国城市商业布局的有机结合，带动了学科理论的研究热潮。《商业地理学的研究对象和科学性质》（陈福义、范保宁，1985），《商业地理学与经济地理的关系》（周家和），《商业地理学的体系结构》（谢永金），《应该重视商业地图的研制》（卢洪业）等对商业地理学科体系结构、概念规范、方法论的确立起到重大作用。

一　商业地理布局方法的研究

随着商业地理布局方法研究的发展与普及，商业布局理论逐渐被社会所认识。一大批从事商业布局研究的学者，把布局理论充分地运用到社会实践中去。在商业街区、商业中心、商业区域三大领域内，该理论得到良好的运用。其中《北京市零售商业与服务业中心和网点的过去、现在与未来》（杨吾扬，1994），《对城市人口分布与商业网点布局》（王宝铭，1995），《东大桥商业区位分析》（王希来，1987），《北京市西二环路是新商业中心的最佳区位》（邬翊光，1994），《兰州市商业中心的区位格局及优势度分析》（安成谋，1990），《论农贸市场区位的确定》（张亨祥），《当代集贸市场布局结构》（祝炜平）等具有代表性。为数众多的商业布局专家参加了北京、天津、上海、广州、梧州、西安等城市的整体商业规划的讨论与制定。他们对北京西单商场、北京前门商业街、北京东大桥商业街、北京烟袋民俗商业街、上海南京路商业街、天津和平路商业街、太原智化寺商业街、青岛中山路商业街进行了详细的设计和论证。他们还对兰州、银川、天津、沈阳、大连、马鞍山、石家庄、淄博、南宁的商业布局，提出了设计建议。《北京市商业街现状及其未来规划设想》（王希来，1995）提出“大型超级市场和物流中心应设置在城市边缘带交通线与放射路网的交叉地点上”的布局观点，被北京市商业“九五”规划方案采用；杨吾扬、邬翊光所提出的“北京市购买力西移”理论观点被北京市西城区政府“八五”“九五”商业规划方案采纳；“在一个超级市场行链中的位置组织研究”（曹祥琛）的观点被上海市规划设计方案所运用。

二　城市商业网点规模等级空间结构的研究

我国对于以中心地理论为基础的城市商业网点规模等级空间结构的研究较多，但是进入20世纪90年代以后，与城市经济、城市体系、城市空间结构等其他人文地理学研究领域相比，商业活动研究则处于一个相对低迷、停滞的时期。造成这种现象的一个重要原因就是在研究重点从传统的商业地理转向城市商业活动空间结构研究的过程中，对一些新的概念缺乏规范，对一些研究领域未能深入地展开，导致相关研究的发展趋势不太明朗。“中（国）加（拿大）合作研究项目——中国大城市商业活动空间结构研究”对当前城市商业活动空间结构研究中的一些问题做了方向性和框架性的阐述，开创了相关研究的新局面。

进入20世纪90年代后，商业布局科学化理论和数理分析方法在微观商业布局中得到了发展，如张素丽（1999）的《零售商业市场定位与地理定位》便是从微观的角度出发，以零售为主体，用定性与定量相结合的方法，给出了零售商业进行市场定位与地理定位的思路。商业布局科学化理论和数理分析方法还被应用到大量的社会布局项目的调查、论证、指导、设计工作，其中包括广州南方大厦、北京东方广场、南京中央广场、北京蓝岛大厦、北京翠微大厦、北京麒麟大厦、北京王府井儿童大厦的整体布局方案设计工作，并在其中发挥了重要作用，获得了社会对商业布局理论的肯定。

第九节 旅游地理学

旅游地理学是研究人类旅行游览、休憩疗养、康乐度假、商务交流等同地理环境和社会经济发展相互关系的一门学科。从地理学内部观察，旅游地理学的发展融汇了自然地理学、地貌学、经济地理学、人文地理学、区域地理学、历史地理学、区域科学和城市规划、生态学、环境科学、地理信息系统等不同领域，既吸纳了这些领域的理论方法，也汇集了这些学科的研究人员。同时在地理学之外，它也与一些基础学科或应用学科，发生着或多或少的交流，如心理学之于游客行为研究；历史学之于目的地历史文化研究；建筑学之于旅游景观规划设计；经济学之于客源市场研究等。因此，它是一门真正的交叉学科，并以其独特的研究角度给地理学的进一步发展注入了生机和活力，而且也为旅游学科的建立和发展做出了贡献。

一　我国旅游地理学产生的历史背景

旅游地理学的产生，在西方开始于20世纪70年代，若追溯历史，我国最早的旅游方面的文献见于20世纪30年代，但限于当时的条件，这些文章仅仅是萌芽，没能在学术界产生影响。中国旅游地理学的系统研究与成型，是在20世纪70年代初至80年代末旅游业迅速发展和地理学的大发展、大变革的背景下出现的。

1978年，我国入境旅游者达186万人次，外汇收入2.6亿美元，翌年旅游人数猛增240万人次，收入4.49亿美元，增长率分别为132%和70%。1988年国际旅游者人数3169万人次，收入22.47亿美元，分别为1978年的17倍和8.7倍，同时国内旅游人数和收入也有较大增长。旅游业已成为我国的新兴经济部门，向传统地理学提出了一系列课题。1981年国务院提出了“走中国式旅游道路”的口号；1984年的全国旅游局长会议提出“整体设想、布局和长远规划”的要求和四个转变的思想，其中第一个转变就是“从接待型转变为开发型，建设旅游资源”；1986年的国务院旅游工作会议确定建立七大旅游区和开发十五条旅游线路的方针。这种形势促使一部分地理工作者转移到旅游研究方面上来，对旅游资源进行调查、评价规划，进而为开发和合理利用旅游资源服务。这一工作涉及的内容相当广泛，个别专门学科难以独立承担，而地理学具有综合性的特点，开展这一方面的研究具有许多优势。经过20多年的努力，旅游地理学已经成为一门相对独立的学科，在整个地理学领域中逐渐确定了其应有的地位，并逐渐受到广泛的重视。

二　中国旅游地理学的发展历程

1979 年在吴传钧的倡导下，中国科学院地理研究所组建的旅游地理学科组是中国旅游地理学开始进行系统研究的标志。从那时起，我国的旅游地理学发展走过了一条实践－理论－再实践－提高和完善理论的道路，其历程可以大致分为以下三个阶段。

1. 初创阶段（1979～1985）

这一阶段旅游地理学者以北京等地为研究中心，逐步影响到全国，出现了以陈传康、郭来喜为代表的学科开拓者和建设者。在高校中，北京大学地理系在开展与旅游地理有关的科研与教学活动方面是起步最早的。陈传康最早就风景及构景、建筑与景观、旅游资源开发的一些规律性问题做了阐述；郭来喜则最早较为系统地研究、总结、介绍了旅游地理学这门学科。由陈传康和郭来喜编写的《开发我国旅游资源，开展旅游地理研究》（1979）是这一阶段非常重要的一篇论文。由郭来喜编写的《中国旅游地理讲义》（1981）则是我国最早的一部旅游地理教材。其他具有代表性的论著还有北京旅游学院编印的《旅游资源的开发与欣赏》（1981）和中国科学院地理研究所旅游地理组编印的《旅游地理文集》（1982）。

初期阶段，旅游地理工作者主要以旅游资源为研究内容，侧重于对旅游地景观的描述，探讨其分布、形成规律，对旅游区的交通、客源的流向，以及旅游区的开发进行描述，并积极地参与了开发实践，这些实践都从不同的侧面进一步发展和丰富了旅游地理学，并且有不少建议和措施已经被地方领导部门采纳，在实践中取得一定的经济效益。具有代表性的有：郭来喜于 1983 年在全国保护长城工作会议上提出“保护长城，研究长城”，首倡国内外集资修复长城代表区段，发展旅游业；1985 年郭来喜主持完成的《河北昌黎黄金海岸开发》是一个获得巨大成功的旅游开发范例，一片荒凉的沙碱地变为旅游热点；1985 年卢村禾等完成的《皖南开发对策考察报告》，孙文昌、郭康对紧邻河北的旅游开发研究，陈传康、徐君亮对广东旅游开发的有关研究等，也取得了明显的实践效果。

2. 发展阶段（1986～1992）

这一阶段是我国旅游业大发展的时期，也是旅游地理学走向成熟的时期。这一阶段的旅游地理学侧重于参与和规划实践，并以作者自身参加旅游开发实践为基础，总结各典型旅游区的工作成果，汇合了相邻学科的理论与方法，较深入地阐述了旅游资源开发、旅游规划等有关规律性问题，对从事旅游地理教学和开发实践具有一定的指导意义。《中国旅游地理》（戴松年、徐伦虎、曹玲泉，1986），《旅游地理学》（雷明德，1988），《现代旅游地理学》（卢云亭，1988），《北京旅游地理》（陈传康、保继刚，1989），《应用旅游地理学》（孙文昌、陈云泰，1990）等专著将旅游学的思想融入地理学中来，对旅游地理学的一系列问题进行了系统的阐述，从而建立了旅游地理学体系。

在总结了安阳、亳县、邹县、敦煌、乌鲁木齐、连云港、聊城、陆丰、汕头、粤北和海南等地的旅游开发实践后，陈传康提出了风景层次结构、旅游行为层次结构和旅游业内部结构图式等理论（陈传康，1986）。1990 年，陈传康在研究风景资源和区位条件的基础上，在《区域开发六种模式》中，总结了全国区域旅游开发的六种模式，对全国旅游区的合理布局和区域旅游开发的研究有重要的意义。

与此同时，从事这一方面研究的每一个学者都从不同侧面做出了贡献。郭来喜等提议开展旅游资源普查工作，提出了从世界、全国、区域的大系统来考虑区域旅游的优化模式，在全国率先提出了大旅游、大系统观和立体开发的思路；张国强、丁文魁等对风景区的规划做了系统研究；郭康、王清廉对旅游开发中突出资源特色的重要性有着深刻论述；邢道隆和傅文伟对旅游资源评价所建立的体系，对旅游开发具有一定的指导意义；周延亭和韩也良的旅游生态环境研究引人注目；范家驹、邹树梅等从经济学观点和方法进行区域开发有独到之处；保继刚、王家骏等一批中青年地理工作者利用现代数学方法对旅游开发进行了定量分析。

3. 深化阶段（1993 ~）

这一阶段，旅游地理学在各方面都取得很大进展，主要表现为旅游地理学家参与高层次的旅游决策和多项旅游规划，旅游地理学研究的内容从深度和广度两个方面拓展，旅游地理学的理论和方法日益完善。中国科学院地理研究所和国家旅游局资源开发司合作，制定了《中国旅游资源普查规范（试行稿）》，1993年由国家科学技术委员会、国家旅游局联合发文向全国推荐试行。1993年，保继刚、楚义芳、彭华出版了第一本较高水准的《旅游地理学》教材。1996年由中国科学院地理研究所和国家旅游局计划统计司共同承担，由郭来喜主持的《中国旅游业持续发展理论基础及宏观配置体系研究》课题被国家自然科学基金委员会列为“九五”重点项目，成为中国国家级自然科学领域的第一项重点旅游研究项目，显示了旅游地理学研究旅游产业的成熟性和先导性。中国旅游协会生态旅游协会生态旅游专业委员会提出设置生态旅游主题的建议被国家旅游局采纳，并将1999年定为“中国生态旅游年”。

这一阶段，旅游地理学的研究内容日益深化，旅游地理学界完成的项目数以千计。《海南省旅游发展规划大纲》（范家驹等，1992）得到了国内外专家和海南省政府的高度评价，1993年由省政府颁布施行；《新疆维吾尔自治区旅游业发展布局规划》（郭来喜等，1994）被国家旅游局推荐到全国旅游计划会议上做典型报告，随即编制了图文并茂的中英文版《中国新疆环游录》；《汕头风景区建设和旅游规划中华文化博览城创意策划书》（陈传康等，1996）突出了旅游产品开发和旅游形象设计的内容，为小区域旅游规划提供了一种模式；《北海市旅游发展与布局总体规划》（郭来喜，1997），首次进行了旅游资源普查、旅游发展战略研究和旅游业发展与布局总体规划制定三位一体化的综合性研究，该规划被认为是国内旅游规划中体系较完整、技术方法较先进的旅游规划，成为区域旅游规划的典范。

这一阶段，原有理论在实践中得到进一步验证和提高，旅游可持续发展思想开始受到旅游地理学界的重视，并贯穿于旅游资源的开发实践中。传统技术方法得到了革新，定性与定量相结合的方法得到普及，高新技术如RS、GIS、GPS等技术也在资源普查和规划中得到运用。

三　理论和方法的进展

20世纪80年代以来，我国旅游地理学的学科总结、理论和方法研究获得了全面发展。

1. 关于旅游资源的定义及评价　学术界对旅游资源的定义尚有争议。旅游资源的分类方法是将其分为自然和人文旅游资源两种。《中国旅游资源普查规范》将全部资源划分为两大类六类型七十四种基本类型，郭来喜、吴必虎等（1997）据此提出了一个更为合理的旅游资源分类分级生态系统修订方案。国内对旅游资源评价尚无公认的标准。前期的评价方法主要有经验评价和单因子评价，近期则主要是数学模型评价。

2. 旅游地研究　《旅游地扩展开发研究——以丹霞山阳元石景区为例》（保继刚、彭华，1995），《旅游地生命周期的控制与调整》（谢彦君，1995），《山岳型旅游地生命周期研究——安徽黄山、九华山实证分析》（陆林，1997）等借鉴国外的旅游地生命周期理论对旅游地深化规划进行了初步探讨；唐顺铁探讨了《旅游目的地的社区化及社区旅游研究》（1998）；刘峰的《旅游地灾害风险管理初探》（1996）对旅游地旅游灾害类型和风险评估进行了初探，并构建了旅游地灾害危险指标、效益损失测度指标及旅游灾害预防体系。有关旅游地形象策划的研究，对国内来说是一个崭新的领域，陈传康、许小波、李蕾蕾等于1995~1996年间对旅游地形象策划进行了初步研究并对泰安市、无锡市等旅游地进行了形象策划。1998年，李蕾蕾在《区域旅游形象系统研究——TDIS理论、方法、应用》中，对区域旅游形象策划进行了较系统的总结，构造了区域旅游形象设计模式。

3. 旅游者行为及旅游市场研究　这个研究方向是将心理学和经济学等基础学科引入到旅游地理学中产生的。从1987年起步至今，已取得了一系列重要理论成果。如保继刚于1987年以北京市为例的《旅游者行为研究》；陈健昌、保继刚于1988年发表的《旅游者的行为研究及其实践意义》，该文用假设检验法揭示出旅游决策行为主要由感知行为和最大效益原则决定；吴必虎的《上海城市游憩者流动行为研究》

(1994）和吴必虎、唐俊雅、黄安民等《中国城市居民旅游目的地选择行为研究》（1997），前者对上海市游憩者在空间上的流动规律进行了研究，绘制了等游线和使用曲线；后者通过3894份问卷的信息处理和分析，绘出了中国城市居民到访率在空间上的分割曲线；陆林于1996～1997年间以安徽黄山为例对山岳风景区的旅游者空间行为、感知行为和动机行为进行了深入研究。

4. 区域旅游开发与规划研究　我国于20世纪70年代末开始成立国家旅游局。1986年，中国政府将旅游业确立为正式的产业部门，标志着我国旅游开发与规划进入了市场导向阶段。20世纪90年代以后，各级政府纷纷将旅游业作为龙头（或支柱）产业，与此同时，各类主题园、旅游度假村、出境旅游等新事物迭现，旅游开发与规划出现了以资源为基础、以市场为导向、国际与国内并重的局面。1999年初，世界旅游组织完成的四川旅游发展总体规划，标志着我国旅游开发与规划出现了新气象。

旅游规划是我国旅游地理学界研究最多、取得成绩最大的领域。刘伟强、陈传康在其《旅游开发促进旅游业可持续发展》(1994）中，归纳了旅游开发的基本原理，总结了旅游开发的七种模式；在陈传康《城市旅游开发规划研究提纲》(1996）中，对城市旅游开发规划的研究规范化进行了总结；范家驹在《现状、思考、对策——96国内旅游发展研讨会发言摘录》中对如何优化旅游规划进行了探讨；郭康探讨了多维度的旅游开发途径，总结出“点”“线”“网”“面”的开发规律。

5. 旅游环境容量的研究　《苏州旅游环境容量问题初

探》（赵红红，1983）首次提出了旅游环境容量的问题。之后，刘振礼等（1985）从理论与方法两个方面进行了特定区域旅游规模的研究；保继刚（1987）研究了颐和园的旅游环境容量；楚义芳（1989）对旅游环境容量进行了系统分析，并给出量测公式；胡炳清（1995）研究了旅游环境容量的计算方法，提出了旅游环境容量的数学模型；1995 年崔凤军首次提出了"环境承载力"这一概念，并指出它是可持续旅游的重要判据之一；1997 年崔凤军等分别以泰山等地为例，构建了旅游承载力指数（TVCI）及运算模式；1998 年俞孔坚提出了一种新的可持续规划途径——生态安全格局方法。旅游环境容量的研究指出了旅游开发与环境相协调发展的途径，具有较强的理论意义和实践价值。

6．旅游区划研究　从 1985 年以后，地理工作者对旅游区划进行了大量的研究，并根据不同的目的和指标，提出了一系列不同的全国旅游区划方案。其中最具代表性的是郭来喜在《中国旅游资源的基本特征与旅游区划研究》（1985）中将我国划分为九大旅游带、二十九个旅游省、一百四十九个基本旅游区的区划方案和陈传康在 1991 年将观光游览和科学文化导游相结合，将中国划分为七个一级旅游文化区的划分方案。前者的划分分到三级旅游区，实用性强；后者则考虑了文化、风光、对应开发重点和客源市场等因素，有较强的实践指导意义。

7．生态旅游研究　生态旅游是一种特殊形式的旅游。国内的生态旅游研究始于 20 世纪 90 年代。1995 年，郭来喜的《中国生态旅游及其发展方略》一文在第一届生态旅游研讨会上受到国家旅游局的重视，文中所提出的在 2000 年前设置中国生态旅游主题年的建议也被采纳了。此后，生态旅游研究在全国范围内展开。卢云亭（1996）较为系统地介绍了生态旅游；吴必虎（1996）介绍了旅游目的地行政和设施的生态管理方法；王仰麟（1997）对景观生态系统及其要素进行了理论分析；郭来喜（1997）对生态旅游进行了界定，指出了生态旅游的六大特征，并对生态旅游景物进行了分类；陈传康将景观生态学引用到生态旅游规划中（1997）。以上研究成果被应用到旅游规划实践中去，如陈传康主持的《云南轿子雪山旅游规划》、郭来喜主持修订的《武汉市水体景观多样性生态旅游》、仲桂清的《蛇岛生态旅游开发与研究》等都贯穿了生态旅游思想。郭来喜先生还分别协助武汉市和承德市将其生态旅游规划和项目列入《中国 21 世纪议程 · 优先项目计划》体系，从而使生态旅游展现在国家可持续发展的总蓝图中。

近年来，旅游地理学已经成为中国地理学发展最快的分支学科之一。社区旅游、节事旅游、遗产旅游、城市旅游、旅游流等成为研究热点。跨学科的交流，也促进了旅游地理学研究方法更加多元化。

第十节　聚落地理学

聚落按最早使用的德文（siedlung）的字意为居住地。因此有人把聚落地理学理解为居住地理学。它是研究聚落形成、发展、空间分布特征、规律及其与环境之间的关系的一门学科，也是人文地理学的一个重要分支。

一　发展历程

中国现代聚落地理研究可以分为四个阶段。

1. 聚落地理研究是人文地理学的一个重要分支，在中国现代地理学的发展中，也是出现较早、成型较早的分支学科之一。早在20世纪30年代已引起了我国地理学者的兴趣和早期研究实践。在20世纪50年代以前，受到社会环境影响，聚落地理研究的论文不多，这也是学科发展早期的必然现象。但是，20世纪30~40年代这些不多的论文，亦为中国现代人文地理学在聚落地理学研究方面奠定了基础。仅在《地理学报》发表的聚落地理的主要论文就有：严钦尚《西康居位地理》(1939年第6期)，朱炳海《西康山地村落之分布》(1939年第6期)，陈述彭、杨利普《遵义附近之聚落》(1943年第10期)，刘恩兰《川西之高山聚落》(1948年第15期)。

2. 20世纪50年代前期，在聚落地理理论研究方面，有1950年吴传钧发表的《怎样做市场调查》，它是改变以往纯粹用定性描述，试图用定量方法进行聚落研究的开端。这一时期，有关农村聚落地理学的专门研究极少，在区域地理研究中，人们也只能偶然见到农村聚落的内容，如《冀南地区经济地理》(孙敬之、邓静中、李幕贞等，1954)，《南雄盆地经济地理》(梁溥、曹廷藩、杨克毅等，1956)和《南阳盆地》(梁溥，1955)，都是关于农村自然村与集镇的情况介绍。

3. 20世纪50年代后期，聚落地理的学术研究与社会主义建设实际工作相结合，从解释和分析农村聚落及其周围环境的因果关系走向预测今后发展、规划和设计未来，在理论上也有所提高，提出了我国农村居民点规划的基本原则。这一时期的研究成果主要有《农村人民公社经济规划的初步经验》(张同铸、宋家泰、苏永煊，1959)和北京师范大学地理系四年级人民公社规划组的《农村人民公社居民点的规模及其配置》(1958)。前文提到了人民公社居民点规划的目的，指出了地理学者所研究的居民点内部的主要建设项目等，其中布局问题是规划的重点内容，并进一步提出了居民点布局规划应考虑的几个原则；后文着重分析了人民公社化后，我国旧的分散落后、简陋的农村居民点不能适应新的生产管理和经营方式，并提出影响居民点规模大小的四个主要因素和确定居民点规模大小分布的两个基本原则。

4. 20 世纪 70 年代中期以后，我国城市地理学借助于城市规划工作的复兴随着人文地理学全面复兴。1978 年后，随着农村经济体制改革的推进、农村经济形势的好转，农村工业化、农村城市化进程明显加快，村镇建设与村镇规划、国土整治、区域规划等也为开展农村聚落地理研究提供了广泛的课题，农村聚落地理学也获得了较大的发展。

二　20 世纪 70 年代以来聚落地理学发展的特点

20 世纪 70 年代以来聚落地理学的新发展有以下特点。

1. 重视聚落规划，加强理论研究与经济建设实际的紧密联系

中国聚落地理学要想更好地为四个现代化服务，必须紧密结合实际，加强对聚落规划的研究，尤其是聚落总体规划。在社会主义建设中，中国需要有一套符合实际的、科学的聚落规划，尤其是聚落总体规划。只有这样，聚落发展才能明确性质、控制规模，土地利用和各项用地布局才能得以统一安排，领导和群众才能了解城市发展和各项事业布局之间的制约关系，这样才能远近结合，有计划地推进社会主义建设事业的发展。为此，从 20 世纪 70 年代起，北京大学、南京大学、中山大学、杭州大学、东北师范大学等院校的地理系先后设置了侧重于城市规划的经济地理专业，培养了大批地理学方面的城市规划人才，为地理学的发展开辟了一个新途径。

这一时期关于聚落规划的著作日益增多，如叶舜赞等以河北栾城县为例，发表了《为实现农业现代化开展农村居民点地理研究》(1979)，《关于村镇布局的宏观特点》(1985) 等论文，郑天祥等编写了《广东省农村居民点规划与建设讲义》(1982)。

2．加强了理论研究、研究方法趋向定量化

20 世纪 80 年代后，中国聚落地理的研究扭转以往以记叙和简单解释因果关系为主的状况，使之成为有一定理论体系的学科，聚落空间布局、聚落体系、城市化、空间结构等理论成为聚落地理学研究的基础。

探讨聚落地理学的新理论与新方法成为明显的趋势。如《开展我国农村聚落地理研究的主要课题》（李振泉，1985），《农村聚落地理》（金其铭，1988），《中国农村聚落地理》（金其铭，1989）和《城市地理学概论》（于洪俊、宁越敏，1983）等著作系统地阐述了农村聚落地理的理论基础、研究方法，结合国内外农村聚落的大量实例，分析了农村聚落的形成、发展、分布规律及其与环境的关系，对农村聚落类型、农村聚落体系、城镇规划和农村城市化等问题进行了总结，并逐步采用定性与定量研究相结合的方法，加强了理论与方法的应用。

3．聚落的历史地理研究活跃，聚落志仍占重要地位

由于我国历史悠久，聚落的历史地理内容丰富，许多著作专门研究了聚落的历史地理。《历史时期绍兴地区聚落的形成和发展》（陈桥驿，1980），《中国运河城市发展史》（傅崇兰，1985），《北京与周围城市关系史》（王玲，1988），《宋代草市镇研究》（傅宗文，1991），《明清江南市镇探微》（樊树志，1990），《明清时期杭嘉湖市镇史研究》（陈学文，1993）等都

是这方面的重要的著作。

近年来，中国聚落地理研究涵盖了聚落生态研究、聚落空间特征及其演化研究、聚落发展问题（空心化问题、环境污染问题等）研究、聚落综合研究等。

参考文献

[1] 赫特纳. 地理学——它的历史、性质和方法（中译本）[M]. 北京：商务印书馆，1983.

[2] 德芒戎. 人文地理学问题 [M]. 葛以德，译. 北京：商务印书馆，1999.

[3] 法伊尔阿本德. 反对方法无政府主义知识论纲要 [M]. 周昌忠，译. 上海：上海译文出版社，2007.

[4] 詹姆斯. 地理学思想史 [M]. 李旭旦，译. 北京：商务印书馆，1982.

[5] 郭颖颐. 中国现代思想中的唯科学主义[M]. 雷颐，译. 南京：江苏人民出版社，2005.

[6] 哈特向. 地理学的性质 [M]. 叶光庭，译. 北京：商务印书馆，1996.

[7] 哈特向. 地理学性质的透视 [M]. 黎樵，译. 北京：商务印书馆，1983.

[8] 萨顿. 科学的生命 [M]. 刘珺珺，译. 北京：商务印书馆，1987.

[9] 熊彼特. 经济分析史 [M]. 朱泱，孙鸿敬，李宏，等译. 北京：商务印书馆，1991.

[10] 卡列斯尼克. 普通自然地理简明教程史 [M]. 北京：商务印书馆，1960.

[11] 约翰斯顿. 哲学与人文地理学 [M]. 蔡运龙，江涛，译. 北

京：商务印书馆，2000.

[12] 丹皮尔. 科学史及其与哲学和宗教的关系 [M]. 李珩，译. 北京：商务印书馆，1997.

[13] 迪金森. 近代地理学创建人 [M]. 葛以德，译. 北京：商务印书馆，1980.

[14] 中华地理志编辑部. 中华地理志 [M]. 北京：科学出版社，1953.

[15] 安成谋. 兰州市商业中心的区位格局及优势度分析 [J]. 地理研究，1990，9（1）：28－34.

[16] 保继刚，楚义芳，彭华. 旅游地理学 [M]. 北京：高等教育出版社，1993.

[17] 保继刚. 旅游地拓展开发研究——以丹霞山阳元石景区为例 [J]. 地理科学，1995，15（1）：63－70.

[18] 鲍觉民. 政治地理学研究的若干问题[M]//李旭旦. 人文地理学论丛. 北京：人民教育出版社，1985.

[19] 曹廷藩，朱云成. 关于我国经济地理学当前发展中的一些问题[C]//中国地理学会1978年经济地理专业学术会议论文集. 北京：商务印书馆，1980.

[20] 陈才，刘曙光. 面向21世纪的我国区域经济地理学科理论体系建设 [J]. 地理科学，1998，18（5）：393－401.

[21] 陈才，刘曙光. 区域经济地理学发展回顾与展望 [J]. 地理科学进展，1998，17（3）：1－10.

[22] 陈才，刘曙光. 区域经济地理学方法论建设初探 [J]. 地理研究，1999，18（1）：2－7.

[23] 陈传康. 区域旅游发展战略的理论与案例分析[M]//中国地理学会自然地理专业委员会. 自然地理学与国土整治. 北京：科学出版社，1988.

[24] 陈传康，保继刚. 北京旅游地理 [M]. 北京：中国旅游出版

社，1989.

［25］陈传康. 中国饮食文化的区域分化和发展趋势［J］. 地理学报，1994，(3)：226－235.

［26］刘伟强，陈传康. 旅游开发促进旅游业可持续发展［M］//北京大学中国可持续发展研究中心. 可持续发展之路. 北京：北京大学出版社，1995.

［27］陈传康. 城市旅游开发规划研究提纲［J］. 旅游学刊，1996，11（5）：31－34.

［28］陈传康，王新军. 神仙世界与泰山文化旅游城的形象策划［J］. 旅游学刊，1996，11（1）：48－52.

［29］陈传康，刘振礼. 旅游资源鉴赏与开发［M］. 上海：同济大学出版社，1990.

［30］陈传康. 风景区与景点的旅游形象策划（CI）［J］. 沿海新潮，1996，(6).

［31］陈航. 中国交通运输地理学［M］. 北京：科学出版社，1993.

［32］陈健安. 军事地理学［M］. 北京：解放军出版社，1988.

［33］陈卫民. 中国80年代城镇化速度与劳动力产业转移速度比较研究［J］. 人口研究，1993（1）：25－29.

［34］陈小平. 试论湛江市发展外向型经济的条件与对策［J］. 人文地理，1989(4)：14－17.

［35］陈叶青. 农业地域系统演变的动态模拟与优化调控研究［J］. 地理科学，2010，30(1)：60－65.

［36］陈正祥. 中国文化地理［M］. 北京：三联书店，1983.

［37］城镇合理规模课题调研组. 研究城镇合理规模的理论和方法［M］. 南京：南京大学出版社，1986.

［38］程潞. 论我国糖料作物的生产布局［J］. 经济地理，1983，3(2)：96－100.

［39］程潞. 论中国粮食生产进一步发展问题［J］. 经济地理，

1987, 10(2): 83-87.

[40] 程璐. 我国的国土规划问题 [J]. 地理学报, 1983, 38(3).

[41] 迟守乾. 试论经济地理学的技术方法发展 [J]. 经济地理, 1983, 16(4): 113-116.

[42] 楚义芳. CBD与城市发展 [J]. 城市规划, 1992 (3): 3-8.

[43] 崔凤军. 论旅游环境承载力——持续发展旅游的判据之一 [J]. 经济地理, 1995 (1): 105-109.

[44] 崔功豪. 城镇建制、人口统计与城市化水平——中国城市化思考之一 [J]. 南京大学学报 (地理版), 1987 (8).

[45] 崔功豪. 新中国城市发展的过程、特点和趋势——中国城市化思考之二 [J]. 南京大学学报 (地理版), 1988 (9).

[46] 崔功豪. 近十年中国城市化研究进展 [J]. 地域研究与开发, 1989, 8(1).

[47] 崔功豪, 王本炎, 查彦玉. 城市地理学 [M]. 南京: 江苏教育出版社, 1992.

[48] 崔功豪. 中国城市边缘区空间特征及其发展——以南京等城市为例 [J]. 地理学报, 1990, 45(4): 399-411.

[49] 戴松年, 徐伦虎, 曹玲泉. 中国旅游地理 [M]. 北京: 测绘出版社, 1986.

[50] 邓静中. 中国农业区划方法论研究 [M]. 北京: 科技出版社, 1960.

[51] 邓静中. 中国农业地理丛书 [M]. 北京: 农业出版社, 1989.

[52] 邓维鉴. 浅论开发区如何走出困境 [J]. 人文地理, 1989(4): 18-20.

[53] 丁镜熙. 跨世纪发展的江苏省生产力布局战略[J]. 经济地理, 1997(1): 11-16.

[54] 丁力. 地缘大战略: 中国的地缘政治环境及其战略选择 [M]. 太原: 山西人民出版社, 2010.

[55] 凡杰. 对我国国土规划几个主要问题的重新认识 [J]. 地理研究, 1993, 12(1): 56-63.

[56] 范力达. 人口城市化与经济发展水平的相关分析 [J]. 人口学刊, 1988(3): 29-35.

[57] 范力达, 孙少岩. 体制、农业剩余和中国人口城市化 [J]. 人口学刊, 1992(3): 11-19.

[58] 范力达. 我国八十年代末期区域间人口迁移和经济发展 [J]. 人口学刊, 1992(5): 1-6.

[59] 方可. 建设美好的小城镇[M]//广州市城乡建设委员会, 村镇建设学会. 建设美好的小城镇. 广州: 广东省地图出版社, 1988.

[60] 方可. 小城镇建设的道路 [M]. 广州: 广东省地图出版社, 1991.

[61] 高曾伟. 中国民俗地理学刍议 [J]. 地理研究, 1996, 15(1): 91-97.

[62] 葛剑雄. 统一与分裂——中国历史的启示 [M]. 北京: 三联书店, 1994.

[63] 辜胜阻. 中国城市化的特点及其战略思路 [J]. 经济地理, 1991, 11(3).

[64] 顾朝林. 论黄河三角洲城镇体系布局基础 [J]. 经济地理, 1992, 12(2): 82-86.

[65] 顾朝林. 中国高技术园类型及其发展方向 [J]. 经济地理, 1996, 16(1): 9-13.

[66] 中国农村经济区域发展研究, 全国农业资源区划办公室, 等. 中国农村经济区划 [M]. 北京: 科学出版社, 1999.

[67] 郭焕成, 姚建衢, 任国柱. 中国农业类型划分的初步研究 [J]. 地理学报, 1992, 47(6): 507-515.

[68] 郭来喜. 中国旅游资源的基本特征与旅游区划研究 [C]//郭来喜, 霍夫帕尔, 麦金太尔. 中美人文地理研讨会论文集. 北京: 科学

出版社，1988.

[69] 郭来喜. 中国对外开放口岸布局研究 [J]. 地理学报，1994(5)：385－393.

[70] 郭来喜. 中国旅游业可持续发展理论与实践研究 [J]. 人文地理，1996（增刊）：17－25.

[71] 郭来喜. 中国生态旅游——可持续旅游的基石 [J]. 地理科学进展，1997，16（4）：1－10.

[72] 郭来喜，陆大道. 人地关系与经济布局理论创新与突破——庆贺吴传钧院士80华诞 [J]. 地理科学进展，1998，17(1)：5－11.

[73] 韩俊. 我国农业劳动力转移的阶段性及其特点[J]. 人口研究，1990(5)：32－37.

[74] 何慧德. 中华人民共和国老年人口地图集 [M]. 北京：中国统计出版社，1986.

[75] 国务院人口普查办公室，中国科学院地理研究所. 中国人口地图集 [M]. 北京：中国统计出版社，1987.

[76] 侯仁之. 北京历史地图集 [M]. 北京：北京出版社，1997.

[77] 侯仁之. 黄河文化 [M]. 北京：华艺出版社，1994.

[78] 胡焕庸. 论中国人口之分布 [M]. 上海：华东师范大学出版社，1983.

[79] 胡焕庸，张善余. 世界人口地理 [M]. 上海：华东师范大学出版社，1982.

[80] 胡焕庸，张善余. 中国人口地理（上）[M]. 上海：华东师范大学出版社，1984.

[81] 胡焕庸，张善余. 中国人口地理（下）[M]. 上海：华东师范大学出版社，1986.

[82] 胡序威. 试论工业布局的集中与分散的问题[M]//中国地理学会经济地理专业委员会. 工业布局与城市规划. 北京：科学出版社，1981.

[83] 胡序威. 我国工业布局与区域规划的经济地理研究 [J]. 地理科学，1985，5(4)：308－317.

[84] 胡序威. 中国区域规划的演变与展望 [J]. 地理学报，2006，61(6)：585－592.

[85] 胡兆量. 大城市发展规律探讨 [J]. 城市问题，1984 (3)：18－22.

[86] 胡兆量. 大城市的超前发展及其对策 [J]. 北京大学学报（哲学社会科学版），1986(5)：118－122.

[87] 胡兆量. 我国大城市发展内在机制探索 [J]. 城市问题，1987(2)：2－5.

[88] 胡兆量. 我国百万人口城市发展趋势 [J]. 城市问题，1990(5)：4－6.

[89] 黄成林. 试论徽州地理环境对徽商和徽派居民建筑的影响 [J]. 人文地理，1993(4)：57－63.

[90] 金其铭. 我国农村聚落地理研究历史及近今趋向 [J]. 地理学报，1988，43(4)：313－317.

[91] 金其铭. 农村聚落地理 [M]. 南京：江苏教育出版社，1988.

[92] 鞠海龙. 亚洲海权地缘格局论 [M]. 北京：中国社会科学出版社，2007.

[93] 康就升. 农业劳动力转移机制的思考与选择 [J]. 人口与经济，1991(3)：14－22.

[94] 况光贤. 人文地理学导论 [M]. 重庆：西南师大出版社，1987.

[95] 雷明德. 旅游地理学 [M]. 西安：西北大学出版社，1988.

[96] 李慕寒，吴学典，朱传耿. 文化地理学引论 [M]. 北京：中国矿业大学出版社，1995.

[97] 李润田. 现代人文地理学 [M]. 开封：河南大学出版社，1992.

[98] 李文彦. 我国工业地理学研究的回顾与展望 [J]. 地理学报，1986(4)：370 - 380.

[99] 李文彦. 中国工业地理 [M]. 北京：科学出版社，1990.

[100] 李旭旦. 东北地位与朝鲜战争 [J]. 地理知识，1950(12).

[101] 李旭旦. 人文地理学的复兴 [J]. 百科知识，1981(3).

[102] 李旭旦. 人文地理学概说 [M]. 北京：科学出版社，1985.

[103] 人文地理学编写组. 人文地理学 [M]. 北京：中国大百科全书出版社，1984.

[104] 李旭旦. 人文地理学论丛 [M]. 北京：人民教育出版社，1985.

[105] 李振泉. 我国甜菜生产的适宜地带适宜区划和集中产区 [J]. 经济地理，1982，2(4)：256 - 261.

[106] 梁仁彩. 化学工业布局概论 [M]. 北京：科学出版社，1982.

[107] 刘芳. 关中西府文化景观生态学机制试探 [M] //陈宗兴，等. 区域环境与可持续发展. 西安：西北大学出版社，1997.

[108] 刘峰. 旅游地灾害风险管理初探 [C] //首届全国灾害风险评估研讨会论文集. 北京：地震出版社，1997.

[109] 刘锋. 旅游地理学在中国的发展回顾 [J]. 地理研究，1999，18(4)：434 - 443.

[110] 刘沛林. 风水——中国人的环境观 [M]. 上海：三联书店，1995.

[111] 刘沛林. 近年来我国文化地理学研究的进展 [J]. 地理科学进展，1998(2)：90 - 96.

[112] 刘盛佳. 吴传钧院士的人文地理学思想与人地关系地域系统学说 [J]. 地理科学进展，1998，17(1)：12 - 18.

[113] 刘岩，路紫. 文化地理学导论 [M]. 北京：气象出版社，1995.

[114] 刘彦随，龙花楼. 中国农业地理与乡村发展研究进展及展望：建所70周年农业与乡村地理研究回顾与展望 [J]. 地理科学进展，2011，30(4)：409－416.

[115] 刘益. 岭南文化特点及其形成的地理因素 [J]. 人文地理，1997(1)：48－50.

[116] 刘再兴. 中国工业布局学 [M]. 北京：中国人民大学出版社，1981.

[117] 刘再兴. 中国生产力总体布局研究 [M]. 北京：中国物价出版社，1995.

[118] 刘兆驅. 发展我国淡水渔业的几个问题 [J]. 经济地理，1983，3(4)：260－264.

[119] 刘振礼，金键. 特定区域旅游规模的研究 [J]. 旅游论坛，1985 (2)：29－33.

[120] 刘振礼. 旅游地理 [M]. 天津：南开大学出版社，1987.

[121] 卢云. 汉晋文化地理 [M]. 西安：陕西教育出版社，1991.

[122] 卢云亭. 现代旅游地理学 [M]. 南京：江苏人民出版社，1988.

[123] 卢云亭. 自然景观旅游生态系统的结构、功能和开发保护战略研究 [M]//肖笃宁. 景观生态学理论、方法及应用. 北京：中国林业出版社，1991.

[124] 卢云亭. 生态旅游与可持续发展 [J]. 经济地理，1998，17(1)：25.

[125] 陆大道. 工业区的工业企业成组布局类型及其技术经济效果 [J]. 地理学报，1979，34(3)：248－265.

[126] 陆大道，等. 中国工业布局的理论与实践 [M]. 北京：科学出版社，1989.

[127] 陆大道. 50年来我国经济地理学的发展 [J]. 经济地理，2000，20 (1)：1－6.

[128] 陆大道，郭来喜. 地理学的研究核心：人地关系地域系统——论吴传钧院士的地理学思想与学术贡献［J］. 地理学报，1998，53(2)：97－105.

[129] 陆大道，薛凤旋，等. 中国区域发展报告［M］. 北京：科学出版社，1997.

[130] 陆林. 山岳风景区客流研究——以安徽黄山为例［J］. 地理学报，1994，49(3)：236－245.

[131] 陆林. 山岳型旅游地生命周期研究——安徽黄山、九华山实证分析［J］. 地理科学，1997，17(1)：63－69.

[132] 吕拉昌. 整合、超越与发展——民族地区文化、经济、生态系统研究［M］. 昆明：云南人民出版社，1995.

[133] 毛汉英，方创琳. 我国新一轮国土规划编制的基本构想［J］. 地理研究，2002，21(3)：267－275.

[134] 苗长虹，樊杰，张文忠. 中国农村工业发展：一个综合区位分析框架［J］. 地理研究，2002，21(1)：125－133.

[135] 倪祖彬. 黄河上游沿岸多民族地区经济战略研究［M］. 北京：科学出版社，1994.

[136] 宁越敏. 上海市区商业中心区位的讨论［J］. 地理学报，1984（2）.

[137] 牛亚菲. 可持续旅游、生态旅游及实施方案［J］. 地理研究，1999，18(2)：179－184.

[138] 中国科学院地理研究所经济地理研究室. 中国农业地理总论［M］. 北京：科学出版社，1980.

[139] 潘纪一，郭申阳. 中国农业劳动力转移展望［J］. 人口研究，1986(2)：16－20.

[140] 钱今昔. 华东工业发展的能源基地［G］// 能源经济论文集. 北京：能源出版社，1984.

[141] 钱学森. 论地理科学［M］. 杭州：浙江教育出版社，1994.

［142］邱国锋. 经济欠发达山区农业产业化发展问题与对策——以梅州市为例［J］. 地理科学，2002，22(2)：253－256.

［143］任美锷. 最近十年来中国地理科学的进展［J］. 地理学报，1990，45(2)：132－138.

［144］荣朝和. 论运输化［M］. 北京：中国社会科学出版社，1993.

［145］马湘泳，宫春生，佘之祥，等. 江苏省吴县东、西洞庭山及沿湖丘陵地区常绿果树发展问题——以柑桔适宜分区评价为重点［J］. 经济地理，1981，1(2)：9－17.

［146］沈道齐. 长江流域城市化特征与进程——中国式城市化道路的基本类型［J］. 南京城市研究，1988(3).

［147］沈道齐，崔功豪. 中国城市地理学近期进展［J］. 地理学报，1990，45(2)：35－43.

［148］沈伟烈. 军事地理学的研究对象与任务［M］//李旭旦. 人文地理学论丛. 北京：人民教育出版社，1985.

［149］史念海. 西安历史地图集［M］. 西安：西安地图出版社，1996.

［150］司徒尚纪. 广东文化地理［M］. 广州：广东人民出版社，1993.

［151］宋保平. 现代政治地理学研究对象的基础理论——琼斯的统一场论［J］. 人文地理，1990(2)：64－66.

［152］宋新潮. 殷商文化区域研究［M］. 西安：陕西人民出版社，1988.

［153］孙关龙. 分分合合三千年［M］. 广州：广东教育出版社，1995.

［154］孙文昌，陈元泰. 应用旅游地理学［M］. 长春：东北师范大学出版社，1990.

［155］孙文昌. 应用旅游地理学在中国的进展［J］. 地理学报，

1991，46(4)：495－504.

［156］孙胤礼，林雅贞. 农村的城镇化过程及其类型［J］. 经济地理，1988，8(1)：31－35.

［157］孙仲明，等. 旅游开发研究论文集［M］. 北京：旅游教育出版社，1990.

［158］谭其骧. 中国历史地图集［M］. 北京：地图出版社，1982.

［159］唐顺铁. 旅游目的地的社区化及社区旅游研究［J］. 地理研究，1998，17(2)：145－149.

［160］王德荣. 中国运输布局［M］. 北京：科学出版社，1986.

［161］王恩涌. 文化地理学导论［M］. 北京：高等教育出版社，1991.

［162］王恩涌. 欧亚大陆的“文化四边形”［J］. 百科知识，1992(8).

［163］王恩涌. 文化地理学近来在我国的出现与发展［J］. 人文地理，1996（增刊）：26－35.

［164］王发曾，袁中金，陈太政. 河南省城市体系功能组织研究［J］. 地理学报，1992，43(3)：274－283.

［165］王桂新. 中国人口分布与区域经济发展［M］. 上海：华东师范大学出版社，1997.

［166］王会昌. 中国文化地理［M］. 武汉：华中师范大学出版社，1992.

［167］王缉慈. 工业地理学的全球观与经济观［J］. 地理科学，1988，8(3)：259－264.

［168］王缉慈. 现代工业地理［M］. 北京：中国科学技术出版社，1994.

［169］王家骏. 适用于旅游地理学的一种概念模型［J］. 地理学报，1994，49(6)：561－566.

［170］魏心镇. 工业地理学（工业布局原理）［M］. 北京：北京大

学出版社，1982.

［171］魏心镇，王缉慈. 新的产业空间——高新技术开发区的发展与布局［M］. 北京：北京大学出版社，1993.

［172］魏心镇. 国土规划的理论开拓——关于地域结构的研究［J］. 地理学报，1989，44(3)：262－271.

［173］文云朝. 新疆边境口岸特征及其发展决策研究［J］. 经济地理，1996，16（1）：17－23.

［174］吴必虎. 上海城市游憩者流动行为研究［J］. 地理学报，1994，49(2)：117－127.

［175］吴传钧. 20世纪中国学术大典·地理学［M］. 福州：福建教育出版社，2002.

［176］吴传钧. 经济地理学——生产布局的科学［J］. 科学通报，1960（19）：594－596.

［177］吴传钧. 经济地理学——人文地理学的主要分支［M］//李旭旦. 人文地理学论丛. 北京：人民教育出版社，1985.

［178］吴传钧. 人文地理研究［M］. 南京：江苏教育出版社，1989.

［179］吴传钧. 论地理学研究的核心——人地关系地域系统［J］. 经济地理，1991，1(3)：1－6.

［180］吴传钧. 展望中国人文地理学的发展［J］. 经济地理，1996(增刊)：1－10.

［181］吴传钧，侯锋. 国土开发整治与规划［M］. 南京：江苏教育出版社，1990.

［182］吴传钧. 中国1∶100万土地利用图［M］. 北京：科学出版社，1990.

［183］吴传钧. 中国经济地理［M］. 北京：科学出版社，1998.

［184］吴耀，尹怀庭. 我国开发区研究述评［J］. 国土开发与整治，1995(4)：20－24.

[185] 吴郁文，谢彬，骆慈广，等. 广州市城区零售商业企业区位布局的探讨 [J]. 地理科学，1988，8 (3)：208 -218.

[186] 伍家平. 论民族聚落地理特征形成的变化影响与文化聚落类型 [J]. 地理研究，1992，11 (3)：50 -57.

[187] 武进. 中国城市形态：类型、特征及其演变规律 [M]. 南京：江苏科技出版社，1990.

[188] 武伟，宋迎昌. 论铁路干线对沿线地区经济开发的影响 [J]. 经济地理，1997，17(1)：92 -96.

[189] 夏日云，张二勋. 文化地理学 [M]. 北京：北京出版社，1991.

[190] 向偶. 中朝边境地理概况 [J]. 地理知识，1950 (11).

[191] 谢光晖. 湘南城镇体系研究 [J]. 经济地理，1990，10 (2)：55 -59.

[192] 谢觉民. 人文地理学 [M]. 北京：中国友谊出版社，1991.

[193] 谢觉民. 文化地理学 [M]. 北京：中国友谊出版社，1991.

[194] 谢让志. 天津文化景观 [M]. 天津：天津科技出版社，1996.

[195] 辛晓辉. 经济地理学的科学思维 [M]. 长春：长春出版社，1998.

[196] 徐放. 北京市的商业服务地理 [J]. 经济地理，1984(1)：40 -46.

[197] 徐刚. 江苏省长江沿岸港口群体的功能、格局与发展研究 [J]. 地理学报，1990，45(3)：275 -283.

[198] 徐培秀，梅方权，唐志发. 中国棉花区划研究 [J]. 地理研究，1983，2 (1)：12 -22.

[199] 许学强. 1949 年以来中国城市人口与城市化 [J]. 中国季刊，1985 (2).

[200] 许学强，等. 珠江三角洲的发展与城市化 [M]. 广州：中山

大学出版社，1988.

［201］许学强，黄丹娜. 近年来珠江三角洲城镇发展特征分析［J］. 地理科学，1989(3)：197－203.

［202］许学强，朱剑如. 现代城市地理学［M］. 北京：中国建筑出版社，1988.

［203］许自策，蔡人群. 我国沿海地区对外开放十年若干问题的讨论和建议［J］. 人文地理，1989（4）：7－13.

［204］薛凤旋. 中国的大都市［M］. 香港：商务印书馆香港分馆，1986.

［205］薛贻源. 中华人民共和国行政区域的划分［J］. 地理学报，1958，24(1)：84－102.

［206］严重敏，宁越敏. 略论上海市中心商务区的改造和发展［J］. 城市问题，1992（4）：28－32.

［207］阎小培. 中国乡村人口与乡村劳动力［M］//陈兴中，周介铭. 中国乡村地理. 成都：四川科技出版社，1993.

［208］阎小培. 广州市中心商业区土地利用特征、成因及发展［J］. 城市问题，1993（4）：14－20.

［209］阎小培. 近年来我国城市地理学主要研究领域的新进展［J］. 地理学报，1994(6)：533－542.

［210］杨吾扬. 北京市零售商业与服务中心和网点的过去、现在和未来［J］. 地理学报，1994，49(1)：9－18.

［211］杨吾扬. 交通运输地理学［M］. 北京：商务印书馆，1986.

［212］杨吾扬. 商业地理学［M］. 兰州：甘肃人民出版社，1987.

［213］杨吾扬. 区位论原理——产业、城市和区域的区位经济分析［M］. 兰州：甘肃人民出版社，1989.

［214］杨吾扬，谢东晓. 北京市中心商务区的现状与预测［J］. 城市问题，1992（3）：16－19.

［215］姚士谋. 城市地理学发展动态［J］. 地理科学，1991，11

(1)：35－42.

［216］姚士谋. 中国的城市群［M］. 合肥：中国科技大学出版社，1992.

［217］叶维钧，张秉忱，林家宁. 中国城市化道路初探——兼论我国城市基础设施的建设［M］. 北京：中国展望出版社，1988.

［218］于洪俊，宁越敏. 城市地理概论［M］. 合肥：安徽科技出版社，1983.

［219］翟辅东. 论民居文化的区域性因素——民居文化地理研究之一［J］. 湖南师大社会科学学报，1994（4）：108－113.

［220］张风波. 中国交通经济分析［M］. 北京：人民出版社，1987.

［221］张晶. 论文化地理学的基本理论与主要内容［J］. 人文地理，1997(1)：43－47.

［222］张雷. 中国矿产资源开发与区域发展［M］. 北京：海洋出版社，1997.

［223］张立生，姚士谋，叶枫. 厦门经济特区发展战略的几个问题［J］. 经济地理，1988（1）：34－41.

［224］张善余. 中国人口地理［M］. 北京：商务印书馆，1997.

［225］张伟然. 湖南历史文化地理研究［M］. 上海：复旦大学出版社，1995.

［226］张文尝. 关于地域间客运联系的研究［J］. 地理科学，1988，8(4)：313－323.

［227］张文尝. 我国客流的影响因素及其地区差异的研究［J］. 地理学报，1988，43(3)：191－200.

［228］张文尝. 空间运输联系——理论研究、实证分析、预测方法［M］. 北京：中国铁道出版社，1992.

［229］张文尝. 空间运输联系的分布与交流规律研究［J］. 地理学报，1994，49(6)：490－500.

［230］张文奎．世界政治地图的形成及现代政治地图的特征［M］．北京：新知识出版社，1957．

［231］张文奎．人文地理学概论［M］．长春：东北师范大学出版社，1987．

［232］张文奎．政治地理学［M］．南京：江苏教育出版社，1991．

［233］张志良．人口承载力与人口迁移［M］．兰州：甘肃科技出版社，1983．

［234］赵红红．苏州旅游环境容量问题初探［J］．城市规划，1983（5）：46－54．

［235］赵令勋．中国环渤海地区产业发展与布局［M］．北京：科学出版社，1992．

［236］中国科学院地理研究所．城镇与工业布局的区域研究［M］．北京：科学出版社，1986．

［237］中国科学院国情分析研究小组．农业与发展：21世纪中国粮食与农业发展战略研究［M］．沈阳：辽宁人民出版社，1997．

［238］中国科学院新疆资源开发综合考察队．新疆交通运输发展方向和运网合理布局［M］．北京：科学出版社，1989．

［239］中国科学院自然科学史研究所地学史组．中国古代地理学史［M］．北京：科学出版社，1984．

［240］钟功甫．海南岛的环形橡胶带［J］．热带地理，1985，5（4）．

［241］周立三．太湖地区经济发展面临人口、土地和粮食三大问题的挑战及其对策［M］//《中国科学院南京地理研究所集刊》编辑部．中国科学院南京地理研究所集刊：第1号．北京：科学出版社，1983．

［242］全国农业区划委员会《中国综合农业区划》编写组．中国综合农业区划［M］．北京：农业出版社，1981．

［243］周立三．中国农业区划的理论与实践［M］．北京：中国科学技术大学出版社，1993．

[244] 周启昌. 人口地理 [M]. 南京: 江苏科学技术出版社, 1987.

[245] 周尚意, 赵世瑜. 天地民生——中国古代关于人与自然的认识 [M]. 杭州: 浙江人民出版社, 1994.

[246] 周一星. 城市化与国民生产总值关系的规律性探讨 [J]. 人口与经济, 1982(1): 28-33.

[247] 周一星. 论我国城镇化的地域差异 [J]. 城市规划, 1983(2): 17-21.

[248] 周一星. 关于我国城镇化的几个问题 [J]. 经济地理, 1984, 4(2): 116-123.

[249] 周一星. 我国城镇等级体系变动的回顾及其省区地域类型 [J]. 地理学报, 1986, 4(2): 97-112.

[250] 周一星. 城市化的若干新动向: 兼论中国第四次人口普查的市镇人口比重[M]//杨汝万. 中国城市与区域发展——展望21世纪. 香港: 香港中文大学香港亚太研究所, 1993.

[251] 周一星, 于艇. 对我国城市发展方针的讨论 [J]. 城市规划, 1988(3): 33-36.

[252] 周振鹤. 中国历代行政区划的变迁 [M]. 北京: 中共中央党校出版社, 1991.

[253] 周振鹤, 游汝杰. 方言与中国文化 [M]. 上海: 上海人民出版社, 1986.

[254] 竺可桢. 竺可桢文集 [G]. 北京: 科学出版社, 1979.

第五章　地图学与地理信息科学的学科发展

地理信息科学是地球系统科学、信息科学等交叉融合的一门新兴学科，也是一门应用科学。它以信息流为手段研究地球系统的物质流、能量流和人流的运动状态和方式。虽然地图学已经有相当长的发展历史，但地理信息科学却是一个全新的概念。1992 年，古德柴尔德（M. F. Goodchild）提出这一概念。1994 年陈述彭提出研究“地球空间信息机理”的科学思想。1997 年 12 月，我国第一次举行了以“地理信息科学”为主题的香山科学会议第 88 次学术讨论会。陈述彭、潘云鹤、钱祥麟任会议执行主席。来自地理学、地质学、信息科学、计算机科学、无线电电子学等领域的专家学者近 40 人出席会议。现代空间信息技术的发展，无论是从深度上，还是从广度上都极大地推动了地球科学问题的深入研究，特别是对地观测技术的发展，使一些重大地球科学问题的研究有了新的突破。近些年，我国地理信息科学在诸多方面取得较大进展。

第一节　地图学

地图学是研究地图的理论、编制技术和应用方法的学科。20 世纪 50 年代以前，中国的陆地测量局开始进行大比例尺地形图测绘，从西方国家引进了航空摄影测量仪器设备，逐步采用航测方法测制地形图。专题制图方面，只有少数部门完成了局部范围的地质图、土壤图，以及较小比例尺地质、土壤、气候等全国性地图。其中有 20 世纪 40 年代中期黄汲清主编的中国第一代小比例尺地质图，包括 1∶300

万《中国地质图》和14幅1∶100万《国际分幅中国地质图》；马溶之、朱莲青主编的1∶1000万《中国土壤概图》；1946年重庆中央气象局编制的《中国气候图集》；1935年中央大学地理系出版的《江苏图志》；1937年金陵大学编制出版的《中国土地利用图集》；1946年中国地理研究所出版的《四川经济地图集》等。另外，私营舆图社编制出版过一些教学挂图与几本很普通的全国地图集。唯有申报馆于1934年由翁文灏、丁文江、曾世英主编的《中华民国新地图》，使用了当时所有的地图资料，利用1000多个天文经纬度点做控制，内容比较详细，首次采用分层设色表示地貌，以雕刻铜版印刷，是非常好的一本地图集。

一　普通地图制图

从20世纪50年代起我国地理工作者着手建立全国统一的大地坐标网和国家基本地形图系列，采用了“1954年北京坐标系”“1956年黄海高程系”“高斯－克吕格投影”，制定了各级比例尺测图与制图规范及图式图例，至20世纪70年代中期完成了全国以1∶5万为主，部分地区1∶10万和1∶2.5万的基本地形图。随后他们开始第二代或第三代更新测图。20世纪60年代初我国地理工作者开始测制1∶1万地形图与重点建设地区与城

1947年南京，中国地理研究所制图室

市建设规划用的1∶5000地形图。1981年我国地理工作者完成全国1∶20万、1∶50万地形图的编制出版。1960年我国地理工作者编制出版了第一代1∶100万地形图，1982年又编制出版了第二代地形图。1983年我国地理工作者开始将1∶20万地形图改为1∶25万，20世纪80年代末全部完成。全国各级比例尺地形图测制的完成是一项重大成就。与此同时，总参测绘局和国家测绘局先后多次编制出版了1∶250万《中华人民共和国全图》，中国科学院地理研究所编制出版了1∶20万《黄河流域地形图》、1∶400万《中国地势图》和1∶150万《中国全图》，各省市自治区编制出版了各省市自治区1∶25万或1∶50万挂图及各县1∶5万或1∶10万地图。这些地图较好地反映地貌形态轮廓、水网平面结构和交通与居民点概况。

二　专题地图制图

1959年我国完成一套1∶400万全国部门区划图和综合自然区划图。地质部门先后完成1∶20万和1∶100万全国地质图与矿产图，1∶20万全国水文地质图，多种小比例尺全国地质图、矿产图、地质构造图、水文地质与工程地质图、煤田分布图、石油天然气分布图以及全国地质地图集、水文地质地图集、矿产地图集等。林业部门完成了各省市自治区中比例尺森林分布图、大比例尺林相图、小比例尺全国森林分布图与全国林业地图集。从20世纪60年代初期开始，我国先后完成了各省市自治区和大部分地县农业区划系列地图或农业区划地图集的编制出版，完成了20个地区农田样板地图的编制，完成了全国1∶100万土地利用图和土地资源图，及部分地区地貌图、土地类型图、土壤图的编制和出版。

《中华人民共和国国家自然地图集》

1956年国家地图集的编制列入中国十二年科技发展规划。1967年地理工作者出版了《中华人民共和国国家自然地图集》。20世纪90年代地理工作者先后编制和出版了《中华人民共和国国家农业地图集》《中华人民共和国国家经济地图集》《中华人民共和国国家普通地图集》和《中华人民共和国国家自然地图集》（重编）。这期间，全国各省市自治区也先后编制出版了综合地图集或自然、经济、人口、国土资源等专题地图集。20世纪80年代以后我国地理工作者还陆续编制出版了一大批全国性专题地图集，如《中国人口地图集》《中国地方病与环境地图集》《中国饮用水地图集》《中国自然保护地图集》《中国自然灾害地图集》《中国岩石圈动力学地图集》《中国土壤地图集》《中国林业地图集》等。

三　遥感制图与计算机制图等地图制图新技术的发展

我国地理工作者20世纪50年代末至60年代初在陈述彭的带领下开展了航空相片分析利用的研究实验。此外，他们还开展了航空相片古河道分析、农业自然资源调查与制图、构造地貌与地震破坏程度分析等方面的研究。以目视判读为主，光学仪器分析为辅，地理工作者先后完成了海南岛儋县（现为儋州市）农业自然条件图、四川锦屏地区构造地貌图、邢台地区地震破坏程度图等。从20世纪70年代后期开始，利用我国自行设计研制的多光谱与红外摄影机、彩色合成仪等装置，地理工作者先后在云南腾冲、津渤地区、长春市郊、四川二滩等地区进行了航空遥感制图实验，通过红外与多波段图像分析判读，编制出版了《腾冲航空遥感地图集》和《长春遥感试验典型图象分析》，为航空遥感制图摸索了经验。利用美国陆地卫星MSS底片，地理工作者经过影像增强处理与分色扫描制印合成，完成了共550幅全国1：50万影像图的编制出版，为卫星影像的应用提供了条件。由陈述彭主编的《陆地卫星影像中国地学分析图集》，集中反映了我国在利用陆地卫星进行地质构造、地貌、土壤、植被、地表覆盖、土地利用以及各种动态变化分析判读方面所取得的成果。20世纪80年代，《云南省丽江纳西族自治区农业综合系列地图集》为遥感综合系列制图提供了成功经验。山西省利用卫星影像目视解译并与航空相片分析、地面验证相结合，完成了17种全省1：25万专题图的编制。内蒙古自治区遥感草场资源调查与制图、黄河三角洲遥感动态制图、京津唐地区遥感国土资源与环境系列制图、黄土高原地区资源与环境遥感调查和系列制图、新疆塔里木河流域自然资源与环

陈述彭（中）指导编制《腾冲航空遥感地图集》

境变迁遥感系列制图等都取得很好的效果。1986 年中国科学院卫星地面接收站建立，利用美国陆地卫星能够适时提供全国及周边地区经过处理的高质量 TM 图像，从根本上改变了专题制图的传统方法。其中包括经过影像几何与投影纠正、影像增强处理与地形图匹配方法，编制各种比例尺的影像地图；通过非监督与监督分类及各种数值分析处理方法，能自动编制各种专题地图。北京大学遥感技术应用研究所自行设计研制的图像分析制图软件系统，自动编制了大比例尺海南岛土地利用图。

20 世纪 80 年代末的中国科学院地理研究所计算机房

我国计算机制图从 20 世纪 70 年代中期开始，经过中国科学院地理研究所地图研究室率先进行软件设计，建立了地理信息自动分析与制图系统，到 20 世纪 90 年代初期，全国已经建立几十个计算机制图实验室，积累了较丰富的经验，并开发了一定数量的软件。一些科研单位已于 20 世纪 80 年代中期建起了计算机专题制图系统

《中华人民共和国国家经济地图集》

并应用于专题制图生产。中国科学院地理研究所利用自己建立的全国县以上行政单元数据库与专题制图软件系统，先后完成了《中国人口地图集》《中国饮用水地图集》《中华人民共和国国家经济地图集》等。结合这些计算机制图工作，中国科学院地理研究所还建立了统计制图专家系统。中国科学院遥感应用研究所建立了城市环境制图软件系统，并利用该系统完成了《天津市环境质量地图集》。

20 世纪 90 年代以来，我国电子地图与计算机设计与自动制版方面取得重要进展。20 世纪 90 年代中国地图出版社制作了第一部《京津及邻区生态环境电子地图集》，而后中国地图出版社又编制出版了《中华人民共和国国家经济地图集》电子版等。中国地图出版社还制作出版了普及型电子地图《中国地图集》与《香港特别行政区电子地图》。此外，中国科学院遥感应用研究所还为北京和西安城市交通指挥中心制作了与 GPS（全球定位系统）相结合的汽车司机使用的电子地图。我国及时引进计算机出版生产系统，实现了地图设计、编辑与制版一体化。新版《中华人民共和国国家自然地图集》已采用这套技术完成制版，《上海市地图集》《中国教育地图集》也应用了这类系统，实现了地图编制与印刷的根本性变革。

四　地图学理论研究

我国地图学理论方法的研究具有两个特点：一是与地图编制紧密结合，研究和解决地图编制中带有普遍意义或关键性的问题；二是与地理学研究紧密结合，研究地图编制中地理资料的运用与地理规律的反映。地图学理论研究主要研究和解决地学研究中的地图方法问题。

①图投影研究。20 世纪 50 年代初地图工作者对中国基本

比例尺地形图采用高斯－克吕格投影进行研究，提出了改善投影变形的“双标准经线等角横圆柱投影”的方案，并研究出一种概括所有沿经线分带的等角投影表达式。他们设计了等角与等积割圆锥投影（双标纬线为北纬25°与北纬47°）作为中国地图的标准投影。同时地图工作者对圆柱、方位、圆锥三种常用投影的变形转换规律和圆锥投影的性质进行了分析，深化了对投影的认识。20世纪70年代末，地图工作者又提出了各类投影的图解解析法。20世纪80年代，解放军测绘学院系统研究了自动建立地图投影的基础软件，实现了经纬网格的自动绘制与不同地区投影资料的自动转换。

②普通地图概括研究。我国初步建立了地图概括（制图综合）的一般原则与方法。包括：充分利用地形测绘与地理学调查研究成果，并采用遥感分析方法，去认识和正确反映制图对象的地理规律与区域特点，处理地理真实性与几何精确性、普通规律性与区域特殊性、地图负载量与地图易读性等关系；在对制图要素地理分布规律与区域差异分析的基础上，编制地图概括指标图，作为宏观结构特征的控制，并进行样图试验，建立典型图谱；以个体符号与各种等高线图形结合，反映冰川、喀斯特、黄土、沙漠、火山、海岸等各类特殊地貌的个体形态与群体结构特征等。

③专题地图研究。地图工作者着重研究了指标选择与分类分级、表示方法与图型设计、界线确定与图形特征，从而建立专题制图的科学方法与合理程序。20世纪80年代后期，在由中国科学院组织的1∶100万中国自然条件与土地资源系列地图的编制中，地图工作者对地貌、土壤、植被、土地利用、土地类型、土地资源等各专题地图的分类系统、图式图例、编制程序

等进行了系统研究和试验，所制定的地图编制规范已正式出版。

④综合制图研究。从20世纪60年代起，结合国家与各省市自治区综合地图集的编制，地图工作者对综合制图进行了比较系统的研究，建立了较完整的综合制图的原则与方法。

⑤理论地图学与应用地图学的研究。20世纪70年代以后，我国地图工作者提出了现代地图学体系由理论地图学（地图学理论基础）、地图制图学（地图编制方法与技术）、应用地图学（地图应用原理与方法）三大部分组成的论点。同时他们对地图信息论、地图传输论、地图模式论、地图感受论与地图符号学也进行了研究，为我国理论地图学的发展奠定了基础。

在应用地图学方面，地图工作者对地图基本功能、地图评价标准、地图分析方法、地图使用步骤、地图实际应用等进行了研究。在分析地图基本性质与特点基础上，他们进一步对信息传输、信息载负、地图模拟、地图认知等地图基本功能进行了研究，为扩大地图应用范围、发挥地图作用提供了理论依据。同时他们研究了地图语言基本法则，提出必须处理好符号与符号之间、符号与制图对象之间、符号与读者之间的关系，以此作为地图符号和地图图型设计的指导原则。地图工作者系统地研究了包括目视分析、图解分析、量算分析、统计分析、数学模型分析的地图分析方法，建立了地图在研究各种现象分布规律、相互联系、动态变化等方面，在综合评价、预测预报、区划规划、设计管理等方面的具体应用的方法和步骤，对扩大地图的利用范围与提高地图的应用水平起了一定的促进作用。

⑥遥感制图和计算机制图理论与方法。地图工作者对成像规律与信息传输机理进行了深入探讨，重点研究了遥感地学分析、遥感专题制图以及遥感综合系列制图方法。他们提出了遥

感信息地学分类与评价标准，并提出了相关分析、分层分类、交叉分析、信息复合的专题信息提取方法。地图工作者初步建立了通过遥感信息非监督与监督分类计算机自动制图软件系统，系统地研究了各类专题制图的数学模型，建立了各类专题制图软件与数据库管理方法，还研制出统计制图专家系统与电子地图的制作方法；对空间信息结构、地学分析模型、数据标准、数据结构、信息网络、资源共享，以及地理信息系统标准化与规范化方面进行了较深入的研究，为地理信息系统在各方面的应用奠定了理论与方法论基础。

第二节　遥感应用与地理信息系统

一　遥感应用

国际上，现代遥感起步于20世纪60年代。1958年地理研究所地图研究室建立航空相片综合利用研究组。20世纪60年代，中国科学院地理研究所在陈述彭的领导下，首先在地学、生物学开展航空相片判读与制图实验研究。1978年在中国科学院地理研究所内，以地图研究室自动化制图研究组和航空相片判读研究室为主成立地理研究所二部，加强遥感应用研究。1979年地理研究所二部独立组建中国科学院遥感应用研究所。至此，遥感应用研究步入快车道。

经过50余年的努力，遥感已经成为我国在国际上能与发达国家同步发展的科学技术领域之一。遥感技术在我国有了全面的发展，这为其在地理学上的广泛应用提供了基础。如中国科学院遥感应用研究所会同西藏自治区利用卫星遥感与航空遥感相结合完成了西藏自治区的土地资源调查，并将这一研究与当地生态系统结合起来，将不同的地理单元、气候带以及地带性规律与资源的结构和合理利用联系起来。我国相继在许多城市开展了遥感研究，其内容涉及土地利用及其变化、地表及近地层环境、城市绿被状况、道路状况及车流、水质及固体废弃物、城市热岛效应以及城市规划等，卫星遥感与航空遥感相结合在我国大型工程选址方面发挥了重要作用。

二　地理信息系统

地理信息系统是一个采集、存储、分析和显示地理信息的计算机系统，是处理和分析大量地理数据的通用技术。它包含若干软件工具，用于输入、编辑、显示空间型与非空间型的地理数据；采用数据库管理系统（Database Management System，DBMS）有效地存储和管理大量的地理信息，并提供许多模型工具支持空间分析与决策制定。因此，地理信息系统可理解为处理地理信息的系统。在过去的40多年内，地理信息系统得到极大发展，并被公认为是系统地、有效地利用地理信息的基本工具与手段。我国地理信息系统发展可追溯到1978年杭州遥感学术讨论会。在会上，陈述彭主张将地理信息系统（GIS）作为一个新学科和技术领域分支提出。当时该提议并未引起重视和讨论，但它标志着中国GIS事业准备工作的开始。

在全国科技力量协作开展的腾冲联合航空遥感试验(1978~1980)中，我国第一次建立了地理信息分析学科组，以统计、地图和航天遥感为信息源，探讨统计自动制图、数字地面模型（DTM）和数字遥感图像处理分析等联合地理信息分析工作。这是GIS启蒙性研究。与国际相比，我国GIS发展约晚10年。

20世纪70年代末至80年代初，由中国科学院地学部领导，陈述彭、左大康主持，中国科学院所属地理研究所、遥感应用研究所、南京地理与湖泊研究所、成都地理研究所、长春地理研究所、兰州冰川研究所、兰州沙漠研究所等参加，地理工作者开展地理信息系统设计，提出了建设地学信息系统的基本设想。20 世纪 70 年代末，陈述彭提出发展地理信息系统的建议。1977 年，他开始涉足地理信息系统的研究和应用。

1980 年 1 月，中国科学院遥感应用研究所成立中国第一个 GIS 研究室，标志着中国地理信息系统得到初步发展。但就全国而言，并没有正式的国家科研计划，仅在个别政府部门逐步开始了个别的研究应用项目，大多数均是由不同的机构自发地开始科研与应用实验。

20 世纪最后 20 年里，中国 GIS 在理论探索、硬件组配、软件研制、规划制订、区域实验研究、局部系统建立、初步应用试验和技术队伍培养等方面取得了进步，积累了经验，为在全国范围内展开地理信息系统的研究和应用奠定了基础。包括：

●数据采集预研究（1981 年结合腾冲联合航空遥感试验，探讨空间信息存贮单元）。

●建立我国第一个区域信息系统模型（1981～1983 年结合二滩水利工程前期研究建立二滩－渡口区域地理信息系统；1986 年，由谷德振和陈述彭主持，地理工作者在云南二滩水电站前期研究中开展能源遥感和区域地理环境信息系统的探索，建成我国第一个区域地理信息系统模型）。

●武汉测绘学院、中国科学院地理研究所、遥感应用研究所、南京大学、国家测绘局测绘科学研究所等单位开始研究地理信息系统软件。

●1983 年，由国家科委主持，我国成立了以陈述彭、陈维江为首的跨部门的资源与环境信息系统国家规范研究组。1984 年年底，该研究组撰写完成了资源与环境信息系统国家规范研究报告，提出了建设中国地理信息系统和实现地理信息标准化的纲领。

●1983 年 GIS 被正式列入“七五”“八五”国家科技攻关计划。与国家重点科技攻关项目研究相应，许多部门也同时开展了 GIS 研究和开发工作，如全国性基础数据库建设、区域化 GIS 研究与建议等。中国 GIS 进入快速发展时期，GIS 研究和开发取得了重要的进展。

●建立了研究基地（网），组建了具有技术实力的研究队伍。1985 年 2 月，我国组建了隶属于中国科学院地理研究所的资源与环境信息系统国家重点实验室（筹备）。这是我国地理信息系统领域的第一个国家重点实验室。

●设计和建立了一批全国、省、市县和大区域的数据库与信息系统实体，成功地解决了建立大数据量空间数据库的一系列技术方法和应用问题。我国已建立全国性的 GIS 系统 4 个，区域性的系统 9 个和一批省、市、县级系统。它们都不同程度地在国家和区域的管理、规划和发展决策中提供服务。

●研制发展了一批微机地理信息系统软件。该软件具有国际上几个商业 GIS 软件系统的基本功能和部分分析功能，且在汉化界面和地学分析方面有所结合，个别已初步推广应用。

●研制和建立的一批分析评价模型（软件）和技术方法，在综合分析、过程模拟、动态预测和区划规划等方面已具有初步应用价值。

●在地理信息系统和遥感技术连接上取得了进展。在应用航空遥感和航天遥感信息作为建立和更新信息系统的技术上都有新的进展。

●提出30多种关于GIS信息标准和规范方案，部分已成为国家标准，正逐步形成国家级、省市县级和自然区域的地理信息系统规范和标准体系。

●编制出版了我国第一套资源与环境信息系统论文集、专著、译著、新型图集和一系列的论文及研究报告，对推动我国地理信息系统的发展有重要作用。

20世纪90年代，中国地理信息系统进入应用推广与产业化发展阶段。1991～1995年我国所执行的GIS和遥感联合计划，十分强调GIS的实用化、集成化和工程化，力图使GIS从初步发展时期的研究实验、局部应用走向实用化和产业化，为国民经济重大问题提供分析和决策依据。

2010年，国家测绘局经国务院批准更名为国家测绘地理信息局，标志着将加快“数字中国”建设步伐，大力发展地理信息产业，加快开展地理国情监测，完善“天地图”网站服务，提升测绘工作服务科学发展的水平。地理信息资源是中国的重要基础性、战略性信息资源。近年来中国基础测绘保障服务能力明显提高，已有测绘资质单位1.2万多个，首次实现1∶5万基础地理信息对陆地国土全覆盖。地理信息产业规模迅速扩大，2010年相关企事业单位超过2万家，从业人员超过40万人，产值达1000亿元人民币。

●重大自然灾害监测与评价系统的建设和应用。包括对洪水、干旱、林火、地震、雪灾、沙害和松毛虫害这7种主要灾害的监测与评估，每种灾害分别建立相应的数据库、评价分析模型和运行系统。在全国范围建立重大自然灾害的背景数据库和灾害数据库，提出自然灾害区划和综合自然灾害危险程度分区，最后构成一个重大自然灾害监测评估的集成系统，形成对重大自然灾害监测评估的能力和对突发性自然灾害快速反应的能力。该系统在我国洪水、干旱和林火灾害监测评估中发挥重要作用。

●重点产粮区主要农作物的估产系统的建设与应用。选择了松辽平原、黄淮海平原、江汉平原和太湖流域进行大面积的玉米、小麦和水稻估产。应用 GIS 和遥感技术与地面实况调研相结合，进行估产区划，建立地面采样技术系统，建设区域背景数据库，提出种植面积的估算方法，监测作物长势，建立单产模型，经过多级集成，形成了一个主要农作物的估产集成系统，进行产量预报。

●灾害与估产技术支持系统的建设与应用。作为 GIS 的信息源，建立了气象卫星、陆地卫星和航空遥感的数据采集与传输系统；作为信息处理，建立了大容量、高精度与快速的图像分析处理系统；作为分析评价，建立了适用于灾害监测评估和农作物估产的地理信息系统。这是一个多层次、多平台、综合性的立体监测与评估技术支持系统，在自然灾害和作物估产中得到实际应用。

●建立数字化测绘技术体系。旨在推动测绘行业从以模拟形式为主的传统技术向以数字形式为主的现代技术的转变，包括传统模拟测绘仪器的数字化发行、利用遥感技术获取基础信息、开发测绘数据库管理系统和数字制图系统、相应成套的规范标准研制和产品生产、分发和应用全过程数字化测绘技术体系，并选择了示范基地组织了科研、教学与生产单位联合攻关，已取得大量成果，投入应用。它不仅将推动测绘技术的变革，亦将推动我国 GIS 迅速发展和产业市场的形成。

●国家基础地理信息系统的建设和应用。数字地面模型库系统已经建成了全国1∶100万地形数据库、地名数据库、1∶400万地形数据库和试验区重力数据库等大型数据库，开发了应用管理系统，进行了数据库更新和优化，是我国目前最大的实用性基础数据库，能满足多层次、多目标的基础信息需求，已为30多个部委局、国防部门及有关单位提供信息服务。这是GIS技术进入政府决策部门的重要标志。作为国家基础地理信息系统二期工程任务之一的全国1∶25万地形数据库和地名数据库建设于1993年3月正式启动，从1996年起陆续向社会提供信息服务。

●专业信息系统（数据库）的建设和应用。交通部采用从下向上的建设模式，以陕西和四川两省为试点，并向其他省推广其开发经验。四川省交通厅已初步开发完成四川省级公路数据库。北京市公路管理系统信息系统基本建成。交通部亦在积极准备启动国家级（一级）公路数据库项目。地矿部正为建立1∶20万区域地质信息数据库做技术试验和设计工作，这是一项国家级大型GIS工程。

●城市地理信息系统（UGIS）的建设与应用。我国UGIS热一直兴盛不衰。

●基础通用软件系统的研制与建立。主要在国家测绘局、中国科学院和国家教委等系统展开了在不同平台上、以研制具有一定规模的基础通用软件系统为目标的系统研制工作，在数据库管理系统，数据结构、基本功能模块建造，用户友好界面设计，可视化技术应用和部分分析功能的实现等方面有实质性的进展，并在不同平台上初步形成了系统的雏形。但作为商品，和有一定规模的业务运行系统的支撑工具则还有距离。

●GIS 规范化、标准化工作深入开展。努力将研究成果转化为标准，已经国家技术监督局批准发布实施的有国家测绘局负责研制的“地理格网”“国土基础信息数据分类与代码”“林业资源数据分类与代码”国家标准、“全国河流名称代码”等。

国家测绘地理信息局在“建立数字化测绘技术体系研究”中安排了十多个标准进行研究和制定，内容涉及数据质量控制与评定，野外数字测图、数字摄影测量和数字地籍测量数据记录格式，测绘信息数据交换格式，数据更新规程，各级比例尺数字地形图图式符号，测绘数据字典，地形库与地名库技术接口，数字产品模式、数字产品分级与保密，数字测绘标准体系表，地名专用补充字库等。同时国家测绘地理信息局完成了“1∶500、1∶1000、1∶2000地形图要素分类与代码”国家标准的制定，已经国家技术监督局批准，发布实施。

为了保证 UGIS 规范化和标准化，加强 UGIS 技术管理与监督，国家科委立项研究编写“城市地理信息系统标准化指南”国家标准，内容涉及 UGIS 的总论、基本术语、标准化管理、标准体系表、系统总体设计和子系统详细设计、统一空间定位、信息分类与编码、数字结构与格式、数据质量、系统实施与维护更新、通信网络、安全与保密等。

●基于 GIS 数据的产品研制和生产。迄今，我国建成的实用性 GIS 或 DB 已不同程度地为用户提供信息服务，如国家测绘局的国家基础地理信息系统全国 1∶100 万地形数据库、数字高程模型、地名数据库和 1∶400 万地形数据库等，已为 30 多个部门提供各种形式的信息服务，广州市信息中心、上海市信息中心、上海市测绘院、北京市测绘设计院、海口市信息中心、深圳规划国土信息中心等一批 UGIS 主持单位均已向社会提供城市大比例尺地形图数据、计算机输出地图等。国家测绘局与美国环境系统研究所（ESRI）合作生产了我国1∶100万基础数据（ARC－China）国际版光盘。

●GIS产业化发展。不少公司已开始涉足GIS业务，从承担数字化任务、研制GIS软件，到接受GIS系统设计和开发，将逐步形成一支不可忽视的GIS技术队伍。作为国民经济建设和社会生活共同需要和普遍使用的一种工具，GIS将在建设城市、支援农业、保护环境和开发海洋等方面发挥重大作用。

1994年，陈述彭在由国家自然科学基金委员会主持召开的“学科前沿、优先领域国际讨论会”上提出了研究“地球空间信息机理”，并阐明了地球信息机理研究的内涵。2000年以后，在空间数据模型、空间数据分析、大型时空地理信息系统体系等方面取得了较大进展。

时空数据模型是地理信息系统的基础研究命题。王家耀（2004）对当前时空GIS的发展进行了较全面的分析，指出了今后的发展方向。张明波、申排伟、陆锋、程昌秀（2005）建立了基于Oracle的空间数据引擎。苏奋振、周成虎（2006）提出以过程为处理对象的过程地理系统（PGIS），从PGIS所处理的时空以及过程的特性出发，发展了GIS对时空过程分析和处理方法。在时空数据处理方面，王劲峰等（2005）提出了空间分析的基本框架体系。《空间分析》（王劲峰等，2006）系统论述了空间分析研究体系和最新进展。马廷、周成虎、蔡强国（2006）将CA和经典的物理学原理相结合，改进了CA演化的规则确定，并在土壤侵蚀等方面得到应用。在数据挖掘与知识发现方面，周成虎等（2004）从地震目录数据分析出发，提出了基于空间数据认知的数据挖掘方法，并建立了带控制节点的空间数据模型等。王海起、王劲峰（2005）从空间统计和模拟角度，研究和发展了一系列空间挖掘模型。《空间数据挖掘理论与应用》（李德仁等，2006）系统论述了空间数据挖掘的理论和方法，介绍了最新研究进展。空间信息网格是我国科学家提出的新概念和体系。李德仁（2006）提出了广义空间信息网格与狭义空间信息网格两个层次的概念。地理信息规范与标准一直是地理信息系统最重要的基础研究。《地理信息国际标准手册》和《地理信息国家标准册》（蒋景瞳等，2004）介绍了这方面的成就。

近年来，中国的 GIS 产业得到很大发展。一些国产 GIS 软件已经占据了一定的市场份额。以 MapGIS、Super Map GeoStar 为代表的国产 GIS 平台也已经完成了全组件化的体系结构转变，推出了全系列适应各种 GIS 应用体系结构的产品，在应用开发和基础平台结构方面基本保持了对国际主流技术的跟踪，并积极融合技术的最新进展，呈现出良好的发展态势。由于国内数据库系统的研究起步较晚，国内空间数据库管理系统基本走“关系型数据库 + 空间数据引擎”的技术路线。在空间数据库的建设方面，国家测绘地理信息局完成了全国 1∶5 万的基础地理信息数据库系统建设，并投入运行服务。在电子政务系统的建设中，基础地理空间信息和资源环境信息系统建设正在进行。我国基础空间信息设施得到发展，因而，也促进了空间数据的共享。在应用领域，洪涝灾害的监测一直是 RS 和 GIS 界的主要任务，目前我国已经建立了集成 GIS、GPS、DPS、RS 和通信等技术为一体的 4 级监测系统，在防汛工作中做出了巨大贡献，也被广泛应用到沙尘暴、干旱、荒漠化、地震、土地退化等其他灾害监测中。

参考文献

[1]《当代中国》丛书编辑部. 当代中国的测绘事业[M]. 北京：中国社会科学出版社，1987.

[2] 陈述彭. 地理信息系统在中国的机遇 [M] //地球信息科学与区域持续发展. 北京：测绘出版社，1995.

[3] 陈述彭. 地球信息科学与区域持续发展 [M]. 北京：测绘出版社，1995.

[4] 陈述彭，赵英时. 遥感地学分析 [M]. 北京：测绘出版社，1990.

[5] 楚玉山，刘纪远. 西藏自治区土地利用 [M]. 北京：科学出版社，1992.

[6] 何建邦，钟耳顺. 论地理信息系统及其在地理学中的地位 [J]. 地理学报，1993，48 (1).

[7] 廖克. 八十年代国内外地图制图学的发展及今后趋势 [C] //中国测绘学会. 中国测绘学会第三届全国会员代表大会暨综合性学术报告会论文汇编. 北京：测绘出版社，1986.

[8] 廖克. 90 年代地图学发展趋势及今后的展望 [J]. 地理学报，1994，49 (增刊).

[9] 廖克，刘岳，傅肃性. 地图概论 [M]. 北京：科学出版社，1985.

[10] 童庆禧. 遥感的某些新发展及我们的对策 [J]. 遥感学报，1990，5 (1).

[11] 童庆禧. 遥感科学技术进展 [J]. 地理学报，1994，49 (增刊).

[12] 中国地理学会. 现代地图学发展趋势及今后的展望 [M] //中国地理学会. 面向 21 世纪的中国地理科学. 上海：上海教育出版社，1997.

[13] 中国地理学会. 地理科学学科发展报告 (2006～2007) [M]. 北京：中国科学技术出版社，2007.

[14] 周成虎，鲁学军．对地球信息科学的思考［J］．地理学报，1998，53（4）．

[15] 蒋景瞳，何建邦．地理信息国际标准手册［M］．北京：中国标准出版社，2004.

[16] 李德仁，王树良，李德毅．空间数据挖掘理论与应用［M］．北京：科学出版社，2006.

[17] 苏奋振，周成虎．过程地理信息系统框架基础与原型构建［J］．地理研究，2006，25（3）．

[18] 苏奋振，周成虎，杨晓梅，等．海洋地理信息系统——原理、技术与应用［M］．北京：海洋出版社，2005.

[19] 王劲峰，武继磊，孙英君，等．空间信息分析技术［J］．地理研究，2005，24（3）．

[20] 程昌秀，申排伟，陆锋．面向拓扑空间实体的扩展锁技术［J］．计算机辅助设计与图形学学报，2005，17（2）．

[21] 李德仁．论广义空间信息网格和狭义空间信息网格［J］．遥感学报，2005，9（5）．

[22] 陈述彭．地学的探索（第一卷）地理学［M］．北京：科学出版社，1990.

[23] 陈述彭．地学的探索（第二卷）地图学［M］．北京：科学出版社，1990.

[24] 陈述彭．地学的探索（第三卷）城市化·区域发展［M］．北京：科学出版社，1990.

[25] 陈述彭．地学的探索（第四卷）地理信息系统［M］．北京：科学出版社，1992.

[26] 中国地理学会．地理学科发展报告（地图学与地理信息系统）（2012～2013）［M］．北京：中国科学技术出版社，2014.

第六章　中国地理学的近今发展[1]

2000年以后，中国地理学取得了一系列进展。

第一节　中国地理学主要理论、方法的近今发展

一　全球与区域环境变化及其响应

全球变化区域响应中的敏感性、脆弱性和适应能力研究是全球环境变化区域响应研究的主要内容，已成为制定区域可持续发展战略及其相关行动的科学基础之一。全球变化的区域响应研究需要地理学的观点、方法和手段。全球环境变化及其区域响应研究的宗旨是通过支持和组织对围绕全球环境变化及其响应的基础性、战略性和前瞻性科学问题的研究，揭示我国对全球环境变化的响应与影响，剖析环境变化的自然和人文因素，为我国典型区域在全球环境变化背景下的合理发展提供对策和决策依据。

对全球和区域环境变化的适应与可持续发展之间存在协调统一的关系。区域乃至全球的适应应遵循可持续发展的原则，而可持续发展只有在对区域和全球变化适应的基础上才能实现。适应是对区域和全球环境系统的整体性和系统性适应，而不仅仅是局部的和片面的适应。可持续发展也是这样。缺乏协调的局部最优，往往受到整体资源分配和环境要素的制约，并损害整体利益，增加适应成本，最终可能导致局部适应和可持

〔1〕这部分文字和内容主要引自：中国科学技术协会主编，中国地理学会编著，《地理科学学科发展报告（2006～2007）》，中国科学技术出版社，2007。

续发展的失败。在适应和可持续发展中，可能会牺牲一些局部，从而达到整体的、系统的和稳定的最优。系统性的适应能够通过提高系统的整体适应能力和抗逆水平，减少系统的脆弱性，使可持续发展在一个比较稳固的系统平台上展开。因全球变化的区域响应之间存在差异，适应和可持续发展之间关系的具体表现，在不同国家和地区之间也会不同。

以计算机作为实验室，利用数值模式进行各种可能条件下的虚拟试验，评估人类大型活动可能带来的影响和效益，可以为决策提供必要的科学认识，并大大降低适应行动所需要的成本。中国科学院的科学家在一项关于退耕还林、还草的虚拟试验中，利用了包含气候、水文、生态等过程的区域环境集成系统模式，考虑人类活动对其过程的改变，研究和评价植被恢复可能达到的状态对东亚季风区域气候和环境的影响。研究结果初步表明了开展虚拟试验进行有序人类活动研究的潜力。

有序人类活动示范区建设可以同地方生态建设紧密结合起来，吉林省为此提供了一个典型的案例。该省的决策者已把生态建设作为该省社会经济建设的一个核心，并在政策和投资方面予以保证，期望通过以生态建设为代表的有序人类活动带动该省社会经济建设的全面发展，树立“生态省”形象。地理学家作为主要力量参与了该方案的设计和论证。

开展区域集成研究，需要根据区域特点提取针对性的科学问题，建立科学框架，发展区域集成研究工具，开展不同时空尺度变化现象、过程及其机制的分析和模拟，发现与全球变化之间的联系，为区域环境系统的发展趋势提供预测和影响评估，为适应此趋势提供科学基础。例如，在东亚区域环境系统和北方干旱化的集成研究中，研究人员针对东亚区域受到季风活动控制、环境脆弱多变和社会经济快速发展的特点，提出了“广义季风系统”的科学思想，把东亚区域同季风活动相关的物理、化学、生物和人类活动过程有机地联系在一起，为东亚区域环境系统的集成研究提供了一个科学框架，并在这一框架内发展了一个包含气候、水文、生态等过程的区域环境系统集成模式，为区域集成的分析、预测和评估研究提供了一个有力的研究工具。在北方干旱化研究中，通过历史重建、诊断分析、数值模拟、试验观测等方式，建立对北方干旱化的规律及其机理的认识；在此基础上，对全球变暖背景下北方干旱化的可能趋势进行预测，对其影响进行评估，并应政府的要求提供咨询意见。

我国自然地理学家选择青藏高原、海岸地带、半干旱农牧交错地带、黄淮海平原、长江三角洲等敏感地域，开展了特征期环境演变的综合研究。主要的工作有：不同类型代用资料的校准分析，重建我国 2000 年来高分辨率的环境变化序列，分析我国全新世环境演变的基本规律，建立我国全新世环境变化的过程模式。与此同时，针对我国水土流失、水资源短缺、土地退化、自然灾害等主要资源与环境问题，中国自然地理学界开展了坡地侵蚀发育过程与坡地的改良利用、水文循环过程与水量转化、土地退化过程及其逆转机制、土壤 - 植物 - 大气连续系统、多界面过程的复杂耦合理论与模型等方面的大量研究工作。

二　人地关系地域系统

人地关系地域系统（简称“人地系统”）是吴传钧一直倡导的研究对象。近年来，人地系统已经成为地理学进行区域发展综合研究最重要的理论视角。在人类活动对自然环境的影响强度和作用范围越来越大，从而越来越强烈地改变着自然结构之时，地球表层系统中两大类（组）要素的相互作用——“人”和“地”的关系，成了地球表层系统中最需要研究的关系。吴传钧提出，“人”和“地”这两方面的要素按照一定的规律相互交织在一起，交错构成的复杂开放巨系统的内部具有一定的结构和功能机制，在空间上具有一定的地域范围，便构成了一个人地关系地域系统。也就是说，“人地关系地域系统是以地球表层一定地域为基础的人地关系系统”。人地系统研究包括以系统的观点开展地域分异研究，其产出是全国几大区的自然-人文区划、生态经济区划、陆地表层综合地域系统划分等，深入揭示“人地系统”的特性、发展和综合集成研究方法等方面。

地理学者进行人地系统研究，是通过“结构”研究而认识“系统”。研究具有地域性和空间层级性，即对人地关系研究是区域化的研究。人地系统研究的主题是系统要素相互作用的机制与演化趋势，特别是系统内主要组成要素（自然的、人文的）相互作用及其与系统演化过程间的互动关系。这种关系体现为发展方向、变化幅度等。在研究方法上，主要采取了定量分析和定性研究相结合的方法，其中定量工作主要是建立模型、确定参数和综合集成。

陆大道主持的“中国区域发展地学基础的综合研究”项目着眼于“地学要素-区域发展”系统的整体性，揭示了不同时期地学要素对不同空间尺度区域发展影响的消长（单要素）、要素匹配的变化（要素群的结构）以及地学要素与区域发展之间的耦合规律。该项目借助地学要素与区域发展相互影响的区域类型划分，解析了区域发展格局变化的一般轨迹，研究了地学要素对区域发展综合影响的时空规律。该项目提出了比较明确的进行区域发展集成研究的路线和方法，即首先进行不同基期的综合地理区划，而后分析和研究不同综合地理类型区（区域）在研究期的发展状态，寻找其规律。当综合地理类型区已经无法解释区域发展状态和过程时，再寻找引起区域“异常”发展的主导因素。另外，通过比较不同时间断面的综合地理区划，地理学家也可以分析出导致各区域类型变化的主导因素。

黄秉维曾多次主张将自然与经济结合，并叠加流域划分区域，为制定区域可持续发展战略服务。郑度、吴绍洪等先后尝试进行陆地表层综合地域系统的划分。这些划分都强调自然与社会经济同等重要原则，即承认现代的地表变化过程是自然过程与人类活动共同作用的结果，而且在很多地区人类活动已经成为地表变化的主要因素。但在不同的空间层次上，就对区域可持续发展的作用程度而言，自然要素和人文要素是有区别的，这使得决定着区域划分的两者组合特征也不同。一般在宏观尺度上，自然格局是影响社会经济发展的重要因素。随着空间尺度降低，人类活动因素在地球表层的综合格局划分中的作用越来越重要。

全球环境变化是由人类活动和自然过程相互交织造成的，而且人类活动的影响越来越强烈。目前，地理学者正在研究：①经济全球化与全球环境变化在地方的交织关系；②产业结构变化与资源消耗及环境排放的耦合关系；③经济全球化对地方产业转型的影响机制；④技术创新与产业转型的关系。其中，地理学者已经在基于结构变化的工业能源消费趋势预测模型、主要外贸产品的能源载荷和环境排放载荷、全球环境框架对我国区域可持续发展的影响等方面取得了初步成果。这些研究充分发挥了经济地理学的综合性特长，将经济发展、产业转型与环境变化在区域这个空间尺度结合起来。

三　区域发展新因素

经济全球化是影响区域发展的一种重要因素。自20世纪90年代以来，中国经济地理学者开展了大量有关外资空间分布和区位选择的研究。近年来的研究主要集中在外资的区位和投资模式分析及其投资业绩空间差异分析。经济地理学者还研究了全球化对我国区域和城市空间格局的影响。研究认为，我国参与经济全球化程度的空间格局基本上与以人均GDP衡量的经济发展水平的地区差异格局一致。沿海大部分省份均可视为外资外贸驱动型经济增长类型。中西部省份基本上仍属于内生型增长类型，无论从国际贸易还是从外资进入看，都还没有较大程度地参与经济全球化进程。积极参与经济全球化一方面带动了我国国民经济的高速增长，另一方面也促进了沿海地区高速增长的区域发展格局的形成。进一步参与经济全球化将促进和强化我国的“T”型空间格局的形成，并在这个“T”型空间骨架上形成若干个以主要门户城市为核心的、具有一定国际竞争力的大都市经济区。

信息化是影响当今区域发展及其空间结构最重要的因素之一。我国经济地理学者提出“时间成本”的概念是理解信息时代企业空间组织的核心因素，即“时间成本”代表着信息区位因子的作用方式。由于信息技术的广泛应用，生产的“时间成本”在企业空间组织中的作用越来越大。为了获得低的时间成本，缩短供应链、建立企业集群（整装厂与零部件厂）是有益的途径。

产业集群是一群地理邻近而且相互联系的企业和相关机构。地理学者关注全球化背景下地理邻近性的新内涵，强调隐含经验类知识、社会根植性、制度结构等因素，以及经济全球化和技术变化对集聚的形成演化所产生的影响。发达国家的集群往往具有深化分工、激励合作、知识外溢和促进创新的特点，被誉为集群的“高端道路”。发展中国家的集群则囿于资本和技术的限制，大多集中于劳动密集型的制造业部门，很容易陷入价格战、反倾销、资源短缺和环境污染等多种“增长的困境”中去，甚至导致追逐低成本而恶性竞争的困局。

技术创新作为一种影响区域经济发展的要素，得到了经济地理学家的广泛关注，主要研究议题是区域创新氛围及创新系统，包含研发活动区位选择及其对区域经济发展影响的研究、对学习型区域（learning region）和创新型集群的研究、对中小企业技术创新和对区域经济发展影响的研究。

近年来经济地理学者逐渐认识到金融在塑造区域发展形态和决定区域经济增长中的重要作用。经济地理学者重点研究了制度环境对地区金融的影响、全球化与区域金融系统、行政格局与金融体系、金融系统与区域发展、金融企业地理等议题。研究视角和方法基本上与西方金融地理学研究接轨。也有学者转向金融服务业的实例研究。

四　城市化与城市转型

相关研究揭示了我国城市化的快速发展与区域差异、区域城市化空间形态的多元化、城市郊区化的发展、城市化进程中的新问题等。

20 世纪 80 年代，学者们诊断出中国城市化动力机制包括产业结构转换力、科技进步推动力、地区或国家的经济作用力、制度与政策调控力，或国家有计划投资、大城市自身发展与扩散、乡村城市化、刺激外资引进和发展地方经济等。进入20世纪90年代，经济地理学者们对中国自下而上城市化的发展机制及其制度潜力，外资影响下的城镇化，区域制度环境与城镇化进行了进一步研究。中国正出现多元城市化动力替代以往一元或二元城市化动力，较为集中的城市开发模式替代分散的乡村企业发展模式。现阶段中国城市化因动力机制不同而主要存在自下而上的城市化、自上而下的城市化、外资影响下的城市化三种模式。

大多数学者认为目前我国城市化水平是滞后的，“城乡分割”的二元户籍管理制度、1949年后偏重重工业的产业政策、落后的农村生产水平、严格控制大城市的城市建设方针、由体制转换所导致的下岗职工增加和城乡口径不一的计划生育政策构成了我国城市化水平滞后的主要障碍；我国第二、第三产业和高等教育对城市化影响较小；在城市建设监管、政绩考核、城市财政、土地使用制度等因素的影响下，城市政府发展经济的动力远远大于促进城市化水平提高的动力，从而在制度层面上造成了城市化滞后于经济发展。但也有学者发现中国城市化率的上升与工业产值比重上升的相关性较低，而与非农产业就业比重变化的相关性较强，认为中国的城市化没有严重滞后于工业化。

城市化已经作为国家的基本发展战略，成为关系到经济社会全面发展的重大议题。城镇化战略是在党中央对全国城市化发展水平准确判断的基础上制定的战略性目标。周一星的研究建议今后我国城镇化以一年0.8个百分点的速度增长比较适当。

关于城市规模政策，我国城市地理学界、规划界曾进行过激烈的争论，周一星认为中国原有的以规模控制为基础的城市发展方针已经对城市的发展形成障碍，要淡化规模政策；不存在统一的、能被普遍接受的最佳城市规模，城镇体系永远是由大中小各级城镇组成的，企图以规模来调控城市的发展与建设并没有抓住问题的关键，因此中国要淡化现行的城市发展方针。近年来，城市地理学者对这一问题的认识更加清晰化，即我国应采取多元化集约型协调发展的城市化模式，各城市具体的发展模式选择要因地制宜，在国家层面上，中国的城市化模式不能一刀切。城市地理学者进一步指出，我国特色的城市化道路应该是城乡关系良性互动的城镇化；速度、规模适度的，有质量的城镇化；是多样化、因地制宜的城镇化；是资源节约、环境友好的城镇化；是市场经济和政府调控相结合的城镇化。

城市可持续发展的重要性已被人们广泛认可，城市地理学者探讨了城市可持续发展指标体系的构建，进行城市可持续发展的综合评价，并进一步探讨了企业在城市可持续发展中的作用。生态城市是根据生态学原理，综合研究生态－经济－自然的复合生态系统，并应用生态工程、社会工程和系统工程等现代科学技术与手段而建设的社会、经济、自然可持续发展，居民满意、经济高效、生态良性循环的人类住区。城市建设是实现城市科学发展的有效途径，它代表国际城市的发展方向，我国的城市地理学者正在开展这方面的研究。

城镇体系规划应更加注重城市间的功能联系，打破以往按照行政区划编制城镇体系规划的思路，由此出现了众多不同地域、不同层次的经济区划、城市群、都市连绵区及都市圈战略发展研究与规划，还应更加强调按照经济区划来协调城市体系中各城市的发展。协调的重点一方面要增强核心区域的辐射功能和国际竞争力，同时也要加强核心地区对外围经济腹地的辐射、带动和促进作用。

城市群是由一定数量、一定规模等级的城镇集聚在一个区域单元，由一定的自然要素、经济基础、人口数量、交通网络和各种社会人文因素紧密地结合在一起而形成的一个有机联系区域整体。我国的城市群研究主要集中在地域结构特征、形成发展阶段和类型、空间演化的动力、发展趋势及城市群经济整合等方面。

在经济快速发展的推动下我国沿海地区城市群高度发育，姚士谋等提出构建中国沿海地区城市带的战略设想，形成城市带－城市群－城市圈 3 个层次城市带空间结构。另外，我国也有关于兰州－西宁－银川城市带、江苏长江沿江城市带的研究。

都市连绵区是城市群发展到高级阶段的表现形式，与国家或区域的经济社会发展总体实力相联系，对于全球和国家战略有着至关重要的意义。在全球层面上，它在全球城市体系中的地位决定着国家在全球经济体系中的地位；在国家层面上，它作为国家核心区域对国家经济社会发展、城乡一体化的发展有着巨大的带动作用。城市地理学者对珠江三角洲、长江三角洲等沿海地区的都市连绵区进行了深入探讨。

都市圈是以中心城市职能的空间集聚与扩散为条件，由中心城市与多个周边城市和地区共同构成的，以城市日常生活圈的空间范围为界限的一个多核心一体化城市实体地域。近年来，随着大城市的地域空间组织开始由单体型城市的简单形态向以中心城市为核心的诸多城市和地区相互交融形成的都市圈的复杂形态转变，都市圈开始成为研究的热点，探讨都市圈的基本概念、本质、形成机理、地域结构与空间形态、类型和跨省都市圈的空间整合等问题。

城市社会转型是从“明确市场经济取向的改革目标，以强力政策和法规推进市场经济体制建设”开始的，以1997年城市土地有偿使用制度的建立为标志。经济转轨与社会转型的巨大变革的内在动力和全球化、区域化及信息化进程的外在影响，共同推动着我国城市经济社会的转型。城市转型的动力包括制度转型的推动，经济功能的演替，社会结构的变迁和新的产业空间、商业空间、居住与社会空间。

转型期的城市空间重构成为近年来我国城市地理学者研究的重要内容，由大量的基于城市形态和土地利用的传统城市空间研究，到注重城市经济功能的居住、工业、商业以及服务业空间等研究的广泛进行，以及近年来研究者对城市中人的行为、社会问题以及制度转变的关注，表明我国的城市内部结构研究的对象开始由物质实体空间转向非物质的社会空间、行为空间；在对空间的理解上更多地关注人类自身，从人的行为来解读空间；从制度变化的视角来挖掘空间转型背后的深层原因。

五　土地利用/覆被变化及其效应

近年来，与人类社会可持续发展密切相关的土地利用/覆被变化（LUCC）的环境效应研究逐步加强。

全球变暖导致了越来越严重的洪涝、干旱等自然灾害，人类活动导致温室气体的增加是气候变暖的主要原因。其中，LUCC通过对局地生态系统的强烈影响，改变了温室气体的全球收支平衡。研究表明：在过去的150年中，LUCC导致了大约相当于同期化石燃料向大气中净释放的CO_2净通量，成为导致全球CO_2释放仅次于化石燃料燃烧的第二个主要原因，同时

使 CH_4 的浓度增加 1 倍多；大气中 N_2O 的浓度也有所增长，可能与热带的土地利用变化及农业活动有关。另外，与 LUCC 有关的生物燃烧使得 CO、NO 等化学性质活泼的微量气体进入大气，也对大气环境造成一定的影响。在这方面，LUCC 对碳循环影响的研究是难点和热点。

LUCC 除影响大气的成分外，还通过改变大气的下垫面来影响气候，如城市用地的扩展与城市热岛效应的关系等。LUCC 对区域或全球气候变化影响的研究内容，主要集中在植被尤其是热带森林面积减少对温度、降水的影响等方面，认为植被变化对温度的影响较大，森林等植被的减少以及沙漠化将使温度升高，但对降水影响研究的具体结论不尽一致。LUCC 对大气成分影响的研究主要采用物质循环法。就当前的研究热点碳循环而言，还没有通用的定量方法，模型模拟便成为一种主要的途径。国外研究碳循环的模型已由静态转向动态，并综合考虑了动力学的特点；国内研究 LUCC 对碳循环影响的模型基本上以静态为主。LUCC 对区域气候影响的定量研究也是通过模型模拟进行的。

LUCC 可引起土壤质量不同程度的下降，主要表现为不同形式的土壤退化。国内主要围绕下列内容进行了研究：LUCC 对土壤性状尤其是土壤肥力性状的影响；单一土地利用或土地覆被类型下的土壤退化的基本过程、作用机理及调控对策等；对土壤污染的影响的统计分析。

目前，国内外已建立了很多土壤侵蚀模型，但应用最广泛的是通用土壤侵蚀模型（USLE）及其修正模型（RUSLE）等，重点是根据区域特点对其参数进行修正。近年来，地球化学方法在土壤侵蚀的定量研究中得到了广泛应用，如稀土元素示踪法、放射性核素法等，其中放射性元素^{137}Cs作为示踪剂运用于土壤侵蚀研究在理论和技术上较为成熟。随着对土壤侵蚀机理认识的深入，土壤侵蚀理论模型相继问世。国内土壤侵蚀理论模型主要是在借鉴国外经验的基础上发展起来的，较具代表性的是汤立群根据黄土地区侵蚀产沙的垂直分带性规律建立的水沙、泥沙输移及沉积推算模型。

LUCC的水文效应模拟成为区域资源问题、环境问题及生态问题上政策分析的重要手段。LUCC对水质、水量、水循环的影响以及可持续发展对策已成为该领域的重要研究课题。土地利用方式及其程度的改变（如化学肥料、农药及杀虫剂的大量使用）和土地覆被的变化（尤其是城镇用地的扩展），会增加营养元素及悬浮物的入河通量，造成水体富营养化和水污染。国内在非点源发生机理、水污染与土地利用的关系及其污染负荷总量的估算等方面进行了大量研究。

由于不同的土地利用与土地覆被类型对降水的截留、阻挡、蒸腾及下渗作用不同，因而LUCC不但导致地表或地下水量的变化，而且会改变区域水循环的方式。不同的土地利用类型会产生不同的水分循环特征，城市用地的扩展会减少水分存留和下渗，加大径流量，甚至增加洪灾的频率。城市地理学者对森林土地利用对水循环的影响已有大量的研究，对森林对截留、阻挡、下渗和土壤侵蚀的影响也有较一致的认识，但他们在对降水、径流及洪峰等要素的影响方面有较大的分歧。

在研究方法上，监测、取样与模拟试验是获取数据的基本途径。我国过去的水文监测与试验在黄土高原较多，但测定的项目比较少、时段较短，而且径流观测缺乏水文过程，获取的资料不能满足水文过程的模拟，仅部分室内模拟试验系统向计算机控制发展，野外模拟试验尚由人工控制，影响了数据的精度。

为了定量解释、模拟和预测 LUCC 对水循环各个环节的影响，流域水文模型的研究备受重视。水文模型经历了由经验统计模型到集总式物理机制模型的发展过程，呈现出向分布式物理机制模型发展的趋向。我国学者在新安江和黄河流域也尝试性地建立了具有分布式概念的水文模型。国内研究 LUCC 水文效应的模型，主要侧重于水循环的单个过程，如水量平衡、径流量、洪水等。应用遥感和地理信息系统技术建立分布式水文模型是一种新的趋势。

六　生态建设与生态评估

我国的生态恢复重建研究主要表现出如下特点：实验实践重于基础理论研究，即注重生态恢复重建的实验与示范研究；注重人工重建研究，特别注重恢复有效的植物群落模式实验，相对忽视自然恢复过程的研究；大量研究砍伐破坏后的森林和放牧干扰下的草地生态系统退化后的生物途径恢复，尤其是森林植被的人工重建研究；注重恢复重建的快速性和短期性；注重恢复过程中的植物多样性和小气候变化研究，相对忽视对动物、土壤生物（尤其是微生物）的研究；对恢复重建的生态效益及评价研究较多，特别是人工林重建效益，缺乏对生态恢复重建的生态功能和结构的综合评价；近年来开始加强恢复重建的生态学过程的研究以及自然地域分异与建设规划，重视人与自然关系的和谐协调、环境建设与区域可持续发展等科学问题。

我国生态示范区主要有十种建设类型：以生态农业为主要建设内容的示范区建设；以工业污染防治与乡镇企业合理规划布局为主要建设内容的示范区建设；以生态旅游为主要建设内

容的示范区建设；生态城市、城郊型的示范区建设；农工贸一体化型的示范区建设；以矿区生态破坏恢复治理为主要建设内容的示范区建设；湿地资源合理开发利用与保护的示范区建设；土壤退化综合整治的示范区建设；以重要生态功能区环境保护为主要建设内容的示范区建设；农村环境综合整治的示范区建设。

生态农业建设主要以绿色农业为基础，建立发展有机农副产品的有机农业生产基地为先导。工业生态建设主要是发展工业生产的新模式，一是运用清洁生产原理，实施企业污染源的源头控制及污染全过程的控制，使排污减量化、废物资源化、资源再生化。二是运用工业生态学理论和循环经济理念建设生态工业园区，模拟自然生态系统的能量转换和物质循环，使园区内物流、能流达到最高效率，形成企业间共生网络。城市生态建设方面，目前有北京、上海、广州等 20 多个城市开始了“生态城市”建设的实践。此外，我国还兴起了许多生态社区或生态小区建设，并将景观生态设计原理引入到生态城市建设中。

生态系统服务及其价值评估的研究逐渐成为生态学研究的一个热点。众多专家、学者开始对全球、区域、城市以及单一生态系统（主要集中在森林生态系统）或者单个物种生态系统服务及其价值评估理论与方法进行积极探讨。

七　自然灾害综合研究

城市地理学者从全球、区域或地方不同空间尺度，开展对灾情形成机制的研究，并将灾情形成与自然资源开发紧密地联系起来，从本质上揭示灾情形成机理与发展过程，减灾思路从以致灾因子研究和工程措施为主，调整为减灾综合化。

致灾因子研究与减灾。在气象灾害方面，重大天气灾害形成机理和预测理论研究力求在中尺度天气系统发生、发展及其与大尺度天气系统的相互作用和影响的机理与预报理论方法等科学问题上有所突破，从而达到揭示强暴雨系统发生、发展的机理及其物理过程；建立中国强暴雨系统中尺度物理模型；深入了解大尺度天气系统的短期异常变化规律、机理及其与强暴雨系统的相互作用；建立具有中国特色的特大暴雨预报理论和下一代中尺度强暴雨数值预报模式。在沙尘暴灾害研究方面，城市地理学者总结了沙尘暴危害途径为强风、沙埋、土壤风蚀和大气污染；归纳了百年、千年、万年时间尺度上沙尘暴的发生规律；指出沙尘暴不仅仅是气象灾害，而且是在人类活动强烈干预下的生态灾害。中国自然灾害规律的区域性研究，中国地形影响下暴雨的形成机理，不同构造地区中、强地震，长、短周期震源过程的综合研究，滑坡、泥石流发生机理的研究，农业害虫择食行为机理研究等，都从致灾因子角度加深了对自然灾害的认识。

自然灾害评估。研究主要涉及对自然灾害风险评估指标体系的研究，城市灾害风险评价的两级模型以及对城市地震灾害风险评价的研究、自然灾害系统的评估理论等。由于“灾度”等级划分方案存在只能判别部分灾害损失的局限，一些学者提出了改进方案。“孕害”环境评估主要对“孕育”灾害的环境状况、环境变化及其影响进行评价。减灾效益评估即对拟建或正在运行中的工程进行风险估算，对防灾减灾建设费用和工程效益进行估算，对工程灾害风险进行评价，并制定出相应的防灾减灾措施和对策。

自然灾害的社会经济影响。目前的研究主要集中在自然灾害的社会、经济影响，减灾效益评价及减灾立法方面。还有些工作是围绕资源开发利用所引起的孕害环境变化而开展的，如全球气候变化对我国生态安全的影响、水资源的影响、农业生产力的影响，等等。

防灾减灾综合化。减灾管理和各项措施应渗透到灾害孕育、发生和灾后重建的全过程，即将减灾与人们日常的生产、生活行为相联结，通过降低人类自身及社会经济财产对灾害的脆弱性，实现减灾效益最大化。在实际工作中，相关人员加强了从组织、物资、预警和公众意识到具体灾害防御的全程管理，将监测、预测、预报、预防、应急、救灾、评估、重建等纳入系统工程。通过降低灾害系统压力，来减轻承灾体脆弱性、减轻自然灾害的努力还体现在我国的生态治理和恢复方面。

八　空间信息网格

空间信息网格（Spatial Information Grid，SIG）是空间信息的综合体，是新一代的空间信息基础设施。李德仁提出了广义空间信息网格和狭义空间信息网格的概念，研究了空间信息多级网格划分层次、网格形状、网格大小的确定原则，多级网格与行政区划关系表达，网格属性项的确定，基于空间信息多级网格的数字地图表达方式，多级网格细部地物表示方法；提出了以网格中心点及相对量来表示空间信息的方法。他还分析空间信息多级网格（SIMG）划分的精度，找出了一种满足不同比例尺地图精度要求的 SIMG 划分方法，提出了一种在 SIMG 中用仿射变换代替严密变换进行多级网格间实时坐标转换的方法，可实现 1954 年北京坐标系、1980 年西安坐标系、WGS84 坐标系之间空间数据的快速转换。

空间信息网格的总体框架与服务体系。总体框架描述和定义了 SIG 系统构成和层次关系，为构建 SIG 应用提供理论和技术支持，能够保证 SIG 的顶层设计质量。SIG 总体框架的研究主要是在分析 SIG 应用需求和支持模式的基础上，从描述组成 SIG 的设备、连接、计算能力、应用、操作等系统构件之间的关系出发，从 SIG 中信息的收集、管理、处理、共享、检索、交换与分发等整个信息流程着眼，划分 SIG 的物理和逻辑层次，确定 SIG 的各层系统的功能以及它们相互之间的关系，从而形成主要包括应用框架、技术框架和系统框架在内的 SIG 的总体框架结构。

基于 Web Services 和 OGC 提出的 OGC Web Services (OWS) 规范，地理学者研究并构建 SIG 服务体系，以“服务”为中心，以统一标准的方式实现空间数据/信息的广泛共享。SIG 服务是以独立于平台的方式提供的可通过接口访问的一组空间信息操作，这组操作能够满足服务调用者的应用需求，完成相应的任务；SIG 服务实质上是一类特殊的 Web Services，其接口服从相应的规范和标准。

SIG 资源信息服务的主要功能是提供对 SIG 中系统资源的统一描述方法、制定资源的信息模型、规范信息的统一存储和访问方法。主要是通过构建 SIG UDDI 注册中心来存储 SIG 资源的描述信息，实现 SIG 服务及其相关信息的查询、发布、发现、更新以及撤销等功能。SIG UDDI 中心以两种方式对外提供对 SIG 资源信息的操作：①基于标准浏览器的网页应用，通过应用 Portal 对 UDDI 中心注册的服务进行操作；②提供标准的 API，专业用户可以在开发的程序中调用这些标准 API 实现服务的发布、发现、绑定、更新以及撤销等操作。另一方面，设计实现了 SIG 资源监控服务，对 SIG 中的资源状态进行实时的监控，为资源选择以及优化提供支持。

空间信息网格的若干关键技术的研究主要有以下内容。

服务协同机制的研究。服务协同涉及服务描述、发现、流程建模与分析、流程执行、事务、安全、监控与管理等复杂的过程和技术。基于目前的研究基础，结合项目需求，主要成果包括提出了 SIG 服务语义描述方法（服务本体）、建立了服务协同流程模型、研究了服务动态选择算法、定义了服务协同流程语言、构建了服务协同引擎，从协同流程的生成、表示和执行三个方面提供支撑。

网格容器技术研究。将 Web Services 和 Grid 技术相结合，基于网格 GLO－BUS 平台提供的 OGSA 和 WSRF 框架，提出 SIG 网格容器的概念并初步实现了相应的组件。在结构上，SIG 网格容器不仅包含了基本的，来自 GLOBUS、Web Services 等的网格组件，同时还包含网格应用系统构造所需要的安全、交易等管理能力。SIG 网格容器在虚拟组织（VO）级别的管理性和对于空间信息的表达性方面都进行了更加详细的研究，对于标准的 Web 服务和网格服务都提供无缝的支持。

空间信息处理技术的网格化研究。以空间信息处理功能和软件入手，研究商业遥感图像处理软件和 GIS 软件的网格应用方法，主要实现了 PCI 和 Geo Media 等软件中功能的网格调用和服务模型。基于此，形成了一系列网格建模工具，依靠这些工具，网格应用系统的用户可以最大限度地降低将业务功能或系统移植到网格环境中的困难，便于用户在网格中管理自己的共享资源，便于用户在网格中使用其他的共享资源。

SIG 的标准与规范的研究。按照 SIG 空间信息共享的技术宗旨以及计算机网络技术、空间数据库管理技术、地理信息系统技术的不同层次的技术特点，地理工作者研究设计了空间信息共享基础标准、空间信息分发服务标准和网格环境下分布式空间数据库互操作标准三层标准结构体系，研究解决了相应的关键技术问题，用软件实现了相应的技术标准，并通过应用示范工程进行了示范。我国初步建立起空间数据共享与分发服务、空间数据库互操作的标准与规范的技术体系，实现了网络环境下空间数据的共享分发服务和空间数据库的在线互操作，有力地促进了我国网络空间信息共享标准和技术的发展，使我国空间数据共享与分发服务、空间数据库互操作技术达到国际先进水平。特别是提出的较为完整的基于 Web Services 技术的网络空间信息共享服务的技术标准体系和实现方法，不仅可以应用于目前的主流技术，而且适应于 SIG 技术的发展趋势，满足未来 SIG 环境下空间信息共享的要求。

九　空间信息引擎与空间信息分析处理

近些年来，我国在地理信息系统的核心技术方面取得了巨大的突破，推出了较为成熟的空间数据引擎产品。例如，SDX +5在海量矢量和影像数据管理能力、多级混合空间索引技术以及矢量数据无损压缩等方面有创新和突破；产品成熟，在国内外许多大型项目中战胜国外产品，经受住了市场的考验；对象 - 关系数据库中的对象模型存储空间实体，直接面向空间实体及其相互关系数据组织；1000 万条记录以上的单表数据集快速索引能力，实现了 TB 级以上空间数据的管理。

在海量数据管理和分析方面，地理工作者研发出支持海量影像数据管理的新技术，并能支持数据库系统和文件格式、多种设备和多种操作系统，为我国遥感技术与 GIS 的集成应用提供了技术支撑，在影像管理和访问效率等方面的重要技术指标高于美国的 MrSID 和 ECW 技术。

在数据挖掘方面，地理工作者提出了数据挖掘视角、挖掘机理、数据辐射和数据场、基于不确定性的空间数据挖掘、数据场－云聚类算法、基于数据场的极大剩余法或平均绝对值距离法的模糊综合聚类方法、空间数据清理的 DHP 法和矢量匹配法、地学粗空间理论、内容驱动的基于概念格理论的遥感图像数据和 GIS 数据挖掘方法，扩展了发现状态空间、云模型，构建了空间数据挖掘和知识发现金字塔。

在三维空间信息分析方面，地理工作者研究了三维空间数据结构的分析技术、克立格估值、指示条件模拟等地学空间信息统计学；开发了三维地质数据分析与可视化软件原型，包括钻孔数据处理、三维矿体建模和储量估算等功能，并在新疆阿舍勒铜锌矿床和吉林西岔金矿进行了储量估算示范。

在高性能地学计算方面，地理工作者研究和发展了包括地统计、格分析、抽样、数据挖掘等多种空间信息分析方法与计算模型；研究了面向网络的空间深度计算和主动计算的空间信息处理与分析方法；开发了相关中间件和分布式计算原型软件，研究成果在基于遥感影像的目标识别等工作中得到应用；提出并实现了基于移动 Agent 和 GML 构建分布式网络 GIS 原型系统、基于移动 Agent 进行分布式信息查询；采用 GML 表达网络中传输的空间和非空间数据信息；把 SVG 技术用于客户端的地图显示和交互；实现了基于移动 Agent 和 GML 的异构空间信息集成。

对于动态交通信息的管理和分析，地理工作者解决了在移动服务环境下动态交通信息采集和实时道路交通信息发布过程中，信息及数据的编码、压缩、解压缩、存储、传输及多样性信息服务平台中的模块化数据接入接口和合成回传技术；实现了基于手机和PDA用户的窄带动态、图形化、自主导航；突破了具有多业务接入功能的个人移动终端的业务和通信模块的接口处理技术。

第二节　中国地理学应用研究的近今发展

一　区域规划与地域空间规划

空间（区域、国土）规划的内容构成。新时期我国空间（区域、国土）规划更加重视从政府可调控资源和地方需求等方面出发，具体研制区域规划的内容体系，重视区域在全国乃至全球劳动地域分工中的地位和职能、跨区域性基础设施建设和生态环境治理等单个区域无法自行解决的重大问题、规划实施的保障措施等支撑体系建设。

支撑规划的若干重大区域发展理论。许多经典的经济地理学理论与方法，依然是经济地理学者参与经济活动空间分布格局优化与产业结构调整研究和实践的科学基础，如地域生产综合体理论。但传统理论由于受理论产生的时代条件的局限，已不适应当代与未来区域发展的要求，需要在应用中吸取其合理内核、不断创新。如门户城市理论、区域相互作用理论、产业集群理论以及可持续发展带来的自然和人文综合集成研究等理论，丰富和发展了空间组织理论体系，有利于阐释目前我国已经形成的空间格局的理论背景和驱动机制。

规划方法论。针对空间（区域、国土）规划的需要，在基础地理数据、遥感监测数据、专题性自然地理要素数据和社会经济数据的基础上，地理工作者构建系列化、序列化的支持多目标空间（区域、国土）规划的时空数据集成平台、方案模拟与动态监测平台。地理工作者建立基于时空信息的区域规划模型库与方法库，对各种区域规划关键要素变化及其空间效应进行分析模拟，包括对建设用地适宜性评价、交通设施的通达度与网络结构状况、土地利用动态特征、城镇体系及其空间格局等进行分析模拟，设计和试验多种区域规划方案并对规划方案进行比选。地理工作者构建区域规划的电子沙盘与虚拟现实系统，充分展示各地区的中长期规划动态三维虚拟现实蓝图。

选取典型区域开展和深化空间（区域、国土）规划。针对不同地区的发展条件和存在的主要问题，选取若干典型区域进行试点研究具有重要意义，研究区域包括都市经济区、人口-产业密集区、生态保障区、资源和食品安全保障地区、相对贫困地区。

2000 年以来，地理学家主持并参与了国家和各级政府编制的各种类型、各种尺度的区域规划或区域发展战略。其中，主体功能区划分上升到国家决策层面。

二　区域发展状态监测与区域政策研究

该领域重要的代表性研究成果是《中国区域发展报告》系列，其基本视角是“政策-行动-效果”。即地理学家连续跟踪全国及各地区经济和社会发展的决策和重大举措，并做出相应的评价；分析区域发展战略和政策的实施效果；揭示区域增长差异的因素与趋势，并提出分析性建议。该报告阐述了沿海地区发展战略、“三个地带”发展方针以及近年来的地区协调发展方针所取得的巨大成功，同时也分析了这些方针在实施中的负面效应。该报告的论述和建议，对政府部门的决策和制定科学的区域发展政策和战略规划，对学术界等社会各界了解我国区域发展及区域差异状态，都是有益的参考。

三　区域可持续发展研究

在地理学领域，对区域可持续发展的研究主要立足于服务国家战略目标，揭示区域发展系统内部各要素的相互作用机理，引导区域向有利于资源环境可持续利用的模式发展。近几年来对区域可持续发展的研究主要着重在区域可持续发展关键问题及影响因素和典型地区的区域可持续发展问题与战略研究两个方面。前者主要研究区域可持续发展的影响因素及其作用机理，地区可持续发展模式与监测评估的理论与方法等。该研究完善了中国区域可持续发展的理论研究体系与内容，解决了区域可持续发展过程中的部分问题，并在某些领域确实为地方的可持续发展提供了可以采用并具有实际效益的技术、管理方法与模式，为区域可持续发展的进一步研究与深入提供了思路和基础。后者在大量实地调研和 GIS 分析手段的支撑下，模拟分析了沿海地区人地关系演化的趋势和空间特点，并以太湖流域等地区为案例，通过实验观测研究，探讨了典型地区水土资源与社会经济发展耦合机制和协调模式。在对东北地区资源、环境和经济基础以及可持续发展面临的重大关键问题进行系统科学研究的基础上，地理学家利用地理学以及相关学科的理论方法，从综合集成的角度科学地揭示和解释了其机制，并因地制宜地提出了老工业基地和可持续发展的基本战略和科学对策。

四　区域性基础设施研究

近年来交通运输地理学的研究主要侧重在集装箱运输网络、客运网络与物流网络三个重点领域，同时开始关注城市交通问题。配合近年来国家基础设施建设的需求，经济地理学家参与了《全国民用航空运输机场 2020 年布局和“十一五”建设规划》《东北经济区的现代物流规划》《京津冀区域交通网络规划》《长江三角洲区域规划》等编制任务，发挥了地理学的作用。在全国机场规划中，经济地理学家承担了机场布局的基础理论、实证评价、布局标准制定、前瞻性布局效果模拟等研究工作，为中长期机场体系的布局和空间组织优化提供了技术和决策支持，同时为布局政策的区域差异性选择提供了科学指导。

五　“三农问题”研究

(1) 农业资源可持续利用研究。这方面的研究注重水土资源匹配及态势，特别是承载能力的研究，地理学家主要进行了农业资源可持续性评估、主要农业资源利用效率、优化配置、调控模式及方式途径等研究。近年来，农业土地资源与持续利用的综合研究受到格外重视，地理学家对农业土地资源、农业土地利用结构类型、区域差异及分区土地利用进行了详尽的分析论证，把可持续发展战略思想融入我国农业土地优化利用的实践之中。

(2) 可持续农业战略与模式研究。从 21 世纪经济全球化的国际环境出发，经济地理学家对中国农业发展方向、目标及对策建议进行了宏观分析，并且用农业系统理论、生态经济学理论和优化控制理论建立了农业可持续发展模式。

(3) 农业结构调整与农业产业化研究。经济地理学家从主体创新、技术创新、市场创新、扩散创新等方面探讨了加强地区创造活力，促进工厂化农业区域创新的途径。通过不同地区农业发展的现状及潜力分析，经济地理学家提出了各地区农业产业化的地域模式。此外，经济地理学家还就农业产业化过程中规模经营、经济合作组织模式，以及地区农业优势产业确定等进行了实例分析。基于对国内外贸工农一体化经营地域模式的比较研究，经济地理学家提出了我国贸工农一体化的组织形式及其利益分配的创新机制。

（4）现代农业与农村发展研究。这方面研究侧重开展农业结构战略性调整、现代农业与农村发展的区域问题研究。将科学发展观和统筹城乡发展的理念引入乡村地域系统的实例研究，推进了农业与乡村地理学的理论和方法论创新。

六　生态系统碳收支问题

大气中CO_2、CH_4和其他温室气体浓度升高导致的全球气候变化是人类共同关注的问题。对全球和区域碳循环的深入研究，不仅可为认识和控制全球气候变化提供理论基础，而且与地球生态系统的其他自然过程（水循环、养分循环、生物多样性等）及人类的生存环境与社会的发展等息息相关。中国陆地和近海生态系统碳收支研究，在中国生态系统研究网络有关台站与科研院校的共同努力下，初步建成了中国陆地和近海生态系统碳通量观测网络，通过对中国陆地和近海生态系统碳收支时空格局、碳循环过程和模型、生态系统的碳增汇/减排技术的系统研究，阐明了中国陆地和近海生态系统碳收支的主要科学问题，为全球变化背景下中国社会经济可持续发展，森林、草地、农田、湿地、内陆水体和近海生态系统的管理提供了科学依据，为国家参与联合国气候变化框架公约（UNFCCC）等外交谈判提供了科学知识、技术和数据储备。

七　西部大开发过程中水土资源配置与生态建设

在西部大开发过程中，自然地理学的工作主要聚焦在生态与环境的研究与保护方面，主要研究了西部生态与环境的演化过程、水土资源的持续利用、生态与环境现状评价及未来50年变化趋势预测等，为科学地认知我国西部地区生态与环境变化规律、促进西部地区水土资源可持续利用等提供了科学依据和技术支撑。钱正英主持的《西北地区水资源配置、生态环境建设和可持续发展战略研究》项目，组织了地理、地质、气象、水文、农业、林业、水利、土地、水土保持、生态、环境等学科35位院士和近300位专家，以水资源为中心，以环境保护和生态建设为重点，以工业、农业和城镇建设都能可持续发展和缩小东西部差距为目标，开展跨学科、跨部门的综合性、战略性研究，为国家西部开发战略决策提供了很有见地的指导性意见，并被很好地应用于实践中。

八　东北地区水土资源配置、生态与环境保护和可持续发展

东北地区是全国重要的工业基地和最大的商品粮基地，拥有全国最大的林区和最好的草原。1949年以来，东北地区经济社会有了很大的发展，但资源开发利用不合理、生态建设滞后和环境污染加重等问题十分突出，已成为制约东北地区可持续发展的主要因素，需要对东北地区农业水土资源优化调控机制与技术体系加强研究。对此，自然地理学者立足于解决粮食安全保障基地建设与东北地区农业水土资源持续利用的国家重大战略性科技问题，系统地研究了东北地区农业水土资源态势与持续利用对策，揭示了区域农田系统水分高效利用机制，并研究了典型退化土壤的生态修复理论，建立了典型农田环境质量预警系统与无公害生产关键技术体系，通过不同生态类型区农业水土资源高效利用关键技术集成与示范基地建设，为东北地区农业可持续发展提供创新性理论成果与技术支撑。

九　黄土高原水土流失治理

以国家自然科学基金重点项目“黄土丘陵沟壑区景观格局演变与水土流失机理”为基础，自然地理学家在黄土丘陵

沟壑区开展了大量的野外观测与实验、社会调查与数据分析工作，应用“尺度－格局－过程”原理，系统地分析了黄土丘陵沟壑区不同尺度景观格局演变的时空变化特征及其驱动因素，探讨了多尺度景观格局变化与水土流失的关系，在揭示区域水土流失机理方面进展显著。该项目提出了关于黄土丘陵沟壑区的景观生态建设的一系列有价值的治理建议：①区域景观生态建设不仅需要考虑地形、土壤条件来确定适宜的植被类型，也需要充分考虑降雨因子的时空变异来合理配置不同的土地利用方式；②优化用地结构，重视土地利用空间格局对水土流失的影响，增加景观格局的异质性，注意在距河流较近处等适宜地段增加林草过滤带，以有效拦截泥沙；③生态建设必须与区域经济发展、粮食安全等问题结合起来，完善配套措施，在大力推进生态建设的同时注意及时巩固已有的生态建设成果。这些措施对我国黄土高原水土流失治理具有很好的借鉴意义。

中国南方水土流失严重

十　长江中下游湖泊富营养化治理

长江中下游地区人口众多、经济发展快速，但面临的许多环境问题严重影响其可持续发展，其中湖泊生态与环境问题尤为突出。中国科学院于2002年4月启动“知识创新工程重大项目”，以南京地理与湖泊研究所为依托单位，组织水生生物研究所、生态与环境研究中心等单位的研究队伍，在全国率先开展“长江中下游地区湖泊富营养化的发生机制与控制对策研究”。通过对长江中下游100多个湖泊的调查、研究，在湖泊的底泥内源污染及释放机制、富营养化湖泊内源污染控制及生态修复的理论和治理，以及太湖梅梁湾水源地水质净化示范工程等试验研究方面都取得了重大进展，为我国即将开展的大规模湖泊富营养化治理提供了科学储备和技术支撑，同时也为填补国际湖泊学有关浅水湖泊的研究空白做出了贡献。上述研究成果将形成一套天然湖泊局部水域环境改善和生态修复的技术，可以在我国绝大多数湖泊中对该技术加以推广和应用。

十一　和谐城市

城市社会地理学近年来关注流动人口问题，北京、上海、广州、南京、重庆等大城市的流动人口成为关注的焦点。城市地理学者对于城市贫困问题的关注，通常是结合城市社会空间结构特征及其演变的分析，研究内容涉及城市外来人口、下岗失业贫困人口及其日常活动空间、意向空间、贫富差距和阶层分化、社会空间结构转变等，研究对象主要是北京、广州、深圳、南京等大城市。关于城市老龄化问题，人文地理学者关注不同的空间形式和活动系统如何影响老年人的社会行为。人文地理学者还从城市空间环境的形态布局、空间盲区的综合治理、空间地域的防控管理和公安机构空间布局的调整等方面论述了城市犯罪的空间防控。

十二　旅游发展

旅游地理研究者关注旅游资源的调查和开发，研究各类旅游资源的空间特点与成因，对旅游资源做出预测、评价、开发利用和保护策略。旅游开发方案的制订更为科学和定量，旅游地理研究者力求制订出有利于旅游地可持续发展的旅游开发方案。资源与环境经济学、区域和景观生态学的研究方法逐渐被运用到旅游开发研究中。旅游地理学者们一直关注旅游的环境容量、旅游对环境的影响、旅游资源的保护等命题。许多新概念和研究方法被逐渐运用在旅游环境容量的研究上，如利用生态足迹的方法，建立旅游生态足迹模型对旅游资源的环境容量进行评估，保证旅游地的可持续发展。在旅游环境影响评价中，环境影响量化评价指标体系的建立、旅游业影响下旅游地的未来环境变迁、自然环境、社会环境和旅游地居民的心理响应之间的交互作用机理是旅游业的环境影响研究的关键内容。旅游地理学总结了生态旅游的发展模式，采用景观生态学的方法规划和发展生态旅游，并展开对生态旅游者行为的调查与分析。旅游空间结构的研究包括旅游地空间形态组织、旅游地空间结构演化模式、旅游流空间规律、旅游地空间相互作用等，为旅游者出行和旅游市场开发决策提供了科学基础。

十三　文化建设与遗产保护

文化地理学主要研究包括文化景观、文化区、城市文化空间等在内的文化地理问题，并涉及文化产业发展。它为地方政府在社会舆论宣传和导向、地方文化事业的发展建设等方面提供理论基础和科学依据。地理学除关注文化的空间差异外，还关注文化的地方特点。一个地区长期积累的文化以及人们对这些长期积累的文化认同，使得一个地区具有地方性。地方性是文化地理学研究的核心内容之一，主要内容有：地方文化特征的确定，历史文化城镇保护，城镇发展与文化遗产保护。

附录：20 世纪中国地理学发展大事记[1]

1901 年 · 张相文著中国最早的地理教科书《初等地理教科书》《中等本国地理教科书》出版。

1902 年 · 清政府颁布《钦定学堂章程》，规定全国高等学堂设置中外舆地理，中小学设置地理课程。

1904 年 · 邹代钧《中外舆地图》问世

1906 年 · 杨守敬绘制《历代舆地图》

· 清政府颁布《优秀师范选课章程》，规定设置地理总论、中国地理、各州分论、地文、人文地理等课程。

1908 年 · 张相文的《地文学》是最早把生物界与星、陆界、水界、气界并列的一部自然地理学著作。

1909 年 · 9 月，中国地学会在天津成立，选出会长张相文。中国地学会是中国地理学会的前身，为我国历史最久的学术性群众团体之一，它是我国旧的舆地之学向近代地理学发展的标志。

1910 年 · 2 月，《地理杂志》创刊。

1912 年 · 中国地学会在上海举行年会，选出会长张相文（连任）。

1913 年 · 北京高等师范学堂设立史地系。

1914 年 · 3 月，中国地学会张相文等受农商部委托赴西北调查农田水利，他对黄河后套平原考察甚详，并提出开

〔1〕 引自：郑度，杨勤业. 20 世纪中国地理学发展大事记［M］//钱伟长，孙鸿烈. 20 世纪中国知名科学家学术成就概览 · 地学卷 · 地理学分册. 北京：科学出版社，2010.（有增删）

凿计划，发表长篇论文《河套与治河之关系》。翌年他再赴五原，亲手规划灌渠，进行开垦。

1915 年 · 南京高等师范学校设置地理系。

1917 年 · 中国地学会发起编纂大中华地理志。中华地理志分甲编省区地理志、乙编县地理志，至 1919 年已出版浙江地理志、安徽地理志、易县地理志多种。

1921 年 · 东南大学设置地理系，主任竺可桢，该系前身是南京高等师范学校地理系，1924 年改名为地学系，1930 年改组设立地理系。

· 东南大学地理系建立气象观测站。

1924 年 · 中国地学会负责人在北平集会，公推陈垣任会长。

1925 年 · 翁文灏发表《中国山脉考》。

1926 年 · 张其昀撰写的《本国地理》出版，它是一部突破行政分区传统，按自然、人文综合分区的高中地理教材。

· 竺可桢提出中国地质历史时期气候脉动论。

1927 年 · 中国和瑞典合作组织西北科学考察，历时 8 年，徐炳昶、斯文 · 赫定分任双方团长。

1928 年 · 北平师范大学设置地理系，主任王谟（该系前身是北京高等师范学堂史地系）。

· 中国地学会恢复活动，张相文任会长。

1929 年 · 清华大学设置地理系，主任翁文灏，1933 年改名地学系。

· 中山大学设置地理系，主任德人克勒脱纳（Wilhelm Credner）。

1930 年 · 竺可桢的《中国气候区域论》发表。

· 中山大学地理系组织“云南地理调查团”，这是中国地理界有组织的地理考察活动之始。

1931 年 · 葛绥成等在上海创办中华地学会，翌年创办《地学季刊》。

1932 年 · 张其昀在南京创办中国人地学会及《方志》月刊。

1933 年 · 3 月翁文灏、竺可桢、张其昀三人发起组织中国地理学会。

· 金陵女子大学设立地理系，主任刘恩兰。

1934 年 · 顾颉刚在北京筹办禹贡学会，《禹贡》创刊。

· 中国地理学会在南京成立，会长翁文灏，干事、出版委员会主任张其昀；《地理学报》创刊。

· 丁文江、翁文灏、曾世英合编《中华民国新地图》及缩编本《中国分省图》出版。

1935 年 · 胡焕庸发表《中国人口之分布》提出瑷珲－腾冲人口分布地理线。

1936 年 · 浙江大学设史地系，主任张其昀；1939 年设研究生部，培养硕士研究生。

· 5 月禹贡学会成立。

1937 年 · 中国地理学会第四届年会在南京举行，翁文灏连任会长，总干事胡焕庸，《地理学报》总编辑张其昀。

1939 年 · 涂长望发表《中国气团的性质》一文，分析研究中国境内气团，并对其加以分类。

1940 年 · 8 月，中国地理研究所在重庆北碚成立，所长黄国璋。1936 年原中央研究院曾决定成立地理研究所，并任命李四光为筹备组组长，此事后因资金问题而搁置。1941 年 4 月《地理》创刊。

1947 年，中国地理研究所迁南京，图为南京所址

1940 年 · 11 月，中国地理研究所组织多专业的嘉陵江考察，李承三、林超任考察团正、副团长。后出版《嘉陵江流域地理考察报告》。

· 同月中国地理研究所组织考察汉中盆地，王德基任考察队队长。1946 年出版《汉中盆地地理考察报告》。

1941 年 · 中央大学地理系设立地理学研究部，主任胡焕庸，培养硕士研究生。

1942 年 · 解放区华北联合大学教育学院设立史地系。

· 中国地理学会第五届年会在重庆北碚举行，选出理事长胡焕庸，总干事李旭旦，《地理学报》总编辑张其昀。

1946 年 · 中国地学会在北京恢复活动，会长张星烺。

1947 年 · 中国地理学会第六届年会在上海举行，胡焕庸连任理事长，任美锷任总干事，《地理学报》总编辑李旭旦。

1949 年 · 4 月，第 16 届国际地理联合会接纳中国为正式会员国，林超代表中国地理学会出席。

1949 年中国地理研究所所长林超（中排右 2）赴葡萄牙参加第 16 届国际地理大会，提出入会申请并获通过

1950 年 · 4 月，《地理知识》杂志创刊。

· 6 月，中国科学院地理研究所筹备处成立。竺可桢、黄秉维任正副主任。

· 8 月，中国地学会与中国地理学会合并为“中国地理学会”，会址由南京迁往北京。

1951 年 · 5 月，中央文化教育委员会于 1951 年、1953 年组织西藏工作队，分两批进藏进行科学考察。

1952 年 · 全国高等院校调整，综合大学中南京大学、中山大学、西北大学、兰州大学地理系及北京大学地质地理系（新设）均属理科，并开始设立专业。

· 林业部组织中国科学院地理研究所等单位对广东、广西沿海橡胶宜林地进行考察。

· 中国科学院对云南橡胶宜林地进行考察。1956 年成立云南热带生物资源综合考察队。

1953 年 · 1 月，中国地理学会在北京两会合并后召开首届全国代表大会，竺可桢以“中国地理工作者当前任务”为题致开幕词。会议选举理事长竺可桢，《地理学报》主编侯仁之。

· 1 月，中国科学院地理研究所成立，黄秉维为副所长、代所长。

· 水利部、中国科学院、林业部、农业部等单位组成西北水土保持考察团。

1954 年 · 中国地理学会在北京召开“第一次全国性学术讨论会”讨论中国自然及经济区划。

1955 年 · 台湾大学地理系成立。

· 中国科学院组成黄河中游水土保持考察队（1955 ~ 1958）进行综合考察。

· 6 月，竺可桢、黄秉维当选中国科学院首批学部委员（院士）。

1956 年 · 1 月，中国科学院自然资源综合考察委员会成立，竺可桢担任主任；组织新疆综合考察队（1956 ~ 1960）、黑龙江流域综合考察队（1956 ~ 1960）等，开展科学考察。

· 1 ~ 6 月，国务院科学规划委员会领导制订“1956 ~ 1967 年十二年科学技术发展规划”，其中多项条款涉及地理学。

· 中国地理学会在北京召开第二届代表大会，竺可桢连任理事长，《地理学报》主编黄秉维。

· 中国科学院自然区划工作委员会成立，主任委员竺可桢。

· 我国第一个野外定位观测试验站在宁夏沙坡头建立。

1957 年 · 中国科学院华南热带生物资源综合考察队组建，并开展科学考察（1957 ~ 1962）。

· 中华全国总工会登山队首次登上贡嘎山主峰，并进行高山科学考察。

· 中国第四纪研究委员会成立。

1958 年 · 中国科学院青海甘肃综合考察队（1958 ~ 1960）、高山冰雪利用研究队（1958 ~ 1962），开展科学考察。

· 中国学者首次考察北极地区。

· 由中国科学院牵头组成祁连山冰雪利用研究队开展对祁连山冰川的考察，并在祁连山西部大雪山老虎沟建立了我国第一个冰川观测站。

· 中国科学院南京地理研究所（现名南京地理与湖泊研究所）、长春地理研究所、广州地理研究所及河北地理研究所成立。

· 7 月，中华人民共和国国家地图集编纂委员会成立，竺可桢担任主任委员。

· 中央农村工作部、国务院科学技术委员会、国务院第七办公室召开西北六省（区）治沙规划会议，决定开展沙漠基本情况考察及有关治理措施的研究。

1959 年 · 中国科学院治沙队（1959 ~ 1964）、西部地区南水北调综合考察队（1959 ~ 1961）开展科学考察。

· 12 月，《中国综合自然区划》等共 8 种 9 册区划说明书出版。

· 中国首次组织对珠穆朗玛峰地区进行科学考察，

1962 年出版《珠穆朗玛峰地区科学考察报告》。

· 中国科学院南京地理研究所主持对江苏湖泊资源开发综合考察。

· 中国科学院地学部召开会议，研究确定各地理机构分工及发展方向。

1960 年 · 中国科学院西藏综合考察队（1960～1962）开展科学考察。

· 中国地理学会、中国科学院地学部在北京联合召开全国地理学术会议。1962 年出版自然地理、自然区划、地貌、经济地理论文集共 4 册。

· 中国科学院治沙研究所筹备委员会成立。

· 中国科学院地理研究所成立冰川冻土研究室。

· 黄秉维发表《自然地理学的一些主要趋势》，阐述地理环境中现代过程综合研究的三个方向。

1961 年 · 中国地理学会开始设立专业委员会，地貌（现名地貌与第四纪）、经济地理、历史地理委员会成立。

· 中国科学院地理研究所设立研究室、学科组，并建立分析、实验室。

1962 年 · 2 月，国家科学技术委员会召开科学技术十年（1963～1972）发展规划会议。黄秉维主持编制“1963～1972 年地理学科基础科学规划”。

· 中国地理学会水文地理、自然地理、气候、地理制图等专业委员会成立。

1963 年 · 中国地理学会在杭州召开“第三届代表大会及支援农业综合性学术年会”，竺可桢连任理事长。

· 竺可桢等建议开展农业自然条件与自然资源分区评

价研究。农业区划编制、研究在全国展开。

1964 年 · 1 月，中国科学院、国家体委组织对希夏邦马峰进行科学考察。

1965 年 ·《中华人民共和国自然地理图集》出版。

· 中国科学院兰州冰川冻土沙漠研究所成立，1978 年分别建立兰州冰川冻土研究所和兰州沙漠研究所。

1966 年 · 中国科学院、国家体委组织对珠穆朗玛峰地区进行科学考察（1966～1968）。

· 中国科学院成都地理研究所成立（1988 年改名“成都山地灾害与环境研究所”）。

1969 年 · 香港地理学会创立，并出版英文刊物《香港地理学会学报》（*Hong Kong Geographical Association Bulletin*），1982 年改为《亚洲地理学家》。

1972 年 · 3 月，竺可桢发表论文《中国近五千年来气候变迁的初步研究》。

· 珠穆朗玛峰地区学术交流会在兰州举行，中国科学院制订《青藏高原综合科学考察规划（1973～1980 年）》。

1973 年 · 中国科学院组建青藏高原综合科学考察队，开始了新阶段的综合科学考察：20 世纪 70 年代开展对西藏自治区的科学考察；20 世纪 80 年代开展对横断山区、南迦巴瓦峰地区、喀喇昆仑山－昆仑山地区和可可西里地区的科学考察。

· 3 月，《中国农业地理丛书》开始编纂；至 1984 年，出版了《中国农业地理总论》及省区农业地理分论部分共 21 册。

· 依照周恩来的指示，竺可桢约见黄秉维等谈“近来气候变化及其与人类的关系”。

· 11 月，《中国自然地理》编辑委员会成立，竺可桢任主任；至 1988 年，出版总论、地貌、气候、地表水、地下水、土壤地理、植物地理（上、下）、动物地理、古地理（上、下）、历史自然地理、海洋地理共 11 篇 13 册。

1975 年 · 中国首次将测量占标立于珠穆朗玛峰之巅，测定其高程为 8848．13 米。

1978 年 · 中国科学院新疆地理研究所成立，《新疆地理》创刊，1985 年改名《干旱区地理》。

· 5 月，中国科学院地理研究所二部成立，负责遥感应用技术和制图自动化研究。

· 9 月，中国地理代表团访问美国。

改革开放后中国地理代表团首访美国。

左 1 吴传钧，左 5 黄秉维

· 9 月，招收“文化大革命”后第一批硕士研究生。

· 11 月，中华人民共和国《人与生物圈》国家委员会成立。

1979 年 · 12 月至次年 1 月，中国地理学会在广州召开第四届代表大会，选出理事长黄秉维、《地理学报》主编黄秉维。会议提出复兴人文地理学。

· 12 月，在中国科学院地理研究所二部基础上，正式建立中国科学院遥感应用研究所。

1980 年 · 1 月，中国学者首次赴南极考察。

· 5 月，首次青藏高原国际学术讨论会在北京举行，共有 18 个国家和地区的 260 位科学家与会，开始了国际合作对青藏高原科学考察研究的新局面。

1980 年在人民大会堂，

邓小平同志接见参加青藏高原学术讨论会的中外科学家

1981 年 · 周立三等主编的《中国综合农业区划》出版，1985 年该书获得国家科技进步奖一等奖。

· 11 月，中国科学院地理研究所等单位建立博士点。

· 12 月，中国科学院北京大屯农业生态系统试验站建立。

1982 年 ·《地理研究》等 5 种期刊创刊（1980 ~ 1982 年为我国地理期刊发展高峰期）。

· 复旦大学中国历史地理研究所成立。

· 山西大学黄土高原地理研究所成立（1998 年改名黄土高原研究所）。

1983 年 · 1 月，《山地研究》创刊，1999 年改名《山地学报》。

· 10 月，中国自然资源研究会（现名中国自然资源学会）在北京成立。

· 《中国历史地图集》出版，至 1988 年共出版 8 集。

1984 年 · 国际地理联合会通过恢复中国会员国席位。

· 1 月，竺可桢野外科学工作奖委员会成立，38 名科技人员首批获奖。

· 周立三主编的《中华人民共和国国家农业地图集》出版。

· 中国科学院组织黄土高原地区综合考察，1990 年结束。

· 《中国大百科全书 · 地理学卷》《中国大百科全书 · 中国地理卷》《中国大百科全书 · 外国地理卷》编辑委员会相继成立。

· 黄秉维提出应尽快组织开展大气中二氧化碳的研究。

· 11 月，中国首次组织南极洲考察队。

1985 年 · 2 月，中国南极长城站建成。

· 中国地理学会在北京召开第五届理事会，黄秉维连任理事长。

· 地理学名词审定委员会成立，林超为主任委员。

· 3 月，《自然资源学报》创刊。

· *Physical Geography of China* 出版。

· 钱学森提出“地理科学”概念。他认为地理系统是一个开放的复杂巨系统，地理科学与自然科学、社会科学并列，提倡“从定性到定量的综合集成法”是研究此系统的可行的方法。

·《环境遥感》（现名《遥感学报》）、《干旱区资源与环境》等创刊。

·任美锷获英国皇家地理学会维多利亚奖章。

1987年·8月，中国科学院资源与环境信息系统国家重点实验室建成并对外全面开放。

·8月，《中国人口地图集》正式出版。

·刘东生、施雅风、孙鸿烈等的成果《青藏高原隆起及其对自然环境与人类活动影响研究》获国家自然科学奖一等奖。

·黄秉维、陈述彭、侯学煜、周廷儒等完成的《中国自然环境及其地域分异的综合研究》获得国家自然科学奖二等奖。

·国际地理信息系统讨论会在北京举行。

1988年·第26届国际地理大会上，吴传钧当选为国际地理联合会副主席（任期4年，后连任）。

·英文《中国干旱区研究》（*Chinese Journal of Arid Land Research*）创刊，在美国纽约出版发行。

·李鸣岗与有关单位共同完成的《包兰线沙坡头地段铁路治沙防护林体系的建立》，获国家科技进步奖特等奖。

·全国自然科学名词审定委员会公布《地理学名词》（1988），共计1428条。

1989年·中国学者成功地完成第一次国际合作穿越南极大陆

的壮举。

· 2 月，建立中国南极中山站。

· 《国家自然地图集》编辑委员会成立。

· 《中华人民共和国国家农业地图集》《中华人民共和国地方病与环境图集》出版。

· 10 月，由周立三领衔的国情研究小组发表分析中国国情的《生存与发展》一书，其后又陆续发表了《开源与节流》《城市与乡村》《机遇与挑战》《农业与发展》《就业与发展》《民族与发展》《两种资源、两个市场》等系列研究报告。

1990 年 · 在香港举行首届海内外华人地理学家参加的《地理研究与发展》学术会议。

· 3 月，中国青藏高原研究会成立，刘东生任理事长。

· 8 月，国际地理联合会亚太区域会议（I. G. U. Regional Conference on Asian Pacific Countries）在中国北京召开。

· 《中国大百科全书 · 地理学》出版，编委会主任林超。

1991 年 · *The Journal of Chinese Geography* 创刊。

· 中国地理学会在北京召开第六届理事会，选出理事长吴传钧、陈述彭、张兰生、施雅风，《地理学报》主编吴传钧。

1992 年 · 《中国海岸带和海涂资源综合调查》获得国家科技进步奖一等奖。

· 为期 5 年的国家攀登计划项目“青藏高原形成演化、环境变迁与生态系统研究”开始执行。

1994 年 · 6 月在北京召开"地理学与持续发展——庆祝中国地理学会成立 85 周年大会"。

1995 年 · 中国科学院湿地研究中心成立。

· 中国首次组织远征北极点考察。

· 吴传钧当选中国地理学会理事长。

1996 年 · 8 月，第 28 届国际地理大会授予黄秉维特别荣誉证书。

1997 年 · 欧亚科学院中国科学中心成立。

1998 年 · 中国科学院新疆地理研究所与新疆生物土壤沙漠研究所合并成立中国科学院新疆生态与地理研究所。

· 在香港举行第二届海内外华人地理学家参加的"21 世纪的中国与世界"学术会议。

1999 年 · 在台北举行第三届由海内外华人地理学家参加的"跨世纪海峡两岸地理学术会议"，会议出版了《跨世纪海峡两岸地理学术研讨会》论文集（上、下册）。

· 中国地理学会在北京召开"庆祝中国地理学会成立 90 周年大会暨 1999 年学术年会"，出版了《中国地理学 90 年发展回忆录》《世纪之交的中国地理学》两本文集。陆大道当选中国地理学会理事长。

· 中国科学院地理研究所与中国科学院自然资源综合科学考察委员会合并，定名"中国科学院地理科学与资源研究所"。

· 中国科学院冰川冻土研究所、沙漠研究所和高原大气物理研究所合并成立中国科学院寒区旱区环境与工程研究所。

2000 年 · 竺可桢诞辰 110 周年纪念座谈会在北京召开。

· 第二届地理学名词审定委员会成立，主任委员郑度，开始对新《地理学名词》的审定工作。

· 为响应联合国“国际山地年”号召，“中国山地研究与发展学术研讨会”在四川成都召开。

· 8 月，刘昌明当选国际地理联合会副主席，任期 4 年（后连任）。

2001 年 ·“海峡两岸地理学术研讨会暨 2001 年学术年会”在上海举行。会议主题为“地理学基础研究与教育发展”。

· “胡焕庸学术思想研讨会”在上海召开，纪念胡焕庸先生诞辰 100 周年。

2002 年 · 中国地理学会沙漠分会以“西部大开发中的中国沙漠研究之任务”为主题，在兰州召开学术研讨会，会议选举产生了沙漠分会第四届理事会。

· 在成都召开“国际山地环境与发展学术讨论会”。

· “第六届全国冰川冻土学大会暨国际冻土工程学术研讨会”在兰州举行。

2003 年 · 中国地理学会 2003 年学术年会在武汉华中师范大学举行。年会的主题为“认识地理过程、关注人类家园”。

2004 年 · 7 月，中国北极黄河站建立。

· “全国地貌与第四纪学术会议暨丹霞地貌研讨会和海峡两岸地貌与环境研讨会”在广东仁化丹霞山风景区召开。

· 中国地理学会第九次全国会员代表大会在天津举行。

会上颁发了首届“中国地理科学成就奖”等奖项。

·第四届青藏高原国际学术研讨会在拉萨举行，主题是“高原形成演化、资源环境与可持续发展”，共有350余名学者与会，其中外国科学家120多名。

2005年·“2005年全球华人地理学家大会暨中国地理学会2005年学术年会”在北京举行，会议主题为“地理学与中国发展”。

2006年·全国科学技术名词审定委员会公布《地理学名词（第二版）》，共4089条，并对每一名词给出定义性的说明。

2007年·全面总结中国自然资源综合科学考察研究的《中国自然资源综合科学考察与研究》出版。

2008年·秦大河当选国际地理联合会副主席，任期4年。

2009年·中国地理学会成立百年庆典举行。

2010年·刘燕华当选中国地理学会理事长。

2013年·中国地理学会，中国科学院地理科学与资源研究所联合召开“黄秉维学术思想研讨会”，纪念黄秉维先生诞生百年。

·秦大河获沃尔沃环境基金会（Volvo Environment Prige Foundation）颁发的2013年度沃尔沃环境奖。

2014年·周成虎当选国际地理联合会（IGU）副主席，任期至2018年。

2015年·傅伯杰当选中国地理学会理事长。

人名索引

D

E

F

J

K

L

M

N

O

P

Q

R

S

T

W

Y

Z

后　记

1997 年 8 月，广西教育出版社在北京与中国科学院自然科学史研究所的陈美东、汪子春、戴念祖、周嘉华、杨文衡和首都师范大学的申先甲等人聚会，商讨撰写《中国科学史丛书》的计划。该丛书的最大特点是从原始社会写到 20 世纪末，而且要求近现代部分的篇幅大于古代部分，两者之比大约是5∶3，体现出重今略古的指导思想。每部书的篇幅大约为 100 万字，分两卷装订。古代部分为一卷，近现代部分为一卷。

在这个聚会上，初步意向由杨文衡来主编《中国地学史》，作者由主编去请，并请院士当顾问。经过一年多的工作，1998 年 10 月作者全部请到，他们是杨勤业、鲁奇、杨光荣、艾素珍、张九辰。杨光荣因为工作忙且身体欠佳，没有写作（十年后请陈宝国写新中国的地质学史，后由于陈宝国忙不过来，又把任务转交给浦庆余）。杨勤业、鲁奇写新中国的地理学史，约 20 万字，2001 年交稿。张九辰写近代（民国时期）地学史，约 30 万字。杨文衡（写 37 万字）、艾素珍（写第五章 38 千字）和张九辰（写第三章 51 千字，十年后的 2011 年她授权陈丽娟修改，改署陈丽娟的名）合写中国古代地学史，约 46 万字，2001 年交稿。

1999 年 5 月中旬，该社来京主持召开了《中国地学史》第一次作者会，会上通过了写作提纲和撰写的有关要求。

经过一段时间的准备之后，有的作者已于 1999 年 12 月进入写作阶段，2001 年 3 月大部分篇幅交稿。由于听到该社暂时不出此书，有的作者害怕压稿不愿意把写好的稿子交出，这种情况完全可以理解。辛勤笔耕，自然希望见到成果。交来的书稿由杨文衡统稿、定稿。由于该社经费等问题，此书未能按合同出版，一拖十年。在此期间，该社积极筹措资金，与杨文衡保持联系。十年之后，2011 年 2 月，该社决定尽快出版此书，要求作者修订，并补充图片和缺少的内容。现在的书稿分古代卷和近现代卷两部分。由于杨文衡身体欠佳，没有精力完成全书的组织及审、定稿工作，因此特聘请杨勤业为主编之一，负责近现代卷的审、定稿及一些组织工作。该社盛情邀请中国科学院郑度院士为本书作序，他慨然应允。对郑度院士的大力支持，我们衷心致谢！对广西教育出版社十年来为出版此书所做的努力，我们深表谢意！

由于这部书的成稿较仓促，加上书稿压了十年，自然会有某些材料显得陈旧。虽经作者增订，但因时间紧，恐也有不周之处。因此，错误或不妥之处在所难免，敬请广大读者和专家不吝赐教，予以批评指正。

杨文衡 杨勤业

2013 年 12 月